中華民國史檔案資料滙編

中國第二歷史檔案館編

第五輯 第三編 軍事（一）

鳳凰出版傳媒集團
鳳凰出版社

图书在版编目（CIP）数据

中华民国史档案资料汇编. 第5辑. 第3编. 军事 / 中国第二历史档案馆编. -- 南京：凤凰出版社，1999.9（2024.7重印）
 ISBN 978-7-80643-228-0

Ⅰ.①中… Ⅱ.①中… Ⅲ.①档案资料－汇编－中国－民国②军事－档案资料－汇编－中国－民国 Ⅳ.①K258.063

中国版本图书馆CIP数据核字(2010)第085835号

书　　　名	中华民国史档案资料汇编 第五辑　第三编　军事（共二册）
编　　　者	中国第二历史档案馆
责 任 编 辑	胡多佳
责 任 监 制	程明娇
出 版 发 行	凤凰出版社（原江苏古籍出版社） 发行部电话 025-83223462
出 版 社 地 址	江苏省南京市中央路165号，邮编：210009
印　　　刷	上海世纪嘉晋数字信息技术有限公司 上海市汇金路899号，邮编：201700
开　　　本	850毫米×1168毫米　1/32
印　　　张	60.625
字　　　数	1521千字
版　　　次	1999年9月第1版
印　　　次	2024年7月第4次印刷
标 准 书 号	ISBN 978-7-80643-228-0
定　　　价	560.00元（全二册）

（本书凡印装错误可向承印厂调换，电话：021-69214197）

编 辑 说 明

《中华民国史档案资料汇编》(1912—1949),是为了适应中国近现代史的科学研究与教学需要,就馆藏历史档案中具有一定史料价值的资料编辑而成的一套综合性资料汇编。

这套档案资料汇编,系以前副馆长王可风生前主持编辑的《中国现代政治史资料汇编》(1919—1949)初稿为基础,进行修订补充的,全书扩编为五辑:第一辑《辛亥革命》(1911年);第二辑《南京临时政府》(1912年);第三辑《北洋政府》(1912—1927年);第四辑《从广州军政府至武汉国民政府》(1917—1927年);第五辑《南京国民政府》(1927—1949年)。

本汇编为第五辑《南京国民政府》,由施宣岑、方庆秋主编。

本辑分为三编:第一编为《南京国民政府的建立与十年内战》(1927.4—1937.7);第二编为《第二次国共合作与八年抗战》(1937.7—1945.8);第三编为《蒋介石发动全面内战与南京国民政府的覆灭》(1945.8—1949.9)。以上每编各按政治、军事、外交、财政经济、文化教育等分为若干分册。

本册为第五辑第三编的军事分册。全书分为四个部份:〔一〕军事行政制度;〔二〕反共军事措施;〔三〕战区受降与抢占胜利果实;〔四〕蒋介石发动全面内战及其溃败。以上档案资料,主要反映了抗日战争胜利后国民政府的军事组织概况及其反共措施,以及战区受降经过;此外,也反映了国民党军进攻解放区的一些情况。

本分册以陈长河为责任编辑,负责全书初稿的编审工作。档案资料的选辑、标点、校对;第〔一〕、〔二〕部分为郭必强;第〔三〕部分之（一）为胡菊蓉,之（二）为钱建明;第〔四〕部分之（一）的一、二、三、四为陈长河,五、六为张海梅,之（二）为毕春富。最后,全书由施宣岑、方庆秋审阅、统编定稿。

本汇编在编辑过程中,承蒙唐彪指导并分担部分审校工作,在此特致谢意。

本汇编,由于涉及的面广量大,加以档案资料等条件的种种限制,以编者有限的水平,在史料的选编等方面,难免有遗漏、不当和错误之处,谨希读者批评指正。

编者 1994年11月

编　　例

一、本汇编所选资料，为保持档案文件原貌，凡原文中对中国共产党及革命人民的诬蔑不实之词，均未加改动，原文照录。但对少数文件因内容重复及与主题无关者，则酌予删节。资料出处，于文件篇后注明之。

二、本汇编所选资料，按问题分类排列，并以文件形成时间先后为序。但属综合性或追述性的资料，则按其内容酌加调整。

三、本汇编所选资料，一般以一篇为一题。但同属一事，彼此间又有直接联系者，则以一事为一题。文件标题、标点，均为编者所加，沿用原标题、原标点者，则于篇目之后加注说明之。

四、本汇编所选资料，一般均用简体字，但遇有可能引起文义歧异者，则保留原来繁体字。

五、本汇编所选资料，排印格式一律采用横排，凡竖排原件文中有"如左""如右"者，横排后应为如下、如上，例如"命令如左（下）"，"右（上）令"等，文中不再一一注明。

六、本汇编所选资料，凡有破损缺漏或字迹不清者，以□号代之；错字、别字和衍文的校勘以及简单注释，均加在正文之后，以〔　〕号标明之；较长的注释，在正文之后以①②等号标明之；增补的字，以【　】号标明之；文件内容删节者，以……符号标明之；待考的字，以〔?〕符号标明存疑。

南京国民政府时期

第 三 编

军 事

目　录

[一] 军事行政制度

(一) 最高军事参咨议机关

1. 军事委员会军事参议院参咨议服务规程草案
   （1945年12月12日）……………………………（1）
2. 军事委员会军事参议院办事细则
   （1946年2月5日）………………………………（8）
3. 国民政府修正公布本府参军处组织法令
   （1946年7月9日）………………………………（17）
4. 国民政府公布战略顾问委员会组织条例等令
   （1946年11月28日）……………………………（20）
5. 行政院公布战略顾问委员会委员待遇办法令
   （1947年6月3日）………………………………（22）
6. 总统府公布战略顾问委员会组织条例等令
   （1948年11月12日）……………………………（22）

(二) 国防部组织

一、国防部机关筹组前后
1. 军政部抄发军法司编制表等代电
   （1945年10月12日）……………………………（27）
2. 国民政府公布国防部组织纲要令

（1946年5月30日）……………………………………（32）
3. 国防部抄附本部及各总部人数统计表代电
　　　（1946年8月29日）…………………………………（33）
4. 国防部拟定本部组织规程草案
　　　（1946年8月）………………………………………（35）
5. 国防部拟定参谋总长办公室组织规程草案
　　　（1946年8月）………………………………………（37）
6. 国防部颁布修订本部编制草案
　　　（1946年11月14日）…………………………………（38）
7. 国防部国防科学委员会概况
　　　（1947年9月）………………………………………（55）
8. 国防部订颁聘雇人员管理规则代电
　　　（1948年5月20日）…………………………………（60）
9. 联合勤务总司令部检发国防部各单位采用员额配制办法训令
　　　（1948年10月8日）…………………………………（62）

二、各厅局处
1. 国防部拟定本部第一厅组织规程草案
　　　（1946年8月）………………………………………（70）
2. 国防部拟定本部第二厅组织规程草案
　　　（1946年8月）………………………………………（72）
3. 国防部拟定本部第三厅组织规程草案
　　　（1946年8月）………………………………………（73）
4. 国防部拟定本部第四厅组织规程草案
　　　（1946年8月）………………………………………（75）
5. 国防部拟定本部第五厅组织规程草案
　　　（1946年8月）………………………………………（78）
6. 国防部拟定本部第六厅组织规程草案

7. 国防部拟定新闻局组织规程草案
   （1946年8月）……………………………………………（82）
8. 国防部拟定民事局组织规程草案
   （1946年8月）……………………………………………（84）
9. 国防部拟定预算局组织规程草案
   （1946年8月）……………………………………………（86）
10. 国防部拟定兵役局组织规程草案
    （1946年8月）……………………………………………（88）
11. 国防部拟定监察局组织规程草案
    （1946年8月）……………………………………………（90）
12. 国防部拟定史政局组织规程草案
    （1946年8月）……………………………………………（91）
13. 国防部拟定测量局组织规程草案
    （1946年8月）……………………………………………（93）
14. 国防部拟定预备干部局组织规程草案
    （1946年8月）……………………………………………（94）
15. 国防部拟定本部军法处组织规程草案
    （1946年8月）……………………………………………（96）
16. 国防部拟定本部总务处组织规程草案
    （1946年8月）……………………………………………（98）
17. 国防部拟定本部副官处组织规程草案
    （1946年8月）……………………………………………（99）
18. 联合勤务总司令部检发修正国防部政工局组织规程训令
    （1948年4月21日）………………………………………（101）
19. 联合勤务总公司部抄发修正国防部总务局组织规程训令
    （1948年5月21日）………………………………………（104）
20. 联合勤务总司令部检发修正国防部第五厅组织规程训令

(1948年5月31日) …………………………………… (106)
21．国防部颁布本部人民服务总队服务规程
　　　(1948年10月28日) ………………………………… (108)
三、各总司令部
1．陆军总司令部拟定本部组织规程草案
　　　(1946年8月) …………………………………………… (110)
2．陆军总司令部系统职掌概要表
　　　(1946年8月) …………………………………………… (114)
3．海军总司令部系统职掌概要表
　　　(1946年8月) …………………………………………… (114)
4．空军总司令部系统职掌概要表
　　　(1946年8月) …………………………………………… (114)
5．联合勤务总司令部修订本部组织规程草案
　　　(1947年8月) …………………………………………… (115)
6．联合勤务总司令部编印之本部编制与职掌
　　　(1947年8月) …………………………………………… (142)

（三）部队组织编制

一、军官佐法规
1．军事委员会修正公布陆海空军军职人员交代规则
　　　(1945年8月25日) ………………………………… (152)
2．军事委员会公布陆海空军官佐考绩条例其及施行细则令
　　　(1945年10月21日) ………………………………… (156)
3．军事委员会公布陆军无职军官限期处理办法令
　　　(1945年11月6日) ………………………………… (172)
4．军事委员会公布陆军参谋任职规则令
　　　(1945年12月11日) ………………………………… (173)
5．国民政府公布修正陆海空军官佐官籍规则训令

（1946年4月2日） ……………………………………（174）
6. 国民政府参军处关于军官佐属任免程序代电
　　（1946年8月23日） …………………………………（178）
7. 国防部重行规定退职军文人员复任军职办法代电
　　（1946年12月—1947年1月） ………………………（178）
8. 国防部订颁新成立单位主要人员选派原则代电
　　（1946年12月30日） …………………………………（180）
9. 国民政府公布修正空军官制表令
　　（1947年2月1日） ……………………………………（181）
10. 国防部检发修正军法案件代核办法代电
　　（1947年2月21日） …………………………………（183）
11. 国防部颁布修正陆海空军人事业务职掌划分办法代电稿
　　（1947年5月31日） …………………………………（185）
12. 国防部规定校尉级军官升迁标准代电
　　（1947年7月22日） …………………………………（189）
13. 国防部关于各级主官初任试用规定代电
　　（1947年9月8日） ……………………………………（189）
14. 国防部检发边疆人员任职审核标准代电
　　（1947年9月11日） …………………………………（190）
15. 国防部关于军官任用规定办法代电
　　（1947年10月7日） …………………………………（191）
16. 国民政府公布动员时期军人及其家属优待条例令
　　（1947年11月1日） …………………………………（192）
17. 国防部关于晋升军官审查起役资历等代电
　　（1947年11月25日） …………………………………（195）
18. 国防部规定无职官佐选用办法代电
　　（1947年12月29日） …………………………………（196）
19. 国防部关于军官高阶低用位职规定代电

(1947年12月31日) ……………………… (197)
二、陆海空军组织法规
1. 军政部附抄海军舰队指挥部组织规程等代电
   (1946年4月2日) ……………………… (198)
2. 军事委员会颁布陆军整编军师编制系统表
   (1946年春) ……………………………… (208)
3. 联合勤务总司令部第一补给区司令部抄发师团管区司令部组织条例等代电
   (1946年8月27日) ……………………… (231)
4. 联合勤务总司令部抄发全国团管区及其所属新兵大队一览表代电
   (1946年9月2日) ………………………… (238)
5. 联合勤务总司令部第一补给区司令部抄发师团管区司令部交接办法等代电
   (1946年9月23日) ……………………… (244)
6. 联合勤务总司令部第一补给区司令部抄发全国师管区司令名册表代电
   (1946年11月1日) ……………………… (249)
7. 行政院核定之绥靖时期各部队政治工作计划纲要
   (1946年) ………………………………… (250)
8. 国防部核定修正宪兵司令部组织系统表
   (1947年6月) …………………………… (259)
9. 全国陆军一览表
   (1947年7月5日) ………………………… (276)
10. 全国军事机构现有编制人数表
    (1947年11月15日) …………………… (282)
11. 国防部编拟之军机保密办法

  (1947年12月20日) ·················· (284)
12. 国民政府公布东北剿匪总司令部组织规程令
  (1948年3月13日) ··················· (309)
13. 联合勤务总司令部抄发海军巡防处组织规程代电
  (1948年3月16日) ··················· (311)
14. 国防部颁布各级军事机关部队医院学校政工(训导)纲领
  (1948年6月4日) ···················· (313)
15. 联合勤务总司令部颁发运输指挥部(港口司令部)组织
  规程代电
  (1948年6月25日) ··················· (316)
16. 联合勤务总司令部抄发整编师旅恢复为军师番号等训令
  (1948年9月19日) ··················· (319)
17. 行政院公布西北军政长官公署组织规程令
  (1948年10月21日) ·················· (329)
18. 全国军事机构一览表
  (1948年) ························· (336)
19. 国防部颁布游击纵队编制系统及人员统计表
  (1949年1月7日) ···················· (340)
20. 联合勤务总司令部抄发陆军军师司令部职掌划分表训令
  (1949年1月31日) ··················· (347)
21. 国防部制定之匪后全面游击办法
  (1949年7月) ······················ (351)

(四) 兵役法规

1. 国民政府公布修正兵役法令
  (1946年10月10日) ·················· (353)
2. 兵役局拟防止部队吃缺办法稿

(1946年11月) …………………………………………（359）
3. 国防部颁行免役禁役缓征缓召申请审查办法
　　　(1947年1月20日) ……………………………………（360）
4. 国民政府公布兵役法施行法令
　　　(1947年2月19日) ……………………………………（365）
5. 国民政府公布修正妨害兵役治罪条例令
　　　(1947年7月17日) ……………………………………（373）
6. 行政院公布征兵处理规则令
　　　(1947年7月19日) ……………………………………（376）
7. 国防部颁行陆军被俘逃回及失踪归来官兵处理办法
　　　(1947年8月28日) ……………………………………（383）
8. 行政院公布国民兵组织管理训练服役规程令
　　　(1947年9月22日) ……………………………………（385）
9. 国民政府公布兵役奖惩条例令
　　　(1948年4月14日) ……………………………………（393）
10. 国防部抄发"戡乱"期间征兵要则代电
　　　(1949年6月7日) ………………………………………（394）

（五）军需后勤法规

1. 行政院公布国防部营产调查规则
　　　(1946年4月) …………………………………………（403）
2. 行政院公布军事营缮规则
　　　(1946年4月) …………………………………………（405）
3. 行政院公布国防部营产管理规则及其实施细则
　　　(1946年4月) …………………………………………（412）
4. 中国陆军总司令部制定之各级仓库组织规程
　　　(1946年4月) …………………………………………（418）
5. 后方勤务总司令部颁发陆军各部队机关学校采购机构

组织规程
      (1946年6月1日) ………………………………………(423)
6. 军政部关于部队机关学校粮给采购原则代电
      (1946年8月29日) ……………………………………(425)
7. 行政院公布军粮计核委员会组织规程令
      (1946年9月19日) ……………………………………(427)
8. 联合勤务总司令部抄发粮秣补给程序代电
      (1947年3月9日) ………………………………………(430)
9. 联合勤务部总司令部公布陆海空军粮秣经理规程
      (1947年) ………………………………………………(432)
10. 国防部核定之联勤总部总医院编制系统表
      (1948年12月2日) ……………………………………(458)

（六）教育训练法规

1. 军政部抄附政治部政工研究班组织规程等代电
      (1946年2月7日) ………………………………………(490)
2. 军政部抄附中央训练团分团组织规程等代电
      (1946年5月16日) ……………………………………(496)
3. 军政部抄发中央训练团将官班编制表代电
      (1946年5月18日) ……………………………………(499)
4. 白崇禧在中枢纪念周上关于军训部业务之报告
      (1946年11月10日) …………………………………(501)
5. 联合勤务总司令部奉颁军事学校毕业生分发规则代电
      (1947年9月16日) ……………………………………(504)
6. 联合勤务总司令部检发通信军官学制系统表代电
      (1948年5月21日) ……………………………………(506)
7. 联合勤务总司令部颁发三十八年度第一补充兵储训计划
   训令

(1949年1月10日) …………………………………… (508)

[二] 反共军事措施

(一) 收编伪军扩充实力

1. 蒋介石为收编忠义救国军控制沪杭宁地区代电
   (1945年8月18日) …………………………………… (511)
2. 军事委员会收编伪军庞炳勋等部为新编各路军总司令
   代电
   (1945年9月8日) …………………………………… (511)
3. 李品仙奉命收编伪军充实反共内战势力密电
   (1945年10月1日) …………………………………… (512)
4. 刘峙令张岚峰等部抢占交通线之反共军事计划代电
   (1945年10月2日) …………………………………… (514)
5. 李品仙命令收编之伪军进攻新四军北撤部队代电
   (1945年11月1日) …………………………………… (515)

(二) 军队复员整编

1. 军政部拟定之复员官兵安置计划概要
   (1945年11月16日) ………………………………… (517)
2. 国民政府抄发战后编余官兵安置计划委员会组织规程
   训令
   (1945年12月25日) ………………………………… (519)
3. 军政部在国民党六届二中全会上所作之军队复员整编
   工作报告
   (1946年3月3日) …………………………………… (520)
4. 军政部抄发青年军复员委员会组织规程代电

   （1946年5月11日）………………………………（526）
5. 陆军复员士兵遣送会议决议案
   （1946年7月）……………………………………（529）
6. 联合勤务总司令编印之第一期复员官兵集团转业计划
  概要表
   （1946年8月10日）………………………………（532）
7. 国防部整军建军专题报告
   （1946年12月）…………………………………（535）
8. 行政院军队复员整编工作报告
   （1947年2月）……………………………………（541）
9. 行政院军队整编报告
   （1947年12月）…………………………………（546）

（三）军事报告

1. 国民政府军事行政总报告
   （1946年11月）…………………………………（549）
2. 国防部在国民党六届四中全会上所作之军事报告
   （1947年9月9日）………………………………（563）
3. 行政院关于成立国防部九江指挥部等案秘密报告
   （1947年11月）…………………………………（589）
4. 行政院关于省保安司令部组织规程等决议案
   （1947年12月19日）……………………………（595）
5. 行政院一九四七年度重大军事行政措施检讨报告
   （1948年1月）……………………………………（606）
6. 行政院改组各绥署剿匪总司令部决议案
   （1948年6月23日）………………………………（609）
7. 国防部关于反共军事总崩溃情况及布署军事反攻之业务
  报告

(1949年9月) ……………………………………… (609)

(四) 修订《剿匪手本》制定内战方策

1. 蒋介石批复刘峙修改《剿匪手本》报告代电
   (1945年11月18日) ……………………………… (621)
2. 军令部等对《剿匪手本》修改意见之签呈
   (1945年12月—1946年6月) …………………… (623)
3. 蒋介石修改《剿匪战术》之机密手令
   (1946年4月—5月) …………………………… (626)
4. 国防部第三厅对《剿匪手本》之修改意见稿
   (1946年5月20日) ……………………………… (627)
5. 参军处关于编纂《剿匪战术》与军令部第三厅往来函电
   (1946年6月) …………………………………… (632)
6. 蒋介石令国防部印发《剿匪手本》不必注明时间代电及政工局签呈
   (1946年8月—9月) …………………………… (659)
7. 蒋介石所著之《剿匪手本》(修正本)
   (1946年) ……………………………………… (661)
8. 国防部史政局编印之《剿匪基本工作之实施要领》
   (1946年) ……………………………………… (673)
9. 国防部颁布"动员戡乱完成宪政"国防军事实施办法
   (1948年1月6日) ……………………………… (702)
10. 国防部政工局编印之《剿匪方策》
    (1948年5月) ………………………………… (706)

[三] 战区受降与抢占抗日胜利果实

(一) 国民党军战区受降

一、受降准备

1. 蒋介石关于日本投降应注意事项电
   （1945年8月10日） ……………………………… (716)
2. 蒋介石对伪军颁布的命令
   （1945年8月11日） ……………………………… (717)
3. 蒋介石向国内外广播词
   （1945年8月15日） ……………………………… (717)
4. 中国对在华日军的宣告
   （1945年8月） ……………………………………… (720)

二、芷江洽降

1. 蒋介石关于四军投降电
   （1945年8月15日） ……………………………… (721)
2. 冈村宁次关于派洽降代表至玉山电
   （1945年8月17日） ……………………………… (722)
3. 蒋介石关于政治降地址电
   （1945年8月17日） ……………………………… (722)
4. 蒋介石关于日洽降代表应遵守事项电
   （1945年8月18日） ……………………………… (722)
5. 冈村宁次关于已遵照指定事项电
   （1945年8月19日） ……………………………… (723)
6. 蒋介石关于规定中国战区受降任务电
   （1945年8月18日） ……………………………… (724)
7. 蒋介石关于规定各区受降主官等情电
   （1945年8月18日） ……………………………… (725)
8. 蒋介石关于处理敌伪公产办法电
   （1945年8月18日） ……………………………… (728)
9. 中国陆军各地区受降主官姓名受降地点及日军代表投降部队长及姓名与投降部队集中地点番号表

         (1945年8月21日) ………………………………… (728)
10. 何应钦关于洽降代表已抵芷汇电
    (1945年8月21日) ………………………………… (731)
11. 萧毅肃与今井武夫谈话记录
    (1945年8月21日) ………………………………… (731)
12. 今井武夫关于在芷江洽降情形电
    (1945年8月21日) ………………………………… (733)
13. 何应钦关于日军投降致冈村宁次中字第一号备忘录
    (1945年8月21日) ………………………………… (734)
14. 何应钦关于各地区受降主及各设前进指挥所致冈村宁次
    中字第二号备忘录
    (1945年8月22日) ………………………………… (736)
15. 蒋介石规定各部队应迅速行动电
    (1945年8月22日) ………………………………… (737)
16. 何应钦关于日军投降事项致冈村宁次中字第四号备忘录
    (1945年8月22日) ………………………………… (738)
17. 何应钦关于日军投降事项致冈村宁次中字第五号备忘录
    (1945年8月22日) ………………………………… (740)
18. 蒋介石关于日本投降签字地点改在南京电
    (1945年8月22日) ………………………………… (741)
19. 蒋介石关于日本投降事项电
    (1945年8月23日) ………………………………… (742)
20. 何应钦关于今井武夫报告要点电
    (1945年8月23日) ………………………………… (743)
21. 何应钦与今井武夫的谈话记录
    (1945年8月23日) ………………………………… (743)
22. 蒋介石关于空运部队前往南京等地电

  (1945年8月23日) …………………………………… (744)
23. 何应钦关于日军投降应做好各项准备工作致冈村宁次
  中字第六号备忘录
  (1945年8月24日) …………………………………… (745)
24. 何应钦关于中国军队已向南京等地前进致冈村宁次中
  字第七号备忘录
  (1945年8月24日) …………………………………… (746)
25. 何应钦关于冷欣等抵南京致冈村宁次中字第八号备忘录
  (1945年8月24日) …………………………………… (747)
26. 冈村宁次关于今进武夫等已抵宁电
  (1945年8月24日) …………………………………… (748)
27. 何应钦关于阎锡山将入太原受降致冈村宁次中字第十号
  备忘录
  (1945年8月25日) …………………………………… (748)
28. 何应钦关于越北等地日军投降致冈村宁次中字第十二号
  备忘录
  (1945年8月26日) …………………………………… (749)
29. 何应钦关于日军焚毁仓库等情致冈村宁次中字第十三号
  备忘录
  (1945年8月26日) …………………………………… (750)
30. 何应钦关于改定一、五两战区受降内容致冈村宁次中字
  第十四号备忘录
  (1945年8月28日) …………………………………… (750)
31. 冈村宁次对中国第一至第五号备忘录的复文
  (1945年8月29日) …………………………………… (751)
32. 冈村宁次对中国第六至第十三号备忘录的复文
  (1945年8月30日) …………………………………… (753)
33. 冈村宁次对中国第十四号备忘录的复文

（1945年8月31日）……………………………（755）
34. 何应钦关于香港等地改由英国受降致冈村宁次中字第
　　十五号备忘录
　　　（1945年8月31日）……………………………（756）
35. 何应钦再次声明禁止其他部队受降致冈村宁次中字第
　　十六号备忘录
　　　（1945年8月31日）……………………………（758）
36. 何应钦关于日军投降注意事项致冈村宁次中字第十七号
　　备忘录
　　　（1945年9月2日）………………………………（758）
37. 何应钦关于陈仪任台湾受降主官致冈村宁次中字第十八
　　号备忘录
　　　（1945年9月3日）………………………………（759）
38. 何应钦关于重新规定各地区受降地点致冈村宁次中字第
　　二十号备忘录
　　　（1945年9月5日）………………………………（759）
39. 《中央日报》对何应钦在芷江演说报道
　　　（1945年9月5日）………………………………（760）
40. 冈村宁次对中国第十一号备忘录的复文
　　　（1945年9月6日）………………………………（761）

三、南京举行受降仪式
1. 何应钦关于日本投降签字地点等情致冈村宁次中字第十九
　　号备忘录
　　　（1945年9月5日）………………………………（762）
2. 冈村宁次关于日本投降出席代表名单复文
　　　（1945年9月8日）………………………………（763）
3. 何应钦关于中国陆军总司令部迁入南京致冈村宁次中字第
　　二十二备忘录

(1945年9月8日) …………………………………… (764)

4. 何应钦关于派遣张廷孟接收空军等情致冈村宁次中字第二十三号备忘录

(1945年9月8日) …………………………………… (764)

5. 《中央日报》对何应钦在招待记者会上谈话报道

(1945年9月9日) …………………………………… (765)

6. 中国政府关于接受日本投降之签字仪式程序

(1945年9月9日) …………………………………… (766)

7. 日本向中国投降降书

(1945年9月9日) …………………………………… (768)

8. 何应钦在日本投降签字后发表谈话——广播词

(1945年9月9日) …………………………………… (770)

9. 中国战区最高统帅蒋介石对日军第一号命令

(1945年9月9日) …………………………………… (770)

10. 中国战区中国陆军总司令部对日军第一号命令

(1945年9月9日) …………………………………… (774)

11. 《中央日报》对中国战区日军投降签字仪式经过报道

(1945年9月10日) …………………………………… (775)

12. 何应钦召见冈村宁次谈话记录

(1945年9月10日) …………………………………… (713)

13. 《青年日报》对将日本投降书送呈蒋介石的报道

(1945年9月11日) …………………………………… (781)

14. 中国战区中国陆军总司令部对日军军字第七号命令

(1945年9月11日) …………………………………… (781)

15. 中国战区中国陆军总司令部对日军军字第九号命令

(1945年9月12日) …………………………………… (782)

16. 中国战区中国陆军总司令部对日军军字第十号命令

(1945年9月13日) …………………………………… (783)
17. 中国战区中国陆军总司令部对日军军字第十二号命令
   (1945年9月14日) …………………………………… (784)
四、部分地区受降
1. 第六战区受降简况纪实
   (1945年8月27日) …………………………………… (784)
2. 第九战区受降情况纪实
   (1945年8月31日) …………………………………… (789)
3. 第二方面军受降情形纪实
   (1945年9月1日) …………………………………… (800)
4. 第二战区受降概况纪要
   (1945年9月1日) …………………………………… (812)
5. 第十一战区受降纪实
   (1945年9月10日) …………………………………… (818)
五、遣俘遣侨
1. 中美联合参谋会议致中国陆军总司令部备忘录
   (1945年9月29日) …………………………………… (825)
2. 中美关于遣送日本战俘侨民归国的计划
   (1945年10月25日) …………………………………… (828)
3. 中国陆军总司令部关于港口运输司令部任务的规定函
   (1945年) …………………………………………………… (839)
4. 中国陆军总司令部关于战俘管理处(所)名称规定的电令
   (1945年) …………………………………………………… (841)
5. 军事委员会关于战俘管理计划纲要草案
   (1945年) …………………………………………………… (841)
6. 中美关于遣送日俘日侨会议决议案
   (1946年1月5日) …………………………………… (845)
7. 中美关于遣送日方人员会议议程

(1946年1月5日) …………………………………………… (857)
8. 联合国东京会议纪录
(1946年2月6日) …………………………………………… (860)

(二)抢占战略要地阻挠解放军收复失地

一、抢夺黑龙江、吉林、辽宁、绥远、察哈尔、热河等地区

1. 刘茂恩转报朱德部准备接受日伪投降作战命令电
   (1945年9月25日) …………………………………… (880)
2. 绥境蒙政会等团体攻击八路军在该省争城夺地电
   (1945年11月20日) …………………………………… (881)
3. 吴鼎昌抄送辽吉黑三省复员协进会反对苏军干涉接收东北议决书函
   (1945年12月11日) …………………………………… (882)
4. 马占山关于东北挺进军与八路军抢占察绥地区机密日记
   (1945年12月31日) …………………………………… (883)
5. 杨绰庵关于接收哈尔滨市日期电
   (1946年1月2日) …………………………………… (892)
6. 熊式辉报告辽宁省盘山县及营口市失守经过电
   (1946年2月17日) …………………………………… (892)
7. 熊式辉关于保安部队接收嫩江等地情况代电
   (1946年3月13日) …………………………………… (893)
8. 刘翰东关于保安团阻挠八路军围攻辽北省四平市经过代电
   (1946年3月28日) …………………………………… (893)
9. 熊式辉抄送辽宁省政府收复县市调查表呈
   (1946年6月17日) …………………………………… (895)
10. 熊式辉抄送热河省政府收复县市调查表呈

(1946年7月2日) …………………………………（897）
11. 熊式辉抄送辽北省政府收复县市调查表呈
(1946年7月23日) …………………………………（897）
12. 熊式辉抄送收复安东省县市调查表呈
(1947年2月4日) …………………………………（899）

二、抢夺河北及天津地区
1. 张廷谔等报告严防八路军进攻主天津市郊密电
(1945年10月8日) …………………………………（900）
2. 刘茂恩报告八路军攻占河北邯郸等地密电
(1945年10月13日) …………………………………（900）
3. 赵公武关于五十二军在山海关至锦州间围攻八路军机密日记
(1946年2月23日) …………………………………（901）
4. 张厉生抄送河北省各县局收复情形文及其附表等密呈
(1946年4月6日) …………………………………（922）

三、抢夺山西地区
1. 第二战区司令长官部关于围攻晋省八路军机密作战日记
(1945年) …………………………………（926）
2. 阎锡山转报晋省左云县八路军入察省屡战不利密电
(1945年10月11日) …………………………………（935）
3. 阎锡山转报三十三军拟围攻大同密电
(1945年10月16日) …………………………………（935）
4. 阎锡山请更正共军占领山西各县城名称表密电
(1946年2月25日) …………………………………（935）

四、抢夺山东地区
1. 牟尚斋等关于反攻鲁西南曹县一带意见电
(1945年7月5日) …………………………………（936）
2. 李延年等转报阻挠八路军进攻鲁省曹县齐河一带电

(1945年7月) ……………………………………………………………（937）
3. 李延年等报告王豫民等部进攻鲁北夏店等地八路军电
　　(1945年7月10日) ………………………………………………（938）
4. 何思源转报张景月部与作八路军争夺鲁省寿光等地电
　　(1945年7月11日) ………………………………………………（938）
5. 何思源等报告国民党军与八路军争夺鲁北寿光一带
　　经过电
　　(1945年7—8月) …………………………………………………（939）
6. 何思源综述阻挠八路军进攻鲁省各地情形电
　　(1945年8月) ……………………………………………………（941）
7. 何思源关于国共双方军队为争占济南发生激战电
　　(1945年8月21日) ………………………………………………（943）
8. 何思源关于阻挠八路军进占临淄等廿县情况电
　　(1945年9月2日) ………………………………………………（944）
9. 李先良率部"堵剿"进占青岛之八路军密电
　　(1945年9月14日) ………………………………………………（944）
10. 何思源关于李延年部准备接收济南等情密电
　　(1945年9月16日) ………………………………………………（945）
11. 何思源攻击八路军调集主力至鲁省占领要地电
　　(1945年9月23日) ………………………………………………（945）
12. 何思源关于国民党军抢占济南青岛要地情形电
　　(1945年10月9日) ………………………………………………（946）
13. 何思源转报阻挠八路军攻占鲁北无棣阳信县城电
　　(1945年10—11月) ………………………………………………（946）
14. 山东临时参议会攻击八路军抢占省内县城并请予以
　　"剿除"密电
　　(1945年10月31日) ………………………………………………（947）
15. 何思源报告阻挠八路军攻占鲁省沾化县情形密电

(1945年11月3日) …………………………………… (948)
16. 何思源污蔑八路军向济南青岛等地集中阻止国军北上电
   (1945年11月3日) …………………………………… (948)
17. 孔繁霱转报八路军占领威海卫烟台附近各县并请派兵
    "剿除"代电
   (1945年11月5日) …………………………………… (949)
18. 何思源为八路军进攻济南外围请迅速制止密电
   (1946年1月4日) …………………………………… (950)
19. 何思源转报新四军叶飞所部发布停止军事冲突通谍并
    请求制止该部军事进攻密电
   (1946年1月23日) ………………………………… (950)
20. 何思源报告八路军攻占济宁县城电
   (1946年1月25日) ………………………………… (951)

五、抢夺河南地区

1. 刘茂恩综述新四军控制豫境地区并请求"围剿"快邮代电
   (1945年8月) ……………………………………… (951)
2. 刘茂恩转报人民武装攻占豫省登封密县一带并请派军
   争夺密电
   (1945年8—9月) ………………………………… (952)
3. 蒋介石令五战区派队抢占兰封至马牧集等要地代电
   (1945年9月5日) ………………………………… (954)
4. 刘茂恩请求增援以阻挠八路军攻占豫北焦作沁阳等地
   情形密电
   (1945年9—10月) ………………………………… (955)
5. 刘茂恩转报八路军总部发布接受日伪投降作战命令密电
   (1945年9月14日) ………………………………… (956)
6. 刘茂恩报告"收复"豫北各县等情密电

    (1945年9月16日) ·················· (957)
7. 刘茂恩转报八路军攻占豫省新乡焦作情形并饬属反攻
  密电
    (1945年9月17日) ·················· (957)
8. 刘茂恩转报人民武装进攻豫省鄢陵县并请求增援"围剿"
  密电
    (1945年9月17日) ·················· (958)
9. 刘茂恩转报人民武装准备进攻豫省陈留开封并饬属固守
  城垣密电
    (1945年9月20日) ·················· (958)
10. 刘茂恩转报李先念部准备进攻信阳等情密电
    (1945年9月21日) ·················· (959)
11. 刘茂恩转报八路军攻占豫省获嘉县并饬该县长准备反攻
   密电
    (1945年9月21日) ·················· (959)
12. 刘茂恩综述八路军与国民党军争夺豫西豫北各地情况
   密电
    (1945年9月25日) ·················· (960)
13. 霍守义部与人民武装争夺豫省兰封等地机密日记
    (1945年9月30日) ·················· (961)
14. 刘茂恩报告八路军进攻豫北安阳一带战况密电
    (1945年10月11日) ················· (966)
15. 刘茂恩报告八路军与国民党军争夺豫北内黄一带战况
   密电
    (1945年10月12日) ················· (967)
16. 刘茂恩关于人民武装与豫省上蔡团队激战情形密电
    (1945年10月12日) ················· (968)
17. 刘茂恩关于豫西登封等地保安队进攻人民武装密电

23

(1945年10月12日) …………………… (968)
18. 刘茂恩关于八路军与国民党军争夺豫北汤阴情形密电
(1945年10月12日) …………………… (969)
19. 刘茂恩关于人民武装与国民党军争夺豫东太康等地情形密电
(1945年10月12日) …………………… (969)
20. 刘茂恩报告人民武装与国民党军争夺豫南正阳附近密电
(1945年10月13日) …………………… (970)
21. 刘茂恩关于八路军与国民党军争夺豫省鲁山等地情形密电
(1945年10月14日) …………………… (970)
22. 刘茂恩关于新四军进攻豫南方城等地密电
(1945年10月15日) …………………… (971)
23. 刘茂恩报告人民武装争夺豫省叶县附近经过密电
(1945年10月17日) …………………… (972)
24. 刘茂恩报告八路军重新攻占豫北修伍情形电
(1945年10月28日) …………………… (973)
25. 刘茂恩转报保安队夺占豫省西华县城经过电
(1945年12月7日) …………………… (973)
26. 刘茂恩转报张建成率团队会同正规军进占豫省获嘉县经过电
(1945年12月15日) …………………… (973)
27. 刘茂恩转报六十八军一部夺占豫省杞县县城情形电
(1945年12月24日) …………………… (974)
28. 刘茂恩报告国民党军夺占豫省封丘情形电
(1945年12月31日) …………………… (974)
29. 刘茂恩转报辉县团队配合国民党军夺占豫省该县情形电

(1945年12月31日) …………………… (975)

六、抢夺安徽地区

1. 李品仙报告国共双方争占皖省各县城情况密电
   (1945年10月24日) …………………… (975)
2. 军委会办公厅抄送关于新四军成立苏皖边区临时行政委员会以夺取华中情报函
   (1945年12月4日) …………………… (976)
3. 内政部抄送安徽省政府关于该省已"收复"各县情形电
   (1945年12月12日) …………………… (977)
4. 第一三八师争夺津浦线南段要地机密作战日记
   (1946年1月) …………………… (978)
5. 李品仙续报"收复"皖东各县经过情况密电
   (1946年8月) …………………… (983)

七、抢夺江苏地区

1. 王懋功关于阻挠新四军占领六合等地密电
   (1945年8—9月) …………………… (985)
2. 王懋功报告"收复"苏省沦陷区各县情况密电
   (1945年9月3日) …………………… (986)
3. 王懋功转报新四军与国民党军争夺苏北兴化县城经过情形电
   (1945年9月) …………………… (988)
4. 王懋功关于阻挠新四军攻占淮阴等县经过情形电
   (1945年9—10月) …………………… (988)
5. 王懋功关于新四军与国民党军争夺泰兴如皋等县经过情形电
   (1945年9月) …………………… (992)
6. 王懋功转报国民党军阻击新四军围攻宿迁邳南经过情形密电

(1945年9月27日) …………………………………… (995)

7. 王懋功报告新四军进攻武进丹阳等地代电
   (1945年9月27日) …………………………………… (995)

8. 王懋功关于阻挠新四军进攻邳县附近密电
   (1945年9月30日) …………………………………… (996)

9. 王懋功关于刘瑞岐部在苏北萧县一带与新四军激战等情密电
   (1945年10月4日) …………………………………… (996)

10. 王懋功关于新四军在陇海津浦路沿线活动等情密电
    (1945年10月6日) …………………………………… (997)

11. 王懋功关于新四军攻占泰兴城等情密电
    (1945年10月) ……………………………………… (997)

12. 王懋功转报新四军第二师拟进攻扬州外围密电
    (1945年10月6日) …………………………………… (998)

13. 王懋功转报新四军与国民党军争夺崇明县情形密电
    (1945年10月10日) ………………………………… (998)

14. 王懋功关于严防新四军进攻高淳等地电
    (1945年10月14日) ………………………………… (999)

15. 王懋功关于严防新四军进攻无锡等地电
    (1945年10—11月) ………………………………… (999)

16. 王懋功关于新四军与国民党军争夺苏北双沟等地电
    (1945年10月15日) ………………………………… (1001)

17. 王懋功关于严防人民武装进攻台儿庄及邳县各据点密电
    (1945年10月22日) ………………………………… (1001)

18. 王懋功关于阻挠人民武装攻陷邳县宿羊山并进攻萧县代电
    (1945年10月23日) ………………………………… (1002)

19. 王懋功转报新四军为接收苏浙皖三省及两特别市任命省

主席及市长密电

  （1945年10月24日） ………………………………… (1002)

20. 王懋功关于阻挠八路军和新四军围攻徐州等地代电

  （1945年11—12月） …………………………………… (1003)

21. 王懋功报告所属保安部队苏南反共军事部署代电

  （1945年12月14日） ………………………………… (1005)

22. 王懋功报告苏北高邮被攻占经过情形代电

  （1946年1月8日） …………………………………… (1005)

23. 王懋功报告杨泰公路及泰县张家坝等据点被摧毁经过代电

  （1946年1月8日） …………………………………… (1006)

24. 王懋功报告苏北东海县水牛庄等据点失守经过代电

  （1946年1—2月） …………………………………… (1006)

25. 王懋功报告陇海线东段新安镇等据点被攻占代电

  （1946年1月） ………………………………………… (1008)

26. 汤恩关于第三方面军进攻京沪地区人民武装战斗要报

  （1946年2月） ………………………………………… (1009)

八、抢夺湖北地区

1. 第三十三集团军总司令部关于抢占湖北沙市等地阵中日记

  （1945年8月） ………………………………………… (1013)

2. 王东原关于阻挠新四军李先念部进占豫鄂边区及大洪山一带代电

  （1945年11月13日） ………………………………… (1016)

3. 第三十三集团军总司令部关于抢占武汉等地机密作战日记

  （1946年1月13日） …………………………………… (1017)

九、抢夺广东地区

27

1. 第七战区司令长官部关于"围剿"粤境人民武装机密
   作战日记
   （1945年12月） ………………………………………（1030）
2. 第十二集团军抢夺赣南及粤省要地机密作战日记
   （1946年1月） ………………………………………（1049）
3. 余汉谋所部为争夺地盘"围剿"东江纵队等人民武装
   阵中日记
   （1946年2月） ………………………………………（1056）

〔一〕军事行政制度

（一）最高军事参咨议机关

1. 军事委员会军事参议院参咨议服务规程草案

（1945年12月12日）

军事参议院参咨议服务规程草案　年　月　日业务检讨会议制订，年　月　日批准公布施行，年　月　日军事委员会指令备案。

第一章　总则

第一条　本规程依军事参议院组织法第十二条之规定订定。

第二条　本院参议咨议（简称参咨议）在院服务，除另有规定外，悉依本规程办理。

第三条　参咨议除奉外调外，其服务成绩，每年终由本院铨衡会议，依据其建议、咨询、研究、调查、小组联系、年会等工作及动态之报告，详加考核呈报军事委员会。

第四条　参咨议除奉准者外，严禁在外兼职，奉准兼职者并不得冒领兼薪。

第五条　参咨议对于院务应严守机密，非经呈准不得对外宣泄或发表任何文字。

第六条　参咨议学识、年龄及体力适当者，得由本院核送各种训练机关深造，或参加考察等类工作。

第七条　参咨议对院呈文须以一文一事为限，凡属普通查询得径向各级主管单位洽办。

第八条　参咨议均应遵守本规程，如有违背或有其他不法行为，本院当依法惩处，其情节重大者并呈请军事委员会法办。

第二章　到职

第九条　参咨议于奉到任职令后，应即遵照受任须知亲自来院，并将到职日期以书面呈报，其因故不能即时亲自报到者，应先以书面报到，并详具住址呈准本院，得不随院服务。

第十条　参咨议呈报到职时须呈缴：

一、本人履历三份。

二、自传二份。

三、本院人事调查表一份。

四、其他应行填呈之表报。

以上各项空白表报均随任职令附发。

第十一条　凡已领有军人手牒者，应即填注就任本院职务及年月日，呈由院长签字盖章，否则即应向本院请领空白手牒，依法填呈经审核盖印发还，与本院证章同时随身使用。

第十二条　参咨议不随院服务时，其薪俸领发办法如下：

一、呈准由院汇寄者，应将本人印鉴交存本院。

二、呈准由他人代领者，除将本人印鉴式样留呈外，并须将代领人姓名、最近免冠二寸半身像片、住址及其印鉴式样同时留呈本院，以备核对。

代领薪俸人均须填具保结证明书，除担保委托人不在外支领兼薪外，如委托人有死亡情形并应随时通知本院，否则由院呈报军事委员会法办。

第十三条　本院所发之军人手牒、证章、符号等，均不得借与他人，如有遗失应报请补发，凡遗失证章者扣罚薪俸四分之一。

第十四条　本院为便利参咨议之服务，由院按时编印参咨议备忘录，发给参咨议慎密保用，凡属本院重要法令及参咨议应行遵守知照之事项均摘要编录，无论前此已否按奉，该项法令一律认作有效，均仍当奉行。

第十五条　参议所用之卫士，应于到职时开具姓名单呈备存查，经核准补用后，各由参议本人管理，如有不法行为须负联带责任。

第三章　传询

第十六条　本院院长为询事考成，得随时传询参咨议。

第十七条　凡被传询者应于奉到院令之三日内，将启行日期及途程先行呈报，并限于传询前五日报到听候传询。

第十八条　报到前应填呈本院所发之各种表报，其未呈缴自传者并应补呈。

第十九条　传询经过及平时服务成绩，由院呈报军事委员会。

第二十条　如因事故不能来院，应将事由（病假须附医院医师证明文件）详为呈报，经本院审核得免予传询或缓期传询。

第廿一条　凡逾传询期限不到而又未经呈准者，以失踪论，自传询日起停薪，或呈请免职。

第四章　建议咨询

第廿二条　参咨议应本学识及经验拟具各种建议案呈院核转军事委员会采择。

第廿三条　参咨议除奉派另有工作及有其他事故呈准外，每年至少须呈建议案一则。

第廿四条　参咨议对本院转令之咨询案件，均应详为研究依限拟复。

第廿五条　凡建议咨询案件，除陈述理由或意见外，均必须针对题案加拟具体方案或办法，并应力求详实，不得模棱空洞。

第廿六条　各项建议及咨询案件，得由院核交军事研究会研讨通过，再为汇核呈送。

第廿七条　机密及有时效之建议咨询案件，得由院长核定随时转呈或咨复。

第五章　研究

第廿八条　参咨议随院服务者，均须按时出席本院军事研究会。

第廿九条　研究纲目由军事研究会依期自行拟订，如有奉交之研究题案当提前研究。

第三十条　每次研究题案或纲目，应先期摘要印发，以备出席者有所准备。

第三十一条　出席人员应将研究意见或办法，提出书面报告以备查考。

第三十二条　每次会议情形及研究结果，均应详密纪录呈报院长，每年终并由院汇呈军事委员会。

第三十三条　军事研究会每月举行两次，必要时得举行临时会。

第三十四条　研究题案及纲目，必要时得通知不随院服务之参咨议共同研究，研究结果并应向军事研究会提出书面报告。

第三十五条　参咨议得将建议案或著作，提请军事研究会研讨。

第三十六条　研究人数过多时，得分期参加或分组举行之。

第三十七条　本院为研究国防科学，阐扬军事知识，摘录中外军事学术论文及介绍参咨议著作译述，得编印刊物或印行丛书，其办法另定之。

第六章　调查

第三十八条　参咨议除奉派有专任之调查工作外，各应在居留地随时调查当地下列事项：

一、国军及地方团队一般状况及军风纪。

二、有关军事之各种设备。

三、兵要地理。

四、经济情形。

五、其他重大见闻。

第三十九条 调查方法以实地观察及秘密探访为主，均必须查明详确，尽力搜集证件，然后呈报。

第四十条 调查所得于每次寄呈通讯、季报表时，随同呈院，其属于重要及有时效者应随时呈报。

第四十一条 凡属调查，均须加注观感及改进之意见，必要时本院得核呈军事委员会参考。

第七章 出勤

第四十二条 本院参咨议应随时听候派遣。

第四十三条 凡奉军事委员会或本院派遣及由其他机关、部队、学校咨准调用者，均应于三日内将本院工作予以结束，即行前往派遣处所报到服务。

第四十四条 到达派遣处所后，即受其管辖，并即将到达日期呈院。

第四十五条 在派遣期中，应于每年十月底将工作概况拟具报告呈院备查。

第四十六条 凡奉派遣或临时出勤者，均应遵守中央公务员出差之戒条：

一、不得干涉所受任务以外之事件。

二、不得泄露职务上所应守之秘密。

三、不得自恃为中央人员对地方官民有矜夸或轻视态度。

四、不得以中央名义招摇或向地方官吏有所请托推荐或借贷。

五、不得接受地方官民之招待或馈遗。

六、不得向地方机关需索宿舍、舟车、伕马等一切供应。

七、不得冶游、赌博及其他不名誉行为。

八、不得于事毕逗留差次或其他地方及私自回籍。

第四十七条 任务终了，除另有事故呈准外，应即返院，并将启行返院及到院日期连同工作报告分别呈院。

第四十八条　参咨议之请求派遣者,须将志愿、特长、体力专案呈由本院转请军事委员会核派。

第四十九条　凡奉本院临时派遣者,如事务不能依限办竣时,应将原因报请延长日期。

第八章　动态报告

第五十条　本院为明了参咨议一般生活实况,并备军事委员会查询征调,凡不随院服务之参咨议,均须与院通讯报告动态。

第五十一条　动态通讯报告,定每年一、四、七、十月底分四次呈院,如有迁移或其他行动,并应随时另报行止。

第五十二条　动态报告着重于个人生活及家庭现况之概述,并详报最近住址,由本院制印通讯季报表分发填呈。

第五十三条　本院对于参咨议之动态报告,每年终予以综合批示,并汇表呈报军事委员会备查。

第五十四条　逾半年不填通讯季报表者,由院先予停薪并呈报军事委员会。逾一年不填报者呈请免职。

第五十五条　参咨议在外调出勤及受训期间,亦须按时报告动态。

第九章　小组联系

第五十六条　每一地区之参咨议其人数在三人以上者,均编成一小组,以求工作上有所联系,人数过多时经本院核定得另编一小组或数小组。

第五十七条　每组设组长一人主持组务,由院长指派之。设副组长一人辅办组务,由各组选举之。

第五十八条　每组每月由组长召集会议一次,除生活报告、工作检讨、学术研究、讨论议案外,并商讨办理本院交办事项。

第五十九条　不能出席组会时,应向组长报告。

第六十条　每次开会出席、缺席、请假人员及研究议决各案,应将记录及附件,由组长于会后一周内呈院,各组记录由组员轮值之。

第六十一条　在其他机关、部队、学校服务及奉令临时派遣者，经本院核定亦须出席当地之组会。

第十章　年会

第六十二条　本院每年举行年会一次，由院长呈准军事委员会定期召集之。

第六十三条　参咨议除呈准外，均须出席年会。

第六十四条　年会开会主要程序如下：

一、报告事项。

（一）院务报告。

（二）其他报告。

二、工作质询。

三、研究事项。

（一）论文或著作之宣读及审查。

（二）军事图书之选评。

（三）国际情势之研讨。

（四）未来战争之预测。

（五）奉交研究事项。

四、讨论议案。

（一）国防计划。

（二）建军方案。

（三）本院工作设计及工作检讨。

（四）奉交讨论事项。

第六十五条　年会举行时各院各级单位主官及经指定之职员均须出席。

第六十六条　年会得由院长呈准，分区举行，其办法另定之。

第六十七条　年会经过应由本院编造报告呈核。

第十一章　离职

第六十八条　参咨议辞职须呈由本院转呈核准，未经核准辞职者不得离职。

第六十九条　参咨议于奉到各项离职命令后，应即离职，并将离职日期呈报。

第七十条　离职时须将经办工作予以结束，并将军人手牒呈由本院签注离职日期发还。

第七十一条　各项离职手续清结，即由本院发给离职证。

第七十二条　平时死亡应由家属先将死亡事由、疾病名称、日期、地点、医院或医师诊断证明书一并呈院转报，然后再依法填报各种表报申请议恤，其有特殊勋劳与贡献者，并得由遗族列举详确事迹，由院核转呈请褒扬。

第十二章　附则

第七十三条　本规程所规定各项工作，如需用人员时，由院长派定职员担任之。

第七十四条　本规程未订明事项，悉依有关法令办理或由院长以命令行之。

〔军事参议院档案〕

2. 军事委员会军事参议院办事细则

（1946年2月5日）

军事参议院办事细则

二十一年八月四日订颁，三十一年十一月十四日修正，三十四年十二月十二日再次修正，三十五年二月五日军事委员会指令备案。

第一章　总则

第一条　本细则依军事委员会办事通则第八条之规定订定

之。

第二条　本院各厅科室（以下简称各级单位）及直属人员执行职务，除法令另有规定外悉依本细则办理。

第三条　本院各级单位及直属人员对本院组织法所赋予业务之执行应负完全责任。

第四条　本院院长得依法令规定，对本院各级单位及直属人员发布各种命令。

第五条　凡关系院内两单位以上事件，应由主管或关系较密切单位主持会同有关单位办理，如有意见出入而经会商仍不一致时，请本院业务检讨会议决定或签呈院长核示办理。

第六条　全院职员均应按时到公，不得迟到或早退，在开始办公十五分钟以后到者为迟到，在散值前十五分钟退公者为早退，无故不到者为旷职。各级职员到公及散值时，均须于考勤簿内亲自签到，书明确实时间，不得托人代签，每日由值日官送呈院长核阅后，交由人事科保管并分别登记备查。

第七条　执行工作应充分利用表册，随时分别登记、注册、统计，并编造各种日报、周报、月报及年度报告。

第八条　本院对于机密案件之处理保管，应由各级单位主管或呈准指派专员负责，以免泄露。

第二章　职掌

第九条　院长、副院长及参谘议之职掌，悉依本院组织法第二、第三及第六条之规定。

第十条　秘书之职掌如左：

一、全院工作计划、工作报告之汇编。

二、机要函电及交际文字之撰拟。

三、有关业务检讨会议之日程编定及各种纪录。

四、有关学术及文化事项之管理。

五、院长、副院长交办事项及全院日记。

第十一条 副官之职掌如左:
一、整饬全院军纪、风纪。
二、全院清洁及警卫、消防。
三、交际及接待事宜。
四、院本部兵伕管理及警卫排之指挥训练。
五、院长、副院长交办事项。

第十二条 总务厅职掌如左:
甲、本厅副官:
一、本厅文件之分发及保管。
二、本厅兵员管理。
三、本厅杂务及高级副官临时指导办理事项。
四、厅长交办事项。
乙、文书科:
一、有关全院法制之拟议。
二、文书撰拟。
三、全院文卷收发及档案管理。
四、典守印信。
五、电报之收发、译缮及电本之编制与保管。
六、差假证照之填发及保管。
七、不属于其他单位文件处理。
丙、管理科:
一、经费之出纳保管。
二、文具之购置及装备之领发保管。
三、房屋之营缮。
四、车马及油料管理。
五、证章符号之管理。
六、官兵伙食管理。
七、其他有关财务及庶务事项。

丁、诊疗所：
一、环境卫生设施之拟议及督导。
二、疾病预防及其治疗。
三、卫生器材之管理。
四、伤病及死亡之证明。
五、其他有关保健事项。

第十三条　军事厅职掌如左：

甲、本厅副官

与第十二条甲项同。

乙、编纂科：
一、建议及谘询案件之整理审核与呈转。
二、研究题案及征文之整理审核与汇转。
三、全院官兵一般著述之审核。
四、各种军事研究会之筹办及其纪录。
五、重要军事学术论文之摘录与翻译。
六、本院刊物之编纂、出版、分配、交换、保管及稿金之核之。
七、奉交之特殊审议案件。
八、其他有关军事编纂事宜。

丙、调查科：
一、国内外军事、政治、外交、经济等消息之一般编录。
二、一般军事资料及特殊国际情报之征集及保管。
三、参谘议在外调查文件之整理及核转。
四、各种军事统计。
五、各种军事图书、刊物之管理。
六、其他有关军事调查事项。

第十四条　人事科职掌如左：
一、人员之甄审事项。

二、任职、任官、服役、调遣、考绩、奖惩、进修、退休及抚恤等业务之办理。

三、参谘议生活动态之通讯及批答。

四、各种人事调查、登记、统计事项。

五、有关人事证件之填发及保证。

六、各种法定人事表册及履历、自传、手牒、职员证之管理。

七、其他有关人事事件。

第十五条 会计室职掌如左：

一、概算、预算、计算、支出及审核各事宜。

二、静态会计报告之编造。

三、动态会计报告之编造。

四、其他有关会计事项。

第三章 权责

第十六条 院长之权责如左：

一、负责督率命令之执行。

二、本院工作计划之决定。

三、对于编制预算之扼要提示。

四、拟定法制时重要原则之提示。

五、高级人员之依法任免及考核。

六、监督指导及考核各级单位及直属人员之工作。

七、重要案件变更处理方式之决定。

八、重要会议之主持及参加。

九、其他有关政务之处理。

第十七条 副院长之权责如左：

一、辅助院长处理院务。

二、院长不能执行职务时代理其职务。

三、院长委托之其他事项。

第十八条 参谘议之权责，另依参谘议服务规程规定。

第十九条　秘书及副官之职掌，各由其最高级人员负责领导办理，其权责与各科室主官同。

第二十条　厅长之权责如左：

一、本厅工作计划、工作报告之审核。

二、本厅主管案件之处理与执行。

三、本厅例行文件及重要文件之核定与批分。

四、本厅各单位主官任免、考核之拟议及其以次人员各种人事案件之复核。

五、随时提请院长、副院长注意之重要事项。

六、院长、副院长交办事项。

第二十一条　科长主任之权责如左：

一、主管部分工作计划、工作报告之编订。

二、主管工作进行状况之检讨及改进。

三、所属人员之工作分配、指导、督促与考核。

四、所属人员任免、调遣、考绩、奖惩之拟议。

五、主管范围内属于普通或例行事件之核定。

六、重要事件之拟议。

七、随时提请上级主官注意之重要事项。

八、其他交办事宜。

第二十二条　各单位主官以次人员各承其主官之命，分任职掌及交办事宜。

第二十三条　凡随院服务人员，因故请假时，除依照陆军休假规则办理外，其准假权如左。

一、院长有准所属将官七日，校官十四日，尉官二十一日，士兵三十一日以内事假、病假之权。

二、厅长有准所属校官七日，尉官十四日，士兵二十一日以内事假、病假之权。

三、科长主任有准所属五日，士兵十日以内事假、病假之权。

第四章 文书处理
第一节 收发

第二十四条 本院外来一切文电,统由文书科收拆、编号、摘由、登记或翻译,呈送院长、副院长核阅,并批定承办处所,凡机密亲启文件只编号登记,不得拆阅,应径行呈送。

第二十五条 院长、副院长已批阅之文电,应由文书科依照批示,分送承办处所点收,凡未经明白批示者,呈由总务厅厅长拟定。

第二十六条 本院向外发送文电,统由文书科编号、登记、封发或译发。

第二十七条 例行文件由各级单位主官代行,径行者其行文编号须冠以本单位名字,重要文件,并须加注院字。

第二十八条 收文发文号,由文书科填用中心号码,以资划一而便查考。

第二节 处理要则

第二十九条 承办文件以一文一事为原则,除例行之件得签稿并送外,均须先拟办法签请核示后再行拟稿。

第三十条 文件与其单位有关者,应由有关单位会签或会稿呈核。

第三十一条 左列文件得不经院长、副院长或厅长判行,由各级主管单位主官仍用院长、副院长或厅长名义径行批发。

一、职掌内之例行文件。

二、依例备查及指令悉等类文件。

三、根据法令规章所为核示而性质不关重要之文件。

四、根据上级长官指示或核示办理之文件。

五、因时间急迫不及呈送上级核判,而为权宜之处理事,仍应补报或呈送补判者。

另订分层负责表及文件判行权责表以资遵守。

第三十二条　涉外事件及与经济、人事有关者，各级单位主官绝对不得批发。

第三十三条　凡由各级单位主官径行之文件，应每周列表呈送院长、副院长察核。

第三十四条　由撰拟至审核，如引用人名、地名、数目字有错误时，应由拟稿人负责，至文理、文法、程式及引用法令、规章、例案有错误时，应由经办单位之主官负责，其上级主官并负连带责任。

第三十五条　由收发至交办、撰拟、审核、缮印、校对、用印、封发以迄归档，各经办人员皆应签字或盖章，并注明年月日，以明责任，其有时间性者，并应加注钟点。

第三十六条　各级单位承办文件，其缮录、校对、油印、装订均由各级单位自行负责办理。

第三十七条　普通文件之通知，应检同原件传阅或抄录一份随时公布，其重要者必须转令通饬遵照。

第三十八条　每周收发文件及处理经过，列表呈阅。

第三十九条　凡刊载于《国民政府公报》，并不另行之公文而与本院有关者，由文书科负责查明呈报核办。

第三节　用印

第四十条　凡经负责判行之文件始可用印，否则应予拒绝。

第四十一条　凡经呈准预盖院印者，应于月终将本月份使用预印公文纸列表报查。

第四节　档案

第四十二条　文件办理后，应由本单位主管人员负责整理保管。

第四十三条　全案办竣之文件，各单位应即送文书科整理归档。

第四十四条　调卷时应填具调卷单，凭单调出，凭单归还。

第四十五条　文卷应于每年终清理，并分别列表呈准销毁或保存以重档案。

第五章　值日勤务

第四十六条　本院设值日官及值日副官各一员，值日官由高级副官及各科室主官轮值之，值日副官受值日官之指挥，由全院副官轮值之，其职责如左：

一、整饬秩序。

二、检查内外清洁及一切警卫设备。

三、办理并报告临时发生事项。

四、管理各种考勤簿及填报各种法定表报。

第四十七条　各级单位应视事务繁简，各设值日官一员，由本单位主官以次人员轮值之。

第四十八条　值日人员均应住院不得外出，其交替时间以每日正午为准。

第四十九条　值日人员对轮值前后未能办完事件，仍应分别先后共同负责。

第五十条　值日人员因事请假，须自行委托同事代理，报请核准。

第五十一条　新任人员服务未满一月者，不任值日勤务。

第五十二条　值日人员须将值日经过填载值日簿呈核。

第六章　会议

第五十三条　本院每周举行业务检讨会议一次，检讨并计划一切院务，各级单位主官及上校以上人员均应出席，由院长或副院长主持之，必要时得举行临时会议。

第五十四条　各级单位考绩、奖惩之建议，以及官之任免、转复役之起、退、停、回、延、除，职之任免、停复、撤调之审议，均由院长随时召集铨衡会议商讨，依陆海空军各部队、机关、学校铨衡会议规则之规定办理。

第五十五条 各级单位得自行开会商讨有关工作问题,其召开办法,由各级单位自行规定之。

第七章 附则

第五十六条 各级单位除遵守上下系统外,并应左右密切联系,以求院务之完美发展。

第五十七条 各级单位得依法令,呈准制定各种工作实施方案或办法,以利工作之推行。

第五十八条 本细则未订明事项,悉依有关法令办理,并得由院长以命令补充之。

〔军事参议院档案〕

3. 国民政府修正公布本府参军处组织法令

(1946年7月9日)

国民政府令 中华民国三十五年七月九日

兹修正国民政府参军处组织法,公布之。此令。

国民政府参军处组织法 三十五年七月九日修正公布

第一条 国民政府设参军处,掌理国民政府典礼、总务,及有关军事命令之宣达、军事文件之承转审拟等事项。

第二条 国民政府置上将参军长一人,承国民政府主席之命,综理参军处处务。参军十人至十五人,就现役陆海空军将官中任命之,受参军长之命,承办特交事项。

第三条 参军处设左列各局:

一、军务局。

二、典礼局。

三、总务局。

第四条 军务局之职掌如左:

一、关于军事命令之宣达事项。

二、关于军事文件之承转审拟事项。

三、关于各军事机关之连系事项。

四、关于国防作战整军建军等问题之研究与建议事项。

第五条　典礼局之职掌如左：

一、关于国庆日及其他纪念日典礼事项。

二、关于接待外使、招待外宾事项。

三、关于阅兵、出巡事项。

四、关于国内及国际礼仪事项。

五、关于京内外官员及团体与蒙藏政教领袖觐见典礼事项。

六、关于授勋典礼事项。

七、关于其他大典及礼节。

第六条　总务局之职掌如左：

一、关于举行典礼之布置事项。

二、关于本府本处庶务事项。

三、关于本府卫生医药事项。

四、关于普通交际及来宾登记事项。

五、关于本府交通事项。

六、关于出纳事项。

七、关于其他不属于各局室事项。

　　第七条　军务局置中将局长一人，中少将副局长一人或二人，少将高级参谋四人至六人，上中少校参谋九人至十五人，中少校副官一人至二人，上中尉副官一人。

　　军务局置秘书一人，简任或荐任，科员十五人至十九人，委任，其中八人得为荐任，书记官十人至十二人，绘图员二人，事务员二人至四人，均委任。

　　军务局于必要时，得置专门委员一人或二人，简派。

　　军务局分科办公时，科长由高级参谋兼任之。

　　第八条　典礼局置中将或简任局长一人，少将或简任副局长一人，上校或荐任科长二人。

典礼局置科员十二人至十六人，委任，其中八人得为荐任，书记官四人至六人，事务员六人至十二人，均委任。

第九条　总务局置中将或简任局长一人，少将或简任副局长一人，上中校或荐任科长七人。

总务局置科员十八人至三十一人，委任，其中二十三人得为荐任，书记官十人至十五人，事务员十五人至三十二人，均委任，主任医官、副主任医官各一人，荐任或简任，医官五人，荐任，司药三人，看护长一人，均委任。

第十条　参军处设秘书室，置主任秘书一人，简任，秘书四人至六人，荐任，其中二人得为简任，科员四人，委任，其中二人得为荐任，中少校副官二人，上中尉副官二人，书记官三人，事务员二人，均委任。

第十一条　参军处设机要室，置主任、副主任各一人，均简任，秘书二人，简任，科长二人，视察四人，均荐任，科员二十人，委任，其中六人得为荐任。

第十二条　参军处设人事室，置主任一人，荐任，科员五人至八人，委任，其中三人得为荐任，助理员二人至六人，委任，依人事管理条例之规定，掌理人事管理事务。

第十三条　参军处置会计主任一人，统计主任一人，均荐任。会计佐理员六人至八人，统计佐理员二人至四人，均委任。分别办理本处会计、岁计、统计事务，受参军长之指挥监督，并依国民政府主计处组织法之规定，直接对主计处负责。

第十四条　参军处设警卫室，置中少将主任一人，上校或少将副主任三人，上中少校侍从武官四人，上中少校侍卫官十二人，上中少校警务员十二人，上中少尉侍卫官十六人，上中少尉警务员十六人，上中少尉侍卫四十二人，中校参谋二人，少中校副官二人。

警卫室置秘书一人，荐任或简任，书记官二人，事务员二人至四人，均委任。

第十五条　参军处科员、事务员、助理员、绘图员，按其学历经历，得为军职铨叙。

第十六条　参军处得用雇员二十人至三十人。

第十七条　参军处设警卫总队、军乐队、其编制由参军处定之。

第十八条　参军处处务规程，由参军处拟订，呈请国民政府核定之。

第十九条　本法自公布日施行。

〔国民政府档案〕

4. 国民政府公布战略顾问委员会组织条例等令

（1946年11月28日）

国民政府令　中华民国三十五年十一月二十八日

兹制定战略顾问委员会组织条例暨战略顾问委员会秘书室编制表，公布之。此令。

战略顾问委员会组织条例　三十五年十一月二十八日公布

第一条　战略顾问委员会为军事最高建议及储备战时高级指挥官之机关，隶属于国民政府主席。

第二条　战略顾问委员会，以曾任重要军职、勋望卓著之陆海空军现役将官，由国民政府特任之，其名额以十九人为限，并指定一人为主任委员。

第三条　战略顾问委员会为研究或检讨与战略有关之军事、政治、经济、外交、教育、交通等问题，得请由国防部供给资料，开会并得请由国防部派员出席报告。

第四条　战略顾问委员会设秘书室，掌理总务文书图书资料及各项会议事务,其编制依附表之所定。

第五条 本条例自公布日施行。

战略顾问委员会秘书室编制表

职别	官佐		士兵		乘车	备考
	阶级	员额	阶级	名额		
主 任	少校	一				主管全室事务
参 谋	上校 中校	一 二				分掌会议事务暨 保管图书资料
秘 书	同中校 少校	一 二				分掌文电收发暨 承办文稿
副 官	少校 上尉	一 一				分掌交际、管理、庶务
译电员	军荐二阶 军委一阶	一 一				分掌译发文电 保管密码
书 记	军委一 (二)阶	一				缮写
司 机				二	吉普车二	公用
卫 士			下士	一		
传令兵			上等兵	二		
公 役			二(三)等	二		
伙 伕				二		
合 计	军官佐	十	士兵	九	吉普车二	

附记:本表所列人员,概由国防部派用。

〔国民政府档案〕

5. 行政院公布战略顾问委员会委员待遇办法令

(1947年6月3日)

行政院令　从荒字第二〇八九三号
　　　　　三十六年六月三日

兹制定战略顾问委员会委员待遇办法，公布之。此令。

战略顾问委员会委员待遇办法

第一条　战略顾问委员会委员之给与，依陆海空军现行给与之规定。

第二条　战略顾问委员会概为现役将官，每一委员得由国防部配置左列人员及车辆，供其指挥及使用：

中（少）校参谋一员。

同少校秘书一员。

上尉副官一员。

上士卫士二名。

司机一名。

乘车一辆。

第三条　战略顾问委员会委员奉命检阅部队或巡视国防区各项设施时，其交通工具及旅费概由公给。

第四条　战略顾问委员会委员已满现役年龄时，除特命延役者外，应即退役，同时解除委员职务。

第五条　本办法自公布日施行。

〔国民政府档案〕

6. 总统府公布战略顾问委员会组织条例等令

(1948年11月12日)

总统令　三十七年十一月十二日

兹制定国策顾问委员会组织条例及战略顾问委员会组织条例，公布之。此令。

      总   统 蒋中正
    行政院院长 翁文灏

国策顾问委员会组织条例〔略〕

战略顾问委员会组织条例

第一条　本条例依总统府组织法第二十五条之规定制定之。

第二条　战略顾问委员会由总统就其具有左列资格之一者，特聘战略顾问十九人至二十九人组织之，并就委员中指定主任委员、副主任委员各一人：

一、抵御外侮或敉平祸乱有勋劳于国家者。

二、曾任重要军职富有军事经验者。

三、富有军事学术研究声誉卓著者。

第三条　战略顾问委员会开会时，由主任委员召集之，并为会议时之主席，主任委员因事不能出席时，由副主任委员代理之。

第四条　战略顾问委员会除总统交议者外，对于战略及有关国防事项，得随时向总统提供意见。

第五条　战略顾问委员会于必要时，得请有关机关提供参考资料或于会议时派员列席。

第六条　战略顾问委员会设办公室，其编制如附表。

第七条　本条例自公布日施行。

战略顾问委员会

区分		主任	副主任	高参	参谋	参谋	副官	秘书	文组长
官佐	职别								
官佐	阶级	少(中)将	少(中)将	上少将	中校	少校	少校	上尉	上校(简三)
								军荐二(或简任)	
								军简三(或简任)	
								军简一(或荐任)	
官佐	员额	一	一	五—七	一	二	二	一 二 二	一
士兵	役别	卫士	卫士	文书	传达	公役	四等		公役
士兵	等级	中士	下士	上士	下士	上等兵	三等 二		五等
士兵	名额	二	一		二	一	三 二		二
车辆	种类	¹⁄₄吉普车	¹⁄₄吉普车	脚踏车					
车辆	数量	一		室内 公用 二					
备考									

24

办公室编制表

总		书 组							
组长	副组长	司书	书记	译电员			上尉	少校	中校	组员	副组长
上校(简一)(需正)	中(上)校(荐一)(简三)(二)(需正)	军委四阶	军委三阶	军委二阶	军荐一	军荐二	(委一)	(荐二)	(荐一)	中(上)校(荐一)(简三)	中(上)校(荐一)(简三)
一	一	一	一	一	二	二	二	三	二	一

	助手	司机			炊事
	上等兵	上士	一等兵	上等兵	下士
	一	六	一	二	二

卡车 一

务　　组				合　　计		
组员	书记		司书	军官	军佐	军属
中校（荐一） 少校（荐二） 上尉（委一） （二需正） （一需佐）			军委四（三） 军委二	一四	三六	一
二　二　二　一			一	公役 及 士兵		
				二六		
				脚踏车	卡车	1/4 吉普车
				二	一	二

〔国民政府档案〕

（二）国防部组织

一、国防部机关筹组前后

1. 军政部抄发军法司编制表等代电

(1945年10月12日)

军政部代电　（卅四）务参三 090 号

　　军需署鉴:案奉军事委员会申俭办一参字第三九三六号代电,核定兵役部缩编为兵役署及撤销军法总监部改成军法司,均仍隶军政部,并仰遵照准备。等因;除兵役署组织编制另案核定外,兹经拟订军法司编制表及比对表,并发表刘千俊为该司司长,与军法总监部洽商接收归隶。除分别呈行外,抄同编制比对表,特电知照。陈诚。（卅四）酉（侵）。务参三。附军法司编制及比对表各一份。

军政部军法

职别	司长	副司长	专员	秘书	小计	高级军法官室 主任	高级军法官	主任书记官	书记官	小计	军法行政科 科长	科员		
官佐 阶级	军简二(一)阶	军简二阶	军简三阶	军荐二阶		军简二阶	军简二(三)阶	军荐二阶	军委一阶		军简三阶	(或军荐一阶)军简三阶	军荐一阶	军委一(二)阶
员额	一	二	一	二	八	一	四	一	一	七	一	一	二	三 一
士兵 役别	卫士	卫士				卫士								
阶级	中士	下士				下士								
名额	一	三			四	一				一				
备考	储备等司例设两副司长，该司业务繁重，参照本部总务、					一、办理编纂及审核一切军法法规与重要案件事宜。二、各战区军风纪巡查团均派有军法总监部高级军法官为委员，目下本司仍设高级军法官室。				办理编制计划人事统计及其他行动事宜。				

司编制表

政科		小计	审理科							小计	审核科						小计
统计员	司书		科长	主任军法官	军法官	主任书记官	书记官	特务员	司书		科长	主任军法官	军法官	主任书记官	书记官	司书	
军荐二阶	军委三(四)阶		军简三阶	军简三阶	军荐二阶	军委一(二)阶	军委一(二)阶	军委三(四)阶	军委三(四)阶		军简三阶	军简三阶	军荐二阶	军委一(二)阶	军委一(二)阶	军委三(四)阶	
一	二	一四	一	二	四	四	二	一	九	二九	一	二	四	四	二	一	二〇
						庭个中下士				三三							六
			办理审判一切军法案件。								办理复核一切军法案件。						

合计	小计	总务科			小计	监狱科								备考
		司书	科员	科长		司书	看守员	看守所长	科员	科员	视察	科员	科长	
一二二	一八	军委三(四)阶	军委一(二)阶	军荐二阶（或军荐一阶）	二六	军委三(四)阶	军委二(三)阶	军委一阶	军荐二(一)阶	军委二(一)阶	军荐三阶	军简三阶	军简三阶	
	三	六	四	一	二	四	一	四	四	二	二	一		
	公役	炊事下等兵	传达上等兵			炊事上等兵	看守上士、中士、下士							
六三	四五六等：一二三四	下士一、上等兵四	上等兵六、中士一			下士四、上等兵二	七、七、七							

总务科备考：
- 全司公役由本科分配。
- 办理文书事务经理会计事宜。
- 看守所与看守员因数额限制，另设炊事兵。

监狱科备考：
一、办理军人监狱及看守所一切行政，及军人犯通缉假释等事宜。
二、现军人监狱有四川、湖北、湖南、贵州、江西、福建、成都七军人监狱，另设总监部工作计划拟每省至少设一军人监狱。目前急待修复者有南京中央军人监狱。拟立陕西甘肃两军人监狱。

军政部军法司人数比对表

机关名称 原编制	官兵数	机关名称 现编制	官兵数	比对 增减	备考
前军法司	二六	军法司	六三	一九六	
军法总监部	二五九				
	三六〇		一二一	二三八	

〔后方勤务总司令部档案〕

附记

组织缩小编拟如上。

司主管军法总监部全国性军法业务。前军法司编制似虽适应需要，故参照总监部四科，计官佐九六员、士兵五八名。惟前军法司仅主管本部一部分军法事宜，今该计四室，官佐三六〇员、士兵三五九名。前军法司共分军法行政、审理、审核、监狱

二、军法总监部共分审判、督察、军法行政、监狱、总务五组秘书高级军法及人事、会

一、配置公务轿车及囚车各一辆与编制外设司机助手各二名。

2. 国民政府公布国防部组织纲要令

(1946年5月30日)

国民政府令　中华民国三十五年五月三十日

我国中央军事机构,规模素具。抗战期中,因应需要不无增更析置之处,值兹复员建国伊始,为树立现代军制,并谋军事与行政密切联系起见,亟宜予以改革,以赴事功,所有原设之军事委员会及其所属各部会,以及行政院之军政部,着即裁撤,改于行政院设立国防部,俾臻完善,而专责成。除颁布国防部组织纲要,先行成立外,其有关改制事项,并着行政、立法两院迅即分别办理。此令。

国民政府令　中华民国三十五年五月三十日

兹制定国防部组织纲要,公布之。此令。

国防部组织纲要　三十五年五月三十日公布

第一条　国民政府为策划国防与执行军事设施,于行政院设立国防部。

第二条　国防部承国民政府主席之命,综理军令事宜,并承行政院院长之命,综理军政事宜。

第三条　国防部设六厅,分掌人事、情报、计划作战、补给、编训、研究等事宜;设七局,分掌新闻、民事、保安、预算、史料、督察、兵役等事宜。

第四条　国防部设四总司令部,分掌陆军、空军、海军及联合勤务等事宜。

第五条　国防部置部长一人(特任),其职掌如左:

一、审定参谋总长所提关于国防需要之军事预算及人员、物资之计划,提请行政院决定,并监督其执行。

二、审议总动员有关事项。

第六条　国防部置次长三人(简任),辅助部长,处理部务。

第七条　国防部置参谋总长一人(特任),掌理军事之一切计划准备及监督实施,并有关国防之各种建议,但关于军令事宜,秉承国民政府主席之命令,关于军政事宜,经国防部长提请行政院审定之。

第八条　国防部置参谋次长三人(简任),辅助参谋总长,处理业务。

第九条　厅各置厅长一人,局各置局长一人(均简任),均承参谋总长之命,分掌业务,厅各置副厅长二人,局各置副局长二人(均简任),分别辅助厅局长,处理业务。

第十条　各总司令部置总司令各一人(特任),承国民政府主席之命,参谋总长之指挥,分掌军事实施,置副总司令各两人或三人辅助之。

第十一条　国防部设科学顾问委员会,联络及指导关于国防科学之研究及发展。

第十二条　本纲要自公布之日施行,俟国防部组织法公布时废止。

〔国民政府档案〕

3. 国防部抄附本部及各总部人数统计表代电

(1946年8月29日)

国防部代电　发字第三四四号
中华民国三十五年八月二十九日

行政院钧鉴:八月二十节京伍字第九五七三号训令奉悉。查本部各单位及陆海空军联合勤务总司令部之编组事宜业已完成,各单位编制人数谨列如附表。至本部及各总司令部下附属单位之改组尚在进行中,在新编制未确定前,其单位数目及编制人数均暂维原状。奉令前因,理合恭祈鉴核。国防部。未(艳)。秘编。印。附国防部及各总部人数统计表乙份。

	单位名称	国防部	陆军总部	海军总部	空军总部	联合勤务总部	总计
国防部及各总司令部编制人数统计表	编制人数 军官佐属	二六四四	七〇〇	四〇〇	一二一四	四二七五	九二三三
	士兵	一八五七	五四七	二五九	五〇九	二八一六	五九八八

〔行政院档案〕

4. 国防部拟定本部组织规程草案

(1946年8月)

国防部本部组织规程草案

第一条　国防部部长为处理公务便利起见，得设置本部。

第二条　国防部本部职掌如左：

一、向主席建议关于国防部之一切事宜。

二、处理主席明定之国防业务。

三、处理国防部与其他各部门有关系之事务。

四、代表国防部参加所有公共机构与委员会处理有关国防部事务。

五、监督国防部组织结构之改进计划。

第三条　本部设左列各单位：

一、部长办公室。

二、总务处。

三、副官处。

四、国防科学委员会。

五、在三次长之下分掌下列各司：

甲、次长（一般业务）

1. 民用工程司。

2. 预算财务司。

3. 法规司。

乙、次长（人员）

1. 军职人事司。

2. 文职人事司。

3. 人力计划司。

丙、次长（物资）

1. 工业动员司。
2. 征购司。
3. 土地及建筑司。

第四条 部长办公室职掌如左：

一、关于呈送部长核判公文之承启事宜。

二、收集整理有关军事之统计资料以呈供参考。

三、办理关于行政连系与工作核考事宜。

四、执行部次长交办之事件。

第五条 总务处掌关于部本部之一切总务事宜。

第六条 副官处掌关于部本部之人事文书、电务、档案事宜。

第七条 国防科学委员会掌关于国防科学之研究及其研究项目之拟订、分配、指导、审核事宜。

第八条 民用工程司掌监督国防部内一切与军事需要有关之非军事工程业务与各部会保持联系事宜。

第九条 预算财务司掌关于国防部预算之审核及部本部预算之编造事宜。

第十条 法规司掌关于法规及公布文件之审核批准并与各部会保持密切连系事宜。

第十一条 军职人事司掌关于本部所属单位有关军职特种问题之监督事宜。

第十二条 文职人事司掌关于审核文职人事之方针程序与规章，并代表本部与考试院及其他机关保持连系以处理文职人事事宜。

第十三条 人力计划司掌关于人力使用计划之平衡充足，并与全国人力使用计划之协调事宜。

第十四条 工业动员司掌关于政府与民间有关工业动员之协调事宜。

第十五条 征购司掌监督关于军用品之征购及生产并与公私

机关保持连系事宜。

第十六条　土地及建筑司掌监督关于国防所需土地之取得与处理及军事设备建筑诸计划。

第十七条　本部编制如附表〔缺〕。

第十八条　本部办事细则另订之。

第十九条　本规程自呈准之日施行。

〔国防部档案〕

5. 国防部拟定参谋总长办公室组织规程草案

（1946年8月）

参谋总长办公室组织规程草案

第一条　参谋总长为处理公务便利起见，得设置参谋总长办公室。

第二条　参谋总长办公室（以下简称本室）职掌如左：

一、关于呈送参谋总长核判公文之承启事宜。

二、收集整理有关军事之统计资料以呈供参考。

三、执行参谋总长、参谋次长交办之事件。

第三条　本室设主任一人，承参谋总长、参谋次长之命，综理本室一切业务。

第四条　本室设秘书长一人、副主任二人，襄助主任处理业务。

第五条　本室设三个科，暨高级参谋、秘书，分掌左列职务：

一、第一科办理保管并准备国防军事有关之统计资料，以供参谋总长、参谋次长之需要。

二、第二科办理参谋联络业务，并为参谋总长、参谋次长准备所需之地图。

三、第三科办理本室人事经理及总务事宜。

第六条 本室设高级参谋八人,承参谋总长、参谋次长及主任、秘书长、副主任之命,办理临时交办事宜。

第七条 本室设秘书十人,承参谋总长、参谋次长及主任、秘书长、副主任之命,担任文电、编译、撰拟、机密、保管、信函处理及承办指定之事件。

第八条 本室编制如另表。

第九条 本室办事细则另定之。

第十条 本规程自呈准之日施行。

〔国防部档案〕

6. 国防部颁布修订本部编制草案

（1946年11月14日）

国防部编制草案　　（卅五）戌寒训编动忠代电颁布
中华民国三十五年十月修订

国防部本部组织系统表

```
                    部　　　长
                   /    |       \
              部办  参事室      国防科学委员会
              公长    
              长室    
           /         |          \
       次长         次长         次长
     （一般业务）   （人员）      （物资）
     /  |  |  \    /  |  \      /  |  \
   民 预 法 特    军 文 人    工 征 建
   用 算 规 种    职 职 力    业 购 筑
   工 财 司 计    人 人 计    动 司 土
   程 物    划    事 事 划    员    地
   司 司    司    司 司 司    司    及
                                    司
```

	区分	部次长及部长办公室	参事室	民用工程司	预算财务司	法规司	特种计划司
国防部人员统计表	官佐	军官 军佐 文属官	军官 军佐 文属官	军官 军佐 文属官	军官 军佐 文属官	军官 军佐 文属官	军官 军佐 文属官
	员额	三五 五八	七 六	一七 七	一〇 五	一五 六	一 一 一
	士兵	士兵及公役	士兵及公役	士兵及公役	士兵及公役	士兵及公役	士兵及公役
	名额	一〇四	二	三	三	二	五
	车辆	小轿车 吉普车 卡通车 交踏车 脚踏车	小轿车 ¼吉普车 脚踏车	小轿车 ¼吉普车 脚踏车	小轿车 ¼吉普车 脚踏车	小轿车 ¼吉普车 脚踏车	小轿车 ¼吉普车
	数量	九 八 四 三 五	一 二 一	一 三 一	一 三 一	一 三 一	一 一
	备考						

特种计划司抗战军事损失赔偿调查组	军职人事司	文职人事司	人力计划司	工业动员司	征购司
军官 军佐属	军官 军佐 文属官	军官 军佐 文属官	军官 军佐 文属官	军官 军佐 文属官	军官 文属 军佐职
五 三	二二 八 三	六一一 三 七	七 九 四	一 七 八	八 二
士兵及公役	士兵及公役	士兵及公役	士兵及公役	士兵及公役	士兵及公役
四	一七	二〇	一五	一三	一三
1/4吉普车	小轿车 1/4吉普车 脚踏车	小轿车 1/4吉普车 脚踏车	小轿车 1/4吉普车 脚踏车	小轿车 1/4吉普车 脚踏车	小轿车 1/4吉普车 脚踏车
一	一 六 一	一 四 二	一 四 一	一 四 一	一 四 一

土地及建筑司	国防科学委员会	合　计	附　　　记
军官 军佐 文属官	军官 军佐 文属官	军官 军佐 文属官	一、本编制为暂行编制，视业务需要设置人员，不可全数补足。 二、凡军官军文两用者，均列入军佐属数额内。
七 七 三	二 七	八三 一四 九三　共三一八	
士兵及公役	士兵及公役	士兵及公役	
一三	三〇九	二二七五六九	
小轿车　¼吉普车　脚踏车	小轿车	小轿车　¼吉普车　交通车　卡车　脚踏车	
一 四 一	三	二三 四七 一 四三 六	

国防部本部编制草案

区分	职别	阶级	员额	役别	等级	名额	种类	数量	备考
部次长及官佐	部长	上将（特任）	一	卫士	上中士	二	小轿车	二	均列在总长随从副官卫士办公室及小轿车内。
	参谋总长	上将	一	卫士	中士	六	小轿车	三	
	国防部次长	中将	三	卫士	中士	二	小轿车	一	均列在总长随从副官卫士办公室及小轿车内。
	参谋次长	中将	三	卫士	下士	二	小轿车	一	
	主任	少（中）将	一	上士	上士	一			
	副主任	少将	一	文书					
	秘书	军简三阶	一	公役	四等	二			部长随从副官一，次长随从副官各一。
	随从副官	中少将	四						部长办公室一，室内公用。
	副官	上尉	二						
	书记	军委一阶	一						
	主任秘书	军简二阶	一	卫士	下士	一	小轿车	一	
	秘书	军简三(荐一)阶	六	传达	下士	一	¼吉普车	一	
	书记	军委一阶	一	上等兵		二	脚踏车	一	

部长办公室									总务					
书室									处长	副处长	书记	人事科		
文书科				电务科			图书科							
科长	科员	书记	司书	科长	科员	司书	科长	科员				科长	科员	司书
军简三阶	军荐二阶	军委一阶	军委四(三)阶	军简三阶	军荐二阶	军委四(三)阶	军简三阶	军荐二阶	少将	上校	军委一阶	上校	中校 少校	军委四(三)阶
一	二	二	一	一	六	三	一	一	一	一	一	一	一 一	一
公役	文书								卫士	文书	传达	公役		炊事
四五等	上士								下士	上士	上中下士	上等兵	四五等	下士
四	四								一	四	六	一	二 三	一
T¼吉普车				T¼吉普车					小轿车	T¼吉普车	脚踏车	T¼吉普车		
一				一					一	一	四	一		
兼充科内公用。				兼充科内公用。								兼充科内公用。		

	处					室	参		事				
管理科				经理科			小计	主任参事	参事	参谋		绘图员	统计员
科长	科员		司书	科长	科员	司书							
上校	中少校	上尉	军委四(三)阶	一等军需区	二三等军需区	军委四(三)阶	军佐官 文属官	少(中)校	军简二阶	上校	中少校	三等测量区	军委一阶
一	三 五	四	一	一	三 四	一	三五 五八	一	三	二	一 一	一	一
	司机	司机助手			司机 上等兵		士兵及公役	卫士中士	传达下士		公役 上等兵		
上等兵 上士	上等兵				一			中士	下士		四五等		
一 〇	二 七	四			四		一〇四	二	三 二	一	一 一		
1/4吉普车	交通车	卡车	1/4吉普车				小轿车 交通吉普车 卡车 脚踏车	小轿车	1/4吉普车		脚踏车		
一	四	三	一					一	二		一		
兼充科内公用。				兼充科内公用。					参事及室内公用。				

	室		民用工程司										
						电气组				建筑组			
书记	司书	小计	司长	副司长	书记	组长	组员	统计员	司书	组长	组员	统计员	小计
军委一阶	军委四(三)队	军官军佐军属文官	少将	简任	军委一阶	简任	荐任	军委一阶	军委四(三)阶	简任	荐任	军委一阶	军官军佐军属文官
一	一	七六	一	一	一	二	一	二	二	一	二	一	一七七
		士兵及公役	卫士	文书	传达	公役				司机			士兵及公役
			下士	上士	下士	上等兵	三等			上士			
		二	一	一	一	一	二			四			二二
		小轿车 脚踏车	小轿车	1/4吉普车	1/4吉普车	脚踏车				1/4吉普车			小轿车 1/4吉普车 脚踏车
		一 二 一	一	一	一	一				一			一 三 一
						兼充组内公用。				兼充组内公用。			

	预算财务司											法		
			预算组				财务组			小计				
司长	副司长	书记	组长	组员	统计员	司书	组长	组员	司书		司长	副司长	书记
军需监	简任	军委一阶	荐任	（军荐二阶）三等军需正	军委一阶	军委四（三）阶	简任	（军荐二阶）三等军需正	军委四（三）阶	军佐官属官 文官	少将	简任	军委一阶
一	一	一	一	一	一	二	一	二	二	一〇五	一	一	一
卫士		文书	传达	公役		司机				士兵及公役	卫士		文书
下士		上士	上等兵	三等		上士					下士		上士
一		一	一	二		四				二一	一		一
小轿车	1/4吉普车	1/4吉普车	脚踏车			1/4吉普车				小轿车 1/4吉普车 脚踏车	小轿车	1/4吉普车	1/4吉普车
一	一	一	一			一				一 三 一	一	一	一
			兼充组内公用。			兼充组内公用。							

规司						特种计划司					军		
管制组		审核组			小计	司长	副司长	书记		小计	司长	副司长	书记
组长	组员	司书	组长	组员									
简任	荐任	军委四(三)阶	简任	荐任	军委四(三)阶	军佐官 文属官	少将	简任	军委一阶	军佐官 文属官	上(少将)校	少将	军委一阶
一	二	二	一	二	一五六	一	一	一		一一一	一	一	一
传达下士	公役上等兵	司机上士		公役三等	士兵及公役	卫士下士	公役上等兵	司机四等		士兵及公役	卫士下士		文书上士
一	一	一		一	四	一	一	二		五	一		二
$\frac{1}{4}$吉普车	脚踏车	$\frac{1}{4}$吉普车			小轿车 $\frac{1}{4}$吉普车 脚踏车	小轿车	$\frac{1}{4}$吉普车			小轿车 $\frac{1}{4}$吉普车	小轿车		$\frac{1}{4}$吉普车
一	一	一			一 三 一	一	一			一 一	一		一
兼充组内公用。		兼充组内公用。				(一)该司因业务类别及该组编制之后增加该组人员。(二)该组编制列于本司调查抗战军事损失赔偿							

司 事 人 职 / 文

	文书记	副司长	司书	小计	退役事务组 组长	退役事务组 组员	退役事务组 司书	福利组 组长	福利组 组员	福利组 司书	军事学校组 组长	军事学校组 组员	军事学校组 司书	军管组 组长	军管组 组员	军管组 司书	军法组 组长	军法组 组员
阶级	军委一阶	简任	简任	军佐官 军属 文官	军委四(三)阶	中校	上校	军委四(三)阶	中校	上校	军委四(三)阶	中校	上校	军委四(三)阶	中校	上校	简任	荐任
人数	一	一	一	二八三	一	一	一	一	一	一	一	二	一	二	二	一	一	二
士兵及公役	文书上士	卫士下士		士兵及公役			司机上士								四等	公役三等	上等兵	传达下士
人数	三	一		一七			七				二		一		一	一	一	一
车辆	小轿车	¼吉普车		小轿车 ¼吉普车 脚踏车	¼吉普车			¼吉普车			¼吉普车			¼吉普车			¼吉普车	脚踏车
数	一	一		一六一	一			一			一			一			一	一
备注					兼充组内公用。			兼充组内公用。			兼充组内公用。			兼充组内公用。			兼充组内公用。	

			职　　　　人　　　　事																
			政　策　法　规　组												管理组			视察组	
组长	副组长	书记	任用股			训练股			薪金股			职员福利股			组长	统计员	司书	组长	组员
			股长	股员	司书	股长	股员	司书	股长	股员	司书	股长	股员	司书					
简任	荐任	军委一阶	荐任	委任	军委四(三)阶	荐任	委任	军委四(三)阶	荐任	委任	军委四(三)阶	荐任	委任	军委四(三)阶	上校	军委一荐	军委四(三)阶	上校	中校
一	一	一	一	三	一	一	一	一	一	二	一	一	一	一	一	三	二	一	四
传达下士	公役上等兵	三等		四等	司机上士	五等													
一	二	一		三	五	三													
1/4吉普车	脚踏车														1/4吉普车			1/4吉普车	
一	二														一			一	
兼充组内公用。															兼充组内公用。			兼充组内公用。	

	司	人　力　計　劃　司												
組司書	小計	司長	副司長	書記	需要組 組長	需要組 組員	需要組 統計員	需要組 司書	來源與發展組 組長	來源與發展組 組員	人力利用組 司書	人力利用組 組長	人力利用組 組員	小計
軍委四（三）階	軍佐屬官 軍文官	少將	上（少將）校	軍委一階	上校	中校	軍委一階	軍委四（三）階	上校	中校	薦任	上校	薦任	軍委四（三）階 軍佐屬官 軍文官
一	七二六	一	一	一	一	二	一	二	二	一	二	一	二	四九七
	士兵及公役	衛士 下士	文書 下士	傳達 上士	公役 三等		司機 上士							士兵及公役
	下士	上士	下士	上等兵	三等	四等	五等		上士 五					
	二〇	一	一	二	一	一	二							一五
	小轎車 1/4 吉普車 脚踏車	小轎車	1/4 吉普車	1/4 吉普車	脚踏車		1/4 吉普車				1/4 吉普車			小轎車 1/4 吉普車 脚踏車
	一四二	一	一	一	一		一				一			一四一
											兼充組內公用。			

	工业动员司														
司长	副司长	书记	原料组				工业设备组				交通组				小计
			组长	组员	统计员	司书	组长	组员	统计员	司书	组长	组员	统计员	司书	
简任	上校（少将）（军简三(二)阶）	荐任（军委一(二)阶）	简任	荐任（军委一(二)阶）	荐任（军委三(四)阶）	荐任（军委三(四)阶）	简任	荐任（军委一(二)阶）	荐任（军委三(四)阶）	荐任（军委三(四)阶）	简任	荐任（军委一阶）			军文官 军佐 军属官
一	一	一	一	一	一	一	一	一	一	一	一				一七八
卫士	文书	传达	司机	公役			司机								士兵及公役
下士	下士	上士	下士	上士	三等	四等	上士	五等							
一	一	一	一	一			一	五							一三
小轿车	1/4吉普车	1/4吉普车	1/4吉普车				1/4吉普车				1/4吉普车				脚踏车 1/4吉普车 小轿车
一	一	一	一				一				一				一四一
			兼充组内公用。				兼充组内公用。				兼充组内公用。				

	征购司															土[木司]		
职称	司长	副司长	书记	小计	合同组 组长	合同组 组员	合同组 统计员	合同组 司书	生产组 组长	生产组 组员	生产组 统计员	生产组 司书	计划组 组长	计划组 组员	计划组 统计员	计划组 司书	书记	副司长	司长
官等	军需监	简任	军委一(二)阶	军佐官 文属官	简任	荐任	军委一阶	军委三(四)阶	简任	荐任	军委一阶	军委三(四)阶	简任	荐任	军委一阶	军委三(四)阶	军委一(二)阶	简任	简任
员额	一	一	一	八 三	一	二	一	一	一	三	一	一	一	二	一	一	一	一	一
士兵及公役	卫士下士	文书上士	传达下士	士兵及公役		公役三等兵	四等兵	司机上士 五									文书上士	卫士下士	
数	一	一	一	一三		一	一	五									一	一	
车辆	小轿车	1/4吉普车	1/4吉普车	小轿车 1/4吉普车 脚踏车	1/4吉普车				1/4吉普车				1/4吉普车			脚踏车	1/4吉普车	小轿车	
数	一	一	一	一 四 一 一	一				一				一			一	一	一	
备考					兼充组内公用。				兼充组内公用。				兼充组内公用。						

地		及		建	筑		司	国 防 科 学					
计划组			工地组			建筑组		小计	主任委员	副主任委员	委员	秘书室		
组长	组员	司书	组长	组员	司书	组长	组员统计员	司书				主任秘书	秘书	书记
上校	中校	军委三(四)阶	上校	中校(荐任)	军委三(四)阶	中校(荐任)	军委一阶	军委三(四)阶	军官	军佐	文属官	简任	荐任	委任
一	一	一	一	二	二	一	二 一	二	七	七	三	一	一	一
									二五—三〇					
传达下士	公役上等兵		司机上士	公役四等	公役五等				士兵及公役			卫士下中士	文书上士	传达下士	上等兵
	三											八	一	二	一
一	一	一	五	一	一	一	一		一 三			五			
1/4吉普车	脚踏车		1/4吉普车			1/4吉普车			小轿车 1/4吉普车 脚踏车			小轿车			
一	一		一			一			一 四 一			一 一 三			
兼充组内公用。	兼充组内公用。		兼充组内公用。			兼充组内公用。					国防部部长兼。	中央研究院院长兼。	专任,余均兼任。内常务委员一至三人	指定常务委员一人兼。	

53

委员会					
设计委员会				小计	总计
主任委员	委员	绘图员	摄影员 打字员 统计员	专任文官	文官 军佐 军属
		委任	委任 委任 委任	二七	九三 一○ 三元 三五 七八 共三一○
一 公役三等一	四○	三 司机上士一—三	一 二 一	士兵及公役 二八—三九	士兵及公役 二七八
				小轿车 吉普车 1/4	脚踏车 一—六 卡车 四—三 交通车 二—六 小轿车 一—三
兼任。	均兼任。内专家十五人专任，余				

四、国防科学委员会对某一科学项目如原子能、雷达、航空工业等之研究，得由设计委员会确定，经常务委员会之核准成立。各专门委员会及专门小组无定额，其专门组员由各工厂、各科学研究机关之职员兼任之。

五、国防科学委员会设计委员会主任委员由本部第六厅厅长兼任，专门委员、设计委员由行政院各部会及长及国防部物资次长、陆、海、空、联勤四个总司令部及名流专家等。

三、国防科学委员会二五一三○人，内包括参谋总长，资源委员会主任委员，教育、交通、经济各部本编制所列文官除司书、书记、统计员均系军文外，必要时均可比照所列阶级以军文任用。

二、各司在职业务及行政上均直隶各次长。

一、陆、海、空、联勤四个总司令部各推定一二人，各专任之专家一五人组织之，总数不超过四○人。

〔联合勤务总司令部档案〕

7. 国防部国防科学委员会概况①

(1947年9月)

一、概况

国防部鉴于第二次世界大战同盟国所以能获最后胜利者,端赖各种新兵器之发明,及各项工业能配合军事需要,而尤以原子能之使用,更收宏效。凡此种种,皆足证明科学与国防关系之重要。际兹原子时代,欲谋国防之建设与巩固,非从事科学之研究与发展不为功,然环顾我国科学向属落后,今后为策国家安全巩固国防,必须集合全国科学专家,通力合作,不断研究,始可解决国防技术上之困难问题,本委员会,即适应此种需要而成立。兹将组织业务分述如下:

甲、组织

本会系于三十五年十一月底而成立,为委员制,委员名额为廿五人至三十人,内主任委员一人,由国防部长兼任,副主任委员一人,由国立中央研究院院长兼任,其余委员,由参谋总长、教育部长、经济部长、交通部长、资源委员会主任委员、国防部物资次长、陆军总司令、海军总司令、空军总司令、联勤总司令、国防部第六厅厅长及名流专家等组织之,并指定一人至三人为常务委员,经常处理会务,余皆兼任。会内设秘书室,设计委员会,及各种专门委员。秘书室设主任秘书,由常务委员一人兼任。设计委员会设委员四十人,主任委员由国防部第六厅厅长兼任,专任委员十五人,兼任委员廿五人,由行政院各部会及陆海空勤四总司令部各推一或二人担任之。此外依照科学技术之需要,得成立各种专门委员会及专门小组,人数无定额,聘请国内专家担任之。

---

① 沿用原标题。

乙、业务

本会为国防部研究国防科学最高设计及指导机构，凡本部向外接洽研究发展业务，统由本会办理，兹将重要业务列后：

（一）奖励学术机关、民间工厂从事新兵器之发明及旧装备之改良。

（二）协助研究机关从事国防科学之研究，凡直接有关国防之专题，如原子能、宇宙线、雷达等，如国内设有专门研究机构者，本会得特别协助以资发展。

（三）在各大学设置国防科学讲座，以灌输高深国防科学知识与技能。设置国防科学研究论文奖金，以鼓励国防科学之研究与发展。

（四）与国内素有成绩之研究机关合作，指定专题，委托研究，由本会补助图书、仪器及研究人员费用。

（五）在本会储备各种参考图书及特种仪器，以备各研究机关之借用，同时购备各种专题研究之消耗材料，以供研究人员之使用。

（六）调查国内科学研究发展情形，统计国内科学专家人数及其研究近况，并派员或与其他机关合作，调查国内国防资源之蕴藏。

（七）调查国外科学研究发展情形，并搜集各种新发明资料。经常与国外研究机关取得联络，以便交换科学新闻。于必要时，派员赴国外调查各国新兵器之发展及其效能。

二、工作概况

本会三十五年度工作时间，仅一个月，除物色人员、健全人事组织、计划工作外，其余大部工作，均于三十六年度开始，兹将本年度计划略述如后：

甲、属于广泛研究者　本会研究题目有原子能、宇宙线、铀化物之分析、高速风洞性能、低温影响、木材性能、桐油性能，食粮真空干燥。

乙、属于军用器材者　本会研究之题目有雷达、红外线探照灯、电子望远镜、无声枪静音片、避弹钢板、轻合金、保险玻璃、日式战车引擎改良、人造橡胶、人造汽油、强力可塑体、耐高温可塑体、抗冻结剂、耐饿干粮、硬化植物油、特别营养料。

丙、属于医药卫生者　本会研究题目有马虻热病之研究、中药三七之研究、血浆粉、防蚊药水、防蝇药水、仓库防蛀药粉、饮水消毒剂、急性杀虫剂（防虱防臭虫）等之研究制造。

丁、国防资源及科学专家之调查　铀、镭、钨、铬、钴、镉、铂、钼、锌、铜、铅、镁、石油及煤矿等之产地分布及其蕴藏量。又本会对国内各学术机关之设备，及全国学科专家之研究工作及人数，均拟详为调查登记，以便随时商洽咨询及合作。

戊、搜购科学参考书籍　本会为便利专家研究参考，已在国内搜购各种最新科学图书三千余册，并向国外订购最新科学图书五千余册，均为专门性之参考书，并再拟搜罗全套之杂志若干种，以供各种专题研究之用。

以上五项为本会三十六年度之中心工作，其中研究专题除一部分已与国内学术研究机关合作签定合同外，尚有许多题目等待学术机关前来合作进行研究，共谋解决国防科学困难问题。

三、附载

甲、国防部国防科学委员会国防科学研究补助办法：

第一条　本办法为适应国内各大学研究所、各科学研究机关、各工厂研究部门及私人研究机构向本会请求补助研究而定。

第二条　凡经本会接受请求补助研究后，得按左列各款补助之：

一、关于研究所必需之仪器、药品、机器、工具、模型。

二、有关之参考图书。

三、人员之研究费用及消耗。

第三条　本会补助之研究设备须属于研究本会专题所必需者，其属于普通教学方面之设备不在补助之列。

第四条　本会补助图书仪器系属借用性质，研究完成或工作告一段落得收回保存，以备其他研究之用。

第五条　凡向本会请求补助研究者，须具备左列各条件：

一、所研究之专题经本会审定同意者或由本会交请研究者。

二、研究人员须在学术上有造诣者。

三、原机关须具备有必要之基本设备者。

第六条　凡向本会请求补助研究时，除须照格式填具申请书两份送本会审核外，另具专题研究原理及详细研究计划书。

第七条　凡经本会接受研究之团体，须与本会签立合约，在预定期限完成或结束其研究工作。如研究期间在一年以上时，每半年须用书面报告研究经过一次。如合约到期仍无成绩，本会则停止补助并收回所补助之图书仪器。如研究过程良好须继续工作者，得另立合约以完成之。

第八条　研究过程及结果须用书面报告本会，非得本会同意不得公开发表。

第九条　向本会请求补助事项，须由本会开全体会议或开常务委员会会议审议决定之。

第十条　本会常务委员会研究审议会，每月开会一次，遇必要时得临时召集之。

第十一条　本办法如有未尽事宜，得由本会常务委员会提出，呈请部长核准修正之。

第十二条　本办法呈请部长批准实施。

乙、本会委员及设计委员姓名一览：

国防部国防科学委员会现任各级委员姓名册		
职　　别	姓　名	备　　考
主任委员	白崇禧	国防部长兼。
副主任委员	朱家骅	中央研究院长兼。
委　员	陈　诚	国防部参谋总长兼。
	秦德纯	国防部物资次长兼。
	朱家骅	教育部长兼。
	翁文灏	前行政院副院长，现资源委员会主任委员兼。
	王云五	前经济部长任内兼。
	陈启天	正在请委中。
	俞大维	交通部长兼。
	顾祝同	陆军总司令兼。
	桂永清	海军总司令兼。
	周至柔	空军总司令兼。
	黄镇球	前联勤总司令兼。
	郭　忏	现联勤总司令兼，在请委中。
	钱昌照	前资源委员会主任委员兼。
	钱昌祚	本部第六厅厅长兼。
中　将常务委员	徐庭瑶	专任常务委员。
简任一级常务委员	李运华	并兼本会主任秘书。
简任五级设计委员	关东伯	
简任八级设计委员	罗高华	
	叶逢耕	

职　别	姓　名	备　　考
	罗泽霈	
荐任一级设计委员	杨　健	
上校设计委员	周维新	
一等军医正设计委员	叶仲笼	
兼　任设计委员	史久恒	
	邵　铂	
	黄厦千	
	周鸿经	
	张仲智	
	张资珙	
	王恒守	
	齐　焌	
	顾毓琭	
	吴钦烈	

〔国防部档案〕

8. 国防部订颁聘雇人员管理规则代电

（1948年5月20日）

国防部代电　激帝字第一六一号
　　　　　　中华民国卅七年五月廿日

战史编纂委员会：一、查本部过去对聘用及雇用人员之管理向无一定标准，致使处理不无分歧，考核任用亦乏依据。

二、兹为补救上项缺点，划一处理起见，特订颁聘用及雇用人员管理规则及聘雇书格式颁布施行，希各遵照。

三、有关机密业务单位，不准增设雇员，以资保密。

四、聘雇人员之保证与军官佐属同样办理。

五、以前聘雇人员现仍在职者，一律依照本规则补办手续。

六、各单位、附属单位希即转知。

参谋总长　陈　诚

国防部聘用暨雇用人员管理规则

一、国防部（以下简称本部）及附属单位聘用或雇用人员之管理适用本规则。

二、本规则所称聘用人员，相当于简荐级，雇用人员相当于委级，均系编制以外因业务需要增设之临时人员。

三、聘用或雇用人员之等级员额及聘用雇用期限，由各单位视业务之需要，先行报部核定。

四、聘用或雇用人员之聘雇手续如左：

1. 聘用人员由各单位检附学经历证件专案报部，按其学识经历审核聘任，由部发给聘书及临时出入证。

2. 雇用人员由各单位自行考试录用，发给雇用书及临时出入证，同时报部备案（聘用或雇用书格式附后）。

五、聘雇人员之学识经历应与其所任职务相当，其资格标准应比照军文阶级办理。

六、专勤聘用人员之薪给，比照军文阶级支给之，其主食及服装福利品等之报领，得与正式职员享受同等待遇，名誉聘用人员仅酌发交通费。

七、雇用人员之月薪，比照军文阶级支给之，其主食及服装福利品等之报领，得与正式职员享受同等待遇。

八、聘用及雇用有案人员，具有军文任用条例资格者，于转任军用文官时，得承认其年资。

九、聘用及雇用人员连续服务在一年以上遇有相当正额出缺时，得按考绩补用，成绩欠佳者随时予以解聘或解雇。

十、聘雇人员，如遇聘雇期满，或成绩欠佳者，各单位应即报部解聘或解雇，同时由副官局通知有关单位终止其薪给，并不发资遣费。

十一、聘雇人员，如确因业务尚未完成，须继续聘雇时，应于聘雇期满两周之前，专案报部核示，并将继续聘雇员额及期限详细签注。

十二、本规则自奉准之日施行。

国防部聘书格式〔略〕。

〔战史会档案〕

9. 联合勤务总司令部检发国防部各单位采用员额配制办法训令

（1948年10月8日）

联合勤务总司令部训令　茹蔽字第08069号

南京供应局：一、奉总长顾九月廿五日制与字第670号代电副本刻定，国防部本部各单位自即日起采用员额分配制，其办法如附表。

二、兹检发原办法一份，希知照。

三、本件转令本部副官处、第一处、第五处、经理署、财务署及南京供应局。

总司令　郭忏

中华民国卅七年十月八日

国防部部各单位采用配额制办法

一、编制员额：

（1）各单位现在编制员额及分阶如附表（甲），即作为各该单位之编制配额。

（2）嗣后各单位如因业务需要，调整其编制时，可在不变更其组织系统及不超出配额与分阶原则下，自由运用其人员，但仍须报请核备。

二、备用员额：

（1）各单位现有之部员、部属参谋、服勤校尉官、额外士兵，其员额及分阶如附表（乙），暂作为该单位之预备人员配额。

（2）该项人员应按一般命令五十三号之规定，尽先补实，不得再有增加，尔后正式决定各该单位之总员额（编制人员及预备人员）后，额外人员均予取消。

（3）该项预备人员之用途如左：

A. 平时补各单位业务人员之不足。

B. 作业务上研究工作之用。

C. 作派遣调查等工作之用。

D. 于轮流休假制实行时作补充之用。

三、雇员：

雇员系在配额外各单位尚有业务上需要时，得专案呈请增设或解雇。

附表（甲）现有编制人员

单位区分			部本部	总长办公室	一般参谋各厅						
					第一厅	第二厅	第三厅	第四厅	第五厅	第六厅	合计
官佐分阶	将级	上将	2								
		中将	23	2	1	1	1	1	1	1	6
		少将	52	20	8	10	7	7	5	9	46
		小计	77	22	9	11	8	8	6	10	52
	校级	上校	48	13	70	109	76	56	46	19	376
		中校	48	7	68	77	44	35	38	12	274
		少校	48	10	84	102	36	42	41	13	318
		小计	144	30	222	288	156	133	125	44	968
	尉级	上尉	34	8	113	118	34	44	32	5	346
		中尉	2		15	19	10	7	15	1	67
		少尉	39	3	27	22	8	12	11	4	84
		准尉	1	1	15	10	4	6	5	2	42
		小计	75	12	170	169	56	69	63	12	539
	合计		297	64	401	468	220	210	194	66	1559
士兵分阶	士级	上士	77	21	40	41	28	22	29	15	175
		中士	32	15	3	3	7	3	7	3	26
		下士	37	15	28	32	8	19	14	11	122
		小计	146	51	71	76	53	44	50	29	323
	兵级	上等兵	58	8	62	64	41	32	30	11	240
		一等兵	6	4	21	27	12	11	12	5	88
		二等兵									
		小计	64	12	83	91	53	43	42	16	328
	合计		210	63	154	167	106	87	92	45	651
总计			507	127	555	635	326	297	286	110	2210
备考			国防科学委员会委员，常委以中少将计列。少将以上列计。								

特	业	参	谋	各	局					合计	总计	
政工局	保安局	预算局	兵役局	监察局	史政局	测量局	预干局	军法局	总务局	副官局		
												2
1	1	1	1	1	1	1	1	1	1	1	11	42
133	8	11	10	24	9	6	4	15	4	9	233	351
134	9	12	11	25	10	7	5	16	5	10	244	395
131	14	43	45	53	22	26	26	75	13	42	490	927
57	10	26	38	24	15	23	21	43	22	28	307	636
51	11	24	39	27	16	23	23	24	27	53	318	694
239	35	93	121	104	54	72	70	142	62	123	1115	2257
70	6	33	40	22	13	26	30	34	35	143	452	840
6			15		2	5	4	2	9	60	103	172
26	4	6	19	5	4	6	7	5	4	11	97	223
15	1	2	10	3	3	4	3	1	3	1	46	90
117	11	41	81	30	21	41	44	42	51	215	698	1325
490	55	146	217	159	85	120	119	200	118	348	2057	3977
39	15	22	21	23	14	14	13	27	17	66	271	544
3	2	3	3	3	3	3	3	8	2	2	35	108
34	8	16	15	15	11	13	11	21	9	19	172	346
76	25	41	39	41	28	30	27	56	28	87	478	998
65	7	25	29	19	15	21	20	26	16	48	291	597
15	5	9	13	9	4	6	7	10	7	17	102	198
80	12	34	42	28	19	27	27	36	23	65	393	797
156	37	75	81	69	47	57	54	92	51	152	871	1795
646	92	221	298	228	132	177	173	292	169	500	2924	5772

附记 本表统计如有错误，以所颁编制为准，并径洽五厅。

附表（乙）现有额外人员

单位区分			部本部			总长办公室			第一厅		
			部员	部属参谋	服官勤	部员	部属参谋	服官勤	部员	部属参谋	服官勤
官佐分阶	将级	上将									
		中将	5	6		10	6		1		
		少将	7	3		5	3		4		
		小计	12	9		15	9		5		
	校级	上校	1	4	1		2		2	4	1
		中校		4		1	1			1	4
		少校					10				25
		小计	1	8	1	1	13		2	5	30
	尉级	上尉		1	2		6	1		6	17
		中尉									
		少尉									1
		准尉									
		小计		1	2		6			6	18
	合计		13	18	3	15	28	2	7	11	48
士兵分阶	士级	上士	4						2		
		中士	6								
		下士	17			2			7		
		小计	27			2			9		
	兵级	上等兵	1			3			7		
		一等兵				3			4		
		二等兵									
		小计	1			6			11		
	合计		28			8			20		
总计			官 34 兵 28			官 44 兵 8			官 66 兵 20		

	第二厅			第三厅			第四厅			第五厅			第六厅	政工局
	部员	部属参谋	服勤官	部员	部属参谋	服勤官	部员	部属参谋	服勤官	部员	部属参谋	服勤官	部员	部员
														1
	15			1	2					3			1	6
	15			1	2					3			1	7
			2		1			1		1	1			5
		2	1		2		3	1			3	2		
		1			1	2	4	2				1		
		3	3		4	2	8	3	1	4	3			5
		3	5		5		6				2			
		1								6				
			1											
		4	6		5		6			6	2			
	15	7	9	1	11	2	14	3	4	10	5	1	12
		1			7									3
					4									
		1			2		1			2				1
		2			13		1			2				4
		2			4		2			1				
					3									
		2			7		2			1				
		4			20		3			3				4
	官31			官14			官17			官19			官1	官12
	兵4			兵20			兵3			兵3				兵4

67

预算局		兵役局			监察局			史政局			测量局	
部员	服勤官	部员	部属参谋	服勤官	部员	部属参谋	服勤官	部员	部属参谋	服勤官	部员	服勤官
			1									
2		15			14			1			2	
2		16			14			1			2	
	1	2			1			1	1			1
			2	2	1			1				
		1			2	3		3	1			
	1	5	2		4	3		5	2			1
		9			10			3				
		9			10			3				
2	1	16	14	2	14	14	3	1	8	2	2	1
					1			1				
4		2			3							
4		2			4			1				
5		1			2							
3		1			1			1				
8		2			3			1				
12		4			7			2				
官3 兵12		官32 兵4			官31 兵7			官11 兵2			官3	

预干局部员	副官局参谋部属	副官局部员	服官勤	总务局参谋部属	总务局部员	保安局部员	附记
						1	2. 本表如有错误请径洽一厅。
2	1	2			1	6	1. 总长办公室之额外科员、打字员、绘图员；三厅之额外电务员、技工及预算局之额外科员，均未列入本表，拟暂作为雇员。
2	1	2			1	7	
					1	1	
	2			2	3		
	2				3		
	4			2	7	1	
	11				10		
	11				10		
2	16	2	2	1	17	8	
	2				16		
	3						
	5				16		
	2						
	2						
	4						
	9				16		
官2	官20 兵9			官18 兵16		官8	

〔联合勤务总司令部档案〕

二、各厅局处

1. 国防部拟定本部第一厅组织规程草案

(1946年8月)

国防部第一厅组织规程草案

第一条　本规程依国防部组织法第五条之规定订定之。

第二条　国防部第一厅（以下简称本厅）职掌如左：

一、关于陆海空军军官佐属人事政策与方针之拟定，及其执行程序之规划与指导考核事宜。

二、计划人力动员与复员之人事事宜。

三、关于兵役政策计划之审核建议事宜。

四、关于陆海空军军官佐属人事法规之拟订修正及审核与立法事宜。

五、关于军纪之督导事宜。

六、关于公文处理之改进督导事宜。

七、掌理陆海空军将官人事及校尉官官位之任免晋升员额之分配与职务核备登记事宜。

八、掌理陆海空军官佐服役励赏奖惩事宜。

九、关于军事学校受训人员之选拔及毕业后分发事宜。

十、掌理军官佐候补生之补充选拔及学籍之审查登记事宜。

十一、掌理人事行政人员之训练及指导事宜。

十二、关于服制及薪饷标准之拟订事宜。

第三条　本厅设厅长一人，承参谋总长之命综理本厅业务。

第四条　本厅设副厅长二人，襄助厅长处理业务。

第五条　本厅设厅办公室一（三组）、处五（十五科）。

第六条　厅办公室职掌如左：

一、关于厅长、副厅长应办业务之承办事宜。

二、关于各处文件之汇集呈转事宜。

三、承办机要或临时交办案件。

四、处理各单位主管以外之事宜。

五、处理本厅人事、文书、经理、总务、电务等事宜。

第七条　第一处（将官）职掌如左：

关于全国陆海空军将级官佐人事业务之规划承办事宜。

第八条　第二处（校尉官）职掌如左：

一、关于全国陆海空军校尉官之任免、分配、勋赏、奖惩等事宜。

二、关于军官佐候补生之选拔、分配及军事学校毕业学员生之分发事宜。

第九条　第三处（军文）职掌如左：

关于全国军用文官之任免、分配、勋赏、奖惩及登记事宜。

第十条　第四处（政策）职掌如左：

一、关于人事政策方针及其实施计划之拟订事宜。

二、关于人事法规之拟订修正及审核与立法事宜。

三、关于人力动员与复员有关之人事计划事宜。

四、关于兵役政策计划之审定建议事宜。

五、关于军事学校受训人员选拔之审核事宜。

六、关于人事行政人员之训练及指导事宜。

七、关于军纪之督导事宜。

八、关于公文处理之改进督导事宜。

九、关于服制及薪饷标准与官兵福〔服〕制之规划拟订事宜。

第十一条　第五处（服役）职掌如左：

一、关于服役有关计划之拟订事宜。

二、关于军官佐属退（除）役退职转业之规划实施事宜。

第十二条　本厅编制如附表。

第十三条 本厅办事细则另订之。
第十四条 本规程自呈准之日施行。
附表〔缺〕。

〔国防部档案〕

2. 国防部拟定本部第二厅组织规程草案

（1946年8月）

国防部第二厅组织规程草案

第一条 本规程依国防部组织法第五条之规定订定之。
第二条 国防部第二厅（以下简称本厅）职掌如左：
一、关于情报政策与计划之拟订事宜。
二、代表国防部与外国政府机关或军事代表建立联系，并办理有关情报合作交换事宜。
三、掌理一切与情报有关之命令发布阐释与执行并完成左列各项：
  1. 关于情报之搜集整理及有关战讯之发布事宜。
  2. 指导监督各高级司令部情报业务之实施及其联系事宜。
  3. 协同办理各级军事学校之情报训练事宜。
  4. 办理谍报通讯电讯情报与电讯保密防谍事宜。
  5. 研究有关情报技术事宜。
  6. 与政府其他情报机关之联系，并供本部各单位有关情报谘询事宜。
四、关于战争罪犯之处理事宜。
第三条 本厅设厅长一人，承参谋总长之命综理本厅业务。
第四条 本厅设副厅长二人，襄助厅长处理业务。
第五条 本厅设厅办公室一（四组）、处六（十八科）。
第六条 厅办公室职掌如左：

一、关于厅长、副厅长应办业务之承办事宜。

二、关于各处文件之汇集呈转事宜。

三、承办机要或临时交办案件。

四、处理各单位主管以外之事宜。

五、处理本厅人事、文书、经理、总务、电务等事宜。

第七条 第一处（计划）关于情报政策与计划之拟定、情报训练之考核及资料之整理事宜。

第八条 第二处（报导）掌理战讯之发布与控制及心理作战、外事联络事宜。

第九条 第三处（国内情报）掌理国内及边疆情报之搜集整理、研判编纂及发布事宜。

第十条 第四处（国外情报）掌理国际情报之搜集整理、研判编纂及发布事宜。

第十一条 第五处（研究）掌理国内外情报以外特种情报之搜集整理、研判编纂及发布事宜。

第十二条 第六处（军机防护）掌理保密防谍与反间事宜。

第十三条 本厅编制如附表。

第十四条 本厅办事细则另订之。

第十五条 本规程自呈准之日施行。

附表〔缺〕。

〔国防部档案〕

3. 国防部拟定本部第三厅组织规程草案

（1946年8月）

国防部第三厅组织规程草案

第一条 本规程依国防部组织法第五条之规定订定之。

第二条 国防部第三厅（以下简称本厅）职掌如左：

一、基于国防方针策定国防军事计划，并拟订战略及作战计划与准备关于陆海空军之作战及战略之指导。

二、本部施政方针之拟订。

三、发展并适时修正关于陆海空军之未来战略与作战计划。

四、监督并协调本部各厅及各高级司令部攸关作战计划之措施。

五、对本部有关单位供给与作战计划有关之资料。

六、指导监督战略及作战计划之实施。

七、综合整理战报并提供有关单位参考。

八、综合作战经验教训、编纂作战教令及参考资料。

九、指导测制军用地图及核发事宜。

第三条　本厅设厅长一人，承参谋总长之命综理本厅业务。

第四条　本厅设副厅长一人，襄助厅长处理业务。

第五条　本厅设厅办公室一、处二（九科）。

第六条　厅办公室职掌如左：

一、关于厅长、副厅长应办业务之承办事宜。

二、关于各处文件之汇集呈转事宜。

三、承办机要或临时交办案件。

四、处理各单位主管以外之事宜。

五、处理本厅人事、文书、经理、总务、电务等事宜。

第七条　第一处（方针及计划）职掌如左：

一、国防方针之研拟。

二、基于国防方针策定国防军事计划。

三、判断状况策定现在或将来之作战方针。

四、本部施政方针之拟定与检讨。

五、国军作战计划之策定与审核。

六、后方区域有关军事计划之策定与审核。

七、军用地图测制储备分配之指导及核发事宜。

第八条 第二处（作战）职掌如左：

一、根据作战计划下达命令，督导其实施。

二、兵力运用部署及军队调遣。

三、全般作战指导之检讨。

四、已奉准工事计划之督导实施。

五、综合全般战报及编印分发。

六、敌我状况之整理判断。

七、战绩之考核及奖惩之建议。

八、作战经验教训之搜集整理研究、参考资料及教令之编纂。

九、各种统计资料搜集整理并提供有关机关参考。

第九条 本厅编制如附表。

第十条 本厅办事细则另定之。

第十一条 本规程自呈准之日施行。

附表〔缺〕。

〔国防部档案〕

4. 国防部拟定本部第四厅组织规程草案

（1946年8月）

国防部第四厅组织规程草案

第一条 本规程依国防部组织法第五条之规定订定之。

第二条 国防部第四厅（以下简称本厅）职掌如左：

一、拟订关于动员训练及战略计划所要求之基本补给计划。

二、决定各总司令部、各战区补给之优先顺序及其补给之基准。

三、根据国防作战计划拟订有关之交通通信计划及审核战区作战计划之有关补给部门。

四、拟订关于被服装具基本配赋表之基准。

五、审核陆海空军及联合勤务所需要勤务部队机关之建议并指导其运用事宜。

六、决定装备之分类及标准化之实施程序。

七、关于装备及补给所需物资之确定及获得与补给品之分配储藏政策之拟订审核事宜。

八、关于利用国防经济资源及其有关国民经济之研拟事宜。

九、关于国防物资及军需品征购之核议事宜。

十、关于军事设施如机场、港湾、基地、营房、工厂仓库等之审议事宜。

十一、拟定有关军需品生产之标准及其优先顺序。

十二、审核有关联合勤务之法令规章。

十三、关于武器、器材、车辆之统计事宜。

第三条 本厅设厅长一人，承参谋总长之命综理本厅业务。

第四条 本厅设副厅长二人，襄助厅长处理业务。

第五条 本厅设厅办公室一、处三（八科）。

第六条 厅办公室职掌如左：

一、关于厅长、副厅长应办业务之承办事宜。

二、关于各处文件之汇集呈转事宜。

三、承办机要或临时交办案件。

四、处理各单位主管以外之事宜。

五、处理本厅人事、文书、经理、总务、电务等事宜。

第七条 第一处（计划）职掌如左：

一、拟订关于动员训练及战略计划所要求之基本补给计划。

二、对于后勤编制之修正提供建议。

三、拟定有关国防作战计划之交通、通信、卫生等设施计划。

四、审核战区作战计划有关补给部门。

五、关于水陆空运输政策之拟订审核并指导其实施。

六、审核陆海空军及联合勤务所需勤务部队机关之建议并指导其运用事宜。

七、拟订审核有关联合勤务之法令规章。

第八条 第二处（补给）职掌如左：

一、决定各总司令部、各战区补给之优先顺序及其补给之基准。

二、决定国军给养品配量之标准，并办理其分配补充事宜。

三、决定国军械弹、器材、车辆、马匹配量之基准，并办理其分配补充事宜。

四、决定国军被服装具配量之标准，并办理其分配补充事宜。

五、关于武器、器材、车辆之统计事宜。

第九条 第三处（装配）职掌如左：

一、拟订关于被服装具基本配赋表之基准。

二、关于装备及补给所需物资之确定及获得与补给品之分配、储藏政策之拟订审核事宜。

三、拟订有关军需品生产之标准及其优先顺序。

四、关于国防物资及军需品征购计划之拟订事宜。

五、研究并决定有关国防经济资源之利用及其有关国民经济之研拟事宜。

六、关于军需工业动员政策之研拟事宜。

七、国防军事设施程序之拟订及审核事宜。

第十条 本厅编制如附表。

第十一条 本厅办事细则另订之。

第十二条 本规程自呈准之日施行。

附表〔缺〕。

〔国防部档案〕

5. 国防部拟定本部第五厅组织规程草案

(1946年8月)

国防部第五厅组织规程草案

第一条　本规程依国防部组织法第五条之规定订定之。

第二条　国防部第五厅（以下简称本厅）职掌如左：

一、关于陆海空军与联合勤务各高级司令部及机关部队学校之编制动员与复员事宜。

二、关于陆海空军及联合勤务各总司令部之编制编成及所属各机关部队学校编制编成之核备事宜。

三、规定陆海空军及联合勤务部队各军官佐属之构成成分及其训练目标。

四、指导并监督陆海空军与联合勤务总部所属部队之联合训练。

五、关于军事学校一般训练方针之拟订事宜。

六、关于保安部队之编制装备与训练之建议及监督事宜。

七、关于建议国军与保安部队、警察及民众武力相互间之一切联系事宜。

八、关于中外军事书籍译述及审定业务之分配事宜。

九、关于除勋奖用外旗式之拟订事宜。

十、关于处理严重社会事件及灾害之特种训练事宜。

第三条　本厅设厅长一人，承参谋总长之命综理本厅业务。

第四条　本厅设副厅长二人，襄助厅长处理业务。

第五条　本厅设办公室一、处二（六科）。

第六条　厅办公室职掌如左：

一、关于厅长、副厅长应办业务之承办事宜。

二、关于各处文件之汇集呈转事宜。

三、承办机要或临时交办案件。

四、处理各单位主管以外之事宜。

五、处理本厅人事、文书、经理、总务、电务等事宜。

第七条 第一处（编制及动员）职掌如左：

一、策订陆海空军联勤部队动员复员计划。

二、会同有关厅局策订陆海空军及联勤部队之兵力与编成计划。

三、与有关厅及各总部协同连系分析研究陆海空军联勤部队之现状，策订部队之改进计划。

四、审查陆海空军联勤总部所拟订之动员复员计划。

五、承办各军种动员实施之监督事宜。

六、拟订动员法规事宜。

七、审核并修正本部各单位编制。

八、确立编制装备表之方针。

九、关于各总司令部之编制编成及所属机关学校部队编制编成之核备事宜。

十、关于保安部队之编制装备之建议及监督事宜。

十一、关于建议国军与保安部队、警察及民众武力相互间一切连系事宜。

十二、关于除勋奖用外旗式之拟订事宜。

第八条 第二处（训练）职掌如左：

一、规定陆海空军及联合勤务部队各军官佐属之构成成分及其训练目标。

二、拟订关于陆海空军及联合勤务部队之训练标准并指导监督其联合训练。

三、关于军事学校体系一般训练方针之拟订，并指导各军事学校之教育及审查教程与教材。

四、发布有关训练之教令。

五、经常对各高级司令部及其他所有训练机关学校实施监督考核。

六、策订保安部队之训练方针并监督其实施。

七、校地营舍修建之决定与监督及各部队主要演习场所之统筹与计划。

八、关于处理严重社会事件及灾害之特种训练事宜。

第九条 本厅编制如附表〔缺〕。

第十条 本厅办事细则另订之。

第十一条 本规程自呈准之日施行。

〔国防部档案〕

6. 国防部拟定本部第六厅组织规程草案

（1946年8月）

国防部第六厅组织规程草案

第一条 本规程依国防部组织法第五条之规定订定之。

第二条 国防部第六厅（以下简称本厅）职掌如左：

一、关于国防科学研究发展政策方针之拟订事宜。

二、关于军事武器技术新发明与改良之获得及其迅速应用事宜。

三、关于各项武器器材之标准化与分类化之研究设计事宜。

四、与第二厅保持密切联络，以审定关于其他国家之科学发展运用于军事上之价值及对现行作战与联合勤务之关系事宜。

五、关于各军事机构科学研究发展工作之协调督导事宜。

六、关于国防科学研究发展公私机构或专家之联系协调与指导扶助事宜。

七、关于各军事机构技术水准之协助提高与建议改进事宜。

第三条 本厅设厅长一人，承参谋总长之命综理本厅业务。

第四条　本厅设副厅长二人，襄助厅长处理业务。

第五条　本厅设办公室一、处二（四科）、技术室一。

第六条　厅办公室职掌如左：

一、关于厅长、副厅长应办业务之承办事宜。

二、关于各处室文件之汇集呈转事宜。

三、承办机要或临时交办案件。

四、处理各单位主管以外事宜。

五、处理本厅人事、文书、经理、总务、电务等事宜。

第七条　第一处（设计）职掌如左：

一、根据国防需要及科学与工业环境可能运用之人力物力，拟定各项国防科学之研究及发展政策方针。

二、拟定国防科学研究年度工作计划，并适宜分配各执行单位研究发展之范围及所需预算经费事宜。

三、关于国内外科学发明，或改良之搜集技术情报之联络，并与第二厅协同办理调查人员之派遣。

四、对国防部所属各研究机关及其他公私研究机构或个人之联系指导，及其工作之调查与协助。

五、有关以上各项资料之搜集与统计。

六、关于已有成效之科学发明改进事项之策动及迅速应用事宜。

七、关于各军事机构技术问题之调查及建议改进事宜。

第八条　第二处（执行）职掌如左：

一、关于各机关团体或个人建议有关国防科学计划之商榷与审核。

二、拟订并审核有关国防科学研究发展之法制规章。

三、拟订并审核武器器材及其他军用物品之标准与分类。

四、协同第一厅办理军用技术人员之审查考核。

五、对国防部所属各研究机关工作之协调督导与考核。

六、对国防研究发展计划分配预算使用情形之监督审核。

第九条 技术室职掌如左：

一、有关国防科学设施之专题研究与设计。

二、关于业务处科所需要之技术协助事宜。

三、国防科学知识之灌输及书类之编纂。

四、国防科学研究设备使用方法之技术指导事宜。

五、国防兵器之搜罗、陈列与表演。

第十条 本厅编制如附表〔缺〕。

第十一条 本厅办事细则另订之。

第十二条 本规程自呈准之日施行。

〔国防部档案〕

7. 国防部拟定新闻局组织规程草案

（1946年8月）

国防部新闻局组织规程草案

第一条 本规程依国防部组织法第五条之规定订定之。

第二条 国防部新闻局（以下简称本局）职掌如左：

一、宣扬三民主义，维持高度士气，与加强纪律，拟订计划，供给国军以一般文化生活，与普通教育训练，并指导有关人员负责调查研究部队纪律士气有关之心理行为及态度事宜。

二、报导国内外时事，分析时局动向，拟订计划，供给国军以新闻通讯及时事讨论资料，与有关报纸书刊之编印分发事宜。

三、研究社会与国防有关之情报及舆论，以为改进部队组织与生活之参考，并办理国内新闻界之联络招待事宜。

四、搜集与本部利害有关之立法案件，以为订立军事法规之依据，并与政府各部院会及社会团体保持密切联系，使内外法规互相协调暨办理国军官兵之慰劳事宜。

第三条　本局设局长一人，承参谋总长之命综理本局业务。

第四条　本局设副局长二人，襄助局长处理业务。

第五条　本局设局办公室一、处四（十二科）。

第六条　局办公室职掌如左：

一、关于局长、副局长应办业务之承办事宜。

二、关于各处文件之汇集呈转事宜。

三、承办机要或临时交办案件。

四、处理各单位主管以外之事宜。

五、处理本局人事、经理、文书、总务、电务等事宜。

第七条　第一处（教育）职掌如左：

一、关于各级新闻（训导）工作之设计指导事宜。

二、关于各级新闻（训导）工作之考核奖惩事宜。

三、关于部队非军事教育计划之拟订及教材之编审事宜。

四、关于各军事学校训导计划之拟订及教材之编审事宜。

五、关于各医院训导计划之制订及教材之编纂事宜。

六、关于官兵心理、生活、制度、风气等之研究事宜。

七、关于军中文化及中山俱乐部之指导设置事宜。

第八条　第二处（报导）职掌如左：

一、关于政府政策、军政设施、国内外大势、社会动态对部队报导事宜。

二、关于战地生活、部队军风纪等对社会报导事项。

三、关于军中通讯社及军办报纸书刊之审核登记及设计指导事宜。

四、关于艺术宣传之编审与实施事宜。

五、关于心理作战之设计指导及各种宣传文告方案要点之撰拟事宜。

六、关于敌方宣传策略及宣传品之搜集审核与研拟对策事宜。

第九条　第三处（社会关系）职掌如左：

一、关于国内外有关人员及民众团体新闻界等之联络与社会调查事宜。

二、研究国内外有关本部之舆论事宜。

三、办理电化教育（如无线电收音机广播节目）及军中文化康乐（如教育影片、演剧歌咏团队）之设计指导考核事宜。

第十条　第四处（立法联络）职掌如左：

一、搜集并研究对国防有关之立法案件并提拟建议。

二、关于各项法规之拟订及审核事宜。

三、协调本部内外办理对本部利害攸关之立法悬案。

四、经由部本部办理与政府各院部会关于立法方面之联系与协导事宜。

五、办理军民合作事宜。

六、料理伤病官兵慰劳事宜。

七、协办民众组织及党政联系事宜。

第十一条　本局编制如附表。〔缺〕

第十二条　本局办事细则另订之。

第十三条　本规程自呈准之日施行。

〔国防部档案〕

8. 国防部拟定民事局组织规程草案

（1946年8月）

国防部民事局组织规程草案

第一条　本规程依国防部组织法第五条之规定订定之。

第二条　民事局（以下简称本局）职掌如左：

一、办理军事区内一切民事行政及民众组训之指导与考核事宜。

二、关于军事区内一切民事之实施计划，与策动民事配合军事行动之计划及其实施方针之拟订事宜。

三、办理军事区军事法庭之设置，以及一切有关政治、经济之指导联络与考核事宜。

四、办理关于人民社会与军事攸关之请愿与诉愿事宜。

第三条　本局设局长一人，承参谋总长之命综理本局业务。

第四条　本局设副局长一人，襄助局长处理业务。

第五条　本局设局办公室一、处二（四科）。

第六条　局办公室职掌如左：

一、关于局长、副局长应办业务之承办事宜。

二、关于各处文件之汇集呈转事宜。

三、承办机要或临时交办事宜。

四、处理各单位主管以外之事宜。

五、处理本局人事、文书、经理、总务、电务等事宜。

第七条　第一处职掌如左：

一、关于军事区有关民事业务之计划及指导考核事宜。

二、关于军事区一切民事配合军事行动之计划及民众组训工作之设计与指导考核事宜。

第八条　第二处职掌如左：

一、关于军事区财政、金融、土地、物资、救济之指导联络与考核事宜。

二、关于军事区军民纠纷之处理及军事法庭之设置事宜。

第九条　本局编制如附表。

第十条　本局办事细则另订之。

第十一条　本规程自呈准之日施行。

编制表〔缺〕。

〔国防部档案〕

9. 国防部拟定预算局组织规程草案

(1946年8月)

国防部预算局组织规程草案

第一条 本规程依国防部组织法第五条之规定订定之。

第二条 国防部预算局（以下简称本局）职掌如左：

一、关于预算方针与计划之拟订，并与有关机关保持联系事宜。

二、关于编造预算所需资料之调查搜集与统计事宜。

三、关于预算之审编分配及追加追减与科目之流用事宜。

四、关于支付命令或发款通知之填发事宜。

五、关于办理预算及其执行之督导考核事宜。

六、关于账籍之登记与各项报表之审核事宜。

七、关于决算之审编事宜。

八、关于各项给与之审议与核算事宜。

第三条 本局设局长一人，承参谋总长之命综理本局业务。

第四条 本局设副局长二人，襄助局长处理业务。

第五条 本局设办公室一、处四（八科）。

第六条 局办公室职掌如左：

一、关于局长、副局长应办业务之承办事宜。

二、关于各处文件之汇集呈转事宜。

三、承办机要或临时交办事宜。

四、处理各单位主管以外之事宜。

五、处理本局人事、文书、经理、总务、电务等事宜。

第七条 第一处（计划）职掌如左：

一、预算方针之拟订与说明。

二、预算资料之搜集。

三、给与之审议与核算。

四、年度预算及分配预算之审编。

五、年度预算之追加追减及科目之流用。

六、外汇案款之核办。

第八条　第二处（编审）职掌如左：

一、单位预算之审编。

二、预算法案未成立前拨发款项之核签。

三、有关单位预算事实之调查。

四、预算审编技术之改进。

五、军费节约之建议。

第九条　第三处（执行）职掌如左：

一、预算执行报表之审核。

二、预算执行之实地监查。

三、各级预算业务之督导视察。

四、决算书表之审编。

第十条　第四处（会计统计）职掌如左：

一、预算账籍之记载。

二、预算表册之编报。

三、物价之调查及有关预算资料之统计。

四、发款清册或拨款通知之填发。

第十一条　本局编制如附表〔缺〕。

第十二条　本局办事细则另定之。

第十三条　本规程自呈准之日施行。

〔国防部档案〕

10. 国防部拟定兵役局组织规程草案

(1946年8月)

国防部兵役局组织规程草案

第一条　本规程依国防部组织法第五条之规定订定之。

第二条　国防部兵役局（以下简称本局）职掌如左：

一、关于兵役管区之计划、设计、指导、考核及兵役基本法令之起草解释事宜。

二、关于兵役书刊之编纂、审查及兵役干部之教育事宜。

三、关于战时军人及其家属优待之指导监督事宜。

四、关于常备兵、补充兵之征补退除及其兵籍之管理事宜。

五、关于常备兵动员复员之实施指导事宜。

六、关于国民兵组训管理及召集服役之指导实施事宜。

七、关于预备干部以外在乡军人之管理事宜。

第三条　本局设局长一人，承参谋总长之命综理本局业务。

第四条　本局设副局长二人，襄助局长处理业务。

第五条　本局设局办公室一、处三（六科）。

第六条　局办公室职掌如左：

一、关于局长、副局长应办业务之承办事宜。

二、关于各处文件之汇集呈转审议并处理事宜。

三、承办机要或临时交办案件。

四、处理各单位主管以外之事宜。

五、处理本局人事、文书、经理、总务、电务等事宜。

第七条　第一处职掌如左：

一、兵役管区之计划与设置工作实施之指导考核。

二、兵役基本法令之起草及解释。

三、兵役书刊之编纂审查。

四、战时军人之优待。

五、兵役干部之教育。

第八条 第二处职掌如左：

一、常备兵与补充兵应征兵额之核配及必须招考士兵之核定。

二、现役及龄男子之身家调查、身体检查、抽签征集等征兵事务之处理事宜。

三、战时后备兵员之动员召集。

四、免役、禁役及缓征、缓召之处理。

五、应征、应召兵员选配、调拨、交接及其输送保育。

六、常备兵、补充兵入伍、调拨、退伍、归休、停役、回役、转役、除役等服役事宜。

七、士兵籍之编制管理。

八、补充兵之教育及其有关设备等预算之提拟。

第九条 第三处之职掌如左：

一、拟订并审核与有关备役部份（预备军官除外）之一切方针、法规、计划与立法预算等事宜。

二、国民兵之调查组织管理训练及召集服役。

三、预备干部以外在乡军人之调查管理及召集服役。

四、备役事务情报通信之建立与维持。

五、军用技术及军文人员之调查登记及征调服役。

第十条 本局编制如附表〔缺〕。

第十一条 本局办事细则另定之。

第十二条 本规程自呈准之日施行。

〔国防部档案〕

11. 国防部拟定监察局组织规程草案

（1946年8月）

国防部监察局组织规程草案

第一条　本规程依国防部组织法第五条之规定订定之。

第二条　国防部监察局（以下简称本局）职掌如左：

一、调查监督关于陆海空军及联勤部队一切经济事宜。

二、调查监督及研究影响陆海空军及联勤部队效率之一切有关事宜。

三、担任必要之点验及指定之一切调查、视察事宜。

第三条　本局设局长一人，承参谋总长之命综理本局业务。

第四条　本局设副局长二人，襄助局长处理业务。

第五条　本局设监察官一八员，承局长、副局长之命办理指定之视察调查及研究审查事宜。

第六条　本局设局办公室一、处二（八科）。

第七条　局办公室职掌如左：

一、关于局长、副局长应办业务之承办事宜。

二、关于各处文件之汇集转呈事宜。

三、承办机要或临时交办案件。

四、处理各单位主管以外之事宜。

五、处理本局人事、文书、经理、总务、电务等事宜。

第八条　第一处（经济监察）职掌如左：

一、关于装具、兵器、器材、营具、公物，一切装备之监察事宜。

二、关于给养、燃料、卫生及官兵福利之监察事宜。

三、关于会计、出纳之监察及人马点验事宜。

四、关于军事、采购、建筑之监察事宜。

第九条 第二处（行政监察）职掌如左：
一、关于军事组织现况及行政效率与官兵生活之监察事宜。
二、办理官兵对于军风纪、操守及奉行法令、规章之监察事宜。
三、关于作战教育、训练之监察事宜。
四、关于资料档案汇辑、整理、统计、检讨、研究事宜。
第十条 本局编制如附表〔缺〕。
第十一条 本局办事细则另定之。
第十二条 本规程自呈准之日施行。

〔国防部档案〕

12. 国防部拟定史政局组织规程草案

（1946年8月）

国防部史政局组织规程草案

第一条 本规程依国防部组织法第五条之规定订定之。
第二条 国防部史政局（以下简称本局）职掌如左：
一、指导本部所属机关、部队、学校保持并搜编有关之史料与文献。
二、关于史政法制、业务、方针、计划、程序之拟订并指导实施。
三、对作战部队与战场建立搜集作战史料之组织。
四、策定本部各级机构有关史学之图书与出版物之编审、方针、程序并指导实施。
五、与政府各部门及公私各机关、学术机构密切连系，以期国防文化之发展。
第三条 本局设局长一人，承参谋总长之命综理本局业务。
第四条 本局设副局长一人，襄助局长处理业务。
第五条 本局设高级编审官若干员，办理研究设计及临时交办事宜。

第六条　本局设局办公室一、处二（四科）。

第七条　局办公室职掌如左：

一、关于局长、副局长应办业务之承办事宜。

二、关于各处文件之汇集、呈转事宜。

三、承办机要及临时交办案件。

四、处理各单位主管以外之事项。

五、办理本局人事、文书、经理、总务、电务等事宜。

第八条　第一处（编纂）职掌如左：

一、拟订与审核本部所属机关、部队、学校有关各种史料之编纂方针、程序及计划，并提供各种法制规章之意见。

二、编译战史与审查有关之图书出版物。

三、整理与编纂绥靖史料。

四、编纂与审查有关抗日战史、绥靖史之经验教训。

五、编纂与审核军事学校所需之战史教材。

第九条　第二处（行政）职掌如左：

一、拟订审定本部所属机关、部队、学校及国外有关各种史料之搜集、整理、审查、保管与编报之方针、计划、程序及有关法制规章，并负促进实施之责。

二、建立本部所属机关、部队、学校之史政体系及史政业务之考核，各级史政幕僚之训练与指导，以及国内外史政考察。

三、辅助各军事学校之战史教育，与普通学校之国防教育。

四、搜集并整理国内外有关国防史、军事史之资料，并与有关机关保持密切联系。

第十条　本局编制如附表〔缺〕。

第十一条　本局办理〔事〕细则另定之。

第十二条　本规程自呈准之日施行。

〔国防部档案〕

13. 国防部拟定测量局组织规程草案

(1946年8月)

国防部测量局组织规程草案

第一条 本规程依国防部组织法第五条之规定订定之。

第二条 国防部测量局（以下简称本局）职掌如左：

一、关于测量业务之计划指导考核事宜。

二、关于测量学术之研究及有关教育事宜。

三、关于全国各种地图之测制、印刷、搜集、编审及供应事宜。

四、关于陆海空军测量技术之改进联系事宜。

第三条 本局设局长一人，承参谋总长之命综理本局业务。

第四条 本局设副局长二人，襄助局长处理业务。

第五条 本局设局办公室一、处二（六科）、技术室一。

第六条 局办公室职掌如左：

一、关于局长、副局长应办业务之承办事宜。

二、关于各处文件之汇集、呈转事宜。

三、承办机要或临时交办案件。

四、处理各单位主管以外之事宜。

五、处理本局人事、文书、经理、总务、电务等事宜。

第七条 第一处职掌如左：

一、基本测量业务之计划指导考核。

二、地形测量业务之计划指导考核。

三、航空测量业务之计划指导考核。

四、陆海空军测量之联系事宜。

第八条 第二处职掌如左：

一、各种地图之制印、编审及供应业务之计划指导考核。

二、测量教育之计划指导考核。

三、测量物资之采购管理分配。

第九条 技术室职掌如左：

一、测量科学之研究。

二、陆海空军测量技术之改进。

三、汇编及审核有关测量业务之法制规章。

四、汇编及审核有关测量业务之著译。

五、汇编有关测量业务之统计。

第十条 本局编制如附表〔缺〕。

第十一条 本局办事细则另定之。

第十二条 本规程自呈准之日施行。

〔国防部档案〕

14. 国防部拟定预备干部局组织规程草案

(1946年8月)

国防部预备干部局组织规程草案

第一条 本规程依国防部组织法第五条之规定订定之。

第二条 国防部预备干部局（以下简称本局）职掌如左：

一、关于预备干部之编组、训练、计划及对其训练机构之指导、考核、监督事宜。

二、关于预备干部之集训及其退伍辅导事宜。

三、关于预备干部之在乡管理事宜。

四、关于学校军训及青年军复员管理处未了业务之处理事宜。

第三条 本局设局长一人，承参谋总长之命综理本局业务。

第四条 本局设副局长一人，襄助局长处理业务。

第五条 本局设办公室一、处二（五科）。

第六条 局办公室之职掌如左：

一、关于局长、副局长应办业务之承办事宜。

二、关于各处文件之汇集、呈转事宜。

三、承办机要或临时交办案件。

四、处理各单位主管以外之事宜。

五、处理本厅人事、文书、经理、总务、电务等事宜。

第七条　第一处（编训）职掌如左：

一、预备干部之教育训练。

二、预备干部之征集、退伍。

三、预备干部教育之视察与考核。

四、学校军训之计划与督导。

第八条　第二处（辅导）职掌如左：

一、预备干部之在乡管理。

二、预备干部之调查统计。

三、预备干部之福利辅导及文化宣传。

四、预备干部之政治训练及其指导、考核。

第九条　本局编制如附表〔缺〕。

第十条　本局办事细则另定之。

第十一条　本规程自呈准之日施行。

〔国防部档案〕

15. 国防部拟定本部军法处组织规程草案

(1946年8月)

国防部军法处组织规程草案

第一条 本规程依国防部组织法第五条之规定订定之。

第二条 国防部军法处（以下简称本处）职掌如左：

一、综理关于全国军法行政、军事检察及裁判事宜。

二、关于本部及所属军事机构有关法律上建议之处理事宜。

三、关于本部及所属军事机构有关法律上意见之提供事宜。

四、处理一切涉及本部本身之诉讼及关于履行契约而引起对政府之请愿等事宜。

五、关于各级军法及监狱人员之甄审、考核、训练、调派及储育事宜。

六、关于本部有关之案卷、法令及本部之特许证、让渡执照等之保管事宜。

七、关于军法法规之拟订、发布、修正、废止、审查及解释事宜。

八、关于战争罪犯之审理事宜。

第三条 本处设处长一人，承参谋总长之命综理本处业务。

第四条 本处设副处长二人，襄助处长处理业务。

第五条 本处设处办公室一、科五、战犯处理组一。

第六条 处办公室职掌如左：

一、关于处长、副处长应办业务之承办事宜。

二、关于各组科文件之汇集、呈转事宜。

三、承办机要或临时交办案件。

四、处理各单位主管以外事宜。

五、处理本处文书、人事、经理、总务、电务等事宜。

六、关于军法法规之拟订、发布、修正、废止、审查、解释及编辑、翻译事宜。

第七条　第一科（军法行政）职掌如左：

一、各级军法机构之调整设置事宜。

二、军法监狱人员之甄审、调派、考核、训练及储育事宜。

三、保管国防部特许证及让渡执照。

第八条　第二科（军事检察）职掌如左：

一、监督指导全国军事检查官办理检证事宜。

二、军人犯罪之检举。

三、办理控告、侦察及通缉、撤缉。

四、签发传票、拘票、搜索票、羁押勘证对保及扣押物之处理保管。

第九条　第三科（审理）职掌如左：

一、军法案件之裁判及各级军法机关受理案件之提审莅审。

二、组织各级军法会审及复审、复议。

三、宣告判决及军官佐惩罚登记。

第十条　第四科（审核）职掌如左：

一、办理判决案件之审核事宜。

二、办理军事犯之大赦、特赦、减免罪行。

第十一条　第五科（监狱）职掌如左：

一、办理军人监狱及看守所之设置及人事建议事宜。

二、办理军事人犯调役、假释及戒护管理事宜。

第十二条　战犯处理组职掌如左：

一、各审判战犯军事法庭与拘留所之设置。

二、处理战犯行政法规之审议及战犯案件之调查。

三、各级军事法庭人员任用之建议。

四、办理判决战犯案件之审核事宜。

第十三条　本处编制如附表〔缺〕。

第十四条　本处办事细则另定之。
第十五条　本规程自呈准之日施行。

〔国防部档案〕

16. 国防部拟定本部总务处组织规程草案

(1946年8月)

国防部总务处组织规程草案

第一条　本规程依国防部组织法第五条之规定订定之。
第二条　国防部总务处（以下简称本处）职掌如左：
一、关于本部之交通管理事宜。
二、关于本部之交际事宜。
三、关于本部之消防、警卫、军风纪事宜。
四、办理本部一切总务事宜。
第三条　本处设处长一人，承参谋总长之命综理本处业务。
第四条　本处设副处长一人，襄助处长处理业务。
第五条　本处设处办公室一、组二（六科）。
第六条　处办公室职掌如左：
一、关于处长、副处长应办业务之承办事宜。
二、关于各组文件之汇集、呈转事宜。
三、承办机要或临时交办案件。
四、处理各单位主管以外之事宜。
五、处理本处人事、文书、经理、总务、电务等事宜。
第七条　第一组职掌如左：
一、办理本部物品供应事宜。
二、办理本部经理出纳事宜。
三、办理本部管理及一切杂务事宜。
第八条　第二组职掌如左：

一、办理本部交际事宜。

二、办理本部交通管理事宜。

三、办理本部警卫、消防及军风纪事宜。

第九条　本处编制如附表〔缺〕。

第十条　本处办事细则另定之。

第十一条　本规则自呈准之日施行。

〔国防部档案〕

17. 国防部拟定本部副官处组织规程草案

(1946年8月)

国防部副官处组织规程草案

第一条　本规程依据国防部组织法第五条之规定订定之。

第二条　国防部副官处（以下简称本处）职掌如左：

一、掌理本部一切命令（作战命令除外）、法规及关于政策的公告之印制与发布事宜。

二、依照既定方针办理左列人事业务：

1. 关于人事命令之发布事宜。

2. 关于全国陆海空军人事登记、统计及籍录之整理、保管事宜。

3. 关于本部官兵人事业务之承办事宜。

4. 关于勋奖章式样之设计及领制保管事宜。

三、掌理本部一切文电之收发暨军邮传递事宜。

四、掌理人员报告及单位驻地登记与通报事宜。

五、掌理本部中心档案及文件分类与各级军事档案管理之规划事宜。

六、规划各级副官机构组织职掌设备，并审察副官业务与副官教育训练等事宜。

七、关于印信之刊发收缴事宜。

第三条　本处设处长一人，承参谋总长之命综理本处业务。

第四条　本处设副处长二人，襄助处长处理业务。

第五条　本处设办公室一、计划科一、组五（十三科）。

第六条　处办公室职掌如左：

一、关于处长、副处长应办业务之承办事宜。

二、关于各组科文件之汇集、呈转事宜。

三、承办机要及临时交办事件。

四、处理各单位主管以外之事宜。

五、处理本处经理、总务等事宜。

第七条　计划科职掌如左：

一、汇办本处各种业务计划方案及工作报告与工作日记。

二、关于副官制度之研究及副官人员任免、甄选之建议事宜。

三、关于副官业务处理方法及程序之研究与建议。

四、副官教育训练之建议与审察。

五、办理本处业务统计并备本部各单位有关统计研究及程序之咨询事宜。

六、本处各单位工作效率之检查及改进建议事宜。

七、搜集并处理有关本处业务之资料。

八、有关副官法令规章之研究与建议事宜。

第八条　人事组织〔职〕掌如左：

一、各项人事业务实施办法之拟定。

二、关于人事命令之发布事宜。

三、关于全国陆海空军人事登记、统计及籍录之整理、保管事宜。

四、关于本部官兵人事业务之承办事宜。

五、关于勋奖章式样之设计及领制保管事宜。

第九条　文书组职掌如左：

一、办理本部文电总收总发及军邮传递事宜。

二、掌理本部文书处理程序及速度之检查。

三、典守参谋总长印信。

四、办理人员报告及统计事宜。

五、办理单位驻地登记通报事宜。

六、关于印信之刊发收缴事宜。

七、处理不属本处其他组科之文件及普通行政事宜。

八、掌理公文用具及格式之设计事宜。

第十条 电务组职掌如左：

一、办理本部电报之翻译呈转登记。

二、本部直属各单位电务人员之指导与协调事宜。

第十一条 档案组职掌如左：

一、提供有关本部档案管理、调转、销毁及保留之政策计划与程序，并监督其实施。

二、管理本部中心档案，并规划督导各级单位之档案管理。

三、关于符号缩写之规划事宜。

第十二条 编印组职掌如左：

一、编译本处业务有关之资料并办理外事文书暨奉交翻译事宜。

二、掌理本部复制文件之审查发行与建议事宜。

第十三条 本处编制如附表。〔缺〕

第十四条 本处办事细则另定之。

第十五条 本规程自呈准之日施行。

〔国防部档案〕

18. 联合勤务总司令部检发修正国防部政工局组织规程训令

(1948年4月21日)

联合勤务总司令部训令　茹蔽字第03196号

南京供应局：一、奉总长陈卅七年四月十日复政工局制与字第278号代电副本修正政工局组织规程。

二、检发政工局组织规程乙份，希知照。

三、本件已转令本部各署政工处及南京供应局。

总司令　郭　忏

中华民国卅七年四月廿一日

国防部政工局组织规程

第一条　本规程依国防部组织法第五条之规定订定之。

第二条　国防部政工局（以下简称本局）职掌如左：

一、宣扬三民主义，维持高度士气与加强纪律，拟订计划供应国军以一般文化生活与普通教育训练。

二、关于官兵心理之研究，政工之计划与非军事性教育计划之拟订，及有关国防之各项社会运动之推进暨匪俘之管训运用事宜。

三、报导国内外时事，分析时局动向，研究社会与国防有关之情报及舆论，以为改进部队组织与生活参考。

四、搜集与本部有关之立法案件，以供本部订立军事法规之参考。

五、关于国内外与本局业务有关人员及民众团体之联络与招待事宜。

六、办理军事区内一切民事、行政，及民众组织之指导与考核事宜。

七、关于军事区内一切民事之实施计划与策动，民事配合军事行动之计划，及其实施方针之拟订事宜。

八、办理军事区政治、经济之指导事宜。

第三条　本局设局长一人，承参谋总长之命综理本局业务。

第四条　本局设副局长三人，襄助局长处理业务。

第五条　本局设局办公室一、统计室一、处五（十七科）。

第六条　局办公室职掌如左：

一、关于局长、副局长应办业务之承办事宜。

二、关于各处文件之汇集、呈转事宜。

三、承办机要或临时交办事宜。

四、处理各单位主管以外之事宜。

五、处理本局人事、文书、经理、总务等事宜。

第七条　统计室之职掌如左：

掌理军中干部之调查、登记及统计事宜。

第八条　第一处（教育）职掌如左：

一、关于部队士气之激励，官兵心理之研究。

二、关于部队、学校政工计划之拟订，及其教材之编审事宜。

三、关于各级政工之设计指导考核奖惩事宜。

四、关于匪俘管训之督导及运用。

第九条　第二处（报导）职掌如左：

一、关于政府政策、军政设施、国内外大事、社会动态及战地生活、部队军风纪之报导事宜。

二、关于军事通讯及军办有关政工书报刊物之审核、登记、设计、指导及对敌宣传之研究处理。

三、关于国内外新闻界之联络，及社会舆论之分析研究。

四、军中康乐之设计指导及考核事宜。

第十条　第三处（法制与联络）职掌如左：

一、搜集与本部有关之立法案件，以供本部订立军事法规之参考，并审订各级政工单位之法规。

二、关于军政社团联系与社会调查。

三、慰劳与救济事宜。

第十一条　第四处（组训）职掌如左：

一、关于军事区内一切民众组训之指导与考核事宜。

二、关于人民服务工作队之督导与考核事宜。

三、办理军民合作事宜。

第十二条　第五处（民事与经济）职掌如左：

一、办理军事区内一切民事行政之指导与考核事宜。

二、关于军事区内土地与粮食处理之督导事宜。

三、关于军事区内财政、金融、物资之指导联络与考核事宜。

第十三条　本局编制如附表〔缺〕。

第十四条　本局办事细则另订之。

第十五条　本规程自呈准之日施行。

〔联合勤务总司令部档案〕

19. 联合勤务总司令部抄发修正国防部总务局组织规程训令

（1948年5月21日）

联合勤务总司令部训令　茹蔽字03896号

南京供应局：

一、四月十三日茹蔽字02892号训令计达。

二、奉总长陈五月二日制兴字321号代电修正国防部总务局组织规程如附表，希知照。

三、本件已转令本部各署暨南京供应局，并抄副本送各处。

总司令　郭　忏

中华民国卅七年五月廿一日

国防部总务局组织规程草案

第一条　本规程依国防部组织法第五条之规定订定之。

第二条　国防部总务局（以下简称本局）职掌如左：

一、关于本部交通管理事宜。

二、关于本部交际事宜。

三、关于本部营缮事宜。

四、关于本部消防警卫及军风纪事宜。

五、办理本部其他一切总务事宜。

第三条　本局设局长一人，承参谋总长之命，综理本局业务。

第四条　本局设副局长一人，襄助局长处理业务。

第五条　本局设局办公室一、预算室一、处二（六科）。

第六条　局办公室职掌如左：

一、关于局长、副局长应办业务之承办事宜。

二、关于各处室文件之汇集、转呈事宜。

三、承办机要或临时交办案件。

四、处理各单位主管以外之事宜。

五、处理本局人事、文书等事宜。

第七条　预算室职掌如左：

一、编制预算所需资料之搜集颁发与预算计划之转颁事宜。

二、预算之编制、转发、分配及追加、追减与科目流用事宜。

三、本机关预算支用之签证登记表报事宜。

四、参加营缮购置之投标比价及订约事项。

五、所属单位预算之审查、汇编及其指导考核事宜。

第八条　第一处职掌如左：

一、办理经理及财务事宜。

二、办理本部营缮事宜。

三、办理本部管理及一切杂务事宜。

第九条　第二处职掌如左：

一、办理本部交际事宜。

二、办理本部交通管理事宜。

三、办理本部警卫、消防及军风纪事宜。

第十条　本局编制如附表。〔缺〕

第十一条　本局办事细则另定之。

第十二条 本规程自呈准之日施行。

〔联合勤务总司令部档案〕

20. 联合勤务总司令部检发修正国防部第五厅组织规程训令

(1948年5月31日)

联合勤务总司令部训令 茹菽字第04297号
中华民国卅七年五月卅一日

南京供应局：一、奉总长陈五月十五日制与字第378号代电副本修正国防部第五厅组织规程，如附件。

二、兹检发原组织规程乙份，希知照。

三、本件转令本部第三、四、五、六处，各署暨南京供应局。

总司令 郭 忏

国防部第五厅组织规程草案

第一条 本规程依国防部组织法第五条之规定订定之。

第二条 国防部第五厅（以下简称本厅）职掌如左：

一、关于国军部队方案之拟订及其管制事宜。

二、关于陆海空军与联合勤务各高级司令部，及机关部队学校之编制动员与复员事宜。

三、关于陆海空军及联合勤务各总司令部之编制编成，及所属各机关、部队、学校编制编成之核备事宜。

四、规定陆海空军及联合勤务部队各军官佐属之构成成分及其训练目标。

五、指导并监督陆海空军与联合勤务总部所属部队之联合训练。

六、关于军事学校一般训练方针之拟定事宜。

七、关于保安部队之编制与训练一般方针政策之审定。

八、关于中外军事书籍译述及审定业务之分配事宜。

九、关于处理严重社会事件及灾害之特种训练事宜。

第三条　本厅设厅长一人，承参谋总长之命综理本厅业务。

第四条　本厅设副厅长二人，襄助厅长处理业务。

第五条　本厅设办公室一、处二（六科）。

第六条　厅办公室职掌如左：

一、关于厅长、副厅长应办业务之承办事宜。

二、关于各处文件之汇集、呈转事宜。

三、承办机要或临时交办案件。

四、处理各单位主管以外之事宜。

五、处理本厅人事、文书、经理、总务、电务等事宜。

第七条　第一处（编制及动员）职掌如左：

一、策订陆海空军联勤部队之部队方案、部队管制以及动员复员计划。

二、会同有关厅局策订陆海空军及联勤部队之兵力与编成计划。

三、与有关厅及各总部协同连系分析研究陆海空军联勤部队之现状，策订部队之改进计划。

四、审查陆海空军联勤总部所拟订之动员复员计划。

五、承办各军种动员实施之监督事宜。

六、拟订动员法规事宜。

七、审核并修正本部各单位编制。

八、确立编制装备表之方针。

九、关于各总司令部之编制编成及所属机关、学校、部队编制编成之核备事宜。

十、关于保安部队编制之方针与政策之审定。

第八条　第二处（训练）职掌如左：

一、规定陆海空军及联合勤务部队各军官佐属之构成成分及其训练目标。

二、拟订关于海陆空军及联合勤务部队之训练标准,并指导监督其联合训练。

三、关于军事学校体系一般训练方针之拟订,并指导各军事学校之教育及审查教程与教材。

四、发布有关训练之教令。

五、经常对各高级司令部及其他所有训练机关、学校实施监督考核。

六、关于保安部队训练之一般方针之审定。

七、校址营舍修建之决定与监督及各部队主要演习场所之统筹与计划。

八、关于处理严重社会事件及灾害之特种训练事宜。

第九条　本厅编制如附表〔缺〕。

第十条　本厅办事细则另订之。

第十一条　本规程自呈准之日施行。

〔联合勤务总司令部档案〕

21. 国防部颁布本部人民服务总队服务规程

(1948年10月28日)

国防部人民服务总队服务规程

呈奉行政院三十七年十月二十八日（卅七）四防字第四七九八一号指令修正

第一条　国防部人民服务总队（以下简称总队）各级工作人员执行职务及办事程序,依本规程之规定。

第二条　总队直隶本部,由本部政工局指挥督导考核之。

第三条　总队在分区使用时,受驻在地区最高军政长官之指导监督。

第四条 总队所属大队，除另有特定任务外，均得配属绥靖区工作，每一绥靖区以配属一个大队为原则，由本部政工局调配之。

大队配属绥靖区后，即受配属单位主官之指挥监督，及配属单位政工主官之指导，但上级总队部仍有指挥监督之权。

第五条 总队之工作范围如左：

（一）摧毁奸匪一切设施及其地下组织，并清除奸匪潜伏份子。

（二）搜索匪情匪谍及其外围组织之活动，并予以防制。

（三）针对奸匪弱点，厉行策反工作，以诱导奸匪来归及自首自新。

（四）暴露奸匪罪行，揭发其欺诈宣传。

（五）宣传政府政令，帮助人民了解政府设施。

（六）调解军民纠纷，沟通军民感情，争取民心。

（七）检举贪污舞弊，减轻人民负担，对于役政及自卫防御工事之舞弊，尤应特别注意。

（八）协同办理地方自卫团队（自卫队及未设政工人员之保安队）政治教育。

（九）调查地方公正人士有力或前进份子、流氓、地痞、土豪劣绅、闲散居民及各类组织，册存参考。

（十）协助建立地方政权，清查户口，编组保甲，组训民众。发展自卫武力，安抚流亡，指导难民还乡，及推行总体战。

第六条 总队所属各级单位对于实施总体战著有成绩或玩忽贻误之人员，得建议奖惩，层报核办。

第七条 总队所属各级单位对于贪污人员，应检举呈报，层请核办。

第八条 总队所属各级单位，对于奸匪及其潜伏份子暨武装匪类之处置，得密报上级或配属单位核办，必要时并得拘送主管机关依法讯办。

第九条　总队所属各级单位，在执行职务时，遇有必要得依正式手续向各机关查讯及调阅文卷。

第十条　总队所属各级单位，在分区或配属使用时，参加当地军政会报及情报性会报。

第十一条　总队所属各级单位执行职务，应与当地有关机关密取联系与配合。

第十二条　总队所属各级单位调离时，应将工作移交接替单位，交接清楚，并会衔呈报主管机关。如无交替单位，应将工作移交有关机关接办。

第十三条　总队各级工作人员，在执行职务时，应绝对服从主官之指挥。

第十四条　总队各级工作人员，对上报告，不得越级呈递。

第十五条　总队各级工作人员，不得藉职务关系图谋私人利益。

第十六条　总队各级工作人员，对于经办事项，应严守秘密，不得泄露。

第十七条　总队各级工作人员，非经依照陆海空军休假规则请假获准，不得擅离职守。

第十八条　本规程自部令公布之日施行，并呈报行政院备查。

〔行政院档案〕

三、各总司令部

1. 陆军总司令部拟定本部组织规程草案

（1946年8月）

陆军总司令部组织规程草案　三十五年八月

第一条　本规程依据国防部组织纲要第四条之规定订定之。

第二条　陆军总司令部（以下简称本部）职掌如左：

一、平时：本部执行最高统帅部之动员计划及实施一切陆军部队之编组与训练。

二、战时：（1）在本国领土范围之内负执行最高统帅部动员计划之责。（2）实施未拨归战区（包括国外战场）指挥之一切陆军部队之编组与训练。

第三条　本部设总司令一人，承主席之命、参谋总长之指导，综理本部业务。

第四条　本部设副总司令二人，襄助总司令处理业务。

第五条　本部设参谋长一人，承总司令之命，监督指导所属幕僚处理业务，并设副参谋长二人佐理之。

第六条　本部各署设署长一人，副署长一至二人。各处设处长一人，副处长一人。办公室设主任一人，副主任一人，分掌各项业务。

第七条　本部设左列各单位：

一、总司令办公室。

二、第一署。

三、第二署。

四、第三署。

五、第四署。

六、第五署。

七、第六署。

八、总务处。

九、副官处。

十、工程处。

一一、通信处。

一二、军械处。

一三、经理处。

一四、财务处。

一五、军医处。

一六、军法处。

一七、外事处。

一八、新闻处。

一九、宪兵组。

二〇、史料组。

二一、化学组。

二二、监督组。

第八条 总司令办公室掌关于机要文书、译电及海军、空军、联合勤务各部之联络,与本部各项统计事宜。

第九条 第一署掌关于陆军官兵人事(勤务部队学校及宪兵除外)计划及奖惩之拟订事宜。

第十条 第二署掌关于防谍情报之调查研究及本部情报人员训练之实施。

第十一条 第三署掌关于战略计划及作战指导之拟订及执行。

第十二条 第四署掌关于补给运输计划之拟订与监督,及营房设备暨军品保养之监督指导事项。

第十三条 第五署掌关于编制装备训练(宪兵、化学兵、工兵、通信兵等勤务部队除外,唯军、师建制内之工兵、通信兵、应包括在内)动员及编译出版等事宜。

第十四条 第六署掌关于各兵种之研究发展及联络事宜。

第十五条 总务处掌关于管理交际、庶务及福利事宜。

第十六条 副官处掌关于官兵人事计划之执行,命令通报之发布、档案保管及收发等事宜。

第十七条 工程处掌关于军、师建制内工兵之训练与装备、补给及军事建筑、军用工程之建议、监督事宜。

第十八条　通信处掌关于军、师建制内通信部队之训练，及材料计划之拟订及监督事宜。

第十九条　军械处掌关于武器弹药装备计划之拟订、建议及保养之监督指导事宜。

第二十条　经理处掌关于本部（包含直属部队）物品补给之分配及保养事宜。

第二一条　财务处掌关于陆军训练所需经费概算之拟编及财务之稽核事宜。

第二二条　军医处掌关于卫生行政及卫生材料补给事宜。

第二三条　军法处掌关于陆军部队、学校（宪兵及勤务部队与学校除外）军法案件之监察审判、复核等事宜。

第二四条　外事处掌关于对外联络交际及外文译述等事宜。

第二五条　新闻处掌关于新闻出版，与供给官兵非技术军事方面之文化生活与教育，及研究社会对陆军有关之情报与舆论，以供改进部队组织与生活等事宜。

第二六条　宪兵组掌关于本部警卫及与宪兵司令之联络事宜。

第二七条　史料组掌关于战史资料之搜集整理及编纂事宜。

第二八条　化学组掌关于化学兵训练，与器材分配之指导、建议，并与联勤总部化学司确取联络。

第二九条　监察组掌关于所属部队、学校一切状况之调查考核事宜。

第三〇条　本部编制如附表〔缺〕。

第三一条　本部办事细则另定之。

第三二条　本规程自呈准之日施行。

〔兵工署档案〕

2. 陆军总司令部系统职掌概要表

(1946年8月)

极机密　编字第1622号
　　　陆军总司令部系统职掌概要表
　　　　　中央军事机构改组委员会秘书组调制
　　　　　　　三十五年八月

〔兵工署档案〕

3. 海军总司令部系统职掌概要表

(1946年8月)

极机密　编字第1622号
　　　海军总司令部系统职掌概要表
　　　　　中央军事机构改组委员会秘书组调制
　　　　　　　三十五年八月

〔兵工署档案〕

4. 空军总司令部系统职掌概要表

(1946年8月)

极机密　编字第1622号
　　　空军总司令部系统职掌概要表
　　　　　中央军事机构改组委员会秘书组调制
　　　　　　　三十五年八月

〔兵工署档案〕

5. 联合勤务总司令部修订本部组织规程草案

(1947年8月)

联合勤务总司令部组织规程草案

第一条　本规程依国防部组织法第十四条之规定订定之。

第二条　联合勤务总司令部（以下简称本部）职掌如左：

一、依国防部颁订联勤部队建设方略，关于联勤部队建设计划之策定及执行。

二、依国防部颁订国防作战计划及动员、复员计划，关于补给执行计划及联勤部队动员、复员计划之策定及执行。

三、依国防部规定之方针及员额，对所属单位编组之实施。

四、依国防部颁订之训练方针，关于联勤部队训练计划之策定及执行。

五、依国防部颁订之补给政策，关于陆海空军共同性补给品及装备之处理事宜。

六、依国防部之人事政策，关于本总部及直辖单位上校以下暨所属联勤部队机关、学校校级军官佐属职务之分配、调转及服役、考绩、奖惩等事宜。

七、关于军需工业建设计划之策定，及陆海空军一般性兵器装备之研究与发展事宜。

八、有关军需工业之民营工业督导连系事宜。

九、关于联勤单位预算之编造事宜。

十、办理陆海空军之营舍仓库、医药卫生及福利等事宜。

十一、关于俘房管理之设施事宜。

十二、关于联勤单位一般行政处理事宜。

第三条　本部设总司令一员，承国民政府主席之命，参谋总长之指导，综理陆海空军勤务事宜。

第四条　本部设副总司令三人〔员〕，襄助总司令处理业务。

第五条　本部设参谋长一人〔员〕，承总司令、副总司令之命，监督指导所属幕僚处理业务，并设副参谋长二员佐理之。

第六条　本部设左列各单位：

一、总司令办公室。

二、一般及特业参谋。

1. 第一处（人事）。
2. 第二处（情报）。
3. 第三处（勤务）。
4. 第四处（补给）。
5. 第五处（训练）。
6. 第六处（研究）。
7. 总务处。
8. 军法处。
9. 新闻处。
10. 监察处。

三、行政与技术勤务：

1. 宪兵司令部。
2. 特种勤务处。
3. 工程署。
4. 财务署。
5. 军医署。
6. 兵工署。
7. 经理署。
8. 通信署。
9. 运输署。
10. 抚恤处。
11. 副官处。

第七条　总司令办公室职掌如左：

一、关于呈送总司令核判公文之承启事宜。

二、收集整理本部各项统计资料以呈供参考。

三、承办机要或临时交办之案件。

第八条　第一处（人事）职掌如左：

一、掌理本总部及直辖单位上校以下暨所属勤务部队、机关、学校校级军官佐属职务之分配、调转及服役、考绩、奖惩等事宜。

二、关于联勤人事政策及人事制度之建议事宜。

三、关于联勤人事计划及实施办法之拟定事宜。

第九条　第二处（情报）职掌如左：

一、拟订联勤技术情报及情报诸计划，并指导监督其实施。

二、拟订与外国政府在技术上及装备上交换情报之方策，并督导其实施。

三、关于联勤技术情报之搜集、整理、研判及联络事宜。

第十条　第三处（勤务）职掌如左：

一、对本总部编制提供建议及联勤部队、机关、学校编制之审核，与编组实施之督导，并呈报核备。

二、关于联勤单位设置之规划与监督事宜。

三、计划并监督联勤总部各署之业务实施。

四、依国防作战计划，关于后勤设施计划之拟订及其业务之规划事宜。

五、关于联勤单位调配之规划事宜。

六、监督各项固定设施之建立、分配、使用及处理。

七、拟订关于军队建筑之久远技术计划。

第十一条　第四处（补给）职掌如左：

一、依国防部之补给政策拟订补给实施计划。

二、综核督导补给品与装备之生产、采购、储藏、分配、保养及补给事宜。

三、研究拟订改进与发给补给品之优先顺序及目录表册。

四、编拟利用国际物资之需要方案,并监理实施。

五、关于武器、器材、车辆、马匹之统计事宜。

第十二条 第五处(训练)职掌如左:

一、关于联勤部队、学校训练计划之拟订与审核事宜。

二、关于联勤部队之动员复员计划之拟订及执行。

三、关于编审、译述及出版事宜。

第十三条 第六处(研究发展)职掌如左:

一、各种补给品及联勤部队装备之研究发展与协助事宜。

二、关于陆海空军一般性之补给品及兵器之研究及改进事宜。

第十四条 总务处职掌如左:

一、办理本部交际、管理、经理、庶务及一切杂务事宜。

二、办理本部警卫、消防及军风纪事宜。

三、办理本部官兵福利事宜。

第十五条 军法处职掌如左:

一、关于所属部队、机关、学校军法案件之检察、审判、复核等事宜。

二、对本部所属各单位军法业务之督导、考核及提供建议事宜。

第十六条 新闻处职掌如左:

一、办理新闻出版与供给官兵文化生活教育,并办理部队纪律士气有关之心理行为及态度之研究调查事宜。

二、研究社会对联勤部队有关之情报与舆论,以供改进部队组织与生活之参考。

三、关于全军新闻(训导)工作计划之策定,及其指导考核事宜。

第十七条 监察处职掌如左:

一、关于所属部队、机关、学校一切状况之调查、考核事宜。

二、关于所属部队、机关、学校行政效率,及教育训练之监察事宜。

第十八条　宪兵司令部职掌如左：

一、负责军队中法律及秩序之维持及监督命令实施，并保护军事人员及各项军事设施与军用物资之安全。

二、调查防止军人之罪犯，并逮捕逃亡官兵及军事人犯。

三、管理军事交通及执行交通规则。

四、关于战俘之搜集、警戒、输送、看管及疏散事宜。

五、关于军人监狱及战俘集中营之管理及警卫事宜。

六、关于军械防护及有关情报之供给事宜。

七、奉有特殊命令时，关于社会治安之维持与暴动扰乱之处理及镇压事宜。

八、奉有特殊命令时关于灾害区域内生命财产之保护，及平民、难民、侨民与雇用人员之疏散事宜。

第十九条　特种勤务处职掌如左：

一、办理军队合作业务之设计指导与考核。

二、办理有关军中福利业务。

第二十条　工程署职掌如左：

一、关于工程材料及工兵部队之装备，及补给品之研究、发展、设计、生产、采办、储藏、保养、分配以及有关之勤务。

二、关于独立工兵部队之编制编成及其装备补给事宜。

三、关于独立工兵部队之训练考核，并对其使用提供建议。

四、关于军事建筑及永久工事计划之执行及其保养修护事宜。

五、筹置并处理军队之不动产。

第二十一条　财务署职掌如左：

一、军费分配之执行。

二、军费运用之研究建议。

三、军费支出之审核监督。

四、办理军费之总会计。

五、军费之划拨保管、外汇之结购汇拨。

六、联勤总部主管预算之汇编分配及监督执行。

七、官兵薪饷预算之拟编。

八、财预制度之设计拟定。

九、军用财产之登记审核。

十、财务检查以及有关监查业务事宜。

十一、财务机构之编组事宜。

十二、各级财务结构业务之指导考核。

十三、非预算分配款项之审核登记。

第二十二条　军医署职掌如左：

一、关于各级独立军医机构设置之规划及其编制编成。

二、关于各级军医业务之督导考核事宜。

三、关于医药器材及装备之研究、发展、设计、生产、采购、储藏、保养、分配、补给事宜。

四、关于医学技术之研究发展与改进事宜。

五、关于军人体格及营养标准之规定，与军队之保健及环境卫生之改进事宜。

六、关于荣誉军人之管理教养及善后事宜。

七、关于军医资料之统计与编宣事宜。

第二十三条　兵工署职掌如左：

一、关于各种轻重武器、化学兵器、弹药、器材、车辆之研究、发展、设计、生产、采购、储藏、保养、分配、补给等事宜。

二、关于兵工厂设置方针之建议及设置计划之拟订，及其编组实施事宜。

三、管理并督导考核兵工厂一切业务。

四、关于兵工部队之训练考核及装备补给事宜。

五、关于化学部队之训练考核及装备补给，并对其使用与动员提供建议。

第二十四条　经理署职掌如左：

一、关于粮秣、被服、装具及一切物品之设计、生产、采购、储藏、保养、分配、补给事宜。

二、建立军需工业，管制军需资源，对民营军需工业之督导连系事宜。

三、被服、装具、物品品质技术制式及给与定量之研究改进。

四、军马之补充训练、改良、繁殖、保健、除役及种马之培育与民马之指导管制。

五、官兵眷属福利品之筹划供应并研究改进。

第二十五条　通信署职掌如左：

一、关于通信器材之研究、发展、设计、生产、采购、储藏、保养、分配、补给事宜。

二、关于独立通信部队之编制编成，及其装备补给事宜。

三、关于独立通信部队之训练、考核并对其使用提供建议。

四、关于军用通信之设施管理与运用事宜。

五、关于非军用通信设施指导之协调与连系事宜。

六、密码之编审，通信之保密，及通信技术之研究改进事宜。

第二十六条　运输署职掌如左：

一、关于军事运输工具、器材、燃料之研究、发展、设计、生产、采购、储藏、保养、分配、补给事宜。

二、关于独立运输部队之编制编成，及其装备补给事宜。

三、关于独立运输部队之训练考核，并对其使用提供建议。

四、指导协调监督一切军事运输业务，并管理军事运输设施。

五、指导国营民营各种交通设施之改进与运用。

第二十七条　抚恤处职掌如左：

一、办理陆海空军伤亡官兵之抚恤事宜。

二、办理遗族及伤残官兵之优待事宜。

第二十八条　副官处职掌如左：

一、关于本部官兵人事业务之承办事宜。

二、关于联勤单位人事登记统计,与籍录之整理保管事宜。

三、关于本部命令之发布,文电之收发、缮译、校对、监印及有关编印等事宜。

四、关于各总部永久性档案之保管事宜。

第二十九条　本部编制如附表。

第三十条　本部办事细则另定之。

第三十一条　本规程自呈准之日施行。

联合勤务总司令部组织系统表

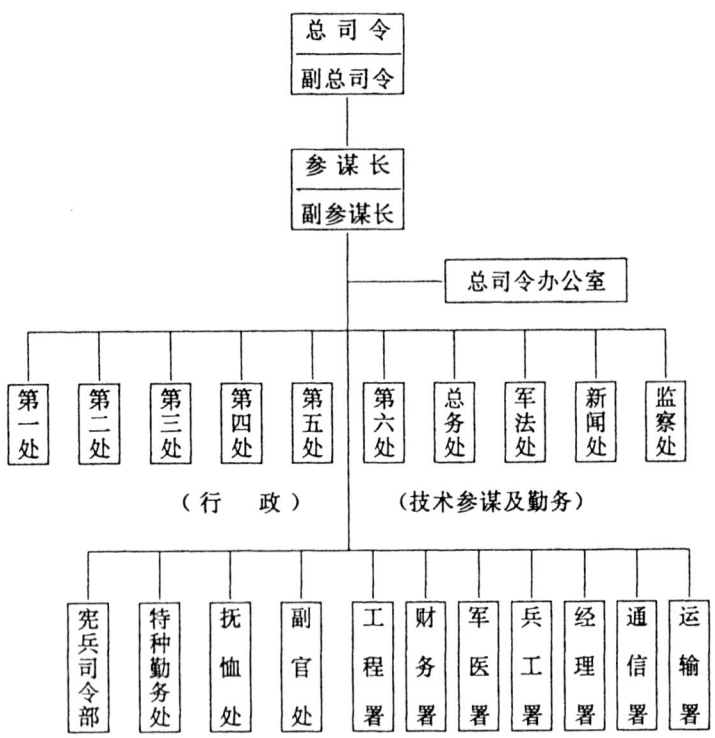

联合勤务总司令部本部编制表

区分	职务	总司令	副总司令	参谋长	副参谋长	高级参谋	主任	副主任	专员	参谋	秘书		副官	
官佐	适任官位	上(中)将	中将(军需总监)	中(少)将	少将	少将	上校	上校(军简三阶)	中(上)校(军简三阶)(一等军需正)(军需医监)	中校	上校	中校	军荐(简三)阶	军荐一阶
	员额	一	三	一	二	一〇	一	一	二	一	二	三	二	一

区分	职务	副官	(办)
官佐	适任官位	少校	上尉
	员额	四	四

区分	役别/等级/名额	总司令	副总司令	参谋长	副主任	专员	参谋	秘书	副官
士兵	役别	卫士	卫士	卫士	卫士	文书	公役	传达	司机
	等级	上士	中士	下士	下士	上士	三等	四等 五等 下士	上等兵 上士
	名额	二	一〇	二	一	二	二	二 一 三	九

区分	种类/数量	总司令	副参谋长	高级参谋	主任	副主任	秘书
车辆	种类	小轿车	小轿车或吉普车	吉普车	1/4 吉普车	1/4 吉普车	脚踏车
	数量	五	二	一	一	一	二

备考
副主任公用

职别	阶级	员额	士兵及公役	等级	员额	车辆	数量
司书	军委四阶	二					
书记	军委三阶	三					
司书	军委二阶	一					
书记	军委一阶	一	司机	上等兵	一		
副官	中尉	二	传达	下士	四		
秘书	军荐一(简三)阶	一				脚踏车	三
(处员)	少(军荐二)校	二		五等	五		
参谋	中(军荐一)(简三)校	一		四等	七		
(处员)	中(军荐一)校	一	公役	三等	三	吉普车	一
副处长	上校(军简三)阶	二	文书	上士	四	脚踏车	四
处长	少将	一	卫士	下士	一	小轿普车或	二
小计	军官佐属	九	士兵及公役		三六	小轿车	五
书记	军委一阶	一					
司书	军委三阶	一					

第一(军官)科					第二(军佐)科							第三(军属)科				
科长	参谋(科员)				科长	参谋(科员)						科长	参谋(科员)			
上校	中(上)校	中校	少校	上尉(军委一阶)	上校(军简三阶)	中(上)校	中校(军荐一阶)	少校(军荐二阶)	上尉(军委一阶)		上校(军简三阶)	中(上)校	中校(军荐一阶)	少校(军荐二阶)	上尉(军委一阶)
一	一	三	七	六	一	一	三	六	七		一	一	三	六	七

第（副处长/秘书）处			处										
秘书	副处长	处长	小计	第五（籍录）科					第四（综核）科				
				参谋（科员）				科长	参谋（科员）				科长
上校（军荐三阶）	上校（军荐三阶）	少将	军官 军佐 军属	上尉（军委一阶）	少校（军荐二阶）	中校（军荐一阶）	中(上)校 军荐一(简三)阶	上校（军简三阶）	上尉（军委一阶）	少校（军荐二阶）	中校（军荐一阶）	中(上)校 军荐一(简三)阶	上校（军简三阶）
		八	九七	七	六	二	一	一	七	六	二	一	一
公役三等	文书 上士	卫士 下士	士兵及公役										
	一	一	二六										
		1/4 吉普车	脚踏车 1/4 吉普车										
		一	一三										

二

副官	书记	司书	第一(情报)科					第二(外事)科				
			科长	参谋(科员)				科长	(科员)			
中尉(军委一阶)	军委三阶	军委四阶	上校	上校 军荐一(简三)阶	中校 军荐二阶	少校 军委一阶	上尉 军委二阶	上校 (军简三阶)	中校 军荐一(简三)阶	中校 军荐一阶	少校 军荐二阶	上尉 军委一阶
一	一	二	一	一	一	四	三	一	一	二	三	三
		传达	司机									
四等	五等	下士	上等兵									
三	三	一	二									
		脚踏车										
		二										
		内一员任打字。										

第						处	第三(译述)科				
书记	绘图员	副官	秘书		参谋员	副处长	处长	小计			科员	科长
军委一阶	(一等测量佐)军委二阶	中尉	军荐一校	少校(军荐二阶)	中校(军荐一阶)	上校(军荐三阶)	少将	军佐官属	上尉(军委一阶)	少校(军荐二阶)	中校(军荐一阶)	上校(军荐三阶)
一	一	一	一	一	一	一	二	四二	五	三	八	六	一	一
司机	上等兵	传达		公役	管图	文书	卫士	士兵及公役				
上士	上等兵	下士	五等	四等	三等	上士	下士					
一	三	二		三	一	三	一	一四				
	脚踏车					1/4吉普车	1/4吉普车					
	二					一	一二					

三

司书		第一(勤务)科					第二(机关部队)科					第三(设		
		科长	参谋(科员)				科长	参谋(科员)				科长	参谋(科员)	
军委三阶	军委四阶	上校	中(上)校	中(军荐一阶)	少(军荐二阶)	上(军委一阶)尉	上校	中(上)校	中(军荐一阶)	少(军荐二阶)	上(军委一阶)尉	上校	中(上)校	中(军荐一阶)校
二	二	一	一	二	一	一	一	一	二	三	二	一	一	一
内二员任打字。														

129

	第　　　　处				处	第四(编组)科					(备)科	
	秘书		参谋(处员)	副处长	处长	小计	参谋(科员)			科长	楚(士)正	备
	军荐一(简三阶)	少荐二校	军荐一(简三阶)军中(上)校	上简三阶	少将	军佐官属	军荐一(简三阶)军中(上)校	少荐一阶中校	少荐二校上尉	军委一阶	军荐一阶	上委一尉	少荐二校
	一	一	一	二	一	八　三五	一	一	二	一	一	二	二
	公役	军需	文书	卫士	士兵及公役							
	四等	三等	上士	下士									
	三	一	一	一六									
		7 1/4 脚踏车		7 1/4 吉普车									
		一		一二									

130

四

副官	书记	司书		第一(补给分配)科					第二(生产采购)科				
				科长	参谋(科员)				科长	参谋(科员)			
中尉	军委一阶	军委三阶	军委四阶	上校	二(一)等军需正 中(上)校	中(二)等军需正 中校	少(三)等军需正 少校	(军荐二阶) 上尉	(军委一阶) 上校	二(一)等军需正 中(上)校	中(二)等军需正 中校	少(三)等军需正 少校	(一等军需正) 上尉
一	一	二	一	一	二	二	二	一	一	二	二		
	传达	司机											
	下上等兵 士	上士											
二	一三	一											
	脚踏车												
	二												
		内一员任打字。											

	第三(统计)科				第四(物资)科					小计
科长	参谋(科员)				科长	参谋(科员)				
上校(军简三阶)	中校(军荐一简三阶)	中校(军荐一阶)	少校(军荐一阶)	(三等军需(医正))上尉	上校(一等军需正)	中校(二等军需正)	中校(二等军需正)	少校(三等军需正)	上尉(军委一阶)	军官佐属
一	一	二	三	二	一	一	一	一	二	三六
										士兵及公役
										一四
										脚踏车
										1/4吉普车
										一二

职别	官阶	员额	勤务	阶级	员额	车辆	数	备考
第二（科员）参谋	中（上）校	一						
第二 科长	上校	一						
第一（部队）科 参谋（科员）	上尉	一						
第一（部队）科 （科员）参谋	少校	二						
第一（部队）科 （科员）参谋	中校	一						
第一（部队）科 （科员）参谋	中（上）校	一						
第一（部队）科 科长	上校	一						
司书	军委四阶	一						
书记	军委三阶	一	司机	上士	二			任打字。
绘图员	（一等测量佐）军委一阶	一	传达	下士	一	脚踏车	二	
副官	中尉	一		五等	二			
秘书	军荐一（简三）阶	一		四等	一			
参谋（科员）	军荐一（简三）阶 中（上）	一	公役	三等	二			
副处长	上校	一	文书	上士	二			
处长	少将	一	卫士	下士	一	1/4吉普车	一	

	第[?]处			处		第三(编审)科				(学校)科		
秘书 军荐一(简三阶)	参谋(处员) 军荐一(简三阶)中(上)校	副处长 上校(军简三阶)	处长 少将	小计 军佐官属		科长 上校	参谋 中(上)校			上尉	少校	中校
一	一	一	一	二五	一	一	一	一	一	一	二	一
公役四等	公役三等	文书上士	卫士下士	士兵及公役								
二	二	一	二									
		¼吉普车	¼脚踏车									
		一	一二									

六

职称	阶级	员额	附记	数量
第二(史料)科 参谋(科员)	上尉(军委一阶)	一		
	少校(军荐二阶)	一		
	中校(军荐一阶)	二		
第二(史料)科 科长	上(军简三阶)校	一		
第二(史料)科 参谋(科员)	中(上)校〔军荐一(简三)阶〕	一		
第一(研究)科	上尉(军委一阶)	一		
	少校(军荐二阶)	一		
	中校(军荐一阶)	二		
第一(研究)科 参谋(科员)	中(上)校〔军荐一(简三)阶〕	一		
第一(研究)科 科长	上(军简三阶)校	一		
	军委四阶	一		
司书	军委三阶	二	司机 上士	一
书记	军委一阶	一	传达 上等兵	二
副官	中尉	一	传达 下士	一
技正	军荐一(简三)阶	一	公役 五等	一

附:脚踏车 二

第三(法规)科				处			总					第一(经理)科		
科长	参谋(科员)			小计	处长	副处长	副官	书记	司书			科长	科员	
上校(军简三阶)	中校(军荐一阶)	少校(军荐二阶)	上尉(军委一阶)	军佐军官属	上校(少将)	上校(一等军需正)	中尉	军委一阶	军委二阶	军委三阶	军委四阶	二(一)等军需正	二等军需正	三等军需正
一	一	一	一	二〇 六	一	二	一	一	二	一	一	一	三	五
				士兵及公役	卫士 文书	军需	司号		公役			炊事		
				下士 上士	下士 上士	上士	中士	上等兵	三等	四等	五等	中士	下士	上等兵
				二	二	二	一	二	四	三		一	三	二〇
				1/4脚踏车	1/4吉普车		卡车							
				一二	一		四							
												内一员任打字		

务科		第二(管理)科					第三(庶务)科					小计	处长	副处长	高级军法官
		科长	科员				科长	科员							
一等军需佐	二等军需佐	中(上)校	中校	少校	上尉	中尉	军荐一中(上)校(简三阶)	中(二等军需正)校	少(三等军需正)校	上尉(一等军需佐)	中尉	军佐官属	军简二阶	军简三阶	军简三阶
三	三	一	三	四	四		一	二	四	五	二	三二〇	一	一	二
	传达	司机	助手									士兵及公役	卫士	文书	庭丁
一等兵	下士	上等兵	上等兵										下士	上士	上士
一六	一	三	五	四								六九	一	二	二
	脚踏车											卡车/吉普车/脚踏车	1/4吉普车	1/4吉普车	1/4吉普车
	二											一/四/二	一		一
															公用

法

	秘书	副官	书记	司书		第一(军事检察)科				第二(审理)科				第三	
						科长	军检察事官	主任书记官	书记官	科长	军法官	主任书记官	书记官	科长	军法官
阶级	军荐一(简三)阶	中尉	军委一阶	军委三阶	军委四阶	军简三阶	军荐一(简三)阶	军荐二阶	军委二阶	军简三阶	军荐一(简三)阶	军荐二阶	军委一阶	军简三荐	军荐一(简三)阶
人数	一	一	一	一	一	一	二	一	一	一	二	一	三	一	一
	传达	公役				司机									
	下士	上等兵	三等	四等	五等	上士									
	一	二	一	二	一	二									

职称	军衔	员额	士兵及公役	军衔	员额	车辆	数量	备注
新处								
司书	军委四阶	一						
书记	军委三阶	二	司机	上士	二			
统计员	军委一阶	一						
秘书	军荐一阶	一						
副官	中尉	一						
	上尉	一	公役	上等兵	二			
处员	少校	二	传达	下士	一			
专员	中(上)校	三	军需	上士	二			
督察员	中(上)校	二	文书	上士	一	脚踏车	一	专员分担法制文书编译业务化。
副处长	上校	一	卫士	下士	一			
处长	少将	一						
小计	军佐官	二九	士兵及公役		一四	¼吉普车	二	
处								
书记科	军委一阶	二				¼吉普车	一	
主任书记官	军荐二阶	一						
(审核)科	军荐二阶	一						
	军荐一阶	一						

	新闻处						监察处			
	第一(教育报道)科		第二(立法联络)科		第三(社会关系)科		小计	处长	副处长	监察官	参谋(处员)
	科长	科员	科长	科员	科长	科员					
军佐官属	中(上)校	中校 少校 上尉	中(上)校	中校 少校 上尉	中(上)校	中校 少校 上尉		少将	上校	上校(同等官)	中校(同等官)
	一	二 四 二	一	二 四 二	一	二 三 二	三九	一	一	八	一
士兵及公役								卫士 下士	文书 上士	公役 三等	公役 四等
							一六	一	一	一	二
							1/4脚踏车 吉普车	1/4吉普车			
							一一	一			
备考							业务科配用监察官之兵科			军文人员均适用。凡注有"同等官"字样者兵科业务科	

140

	察　处									合计	
秘书	副官	书记	司书	第一(视察与调查)科			第二(监察行政)科			小计	合计
				科长	科参谋	科员	科长	科参谋	科员		
军荐一(简三)阶	中尉	军委三阶	军委三阶	上校	中校	少校／军荐一阶／军荐二阶／二等军需正	上校	中校	少校／军荐一阶／二等军需正	军佐官属	军佐官属
一	一	一	二	一	一	二／一／一／一	一	一	二／一／一	二〇〇	二八九(共四八九)
	传达	司机								士兵及公役	士兵及公役
五等	下士	上等兵	上士								
二	一	二	一							二	二三八
	脚踏车									1/4吉普车／脚踏车	卡车／小轿车／1/4吉普车／脚踏车
	二									二／一	二〇／四／一五／五
		内一员任打字。									

〔联合勤务总司令部档案〕

6. 联合勤务总司令部编印之本部编制与职掌

(1947年8月)

联勤总部之编制与职掌

一、联勤总部之任务与职掌

联勤总部（联合勤务总司令部简称），系由前后方勤务总司令部及军政部各有关单位合并改组，于民国卅五年九月成立。其任务在使军需品之生产、储备及运输补给等业务能自成独立的一元化之系统，不再蹈过去互相牵制之弊。过去关于军需品之生产、储备，系由军政部负责，后勤总部仅担任分配，运输与补给，事权分割，业务上常发生脱节现象。如前方急需某种械弹需后勤部立即运补，而军政部所生产所储存者或品种不适合，或存储地点与补给地区距离遥远，甚或某种军需品已不需要，而生产机关尚在出货，反置急需增产者于不顾，致使办理后勤机关焦头烂额，痛苦非常。吾人为补偏救弊，特参照盟国国防制度，产生今日联勤总部之组织。今后联勤总部，在组织及职掌上务求其统一化，来达到联合勤务之任务，使各种军需品的计划、生产、存储、分配、运输、补给，以及装备、研究、改良等事权，能统一集中，自成系统，在完密的组织与计划之下，联合装备供应陆海空军。

联勤总部最初之组织，原属试行性质，经过实施六个月之经验，为使上下联贯业务处理顺利，新组织机构已于本（卅六）年五月开始实施。其编制详见下节。现先将新组织新机构联勤总部职掌，阐述如次：

1. 依国防部颁订之联勤部队建设方略，关于联勤部队建设计划之策定及执行。

2. 依国防部颁订之国防作战计划及动员复员计划，关于补给执行计划及联勤部队动员复员计划之策定及执行。

3. 依国防部规定之方针及员额，对所属单位编组之实施。

4. 依国防部颁订之训练方针，关于联勤部队训练计划之策定及执行。

5. 依国防部颁订之补给政策，关于陆海空军共同性补给品及装备之处理事宜。

6. 依国防部之人事政策，关于本总部及直辖单位上校以下暨所属联勤部队、机关、学校校级军官佐属职务之分配、调转及服役、考绩、奖惩事宜。

7. 关于军需工业建设计划之策定，及陆海空军一般性兵器装备之研究与发展事宜。

8. 有关军需工业之民营工业督导联系事宜。

9. 关于联勤单位预算之编造事宜。

10. 办理陆海空军之营舍仓库、医药卫生及福利等事宜。

11. 关于俘虏管理之设施事宜。

12. 关于联勤单位一般行政处理事宜。

二、联勤总部编制内各参谋及行政技术单位之职掌

依据上节所述职掌，联勤总部编制内分设各参谋及行政技术单位。参谋单位之任务为关于政策之策定，业务之规划拟订建议指导，并监督考核其实施；行政技术单位之任务则负责各该部门业务上之执行指挥监督，以及技术上之研究设计实施。其业务性质虽或有相同，但于系统及实施程序上已明晰划分职责。联勤总部编制内各单位如次：

A、一般参谋：

1. 第一处（人事）。
2. 第二处（情报）。
3. 第三处（勤务）。
4. 第四处（补给）。
5. 第五处（训练）。

6. 第六处（研究发展）。

B、特别参谋：

1. 新闻处。
2. 监察处。
3. 军法处。
4. 总务处。

C、行政技术：

1. 运输署。
2. 通信署。
3. 经理署。
4. 财务署。
5. 兵工署。
6. 工程署。
7. 军医署。
8. 宪兵司令部。
9. 副官处。
10. 特种勤务处。
11. 抚恤处。

上述各单位之职掌如附件一（按表讲解）。

附件一：

联勤总部编制与职掌

```
                          总　司　令
                          副总司令
                          参　谋　长
                          副 参 谋 长
```

（特别参谋）

总司令办公室
一、关于承启承转各项呈送公文之办理事宜。
二、关于审核启署统计参谋要案呈送总司令批阅事宜。
三、关于承启各以呈承时本部各科料事宜。

监察处
一、关于所属部队机关学校之监察事宜。
二、关于所属部队机关学校行政效能之调查考核事宜。
三、关于军纪风纪之监督事宜。

军法处
一、对于本部所属部队机关学校之军法业务之统一指导事宜。
二、关于本部军法命令之发布暨军法案件之审判与复判事宜。
三、关于军法业务之考核建议事宜。

总务处
一、办理本部参事事宜。
二、办理本部官兵福利事宜。
三、办理本部一切总务事宜。
四、关于本部军纪风纪事宜。

新闻处
一、组织研究社论有关本部及所属部队新闻工作之计划指导事宜。
二、体育康乐活动之策定推行事宜。
三、新土气心理之研究以为联勤部之参考事宜。
四、文化出版对外宣传及敌情调查研究办理官兵事业教育并考核所属单位新闻指导事宜。

（一般参谋）

第一处
一、学事官督改关于本部人事之关事宜。
二、组织本部各级单位编制人员之审核事宜。
三、人事情报之搜集分析及人事政策之研究实施事宜。
四、计划人事行政之改进及人事设施之督导事宜。
五、关于人员补充计划之实施事宜。
六、关于奖惩及调配事宜。
七、关于军官队学校以上单位上校以上职员之官等任免升级及其他官佐之任免升调事宜。

第二处
一、关于非通讯情报之搜集整理及研判事宜。
二、关于情报组织之监督指导事宜。
三、关于谍报技术之研究改进事宜。
四、对于联勤所属部队情报技术之训练事宜。

第三处
一、关于督察划配及督使用之编组。
二、关于配补运输计划之协调事宜。
三、关于部队训练之计划监督及督导改进事宜。
四、关于配补运输计划之协调实施事宜。
五、关于独立补给支援联勤配属事部训练与协同部队之训练与支援联勤配属事项之编组训练与教育对部队补给品发放及保养并对支援实施之关事宜。

第四处
一、关于研究判断国际武器装备之情报发展事宜。
二、关于防订武器装备及联勤之相关于武器装备之相关事宜。
三、关于武器装备补给之统筹事宜。
四、关于武器装备补给品之统筹分配及预算之先行审核事宜。
五、关于武器装备储存之综合表关之审核事宜。
六、关于武器装备各计划订定并执行事宜。
七、关于武器装备计划实施及运转之审核事宜。

第五处
一、关于联勤参谋及联勤之联系事宜。
二、关于编辑关之计划事宜。
三、关于部队动员整编出版之研究发展与协助事宜。

第六处
一、关于联勤各种补给品陆海空军之般补给事宜。
二、关于补给品之统筹办理一般补给之研究发展及协助改进事宜。

（行政技术单位）

运输署
一、关于陆海空军运输联勤有关之事宜。
二、关于军运之督导监督事宜。
三、通讯用品军事之补给事宜。
四、通信器材之供应及补给事宜。

通信署
一、配属工兵业务各项分配。
二、三关于通信保密及服务。
三、通信器材之供应及补给事宜。
四、通讯设施之研究设立及改进事宜。

经理署
一、配属经理业务各项分配。
二、关于粮秣被服各种补给事宜。
三、关于经理业务之研究设计建议及改进事宜。

财务署
一、对于本总部编定之预算审核计算事宜。
二、本总部暨直属各机关预算编审核事宜。
三、本总部暨直属各机关之会计监督事宜。
四、本总部暨直属各机关之财务报告事宜。
五、薪饷品预算事宜。
六、关于预算之核拟分配及监督支配事宜。
七、关于非生产机构之预算支管及分配事宜。

兵工署
一、对于兵工业务之研究设计研究改进事宜。
二、关于兵工生产与兵工技术之研究设计建议事宜。
三、关于轻重兵器弹药等之研究设计及试制事宜。
四、关于兵工厂兵工建设及装备保管事宜。
五、关于兵工材料储藏及兵工补给之计划事宜。
六、关于兵工原料之制造设备等之计划事宜。

工程署
一、关于工程业务各项事宜。
二、关于工程建筑设备改良事宜。
三、关于独立工兵建筑机关之设立及工兵建筑工程之计划事宜。
四、关于军用建筑设备及勤务工兵之建设事宜。

军医署
一、关于各级军医业务之设计与研究计划事宜。
二、关于医疗设施及军医行政之研究事宜。
三、关于各级军医机关之计划实施及设置保健事宜。
四、医院设备及医疗器材药品采购及分发事宜。
五、关于药品医疗器材之编制成本补给事宜。
六、军医行政之军医业务之事宜。

宪兵司令部
一、宣示及执行一切特别勤务护卫要员之执行事宜。
二、负责关于人员及官兵特护之执行事宜。
三、犯罪事件之侦查事宜。
四、协助军民之协助事宜。
五、关于军事及犯罪之侦查。
六、辅助及协助军民时警戒之交通事宜。
七、关于军风纪及军事交通之督导事宜。

副官处
一、关于官兵事务事宜。
二、关于本部编制及任免收发档详办事宜。
三、关于本部对所属部队官佐士兵登记记事业统计事宜。
四、关于文书档详设计考核事宜。

特种勤务处
一、办理有关中美合作事宜。
二、关于应用特种勤务人员之供应申请事宜。
三、办理关于抚恤考核事宜。

抚恤处
一、办理关于抚恤事宜。
二、办理关于死伤官佐士兵之抚恤及官兵奖金之事宜。

下属单位

- 运输署 — 通信署 — 经理署 — 财务署 — 兵工署 — 工程署 — 军医署 — 宪兵司令部 — 副官处 — 特种勤务处 — 抚恤处
- 各补给区（供应局）
- 各勤务部队
- 各勤务学校

联合勤务总司令部补给管区要图
(1947年4月)

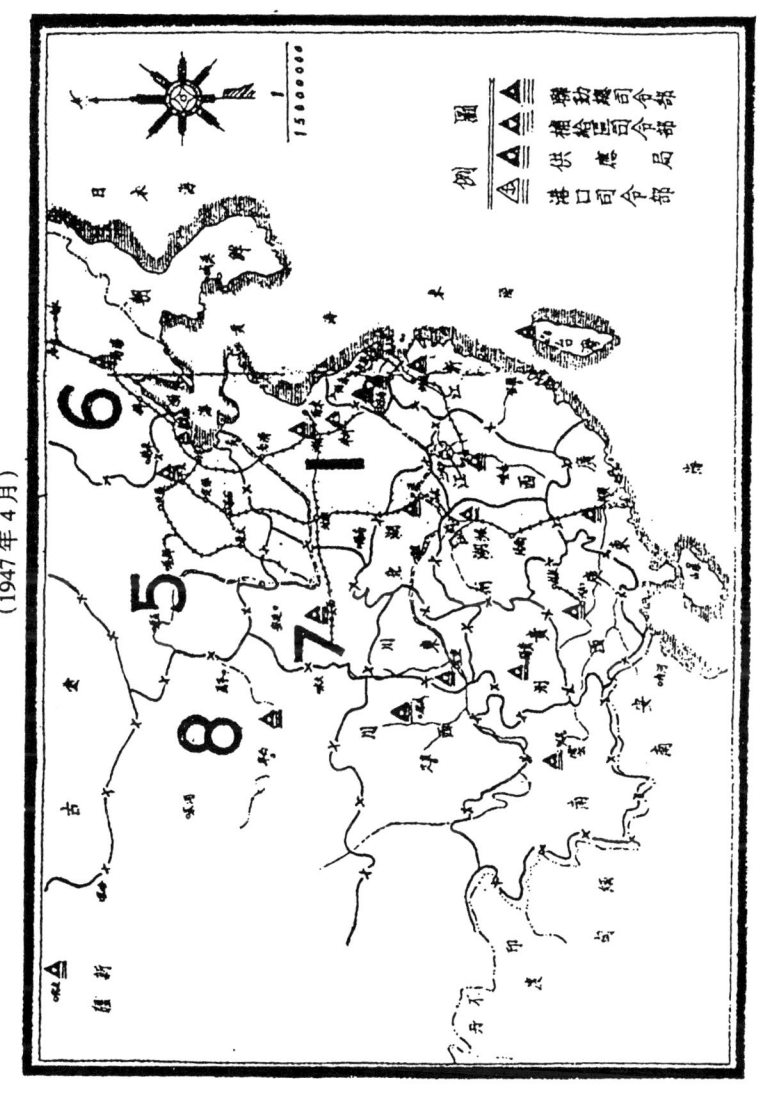

三、现行补给区之划分

现行补给机构系兵站制、供应制同时并存。供应制与兵站制各有长短,大抵兵站机构复杂庞大,适于战时,供应机构简单紧凑,适于平时。抗战期中,我国完全采用兵站制,胜利后,始区分全国为八个补给区,设补给区司令部,等于当地之联勤总部,长江以南各省设供应局,完成供应制度,长江以北,因战争状态继续存在,仍然保留兵站制度。本(卅六)年三月,为紧缩及适应军事情况,始将长江以南第二、第三、第四补给区撤销。现行补给机构较前更为复杂,将来内乱戡定,兵站自可取销。至作为中间指挥机构之补给区司令部是否有存在价值,现仍在研究实验中。现将各补给区司令部及供应局所在地说明如次(按附件二讲解)。

一、补给区司令部。
第一补给区——徐州。
第五补给区——北平。
第六补给区——沈阳。
第七补给区——西安。
第八补给区——兰州。
二、供应局
浙江供应局——杭州(兼福建)。
江西供应局——南昌。
台湾供应局——台北。
安徽供应局——蚌埠。
湖北供应局——汉口。
湖南供应局——长沙。
广东供应局——广州。
广西供应局——柳州。
贵州供应局——贵阳。
云南供应局——昆明。

川东供应局——重庆。

川西供应局——成都。

南京供应局——南京。

新疆供应局——迪化。

此处有须特别说明者，即上海及秦葫两港口司令部。上海港口司令部负责南北物资海运，兼办京（不含）沪区各部队、机关、学校之补给，秦葫港口司令部则负物资接运之责。

四、补给区之职掌及其与管区内部队、机关、兵站之关系。

联勤总部为实施分区补给，依战略部署于重要地区分别设置补给区司令部。补给区司令部担任管区内部队、机关、学校之运输、通信、补给、卫生及其他一切勤务，并指挥管区内兵站及其他勤务单位分别实施之。补给区司令部之职掌如次：

1. 依联勤总部策定之联勤部队建设计划之执行。

2. 依联勤总部策定之补给执行计划及联勤部队动员复员计划之执行。

3. 依地区高级指挥官颁订之作战计划，关于补给执行计划之策定实施。

4. 关于陆海空军共同性补给品之运输、装备、补给事宜。

5. 关于管区内所属联勤部队机关军官佐属职务分配、调转及服役、考绩、奖惩等事宜。

6. 关于管区内有关军需工业之民营工业督导连系事宜。

7. 关于管区内俘虏之管理、转送事宜。

依据上述职掌，补给区司令部设置左列各处分掌实施之：

1. 参谋处。

2. 副官处。

3. 军法处。

4. 运输处。

5. 通信处。

6. 经理处。
7. 财务处。
8. 军械处。
9. 工程处。
10. 军医处。

关于补给区司令部与管区内部队、机关、学校之关系如附件三所示（按表讲解）。

附件三：

联合勤务组织系统及与部队机关学校关系一览表

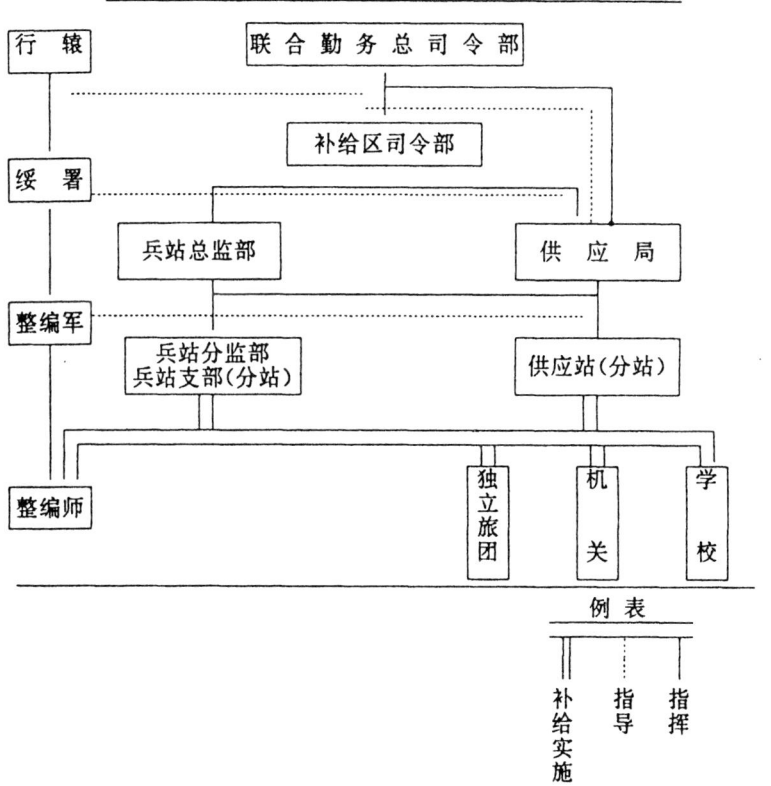

五、联勤总部与国防部及陆海空军各总司令部编制之比较

联勤总部与国防部及陆海空军各总司令部之编制，原则上系上下左右互相贯通联系者。惟因陆海空军及勤务兵种，各各有其特异之处，所以编制内各单位之组成，亦互有异同。

联勤总部编制内一般参谋单位，与国防部及陆海空军各总司令部的参谋单位所掌管的人事、情报、作战（勤务）、补给、训练、编组与研究发扬诸业务，在其各个兵种上虽有不同，但业务处理却系一致，故单位之构成，亦可谓完全相同，仅署处名称不同，与少数单位在联勤总部及空军总部系由其他单位兼管之小异而已（例如编组、训练，联勤总部系由第五、第三两处掌管，空军总部则由第三署兼管）。

关于特别参谋单位的新闻、监察、军法、总务诸业务的编制则全系一致（行政上的副官业务亦同）；国防部设局，其他各总部则设处。至预算及史政业务，除国防部设局外，其他各总部均有主管或兼管单位办理。

此外关于全国兵役及军事区内民事行政事宜，系属全国性且业务执行另设有各军师团管区而与各总部无甚关联，故由国防部分设兵役局、民事局以处理之。至测量业务及预备干部之编训退役退伍管理与学校军训事宜，亦系全国性，虽与各总部业务有相当关系，而各总部无专设机构办理必要，故亦由国防部分设测量局及预备干部局统筹办理之。

联勤总部编制内各行政技术单位（副官处除外）之设置，则系国防部及陆海空各总部所无，是即联勤总部编制与国防部及陆海空军各总司令部编制特异之点。前已说明，联勤总【部】之任务既在使各种军需品之计划、生产、存储、分配、运输、补给以及装备改良等事权及其他勤务，能统一集中，自成系统，必须在完密的组织与计划之下执行诸种勤务，故有各行政技术单位之设置（各单位之设置第二节已述及），才能达到联合装备供应全国陆

海空军之任务。同时此等行政技术单位之设立，亦是基于勤务兵种与陆海空各兵种性质之不同而然。例如基于陆海空军特别需要，亦各另外设有各别的幕僚机构，如陆军总部设有工兵、通信、军械、经理、财务、军医六个幕僚处，海军设有军医处，空军设有防空、工程、通信、气象、财务、军医六个幕僚处等。

联勤总部与国防部及陆海空军各总司令部编制内各单位之比较如附件四（按表讲解）。

联勤总部与国防部及陆海空各总司令部编制对照表（附件四）

单位	一般参谋					特别参谋						
国防部	第一厅（人事）	第二厅（情报）	第三厅（作战）	第四厅（补给）	第五厅（编组训练）	第六厅（研究发展）	新闻局	预算局	监察局	史政局	军法处	总务处
陆军总司令部	第一署（人事）	第二署（情报）	第三署（作战）	第四署（补给）	第五署（编组训练）	第六署（研究发展）	新闻处	★财务处	监察处	★第二署	军法处	总务处
海军总司令部	第一署（人事）	第二署（情报海政）	第三署（作战）	第四署（支应）	第五署（编组训练）	第六署（技术）	新闻处	★第四署	监察处	编纂处	军法处	总务处
空军总司令部	第一署（人事）	第二署（情报）	第三署（作战）	★第三署（补给勤务）	第四署（补给勤务）	第五署（计划）	新闻处	★财务处	监察处	★第二署	军法处	总务处
联合勤务总司令部	第一处（人事）	第二处（情报）	第三处（勤务）	第四处（补给）	★第五处（训练）	第六处（研究发展）★第三处（编组）	新闻处	（拟设预算处）	监察处	★第六处	军法处	总务处

行政	其他	
副官处	一、办理军事区内之一切民事事行政 二、设民事局。 三、办理兵役。设兵役局。 四、关于测量之测量局及预备干部管理设预备干部训练学校退伍军人训练部	一、凡有★记号者系兼办机构。 二、编制互异单位记入其他栏。
副官处	一、参照陆军之设置： ①特需工兵处 ②通信处 ③军械处 ④经理处 ⑤财务处 ⑥军医处 负责该部门之装备补给及其计划拟订施训练之监督。	
副官处	一、关于海军卫生勤务医设处 行政材料补给之监察考核	
副官处	一、参照空军之设置： ①特别防空处 ②工程处 ③通信处 ④气象处 ⑤财务处 ⑥军医处 负责该部门之指导监督计划事宜。	
副官处	一、术科机构：运输署、通信署、经理署、财务署、兵工署、军工程署、宪兵司令部、特种勤务处、抚恤处、国兵处。设置行政技——全装备补给及陆海空军勤务统筹之事务事宜	

〔联合勤务总司令部档案〕

（三）部队组织编制

一、军官佐法规

1. 军事委员会修正公布陆海空军军职人员交代规则

（1945年8月25日）

陆海空军军职人员交代规则 三十四年八月二十五日修正公布

第一章 总则

第一条 陆、海、空军各机关、学校、部队、舰队、航空队（以下简称各单位）之主管长官及其所属有保管责任人员卸、接任之交代，悉依本规则行之。

第二条 各级主管长官之交代，由幕僚（指本单位内各部分负责主管而言，如参谋、秘书、军需、会计、军医、交通、军械、副官、文书及其他等）负责办理，但卸任主官仍应负连带责任，接任主官并有监督办理之权者。

其依主计法规，设有会计机构之各单位，其会计事务交代，应依照主计处公布"修正各级政府机关主办会计人员办理交代细则"第十九条办理之。

第二章 交代事项

第三条 卸、接任交代之事项如左：

（一）施政方案、工作计划及其执行情形。

（二）印信、章戳、旗帜、徽章及官兵名册、军籍考绩表、详历表、官组名簿等。

（三）交接前一日之资力负担平衡表及经临费、事业费、专案款、保管款等之余存现金、证券、银行存折等。

（四）依法令规定所设各项帐籍票据而收存根、各种册报存底及应收未收、应付未付或应缴未缴明细表等。

（五）公有财产及物品。

甲、武器类　如枪炮、弹药、战车、马骡、舰艇、航空器、装甲汽车等项。

乙、装具类　如被服、装具、阵营具等项。

丙、器材类　如船只、车辆、机械、仪器、望远镜、交通器材、通信器材、卫生器材、医药、粮秣等项。

丁、物料类　如各种机械零件、生产原料半成品、燃料、油料及其他一切耗用品等项。

戊、不动产类　如营房、营产、要塞及其他军用建筑物场所等项。

己、其他。

（六）档案、文书及各种图书、契据、契约等。

（七）军用图籍（包括地图、海图）、图案、旗书、密电本及其他军事机密文件、号令、信号等。

第四条　前条所定各交代事项，应由卸任人员造具移交清册三份（格式如附表1—7），于交代之当日交由接任人员点收，其各项财物之移交数目，应以法令规定所设各项金钱、物品帐籍上之结存为根据，并应悉数移交，不得截留其全部或一部，接任人员收到前项移交清册，应先与帐籍记录详细核对无误后，再会同卸任人员依册点收，并将收到现金先行出给收据，交卸人员收执。

第五条　凡移交各种帐籍，应于最末一笔帐项之后，注明交接日期，由卸、接任各加盖印章，以明责任。

第六条　卸任任内之各项计算，应照规定限期分别赶造齐全呈报，如有未届造报时，或不能分割造报者，及有继续性之未了案件，应专案移交接任接收，赓续办理，接任不得藉口推诿。但对于移交之原始凭证，仍由卸任负责。待办案件移交清册格式如附表八。

第七条　凡卸任内依据法令规定支出之暂付、预付款，应检同支付凭证及案卷移交接任接收，继续清理，倘有支出不实及违法情事，其责任仍由卸任负之。

第三章　交代期限

第八条　卸、接任之交代日期，由卸任及接任自行会商决定之，得由监交人员酌定或请上级长官规定之，但自接任人员发表之日起，至迟不得逾一个月，如裁撤单位时，应由下裁撤命令之长官指定接收单位及结束期限。

第九条　接任人员对于各项交代事项之点收，自交代之当日起，限十五日内点收完竣，如因特殊情形不能如限点收完竣时，得商由卸任及监交人员酌于延期，如发生争执时，应呈请所隶上级长官核定之，仍应于延期或核定期限内点收完竣，监交人员并须负督促之责。

第十条　接任人员，倘对于交代故意留难或延不报结者，予以相当处分。

第四章　交代责任

第十一条，凡各项交代事项，在接任到职后尚未点收完竣前，如发生损失，其责任谁属，应就实际情形由监交人员或上级长官确定之。

第十二条　卸任人员，非交代清楚不得离开任所，凡交代不清者，不予任职，并通令或通报各单位查照，必要时并予以看管严追。

第十三条　卸任人员所编造之计算书表，如因手续错误，发还重编时，接任人员，应代为编制。

第十四条　卸任人员死亡或因其他事故不能办理交代者，应由该主管长官指定负责人员办理。

卸任人员死亡时，如有亏欠公有财物，除确实能证明责任在卸任者，仍由卸任负责外，余应由所属次级主管人员负责。

第十五条　因交代不清而逃匿或捏报病故者，除查封其财产抵偿外，并依法惩处之。

第十六条　卸任人员之移交清册，如发现捏报或漏报情事，除将卸任人员照第十二、第十五条办理外，并应予接任人员以相当处分，但自行揭报者，不在此限。

第十七条　接任人员接收清楚后，应于移交清册上署名盖章，以一份交还卸任收执，以一份存卷，以一份会衔呈报上级机关备查。

第五章　监交

第十八条　卸任接任交代时，应由主管监盘交代机关或上级长官派员监交。

第十九条　监交人员应监视卸、接任于限期内交接清楚，并在各种移交清册上署名盖章，倘事后发生交代不实情事，监交人应负相当责任。

第六章　附则

第二十条　卸任人员办理移交时，除本单位外，如认为所属各单位中有连带办理之必要者，应让各单位负责人员造具清册结案移交。

第二十一条　凡被裁撤或编并之各单位，其主管长官应视为卸任，指令接收者应视为接任，依照本规则办理之。

第二十二条　本规则自公布之日施行。

〔国民政府档案〕

2. 军事委员会公布陆海空军官佐考绩条例及其施行细则令

(1945年10月21日)

国民政府军事委员会令　办制字第九二一七号
　　　　　　　　　　　三十四年十月二十一日

兹制定陆海空军官佐考绩条例及其施行细则，公布之。

民国二十五年十月二十日公布之修正陆海空军军官佐考绩规则，及三十二年十一月一日公布之陆海空军军官佐战时考绩规则，同时废止之。此令。

陆海空军官佐考绩条例

第一条　陆海空军官佐（以下简称官佐）之考绩，除上将或中将（总监）独立单位主官，由最高军事长官特予考核外，中将（总监）以下各级官佐（含额外人员），均照本条例施行。

第二条　应受考绩之官佐为受考官，以直隶长官为考绩官，所隶以上各级长官为初核官复核官。

直隶于军事委员会少将（监）以下独立单位主官，由军事委员会直接考绩。

第三条　考绩每年举行一次，于年终行之。各单位主官于考绩建议表呈出之前，须召开铨衡会议，审议务求其公允平正。

第四条　各单位长官于本年秋季，将所属中校（二等正）以下官佐（包括准尉、准佐），举行考试一次，以其成绩为考绩时学术分之标准，其考试课目，如考试规则之所定。

第五条　考绩官就受考官之思想、品行、学术、体格、勤能五课，将其成绩优劣之点，加以公平确切之批评判定分数，分科分阶比序，并于考绩表、续序表记载之（考绩表如附件一）。考绩官照表列各项记载完毕，即依其程序呈请初核复核。

第六条　各级复核官就所属官佐，依据绩分，调制绩序表

(绩序表如附件二)。

第七条　考绩表各课记分最高限为：

思想十五分。

品行十五分。

学术十五分。

体格十五分。

勤能四十分。

但各课分数之总和，不得超过八十五分，经功过加减及逾假分数扣除后，以所得之和数为绩分。

绩分达八十五分以上者，为成绩特优。八十分以上，八十五分未满，为成绩优良。七十分以上，八十分未满，为成绩次优。六十分以上，七十分未满，为成绩及格，不满六十分者，为不及格。

成绩特优之官佐，按比序不超过百分之三之比率为限，庸劣人员，以考不及格者为限，无庸劣者不报。

成绩优良之官佐，按比序不超过百分之三十之比率为限，并由所隶单位主官核予嘉奖，递呈军事委员会备查。

第八条　成绩特优及庸劣人员，应填具建议表，呈报军事委员会核予奖惩（建议表如附件三）。

第九条　考绩表、绩序表、建议表呈经军事委员会核定后，除将原绩序表一份，发还所隶各复核官外，并调制：

适任参谋人员绩序表，送达军令部。

适任教官人员绩序表，送达军训部。

适任政工人员绩序表，送达政治部。

适任特种兵科之军官绩序表，送达军政部。

适任海军人员绩序表，送达海军总司令部。

适任空军人员绩序表，送达航空委员会。

第十条　各级单位所属官佐，均须依法考绩，设有不得已事故，经核准缓报者，得于事故终了，两个月内补报。

兼职官佐，由兼职机关切实考绩，将考绩表送由原职机关汇办。

调任官佐，由新隶长官考绩，但调任未满三月者，其过去成绩由原隶长官考绩，将考绩表及有关考绩文件移新隶长官汇办。

新任官佐距考绩期不满三月者，不行考绩，但其成绩得并入下年度计算。

停职达三个月以上，届考绩期尚未复职，以及无职期间之官佐，均不予考绩。

第十一条　各级主官离任时，应将所属官佐历年考绩表，及有关考绩文件移交新任，如前任在将届考绩时期，或正在考绩时期离职者，须将平日所见，转告新任，继续办理。但前任为本机关晋任、调任人员，仍由前任办理。

第十二条　军属人员考绩与官佐同。

第十三条　各省保安司令所属保安处、保安团队军官佐属之考绩，得照本条例规定办理，呈由军政部核转。

第十四条　备役官佐于召集演习时，施行考绩，由所隶师管区司令转由军政部呈报，其考绩表另定之。

战时召集就职后，其考绩与现役官佐同。

第十五条　本条例施行细则另定之。

第十六条　本条例自公布日起施行。

陆海空军官佐考绩条例施行细则

第一章　总则

第一条　本细则依陆海空军官佐考绩条例（以下简称条例）第十五条定之。

第二条　考绩层次（以下简称绩层）。

一、条例第二条所称之考绩官、初核官、复核官，依本细则所附考绩层次表执行其权责（考绩层次表如附件）。

二、机构层级过于繁杂，而绩层不能归纳时，得将最低级之隶承单位略去（如科下设股之单位，其股属职员以科长为考绩官之类），以适应绩层之运用，其绩层过于简略者，得由初核官兼复核官或考绩官，径行其初核复核权。

三、权责上应为考绩官，而实际业务由次级单位主官负考核责任者，得由次级主官签具意见，密呈参考（如政工主任，在权责上政治部长为考绩官，负业务上考核责任者，为隶属之厅，则应由厅长密签意见）。

第三条 直隶于军事委员会少将（监）以下独立单位主官之考绩，得授权本会办公厅主任或有关单位长官行之。

第四条 每年度秋季举行之职员考试，海空军各单位得不受条例第四条之限制。

第二章 程序

第一节 时限

第五条 每届年终各级单位主官，对所属官佐举行考绩，于次年一月五日前，递呈初核官、复核官详加考核，凡尉级复核官或等于尉级之低级单位复核官，须于一月十五日以前，校级复核官或等于校级之上级复核官，须于一月底以前，召开铨衡会议（如次级单位与上级单位之铨衡会议，依法应合并举行者，则次级单位应不召开），审议编定绩序，于二月底以前按行文程序递呈军事委员会。

但中央各军事机关特优人员考绩表及建议表，须提早于一月十五日以前呈送军事委员会。

第二节 审议

第六条 各级单位依《陆海空军各部队机关学校铨衡会议规则》第二条规定，组成铨衡会议，审议其同规则第三条各种事项。

第七条 前条有关铨衡会议规则第三条之事项，应着重于考绩，其参加会议人员对于各级受考官之考评，须详加检讨，务求公允正确，所有特优及庸劣人员之考评，尤须审慎检讨。

但各参加会议人员本身之考绩，不在该会议讨论之列。

第八条 考绩案送经铨叙厅审核后，即提请军事委员会人事评判委员会季会审议签布。

第三节 呈报

第九条 呈报手续

一、尉级复核官，按所隶尉官考绩表，依法编造绩序及特优庸劣建议表，连同将校考绩表，并缮同将校名册，遵限送达校级复核官。尉官考绩表，除特优及庸劣随案检呈外，余由尉级复核官存用不必转呈。

二、校级复核官将所隶将校官考绩表、校官绩序表，并缮具将官名册遵限呈报军事委员会。

三、海空军受考官，其呈报程序与本条一二两款同。

第十条 呈报份数

一、考绩表。尉官一份，由尉级复核官自行存用，但特优及庸劣人员应加造一份层转军事委员会。校官三份，经校级复核官核定后，以一份存用，一份发还原考绩单位，一份呈军事委员会。将官两份，呈经军事委员会核定后，抽存一份，以一份发还原考绩单位。

但因层级较多应分层存用者，得酌量多缮（如参谋政工人员多缮一份，送所隶部备核）。

二、建议表。特优及庸劣人员建议表，各造两份，一份呈军事委员会，一份自存。但须按分类分阶专报时期表之规定，分别缮写与装订。

三、绩序表。各级复核官对所属校尉官佐，根据考绩表，依本细则第四章，编造绩序表两份，呈经军事委员会核定后，以一份发还原考绩单位，一份留会备案。参谋政工人员多缮一份，送所隶部备核。但交通不便或情形特殊之区域，除参谋政工案另送外，考绩表校官得改送二份，将官改送一份，绩序表将校尉均送一份。如考评或绩分有修改时，由复核官以核定表发布意见，原考绩表、绩序表不再发还。

第四节　发布

第十一条　考绩案呈报到军事委员会，即由铨叙厅承办汇核，提请人事评判委员会审议，签请最高军事长官核定，依条例第九条并根据考绩表所填适任职务，编列绩序送达各有关单位，用为任官、任职、退役及奖惩之准据。

又条例第九条，发还各级复核官之绩序表，各级复核官应依次布达，至受考官为止。

第三章　考绩表之调制

第一节　受考官本身事项

第十二条　凡受考官本身事项，由受考官依照考绩表说明各项，自行以楷书注记，填毕即送请考绩官依法考绩。

第二节　考评

第十三条　各课考评及总评，由考绩官亲自填注，不得假手他人，其应注意之要点及范围如左：

一、考评为考绩主旨所在，务取公平态度，下确切肯定之批评，不得用空洞语调，并不可凭个人好恶或一时情感以为轩轾。其记载不论文言语体，只须赅简适中，俾上官一见此表，如见其人，其能力行为毕肖毕现，而考列特优或庸劣者，尤须详明记载。

二、考绩官从各课目考察所属官佐，应以本年度为范围，以已往各年度考绩为参考，就受考官现时之阶级职务，平日随时留意或密加记录，于每年年终综其所见，简切记入。

第十四条　记载考绩课目与总评，应行注意事项，列举如左，但所举各类引提须标列事实，不得直接引用，以致流于空洞。

一、思想。思想一课分"信仰"、"言论"二目，因人之性情感于外，必动于中，有诸内必形诸外，故察言观色，必知对长官对同事以及对主义之信仰如何。又于语言之"严"、"正"、"果"、"毅"或"诐"、"淫"、"邪"、"遁"即可占其思想之纯驳，学识之精粗，见解之是否明澈，以及做人做事之真伪与成就，此为下列四课纲领，所以居五课之首。

二、品行。凡"操守"、"性情"、"气度"、"公私生活"皆属之。

（1）操守。如"忠实"、"廉洁"、"诈伪"、"贪污"、"卑鄙"之类。

（2）性情。如"温和"、"粗暴"、"勇敢"、"懦怯"、"灵敏"、"迟钝"及"意志坚强"、"思虑精到"、"刚毅果断"之类。

（3）气度。如气量宽宏或狭小，态度庄严或猥琐，言词诚恳或虚伪，及骄矜放诞之类。

（4）公私生活。如能否爱护公物，遵守纪律，奢侈与节约，整洁与浪漫之类。

三、学术。以受考官本业之学识技能，及与现职直接有关系者为主，他如外国语文、特长等属之。

（1）学识。应按其学历体察知能，判其程度。

（2）技能。技能属于术的方面，有因科学精研而发挥其效用者，有运用天才而发挥其效能者，然皆应体察是否适应现职要求，并有无改进。

（3）外国语文。如经常与国际间多所接触，或担任翻译职务者，应以外国语文列入本业学术，再从业务上之进程，以判其成绩。

（4）特长。凡具有本业以外有关国防政治社会等建设特艺，皆属之，但须将特长之点，详细记载，并举其有价值作品或发明，用资征信。

四、体格。

（1）一般健康状况。关于健康，不论平战两时，内外各地，于遂行勤务有直接关系,应根据军医定期检验结果,及服务时之所见而评定之。

(2) 严寒酷暑下之状况。吾国气候虽居温带,而南北气温迥然不同。军人之体格标准,需要在严寒酷暑下能灵活机敏,遂行其任务而不为寒暑所影响。此点一方面虽着眼于各个锻炼,另方面须考查对士兵之一般营养,考绩官应以受考官所属官兵之健康富有耐冷热劳苦诸特质为最高评价。

(3) 有无其他疾病。关于躯干、神经系、呼吸系、消化循环器及有无花柳病等项,皆须留意,因体格不良而发生善忘、怠惰、暴燥〔躁〕、厌世及举动失常诸病态,均须记入。

五、勤能。关于统驭、作战、训练、管理及一般业务皆属之。勤能一课,即考察其服务精神,而勤能之表现渊源于思想。思想出于理智,服务重于力行,故考绩以思想开其端,勤能殿其后。

(1) 统驭。指挥是否适当,驭下是否宽严适宜,赏罚是否公允,部下对其服从心、信仰心如何,纪律及感情如何,应分析记载。

(2) 作战。以胆识为主,再从"沉毅"、"果断"、"坚韧"、"犹豫"、"畏葸",以判断其勇敢与懦怯(非队职官佐从略)。

(3) 训练。应就现职着眼,如主官对所属即以所属官兵之本业是否熟练,及其服务成绩如何。

测验其训练成绩(此段就考察主官言),并须注意相互训练(官佐与官佐间之相互研究相互批评),自我训练(从各个致力研究及经验上所得到之启发)之效率如何。

(4) 管理。从纪律是否恪遵,内务是否整洁,以评定其管理成绩(即主官对属员管理,各个对本身管理)。

(5) 业务。(一)担任业务是否胜任。(二)办公时间能否遵守,及有无时常请假或逾假。(三)服务精神如何,能否不辞劳怨。(四)由处理公文而至差派工作,由清简而至繁剧,由平时而至战乱，诸任务之处理情形，皆属于本课之考绩资料。

六、总评。系综合各课目之批评，所下之判断，尤应注意现任职务，是否适合其学术与体格，及将来适任职务之希望。但各科已有之批评，不必重述。

七、特著事实。考绩官将各课及总评批判既定，即将表内所列之优点或缺点，摘录于本栏，以提起各级长官之注意。

八、适任何职，及将来之希望。受考官适任职务，应根据学术与体格，再配合思想性情与勤能，而为适才适职之建议，并因其才能而评其希望之价值。此项适任职务，如适任现职或现职以外之何项职务，对每一受考官均须注记，不可缺略，以供调制条例第九条所要绩序之根据。

第三节　记分

第十五条　思想、品行、学术、体格四课，各以十五分为满分，勤能一课以四十分为满分。但各课分数总和不得超过八十五分，以节余之十五分留备记功加分之用。其记分方法如次：

一、先以某一课目包括之事项（依其职务所应采用之目次），将其满分妥为分配，每一小目占若干分，次以受考官对各事项之缺点，酌量核减，再用减定之分数相加，即为判定之分数。例如"勤能"一课，依其现职，如应以业务为重（机关职），则应略去作战一目，并假定业务占二十二分，统驭、训练、管理三课，各占六分，再依实际情形，或酌减业务为十八分，其他各五分，四目相加为三七.三分，即为勤能课之判定分数。

二、各课分数相加之和数为总分数，填入总分栏内。

三、受考官在本年度如有功过，应照奖惩法规所定，记功加三分，大功加九分，记过减三分，大过减九分。其应加减之分数，分别注记于记功记过各栏。凡大功二次或大过三次以上，得专案呈请奖惩，不记入加分减分之列。

四、依陆军休假规则第十四条逾假扣分之原则，凡逾假五日，扣考绩总分一分，不及五日者不扣。

五、总分数于功过加减及逾假扣分后，其所得之数为绩分，记入绩分栏内。

六、比序栏内，于绩序排定后再填。

七、分数记载，均用正写，如"八五"、"七〇"之类。

第四节 初复核官之意见

第十六条 初复核官依考绩层次表之规定，执行其权责，并加注意见。

一、初核官须将受考官本身事项加以考查，如有疑义或不符之处，须询明考绩官，令其更正。

对于各课目及总评，应就本人平日所见，详加考核，如另有所见，或须订正时，应于初核官所见栏内，将原因及订正意见填入，其考绩官所记，勿予涂改，如认为同意，只须在总评初核意见栏，署衔名盖章并记明初核时之年月日，不必在各栏注同意二字。各课分数，如认为不当，得就规定栏内，以本人意见所应记载之分数记载之，并应注意考绩官所填成绩特优及成绩优良之比率，向复核官陈述意见。

复核官对于考绩官所定之绩分评语，及初核官之意见，应详加审查，或加注意见，并须注意考评与记分，是否相称，审定之后，依式署衔名盖章及记明年月日，将全部考绩表分类（分军官佐属）、分科（分兵科或业科）、分阶（以职阶分）评定次序，并填注几分之几于考绩表比序栏。

比序评定时，最宜注意特优人员，不得超过百分之三，成绩优良人员不得超过百分之三十之比率，如考绩官或初核官所评绩分，有参差时，复核官应照比率调整，然后排列绩序，并将特优及庸劣人员建议表，随案呈请军事委员会核予奖惩。

第四章 排绩序表

第十七条 绩序表由复核官依官组制度排列之。

第十八条　范围。

甲、陆军。

子、部队。

（一）尉官。中尉以下（不含准尉）以团为单位，将全团中少尉分为两阶，编成两个绩序表。

上尉及师直属中少尉，以师（独立旅）为单位，将师（旅）部及各直属部队步兵中少尉合编两个绩序表，全师（旅）步兵上尉编成一个绩序表，军以上各单位尉官绩序之编成，以本部及直属部队为范围，余仿此。

特种兵科，除特种兵部队依法编成外，凡配属部队其人数不足时，以军为单位汇编，但隶属单位，应依式列册呈送军司令部。

军佐（佐级）绩序仿此。

（二）校官。以军为单位，分阶编成，上级指挥部以本部及其直属部队为单位，分阶编成。

特种兵科校官及业科各等正，均依式列册送军政部汇编。

（三）将官。由军事委员会（铨叙厅承办）依据考绩表，中将（总监）全国通编，少将（监）依区域分编。

丑、机关。

（一）尉官。独立单位，因层级繁复，其尉级官佐之绩序，由隶承之次级单位主官分科分阶编成之。

其层级较为单纯，无附属单位者，由独立单位主官编成之。

（二）校官。以独立单位为范围，分科分阶编成之。

本身为独立单位，而编制过于单简，其各科各阶之校尉官，均在十人以内，得依本细则第三条之原则，送由授权考绩之单位主官，联合两个以上单位合编。

（三）将官。与前款三项同。

寅、学校。

（一）尉官。以校为单位，分科分阶编成。

（二）校官。按规定须分别科阶，列册送请所隶部汇编，但各科阶人数合于官组员额时，得由校排列绩序呈由所隶部核转。

（三）将官。与子款三项同。

乙、海军。尉官以每一舰队及所属或每一独立机构为范围，其余所属之部队营、连等，按其类别为范围，校官以海军最高单位为范围，每范围均分别官科阶级，依顺序排列之，将官须列册送军事委员会汇编。

丙、空军。以受考军官佐各为一范围，但陆海空军官佐服务于空军者，仍以空军为范围，照甲款原则编成之。

第十九条 绩序排列

一、分类。以军官、军佐区分之。

二、分科。军官以兵科分（海空军除外），军佐以业科分。但现职与出身之科不符者，其绩序照现职排列，如炮兵或工兵出身，现任步兵团长，应编入步兵绩序。机关职如业务上无分科必要时，得不分科，但学资栏须注明出身科别。

三、分阶及排定序列。各级受考官考绩表于分类分科后，即按同官阶（官组未排定前以职阶为准）排列其绩序。其排列次序，以绩分多者居先，绩分相同，以学资在前者居先，再同，以出生在前者居先。排定之后，即统计本表之人数，在最后一行注明"右共若干员"。假如本表共六十员，应于比序栏内，将第一名填"六十之一"，第二名填"六十之二"，依次排至六十之六十为止。并检讨八十五分以上者，是否合于百分之三（特优二名），八十分以上，八十五分未满者，是否合于百分之三十（优良十八名）之比率。经检讨不足比率者照填，超过比率者，按规定比率保留，将序列居后之超额人员，核减其绩分。

第二十条 军用文职人员之绩序，在未定业科以前，暂不分科，但须分阶排列。

第二十一条 准尉、准佐之绩序，由呈报单位编存，不必呈报。

第二十二条　条例第十条四、五两项不行考绩者，应列册随案呈报。但空比序一格不填。未行考绩之名册，则总评、绩分、比序各栏均空不填。

第五章　附则

第二十三条　本细则所称将官、校官、尉官，均包括军佐、军属之相等阶级。

第二十四条　各单位考绩表，平时保存三年，战时酌量情形，最低限度须保存一年。绩序表须保存十年，超过保存时限，即予销毁。

第二十五条　本细则与条例同时公布施行。

陆海空军官佐考绩层次表

区分	陆 部队 军官 步兵			陆 部队 军官 特种兵			陆 部队 军佐			陆 机关 军官		
	尉官	校官	将官	尉官	校官	将官	各等佐	各等正	监	尉官	校官	将官
受考官	尉官	校官	将官	尉官	校官	将官	各等佐	各等正	监	尉官	校官	将官
考绩官	连（营）长	团（师）长	直隶长官	直隶长官	直隶长官	直隶长官	直隶长官	主管业科主任	直隶长官	直隶长官	直隶长官	直隶长官
初核官	营（团）长	师长	各级主管长官	上级长官	上级长官	军政部长	直隶长官	军政部长	长官	上级主管机关	上级主管机关	（所隶部长）独立单位长官
复核官	团（师）长	军长	最高单位军委会	（军）军政部长	军政部长	军委会	独立单位长官	军政部长	军委会	上级主管长官	独立单位长官	军委会

军			海军			空军			附记
（学校）军佐			机关（场、厂、学校）	舰队（舰艇）	要塞（布雷）	机关（学校、厂、库）	部队		一、本表编制采用抽象名词，由各单位主官按实际运用。 二、海空军之受考官，因建制与陆军不同，暂不以将校尉分列，但尉官考绩表由原机关存用，校官以上考绩表呈军委会备核，其办法与陆军同。 三、参谋政工人员之考绩，按绩层比照办理，并分送所隶部，依法考核。 四、陆军军以上（如集团军以上）各级指挥机构之考绩，依本表规定，分层比照办理。 五、各单位考绩层次，如过于繁复，不易运用时，得按本表原则，自拟明细表施行，用资准绳。
各等佐	各等正	监					飞行人员	地面工作人员	
			军官佐各级	军官佐各级	军官佐各级	军官佐各级	军官佐各级	军官佐各级	
科主任直隶	直隶主任	直隶长官	直隶主官	直隶部长	直隶主官	直隶部队长	直隶主官	直隶主官	
各级业科主官	级长官及上军政令部长	上级长官	上级部队长	上级长官	上级部队长	上级主管长官	上级主管长官	上级主管长官	
上级主管长官	（所隶）独立单位部长	军委会	（所隶海军最高长官）	（所隶海军最高长官）	（所隶空军最高长官）	（所隶路司令）空军最高长官	（所隶高级单位长官）空军最高长官	（所隶高级单位长官）空军最高长官	

说　　明

甲、陆军

一、部队排长以上绩层为连长、营长、团长，连长、营附之绩层为营长、团长、师长。

二、中少校绩层为团长、师长、军长，团长由师长考绩，并兼初核官，军长为复核官。

三、军建制下特种兵校官之复核官为军长，独立特种兵校官之复核官为军政部长。

四、凡直属部队及直属科以直隶主官为考绩官，上级长官为初核官，独立单位长官为复核官（将官除外）。

五、军官及独立师（旅团）长由所隶高级指挥官考绩。

六、机关绩层，例如军政部受考官为科员，考绩官为科长，初核官为司长，复核官为署长。科员中虽含有校官，得准此例变通办理。如今考官为科长，则考绩官为司长，初核官为署长，复核官为部长。

七、各部会附属机关，如兵工厂所长以下各级职员，无论有无低级主官，一律由所长考绩，厂长初核，兵工署长复核。如所长为受考官，则以厂长为考绩官，署长初核，部长复核。

八、学校绩层，例如中央军校各总队，比照部队办理，各教职员比照机关办理。

乙、海军

一、海军，例如海军总司令部科员之绩层为科长、处长、总司令，秘书为秘书主任、参谋长、总司令，副官为副官主任、参谋长、总司令，科长为处长、总司令，处长、参谋长以总司令为考绩官。

二、海军陆战队之考绩，比照陆军部队办理。

丙、空军

一、空军各单位绩层，大致与海军相同，可以按照层次相互比照。

二、空军所隶之防空部队及特务旅团，均比照陆军部队办理。

〔国民政府档案〕

3. 军事委员会公布陆军无职军官限期处理办法令

(1945年11月6日)

国民政府军事委员会令　　办制字第九二七四号
　　　　　　　　　　　　三十四年十一月六日

兹制定陆军无职军官佐限期处理办法，公布之。

三十二年十一月颁行之陆军无职军官佐管训办法，废止之。此令。

陆军无职军官佐限期处理办法

第一条　为安置陆军无职军官佐并限期处理起见，特订定本办法。

第二条　凡请求工作之无职军官佐，如合于陆军军官佐资序规则第五条一、二、三款之学资及行伍军官，概本办法办理之。

第三条　凡合于本办法规定之无职军官佐，一律交由各地设置之军官总队收训，按照战时编余官兵安置办法办理。

第四条　有左列情形之一者，不予核派工作及收训：

（一）凡受养成教育毕业之学生，未遵分发令报到（改分除外），与受补习教育毕业之学员未遵限赴指定部队报到，及在服务期间因故被开除学籍者。

（二）受撤职处分原因尚未消灭者。

（三）无职或外职期间已超过二年以上者。

（四）任职离职无证件足资证明者。

（五）已逾服役限龄者。

第五条　各军官总队对于入队之无职军官佐，应切实考察其资历、体质，如有不合收训规定或不堪服现役者，应于一个月内报请剔除或退（除）役。

第六条　无职军官佐之收训，至三十五年二月底截止，以后请求工作者概不置理。

第七条　本办法自公布之日施行。

〔国民政府档案〕

4. 军事委员会公布陆军参谋任职规则令

(1945年12月11日)

国民政府军事委员会令　　　办制字第九三八五号
　　　　　　　　　　　　　　三十四年十二月十一日

查民国二十九年六月军令部谕字第三七号令颁之修正陆军参谋任职暂行规则，着修正为陆军参谋任职规则，公布之。此令。

陆军参谋任职规则

第一条　陆军各级参谋之任职，除依照陆军军官佐任职暂行条例办理外，并依照本规则施行。

第二条　各级参谋须学识优良、品格端方、思想纯正、体格强健、思虑周密、克耐繁劳、堪任参谋业务，经军令部审核合于左列资格之一者，始得任用之：

（一）曾在国内外陆军大学校毕业者。

（二）曾受陆军大学参谋补习班教育者。

（三）曾在国内外陆军军官学校或各专门学校毕业，并任军职三年半以上，有参谋能力者。

（四）与军官学校相当之其他军事学校修业年限在一年以上，毕业后曾任军职四年以上，有参谋能力者。

第三条　各部队参谋长、副参谋长、参谋处长（作战参谋），以选用陆军大学毕业学员为原则。但无适当人选时，得依第二条第二项、第三项规定资格之一办理。

第四条　各独立单位长官，应依照陆军储备参谋遴选办法，将所属适任参谋人员呈（咨）军令部备查。

第五条　各级参谋之任职,由军令部尽先在第四条适任人员内遴选,呈军事委员会核准后,照一般任命程序办理。

第六条　军令部得按整军建军之需要,就第二条规定之人员中,遴员分别官阶造具名册呈军事委员会核准统筹任用。

第七条　各级参谋经审核呈准后,得由军令部分别令(咨)该管独立单位长官遵(查)照。

第八条　经军令部呈准任用之各级参谋,如调其他队职时,须经军令部审核同意,方可调任。

第九条　各部队机关呈(咨)任免参谋人员(含参谋长),得径送军令部核办,勿庸分呈军事委员会。

第十条　各级参谋有因故离职或停职者,应由该管独立单位长官将其原因及所派代理人员,呈(咨)军令部转报军事委员会查核。

第十一条　本规则自公布之日施行。

〔国民政府档案〕

5. 国民政府公布修正陆海空军官佐官籍规则训令

(1946年4月2日)

国民政府训令　　　　　　处字第二五三号
　　　　　　　　　　　　令直辖各机关

据行政院拟呈陆海空军官佐官籍规则,请公布施行一案,应准照办,通饬施行。所有前经本府明令公布之陆海空军军官佐官籍规则及核准令行之陆海空军官佐履历规则,应即分别废止。除分行外,合行抄发该规则,令仰知照。此令。

计抄发修正陆海空军官佐官籍规则一份。

修正陆海空军官佐官籍规则

第一条　本规则依陆海空军军籍条例第一条定之。

陆海空军官佐官籍（以下简称官籍）之一切事项，除依陆海空军军籍条例所规定者外，悉依本规则施行。

第二条　登记官籍（一曰详籍）之格式如附表一，其填载法依其说明。

第三条　官佐之登记官籍，于初任或铨叙任时，自行填报二份，经其官组所隶机关存用一份，是为详籍副本，另以一份呈报官籍主管机关，是为详籍正本（若官组所隶机关即官籍主管机关时，只须一份）。尔后官职之任免、服役、奖惩、学历、家庭状况及有关资绩之其他经历（以下概称人事更动）遇有变更时，填报人事更动报告，如附表二，分呈由官组所隶机关及官籍主管机关随时将其更动事项登记于官籍内。

官佐于未任官前，已由其养成学校造具官籍，送官籍主管机关存用者，届初任时，亦得免报登记官籍一份。

官组所隶机关或官籍主管机关，对于官佐人事更动报告未送到前，除其家庭状况外，均由办事人员自动依其承办文件内载情形，予以登记，俟报告到，再行核对，若无错误，即将报告注销。

第四条　登记官籍经调制或收到后，须由官组所隶机关或官籍主管机关严密审查，予以盖印。又每次登记后，由承办人员及其直属长官予以盖章。

第五条　官佐转组时，应由原有官组所隶机关，将其登记官籍副本转送于新官组所隶机关，继续登记。

各级长官须用官佐登记官籍时，得由官籍主管机关或该官佐之官组所隶机关，依照登记官籍呈送，是为登记官籍呈本。

第六条　发行官籍（一曰简籍）之格式如附表三，总籍及分籍通用之。

第七条　总籍由官籍主管机关调制、发行，并自存用，分籍由官组所隶机关调制存用，亦得发行。

第八条　总籍对军令、军政、军训、政治、海军、内政、司法行政各部，航空、抚恤各委员会，最高法院及各军管区或省政府发行。

分籍得对其邻近市（县）政府或警察局，高等、地方各法院发行。

第九条　总籍按其服役，分类如左：

甲、陆军总籍。

（子）现役官籍。

（一）军官籍。内分将官籍及各兵科官籍。

（二）军佐籍。分立各业科官籍。

（丑）备役官籍。

（一）军官籍。

（二）军佐籍。

乙、海军总籍。

（子）现役官籍。

（一）军官籍。内分海军官籍、机轮官籍。

（二）军佐籍。分立各业科官籍。

（丑）备役官籍。

（一）军官籍。

（二）军佐籍。

丙、空军总籍。

（子）现役官籍。

（一）军官籍。

（二）军佐籍。内分机械、军需、军医官籍。

（丑）备役官籍。

（一）军官籍。

（二）军佐籍。

第十条　总籍依前条规定分科之后，再于科内分阶，官佐之姓名顺序，除上将另有规定外，依附表四之五笔检字姓序排列，同姓者依其名之四角号码次序，双名则用每字之左右二上角，各为四码为序，若号码相同，则并用第一字之左下角及第二字之右下角，合成二码，作为附角，以资区别。

分籍就本单位或本管区范围内官佐，依前项之要领办理，在同姓名之人数不多时，亦得酌予从简。

第十一条　总籍自二十四年四月一日起至三十三年十二月三十一日止已任官者，汇为一辑（每辑得分为若干册），称曰中华民国三十三年度陆（海）（空）军官佐总籍，以后每年继续编印该年度内新任官佐，冠以年度称谓。惟属三十八年，仍将五年以内全数官佐，就其登记官籍核对修正，汰去重复，统行汇印一次。每隔五年新籍印就，即将旧籍作废。

分籍冠以调制机关及年度之称谓，每次调制均以所属官佐全数为范围。

第十二条　总籍中官佐之晋任、转任、退役、除役、免官停役、刑事停役，由存用机关视《国民政府公报》所载，随时记入各官佐名下之备考栏内备查。

存用分籍者，亦得仿此办理。

第十三条　各官佐由任官或复官时入籍，晋任、调任、退役或因移居不能应召呈准改隶管区时转籍，刑事停役、免官除役、死亡时除籍，均由官籍主管机关依第三条之规定，与登记官籍同时行之。惟总籍由承办人员随时记入各官佐名下之备考栏内，每届五年重新编印，以后作废。分籍亦仿此办理。每年新籍制成以后，即将旧籍作废。

第十四条　登记官籍于官佐死亡后十年作废。

第十五条　各官佐之登记官籍先后排列，得按第十条规定之姓名顺序或各官组之资序，由官籍主管机关自定之。惟姓名索引不分科阶，统依第十条规定之姓名顺序编列。

第十六条　官籍外之各项停职名簿、失踪名簿、死亡名簿等格式，由官籍主管机关另定之。

召集名簿依召集规则之所定。

第十七条　本规则自公布之日施行。

〔国民政府档案〕

6. 国民政府参军处关于军官佐属任免程序代电

(1946年8月23日)

国民政府代电　　府军（孝）字第10256号
　　　　　　　　中华民国三十五年八月廿三日

文官处吴文官长勋鉴：案查前奉交下国防部陈总长六月二十六日签呈，关于军官佐属任职令拟改用国民政府名义一案，业经函准贵处七月十日惠复，并即转电国防部查照在卷。兹续准陈总长八月卅一日铨办文第2429代电略开，文官处所拟军官任免程序照文职人员同一办理一节，原则上同意。为使军官人事任免权统一属于统帅以示尊严起见，关于尉级（相当于文职委任）任职令，拟与将校级同样，统请主席署名。至任职令发给办法及报备手续均同意照办，各色任职令拟请照政府文书向例予以套印，整批发交本部第一厅（颁红色边将级者）及联合勤务总司令部副官处（颁黄蓝边校尉级者）领用。该项任职令，每日填发数量按月汇表报备。惟是项汇报表格式并请颁发。准电前由，相应复请查照，并转致文官处，尽速办理。等由。用特电达，即祈察照办理径复是荷。参军处。未。军孝。

〔国民政府档案〕

7. 国防部重行规定退职军文人员复任军职办法代电

(1946年12月—1947年1月)

(1) 国防部代电 (1946年12月17日)

国防部代电　　(卅五)铨政字第193号
　　　　　　　中华民国卅五年十二月十七日

战史编纂委员会：查军用文职人员退职后复任军职，业经在军文退职办法第五、六条规定如下：一、原颁军文退职办法第五条暂停实施一年。二、目前各机关、部队、学校如事实上需要军文人员时，可各军官总队中之军文队员考选调用。三、如已退职人员必需复任军职时，在军文退职办法第五条暂停实行期内复任军职，须缴回其所领一次退职金及旅费。四、给予赡养金之退职人员不得复任军职。上四项除分电外，特电遵照办理为要。陈诚。(亥)(筱)。铨政复。

(2)国防部代电(1947年1月17日)

国防部代电　　列伐周字第023号
　　　　　　　中华民国卅六军六月十七日

战史编纂委员会：查军用文职人员退职后复任军职事项，前为适应实际情形，经本部于卅五年十二月十七日以(卅五)铨政字第一九三号代电重行规定颁行在案。兹查有退职人员，更改姓名、复任军职、希图免缴退职金情事，为杜防止冒任起见，特再补充规定如下：(一)各级军文业经退职，如须复任军职时，应照本部(卅五)铨政字第一九三号代电规定各项办理，其已任各单位复任军职者，应于文到一个月内，专案报核，并同时缴回一次退职金及旅费。(二)各单位经此次改组或整编后，所有军文人员，如有已退职而更改姓名复行任用者，应于文到一个月内查明具报。(三)此后各单位任用军文人员时，应详为查核，是否有业经退职之人员，更改姓名，以图蒙混者。(四)如有退职军文更改姓名，希图蒙混而报请任职，或已经退职后复任军职，而延不缴回一次退职金及旅费者，经人告发，或由本部查觉，除本人立予撤职，并押缴其一切给与外，该单位主官，亦应受连带处分。(五)以后各单位呈报退职军文复任军职时，应同时缴回其一次退职金，或由该单位主官具结负责令饬缴回。上五项除分电外，特电遵照办理为要。陈诚。(子)(筱)(卅六)。列伐周。

〔国民政府国防部史政局及战史会档案〕

8. 国防部订颁新成立单位主要人员选派原则代电

(1946年12月30日)

国防部代电　　　(卅五)铨政第0229号
　　　　　　　　中华民国卅五年十二月卅日

战史编纂委员会鉴：兹为期整军期间贯彻政令起见，特订定本部新成立单位主要人员选派原则七条，随电颁发。仰即遵照并转饬遵照为要。参谋总长陈诚。(亥)(卅)(卅五)。铨政人。印。附抄发国防部新成立单位主要人员选派原则一份（集团军以下部队由所隶单位转令）。

国防部新成立单位主要人员选派原则

一、本部及各军事机关、部队、学校之人事任免调补，除另有法令规定外，其新成立单位主要人员之选派，悉依本原则实施之。

二、凡新成立单位，校级以上之主要幕僚人员，均由第一厅第一处，及副官处查照编制，需要人员，于储备名册中选派之。

三、前项储备人员，由第一厅第一处及副官处，就历年及卅五年考绩建议分别编列储备名簿，并通令中央训练团及各分团，各军官总队，调查甄选适任人员，分类造具名册（格式另定），呈送本部审查，汇造名册，以便随时选调。

四、凡新成立单位主官所推荐之人员，如系在中央训练团及各军官总队遴选者，准予审核任用，如系无职人员，得由部核其出身经历，及无职原因，派军官总队候用。

五、新成立单位之秘书、副官，准由该单位主官，在人事法规范围内，自行遴选，呈由本部审核委派。

六、凡新成立单位，如系经理独立者，其经理人员任用，由联勤总司令部经理署负责遴选，按照阶级送由本部第一厅第一处或副官处审核令派之。

七、海空军新成立单位时，暂由海空军总司令部，依照本原则自行负责办理之。

〔国民政府国防部史政局及战史会档案〕

9. 国民政府公布修正空军官制表令

(1947年2月1日)

国民政府令

兹修正空军官制表，公布之。此令。

空军官制表　三十六年二月一日修正公布

官佐等级区分	军官		军佐					附记
上等	上将							一、空军官佐均于本表所列名称之上冠以空军字样，例如空军上将、空军机械监。 二、空军少尉之下，设准尉一级军佐，三等佐之下，设准佐一级，但不得列入官等。 三、军法官、监狱官、军用技术人员及军用文官不列科，其阶级对照陆军。 四、本表以外之兽医、司药、看护、军乐、测量等照陆军。
	中将		机械总监					
	少将		机械监	军需监	军医监			
中等	上校	通信兵上校	机械正一等	军需正一等	军医正一等	测候正一等		
	中校	通信兵中校	机械正二等	军需正二等	军医正二等	测候正二等		
	少校	通信兵少校	机械正三等	军需正三等	军医正三等	测候正三等		
初等	上尉	通信兵上尉	机械佐一等	军需佐一等	军医佐一等	测候佐一等		
	中尉	通信兵中尉	机械佐二等	军需佐二等	军医佐二等	测候佐二等		
	少尉	通信兵少尉	机械佐三等	军需佐三等	军医佐三等	测候佐三等		

〔国民政府档案〕

10. 国防部检发修正军法案件代核办法代电

(1947年2月21日)

国防部代电　　卅六军吕优字第三○二一号
　　　　　　　三十六年二月二十一日

各行辕、各绥靖公署、各战区司令长官部、东北保安司令长官部、陆军总司令部、海军总司令部、空军总司令部、联合勤务总司令部、各省军管区司令部、首都卫戍司令部、各省保安司令部、各警备司令部、交通警察总局：查修正军法案件代核办法，业经签奉主席蒋亥删三侍宙代电略开：准予照办，除登国府公报外，希知照等因。自应遵照施行。除分电外，相应检送合行检发该办法一份，请即查照，并转饬所属遵照。国防部。吕优。印。附发修正军法案件代核办法一份。

修正军法案件代核办法

第一条　凡依法令审判之军法案件，除应呈请中央最高军事机关核定者外，得依本办法代核。

第二条　代核之机关如左：

一、设有中央高级军事机关之区域，由高级军事机关代核。

二、县长及地方行政长官兼理之军法案件，由全省保安司令部代核。

三、师或团管区司令部裁判之军法案件，由军管区司令部代核。

四、在战区内之部队，得由战区最高军事机关代核。

五、因特殊情形，得由中央最高军事长官指定军事机关代核。

第三条　代核案件以左列为限：

一、军人犯罪，士兵及其同等军人，处有期徒刑以下，尉官、准尉官及其同等军人，处有期徒刑七年以下者。

二、非军人犯罪案件，处有期徒刑以下者。前项刑期，以初判宣告刑为准。但经中央最高军事机关发回改判，或所犯为唯一死刑初判减轻至前项范围或判决无罪，及裁定不符会审者，不在此限。

第四条　在接战区域或有特殊情形者，左列案件亦得指定代核：

一、士兵及其同等军人，处无期徒刑以下者。

二、尉官、准尉官或其同等军人，处有期徒刑以下者。

三、校官或其同等军人，处有期徒刑十年以下者。

四、非军人犯罪案件，处无期徒刑以下者。

前项以外之案件，如有特殊情形，得呈请或迳由代核机关叙述犯罪事实、所犯法条及必须紧急处置之理由，专案电请中央最高军事机关核示，事后补呈卷判备查。但发觉所处罪刑与事实证据不符或有重大错误者，应将承办人员依法治罪。

前条第二项之规定，于本条适用之。

第五条　凡未经指定代核之高级军事机关或部队，对其所属裁判之军法案件，不得行使代核权，应转呈中央最高军事机关核示。

第六条　原审判机关呈核之案件，属于代核刑度以内者，代核机关应分别情形，为左列之核示：

一、事实明确，罪刑允当，引律无误者，予以核准。

二、事实明确，罪刑未当或引律错误者，予以纠正。

三、事实未明者，发回复审，如认为办理不当或有疑义时，并得自行提审，派员莅审，或移转管辖。

不属于代核案件，除事实未明，得迳行发回复审外，应附具意见，送请中央最高军事机关参考。

第七条 代核机关代核之案件，应按月造表，检附判决正本，于下月初旬，汇呈中央最高军事机关备案。

第八条 中央最高军事机关认代核案件办理不当或有疑义者，得调卷复核，自行提审，发回复审，或移转管辖。

前项复审或移转管辖后之裁判，须呈经中央最高军事机关核定。

第九条 代核机关直接审判之案件，在代核刑度以内者，依代核程序办理，不属代核刑度者，应专案呈核。

前项案件，如有特殊情形，适用第四条第二项之规定。

第十条 本办法自公布日施行。

〔国民政府档案〕

11. 国防部颁布修正陆海空军人事业务职掌划分办法代电稿

（1947年5月31日）

国防部代电　　　　（卅六）列伐字第371号
　　　　　　　　　中华民国三十六年五月卅一日

×××鉴：查陆海空军人事业务职掌划分办法，陆海空军人事业务实施程序，经本部于三十五年以副计字第零二六号代电公布实施在案。近因本部组织略有变更，人事职掌亟须调整，特将原陆海空军人事业务职掌划分办法会议修正，呈由部长白转呈，奉主席蒋辰阳侍地电准如拟办理，公布施行。兹并规定在陆海空军人事业务实施程序未修正颁布以前，关于员额分配与任职原则如下：（一）原有校尉级人员任职有案者，以现职录为凭，分交陆海空联勤各总司令部分派职务，不另补办分配手续。如因剿匪绥靖及交通关系尚未报案者，应分区派员限期办理核阶任职，其详细办法由陆海空联勤各总司令部与本部第一厅会商办理。本办法第十三条所列各单位现职有案人员，亦照此原则办理外，其现职无案人员由各单位迅速依照任职程序补报任职。（二）各单位如确因业务上之需要或某阶人员拥挤时，得予高阶低用，但其阶级以不超过其直属长官为限。（三）各单位如确因补充上之需要，必须低阶高用时，其编制为一阶者，准以次一阶补用；如为两阶制者，应按编制内所定之低阶遴员补充。除分电各行辕、各绥署、各绥靖区、各警备司令、卫戍司令、要塞司令、军（师）管区司令外，特检同修正陆海空军人事业务职掌划分办法一份，电请查照，并转饬所属各单位一体遵照为要。参谋总长陈诚。（卅六）。列伐（　　）（　　）。印。附陆海空军人事业务职掌划分办法一份。

陆海空军人事业务职掌划分办法

卅六年五月卅一日国防部列伐字第371号代电修正，奉国民政府辰阳侍地字第二一〇七四号代电备案。

第一条　国防部（以下简称本部）为求人事业务职掌划分明确起见，特订定本办法。

第二条　本办法所称人事业务所含事项如左：

（一）人事决策。（二）人事法规之拟订。（三）各级军官佐属员额之分配及毕业学员生之分发。（四）官位之任免晋转。（五）职务之调配。（六）服役。（七）铨资。（八）考绩。（九）勋奖。（十）惩罚。（十一）休假及婚姻。（十二）抚恤。（十三）籍录管理及其他关于人事事项。

第三条　陆海空军人事之决策，由部本部掌理之，其主管各司承办之事项如左：

一、关于人员政策之审拟事宜。

二、关于人事法案之核转事宜。

三、关于呈送有关院部人事案件之核转事宜。

四、关于本部人事与其他机关之连系事宜。

第四条　本部第一厅掌理陆海空军军官佐属人事业务如左：

一、关于一切人事政策计划与方针之拟订暨其执行程序之规划与指导考核事宜。

二、关于人事法规之拟订修正及审核事宜。

三、关于各级军官佐属员额之核定分配与毕业学员生之分发事宜。

四、关于各级军官佐官位之任免调整事宜。

五、关于各级军官佐之服役及未实施依官任职前职级之晋升、停免、撤复与军文登记退职事宜。

六、关于全国陆海空军将级军官佐一切攸关人事业务之拟办事宜。

七、本办法第十三条绥靖区司令部以下各单位校级人事业务之审核事宜。

八、关于陆军独立团长、海军舰队长、空军大队长及重要幕僚之一切攸关人事业务之审核事宜。

九、关于陆海空军校尉级官佐职务之分配、调转及考绩、奖惩等之核备事宜。

第五条　本部副官处办理人事业务如左：

一、关于人事命令之发布事宜。

二、关于全国陆海空军人事登记统计及籍录之整理保管事宜。

三、关于本部官兵人事业务之承办事宜。

四、关于勋奖章等领制、保管、承发事宜。

第六条　陆军总司令部掌理本总部及直辖单位上校以下暨陆军部队、机关、学校校级军官佐属职务之分配、调转及服役、考绩、奖惩等事宜，但独立团长之调转不在此例。

第七条　陆军军长、整编师长、独立旅长及各兵科学校校长、掌理所属尉级军官佐属职务之分配、调转及服役、考绩、奖惩等事宜。

第八条　联合勤务总司令部，掌理本总部及直辖单位上校以下暨所属勤务部队、机关、学校校级军官佐属职务之分配、调转，及服役考绩、奖惩等事宜，但独立团长之调转不在此例。

第九条 宪兵司令部、补给区司令部、兵站总监部、独立供应局、各勤务学校及独立团等、掌理所属尉级军官佐属职务之分配、调转及服役、考绩、奖惩等事宜。

第十条 海军总司令部，掌理本总部及直辖单位上校以下及所属舰队、部队、机关、学校校级军官佐属及尉级舰艇长职务之分配、调转及服役、考绩、奖惩等事宜，但舰队长之调转不在此例。

第十一条 海军基地司令部，海军学校等，掌理所属尉级军官佐属职务之分配、调转及服役、考绩、奖惩等事宜。

第十二条 空军总司令部，掌理本总部及所属部队、机关、学校上校以下军官佐属职务之分配、调转及服役、考绩、奖惩等事宜，但大队长暨重要幕僚之调转不在此例。

第十三条 主席行辕、绥靖公署、保安司令长官部、警备总司令部、军管区司令部、得比照陆军总司令部，掌理本单位人事；绥靖区司令部、卫戍司令部、要塞司令部、师管区司令部、陆军大学、陆军军官学校、测量学校等独立机构及其他同等单位，得比照整编师长掌理本单位人事。

第十四条 前条所列机关，对配属单位之主官或重要人员之人事有关事项，有建议之权。

第十五条 各人事掌理机关，对人事案件之呈报，在建制系统上，有上级单位者，呈由上级单位递转，无上级单位者，迳呈本部。

第十六条 陆海空军人事业务实施程序另定之。

第十七条 本办法自公布之日施行。

〔国防部档案〕

12. 国防部规定校尉级军官升迁标准代电

(1947年7月22日)

国防部代电　　　　列伐字第0860号
中华民国三十六年七月廿二日

战史编纂委员会鉴：兹为激励士气起见，对于各级军官佐之升迁标准，除将级另有规定外，特重新规定如后：（一）凡确其有战绩者，如年资届满，上阶有缺，即可报请晋升；如年资不足，亦可以原级调补（如中校副团长，调中校团长）；如战功特殊，虽年资不足，亦可晋升，但须列举战绩事实，经本部审核确实，呈报主席特准。（二）部队人事，新陈代谢的实行，过去部队里面出缺，往往由外面另派一人去充当，致使部队里面有成绩的干部，没有升迁的机会，而人事亦不能发生新陈代谢的作用。今后这种情形，必须改正，任何部队如有缺出，即就原部队次一级干部中选拔战功最高者递补、升迁。（如排长出缺，如〔于〕其营范围内选之，连长出缺，于其团范围内选之，营长出缺，在其旅范围内选之，团长出缺，在其师范围内选之，准此类推）以上二项，除分电外，特电知照，并转饬知照。参谋总长陈诚。（卅六）。列伐荷。午养。印。（各部队兵团司令以下由陆军总部转令）

〔国民政府国防部史政局及战史会档案〕

13. 国防部关于各级主官初任试用规定代电

(1947年9月8日)

国防部代电　　　　（卅六）列公字第6408号
中华民国卅六年九月八日

战史编纂委员会：查军用文官初任时，依照任用暂行条例第十一条二项之规定，得先予署任，此项规定自应切实施行，以重铨选。今后各单位呈请任用新进人员为各级主官职务者（如处长、科长、厂长、库长、主任等职），不问其属于简或荐级，均须就其过去所任职务和经验、成绩及适任现职之理由，列举具体事实附案呈请核予试用，届满六个月时，该主管长官在此期内，考其成绩果属优良，应检附考绩表，呈报核予实任，否则伤另选员接替。除分电外，特电遵照。参谋总长陈诚。（卅六）（申）（齐）。列公。印。

〔国防部战史会档案〕

14. 国防部检发边疆人员任职审核标准代电

（1947年9月11日）

国防部代电　　　（卅六）列伐荷字第1339号
　　　　　　　　中华民国三十六年九月十一日

战史编纂委员会鉴：查边疆人员任职审核标准奉准，即予公布等因。兹特随电检发一份，即希知照为要。陈诚。（卅六）。列伐荷。（申）（真）。印。附发边疆人员任职审核标准一份。

边疆人员任职审核标准

一、边疆军官佐之任职，除按照陆军军官佐任职条例之规定办理外，悉依左列标准审核任用之。

二、出身如为内地各正式军事或业科学校毕业者，依其出身经历比照内地军官佐从宽任用。

三、出身如为边疆曾经呈报备案自办之军事或业科学校毕业者，得以正当出身任用，未经呈报备案自办之军事或业科学校毕业者，其受训期间如在一年以上，仍以正当出身任用，不满一年者则以行伍论。

四、行伍军官之审核，依全年资计算，扣除养成教育一年，核叙阶级。

五、各种调任，不受法规限制。

六、任职人员出身经历不合现职,而其情形确有特殊无法另遴适当人员充任时,为顾全实际情况起见,得核予代理其职务,不叙阶级,以训令委派。

七、晋升人员,特侧重其功绩,不受年资学资之限制,但晋升人员服务未满本阶停年,调离边疆时,仍按本次阶年资从〔重〕新核定阶级。

八、服役年限,不受现役限龄之限制。

九、中央驻各边疆部队各级官佐之任职适用本审核标准。

〔国防部档案〕

15. 国防部关于军官任用规定办法代电

(1947年10月7日)

国防部代电　　　　列伐字第1744号
　　　　　　　　　中华民国卅六年十月七日

战史编纂委员会:查各机关部队主官常有对于所属人员擅自派用提升或予高阶支薪等情事,亟应纠正,兹特规定办法数项于后:(一)各级人事掌理单位,对所属军官佐,务照本部核定阶级、编制,依职掌权责派职,不得引用新进人员。(二)现职官佐必须服务著有成绩后,方得报请晋升,除作战部队外,一律按定期任官任职程序办理,不得随时滥报。(三)凡经核定不合任用或不合晋升人员,如无确切理由,不得一再申请。(四)除高阶低用人员,另有规定外,其他依规定得支上阶薪者,应报经本部核准后,方得晋支上阶薪。(五)派任不合任用人员,及擅自提升高阶,或支高阶薪者,其薪津不予核销,由人事掌理单位通知财务经理单位扣缴。(六)军属人员应照军文任用条例审查后,报请任用,除不受新进人员及"定期晋升"之限制外,一律准以上各条之规定办理。除分电外,特电遵照,并饬属遵照为要。陈诚。(卅六)。列伐。酉阳。印。

〔国防部战史会档案〕

16. 国民政府公布动员时期军人及其家属优待条例令

(1947年11月1日)

国民政府令　　中华民国三十六年十一月一日
　　　　　　　国民政府公报第二九六九号

　　动员时期军人及其家属优待条例定自民国三十六年十一月一日起施行。现行之优待出征抗敌军人家属条例并着同时废止。此令。

动员时期优待军人及其家属条例

第一章　总则

　　第一条　动员时期，军人及其家属之优待，依本条例之规定。

　　第二条　本条例所称家属，以直系血亲及配偶或受其抚养之人为限。

第二章　管理

　　第三条　动员时期，军人及其家属之优待，由左列各机关办理之：

　　一、中央以内政部为主管机关，国防、社会、财政、教育各部为协管机关，如与其他各部会有关连者，随时会商办理。

　　二、省以省政府为主管机关，军管区司令部为协助机关，省兵役协会为承办机关。

　　三、院辖市以市政府为主管机关，所在地之师团管区为协助机关，市兵役协会为直接承办机关。

　　四、县市以县市政府为主管机关，各师团管区司令部为指导机关，县市兵役协会为直接承办机关。

　　第四条　动员时期，军人家属家庭状况，省市县政府、区乡镇公所，应随时调查统计。

　　第五条　动员时期，军人家属应不分本籍、寄籍与寄居久暂，得凭征召文书或服役证书,向居住地之县市政府申请优待。

第六条　各省市政府,各军师团管区对所属办理优待业务人员,应随时严为督导考核,依法奖惩。

第七条　各地办理优待情形,应由承办机关按月或分季层报省市政府,核转内政、国防二部备查。

第三章　优待种类与实施

第八条　优待种类分为权益、生产、救济、荣誉四种。

第九条　权益优待:

一、动员时期,军人之征召,如为在校学生及在职员工,应保留其学籍及底缺,无职业者退伍复员后,有优先就业之权利。

二、动员时期,军人在服务期间,其配偶及未婚妻无论持何种理由,不得离婚或解除婚约。

三、地方自治基层人员,应尽先遴选军人家属之合格者充任。

四、动员时期,军人之诉讼案件,受理机关应提前处理。

五、动员时期,军人家属得酌予减免地方临时捐款及工役。

六、动员时期,军人家属得酌予免派积谷。

七、动员时期,军人在应征召前所负债务无力清偿者,准展至服役期满后第二年内清偿之,其因作战阵亡或因公积劳成疾或受重伤致成残废,或因伤病归休死亡者,自阵亡死亡或归休之日起满三年后,于两年内由其本人或继承人清偿之。

八、动员时期,军人在应征召前出典之田地或房屋,如服役期间,其约定或法定期限届满,无力回赎者,准延至服役期满后第二年内回赎之;其因作战阵亡或因公积劳成疾或受重伤致成残废或因伤病回籍而死亡者,自阵亡死亡或停役归休之日起满三年后,于两年内由其本人或继承人回赎之。

九、动员时期,军人在服役期间,其家属赖以维持生活之财产,债权人不得请求强制执行。

十、动员时期,军人及其家属,在应征召前承典或租耕作之田地或房屋，在服役期间，如无其他耕作或收益之田地与房屋时，出典或出租人不得收回或改典改租他人。

十一、动员时期，军人家属有耕作能力而无耕地者，县市政府于择定公地放租放垦或放领时，应给予优先承租承垦或承领之权。

第十条　生产优待：

一、各县市政府凡设有工厂者，应尽量收容失业之军人家属入厂习艺工作。

二、动员时期，军人家属组织生产合作社时，主管机关应优先予以贷款及协助。

第十一条　救济优待：

一、动员时期，士兵于入营后，作战勤务期间，其家属或未婚妻，确不能维持生活，由政府酌发一次安家费或分期拨发金谷以救济之。

二、国立省立中学以上学校所设免费公费生学额，应依照规定标准，尽先核给家庭贫苦之动员时期军人子女。

三、动员时期，军人服役期间，其子女在六岁以下无力教养，及亲属年老无法生活者，得免费入当地公立之托儿所或救济院。

四、动员时期，军人家属患病时，得免费入军医院、公立医院、卫生院等医疗卫生机关诊疗。

五、动员时期，军人家属在作战期间，被敌死害者，由地方政府给予埋葬费，并从优抚恤。

六、动员时期，军人因病死亡，不能埋葬，子女无力婚嫁，或遭意外灾害者，得向当地区乡镇公所或兵役协会申请救济。

第十二条　荣誉优待：

一、动员时期，军人于出发入营及凯旋还乡之日，当地政府应联合各界人士，举行盛大欢送欢迎会，酌赠纪念物品。

二、动员时期，军人家属之婚丧大故，当地乡镇公所或兵役协会，应发动地方人士庆吊。

三、每年春节、端午、中秋三节，各地方政府乡镇公所应联合当地各界，举行慰劳动员时期军人家属大会，并赠送慰劳物品。

四、动员时期，军人其因作战获致特殊功勋者，除依法奖励外，其原籍地方政府及有关学校，应加表扬，俾示崇敬。

五、动员时期，军人其因作战死亡，除依法令勋赏抚恤外，中央及各省市县政府所在地，应设立忠烈祠及公墓，或纪念碑等，并按期祭扫，以慰忠烈。

第十三条　生产优待、救济优待所需之经费，除由国库开支外，其筹集办法另订之。

第四章　优待之停止

第十四条　动员时期，军人有左列情形之一者，停止其本人及其家属应享受之优待。

一、入营后逃亡者。

二、被通缉者。

三、归休、退役、退伍、停役、除役、复员在三个月以外者，但本条例就其优待另行订有较长之期间者，不在此限。

〔国防部档案〕

17. 国防部关于晋升军官审查起役资历等代电

(1947年11月25日)

国防部代电　（卅六）列荷字第二二八〇号
中华民国三十六年十一月二十五日

战史编纂委员会鉴：查官佐晋升最重资历，近查各单位建议晋升人员，其详历表上所填资历，常有十五六岁即已起役，充任中少尉军职者。查十五六岁尚在幼年时期，役龄未届，何能担任军中干部职务，具见其资历所填不实。此种虚伪行为，就个人言，有失军人道德，就制度言，紊乱国家人事，亟应严予纠正。嗣后各单位主官对建议晋升人员之起役年龄及资历,应事先认真审查,不可率尔呈报,以杜幸进。除分电外,相应电仰查照,并饬属切实遵照为荷。参谋总长陈诚。(卅六)。列荷。(戎)(有)。印。

〔国民政府国防部史政局及战史会档案〕

18. 国防部规定无职官佐选用办法代电

(1947年12月29日)

国防部代电　(卅六)列荷字第2800号
中华民国三十六年十二月二十九日

战史编纂委员会鉴：查各单位遇有缺额,应遴选编余官佐适当人员抵补,不得引用新进人员,曾经前军事委员会以铨办综字第二八三号及二四零五号两训令规定,并经本部卅六年元月列伐字〇〇二六号代电,重申前令,仍继续有效在案。近以各级官佐因疾病或人地不宜,与机构改组辞职者颇多,如一律弃置不用,有失国家佐育之意,兹规定：(一)在卅六年以后免职人员,有离职证件,且在离职部队任职有案者,军官上尉以下、军医、兽医、司药、测量二等正以下,军需一等佐以下,具有正式兵业科出身,或作战经验者,可予录用,但军官以部队及兵站为限。(二)配有军官队组织之机关、部队,遇有缺额时,仍应先在军官队遴选,如军官队确无适当人选时,方可录用无职官佐。除分电外,特电遵照,并命各单位长官,对无职官佐之任用,应懔古人进贤如不得已之明训,审慎考选,以免真才埋没,幸进得逞,或随用随免,增加人事之波动为要。陈诚。卅六。列荷。(亥)(艳)。印。

〔国民政府国防部史政局战史会档案〕

19. 国防部关于军官高阶低用任职规定代电

(1947年12月31日)

国防部代电　　列周字第二八一一号
　　　　　　　中华民国三十六年十二月卅一日

　　战史编纂委员会勋鉴：查关于因编制限制而又为业务所需要经予高阶低用人员之委派及业务处理之原则，迭经本部（卅六）列伐字第三七六号代电之（二）暨（卅五）铨政字第零一六九号（卅六）署糟字第三九五一号等代电，先后饬遵在案。惟有关上项人员任职之方式，亟应予以明白规定，俾有所依据而臻一致。兹特订定高阶低用人员任职方式三种，并附说明待遇、支薪之定义一则。除分行外，合行电仰遵照，并饬属遵照。陈诚。（卅六）。列周。亥世。印。附高阶低用人员任职方式三种及说明待遇支薪之定义一则。

　　　　高阶低用人员任职方式三种如左：
（一）任官有案人员（不受编制拘束）
　　　兹任陆军　将　为　厅副厅长。此令。
（二）任职有案人员
　　　兹任　　为　厅少将副厅长，保留中将待遇。此令。
（三）支上阶薪有案人员
　　　兹任　　为　厅少将副厅长，支中将薪。此令。
　　待遇与支薪之定义即：
　　一、待遇：包括薪俸、服制、年资、抚恤、旅费及一切给与，均得照其原高阶办理。
　　二、支薪：除薪俸外，如服制衔大，车辆及其他一切给与，均照编制阶级办理。

〔国民政府国防部史政局及战史会档案〕

二、陆海空军组织法规

1. 军政部附抄海军舰队指挥部组织规程等代电

(1946年4月2日)

军政部代电　　（卅五）务参三 3983 号

粮秣司鉴：查海军一、二两舰队业已取销。兹为指挥统一便利起见，亟应组设舰队指挥部，以专责成，并经核定该指挥部组织规程及编制表。除分行外，抄同规程编制特电知照。陈诚。（卅五）寅（卯冬）。部务参三。

附抄规程、编制表各一份。

军政部舰队指挥部组织规程

第一条　舰队指挥部直隶于军政部，掌理全国各舰队指挥事宜。

第二条　舰队指挥部设左列各室、组：

办公室。

军务组。①

舰械组。

人事组。

总务组。

经理组。

第三条　办公室掌理事项如左：

一、关于文件及机要事项。

二、关于典守、印信事项。

---

① 原文如此。依编制系统表应为参谋组。

三、关于军风纪事项。

四、关于联络交际及宣达事项。

五、关于编译事项。

六、关于舰队医务事项。

七、关于电讯事项。

八、关于统计事项。

九、其他不属于各组事项。

第四条　参谋组掌理事项如左：

一、关于舰队配置、调查事项。

二、关于舰队之编制、装备事项。

三、关于作战计划事项。

四、关于教育训练事项。

五、关于平时战时之情报搜集事项。

六、关于海防及港务事项。

七、关于海岸巡防、护渔、护航事项。

八、关于海道测量事项。

第五条　舰械组掌理事项如左：

一、关于稽核各舰艇存废、修造、检验事项。

二、关于各舰艇器材、械弹之保管、供应、配备事项。

三、关于各舰艇器材、械弹之调查、统计事项。

四、关于各舰艇舱面、机舱、电讯器材之册报、稽核事项。

第六条　人事组掌理事项如左：

一、关于本部及各舰艇军官、军佐、军属及士兵进退、任免、调遣之初核事项。

二、关于兵员奖惩、抚恤事项。

三、关于引水人员雇用事项。

四、关于军法事项。

五、关于休假及退伍事项。

第七条　总务组掌理事项如左：

一、关于本部庶务事项。

二、关于本部警卫事项。

三、关于本部车辆、差船之调遣、管理事项（会同副官办理）。

四、关于本部公用物品之保管事项。

五、关于本部卫生、医药事项。

第八条　经理组掌理事项如左：

一、关于饷款出纳及预算决算事项。

二、关于会计稽核事项。

三、关于购备舰艇业务事项。

四、关于服装、粮秣、燃料、器材等之供应、采购、保管事项。

五、关于薪饷、公费、旅费款项发给事项。

六、关于战时办理军需品事项。

第九条　舰队指挥部指挥官，承军政部部长之命指挥各舰队。

第十条　舰队指挥部设参谋长一人，辅助指挥官处理全部事务。

第十一条　舰队指挥部设秘书二人，分任机要文件及编撰传译事务。

第十二条　舰队指挥部，设组长五人，分掌各组事务。

第十三条　舰队指挥部其他各级职员，依编制所定办理各项事务。

第十四条　舰队指挥部之服务细则，以军政部部令定之。

第十五条　本规程如有未尽事宜，得随时呈请修改之。

第十六条　本规程自呈奉核准之日施行。

军政部舰队指挥部组织系统表

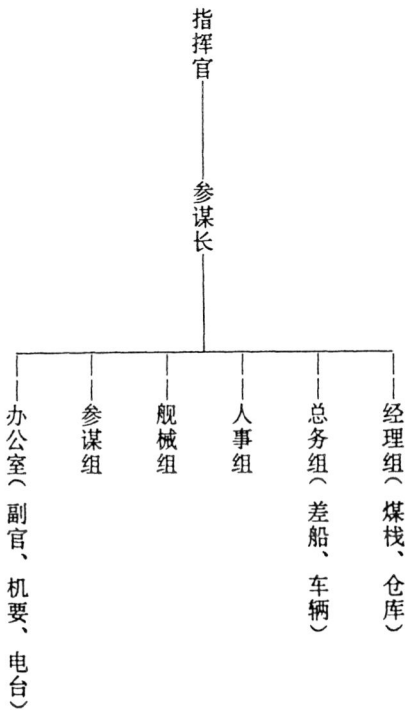

军政部舰队指挥部编制表

区分	指挥官	参谋长	办公														
职别	指挥官	参谋长	高参	参谋	秘书	编译室	副官	军法官	译电官	绘图员	打字员	书记	司书	文书	附员	卫士	传达兵
阶级	上(中)将	少(上)将	上校	中(少)校	军荐二阶	(同)上中少校	少上中校尉	同中校	军委一阶	少校	军委二阶	军委一阶	军委三四阶士	军委	上中少校	上中下士	一二等兵
员额	一	一	三	四	二	一	二	二	一	一	一	二	一	二	二	四	六
名额													四		一二五	一四	五
备考	兼任或专任。		随从参谋一。		监印及英文。	编译苏、日、英文机要文件及书籍。	分掌车辆调整侍卫及小车。	军法处调用。									

组别	职别	军阶	员额	职掌
舰	组长	上(中)校	一	
舰	组员	上中少校尉	一二三	分掌舰政、械弹、轮机、航海、供应、船政。
参谋组	合计	官士佐兵	一五一二	
参谋组	传达兵	一等兵	一	
参谋组	公役	二三等兵	三	
参谋组	文书军士	军委三四阶	一 二	
参谋组	司书	少校	一 四	
参谋组	绘图员	军委一阶	三	
参谋组	打字员	军委一阶	一	英文打字。
参谋组	书记	上(中)尉	四	统计副官业务。
参谋组	组员	上中少校尉	一 三	测量、舰艇调遣。
参谋组	参谋	上中少校尉	一	分掌作战情报、训练与海事、港务、水道
室	组长	上(中)校	一	
室	合计	官士佐兵	四四 三二 四六	
室	公役	二三等兵	四	

	械组							人事组								
	组员	书记	司书	文书军士	传达兵	公役	合计	组长	组员	组员	书记	司书	文书军士	传达兵	公役	合计
	上（中）尉	军委一二阶	军委三四阶	上中士	一等兵	二三等兵	官／士佐兵	上（中）校	中少校尉	上（中）尉	军委一(二)阶	军委三四阶	上士	一等兵	二三等兵	官／士佐兵
	一	一	一				一／一	一	二	三	一	一				一／一
				三	三	二	四／一二						三	三	二	三／二
统计副官业务。																

组长	组员	军医官	军士长	书记	司书	司药	总 务 — 卫兵排				看护军士	文书军士	驾驶军士	信号军士
							排长	排副	班长	列兵				
上(中)校	中少上中校尉	三等军医正	少尉	准尉	军委一(二)阶	军委三四阶	准(少)尉	中(上)尉	少(中)尉	上中下士 一二三等兵	上士	上士	上中下士	中(下)士
一	一二三三	一	二四	一		一		一	一	一二三 二五五	一二二	○○○		
											二四		一二	
	分掌庶务、管理、事务、车辆、运输及一切什务。		舢舨、帆缆、电话、信号。											

205

	组							经	理					
技工	信号兵	传达兵	理发兵	炊事兵	公役	合计	组长	组员	书记	司书	文书军士	军需军士	传达兵
一二三等兵	一等兵	一等兵	一等兵	一二等兵	一二三四等兵	官佐士兵	上(中)校	中校 少校 上尉 中尉	军委一(二)阶	军委三四阶	上士	上士	一等兵
						二 三	一	二 三 四 四	一	一			
三	五	六	四	二 六	二 一 六 四	二 二 六 〇 一 七 五					三	三	三
							分掌金钱、粮服、会计、复核、燃料。						

总计	组	
	合计	公役
官士佐兵	官士佐兵	二三等兵
一二一	一七	
二六一	一九	四六

〔联合勤务总司令部档案〕

2. 军事委员会颁布陆军整编军师编制系统表

(1946年春)①

陆军军编制修正后之系统表

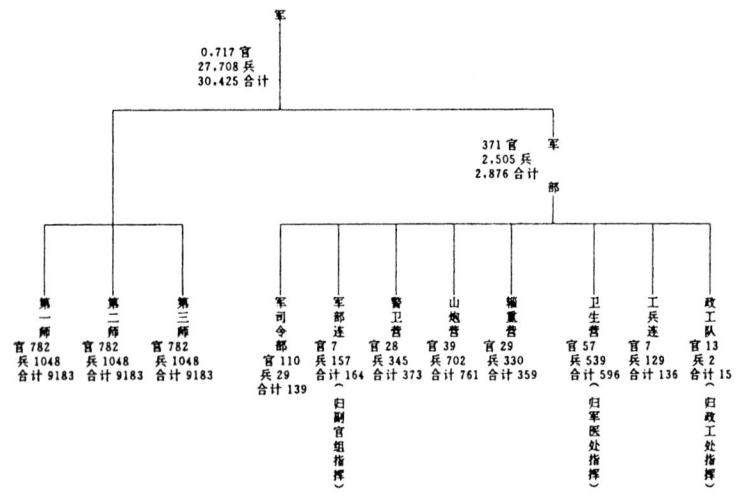

附记：

一、军部及直属部队之编制人数为4238人，计裁减1362人（含撤销单位），现编制数为2876人（其详细核减数如另表）。

二、军及所属各师（指三师制军）之编制人数为30425。

---

① 原件无年代，时间系根据有关档案推定。

陆军军司令部编制应修改部分与原编制对照表

区分			第一科			第二科			第三科			第四科			
		职别	科长	参谋	司书	科长	参谋	绘图员	司书	科长	参谋	绘图员	司书	科长	参谋	器材员	司书
原编制	官佐	阶级	中校	中校	少校	军委四阶	中校	中少校	上校尉	军委一阶	军委四阶	上校	中少校	军委一阶	军委四阶	上校	中少校尉	上尉（军委一阶）	军委四阶
		员额	一	一	一	一	二	一	一	一	二	三	一	一	一	二	一	一
	士兵	阶级															
		名额															
	武器	种类	手枪			手枪				手枪				手枪			
		数量	一			一				一				一			
	备考		人事			情报				作战训练				补给			

副官组				预算组		财务组			军医组					
人事股长	股副官	司书	文书军士	组长	预算员	预算军士	组长	财务	财务军士	组长	军医	司药	看护军士	看护兵	文书军士
少(中)校	上尉	军委四阶		二等正	二三等正		二等正	二三等正	一三等正	二等正	二三等正	一二等佐			
	一			一	一		一	二	二	一	一	一			
		上士			上士			上士		上士			上中士	上等兵	上士
		一			二			二		三			一一	二	一

210

兽医组				附记
组长	兽医	司药	兽医军士	文书军士
二等正	三等正	一等佐			本案除（一）第一、二、三、四科合编为参谋处，并以副官组之人事股编入该处第一科；（二）预算、财务两组合编为预算财务室；（三）军医、兽医两组合编为军医组外，其余仍照原编组不变。
一	一	一			
			中士	上士	
			一	一	

区分			参 课 处					
	职别	处长	第一科			第二科	第三科	第四科
			科长	参谋	司书	文书军士			
修改部份	官佐	阶级	中校	中校	少校上尉	军委四阶			
		员额	一	二	二	二			
	士兵	阶级				上士			
		名额				二			
	武器	种类	手枪						
		数量	一						
			副参谋长兼	人事			与原表相同不变	与原表相同不变	与原表相同不变

212

副官组	预算财务室	军医组							
		文书军士	看护兵	兽医军士	看护军士	司药	兽医	军医	副组长	组长
除人事股并入参谋处第一科外，其余仍旧不变。						一等佐	三等正	一等佐 二三正	二等正	二等正
						二	一	一一	一	一
		上士	上等士	中士	上中士					
		二	二	一	一一					
	已另案办理。			兽医司药。内一等佐专负			主持兽医。			

区分	数目	队别	军司令部	军部连	警卫营 营本部	警卫营 第一连	警卫营 第二连	警卫营 第三机枪连	警卫营 合计	山炮 营本部	山炮 第一连	山炮 第二连
陆军军编制核减人员一览表	原编制人数	官佐	110	7	7	7	7	7	28	19	11	11
		士兵	29	164	14	134	134	104	386	63	199	199
		小计	139	171	21	141	141	111	414	82	210	210
	核减编制人数	官佐										
		士兵		7		15	15	11	41	8	25	25
		小计		7		15	15	11	41	8	25	25
	现编制人数	官佐	110	7	7	7	7	7	28	19	11	11
		士兵	29	157	14	119	119	93	345	55	174	174
		小计	139	164	21	126	126	100	373	74	185	185
	核减官兵之职别及人数			输送排上士副排长一,二等输送兵各三。		连部上等号兵一,一等担架兵二,上士副排长三,步枪组一等兵四,二等兵五。	同第一连。	连部上等号兵一,一等担架兵二,机枪排上士副排长三,二等驭手三。		上等看护兽医兵各二,上、一等传达兵各一,炊事兵一、二等驭手各二,中士鞍工、铁工、炮排上士副排长一,一等号兵一,中士掌工、一等传达兵一、二等驭手各二,上等看护兽医兵各一,上等号兵一、二等驭手各一,弹药兵排上士一、二等驭手各一,一等弹药兵一、战工	同第一连。

兵营				通信兵营					辎重营				
第三连	通信排	弹药队	合计	营本部	第一连	第二连	无线电排	合计	营本部	汽车连	兽力连	人力连	合计
11	2	5	59	11	14	8	28	61	8	9	6	6	29
199	38	88	786	31	91	115	52	289	15	85	121	158	379
210	40	93	845	42	105	123	80	350	23	94	127	164	408
25		1	84	3	6	7	1	17	4		16	29	49
25		1	84	3	6	7	1	17	4		16	29	49
11	2	5	59	11	14	8	28	61	8	9	6	6	29
174	38	87	702	28	85	108	51	172	11	85	105	129	330
185	40	92	761	39	99	116	79	333	19	94	111	135	359
同第一连。		队部传达兵一。		上等看护兽医兵各一，上等传达兵一。					上等看护兽医兵各一，上、一等兵传达兵各一。			等输送兵各九。连部一等传达兵一，二等炊事兵一，上一、二	

营本部	卫生营 担架一连	卫生营 担架二连	卫生营 医疗连	合计	工兵连	政工队	总计	附记(在后页)
7	15	15	28	65	7	13	379	
14	295	295	103	707	142	2	2884	
21	310	310	131	772	149	15	3263	
	1	1	6	8			8	
2	66	66	34	168	13		379	
2	67	67	40	176	13		387	
7	14	14	22	57	7	13	371	
12	229	229	69	539	129	2	2505	
19	243	243	91	596	136	15	2876	
上、一等传达兵各一。	连长、下士班长上、一、二等炊事兵各一，二等担架兵各二，少尉排长一，中士班	同第一连。	连部医士上等看护兵二，传达兵一，上等看护兵六，看护兵中士排长一，下军	事兵各一，清洁洗衣兵六，补给器材看护兵一，上等看护兵一，上等炊	连部排长三，一、二等号兵各一，担架兵二，一等传达兵一，副			

附记：

一、搜索营、工兵连、兽医连及宪兵排编制撤销。

二、工兵营编制撤销，另成立军属工兵连。

三、撤销之各营连排，均系在不妨碍部队战斗力之原则予以紧缩。

四、核减数注记于本表核减官兵职别及人数栏内。

五、人力团战防炮营另案办理。

军属炮兵部队核减人员一览表

数目区分	队别	野炮兵营 营本部	第一连	第二连	第三连	通信排	弹药队	合计	一〇五榴弹 营本部	第一连	第二连	第三连
原编制人数	官佐	19	11	11	11	2	5	59	25	15	15	15
	士兵	63	144	144	144	33	53	581	141	159	159	159
	合计	82	155	155	155	35	58	640	166	174	174	174
核减编人数	官佐											
	士兵	3	11	11	11			36	1	2	2	2
	合计	3	11	11	11			36	1	2	2	2
现编制人数	官佐	19	11	11	11	2	5	59	25	15	15	15
	士兵	60	133	133	133	33	53	545	140	157	157	157
	合计	79	144	144	144	35	58	604	165	172	172	172
核减官兵之职别及人数		一：上等兽医兵一，一、二等传达兵各一。	一：连部一等传达兵二，兽医兵一，中士掌鞍铁车工各一，上等号兵一，中士看护一，上等炊事兵一。	同第一连。	同第二连。				一：营部连部上等传达兵一。	一：连部上等传达号兵各一。	同第一连。	同第一连。

炮兵营补给连	合计	(07)步兵炮营							重迫击				
		营本部	步兵炮第一连	步兵炮第二连	步兵炮第三连	通信排	弹药队	合计	营本部	重迫第一炮连	重迫第二炮连	重迫第三炮连	通信排
13	83	14	9	9	9	1	5	47	14	9	9	9	2
112	730	51	140	140	140	45	132	648	28	157	157	157	33
125	813	65	149	149	149	46	137	695	42	166	166	166	35
5	12	2	6	6	6			20	4	7	7	7	
5	12	2	6	6	6			20	4	7	7	7	
13	83	14	9	9	9	1	5	47	14	9	9	9	2
107	718	49	134	134	134	4	133	628	24	150	150	150	33
120	801	63	143	143	143	4	137	675	38	159	159	159	35
1.连部上等传达、号兵各一。2.弹药队药军士三。		1.上等号兵传达兵各一。	1.连部上士掌鞍铁工各一,上等看护兽医兵各一。	同第一连。	同第一连。				1.上等号兵传达兵各一。	1.连部上士掌鞍铁工各一,中士掌鞍铁工各一,上、一等传达兵各一。	同第一连。	同第一连。	

炮营		迫击炮营							附记
弹药队	合计	营本部	第一连	第二连	第三连	通信排	弹药队	合计	
5	48	13	5	5	5	2	5	35	
54	586	37	123	123	123	38	88	532	
59	634	50	128	128	128	40	93	567	
		25	4	7	7	7	1	26	
		25	4	7	7	7	1	26	
5	48	13	5	5	5	2	5	35	
54	561	33	116	116	116	38	87	506	
59	609	46	121	121	121	40	92	541	
		1.上等看护兽医兵各一。上、一等传达兵各一。	1.连部中士掌铁鞍工各一，上等传达兵一，担架兵二。2.中士副排长二。			1.一等传达兵一。			

陆军师编制修正后之系统表

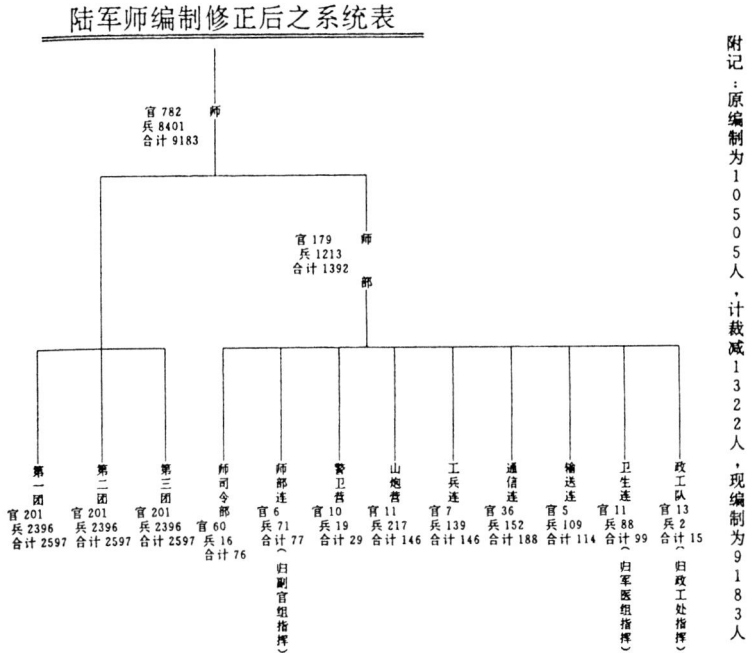

附记：原编制为10505人，计裁减1322人，现编制为9183人。

陆军步兵师司令部编制应修改

	区　　分	第一科			第二科			第三科			
	职别	主任参谋	参谋	文书军士	主任参谋	参谋	文书军士	主任参谋	参谋	绘图员	文书军士
原编制	官佐 阶级	少校	少校		少校	上尉		中校	上尉	一等佐	
	官佐 员额	一	一		一	一		一	一	一	
	士兵 阶级			上士			上士				上士
	士兵 名额			一			一				一
	武器 种类	手枪			手枪			手枪			
	武器 数量	一			一			作战训练			
	备考	人事。			情报。						

部分与原编制对照表

第四科				副官组		预算员	财务组			军医组			
主任参谋	参谋	文书军士	军械军士	人事股副官	司书		主任财务员	财务员	财务军士	主任军医	军医	司药	看护军士
中校	少校上尉			上中尉	军委三四阶	需三等正军	需三等正军	需一等佐军		三等正	一二等佐	二等佐	
一	一			二	一	一	一	一		一	一	一	
	上士	上士							上士				中士
	一	二							一				一
手枪							手枪			手枪			
一							一			一			
补给。													

兽 医 组				附　　　记
主任兽医	兽医	司药	兽医军士	本案除（一）副官组之人事股与第一、二、三、四科合编为参谋处。（二）预算、财务两组合并为预算财务室。（三）军医、兽医两组合编军医组以外，余仍照原编制不变。 注：修改部分在后。
一等佐	二等佐	三等佐		
一	一	一		
			中士	
			一	

区分		参谋处				副官组	预算财务组
职别		主任参谋	参谋	绘图员	司书	军械文书军士	除人事股并入参谋处外其余仍旧不变	
修改部份	官佐	阶级	中校	中校 少校 上尉	一等佐	委四 军三		
		员额	一	二 五 六	一	一 一		
	士兵	阶级					上士		
		名额					四 二		
	武器	种类	手枪					
		数量	一					
	备考		情报 人事作战训练	补充。				已另案办理。

军 医 组						
主任军医	军医	兽医	司药	看护军士	兽医军士	
三等正	一二等佐	一二等佐	三等佐			
一	一二	一二	二			
手枪				中士	中士	
一				一	一	
			内一员兽医司药。			

陆军步兵师编制核减人员一览表

区分	数目	队别项目	师司令部	师部连	步兵团本部	步兵团部连	第一营营部	第一连	第二连
原编制人数		官佐	60	6	25	8	6	8	8
		士兵	16	94	7	138	14	157	157
		小计	76	100	32	146	20	165	165
核减人数		官佐							
		士兵		23		25	2	22	22
		小计		23		25	2	22	22
现编制人数		官佐	60	6	25	8	6	8	8
		士兵	16	71	7	113	12	135	135
		小计	76	77	32	121	18	143	143
核减官兵之职别及人数				副排长各一、上、一等饲养兵各一，上、一等传达兵各三，上、一等炊事兵务排上士副排长一。		送兵各三。下士副班长三，上等输送兵三，一、二等输	营务排上士副班长一，情报军士一，步枪组一、二等炊事兵一，搜索排上等兵各二，轻机枪组上、一、二等兵各二，上等看护兵一，步枪组上、一、二等兵各二，上等看护兵一，连部上等传达兵一，二等炊事兵一，二等担架	上士副班长一，弹药班上、一、二等列兵各三，轻迫炮排上士副班长一、二等弹药兵各一，弹药班长一、二等	同第一连。

第一营					第二营	第三营	迫炮连	通信连	输送连
第三连	机枪连	突击排	输送排	合计					
8	7	2	1	40	40	40	7	24	6
157	106	40	42	673	673	673	174	80	264
165	113	42	43	713	713	713	181	104	270
22	17	6	5	96	96	96	26	8	30
22	17	6	5	96	96	96	26	8	30
8	7	2	1	40	40	40	7	24	6
135	89	34	37	577	577	577	148	72	234
143	96	36	38	617	617	617	155	96	240
同第一连。	连部上等号兵一、一等炊事兵一、一等传达兵一，机枪排上士副排长二，步兵上等号兵二，一、二等枪手三，一、二等驭手三，上等副担架兵二。	上、一等突击兵各二，一等弹药手二。	上、一等输送兵各一，三等输送兵三。			连部上等号兵一，一等炊事兵一、一等传达兵一，上等担架兵二、战炮排上士副排长二，一、二等驭手三，一、二等炮手三，一、二等弹药手各二。	连部上等传达兵一，有线电排一等通信兵二，一等担架兵二，无线电排一等通信兵一。	连部上等传达兵一，一、二等炊事兵各一，下士副班长九，上、一、二等输送兵各三，送兵十二。

团卫生连	合计	步兵第二团	步兵第三团	营本部	第一连	第二连	第三连	合计
12	202	202	202	7	8	8	7	30
127	2809	2809	2809	15	158	158	126	457
139	3011	3011	3011	22	166	166	133	487
1	1	1	1					
36	413	413	413		14	14	10	38
37	414	414	414		14	14	10	38
11	201	201	201	7	8	8	7	30
91	2396	2396	2396	15	144	144	116	419
102	2597	2597	2597	22	152	152	123	449
连部少尉排长一，上等传达兵一，中士班长一，二等炊事兵各一，传达兵一，中下士担架兵各十。				连部上士排长一，上等传达兵一，二等炊事兵一，上等传达兵二，上等机枪手一，二等机枪副射手一，步枪兵二，上等担架兵二。	三副排长一，上士步枪兵一，上等驭手一，二等驭手一，二等传达兵二，上等机枪射手一，副射手一，排长上。	同第一连。	连部上士排长一副排长一，兽医中士副排长一，上等传达兵一，上等炊事兵一，号兵一，骑兵一，便衣步兵一，掌工下士一，架桥兵二，上等担架兵一。	

山炮兵连	工兵连	通信连	输送连	卫生连	政工队	总计	附　　记
11	7	36	5	11	13	795	一、师属野炮兵连核减人员十一名，核减数如下：连部上等号兵一、上等看护兵一、一等传达兵一、战炮排上士副班长二、上、一等驭手各一、弹药排上、一等驭手各二名。
223	146	155	110	90	2	9720	
234	153	191	115	101	15	10505	
						3	
6	7	3	1	2		1.319	
6	7	3	1	2		1.322	二、步兵连每班士兵除正副班长外，分为两组，步枪组五名，轻机枪组四名。
11	7	36	5	11	13	782	
217	139	152	109	88	2	8.401	
228	146	188	114	99	15	9.183	三、重机枪连三、机枪排计核减列兵九名。
连一，战炮排上士副排长兵看护兽医兵各一。一等传达兵	连部上士一副排长三。一等担架兵二、一等传	连部上等号兵一，上等担架兵二、一等传达兵一。	连部一等传达兵一。	连部上等传达看护兵各一。			

〔国防部档案〕

3. 联合勤务总司令部第一补给区司令部抄发师团管区司令部组织条例等代电

(1946年8月27日)

联合勤务总司令部第一补给区司令部代电
参一字二七二一号
中华民国三十五年　月　日

　　南京三支部：奉联勤总部未个酉站代电开：兹抄附兵役局(三十五)役处一字第0329号代电及附件，希就主管部分分别办理具报等因。附师团管区司令部组织条例暨分期成立计划表等五份。兹特随电抄发原附件，仰即就主管部分遵办具报。代司令富文。未感。参识丑。附抄发（1）师团管区司令部组织条例一份。（2）师团管区分期成立计划表一份。（3）全国师团管区司令部应需中下级人员分类分级统计表一份。（4）新兵大（中）队编制表一份。（5）全国团管区新兵大队应需各级官佐分类统计表一份。

　　　　师管区司令部暂时组织条例　三十五年六月
　　第一条　师管区司令部，直隶于国防部，受国防部长及参谋总长之指挥监督，办理本管区兵役、行政事宜。
　　第二条　师管区司令部（以下简称本司令部），设司令、副司令、参谋长、秘书及副官主任、军需主任、军医主任各一员，与必要佐理人员，并附设通信排、警卫排。其编制如附表一、二、三〔缺〕。
　　第三条　本司令部下设三科，分别掌理左列业务：
　　第一科：
　　一、关于役务之处理事项。
　　二、关于兵役业务之督导、考核事项。
　　三、关于兵役干部之训练事项。

四、关于军人及其家属之应行优待事项。

五、关于兵役宣传事项。

第二科：

一、关于现役及龄男子之身家调查、军种、兵种鉴定及抽签事项。

二、关于陆、海、空军现役补充兵之配赋、征集、拨补、服役、归休、退伍等事项。

三、关于预备军官佐、预备军士及常备兵、补充兵、现役士兵军籍之统计、管理等事项。

四、关于陆军补充兵之编练、点阅等事项。

五、关于士兵征召、补退有关保育、运送之处理联系事项。

第三科：

一、关于动员准备及复员有关事项。

二、关于国民兵之调查、组织、管理、教育、点阅、召集、服役等事项。

三、关于在乡军人之调查、组织、管理、点阅、召集、服役等事项。

四、关于军用技术人员之调查、召集等事项。

第四条　师管区司令，承参谋总长之命，督饬所辖团管区及本司令部各科室，办理兵役行政事宜。

第五条　副司令，辅佐司令指挥监督本管区内各级兵役人员，办理兵役业务，司令因故不能执行职务时，由副司令代行其职权。

第六条　参谋长，承司令、副司令之命，指导本司令部各级人员办理一切业务，司令、副司令因故均不能执行职务时，由参谋长代行。

第七条　各科科长，承司令、副司令之命及参谋长之指导，掌理各科主管业务。

第八条　秘书，承司令、副司令之命及参谋长之指导，指挥书记、译电员、司书等,掌理机要文件之选拟及收发、缮校与译电、印信典守、档案保管等文书处理事项。

第九条 军法官,承司令、副司令之命及参谋长之指导,掌理防〔妨〕害兵役案件之检举、纠正与兵役纠分〔纷〕之处理事项。

第十条 人事参谋,承司令、副司令之命及参谋长之指导、办理本管区军官佐属人事登记、统计、考绩、奖惩、休假及承转、任免等事项。

第十一条 副官主任,承司令、副司令之命及参谋长之指导,掌管本司令部交际、庶务、警卫、内务、交通、军械及军风纪等事项。

第十二条 军需主任。承司令、副司令之命及参谋长之指导,掌理营产及经费、粮秣、被服、装具等出纳、保管与预算之编报事项。

第十三条 军医主任。承司令、副司令之命及参谋长之指导,掌理本区内现役及龄男子体格检查及本部卫生事项。

第十四条 其他职员,承各该主管科室之命,办理指定之业务。

第十五条 本司令部办事细则另订定之。

第十六条 本条例自公布之日施行。

修订团管区司令部暂时组织暂行条例草案 三十五年六月

第一条 团管区司令部直属于师管区司令部(或国防部)。

第二条 团管区司令部(以下简称本司令部)设司令、副司令各一员,及主任参谋、参谋、军法官、副官、军需、军医、书记等必要佐理人员,其编制如附表。

第三条 团管区司令承(师管区司令或直属参谋总长)之命,督饬所辖各县市办理本管区内左列各事项:

一、关于陆海空军现役兵及补充兵之处理事项。

二、关于兵役人员训练事项。

三、关于免役、禁役、缓征、缓召之调查、审核、统计等事项。

四、关于军人及其家属之应行优待事项。

五、关于兵役行政之宣传、考核、督导事项。

六、关于预备军官佐及常备兵、补充兵、现役士兵、军官之统计、管理等事项。

七、关于补充兵之编练、点阅事项。

八、关于士兵征召、补退有关运送、保育之处理及联系事项。

九、关于各县市营房之监造、检查及其支配事项。

十、关于动员准备实施及复员之有关事项。

十一、关于国民兵之调查、组织、管理、教育、点阅、召集、服役等实施事项。

十二、关于在乡军人之调查、组织、管理、点阅、召集、服役等实施事项。

十三、关于军用技术人员之调查、召集事项。

十四、其他有关兵役及依法令援〔缓〕予办理等事项。

第四条 副司令辅佐司令指挥监督本管区内各级兵役人员办理兵役业务,司令因故不能执行职务时由副司令代行其职权。

第五条 主任参谋承司令、副司令之命,指导本部内职员办理一切业务,司令、副司令因故均不能执行职务时由主任参谋代行。

第六条 参谋承司令、副司令之命,主任参谋之指导掌理业务。

第七条 军法官承司令、副司令之命,主任参谋之指导,掌管妨害兵役案件之检举、纠正及兵役纠纷之处理事项。

第八条 副官承司令、副司令之命及主任参谋之指导,掌理本司令部之交际、庶务、警卫、内务、交通、营产及军风纪等事项。

第九条 军需承司令、副司令之命，主任参谋之指导，掌理营产及经费、粮秣、被服、装具等出纳、保管与预算之编报事项。

第十条 军医承司令、副司令之命，主任参谋之指导，掌理辖区各县市现役及龄男子体格检查及本部医务事项。

第十一条 书记承司令、副司令之命，主任参谋之指导，掌理文书撰拟、收发、督缮、保管及印信、典守、译电等事项。

第十二条 其他各职员承上级之命，分办指定事项。

第十三条 本司令部之办事细则另订之。

第十四条 本条例自公布之日施行。

团管区司令部编制表

职别区分	官佐 阶级	官佐 员额	士兵 阶级	士兵 名额	乘马	车辆 种类	车辆 数量	备考
司令	上校(少将)	一			一	四轮全动吉普指挥车	一	
副司令	上校	一			一			
主任参谋	中校	一			一			
参谋	少校	二			一			
部员	少校 上尉	三			三			
军法官	军荐二阶	一						
副官	上 中(少)尉	六 九						
军需	上中尉	一						
	三等军需正	一						
	二等军需佐	二						
军医	三等军医正	一						
	二等军医佐	一						
司药	二等司药佐	一						
书记	军委一阶	三						
司书	军委二阶	三						
文书军士	军委四(三)阶	四	上士	三				

名称		阶级	数量	车辆	数量	装备	附记
合计			四七		七		（一）本司令部为办事便利起见，得就业务性质分设三股办公，以专责成。（二）产马区得增设少校科员，专司马政，并应多用骑炮兵科军官，以利马政业务。（三）应配械弹种类数量，另以部令规定。
警卫班	班长	上士	一				
	副班长	中士	一	指挥车	一		
	列兵	下士	二	拖货车	二		
		上等兵	四				
		一等兵	八				
		二等兵	五				
		二等兵	二				
通讯班	班长	中尉	一				
	通讯士	一级通讯军士	二			EB-108电话机二	
	通讯兵	上等兵	三			SCR 523无线电机一及	
		二等兵	二				
		二等兵	一				
公役		四五等	四				
饲养兵		二等兵	三				
炊事兵		一等兵	二				
传达		下士	一				
卫士		下士	一				
军需军士		中士	一				
司号军士		中士	一				
看护军士		中士	三				
驾驶军士		上士	四	普通货车、四轮拖动吉全动吉	二		

〔联合勤务总司令部档案〕

4. 联合勤务总司令部抄发全国团管区及其所属新兵大队一览表代电

(1946年9月2日)

联合勤务总司令部代电　　　三十五年九月二日
　　　　　　　　　　　　参字第 28706 号

本部经理署陈署长：案准兵役局（卅五）役处二字第零陆捌玖号公函开：查全国各师团管区除台湾、新疆及共军占领区暂缓设置外，余均限九月底前成立。关于各团管区应设立之新兵大队，经签奉核定陇海线及其以北地区之四十九个团管区各设新兵大队三个，长江流域及其以南地区之一百七个团管区各设新兵大队两个，按每大队编制计官佐（37）员，士杂兵（137）名〔内正副班长（90）名，杂兵（47）名〕此系专负接训送交之固定干杂，不随新兵交拨。因其任务关系自宜予以装备，其武器部分拟每大队配发步枪 90 支（正副班长各一支），手枪七支（中队长、大队附、大队长各一支），全国（361）个大队合共配发步枪（32490）支。至被服装具请按编制人数照规定发给。以上统请先为筹办，以资应用。又本（卅五）年度临时征兵，预定全国共计征集新兵（68）万（东北八万，陇海线三十万，江南三十万）人，其所需被服装具各项，拟仍由有缺额部队抽发应用，不另列请筹拨。相应检附新兵大队编制表及团管区名称驻地及所属新兵大队数量一览表各一份，即请查照，迅予核办。等由。除分行外，随电抄发新兵大队编制表、团管区名称驻地及所属新兵大队数量表各一份，希即分别办理具报为要。黄镇球。申萧寅。站。附件如文。

团管区名称驻地及所属新兵大队数量一览表

师区别	团区名称	驻　地	辖新兵大队数	备　考
辽　东	辽　阳	同　上	三	
	沈　阳	同　上	三	
	盖　平	同　上	三	
辽　西	锦　州	同　上	三	
	新　民	同　上	三	
	黑　山	同　上	三	
吉　林	长　春	同　上	三	
	永　吉	同　上	三	
	辽　北	四平街	三	直辖团区。
	绥　远	归　绥	三	直辖团区。
甘　肃	武　威	同　上	三	
	天　水	同　上	三	
	平　凉	同　上	三	
冀　北	昌　黎	同　上	三	
	唐　山	同　上	三	
	天　津	同　上	三	
	北　平	同　上	三	
冀　东	沧　县	同　上	三	
冀　西	定　县	同　上	三	
	正　定	同　上	三	
豫　东	商　邱	同　上	三	
	兰　封	同　上	三	
	周　口	同　上	三	
	郑　州	同　上	三	
豫　北	安　阳	同　上	三	
	新　乡	同　上	三	
	博　爱	同　上	三	
豫　西	巩　县	同　上	三	
	洛　县	同　上	三	

团管区名称驻地及所属新兵大队数量一览表

	南 阳	同 上	三
豫 南	潢 川	同 上	三
	信 阳	同 上	三
	郾 城	同 上	三
鲁 东	莱 阳	同 上	三
	潍 县	同 上	三
鲁 西	东 河	同 上	三
皖 北	凤 阳	同 上	三
	蒙 城	同 上	三
	阜 阳	同 上	三
皖 中	巢 县	同 上	三
	六 安	同 上	三
	桐 城	同 上	三
陕 北	六 荔	同 上	三
	西 安	同 上	三
陕 南	宝 鸡	同 上	三
	安 康	同 上	三
	南 郑	同 上	三
苏 北	铜 山	同 上	三
	东 海	同 上	三
皖 南	安 庆	同 上	二
	宣 城	同 上	二
	休 宁	同 上	二
苏 西	江 都	同 上	二
	泰 县	同 上	二
苏 东	南 通	同 上	二
苏 南	南 京	同 上	二
	镇 江	同 上	二
	无 锡	同 上	二
上 海	上 海	同 上	二

团管区名称驻地及所属新兵大队数量一览表

	吴 县	同 上	二
	松 江	同 上	二
粤 北	曲 江	同 上	二
	清 远	同 上	二
	德 庆	同 上	二
粤 东	潮 安	同 上	二
	梅 县	同 上	二
	陆 丰	同 上	二
粤 中	惠 阳	同 上	二
	中 山	同 上	二
	广 州	同 上	二
粤 南	台 山	同 上	二
	茂 名	同 上	二
	合 浦	同 上	二
滇 东	文 山	同 上	二
	昆 明	同 上	二
	昭 通	同 上	二
滇 西	丽 江	同 上	二
	保 山	同 上	二
	楚 雄	同 上	二
黔 东	思 南	同 上	二
	遵 义	同 上	二
	独 山	同 上	二
黔 西	贵 阳	同 上	二
	安 顺	同 上	二
	兴 安	同 上	二
鄂 东	咸 宁	同 上	二
	蕲 春	同 上	二
	黄 陂	同 上	二
鄂 中	随 县	同 上	二

团管区名称驻地及所属新兵大队数量一览表			
	汉 川	同 上	二
	沔 阳	同 上	二
鄂 西	宜 昌	同 上	二
	恩 施	同 上	二
	襄 阳	同 上	二
	郧 城	同 上	二
川 东	万 县	同 上	二
	大 竹	同 上	二
	达 县	同 上	二
川 北	成 都	同 上	二
	剑 阁	同 上	二
	茂 县	同 上	二
川 中	遂 宁	同 上	二
	三 台	同 上	二
	南 充	同 上	二
川 西	邛 崃	同 上	二
	嘉 定	同 上	二
	简 阳	同 上	二
川 南	隆 昌	同 上	二
	宜 宾	同 上	二
	荣 县	同 上	二
重 庆	巴 县	同 上	二
	江 北	同 上	二
	涪 陵	同 上	二
	永 川	同 上	二
浙 北	杭 州	同 上	二
	嘉 兴	同 上	二
	建 德	同 上	二
浙 东	鄞 县	同 上	二
	宁 海	同 上	二

团管区名称驻地及所属新兵大队数量一览表

浙西	临海	同上	二
	金华	同上	二
	衢县	同上	二
赣北	永嘉	同上	二
	浮梁	同上	二
	南城	同上	二
赣南	南昌	同上	二
	上高	同上	二
	吉安	同上	二
湘北	赣县	同上	二
	常德	同上	二
	益阳	同上	二
湘东	安化	同上	二
	长沙	同上	二
	岳阳	同上	二
湘西	衡山	同上	二
	沅陵	同上	二
	邵阳	同上	二
湘南	芷江	同上	二
	衡阳	同上	二
	桂阳	同上	二
闽北	零陵	同上	二
	建瓯	同上	二
	福清	同上	二
闽南	宁德	同上	二
	永春	同上	二
	龙岩	同上	二
桂东	龙溪	同上	二
	桂林	同上	二
	苍梧	同上	二

团管区名称驻地及所属新兵大队数量一览表

	桂 平	同 上	二	
桂 西	南 宁	同 上	二	
	柳 州	同 上	二	
	百 色	同 上	二	
	宁 夏	同 上	二	直辖团区。
	青 海	西 宁	二	
	西 康	雅 安	二	

新兵大队编制表〔略〕。

〔联合勤务总司令部档案〕

5. 联合勤务总司令部第一补给区司令部抄发师团管区司令部交接办法等代电

（1946年9月23日）

联合勤务总司令部第一补给区司令部代电
参一字第三一四六号
中华民国三十五年九月二十三日

　　南京第十八分监部：奉参谋总长陈卅五年九月役处一字第（0282）号代电开：查旧有各师团管区结束处驻地与此次新派之师团管区司令驻地一致者计四十九个，各该结束处所有公文公物等，业已分别令饬新师团管区司令原地接收，并规定各该接收之新师团管区司令部开办费发给半数各在卷。查其余之旧有各师团管区结束处亦经分别核定移交新管区接收或暂保留（如附表）。除分电遵照交接办法交接外，兹规定：一、各该结束处所有公文、公物等均按规定由指定之新管区司令接收后，即就原有交接清册会商当地补给机构分别处理利用，呈报其交接公物是否相符，由联勤总部负责核办。关于暂保留之各结束处，其月需粮饷照规定继续发给，候另案通知停止。二、各该结束处撤销时所需经费由各该结束处报由当地补给机构提前核实发给,并派员前往监督。三、各该结束处官兵按照交接办法处理,如军官佐新管区无法容纳时,由结束处送由各军官总(大)队负责收训,不得延误。除分电外,检发各结束处处理表及旧新管区交接办法各一份,希即遵照并转饬所属遵照。等因。附发各结束处处理表及旧新管区交接办法各一份到部。除分电外,兹随电抄发原附件各一份,电仰遵照并饬属遵照。代司令富文。申漾。参识。附件如文。

旧有师团管区结束办事处一览表			三十五年九月　日	
省别	旧有师团管区结束处名称	驻地	处理办法	备　考
四川	资简结束处	资中	令荣县团管区接收	
	绵广结束处	绵阳	令川北师管区接收	
	乐安结束处	乐至	令简阳团管区接收	
	泸永结束处	泸县	暂保留	待川南师管区成立接收。
	广合结束处	广安	令川东师管区接收	
	夔巫结束处	奉节	令川东师管区接收	
	通南结束处	巴中	令达县团管区接收	
云南	建文结束处	建水	令滇西师管区接收	
贵州	贵节结束处	毕节	令黔西师管区接收	
广东	肇清结束处	高要	令粤北师管区接收	
	罗云结束处	罗定	令德庆团管区接收	
	钦廉结束处	合浦	令粤南师管区接收	
	惠龙结束处	龙川	令梅县团管区接收	
	琼崖结束处	儋县	令粤南师管区接收	
福建	蒲永结束处	仙游	令永春团管区接收	
	福闽结束处	宁德	令闽北师管区接收	
浙江	丽云结束处	丽水	令浙西师管区接收	
	金衢结束处	遂安	令浙西师管区接收	
	兰嘉结束处	建德	暂保留	待建德团管区成立接收。

旧有师团管区结束办事处一览表　三十五年九月　日

江西	清萍结束处	新喻	令赣南师管区接收	
	南浔结束处	武宁	令赣北师管区接收	
	饶梁结束处	河口	令赣北师管区接收	
安徽	蒙毫结束处	太和	令皖北师管区接收	
	怀太结束处	桐城	暂保留	待桐城团管区成立接收。
湖南	澧慈结束处	慈利	令湘西师管区接收	
	芷绥结束处	芷江	暂保留	待芷江团管区成立接收。
湖北	陵都结束处	长阳	令鄂西师管区接收	
	恩宜结束处	恩施	暂保留	待恩施团管区成立接收。
	襄枣结束处	谷城	令鄂西师管区接收	
河南	镇新结束处	镇平	令南阳团管区接收	
	潢商结束处	商城	令豫南师管区接收	
山西	孝石结束处	孝义	暂保留	待晋南师管区成立接收。
	永吉结束处	吉县	暂保留	待晋南师管区成立接收。
	绛荣结束处	新绛	暂保留	待晋南师管区成立接收。
陕西	凤邠结束处	凤翔	暂保留	待陕南师管区成立接收。
	华潼结束处	蒲城	暂保留	待陕北师管区成立接收。
	安石结束处	安康	暂保留	待安康团管区成立接收。
甘肃	陇东结束处	平凉	暂保留	待平凉团管区成立接收。
绥远	绥远结束处	归绥	暂保留	待归绥团管区成立接收。
宁夏	宁夏结束处	宁夏	暂保留	待宁夏团管区成立接收。
西康	雅安结束处	雅安	暂保留	待西康团管区成立接收。
	西昌结束处	西昌	暂保留	待西康团管区成立接收。
附记	一、师管区结束处计四十个，团管区结束处计二个。 二、令新管区接收者计二十六个、保留者计十六个。			

旧有师团管区结束办事处／新设师团管区司令部 交接办法　三十五年八月

（甲）总则

第一条　本办法为便利旧新师管区交接迅速确实，特参照旧有师团管区结束实施办法订定之。

第二条　旧有师团管区结束办事处（以下简称结束处），新设师团管区司令部（以下简称新师团区部），双方奉令交接时，悉依照本办法之规定办理之。

（乙）交接手续

第三条　结束处、新师团区部举行交接时，先由双方约定时期、地点并会衔函请就近补给供应机关派员兼盘交接完妥后，即由兼盘人及交接双方主官暨军需主任按照交接所定项目，分别造册会衔呈报本部核备。

第四条　新师团区部自成立之日起，限十五天以内接收清楚，结束处自接收之新师团区部成立之日起于一个月以内，应将所有事务办理完竣呈报，即行撤销，并在撤销前一天，将借用原关防、官章截角专案缴销。

第五条　结束处自本年四月十六日成立之日起至撤销之日止，以及前任师团管区司令任内所有关于经临各费粮秣部分未了手续，仍由结束处及原任军需主任负责，迳报本部核备。

（丙）交接项目

第六条　军官佐属结束处主任，于结束处撤销后，限十月底以前入中训团或指定之分团受训，其粮饷领至十月底止，十一月一日起由中训团或分团衔接支给。

结束处上校以下各级军官佐属计十八员，其粮饷一律发至九月底止，以后由新师团区司令依照奉颁中下级干部甄选调派办法予以甄别，择其优秀者就编制所需继续呈请派用，不合格者仍由结束处主任按照旧有师团管区结束实施办法第九、第十两条，及旧有师团管区结束处编余官佐安置程序，分别妥予办理。

第七条 士兵、伕役。结束处士兵、伕役计二十名，其粮饷由〔均〕发至九月底止，后一律交新师团管区司令留用。

以上六、七两条规定所需粮款，由结束处分别列表，送由就近补给供应机关核实拨款垫发报部核销。

第八条 公文、档案、图书。交接双方应按旧有师团管区结束实施办法第十二条所规定，点交接受清楚。

第九条 枪械、弹药。结束处除已依照旧有师团管区结束实施办法第十四条至第十九条办理完竣者仅将档案交接备查外，其余尚未办妥者，以及奉准留用自卫少数枪弹，均交由新师团管区部接收后报部核办。

第十条 营房、营具。依照旧有师团管区结束实施办法第二十条规定，双方交接清楚。

营房已移交当地地方政府者，仍将档案交由新师团管区部接收，以便凭据收回应用。

第十一条 被服、装具。结束处依照旧有师团管区结束实施办法第二十一条至二十四条规定，已分别办竣，复奉令将所有余存被服、装具已送缴指定之仓库，接收者应将档案交接外，否则双方应将余品交接清楚后，由新师团管区部另报本部处理。

第十二条 卫生器材及药品。双方交接清楚后，由新师团管区部将接收数量报部，以凭核予补充。

第十三条 其他公物于工作器具、通讯器材、办公文具、教育器材、车辆、马匹等，等双方交接清楚后，由新师团管区部将接收数量报部核办。

（丁）附则

第十四条 本办法以命令行之。

〔联合勤务总司令部档案〕

6. 联合勤务总司令部第一补给区司令部抄发全国师管区司令名册表代电

(1946年11月1日)

联合勤务总司令部　　　　　　　人一字第一一二七九号
第一补给区司令部代电　　　　　中华民国三十五年十一月一日

第十八兵站分监部：案准国防部第一厅铨将（一）字第(2304)号代电开：兹奉核定派周化南等三十六员任各师管区司令，如附册。等因；用特检同是项名册电请查照并转饬所属知照。等由。除分行外，合行电仰知照并转饬所属知照为要。富文。戍东。人思。附抄发原册一份。

各师管区司令名册

单　位	姓　名	备　考
苏南师管区司令	周化南	
浙北师管区司令	夏季屏	
浙西师管区司令	周振强	
皖北师管区司令	焦其凤	
皖中师管区司令	李才桂	
赣北师管区司令	唐三山	
赣南师管区司令	吴鹤云	
鄂东师管区代司令	陈襄谟	
鄂中师管区司令	孙定超	
鄂西师管区代司令	幸　我	
湘北师管区司令	王声溢	
湘东师管区司令	冯　璜	
湘西师管区司令	吕　康	
湘南师管区司令	苟吉堂	
川东师管区司令	戴　文	
川北师管区司令	蒋超雄	

单　　位	姓　名	备　　考
川中师管区代司令	王公亮	
重庆师管区司令	刘柔远	
闽北师管区司令	谭道平	
粤中师管区代司令	温　靖	
粤北师管区代司令	廖　肯	
粤南师管区司令	林　英	
桂东师管区司令	吕国铨	
桂西师管区司令	李纯武	
黔东师管区司令	杨　勃	
黔西师管区代司令	萧大中	
滇东师管区司令	张言传	
滇西师管区司令	苏令德	
冀北师管区司令	李兆锳	
冀西师管区司令	宋邦荣	
鲁东师管区代司令	项传远	
豫东师管区司令	张文清	
辽东师管区司令	赵锡庆	
辽西师管区司令	黄永安	
吉林师管区司令	李寓春	
甘肃师管区司令	袁耀廷	

〔联合勤务总司令部档案〕

7. 行政院核定之绥靖时期各部队政治工作计划纲要

（1946年）

绥靖时期各部队政治工作计划纲要

行政院节京贰字第一一一四五四号令核定国防部（卅五）闻导著二〇九九号代电颁行。

甲、工作方针与原则

一、绥靖时期各部队政治工作之总方针，在配合军事，联系党政，铲除奸匪力量，恢复国家主权，彻底完成统一，实行三民主义，藉以确保抗战胜利之成果，促进建国工作之发展。

二、绥靖时期各部队政治工作之原则，为协助地方政府，恢复地方政权，推行民生主义经济政策，处理匪区政治、经济、文化、教育各种问题，组训民众，增强地方自卫武力，培养人民自治能力，藉以安定社会，改善民生。

乙、工作项目与实施办法

一、协助地方政府，恢复地方政权，重编乡镇保甲组织：

办法：由于匪区之内乡镇保甲不仅组织机构业已破坏，即原有区域亦经多予变更，各部队政工人员于每一收复地区后，如地方政权无人负责建立时，亟应协导地方政府，迅速实施下列各项步骤：

（一）各级政治部应就政工及党团干部与随军返乡之义民中，选定公正勤廉、奋发有为之人员，先行恢复地方各级机构，建立地方政权，俟政府所派行政人员到达后即行移交，但仍应协助督导之。

（二）各级政工人员，应一致参加，协助地方切实调查户口，重编保甲，务使人必归户，户必归甲，并慎选乡镇保甲长，以健全基层政治组织。至保甲编组，应照国民政府所颁发之"县各级组织纲要"暨有关法令之规定办理。

（三）加强地方善后建设复兴工作，并应注意革除过去地方积弊，表现革命之新风气。

二、协助地方政府清查奸宄，肃清奸军之地下组织及潜伏分子。

办法：奸军之活动无孔不入，对其地下组织与潜伏分子尤应特别注意，务须时时防制，处处摧毁，其主要方法如左：

（一）各收复区户口经予清查保甲经予编组后，应即普遍举行清乡，并实行一族清一族，一房清一房，一户清一户，联保连坐办法，如发现奸军之地下组织与潜伏分子，应即迅予扑灭，务使奸究不能活动藏匿，以达彻底肃清之目的。

（二）设置乡村秘密义务警察，每保二人至三人，并予以训练，使其担任通迅、调查工作，每周向驻在地政工人员报告一次，如有重要紧急情报，应饬随时报告。

（三）凡重要匪徒及作恶有据之地痞流氓，应奖励人民秘密检举，予以逮捕，依法讯办。

三、协助地方政府组织民众团体及地方自卫队。

办法：为求绥靖工作早日完成，应运用各种组织与策略，使民众各能团结自卫，并使极力发挥斗争性与革命性，始能以组织对组织，发生良好之效果，其组织办法如左：

（一）以新县制之规定组织协助地方政府制发国民身份证，按证分别编组各地在乡军人会、长老会、妇女会、少年团，并组织学生会、教育会、农会、工会、商会等，使人人均有团体，并能一致参加地方实际工作，并应发动地方知识青年及文教人员，成立青年工作队，以协助推行宣导慰劳及社会救济等工作。

（二）为集中各种力量担任地方绥靖与建设工作起见，凡有一技之长者均可纳入各种组织之内。如长于绘画、写字、作诗、作曲、歌唱、奏乐、编剧、雕刻，以及善于写作文章小说者，皆可成立文艺或文化协会。又如算命看相、卜卦、测字者，可成立星相研究会。并确实予以联络运用，使其发挥组织作用。

（三）切实协助地方政府组织各地民众自卫队，其组织依照行政院颁布之"绥靖地区民众自卫队组训办法"办理之。

（四）各地民众团体与地方自卫力量之组织，应着重配合作战，发挥战斗力量，加速完成绥靖任务。并斟酌组织难民还乡团，配合部队作战。

四、协助地方政府斟酌组织地方善后协进会。

办法：各地方甫经国军收复，关于善后救济工作自应加紧实

施,并应策动当地知识分子及青年人士,组织地方善后协进会,其组织要点如左:

(一)地方善后协进会以县、区、乡(镇)各组织一会为原则,乡(镇)以下不必组织,区有组织者,乡(镇)得免组织。

(二)各地善后协进会设委员七人至十一人,主持会务,由地方推选之,并于委员中互推常务委员一人,处理日常事务,均为无给职,并得依事实之需要酌设秘书及事务人员,就当地各机关团体人员中聘兼之。

(三)各地善后协进会之主要工作,为协助政府清剿奸军,恢复秩序,抚辑流亡,办理救济,维护交通,鼓励农工生产,举办文化教育,转移社会风气等事项。

上项善后协进会,不必定为常设,待有必要时临时设置之,并须严防流弊。

五、协助地方政府处理收复区土地粮食及财政金融问题。

子、土地部分:

(一)协助地方政府设立地权调处委员会,办理有关土地纠纷事宜。

(二)关于绥靖区土地之处理,应依据"绥靖区土地处理办法"暨"绥靖区城市土地及建筑处理办法"办理之。

丑、粮食部分:

(一)协助地方政府,设立田赋粮食管理处,使能对军民食粮,兼筹并顾,及实施有计划之调剂,在田赋粮食管理处未成立前,应依据"绥靖区粮食紧急措施"之规定,设立军粮储备委员会办理之。

(二)关于绥靖区粮食之处理,应依据"绥靖区田赋粮食管理办法"暨"绥靖区粮食紧急措施"办理之。

寅、财政金融部分:

(一)非法发行之伪币,一律作废。

（二）关于绥靖区财政金融之处理，应当依据"绥靖区财政金融紧急措施实施办法"协助办理之。

卯、合作部分：

（一）指导人民分区组织合作社，并踊跃认股，热心服务，以期藉合作方法改善生活。

（二）合作社以城区及乡村各区为单位分别组织之，并应于适当地点设立分社，各县应设立合作联合社。

（三）城区合作社以粮食及其他生活必需品之配给为主要业务，乡区合作社以粮食及其他生活必需品之生产运销为主要业务，县联合社以统筹城乡区合作社业务之配合及相互间物品之交流为主要业务。

（四）政工人员应协导地方政府及党（团）部，确认合作事业为实现民生主义之基本经济事业，共同负责，促其发展。

以上各项，应依据"绥靖区合作事业实施办法"办理之。

六、加强宣传文化教育。

办法：奸军于盘据地区传播邪说谬论，灌注反动思想，麻醉煽惑，无所不用其极，使人民完全丧失国家民族意识，任其奴役，供其牺牲，此种现象必须彻底肃清，故应特别加强宣传文化教育工作，其办法要点如左：

（一）确定宣传方针，改进宣传方法与技术。

（二）订颁绥靖时期宣传中心口号及标语，俾各地一致使用。

（三）把握时机，大量印发通俗之传单、文告、及画刊、读物、壁报，灌输三民主义，宣扬中央政令，造成正确舆论，振作人心士气。

（四）广设民众学校短期训练班，及通俗讲习所、民众问事处、民众阅览室等教育机构，藉以宣扬三民主义，纠正邪说谬论。

（五）提倡正当娱乐，扩展艺术宣传教育；如音乐、图画、戏剧、电影等，以提高人民文化水准，转移社会风俗。

以上五项，政工人员于到达收复区后，亟应本倡导精神，唤起地方人士之注意，更从而积极协助，加紧督促，使其随时改进，以宏效果。

七、发动爱民运动，举办军民合作站。

办法：军民合作，为争取作战胜利之唯一要图，欲使军民确能真实合作，必先使军队爱护民众，以激起人民尊敬军队。同时举办军民合作站，使军队不致骚扰民间，以达成彼此敬爱互助合作之目的，其实施办法如次：

子、爱民运动：

（一）励行军民合作公约。

（二）军队与民众相处，态度宜和蔼可亲，视同兄弟一般，各部队可以连为单位，组织爱民会，每连由士兵中选举干事三人主持会议，由连指导员领导，下设调查、纠察、执行、宣传四股，并就各该部队中，广为征求会员，造成爱民风尚。

（三）于匪区选择重要地点，集中人力物力，设置军民诊疗施药处，由各军军医及军医院或卫生队负责办理，政工人员应协助督导，使其能真诚为人民服务，先起模范作用，再逐渐发展，普遍实施，详细办法另订之。

丑、军民合作站：

（一）于绥靖区重要军事交通线上设置军民合作站，乡镇设站，县设总站，省设军民合作指导处。

（二）军民合作站之主要业务，为办理征雇夫役，供应茶水，代购副食，代觅营舍，慰劳官兵，救护伤兵，担任指导侦报匪情等项。

（三）军民合作站之设置办法及工作纲要，由本部新闻局就原有办法修正后呈请行政院重颁施行。

八、严整军风纪。

军纪之良否，为国军收揽民心发挥力量之基本条件，为求确实实施，订定办法如左：

（一）军师纠抚队，应执行督战，巡视宿营地，收容落伍士兵，维持军风纪，清查冶游赌博，或其他不法军官，及宣抚民众等工作之责；

（二）各部队应实践不拉夫（北方不拉驮子，南方不封船只）不扰民之高尚武德；

（三）设立民众密告箱，准许民众密诉部队违法事件，并举行驻地民众对部队纪律优劣批评之民意测验；

（四）举行纪律竞赛，于行军作战时实行各部队纪律交互视察，对纪律优良或违反纪律之团体与个人，应厉行奖惩。

九、防止奸军兵运及感训奸俘与自首分子。奸军惯技，重在挑拨离间，分化我军感情，运用我官兵投彼，为彼之内应，我宜竭力讲求对策。至于悔悟投诚或被查获与俘虏之奸军官兵，均应收容，施以训练，促其感化，其办法如左：

子、防止兵运：

（一）举办士兵联保，切实掌握政工服务员，并实施防奸连坐法。

（二）对新来部队之官佐及新入伍之士兵，应予严切注意，并随时举行官兵思想测验，调查其经历交游与日常生活。

（三）清查驻地户口，对营房附近小贩及嫌疑分子应随时注意，或予以取缔，官兵外出与晤见来宾及地方应酬等事，应密予调查登记。

（四）于驻地附近设立盘查哨，派遣得力政工人员及优秀士兵，随时盘查有嫌疑性之行人与商贩。

（五）检查战地邮电、旅馆、妓寮及其他公共场所。

（六）为防奸军利用放还俘获我军官兵挑拨宣传，对被俘人员应令隔离，不可使续任原职。

丑、感训奸俘与自首分子：

（一）各行辕、绥署、战区及绥靖区司令部得就事实需要，设置"青年训导总队"，下设大队、中队、区队三级，以收容感训奸俘及自首分子，所需干部由附近军官总队及地方党团人员调用之，政工人员应商承部队长负责主持。

（二）收容感训之实施，应依据（一）优待其生活，（二）感化其思想，（三）监视其行动三项原则办理，其办法另订之。

十、组织连政工小组，发挥高度战斗精神。

办法：为达成作战任务发挥高度之战斗精神起见，应于各连组织政工小组，切实执行作战命令，其组织如左：

（一）连政工小组应选择笃信三民主义之忠勇士兵十人组成之，以资深精干者一人为组长，忠实执行作战命令。

（二）连政工小组为一连之核心，作战时应积极发挥领导作用，并受连长及连指导员之指挥与监督。

（三）连政工小组的主要任务：

一、担任固守阵地任务，非有命令不得撤退，须与阵地共存亡。

二、担任敢死冲锋及其他非常任务。

三、鼓励同连同排之士兵忠勇作战，发挥受伤不退、被俘不屈之精神。

四、随时监察意志不坚、思想不稳、作战不力之士兵，并鼓励其立业图功，奋勇作战，藉以稳固军心。

（四）连政工小组之组织以不公开方式行之。

丙、推行工作之重要机构

绥靖时期之各项工作极为繁重，必赖有健全适用之工作机构，以为推行之原动力，分头齐进，共赴事功，故于前项实施办法中，曾订有地方民众自卫队、地方善后协进会、青年工作队、爱民会、军民合作站、军（师）纠抚队、政工服务员与政工小组、青年训导大队等各种工作机构。名称虽有不同，职司亦或有异，但于共趋剿灭奸军，完成统一，努力救国，实现主义之总目标，则殊无二致。兹除以上所述之机构外，尚有党政军联席会报与人民服务队之组织，尤属重要，列举如次：

一、党政军联席会报：为使绥靖区党团军政各机关及各级民意机构之密切配合，统一领导，结成摧毁奸军推进要政之总力起见，前军事委员会与行政院曾经制定收复区党政联席会报（会议）实施方案，颁令施行，近复因中央有关机关之建议，奉准修正为《加强绥靖区党政军联席会报办法》，各级政工人员应积极策动，切实督导，并担负实际责任，发挥其功效。

二、人民服务队为强化革命行动执行政治斗争之生力军，跟随剿匪部队同时推进，摧毁一切反动设施，打击奸军潜伏组织，并协导地方政府即时恢复地方政权，组训民众自卫武力，执行民生主义经济政策，处理匪区土地、粮食、财政、金融、合作等重要问题，使此次剿匪不仅能达到军事胜利之目的，更须求得政治之成功，而为实行三民主义之基础。

〔国防部档案〕

8. 国防部核定修正宪兵司令部组织系统表

（1947年6月）

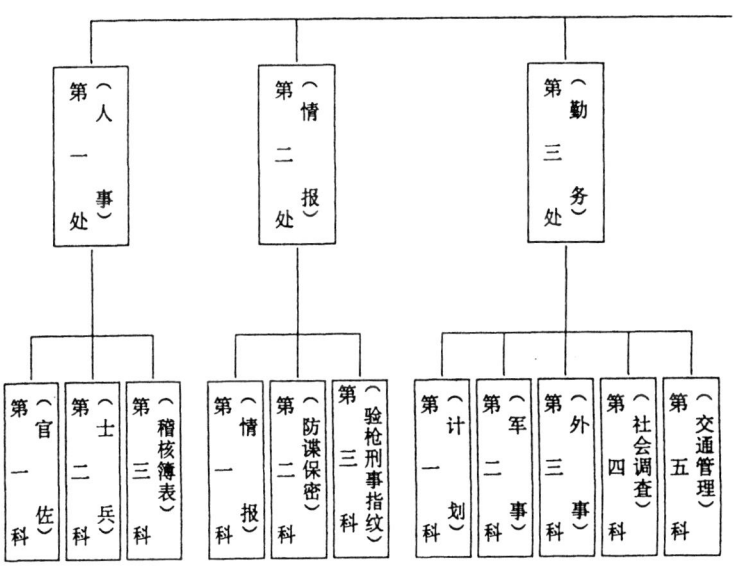

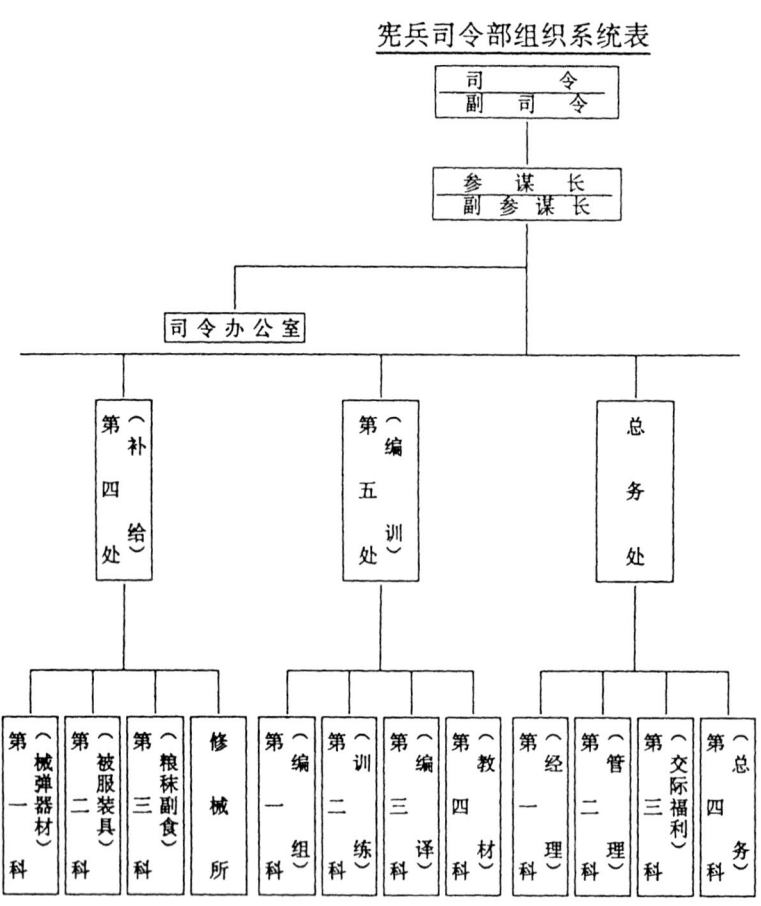

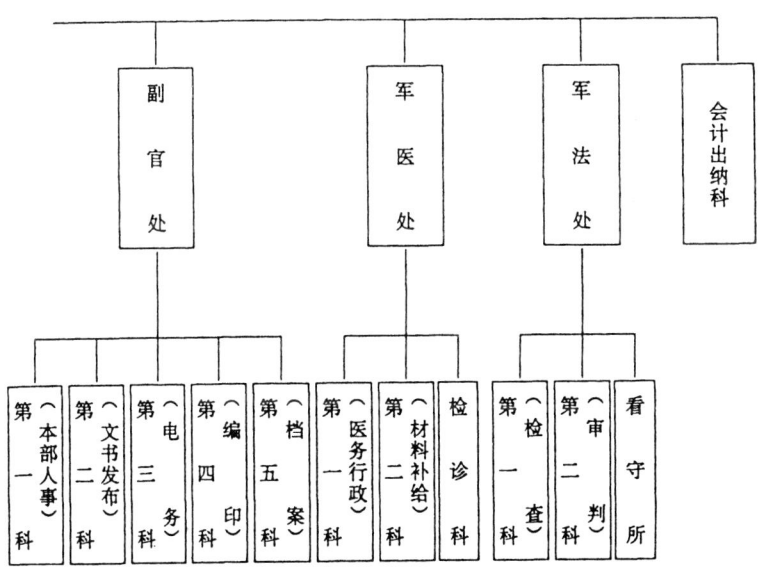

宪兵司令部编制草案

区分		司令	副司令	参谋长	副参谋长	高级参谋	督导官	司令办公									
								主任	秘书	参谋		副官		书记	司书		
官佐	职别	司令	副司令	参谋长	副参谋长	高级参谋	督导官	主任	秘书	参谋		副官		书记	司书		
	适任官位	中将	少将	少将	少将	上(少将)校	中校	上校	军简三阶	军荐一阶	中校	少校	上尉	上尉	中尉	军委一阶	军委三阶	军委四阶
	员额	一	一	一	一	四	三	一	二	一	一	一	二	二	一	一	一	一
士兵	役别	卫士			文书	传达	公役		司机									
	等级	中士	下士	下士	下士	上士	下士	上等兵	三等	四等	五等	上士						
	名额	二	一	一	一	二	二	二	一	一	四							
车辆	种类	小轿车	小轿车	1/4吉普车	1/4吉普车	脚踏车												
	数量	一	一	一	一	二												
备考																		

262

室	第一（人事）													
小计	处长	副处长	参谋（科员）	书记	司书	第一科				第二科				
						科长	参谋（科员）			科长	参谋（科员）			
官佐军属	少将	上校	少校	军委一阶	军委二阶	军委三阶	军委四阶	上校	中校	少校	上尉（军委一阶）	上校	中校	少校	上尉（军委一阶）
二六	一	一	一	一	二	三	一	二	二	三	一	一	二	四	
士兵及公役	卫士	文书	传达		公役		司机								
	下士	上士	下士	上等兵	上等兵	三等兵	四等兵	五等兵	上士						
一八	一	二	一	一	一	二	二	一							
小轿车	¼吉普车	¼吉普车	脚踏车	脚踏车											
二	二	一	二												

第一科				司书	书记	参谋(科员)	副处长	处长	小计	第三科			
科长		参谋(科员)		司书	书记	参谋(科员)	副处长	处长		科长	参谋(科员)		
上校	中校	少校(军荐二阶)	上尉(军委一阶)	军委四阶	军委三阶	军委二阶	少校	上校	少将	军佐军官属	上尉(军委一阶)	少校(军荐二阶)	中校	上校
四	三	二		一	一	一	一	一	一	二五七	二	二	一	一
情报军士	军士			司机		公役	公役	传达	文书	卫士	士兵及公役			
中下士	上士			上士	五等	四等	三等	上等兵	下士	上士	下士			
五	五			一	一	二	二	一	二	一	一 二			
脚踏车										1/4吉普车	1/4吉普车			
六										一	一 二			

264

		第　三　处					处				(报)			
	司书				书记	参谋(科员)	副处长	处长	小计	第　三　科			第　二　科	
										科长	参谋(科员)		科长	参谋(科员)
军委四阶	军委三阶	军委二阶	军委一阶	少校	上校	少将	军佐官属	上尉(军委一阶)	少校	中校	上校	上尉(军荐一阶)	少校(军荐二阶)	中校	上校
三	五	二	一	一	二	一	四三	四	二	二	一	四	三	二	一
	公役			传达	文书	卫士	士兵及公役								
五等	四等	三等	上等兵	下士	上士	下士									
三	四	三	三	一	二	一	二七								
		¾吉普车			¼吉普车		脚踏车								
		二			一		一六								

265

（勤务）

第一科					第二科					第三科						第四科		
科长	参谋				科长	参谋				科长	参谋(科员)					科长	参谋(科员)	
上校	中(上)校	中校	少校	上尉	上校	中(上)校	中校	少校	上尉	上校	中(上)校	中校	少校	上尉(军荐二阶)	上尉(军委一阶)	上校	中(上)校	中校
一	一	二	三	四	一	一	二	三	四	一	一	一	三	四		一	一	二
司机	警务军士	中下士																
上士	上士																	
三	五	五五																
	脚踏车																	
	一〇																	

科		科长			参谋（科员）		小计	处长	副处长	参谋（科员）	书记		司书	
少校（军荐二阶）	上尉（军委一阶）	上校	中校	中校	少校（军荐二阶）	上尉（军委一阶）	军佐军官属	少将（军需监）	上校（一等军需正）	少校（三等军需正）	军委一阶	军委二阶	军委三阶	军委四阶
三	四	一	一	二	三	三	五一七一	一	一	一	一	一	三	二
							士兵及公役	卫士 下士	文书 上士	军需 上士	传达 下士	上等兵	公役 三等	四等
							三五	一	二	二	一	三	二	三
							1 3/4 吉普车	1 1/4 吉普车		脚踏车				
							一二〇	一		二				

第四处（补给）															小计	第[ ]处	
第一科					第二科					第三科						处长	副处长
科长	参谋(科员)				科长					科长			科员				
上校	中(上)校	中校	少校	上尉	一等军需正	二等军需正	三等军需正	一等军需佐	军委一阶	一等军需正	二等军需正	三等军需正	一等军需佐	军委一阶	军佐官属	少将	上校
一	一	三	五	六	一	一	三	三	三	一	一	四	二	三	二九	一	一
五等	司机														士兵及公役	卫士	文书
	上士															下士	上士
二	一														一七	一	二
															1/4脚踏车	1/4吉普车	
															一二	一	

五 （编 训）

职别	阶级	员额
参谋	少校	一
书记	军委一阶	一
司书	军委二阶	一
	军委三阶	四
	军委四阶	二
第一科 科长	上校	一
第一科 参谋	中（上）校	一
第一科 参谋	中校	一
第一科 参谋	少校	二
第一科 参谋	上尉	一
第二科 科长	上校	一
第二科 参谋	中（上）校	一
第二科 参谋	中校	一
第二科 参谋	少校	二
第二科 参谋	上尉	二
第三科 科长	上校	一
第三科 参谋	中（上）校（简三阶）	二
第三科 科员	中（军荐一阶）校	四
第三科 科员	少校（军荐二阶）	六

勤务	阶级	员额
传达	下士	一
公役	上等兵	三
	三等兵	二
司机	四等兵	二
	五等兵	二
	上士	一

装备	数量
脚踏车	二

部门	职务	军阶	员额	士兵职务	士兵阶级	员额	车辆	数量	备注
第一科	科员	（一）等军佐	二	上等兵	上等兵	二			
	科员	（二）等军需正	二	下士	下士	一			
	科员	（二）等军需正	一	一等兵	一等兵	一四			
	科长	（二）中校	一	司号	上等兵	一三			
	科长	（一）中校（上）	一						
总处	司书	军委四阶	二	炊事	下士	二			
	书记	军委三阶	三		五等	一			
		军委二阶	一		四等	二	脚踏车	二	
	科员	军委一阶	一	公役	三等	四	卡车	三	
	副处长	上尉	一	传达	下士	一	1/4吉普车	二	全部公用
处	处长	上校	一	文书	上士	二	1/4吉普车	一	
	小计	军佐官属	三四八	士兵及公役		一四	1/4吉普车	一	
第四科		上尉	二						
		少校	一						
	参谋	中校	一						
	科长	上校	一						

	务			处									小计
	第二科			第三科									
	科长	科员		科长				科长	科员			技士	
	中(上)校	中校	少校	上尉	中(上)校	中校	少校	上尉	中(上)校(军荐一简三阶)	中(军荐一阶)校	少(军荐二阶)校	上(军委二阶)尉	(军荐一阶)技士	军官 军佐 军属
	一	一	二	二	一	一	二	二	一	一	一	二	一	二六八
	司机	司机助手												士兵及公役
	上士	上等兵												
	九	四												五七
														1/4吉普车 交通车 卡车 脚踏车
														二 四 三 二

271

	副					官							
处长	副处长	参谋（科员）	书记	司书	第一科				第二科				第三科
					科长	参谋（科员）			科长	科员			科长
少将	上校	少校	军委二阶	军委四阶	中（上）校	中校	少校	上尉	中（军荐一简三阶）（上）校	中（军荐一）校	少（军荐二）校	上（军委一阶）尉	军荐一（简三阶）
一	一	一	一	三	二	一	一	一	一	一	二	二	一
卫士	文书	传达			公役				司机				
下士	上士	上士	中士	下士	上等兵	三等	四等	五等	上士				
一	二	一	一	三	一〇	一	二	二	一				
1/4吉普车	脚踏车												
一	八												

处									军处						
第三科			第四科		第四科	第五科	第五科	小计	处长	副处长	科员	书记	司书	第科长	
电务员技术员			科长	科员		科长	科员								
军荐一阶	军委二阶	军荐一阶	军荐一(简三)阶	军荐一阶	军委一阶	军荐一(简三)阶	军荐一阶	军委一阶	军佐官属	军医监	一等军医正	军委一阶	军委一阶	军委三阶	二等军医正
一	二	三	一	一	一	一	一	一	二三	一	一	一	一	一	一
									士兵及公役	卫士	文书	传达	公役		司机
										下士	上士	上等兵	三等	四等	上士
									二四	一	二		一	一	一
									¼吉普车	¼吉普车			脚踏车		
									一八	一			一		

医处						军法处					第一科（检察）			第二科（资料）	
一科	第二科				小计										
科员		科员	科长	科员		处长	副处长	军法官	书记	司书	科长	军法官	书记官	科长	军法官
二等军医正	三等军医佐	一等军医佐	二(一)等司药(军医)正	三等司药(军医)正	军佐属	军简二阶	军简三阶	军委一阶	军委三四阶	军委三四阶	军荐一(简三)阶	军荐一阶	军荐二阶	军荐一(简三)阶	军荐一阶	军荐二阶
一	一	一	一	一	一三	一	一	一	一	一	一	二	二	一	二	二

士兵及公役：

职称	卫士	文书	传达	公役	公役	庭丁	司机
阶级	下士	上士	上等兵	三等	四等	上士	上等兵
员额	一	二	一	一	二	一	

车辆：
- 小计：¼吉普车，¼脚踏车 一一
- 处长：¼吉普车，¼脚踏车 一
- 副处长：脚踏车 一

274

处		会计出纳科						合计		附记
科	小计	科长				司书	小计			一、凡军官军文两用者，列入军官数额内。二、修械所、检诊所、看守所，均未列入。
书记官		军需	军需	军需	军需					
军委二阶	军佐属	一等军需正	二等军需正	三等军需正	一等军需正	三等军需佐	军委四阶	军佐属	军官 军佐属	
二	二〇	一	二	五	七	六	一	一三	二三八（共三八〇） 一五二	
	士兵及公役	文书 上士	传达 上等兵	公役 三等	公役 四等	公役 五等		士兵及公役	士兵及公役	
一	一一	一	二	一	一	一		六	二三八	
	T/4吉普车								脚踏车 1/4吉普车 3/4吉普车 卡车 交通车 小轿车	
	一								六 四 三 二 二 一	

〔联合勤务总司令部档案〕

9. 全国陆军一览表[①]

(1947年7月5日)

1. 陆军整编军番号一览表

区别	番号	备考
整编军	整编第一军	
	整编第十九军	
	整编第二二军	
	整编第二四军	
	整编第二六军	
	整编第二七军	
	整编第二八军	
	整编第二九军	

2. 陆军整编师番号一览表

区别	番号	备考
整编师	整编第一师	
	整编第三师	
	整编第四师	
	整编第九师	
	整编第十师	
	整编第十一师	
	整编第十五师	
	整编第十七师	
	整编第十八师	

[①] 选自1947年7月5日国防部（卅六）列伐字第0741号代电。

整编第二十师		
整编第二一师		
整编第二三师		
整编第二四师		
整编第二五师		
整编第二六师		
整编第二七师		
整编第二八师		
整编第三十师		
整编第三二师		
整编第三六师		
整编第三八师		
整编第三九师		
整编第四十师		
整编第四一师		
整编第四二师	四十二军改称。	
整编第四四师		
整编第四六师		
整编第四七师		
整编第四八师		
整编第四九师		
整编第五一师		
整编第五二师		
整编第五五师		
整编第五六师	该师师部撤销，原辖164B直隶陕甘鄂边绥署。	163B 217B
整编第五七师		

整编第五八师	
整编第五九师	
整编第六二师	
整编第六三师	
整编第六四师	
整编第六五师	
整编第六六师	
整编第六八师	
整编第六九师	
整编第七十师	
整编第七二师	
整编第七三师	七十三军改称。
整编第七四师	
整编第七五师	
整编第七六师	
整编第七七师	
整编第七八师	新二军改称。
整编第七九师	
整编第八一师	
整编第八二师	
整编第八三师	
整编第八四师	保安第二纵队改称。
整编第八五师	
整编第八六师	
整编第八八师	
整编第九〇师	

青年军第二〇二师 ⎫
青年军第二〇三师 ⎪
青年军第二〇五师 ⎬ 预备干部局
青年军第二〇六师 ⎪
青年军第二〇八师 ⎭

3. 陆军未整编军番号一览表

区　别　　番　号　　　备　　考
未整编军　第三军
　　　　　第五军
　　　　　第七军
　　　　　第八军
　　　　　第十二军
　　　　　第十三军
　　　　　第十六军
　　　　　第十九军
　　　　　第二十二军
　　　　　第三三军
　　　　　第三四军
　　　　　第三五军
　　　　　第四三军
　　　　　第五二军
　　　　　第五三军
　　　　　第五四军
　　　　　第六十军
　　　　　第六一军
　　　　　第七一军
　　　　　第九二军

第九三军
第九四军
第九六军
新一军
新六军
暂三军

4．陆军骑兵部队番号一览表

区　　别	番　号	备　　考
骑兵部队	骑五军	辖暂骑一师、骑五师。
	新骑四师	
	骑一旅	
	骑二旅	
	骑三旅	
	骑四旅	
	骑五旅	
	骑六旅	
	骑七旅	
	骑八旅	
	骑九旅	
	骑十旅	
	骑十一旅	
	骑十二旅	
	暂编骑一旅	
	骑一团	
	骑五团	

5．陆军独立炮兵装甲兵部队

区 别	番 号	备 考
独立炮兵团	炮兵第四团	
	炮兵第七团	
	炮兵第八团	
	炮兵第九团	
	炮兵第十团	
	炮兵第十一团	
	炮兵第十二团	
	炮兵第十三团	
	炮兵第十六团	
	炮兵第五一团	
	重迫击炮第一团	
	独立山炮营	
	独立榴弹炮营	
	陆军重迫击炮第十一团	
	陆军重迫击炮第十三团	
	陆军重迫击炮第十四团	
	陆军重迫击炮第十五团	
	高射炮兵团第一二兵团	
	装甲兵汽车兵团	

6. 陆军各兵科学校一览表

区 别	番 号	备 考
各兵科学校	步兵学校	
	骑兵学校	
	炮兵学校	
	陆军装甲兵学校	

〔国民政府国防部史政局及战史会档案〕

10. 全国军事机构现有编制人数表

（1947年11月15日）

（表一）全国军事机构现有编制人数表

区　分	编制人数	备　考
总　计	四，六四九，四一一	
中央军事机构	一二三，一〇三	
卫戍警备机构	二〇，五一三	
兵役机构	一〇九，七三一	
陆　军	三，四八八，一六七	
空　军	一六三，〇〇〇	
海　军	三四，九一八	
联　勤	五七〇，三三四	
第二线兵团	一三九，六四六	原为三〇五，〇〇〇人，拨入陆军一六五，三五四人，改为上数。
附记：一、东北新成立之十一个师，因由原有行政经费开支之保安团队编拨，现仍由行政经费开支。 　　　二、各地应征新兵一百万人，需粮在国军缺额余粮补给，均未列入。		

（表二）全国军事机构编制以外奉准补给单位人数表

区　　　分	现有人数	备　　注
总　　计	五一四，八五四	
交警部队	五〇，一一九	东北第二交警总局人数不在内。
参战保安团队	四一，八六七	
各地荣誉军人	六三，一七四	
各地伤患官兵	九〇，一八三	
转业官佐	三二，四六二	
青年中学及职业训练班	二二，〇〇〇	
俘虏与投诚	七四，五四〇	已拨补部队人数不在内。
各军需工厂工人	八〇，五五〇	
各监狱囚犯	六，九四七	
兵站征雇民夫口粮	五〇，〇〇〇	
其　　他	三，〇一二	
附　　记		

〔国民政府档案〕

11. 国防部编拟之军机保密办法

(1947年12月20日)①

军机保密办法

第一章 总则

第一节 军事情报与保密区分

第一条 国防部所统治一切秘密公开之情报与消息，及其职权内所应搜集与国防有关之情报或消息，谓之军事情报。

第二条 军事情报对于敌国或假想敌国，每因其价值与情况而异，应加研判，分别其保密程度、区分等级，以期制式划一，便于处理而达保密之目的。

第二节 名词解释

第三条 战场——敌军有组织抵抗之作战地区谓之战场。

第四条 军事管区——敌军于有组织抵抗已停止之作战区域，尚未恢复至平时状态，谓之军事管区。

第五条 航空器材——凡飞行上所用之一切器材。

第六条 专用通讯网——经国防部之规定传送机密命令、情报消息之电讯网。

第七条 密码代字符号用品——凡制造编订使用密码机密码本（表）暗号符号电码代字一切应用物品。

第八条 文件——任何文件之书面记录，其内容包括一切印刷、抄写、复写、打字、影印、图解表格、地图、航空照相、照片照像、底板纪录、工程诸元、设计研究及有关来往文件计划均属之。

第九条 工程诸元——凡有关工程之绘图蓝图、影印照相、数

---

① 系行政院收文日期。

学计算公式程序及其他类似之件，均谓之工程诸元。

第十条　外国政府——凡与中国维持和平之正常外交关系之他国政府（包括已承认或未承认者），以及各国之革命党所组之政府。

第十一条　辎重——按照部队编制应携行之有关装备、器材、补给等物品属之。

第十二条　器材——任何物品、物资、供应品、成品、半成品、模型样品等一切军用装备或附件均属之。

第十三条　军火——任何有关作战兵器及其附件均属之。

第十四条　战斗序列——战时或事变之际由最高统帅以命令确定作战军之编组及其统率关系（即统御、经理、卫生等之系统）。

第十五条　技术情报——应包括兵器与装备之情报，凡各项器材之制造、保管及其性能、操作与任何关于技术上说明事项均属之。

第十六条　部队运动——凡部队建制单位之调动谓之部队运动。

第十七条　单位——按照编制规定配属所要辎重人员器材人员器材之编组，不论永久与暂时者谓之一单位，可以密码及代字表示之。

第十八条　中国——包括中国主权、领土、领海、领空及人民。

第十九条　来宾——凡非中国国民或中国国民而非机关之职员进入政府机关或国防部控制之民营厂所者均称之谓来宾。

第三节　机密等级之区分

第二十条　机密文件必须按照其机密程度区分等级加以标记，并区分为如左之四种：

甲、绝对机密。

乙、极机密。

丙、机密。

丁、密。

第二十一条　凡某种文件情报或器材未经法定或国防部部长、参谋总长之许可而泄露，足以招致国防上最严重之损害者，应区分为"绝对机密"类，一般应列入此类事项如左：

一、有关作战计划方案及作战进行期中之各种特殊要素。

二、军队之部署。

三、有关政治、外交之重要协定及文件，如攻守同盟等事项。

四、有关情报、谍报、反间等使用之方法及成果，或有碍秘密机关进行业务之情报。

五、有关某种科学之发明或特殊技术，及在未来作战应使用该项技术部队之番号及其驻地。

六、有关新式或重要兵器之研判情报，包括科学与技术发展事项。

七、有关密码之编撰或分析之技术及有关之重要事项。

第二十二条　凡某种文件情报或器材未经法定或高级主官之许可而泄露，有危及国家安全或有损国家之威严与利益予他国有利者，应区分为"极机密"类，一般应列入此类事项如左：

一、有关战争进行中之各种作战指导与特殊要素。

二、有关重要新式兵器应用及训令规定之事项。

三、有关兵器改良尚未至部队采用时之一切说明图解事项。

四、有关新型器材之情报事项。

五、有关作战准备各种基数及其情报事项。

六、有关敌国或假想敌国之兵器器材、兵力部署、要塞、港湾、场站等情报，其价值与我利害相关者。

七、有关作战报告包含敌国重要利益之情报。

八、有关重要国防设施之军事情报。

九、有关影响士气不利我军之报告。

十、有关密码、机械、器材、资料事项。

十一、有关重要之军用地图或航空照明与军事设施及航空海路线等图表。

十二、有关战场国军兵力部署、部队番号编制及装备等。

十三、有关极机密事件之照相底片、影片、表解、模型等项。

第二十三条 凡某种文件情报或器材未经法定或主管长官之许可而泄露，虽不至危害国家安全，但有损本国之利益或某个人尊严或对他国有利者，应区分为"机密"类，一般应列入此类事项如左：

一、有关个人与军风、军纪之文件事实在行政上认为有保密必要者。

二、普通之作战要报、详报其内容包含对敌有价值之情报者。

三、普通之情报、通报、报告。

四、有关无线电讯呼号周率之规定或变更者。

五、有关军事地区之气象报告或情报。

六、有关战场邻接地区之国军兵力、番号、编制、装备及有关之情报。

七、有关重要新式兵器之技术文件与保养、校正及教范等项。

八、有关作战经验与教训对他国有保密之价值者。

九、有关陆海空军联合作战之典令。

十、有关简易密码及代字者。

十一、有关军事技术之研究、制造之情报。

十二、根据国防之需要由民营工厂所制造，预期在战时可用之工业器材及设计事项。

十三、有关战争准备各种基数之情报。

十四、有关机密事件之文件、照相底片、影片、表解、模型等。

第二十四条　凡某种文件情报或器材非因业务上之必需不应公开出示于他人者,应区分为"密"类,一般列入此类之事项如左:
一、有关一般之技术训练文件而不便公开发表者。
二、有关动员计划与教令、典令之一部或全部。
三、新式器材之设计、制造、使用之有关文件。
四、各种物资之处理准备及计划。
五、各种工程原理详情之叙述纪录。
六、有关航空战、补给区、兵工厂各种工事要图等。
七、各无线电通讯机关呼号波长之配赋。

第四节　各级密件之区分及处理

第二十五条　各级密件即"绝对机密"、"极机密"、"机密"、"密",应按其秘密之程度与重要性,规定区处之权责。

第二十六条　"绝对机密"、"极机密"、"机密"、"密"事项者,由下列人员负责区处之:
一、国防部长、次长。
二、参谋总长、次长。
三、陆军总司令、副总司令。
四、海军总司令、副总司令。
五、空军总司令、副总司令。
六、联合勤务总司令、副总司令。
七、国防部各厅、局、司、署长及相当之将官。
八、陆军大学及专科学校校长、教育长。
九、战时各战区司令长官、平时各卫戌、警备、要塞、守备司令官、各军区司令官。
十、军事代表团长。
十一、驻外陆海空军武官或军事考察专员。

第二十七条　凡属"机密"、"密",由下列人员负责区处之:
一、各级将官及其同级军用文职人员。

二、各级校官及其同级军用文职人员。

三、各级尉官及其同级军用文职人员。

第二十八条　其他行政机关所送密件等级之区分，自其他政府机关或友邦政府所取得之密件，应按照各该原始机关所区分之等级应用之。

第二十九条　无论何人不得利用其阶级或地位之关系取得或保有密件之权，仅能按照其职责有关或富有专门智能者，方可信托交付之。

第三十条　凡文件或器材应按本办法所规定之机密等级区分之，不得越级区分，以免造成保管者之轻视心理。

第三十一条　国防部所有官佐及其所属各级官佐、军用文职人员，及从事国防部规定作业之公司、厂商之经理、职员、技术人员，均有保密责任。

第五节　密件之变换、注销及遗失之处置

第三十二条　凡注销之件，应由国防部训令各有关单位及人员，遵照其应焚毁者，在训令未明白指示前，可在文件第一页右上方加盖注销戳记，留备参考。

第三十三条　凡应变换区分之件，由国防部训令各有关单位及人员遵办，各单位或人员奉令后，应在文件第一页右上端加盖"奉令变换区分"戳记，并将负责变换之军官级职、姓名及日期连同注明。

第三十四条　凡通报报告事先用密码译成者，不必更换其区分。

第三十五条　凡区分件仅因适应友邦国家条件而行之者，须先获得该国同意或外交部核准，方可变换区分或注销。

第三十六条　凡发现文件、器材、密码等有遗失情事，负责保管之人员应即报告其直属长官转报主管部门长官，设法严密检查遗失原因，确定其责任后，立谋补救与调整办法，并将全案经

过加注意见报告国防部、参谋总长鉴核。

第六节　各级密件之保密

第三十七条　凡负责办理印刷、复制、储藏、发送密件之机关，应将本法与其有关之条款令知其所属，对印刷、复制原稿铅字模型、印机底板废纸负责保密。

第三十八条　各军事学校校长、教育长，应负责将在其职责范围以内之印刷、复制等加以保密，未经认可人员，不得使其办理是项业务。

第三十九条　陆、海、空、联勤总司令应负责监督其所属军事杂志或定期刊物之发行，所有资料应严格审查，并遵照本办法之规定办理。

第四十条　凡受命之军事发言人应注意所准备公布之消息，如对敌之通讯情报机关有参考价值者，绝不可随意发表，应慎重变换语气发布。

第四十一条　凡来往文件、图表、印刷品、照相模型载有"绝对机密"、"极机密"、"机密"、"密"等性质详情及有关取得之方法、内容、性能、用法者，均应予以区分，以资保密。

第四十二条　凡讨论军事、政治、外交、兵器之论文，与密件有关者，应予禁载及删除。

第七节　军事情报之请求及分送

第四十三条　凡中央各院部、各省县级机关及个人或公司工厂及团体请求之区分军事情报，除以下列二条（第四十四、四十五条）所指者外，须绝对遵守国防部第二厅之规定办理。

第四十四条　与外国交换已区分或未区分之军事情报（技术情报除外），必须经由国防部第二厅办理之，各单位或个人绝对不得与外国直接交换情报。

第四十五条　凡业务与外国连系之各单位，欲与该各外国交换已区分或未区分之技术情报时，事前应征得国防部第二厅之同意，并须遵守现任该项主管长官或陆、海、空、联勤总司令之训令办理之。

第四十六条　受国防部之委托进行调制、编纂、记录等之必要资料，呈报国防部次长核准。

第四十七条　凡区分之军事情报以分送有关单位及人员为原则，并在区分件上注明"此件有关国防机密严禁传示他人"或"阅后焚毁"等字样，并另注"如传示非法人员即犯军械防护法第×条之规定"。

第四十八条　有关军事情报论文及图书之发表，须经国防部核准，并严禁中国军人或军事机关文职人员发表含有区分性之军事情报论文、广播及图书。

第四十九条　凡对区分之军事情报作口头讨论时，须通知无关人员回避。

第五十条　凡驻外武官受命有发布或承认驻军之权，但对部队详细驻地、兵力与军事上必要之披露，以予敌不能获得实际参考价值者为标准。

第八节　有关国防部之立法及质询

第五十一条　凡有关国防部之立法案件，必须列为保密件，在未正式公布以前，任何立法案件不得对国防部以外之团体或个人泄露。

法律另有规定确属必须者，不在此限。

第五十二条　国民大会或行政、立法两院有涉及国防部有关预算之报告内容与性质者，不得对国防部以外之机关或人员泄露。

第五十三条　军职人员出席国民大会或行政、立法两院会议作质询答辩时，倘其内容属于"机密"、"密"件者，则须申请在不公开会议程序中报告不得公布。

第五十四条　前条质询或答辩之内容属于"绝对机密"、"极机密"件者，未经国防部部长及参谋总长之许可，出席者应申述未奉命令不克报告之理由，并通知有关代表或委员对所质询要点提出书面要求，转报国防部部长或参谋总长核示。凡对"绝对机密"、"极机密"之答办，虽经核准，仅能在不公开会议程序上提出报告，不得公布。

第五十五条　凡不属保密情报范围内之一切政策计划，及事实或公共利益之处理，不受本法限制。

第二章　文书保密法

第一节　重要文件之标示

第五十六条　重要文件之标示方法，概照左规定办理：

一、各种重要公文、刊物、书籍凡装订成册者，在封面题名页之右上角加盖保密区分等级戳记。

二、各种重要活页文件及资料之表示，应于每页之右上角加盖保密区分等级戳记，但盖章地位以不妨碍装订为准。

三、属于"绝对机密"之绘图蓝图，应于注记栏内将区分列入，以便复晒加印，照相底片亦准此办理，连续成卷之空中照相，应于卷片卷头注记保密区分，电影或录音器亦在装盒上注明保密区分语句。

四、各种秘密器材制造合同及说明，应于第一页之右上角加盖保密区分戳记。

五、各种地图及照相图表，应于比例尺下加盖保密区分戳记。

六、文件标题以简明扼要为准，切戒冗长不清。

七、标题下右角编列号码，以便登记查考，其不须登记件，不列号码。

八、"绝对机密"及"极机密"件，应在封面里页注明主管机关官员级职、姓名及启用日期。

九、如有新件代替旧件时，应在新件上记旧件处理方法，无多余页数可另加一页。

第五十七条　关于有保密性之军事情报，奉准颁给陆海空军及后勤与雇用人员时，应加注记。其注记内容包括"此件有关国防军事秘密，如非法泄露，应受军机防护法第×条及惩处间谍条例第×条之处分"等字样。

第二节　密件之登记及传达

第五十八条　专设密件登记室或指定专人登记所有密件，并负责定期汇报清查移转报毁等项事务。

第五十九条　凡"绝对机密"、"极机密"文件以电讯传达时，应使用特制之密码与加码等复译方法，必要时并规定由主管或派专人亲译。

"机密"与"密"之传达亦应使用特制之密码拍发，战时国防部得配置专用通讯网担任传达。

第六十条　"绝对机密"件之传达不用电讯时，可以左列方法办理：

一、"绝对机密"件以直接传达为原则。

二、传达前应由原承办军官或主管亲自登记，利用特制之封套以火漆密封，并注明区分保密之等级，粘附收件回单。

三、在本部各机构内可由原承办人自行传达，或派遣指定之传达军官任之。

四、不在同一地区之传达得指派传达军官军士、飞行军官军士，或特派之外交人员及政府高级官员任之。

五、各受领机关应指定专人收受"绝对机密"件，收到后逐一登记启封呈阅，或由主管长官亲自任之，并应将到刻注明，不得泄露件内秘密。

第六十一条　"极机密"件之传达，除准以前条规定之各节办理外，并可利用左列传达方法：

一、特级邮袋。

二、军邮局（指受有保密训练者）。

三、可靠之本国官员（包含军官及政府人员）。

第六十二条 "机密"件及"密"件传达，除遵照以上各条所示办理外，并可利用左列传达方法：
一、本国行政管辖军事管理地区邮局。
二、民营有保密设备而经政府认可之航空机或快车。
三、对于邮寄等机要文件应规定采用机密封套，并用细薄纸印制密封印花密封后，外加普通信封邮递时，以快挂方式寄递，以保机密。

第三节 密件之受领及保管

第六十三条 密件由收件人或指定之受领军官收到启封时，须详细检查密封标示之戳记及火漆有无损坏，如发现有可疑点，应立即通报原发单位，着手调查。

第六十四条 密件由收件人或指定之受领军官启封后，在收件回单上注明收到日期时刻签名盖章，退回传达军官兵，封套如无留存必要时，应立即焚毁。

第六十五条 凡密件应存于安全处所，视其重要性及其保密程度存放于保险箱或特制之卷宗内，加具密锁保管，室内仅准保管及主管人员出入，必要时须派武装兵看守。

第六十六条 密件保管室主管及保管人员每日须详细检查密件有无按照保管办法办理及有无移动痕迹。

第六十七条 战场上如非必要时，不得携带"绝对机密"及"极机密"件，如携带时，不得存置团以下指挥部内，并须严密保管与控制。

第六十八条 战场最高指挥官应以命令规定，如敌人占领时，密件不能携带之各种毁灭方法，或将文件登于机密日记本上，日记本可至最后焚毁。

第六十九条 在舰艇上应将密件存放于特制之密件保管室中，该室应有紧急毁灭之设备。

第七十条 负责保管密件之人员在调遣或离职时，应将密件逐一清点缴交主管长官或移交指定人员接收,并签名盖章造册呈报。

第四节　密件之安全及毁灭

第七十一条　密件之传达人员如遇敌袭或危险时,密件毁灭方法应预为规定,以免临时无法处理。

第七十二条　传达密件之飞机如在敌区或中立国被迫降落,预料即将被捕时,应尽一切手段将文件毁灭。

第七十三条　各种密件之毁灭方法以命令规定。

第七十四条　各种密件奉准注销而行毁灭时,应由保管人员会同上级机关指定之第三官员监督,逐件检查摘由注记毁灭,并会同签报上级机关备案。

第七十五条　初稿复写底、油印纸版、缩写稿底及一切密件工作稿底,应于使用后由承办人亲自监督立即毁灭,如有保密必要者,按照密件之保管及安全办法处理之。

第七十六条　性质不重要密件之毁灭使其失去作用即可。

第三章　密码保密法

第一节　军用密码之核准及限制

第七十七条　凡军用之密码机械密码本、密码表、暗号代字之颁发使用,均应报由国防部参谋总长核准施行。

第七十八条　任何私人电报禁止使用军用密码及军用电讯设施。

第七十九条　电文冗长之电报,可使用密码密译分段拍发。

第八十条　与国防部订有契约合同之军用品制造之民营工厂,来往电报可使用密码,须由国防部直属机关译转,若无此项机关存在时,可使用特约码本。

第二节　密码之使用

第八十一条　各种密电拍发及区分保密程度之规定,按照第二章第五十九条办理之。

第八十二条　选定密码译发电报按照如左之规定实施：

一、规定或约定使用之密码。

二、以一种电文译发多数受电机关者可使用统一之密码，否则分类使用专有之密码，以求译发之便利。

三、各级主管及电务技术人员在通讯时，应注意随时变换使用同一系统之密码。

第八十三条　未经国防部或前军委会甄审合格颁给军用电务技术人员或军用译电人员登记证者，不得使用军用密码。

第八十四条　军事译电人员应以国防部或前军委会认可之译电学校（或训练班）受训毕业人员为限。

第三节　密码之安全处置

第八十五条　各级军事部队、学校首长及电务室主官，负责维护密码安全之责任，如有在国防部命令规定以外之意见，由电务室主官向司令官建议，以作妥慎之处理或报国防部请示。

第八十六条　电务室主官或电务技术员如发觉密电分类错误或违反规定等级时，可要求原发报人更正，而原发报人仍不同意时，则提请司令官决定。

第八十七条　为预防密码之外泄，所有有关密码之资料，各种明密码本表及电报，视其保密之程度，分别锁放于不同之保险箱、保密箱内，并逐日检查有无移动之痕迹。

第八十八条　电报机密区分务应仔细确定，以便选用相当之密码译发。

第八十九条　使用密电应区分缓急加具速度标识，以定译发顺序，其语句务必明确扼要。

第九十条　如有余裕之时间，密译之电稿在发送之前，先行检查校对，以免错误或遗漏。

第九十一条　收发电人姓名如有机密必要时，得隐匿于密码内，不使列入报头或报尾。

第四节 绝对机密及极机密电之收发保密

第九十二条 "绝对机密"及"极机密"电之发出，国防部应由参谋总长，各级司令部应由司令官决定之，其经过之密译及拍发之次序如左：

一、主办军官应统筹策划所须电报之份数，列表连同原稿送译电室，并要求译成后密退主办军官，分别送各电台拍发。但译电室应留复稿一份，以备查考，原稿退存主办军官，如无保留必要立即焚毁。

二、必要时主办军官应将原稿件亲交译电人员，并监视其密译完毕，分发后将原稿抽回密存或焚毁。

第九十三条 发机密性电报，如收报单位确已收到，则应将电纸检送一份致原承办军官，其余全部焚毁，不留痕迹。

第九十四条 发报电台将密电发出后，应留电底一份密存卷宗，听候指示作必要之处理。

第九十五条 收报电台如收到拍来之密电后，即将原稿送密译室，另留复写一份，听候指示处置。

第九十六条 "绝对机密"、"极机密"电内容之处理，国防部由参谋总长，各级司令部由司令官决定。

第九十七条 来电之译送由电务技术员将密电译出后，在明文稿右角上加盖"绝对机密"、"极机密"戳记，立即密呈最高主官，并将底稿密存以备查询，所有译电时在工作中所用之一切纸张应即焚毁，绝对不准留明文之复写件，足资研译。纸上之特别暗号，密钥字下加线等，尤当严禁。

第九十八条 作战部队如有必须电密内容之训令时，得节录或复写明文通报有关单位，惟应编号分发，并注明"阅后立即焚毁"或"阅后缴还"字样。

第五节 电报内容之撰拟

第九十九条 电文内必须避免重复语句或冗长之成语及亚拉

伯数字，故作战命令、教材或文件之内容要求标准化。

第一百条　无用之词句应力求减少，或编成语汇，以少数字代替多数字。

第一〇一条　电文内之联接词、前置词、标点符号应删除，或尽少使用。

第一〇二条　预期公布之文件或作新闻稿件发布者，使用明码可不加限制。

第四章　通讯保密法
第一节　无线电讯之保密

第一〇三条　军用作战及情报通讯网之设置，国防部由参谋总长，各级司令部由司令官决定之。

第一〇四条　电讯工作人员应讲求工作技术之熟练，并了解保密之重要性、各种法令训令之规定事项。

第一〇五条　电讯之保密，除密码应时变化外，特须注意通讯之变化与灵活运用。

第一〇六条　电讯变化，应随时单独或统一将互相约定之呼号、波长、音调、电台会晤时间及电报格式施行变化，使敌之侦察机关无法侦获。

第一〇七条　在重大战后之各期中布置伪装通讯网，并采用简单密码拍发反间电报，以淆乱敌之侦测与判断。

第一〇八条　电讯发报机如设在各级司令部内，则敌可以测向方法侦得我军位置，集中火力攻击堪虞，故与各级司令部隔离为宜，并须设置预备通讯所，以备不时之需。

第一〇九条　传递电报之数量，骤然有增，易使侦测者判断我军方向及企图，故于电报数量增多时宜将所有电报改用其他通讯方法传达。报务清闲时，伪造电报补足，务使传达之数量保持常态，必要时，可采取全部静止或半静止以欺敌。

第一一〇条　电报机上以明语谈话，予解释及窃听者以良好资料，应绝对禁止。

第一一一条 发电之先应检查报头尾有否密译,如不密译,应由拍发之电台补行密译。

第一一二条 凡涉及军事、政治、外交之广播演词，常予敌或假想敌国以宝贵研究之资料；应参照本办法第一章第七节第四十八条之规定办理之。

第二节 有线电讯之保密

第一一三条 有线电报除用载后倒音线路外，使用密码为保密主要手段。

第一一四条 有线电话严禁用以讨论机密事件。

第一一五条 有线电话在短途或在行政范围内者，可用以说明紧急事件，惟须应用隐语或密码传达，并时常变化，藉资保密。

第一一六条 严禁用电话传达区分保密事件，以免中途为人窃听。

第三节 书信之保密及密写

第一一七条 私人书信、函件严禁讨论或涉及国防与军事情报，及有关其他机密事件。

第一一八条 化学通讯应讲求技术书写，勿显痕迹。

第一一九条 军用化学通讯密写药水，应具有热熨、水漂、碘蒸气、紫光灯检查后，不能发现之条件。

第五章 器材保密法
第一节 器材之保密及技术情报

第一二〇条 对国防上所需重要器材、物品及其研究计划说明、试验附件，均应由资源生产、购买、保管之主管机关，按照本办法第一章第三、四两节各条所规定区分器材保密之等级区分之。

第一二一条 凡从事有关国防上所需器材、物品之计划研究、试验制造、收集保管之主管及有关人员，均有保密责任。

第一二二条 凡应增强秘密性之器材、物品，如已发出使用，主管部门应负责通报各有关机关，依照新规定区分保密等级加以标记，并按新等级遂行保密。

第一二三条 密件保密标记，应由原始机关加以标示，注明保密警句；如已发出而未标示者，可用书面通报领用机关标示等级。

第一二四条 如情况紧要至万不得已时，保管及使用器材、物品应进行毁灭与破坏，但应取具第三官员之证明，毁灭及破坏之方法在分发训令中应即注明。

第一二五条 凡关于技术情报包括设计、研究、发展等秘密消息之分发，只限于本国政府内有关之官员，及本办法第一章第七节第四十五条之规定办理。

第二节 器材物品之投标及契约

第一二六条 凡将有关"绝对机密"、"极机密"、"机密"及"密"性之工程图样、营造书或其他类似情报之军用器材、物品，交付投标及定订契约人，须书面签订绝对保守秘密之合同，由工厂或公司负责人签名盖章。其应遵守之事项如左：

一、签约人不得对任何人供给或泄露有关之图案、营造书、附件、模型材料，不论其口头书面或其他工程中使用此项类似之图案等。

二、签约人绝对不得将有关资料使外国人知悉，即各该公司工厂所雇用之外国人，应避免其参与作业。

三、签约人不得复制此类图样、营造书、附件、模型等。

四、签约人须保险参与此类作业人员负责严守秘密。

五、签约人不得将有关此类资料泄露于其他投标未中人员或公司、工厂。

第一二七条 如契约业已依法定订，各该签约之公司或工厂之负责人员应立即出具收据，注明各种工程之详细诸元，并签名盖章及加盖公司、工厂合法戳记。

第一二八条 工程投标属于"绝对机密"、"极机密"者，代表政府之官员应将双方所订之执行秘密协议及有效年月起止日期与建造工程之地区，书面通知当地驻军最高指挥官，另一份抄送当地宪兵司令部。

第一二九条 订立契约之政府代表官员，并应将下列事项迅速通知该管地区驻军之最高级指挥官及当地宪兵司令官。

一、投标或订立契约人之姓名、住址。

二、参与此项事件有关政府人员之姓名、职务、住址及略历。

三、工作开始开标截止日期及位置。

第一三〇条 订约人应将参与此项工程作业人员之姓名造册送交代表政府之官员，转致当地驻军最高指挥官及宪兵司令官，其内容应包括下列各项：

一、订立契约人之姓名、住址。

二、参与此项工程作业人员（含雇员、工友）之职务、姓名、详细住址及略历。

三、工作开始开标截止日期及位置。

第一三一条 凡受命之兵工厂仓库指挥官及其他受命从事订约之官员，皆有权与一切有关制造人或发明家与其他合法之技术人员或公司工厂订立契约。

第一三二条 凡国防部代表及技术监视人员，有保密责任，并应用种种方法保护在订约人手中或在工厂内制造过程中之一切工程安全事宜。

第一三三条 如发现订约人或公司、工厂之员司及参与作业人员之行动有危害密件时，则国防部代表与技术监视人员得要求原订约人采取迅速处置，以改正之，否则立即报告有关技术部门主官、当地驻军最高指挥官及宪兵指挥官。

第一三四条 陆海空军及后勤方面监视人员，若同在一厂中担任勤务时，对于一切机密保守及任务执行部分应互相协同，以免与订约人之各项要求有所抵触。

第三节 器材物品之展览及出售

第一三五条 凡在训练、演习、校阅、集会、展览之区分器材对众公开时，该管指挥官须负责器材之各部安全。

第一三六条 在建造发展中之各项工程设计照片、模型、图表等，一律禁止展览。

第一三七条 如欲摄取前条所述之相片及影片时，须经该管技术主官批准，发出之前应送呈国防部审核。

第一三八条 各项有关技术情报消息之公布及器材、物品之出售与外国，如未经国防部之批准，一律禁止。

第一三九条 外交部办理军人国际贸易，认为不妨碍国防机密时，亦应获得国防部之同意。

第四节 国境内器材运输之维护

第一四〇条 凡区分器材、物品之装运，由主管人员或指挥运输人员、技术人员决定装运方法，并应竭力请求运输期间之保密装置。

第一四一条 区分器材大小数量相当或类似文书区分件时，可按照文书传达保密办法办理，惟其数量、重量、体积超过时，应用其他方法运输。

第一四二条 铁道运输区分器材时，应派押运人员负责其事，并与站方接洽拨给专用列车，必要时派武装部队保护，其有保密设备之铁道旅行服务社亦可委托代为运输，惟在运输前，应由服务社负责人员签章负责保密，如有泄露情事，甘愿照军机防护法接受惩处。

第一四三条 使用商用航空运输区分器材时，应派遣押运员。

第一四四条 用汽车或人力车短程运输时，须派武装兵护送。

第一四五条 水上运输以不利用有乘客之船只为原则，如有乘客应指拨专用间,派员押运或派武装兵保护。

第一四六条 区分档案之运输,准照上列各条运输方法办理。

第六章 来宾保密法

第一节 来宾之区分

第一四七条 来宾区分为外人与中国国民两种。

第一四八条 "外人"者非中国国民及中国国民而为外国政府公司、商店、合作社或个人之代表、雇用官员及职员。

第一四九条 "中国公民"为中华民国国籍之公民,而非前项人员之规定者。

第二节 参观之申请

第一五〇条 凡中国国民因参观、访问、接洽、通候、探询而至国防部及有关工厂者,应随时依据情况规定办法通报实施。

第一五一条 外人申请参观我国有关国防设施之准许,应分别依左列规定办理:

一、外人参观各种工业设施而不讨论其工作区分及设计时,经由有关方面之许可,当地政府有批准之权。

二、如为社交目的与对众作公开活动及有关紧急登陆协同之时机,而不讨论设施计划及要点时,经当地最高司令官批准,可使之参观一般军事设施。

三、外人如欲参观国防设施而非本条第一、二两项所述之情形者,必须获得国防部参谋总长或第二厅厅长之批准,始可参观。

第一五二条 外人向国防部请求参观军事设施之申请书,应由适当之外交代表提出,或经左列人员之推荐亦可。

一、国防部所属部队之高级指挥官。

二、陆、海、空、联勤总司令或副总司令。

三、有关技术勤务主管。

四、有关公司、工厂负责人。

其申请书须包括下列各项:

一、参观人姓名全文。

二、级职。

三、请求参观设施之名称、位置。

四、参观者所希望之日期。

五、参观目的。

如系由公司或工厂代为申请其雇用之外国技术人员参观时，须增下列两项：

一、国籍。

二、聘用或雇用服务期限。

第一五三条　凡政府官吏及本国公民欲参观军事或工业设施时，可由技术主管及当地政府批准，但不能过问设施计划要点。

第三节　参观有关国防设施之接待

第一五四条　凡参观人员参观军事设施或建筑物时，得由该地之指挥官及参观工业设施时之驻军代表（由当地最高驻军司令部派遣），并由特派之军官（通常由保密军官充任）负责招待。

第一五五条　凡有关国防设施之指挥官及特派军官或技术主管认为不适合参观时，有请求原核准机关准予延迟参观期间之权。

第一五六条　指挥官或特派军官于接待参观人员参观完毕后，立将经过情形报告当地驻军最高指挥官及国防部第二厅厅长，其报告应包括事项如左：

一、来宾姓名全文、职级、国籍及护照文号。

二、批准机关名称。

三、来宾所感兴趣之事项。

四、来宾所询问问题之一般性质。

五、来宾所发表参观之目的。

六、特派军官所观察实际参观之目的。

七、来宾能力智力、技术知识与中文言语程度之一般观察。

八、所观察及说明事项之简表。

第四节　参观工厂与建筑物之接待

第一五七条　凡与国防部及其所属机构订定契约之公司、工厂及人员,对于所雇用之员,工厂应限制其出入设施地点。

第一五八条　无国防部代表及派遣之监视军官在厂时,订立契约工厂(公司)之负责人接得来宾批准参观之申请书时,应立即通知国防部代表或监视军官接待参观,及派必要人员答解疑问。

第一五九条　来宾参观时,区分件之秘密设计图样、模型等,禁止其参观及照相。

第一六〇条　来宾参观完毕后,该订定契约工厂(公司)负责人及监视军官,均应按照下列所规定之事项,立即向当地驻军最高指挥官及技术主管呈报:

一、来宾姓名全文、职级、国籍及其护照文号。

二、批准机关名称。

三、来宾最感兴趣之事项。

四、所询问题之一般性质。

五、所发表之参观目的。

六、观察所得其实际参观之目的。

七、来宾能力智力、技术知识与中文语言程度之一般观察。

八、来宾参观及说明之事项简表。

第一六一条　各工厂(公司)之所在地驻军最高指挥官或技术主官,应将来宾参观经过及一切记载报告国防部第二厅厅长,以备查考。

第七章　要地保密法
第一节　禁空

第一六二条　凡军事重要设施与禁止飞航之上空,及国防或政府之目的所保留之领空,谓之禁空。

第一六三条　凡负责军事设施及有命令限制禁空之地区指挥官,遇有非法超越飞行情事,应立即按次呈报国防部。

第二节 禁地

第一六四条 凡负责军事设施地区兵营、车站或其他禁地之指挥官,对于所管辖之禁地,如该地情况需要,得在通路出入口设置警告牌,限制行人进出禁地。

第一六五条 凡有违犯禁地之情事发生,参照《要塞堡垒地带法》予以处置。

第三节 命令之颁布

第一六六条 凡因军事或国防之目的而限制进出之禁地或保留地带及禁空之命令,应由国府主席(大总统)或国防部会衔内政部颁布。

第八章 输送保密法

第一节 一般守则

第一六七条 有关部队给养、军火输送之指挥官,对于部属应负责指示在运输各期与路程中到达目的地时,一切应注意之保密事项。

第一六八条 凡参与输送勤务人员,应遵照本办法所列规定,竭力尽其保密之责任。

第二节 输送之区分与保密

第一六九条 部队或给养、军火输送情报,应加适当之保密区分,其区分注意事项及其手续按照本办法之各条规定办理。

第一七〇条 向战场运动之部队及运输之给养、军火或有关个人旅行之情报,应予区分并应保密各点如左:

一、海外及中立国战场或军事管区。

二、海岸及水上港埠。

三、船只名称或护航路线及目的地。

四、部队及运输品到达目的地之时间。

五、船只数目及种类。

六、运输工具上严禁以数字表示。

七、与勤务有关之个人国外旅行（属于派遣性质者）之命令、通报、报告。

八、如系私人旅行之命令、通报、报告，不予区分。

九、在军事管理区及中国内地运动及由国内向国外运动之一切情报。

第一七一条　凡向战场运动而在国境内之个人旅行，通常不予保密。

第一七二条　关于给养、军火输送应注意事项：

一、凡随伴部队运动之给养、军火、辎重等之补给运输，亦应予以区分。

二、不与部队或单位连系而遂行运输时，应派武装兵押运，必要时并得以武力较大部队保护之。

三、如经国防部参谋总长或联勤总司令批准输送至国外时，可书写到达地点名称，为防暴露可以代字书写。

四、病院运输船只，不必予以区分。

第一七三条　凡参预运输勤务人员，禁止将一切资料如品名、数量、目的地、停留站向非必要人员发表，如必须告知亲友或接近之人员时，亦应保守区分事件之真象及起程确期。

第一七四条　凡参预运输勤务人员到达目的地以后，不应将保密各点及一切情报外泄。

第三节　陆路运输

第一七五条　在本国境内利用铁道及汽车运输时，出发及到达目的地之命令、通报、报告亦应区分。

第一七六条　如使用接近战场之铁道、汽车输送或人员旅行，则车辆行旅、辎重等，不应表示国外目的地，出发日期及其他有区分因素之记号。

第一七七条　在停留地区时，指挥人应将注意事项指示所属。

第一七八条　凡指挥运输主官有权对一切人员在出发前作不

超过四十八小时之限制,如获国防部或海外地区最高指挥官之许可时,指挥运输主官可限制所属一切人员对外之通信。

第四节 海上运输

第一七九条 部队乘船时,务求适切以不引起外部人员之注意为要,在船只离埠时,禁用乐队奏乐。

第一八〇条 非因公务之人员,应在船只离埠前离开码头。

第一八一条 凡输送船只在码头或航行时,严禁照相。

第一八二条 海外运输或旅行之法令,应限制家属及亲友驻留码头附近。

第一八三条 船只航行必要时,须在夜间行驶。

第一八四条 中间站停留时,指挥官应警告人员保守一切秘密,必要时并禁止非必要人员登岸。

第一八五条 在海外有关敌人之行动,应视为机密之情报。

第五节 空中输送

第一八六条 凡因水陆运输不便或为迅速到达目的地计,则用空运。

第一八七条 凡运输重要物品及个人行动之军用飞机向战场飞行之情报,应予区分,并注意下列各项:

一、飞机起飞地点、时间、经过航线,应予保密。

二、参与人员在中间站及到达目的地时应负保密责任。

第一八八条 凡飞机到达中间及目的地,与其有关之人员,应严禁向外通讯,以免泄露情报。

第一八九条 如经指挥官之批准,本战场之空运情报可通报有关单位。

第六节 国境内作战之输送

第一九〇条 本章以上各条所规定,系以战场在国外者为基础,如在国境内作战时,应参照前列各条规定办理。

第一九一条 国境内之作战一切运动输送,均应参照前项办法，予以适当区分。

第一九二条 一切运输运动之命令、通报、报告，如认为本章所列区分不适合时，得提高其等级，以增机密。

第七节 战争结束后之运输

第一九三条 本办法规定各项适用于平战各期，非因特别命令不得废止。

第一九四条 关于经常人员或给养之运输情报，通常不予区分。

第一九五条 平时之本国部队及给养军队等，在国外运动者，应予以区分。

第一九六条 驻国外之最高指挥官，有区分在该地区之有关人员、给养、军火等情报权。

〔行政院新闻局档案〕

12. 国民政府公布东北剿匪总司令部组织规程令

（1948年3月13日）

国民政府令 中华民国三十七年三月十三日

兹制定东北剿匪总司令部组织规程，公布之。此令。

东北剿匪总司令部组织规程

第一条 为绥靖东北，维护治安，巩固边防，特设东北剿匪总司令部（以下简称本部），负责东北剿匪军事之责。

第二条 本部对辖区内部队及地方团队、水陆警察，有指挥之权。

第三条 本部置总司令一员，承国民政府主席之命，及参谋总长、东北行辕主任之督导，综理本部一切事宜，得置副总司令襄助之。

第四条　本部置参谋长、副参谋长各一员，承总司令、副总司令之命，处理一切军事事宜。

第五条　本部设高级参谋九员，参谋二员，秘书一员，承总司令、副总司令之命，参谋长、副参谋长之指导，办理特别交办事宜。

第六条　本部设左列各室处，分掌各项业务。

一、总司令办公室　掌理文书、译电、机要、文件撰拟及不属其他各处事项。

二、第一处　掌理人事与行政监察、校阅及兵役督导等事项。

三、第二处　掌理情报、防谍、兵要地志及课员管训等事项。

四、第三处　掌理动员作战计划命令编制、训练、绥靖等事项。

五、第四处　掌理补给计划、交通运输通讯及卫生计划、后勤等事项。

六、总务处　掌理交际管理、庶务、会计、粮服与外事等事项。

七、卫生处　掌理医务、治疗及防疫等事项。

八、军法处　掌理军法审判及检察等事项。

九、新闻处　掌理宣扬三民主义，维持高度士气与加强纪律，研究舆论，供给有益于军事方面之新闻，及对部队之政治教育计划等事项。

第七条　本部所需之警戒与典礼部队，得设警卫一营及军车队一队。

第八条　本部为统一指挥战斗序列内各特种部队，得设炮兵、工兵及通信指挥部。

第九条　本部之战序列及辖区，以命令另定之。

第十条　本部之组织系统及编制如另表（表从略）。

第十一条　本规程自公布之日施行。

〔国民政府档案〕

13. 联合勤务总司令部抄发海军巡防处组织规程代电

(1948年3月16日)

联合勤务总司令部代电　　　　　中华民国三十七年三月十六日
　　　　　　　　　　　　　　　茹蔽02088号

南京供应局：一、奉总长陈二月廿八日制字第七号代电副本，为海军总部海军巡防处组织规程草案，准予备查。

二、兹随电抄发海军巡防处组织规程一份，希知照。

三、本件已分行本部有关处、署及有关补给区司令部、供应局、兵站总监部，上海、秦、葫港口司令部。

　　　　　　　　　　　　　　　总司令　郭忏

海军巡防处组织规程

第一条　依据海军总司令部组织规程草案第二条第七项之规定，于江海防次要基地，设立海军巡防处，各以所在地区冠称之。

第二条　海军巡防处依次隶属于海军基地司令部。

第三条　海军巡防处之巡防区域，由海军总司令部划定之。

第四条　海军巡防处依基地司令部之策定，掌理划区内海岸防御，水上绥靖，护渔、护航、气象、报警及救助难船等事宜。

第五条　海军巡防处设左列各课：

军务课。

港务课。

总务课。

第六条　军务课掌理左列事项：

一、关于划区内警备事项。

二、关于巡防舰艇之布防巡弋事项。

三、关于保护商航事项。

四、关于保护渔业事项。

五、关于缉捕海盗事项。

六、关于军风纪整饬事项。

七、关于情报谍报事项。

八、关于武器、弹药之领发及保管事项。

九、关于本国及外国舰艇到港离港之报告事项。

第七条　港务课掌理左列事项：

一、关于气象之观测及传报事项。

二、关于港务规则之执行及监督事项。

三、关于锚位码头之分配事项。

四、关于航行设备之巡视及建议事项。

五、关于失事船只之调查及救助事项。

六、关于引水人员之管理事项。

第八条　总务课掌理左列事项：

一、关于典守印信事项。

二、关于文件之收发及保管事项。

三、关于人事及庶务事项。

四、关于经临费预算计算之编报事项。

五、关于金钱粮服出纳保管事项。

六、关于不属其他各课事项。

第九条　海军巡防处处长秉承基地司令部之命，综理全处业务。

第十条　海军巡防处对驻泊该区内之军舰应取密切连系，并互相协助。

第十一条　海军巡防处对于辖区内各单位之权责范围如左：

一、对炮艇队及配属之陆上部队等得指挥之。

二、对补给、通讯、医务等配属机构得督导之。

三、对工厂测量等技术及士兵训练机构得督察之。

第十二条 海军巡防处于划区内遇有紧急事变，或国际上应行制止事宜不及请示时，得临机处理，并须立即呈报海军总司令部及基地司令部。

前项事件必要时，并得知照附近舰艇水警，或陆空军队协同处理。

第十三条 海军巡防处之员额，依编制表之所定。

第十四条 海军巡防处办事细则另定之。

第十五条 本规程自呈准之日施行。

〔联合勤务总司令部档案〕

14.国防部颁布各级军事机关部队医院学校政工（训导）纲领

（1948年6月4日）

各级军事机关部队医院学校政工（训导）纲领

国防部三十七年六月四日第一三七号一般命令颁布施行

一、各级军事机关、部队、医院、学校政工（训导）处（室）工作之目标，在确立国军共同信仰，增进官兵时代知识，提高革命精神，鼓励作战士气，促进军民合作，励行戡乱建国，加强地方政治，组训地方武力，以清剿共匪，扶持民生，实现三民主义，完成国民革命。

二、各级军事机关、部队、医院、学校政工（训导）处（室）为各该军事机关、部队、医院、学校建制幕僚单位，其工作受各该单位长官直接指挥监督。

三、各级军事机关、部队、医院、学校政工（训导）处（室）工作，于其职掌范围内，得负责为必要之措置，但须于执行后呈报主管长官。

四、各级军事机关、部队、医院、学校政工（训导）处（室）人员之任免奖惩，由各该处长（主任）依据人事法规负责考核，建议各该单位长官并分报本部政工局查考。

五、各级军事机关、部队、医院、学校政工（训导）处（室），依军事机关、部队、医院、学校原有管辖指挥系统，指导考核其辖区内所属各级政工（训导）处（室）。

六、本部政工局承参谋总长之命，指导、监督、考核全国各级军事机关、部队、医院、学校政工（训导）处（室）。

七、各级政工（训导）处（室）对上下级行文，用各军事机关、部队、医院、学校长官名义，但关于一般业务之指导，或下级对上级业务请示与报告，得由各该政工（训导）处（室）层向上下级政工（训导）处（室）行文。

八、连指导员以上各级政工主管人员，有关敌情战况及部队重要改进事项，得列举事实，越级报告与建议，但须同时以副本分呈直属长官。

九、军事区整编师以上政工处长，秉承直属长官或上级政工主官之指挥，承办指导、监督、考核当地各级行政人员业务。

十、各级政工处（室）之职掌如左：

（一）关于下级政工处（室）工作之设计、指导与考核事项。

（二）关于下级政工处（室）工作人员之考核、奖惩、签办事项。

（三）关于官兵政治教育、政治训育，以及发展军中文化事项。

（四）关于官兵思想心理、生活态度、风气之研究、辅导、考查及改善官兵关系事项。

（五）关于宣传与报导及军中康乐活动事项。

（六）关于部队经理补给及军风纪之协同监察事项。

（七）关于官兵政治生活、革命行动之指导组织事项。

（八）关于加强军政机关与社团之联系，与促进军民合作及改善军民关系事项。

（九）关于法制之研究、建议，与政府法令之阐扬、推行事项。

（十）关于协助清查户口，编组保甲，恢复地方秩序事项。

（十一）关于协助建立地方民众自卫武力事项。

（十二）关于扶植各种民众团体组织与组训地方民众各种战时任务队（侦探、向导、运输、担架、慰劳等）事项。

（十三）关于健全民众情报网，严密封锁消息，防制共匪活动事项。

（十四）关于审讯匪探匪俘、督导优待俘虏事项。

（十五）关于军事区地方行政组织之联系、协助、督导及改善军政关系事项。

（十六）关于军事区协助搜集军粮、管制民粮、调节军糈民食事项。

（十七）关于军事区协助地方政府，处理土地田赋、财政金融、救济合作，及社会文化教育事业事项。

（十八）关于伤病官兵之慰劳、救护，及协助军医办理福利事项。

十一、前项规定职掌，各级政工处（室）得依其编制各科分掌，以第一科掌理教育训练，指导考核；第二科掌理宣传情报、官兵政治生活指导考核及康乐活动；第三科掌理俘虏管训与抚慰，及协助民众组训；第四科掌理法制联络，及协助民事行政为原则。（不设第三科、第四科之单位，其业务得分配合并办理。）

十二、师政工处设政治工作队，其工作以协导军民互助合作，建立地方自卫武力，组训民众，肃清散匪为主。

十三、绥靖区司令部政工处以上各级中间单位，对辖区内所属各军、师、旅、团、连政工处（室）工作人员应随时严加考核，每年度应分别举行测验二次，评定优劣，除列入年终考绩案呈报外，并分报本部政工局查考。

十四、绥靖区各级政工处（室）工作重点，在鼓励士气，争取民众，团结国军，瓦解匪军，各单位应遵照职掌范围内之业务，切实执行，其工作实施，应分别性质按周按月呈报政工局。

十五、各级政工（训导）处（室），应遵照本工作纲领，厘订服务细则及各项工作计划，层转本部核备。

十六、本纲领以部令公布之日施行，修改时亦同。

〔国防部档案〕

15. 联合勤务总司令部颁发运输指挥部（港口司令部）组织规程代电

(1948年6月25日)

联合勤务总司令部代电　（卅七）绥鸿77985号
中华民国卅七年六月廿五日

南京供应局：一、查本部运输指挥部（港口司令部）业经奉令次第成立。为明定各该运输指挥部权责，并便于执行业务起见，经订定运输指挥部（港口司令部）组织规程随令颁行。

二、希切实遵照办理，并拟具办事细则呈报核备。

三、本案已报请国防部核备，并抄副本分送各铁道军运指挥部、各公路指挥部、补给区司令部、供应局、兵站总监部与本部各处署及另抄请各地绥署、剿匪总部查照。

总司令　郭忏

联合勤务总司令部运输指挥部（港口司令部）组织规程

第一条　联合勤务总司令部为统一办理各地区铁路、水路、公路、航空等军事运输，以及装卸、押运等事宜，于各地区适当地点设立运输指挥部（港口司令部）负责辖区内之干线运输。

第二条　各运输指挥部及港口司令部（以下简称本部）直隶联合勤务总司令部，承总司令之命，办理本管区军事运输业务，在业务上受运输署署长之直接督导。

第三条　本部负责处理部队及军事机关托运之零星军运及情况紧急时之大宗军运（包括伤患运输），但此项紧急大宗军运事后须照规定报备。

第四条　各运输指挥部（港口司令部）位置及辖区另令规定。

第五条　本部办理干线运输为主，凡属部队、机关、学校之补给性运输业务，仍由各补给区司令部或兵站总监部（运输处）办理之。

第六条　本部与当地最高军事指挥部及补给机关应随时保持密切连系，于情况紧急及必要时，须秉承当地最高军事长官之指示，完成一切紧急军运勤务。

第七条　本部为每一线区之中心运输指挥部，凡由本辖区起运而以其他辖区为运输终点时，仍由本部负责押运，其押运交接权责另行规定之。

第八条　凡与其他运输指挥机关（或兵站机关）运输有关时，应于事前通知该管区之运输指挥机关（或兵站机关），俾期预为计划与准备。

第九条　本部设指挥官一员，主持本管区内一切军事运输事宜，并设副指挥官三员，佐理部务。

第十条　本部设参谋长一员，承指挥官、副指挥官之命，负责筹划并监督铁路、航路、公路及监运等一切有关该管辖区内军运事宜。

第十一条　本部设参谋、秘书、通译员、副官、书记等分别办理各项业务，并设监察官办理本部所属各单位一切状况之视察调查与考核，及秉承指挥官、副指挥官之命，督导本部所属各单位业务之推行，与各种运输弊端之防杜等事宜。

第十二条　本部视辖区内之交通状况及运务情形，设置左列各室组全部或一部，各室设主任，各组设组长、副组长，并分设参谋、军医、组员各若干员，其职掌如左：

（一）参谋室

1. 有关计划调度事项。

2. 关于军运工作之联络事项。
3. 派遣驻站参谋办理大批及紧急军运事项。
4. 搜集有关运输业务之情报，并办理防谍保密事项。
5. 办理有关警卫及维持运输秩序事项。
6. 办理有关押运事项。
7. 有关空运、空投事项。
8. 有关统计事项。

（二）总务组

1. 掌理人事、粮服、薪饷及庶务管理事项。
2. 办理财务以及各项运费、稽核收支事项。
3. 办理文书收发缮校、电务、印信、档案事项。

（三）铁运组

1. 办理铁道运输计划及军车调配与实施事项。
2. 关于铁道沿线工务、机务、运务、电务诸设备之添建及抢修工程之实施事项。
3. 关于铁运工作之联络事项。
4. 关于军运行车事变之预防及处理事项。

（四）航运组

1. 关于水路军运之运输计划与实施。
2. 关于船舶征集调配事项。
3. 关于船舶起租、退租及人员、军品附搭附运事项。
4. 关于船只动态、运况统计转报事项。
5. 关于船只装卸检查事项。
6. 关于船舶租金、运费预算初审及转报事项。
7. 关于船用燃料（油煤及附油）收发、保管、稽核、报销事项。
8. 关于军用码头、栈库、煤站之管理、修建及河道设备工程之调查与督导事项。
9. 关于自有船只之指挥调度、管理事项。

10. 关于船载军品失事之抢救处理事项。

11. 关于联络员之管理、指挥事项。

(五)陆运组

1. 办理公路军运之计划及汽车修理管理等事项。

2. 关于汽车长短途之调派运输事项。

3. 关于人兽力输队调派及临时伕力雇用事项。

4. 有关军品物资之装卸事项。

5. 有关外勤派遣任务。

第十三条 本部于管辖区内择各重要地区派遣驻站参谋,必要时得派副指挥官执行有关军运事务。又为便于军品之承运起见,得请由联勤总部必要各署(兵工署、经理署、军医署)派员驻本部联络,以利运输。

第十四条 本部得呈准:(一)配属警卫部队,担任辖区内各地交通警备勤务。(二)配属宪兵部队,担任维持运输秩序,并配属有无线电通信机构,或利用就地通讯设备。

第十五条 本部编制另令颁行。

第十六条 本部办事细则另定之。

第十七条 本规程自三十七年七月一日施行。

〔联合勤务总司令部档案〕

16. 联合勤务总司令部抄发整编师旅恢复为军师番号等训令

(1948年9月19日)

联合勤务总司令部训令　茹蔽字第07507号

南京供应局:一、奉总长顾九月八日制也字一二○二号代电副本,为整编师旅恢复为军师番号及将新编暂编部队改称正规番号一案,业奉核定。兹抄同陆军各部队现行及改称番号对照表随文附发,并限九月底以前改称完毕。

二、兹随文抄发原对照表一份，希知照。

三、本件转令本部各署处、各补给区司令部、各兵站总监部、各供应局、上海港口司令部、各运输指挥部。

总司令　郭忏

中华民国卅七年九月十九日

抄国防部制也字1137号代电副本

一、八月四日及十五日制也字610、989两代电计达。

二、顷奉总府蒋未养框学代电，关于所拟作战损失各部队调整办法及197B编组办法两案均悉。兹标示如次：（一）整12D准以于旅为基干，改为三团制之普通师，并以于一凡调任师长，但12D收容编成后不可再用在华中，应即调至江南岸或北岸沿江一带。（二）12A番号仍准保留，即以舒荣为军长。（三）关于交警部队及潘部三旅之整编办法核定如下：（1）交警五、八两总队名义仍旧保留，不必利用164B番号，并准调粤汉路整补，归程主任负责督编。（2）163B番号准赋予交二总队作为扩旅之用，并归黄百韬负责督编。（3）164B、N17B残部准合编为N17B（164B番号撤销），并开汉口交由华中剿匪总部督令汉口训练处补训可也。（4）197B应免编组。（四）124B番号准调万县，归重庆绥署负责督训。（五）N7B准调宜沙驻防。以上各项希转饬遵照。

三、兹核定12A（普通军）辖112D及N21B，仍用卅六年编制（N21B仍用卅四年甲种编制），12A军军部及直属部队即以整12D师部及直属部队改编。整12D番号着即撤销。至该112D已饬砀山整补，N21B开黄口附近整补，其余均遵总统电示办理。

四、除分电徐州华中剿匪总部饬遵外，特电查照。

五、本案副本已抄送本部一、二、三、四、五厅，预算、兵役、副官、政工、监察、史政局及联勤总部、交警第一总局，并各就主管部分办理。

陆军各部队现行及改称番号对照表

现行番号		改称番号		备考
整1D	1B 78B	1A	1D 78D	
整9D	9B 76B	2A	9D 76D	整9D原由2A改称,故仍恢复原番号。
整6D	17B 72B	3A	17D 250D	
整4D	57B 90B	4A	59D 90D	
整5D	45B 46B 200B	5A	45D 46D 200D	
6A	207D 195D	6A	207D 195D	207D仍辖三个旅,暂不调整番号。
整7D	171B 172B	7A	171D 172D	
8A	42D N3D N20D	8A	42D 170D 237D	
9A	3D 166D T62D	9A	3D 166D 296D	
整3D	3B 18B 47B	10A	114D 18D 49D	恢复原军番号。
整18D	168B 79B	11A	168D 256D	同上。
12D	112B N21B	12A	11D 23D	
13A	4D 89D T63D	13A	4D 89D 297D	
整10D	10B 85B	14A	10D 85D	
整15D	64B N25B	15A	64D 243D	

续表

现行番号		改称番号		备考
16A	22D 94D 109D	16A	22D 94D 109D	
整17D	12B 48B	17A	12D 48D	
整11D	11B 118B	18A	11D 118D	恢复原军番号。
19A	68D T37D T40D	19A	68D 274D 277D	
整20D	133B 134B	20A	133D 134D	
整21D	145B 146B	21A	145D 146D	
22A	86D N11D	22A	86D 228D	
整2D	19B 211B 213B	23A	19D 211D 213D	恢复原军番号。
整24D	136B 137B	24A	136D 137D	
整25D	40B 108B	25A	40D 108D	
整26D	93B 193B	26A	93D 193D	
整27D	31B 47B	27A	31D 47D	
整28D	52B 80B	28A	52D 80D	
整30D	27B 30B	30A	27D 30D	
31A	204D 205D	31A	204D 205D	
整32D	N36B 255B	32A	252D 255D	

续表

现行番号		改称番号		备考
33A	71D T38D T46D	33A	71D 275D 280D	
34A	73D T44D T45D	34A	73D 278D 279D	
35A	101D T17D T26D	35A	101D 262D 267D	
整36D	28B 123B 165B	36A	28D 123D 165D	
整38D	55B 177B	38A	55D 177D	
整8D	103B N2B	39A	103D 147D	
整40D	39B 106B	40A	39D 106D	
整41D	22B 24B	41A	22D 24D	
整42D	65B 128B 231B	42A	65D 128D 231D	
43A	70D T39D T49D	43A	70D 276D 283D	
整44D	150B 162B	44A	150D 162D	
整31D	97B 102B	45A	97D 102D	查31A番号已给台湾部队，故整31D改番号为45A。
整46D	188B N19B	46A	188D 236D	
整47D	125B 127B	47A	125D 127D	

续表

现行番号		改称番号		备考
整48D	138B 176B	48A	138D 176D	
49A	79D 105D	49A	79D 105D	
整54D	7B 36B	50A	107D 36D	第7D番号已给华北剿总部，故将7B改称107D。
整51D	41B 113B	51A	41D 113D	
52A	2D 25D	52A	2D 25D	
53A	116D 130D T30D	53A	116D 130D 270D	
54A	8D 198D T57D	54A	8D 198D 291D	
整55D	29B 74B 181B			该师番号待另案调查。
整97D	174B 175B	56A	174D 175D	
203D	1B 2B	57A	214D 215D	
整58D	183B N10B	58A	183D 226D	
整57D	38B 180B	59A	38D 180D	
60A	182D T21D T52D	60A	182D 265D 286D	
61A	66D 69D 72D	61A	66D 69D 72D	
62A	67D 151D 157D	62A	67D 151D 157D	

续表

现行番号		改称番号		备考
整63D	152B 186B	63A	152D 186D	
整64D	156B 157B	64A	156D 159D	
整65D	160B 187B	65A	160D 187D	
整66D	13B 185B	66A	13D 185D	
整68D	81B 117B 143B			该师番号待另案调查。
整D	135B 144B	69A	135D 144D	
整70D	96B 32B 139B	70A	96D 32D 139D	
71A	87D 91D	71A	87D 91D	
整72D	34B N15B	72A	34D 233D	
整73D	15B 57B 77B	73A	15D 57D 77D	
整74D	51B 58B	74A	51D 58D	
整75D	6B 16B	75A	6D 16D	
整76D	24B N1B	76A	24D 20D	
整77D	37B 132B	77A	37D 132D	
78D	178B 179B 227B	78A	178D 179D 227D	
79D	98B 194B	79A	98D 194D	

续表

现行番号		改称番号		备考
N1A	50D N30D T53D	80A	50D 249D 287D	
整81D	35B T60B	81A	35D 294D	
整82D	100B 190B	82A	100D 190D	
N3A	14D 54D T59D	83A	14D 54D 292D	
整84D	155B 161B	84A	155D 161D	
整85D	23B 110B	85A	23D 110D	
N5A	26D T50D T60D	86A	26D 284D 293D	
87A	N33D N34D N35D	87A	220D 221D 222D	
整88D	R2B N13B	88A	147D 230D	
N6A	169D N22D	89A	169D 240D	
整90D	53B 61B	90A	53D 61B	
整23D	191B N4B	91A	173D 123D	
92A	21D 56D 142D	92A	21D 56D 142D	
93A	T18D T20D T22D	93A	263D 264D 266D	
94A	5D 43D 121D	94A	5D 43D 121D	
整39D	126B N9B	95A	126D 225D	恢复原军番号。

续表

现行番号		改称番号		备考
45D	41B 12B	96A	41D 12D	
52D	33B 82B	97A	33D 82D	
57D	117B R4B	98A	117D 158D	
整69D	92B 99B T26B	99A	92D 99D 268D	
整83D	44B 63B	100A	44D 63D	
N2A	T31D T32D T33D	101A	271D 272D 273D	
N7A	N38D T56D T61D	102A	253D 270D 275D	
N8A	88D T54D T55D	103A	88D 288D 289D	
T3A	N31D T10D T27D	104A	250D 258D 269D	
T4A	210D N32D T11D	105A	210D 251D 259D	
T23D	T45B T46B	106A	281D 282D	
T25D	T12B T13B	107A	260D 261D	
独立师	7D 95D 196D 201D 202D 209D 153D 154D 184D 206D 277D T51D		70D 95D 196D 201D 202D 209D 153D 154D 184D 206D 271D 285D	

续表

现行番号		改称番号	备考
独立旅	163B 164B 167B 62B	163B 164B 167B 62B	各独立旅暂仍称旅,不改师番号,惟团番号应统一调整。
	140B 60B 75B 83B	140B 60B 75B 83B	
	84B 111B 104B 131B 148B	84B 111B 104B 131B 148B	
	189B 192B 197B r7B r8B r12B	189B 192B 197B 223B 224B 229B	
	r14B r17B r18B r22B r23B r24B r26B r27B r28B r29B	232B 234B 235B 239B 240B 241B 244B 245B 246B 247B	
	r30B T10B	248B 257B	
附记	一、各师团番号为师之三倍(如100B为298R、297R、300R,余数类推,其有缺一团者则缺最末一团番号)。 二、各部队改用新番号后,其人事及印信等另案办理。在新印信未颁发前,仍用原印信。		

〔联合勤务总司令部档案〕

17. 行政院公布西北军政长官公署组织规程令

(1948年10月21日)

行政院令　　　　　　　　（卅七）四防字第四六八九五号
　　　　　　　　　　　　三十七年十月二十一日

兹制定西北军政长官公署组织规程，公布之。此令。

西北军政长官公署组织规程

第一条　行政院为统筹西北军政建设西北巩固边防起见，特设立西北军政长官公署（以下简称本署），其辖区为甘肃、宁夏、青海、新疆四省。

第二条　本署统辖辖区内军事，并监督指导辖区内之政务，关于军事事宜，兼受国防部之监督指挥。

第三条　本署置长官一人，综理本署一切事宜，得设副长官，襄助长官处理事务。

第四条　本署置参谋长一人，副参谋长二人，承长官、副长官之命，处理一切军事事宜，秘书长、副秘书长各一人，承长官、副长官之命，处理一切政治事宜。

第五条　本署置高级参谋五至九人，参议二至四人，承长官、副长官之命，参谋长、副参谋长之指示，办理特别交办业务，谘议二至三人，承长官、副长官之命与谘询，受秘书长之指导，办理特别交办业务。

第六条　本署副长官，在辖区内，视实际情形，得设副长官办公室。

第七条　本署设左列各室处，分掌各项业务。

一、长官办公室　掌理文书、译电、机要文件撰拟及不属各处诸事宜。

二、第一处　掌理人事行政、点验校阅、人马查报及兵役督导诸业务。

三、第二处　掌理情报防谍、兵要地志及谍员受训诸业务。

四、第三处　掌理作战动员、计划命令、整编训练、绥靖诸业务。

五、第四处　掌理补给计划、交通运输、通讯诸业务。

六、监察处　掌理本署有关监察业务。

七、总务处　掌理交际管理、庶务会计、粮服及治疗诸业务。

八、军法处　掌理军法审判及检察诸业务。

九、政工处　掌理政训、民事政治、经济、文化之指导考核及调查俘虏管训与抚慰诸业务。

第八条　本署之组织系统及编制如另表。

第九条　本署各处室办事细则另订之。

第十条　本规程自颁布之日施行。

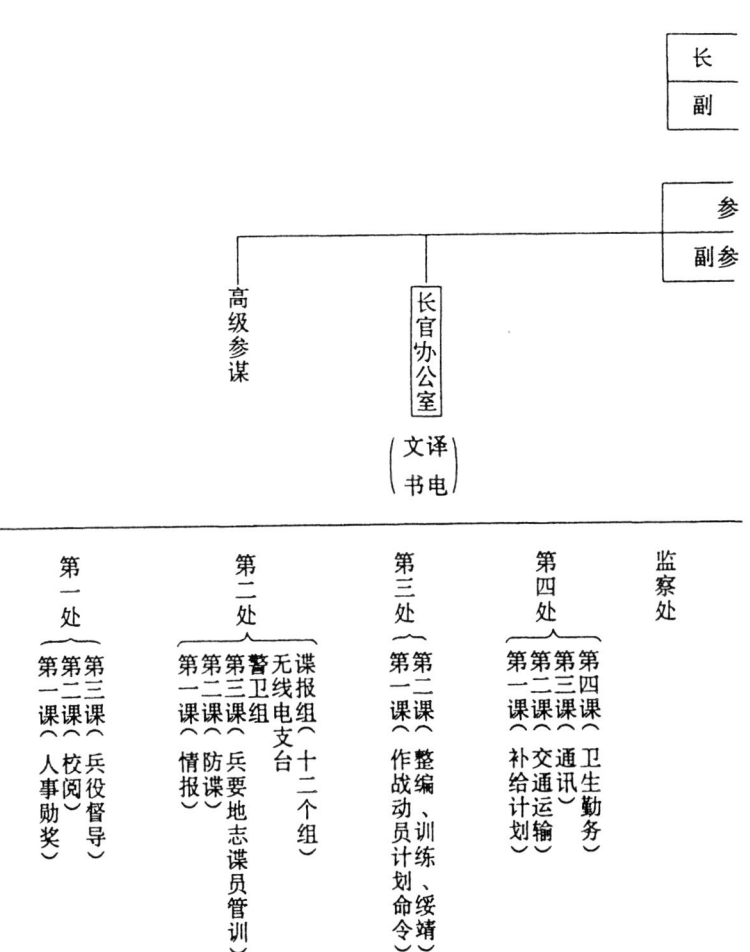

长官公署组织系统表

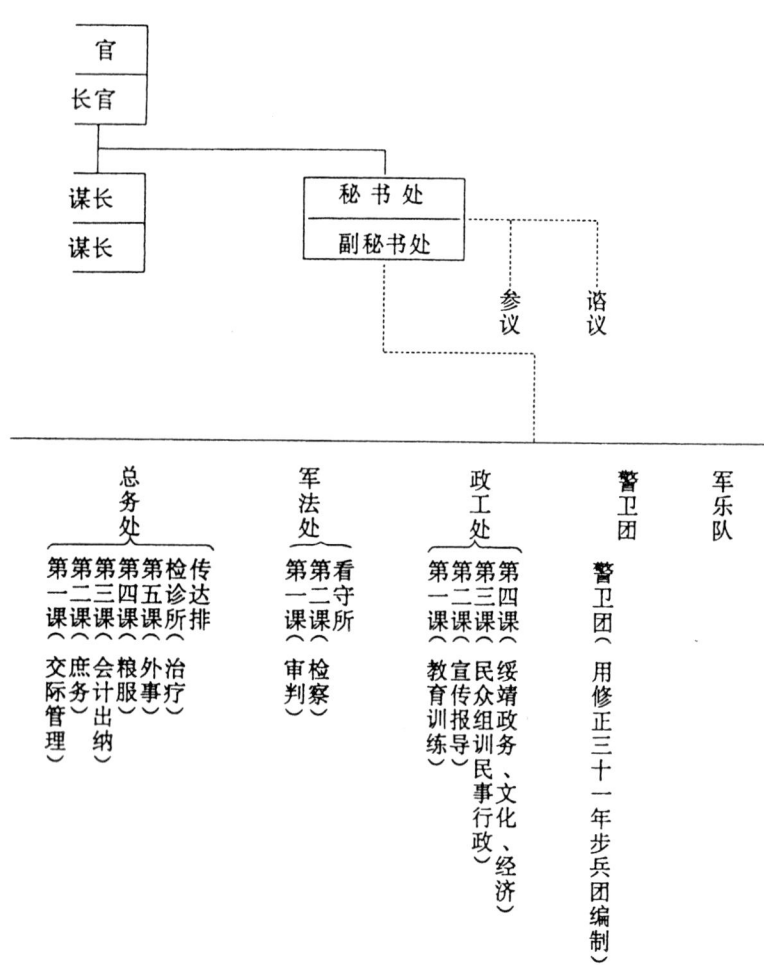

西北军政长官公署编制表

区分		军政长官	副长官	参谋长	副参谋长	秘书长	高级参谋	参议	谘议
官佐	阶级	上将	中(上)将	少(中)将	少将	军简二阶	少将	少将	上校（军简二阶）
	员额	一	四	一	二	一	九	四	三
士兵	役别	卫士	卫士	卫士	卫士	卫士	司机	传达	公役
	等级	上中士	上中士	下(中)士	下士	下士	上士	上等兵	三四等
	名额	二一	四四	二	二	一	一一	一三	一三
车辆	种类	小轿车	同	X¼吉普车	同	Y¼吉普车	X¼吉普车		
	数量	一	一一四	一	一	一	二一三		
备考			如副长官系兼任者则不设卫士及车辆				高参及参谘议车辆公用		

	参谋	副官	长官办公室 主任	第一课 课长	第一课 秘书	第一课 书记	第一课 司书	第二课 课长	第二课 译电员	合计	附注
阶级	上(中)校	中(少)尉 上(中)校	(三阶)将军简三 上校(少)	军简三阶	军简三阶	军荐二阶	军委一阶	(四阶)军荐军简三阶	军委二阶 军荐二阶 (三)	官佐	另设副长官办公室
员额	二	一二	一	一	一	二二	二二	三	一 三五	二〇八九 九〇	
			卫士	司机	传达	公役	炊事兵			士 兵	
			下士	上士	上等兵 一	四五等	上等兵 一				
			一	一	三二	一一	一四			四九	
			x¼吉普车							小轿车 x¼吉普车	
			一							二六一七五	

西北军政长官公署西宁（中宁夏）副长官办公室编制表	区分							附注
	官佐	职别	阶级	员额				每室设置人员共官六员，兵五名，三处共计官十八员，兵十五名。
		副长官	上(中)将	一				
		高级参谋	少将	一				
		参谋	上校	一				
			中校	一				
		副官	上尉	一				
		书记	军委二阶	一				
		合计	官佐	六				
	士兵	役别	等级	名额				
		文书	上士	一				
		军事卫士	中士	一				
		公役	三等	二				
		炊事兵	一等兵	一				
		合计	士兵	五				
	备考		兼任。		兼服传令勤务。			

〔国民政府档案〕

18. 全国军事机构一览表①

（1948年）

全国军事机构及驻地一览表

军事机构名称	驻 地	备 考
东北行辕	沈 阳	
武汉行辕	武 汉	
北平行辕	北 平	
广州行辕	广 州	
重庆行辕	重 庆	
东北剿匪总司令部	沈 阳	
华北剿匪总司令部	北 平	
国防部九江指挥部	汉 口	
西安绥署	西 安	
太原绥署	太 原	
衢州绥署	衢 州	
陆军总部徐州司令部	徐 州	
陆军总部郑州指挥部	郑 州	
第一绥靖区	江苏南通	
第二绥靖区	山东济南	
第三绥靖区	徐州贾汪	
第四绥靖区	河南开封	
第五绥靖区	河南信阳	
第六绥靖区	河南商邱	
第七绥靖区	江苏淮阴	
第八绥靖区	安徽合肥	
第九绥靖区	山东临沂	
第十绥靖区	山东兖州	
第十一绥靖区	山东青岛	
第十二绥靖区	河南郑州	

① 本表依据馆藏档案编制。

续表

军事机构名称	驻　　地	备　　考
第十三绥靖区	河南南阳	
第十四绥靖区	安徽阜阳	
第十五绥靖区	湖北襄阳	
第十六绥靖区	湖北咸宁	
首都卫戍总司令部	南　　京	
北平警备总司令部	北　　平	
新疆警备总司令部	迪　　化	
沈阳防守司令部	沈　　阳	
西昌警备司令部	西　　昌	
云南警备总司令部	昆　　明	
重庆警备司令部	重　　庆	
天津警备司令部	天　　津	
成都警备司令部	成　　都	
西安警备司令部	西　　安	
宝鸡警备司令部	宝　　鸡	
承德警备司令部	承　　德	
黄龙山警备司令部	陕　　西	
迪化警备司令部	迪　　化	
台湾警备司令部	台　　北	
武汉警备司令部	武　　汉	
淞沪警备司令部	上　　海	
吴淞要塞司令部	上　　海	
高雄要塞司令部	台湾高雄	
基隆要塞司令部	台湾基隆	
海南岛要塞司令部	海南岛	
马公要塞司令部	澎湖岛	
江宁要塞司令部	江　　宁	
江阴要塞司令部	江　　阴	
厦门要塞司令部	厦　　门	
虎门要塞司令部	广　　州	
青岛警备司令部	青　　岛	
第一补给区	徐　　州	
第五补给区	北　　平	

续表

军事机构名称	驻　地	备　考
第六补给区	沈　阳	
第七补给区	西　安	
第八补给区	兰　州	
宪兵司令部	南　京	
中央训练团	孝陵卫	
陆军大学	孝陵卫	
测量学校	苏　州	
军官学校	汉　口	
陆军军官学校	成　都	
步兵学校	汤　山	
炮兵学校	汤　山	
骑兵学校	天　水	
装甲兵学校	徐　州	
运输学校	汉　口	
宪兵学校	南　京	
通信学校	马鞍山	
工兵学校	蚌　埠	
兵工学校	吴　淞	
经理学校	上海江湾	
勤务学校	上海江湾	
特勤学校	上海江湾	
兽医学校	贵州安顺	
国防医学院	上海江湾	
江苏军管区	镇　江	
浙江军管区	杭　州	
安徽军管区	合　肥	
江西军管区	南　昌	
湖北军管区	武　昌	
湖南军管区	长　沙	
四川军管区	成　都	
贵州军管区	贵　阳	
福建军管区	福　州	
广东军管区	广　州	

续表

军事机构名称	驻　地	备　考
广西军管区	桂　林	
云南军管区	昆　明	
山东军管区	济　南	
山西军管区	太　原	
河南军管区	开　封	
察哈尔军管区	万　全	
陕西军管区	西　安	
甘肃军管区	兰　州	
西康军管区	雅　安	
苏北师管区	徐　州	
苏东师管区	南　通	
苏西师管区	江　都	
上海师管区	上　海	
浙北师管区	杭　州	
浙东师管区	鄞　县	
浙西师管区	金　华	
皖北师管区	蚌　埠	
皖中师管区	合　肥	
皖南师管区	怀　宁	
赣北师管区	南　昌	
赣南师管区	吉　安	
鄂东师管区	武　昌	
鄂西师管区	宜　昌	
湘北师管区	常　德	
湘东师管区	长　沙	
湘南师管区	衡　阳	
川东师管区	万　县	
川北师管区	成　都	
川西师管区	嘉　定	

〔联合勤务总司令部档案〕

19. 国防部颁布游击纵队编制系统及人员统计表

(1949年1月7日)

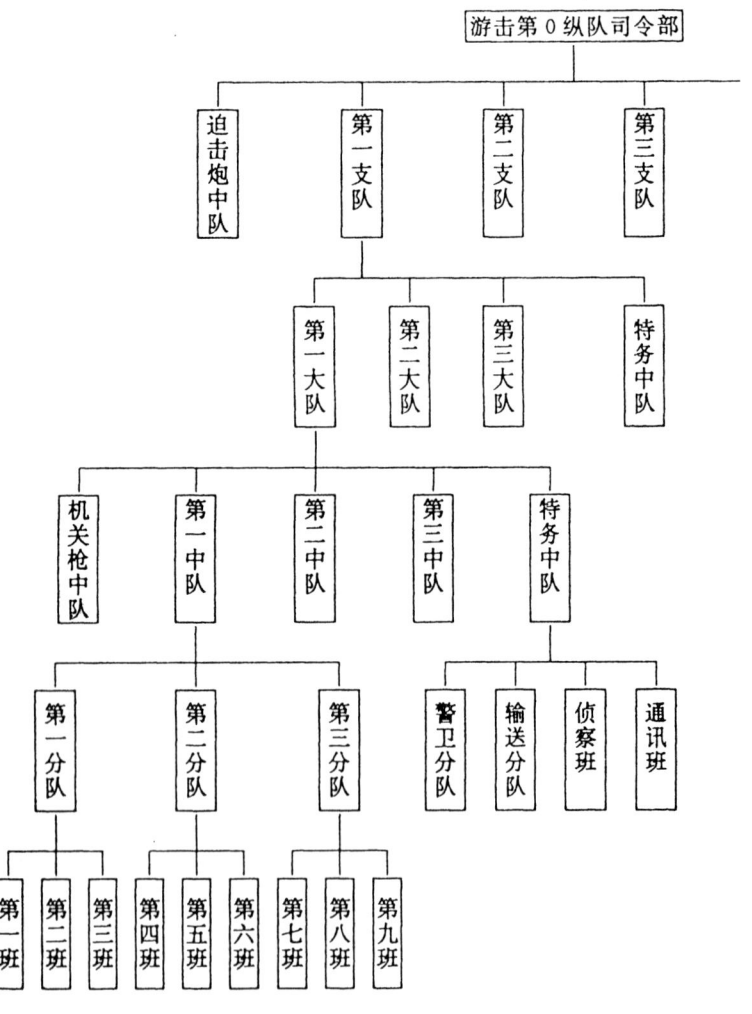

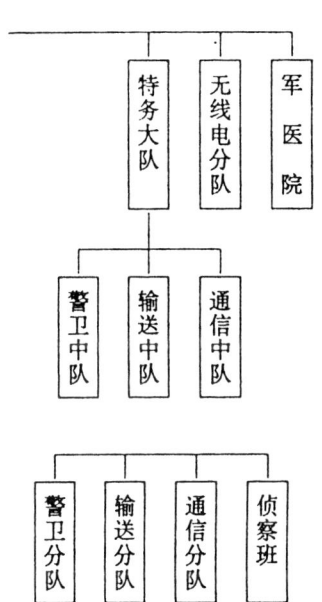

附　　记

一、编制应由下而上，未满三分队者，不得编为分队，未满三分队以上者，不得编为中队，未满三中队以上者，不得编为大队，未满三大队以上者，不得编为支队，未满三支队以上者，不得编为纵队。

二、迫击炮中队无炮者，机关枪中队无机关枪者，均不编设。

三、通讯队班无通信器材者，不编设。

游击纵队司令部编制表

职别		司令	副司令	参谋长	参谋室					政工室					副		
					主任	参谋	书记	译电员	司书	主任	秘书	干事	司书	文书军事	主任	副官	军法官
官佐	阶级	少将	上校	上(中)校	中校	少校	中尉	军委一阶	军委四阶	中校	军荐二阶	少校	上尉	军委四阶	少校	上尉	中尉	军荐二阶
	员额	一	一	一	一	二	一	一	一	一	一	二	二	一	一	一	一	一
士兵	阶级														上士			
	名额														一			
马匹	乘	一	一	一	一	一												
	驮																	
备考																		

			官　　　室						军　需　室			
军械员	书记	司书	司号长	军械军士	传达军士	卫士	炊事兵	饲养兵	主任	军需	司书	军需军士
军委一阶	军委二阶	军委四阶	三等军乐佐						三等军需正	一等军需佐	二等军需佐	军委四阶
一	一	一	一						一	二	一	一
				上中士	中下士	上一等兵	中下士	上一二等兵				上中士
				六	五 一 二	一 二	二 三	一 二				一 一
					二							
						司令各一、副司令、参谋长各一。	兼服勤务。	无马匹不设。				

343

军医室				合记	附记
主任	军医	司药	看护军士 看护兵		
三等军医正	一等军医佐	二等军医佐	二等司药佐		二、迫击炮中队无炮者，不编设。
一	二	一	一	三五	
			上中士 上等兵		一、纵队以三支队及直属特务大队、迫击炮中队、无线电分队、军医院编成立。
			一 二	三四	
				八	

游击纵队人员统计表

区别\阶级		纵队司令部	第一支队							第二大队	第三大队	特务中队	支队合计
			支队部	第一大队									
				大队部	第一中队	第二中队	第三中队	机关枪中队	特务中队	大队小计			
官佐	少将	1									同第一大队	同第一大队	
	上校	2	1										1
	中校	2	2										2
	少校	8	3	1					1	1	1		6
	上尉	11	6	3	2	2	2	2	1	12	12	12	1	43
	中尉	6	3	2	1	1	1	1	1	7	7	7	1	25
	少尉	1	1		2	2	2	2	1	8	8	8	1	26
	准尉	4	2		1	1	1	1	1	5	5	5	1	18
	合计	35	18	6	6	6	6	5	4	33	33	33	4	121
士兵夫	上士	4	4	1	1	1	1	3	2	9	9	9	2	33
	中士	5	2	1	3	3	3	4	3	17	17	17	3	56
	下士	3		2	6	6	6	4	4	28	28	28	4	88
	上等兵	9	5	5	13	13	13	11	14	69	69	69	14	226
	一等兵	8	6	5	40	40	40	29	21	175	175	175	21	552
	二等兵	5	3		49	49	49	27	50	224	224	224	50	725
	合计	34	20	14	112	112	112	78	94	522	522	522	94	1680
人员总计		69	38	20	118	118	118	83	98	555	555	555	98	1801
备考														

三、军医院调兼官兵除外，仅填应补足之数。
二、特务中队、输送中队、特务大队、输送大队暨无线电分队之输率，均列入二等兵数内。
一、本表系完整纵队之统计。

第二支队	第三支队	特务大队					迫击炮中队	军医院	无线电分队	全纵队总计
		大队部	警卫中队	输送中队	通信中队	大队小计				
同第一支队	同第一支队									1
										5
										8
		1				1				27
		4	2	1	1	8	2		1	151
		2	1	1	1	5	1		3	90
			2	2	2	6	1		1	87
			1	1	2	4	1		3	66
		7	6	5	6	24	5	4	4	435
		1	1	1	2	5	2	3	1	114
		3	3	4	9	19	5		2	199
		1	6	6	9	22	4	1	1	295
		5	13	1	21	40	15	9	5	756
		5	40	6	50	101	32	21	1	1819
			49	93	49	191	33	18	7	2429
		15	112	111	140	378	91	54	15	5612
		22	128	116	146	402	96	58	19	6047

〔联合勤务总司令部档案〕

20. 联合勤务总司令部抄发陆军军师司令部职掌划分表训令

(1949年1月31日)

联合勤务总司令部训令　　　　石磷字第604045号

南京供应局：一、奉总长顾（卅七）十二月廿三日制也字2247号代电副本，核定陆军军师司令部职掌划分如附表。

二、兹随令抄发原表一份，希知照。

三、本件转令本部各处、署，各补给区司令部，各兵站总监部，第九兵站分监部，各供应局及上海港口司令部。

　　　　　　　　　　　　　　　总司令　郭　忏

中华民国卅八年一月卅一日

陆军军（师）司令部职掌划分表

分区	职　　掌	备考
第一科	一、计划人员之需要，请补分配及人事统计事宜。 二、各项人事、兵役、法规、政策、计划等之转达、监督、建议。 三、处理有关于陆海空军人事之俘虏、敌侨、敌俘事项。 四、部队员额、马骡表表报之复实汇事项。 五、振作士气业务之计划及坟墓标记各事项。 六、有关人事派免、奖惩之审核及抚恤、福利之人事、行政事项。	人事。
第二科	一、情报计划之拟订并监督其实施。 二、情报之搜集、整理、研判与分发。 三、发布上级机关一切与情报攸关之命令、训令并监督其实施。 四、对下级情报工作之监督、考核及情报、训练之计划、实施。 五、保防及策反计划之拟订与实施。 六、审讯俘虏。 七、兵要地志之调查。 八、密码编订与使用、保管。 九、对敌宣传计划之拟订与监督实施。	情报。

分区	职　　掌	备考
第三科	一、作战计划之拟订与命令起草。 二、判断现在情况，以决定其作战方针及方法，并监督协调各级司令部有关作战计划之措施。 三、编辑并分析作战报告，分类报告于有关单位及兵力驻地之表报事项。 四、部队编制及编组之举行之监督实施。 五、依据部颁军事教育法令、规章，对于本单位教育计划之拟订与执行，并战地机会教育之实施。 六、地面图书保管与领发。 七、依据作战经验，对于编制教育方面之改革建议。 八、本军史政资料之保管与编纂。	作战及编训。
第四科	一、拟订后勤设施计划及草拟后勤命令，并监督其设施。 二、有关补给、补充、运输、卫生、后送以及交通、通信各项业务之筹划与监督实施。 三、各项补给品量之控制，获得储备统计、分配与运转事宜。 四、各项装备书、器材等之筹补、分配与保养，并监督实施。 五、勤务部队之运用与调整。 六、战地物资及俘虏品之搜集与处理。 七、营舍之管理、分配与修缮事宜。 八、有关后勤设施之建议	后勤补给及通信。
政工处	一、关于官兵非军事教育、训练事项，并报告关于部队战斗精神及效力实际状况。 二、所属政工处工作之设计、指导与考核事项。 三、部队经理补给及军风纪之协同监察事项。 四、官兵生活指导与伤病官兵之慰劳与监督，军医治疗伤患福利事项。 五、发展军中文化与政府法令之阐扬、推行事项。 六、宣传报道及军中康乐活动事项。 七、官兵思想、心理、生活、姿态之研究、辅导及考察事项。 八、军政机关与社团之联系与促进军民合作，并协助地方政府处理土地、财赋、救济、合作、社会文化、教育事项。	

分区	职　　　　掌	备考
副官组	一、编制司令部及直属部队之人事日报表,并综合所属各单位之人事日报表,呈送上级司令部。 二、查核人事日报表,提取有关统计资料。 三、依照既定方针办理本部官兵之人事业务,以征选、分类、分配、派职、任官、晋升、服役、休假、调派、伤亡,处理勋奖、惩罚、考绩、薪饷、福利等。 四、发布人事命令。 五、保管并登记本军所属官兵人事籍录。 六、典守印信。 七、办理本部文书之集中、缮写、校对与复制,并担任本部一般性外事文书。 八、发布一般命令及通告。 九、处理不属于其他单位之文件及行政事项。 十、编纂本部沿革史及大事记。 十一、调制部队机关驻地表,并通报各有关单位。 十二、保管本部档案及公文纸张,书刊表册之领发、保管及发布。 十三、印制、保管及核发军用执照、证明书及差假证。 十四、编制本部各单位代字表,并办理本部官兵通讯事项。 十五、办理本部军邮局（所）,并策划、督导军邮业务。 十六、本部文电总收总发。 十七、检查公文处理速度,稽催各单位办理。 十八、管理及指导传达队（士兵）,担任本部各单位间传达勤务。 十九、检查传递速度。 廿、翻译来往电报。 廿一、密电本、军电纸之领发与保管。	
预算组	一、预算之编审、分配及追加减科目、流用事项。 二、购置、变卖财物,或营缮工程举行投票,订约之参加签证事项。 三、预算账籍之登记与表报事项。 四、预算支用之签证及事前审核事项。 五、对所属单位预算人员业务上之指导与考核事项。	

分区	职　　　掌	备考
财务组	一、金钱给与之领发。 二、财务表册之造报与审核。 三、收支概况之报告并公布。 四、司令部及直属部队薪饷之领发。 五、对于各级财务人员业务上之指导、考核。	
经理组	一、粮秣被服装具及一般物品之统筹、具领、分配与保管。 二、有关经理账表——审核与编报。 三、官兵眷属福利事项之办理。 四、补给品追送与有关补给部队之协调事项。 五、对各级经理人员业务上之指导与考核。	
监察组	一、各级官兵力行：总统训示及执行上级命令之监察事项。 二、部队纪律、士气、思想及军民情感之考察。 三、部队作战训练、财务经理、补给人马、器材之调查、视察及改进、建议事项。 四、行政效率及奉行法令之监察。 五、盗卖公物及浮报人马、克扣薪饷、违反运输纪律等不法案件之调查与检举。 六、军事采购、工程建筑及一切军事设施之调查视察。 七、官兵生活及福利之监察事项。 八、关于特殊功勋及特殊困难之转报事项。 九、关于剿匪官兵宣誓之监督事项。	
军法组	一、军法行政事项。 二、办理军事检查及军风纪之纠察事项。 三、办理军法裁判事宜。 四、军法案件统计及赃物之保管。	
军医组	一、医务行政事项。 二、各级卫材设备及卫生人员考核、调派与训练。 三、司令部人员医疗防疫设施，健康检查及所属部队卫生状况调查并监视实施。 四、驻地环境卫生之调查及饮水之检查。 五、医疗健康情形之报告并建议事项。	

分区	职　　掌	备考
兽医组	一、兽医行政事项。 二、各级卫材设备及兽医人员考核、调派与训练。 三、司令部军兽之医疗保健、防疫设施,健康检查及所属部队军兽卫生状况调查并监督实施。 四、驻地状况之调查及饮水之检查。 五、军兽医疗情形之报告及建议事项。 六、员兵动物性食品之检查。	

〔联合勤务总司令部档案〕

21. 国防部制定之匪后全面游击办法

(1949年7月)

匪后全面游击办法

一、凡省主席、专员、县长绝对不许在后方地区有流亡政府,而只可在原辖区内有游击政府。

二、凡匪后游击政府之省政府主席,自任各省人民反共自卫救国总司令;专员均兼任该区人民反共自卫救国军总指挥;县长均兼任该县人民反共自卫救国军司令,有指挥并组织辖区内党政军(民军)之全权,在不违背三民主义及大本营战略指导之原则下,其一切措施得便宜行事,其因组织有效而向辖区以外发展者,均承认之。其因地方官吏弃战逃走,由人民揭竿而起组织反共力量而能控制一县者,承认其为县长。能控制一区者,承认其为专员。能控制一省者,承认其为省主席。并对省主席、专员、县长各职,均由政府给予正式任命。如地跨县行政区域之边区,亦准此原则,由政府给予某某边区行政主任之正式名义。至于区县级人民反共自卫救国军之总指挥及司令,则由各该总司令给委。

三、凡游击政府之军政所需经临各费及粮秣、服装等项,应以就地自力更生为唯一原则,概由地方自筹(如向人民征借,须于征借后,由各该政府、部队发给人民收据,俟将来政府收复失地后,可由人民将此项收据作为完粮纳税之用),中央仅可酌予补助(如一次补助费及弹药、电台之类),但因加强力量拨归指挥之国军或进入该区之国军,其经费仍由中央发给。

四、各师团管区司令部及其部队,于辖区陷匪时,应即在辖区内参加人民反共自卫救国军之组织,自求生存,不准撤退。

五、战场内之游击——除由地方政府在匪后发动全面游击外,在战场内匪军之直后应由各野战军司令长官随时派遣正规部队,不断绕越施行奇袭,尤以某线撤退时,必须指定精强部队向匪后转进,予匪以不意之打击。

〔财政部档案〕

（四）兵役法规

1. 国民政府公布修正兵役法令

(1946年10月10日)

国民政府令　　　　　　　　民国卅五年十月十日

　　国民政府前当抗战胜利之始，为求与民休息，曾于三十四年九月三日颁布明令，所有全国兵役，自同日起一律缓征一年。惟兵役乃国家经常制度，无论战时平时，皆所必行。缓征期间，业将兵役法规重加修订，并将各师团管区重新设置，俾确立平时征兵制度。现缓征届满，应自三十五年十月十日起，遵照修订兵役法规，继续实行。凡我国民，须知服兵役为人人必尽之天职，务必互相劝勉，踊跃应征。庶建军基础，获以奠立，国防力量，克以充实。有厚望焉。此令。

国民政府令

　　兹修正兵役法，公布之。此令。

兵役法　　民国三十五年十月十日
　　　　　国民政府第二六四六号公报公布
　　　　　　第一章　总则

第一条　中华民国男子，依法皆有服兵役之义务。

第二条　本法所称兵役，为军官佐役、军士役、兵卒役。

第三条　男子自年满十八岁之翌年一月一日起役，至届满四十五岁之年十二月三十一日除役。军官佐之役，另以法律定之。

第四条　凡身体畸形残废或有痼疾不堪服役者，免服兵役。

第五条　凡曾判处七年以上有期徒刑以上之刑者，禁服兵役。

第二章 役种

第六条 兵役分为常备兵役、补充兵役、国民兵役三种。

第七条 常备兵役分左列二种：

一、现役 以男子年满廿岁之翌年，经征兵体检合格，征集入营者服之，为期二年。但步兵之军士及特种兵、特业兵为期三年。

二、预备役 以现役期满退伍者服之，至届满二十五岁止除役。

常备兵现役如为高中以上毕业学生，征集服役期间为一年，但特种兵、特业兵为期一年又六个月。

第八条 补充兵役分左列二种：

一、现役 凡适合常备兵现役之超额男子，根据国防需要，每年征集一部入营，由常备师或管区施以四个月至六个月之训练，期满退伍。

二、预备役 以补充兵现役期满退伍者充之，均至届满四十五岁止除役。

第九条 国民兵役分左列三种：

一、初期国民兵役 以男子年满十八岁者服之，为期二年。

二、甲种国民兵役 以初期国民兵役期满，适合于常备兵及补充兵现役所需之超额者服之，及龄之年，由县市政府施以二个月至三个月之集中军事训练。

三、乙种国民兵役 以初期国民兵役期满，而未服常备兵役、补充兵役及甲种国民兵役者服之，施以相当之军事训练。

前项第二款、第三款国民兵役期限，均至届满四十五岁止除役。

第三章 服役

第一〇条 常备兵役在战时依年次召集，担任捍卫国家之作战任务。

第一一条 补充兵在战时依战事需要，得依年次集召，参加作战，并得临时施以补习教育。

第一二条　国民兵平时受规定之军事教育，战时或非常事变时，得召集服左列勤务：

一、辅助作战勤务，必要时得参加作战。

二、维持地方治安。

三、担任当地之防空勤务。

第一三条　现役中，身体疾病，不堪行动，在六个月内无健复之望者，予以停役，至健康恢复时回役。

第一四条　现役中有左列情形之一者，得延长其服役期间：

一、战时或非常事变之际。

二、航海中或在国外勤务时。

三、重要演习或特别校阅时。

四、因天灾或其他不可避免之事故时。

第四章　管理

第一五条　国防部为全国兵役行政主管机关，内政部为全国兵役行政协管机关，其他有关各部、会、署事项，由关系各部、会、署会同办理之。

第一六条　为施行兵役事务，由国防部按人口标准，配合常备兵额，适应行政区域，划分全国为若干师管区、团管区，设置师管区、团管区司令部，受当地军事高级机关指挥监督，分别办理各该管区内之兵役及其有关事务。

第一七条　省政府主席、院辖市市长为省市征兵监督，受国防部部长及内政部部长之指挥监督，协助管区司令办理兵役及其有关事务。

第一八条　县长及省辖市市长为县市征兵官，受该管区司令之指挥监督，办理所管区内兵役及其有关事务。

第五章　征集

第一九条　男子年满十八岁者为国民兵役及龄，年满二十岁者为常备兵役、补充兵役之现役及龄。常备兵与补充兵届现役及龄之年，应受左列征兵处理，由县市政府会同地方民意机关及其有关机关办理之：

一、身家调查。

二、体格检查。

三、抽签。

四、征集。

第二〇条　身家调查以乡镇为单位，每年四月至六月举行，侨居国外之现役及龄男子，其身家调查由驻外使馆办理之。

第二一条　体格检查每年七月至九月就本籍举行，如寄居他籍者，得就寄居地行之。届检查之年，因故经许可未受检查者，于次年补行之。

第二二条　抽签每年十月举行，凡体格等位相同者，分别军种及兵种，依抽签定其征集顺序。

前项抽签，由现役及龄男子亲自行之。

第二三条　征集就本籍举行，如寄居他籍者，经呈报核准时，得就寄居地行之。应征服现役，以每年年一月一日为正规入营期，于必要时，另定补助入营期。

第二十四条　现役及龄男子有左列情形之一者，得延期征集，称为缓征：

一、因公出国者。

二、高中以上学校学生未毕业者。

三、犯最重本刑为有期徒刑以上之刑之罪，在追诉中者。

前项第一款、第三款缓征原因消灭时，仍受征集，第二款之学生，于毕业后征集入营，完成预备干部教育。

第六章　召集

第二十五条　常备兵预备役，补充兵预备役及国民兵，受左列之召集：

一、动员召集。

二、教育召集。

三、演习召集。

四、点阅召集。

五、临时召集。

第二六条 预备役及国民兵有左列情形之一者,得延缓动员召集称为缓召:

一、现任有关国防工业之专门技术员工,经审查核定者。

二、曾在教育部认可之师范学校毕业,现任小学教师一年以上,经审查合格者。

三、患病经证明不堪服作战任务者。

四、独负家庭生计责任,而无同胞兄弟者,或有同胞兄弟,而均已应召或均未满十八岁者,亦同。

五、犯最要本刑之有期徒刑以上之刑之罪在追诉中,或犯罪处徒刑,在执行中者。

前项缓召原因消灭时,仍受召集。

第七章 海空军之兵役

第二七条 海空军之兵役,除适用本法之一般规定外,依左列之规定:

一、海空军之兵役,其体力智力之要求,得依特定之标准征集。

二、凡适合常备兵现役,其体力智力合于海空军军官佐役、军士役、兵卒役时,得尽先以志愿者征集之。

三、海空军兵役之自愿者,不足征额时,得就合格者以抽签决定之。

第二八条 海空军之服役,另以法律定之。

第八章 权利义务

第二九条 国民为国服役时,享有左列权利:

一、应征应召时,学生准保留学籍,职工准保留底缺,无职业者,退伍复员后,有优先就业之权利。

二、担任作战勤务中,其家庭不能维持生活时,政府负责救济之。

三、战死者之子女,政府负责教养成立。

四、战死者,由原籍地方祀祠建碑,以资表彰。

五、勋赏、抚恤及其他法令规定应享之权利。

第三○条　凡应征应召者,应履行左列之义务:

一、应宣誓效忠中华民国。

二、对于公务有保守秘密之责任,至除役后亦同。

三、未经长官之许可不得参加任何集会或结社,已参加者,在服役中应停止活动。

第九章　妨害兵役

第三一条　有左列情形之一者,为妨害兵役:

一、应受征兵处理及征召服役时,无故迟延或不到者。

二、兵役及龄,稳〔隐〕匿不报,或为虚伪之证明及记载,或伪造证件,或用顶替及其他诈伪方法,意图规避者。

三、以暴力或其他方法,反抗或违害兵役推行者。

四、办理兵役人员意图舞弊,不依法令办理者。

妨害兵役治罪条例另定之。

第十章　附则

第三二条　依志愿能服兵役者,其服役依命令定之。

第三三条　合于本法第三条年龄之女子,平时得依其志愿施以相当之军事辅助勤务教育,战时得征集服任军事辅助勤务,其征集及服务,另以法律定之。

第三四条　本法施行法另定之。

第三五条　本法自公布日施行。

〔国民政府档案〕

2. 兵役局拟防止部队吃缺办法稿

(1946年11月)

防止部队吃缺办法

为防止部队吃缺，拟将点名发饷册，改用士兵摹鉴册，其办法如左：

一、本部增设一士兵摹鉴司（由现管理士兵机关增加人员亦可），主管各部队士兵摹鉴之责，其组织另定之。

二、各部队现有在营士兵，应重新造具士兵活页摹鉴各一份，呈由师司令部汇呈本部备核，以为原始摹鉴，限　月　日前办理完竣，格式如附件一。并得由本部派员监视办理之。

三、嗣后各县（市）政府于每次交拨新兵时，除按规定造具各项册表外，另照上款格式造具士兵活页摹鉴各一份。交由接兵部队具报师区或直属团区转报本部备核，以为原始摹鉴。

四、士兵摹鉴及摹鉴册，均以右手食指印黑（蓝）色打印油，在摹鉴纸上向左横盖为准。

五、各部队于新兵入伍（现有士兵则于奉令后）初次领粮之日，另具右手食指摹鉴册一份，以连为单位分订，送交当地供应机关，格式如附件二。嗣后则于每月初另造送一份。

六、各供应机关接到上项摹鉴册后，除核发粮款外，应随时将原册送回原部队，饬各士兵在本人姓名下空格复盖，每次一格，每月至少二次，如有潜逃或死亡，须在该格注明日期携回查核，如有不符应减发粮款呈报本部惩处，并于每月终将该册呈报本部，核对原始摹鉴。

七、部队驻地如有移动，原供应机关应照部队进行路线，将当月摹鉴册递寄次一供应机关复盖查对，至月终时即由该供应机关将册呈报本部。

八、各级直属主官亦应照五六两款办法办理，随时派员复盖以便查核人数。

九、各部队所报士兵摹鉴，主管机关应以连为单位分档保管，对于各级司令部及团营部，亦准此办理。

十、士兵如有变更管辖时，主管摹鉴机关应按照所报名册，将各该士兵原始摹鉴抽出，转入新服务之部队，但于退伍时则抽出焚毁之。

十一、各部队对于士兵，非经呈准，不得先行开除淘汰。

十二、各部队士兵如有潜逃或死亡时，应于规定时间内具报，不得迟误，主管摹鉴机关于接到各部队具报有潜逃者，则将该兵摹鉴抽出另档保管，如有死亡则焚毁之。

十三、主管摹鉴机关应于每月终，将各供应机关送到之各部队士兵摹鉴册与原始摹鉴核对，如有不符，即分别注记汇交补给机关（财、经两署）为审核当月粮饷之依据，其所领粮饷由其直属最高长官负责追扣或赔偿，并由本部另行惩处，其办法另定之。

十四、本部得随时派员或以命令指饬某一部队重报士兵摹鉴册，以示抽查之意。

〔联合勤务总司令部档案〕

3. 国防部颁行免役禁役缓征缓召申请审查办法

（1947年1月20日）

免役禁役缓征缓召申请审查办法 三十六年一月二十日国防部（卅六）成笺字第八八五号代电颁行

第一条 本办法依据兵役法第四条、第五条、第二十四条、第二十六条之规定订定之。

第二条 凡合于兵役法所定之免役、禁役、缓征、缓召者，应行办理事项，除兵役法施行法已有规定外，其申请审查事项悉依本办法办理之。

第三条　申请审查期间，于每年身家调查开始，体格检查前完成，其时间分配如左：

一、各乡镇公所，于每年四月十五日以前完成初查工作，于同年四月三十日以前造具免役、禁役、缓征、缓召名册（附式一），连同申请书（附式二）及证明文件，备文呈请所隶总〔县〕市政府作初步审核，同时将初查结果，分别列榜公告。

二、县市政府，根据所属乡镇公所所报名册等件，于三日内邀同当地之兵役协会组织免禁缓役审查委员会，作初步审核，于五月三十一日以前完成，赓即造具统计表（附式三）连同乡镇公所原呈文件，并于原名册加注初核意见，汇呈所隶团管区司令部复核。

三、团管区司令部，根据所属县市政府转报册表，随时审核，于六月十五日以前审查完毕，分别掣给免役缓役证（附式四），禁役及缓召者审核合格，准予备查，不另给证，并造具统计表（附式五）两份，以一份自存，以一份呈送所隶之师管区司令部。

前项免役缓征证由团管区司令部于六月十五日以前办理竣事，按申请人之籍贯分别汇寄，同时将申请人所附之证件，加盖"查讫"戳记，一并发交该申请人之原籍县市政府转发，不得藉故稽延。

四、师管区司令部，收到所属团管区司令部所报之统计表后，汇制统计表（附式六）于每年六月三十日以前，呈报国防部，分报内政部。

第四条　审查时，乡镇公所应注意其事实与证件之确实与否，免禁缓役审查委员应注意其资格之合法与否。

第五条　依兵役法第四条申请免役者，由其家长或本人填具免役申请书（附式二），并缴附当地县市卫生机关及注册医院之检验属实证明书（附式七），于每年四月一日以前，向所隶乡镇公所申请免役，乡镇公所初查完毕，应于证件上加盖"经查属实"戳记，转呈初审机关，初审机关如认为证件有疑义时，得报请团管区司令部指派军医官举行复检。必要时县市政府、师（团）管区司令部得派员抽查。

第六条　依兵役法第五条应禁役者及第二十四条第三款申请缓征者，暨第二十六条第五款申请缓召者，由其家长或本人填具禁役呈报书（附式八）或缓征召申请书（附式二）检附原判决书之副本或照片（犯罪在追诉中者应缴审理机关之证明），于每年四月一日，向所隶乡镇公所申请，除兵役法第五条规定禁役者外，其原因消灭时，由原判决或处理之司法机关，通知原隶团管区司令部转饬县市政府续行办理征集手续。

前项证件之审查，应根据原判决或处理之司法机关之通知详加核对。

第七条　依兵役法第二十四条第一款申请缓征者，由其家长或本人填具缓征申请书（附式二），检附出国护照之抄本或照片，于每年四月一日以前，向所隶乡镇公所申请，其原因消灭时，由原派遣机关，通知所隶团管区司令部转饬县市政府续行办理征集手续。

前项证件之审查，应根据其派遣机关所送通知，详加核对。

第八条　依兵役法第二十四条第二款申请缓征者，由其家长或本人填具缓征申请书（附式二），检附本期肄业学校出具之证明书，于每年四月一日以前，向所隶乡镇公所申请，于毕业后，由团管区司令部，按班次转饬县市政府续行办理征集手续，完全〔成?〕预备干部教育。

前项证件之审查，应根据其肄业学校，于每学期始业时，所造之学生名册，详加核对。

第九条　依兵役法第二十六条第一款申请缓召者，由其家长或本人填具缓召申请书（附式二），检附专门学校毕业证书，机关场厂服任技术职务证书，或技工检定书，于每年四月一日以前，向所隶乡镇公所申请。

前项证件之审查，应根据行政院颁布之有关国防工业专门技术员工缓召适用范围，及所在地团管区司令部复核之各该管机关所送之初核名册（附式九），详加核对。

第一〇条　有关国防工业专门技术员工缓召适用范围，由国防部拟定，呈请行政院核定之。

第一一条　依兵役法第二十六条第二款申请缓召者，由其家长或本人填具缓召申请书（附式二），检附现任合格小学教师登记证及聘书或照片，于每年四月一日以前，向所隶乡镇公所申请。

前项证件之审查，应根据上级教育机关审查各县市教育机关造具之名册，详加核对。

第一二条　依兵役法第二十六条第三款申请缓召者，由其家长或本人填具缓召申请书（附式二），检附当地县市卫生机关，或注册医院检验属实之证明书（附式七），于每年四月一日以前，向所隶乡镇公所申请，乡镇公所初查完毕，应予证件上加盖"经查属实"戳记，转呈初审机关，初审机关如认为证件有疑义时，得报请团管区司令部指派军医官举行复检。

必要时县市政府、师（团）管区司令部，得派员抽查。

第十三条　依兵役法第二十六条第四款申请缓召者，由其家长或本人填具缓召申请书（附式二），检附原籍地或现居地所隶保甲长调查属实后出具之证明书（附式十），于每年四月一日，向所隶乡镇公所申请，乡镇公所初查完毕，应予保甲长所具之证明上加盖"经查属实"戳记，转呈初审机关，初审机关如认为证件有疑义时，得派员实地复查。

必要时，县市政府、师（团）管区司令部，得派员抽查。

第十四条　上列第九、十一、十二、十三等四条缓召原因消灭时，由各原证明机关，通知或呈报团管区司令部，转饬县市政府续行办理召集手续。

第十五条　依兵役法第二十四条及第二十六条各款，经核准缓征召之现役及龄男子，至原因消灭时，除依本办法规定办理外，其所发之缓征证，应由乡镇公所收回登记，层报团管区司令部注销之。其申请缓召者，不给缓召证，一遇原因消灭时，各级办理兵役机关，于缓召姓名册备考栏内，加注"原因消灭"字样，以备查考。团管区司令部，应于每年十二月三十一日以前，造具缓征召原因消灭报告表三份（附式十一），层报师管区司令部，转报国防、内政两部备查。

第十六条　本办法第六、九、十一、十二、十三等五条之申请缓召者，限于在乡军人，及已受训之甲种国民兵。

第十七条　县市政府及团管区司令部，于审核时，发现申请书有不合规定者，应即驳斥更正，其未予申明，或未能更正者，得提名令知乡镇公所续行办理征召手续。

如审核时，发现其证件系伪造者，由县市政府或团管区司令部，依妨害兵役治罪条例规定之条款，治以应得之罪刑。

第十八条　乡镇公所、县市政府或团管区司令部，办理审查事项，如有不按本办法规定时间办理，故意稽延时日者，得依兵役奖惩规则之所定，按其情节轻重，予以应得之处罚。

第十九条　乡镇公所、县市政府、或团管区司令部，办理审查事项，如有违法舞弊、徇私包庇，滥发免役缓征证，及缓召者，得依妨害兵役治罪条例之所定，治以应得之罪刑。

第二〇条　侨居国外现役及龄男子之免役、禁役、缓征缓召之审查，由驻外使领馆得参酌本办法之所订施行。

第二一条　本办法自公布之日施行。

各种附表〔略〕。

〔国防部档案〕

4. 国民政府公布兵役法施行法令

(1947年2月19日)

国民政府令　　　　　　　　　中华民国三十六年二月十九日

兹制定兵役法施行法，公布之。此令。

兵役法施行法　三十六年二月十九日府令公布

第一条　本施行法依兵役法第三十四条之规定制定之。

第二条　现役兵以年满二十岁之年，经征兵体格检查合格，依额于翌年一月一日征集入营，在营受正规之军事教育，期满退伍，转入预备役，其成绩优良之特种兵、特业兵得满二年后，步兵得满一年六个月后提前归休。

第三条　服常备兵役届满之上等兵，其成绩优良者，得予留营一年，授以军士教育，期满考试及格者，退伍为预备军士。

第四条　常备兵现役入营前，曾受其他军事训练者，服兵役时得按照所受教育程度酌量缩短其服役期间。

第五条　现役在营因病请假未逾六个月者，假满回营，其已逾六个月者停役，因病残废者免役，体弱者转国民兵役，已受教育逾六个月者转补充兵役。

第六条　常备兵现役在六个月内如因事故发生缺额时，得由补充兵、甲种国民兵分别递补之。

第七条　现役兵在服役期中入军事教育机关受军官佐或军事教育者，其服役依军事教育机关之所定，在前项教育机关毕业而任官或补充军士者，其役期依军官佐或军士服役之所定，其未予任补或未毕业而离前项教育机关者，仍回原役。

第八条　常备兵役士兵自入伍之日起编立现役军士籍、现役兵籍，退伍后编立预备役军士籍、预备役兵籍。

第九条　现役兵服役期满应予退伍，每年十二月三十一日为正规退伍期，必要时另定补助退伍期。

第十条　现役届满遇必要延役时，自现役期满之日起，仍依规定转役。

第十一条　凡兵卒在战时服役三年期满应予归休，称为战时归休，但其记分合于规定者，得提前归休。

前项归休期间因战时需要得延长之，但不得逾一年。

第一项记分标准，依服役日期服役成绩及其他事项定之。

第十二条　补充兵现役以经征兵检查合格未征服常备兵现役之男子依额征集之，起役之年受四个月至六个月之军事教育，期满转入预备役，其征集受训日期由国防部定之。应征服补充兵役者，在入营前曾受军事训练其程度相当于补充兵规定教育时，得免予征集训练。

第十三条　补充兵每年应征集训练之人数，视其需要，由国防部定之。

第十四条　补充兵现役受军事基本教育，由常备师或师管区、团管区集中训练之，常备师与师管区或团管区驻地一致时，由常备师训练之，驻地不一致时，由师管区或团管区设补充团或补充队训练之。

第十五条　补充兵补入常备兵现役缺额时，其服役依常备兵服役之所定。

第十六条　补充兵在服役期中入军事教育机关受军官佐或军事教育者，其服役依军事教育机关之所定。

第十七条　补充兵现役于入伍之日起编立补充兵现役兵籍，退伍后及已受相当于补充兵教育免予征集训练者，列入补充兵预备役兵籍。

第十八条　补充兵应召服战时勤务中，其战时归休与常备兵同。

第十九条　补充兵应召参战，必要时应受补习教育。

第二〇条　常备军官佐、军士之服役，另以法律定之。

预备军官佐动员应召作战时，其晋级、停年、除役，同于现役军官佐之所定。

第二一条　受训期满之甲种国民兵，编立名簿分存于县市政府及团管区司令部。

第二二条　甲种国民兵补入补充兵缺额时，其服役依补充兵服役之所定。

第二三条　国民兵训练实施在县市由县市政府主持，在乡镇由乡镇公所主持之。

第二四条　服国民兵役期间应受兵役法第二十五条第二款至第五款规定之召集，其召集范围、时间、人数、年次由国防部定之。

第二五条　国民兵之动员、召集，由国民政府命令行之。

前项召集按年次尽先召集服甲种国民兵役者。

第二六条　地方非常事变时由县市政府召集国民兵，但须呈报上级机关核备。

第二七条　甲种国民兵训练所需武器弹药及教育器材由中央政府发给之，所需经费、营房、设备、被服等列入中央预算。

第二八条　训练甲种国民兵之军官、军士以在乡军人充任之，待遇与陆军现役同。

第二九条　国民兵特种军事教育，由国防部定之。

第三〇条　师管区司令指挥所辖团管区掌理所管各该县市常备兵补充兵之征集，国民兵之组训，在乡军人之管理动员实施，及其他法令规定有关兵役事项，必要时兼负补充兵训练之责。

第三一条　团管区司令指挥所管县市长执行左列各项兵役业务：

一、役龄男子调查，及现役及龄男子身家调查。

二、免役、禁役及缓征、缓召之审核。
三、体格检查及抽签之实施。
四、常备兵、补充兵现役入营之征集。
五、国民兵之调查、组织、召集、服役。
六、在乡军人之调查、管理。
七、动员、召集之实行。
八、战时军人及其家属调查、优待之实施。
九、有关新兵保育之设施,及其协助事项。
十、其他法令所规定之有关军事事项。

第三二条　县市长督饬乡镇长执行前条所列兵役事务。

第三三条　省县市为推行左列事务得组织兵役协会辅助办理:

一、及龄男子身家调查。
二、免役、禁役、缓征、缓召之审核。
三、体格之检查。
四、抽签。
五、现役兵入营之征集。
六、国民兵调查、组训。
七、战时军人及其家属调查、优待之实施。
八、新兵之保育。
九、法令之宣导。

第三四条　团管区为征兵征集单位,县市为征兵额配赋单位,乡镇为征兵调查单位,分别依法受各该隶属主管官署之指挥监督,办理征兵处理事项。

第三五条　国防部每年年初根据计划,并依照核定之征额确定陆海空军配赋额,分配于全国各师管区或团管区,递配于所属团管区及县市,并于四月前分配竣事。

未设师管区或团管区地方,其应配赋之兵额及兵种由国防部定之。

第三六条　乡镇长于每年四月举行身家调查时，应将所属本年届满二十岁之男子，依据户籍登记转录于现役及龄男子名册，并通知其家长，于六月内办理完竣，造具名册及统计表呈报县市政府汇转团管区司令部备查。

第三七条　县市政府应于每年七月起依团管区所派医官之指导，会同兵役协会组织体格检查委员会，征集所属公私医生分组分区流动施行检查，于九月内完成，造具名册及统计表呈报团管区司令部备查。

体格检查时应同时检定其体位，详记其特征。

第三八条　体格检查合格者，照左列之规定依常备兵及补充兵之顺序征集之：

一、体格检查合格人数少于征额时，将合格人数全部征集，必要时降低体位标准，多于征额时，依抽签定征额顺序。

二、依体位等级分配军种兵种，以高等体位分配于海空军及特种兵，其体位及格而有特殊技能者，依其性质分配于特业兵。

三、同一体位依志愿征集，同一志愿及志愿者不能足额时，均依体位等级征集，体位、志愿均相同时，以抽签定之。

第三九条　抽签以在县市政府所在地举行为原则，但地区辽阔而交通不便者，得分区举行之。

第四〇条　县市政府于抽签完毕时，应将所有抽签者姓名、号次、体位等级及志愿人数，造具表册呈报团管区司令部，并将中签男子由县市政府列榜公布。

第四一条　团管区司令部于接得所属县市政府抽签册表后，应依照所配赋之兵额，将应行征集之兵种，分配各县市依法征集。

第四二条　征集如在寄居他县市行之者，仍列入本县市征额。

第四三条　侨居国外现役及龄男子之征兵处理事务，由行政院委驻外使领馆依本法之所定施行，其抽签手续应斟酌返国途程提早完毕,其回国服役转送拨补办法,由国防部拟订呈请行政院核定之。

第四四条 常备兵现役入营期,如因地方情形及季节等关系而须加以伸缩时,以不逾十五日为限。

第四五条 依兵役法第四条应免役者于每年体格检查时报经医官之鉴定,由县市政府审定后,汇报团管区司令部备核。

第四六条 依兵役法第五条应禁役者,及第三十四条第三款应缓征者,应由原判决或处理之司法机关通知其原籍县市政府汇报团管区司令部备查。

第四七条 依兵役法第二十四条第一款之缓征者,其派遣机关应将出国人之事由及期限通知其原籍县市政府,并由其本人及家长报告原籍乡镇公所呈报县市政府转报团管区司令部备查。

第四八条 依兵役法第二十四条第二款之缓征者,其家长应于每学期始业时将其肄业之学校及所在地报告乡镇公所层报团管区司令部备查。

高中以上学校于每学期始业时应造具学生名册,送请所在地县市政府分别通知其原籍县市政府汇报团管区司令部备查。

第四九条 依兵役法第二十六条第一款之缓召者,以国防工业有关之专门技术员工及不可代替人员为限,其身份鉴定及缓召范围由国防部会商有关主管机关定之。

第五〇条 前条缓召人员应由各该管机关于每年四月至六月依法予以初审,并造具名册送请所在地团管区司令部复核后,转报其原籍团管区司令部备查。

第五一条 县市政府于每年举行身家调查时,应督饬所属乡镇公所同时调查具有国防工业专门技术者,将其技能注于户籍及国民身份证,并造具表册呈报团管区司令部制成统计表层报国防部备查。

第五二条 各有关国防工业专门技术机关于动员期间,确因事实需要专门技术员工时，报请国防部配拨之。

第五三条　依兵役法第二十六条第二款之缓召者，应经县市教育机关造具名册报请上级教育机关审查后，由县市政府转报团管区司令部核备。

前项市为院辖市者，其审查由院辖市教育机关行之。

第五四条　依兵役法第二十六条第三款之缓召者，应经县市卫生机关检验属实出具证明书，由县市政府转报团管区司令部核备。

第五五条　依兵役法第二十六条第四款之缓召者，应由县市政府于每身家调查时，确实审核，将其注于户籍及国民身份证，并汇报团管区司令部核备。

第五六条　依兵役法第二十六条第五款之缓召者，应由原处理之司法机关通知其原籍县市政府转报团管区司令部备查。

第五七条　免役及缓征，除由该管乡镇公所、县市政府及管辖机关调查审核外，得由及龄男子或其家长于每年体格检查前向所隶乡镇及管辖机关申请审核。

依法应行缓召之人员，于动员召集时，其申请办法与前项规定同。

第五八条　禁役、免役及缓征者之姓名，应由县市政府于每年体格检查前在该管乡镇公所公告，其有不确者准由人民检举，必要时得由团管区司令部派员赴所属县市及乡镇抽查之。

依法应行缓征人员，于动员召集时，应由县市政府列榜公布，其有不确者，得由人民检举依法惩办。

第五九条　团管区司令部依据所属县市政府及有关机关、学校所报禁役、免役及缓征召册表复核属实后，掣给凭证，并造具统计表层报国防部备查。

第六〇条　左列人员为在乡军人：

一、常备兵现役期满内归休或战时归休者。

二、常备兵役、补充兵役之士兵现役期满退为预备役者。

三、现役中停役之军官佐。

四、退役之军官佐。

五、预备军官佐及军士。

第六一条　在乡军人以县市为单位，按军种、兵种、役别、官籍、军士籍、兵籍调查编组之。

第六二条　在乡军人管辖如左：

一、中校以下军官佐及士兵由县政府管理之。

二、上校级由所隶团管区管理之。

三、少将级由所隶师管区编组之。

四、中将以上由国防部统一编组之。

第六三条　凡在乡军人受兵役法第二十五条规定之动员、教育、演习、点阅、各种召集，其范围、人数、年次、时间、地点，由国防部定之。

动员之召集由国民政府命令行之。教育、演习、点阅之召集由国防部命令师管区或团管区行之。

关于临时召集，得由地方军事最高长官行之，呈报国防部核备。

第六四条　在乡军人得组织在乡军人会，以县市为组织单位，其组织通则由国防部定之。

第六五条　在乡军人会对于地方公益，及发生天灾意外事件，应协助政府办理之。

第六六条　海空军每年各兵科需额，由海空军总司令部，依照需要拟定名额详注兵科及体格标准特种要求与陆军每年征额，一并由国防部分配于指定之师管区或团管区县市，按征兵程序征集之。

第六七条　海空军征集时其输送入队，由海空军总司令部办理之。

第六八条　海空军在营服役年限、除役年龄,由国防部定之。

第六九条　海空军退役退伍后,其在乡之编组管理与陆军同。

第七〇条　海空军各种召集范围、年次、人数、时间、地点,由海空军总司令部拟订,呈请国防部核定之。

第七一条　依兵役法第二十九条第一款所定应征召之学生与职工,于退伍、归休或复员后持有常备部队发给之凭证复学、复业时,其原校或机关厂场不得拒收,若其原校或机关厂场有变更时,由政府另予计划转学或转业。

第七二条　依兵役法第二十九条第二款所定,政府于其应召时详细调查,如其家庭确系不能维持生活者,应统筹现金或实物,及筹设工厂或教养院等以资救济。

第七三条　依兵役法第二十九条第三款所定,其子女得免费入当地之学校及厂场等,施以相当教养,至成年时为止。

第七四条　依兵役法第三十条第一款所定之宣誓,其誓词如左:

余敬谨宣誓捍卫国家,爱护人民,服从命令,严守纪律,尽忠职务,保守秘密,如违誓言,愿受最严厉之处分。此誓。

第七五条　依兵役法第三十条第三款所定,无论其已否参加政治结社,均应注明于国民身份证,于入营时,应向部队长呈阅登记,以凭查考。

第七六条　本施行法自公布日施行。

〔国民政府档案〕

5. 国民政府公布修正妨害兵役治罪条例令

(1947年7月17日)

国民政府令　　　　　　　　三十六年七月十七日

兹修正妨害兵役治罪条例,公布之。此令。

妨害兵役治罪条例　国民政府三十六年七月十七日公布

第一条　妨害兵役依本条例治罪。本条例未规定者，适用其他法律之规定。

第二条　本条例称妨害兵役，指妨害现役之征集及动员召集而言。

第三条　依本条例科刑时，应审酌妨害兵役情状及左列次序为科刑较重较轻之标准：

一、动员召集。

二、常备兵现役征集。

三、补充兵现役征集。

第四条　犯本条例有期徒刑之罪者，并宣告褫夺公权。

第五条　现役龄男子，妨害征兵处理，有左列行为之一者，处三年以下有期徒刑：

一、身家调查，无故不遵限办理完竣者；

二、居住处所迁移，无故不报，漏未办理身家调查者；

三、体格检查，无故不到者；

四、抽签无故不到者；

五、应征服常备兵或补充现役，逾入营期限在五日以上，无故尚未入营者。

第六条　意图避免征集或召集，而有左列行为之一者，处五年以下有期徒刑：

一、男子已届现役及龄隐匿不报，或为虚伪之证明及记载者；

二、伪造、变造、毁弃、损毁或隐匿关于兵役之文书者；

三、捏造免役、禁役、停役、除役、缓役、缓召原因者；

四、无故毁伤身体者；

五、雇人顶替或顶替他人应征应召者。

第七条　犯前条第五款之罪，顶替在二次以上者，处三年以上十年以下有期徒刑。

第八条　应受征集或召集，于入营前逃亡者，处一年以上七年以下有期徒刑。

第九条　反抗或违害兵役推行，有左列行为之一者，各依其规定科刑：

一、煽惑他人避免应征应召者，处三年以下有期徒刑。

二、造谣惑众，意图防〔妨〕害兵役者，处三年以下有期徒刑。

三、唆使他人防〔妨〕害兵役者，处三年以下有期徒刑，连续在二次以上者，处一年以上七年以下有期徒刑。

四、庇护隐匿或便利应受征集或动员召集之现役及龄男子逃避服役者，处五年以下有期徒刑。

五、对于办理兵役人员执行职务时，公然侮辱者，处一年以下有期徒刑，施强暴胁迫者，处五年以下有期徒刑。

六、结伙持械阻挠兵役者，处一年以上七年以下有期徒刑，因而致人于死或重伤者，处死刑、无期徒刑或十年以上有期徒刑。

七、公然聚众持械反抗兵役推行者，处三年以上十年以下有期徒刑，因而致人于死或重伤者，处死刑、无期徒刑或十年以上有期徒刑，首谋者处死刑或无期徒刑。

第十条　办理兵役人员，有左列行为之一者，处三年以上十年以下有期徒刑：

一、办理征集或召集意图舞弊，不依限输送入营者；

二、编造现役及龄男子名册，故为不确实记载者；

三、故纵或隐匿便利应受征集或召集之现役及龄男子逃避服役者；

四、虚伪证明免役、禁役、停役、除役、缓征、缓召者。

第十一条　办理兵役人员收受贿款，有左列各款之一者，处死刑、无期徒刑或十年以上有期徒刑：

一、负有管理征召职务人员，以欺诈方法取得应征或应召者本人或其亲属之财物者。

二、对于办理兵役职务上之行为，要求期约或收受贿赂或其他不正当利益者。

三、违背办理兵役职务上之行为，要求期约或收受贿赂或其他不正当利益者。

本条之未遂犯罚之。

第十二条 犯前条第一款之罪，除追缴其财物，交还被害人外，得并科一万以上五万元以下罚金；犯第二款、第三款之罪，得并科五万以上十万元以下罚金，所受贿款应予没收或追缴之。

犯前条各款之罪，发觉前自首者，减轻其刑，其所受财物或贿款，于自首时全部自动缴出者，得免其刑。

第十三条 办理兵役人员缉获应受征召之逃犯，不依法送由有审判权机关审判，而越权处分者，处五年以下有期徒刑；其越权擅杀者处死刑。

第十四条 办理兵役人员，强迫不应受征召之男子入营服役，或对于已受征召之男子为凌虐之行为者，处一年以上七年以下有期徒刑；因而致人于死者，处死刑或无期徒刑；致重伤者，处无期徒刑或十年以上有期徒刑。

第十五条 犯本条例之罪，军人由军法机关审判，非军人由司法机关审判。

第十六条 本条例自公布日施行。

〔国防部档案〕

6. 行政院公布征兵处理规则令

(1947年7月19日)

行政院令　　　　　　　　（卅六）四防字第二八六五四号
　　　　　　　　　　　　卅六年七月十九日

兹制定征兵处理规则，公布之。此令。

征兵处理规则
第一章　总则

第一条　为依兵役法第十九条至二十三条，及兵役法施行法第三十条至五十九条实施现役及龄男子之征兵处理，除免役、禁役、缓征、缓召之申请审查另有规定外，依本规则行之。

第二条　现役及龄男子之征兵处理，分为身家调查（包括免禁缓役审查）、体格检查（包括兵种鉴定）、抽签、征集之四步程序，均于其届满二十岁之年实施之。

第三条　现役及龄男子之征兵处理，其实施规定如左：

一、身家调查以乡镇为实施单位，由县（市）政府督导办理。

二、体格检查与抽签以县（市）为实施单位，由团管区督导办理。

三、征集以团管区为实施单位，由师管区督导办理。

四、侨居国外之现役及龄男子，其征兵处理事务，所在地之使领馆准用本规则所定原则办理之。

第四条　现役及龄男子之征兵处理，除侨居国外者外，以在本籍地举行为原则，但迁居他处确经履行户籍转移者，则在现住地行之。

迁居他处未经履行户籍转移而愿在现住地举行者，应于事前报由现住地保甲层报县（市）政府通知本籍县（市）政府转知本籍保甲，以免重复。

如身家调查或体格检查与抽签不在一地举行时，其调查检查纪录，应通知抽签地，以为征兵之依据。

第五条　在侨居地之使领馆，应于举行身家调查后，将侨居之现役及龄男子，列册通知其原籍县（市）政府转报团管区司令部备查。

第六条　每年四月以前,各县(市)政府督导所属乡(镇)公所,依据辖区户口册籍清查整理,将现役及龄男子转录于现役及龄男子名簿。

第七条　身家调查于每年四至六月办理,其应实施之主要事项及其时限如左:

一、调查　于每年五月三十一日以前完成。

二、呈报　于每年六月三十日以前完成。

第八条　体格检查于每年七至九月办理,其应实施之主要事项及其概定时限如左:

一、公告　于每年七月十五日以前完成。

二、缓检补检申请　于每年七月三十一日以前完成。

三、检查实施　于每年九月十五日以前完成。

四、表册处理及呈报　于每年九月三十日以前完成。

第九条　抽签于每年十月办理,其应实施之主要事项及其概定时限如左:

一、抽签准备　于每年十月十五日以前完成。

二、抽签实施　于每年十月三十一日以前完成。

第十条　征集于每年十一月至十二月办理,其应实施之主要事项及其规定时限如左:

一、军种兵种之决定　于每年十月十五日以前完成。

二、征集准备　于规定入营前十五日完成。

三、征集实施　依营房之远近临时规定实施之。

第十一条　依征兵处理及格之男子,分为常备兵役、补充兵役、甲种国民兵役。

常备兵役于次年元月一日入营,补充兵役分于次年元月一日及七月一日入营受训,甲种国民兵役于次年元月一日起分三期入营受训。

除免禁缓役者外,征兵处理未及格之男子,列入乙种国民兵役，于次年元月一日起分四期集训之。

第二章 身家调查

第十二条 乡（镇）公所应将所属本年届满二十岁之现役及龄男子，于四月十五日以前，根据户口册籍，调制现役及龄男子名簿三份，并列榜公告，其有不确者，应即更正，其名簿以一份呈报县（市）政府，以一份自存备用，以一份呈由县（市）政府随送入营之部队。名簿及公告格式如附件一及二。

第十三条 现役及龄男子本人或户长（家属）依据公告有左列情形之一者，得于四月底以前，检具有关证件，呈请乡（镇）公所转呈核办：

一、对现役及龄男子有漏列或误列者。

二、自愿服现役者。

三、公告所注籍别、年龄、身份、职业等项不符者。

第十四条 县（市）政府根据各乡（镇）公所所报现役及龄男子名簿，经免禁缓役审查暨体格检查后，应分期编造现役及龄男子各项名册及统计表各二份，以一份自存，以一份于六月三十日以前呈报团管区司令部。是项名册及统计表格式如附件三及四。

第十五条 团管区司令部接到各县（市）政府现役及龄男子名册及统计表，汇编团管区现役及龄男子统计表，呈报师管区司令部备查。

第十六条 师管区司令部据所属团管区现役及龄男子统计表，汇制师管区现役及龄男子统计表，呈报国防部并分报内政部备查。

第三章 体格检查

第十七条 体格检查由县（市）政府主持，依团管区所派医官之指导，会同县（市）兵役协会征调必要医生，于七月上旬组织体格检查委员会开始办理之。

第十八条 体格检查委员会应就检查实施之便利，划分辖境为若干区域，订定分组巡回检查之日程与地点，依据现役及龄男子名簿，将应受检者开列姓名，连同受检时间、地点，一并于七月十五日以前分别乡（镇）布告周知。

第十九条　应受检查之男子若患病非三个月内可望痊愈者，得由其本人或户长（家属）填具申请书，并附具政府注册医生之证明书，申请延期于次年补行检查。其申请书格式如附件五。

第二十条　检查委员会根据现役及龄男子名簿，按名实施检查，其项目依体格检查表所定，将检查结果于表内逐一填明。是项体格检查表式如附件六。

第二十一条　体格等位，除空军士兵外，分甲乙丙丁四等。其检查标准如附件七、八、九及十。

第二十二条　军种兵种之鉴定，应依各军种兵种性能上之要求，就体格等位、生理、心理、性情、教育、技能、职业等项，予以适宜规定，并于体格检查时鉴定之。

第二十三条　军种兵种鉴定时，每人应斟酌选定两个军种及两个兵种，除以第一军种及兵种为主外，如配额与所得军种兵种数额不相称时，则依第一军种或兵种之体位顺序抽签决定之。

第二十四条　检查委员会判定受检男子之体格等位及军兵种后，应辅载于现役及龄男子之名簿内。

第二十五条　体格检查全部完毕时，应由检查委员会按检查结果，以乡镇为单位，依保甲顺序，分别造具体格检查分类名册及统计表各二份，其格式如附件十一及十二，连同体格检查表二份及现役及龄男子名簿，一并于八月三十一日前呈送县（市）政府。

第二十六条　县（市）政府接到前项各种表册后，应按乡（镇）将体格检查分类名册各汇订二份，并据以造具县（市）体格检查统计表三份，连同体格检查表，除各留存一份外，其余以体格检查名册及统计表各一份呈送团管区司令部，以体格检查统计表各一份呈送省政府,以体格检查表一份于新兵入营时一并移交。

第二十七条　团管区接到各县(市)前项名册及统计表后,除将名册留存外,应即汇造团管区统计表各一份,于九月底以前呈送师管区司令部。

师管区接到前项统计表,应即汇造师管区统计表二份,呈报国防部并分报军(管)区司令部备查。

第四章　抽签

第二十八条　陆海空军常备现役兵以征集甲种体位者为准,补充兵之现役兵以征集乙种体位者为准,但甲种体位合格人数不足应征名额时,应以乙种体位者抵补,乙种体位者不足时,应以丙种体位者抵补,反之,如甲种体位者尚有余额时,则尽先列为补充兵之现役兵,乙种体位者抽签后尚有余额时,则列入甲种国民兵。

如有志愿应征者,仍照上述原则,依体位等级,定其征集顺序,并得尽先征集之。

第二十九条　依照前条规定,各役体位等级合格男子或志愿应征人数,与应征名额比较,有左列情形者,应受抽签之处理:

一、适于各军兵种体位等级之合格人数或志愿应征人数,超过应征名额时。

二、适于各军兵种体位等级之合格人数或志愿应征人数不足应征名额,应以次一体位等级应征,而次一体位等级之合格人数或志愿应征人数超过需要名额时,如体位等级合格人数或志愿应征人数与应征名额相同,则不抽签,径行征集。

第三十条　抽签以行直接为原则,如情况不许可时,得呈由政府核准采行间接抽签。

第三十一条　直接抽签者,制定号签,由现役及龄男子亲自到场抽签。签号名册格式如附件十六。

间接抽签办法由国防部定之。

第三十二条 举行直接抽签者，应公布其中签顺序及姓名，间接抽签者，应公布其中签顺序及密封之号码。

第三十三条 抽签实施时，团管区司令或其代表、县（市）参议会议长或其代表、兵役协会代表、县（市）长或其代表，及所属乡（镇）长，均须到场，以县（市）长或其代表为主席，由现役及龄男子亲自抽签，现役及龄男子因故未到场者，得由其直系亲属或所辖乡（镇）保长代为抽签。

第三十四条 县（市）政府于抽签完毕后，应造册呈报团管区司令部，册式同十三。

第三十五条 侨居国外现役及龄男子之抽签手续，该斟酌返国途程，提早完成。

第五章 征集

第三十六条 国防部每年根据计划并依照核定征额，确定陆海空军配赋额，适当配赋于各师管区转配于各团管区再转配于各县（市），并于十月十五日前分配竣事，并指定日期征集之。

第三十七条 征集期前，应由县（市）政府（军事科承办）主持，设置县（市）征集所，对新兵食宿、卫生等项，应事先准备完妥。

第三十八条 征集如在他县（市）行之者，仍列入本县（市）征额。

第三十九条 县（市）政府于征集日期以前之适当时间，就配赋军种兵种名额，按照体位与抽签决定之应征顺序，填发征集票，转送乡（镇）公所，乡（镇）公所收到征集票登记后，即分发保甲长，交与应征及龄男子本人或其户长（家属），应征及龄男子即应照指定日期，自行前往县（市）征集所报到，必要时得由乡（镇）公所派员率领。征集票格式如附件十四。

第四十条 征集入营前有左列情形之一时，得填具延期入营申请书，申请延期入营，但以不逾一个月为限。延期入营申请书格式如附件十五。

一、本人病重者。

二、本人之住宅遭受水火风灾或其他重灾,非本人无法善后者。

三、其他重大变故时。

前项申请书,应呈由保甲长递呈团管区司令部核准后行之。

第四十一条　新兵到达县（市）征集所报到齐全后,由县（市）政府造具新兵名册,连同体格检查表及现役及龄男子名簿各二份,呈报团管区司令部,团管区司令部以一份存查,以一份连同新兵送交入营部队,并将领兵收据层报国防部。

第四十二条　指定新兵到达县（市）征集所之报到日期,而有故意迟延不到之情节者,得予强行征集,如仍有延误,则依法惩罚之。

第六章　附则

第四十三条　实施征兵处理应需之经费,由国家列入预算支付之。

第四十四条　本规则自公布日施行之。

各种附表〔缺〕。

〔国民政府档案〕

7. 国防部颁行陆军被俘逃回及失踪归来官兵处理办法

（1947年8月28日）

陆军被俘逃回及失踪归来官兵处理办法　国防部三十六年八月廿八日列伐荷一一四二号代电颁行

第一条　陆军被俘逃回及失踪归来官兵,概准本办法办理之。

第二条　陆军官兵凡因负伤而战斗力弱,致被奸匪俘获而逃回者,除伤未愈者,即送医院治疗外,伤已全愈者,概按左列各项处理之：

一、将级官佐，一律送由就近之行辕、绥署训练，册报备查。

二、校尉级官佐属及士兵，送绥署或陆军总司令徐州司令部及郑州指挥部、兵团司令部、绥靖区司令部，收容训练。

三、政工工作人员，概由收训机关政工处甄核训练。

以上收容官兵，经收训机关各级主管及政工工作人员，确实甄核，其思想及能力可用者，由收训机关造具官佐简历册（附表一）、被俘逃回考查表（附表二），及士兵人数统计表（附表三），报部核交补充团或各师团管区补用，不堪服务者，报请退（除）役、退伍或资遣。

第三条　凡确因不得已之情形，被奸匪生俘逃回之官兵，由第二条规定之收训机关训练，考核合格后，依前条末段之规定报部，核交补充团或各师团管区补用。

第四条　凡被俘之官兵能格杀匪首，探听重要匪情，窃取匪军机密文件，或策匪反正归来者，应按匪军投诚及击毙匪军人员奖赏办法，加倍奖赏。

第五条　凡不忠职守，未经战至弹尽粮绝，即被奸匪生俘之官兵，及无故脱离部队遗弃武器器材者，须严加审讯，情节重大者，除依法严办外，并按连坐法治罪，情节轻者，罚服劳役。

第六条　凡被俘官兵，泄露我方机密，经查明属实者，照泄露军机治罪。

第七条　各收训机关，为收容被俘逃回之官兵，得暂时成立军官收训队及士兵补训队，但不另定编制，由收训机关按实际情形，适宜编组，其管训及事务人员，概以调用为原则。

第八条　军官收训队及士兵补训队，经费支报法，如另纸规定。

第九条　因作战或服行职务，及其他不得已之原因而失踪之官兵，经查明属实，且在三个月以内归来者，准由收训机关酌交其原隶部队补用，如其原部队已改编或远调时，则依照本办法第二条末段之规定，专案报部核办。

第十条　第一线部队，团以上单位，对被俘逃回及失踪归队之官兵，应不问隶属，一律收容递送所隶之师，转送就近收训机关收容训练。

第十一条　被俘逃回及失踪归来官兵之薪饷，按左列各项支给之：

一、符合第二条、第三条、第四条、第九条情节之官兵，尚未经复用或退（除）役、退伍资遣前，概以原级原薪支给之。

二、属于第五条情节之官兵，在未经议处前及罚服劳役后，均按原级八成支给之。

三、起薪日期，由第一线部队收容之日起。

第十二条　本办法自公布之日起实施，其修正及废止，均以命令行之。

附表〔略〕。

〔国防部档案〕

8. 行政院公布国民兵组织管理训练服役规程令

（1947年9月22日）

行政院令　　（卅六）四防字第三八一九九号
　　　　　　三十六年九月二十二日

兹制定国民兵组织管理训练服役规程，公布之。此令。

国民兵组织管理训练服役规程

第一章　总则

第一条　本规程依据兵役法及其施行法有关各条之规定订定之。

第二条　除依兵役法系免役、禁役者外，凡依法应服甲种国民兵役及乙种国民兵役之男子,其在受训期中及受训期满回乡者,统称为国民兵,其组织、管理、训练、服役之实施,悉依本规程办理之。

第三条 关于国民兵组织、管理、训练、服役等事务,由左列各级机关办理之。

一、属于国防部者,由兵役局主办,以部长、参谋总长命令指挥师（团）管区办理之,军（管）区设立时,令由军（管）区转饬办理。

二、属于师管区者,由师管区司令指挥所辖团管区办理之。

三、属于团管区者,由团管区司令指挥所辖县（市）长办理之。

四、属于县（市）政府者,以县（市）长命令指挥所辖乡镇区长及国民兵集训队办理之。

第二章 组织

第四条 国民兵编组依左列规定:

一、地区编组 按乡镇区保甲系统,以其各单位内已受训之甲种乙种国民兵混合编为乡镇（区）保队甲班。

二、年次编组 甲种国民兵以县市为单位,乙种国民兵以乡镇（区）为单位,以出生年为准,将同一年次之已受训之甲种乙种国民兵,分编为二十一岁至四十五岁各年次小组。

第五条 国民兵乡镇（区）保队（以下简称各级队）甲班,以乡镇（区）保甲长兼任各级队长及甲班长。

各级队置专任队附一人,由县（市）政府遴选该区域或本县（市）内之在乡军官充任,乡镇（区）队附以在乡中少尉军官,保队附以在乡军士,分别充任之。各级队附皆为有给职,其待遇与副乡镇（区）保长同,退役军官充任时,领有退役年俸者,酌给津贴。

第六条 甲种国民兵年次小组隶属于县市政府,乙种国民兵年次小组隶属于乡镇（区）队，各置组长一人，以遴选各该年次小组内之优秀国民兵充任之，为无给职。

第七条　各级队部分别设置于乡镇（区）公所及保办公处内，其所需事务人员，由乡镇（区）保内职员兼任之。

第八条　各县（市）就县市政府所在地甲种国民兵集训队，为年满二十岁一个年次之甲种国民兵训练之用，每年训练三期。其应设队数，以每年应受训人数每一百五十人设一分队，每三分队成立一中队，每三中队成立一大队为准，以上类推。其干部由本县（市）在乡军人中遴派之，其待遇与陆军现役同，其领有退役年俸者，由其薪给内减发之。

合数乡镇（区）为一训练区，设乙种国民兵集训队，为年满二十岁一个年次之乙种国民兵训练之用，每年训练四期，其训练区之划分，以每年应受训人数六百人左右为标准，六百人至一千二百人者设两区，一千二百人至一千八百人者设三区，以上类推。其干部由本县（市）在乡军人中遴派之，其待遇比照当地保警部队支给之，其领有退役年俸者，酌给津贴。

第九条　各机关、工厂、矿场等团体满二十岁一个年次之国民兵在五十人以上时，得设国民兵集训分队或中队、大队，冠以各该团体名称，以为实施国民兵军事管理及训练之用，直隶于所在地之县（市）政府，各级队长由县（市）政府遴派在乡军官充任之。其经费由所在机关担任，训练期满后撤销之。

第十条　国民兵组织系统如附表（一）。

第三章　管理

第十一条　国民兵管理包括国民兵调查、异动登记、转役、除役、死亡等事项，国民兵乡镇（区）队负直接管理及保管初期国民兵役及龄男子名册（附表二）、现役及龄男子名簿、甲乙种国民兵名簿（附表三）等之责，县（市）政府负间接管理并保管初期国民兵役及龄男子名册、甲乙种国民兵名簿之责，团管区司令部负监督管理并保管甲种国民兵名簿、乙种国民兵名册（附表四）之责，师管区以上各级机关，负指导监督并调制保管统计表册之责。

第十二条 国民兵乡镇（区）队每年四至六月应举行国民兵役及龄男子转录登记及现役及龄男子身家调查一次，其规定如左：

一、转录登记 由户籍册内登记转录本年年满十八岁之男子，编为初期国民兵役及龄男子名册，必要时得实际调查修正之。

二、身家调查 依据户籍册及转录之初期国民兵役及龄男子名册，择户抽查或挨户调查本年年满二十岁之男子，编造现役及龄男子名簿。

前项转录登记及身家调查，无论本籍或寄籍，均于现住地行之。

第十三条 初期国民兵役及龄男子名册及现役及龄男子名簿，依左列各款规定办理：

一、名册、名簿应按保甲次序依次编订之。

二、尔后递年增造之初期国民兵役及龄男子名册，应按年次及保甲次序汇订保管，以备查考。

三、初期国民兵役及龄男子名册，应造二份，分存于县（市）政府及乡镇（区）队。

四、初期国民兵役期满，经身体检查及抽签等征兵处理决定其应服役种后，应按其应服之役种（常备兵、补充兵、甲种国民兵、乙种国民兵），将现役及龄男子名簿分别编订，以为尔后征集入伍或受训之用。

第十四条 国民兵离开本乡镇（区）在六个月以上时，于办理户籍异动登记之同时，应向乡镇（区）队办理国民兵异动登记。

第十五条 依前条转移他地设籍者，乡镇（区）队应将其本人名簿抄交本人携带缴送设籍地乡镇（区）队，按其原服役种及年次，加以编组。

第十六条 甲种国民兵转服补充兵役，由师团管区决定，转令县（市）政府办理，其服役依补充兵役之所定。

第十七条　国民兵乡镇（区）保队甲班，应将其单位内国民兵之异动状态，每半年汇报一次。

第四章　训练

第十八条　国民兵之训练，以提倡国民尚武精神，灌输军事常识，加强国防力量为主旨。

第十九条　国民兵训练，分甲种国民兵训练及乙种国民兵训练两种，均于年满二十岁之翌年（起役之年）施行之。凡因特殊情事，在起役之年不能受训，经核准者，得延至下年度补训之。

第二十条　甲种国民兵训练，由甲种国民兵集训队施行，每年训练三期，每期训练时间三个月，以完成步兵基本训练为度。其教育计划另订之。

乙种国民兵训练，由乙种国民兵集训队施行之，每年训练四期，每期训练时间两个月，以基本军事动作及应服之勤务演习为主。其教育计划另定之。

前项训练以不违农时为原则。

第二十一条　机关、工厂、矿场等团体年满二十岁一个年次之甲乙种国民兵，其训练就各工厂、矿场团体之国民兵集训队施行之，每年一期，除假期外，每日训练二小时。其训练计划另订之。如因故不能施行时，仍由所在地之县（市）甲乙种国民兵集训队训练之。

第二十二条　甲种国民兵及乙种国民兵受训期满后，由各该集训队造具国民兵名簿。

甲种国民兵名簿每人造具三份，由集训队送呈县（市）政府分别存转各该兵隶属之乡镇（区）国民兵队及团管区司令部保管。

乙种国民兵名簿每人造具二份，由集训队汇送各该兵隶属之乡镇（区）国民兵队，以一份存队，另一份呈县府保管。

第五章　服役

第二十三条　国民兵平时除接受组织管理外，战时或非常事变时，依照兵役法第十二条，服任下列勤务：

一、辅助作战勤务，必要时得参加作战。

二、维持地方治安。

三、担任当地之防空勤务。

第二十四条　国民兵服任前条所列勤务，战时以动员召集行之，非常事变时以临时召集行之，动员召集之范围、人数、年次、时间、地点，由国防部计划，以国民政府命令转饬师团管区、县市政府施行之，临时召集由县市政府施行之，但应同时呈报本省最高军事长官及省政府核备。

第二十五条　国民兵动员及临时召集顺序，以按年次并尽先召集甲种国民兵为原则。

第二十六条　甲种国民兵平时在乡受规定之组织管理，战时或事变时得依命令召集维持地方治安，必要时得直接补充作战部队。

第二十七条　乙种国民兵平时在乡受规定之组织管理，战时或事变时得依命令召服当地之防空勤务及辅助作战勤务，必要时得召集维持地方治安。

第二十八条　国民兵服任之辅助作战勤务，其种类如左：

一、运输。

二、工务。

三、救护。

四、消防。

五、向导。

六、通信。

七、交通。

前项勤务，平时于实施教育时应普遍训练之，战时或事变时得依实际需要编组使用之。

第二十九条 国民兵维持地方治安,其执行任务如左:

一、间谍之查缉及防止。

二、匪患之搜查、警戒及剿捕。

三、水火、风雹、地震等天灾警戒及救护。

四、道路、桥梁、电杆、电线及其他交通通信设备之保护。

五、森林及河流渡口、堤岸等之保护。

六、其他有关治安事项。

第三十条 国民兵服任之防空勤务,以防护勤务为主,其种类如左:

一、警报。

二、通信。

三、交通管制。

四、灯火管制。

五、救护。

六、消防。

七、工务。

第三十一条 国民兵参加作战,得视当地实际需要情形,编成地方自卫队或游击队,非不得已时,不直接补充作战部队。

第六章 附则

第三十二条 国民兵组织管理及乙种国民兵集训队所需各项经费,由县(市)政府列入县(市)地方预算,甲种国民兵集训队经费,列入中央预算。

第三十三条 国民兵之集训队营房,得利用公产及地方祠堂、庙宇修建,甲种国民兵集训队营房修建经费,列入中央预算,乙种国民兵集训队营房修建经费,列入县市预算。其修建办法另定之。

第三十四条 国民兵受训之主副食费,由受训国民兵自行负担。

第三十五条 国民兵在受训及应召服役期内,如有违反法纪者,依陆海空军法令惩处之。

第三十六条 本规程自公布之日施行。

附表一

国民兵组织系统表

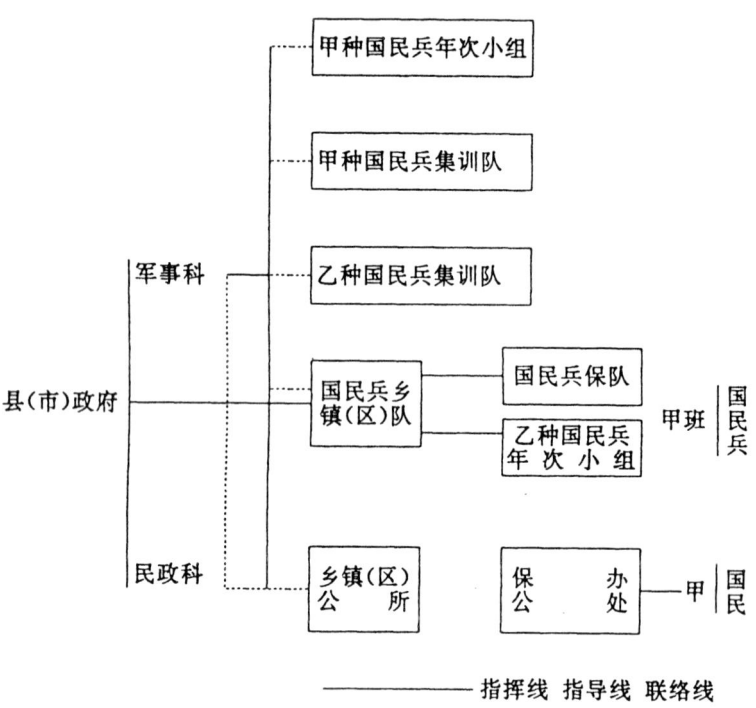

其它附表〔略〕。

〔国民政府档案〕

9. 国民政府公布兵役奖惩条例令

(1948年4月14日)

国民政府令　　　　　　　　三十七年四月十四日
兹制定兵役奖惩条例，公布之。此令。
国民政府令　　　　　　　　三十七年四月十四日
陆军兵役惩罚条例着即废止。此令。

兵役奖惩条例

第一条　凡各级办理兵役者及中华民国国民对于兵役事务应予奖励或惩罚时，除法律另有规定外，依本条例之所定。

第二条　应行奖励之事迹如左：

一、办理兵役认真公正，成绩卓著者。

二、办理优待军人家属事务确实迅速，使受优待之家属得有实惠者。

三、慨捐优待军人家属基金者。

四、协助推行兵役出力，成绩卓著者。

五、父兄鼓励其子弟或配偶劝勉其丈夫从军，已成事实者。

六、其他应行奖励，而有具体事实者。

第三条　奖励之种类如左：

一、记大功。

二、记功。

三、嘉奖，以书面为之。

前项第一款第二款之奖励，以适用于办理兵役人员为限，除管区人员由国防部直接核定者外，由各级主管机关分别办理，按月列表层转铨叙机关备案。

第四条　应受惩罚之行为如左：

一、征兵调查无故不依限呈报者。

二、体格检查不实者。

三、监察不尽职责者。

四、办理优待军人家属不力者。

五、误解兵役法令，致役政推行发生阻碍者。

六、办理兵役不遵法令程序者。

七、各级管区及县市政府、乡镇公所无故不遵限呈报各种表册者。

八、征召期间管束保育无方者。

九、其他阻碍或玩忽兵役法令，未致犯罪程度者。

第五条 惩罚之种类如左：

一、记大过。

二、记过。

三、申诫，以书面或言词为之。

前项第一款第二款之惩罚，以适用于办理兵役人员为限，除管区人员由国防部直接核定者外，由各级主管机关分别办理，按月列表层转铨叙机关备案。

第六条 对于兵役事务，具有特殊功绩，应给勋章者，或具有重大过失，应付惩戒者，依各该法令之规定。

第七条 本条例第二条及第四条各款之情形，除依第三条及第五条各款，分别予以奖励或惩罚外，并由核定机关分别通令或公布之。

第八条 本条例自公布日施行。

〔国民政府档案〕

10. 国防部抄发"戡乱"期间征兵要则代电

(1949年6月7日)

国防部代电　　（卅八）高澍第0797号
中华民国卅八年六月初七日广州沙河

一、奉行政院本年五月十八日（卅八）穗四字第三六一〇号训令，以戡乱期间征兵要则草案准予修改实施，令仰知照并转饬遵照。

二、查戡乱期间征兵要则前以（卅七）翔静字第二九三七号电令于本年元旦起先行实施在案，兹随文附发院令修正本一份。

三、希查照，饬遵该要则修正本实施。

四、本案已分行各绥靖公署、各长官公署、各军师（直辖）团管区。

国防部代电　　（卅七）翔铮字第二九三七号
中华民国卅七年十二月十一日

一、兹制定戡乱期间征兵要则草案，随文附送，自三十八年元旦起先行实施。

二、凡与此要则抵触之法令，一律以本要则为准。本要则未经规定事项，仍依原颁法令办理。

三、本案已分呈行政院核补，并分行各省市政府、各剿匪总部、绥靖公署、各军师团（直辖）管区、陆海空联勤各总司令部、本部各厅局及各部会。

四、请查照饬遵。

部长　何应钦

戡乱期间征兵要则
甲、总则

第一条　为适应戡乱需要，加强兵役基层工作，实施教而后战，作到兵精政简计，特订定本要则。

第二条 本要则以灵活运用现行兵役法令，减少实际困难，便利人民，确维国军战力为目的。

乙、征集

第三条 县（市）征兵受管区之指挥监督考核，由县（市）长兼自卫总队长，负起全责，并加重其考绩，其实施原则如左：

一、县（市）之兵役行政与征兵处理策划区处等业务，由县（市）政府军事科（股）承办之。

二、各县（市）由自卫总队办理应征队丁之编组，训练与管理征集事宜。由县（市）长就在乡军官中遴选增设副总队长一人，协助办理之。

三、县（市）自卫总队应将年满二十岁至二十五岁六个年次之壮丁（不足时得延伸之），以乡镇（区）为单位，编为应征队，依征兵处理规则，办理身家调查，详造册籍，确实掌握，准备随时可以应征。

四、县（市）政府于征兵期间设征集所，由自卫总队长及副总队长兼任该所主任、副主任，依团管区征兵命令规定人数，于限期十日前就应征队队丁中依规定征集，如数集中。

五、县（市）征集所集中之应征队丁，以乡镇（区）为单位编组，其管理得调当地在乡军官及常备自卫队、保安队等士兵担任之，酌给津贴，并由壮丁中按乡（镇）选举领队，负协助管理及家属通信等责。

六、县（市）兵役协会负兵役监察、宣导、征属优待等责，照兵役协会组级规程办理。

各乡（镇）亦得视需要设置兵役协会，其组织与任务由县（市）兵役协会规定之。

第四条 征额之配赋，以县（市）为配赋单位，以保为基层配赋单位，其原则如左：

一、中央配赋各省（市）及各省（市）配赋各县（市），均依人口比率为准,但得视治安、边防、国防工业等状况,酌为增减之。

二、各县（市）配赋各乡（镇）（区），及各乡（镇）（区）配赋各保，均依人口或壮丁比例为准。

三、各省地方治安情况如有动荡变化可能时，得由各省以不误征额为目的，于报准后，酌为加配预备额，以资调节。

四、地方保安、警卫等，所需壮丁，以不误正规征额为原则，同以上二、三两款原则配赋之。

第五条　征集之实施，以县（市）为征集单位，以乡（镇）（区）为基层征集单位，其原则如左：

一、乡（镇）（区）应征队队丁之身家调查，应于每年年初以前办妥，同时区分各户为二丁之家，三丁之家，或四丁、五丁之家等（以上类推），并完成其编组准备，随时可以应征。

上项所谓几丁之家，依父子、同胞弟兄及同财共居之亲属，年龄由十八岁至四十五岁者计算之。

二、乡（镇）（区）依规定征额，就各乡（镇）（区）应征队丁中依各保配额，分保征集之。

三、各保应征对丁集中乡（镇）（区）后，由乡（镇）（区）长会同保长负责确切办理该丁身家复查，及体格初步鉴定，俟合格人数已足时，即送交县（市）征集所。

四、县（市）征集所于各乡（镇）（区）应征队丁送达时，应即举行身体检查，合格后依规定交与师（团）管区新兵团队接收。

第六条　应征队队丁于实施征集时之选征原则如左：

一、应征队队丁之选征，须依征兵处理规则及抽签办法办理。

二、户口管制尚未确实者，得视情形采用左列办法：

（1）农村各保，由乡（镇）（区）公所负责办理抽签，依各保配额就其队丁中多丁之家优先抽选，如有志愿优先应征之队丁时，得优先征选之。

（2）都市各保一般住户与农村各保同由各区公所负责办理

之，其余如公司、行号、场厂、学校及军事机关、部队非服现役人员，除免缓役者外，则以该团体单位为抽签对象，并依应征队丁人数比例选征之。

（3）上项团体单位应征队丁中，如兼有一般住户身份者，以其所在之团体单位为准。

第七条 缓征、缓召范围应予缩小，其办法另订之。

第八条 征兵处理程序及征集时申送手续之原则如左：

一、身家调查及抽签，均由乡（镇）（区）负责于征集前分别办理之，体格检查与征集，由县（市）拨交管区新兵团队前办理。

二、应征队实施征集时，其系队丁本人申签或志愿者，均由其家长（户长）及应受优待之家属填具申送入伍保证书（如附式），团体单位中签或志愿者，均由该团体单位负责人及其应受优待之家属填具之，无家属者，即由保长为申送保证人。

三、上项申送入伍保证书，随同应征队丁送交，于交兵后由县（市）政府收存之。

第九条 凡在地方能号召志愿兵，并自筹一部堪用武器，而干部又能胜任戡乱作战者，在不影响正规征兵条件下，经呈报国防部核准后，得予招募之。

第十条 海空军、特种兵、特业兵、及对某地区有良好人地关系之部队，得于报准国防部后召募之。

第十一条 都市无恒业或无确实身份证件之流离壮丁，经当地治安机关查明后，强制送服兵役，不予优待。

第十二条 绥靖地区为与匪争取壮丁，得实施强迫征兵，或武装抢征，其原则如左：

一、绥靖地区各县（市）之征兵，由当地军事长官负指挥督导之责，并视必要以军队之行动配合之。

二、凡匪可能窜扰，及我尚能控制之地区，应尽量迅速征集，并得实施强迫征集。

三、沦于匪手之地区,应由保安自卫团队以至国军等尽可能以武装突入实施抢征,必要时得特为抢征或掩护征兵策定作战,以资配合。

四、所征新兵如有思想上之顾虑时,应予易地补充或易地训练,或分散拨补,并加强政工感化。

第十三条　前两条都市强征流离壮丁,及绥靖区抢征壮丁,均于征到后办理体格检查及填兵籍。

第十四条　大规模之会战,应尽量运用可能动员之人力征补之。

丙、优待

第十五条　队丁本人中签及志愿入党时,县(市)政府应斟酌当地生活情形,发给一次安家补助费,其筹集以无丁出征之户。

第十六条　应征队丁入营后,由县(市)政府每年端午、中秋、年关三节,分别发给优待金谷,其标准每节最低不得少于二市石,不产谷麦地区得以市价折标发给。

前项优待金谷,以比照人民完纳田赋及营业税、地价税、房捐等额为评定富力标准征集之,并以委托县(市)田赋、营业税、地价税、房捐等征收机关代行征收为原则。惟优待谷应一次核定所需数量随同田赋征足。

第十七条　应征队丁在营服役期间,其家属有田地而无力耕种者,同保同甲之自卫队队丁及殷实之户,应共同负担义务代耕责任,无田地亦无力营工商业而贫苦无以为生者,同保保甲之自卫队丁及殷实之户应共同负担物资救助之责,均编设兵役互助小组办理之。

第十八条　团体单位中签及志愿者,其选出之应征队丁,除由政府照第十五、十六两条之规定给予安家费及一般优待外,应由该团体单位以能维持该队丁家庭生活之衣食住为最低标准,在其服役期间予以经常补助优待,由该团体单位负责人出具书面证明文件，由乡（镇）（区）保长为证明人，一式三份，以一份自存，二份分发其家属及乡（镇）（区）公所，以为执行凭据。

第十九条　作战有功及残废士兵退伍时，及阵亡士兵及家属，由政府授田。

第二十条　服役队丁家属除在当地为特富者外，有减免地方临时捐款及工役积谷之权益，并优先乘坐车船，及购买配给物品，与享受地方公益设施等。

第二十一条　应征队丁无家属者，只于入伍前照应得之安家费标准，给予其本人一次慰劳金，不再予常年优待金谷。

第二十二条　各县（市）应适时筹集慰劳品款，派人由团（师）管区率领，前往配补之部队慰劳各该县（市）应征入伍之在营士兵。

丁、拨补〔略〕

戊、训用〔略〕

己、防逃

第二十九条　凡拨补新兵及现役士兵，应切实办理士兵籍，其原则如左：

一、为使同籍士兵用于同一部队，除拨补之新兵照第二十五条之规定办理外，旧有士兵亦应视情况，依照同样原则于情形许可时，予以调整。

二、各县（市）应于身家调查时，切实调查国民身份证，并应切实查填兵籍，随兵点交，各接兵部队并须于接兵时，详为查询之。

三、凡经查出与兵籍不符，及保证不确之新兵，以及发生逃亡行为者，依左列各项惩处之：

（1）本人及申送保证人以及征送之乡（镇）（区）保长，均依妨害兵役治罪条例惩处之。

（2）连续贩卖壮丁顶替他人服役，或伪充志愿兵并唆使逃亡者，均依戡乱期间危害国家紧急治罪条例惩处之。

四、各部队原有士兵之尚未册立士兵籍者，应予补办其实施由国防部定之。

五、凡现役士兵应制发随身携带之军籍证件，以为身份证明，其实施由国防部定之。

六、各部队对在营士兵与管区家属间，应切实定期通讯，使前后方声气相通，并用以注入兵籍以资考查。

第三十条 各县（市）对应征之新兵，须由乡（镇）（区）督饬各保确实负责，照第八条之规定填具申送入伍保证书，由送保证人至少负两年以内逃亡，经部队报请通缉有案，通知管区递转县（市）者，及在管区新兵部队逃亡者，均由乡（镇）（区）督饬各保负责协缉追还本人，不能追还时，即由各乡（镇）（区）应征队之该保队丁中，补征一人递补，原保证人并应赔偿所得之安家费及优待金谷，交给补征之队丁，其赔偿标准如左：

一、一年以内逃亡者全赔。

二、二年以内逃亡者赔半数。

第三十一条 各乡（镇）（区）应征队丁征集入伍后，经补用之部队证明，确实一年以内全数未逃者，下半年度征兵，该乡（镇）（区）即应减配征额至少百分之十五，逃亡在百分之二十以内者，减配百分之二十，逃亡在百分之五十以内者，减配百分之十，逃亡在百分之五十以上者不减配，由各级下达配赋令时，予以规定。如两年以内未逃者，以次各年同样办理，各乡（镇）（区）对各保减配标准，与上述同。此项减配标准，如须增减时，由国防部以命令定之。

第三十二条 部队之防逃，其原则如左：

一、各部队应按月造具潜逃士兵年籍册，呈请国防部通缉，并附具分省分区分县统计表，同时即由部队自行负责缉逃，如缉逃未获，即通知各军（直辖团区）师管区，依照第二十九、第三十两条之规定处理之。

二、各部队应按月依各级干部所逃亡比率，分级论处，隐匿不报者，查明后加重惩处，如确非管教保育不善，而发生逃亡者，得予减轻处分，或免议，逃亡后而又缉获者，依人数抵销其应受之处分。

三、凡交通枢纽地方及战场后方，应由当地最高军事机关负责饬由治安机关或部队查缉逃兵与散勇，凡无军籍证件，或虽有军籍证件而脱离部队行动者，均行缉捕，交由当地管区或指定之收容机构予以开导后，仍送部队服役，开导后仍不愿到部队服役者，依陆海空军刑法惩处之。

四、煽惑士兵逃亡及奸匪冒充应征新兵入营侦察军情者，依戡乱期间危害国家紧急治罪条例惩处之。

五、在战场及其〔直〕后方逃亡者，依照总统蒋三十七年八月十九日枢思字第五〇八九号代电之规定处死刑。

庚、退伍

第三十三条　应征队丁在戡乱作战时期应予延役，其确因家庭重大事故，届现役两年期满时必须退伍者，得请由部队通知管区递转原籍乡（镇）（区），由该保应征队丁中另征一人，仍拨补该部队，于交到后即行退伍。

第三十四条　凡属作战有功之士兵，以及残废士兵，均得于报准后依规定退伍。

辛、附则〔略〕

附录〔略〕

〔国防部战史会档案〕

（五）军需后勤法规

1. 行政院公布国防部营产调查规则

（1946年4月）

国防部营产调查规则　行政院三十五年四月节贰字第一〇二三一号指令核准公布

第一条　全国营产之调查依本规则行之。

第二条　本规则所称营产，系指左列甲、乙两项。

甲、不动产。凡军用之房屋，如营房、厂库、武庙暨各种场地，如操场、靶场、演习场、牧马场、飞机场站，以及要塞港、码头、城基、城壕及其附近建筑物等项均属之。

乙、动产。凡阵营具、炊具、水电以及其他附属设备均属之。

第三条　营产之调查，由本部联合勤务总司令部成立营产调查组，分派各省市县办理之。

前项调查组成立数目与分派各省市县之先后，由工程署营产司酌拟呈请核定施行。

第四条　调查组到达各省市县时，得向该地方机关调阅有关营产案卷证件，并商请派员协助，必要时得径请当地最高军事机关或补给区司令部予以协助。

第五条　营产原由地方机关管用者，调查组得通知该机关将代管营产数目造册送交清理。

第六条　调查组实地调查时应行注意事项：

甲、旧有及现在各机关、学校、部队、厂库驻用者，应调查左列各项：

1. 种类。

2. 座落。

3. 面积。

4. 四至。

5. 附着物。（如系房屋应查明座数及占地平公方数。）

6. 附属品。（如阵营具、炊具、水电设备等项。）

7. 现用机关或租户姓名（如调查后暂无军用而放租者、即填租户姓名。）

8. 估计现时价值。

9. 其他与营产有关之事项。

乙、凡经处分者，应调查左列各项：

1. 处分机关与时期。

2. 种类。

3. 坐落（如系动产，即记其保存之场所）。

4. 实数（如有疑义者，得复文之）。

5. 附属品（无者缺）。

6. 调阅有关执照证件。

丙、凡属半处分者，应调查左列各项：

1. 种类。

2. 坐落（如系动产，即记其保存之场所）。

3. 实数（如有疑义者，得复文之）。

4. 附属品（无者缺）。

5. 价值（原价与现价）。

6. 租赁或借贷之时期。

7. 承租（借）人之姓名、籍贯、职业、住址（如系机关，则记其名称）。

8. 出租（借）机关及年月日。

9.承租营产人有按月缴纳租金者,是否与征收机关缴数相符,有无弊窦,如有欠租,应随时追缴,填发收证,呈缴汇解。

丁、关于营产之文件须分别收缴与抄录。

戊、其他与营产有关系之事项。

第七条 调查组须依本规则第二、第六两条所列各项确实调查绘具图表装订成册送呈核备，如认为急要者应即随时报核。

第八条 调查组应备日记，自出发日起至销差日止，每隔旬日填报一次，以备查考（表式附后）。

第九条 调查组所需旅费及办公费，应按照本部所定原则支给之。

第十条 调查组因人地生疏需用向导时，得商由地方机关代雇，所需津贴实报实销。

第十一条 调查组出发时得领取密电本、印电纸，以备需用。

第十二条 调查人员不得受人馈赠，但所需船只、马伕得请所在地方机关代雇，仍自行给价。

第十三条 调查组之编制另定之。

第十四条 本规则自公布日施行。

〔联合勤务总司令部档案〕

2. 行政院公布军事营缮规则

（1946年4月）

军事营缮规则 行政院三十五年四月节贰字第一〇二三一号指令核准公布

第一章 总则

第一条 各军事机关、学校、部队（简称各单位）营缮工程，依本规则行之。

第二条 营缮工程依其性质，分左列各种实施方式办理：

1. 招标承揽 普通工程适用之。
2. 实费加酬 临时紧急工程预计中途多有变更，确非前项方式所能办理者适用之。

3. 直营或半直营　特殊重要而具有军事机密性之工程适用之，但普通营缮工程，如地处偏僻而无适当厂商承揽者，亦得适用之。

第三条　各单位举办营缮工程，应先造具预算连同图说、估单呈报联合勤务总司令部，或径呈国防部发交联合勤务总司令部核准后办理之。

第二章　招商承揽

第四条　工程报经核准后，应就当地省市或县政府登记合格之厂商中，妥慎选定十家以上，分别通知（附式一）投标，同时将开标日期、地点通知联合勤务总司令部派员，并依法转请审计部派员，届时莅场监视开标。

前项选定投标厂商之家数，倘因工程较小或当地殷实厂商不多，得酌予减少。

第五条　凡经通知投标之厂商无意投标时，应予开标前声复，倘一次不声复得停止其承包军事工程一年之权利，二次不声复停止承包军事工程二年之权利，三次不声复得永远停止承包军事工程之权利。

第六条　厂商不愿投标之声复书，以及各商所投之标单（附式三），开标时应列请监标员盖章证明，并于呈请决标时一并呈报。

第七条　投标应依投标须知（附式二）办理。

第八条　投标厂商至少应有三家以上始得开标。

第九条　开标前经办单位应将奉准之预估底价单（附式四）密封交付监标员，于开标时宣布之。

第十条　开标时应将标单当场宣读，并同时记录之。

第十一条　开标后由联合勤务总司令部派员依法转请审计部派员会同审查各标单，取其合格者定为得标人或递补人，决定后由经办单位通知之。

第十二条　决定得标人以最低价格为准，倘最低价格与预估底价相差过甚时，得重行招标。

第十三条　得标人应于规定期内，亲自会同保证人至经办单位签订合同（附式五），填具保证书（附式六），并缴纳合同保证金，数额于招标前订定之，如厂商不能履行合同时，除将其合同保证金没收，另以他商递补外，并责令赔偿一切损失。

上项保证金于工程完竣验收无讹后发还之。

第十四条　签订合同应依法请审计部派员监订。

第十五条　承商对于一切用料、做法及大小尺度，应遵照图说规定切实施工，并应听从经办单位监工人员之监督指导。倘有偷工减料行为，一经查觉，应立即改正，并视情节轻重予以处罚。

上项监工员应将承商每日所进工料及工程进行实况填具日报表（附式七），送请主管机关备查。

第十六条　工程进行期间，经办单位如认为有局部变更之必要时，于报奉核准后，以书面通知承商照办，其价额之增减，应按标单单价计算之。

第十七条　工程完竣后，经办单位应照实做工程，绘具竣工图说与原计划之图说互相比较，计算价额之增减，填具结算表（附式八）先行查验，如属相符，方得检同竣工图说及清算表报请验收。

第十八条　工程经验收后，承商须邀同妥保，出具六个月至八个月保不漏，及一年至十年保固切结（附式九），送请经办单位存查，在保期内如工程发生渗漏或倾陷塌倒及其他变故时，应由承商完全负责修理或重建。

第三章　实费加酬

第十九条　采用实费加酬方式，除须先将需要理由，连用预定计划、图说、估单呈报联合勤务总司令部，或径呈国防部发交联合勤务总司令部核准外，必要时并须先行征得审计部同意方得举办。

估单（附式十一）须依据图说将各局部工程所需之人工、材料分别详细估计，并须将各项人工及材料作一统计，一并呈报。

第二十条　厂商之选择，应就资本充裕，经验丰富，信用卓著，确实可靠者，签订合同（附式十二）委托办理之。

第二十一条　付给承商之酬金，不得超过实做工程价款之百分之十二，凡工程价额相当于二千平公方普通房屋价值以上者，酬金应酌于减低其标准，由双方协订之。

第二十二条　各项工料，除中途增加工程所需者得随时准备外，均须于签订合同后，由承商依据核准之工料统计表，迅即一次准备齐全，其品质数量价格，并须事先征得经办单位之同意。

第二十三条　经办单位应随时派遣会计人员查核承商之工料账簿及单据，以期核实。

第二十四条　关于合同监订、工程实施与监督图说、解释工程、局部变更、价款结算、报验手续、保结填具，均适用第二章有关各条之规定。如施工查有浪费工料之处，应视情节轻重，予以处罚。

第四章　直营或半直营

第二十五条　凡呈请直营工程，除因绘具图说编具预算估单外，并须规定工程进度表一并呈请核示，其附具之估单（附式十二）应将工料器具分别详细估计。

第二十六条　直营工程呈奉核准后，得由原请单位酌设工务所（附组织），分工程、事务两股购料、招工实施建筑。

第二十七条　直营工程需用之一切材料及器具，均应于需用之相当期间根据核准案填具请购单（附式十四），送由联合勤务总司令部工程署核定之，工程署得就工程地点附近之仓库发给现金，或准于自购，经办单位应即遵照具领或标购。但有特殊情形或价额较微，不便标购，经呈奉核准者，得在核定价格范围内径行购买。

第二八条　购办材料或器具，应请派员监购验收。

第二九条　工务所事务股对于各项器材，应按其种类性质，分别储存于事先设备之料房或堆场妥为保管，并详细记载其数量于器材收入簿（附式十三）。

第三十条　工程进行期间需用器材，应由负责之项目，按工程之进展作计、需用数量填具请发器材单（附式十六），送由工务所工程股核算，无误后请工务所主任批交事务股转发，并详记载其数量于器材支出簿（附式十七）。

第三一条　工人所领器材不能使用，应详细声述理由，经工程股查明确实情况，再填单请发。

第三二条　工人所领器材使用之后，如有剩余，应随时缴还事务股收存，并区分其可以利用者与应行作废者，分别登记于缴回器材簿（附式十八）。

第三三条　工务所事务股收发器材，应予每日每旬每月作统计表（附式十九），详载每件器材收入数、支出数、出产数、缴回数、使用数、因储存及搬运所生之消耗数、剩余数，并会同工程股研求废物利用方法，务使碎屑断片尽量利用，其确实无法利用者，应呈请处分之。

第三四条　凡系易受风雨潮湿之原料，例如水泥、石灰、油漆，以及五金杂件等类，均应储存于料房内，并须架空安置，不得与墙面或地面接触。

第三五条　凡系体积较大、如砖瓦木石以及钢铁器材不便储于室内者，得行露天堆积，但木料及钢铁均应架空安放，不得与地土接触，并须于可能范围内设法遮盖，以免被裂湿锈之虞。

第三六条　无论存于料房或堆场之器材，其排列务须整齐，以便提用及检查。

第三七条　工场、料房及堆场之四周，应设围篱或带刺铅丝网置于出入口处，设置门卫，限制职工及外人之出入。凡材料或物品之进出，须持有事务股之出门证，由门卫检查放行。

第三八条　工场料房及堆场内应于一定地点设备消防机械或其他消防器具，以防火烛，如在冬季尤须注意消防用水设备冻结。

第三九条　工务所事务股应视工场范围之大小，酌设警卫若干人，日夜分班巡视，以防火烛、偷盗等事，或维持场内一切工人之秩序。

第四〇条　直营工程需用之一切工匠，应由工务所按工程之种类用招募或其他适当方法分别招募之，每种工匠应设工长一人或二人，负领料、监工及代表工匠与工务所谈洽事务之责。

第四一条　各种工匠之工作及风纪，应受工务所指挥监督及管理。

第四二条　职工每天作息时令，除仍应按地方习惯，昼日长短及工程缓急详为规定。

第四三条　木片碎屑制作后，需采取妥善处理，于一定处所听候事务股处分，以防火险。

第四四条　工场内应于安全地点设置职工饮茶及吸烟处所，职工不得在规定处所以外吸烟。

第四五条　工务所监工人员，对于工程之设计图样、施工细则及工料数量估计单，均应研考明了。

第四六条　在施工期间，监工员应随时巡视，遇有工匠所做工事与图说不符之处，应立即纠正，遇有工匠不明图说者，应尽力向其解释，并将做法详细指导。

第四七条　监工员如见有工匠工作迟缓或滥费材料者，应视情形轻重，或加申斥或扣发工资或予开除，以资警戒。

第四八条　监工员如见有工匠灵敏技艺精巧者，应视情形加以相当奖励。

第四九条　在施工期间，监工员如发现原设计图说有不便实施或不甚安全之处,应将此等部份暂停施工,另拟更改计划,估计工料数量,由工务所送经办单位,报请联合勤务总司令部发交工程署核定。如须增加工料,仍应遵照章【程】有关各条之规定办理。

第五〇条 在工程进行期间,监工员应时时考察工人之勤惰及能力,如认为现有工人不能在预定竣工期内竣工,应设法催促或呈请加做夜工或增招工匠。

第五一条 监工员对工人无故怠工,应严加禁止。遇有风雨冰雪或其他不适宜工作之天气,经监工员认为确实不能工作时,得报请工务所,一面发令将工程一部分或全部暂时停工,一面呈报备案。但监工员应采最迅速方法指挥各项工人,将已做部分之工事,加以相当保护。

第五二条 监工员每日应将到工人数、用料数量、工程进度,以及工作状况或其他特别事项,加具意见填造监工日报(附式二十),并于每旬及每月终了各作旬报、月报,呈报备查。

第五三条 监工员于工程完竣后,应立即根据日、旬、月报,将全部工程所用各项工料及器具作最后之统计,并将工程实施之进度一并呈报,核转经办单位转请验收,其手续适用第二章第十七条之规定。

第五四条 营缮工程为适应事实需用,得将一部分招商承揽,其他部分直营之。但须将各部分界限划分清晰以明责任,同时并须使各段工程确实连接。

第五章 验收

第五五条 各种营缮工程,由联合勤务总司令部派员验收,并依法请审计部派员会验。

第五六条 验收员对于工程做法、用料品种尺度及数量,与工匠数目,须按照设计图样标单说明书及合同所订标件切实核验,如认为符合,应即将查验结果填具验收证明书(附式廿一),及报告书（附式廿二），并呈核备。

第五七条　验收员对于所验之工程，如发觉与原设计图标单说明书及合同所订条件不符时，应拒绝验收，并随时胪列事实报请核备。

第五八条　验收员对于所验之工程，如发觉所用材料品质略次，或工作稍嫌草率，而不妨坚固及使用者，得呈请扣罚价款予以验收。但凡能免换或修改者，应径令承造厂商更换修改后复验。

第五九条　工程经验收后，应由联合勤务总司令部制发验收证明书，交由经办单位及厂商收执。

第六〇条　经办单位奉到准予验收文件及验收证明书时，应附入计算书内照章核销。

第六一条　本规则自公布日施行。

各类附表〔缺〕。

〔联合勤务总司令部档案〕

3. 行政院公布国防部营产管理规则及其实施细则

（1946年4月）

国防部营产管理规则　本规则经由前军政部报奉行政院三十五年四月节贰字第一〇二三一号指令核准公布

第一条　全国营产之管理依本规则行之。

第二条　本规则所称营产为左列两项：

一、不动产：凡军用之房屋如营房、厂库、武庙暨各种场地如操场、靶场、演习场、牧马场、飞机场站，以及要塞港、码头、城基、城濠及其附属建筑物等项均属之。

二、动产：凡阵营具、炊具、水电，以及其他附属设备均属之。

第三条　营产之管理，由联合勤务总司令部于每一省市设立营产管理所，并根据各地营产情况分设管理分所办理之。

第四条　各管理所禀承本部联合勤务总司令部之命，受工程署营产司及所在补给区之指导监督，管理各该省市之营产，并统一指挥所属各分所之行政事务，各分所承管理所之命，负管理该分所营产全责。

第五条　各该管理所关于营产之接管与驻用，以及有所变动时，事先应呈本部联合勤务总司令部核定之，各该分所对于上列事项应报告管理所呈转之。

第六条　管理所及分所所需各项人员，可由本部联合勤务总司令部遴选充任之。

第七条　管理所与分所如因必要监护及警卫营产时，得呈请本部联合勤务总司令部指定宪兵担任之。

第八条　凡营产零星且坐落偏僻者，得委托地方机关代为保管。

第九条　各管理所及分所经常实施手续，按照本部另订之营产管理实施细则处理之。

第十条　各管理所及分所之编制表另订之。

第十一条　本规则自呈准之日施行。

国防部营产管理实施细则

第一章　总则

第一条　本部为实施管理全国营产便利起见，按照营产管理规则第九条之规定，订立本细则施行之。

第二条　本细则所称营产者，即指营产管理规则第二条甲、乙两项而言。

第三条　凡各省市或军区营产，得由工程署营产司设立营产管理所，并分设管理分所管理之。

第二章　管理

第四条　营产应分别军用、公用、放租三种管理之：

甲、凡已作军用及留备军事用途之营产称为军用营产。

乙、各种未充军用之营产，如军事以外各机关为办理公共事业请求拨用者，称为公用营产。

丙、各种营产在未先充军事用途，暂时放由民人租用者，称为放租营产。

第一节　军用

第五条　凡已作军用之营产应照旧使用，其未作军用之营产，视其房屋之大小与营地面积之多寡，尽量计划留备军事设施之用。

第六条　凡军用营产应分驻军营房及普通军用两种。

甲、凡各兵种营房及附属设备专作驻军之用。

乙、凡各机关、学校、厂库等办公房屋及附属设备作为普通军用。

第一款　驻军营房

第七条　凡驻军及未驻军营房，须由管理所或分所一律派员保管，其在管理所附近者，该所派员保管，否则设立管理分所保管之。

第八条　凡营房内阵营具、炊具以及水电设备等，在未驻军时，应由管理员督同士兵工匠妥为看管，时加整理，以免损坏。

第九条　各该管理所或分所对于所管营房之历史、位置、面积、栋数、间数、部队驻扎位置及阵营具、炊具、门窗玻璃等，并附属水电设备，均须制备记录表册各四份，前项表册一份存查，一份送补给区，二份呈送营产司分别存转（附式样第一、第二）。

第十条　各管理所或分所对于部队持有核准文件驻用营房时，须立与接洽，按其编制妥为分配，应需之营房与附属设备等造册点交，取具该驻军副官及军需会衔收据，一面呈报营产司备查，并分报补给区。

第十一条　凡营房等经驻军接收后，应于每星期会同驻军派员细密检查一次，如有损坏，须由驻军者修复之。

第十二条　分驻各营房之管理员或士兵，应每月将该营房一切情形报告该管理所汇报营产司备查，并分报补给区。凡各管理分所报告营房情形时，须报由管理所汇转，所有呈报手续均同。

第十三条　管理员对于看管之营房，如发现渗漏与墙壁剥落等情况，应随时督率瓦工匠，预为防备，勤加修茸，以免倾倒。

第十四条　各地营房遇有破坏必须小修时，应由管理所先将需用材料数目切实估价呈报，工程署核准后，再行修理，事后检据报销。

第十五条　各地营房需要大修缮时，应由管理所按照营缮规则，呈请工程署派员勘估，转请本部联合勤务总司令部核定施行。

第十六条　关于营产如遇天灾地变及人力不可抵抗之损坏，应由营管所检具地方机关（合法）证件，呈报营产司核办。

第十七条　凡在营地上之各项建筑物因倒塌或有必要须行拆除时，其材料应由管理员督率士兵工匠妥为检藏切实保管，一面造具尺寸细数清册呈报营产司备案。

前项材料在添建营房及小修缮时，应妥筹利用，呈报备案。

第十八条　凡营房附近原有之树木，应由管理员督率士兵工匠勤加培植，妥为管理，防止损坏，并于每年植树时间，在营地空隙间尽量补植，以资阴蔽。

第十九条　各营产管理所在平时应将所管全部营产测量绘图制订详细图册呈报营产司核存，并分报补给区。如遇异动情形，并应随时更正呈报，以备查考。

第二十条　各营房驻军他移时，须通知管理所，并由该驻军副官及军需会同按照原交营房及附属设备清册，全数移还，由管理员接受清楚后，应即呈报营产司备查，并分报补给区。

第二十一条　凡营房在驻军他移后，应由管理员督同所属士兵工匠妥为看管或加栓锁，并勤为查察打扫，铲除营地内杂草与疏泄阴沟，以重清洁。

第二十二条　营产管理所或分所应随时将所受训令及管理注意事项通知驻军长官，俾引起部队上下一致具有爱护营房之公德心。

第二十三条　营产司为促进士兵及民众爱护营房起见，得拟定标语，交由各营产管理所及分所张贴之。

第二款　普通军用

第二十四条　凡各军事机关、学校、厂库驻用之营产，得由其自行保管，但须将营产数量（房屋平方公数土地面积）图册送交管理所或分所备查。

其不需要时，交由当地管理所或分所派员接管，另行支配用途，并应会衔造送交接清册，呈报备案。

第二十五条　凡军事机关、学校、厂库请准驻用营房时，应按照本细则第十条规定办理之。

第二节　公用

第二十六条　各种未充军用之营产，如军事以外各机关为办理公共事业请求拨用时，详具事实，报请本部核准后方得使用，不需要时，仍须照数归还。

其交接手续应按照本细则第十条以及第二十条规定办理之。

第二十七条　公用营产其现已拨用者，应限期该机关送验原准拨用之公文书类，以凭核定。

第二十八条　凡拨用之营产，该机关应负责保管。非经本部核准，不得变更用途及原有形状性质。其擅自变更致有损失者，除收回外，应负赔偿责任。

第二十九条　拨用营产如有军事用途认为应行收回时，得于一个月或两个月前通知该机关，而后执行收回之。

第三节　放租

第三十条　各种营产在未充军用时，得暂行放租，惟事先应由承租人备具申保书（附式样第三）呈候查实核准，再行发给租照（附式样第四），其现已租用者，应限期呈验租用证件。

第三十一条 营产承租人应按期如额向经管机关缴纳租金，随取租据（附式样第五），其有拖欠及发生不合情形者，除取销租照外，并追缴其欠租，经管机关所收租金应分期缴送工程署，转送财务署核收，汇解财政部。

第三十二条 凡租用营产不得私自转租，倘有查出利用转租以图渔利者，除收回外，并分别罚办。

第三十三条 承租人领取营产租照不须缴费，转发机关亦不得索取手续等费，但印花应由租户照章购贴。

第三十四条 营产执照因故遗失须声明原因，仍照原领执照手续取具证明或印结，报请本部联合勤务总司令部核实补发。

第三十五条 凡已放租之营产，如认为应行收回时，于一个月以前通知承租人，而后执行收回，使承租人直接受有损失时，得酌予补偿之。

第三十六条 凡承租营产之租期届满时，应将租照收回注明，其原继续承租者，得申请核定。

承租人如在营地上建筑房屋等，须呈报核准，于承租期满退租或租权取销时，自行放弃。

第三十七条 凡有侵占、盗卖、隐匿及非法取得营产并其他伪造执照等情形，经查核或告发者，除收回营产外，并从严法办。但未发觉前先行自首者，除收回营产外，免予议处。前项告发人，得酌给奖金，其金额应按情节轻重由本部核定之，至多不得逾该项营产量价百分之十。

第四节 处分

第三十八条 本部保管之营产，如认为军事用途及无碍国防，呈请处分之。处分营产须先本部核定，其数量较大者，并应呈请行政院奉准后，始得执行。

第三十九条 营产处分应实行标卖或核定时值，使原承佃人优先缴价领买，其不愿价领得另行标卖之。

第四十条 营产经标卖价领后，应饬令购领人将价款如限呈缴或备具领结，呈由经管机关一并缴部，掣取收据（附式样第六），发给营产执照（附样式第七），其价款由工程署转送财务署，汇解财政部。

第四十一条 公益团体为办理公共事业请求价领未充军用之营产，应先行报请本部核办。

第四十二条 凡军事上需用某特定地点私有之土地建造物时，得以营产交换之，惟须种类相同，并按时值评定，如数值相差应以金额补足，其手续办结后发给营产执照（与样式第七同），如公共机关团体因公益事业需用某项未充军用之营产，呈经核准交换者亦同。

第四十三条 凡营地上建筑物，因故拆除或倒塌后，所存材料或可折抵造价，或予变卖，均应报请核准。其变卖材料之收入款项，应即呈缴汇解财政部。

第三章 附则

第四十四条 经办营产事务之员兵，如有渎职情事，依法严办。

第四十五条 本细则自公布日施行。

各类附表〔略〕。

〔联合勤务总司令部档案〕

4. 中国陆军总司令部制定之各级仓库组织规程

（1946年4月）

后方勤务司令部总仓库组织规程

第一条 为办理后勤司令部各种供应物资之接收存贮，分发保管，设置总仓库（以下简称本库）隶属于中国陆军总司令部后方勤务司令部。

第二条 本库设置左列各课：

第一课 （设计）

第二课 （通信、运输）

第三课 （经理）

第四课 （军械）

第五课 （卫生）

第六课 （修缮）

第三条 第一课（设计）之职掌如左：

（一）关于供应品之计划分配、调查登记及警卫等事项。

（二）关于本库人事任免考核事项。

第四条 第二课（通信运输）之职掌如左：

（一）关于通信运输器材之领发及存贮、保管、登记事项。

（二）关于通信运输器材之统计、整理事项。

第五条 第三课（经理）之职掌如左：

（一）关于粮秣之领发、存贮、保管事项。

（二）关于被服装具之领发、存贮、保管、登记事项。

（三）关于粮秣及被服装具之统计、整理事项。

（四）关于本库及所属单位之经费领发、保管、登记事项。

第六条 第四课（军械）之职掌如左：

（一）关于械弹、器材之领发、存贮、保管、修理、登记事项。

（二）关于械弹之统计、整理事项。

第七条 第五课（卫生）之职掌如左：

（一）关于卫生器材及被服装具之领发、存贮、保管、登记事项。

（二）关于卫生器材及被服装具之统计、整理事项。

第八条 第六课（修缮）之职掌如左：

（一）关于计划修建库房事项。

（二）关于保管库房事项。

第九条　本库设库长一员，承后方勤务司令部之命，综理全库业务，设副库长二员辅助之。

第十条　本库各课设课长一员，承库长之命，督率所属办理主管业务，惟第二课设副课长二员助理之。

第十一条　本库设库员、副官、课员、技术员、通译员、译电员、书记、司书等，承长官之命令办理各该管执掌内一切事项。

第十二条　本库之编制如附表。〔缺〕

第十三条　本库得视实际需要呈准设置军械库及各种仓库，其所需人员由本库各有关课分别调充之。

第十四条　本库所需监护及运输部队得呈请后勤司令部配设之。

第十五条　本库办事细则另定之。

第十六条　本规程自公布日起施行。

后方勤务司令部兵站司令部基地仓库组织规程

第一条　为办理各区兵站司令部各种供应物资之接收、存贮、分发、保管及补给所辖各中间仓库、各前进仓库之军品起见，特设基地仓库（以下简称本库），隶属兵站司令部。

第二条　本库置左列各课，分掌其业务：

第一课　（通信运输）

第二课　（粮秣）

第三课　（经理）

第四课　（军械）

第五课　（卫生）

第三条　第一课（通信运输）之职掌如左：

（一）关于管区内部队通信器材之统计、调查事项。

(二）关于通信运输器材之领发、存贮、保管事项。

(三）关于管区内之各种道路、输力之调查、统计事项。

(四）关于空运联络事项。

第四条　第二课（粮秣）之职掌如左：

(一）关于管区内部队、机关、学校人马数目及给养之统计、调查事项。

(二）关于粮秣之领发、存贮、保管、稽核事项。

(三）关于粮秣、副食物之收集、保管、分发事项。

(四）关于给养代金之领发、保管事项。

第五条　第三课（经理）之职掌如左：

(一）关于管区内部队、机关、学校被服、装具之统计、调查事项。

(二）关于被服装具之领发事项。

(三）关于本库及所属单位之经费领发、保管事项。

(四）关于本库及所属单位经临费之会计事项。

第六条　第四课（军械）之职掌如左：

(一）关于管区内部队、机关、武器、弹药之统计、调查事项。

(二）关于武器弹药之领发、存贮、保管、稽核事项。

(三）关于战地废品之收集、整理、转运事项。

(四）关于战利品、械弹之收集、整理、转运事项。

第七条　第五课（卫生）之职掌如左：

(一）关于管区内部队、机关、学校、卫生器材之统计、调查事项。

(二）关于卫生器材及被服、装具之领发存贮、保管、登记事项。

第八条　本库设库长一员，承兵站司令部之命，综理全军业务，并设副库长一员辅助之。

第九条　本库各课设课长一员，承库长、副库长之命，督率所属办理主管业务。第二课设副课长一员助理之。

第十条　本库设库员、课员、副官、通译员、译电员、书记、司书等，承长官之命，办理各该管职掌内一切事务。

第十一条　本库之编制如附表。〔缺〕

第十二条　本库得设置中间仓库、前进仓库，其数量视实际需要呈请核定之。

第十三条　本库及中间仓库、前进仓库所需监护及运输部队，得呈请区兵站司令部配设之。

第十四条　本库各级仓库，视实际需要得设置分库，其数量应呈请核定分配，职员由各该课内职员中调充之。

第十五条　本库办事细则另定之。

第十六条　本规程自公布日起施行。

后方勤务司令部中间仓库组织规程

第一条　为办理管区内各军之各种供应物质之接收、存贮、保管、分发，于兵站司令部基地仓库下，特设中间仓库（以下简称本库）。

第二条　本库设库长一员，承基地仓库库长之命，综理全库业务，设副库长一员辅助之。

第三条　本库设库员、译电员、书记、司书等，承长官之命办理各该管执掌内一切事务。

第四条　本库之编制如附表〔缺〕。

第五条　本库以每军设置一个为原则，但视实际需要得依情况，呈请核定而增减之。

第六条　本库内各种仓库，视实际上之需要，得设置粮秣、军械、被服、器材、燃料等分库，所需职员即以库内职员派充之。

第七条　本库办事细则另定之。

第八条　本规程自公布日起施行。

后方勤务司令部前进仓库组织规程

第一条　为办理管区内各师之各种军品接收、存贮、分发、管理，特设前进仓库（以下简称本库），隶属于中间仓库。

第二条　本库设库长一员，承中间仓库库长之命，综理全库业务。设副库长一员，辅助之。

第三条　本库设库员若干人，办理通信、运输、粮秣、经理、军械、卫生、领发、保管等业务。

第四条　本库之编制如附表。〔缺〕

第五条　本库以每师设置一个为原则，但视实际需要得依情况呈请核定而增减之。

第六条　本库办事细则另定之。

第七条　本规程自公布日起施行。

〔联合勤务总司令部档案〕

5. 后方勤务总司令部颁发陆军各部队机关学校采购机构组织规程

（1946年6月1日）

陆军各部队机关学校采购机构组织规程

中华民国卅五年六月一日
后方勤务总司令部勤发字第54333号

第一条　陆军各部队、机关、学校所需之副食、马秣、掌缰等实物，特设各级采购机构办理之。

第二条　前条采购机构之设置如左：

一、采购委员会　于中国陆军总司令部后勤司令部、各补给区司令部、各战区兵站总监部、各方面军兵站司令部、各兵站分监部及后方办理补给机关设置之。

二、采购组　于各军及独立师旅团与各军事机关、学校设置之。

三、采购站　于军所属之师，旅所属之团设置之。

第三条　前条各级采购机构一律冠以各该单位之名称。

第四条　各级采购机构之职掌如左：

一、采购委员会

（一）关于主管或辖区范围内副食、马秣及掌缠等实物之统筹采购事宜。

（二）关于所属采购业务之设计督导及考核事宜。

二、采购组及采购站

（一）关于各该单位副食、马秣及掌缠等实物，会同地方政府就地采购事宜，必要时得委托或直接采购之。

（二）关于会同地方政府，对于副食、马秣及掌缠等价格之议定及查报事宜。

第五条　各级采购机构之组织如左：

一、采购委员会

各设主任委员一人，由各该单位主管兼任，副主任委员二人，其一人由各该单位副主官兼任，另一人由上级单位派充，委员若干人，由各该单位有关部门负责人员政工人员及所在地地方政府暨参议会各派代表一人兼任之。

二、采购组

各设主任一人，由各该单位不兼政工之副主官兼任，副主任二人，其一人由各该单位军需主官兼任，另一人由上级单位派充，委员若干人，由各该单位有关部门负责人员及政工人员兼之。

三、采购站

各设主任一人，由各该单位不兼政工之副主官兼任，副主任一人，由各该单位军需主官兼任，委员若干人，由各该单位有关部门负责人员及政工人员兼任之。

第六条　各级采购机构办事人员以由各该单位调用为原则，

如有专设必要时，经呈准军政部后设置之。

第七条　采购组及采购站对于采购业务，应受各该单位主官之监督。

第八条　各级地方政府对于各级采购机构副食、马秣及掌缰等实物，应遵照行政院命令，切实负配购平价及协助运输之责。

第九条　各单位所需副食、马秣及掌缰等实物，如确不能就地采购或数量不足时，得报由上级单位统筹购运补给。

第十条　蔬菜、燃料、马草、肉类必要时，得折发价款，交由各单位自行采购。

第十一条　各采购机构必需经费及零星旅杂办公等费，准照规定在各该单位临时费或常备金内核实支报。

第十二条　各级采购机构办事细则，由各该单位自行订定之。

第十三条　本规程自公布日施行。

〔联合勤务总司令部档案〕

6. 军政部关于部队机关学校粮给采购原则代电

(1946年8月29日)

军政部代电　（卅五）部政需粮给第六二四二号
中华民国卅五年八月廿九日

鉴：（一）部队、机关、学校副食、马秣、掌缰等采购原则如下：（1）陆军总部后勤部、各补给区司令部、兵站总监部、兵站分监部、方面军兵站司令部及后方补给机关设采购委员会，军及独立师旅团营与各军事机关、学校设采购组，军属师旅及师旅属之团设采购站，分冠各该单位名称。（2）各该单位副秣掌缰等实物，由各采购组（站）会同地方政府就地平价采购，必要时得委托或直接采购，如不能就地采购或数量不足时，得报由上级补给单位统购运补，地方政府应负配购单位协助运输之责，蔬菜、燃料、马草、肉类，必要时得折价交各单位自办。（3）采委会设主任委员一,由各该单位主官兼,副主任委员二,其一由该单位副主官兼,另一由上级单位派,委员若干,由该单位有关部门负责人、政工人员,并商请当地政府暨参议会各派代表一兼任。采购组(站)各设主任一,由该单位不兼政工之副主官兼,副主任一,由军需主官兼任,采购组另增设副主任一,由上级单位派,委员若干,由有关部门负责人及政工人员兼,其余办事人员由该单位调用为原则,必要时得呈准军政部专设组站,采购业务应受该单位主官监督。(4)采购机构经费及旅杂办公费等,得照规定在该单位临时费或常备金内支报。(二)前颁采购机构组织规程废止,除陆军总部所属补给机构,因盟友参加情形特殊,得参照现行办法办理外,除应依此原则办理,前进部队尤应尽先组设,组织规程另颁。(三)人马确数应由各补给机构秉承辖区最高军事长官组织点验组,随时验查,用昭核实。以上各项,希遵照并饬属办理具报。陈诚。(未宥)、未艳。需特。印。

附记:(未宥)系由电报详发。未艳韵目系由代电颁行。

各军师采购组站组织办法 三十五年八月拟订

一、为适应需要并加强副秣采购业务起见,特遵照中央规定各军(师)及新整编师应设置采购组站,负责筹办副秣实物。

二、军设采购组,师设采购站,其组织如下:

1. 采购组 设主任一人,由各军副军长兼任,副主任暂设一人,由军需处长兼任,委员若干人,由有关部门人员及政工人员兼任之。

2. 采购站 设主任一员,由各师副师长兼任,副主任一人,由军需主官兼任,委员若干人,由有关部门人员及政工人员兼任之。

3. 采购组站得雇用司书一人或二人。

4. 采购组站办事人员,得向军官总队调用,采购组准调用十人,采购站准调用六人。

5. 上项调用人员，由各军师径向军官总队洽办，并径报联勤总部备查。

6. 调用人员薪饷、主副食，自报到之次月份起，由补给机关发交各军师统领转发。

7. 调用人员自报到后，由各军师造具职级、姓名清册，报由补给机关汇报，由联勤总部发给指派令。

8. 调用人员服务考绩，由各军师与一般官佐同样办理。

三、各军师所需副秣实物之筹购、补给及报销，由采购组站负责办理之。

四、采购组站办公费用，按实际服务官佐每人平均月支五千元发给。

五、采购组站雇用司书，薪饷及办公费，准由各军师先行垫发，月终检据一次，报由各军师长核转补给机关汇报联勤总部专案拨款归垫。

六、采购组站应冠各军师之番号，如"陆军第〇军采购组"、"陆军第〇军第〇师采购站"。

七、采购组站为幕僚机构，对外不得行文。

八、本办法遵照军政部卅四年未宥需特电、卅五年巳皓需特京代电，及联勤总部卅五年未鱼乙经特京代电各案指示拟订，嗣后如有命令改定，应随时遵照修正办理。

九、本办法除分报十一战区长官部及第五补给区备案外，各军师应自九月一日着手编组，并开始服行业务。

〔联合勤务总司令部档案〕

7. 行政院公布军粮计核委员会组织规程令

（1946年9月19日）

行政院令　节京叁字第一三〇一二号
　　　　　三十五年九月十九日

兹制定军粮计核委员会组织规程，公布之。此令。

军粮计核委员会组织规程

第一条 行政院为谋全国军粮配拨购补业务协调起见，特于中央及主席行辕（绥靖公署）（战区）分设军粮计核委员会，专负设计、督核、改进、连系之责。

第二条 中央军粮计核委员会依左列规定组成之：

主任委员 国防部参谋总长。

委员 粮食部部长。

财政部部长。

国防部次长一人。

国防部参谋次长一人。

联合勤务总司令。

粮食部次长二人。

财政部次长一人。

交通部次长一人。

农林部次长一人。

联合勤务副总司令一人。

上列各委员，由国防部部长开列名单，报请行政院备案，并指定粮食部次长、财政部次长、联合勤务副总司令各一人为常务委员。

第三条 行辕（绥靖公署）（战区）军粮计核委员会，依左列规定组成之。有行辕、绥靖公署地点，其战区不设计核委员会。

主任委员 行辕主任（绥靖公署主任）（战区司令长官）。

委员 有关之省政府主席及行政院直辖市市长、行辕（绥靖公署）（战区）参谋长、补给区司令及兵站总监或供应局长，有关之省财政厅长及田赋粮食管理处处长。

第四条 中央军粮计核委员会，每三月召开大会一次，每星期召开常会一次，但遇必要时，得由主任委员或常务委员分别召集临时会议。

中央军粮计核委员会开大会时，国防部第三厅厅长、第四厅厅长、第五厅厅长、联合勤务司令部经理署长、计划处长、补给处长、粮秣司长、财政部国库署长、粮食部田赋署长、分配司长、财务司长、储备司长均应列席，开常会时，得派代表或由本人列席。

第五条　行辕（绥靖公署）（战区）军粮计核委员会之开会次数，由各行辕主任（绥靖公署主任）（战区司令长官）定之。

第六条　中央军粮计核委员会为处理文书事务，设秘书室。其主任秘书一职，由主任委员就有关军粮之主官指定兼任，所需秘书及文书事务人员，统由联合勤务总司令部调员兼办，并另设专任事务员六人（中校一、少校二、上尉三）及必要之士兵。所有专任人员薪饷及办公用费，概由联合勤务总司令部临时费开支。

行辕（绥靖公署）（战区）军粮计核委员会设秘书一人，由主任委员就有关军粮之主官指定兼任，所需文书事务人员，由秘书向有关机关调员兼办。所有办公用费，概由行辕（绥靖公署）（战区）临时费开支。

第七条　本规程自公布日施行。

〔国民政府档案〕

8. 联合勤务总司令部抄发粮秣补给程序代电

(1947年3月9日)

联合勤务总司令部代电　(卅六)经主字第608289号
中华民国三十六年三月九日

南京供应局金局长：兹制订粮秣补给程序，公布之。除分电各行辕、绥署及各补给区司令部、兵站总监部、供应局外，特电遵照。黄镇球。(卅六)寅佳。经主。附抄发粮秣补给程序一份。

粮秣补给程序

一、粮秣补给系统规定两级：第一级为区补给机关，第二级为分区补给机关，仓库（包括供应站库、补给库）视为分遣单位。

二、各受领单位（部队、机关、学校、工厂、医院）请领粮秣副食应于每月二十日以前造具粮秣补给人马统计表（附式一），并注明所属单位详细驻地分驻人数，径送当地区（分区）补给机关核补。

三、区（分区）补给机关接到受领单位所送人马统计表，立即核实人马数目，于每月下旬填发下月份补给证（附式二），以最速方法通知受领单位，持向指定仓库领取，一面分知仓库照发。如系费款，则径行汇发，连同补给证寄受领单位，于收款后在补给证内签署盖章寄还原补给机关。

四、补给证为唯一发粮凭证，由区补给机关制交分区补给机关填发，受领单位应向指定仓库洽领。如果行动不便携带时，得由其他仓库凭证发粮，其他任何文件一律不发。

五、各受领单位于领粮时，应在补给证加盖关防印章，并由经领人于领取时，在规定栏内注明级职、姓名，加盖名章，不得转让变卖或伪造冒领，违者依法议处。

六、各受领单位接到补给证后，应妥慎保管，除天灾、事变人力不能抵抗者,得叙明事实注明号码,请原发补给机关及指定之仓库查明补发,同时令行所属各仓库或分行其他邻近补给机关查明作废,如在申请作废以前发现冒领,仍应由原受领单位负责。

七、仓库收到各受领单位所持补给证须先查明经领人证章符号或其他证件相符后,即照数发给,以第四联存查,第三联在规定位置署名盖章,随时以最速方法呈分区补给机关。

八、各受领单位人数增加时,应将奉准文号或其他证件通知区(分区)补给机关查明补发,人数减少时,多余之粮于次月填发补给证扣缴。

九、各受领单位受领粮秣副食以军(整编师)或独立师旅团营队为单位,如系军事机关、学校,即以该机关、学校为单位,其附属单位分驻时,照十、十一两项规定办理。

十、各受领单位驻在同一分区补给机关辖区内一地或附近地点时,应由该部队最高单位列表总领转发,分驻数地时,得由分驻单位持证分领。如分驻数补给区时,有配属单位者,由配属单位者径行列表受领,但原属最高单位仍应于人马统计表内注明之。

十一、各受领单位接到补给证后,除分驻及派遣公差或独立作战单位或配属单位得发交其最高主管持用分领外,其驻在一地或附近者,均须由该管单位负责总领转发,不得分领。

十二、各受领单位如遇战斗激烈推移迅速,追送不及或当地无补给机关或遇补给机关联络隔断时,得将补给证持向县田粮盐务机关或地方政府借发,由田粮盐务机关或地方政府将此项补给证向就近分区补给机关换样转账,列抵军粮配额或照价发给价款归垫。

十三、受领单位奉令迁移或接送新兵时,应于事前将经过地点、出发日期、官兵人数或奉准接送新兵名额并预计途中日数、应需粮数,径行通知区(分区)补给机关填发补给证持赴沿途军仓领用，至迁移之受领单位并应收回原领粮秣之一部或全部，一面将截止日期分知有关补给机关，衔接补给。如经过地区未设仓库者，即由区（分区）补给机关通知经过县政府，委托凭证补给证代为补给抵拨军粮转账。

十四、各受领单位负有特种任务或临时出勤须变更补给计划改发费款时，分区补给机关应通知军仓停发或收缴现品，先就军费内垫发。如系军粮费款，应向田粮机关以配粮改领代金归垫，其填发补给证手续与现品同。

十五、前颁受领单位现有人马统计表、发粮通知证、军粮受领证同时废止。

十六、本程序自公布日施行。

附表〔略〕。

〔联合勤务总司令部档案〕

9. 联合勤务总司令部公布陆海空军粮秣经理规程

（1947年）

陆海空军粮秣经理规程

一、总则

第一条　陆海空军粮秣经理依本规程行之。

第二条　本规程所定之粮秣经理范围为军粮（包括主副食品、加给品等）、马秣（包括马、骡、驼、象、牛、犬、军鸽饲养品等），及与粮秣有关之一切经理业务。

第三条　粮秣经理机关之权责区分如左：

（一）联合勤务总司令部（以下简称联勤总部）负全国陆海空军粮秣生产、筹办、储备、分配、运输、补给等统筹计划、指导监督之责。

（二）补给区司令部（以下简称区补给机关）、供应局、兵站总监部（以下简称分区补给机关）负管区内生产、筹办、储备、分配、运输、补给、监督、执行之责。

（三）部队、机关、学校、工厂（以下简称受领单位）各负该管单位领运及补给实施之责。

第四条　粮秣经理系统规定，第一级为联勤总部，第二级为区补给机关，第三级为分区补给机关，所有粮秣会计概由第三级机关承办，第二级机关初核汇转（无第二级机关者则径报联勤总部）。

军仓（包括供应站、供应库、补给库）视为分遣单位，不负会计报销之责，收发军粮表据，应径呈分区补给机关。各分监部、支部及相当机关，如兼负军粮收发任务，比照军仓办理。

二、给与

第五条　陆军官兵食品定量，如附式一。

第六条　海军官兵食品定量，如附式二。

第七条　空军官兵食品定量，如附式三。

第八条　装甲兵及伞兵食品定量，如附式四。

第九条　携带口粮定量，如附式五。

第十条　伤患官兵食品定量，如附式六。

第一一条　军用牲畜饲养品定量，如附式七。

三、筹办

第一二条　年度军粮依左列规定筹办：

（一）各补给区全年应需军粮，由各区补给机关依据辖区内各受补单位编制人数，分布地域，及粮食产销状况，编制年度军粮筹办计划（附式九），于年度开始前三个月，呈送联勤总部汇编，全年度军粮筹办总计划提请行政院军粮核计委员会决定，送请粮食部，于年度开始前两个月，依照总计划所列需要地点、数量，分区配拨，会呈行政院核准颁行。

（二）各区（分区）补给机关奉到前项命令后，应即秉承当地最高军事机关长官召集交接双方及有关机关,按军事部署及交通状况补给需要,切实商定交接地点、品种、数量、期限,分饬所属遵照,并全衔列表(附式八),分呈主管部提请行政院军粮计核委员会核备。

第一三条 副食、马秣依左列规定办理:

(一)副食、马秣以由补给机关补给实物为原则,必要时得由联勤总部呈奉核准后,全部或一部核发价款,委托受领单位代办。

(二)副食、马秣、实物,应由各区补给机关,依照规定品量、并按该区受领单位编制人马分布地域及物资产销状况,编制年度副食、马秣筹办计划(同附式九),于会计年度开始前三个月呈送联勤总部核定配拨实物,或发款交区补给机关购办,或委托受领单位代办。

(三)前项实物如系配拨,由联勤总部呈奉核定拨交地点、数量后,分行各区补给机关执行,如由补给机关购办,其价款由联勤总部分期提前预发,各区补给机关应遵照联勤总部核定年度筹办计划及月份补给计划,于上期或上月二十日以前,按照各分区补给机关管区内实际情形,分期或分月核汇应需费款或配拨现品,分区补给机关应于上月下旬以前,遵照区补给机关补给计划,分月转发所属或各受领单位。

(四)副食、马秣概以就地筹办为原则,但如战况紧急或当地物资缺乏,或当地物价特高,或因特殊情形,由各区补给机关向邻区统筹购运。

(五)购办副食、马秣、实物,应先调查物价、产量,并召集地方政府、商会及当地法团公正士绅商定购办方式、合理价格、采购地点,采购时由地方政府责成乡镇分区采购或招商购办,或以贷款方式奖励生产商廉价供应,或向市场零星收购,成交时须于会议纪录、契约发单内载明品种、数量、单价、总价、付款日期、交货期限、地点及包装运送等项,同时检定样品,交接时交方收款须填具收款领据（据内填明品量及单价总价），交由接方连同会议纪录，契约发单等作为报销原始凭证，接方收到实物须填给收物印据，交交方收执。所购实物，除各受领单位自办者外，均应指定站库，接收入库，妥存备发。

前项契约发单，收物凭证、收款印据，由区补给机关预印分发。

（六）副食、马秣，如发价款委托各受领单位代办时，除应会商地方机关、法团就核定费款、评议物价、作合理之采购供应外，得作费款报销，无须检附采购凭证。

（七）各地副食、马秣价格，应由各分区补给机关分旬调查，按月汇报区补给机关转联勤总部备查。

第一四条　军粮包装材料，依左列规定办理：

（一）属于省际运输者，由田粮机关按照全年配额随粮配拨新麻袋三分之二，省内补给者，随粮配拨三分之一，其余三分之一或三分之二，由区补给机关于年度开始前三个月，拟具包装材料筹办计划（附式十）呈送联勤总部核定，发款筹制，运集需要地点备用。

（二）各受领单位应需之周转麻袋、布袋，概由分区补给机关就旧有存品内拨用，第一年照需要数发给，以后逐年补充三分之一。

（三）麻袋、布袋以自行设厂制办修理为原则，如有不敷得招商承制或零购。

（四）包装大麻袋，每个以能容糙米二百市斤，小麻袋或小布袋，每个以能容糙米四十市斤，面粉布袋，每个以能容面粉四十五市斤为准，并力求坚牢适用。

（五）各受领单位随粮领用之包装袋，应于十日内至多一个月内缴还，如缴交就地仓库时，应取据通知原发粮军仓，否则原发粮军仓呈报分区补给机关转呈区补给机关，按欠缴包装袋数量及使用程度，照当地市价扣发其军费购补。

（六）各受领单位，对于粮袋应绝对禁止装载其他任何物品。

（七）副秣及乾藏品、加给品等包装材料之筹办，参照军粮包装材料规定办理。

第一五条　军粮交接依左列规定办理：

（一）拨粮机关（包括各级田粮机关及其仓库暨代办田粮业务之县地方政府）交付军粮应按核定交接地点、品种、数量及期限交补给机关或军仓接收，前项交接地点、品种、数量及期限，由各管区最高军事机关长官召集，交接双方及有关机关会同商定报由主管部提请中央军粮计核委员会核备。

（二）凡军仓及田粮仓库（以下简称粮仓）设在交接地点同一城镇者，拨粮机关为节省手续起见，应将运到应拨军粮径行运交军仓，其已运集粮仓者，应将待拨数量，通知同在一地之军仓备查，俟受领单位领粮时，由军仓派员会同就库发给。

（三）拨粮机关运集交接地点之军粮，应随时填具三联拨粮通知单（附式十一），以第一联存查，第二联通知补给机关，第三联通知同在一地或附近之军仓。

（四）军仓接到上项通知单时，应立即前往接收，并填具四联印据（附式十二），以第一联存查，第二联送由拨粮机关盖章证明后，由军仓以最速方法径送补给机关，第三、四两联交拨粮机关分别存查及转送省田粮机关，或粮食部直辖储运机关。

前项四联印据由补给机关统一印制，并编号加盖印信发交所属接粮单位备用。

（五）部队经过地区如无军仓，必须径向拨粮机关领粮时，应照规定持具补给机关补给证，向拨粮机关洽领，拨粮机关发粮后，即以补给证向指定补给机关转账换据。

（六）每月交接军粮品种、数量，由省田粮机关或粮食部直辖储运机关与补给机关，根据该月份印据清算核结，省田粮机关或粮食部直辖储运机关,应立将当月实拨军粮品种、数量,电报粮食部,并将印据整理存候审核机关抽存,仍照规定汇造粮食收支计算书呈报粮食部查核。

补给机关应立将当月实收品种、数量,电报联勤总部,随于次月二十日以前汇入业务报告书,并于月终将接粮印据列入军粮计算,并呈联勤总部查核。

(七)拨粮机关应按核定品种拨交现品,如因情形特殊折发代金,应由该管区内拨粮主管机关,按粮食部核定价格核计,拨由接粮主管机关接收转发,取具领款印据,并注明折交现品数量,按第三、第六两项之规定,分别按月汇报主管部查核。

(八)拨粮机关拨交军粮,应以整洁干燥,并包装完整者为准,产米省区应一律拨交净糙,产麦省区应拨交净麦,在可能时得折交面粉。米麦每大包各净重〈200〉市斤,小包净重〈40〉市斤,面粉每袋净重〈44〉市斤。搭交杂粮时,照附表(附式十三)规定或临时商定之,折合率办理,均应于收据上注明实际数量,以便核结。

(九)交接双方应需衡器,由补给机关及田粮机关分别订制,委托区内度量衡检定所检定、编号、分发,并酌配法码,随时校正补给机关及田粮机关,均得酌设技工巡回检定修理。

(十)重要交接地点,应由当地县长、县党部书记长、参谋会议长、度量衡检定人员、当地驻军长官暨田粮机关、补给机关主官合组评议委员会,鉴定品质及解决交接纠纷。

(十一)交接双方,如不按照核定之交接地点、品种、数量及期限拨交或接收时,由该管区最高军事长官查明责任分别议处。

四、补给

第一六条　补给依左列规定办理:

(一)分区补给机关对管区内补给军粮副秣,应按月制订该区补给粮秣人马统计表三份(附式十四),于上月二十日以前(以邮戳为凭）径报联勤总部（寄经理署粮秣司同时以一份分报区补给机关。

（二）区补给机关，除依上列规定期限填报直接补给粮秣人马统计表外，并应将所属分区补给机关分报之补给粮秣人马统计表负责初核汇转。

（三）前项补给粮秣人马统计表，以为预发下月粮秣副食之标准，月终应按各受领单位人马异动表核结。如实际执行业务所得人马数与预发时人马有出入，应一面核实补给，一面呈明上级机关，凡超过编制人员，非奉国防部核准有案，不得补给。

（四）粮秣副食由区（分区）补给机关，按补给粮秣人马统计表及定量定额，每月分一次至三次发给，战时应送至军（整编师、独立旅团）部驻地。

（五）各受领单位，每月应领粮秣副食，除月终核结补发部分外，凡已填发补给证者，务在当月月底领清。

（六）会战期间，陆军辎重携行粮秣副食五日份，人马携带粮秣副食二日份，均就所领经常粮秣副食内拨用，经常保持足数携带部分，如无干粮，应自制炒米、大饼、干菜。压榨马秣随军兵站应准备七日份，待机位置控屯十四日份。前项携行携带粮秣副食由部队长官领足，准备粮秣副食由管区最高长官责成补给机关屯足。如在第一星期缺粮由部队长官负责，第二星期缺粮由分区补给机关负责，第三星期以后缺粮由区补给机关负责。

（七）凡因特殊情形，发款交受领单位自购粮秣副食时，应会同当地政府、民意机关、地方法团议价照定量购足，依规定检同纪录、契约单据，送由补给机关核结。

第一七条　补给范围依左列规定办理：

（一）非建制军事机关、学校、部队，除经国防部核准有案者外，概不补给。

（二）各省保安团队、国民兵团及已征集尚未入营之壮丁，应由地方负担，无论已否列入战序，概不补给。

（三）各教养院奉准回籍之一等伤残官兵，得按驻地议价一次折发三个月主副食费款，由分区补给机关发给。

（四）入学调训人员主副食，概由教育训练机关，自报到之日起请领，原单位自调离之日起停发。

（五）军法机关及配有军法官之军事机关押禁已决未决军事人犯，无论有无军人身份，所需主副食由军法机关比照士兵待遇领发。其有军人身份未经开除底缺者，原属单位停发。寄押寄禁各司发监狱军事囚犯，具有军人身份者，未判决前一律归送押机关或部队负担，已判决者由司法监狱比照司法人犯主副食待遇先行垫用，月终造具囚犯名册、送向就地补给机关领还归垫。

（六）住院伤患官兵主副食由医院请领，原属单位自送院之日起停发。

（七）派遣校阅点验会议慰劳及兼任教职人员，因情形特殊须在各部队、机关、学校供应膳食时，所需主副食得按规定补给，由支用单位月终检具证明向补给机关结取。

（八）战俘主副食比照士兵待遇，征雇民夫、船夫、驮夫呈准有案，并照军用征雇给与规定给费者，照国军士兵待遇，惟受领单位临时雇用地方输力，概不补给。

（九）差假人员在差假期间主副食超过一个月者，应自第一个月起扣缴。

（十）每次会战后，得由该区最高军事机关派员或委托其他机关收容离散官兵，其主副食由收容机关向就近分区补给机关洽领，现品照定量发给，但应将余粮、余款报缴就近补给机关。

第一八条　补给程序依左列规定办理：

（一）各受领单位应于每月二十日以前造具下月粮秣补给人马统计表（附式十四），并注明所属单位详细驻地、分驻人数送当地区（分区）补给机关。

（二）区（分区）补给机关，接到各受领单位所送人马统计表，立即核实人马数目，于每月下旬填发下月份补给证（附式十五），以最速方法通知各受领单位，持赴指定军仓领取，一面分知军仓照发。如系费款，则径行汇发连同补给证寄受领单位，于收款后在补给证内签署盖印寄还原补给机关。

（三）补给证为唯一发粮凭证，由区补给机关制交分区补给机关填发，受领单位应向指定军仓洽领，如有特殊情形得由其他军仓凭证发粮，其他任何文件一律不发。

（四）各受领单位于领粮时，应在补给证加盖关防印章，并由经领人于领取时，在规定栏内注明级职、姓名，加盖名章，不得转让变卖或伪造冒领，违者依法议处。

（五）各受领单位接到补给证后，应妥慎保管，除天灾、事变人力不能抵抗者，得叙明事实，注明号码，自行登报一星期，并随即剪报送请原发之补给机关，及指定之军仓查明补发，同时令行所属各军仓或分行发现冒领，仍应由原受领单位负责。

（六）军仓收到各受领单位所持补给证，须先查明经领人证章符号或其他证件相符后，即照数发给，以第四联存查，第三联在规定位置署名盖章，随时以最速方法呈分区补给机关。

（七）各受领单位人数增加时，应将奉准文号或其他证件通知区（分区）补给机关查明，补发人数减少时，多余之粮，于次月填发补给证时扣缴。

（八）各受领单位受领粮秣副食，以军（整编师）或独立师旅团营队为单位，如系军事机关、学校，即以该机关、学校为单位，其附属单位分驻时，照九、十两项规定办理。

（九）各受领单位驻在同一分区补给机关辖区内一地或附近地点时，应由该部队最高单位列表总领转发，分驻数地时，得由分驻单位持证分领。如分驻数补给区时，有配属单位者，由配属单位列表总领转发，无配属单位者，径行列表受领。但原属最高单位，仍应于人马统计表内注明之。

（十）各受领单位接到补给证后，除分驻及派遣公差或独立作战单位，或配属单位得发交其最高主官持用分领外，其驻在一地或附近者，均须由该管单位负责总领转发，不得分领。

（十一）各受领单位，如遇战斗激烈推移，迅速追送不及，或当地无补给机关，或遇补给机关联络隔断时，得将补给证向县田粮、盐务机关，或地方政府借发，由田粮、盐务机关，或地方政府，将此项补给证向就近分区补给机关换据转账列抵军粮配额，或照价发给价款归垫。

（十二）各受领单位奉令迁移或接送新兵时，应于事前将经过地点、出发日期、官兵人数或接送新兵名额，并预计途中日数、应需粮数，径行通知区（分区）补给机关填发补给证，持赴沿途军仓领用。至迁移之受领单位，并应收回原领粮秣之一部或全部，一面将截止日期分知有关补给机关衔接补给。如经过地区未设军仓，应即由区（分区）补给机关通知，经过县政府委托，按照补给证票面数字代为补给抵拨军粮转账，其手续照第十一项后段规定办理。

（十三）各受领单位负有特殊任务或临时出动，须变更补给计划改发费款时，分区补给机关应通知军仓停发或收缴现品，先就军费内垫发。如系军粮费款应向田粮机关以配粮改领代金归垫。其填发补给证手续与现品同。

第十九条　加给品分勤务加给及犒劳两种，其领发结报依一般规定手续办理，种类、数量临时以命令定之。

第二〇条　粮秣副食现品及其费款之筹办、运输、补给、储备、分配等，应按月将实施情形编制报告书（附式十六）呈报备案，除重要事项外，不得零星报备。

（一）应附主要报表如左：
（1）粮秣收发现存月报表（附式十七）。

(2)粮秣运输月报表（附式十八）。

(3)粮秣损耗月报表（附式十九）。

(二)区补给机关对于上项报告书表，应指定专人登记整理，如期呈送各种登记册表，主官交代列入移交。

(三)上项规定报告书表系代替零星报备文件，须于下月二十日以前各编制五份，以二份分报主管机关存查并汇报外，以其余三份航邮径寄联勤总部经理署（或粮秣司转呈）。

五、运输

第二一条 军粮运输依左列规定办理：

(一)运输划分

(1)由征购地点至交接地点，由田粮机关负责，如军仓与粮仓在同一地点时，应径运至军仓拨交。

(2)集交以后，分运各补给地点，由分区补给机关负责。

(3)跨越两分区以上之运输，由区补给机关负责跨越两补给区以上之运输，由起点之区补给机关负责或由联勤总部指定之。

(4)由军仓至受领单位驻地，由受领单位本身辎重自行接运，但其距离限于三十华里以内，战时照第十六条第二项后段规定办理。

师团管区在未编配输力以前，应由军仓运至该司令部驻在地或就近拨补。

(二)补给机关应于交接地点确定后，按月编拟运输计划呈核。

(三)粮秣副食运输方法，分铁运、水运、空运、陆运四种，按需要缓急先后及辖区交通状况分别实施。

(1)铁道运输 凡通铁道地区，应以铁运为主，其程序手续依铁道军运规定办理。

(2)水路运输 凡通水运地区，应以水运为主，其程序手续依水运规定办理。

(3)陆路运输 凡汽车、火车、手车、驮马骆驼、人伕五种，凡通公路地区，以汽车、火车为主，其程序手续依陆运规定办理。

（4）航空运输　特殊情况时用之。

（5）各种运输　每日行程规定如左：

1. 火车三六〇公里。
2. 汽车二〇〇公里。
3. 兽力车三〇公里。
4. 人力车二五公里。
5. 兽力四〇公里。
6. 伕力三〇公里。
7. 轮船上、下水一〇〇、二〇〇公里。
8. 帆船上、下水二〇、六〇公里。

（四）各级补给机关及受领单位，应尽量使用本身输力，如不敷分配或无法利用时，始得征雇地方输力，按当时给与标准支给运费，补给机关由所领粮运费内列报，受领单位超过三十华里部分，在常备金内列报。

（五）运输粮秣副食应按规定请领执照，其押运人员应由解运机关自派为原则。

（六）运输粮秣副食应由解运机关填发解物五联单（附式二〇），除第一联存查外，其余四联发交押运人员持交接收机关照数点收，接收机关应于联单内注明接受日期，并由主官署名盖章后，以第四联存查，第五联作短途伕费报销凭证，第二、三两联交还押运人员携缴原解物机关，以第三联作押运人员旅费报销凭证，第二联作运输损耗报销凭证。

第二二条　军粮运费依左列规定办理：

（一）各补给机关应于交接地点，或筹办计划核定后，将每月所需运费编列详细预算，连同运输计划，事前呈报联勤总部核办（附式二十一、二十二）。

（二）联勤总部核定年度预算计划后，分月拨发下月运费，于上月五日以前汇交区补给机关，区补给机关于上月十五日前，发交分区补给机关，分区补给机关于上月二十五日以前，发交所属单位，并按月结报。

第二三条　押运军粮依左列规定办理：

（一）押运员奉到出发命令，应迅即查明经过路线，并领取必需之公文物件，如率同武装士兵押运时，须于护照内注明。

（二）押运员接收粮秣副食，务须检查种类、数量、品质有无错误及损坏，包装是否坚固，装载时更须整齐、平均，不得超过规定重量，船名、车号、司机、管理员或船户姓名，应详记手簿备查，出发前应充分准备防雨设备。

（三）押运员在押运途中，应随时注意包装完整，如遇意外事故发生，应即相机处置保护军品安全，不得有酗酒、聚赌、叫嚣、嬉戏情事，如因疏忽而致军品损失或贻误时，除应负赔偿责任外，并按情节轻重惩处。

（四）押运员如遇敌机空袭，应即相机荫蔽或疏散，如遇夜间，并即施行灯火管制。

（五）押运员在起运装卸或到达船埠、车站及宿营地点时，必须督饬监护士兵，在出入要道配置临时岗位，夜间尤须注意巡查。

（六）粮秣分载多数车船，在行进、休息、用膳或宿营时，应规定联络信号，行止一致，并适切分配监护勤务，注意驾驶人员不得远离，以防紧急无人驾驶。

（七）铁道列车行止须遵守路章，不得强迫开停免生意外。

（八）列车前进能否畅行，应随时探询相机处置，如因其他关系停滞较久，须将原因及停滞时间记于手簿，请站长盖章证明。

（九）船舶下层仓内有无潮湿，应先察看妥为处理，将到险滩时须嘱船夫切实注意，如遇浓雾、风浪不可强迫开行以防意外。

（十）汽车押运必须遵照公路规章，不得强迫行驶，或超过规定速度。

（十一）临时雇用输力应加编组，指定领队人员，分派监护士兵管理以免逃亡，尤须注意中途发生意外。

（十二）押运员交卸粮秣后，应将解物回单交由接收机关主官及点收人员署名盖章，并将二、三两联携回呈缴。

（十三）押运员每次出差，应将中途经过情形及行进休止地点详记日记簿凭查，并应将所得意见详报原派机关采择。

（十四）押运粮秣副食，不论铁道、汽车、船舶及其他运输，严禁搭载客货，违者严惩。

（十五）押运员领用公物文件，或押运所用之附属物品（如车篷、油布、芦席等），于任务完毕后，除消耗品外，均须缴还。

（十六）押运员任务完毕后，应迅即返回销差，不得中途任意逗留。

（十七）押运人员如经付各项用费时，务须按规定数目支给，取具正式单据据实列报。

六、仓储

第二四条 军粮仓储依左列规定办理：

（一）联勤总部在国防重点或交通枢纽所设军仓负储备及补充各补给区之责，各区补给机关在交通枢纽所设军仓负补充各分区补给机关之责，分区补给机关在补给地点所设军仓负补给各受领单位之责，各级军仓必要时，得依命令补给各受领单位。

（二）必要时军仓应兼负运输之责，供应站分站应兼负收发、保管、补给之责。

第二五条 仓储设备依左列规定办理：

（一）前方或作战地带仓库，以利用当地公共建筑及民用堆栈或租用民房为原则，国防重点或交通枢纽应设永久库房，必要时得利用车、船设置游动仓库。

（二）库房设备应注意事项如左：

1. 地点应择交通畅达，地质高燥之处，并于库房周围开掘水沟，多植树木。

2. 库房应东西较长、窗户北向，屋顶须高，墙壁须厚，地板及换气设备均须装置，西北各地必要时得利用地窖。

3. 库房窗户应装置铁丝网防雀，地板及墙脚相连处应加钉金属薄片防鼠。

4. 屋面发现渗漏，应立即检盖。

5. 如无地板应即加设或以枕木板片妥为铺垫，以防潮湿。

6. 库外应辟相当广场，修筑短程马路与公路、车站或码头衔接，以利装卸。

7. 库内对于衡器、运输、消防、清洁、包装及除虫、捕鼠、驱雀等工具，应视需要情形设置。

8. 在可能范围内，应设置水分测定器、刚度计、干燥镜及各种必需检验器材备用。

第二六条　粮秣副食保管依左列规定办理：

（一）库房内外应勤加扫除，经常保持清洁，在适当天气时门窗均须开放，使空气流通温度调和。

（二）每一库房须将所有物品种类、品质、数量、来源或制造厂所时间及入库日期，逐项详细记入卡片，标于库房显著位置备查。

（三）粮秣副食之堆积，应按照物品性质、使用先后及仓库状况，分为立方形、山形及屋形三种堆积，但各堆间须留交通隙地，不可靠近墙壁，并须高度适当，以便搬运检查，如易于吸收湿气、发生蒸热卤耗之盐类物品，不得与其他粮秣品混合堆积。

（四）马草得在露天堆积，但须注意预防潮霉及火灾。

（五）库存粮秣副食应适时整理翻包，其散装之粮秣副食应适时扬簸。

（六）库员每日须检查库房一次，库长每星期检查一次，分区补给机关每月检查一次，区补给机关半年检查一次，联勤总部每年检查一次，必要时并得临时检查之。

(七) 检查库存粮秣应注意左列事项：

1. 库存物品种类、品质、数量是否与帐簿及卡片所列相符。
2. 库存物品有无受湿、发霉、发热、发芽、生虫及其他变色变质损坏情形。
3. 包装有无损坏。
4. 堆积是否适当。
5. 库房有无破坏及有无鼠雀侵害。
6. 其他事项。

(八) 检查员查毕，如存品与帐面数字相符，应在各项簿表记载之末，注明"检查时间及业经查讫"字样，并加盖名章。

(九) 库存粮秣副食，如发现潮湿时，应依其性质及仓库设备，采用日光干燥、火力干燥、空气干燥等适当方法处理之。

(十) 库存粮秣副食，如发现虫害、霉类，应考察虫霉种类，依其性质及仓库设备，采用筛簸车扇、药物毒杀、人工捕杀等适当方法处理之，但实施药物毒杀时，应由专门人员负责指导，不可轻忽。

(十一) 库存粮秣副食，如发现鼠雀侵害，应即查明出入路线，设法堵塞封闭，并置备捕鼠器或畜猫预防，必要时予以毒杀。

(十二) 库存粮秣副食，如发现包装破损，应即调换，所遗破损包装，随即送厂或自行修理。

(十三) 仓库内大门、侧门应配置哨兵，必要时应加兵梭巡，仓库以外人员，非因公务或经库长许可不得进入。

(十四) 库房内禁止吸烟，附近禁止堆积易于引火之物，除电灯及特别安全灯外，其他灯火不得携入。

(十五) 仓库人员对于防空及消防、应时常研究演习。

(十六) 库存粮秣副食，如因军情转变，应即请示当地军事长官妥速配发或疏运安全地带，并立即电报主管机关，倘因时机紧迫，确已无法挽救时，应即呈准当地军事长官施行紧急处分予以焚毁或破坏，以免资敌，一面将经过情形详报主管机关，否则发生损失，库长应负赔偿责任，并依法惩处。

第二七条 粮秣副食收发依左列规定办理：

（一）粮秣副食收发应照规定或命令办理，不得擅自收发、借用、寄存，如有特殊情形，得由库长自行负责，但应立即呈报主管机关。

（二）粮秣副食收发，应使用检定衡器，双方眼同过秤，不得故意挑剔留难、大进小出及克扣掺杂。

（三）接收粮秣副食、应详加检验，如设备欠缺，可凭视觉、触觉、听觉及嗅觉等简易方法行之。

（四）检验粮秣副食，得就全数中抽验百分之五至百分之十，并将样品分别存转，如发现异状，应全数检验。

（五）检验粮秣副食应注意左列事项：

1. 米麦杂粮应注意营养素、水份、精度、（米）粒状、新陈、色泽、气味、杂质、虫霉、刚度。

2. 面粉除参照（1）项规定检验外，并应注意酸度粘力。

3. 饼干除参照（1）项规定检验外，并应注意火候脆性。

(4) 罐头应注意铁皮有无锈蚀、渗漏、膨胀，必要时开罐检验。

（六）接收粮秣副食，如发现掺杂、潮湿、发霉、变色、变味、生虫，谷麦杂粮内发芽及罐头渗漏不堪储，属于田粮机关交付者，得拒绝收受其一部或全部，并换收正常品质；属于其他补给机关交付者，先行接收，会同封存，样品适当处理，一面迅即分报主管机关。

七、损耗

第二八条 粮食损耗依左列规定办理：

（一）稻谷、米麦面及指定杂粮之损耗分左列四种：

1. 仓储损耗，因保管时间关系所生之损耗属之损耗率，如附表二十三。

2.运输损耗,因装卸运搬过档〔当〕等关系发生之损耗属之损耗率,如附表二十四。

3.整理损耗,因翻晒过风、清仓、并包及灾害等关系所生之损耗属之。

4.收交损耗,因接收交付及屯存未满一个月,即行发生所生之损耗属之。

(二)粮食收交、仓储、运输,均以无损耗为原则,本规程所订损耗率,系属最高限额,如有事实上不能避免之损耗,只能在定率以下核实列报,绝对不准列报超耗。倘有谎报不实情事,一经查觉或被告发,即依法惩处。

(三)粮食屯储须于全部发出,或移转保管时,始得按照规定报耗一次,不得随时报耗。

(四)粮食运输在中途掉换运具者,各该运具之每段运程满五十公里,始准分段报耗,如其中有不满五十公里之运程部分,得并入其所接续之其他运具之运程列报,至所报运耗得择取各该运具中较高耗率计算,但在某一批运输中,如使用各种不同之运具,而其中又有同一运具使用二次或二次以上者,则该种运具只准报耗一次(例如初用船运,中间改用车运,最后又用船运,则该两次船运作一次船运列报)。

(五)整理粮食必须呈准派员监整。

(六)粮食收交每次之损耗率,最高不得超过万分之五,但仓储在一月以上或经过运输已分别报有损耗者,不得另报收交损耗。

(七)因过失或保管不力以致损耗,或所报损耗超过规定标准率者,均应照赔实物,或照核准赔偿时当地市价折赔现款。但遇有特殊情形确有超耗者,得由区补给机关查实核销之。

第二九条 副食马秣损耗依左列规定办理:

(一)食盐储运损耗率,如附表二十五。

(二)油类储运损耗率,如附表二十六。

(三) 马秣燃料储运损耗率，如附表二十七。

第三十条 过失损坏粮秣副食依左列规定办理：

(一) 战时前方粮秣副食须随时注意军事长官之指挥，如有贻误依左规定赔偿处理：

1. 主管人员奉到转移命令，犹豫不决延误时期，致所管粮秣副食全部或一部损失者，除依法惩处外，并负赔偿之责。

2. 主管人员奉到转移命令时，立即执行迁移，而所属员兵不尽职责，未能依期迁出，致所管粮秣副食全部或一部损失者，除全部人员依法惩处外，所有损失应查明责任轻重分负赔偿之责。

3. 前方粮秣副食主管人员未奉迁移命令以前，因战况变更致遭损失者，其责任由所属主管机关及当地军事长官负之。

(二) 主管人员不照规定实行致遭损耗者，依左列规定处理：

1. 接收粮秣副食对于品质未能鉴别清楚，入库后发生变色、变味、生虫、霉坏情事，此项损坏，除呈准由废品变价抵偿一部外，其不足部分应由主官及接收人员分负赔偿之责。

2. 粮秣副食入库后，因堆积不良，空气不畅，检查不周，致发生潮湿霉坏情事，此项损坏应查明保管人员责任轻重，分负赔偿之责。

3. 接收粮秣副食时，未按照规定过秤，嗣后拨发或经检查发生短少，此项亏耗，除依自然损耗率抵销一部分外，余由保管人员分负赔偿之责。

(三) 粮秣副食遭遇火灾时，应依左列规定处理：

1. 保管人员因不戒于火酿成巨灾，被毁全部或一部分，除依法惩处外，并应赔偿。

2. 警戒部队官兵发生前项情事时，除依法惩处外，并应赔偿。

3. 保管人员及警戒部队，对于邻近火警应妥为处理，如情势迫切有波及危险时，应即及时抢救，倘坐失时机致遭损失时，保管人员及警戒部队，均依前二项处分。

（四）解运粮秣副食，如有贻误，照左列规定处理：

1. 运输粮秣副食无论利用何种工具，应照规定执行，如押运人员与监护部队擅改里程，逗留不前以致损失，押运与监护人员除依法惩处外，并应共同赔偿。

2. 粮秣副食在运输途中，如伕役潜逃致有损失，或因监护不周致遭盗窃，应查明责任轻重，由押运及监护人员伕役带领人员分负赔偿之责。

3. 运输粮秣副食遵限执行沿途确无贻误，惟在前进途中，忽遇战况变更，又未奉到移转命令致遭损失者，应查明责任处理之。

4. 粮秣副食在交运时，押运人员应检查包装及运具，如发现破绽立即设法补救，否则运到后所有损耗，除依规定损耗率抵销一部分外，其余由押运员赔偿。

5. 粮秣副食运输必须有防雨设备，但情形特殊确无法遮蔽时，应立即作紧急处置，一面速报原派机关处置，到达后并将遇雨经过报告接收机关，否则其损失由押运人员赔偿。

6. 押运人员对于船舱积水罅漏须随时检查处理，否则其损失应由押运人员赔偿。

（五）押运粮秣副食于接收时，应先过秤并检查品质，随即呈报备案，运到后除自然损耗外，不得超耗或变更品质，否则由押运人员负责赔偿。

（六）损失粮秣副食应照核定赔偿数量、品质，购赔现品，如无现品，得照核准后饬赔偿时，当地市价折赔现金。

（七）各受领单位所领粮秣副食应随收随发，且系短途运输，一律不得列报损耗，如有损失，准本条各项规定办理。

（八）凡共负赔偿责任者，其比率应按责任轻重报请核定之。

第三一条　粮秣副食损耗呈报依左列规定办理：

（一）粮秣副食储运期间之自然损耗，各军仓应于每批发完后五日内，或运交后十日内填具损耗报告表（附式二八、二九），如系屯储损耗应附收发明细表，运输损耗应付解单，一并呈送区（分区）补给机关。

（二）区（分区）补给机关收到所属单位损耗报告表后，应切实考查，在规定损耗率以内得径行核销，如有超耗，应汇呈区补给机关核办。

（三）分区补给机关对所属单位之损耗，应按月汇报一次，呈由区补给机关汇列总表，转呈联勤总部备案，均不得逐案转呈，如有赔缴情形，应另附赔缴月报表（附式三〇）。

（四）粮秣副食因屯储过久发生霉坏，经呈准整理，或因主官交代奉准盘仓时，应于整理后五日内填具损耗报告表，连同监整监交人员证件呈由分区补给机关，依第二项规定办理。

（五）粮秣副食如因军事转变所致之损失，应取具该战地最高军事长官证明呈核，其因水、火、盗、难，人力不可抗拒之损失，应立即将出事缘因及抢救整理情形，先行电报主管机关紧急处置，并于三日内填具报告表，并取具地方机关或宪兵部队对事实之证明，报由主管长官逐级负责彻查，转报所隶高级军事长官查明，转由联勤总部核销后，列入月份汇报表内。

（六）区补给机关及分区补给机关，对所属单位额内损耗及超耗、一经核准，即逐案填发损耗核准凭单三联（附式三一），以第一联存查，第二、三联发交原报单位，以第二联存查，第三联俟汇转军粮报销时，作为凭据粘呈。

（七）区（分区）补给机关对所属单位列报损耗、损失，均须认真考察，调查属实，不得敷衍，如事后发现不实不尽，应由核转机关主官及调查人员共同负责。

八、结报

第三二条 军粮副秣及费款与加给品等结报，依左列规定办理：

（一）各受领单位领用军粮副秣或费款后，应于次月五日以前，造具上月一日至月底止之人马异动表（附式三二）、收容离散官兵食粮清册、俘虏食粮清册（附式三七）、囚粮清册（附式三八）、伕粮清册（附式三九），径向分区补给机关核结，补给机关及所属单位自身领用者，同此办理。

（二）分区补给机关接到各受领单位人马异动表，收容离散官兵与俘虏、囚犯、民伕等食粮清册（附式三三）时，应于次月十日以前核结，填发结算表（附式三四），如与实际执行业务所得人马数有出入时，并应一面核结，一面呈明主管机关，超领部份于填发下月补给证时扣回欠领部分，须查明系由何处借垫，相符后始得于发下月补给证时，同时补发，自行归还此项扣补，均应另立补助帐登记。

（三）分区补给机关，应于次月月终以前汇齐补给证结算表，接粮印据及其他收发凭证汇编食品类实物补给计算表（附式三五），领入实物明细表（附式三六），补给实物明细表（附式三七），转拨实物明细表（附式三八），损耗实物明细表（附式三九），赔偿缴价数量表（附式四〇）各三份，收入发出凭证粘存簿（附式四一），主食副食马秣实物或代金概须个别粘贴一簿，及结算表各一本，一并呈送区补给机关复核。

（四）区补给机关应于第三个月底以前汇齐，各分区补给机关表证另加核定总表（格式同三五），以一全份存查（凭证结算表不抽存），以两全份连同凭证及结算表，呈联勤总部核办。

（五）区补给机关及分区补给机关及各受领单位领发军粮副秣，除依本规定结报外，不再编报计算。

（六）购办军粮副秣及其他粮秣费款（包括麻袋费、厂库修建费、生产费、军粮运费），另依一般会计规定结报。

（七）包装材料结报，准本条规定办理，惟计算应与军粮副秣分报。

九、粮秣会计

第三三条　军粮副秣物品会计，依左列规定办理：

（一）本条所定会计事务，包括主食、副食、马秣、加给品及包装材料等物品会计。

（二）军粮会计年度，自当年十月一日起至下年九月三十日止（副食马秣仍照普通会计年度）。

（三）会计系统区分如左：

1. 总会计　联合勤务总司令部适用之。
2. 单位会计　区（分区）补给机关适用之。
3. 分会计　军仓适用之。
4. 附属单位会计　受领单位适用之。

（四）军粮副秣会计所采用之原始凭证如左：

1. 核定年度及月份补给计划。
2. 拨粮通知单、接粮印据。
3. 行商发票收据。
4. 解物单。
5. 月份报告书表。
6. 其他书表。
7. 计算审核通知书。
8. 损耗核准凭单。
9. 补给证（受领证）。
10. 转拨收据缴粮收据。
11. 其他单据。

（五）会计采用之记帐凭证为分录传票（总会计及单位会计适用之）。

（六）会计科目（即分类帐科目）分为资力与负担两类，其编号及说明如左（总会计及单位会计适用之）：

甲、资力科目

资1. 所属仓库粮秣——（品名）

区（分区）补给机关所属各军仓之军粮副秣均属之，根据报告已收入者记入收方，已发出者记入付方，余额表示存品。

资2. 拨付粮秣——（品名）

凡代本管区以外区域之补给或转拨补给机关，及性质未明之军粮副秣属之，根据报告已发出者记入收方，收回或冲回记入付方（补给机关转拨粮年度终了后总结算时，双方转报核准转帐后冲销配额），余额表示未收回数。

资3. 应收剔除粮秣——（品名）

凡奉核定应剔军粮副秣属之，核定应剔除数记入收方，据报已扣回者记入付方，余额表示未扣回之数。

资4. 应领补给粮秣——（品名）

凡年度应领粮秣预算核定后，或追加与核减时，应领入之补给粮秣属之，年度预算奉准时记入收方，由粮政机关拨入粮秣时记入付方，余额表示未拨入之数。

乙、负担科目

负1. 拨借粮秣——（品名）

凡本年度预算未经核准以前，向粮政机关预领或补给机关拨入粮秣时属之，根据报告已收入者记入付方，已发还或冲回者记入收方（补给机关拨入粮秣年度终了后总结算时，双方转报核准后抵收配额），余额表示未发还或未冲回之数。

负2. 补给预算数——（品名）

凡年度补给预算核定后，或追加与核减时属之，奉准时记入付方，分配时记入收方，余额表示尚未动用之数。

负3. 补给分配数——（品名）

凡按月配发于各补给机关之粮秣属之，奉核定时记入付方，据报实发时记入收方，余额表示尚未实发之数。

负4. 粮秣剩余——（品名）

年度终了时，补给预算数结清之余额属之，补给分配数之年结，付方余额记入付方，应领补给数之年结，收方余额记入收方，余额表示粮秣剩余。

负5. 损耗粮秣——（品名）

凡因储运所生之损耗粮秣，其列报及准销时属之，列报时记入收方，准销时记入付方，收方余额表示尚未注销之损耗。

负6. 应解缴剔除粮秣——（品名）

凡应解缴奉令剔除之粮秣属之，核定应剔除粮秣记入付方，解缴时记入收方。

负7. 专案屯储粮秣——（品名）

奉令屯粮经拨交机关交妥，并据指定接收单位报告，收到时记入付方，奉准动用并据屯储单位报告，发出时记入收方，余额表示屯粮未动用数。

负8. 保管粮秣——（品名）

凡收入或发还代为保管之粮秣属之，收入时记入付方，发还时记入收方。

（七）预算科目

一、主食。米、麦、面及杂粮。

二、副食。黄豆、花生、油、盐、肉类、蔬菜、燃料。

三、马秣。料豆、麸皮、马盐、马草。

四、干藏品。干料、罐头等。

五、加给品。香烟、糖类、酒类等。

六、包装材料。麻袋、布袋、金属包装等。并按其容量大小区分之。

（八）簿记组织

甲、总会计及单位会计。

1. 分录传票（附式四二）。

2. 分录簿（附式四三）。

3. 分类帐（附式四四）。

4．分户帐（附式四五）。

5．其他补助帐（需要时设置之）。

乙、分会计及附属单位会计。

1．日记帐（附式四六）。

2．分户帐（附式四七）。

以上各种帐籍，均系每一品种设置一册。

（九）军粮副秣均以市斤为计数单位，如为罐头或包装品以容量为单位时，须在摘要栏注明每单位之重量。

十、附则

第三四条　办理粮秣，如有违法失职舞弊情事，由军法机关审理。

第三五条　本规程自公布日施行。

附表〔略〕。

〔行政院档案〕

10. 国防部核定之联勤总部总医院编制系统表

（1948年12月2日）

联勤部总医院组织系统表（甲制）

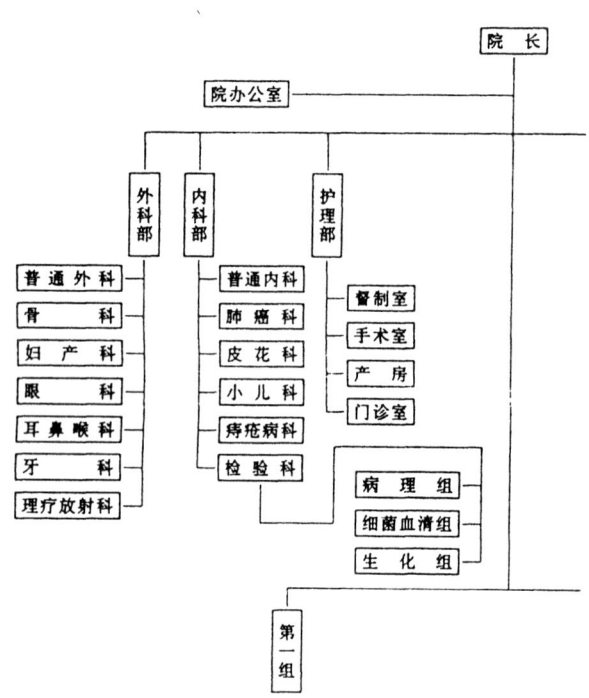

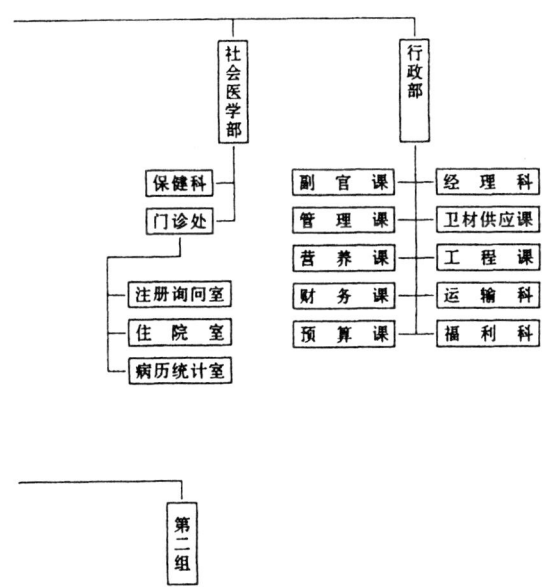

联合勤务总司令部总医院编制人员分阶统计表

编成单位内部组织或		院本部	外科部	内科部	护理部	社会医学部	行政部	第(一)(二)组	合计
官佐属	上将级								
	中将级								
	少将级	1	1	1					3
	上校级	2	6	7	1	2		2	20
	中校级	3	1		2		1	14	21
	少校级	4	2	2	3	1	11	20	43
	上尉级	3	6	2	15	7	27	62	102
	中尉级		4	3	11	2	3	52	75
	少尉级				4		2	22	28
	准尉级	1							1
	小计	14	20	15	36	12	44	172	313
士兵公役	上士级	2	1	1	3	4	15	16	42
	中士级								
	下士级	2					2	8	12
	上等兵级	3	3	3	6	5	27	106	153
	一等兵							38	38
	二等兵								
驾驶	上士级						6		6
	中士级								
	下士级								
	上等兵级						6		6
技工工匠	一二级						1		1
	三级						9	4	13
	四级						6	4	10
	五级								
	六级							28	28
小计		7	4	4	9	9	72	204	309
官兵合计		21	24	19	45	21	116	376	422
营员学生	营员								
	学生								
	小计								
共计									

联合勤务总司令部总医院编制表草案（甲制）第五四四号核定 国防部三十七年十二月二日制公字

	职别	院本部									小计
		院长	院主办公室任	秘书	侍从官	打字员	预算室		政工室		
							预算主任	预算员	主任	干事	指导员	司书	
官佐	阶级	军医监	一等军医正	军荐一阶	少校	军委二(一)阶	二等军需正	一等军需佐	上校	中少校	少校	军委四阶	
	员额	一	一	一	一	一	一	二	一	一	二	一	一四
士兵	阶级	卫士下士	文书上士 传达士 下士 四等公役				传达上等兵					
	名额	一	一	一	一			二					六
车辆	种类												
	数量												
备考									每组一员				

主任	普通外科主任军医	骨科主任军医	妇产科主任军医	眼科主任军医	耳鼻喉科主任军医	牙科主任军医	牙医	技术员	佐理员	理疗放射科主任军医	放射军医	放射技术员	放射佐理员
外 科													
(军医监)一等军医正	一等军医正	一等军医正	一等军医正	一等军医正	一等军医正	一等军医正	三等军医正	军委一阶	军委二阶	一等军医正	三等军医正/一等军医正佐	军委一阶	军委二阶
(一)	一	一	一	一	一	一	一	一八	二	一	一一	一	
卫生士	卫生上等兵												
一	三												
主任一职由资深兼之科军医中选													

续表

					部			内		科			
理疗员	理疗佐理员	麻醉师	书记	小计	主任	普通内科主任军医	肺痨科军医	皮花科军医	小儿科主任军医	传染病科军医	检验科主任军医	病理组军医	细菌血清组军医
军委一阶	军委二阶	二等军医正	军委一阶		一等军医正(军医监)	一等军医正	一等军医正	一等军医正	一等军医正	一等军医正	一等军医正	一等军医正	一等军医正
一	一	一	一	二〇	(一)	一	一	一	一	一	(一)	一	一
					卫生士	上等兵卫生生							
				四	一	三							
					主任军医一职由资深科主任兼之						深组军医中选兼之主任军医一职由资		

			部		护			理				
军生化组医	检验员	佐理员	书记	小记	主任	智训室		手术室			产房	
						内督训科员	外督训科室	护理长	护理员	助理员	护理长	护理员 助理士员
一等军医正	三一等军医正佐	军委二阶	军委一阶	军简三阶	军荐一阶		军荐一阶	军荐二阶	军委一阶	军委二三阶	军荐二阶	军委一阶 军委一阶
一	二一	三	一	一五	一	一		一	二二二		一	三 三
				卫生 军士	卫士 上等兵							
			四	三	六							
化三组各一。病理细菌血清及生	同左											

续表

部						社 会 医 学 部							
门 诊 室					书记	小计	主任	保健科		门 诊 处				小计
护理长	护理员	助理护理员	急诊护理员	助产士				主任	公共卫生护理员	主任	注册询问员	住院护理员	病历统计员	
军荐二阶	军委二阶	军委三阶	军委二阶	军委二阶	军委一阶		一等军医正	一等军医正	军委一阶	一等军医正	军委二阶	军委一阶	（军荐二阶）三等军医正	军委二（一）阶
一	三	二	三	二	一	三六	一	（一）	一	一	二	二	一	二	一二
								卫生士	军上等兵	卫生士	上文书士			
							九	二	五	二				九
							兼任。科主任由本部主任					以军医或军文人兼任。		

465

主任	副官课				财务课		管理科		营养科			经理课
	课长	副官	书记	司书	课长	课员	课长	课员	课长	课员	特营养技训士	课长
正二等军医（军荐一阶）（司药）	少将	军委一阶	军委一阶	军委三阶	三等军需正	一等军需佐	少校	上尉	军荐二阶	军委二阶	军荐二阶	（军荐二阶）三等军需正
一	一	二	一	二	一	二	一	三	一	三	一	一
文书上士	军需上士	司号下等上等士兵	传达下等上等士兵	四等公役	三级校士	三级电工	三级锅炉工	四级木工	四级泥工	四级花匠	器材军士 卫生	卫生军士
四	四	一	一	三	四	三	三	三	二	二	二 三	一
T3/4救护车	T2½卡车	枢车										
三	二	一										
部主任司药或军文人员充任。	理、人事行政（管	二、一般行政（收发、发布、档案	文书、军邮、电务、发、计算、记录）。					课门人员课长课员或护理人员以营养专	充任。			

续表

	政												
理课			卫材供应课						工程课			
经理员	事务员	保管员	课长	卫材保管员	调剂员	供应员			技士	通讯员	环境卫生员	保管员
一等军需佐	军委一阶	军委一阶	二等司药正	（军委一阶）一等司药佐	三等司药正	一等司药佐	军荐二阶	军委一阶	军委二阶	军荐二阶	（军委一阶）上尉	军荐二阶	军委一（二）阶
二	一	一	二	一	二	一	三	三	一	一	一	一
卫生上等兵	通讯军士一级	机械军士一级	驾驶军上等兵	炊事军上等兵	饲养军上等兵							
二	一二	一	六六	一二	一四							
			课长一职以司药人员充任。	卫材保管员以司药及护理人员充任。	调剂员以司药充任。	供应员以护理人员充任。						

467

	部			院部合计	组　本　部						小计
	运输管理员	福利员	小计	院部合计	组长	管理员	书记	司书	供应员	事务员	小计
军衔	军委二（一）阶	军委一阶		官佐属	一等军医正	上尉	军委一阶	军委三阶	（军委一阶）一等司药佐	军委二阶	
人数	一	二	四四	一四一	一	二	一	二	一	一	八
士兵				士兵公役	文书　上士	军需上士	上士传达兵	四等公役	三级技工	炊事上等兵／下士	清洁上等兵／下士
人数			七二	一〇五	二	二	一	一	四	一　五　五	四七
车辆			1/2卡车　1/4救护车	小轿车　1/2卡车　1/4救护车							
			三　二　一	三　二　一　一							
备注					组长一职以军医充任。				供应员以司药或护理员充任。		

468

续表

内科						外科						护理		
主任	主治军医	住院总军医	助理住院总军医	住院军医	小计	主任	主治军医	住院总军医	助理住院总军医	住院军医	小计	主任	病室护员长	护理员
	二等军医正	三等军医正	三等军医正	一等军医佐			二等军医正	三等军医正	三等军医正	一等军医佐			军荐二阶	军委一阶
(一)	三	一	(一)	七	二	(一)	四	一	(一)	七	二	(一)	六	一一五
												卫生军上等士兵	四级发缝工 六级洗衣工	清洁上等兵
												三	三〇 二〇	一二二
主任一职由内科部			助理住院总军医以			主任一职由外科部中			助理住院总军医由			主任一职由护理部		

附记：
一、本院设两个组。
二、每组收容量为二〇〇人。
三、适用本编制单位为联勤甲制总医院。
四、政工室官佐如非军人出身者，得照军用文官或业科出身任用。

科	军委三阶	营养军士 上等兵	柩车 1/2卡车 3/4救护车 小轿车	
院及二组合计	三二三	三〇九		
院及一组合计	三二七	二〇七	一 三 二 一	
全组合计	八六	一〇二		
小计	五六	五五		
助理护理员	一〇〇	一二		

联合勤务总司令部总医院组织系统表(乙制)

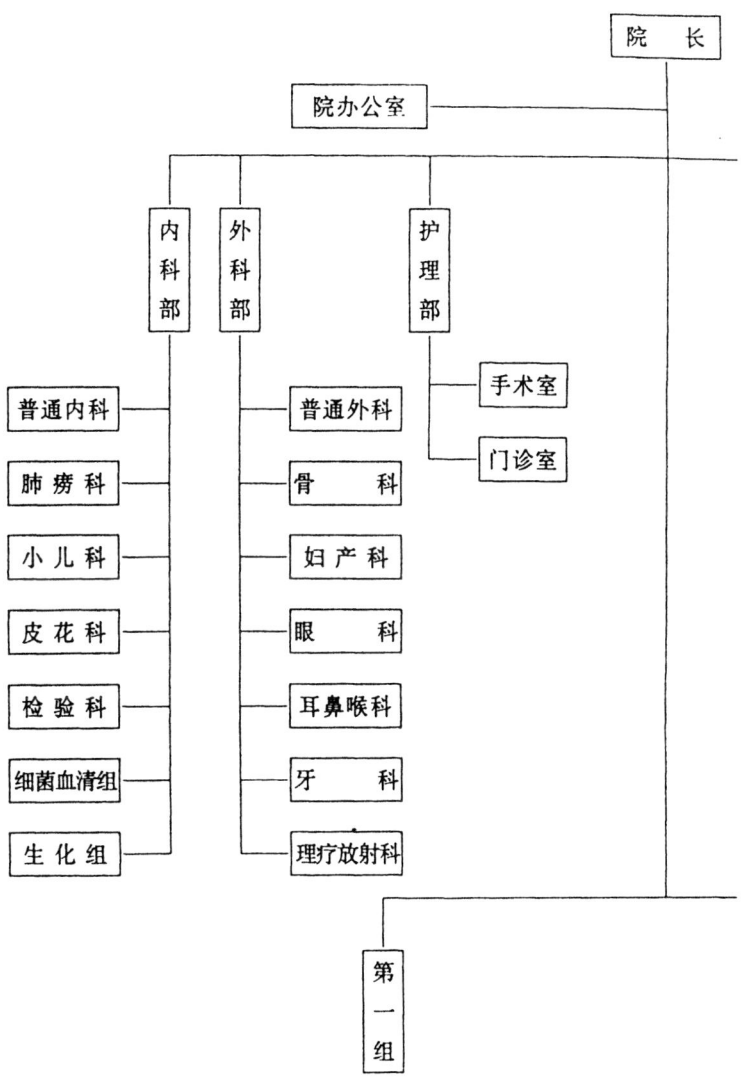

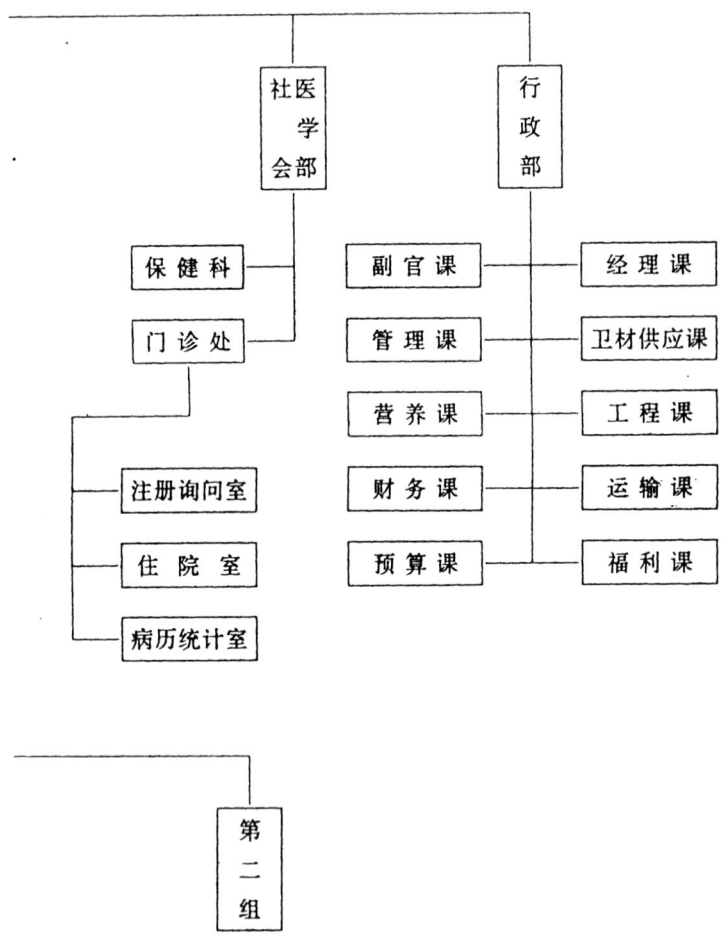

联合勤务总司令部总医院编制人员分阶统计表

内部组织	或编成单位		院本部	内科部	外科部	护理部	社会医学部	行政部	第(一)(二)组	合计
官佐属		上将级								
		中将级								
		少将级	1	1	1					3
		上校级	2	5	6	1	2		2	18
		中校级	1					1	4	6
		少校级	6	2	2	2		10	16	38
		上尉级	2			8	8	17	42	77
		中尉级		2	2	6	0	1	46	57
		少尉级						2	24	26
		准尉级	1							1
		小计	13	10	11	17	10	31	134	226
士兵公役		上士级	1	1	1	2	3	8	14	30
		中士级								
		下士级	1					2	6	9
		上等兵级	3	3	3	4	3	15	108	139
		一等兵级							4	4
		二等兵级								
驾驶		上士级						4		4
		中士级								
		下士级								
		上等兵级						4		4
技工工匠		一级						1		1
		二级								
		三级						6	4	10
		四级						6	4	10
		五级								
		六级							20	20
	小 计		5	4	4	6	6	46	160	231
	官兵合计		18	14	15	23	16	77	294	457
学员生	学员									
	学生									
	小计									
	共 计									

联合勤务总司令部总医院编制表（乙制）制字第五四四号核定 国防部三十七年十二月二日

编字第522号

区分	职别	官 阶级	佐 员额	士 阶级	兵 员额	车辆 种类	车辆 数量	备考
院本部	院长	军医监	一			小轿车	一	
	院长办公室主任	一等军医正	一	卫士下士	一			
	秘书	军荐一阶	一	文书上士	一			
	侍从官	少校	一	四等公役	一			
	打字员	军委二(一)阶	一					
预算室	主任预算	三等军需正	一					
	预算员	一等军需正	一					
政工室	主任	上校	一	传达上等兵	二			
	干事	少校	二					
	指导员	少校	二					
	司书	军委四阶	一					
	小计		一三		五			
内	主任	一等军需正（军医监）	(一)	卫生军士	一			军医中选兼之。主任一职由资深科主任

续表

科　　　　部										外			
主任普通内科军医	主任肺痨科军医	主任小儿科军医	主任皮花科军医	主任检验科军医	军医病理组	军医血清及细菌组	检验员	佐理员	小计	主任	主任普通外科军医	主任骨科军医	主任妇产科军医
一等军医正	一等军医正	一等军医正	一等军医正		一等军医正	一等军医正	三等军医正	军委二阶		（军医监）一等军医正	一等军医正	一等军医正	一等军医正
一	一	一	一	（一）	一	一	二	二	一〇	（一）	一	一	一
卫生上等兵										卫生军士	卫生上等兵		
三									四	一	三		
				主任军医一职由资深组军医中选兼之。						主任一职由资深主任军医中选兼之。			

科　部									护　理								
										手　术　室				门　　　诊			
眼主任军科医	耳鼻喉主任军科医	牙主任军科医	牙医	佐理员	主任军医理疗放射科	军医	佐理员	小计	主任	护理长	护理员	助理护理员	助产士	护理长	护理员	助理护理员	急诊护理员
一等军医正	一等军医正	一等军医正	三等军医正	军委二阶	一等军医正	三等军医正	军委二阶		军简三阶	军荐二阶	军委一阶	军委二阶	军委二阶	军委一阶	军委二阶	军委一阶	军委二阶
一	一	一	一	一	一	一	二		一	一	二	二	一	二	二	二	
									卫生军士	卫生上等兵							
							四	二	四								

续表

	部		社 会 医 学 部							行			
室助产士	书记	小计	主任	保健科 主任	公共卫生员	护理员	主任	注册询问员	住院护理员	病历统计员	小计	主任	副官课 课长	副官	课书记
军委一阶	军委二阶		一等军医正	一等军医正	军委一(二)阶	军委一阶	军委一(二)阶	军委一(二)阶	（军委一阶）一等军医佐	军委一阶		少校	军委一阶上尉	军委一阶上尉
一	一	一七	一	(一)	一	二	二				一〇		一	
			卫生军士	卫生上等兵	文书上士							军需上士	司号下上士兵	传达下上士兵
			二	三	一						二		一一	一三
											T2½救护车 二			
			高其他各项人员，内科、护理各科调整。部主任一职由军医充任。	一科主任兼二、本科所	处主任一职由军医充任。		以军医或军文人员充任。				一、人事行政（管理记录计算）。	二、一般行政（收发、发布、档案	文书、军邮、电务。

477

司书	管理员	营养员	特别技工（营养）	主任财务员	财务员	主任经理员	经理员	保管员	卫材供课长	卫材供 卫生器材保管员	调剂员
军委三(四)阶	少校 中(上)尉	军荐二阶	军荐一阶	军荐二阶	三等军需区	一等军需佐	三等军需正	一等军需佐	军委一(二)阶	军委一(二)阶（军委一阶） 三等司药正 一等司药佐	三等司药
二	一 二	一	一	一	一	一	一	一	一	一	一
四等公役	二级技工 三级电工	四级木工	四级泥工	四级花匠	通讯上等兵 军士	一机械上等兵 军士	卫生器材军士	驾驶军上等兵	炊事军上等兵			
二	四 二	二	二	二	一 二	一	二	四 四	一 七			
		由营养专门人员或护理人员充任。							课长一职由司药人员充任。	卫材保管员由司药或护理人员充任。	调剂人员由司药人员充任。

续表

应-供应员			课-技士	通讯员	环境卫生员	运动管理员	福利员	小计	院部合计	组长	管理员	书记	事务员	供应员	司书
一等司药佐	军委二阶	军委一阶	军委二阶	军荐二阶	军委一阶	(军委一阶)上尉	军委二(一)阶	军委二阶	官佐	一等军医正	上尉	军委二(一)阶	军委二阶	(军委二阶)二等司药佐	军委三(四)阶
一	一	一	一	一	一	一	一	三一	九八	一	二	一	一	一	一
										文书上士	军需上士	传达上等兵 四等公役		炊事上等兵	
								四六	七一	二	二	一 二		二〇	
								1½卡 小轿 救护车	1½卡 救护车						
								二 一 二	一 二						
供应员由护理人员充任。							专员保管业务。							供应员以司药或护理人员充任。	

479

部	内科					外科					护理科				
小计	主任	主治军医	住院总军医	住院军医	小计	主任	主治军医	住院总军医	住院军医	小计	主任	病室护理员	护理员	助理清洁员	小计
	二等军医正	三等军医正	一等军医佐			二等军医正	三等军医正	一等军医佐			军荐二阶	军委一阶	军委三阶		
七	(一)	一	一	四	六	(一)	一	一	四	六	(一)	六	一〇	一〇	四八
											卫生上等兵	四级缝工	六级理发洗衣工	清洁下等兵	
三〇											一三〇	二	二八	二二	五〇
	主任一职由内科部主任兼。					主任一职由外科部主任兼。									

续表

全组合计	院及一组合计	院及二组合计	附记：
			一、本院设二个组。
			二、每组收容量三〇〇人。
			三、政工室官佐如非军人出身者，得照军用文官或业科出身任用。
七七	一五九	二三六	
八〇	一五一	二三一	
小轿车	T½救护车	2½卡车	
	一	二二	

联合勤务总司令部第 医院编制人员分阶统计表署厌代电核颁（丙制）国防部（卅六）部真

内部组织	编成单位		院本部	第（一）（二）（三）组	合计
官佐属	上将级				
	中将级				
	少将级				
	上校级		1		1
	中校级		2	2	4
	少校级		7	6	13
	上尉级		5	15	21
	中尉级		6	9	14
	少尉级		1	9	11
	准尉级		1	9	10
	小计		23	50	73
士兵公役	上士级		6	18	32
	中士级			9	9
	下士级		1		1
	上等兵级		14	117	131
	一等兵级		2	24	26
	二等兵级				
	司机				
	技工				
	洗衣工			12	12
	理发工			3	3
	木工			3	3
	泥工			3	3
	缝工			3	3
	小计		23	192	215
官兵合计			46	242	288
学员生	学员				
	学生				
	小计				
共计					

联合勤务总司令部第 医院编制表（丙制）国防部三十七年十二月二日制公字第五四四号核定

组织		本					院					
职别		主任财务员	主任经理员	经理员	主任经理员	司书	副官	特务员	事务员	主任事务员	护理主任	药局主任	医务长	副院长	院长
官佐	阶级	一等军需佐	二等军需佐	二等军需正	一等军需正（三等军需正）	军委四（三）阶	上尉（中）尉	少尉（军委三（三）阶）	中尉（军委二（三）阶）	上尉（中）（军委一（二）阶）（上校）	军荐二阶	三等司药正	二等军医正	中校	一等军医正
	员额	一	一	一	一	一	一	三	一	一	一	一	一	一	一
士兵公役	阶级							担架上等兵	担架班士班长上（中）	炊事一等兵	传达下士	公四五役等	司药上士	军需军士文书	
	名额							一二	一二	二	一	一	一	一	三
备考							一、人事行政（管理、计算、记录）。二、一般行政（收发、发布、档案、文书、军邮、电务）。				兼任组长。			院长一职由军医充任。

部别	财务员	预算员	政工室 主任	干事	指导员	司书	小计	第(一)部 组长	军医	司药	第(二)部 护理长	护理员	第(三)部 助理护理员	
阶级	二等军需佐	一等军需佐	中校	上尉	少校	军委四阶		二等军医正	三等军医正	一等军医佐	一等司药佐	军委一阶	军委二阶	军委三四阶
员额	一	一		二	三	一	二三	二	六	九	三	三	九	九	
士兵			传达上等兵				文书上士 军需上士 司药上士	看护中（下）士	看护上等兵	公四五（六）役		传达上等兵	四级泥工	四级缝工	六级理发工 六级洗衣工 四级木工
员额			一				二三 三三 三	九九	九〇	三三		三	三三	三三	三三 一二
备考			副院长兼任。		每组设一员（增设预备组时，则按增			组长一职由军医充任。				员两用。 内护理员一员，以护理员或X光			

续表

组		合计
	小计	
	五〇	七三
炊事上等兵		
二二	一九二	二二五

附记：

一、适用本编制单位为丙制医院。

二、本院额定收容量为八〇〇人。

三、政工室官佐非军人出身者，照军用文官或业科出身任用。

四、为加强伤病官兵管理时，设副院长，其职掌如左：

1. 专负伤病官兵管理之责。

2. 职业病患与非军人住院之取缔。

3. 伤病官兵入院之考核，有无伪造身份及证件冒领粮饷情事。

4. 督伤已愈伤(病)官兵回原部队(机关)或入荣誉团。

五、本院以收容伤病官兵治疗为重要任务。

六、本院各组必要时，得分割作业，第一组长由医务长兼任。

联合勤务总司令部第 医院编制人员分阶统计表(丁制)

内部组织	编成单位或	院本部	第(一)(二)组	合计
官佐属	上将级			
	中将级			
	少将级			
	上校级	1		1
	中校级	2	2	4
	少校级	4	4	8
	上尉级	6	10	16
	中尉级	2	8	10
	少尉级	2	6	8
	准尉级	1	6	7
	小计	18	36	54
士兵公役	上士级	5	12	17
	中士级		6	6
	下士级	2		2
	上等兵级	2	78	80
	一等兵级	2	16	18
	二等兵级			
驾驶	上士级			
	中士级			
	下士级			
	上等兵级			
技工工匠	一级			
	二级			
	三级			
	四级		6	6
	五级			
	六级		10	10
小计		11	128	139
官兵合计		29	164	193
学员生	学员			
	学生			
	小计			

联合勤务总司令部第 医院编制表（丁制）

制字第五四四号 国防部三十七年十二月二日核定

组织	职别	官佐 阶级	官佐 员额	士兵 阶级	士兵 名额	车辆 种类	车辆 数量	备考
本	事务员	少尉（军委三阶）	一					
本	经理员	一等军需佐	一					
本	主任经理员	二等军需佐	一					
本	财务员	一等军需佐	一					
本	主任财务员	二等军需佐	一					
本	预算员	一等军需佐	一					
本	司书	军委三阶	一	清洁一等兵	一			一、人事行政（管理、计算、籍录）。二、一般行政（收发、管理、档案、文书、军邮电务）。
院	副官	上尉	一	下士班长 清洁一等兵	一 一			兼负担架任务。
院	护理主任	军荐二阶	一	一等炊事兵	一			
院	药局主任	三等司药正	一	传达下士	一			
院	医务长	二等军医正	一	司药上士	一			
院	副院长	中校	一	军需上士	一			
院	院长	一等军医正	一	文书上士	三			

	政工室（部）				第（一）组				（二）组				小计	合计
	主任	干事	指导员	司书	小计	组长	军医	司药	护理长	护理员	助理护理员	特务员		
军衔	中校	上尉	少校	军委四阶		二等军医正	三等军医正	一等司药佐	军委一阶	军委二阶	军委三阶四阶	少（中）尉		
员额	一	二	二	一	一八	二	四	六	二	二	六六	六	三六	五四
特业	传达上等兵					文书上士	军需上士	司药上士	看护上中（下）士	五（六）等公役／传达上等兵	四级木泥工	六级洗衣理发工	炊事上等兵	
员额	一					二	二	二	二	六六／六〇	一二／一四	二	一二／二八	一四／一二八	一三九
备注	由副院长兼任。													

附记：

一、本院下设两个组，每组收容量三〇〇至四〇〇人。

二、本院额定总收容量为六〇〇至八〇〇人。

三、适用本编制单位，为联勤总部丁制医院。

四、政工室官佐非军人出身者，得照军用文官或业科出身任用。其指导员之设置，每组一员，如增设预备组时，则按增设组数增加之。

五、为加强伤病管理，特设副院长，其职掌如左：

1. 专负伤病官兵管理之责。

2. 取缔职业病患与非军人住院。

3. 伤（病）官兵入院之考核，有无伪造身份及证件冒领粮饷情事。

4. 督饬已愈伤（病）官兵回原部队机关或入荣誉团。

六、本院以收容野战医院后送伤（病）官兵，予以治疗后转为主要任务。

七、本院各组必要时得分割作业。

〔联合勤务总司令部档案〕

(六)教育训练法规

1. 军政部抄附政治部政工研究班组织规程等代电

(1946年2月7日)

军政部代电　(卅五)务步(二)0573号

粮秣司鉴:案奉军事委员会元月廿一日办制字第九五五九号代电开:"兹核定政治部政工研究班组织规程、系统表、编制表,除指复政治部着自本年二月一日起施行并分电外,特抄同是项组织规程、系统表、编制表电达查照,登记备查。"等因;除分行外,希即知照。陈诚。(卅五)(丑)(虞)。部务步(贰)。数附件如文。

军事委员会政治部政工研究班组织规程　民国三十五年一月二十一日军委会办制字第九五五九号令准

第一条　军事委员会政治部(以下简称本部)为适应环境需要,加强业务研究,增进工作效能,统一训练机构起见,特设政工研究班(以下简称本班)。

第二条　本班设主任一人(本部部长兼任),综理班务。设副主任二人(一为本部副部长兼任,一为专任),襄理班务。下设秘书、副官、书记等人员,承办班内文书事务事宜。

第三条　本班设研究、专修两系,各设系主任一人(兼任),承主任、副主任之命,主理设计指导各该系教训事宜。

第四条　研究系下设高级党义、艺术、新闻、体育等五组,各设组长一人,承正副班主任及系主任之命,会同教务、训育两科拟定教训计划及主管各该组训练事宜。

第五条　专修系下设电讯、电影、播音三组,各设组长一人,承正副班主任及系主任之命,会同教务、训育两科拟定教训计划及主管各该组训练事宜。

第六条　本班设教官若干人,担任各组教授事宜;助教若干人,助理之。必要时得聘请业务指导员、讲师各若干人,分任业务研究之指导及学术之讲授事宜。

第七条　本班设教务、训育、总务三科,各设科长一人,科员若干人,各承主管长官之命,办理各该科主管业务。其职掌如左:

教务科:办理本班教育计划及拟订与实施及编审等事宜。

训育科:办理本班训育计划之拟订及实施等事宜。

总务科:办理本班杂务、交际、经理、会计等事宜。

第八条　本班训练之学员在青年军及军官总队考选之,为实行军事管理起见,暂编两队暨六个独立分队。

第九条　本班各队及各独立分队各设队长、分队长一人(独立分队设分队附一人),政治指导员一人,其他必要人员若干人,承正副班主任及系主任之命,分负学员主管训之责。

第十条　本班及各队暨独立分队编制表内另定之。

第十一条　本规程自呈奉核准之日施行。

军事委员会政治部政工研究班组织系统表

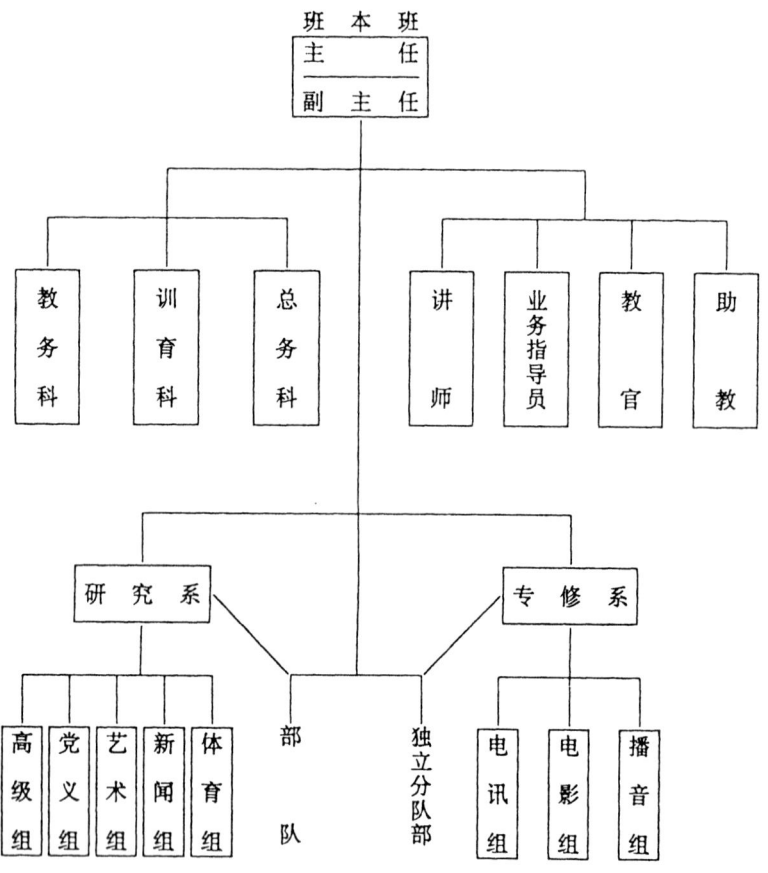

职别	阶(等)级	员额 官佐	员额 士兵	备考
科员	军荐二阶	二		
科长	军简三阶	一		
助教	军荐二(委一)阶	一		
教官	军简三阶 少将(上尉)	六		发给钟点费如临时另聘讲师时，得按给奖规定
组长	(军简三阶)上(中)校	八		电影、播音共计八组高级党义、艺术、新闻、体育、电讯、
系主任	中(少)将	二		
司书	军委三阶	二		
书记	军委一阶	一		
副官	上尉(少尉)	一		
秘书	军简三(荐一)阶	一		
副主任	中(少)将	二		兼任专任
主任	上将	一		部长兼任

政治部军事委员会政工研究班编制表军委会办制第九五五九号令准三十五年一月二十一日

卫士	司号军士	器材军士	传达军士	军需军士	文书军士	总务科 司书	总务科 科员	总务科 科长	训育科 司书	训育科 科员	训育科 科长	务科 司书
中士	中士	上士	中士	上士	上士	军委四阶	一(二)等军需正 二(三)等军需正 军委一(二)阶	军荐二(三)阶	军委四阶	军委一(二)阶	军荐二(三)阶	军委一阶
						二	二 一	一	二	二 一	一	二 一
二	二	一	一	二	四							
专任副主任设中士二名												

续表

附　　记	合计	炊事兵	公役	清洁夫	传达兵
3.业务指导员视业务需要聘请之。 2.编制定为军文阶级，而其出身系军官者，得以军官请委。 1.表内官佐如系军官出身者，得以军文或按业科出身委用。	官士 佐兵 七〇	三一 等 兵	四五 等	一等兵	上等兵
	三一	三二	四四	二	五
	计主任官佐四员	主任官一名，其余公用			

〔联合勤务总司令部档案〕

2. 军政部抄附中央训练团分团组织规程等代电

(1946年5月16日)

军政部代电　（卅五）务步二第1158号
　　　　　　中华民国卅五年五月十八日发出

粮秣司鉴：案奉军事委员会四月十五日办制字第九八七九号代电内开："据中央训练团本年四月七日办人字第一〇一五号卯虞代电，呈报分团组织规程编制，请核备到会，经核可行，应准备案。除指复并分行外，特电查照。"等因；除分行外，希即知照。陈诚。（辰）（铣）。部务步贰教。附中训分团编制表全份。

中央训练团分团组织规程

第一条　本规程依据中央训练团组织规程第二条之规定订定之。

第二条　本分团简称中央训练团（其他）分团，关于行政受中央训练团节制，关于训练受中央训练团指导，有关军事部分并受军事委员会指导。

第三条　本分团以训练复员转业军官佐为主。

第四条　本分团设团长、副团长、主任、副主任各一人，下设办公处，并附设各种训练班。

第五条　办公处为办理本分团教育行政及事务最高单位，设处长、副处长各一人，设教育、人事、总务、经理、卫生五组，及必要之文书、译电、监印、收发等人员。

第六条　各训练班为施行专业训练之机构，一切兼承本分团及专业主管机关办理，其组织编制另定之。

第七条　本分团团长、副团长由中央训练团团长、副团长分别兼任，主任、副主任由中央训练团呈请任免，其余职员由本分团呈报中央训练团转请任免。但少将以上者，应于中央训练团核准后，再行到职或离职。

第八条　本分团团部经费报由中央训练团转请军政部发给，各班经费造具预算，报由中央训练团会同专业主管，向国民政府请拨专款交军政部核发。

第九条　本分团训练实施计划另定之。

第十条　本分团组织系统表、编制表及办事细则另定之。

第十一条　本规程自呈奉核准之日施行。

中央训练团分团组织系统表

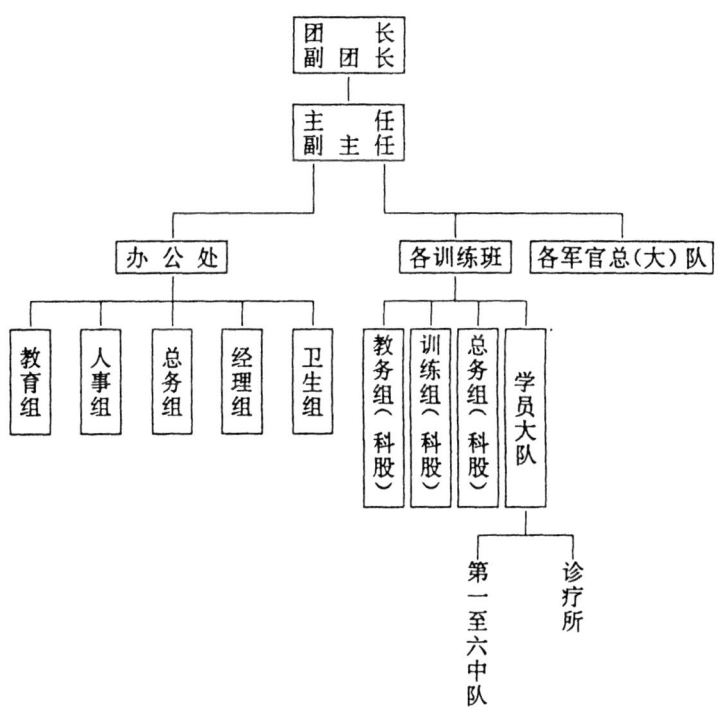

中央训练团分团编制人数统计表

单位	团长室及主任室	办公处处长室	教育组	人事组	总务组	经理组	卫生组	合计
官佐	八	一三	一八	一九	三〇	一八	一六	一二二
士兵	七	九	九	七	一七五	一四	三三	二五四
备考								

〔联合勤务总司令部档案〕

3. 军政部抄发中央训练团将官班编制表代电

(1946年5月18日)

军政部代电（卅五）务步贰教字第1165号

粮秣司鉴：兹以将级编余军官应统由中训团统一管理，经核准将该团原将官队编制扩编为将官班，其编制随电附发。除分行外，特电知照。军政部。(辰)(巧)。务步贰教。

中央训练团将官班编制草案

职别	阶（等）级	员（名）额	职掌	备考
主任	中将	一		
副主任	中将	一		
秘书	军荐一阶	一	重要文件之拟办。	
副官	上（少校）尉 中（少）校	一	考绩、奖惩及退除役、转业之人事有关事项。	
军需	一等军需佐	一	管理本班军需业务。	
书记	军委一阶	一	公文签稿之登记、分发。	
司书	军委三（四）阶	二	文件缮写。	
文书军士	上士	二		
军需军士	上士	一		
卫士	下士	二		
传达军士军兵	中上等士兵	二		
司号军士	中士	一		
公役	四五等兵	一		
炊事兵	上等兵	二		
合计	官佐 士兵公役	一九 十三		
附记				

500

4. 白崇禧在中枢纪念周上关于军训部业务之报告

(1946年11月10日)

白崇禧在中枢纪念周报告军训部业务现况

主席、各位先生、各位同志：今天承命出席本次纪念周报告，想就军训部业务现况，作一概略陈述。

一、各军事学校班团之裁减及各督训处之裁撤。在抗战初期，为适应作战需要，干部补充及调训便利起见，曾先后增设第三、第七、第八、第九四个军官分校，恢复骑兵学校，取消交辎学校，改设辎重、通信、机械化三个兵科学校，增设西南，西北两个步兵分校，及特种联合分校，特种干部训练班，驻冀、驻鲁、驻苏干调班，西南干训班，西北游干班及五个入伍生团。这些军事教育机构的相继增设，都为应当时事实上的需要，一种紧急的措施。这时军分各校学生总队数扩增至三十三个，并于各战区设立干训团，然而武器器材、教育设备、教育经费等并未随同机构扩充，作正比例的增进，以致影响教育效率。自进入第二期抗战，我们在战略上是要持久，以待国际形势的演变，配合盟军转移攻势，干部补充率较小，同时对于军官养成教育为求贵精不贵多，重质不重量起见，本部乃于三十三年度自动将三十三个总队，裁减为十五个总队，裁减学生人数已达二分之一以上。本年度复根据复员整军计划先后奉令将第一、二、三、四、五、六、七、八等八个军官分校，西南、西北两个步兵分校，特联分校，特别训练班，特科干部教育班，军官外国语文补习班，驻冀、驻鲁、驻苏三个干训班，西南、西北两个干训班，五个入伍生团等，概行裁撤。现仅保留成都中央军校及迪化第九分校，与步、骑、炮、工、辎重、通讯、机械化七个兵科学校。共计裁减二十三个单位。又前于三十三年为谋策进各战区部队之教育进步，及校阅便利起见，特仿照英、苏督训制度，于各战区分设九个督训处，以后编并为中央、西北、东南、西南、江北五处，现亦奉令全部裁撤。

二、复员后军事教育制度之改革。现在的世界是科学的世界，现代的战争是科学的战争，因为社会的进化，科学技术的进步，军事学术也随之进步，所以我们今后的军事教育，应该取法于世界进步的国家，适应时代趋势，衡酌自己的国情。最后本部与各有关机关开会研讨，决定了军事教育学制改革的几项主要原则：

甲、军官养成教育学制的改革。军官养成教育学制，决定取双级单轨制，将陆军预备学校学期延长为三年毕业，加深其普通科学军事训练的要求，使养成军人精神、纪律、生活习惯，完成新兵教育，毕业学生按其志愿及兵科需要，分兵科至部队入伍半年，完成军事教育，然后升学入军官学校，受各兵科的综合教育。不分兵科，凡是步、骑、炮、工、辎重、通信、战车等兵科，都应轮流学习，其主要着眼即为使密切协同容易，转移兵科便利。修业期限决定延长为两年半，毕业后，按兵科分发部队见习期满后，即任少尉排长，在军队服务至相当学术，养成统帅人才，或幕僚人才。

乙、非职业军官制度之建立。非职业军官即预备军官，对于建国建军均有深切的关系。由于现代国际性的战争，每次动员几千万，教育庞大，若概由平时建立军校养成巨额的职业军官，不仅消耗极大的人力、物力、财力，且平时安置不易，战后复员尤极困难，甚至因此引起社会失业者过多，酿成种种不安的现象。要解决上述困难，必须在养成职业军官以外，另辟途径，即严格确立非职业军官制度，国家除专设军事学校，养成职业军官外，同时普施非职业军官教育，储备预备军官佐及军士，以备战时动员。美国在第一次世界大战时，能迅速动员四百万志愿兵，以二百万由潘兴将军率领，开赴欧洲增援协约国，以二百万人在后方训练。此次大战中，美国陆海空军动员，据美国陆军部宣布达一千一百五十万人，所需百万以上的大量干部，多系平时由普通学校实施严格军训所储备的预备军官。战时召集施以短期训练，调派服役。美国人口，计一万万二千七百余万人，战时能动员约计十分之一的强大兵员，实在是平时普施军训的成效。美国正式军官如西点陆军军官学校毕业者不过两万人耳，绝难适应此要求。我国有四万万五千万人口，较美国三倍有余，假使一旦要动员以三倍于美国计，就有三千万乃至四千万人，其所需干部以十分之一为比例，便需三百万乃至四百万人。这种干部的来源，全赖平时训练储备，因此建立非职业军官制度，异常重要。最近军训部与军政教育有关各部多次会商，决定建立非职业军官制度实施的主要原则，即高中及同等学校毕业后，实施集中训练一年，分新兵、军士、军官教育各四个月，于训练满八个月时，施以甄别考试，其体格健全学术优秀者，即授以预备军官教育，养成少尉预备军官佐。其甄试不及格者，仍继续授以四个月军士教育，完成一年集训，任预备军士。此项训练之实施，并拟利用现有青年军各师作训练机构，专科学校及大学毕业后，按其学系分派至机关、学校，实习有关军事勤务三个月。例如学电学的派到通信学校，学理化的派到军用化学，学机械的派到兵工厂或兵工学校，学土木工程的，派到工兵学校，实习期满，任中尉级预备军官佐。关于非职业军官——预备干部之组织、训练、管理、服役实施具体办法，正商拟中，即可呈请核准颁布实施。军训部对非职业军官原案，希望采用大学毕业学生资格，因中国大学生人数太少，为适应现代国防需要，故暂改为高中毕业学生，将来教育普及，再酌量提高预备军官之资格。

丙、职业军士制度之建立。军士系部队的中坚，于建军有密切关系，我国现在是实行征兵制，兵的来源已无问题，军官的来源除由正式军校养成外，还须培养预备干部，惟介于官与兵中间的军士，特别重要。训练优秀的职业军士，其术科必能精练。日寇对于军士的养成，设有许多军士教导学校，毕业的军士有术科博士之称。军士是军队中的重要基层干部，一个部队中的军士，如普遍照兵役法实行退役，则军队训练基础薄弱，乃至作战上亦受影响。军训部为谋军士的培养,曾数次呈军事委员会,建议设立军士学校或军士教导学校,养成职业军士,以为军队中的骨干,现已奉准于各军区配设步兵军士教导学校,各兵科学校附设特种兵科军士学校。

论到军士教育问题。目前国军的装备多来自美国,自然教育制度和方法亦需要采用美国式,这是毫无疑义。不过最应该注意的,就是无论仿效任何一国的制度,决不可整个抄袭过来,必须顾虑国情,斟酌损益才是。过去袁世凯于小站练自强军时代,适当普法战争,德国战胜了,于是采用德国的操典,托左肩枪。后来日俄战争时,日本战胜了,又改用日本操典,托右肩枪。至第一次欧战时,德国初期战胜了,又恢复左肩枪。完全是无意识的盲从,殊不知人家战胜的因素,不是这种左肩枪和右肩枪的形式。我国在民国二十四年以前,颁行的各兵科操典,多半是抄袭德国和日本的为主,到二十四年曾由前训练总监部,将各兵科操典加以修正,军学上是比较具有独立性的。抗战中二十八年起,曾由军训部陆续将各种典范令教程详密检讨,不断加以修正,本着抗战的经验,将我们固有的优点发扬光大,一面将美国操典中的优点慎重抉择,虚心采纳。不仅是友邦的优点,我们应该效法,即敌人的长处也要学习,因学术乃是无国界的,"他山之石可以攻玉",典范令经过这一次修订,在军学上比较是适合国情,具有创造性和独立性的。现步兵操典第一、二、三、四、五部,均已修正完竣,陆续印颁,其他各兵种典范令之修改,预计本年底均可修正印发矣。

〔国史馆档案〕

5. 联合勤务总司令部奉颁军事学校毕业生分发规则代电

(1947年9月16日)

联合勤务总司令部代电　才综字第86149号
中华民国卅六年九月十六日

本市南京供应局:案奉参谋总长陈(卅六)列周列代字第1075

号代电开：查前军事委员会三十三年九月二十二日颁布之陆军军官学校毕业学生分发办法已不适用，应予废止。兹适应需要修订为各军事学校毕业学员生分发规则，随电颁发。除分行外，合行电仰知照。等因。附发各军事学校毕业学生分发规则一份。奉此。除分电本部直属各单位遵照外，合行电仰知照。郭忏。申铣。才综。附发各军事学校毕业学生分发规则一份。

各军事学校毕业学员生分发规则

第一条　各军事学校毕业学员生（以下简称毕业学员生）分发一切事宜，悉依本规则办理之。

第二条　各军事学校（以下简称各校）每届毕业学员生，由国防部第一厅会商有关单位，按照陆、海、空、联勤各部门需要情形，于毕业之前两个月，妥为分配，呈请核定分发。

第三条　毕业学员生，应依其军种、兵科，分发陆、海、空、联勤各部队服务。

第四条　各校对于毕业学员生，不负分发责任，各部队需要补充干部时，应向国防部呈请核派，除系保送受训者外，概不得指名请派，但短期调训人员不在此例。

第五条　各校学员生入校后，如中途退学，由校造具名册（如附表一）呈送国防部备查。

第六条　各校应于每届学员生毕业前四个月造具分发名册（如附表二），一份呈报国防部，以便核定分发。

第七条　各校于学员生毕业后二个月内，应将各学员生毕业证书、学籍登记证件、详表二份呈送国防部，以便分别发给。

第八条　毕业学生见习期间定为六个月（战时见习期间，依需要得呈请缩短或废止之），以报到之日开始，期满后由受分单位填造考绩表一份（考绩表及记载如附表三）呈送国防部核予初任官位，并将任官令、毕业证书、学籍登记证分别发给其受分单位转发祗领。但在见习期内成绩不及格者,不予初任,仍须继续见习,并扣发其毕业证书及学籍登记证。

第九条　各受分单位,于奉到分发命令后,应即派员前往校方。

第十条　毕业学员生之服装费,应于毕业前三个月,按规定请领,并统筹制发。

第十一条　毕业学员生分发旅费,统由校方先向国防部预领专款,按分发单位之距离,照规定给与之。

第十二条　各受分单位,于分发学员生报到后一个月内,填造报到名册(如附表四)一份呈部。但学员生分发后逾二个月无故不遵令报到者,应开除学籍,并予通缉。

第十三条　本办法自公布之日施行。

〔联合勤务总司令部档案〕

6.联合勤务总司令部检发通信军官学制系统表代电

(1948年5月21日)

联合勤务总司令部代电　(卅七)直绝字108584号
中华民国卅七年五月二十一日

南京供应局:一、奉总长(卅七)四月十二日制子字第二五九号代电核定通信军官学制系统表一份等因。

二、兹检发上项系统表,希即查照饬所属知照。

总司令　郭忏

通信军官学制系统表
三十七年四月二十日国防部制子字第二五九号代电核定。

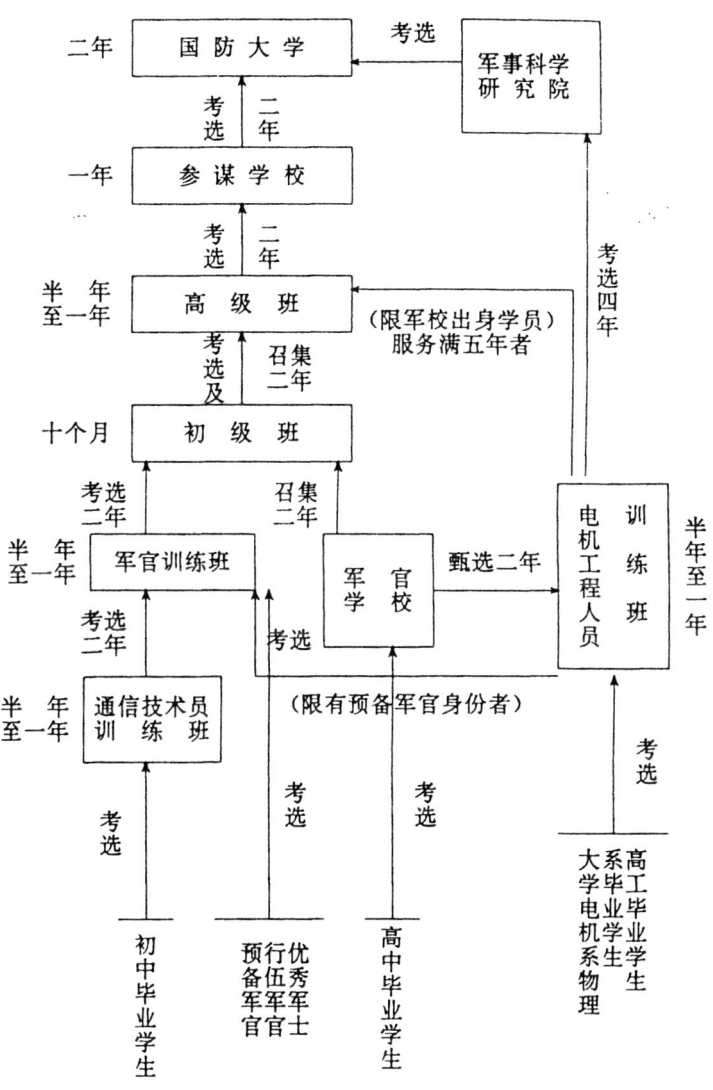

〔联合勤务总司令部档案〕

7. 联合勤务总司令部颁发三十八年度第一补充兵储训计划训令

(1949年1月10日)

联合勤务总司令部训令　石磷字第602309号

一、本部卅七年十二月五日茹蔽字第09601号训令计达。

二、奉总长顾卅七年十二月十六日翔宜字第6599号致冬剿匪总部及西安绥署代电副本,为适应部队随缺随补而达到新兵先训后用之目的起见,特订定第一补充兵储训计划随电颁发,请即遵照实施。

三、抄附原计划乙份,希知照。

四、本件分令本部第三处,各署(欠特勤),并抄副本分送第一、五、七、九补给区司令部,第一、二、十二兵站总监部,第九兵站分监部及浙江、安徽、南京、上海供应局。

总司令　郭忏

中华民国卅八年正月十日发出

三十八年度第一补充兵储训计划机构及实施办法

甲、方针

一、遵照军事教育会议改进兵员拨补方案之决议,明(卅八)年正规征额二百万名内以二十万零六千六百四十人交各剿总、绥署分期储训,作为第一补充兵,以应部队随缺随补,而达到新兵先训后用之目的。

储训兵额分配如附表。

乙、储训机构

二、第一补充兵储训机构,除利用现有华中、华北、西安等三个训练处各辖一个补训总队,可储训三万人外,并于徐州、华中、华北各剿总、西安绥署共设补训总队六个,补训团十八个。

三、各剿总、绥署增设补训总队部六个及补训团十八个,所需军官佐及干杂兵由前方沦匪之军、师、团管区及新兵大队改组编成。

丙、实施办法

四、第一补充兵二十万零六千六百四十人,由各剿总、绥署分三期储训,除以九万人由现有之各训练处补训总队担任外,其余由各师团管区司令部及新兵大队改组之补训总队担任。

五、各剿总、绥署储训机构应分别在辖区内较安定地区筹设,并须先准备有关储训事宜。

六、各剿总、绥署所需储训兵员,除第一期由剿总、绥署自筹外,其余各期均以一半由各该总部、绥署自行筹补,其余一半由本部就三十八年度征额内送拨储训。

七、上项自筹兵员依照戡乱期间征兵要则第十一、十二、十三各条之规定筹集之(附原条)。

八、上项由征额送拨储训之新兵由各剿总、绥署先派人员赴配拨师区洽办,并督率新兵大队开拔,以各该总部、绥署驻训地为交接地点,及粮饷起止日期且须适应训练及拨补情形,力求时间上之衔接,以不误训拨为原则,其详细配拨计划另订之。

九、第一期储训新兵以能于三十八年一月中旬入营开始训练为准(本期所需新兵由剿总、绥署自筹之)。

十、新兵训练以就战场实用之战斗基本技术训练为主,并先施以生活教育及政治教育,由养兵渐进练兵为原则,训练时间以三个月为一【期】,依需要之缓急及教育进度之迟速斟酌伸缩之,其训练计划由主管单位另订之。

十一、各剿总、绥署储训之新兵应于每期收训前由剿总、绥署预拟拨补。

十二、各剿总、绥署补训总队于新兵训练完成后,以依照原定配拨计划由配拨之部队自派干部接领为准,但如情况有变更必要时,亦得另行拨补急需兵员之部队,令由改拨之部队派遣干部接领,均以训练期满之日为交接及粮饷起止日期。

十三、每期新兵训成拨补后,应即赓续储训次期新兵。

十四、新兵收训拨补情形及人数应按旬列表分报剿总、绥署及国防部。(表式另案规定)

附:戡乱期间征兵要则〔原件略〕。

附表:

区 分	预定每期储训人数	储训期数	兵 源	管区改组训练机构容纳人数		原有机构可能容纳人数	备考
				改组机构数	容纳人数		
徐州剿总	一二·九六〇	三	各剿总、绥署储训兵额除第一期自行筹补外,其余各期由各该剿总、绥署自筹一半,由中央在三十八年度征额内筹补一半。	补训总队二补训团六	一二·九六〇		
华中剿总	二二·九六〇	三		补训总队二补训团六	一二·九六〇	一〇·〇〇〇	
华北剿总	一六·四八〇	三		补训总队一补训团三	六·四八〇	一〇·〇〇〇	
西安绥署	一六·四八〇	三		补训总队一补训团三	六·四八〇	一〇·〇〇〇	
合 计	六八·八八〇				三八·八八〇	三〇·〇〇〇	

附 记	一、各剿总、绥署每年储训三期,每期储训六八·八八〇名,合共二〇六·六四〇名。 二、每期施训时间为三个月,交接拨补以及干部整训时间为一个月,共为四个月。

〔联合勤务总司令部档案〕

〔二〕反共军事措施

（一）收编伪军扩充实力

1. 蒋介石为收编忠义救国军控制沪杭宁地区代电

（1945年8月18日）

国民政府军事委员会代电　　（卅四）未巧（二）侍奉第　号

军令部徐部长勋鉴：据戴代局长未文电称：为制止奸匪乘日本无条件投降时正图取得敌军武器，并使中央部队于最短期内控制京沪杭计，忠义救国军应即全部以军委会中美合作之忠义救国军名义，速向京、沪、杭、芜挺进，并将现在东南地区之中美合作所美方官兵三百余人，随同忠义救国军开进京、沪、杭地区。等情。除已饬顾长官照办外，希知照。中正。（卅四）未巧。

〔国民政府国防部史政局及战史会档案〕

2. 军事委员会收编伪军庞炳勋等部为新编各路军总司令代电

（1945年9月8日）

〔衔略〕兹将反正伪军各部番号核定如下：庞炳勋为新编第一路军总司令，孙良诚为新编第二路军总司令，张岚峰为新编第三路军总司令，孙殿英为新编第四路军总司令，吴化文为新编第五路军总司令，郝鹏举为新编第六路军总司令，叶蓬为新七路军总司令，门致中为新九路军总司令，李守信为新十路军总司令，吴元敏为新十一路军总司令，任援道为南京先遣军司令，招桂章为广州先遣军司令，王英为第十二战区骑兵第一集团总司令，邹平凡为新挺进军二十一军军长，傅双英为新二十二军军长，彭振国为新二十三军军长，刘竹笙为新二十四军军长，李雨霖为新二十五军军长，姜凤飞为冀东挺进军总指挥，包华孺为冀南警备司令，戒王为蒙古先遣军司令。特电知照。军事委员会。申齐。总导。印。

〔国民政府国防部史政局及战史会档案〕

3. 李品仙奉命收编伪军充实反共内战势力密电

(1945年10月1日)

陆军总司令何：〇密。申皓论整电奉悉。谨将本战区伪杂部队番号、主官、人枪、驻地电呈如次：（甲）已奉中央核委者计有：（一）原伪皖中清乡司令吴道南，奉委为新编第二十师，人枪四千余，驻合肥、临河集、长临沙一带。（二）原伪第二方面军第四师王占林部，奉委为新编第三十师，人枪六千余，驻合肥、巢县一带。（三）原伪第三方面军吴化文部奉委为第五路军，辖有第一军于淮安，第一师许树声，第二师贺钫，第二军杨友柏，第三师赵广与第四师王同宇，第五师徐日政，计有人员二万五千四百余，步枪一万五千零五枝，轻机五百挺，重机五拾挺，步炮二十一门，掷弹筒五百具，驻蚌埠、滁县一带。（四）原伪第二方面军孙良诚部，奉委为新第二路军，辖第一军赵云祥，驻盐城。第一师潘子明，第二师戴心宽驻冈门、伍佑一带。第三师孙玉田，第二军王清轮，第四师张西锋，均驻扬州。第五师王和民，驻高邮。第六师刘相图、第三军颜秀五，驻扬州。第七师何林森，驻店头。第八师秦庆霖，第九师陈才福，驻泰县。独一旅孔瑞五，驻如皋。独二旅徐容，驻召临潼镇。独三旅蔡金双，驻秦兴。独四旅孙建言，驻江都防头镇。独五旅朱堪仁，驻邵伯镇。独六旅谷振之，驻大中集。其总司令部驻扬州，人枪未具报。（五）原伪第七方面军郝鹏举部，奉委为第六路军，辖五个军，十二个师，人枪八万余，驻徐州、淮海、淮阴、宿县一带。（六）原伪第四方面军张岚峰部，奉委为第三路军，辖有两个军、五个师，驻商邱、鹿邑、亳县一带，人枪未具报。（七）原伪豫陕鄂皖绥靖总司令李雨霖部，奉委为新编第二十五军，驻漯河，人枪未据报。（乙）已报请中央核委为苏北挺进军所辖者计有：（一）原伪独七一旅徐纵泰部，人枪二千余，驻东海、青口一带。（二）原伪独七二旅李夙河部，人枪二千余，驻灌云、大陷山一带。（三）原伪淮海省剿匪第五支队吴廷述，人枪千余，驻淮海、淮阴一带。（四）原伪淮海省剿匪第七支队刘斐然部，人枪二千余，驻邳宿羊山一带。（五）伪淮海省剿匪第三支队耿继武部，人枪千余，驻铜山西部。（六）原伪淮海省剿匪第二支队杨惠民部，人枪千余，驻兴化、东台、泰县一带。（七）驻铜山东部。（八）原伪淮海省李东海，人枪八百余，驻淮阴。（九）原伪宿土窑湾镇保安团保安五大队黄为东部，人枪千余，驻窑湾镇。（十）原伪淮海省剿匪第八支队董其昌部，人枪二千余，驻淮安、涟水一带。（十一）伪军韩剑飞部，人枪二千余，驻淮安、淮阴一带。（十二）原伪涟水保安二大队刘国泰部，人枪八百余，驻涟水井内一带。（十三）伪睢宁县保安团夏铄武部，人枪千余，驻睢宁。（十四）伪税警团第三总队刘化南部，人枪千余，驻沭阳。（十五）伪泰靖宿地方军张恨愚部，人枪千余。以上等十五个单位，经编委为苏北挺进军新编第一至十五纵队番号。（十六）原伪东海县保安大队刘瀛州部，人枪七百余，驻东海。（十七）伪海灌独立总队周法乾部，人枪千余。（十八）原伪淮阴保安队张士樊部，人枪五百余。（十九）原伪泗阳保安队吕大章部，人枪五百余。（二十）泗县保安队章仪标部，人枪五百余，驻沭阳。（二十一）伪随水保安第三大队王庆三部，人枪八百余。（二十二）王士元部，人枪千余，驻萧水涡边境。（二十三）伪二十八师一一一团李啸天部，人枪二千余，驻淮安。（二十四）原伪宿迁新安镇区长李尚武部，人枪千五百余。以上等九个单位，经编委为苏北挺进军独立第一至第九支队。（丙）未经核委者计有：（一）伪满南挺进军刘子璞部，人枪四千余，驻亳县水冢。（二）伪军陈宪仁部，人枪二千余，驻淮安。（三）伪第五军王清先部，人枪五千余，驻泰山益都寺。（四）伪第七方面军第五师章方乾部，人枪三千余，驻平渠。（五）原伪海湾独立总队周亚清部，人枪千余，驻海湾。（六）淮阴保安队张士棠部，人枪五百余，驻淮阴。（七）伪沛县保安队燕百连部，人枪千余，驻沛县。（八）伪萧县保安队李仰周部，人枪约二千。（九）伪警卫第二师秦汉部，人枪二千余，驻和县。（十）苏皖剿匪司令王劲哉部，驻安庆芜湖一带。除绘图列表另报外，谨电察核。第十战区司令长官部司令长官李品仙。酉东。

〔国民政府国防部史政局战史会档案〕

4. 刘峙令张岚峰等部抢占交通线之反共军事计划代电

（1945年10月2日）

〔衔略〕兹将本战区交通警备计划如次：甲、警备区分：（一）第二集团军并指挥新编第三路军应担任：（1）兰封（含）至杨集（砀山西三十里，不含）铁路。（2）商邱至水城公路。（3）商邱经柘城、淮阳、周家口至归村（漯河东三十里，不含）公路。（4）五里铺上（蔡南三十里，含）经商蔡、商水至周家口公路。（5）淮阳经太康、杞县至兰封（含）公路，鄢城西华县界起，至界首集沙河水路之警备。（二）第二二集团军并指挥六九军、三纵队、六纵队及杜允中部一纵队、七纵队应担任：（1）信阳（不含）至新郑（含）铁路。（2）长台关经桐柏至平民（桐唐间，含）公路。（3）归村（含）经漯河、舞阳至保安砦（含）公路。（4）许昌经襄城、叶县至保安砦（含）公路。（5）西华、鄢城县界起，至襄城、沙河水路之警备。（三）第十五军应担任：（1）襄城、郏县县界起,经郏县至临汝(含)公路。(2)郏县经宝丰、鲁山、南召至大石桥(不含)公路。(3)宛镇县界起,至经镇平、内乡至西峡口(含)公路之警备。(四)第二十八集团军应担任:(1)保安砦(不含)经方城、南阳、邓县、老河口、白河、安康、汉阴(不含)公路。(2)南阳经唐河至平氏(不含)公路。(3)紫阳(含)至宜城(不含)汉水水路。(4)老河口经襄阳至宜城(不含)公路之警备。(五)豫南挺进军应担任:(1)罗山(不含)经正阳、汝南至五里铺(不含)公路。(2)信罗县界起,至洪河口(三河尖西一百二十里)淮河水路之警备。乙、警备要领:(一)按本部剿匪计划第七项规定之各地境,凡在各该集团军、挺进军、独立军担任地域内之清剿及地方团队,均归各该总司令、总指挥、军长指挥。(二)各部队应以三分之一兵力担任交通警备,在各该辖线三十里以内不得有奸匪存在,以三分之二兵力担任进剿,协助友军歼灭本战区所有之奸匪。(三)各交通警备部队务配合保安及地方团队扼交通之要点,构筑碉堡或野战工事,并利用溃败日军前沿交通线构筑之低姿碉堡,以资固守,无命不得放弃。而防守之各交通警备部队应协助地方政府整理沿线保甲,清查户口,以防奸匪潜伏。(五)各交通警备部队对各该辖区铁道、公路、水路、电线,应负防护及调查报告实际情形,并协助主管机关员工修理负责。(六)各交通警备部队担负协助,对行旅应负保护之责。除分电外,仰即遵办,并将部署具报为要。第五战区司令长官部司令长官刘峙。酉冬午。瑜。

5. 李品仙命令收编之伪军进攻新四军北撤部队代电

(1945年11月1日)

安庆苏副总司令、四八军张军长、鄂东程总指挥、皖东漆指挥官、第二路军孙总司令、第七军钟军长:奉总司令何酉梗未谋运电开：据报长江以南奸匪企图渡江北窜，希严饬所属与海军密切协同努力围剿，以期完全消灭。等因。希并饬与海军协同具报为要。第十战区司令长官部司令长官李品仙。轨蕃。戎东。

〔国民政府国防部史政局及战史会档案〕

（二）军队复员整编

1. 军政部拟定之复员官兵安置计划概要

(1945 年 11 月 16 日)

军政部拟定复员官兵安置计划概要

甲、复员官员安置原则

关于复员官兵之安置，除一般高级将领，国家为崇德报功，当以用于国防建军为主，其余或资送出国考察，或予以深造机会，另定奖励办法外，其他官兵安置，要在遵行总理所诏示之兵工政策，寓整编于建设，化消费为生产，举如交通，筑路，开浚水利以及屯垦等项，均得依官兵之性能、志愿，分别予以转业。庶使复员官兵之生活均有归宿，并可使国家各项建设事业获得其必要之人力。福国利兵，莫善于此。

乙、现有编余官佐之安置情形

自本年二月间国军开始整编后，为便于统筹安置编余军官佐起见，一律集中编队，收容受训。截至目前，综计全国已成立十四个军官总队，三个直属大队，全部收训编余军官佐已有约为二六，六八八员。凡编余军官佐属正式兵科业科出身，及行伍曾任主队职者，全部由就近各军官总大队收训。失业军官合于前项条件者，亦一律收容受训。收训以后，除一面呈请任职（将官级请委军事委员会参议，校尉官级请委军事委员会附员），依照安置计划之拟案分别与内政部、交通部洽商外，已预定先以上校以下者二万员转业警官，少将以下者五千员转业交通管理，其具体实施办法正会同拟订中。

丙、三十五年度复员官兵安置预定方案概要

1. 关于交通筑路者：兵工政策之实施，要以交通筑路为主，迭径本部与交通部负责人员集议决定办法如下：（一）铁路——拟选定成都至重庆，贵阳至都匀（黔桂路），天水至兰州，天水至广元，沾益至叙府（叙昆路）等五线，于三十五年内开工，约可容纳复员官兵二十二万人。（二）公路——拟选定万全至五原，开封至南昌，莲塘至海安，安西至婼羌，西宁至曾尔穆等五段，于三十五年内开工，约可容纳复员官兵二十一万人。以上两项均已妥订方案，准备实施。

2. 关于移垦授田者：我国官兵多来自田间，素习农事，为配合人口政策，拟将复员官兵大量移垦东北及西北各省，业经行政院召集有关部会开会，研究多次，并由地政署拟就实施方案，预定第一期在绥西、宁夏、河西、淮南等四处垦地二千七百万亩，约可容纳复员官兵十万人。至东北方面，原有日本移民一百二十万人迁回后，自可先行接管，正电东北行营调查一切中。又福建新开海滩一百余万亩，可以辟为良田，安置官兵五万人（刘主席电报为十万人）。此外各省熟荒地甚多，亦正分别调查，以为推行集体农场之用。

3. 关于水利工程者：经与水利委员会商洽结果，关于各大河流复堤堵口，其土工部分适于士兵工作，约可容纳兵工十六万人。其他河道及湖泽整理工程，与西北灌溉工程，所需兵工尚不在少数。

4. 关于学校师资者：迭与教育部接洽，全国需中学教师十万人，小学教师四十万人，拟以军属为主，暂选配十至十五万人，转任教育工作。

5. 关于警察者：经与内政部接洽，谓可容纳中校以下军官二至三万人，由中央警官学校及其分校予以甄试训练，分发工作，刻已预定以现有编余军官拨配之。

6. 其他：其他行政官吏、金融财政、工商管理等项转业办法，亦正分别与各主管部会洽商中。根据以上接洽结果并参照研究所得，特拟具复员官兵安置初步实施方案，分为集团转业与个别转业两大部门，该集团转业官兵预定约一百万人，分筑路、水利、移垦、铁路警务、保安警察、工场警卫、集体农场、建设服务队等八项；藉原有军队组织改变其任务，即可实施。个别转业官佐预定二十万人，分警官、交通管理、工厂管理、行政、司法、金融财政、地方卫生、学校师资等八项。拟先集中央训练团及其分团予以短期训练，以改变军人心理，提高转业热情。此外智能过差或年事已老自愿还乡者，即予退役资遣，计军官佐属约十三万人，退伍士兵约四十至八十万人。

总之，抗战有功将士，凡能继续为国家服务者，必使各得其所。自愿还乡者，亦使各安其生。

〔国史馆档案〕

2. 国民政府抄发战后编余官兵安置计划委员会组织规程训令

（1945年12月25日）

国民政府训令 处字第六三八号
三十四年十二月二十五日

令 行政院
军事委员会

该行政院本年十二月十日平贰字第二七三九九号函国防最高委员会秘书厅，为设立战后编余官兵计划委员会，除将该会组织规程公布外，请转陈备案一案。业经国防最高委员会第一百七十九次常务会议决议，准予备案。合行抄发该规程令仰知照。此令。

计抄发战后编余官兵安置计划委员会组织规程一份。

战后编余官兵安置计划委员会组织规程

第一条 战后编余官兵安置计划委员会（以下简称本会），隶属行政院。

第二条 本会掌理事项如左：

一、关于战后编余官兵安置计划之拟议事项。

二、关于战后编余官兵之调查事项。

三、关于各机关需用人员之调查事项。

四、关于垦殖地区之调查事项。

五、关于编余官兵就业之甄审及分发事项。

六、其他有关编余官兵就业事项。

第三条 本会置主任委员一人，由行政院长兼任，副主任委员二人，由内政部长及军政部长兼任，委员十人，由地政署长、军事委员会铨叙厅长及军政、财政、经济、交通、农林、社会六部次长各一人，行政院参事一人，水利委员会技监一人，兼任之。

第四条 本会每月举行会议一次，必要时得举行临时会议，本会决议事项，由主任委员呈请行政院核定执行之。

第五条 本会一切事务，由军政部承办，并得向有关机关调用职员。

第六条 本规程自公布之日施行。

〔国民政府档案〕

3. 军政部在国民党六届二中全会上所作之军队复员整编工作报告

（1946年3月3日）

陈诚向二中全会报告军事复员工作

主席、各位先生、各位同志：本席奉命报告军事复员工作，兹分为两大段落，即：

去年一般工作。

今年复员计划。

分别加以说明。

去年一般工作，其重要者计有六项：

第一　整军

整军最主要工作有二：

一　部队之整编

部队整编，自三十四年初开始，迄于八月，尚未完成，即入复员阶段，而整军原为复员工作之一，自须继续进行，截止三十四年底止，部队整编情形与结果如次：

（一）裁减三六军、一〇九师、二一旅，约减少三分之一。

（二）已编妥者八七军、二三七师、八旅，未经整编者，尚有四军、一八师，大都系在新疆，情形特殊，未即实行。

（三）现有八九个步兵军，二个骑兵军，二五五个师（内有新增青年军三军八师，及新改编二师）。

二　军事机构之调整

军事机构，原有四二六八个，裁去一四七一个，现有二七九七个，约裁去百分之四十。军事学校原有九三个，裁去六九个，新增五个，现共有二九个，约裁去百分之六十。军队整编与军事机关、学校调整结果，人数由五九零万减至四九零余万，计减去约一零零万人。

第二　游击部队处理

因战时而成立之游击、挺进等非正规部队，其处理原则规定有三：

（一）属于地方团队者，仍归还地方政府妥行分别安置。

（二）不属地方团队者，一律逐次编并军、师内，而撤销之。

（三）所有编余之官佐，一律收训，统筹安置。在收训期间按照新给与八成薪待遇。

本此原则处理结果，计原有部队一六〇【团？】，支队三八，大队五，共二〇三个单位，官兵七二万人。裁至现在计大部拨补正规部队，一部改编为一八个保安团，二十二个补充团，四个监护团，共约一〇万人。

第三　伪军编遣

一　编遣原则

处理伪军，中央规定以全部编遣为原则，惟实顿时不能不顾及事实需要酌采过渡办法。

二　编遣情形

据陆军总部及各战区册报，共有五十一个单位，约六零余万人。

自国军进入收复区以来，凡长江以南如第三、六、七、九各战区，及二、三、四各方面军，共有伪军约二零万人，因秩序大体底定，已依照原则，一律编遣。至长江北如第二、五、十、十一、十二等战区，约有四二万三千人，除已编遣二〇万人外，因情况关系未曾编遣者尚有二二万三千人。又东北方面尚暂保留者有一万五千人。合计共尚有二三万八千人，本部仍本既定原则，继续执行。

至对于伪军军官，则分"甘心附逆"、"投机两可"、"被迫胁从"、"奉派策反"四种适当处理。

第四　敌人军用物资之收缴与利用

一　收缴事权则力求统一

收缴业务，则分区办理，计分为京沪、武汉、广州、越南、香港、天津、开封、济南、台湾九个区域，各置一特派员办理其事。至于现在，已大致收缴完毕。凡不属于军用者，一概不准接收。

二　主要军品收缴数目

总计接收敌械数目，据报主要者计有步枪约五〇万支，机枪约二万挺，炮约万门，战车约二〇〇辆，卡车约二万辆，马约四万匹，船一千只（一万二千吨），现已组织验收委员会分组派员严格清点。

第五　受降部队装备与恢复粮秣之整补（略）

第六　勋奖与抚恤

一、奖金：胜利后，现有官兵，已一律发给胜利奖金。

二、勋章：对抗战特别有功之军事人员，不分官兵，分别发给勋章。

三、荣军安置：查荣军现有七万五千人，预定从事生产事业者三万二千人，补助回籍者三万七千人，入颐养院者六千人。

四、阵亡将士褒荣：对阵亡将士，于每次会战之重要地点，建立公墓，各省市县设立忠烈祠，以示褒荣。现已有忠烈祠五百余所，将来应各县普遍设置，并准备于今年七七开追悼大会。

五、遗族抚恤扶助：查应收抚恤者一四六万人，恤金已发出者仅四零万人，一俟沦陷区交通恢复，当即普遍办理，务使每一遗族能得到国家之优恤，并扶助其还乡与援助其子女免费就学。凡遗族谋职业者，国营工厂，须尽先收容。

上述勋奖与抚恤，均系三十四年由各主管机关策订计划，开始工作。三十五年内，继续进行之。

今年复员工作，除继续去年度未完之工作外，而其最中心主要者，则为部队之复员，现有官兵之生活，复员官兵之生计，海军与要塞之整理四项，分述如次：

第一　部队复员计划纲要

一　部队复员之目的

抗战既经结束，本年已正式进入复员阶段，此后我国常备兵力之保持，自应依据国防需要，并衡量国家财力物力，使可能缩减至最小限度，此为今年部队复员计划之主旨。

二　部队复员计划大要

本年部队复员计划之构成，乃以本部原定之复员计划及最近南京复员会议之决议案为基础，再参酌各部队实际情形，规定程序，并加强后勤，充实力量，而作成之，至其内容要点说明如左：

一，全部复员时间，定为十八个月，分为两期，第一期十二个月，第二期六个月。

二，第一期将国军步兵八九个军，二四二个师，复员到三十个军，九十个师，五十一个兵工建设总队，及若干军官队。将骑兵二个军、一三个师复员至十个旅。国军在此期中之复员，分两阶段实施：

第一阶段：自三月十六日起，集团军总部复员为军部，军复员为师，各师裁减一团，编成为二团制之旅，预定五月底以前完成。

第二阶段：所有军、师，均照正规编制统一编成，共编为九十个师。骑兵军于第一阶段复员为师，骑兵师裁减一个团编成为旅。至第二阶段，再按规定编制，复员至一十个旅。

三，第二期国军由九十师复员为五十师，四十个兵工建设总队，若干军官队，骑兵整编为六个旅。

四，青年军之复员工作，决定于五月底办理完毕，所留官兵，一律改为训练预备军官之用，其三个军、八个师之番号暂仍保留。现三师制军两个可抽出一个师，暂行编成两个师制之三军。

五，游击部队及自新军，授权陆军总部及各行营、绥署，尽量编缩，其官兵除志愿遣散者外，余准编为建设总队，集团转业。

六，地方保安团队，亦需复员三分之一，如力量不敷维持治安时，可抽拨国军改充。此复员后三分之一经费，可改为提高保留官兵待遇之用。

第二　官兵之生活

一　调整待遇

去年官兵薪饷，虽几度改善提高，因物价继续高涨，生活仍感困苦，本年物价更为增高，困苦状况，达于极点。本年正月，国府令饬改善公务人员待遇，二月份起复拟再予增加，而军事机关部队方面，亦正参照一般标准，本文武待遇一致之原则，将官兵待遇作适当之改订。

二　补给实物

实施实物补给,目的在维持官兵营养一定标准,发给定量现品。本部下最大决心,经最大努力,期其实现。惟因各地情形不一,物价波动太速,终未能收到圆满结果,加以本年收复区军粮明令免征,粮价高涨,交通梗阻,人粮马秣筹办至感棘手,在物资不丰之地,困难尤甚,现正商有关机关设法解决中。

第三　复员官兵之生计

因复员而将扩充至最高限度之战时兵额,缩减至最低限度之平时定员,大批职业官兵,均需退伍,其生计之筹划实施,乃国家整个行政之责任,非纯属军政之范围,故于行政院之下设置"复员官兵生计计划委员会",由行政院兼任主任委员,内政、军政两部部长兼任副主任委员,有关各部次长一人兼任委员,以统筹复员官兵之生计。现对一部份复员人员已拟有安置办法,其概要如次:

一　国军复员人数

国军第一期复员,连同现在各军官队收训之人数,计先后有军官佐属约十八万人,复员士兵约一二五万人,第二期再度复员为五〇个师,计有复员军官佐属约五万人,士兵约六十万人。

二　复员官兵之安置计划

复员官兵之安置计划,与部队复员之步骤一致,亦分为两期办理:第一期约十八万人之复员军官佐属,除择优深造及资遣退役者各一万人外,尚余约十五万人,即施以专业训练,实行个别转业,分配于行政、警察、交通、工厂、垦牧、教育等项。至一二五万人之复员士兵,除择优深造及资遣退役者约二五万人外,尚余百万人,即行集团转业,分配于修筑铁路、公路、水利工程,及垦殖畜牧等项,所有名额人数分配,均经各主管部会再三会同审议,确能按照计划实施。至于各种详细办法,本月内可以全部完成。第二期复员军官佐属与士兵之转业计划,另订之。

第四 海军与要塞之整理

一 海军整理方针

在廓清旧习,重新树立基础,本年计划办理之主要事项有四:

一,撤销海军总司令部与第一、二两舰队司令部,于军政部设海军处,以统一海军行政,确立海军学制,培养军官,训练士兵。

二,现有舰艇,计接收敌舰可用者十八艘,暂设一指挥部负责指挥,俟美、英两国各赠送我国兵舰八艘接受后,即以编成小型舰队,先求能自力保持为原则。同时注重养舰工作,凡不适用之船只,一概除役取消。

三,应设备之海军基地甚多,现在选择较为完全之基地,补充设备之。

四,海军造船工厂之整理,至为重要,现在江南造船厂业已开工,其他各处亦均在整理开工中。

二 要塞整理方针

在将旧有沿江沿海各要塞,先行勘测整理,择其重要者临时配备守护部队。以后视力量可能,逐次改筑加强。

〔国史馆档案〕

4. 军政部抄发青年军复员委员会组织规程代电

(1946年5月11日)

军政部代电 卅五年五月十一日
部务步二字 1236 号

粮秣司鉴:案奉行政院四月十九日节贰字第一二二三七号训令开:奉国民政府卯鱼府军孝代电开:兹抄发青年军退伍管理处陈兼处长等四员签呈暨附军委会青年军复员委员会组织规程各一

件，该兼处长所呈各节均准照办。除分电外，希就该签呈及所附组织规程内有关事项分别转饬所属遵行为盼；等因。除分令外，合行抄发原签呈暨组织规程，令仰遵照；等因。除分行外，希即知照。陈诚。卅五辰真。部务步贰教。附件如文。

抄 陈诚　彭位仁
　　蒋经国　邓文仪　　卅五年三月签呈

于军事委员会青年军退伍管理处

一、为使青年军退伍实施迅确起见，特设立军事委员会青年军复员委员会。

二、理由：

1. 在青年军未入营前，曾有征集委员会办理一切征集事宜，查该会系由各有关机关组合，故实施时业务颇为圆滑。

2. 退伍时人数众多遍及全国，虽有青年军退伍管理处专司其事，欲其完满完成任务，事实上恐不可能兼之，时间短促，交通困难，经济有限，仍非有各省（市）县及有关部门襄办，并统一其意见不可。

三、办法：

1. 中央设军事委员会青年军复员委员会、青年军退伍管理处代办，不另支借费，余如组织规程第一条。

2. 本办法如蒙邀准，恳饬由行政院、军事委员会转饬各省（市）政府及各部，并由中央党部、中央团部通饬各省（市）党部转饬所属一体遵行，以利事功。可否之处，敬乞示遵。

附呈组织规程一份

军事委员会青年军复员委员会组织规程

第一条　为使青年军退伍实施迅确与管理完善起见，特设下列各级机构：

甲、中央设军事委员会青年军复员委员会，以青年军退伍管理处代办之。

乙、各省（市）设青年军复员委员会。

丙、视其必要得设立县青年军复员委员会（以下简称各级委员会）。

第二条　各级委员会设主任委员一人，副主任委员二人，委员若干人。

甲、中央设军事委员会青年军复员委员会主任委员，由青年军退伍管理处处长兼任之。

乙、省（市）委员会主任委员，由省政府主席（市长）兼任之，副主任委员二人，由省（市）党部主任委员及三民主义青年团支团干事长兼任之。

丙、县委员会主任委员，由县长兼任之，副主任委员二人，由县党部书记长及三民主义青年团分团干事长兼任之。

第三条　各级委员会之职掌如左：

（一）办理青年军之就学、就业指导事宜。

（二）代办青年军复员时所需交通运输事宜。

（三）办理青年军过境时住宿及代办给养事宜。

（四）办理青年军复员时病患者之医疗转送事宜。

（五）酌办青年军复员时过境欢迎（送）与慰勉事宜。

第四条　各级委员会须于三十五年四月一日以前筹备成立，于复员完毕即行撤销，并将成立与撤销日期及办理情形报备。

第五条　各级委员会对青年军复员一切有关档案，移交军管区司令部、团管区司令部接收。

第六条　各委员会职员由各有关机关调兼，不另支薪。至于办公及宣慰招待所需用费，得由中央另拨发。

第七条　本规程呈请国民政府核准后颁布施行之。

〔联合勤务总司令部档案〕

5. 陆军复员士兵遣送会议决议案

(1946年7月)

陆军复员士兵遣送会议决定补充办法

一、复员士兵队除转业队已有规定外,关于还乡队部之组成。

决议：各队除队长外,另于总队部设少校（上尉）副官一员,大队部设上（中）尉副官一员,中队部设少（准）尉特务员一员,统由军官总队调用。在未遣送前,所有副官、特务员集中收容站,办理一切文书、经理及其他事务。所有各队经费、食粮、物品之领发及沿途与报到时应具备之一切手续册据,统由收容站为之全部办妥,出发后各副官、特务员随队办理主食领发及其他一切杂务。

二、各队（站）开办办公、差旅等费之支给。

决议：

1. 各队所需炊具尽量利用库存现品,如无现品则由各补给区（或总监部供应局）视事实需要,一面价购应用,一面报备,由各收容机关统一保管使用,不得随队带走,碗筷准由收容站购发一副,到达复员站时不得重购。

2. 每月办公费,总队部45000元,大队部15000元,中队部10000元,收容站与复员站各264239元。在未遣送前,各部办公费统交由收容站支用,出发后按程发由各队支用。

3. 每个士兵由原部队至复员站（转业工作地）发旅费补助费5000元,如部队已发不再发。倘部队未发,则由收容机关发给之。并应发之饷项付食费及行军补助费,均一次点发各该士兵,不得由队控存转发。

4. 各队官佐于领送士兵旅费,去程支驻留日费,回程照旅费给与规定,按日领支旅费,由出发地一次发足。

5. 各复员站经费及还乡士兵应领还乡旅费、退伍金等，在各省还乡人数未确定前，先预发各补给区概数（如附表），并令各补给区遵照各部队复员官兵退役（伍）金及旅费给与标准乙丙两项规定核实，拨由各复员站负责办理，并由补给区派员督导。

6. 还乡与转业士兵，自到达收容站起，至遣送还乡或转送到达转业工作地期间，所需各项费款，应由各补给区就原拨各整编部队复员经费项下自行照规定开支，如有不敷，一面挪垫，一面立即电部报请增拨。至原拨款支用情形，各补给区应随时列报呈核。

7. 整编部队复员士兵，得适用陆军各部队复员实施办法办理，至其他机关、学校、部队，应依国军复员官兵安置办法办理，不得援用复员实施办法。

三、复员士兵之迅速遣送转业。

决议：

1. 凡部队编余之士兵仍可服兵役者，应由各行营绥署主任或战区长官迳行拨补其他部队之缺额，不必经收容站收容后再转拨。

2. 凡某行营（绥署、战区）所属部队有缺额时，应由兵役署将缺额人数通知邻近之行营（绥署、战区），遇有编余可服役之士兵即迳行拨补，无须经由国防部核定再拨。

3. 凡须还乡之士兵，由收容站遵照规定表式，一面造报，一面遣送，不必先报部核定。

4. 转业工作地，由行政院复员计划委员会洽各部决定后通知各收容站，凡转业者遵照表一面造报一面转送，亦不必先报部核定。

5. 如收容站已收容之士兵仍可服役者，须将人数以最迅速之方法报联勤总部，以便迅商兵役局饬拨部队。

四、各部队干部之调派。

决议：呈请总长陈通电各军官总队规定，如收容机关需要复员士兵队领队官佐时，由联勤总部及各行营、各绥署、各长官部迳电各军官总队调派,并须切实遵限派到,不得藉故延误,另分电中训团知照。

五、还乡士兵遣送之方式。

决议:交通便利省份,直接送达各复员站,距离过远,交通不便者,则由中间补给区接转,详细办法如遣送实施计划表。

六、省籍极少数还乡士兵之遣送。

决议:每一省份有还乡士兵二十人以上者,编队遣送。不满二十人者,计算其里程时日,照旅费给与规则发给旅费,不发主副食费,饬其自行个别还乡。但第一、第二两期应俟第二期整编完毕后及第三期应于全期整编完毕后始行遣送。

七、复员士兵可以服役,不愿拨补部队之处理。

决议:尽量宣慰劝导。

八、复员士兵幼稚及老弱不堪服役者,且无家可归者之安置。

决议:暂时收容,俟行政院决定办法安置之。

九、复员士兵之慰劳。

决议:

1. 由新闻局发动举行军民欢迎(送)大会。

2. 由行政院、中央党部、中央团部通令所属尽量发动民众捐献,举行慰劳大会,并尽量予以还乡之便利。

3. 由各补给区(或总监部、供应局)购交收容站,发给每人肥皂、牙刷、牙粉、布鞋各一件,毛巾两块,袜子两双,在复员经费项下开支。

4. 由接收敌伪物资中酌拨一部慰劳。

十、复员士兵服装之配发。

决议:原规定复员士兵携带服装:(1)夏季为夏服一全份(单军服两套、衬衣两套、军帽一顶、绑腿一双)、军毯一床、鞋袜面巾各一;(2)冬季为冬服一全份、棉被一床(或军毯一床)、鞋袜面巾各一。以上品种如原属部队未发足者,由兵站机关补发,再向原单位扣回。现值暑天，如未发军毯者，购发草席一床，款在各补给区代管服装费内开支。

十一、复员士兵卫生设备。

决议：

1. 各复员队所需暑药，由军医署规定种类、数量，通饬各补给区（台湾供应局）发给成品，如无成品购发后检据报销。

2. 复员士兵在途中患病者，沿途军医院应凭退役证予以诊治，或收疗。至病愈后之处置，由军医署会同兵役局另拟办法办理。

十二、还乡士兵之输送。

决议：有水路、公路、铁道路线者，尽先利用舟车提前运送，即由运输署通令各交通机关，应尽量予便利列为最优先运输。

十三、各省复员站之设置。

决议：由兵役局承办，国防部通令克日组设成立。

十四、复员士兵转业工作地之确定。

决议：由行政院复员计划委员会，于五日内将决定地点通知本部，转饬各补给区照规定地点遣送。

十五、芜湖收容复员士兵之处理。

决议：请第五厅、中训团、兵役局、预算局、财务署，本部政治部、新闻局、军医署、副官处、运输署及本部参谋处各派一人，经理署派主管粮秣、被服各一人，同往芜湖督导办理，并将所有法规并芜湖试办之经验，加以修正汇订手册分发实施，并派员分区督导。

〔联合勤务总司令部档案〕

6. 联合勤务总司令部编印之第一期复员官兵集团转业计划概要表

（1946年8月10日）

第一期复员官兵集团转业计划概要表

转业部门		容纳人数	备考
修筑铁路	成都重庆线	五〇,〇〇〇	原定五一,〇〇〇人
	黔贵线 贵阳都匀线	三〇,〇〇〇	原定二八,〇〇〇人
	天水兰州线	六〇,〇〇〇	原定六〇,〇〇〇人
	天水广元线 汲叙线	四〇,〇〇〇	原定四四,〇〇〇人
	叙府沾益线	三〇,〇〇〇	原定二五,〇〇〇人
	小　计	二一〇,〇〇〇	
修筑公路	万全包头五原线	四〇,〇〇〇	
	开封汉口南昌线	三〇,〇〇〇	原定二六,〇〇〇人
	莲塘梧州海安线	二〇,〇〇〇	原定二三,〇〇〇人
	西安敦煌玉门和 阗婼羌线	四〇,〇〇〇	原定四二,〇〇〇人
	西宁都兰噶 尔穆线	八〇,〇〇〇	原定七九,〇〇〇人
	小　计	二一〇,〇〇〇	
水利工程	黄河花园口堵口及 下游复堤化除险工	七〇,〇〇〇	原定六七,四六〇人
	扬子江干流复堤	二〇,〇〇〇	原定一五,〇〇〇人
	汉江复堤	一〇,〇〇〇	原定五,四〇〇人
	赣江复堤	一〇,〇〇〇	原定一〇,九〇〇人
	淮河干支流复堤	一〇,〇〇〇	原定一四,四四〇人
	白河水系复堤	二〇,〇〇〇	原定二七,一〇〇人
	珠江三角洲复堤	一〇,〇〇〇	原定一〇,九〇〇人
	鲁苏运河复堤及沂 沭河与中山河复堤	一〇,〇〇〇	原定八,六四〇人

	小　　　　计	一六〇，〇〇〇	
垦殖畜牧	绥　远　区	一五〇，〇〇〇	原估计二〇，〇〇〇人，据傅主席谈可容二〇〇，〇〇〇人
	宁　夏　区	五〇，〇〇〇	原估计二〇，〇〇〇人
	甘肃河西区	五〇，〇〇〇	原估计二〇，〇〇〇人
	苏北高宝湖区	二〇，〇〇〇	原估计一〇，〇〇〇人
	苏北滨海区	五〇，〇〇〇	原估计三〇，〇〇〇人
	闽滨海区	二〇，〇〇〇	据闽主席电，福鼎、福清、长乐、南安、漳浦等五区共一八〇万亩，二年后可容十万人。
	川大凉山区	三〇，〇〇〇	大凉山区系吕参军长筑议以乐山、宜宾、西昌着手。
	湘滨湖区	二〇，〇〇〇	
	小　　　　计	四〇〇，〇〇〇	
冶矿	矿工总队	二〇，〇〇〇	
	小　　　　计	二〇，〇〇〇	
	总　　　　计	一，〇〇〇，〇〇〇	
附记	一、本期所列转业项目以建筑生产为主。 二、本表所修筑铁路、公路及水利工程三部门人数及修筑路线，均经拟具详细计划，呈准核定。其垦殖、畜牧部门所定区域，系根据各方调查拟定。至于矿工队之地区，应由经济部另定。		

〔联合勤务总司令部档案〕

7. 国防部整军建军专题报告

(1946年12月)①

〔前略〕

第三节 今后国军之建设

军队为国防武力，欲巩固国防，及维持世界永久和平，非有现代化且具强大力量之国防军不可，默察世界各国于此次世界大战结束后，仍致力于重整军备者，职是故也。况值兹国际风云变化莫测之际，军备尤不可忽。试再检讨我国军力，无论编制、装备、训练，无一足与列强比拟，若不急谋建军，迎头赶上，则国防前途，殊为危险。

一、建军方针　建军重要已如上述。目前所应急切考虑之问题，厥为建军方针。兹略述如左：

1. 高度发挥国军一元化之效能　战争形态降至今日，已由平面而趋于立体，在平面之战斗中，单一军种尚勉可独立达成任务，但在立体作战中，则非海陆空三军种切实合作不为功。故今后建设新军，应特别努力于破除陆海空三军种间之意见，尤应练成陆海空全能军官，使能明了各别性能，以及战斗方式，俾可形成一体，藉收统一指挥运用之效。

2. 采精兵与多兵主义　精兵能战，多兵养战，此两种要求，在近代作战中，俱属需要，亦为今后建军所应迫切注意者。然精兵在于练，非一旦之功；多兵在于人，随时可得，若仅求多而不精，尚为易事，倘使二者得兼，实属难能，盖于平时保持庞大之战时兵员，所需军费耗大，为国家财力所不许。故为今之计，只有于平时保留最小限度之常备兵额，并储备员兵，一至战时，则

---

① 时间系根据文件内容推定。

尽可能动员，期于最短期内得足够兵力。

3. 科学与技术并重　近代战争，系科学比赛，昌明者胜，落后者败。我国科学幼稚，军备不良，若不使其急速现代化，仍期望如此次之幸胜，不啻缘木而求鱼。故今后军队之建设，在装备方面，须使其科学化；编制方面，须使其现代化；训练方面，须提高其技术。换言之，即科学与技术并重。

4. 促进兵工军需工业　我国军备，因受工业落后影响，向来仰给外邦，不特种类繁多，补给困难，而且武器陈旧，不合时代要求，尤在军情紧张之时，补充更成问题，故今后如欲建设现代化之国防军，则发展自给自造之兵工业，实为先决条件。

二、改组中央军事机构　中央军事机构，为军事指挥之总枢纽，首脑健全，方能如臂之使指，指挥灵活，运用自如。过去各军事机关，虽有军事委员会总其成，然仍嫌空洞涣散，不能统一事权。为使陆海空军一元化，及决策计划执行分层负责起见，将原军委会撤销，改组为国防部，其直属之六厅、八局、三处，于七月底编组完成，各总司令部于九月底编组完成，中央军事机构，乃焕然一新。

三、陆军之整建

1. 国军复员与官兵安置

子、国军复员　抗战胜利，即应复员。国军平时兵力，自当配合国防需要，衡量国家财力，保持必要之限度。经根据统编国军及共军为国军之基本方案决定，平时兵力，保持国防军二十个军、六十个师。拟分三期实施，每期六个月。第一期先将全国陆军缩编为三十六个军、一〇八个师（内共军六个军、十八个师）；第二期再统编为六十个国防师，组成二十个军，至特种兵部队，则保留全国陆军总额百分之十五；第三期缩编为国防军二十个军，六十个师。

本（三十五）年陆军整编实施方案，其办法分两步骤实施如左：

甲、第一步骤　就现有之国军，使先裁减三分之一，将军编为师，每师减一个团，缩改为旅，即三师九团之军缩编为三旅六团之师，原二师六团之军缩编为二旅四团之师，各独立师一律缩改为二团制之独立旅，业经分期实施，已完成过半，仅余东北、华北及新疆部队，因任务关系，暂缓整编。

乙、第二步骤　按照统编方案，每师一万四千人之规定编制，整编为九十个师（共军十八个师在外），刻已编订三十五年陆军师编制，现驻台湾之七十军并已照此项新编制先行整编，其余当待第一步骤之各部队整编完毕后，方可开始。

丑、复员官兵之安置　以上分期复员所编余之官兵，第一步军官先送军官总队收训，士兵退伍或转业；第二步继续上年度计划实施，其具体办法如次：

甲、集团转业　预定约一百万人，分配于交通、水利、垦殖、工厂、地方服务队及各种交通警察，现正由中训团及省训团分别办理中。

乙、各别转业　预定约二十万人，予以转业训练，分配于行政、交通、教育、警察及其他各种国营事业，亦正由中训团、省训团办理。

丙、资遣退伍　预定五十万人，凡年老身弱自愿还乡者，均照规定资遣之。

寅、伪军及非正规部队之处理　伪军官佐除奉派策反外，其余按情节轻重，予以国法裁判，永不录用，士兵悉予遣散。至非正规部队，则择其优良者，逐次编并于军、师内，或改为地方武力，不良者均予遣散。

卯、保安团队之整理　保安团队为地方武力，照基本方案规定，各省可维持一与人口比例相当之保安部队，但其数额不得超过一万五千人，今后当本此原则实施。

2. 军事制度之改进

子、改进学制　a. 改进养成教育,提高军官学校教育水准。b. 改进兵业科专门学校教育,变革召训补习之旨,而为深造教育。c. 建立陆海空各种军事学校,培植各兵种之指挥官与幕僚。d. 建立国防大学,培植一元化之国防人才,并培养全能军事人才,以应未来战争之需要。

丑、建立预备军官制度　为减少职业军官数量,且使战时能得大量预备军官,应确立预备军官制度。现已拟定将青年军六个师,于明年七月开始专任高中以上毕业训练入伍及预备军官之养成教育,以完成其预备军官之资格,并设预备干部管训处主持办理之。过去自民国十八年起所举办之学校军训实施以来,成绩虽属可观,惜训练时间不足,人才与物资俱感缺乏,尤以有关法令迄今未完全建立,致成果未如所期。现经拟定具体方案,以集中训练代替在校训练,并经规定暂就青年军各师实施,本年五月底完成退伍,退伍后各师原有基底,即作为办理预备干部教育之用。

寅、改进兵役制度,实施征兵　抗战期间之兵役,因政治不配合,人事不健全,故实施容有弊端。今后应本过去经验教训,即结束旧有师区,重新调整,截至本年八月底,计成立师区三十九个,团区九十四个。

卯、加强补给制度　原有补给区制度,虽经树立,而组织与人事尚欠健全,且以交通运输等种种关系,未能达到预期目的,此后拟再加调整,并加强其组织与设备,以期达到完满之期望。

四、空军之整建

1. 战前空军之建设　自北伐完成后,决心创建新空军,设立中央航空学校于笕桥,聘用美国教官团,采用美国陆军航空队之训练方式及设备,甄选训练飞行员生,并将原有飞行人员甄别复训,以求质之改善。二十二年间以军政部之航空署改隶军事委员会。二十三年五月航空署改组为航空委员会,逐年归并东北、湘、闽、黔、粤、桂、川、滇、晋各省航空队,全国空军军权遂趋统一。

2. 抗战期间空军之整理　抗战开始后,空军训练已有一贯之方针,虽实力未充,而参与抗战能不顾牺牲,常以寡敌众,世所周知。在整军过程中,各项训练机构逐渐树立,复于战时利用美国租借法案选送大批空中、地勤员生赴美受美空军技术水准训练,回国服务,成绩卓著。而补给分配、保管修理、制造研究等机构,逐年俱有增设,惟我国一般工业落后,未能大量生产。抗战初期,赖现款或分期付款购买之少数外国飞机,继由苏联以货易货,供给若干架,及太平洋战争发生后,得有美国租借法案之协助。战事告终,虽已接收日本若干飞机,而机种复杂,不克如意利用,故航空工业之建立,实不容缓。

3. 今后空军之建设　空军建设计划,以美国军部可允协助之限度为目标,成立必要作战部队,加强维护及空运能力为首要。空军成立历史虽浅,幸能统一指挥,采精兵主义,重质不重量,故训练装备战斗及运输能力,近已有显著之进步。而人事方面,亦能悉循法规,步入正轨。此后本以上建军计划配以自给自足之工业生产能力,自可荷负国防上责任也。

五、海军之建设

1. 海军政策

子、针对现实环境力求自卫。

丑、维护海权发展航业。

寅、保护侨民扶持渔业。

卯、绥靖河道确保治安。

2. 战前及抗战过程中舰艇状况及战后之整备　战前,我大小舰艇共五十七艘,约四万五千吨;抗战开始,海军作战方针系船只担任长江封锁工作,并布雷袭击敌舰,曾予敌人重大损失;至抗战末期,海军舰艇仅十余艘,惟经盟邦先后租让,计英国四艘、美国九艘、法国一艘。及战后接收日伪者，总计现有一千四百余艘，约六万吨，其中百吨以上者，计一百零五艘，余均为百吨以下之小艇，除少数损坏者，正加修理，不适用者予以改装外，其余可编队者，现已分别编组担任勤务。

3. 海军官兵之训练

子、设海军军官学校统一全国海军教育。

丑、设立军官补训班及研究班，使海军军官于服务期间可得深造之机会。

寅、设海军技术研究所，专门研究各种武器器械、仪器装备等，以求其改进。

卯、设立练兵营，分布各地训练征集入伍之海军兵卒。

辰、设军士专科学校，为士兵进修之机构。

4. 海事之管理 举凡海道测量、气象报告、港湾建筑、海难之救护与航路之安全等，均属刻不容缓，现正先从海岸巡防，及海道测量二事着手。

六、军需生产 国防工业落后，军需生产因之无从发展，今后树立国防必先发展重工业。建立国防军，首应充裕军需生产。抗战军兴，除兵工厂、被服厂，大部迁入内地，其余海军造船厂、飞机制造厂均遭毁坏。今后为建立强有力之国军，对军需生产之整理要领如左：

1. 整理现有基业，建设新的设备，适应国军需要，以达军需自足之目的。

2. 急应举办之事业为兵工厂、化学厂，调整与发展飞机制造、造船业及被服皮革、粮秣装具等厂之设置。

3. 大量借用外籍人才，利用各国剩余机器，并向战败国索取赔偿，以便发展。

4. 成立各种研究所，与国内各研究机关切取连系，及指导与辅助民间事业，向日索取各种军事研究设备，充实研究机构。

5. 派遣学生到国外留学，聘请外籍专家在内地训练，使能达到完全自主自造之目的。

〔国防部档案〕

8. 行政院军队复员整编工作报告①

（1947年2月）

〔前略〕

叁 国防

一、复员

在抗战末期，国军原有八十九个军，二四二个师，自进行复员以后，曾依据军事三人小组决议，实行整军基本方案之结果，办理军官佐士兵之复员，计先后编余官佐凡廿一万余人，分别设队收容，再行办理转业、退役、退职等手续，编余之士兵除一部资遣外，多分设筑路、治河、垦殖等建设队，俾参加生产。兹将复员军官佐之安置情形，分述以后：

（一）复员军官佐之安置

抗战期中，因事实上之需要，部队扩编数目庞大，胜利后自无继续保持此庞大兵力之必要，且政府财力亦难负荷，唯我国军官皆属职业军人，平时原无其他职业，一旦复员即告失业，亟应妥为安置，俾能继续为国效力。

复员军官佐，离部队职务后，整个之收容由中训团设军官总队收训之，截止本年一月止，共收训军官佐廿一万余人，成立军官总队三十个，直属军官大队六个，除择优深造外，其余分别办理转业退役（职）等手续。对转业者施以转业训练，分别转入警

---

① 本件系1947年2月在国民党六届三中全会上行政院工作报告之第三部分。

官警员，交通管理，国民教育，劳动服务，农林垦牧，行政及新闻等部门。为加速复员计，复令各省省训团，分别担任复员军官一至二千人之训练，计有十个省已分别交接。现以各军官总队队员转拨离队退役者日多，已饬于本年元月十五日，编并十四个总队、两个直属大队，全部裁撤日期，预定三月底完成。

复员之将官，共二，二一七人，已予安置使之转业，留用退役者，共六三四人，尚有一，五八三人，亦将分别予以深造、储备、转业、退役等之安置。

（二）退除役及退职之实施

为增进国防军实力及储备备役人才，并配合复员整军，实施退除役及退职，预定退除役及退职人员，十四万七千余人，分由各机关结束办事处，中央训练团各军官总队，负责核报。

办理退除役及退职，经呈国府备案，并于国府公报发表者，共二万七千五百余人，现正办理中者，有四万四千余人，其余七万五千余人，预定于三月份办理完竣。

退除役、退职之军官佐属于核对时，按其服行军职之年资，用累进式发给一次退役金，或退职金，依回乡途程远近发给还乡旅费。至尚未除役者，于退役后在未除役前，即按年发给退役年俸，计现已退役（职）金共为九百亿余元。

（三）抚恤

自抚恤委员会改组为联勤总部抚恤处，各省抚恤区即行撤销，所有海陆空军伤亡官兵之抚恤业务，统由该处办理，以一事权。并经简化请恤领恤手续改善办法，抚恤业务逐渐展开，计已核发恤令四万三千八百八十二张，恤金七十一亿五千余万元。并调整恤金，除原有之各种恤金外，增列抗战阵亡"一次特恤金"、"胜利恤金"及绥靖作战阵亡官长"特给恤金"，以示政府激励忠贞之至意。现并参照现役军人待遇，将本年度之"一次恤金"与"年恤金"再加调整。

二　整军

整军方针，系依据政协决议，及军事三人小组所议定之整军基本方案办理，其原则第一步整编国军为一〇八师，第二步再整编为六十个师，对部队之整编，年来因共军之猖乱破坏致未能全部完成。对于军事机关已先后调整，缩减人员，成立国防部。现仍详加研讨，拟继续缩减。对各军事学校，除第九分校外，其余皆已撤裁。兹将部队整编情形分述如左：

（一）陆军军师之整编

军师整编，根据整编国军及统编共军编为国军之基本方案，预定先将全国八十九个军，二百四十二个师，缩编为三十六个军一百零八个师（内共军六个军十八个师），但共军迄未照方案实行，且随在扩编。政府为示以诚信，仍按照预定进度分三期实施，计第一期，将廿七个军六十七个师，整编为廿七个师六十七个旅，于去年四月底全部完成；第二期将廿八个军七十六个师整编为廿八个师七十八个旅，于七月底完成；第三期应自八月开始，惟因共军到处骚扰攻击国军，使第一线部队不能继续整编，故第三期之整编不得不因之而停顿，俟稍安定，再按原计划进行。但未整编之军师，其番号已一律先改称师旅。综计自三十五年春迄现时止，共有五十七个军整编成师，一四五个师整编成旅，裁撤五个军十四个师，未整编部队尚有二十七个师七十四个旅。

（二）特种兵部队之整编

（甲）骑兵部队。原有二军十三师一旅二团，经整编者计八旅一团，未整编者尚有一军三师一旅一团，裁撤一军二师一团。

（乙）炮兵部队。原有十八团，经整编为十二团，裁撤六团。

（丙）工兵部队。原有二十四团，经整编为十八团，裁撤六团。

（丁）通讯部队。原有八个团十一个独立营，经整编为八个团九个独立营，裁撤两个独立营。

（戊）装甲兵部队。原有四个战车团，经整编为三个团，裁撤一个团。

（三）青年军之整编

青年军原有三个军九个师，于三十五年八月将三个军部裁撤，并将九个师按三十五年师编制，整编为六个师，裁撤三个师。

（四）挺进部队之整编

抗战结束后，原有挺进部队七十余万人，除原系地方武力，分别归还地方编为保安团队外，大部拨补国军或改编为补充团，计补充兵总队一，补充兵团二十二，约官兵六万余人，去年底先后拨补撤销五个补充团，本年元月撤销二个补充团，目前补充兵总队，已改编为独立保安骑兵总队，再视情况编为各省保安部队，其余各团已限于二月底一律拨补撤销。

（五）自新部队之整编

日寇投降后，各地自新伪军，综计五十余单位，六十万余人，经逐次拨补遣散分期编并，共有纵队四，独立总队二，官兵十余万人。东北自新军先后收编十二万余人，一律改编为东北各省保安团，多余者拨补国军缺额。

各自新部队年来战绩尚优，已按照国军给与同等待遇。

（六）保安部队之整编

各省保安团之数量，系按人口比例，每省不超过一万五千人之原则，并参照各省交通治安情形，而配合国军之整编，现已整编完成者计有苏、浙、粤、桂、闽、皖、赣、豫、川、康、滇、黔、青海等十三个省。

三　军事行政设施

军事行政设施首赖有良好之行政系统，以完备指挥机构，就本国情形言，抗战结束以后，为逐行复员整军建国，其行政设施之着眼，为如何基于第二次世界大战之经验，以设立能适应平战时适用之机构，并基于国内环境之需要，使政务能配合绥靖之特殊情形，为兼筹之进行。兹将军事机构与绥靖政务各点分述如左：

（一）机构改组

中央军事机构为军事指挥之总枢纽，须首脑健全，始能指挥灵活，运用自如。我过去各军事机构，以军事委员会总其成，完成抗战大业，然近于战时组织，且其机构亦嫌繁杂，不能统一事权，为采用此次世界战役国防军事机构组织之趋势，及友邦军事制度之优点，以使陆海空军一元化，及决策计划执行分层负责与符合于以军属政，适应民主潮流等主要原则起见，爰经决定将军委员会撤销，改组为国防部隶属本院。部内组织有六厅、八局、三处（去年七月底即经编组完成），又有陆军、海军、空军及联合勤务四个总司令部，于九月底编组完成，以及部本部之十个司（十月间编组完成）次第成立。

此种组织，草创伊始，尚须从业务推行之实际经验检讨改进，方能树立永久规模，故于设立之初，即经拟定以六个月为试办期间，目下已经期满，为检讨得失，从事改善计划，已成立综合检讨委员会，从事职掌编制之检讨，并预拟再裁减人员百分之二十，以使该部机构愈益臻完密，工作效率愈益增高。

（二）绥靖政务

为使绥靖区之行政与军事进展相配合，及绥靖区民众生活迅速恢复常态，特组绥靖政务委员会主持其事，并就军事进展形势，划分若干绥靖区域，分别进行，目下全国暂划分十二个区。

绥靖政务之主要工作，系按照绥靖区施政纲领实施，如清查户口，整理保甲，组训民众，对土地问题之处理，以推行民生主义之土地政策为原则。他如粮食之调剂，财政金融之处理，文化与教育之发展，亦经规划办理，并组设人民服务总队，现已成立二总队，分驻徐州、郑州，以协助办理绥靖工作。为考察绥靖区行政工作之情形，现成立绥靖区督导团，计分二组，第一组以徐州为中心，督导苏北、皖东、鲁西南、鲁东、豫东、豫北、冀南等七地区，第二组以北平为中心，督导冀北、冀东、热河、察哈尔、绥远、晋北、晋南等七地区，均于二月初先后出发，全部巡回督察，预定二个月完成。

〔国民党中央执行委员会秘书处档案〕

9. 行政院军队整编报告

(1947年12月)①

国军整编

一、概括叙述

国军之编组比例，陆军占80%，联勤部队占15%，海空军所占比例数则甚小。本（卅六）年度之初，国军总额原有〈502〉万〈4,745〉人，因鉴于军额过多非予裁减，则国家财政实无法负担，特饬国防部厘订裁编计划，分期缩减，第一期至三月底止减为〈400〉万人，第二期至六月底止减为〈350〉万人，第三期至年底止再减为〈300〉万人。此次缩编计划亦即本（卅六）年施政方针之一。旋以共匪全面叛乱，政府为迅速达成戡乱建国之任务，乃下总动员令，因此需要兵力逐次增加，原订裁军计划仅一小部实行。截至本（卅六）年底，国军总额尚保留〈486〉万〈2,690〉人（内计陆军〈356〉万〈0,546〉人，联勤〈60〉万人，海军〈37,000〉人，空军〈16〉万人，其余中央级兵役等军事机构、学校等〈50〉万〈5,144〉人，较年初减少〈16〉万〈2,055〉人。

二、重要措施

（甲）指挥机构之调整

国防部成立后，其组织即完全采用新制，而新制之优点在于责职划分清楚，故能分层负责分工合作。为求贯澈此种精神，树立新制度，则各级指挥机构自应加以调整，乃先就高级司令部着

---

① 时间系根据文件内容推定。

手，因将行辕、绥署之组织规程及编制加以修订，自卅六年一月一日起实施。

抗战军事结束后，原有战区名义不应存在，二月间乃将仅存之一、二、十一、十二等四个战区，分别改为西安、太原、保定及张垣绥署。三月间因剿匪需要，将徐、郑两绥署分别改为陆军总部徐州司令部及郑州指挥部。并为防匪流窜及便于围剿，又先后组成一、二、三、四、五等兵团。嗣以简化黄河以南指挥层次，复将4AG、7AG、42AG番号撤销，并改为20AG为整21A。

嗣后根据剿匪经验，鉴于东北军政指挥权责不清，华北军事指挥支离，殊影响于军事之进展，乃先后撤销东北保安司令长官部，加强东北行辕之组织，并将原在该区之部队，编成六、七、八、九兵团及撤销保定、张垣两绥署，而另组华北剿匪总部，在黄河以南为进剿大别山区之匪，特成立九江指挥部。

是年冬，为求切实肃清散匪，绥靖地区，使军政之指挥权一元化，乃于华中部分（苏、鲁、豫、皖、鄂）增划十一个绥靖区，并分别编组成立。

（乙）陆军军师之整编

国军整编，原定军整编为师，师编为旅（减少一团），编制不变，截至本年底止，计已整编之师七十五个，未整编之军廿六个，已整编之旅一五八个，未整编之师七七个。复据各部队报以旅辖两团运用不便，经国防部拟定卅六年陆军师编制（辖二旅六团），其原则为减少旅直属部队，增强各步兵团之战力，以期逐步实施缩减员额划一编制，计先后将已整编之师，按此编制调整者共二十个师，其余因受共匪阻扰无法实施改编。惟本院根据建国建军之既定方针，仍于万难之中，力谋缩减军额，另为增强后备力量，俾得及时充实前方战力于各部队，改用卅六年编制之同时，并将原辖三旅六团之师亦改为二旅六团制，以其空出之一个旅部番号及其干部抽调后方接兵整训，计先后共抽出廿一个旅番号，现分驻各要点整训中，约于卅七年三月底可以完成。

（丙）陆军特种兵之调整

因马匹来源缺乏，重装备生产有限，故对于特种兵只能就现有者加以充实。骑兵方面，除将东北之骑兵支队，编并为两个新编骑兵旅及两个骑兵团，并另建立六个骑兵团外，余无变更。炮兵则维持现状。装甲兵亦仅增设六个独立装甲汽车营而已。

  丁、建立海军（见附件一两册）〔缺〕

  戊、扩充空军（见附件二三四各两册）〔缺〕

  己、继续征兵（见附件五两份）〔缺〕

    三、厉行动员戡乱（见附件六七各两册）〔缺〕

    四、实施联省剿匪（见附件八两份）〔缺〕

    五、加强地方自卫（见附件九两份）〔缺〕

〔国防部档案〕

（三）军事报告

1. 国民政府军事行政总报告①

（1946年11月）

国民政府政绩总报告

〔前略〕

第六编　军事

（1）军事机构之改组

一、改组经过

基于此次大战之经验与教训，为期陆海空军之统一指挥，及决策计划执行分层负责，与应民主潮流还军于政起见，乃将原有之军委会撤销，改组为国防部。事先组织改组委员会主持改组，并限五月十五日以前完成初步改组事宜，其间经七次改组会议，三次编制审查会议，缜密研讨，采取各方意见，使业务性质相同者，即行归并，期新机构之编组迅速完成，而趋于合理。

二、国防部之组织及成立概要

军事机构之改组，经改组委员会积极努力，厘定系统编制，于国防部设参谋总长，经由部长秉承政府之命，处理军政事项，对军令事项则直承主席之命办理。其下设六厅，第一厅主管人事及行政，第二厅主管情报，第三厅主管计划及作战，第四厅主管补给，第五厅主管编制及训练，第六厅主管研究及发展。并以新闻、史料、兵役、民事、保安、预算、监察、测量等八局主管各该业

---

① 节选自国民政府政绩总报告第六编军事。各部分标题系编者所拟。

务，更直辖副官处主管校尉人事，直辖军法处主管全国军法行政及军事检察裁判等。国防部于六月一日正式成立，其六厅八局二处于七月底编组完成，陆海空军联勤四总司令部于九月底编组完成，中央军事机构，至是遂焕然一新。

(2) 受降及接收

三十四年夏，我甫发动进攻，而敌已投降，我除派特使参加东京湾之盟国受降外，一面办理中国战区受降事宜，中国战区受降区域盟军规定为"在中华民国（东三省除外）台湾与越南北纬十六度以北地区内之日本全部陆海空军与辅助部队应向蒋委员长投降"，当指定中国战区陆军总司令为受降官，于九月九日在我首都南京接受敌将冈村宁次之投降，其他区分十六个受降区，分别派员受降，迄十月底，大部受降缴械完毕，其一部因交通关系，至本（三十五）年一月底，亦一律缴械完了，并会同美方逐次遣送日俘返国完毕。

(3) 国防史军事史及战史史料之搜编

国防部成立后，对于史料科学益为重视，凡中外古今国防史、军事史、战争史等均在研究编审之列，计分过去、现在、国外三方面进行，概要如下：

子、过去史料，以科学方法整理中国固有典籍，编纂历代国防史、军事史，及战史史料，以供一切设施之参考，除由史料局本身办理外，并计划委托全国学术专家分途办理中。

丑、现在史料，一面对抗日战史加强搜集审慎编纂，克期完成，一面对现时各部队史料，正规定编报办法，由史料行政系统分途办理中。

寅、国外史料，搜集并编译各国过去及现在之国防军事史料及战史史料，以便建国建军之参考，除日俄战史，已由战史编纂委员会译完，德法文版，第一次世界大战史已译一部份外，第二次世界大战之史料，亦在积极翻译中。

此外，一面根据国父遗著，拟编纂国父国防思想，一面自中国古籍中搜集凡可供探讨我国国防思想、战术思想等之宝贵资料，加之研究编为专著，用供参考，同时凡各国现代所出之汇书、丛书、公私专著以及报章、杂志等有关国防军事学术者，亦均择要搜集编译，以便介绍传播于全国各阶层，而期国防文化之普及。

(4) 国军整编

迨抗战胜利结束，本（三十五）年开始复员，国军兵力之保持，自应依据国防原则，衡量国家经济力量，尽最大可能缩减成为最小限度之精锐部队。策定国军整编纲要，期于本年内，缩小为九十个师。嗣以政府召集政治协商会议，以政治民主化，军队国家化为目标，经由军事三人小组订定，关于军队整编及统编中共部队为国军之基本方案。预定一年内，将全国陆军缩编为一百零八个师。正办理间，虽中共不顾所签订之协定，非但不实行整军，反而大肆扩军，而政府为示以诚信，仍坚决执行整军政策，从本年三月间开始，第一期先整编陇海沿线国军，计二十七个军，六十七个师整编为二十七个师，六十七个旅，至四月底全部整编完竣。第二期整编长江以南部队，三十个军，八十四个师，已整编完成者有二十五个师，七十个旅，尚未完成者有五个军，十三个师，另暂二十四师现已下令裁撤。本期现裁减七十个团，编余官佐二，五三〇员，士兵一八一，二一六名（本期内驻台湾之六十二军、七十军亦已整编完毕未计入，详细情形参阅附表）。第三期因中共威胁日甚，暂停整编。至目前计全国共保留：子、步兵三十七个军（内有六个军，系由集团军缩改而成者），一五〇个师（内包含整编师五十四个师，三个独立旅）。丑、骑兵一〇个旅，三个独立团（原有二个骑兵军、十三个骑兵师）。寅、炮兵十二个团

（41AR 现正下令撤销中，未计入），现保留之十二个团，为美榴五个团，德榴一个团，野炮二个团，重迫炮、战防炮各一个团。卯、工兵一八个团。辰、辎汽兵二四个团，十一个营。巳、通信兵八个团，十一个营。午、战车兵三个团。未、铁道兵三个团（正编组中者二个团）。

（5）兵役

一、兵役机构

抗战胜利，紧缩战时机构，于三十四年十二月一日，乃将兵役部缩编为兵役署，归还军政部建制。三十五年六月一日，军事委员会及所属各部、会、厅、处、局、室改组成立国防部，兵役署复随同改组为兵役局，隶属国防部。

二、管区概况

至三十四年底止，计全国共有军管区十六个，师管区八十九个，独立团管区二个。三十五年一月绥远省国民兵编训处改为绥远师管区。同年四月令旧有师团管区一律于五月底结束，九月重新成立师区三十七个，团区一〇三个，并预定年底前再成师区十六个，团区六〇个，尚有师区七个、团区三十六个，俟情况增设之。

三、兵役征补

三十四年八月抗战胜利结束，九月国府明令停止征兵一年，在停征期间，各部队兵员缺额，系以整编部队及伪杂部队士兵拨补，计自三十五年一月起至四月底止，共计补充二十九万一千四百七十八名。

三十四年八月因抗战胜利，各师管区补充团营，遂明令裁撤六十个团另二十个营，除裁撤外，计保留八十二个团底另四个营底。三十五年二月，并令将保留之团营底，随同旧师管区结束。其现有士兵，经指拨就近部队，连月由整编部队及游杂部队拨补各部队补充者，共计二九一四七八名。

四、国民军事教育

有关军事教育，应扩大其业务范围，遂将其国民兵教育处，改称为国民军事教育处，至三十四年八月，对日战争胜利以后，为期事权专一，于三十五年三、四月间，复将国民兵教育业务，划归军政部兵役署国民兵司接办。旋于八月间还都，改归国防部兵役局第三处办理。

（6）陆军官兵待遇之调整

复于三十四年三月及八月调整二次，三十五年三月及七月调整二次，七月一次即为现行饷章，官佐准尉六万元，少尉八万元，中尉加九万元，上尉至中将每级加二万元，上将二十五万元，士兵自二等兵六千元起至上等兵每级各加二千元，下士一万五千元，中士一万八千元，上士二万四千元。计自三十年以后，官兵待遇，虽迭有提高，然不及物价之激增远甚，政府一方面顾虑人民负担，一方面亦须维持官兵之生活，我官兵抗战八年，历尽艰辛，幸能达成任务，实为高度之爱国热情所致，目前物价又增，官兵待遇愈形微薄，正在合理调整中。

（7）军医

一、卫生勤务之整建

自奉令复员后，卫生机关亦随之整编裁减，两次调整编并。计裁撤后方医院十六个，兵站医院八个，流动外科医院七个，卫生大队十一个，卫生船舶队四个，卫材供应库四个。截止现在，因配合各区绥靖工作，尚有后方医院八十三个，兵站医院五十二个，外科医院二个，卫生大队三十九个，卫生列车队一〇个，卫生汽车队十五个，卫生船舶队二个，卫生材料补给库九个，卫材供应库十七个，共计二二八个单位。

二、荣誉军人安置

三十四年,树立加紧复建、积极教养、安定生活三大目标,整饬休养院、教养院、生产团、屯垦队,教以技能,策其善后。受降以来,全国现有教养院九、休养院十一、临时教养院二〇、屯垦队四、育残院二、模范生产队一、临教所一、收容各残等荣军七万五千人。就中除从事农业生产者九,四四九人,已垦田〔上〕三七,〇五五、五亩,从事工业生产者九三六一人,组成纺织、造纸等合作社八十三社,经调用或介绍转就普通职业者八三五人,志愿深造经予以证明考入中等以上学校免费就学者九三人。其余或因伤重不能工作,或以伤病未愈,尚待休养,皆聘有专家在院担任教养及复建等工作,亦今后尚待安置也。胜利以后,荣军中志愿还都,重度家庭生活者颇多,政府为明了各荣军志趣,以便作永久之安置起见,会同办理志愿调查,统计结果,就中除应归编者三四五〇人外,志愿返乡者三八五五〇人,转就普通职业者一二三〇〇人,升学者二二五人,从事农业生产者七九五〇人,从事工业者五四七五人,伤重不能工作,须由政府赡养其终身者六八九一人。依据此等情况,拟具荣军善后业务计划,并先后制定《荣军回籍办法》、《荣军职业保障办法》、《荣军授田办法》、《荣军合作工厂经营办法》、《荣军就学中等以上学校优待办法》、《荣军子女就学教养办法》,分别依其志愿予以安置。其志愿回籍经查属实于返乡后不至流落者,即办理退除役(伍)手续,由政府遣送返乡,按回籍办法之规定,除发给一次退除役(伍)金及荣誉津贴外,并按其残等分期发给与现役军人待遇相同之赡养金。志愿转就业者,亦照回籍办法办理,由政府按其志趣、残状,于办理退除役手续后,分别介绍至各公私机关、团体、工厂服务。其知能不足者,并先期设班予以训练。志愿就学深造者,则予以指导,俟其考入学校后,亦照回籍办法所定,办理退除役手续,享受政府所订免费就学办法之优待。从事工业生产者,不论原有或新设,皆视其情形授以器具、贷以资金、导以技术,使其悉能自主经营。其伤残过重,无家可归者,则由政府按其省籍,配合今后之军医治疗中心,于环境优美之地区设院赡养其终身,设校教育其子女。务使抗战成残之荣誉官兵,各得其所,永享天年。

(8) 后勤
一、兵站机构调整

迨战事结束,复参酌盟国军制趋势,配合整军建军之要求,划分全国为十个补给区,各设区司令部,并依照省区各设供应局,归区司令部统辖,以下分设供应站、供应分站,及各种补给供应仓库。就原有兵站机构分别改编。嗣因长江以北地区受降任务未完,爰于三十四年年底,先将江南方面兵站,改组供应机构。江北方面,则仍保留一部份兵站组织,逐渐改编。计在此次调整前,后勤单位原有二千五百五十八个,现已减至二千二百八十九个。本三十五年度开始,预定于情况安定之下,将大江南北之战时兵站机构,逐渐调整为供应机构。惟因绥靖未已,故长江以北,尚保持战时态势。至六月份国防部成立,联勤总部奉令接收前军政部主管业务,于此隶属单位增加至三千三百四十九个。内计运输署八七四个,通信署一一零个,经理署四三二个,兵工署二零五个,军法司三五个,军医署三零三个,财务署三六个,工程署六七个,特勤处一零九个,宪兵司令部三八个。

二、运输补给设施

三十四年复将区司令部以及所属各级机构,一律改组,改隶战时运输管理局,仍兼受后勤总部之指挥。迨至三十五年始战运局改组,始又恢复各区铁道军运指挥部,并于各站分设军运办公处,仍归后勤总部管辖。

抗战胜利,渝沪通航,长江区船舶管理处,复于各地设立分处及运输站。旋因水路军运扩及南北洋，乃改组为水路军运指挥部，于各地分设军运办公处及分处，并保留各地方原有之船舶管理所或派出所，以利军运。三十五年九月，各军事机构重行调整，因将水路军运指挥部裁撤，至各地办公处因事实需要，暂仍准保留，归本部运输署直接指挥，将来再斟酌情形，陆续予以裁撤。

至本（三十五）年一月战运局改组为公路总局军运参谋室，仍改归后勤总部接管。二月间决定划分西南西北公路干线为六个区，分设公路军运指挥部。将军运参谋室改为公路军运办公处。至由后勤总部指挥之汽车队，受降以前，仅有六个团及八个独立营，旋由美方移交运输车，编成十四个团七个独立营，收缴敌车，增编四个团又十三个独立连，东北美军增编一个团，综计共有二十五个团，十五个独汽营，十三个独立连，两个汽兵大队，除西南疏运物资留用八个外，其余均已分拨各补给区使用。其次为人兽力运输，战事转入山地后，颇多利用，并曾发动广大民运，恢复驿站成规，加强军运代办所组织，统一管制征调，提高军事征雇伕马车船租力给与标准，颁订租用购置优待办法，奖励民间增加运具办法，试行于第五、六、九等战区，均大有成效。

（9）收缴降军武装物资情形

敌军降后，军政部即将中国战区，划分为京沪、武汉、广州、越南、香港、平津、开封、济南、台湾九个区域，各置一特派员，办理收缴降军武装物资事宜。迄今已次第告竣，兹将主要各项武装物资名称数字，报告如左：

一、马骡　七四，一五九匹。

二、武器　步骑枪六八五，八九七枝，手枪六〇，三七七枝。轻重机枪二九，八二二挺，各种主要火炮一二，四四六门（其中约六成可用）。

三、舰艇　军舰十九艘（可出海者三艘），炮舰艇三五九艘。轮船七六艘，汽艇一，四四七艘，大部不堪用。

四、车辆　战车三〇五辆，装甲车一五一辆，卡车一四，九六四辆，其他车辆一三，〇四一辆，大部待修。

五、飞机　一，〇六八架（内可用者二九一架）。

六、被服　军服一，九九九，一九八件，被毯一三七，一八五条，军用布二八二，四二二匹。

七、器材　无线电机三，二一一架，有线电机六，五七三部。

八、粮秣　米麦共约一三三，〇二二吨，马料共约七九，二六三吨。

九、医药　药品二，〇九四吨，医疗器械六四一吨，敷料六六五吨。

（10）军事教育制度改革

战后为策立国军建设大计，首须树立干部训练，故目前各军事学校之复员，军事学制之改革，刻不容缓，各校在未复员前，其教育仍根据前军训部所订之教育计划训练，并会派员督导，其成绩均较以前有显著之进步。关于各校校址筹建大体已决定，陆军大学设南京汤山，步、炮、机三兵科学校设于徐州，工校设临淮关，军校设蚌埠。各校为健全师资计，已决定十月中旬办理师资训练班，同时各军官总队尚有不少优秀军官，亦会以考选方式，慎重选拔，俾再加深造蔚为国用。

爰于三十四年十二月将青年远征军各师志愿从军之学生改施陆军预备军官教育，三十五年六月分别结业开始复员，并预定在三十五年将全国高中毕业学生改施陆军预备干部教育。嗣以筹备不及，青年军各师奉令改编，人事驻地均待调整，营房营具之筹划与设置，亦非短期内所能竣事，故未如期实行，改于明年暑期召训之。此乃建立陆军预备干部制度之大概形也。

自国防部预备干部管训处改组成立,继续积极从事筹划一切,并拟将陆军预备干部教育扩为陆海空及联勤之预备干部教育,现在拟定方案呈准实施,俾三十六年度高中毕业生之预备干部教育能如期开始。但因适应当前环境之需要,各青年军之六个师特收容各地中等学校毕业失学青年施以严格训练,藉以提高国军兵员素质与培养地方基层干部。

(11)复员期中空军之工作

一、空运工作

日本投降以后,我空军之活动,以空运为主要任务。截止本年二月底止,由空军空运至各收复区担任接受工作之人员,包括空军机关及其他军政机关在内,共计已达二一,二二八人,并运送钞卷、弹药、物资共五四二吨。

二、敌空军物资之接收

日本在华空军物资之接收,系将全国收复区划分为廿五个地区,同时进行,现除东北各省,因情形特殊,致全部接受困难外,其余各区均已次第接受完竣。计有机场二〇七处。所接受之主要物资如下:(一)飞机一,〇六八架,但勉强可用者仅二九一架;(二)炸弹二四三,一五〇枚,共计六千吨;(三)子弹九,八九〇,〇〇〇粒;(四)汽油三,一〇一,九二七加仑,共计一万吨;(五)滑油七三五,五四〇加仑,共计二千七百七十五吨;(六)车辆二,六五一辆,可用者一,二〇三辆;(七)其他油料一,〇四四,一七四加仑,共四千吨。所接受之飞机,可用者虽有二九一架,然均陈旧不堪,且种类复杂、维护不易,曾临时增编一个大队,专为接受整编日机之用,并征调日军技术人员协助维护工作。而结果仍以机件故障频生,修理零件缺乏,致不能有效担任任务。

三、华西区美军余产之接受

日本投降后,原驻我国西部之美军,相继撤离。曾由驻华美军总部代表与我宋院长于去年十一月廿九日议妥,关于让购美军在华西区余产之协定,其中以空军器材为大宗,由当地空军机关分别接受。现据报已接受物资,原值约合美金四千万元,除各电台及气象台已全数继续使用外,其他仍在集中点验详密整理中。

四、空军今年之建军计划

此次大战结束时,美国空军第一线飞机有二百五十二个大队。至于平时常备兵力,美国现已决定保持第一线飞机七十个大队,苏联亦正积极于求飞机产量之增加。我国土地面积有一一,一七三,五六八平方公里,为求国防之安全,空军方面最低限度应保持平时第一线飞机约七十个大队,飞机四千五百架左右,及与此兵力相适应之航空工业设备,故今后我国空军之建军计划,必须就现在已有之基础,配合国家经济力量及国防工业之进步,力求空军力量之发展,以期迅速达到为国防安全最低限度所应保有之兵力。关于目前空军建设之初步计划,除航空工业部门如上节所述外,关于现有部队之整理,本年一月间驻华美空军总部已就整理我国空军部队之计划提出建议,此建议之计划并已获得美国军部之同意,计划内容为参照美国编制,成立八个大队,一个中队,计驱逐大队四个,每大队飞机七十五架,空运大队二个,每大队飞机六十四架,中轰炸机大队一个,飞机六十四架,重轰炸机大队一个,飞机四十八架,侦察中队一个,飞机十六架,共为第一线飞机五百五十六架,另配给必要之修护、补给、通信、气象等勤务部队。此项计划着眼,在加强空军之空运能力,及修护能力,计划内所需一切装备训练,全由美国予以协助,约需时一年可以完成。至于空军教育方面:前美国租借法案允我空军在美训练,而于日本投降时仍未出国之空地勤人员尚有一千二百七十名,经与美政府屡次洽商,已得美总统特许,仍继续遣送,现已分批赴美。因空军需要各种专门技术人才甚众,关于此项人才之培植,现正计划在国内陆续增设空军各种专科学校,并力求充实设备,以期达到一切需要之人才均能于国内自己训练之目的。

(12) 海军之整建

海军原有舰艇经战役后，仅余十余艘。三十一年三月英、美两国政府本军事合作精神赠我炮舰四艘，命名英德、英山、英豪、及美原。三十三年九月我国与法国民族解放委员会开始正常邦交，法国民族解放委员会赠我炮舰一艘，命名法库。此外，我国复与英、美政府接洽规模较大之赠舰亦告成功，计美国方面有护航驱逐舰二艘、布雷舰四艘、驱潜舰两艘，总共八艘，当经我国选派员兵前往美国受训，已于三十四年十一月训练期满，将各舰接受完毕，按照训练程序，须开往古巴一带巡航，本（卅五）年七月业已返国。此外，尚有登陆舰艇、辅助舰艇等九十八艘，现已接受四十二艘。英国则有巡洋舰一艘、拱卫舰一艘、潜水艇二艘、海岸巡防艇八艘，共十三只，其中拱卫舰一艘已由我国接受，现在返国途中，其余各舰艇，须在明年底派往受训之海军官兵训练完毕后，始能着手接受，开航回国。又抗战胜利后，接受敌伪海军舰船，共二，〇二八艘约七万吨，除移交、拨借、沉没等外，现在一，六三一艘约五万吨，其中不堪用之自杀艇，占百分之五十强。

人才方面，自二十年起至三十五年三月止，先后在各海军学校毕业之官员计共八百九十七员，现尚在校肄业者三百八十人，优秀官员派往欧美见学，其已毕业者计有九十九人，尚在见学者七十员，先后在海军练习营毕业之士兵约六千一百五十人，尚在训练中者约一千五百人，因英美赠舰选派员兵分往受训预备接受者计官三十五员，兵八百五十名。此外，各国赠舰即将返国，且将陆续赠送，需才益亟，今后海军建设之主要方针，自以人才为先决问题。关于建设大计，已在借重友邦，聘请顾问随时研究，俾收事半功倍之效。

(13) 复员工作之实施

一、国军编余官兵之安置

依据复员计划，加强人事管理，配合陆军整编方案分期调整人事，计第一、二两期整编五十八个军为师，而各师之军官佐属自少尉以上一律由中央核予任职，至编余官兵按照国军编余官兵安置办法办理。其安置方法为：子、退役；丑、储备仍服军职；寅、转业。其转业方法为：甲、行政官吏（中央或地方行政机关公务员及警察、自卫队等）；乙、交通事业（航空、通讯、公路、铁路、水道等管理事业）；丙、农林事业（水利、屯垦、畜牧、造林等）；丁、工场管理（工场、矿场及生产机关之管理）。

并计划转业训练，由中央训练团统筹办理，同时选择重要地区设立分团，从事训练，使编余军官之生活有所保障。

二、国军编余官兵之收容

在转业训练筹备未完成以前，其整编部队或机关、学校之军官佐，经于各省选择适当地区，如重庆、成都、合川、遵义、南昌、辰溪、蔡甸、曲江、南宁、广丰、杭州、立煌、郾城、西安、昆明、无锡、北平、济南、太原等处，设立军官总队，予以收训。现在整编开始，各军官总队收容之官佐，已达十六万以上，其数字仍在继续增长中。其因编余而收训者，待遇照各部队、机关、学校之现行给予全数发给，经已普遍施行，一俟转业训练之机构成立，即按照前项规定实施转业训练。

三、退除役之实施

军人人事行政，若达到进退流畅，则必须推行服役制度，举办退役除役，使年老力衰者成绩庸劣者，分别退除，而后起英俊乃能循序登庸，以树立有机能之人事制度。我国过去因财政与人事之各种原因，服役制度久未推行，抗战以来军分各校应战时需要，陆续训练多量之军官学生而裕补充之来源，然应退除役者，如不予甄退，则各级干部亦不无壅塞之象。若仅退除役而不予适当之安置，则退役之各级军官佐，不无生活匮乏之虞，且亦非储蓄备役人才之道，故于复员计划，规定退役转业以储人才，而遂生计。惟届满服役限龄，及病伤残废之官佐，而不能服行现役，或不能服行任何役务者，则直接予以退役或除役，以不再转业为原则，其他则因其材艺予以退役转业。但编余官佐中，如成绩优良年富力强而学识新颖者，则储留补充现役原额。又军用文职人员之被编余者，核予退职，并可能核予参加转业训练，以均待遇。

凡军官佐退役俸金，及军属退职金之给予，原规定军官佐之一次退役金，将官照现行给予发给一年薪给，校官九个月，尉官六个月，并发给三分之一之月俸与将官六斗、校官五斗、尉官四斗之退役粮。军属退职，则以服务时间之长短，发给一个月至六个月之一次退职金。嗣经调整。凡一次退役（职）金均以实职年资计算，实职年资满一年者，发给三个月薪为基准数，再按累进法每增一年即加发一个月薪。退役俸则照现行给予二分之一发给之。

关于退除役手续亦经改善。将以往铨叙厅及军政部之军需署与会计处三个单位分行之业务，综设国防部服役业务处（原称军政部铨叙厅服役业务联合办事处）以统一之，故于退除役及退职案件一经核定，即可领得一次退役（职）金，并实行行库制度，承办机构仅开支票不管现金，既无迁缓积压之弊，亦节金钱出纳重复清点之繁，政简事速，受者予者均称便利。而退除役及退职人员，领得一次退役（职）金及回籍旅费后。即可安心回籍，各遂其生，而无扞格不通之患矣。至三十五年度退除役退职人员之数量，计自一月份起至五月底止，经拟定发表退除役职共一，二四六员（照未调整以前发给待遇），六月份至九月底止，计已核定者一七，二九〇员，正办理中者共一一，四八九员，总共三〇，〇二五员。退役转业及在转业训练中者，尚在十二万人以上〔均为调整以后发给一次退役（职）金〕。

〔行政院档案〕

2. 国防部在国民党六届四中全会上所作之军事报告

(1947年9月9日)

国防部对四中全会报告书

甲、前　言

自共匪背弃民国以来，先后破坏政府所颁之停战令，否认全国民意所制定之宪法，穷兵黩武，包藏祸心，非使中华民族沦于万劫不复不止。本部秉承最高统帅之命令继续实行剿匪戡乱，拯救匪区人民，同时建立军事制度，以为建军之宏观。自七月四日政府颁布全国总动员令后，使我政战两略之协调，益臻紧密，军事行动之目的，亦更为显明，故政策得能以推行顺利，俟动员令下后，即进入"一切为剿匪，一切为胜利"阶段，全国上下，一致奋起，淬励进行，所有政治经济上诸般设施，皆以集中于剿匪胜利为目的。而军事方面，自更宜以贯彻军事上之胜利为核心，而适应当前剿匪局势，今后之军事政策，在"剿匪第一"之前提下，第一，为充实第一线兵团，兵员缺额适时征补，以维经常战力。第二，建立第二线兵团，为国军之总预备队，以新生之力量，提早达成胜利。第三，健全地方自卫组织，普遍加强民众组训，使军民配合，以发挥全面战术，确保面的控制。第四，在一般军民方面，着重现代化军事制度之建立与推行，以奠定国军百年之基础与国防安全之确保。

总之，为适应总动员，俾军事政策，能配合一切人力财力物力之动员，适切达成军事上之胜利，依此改订计划，作合理之推行，俾能克服一切困难，完成戡乱使命。兹略举半年来剿匪经过及有关军政措施分别加以报告。

乙、关于军政之设施

军政设施经纬万端,本部在不断进行中,兹举当前需要及国人所关心者略述如左:

(一)复员官佐之安置

复员官佐之安置,前系依预定计划实施,自动员令颁布后;所有复员军官,除已有安置者外,其不能转业及年富力强者,一律留用,储为补充干部。现各军官总(大)队已全部结束,而复员军官佐安置之工作,亦已告一段落矣。兹将过去安置情形分述于左:

1. 复员军官佐之人数:自国军整编后,至三十五年底,共计约二十四万人(内编余军官佐约十六余万人,失业者约七万余人),分由各军官总(大)队收训。

2. 复员军官佐之安置:分留用、转业、退(除)役三种,原定留用二万人,转业十五万人,退役一万五千人,嗣因编余人数较预定者增多,约计二十四万人,且以时局影响,转业困难,结果留用约七万人,转业五万余人,退役十万余人。(参照附表一)

3. 复员将官之安置:共计二千五百余人,除转业退役外,大部留用。见(附表二)

4. 复员军官转业人数统计为五万余人。(参照附表三)

附表一：

复员军官佐安置实施概况表　三十六年九月

安置项目		安置人数	备考
留用	监察人员	一六一	正召训中。
	新闻人员	五一三	
	军医人员	二五二八	分发各部队及各师团管区任用。
	校级人员	一八〇〇	派送机关部队服务。由各军官总大队队职人员中考选，以服勤校官名义派各机关部队及各师团管区任用。
	补给区增设附员	五五四	已派用。
	地方自卫干部	六〇五四	配属各绥靖区警备部设班训练，为收复区自卫干部之用。
	陇海路护路干部	五五〇	已派用。
	储备干部	三五七〇七	分发各部队军官队作为补充干部。
	伞兵干部	四五	已发各师团管区任用。
	兵役干部	一九三四六	正在召训中。
	联勤干部	九二〇	第一期四四〇员，已在联勤学校毕业。第二期四八〇员，正在召训中。
	要塞干部	三四九	工校七五员，机校五四员。
	新军干部	一四四三	分发各兵科学校训练，步校一二二员，炮校一〇二员，

小计		五五九五八	
转业	配发各省训团	一六一三四	计苏、浙、皖、赣、鄂、湘、粤、秦、甘、鲁、冀、闽等十二省。
	屯垦授田	四〇〇〇	计拨长垫区四〇〇〇员、东北盘山垦区三六〇〇员，正由国防部分发盘山、长垫、瑞昌等垦区服务。
	农林垦牧	四七一	正由国防部主办。
	水产技术	一〇〇〇	正在上海训练中，由国防部负责任用。
	义务劳动	四〇〇三	正由社会部劳动局分发各省任用中。
	国民教育	五九五〇	已由教育部分发各省任用。
	地方行政	六一五二	已由内政部分发各省任用。
	工矿管理	四四一	不训练由资源委员会及经济部分发各厂矿服务。
	土地行政	一五三	预定本年十月结业后由地政部分发任用。
	财政金融	四六〇	已由财政部分发任用。
	交通管理	二四七四	已由交通部分发任用。
	绥靖区县级干部	二四	已分发绥靖区任用。
警员		二五〇〇	正由各省警察训练所召训。
警官		一二二三	一、毕业五五九五员。二、正训练六六二八员。
小计		六九九六八	
励志人员		四八	正召训中，结业后由第二厅分发任用。

附表二：

复员将官安置实施概况表　三十六年九月

安置项目		安置人数	备考
深造	陆大将官班	二四○	内一五○员已召训，其余九○员于九月召训。
	小计	二四○	
退（除）役	资遣	二七七○	
	退职	二九九八四	
	除役	一八八三四	
	退役	五四二○二	
	小计	一七五七九○	
总计		二三一七一六	

附记：

一、各军官总大队，共收训复员军佐二十三万余人，其按置如表列数字。

二、留用储备干部人数内有一二九○员，系各军官总大队结束后不能转业退役，分拨各部队军官留用者。

三、退役栏所列人数系根据中训团所报数字。

四、复员将官二五九员，除警高班四一员，绥区县干一一七员、高级劳作二四员，其余未列入本表。

分类		人数	附记
附记			五九五员已如表列安置。中训团共计收训将官二六七二员,除核降为上校者外,其余二
合计		二五九五	
	小计	七九八	计中将一五二员,少将六四六员。
	退职	七一九	
	退役	五三	
	除役	二六	
转业	小计	八二	计中将二员,少将八〇员。
转业	高级劳干	一七	正分发中。
转业	绥区县干	二四	由各绥靖区以县政人员任用。
转业	高级警政	四一	其余尚在候差中。已于三十五年底受训完毕,一部已由内政部派任实职,
留用	小计	一四七五	司药监一员,兽医监二员,测量监五员,医总监一员,军需监三五员,军医监一六员,计中将一五四员,少将一二五九员,军需总监二员,军
留用	调派部员	八九六	以部员名义分发。
留用	调任实职	五七九	内有兵役班一四二员。

附表三：

复员军官转业项目人数及实施概况表　三十六年九月

转业项目		毕业数	召训数	合计	备考
水产技术			一〇〇〇	一〇〇〇	由国防部负责任用无问题。
义务劳动		四〇〇三		四〇〇三	新兴事业，如事业费照拨，安置无问题。
国民教育		五九五〇		五九五〇	
地方行政		六一二五		六一二五	
工矿管理		四四一		四四一	由地政部分发任用无问题。
土地行政			一五三	一五三	不训练，由资委会经济部分派各厂矿任用。
财政金融		四六〇		四六〇	已由财政部分发任用。
交通管理		二四七四		二四七四	已由交通部分发任用。
绥靖区县级干部		二四		二四	
警员			二五〇〇	二五〇〇	由各省警训所训练，即由各省分发任用。
警官	警官班	五一六〇	六二九九	二四五九	
	警政班	三九四	三三九	七三三	
	警高班	四一		四一	

续表：

附记	总计			配拨各省训团	屯垦授田	农林垦牧
其余各训练班均由中央训练团及分团训练。转业训练，除警官由警官本分校，警员由各省警训所训练外，	四五六七七	一二八一	五五九五八	一六一三四	四〇〇〇	四七一
				一六一三四	四〇〇〇	四七一
					拨东北盘山垦区三六〇〇员。不训练,计拨长垫垦区四〇〇员,	由国防部分发各垦区任用。

(二)官兵待遇之调整

官兵待遇,受物价影响,维持生活,异常艰难,因之直接影响作战,间接影响人民观感,虽经本年二、五两月作二次稍加调整,然以物价不断高涨,军官生活,仍无法改善,士兵生活,尤为恶劣。幸蒙政府采取文武待遇一致之措施,于八月份起调整官兵待遇,其大要如左:

一、官佐底薪比较同级文官之中间级薪额支给,如少将按简任五级计,上尉按委任二、三级中间级计。

二、士兵依抗战前实得饷额,即军士按一万倍,上等兵按一万五千倍,一、二等兵按一万五千倍计算增加。

三、武职官兵,因部队调动频繁,为便于补给,不予分区,各地待遇均按文职第二区标准计算,即基本数三十九万元,底薪一千六百倍。东北、新疆、台湾另予提高。

四、嗣后文职人员调整待遇时,军职人员同时比照调整。

各次调整数额比照如附表四:

附表四：

三十六年各次调整给与数额比较表

项目区分	一、薪饷 给与额（月支数）			备考
	一月份	二月份	调整数 五月份起	调整数 八月份起
上将	四〇〇,〇〇〇	五〇〇,〇〇〇	七〇〇,〇〇〇	一,五四四,〇〇〇
中将	三六〇,〇〇〇	四五〇,〇〇〇	六二〇,〇〇〇	一,三二〇,〇〇〇
少将	三二〇,〇〇〇	四〇〇,〇〇〇	五六〇,〇〇〇	一,一六〇,〇〇〇
上校	二八〇,〇〇〇	三五〇,〇〇〇	四九〇,〇〇〇	一,〇〇〇,〇〇〇
中校	二四〇,〇〇〇	三〇〇,〇〇〇	四二〇,〇〇〇	八二四,〇〇〇
少校	二〇〇,〇〇〇	二六〇,〇〇〇	三六四,〇〇〇	六三二,〇〇〇
上尉	一六〇,〇〇〇	二一〇,〇〇〇	二九四,〇〇〇	五三六,〇〇〇
中尉	一四〇,〇〇〇	一八〇,〇〇〇	二六〇,〇〇〇	四四八,〇〇〇
少尉	一二〇,〇〇〇	一六〇,〇〇〇	二二〇,〇〇〇	三九六,〇〇〇
准尉	一〇〇,〇〇〇	一三五,〇〇〇	一九〇,〇〇〇	三六四,〇〇〇
上士	四〇,〇〇〇	五二,〇〇〇	七八,〇〇〇	一四〇,〇〇〇
中士	三〇,〇〇〇	四二,〇〇〇	六三,〇〇〇	一〇〇,〇〇〇
下士	二四,〇〇〇	三三,〇〇〇	四八,〇〇〇	八〇,〇〇〇
上等兵	一六,五〇〇	二五,〇〇〇	四〇,〇〇〇	七二,〇〇〇
一等兵	一三,〇〇〇	二〇,〇〇〇	三五,〇〇〇	六七,〇〇〇
二等兵	一〇,〇〇〇	一五,〇〇〇	三〇,〇〇〇	六〇,〇〇〇

五、副食	部队士兵	一四,〇〇〇	二六,〇〇〇	四〇,〇〇〇	六〇,〇〇〇
	官佐士兵	二〇	二〇	四〇	一四	上数系每人月支数。
	宪兵	一〇〇	一〇〇		七〇〇
	志愿兵	五〇〇（四月份）	六〇〇（四月份）	一,二〇〇	四,二〇〇
	青年				
四、教育学员生		六〇〇	一,〇〇〇	二,四〇〇	八,四〇〇	额较低。部队另按单位订支数额，予标准，按官佐每人列支数。
三、办公费	丙级	九,六〇〇	一二,〇〇〇	二四,〇〇〇	八四,〇〇〇
	乙级	一〇,八〇〇	一四,〇〇〇	二八,〇〇〇	九八,〇〇〇
	甲级	一六,二〇〇	二三,〇〇〇	四二,〇〇〇	一四七,〇〇〇	上项办公费系军事机关列支
	士兵	三,〇〇〇	四,〇〇〇	八,〇〇〇	二四,〇〇〇
	尉官	四,八〇〇	六,五〇〇	一三,〇〇〇	三九,〇〇〇
	中少校	六,〇〇〇	八,〇〇〇	一六,〇〇〇	四八,〇〇〇
	上校	七,二〇〇	一〇,〇〇〇	二〇,〇〇〇	六〇,〇〇〇
	少将	八,四〇〇	一二,〇〇〇	二二,〇〇〇	六六,〇〇〇
	中将	九,六〇〇	一三,〇〇〇	二六,〇〇〇	七八,〇〇〇
二、旅费	上将	一二,〇〇〇	一六,〇〇〇	三二,〇〇〇	九六,〇〇〇	上数系日支数。

附注:一月份按上年九月份数目支给。

二月份官佐增百分之三十,士兵调加百分之三十至五十,副食费仍按每人一万四千元支给,未予增加。

四月份起官兵副食筹备实物,每人平均补增为二万六千元。

五月份官佐增加百分之四十,士兵伕增加百分之六十至一百,副食费增为平均每人每月支四万元,筹补实物。

(三)伤亡官兵抚恤及残废军人之安置

一、官兵抚恤:本部一年来,对抚恤措施之改善,兹述其大要如左:

1. 改订制度:放宽证件尺度,并求无缺无滥,改订遗族领恤办法,安抚失踪被俘官长之眷属,对恤金给与比照陆军给与,及除役时待遇金额,适时调整。

2. 简化手续:推行邮政发恤,简化领恤手续,普设抚恤询问处,并将以请恤表格十二种,简化为(伤)(亡)请恤表各一种,制发各地邮局、机关、部队、地方政府,供请恤者使用。

3. 充实人力:增设战地抚恤机关,就地核恤发恤。

4. 委托验伤:由各地军医院,或公立医院代验,以省请恤者之烦难。

5. 设置抚恤基金保管委员会,将抚恤经费划作国家特别基金,不列入军费,俾保恤户之法益。

6. 颁发荣哀状:办理褒扬表扬,入祀忠烈祠,建立纪念坊碑,举办公葬国葬。

7. 遗亡残伤族就业优待:职业介绍,收容教养,及子女免费就学等。

8. 守土殉职之文职公务员之奖恤:先由本部调查作战情形,作初步核定,再转呈行政院。

一年来军事抚恤统计如附表五:

附表五：   军事抚恤统计表

物质

核发恤令

项目＼合计	合计	抗战阵亡	绥靖阵亡	因公殒命	积劳病故	抗战负伤	绥靖负伤	因公负伤
合计	106366	32869	32010	1223	1617	2183	8345	129
将	33	27	—	4	1	1	—	—
				2		6	—	—
校	4253	1761	521	291	906	657	120	7
尉	42862	18720	7230	861	2387	3887	1186	29
士兵	82940	32781	2756	1029	8233	16635	7033	93

核发金额

项目＼金额	合计	阵亡死亡一次恤金	阵亡死亡年抚恤	负伤年抚金	公粮代金	一次特恤金
百亿元	3			1		
十亿元	8	2	9	1	3	3
亿元	5	9	7	8	8	2
千万元	5	1	2	0	6	6
百万元	0			0	4	7
十万元	5	3	7	9	6	7
万元	8	4	4	2	2	1
千元	8	6	4	3	9	6
百元	3		1	9	2	7
十元	7	7	9	5	2	7
一元	5	9	5	5	3	4

抚恤处承办数与前抚恤委员会承办总数进度比较。	抚恤处承办数	106366 张	388,550,588,375 元
	前抚委会承办总数	(26－35.7) 489,390 张	7,543,783,354 元

备考	

575

抚恤金									精神抚恤						其他		
特给恤金	胜利恤金	救济费	抚尉金	应付款	邮费汇备付金	特给恤金	救济费	民夫抚恤	褒扬	表扬	颁发荣哀状	入祀忠烈祠	建立纪念碑坊	国葬公葬	守土殉职公务员抚恤	运柩执照	子女就学优待
二一七九一〇一七二六一五八三〇二〇〇二四〇	六九二〇八九二〇六一五九三〇六〇〇〇〇〇七	二〇八九二〇六一五九三〇六〇〇〇〇〇七二	二〇六一五九三〇六〇〇〇〇〇七二九	二六九二〇四〇六八〇〇三一二五		二一〇三人	一七〇二人	四三二二人	一二七人	四九人	三四四七张	一六四人	五县	四五人	二四七人	六四张	二〇五四五人
						2103	1702	4322	34	49	3447	164	58	45	247	64	545
						(功勋特恤)5787	154	无	134	1844	无	100	36	无	297	无	无

二、残废军人之安置

我国对日抗战中,因伤致残之将士,达七万余人(参见附表第六伤残统计表),此项残废军人之善后,除将管理机构裁紧缩外,并由主管部门妥拟安置计划,其要点大致分下列数项:

1. 有家可归者,遣送回籍。

2. 入伍前有职业技能,残废不妨碍其工作者,使其恢复旧业。

3. 因残不适于恢复旧业,或原无职业技能者,予以职业再造,并介绍其就业。

4. 志愿务农者,授田耕种。

5. 有相当学历之青年,志愿继续求学者,予以深造机会。

6. 完全丧失工作能力而无家可归者,继续留院赡养之。

实施上项计划,第一步应先行办理除役及退伍,由政府发给较优厚之除役或退伍金,愿回籍者,并给予足用之旅费,此后无论其回籍、就业、授田、或求学之残废军人,仍按年份等发给赡养金至终身,以示崇德报功。此项经费,为数虽巨,但尚有赖政府勉力支付。惟上项计划如欲全部实施:(一)必须各地交通无阻,社会秩序恢复。(二)经济恢复正常状态,农工商业能普遍发展。现在各地共匪尚未肃清,以上条件尚未具备,残废军人之安置,拟先从东南、西南各省着手,再逐渐推及于华北各省。

附表六：

各荣教院现有伤荣统计报告表 三十年九月	残状	官兵别	人数	备考
	上肢缺左	官	五五二	
		兵	二〇九七	
	上肢缺右	官	五〇四	
		兵	一九七三	
	两上肢全缺	官	一二	
		兵	三五	
	下肢缺左	官	六三四	
		兵	二一二三	
	下肢缺右	官	六二七	
		兵	二一八七	
	两下肢全缺	官	八九	
		兵	四二九	
	左目失明	官	二六六	
		兵	二九三	
	右目失明	官	二八〇	
		兵	二四八四	

	总计	合计		其他		两耳具聋		一足五指全失去		一手失去三指		一手一足全肢残废		机能并废		咀嚼言语		身体瘫疾		双目失明	
		官	兵	官	兵	官	兵	官	兵	官	兵	官	兵	官	兵	官	兵	官	兵	官	兵
	七四四○九	六三二○一	一一二○八	三一四九三	六○五○	五六九	九五	三六一○	四五二	八八四八	一一○三	一一四○	一五一	五二三	一○○			三三九七		二九三	

（四）军风纪之整饬与官兵生活之融和

一、军风纪之整饬：军风纪为军队之命脉，本部曾不断着力于此，主要以直系管理为中心，再辅建立各级监察制度，并辅以宪兵力量，其办法如左：

1. 筹组各行辕、各总部、各绥署监察机构。
2. 计划派遣师以上部队、机关之监察官，实施全面监察。
3. 于中训团训练监察人员，派遣任用。
4. 以上级监察下级为主，辅以宪兵之力量。

二、军法审判及战犯之处理：

1. 各级军法机关，分设军事检察科或检察官，自三十五年六月至三十六年七月，经办结之检察案件二八八二件，直接审理四五七件，审核案件办结五一一七起。
2. 现正计划于各铁路线区，设置军法监督执行机构。
3. 战犯之处理，另设各地军事法庭，计已审理终结者七八二人，死刑者九十三人，各地尚羁押者六百九十九人。
4. 为判决徒刑之战犯集中执行起见，正筹备于上海成立战犯监狱一所，以资管理。

三、关于官兵生活之融和，为期士兵生活不致偏枯，官兵生活不致脱节，使达部队即家庭，部队即学校之境，本部措施之概要如次：

1. 新闻局本年编订之新闻工作实施纲要，其要旨为：指导官兵，注重营养，实行新生活。指导士兵组织伙食管理委员会，布置营地环境，改善卫生医药。现各部队，已设中山俱乐部者一五，三六五所。并随时对全体官兵举行歌咏演剧，放映电影、提倡高尚娱乐。
2. 倡行意见公开，经理公开，是非公断，赏罚公断之新风气，组织纪律监察评判会、时事座谈会、小组讨论会等。
3. 为使官兵一体，生活一致，订定官兵生活考察实施办法，规定各级部队长应率同工作人员,每天视察一个连,考察官兵生活情形,并与官兵兵同操作饮食。

4. 对于伤病官兵物质与精神之慰问,本部规定部队长暨新闻工作人员,应每周访慰一次,或派代表访慰,但部队长仍应每月访问一次。

（五）征兵设施之改善（参照附表第七）

兵役在他国本为内政事项,而我国现时,仍为军政要端,亦为本部与人民关系至为密切之事,本部对之,特加审慎。兹将关于兵役业务之改进,及"动员戡乱时期,征兵设施之改善",略述之如下:

1. 修订兵役法规:由二百三十三种整理修订成二十四种,以成一有系统而完善之兵役法规。

2. 调整兵役机构:三十四年四月,旧师团管区一律撤消,准备成立六十个师管区,一九九个团管区,至本年八月底止,除匪区外,已成立师管区五十七个,团管区一八一个,军管区原十七个,现增设苏、鲁两省军管区二个,共十九个。

3. 改进管区人事:在中训团设兵役研究班,已办三期,共毕业将级、上校级学员六二六人,分派各管区担任高级工作。

4. 征兵配额:依照各省人口及治安状况,平均配赋（配赋比例占人口数千分之一点五）。

5. 实施正常征兵:征集年满二十岁者一个年次为标准,如不足时,再延长年次,但以不超过二十五岁为止,除特种特区、特种部队外,严禁擅自招募。

6. 各大都市免缓役人数较多,故尽先征集志愿兵,不足时再行征集。

7. 增加征集费,每人为一万元,安家费每人为五万元,并发动地方筹集优待金款。

8. 营地由各管区及地方政府,或修或建或利用祠堂、庙宇,禁止露宿及强驻民房。

9. 新兵按季配发服装，并施行新兵保育竞赛及虐待检举。

因是本年征兵，尚见顺利，配额之征集，达百分之九十九强，途中逃亡、疾病占百分之二弱，本年一月至八月征集新兵计五十万零八千三百零七名。尚待改进者，为健全保甲、户政，修建营房等。

三十六年一——八月征募新兵统计如附表七：

附表七: **全国征募新兵统计表**

省 别	总 计	一月	二月	三月	四月	五月	六月	七月	八月
总计	508,307	145,306	54,897	35,512	54,114	38,349	9,443	79,490	91,196
四川	65,354	15,292	18,340	8,323	11,107		2,582		7,710
河南	74,157	34,826	13,533	923	12,111			10,661	2,103
湖南	42,278	8,556	985	4,322	5,123		276	8,000	5,016
江西	20,926	8,070	1,858	1,120	140			6,896	2,878
广西	231	231							
陕西	26,946	915	7,664	5,035	134		3,551	869	1,788
广东	33,666	12,685		5,503	9,726				5,752
湖北	42,479	15,709	2,667		210			14,677	9,016
安徽	36,108	15,669		3,001	3,429			10,623	3,388
贵州	7,631	3,574	2,375		1,682				
浙江	25,056	14,940		744				10,000	272
福建	10,273	5,476	389	1,100	1,443	5			1,860
甘肃	14,691			2,743	3,061	5,314			373
云南	10,938	5,083	2,302	1,129	804				1,616
山西	20,783							6,500	13,783
山东	6,454							2,542	6,912
江苏	4,744							3,391	1,353
辽宁	25,738		1,200			15,919	2,928	3,353	2,338
河北	18,411	0,180	1,665	1,069	2,946				7,551
绥远									
宁夏									
西康	1,604			500	1,104				
吉林	5,905		400		4,505			1,000	
辽北	3,596		800		2,669				127
青海	971							892	79
热河	2,559		515			1,561	186	86	291
安东	4,272				4,272				

（六）第二线兵团之建立

依据总动员令，除充实第一线兵团外，仍须积极建立第二线兵团，经拟定办法，分别实施中。

（七）地方自卫武器之加强（参照附表第八）

本部对于培养地方武力，素甚重视，自前（三十四）年八月起，迄今（三十六）年六月之间，拨发全国各省地方团队，及警察武器，计步枪四十二万三千四百二十二枝，轻重机枪一万七千二百五十三挺，其他手机枪、手枪、掷弹筒、迫炮为数甚多（参照附表八）。拨发原则，除各地区民众自卫队，尽量利用民间枪枝，并按其实际需要，酌拨弹药与俘获武器外，对各省保安团队武器，以按编制数拨足为准，实际上重要省份早已拨足，次要省份亦充实百分之六十以上。业经检讨策定补充计划，预期于本年下半年度实施完成。

（八）分配日舰之处理

自日本投降后，所有日本军舰，均经盟国解除武装，其中战舰，以及潜水艇，均经美国沉毁，自驱逐舰以下，则由中、美、英、苏平均分配，以抽签法决定之，我国得到者第一批日舰八艘，一〇〇四〇吨，于七月三日抵沪。第二批八艘，计八四五〇吨，于七月二十八日抵沪。第三批八艘，计一〇七〇〇余吨，于八月二十七日抵青岛。（先后三批接受日舰，舰种数量如附表九。）

日本投降时，遭全部破坏，现经修理完整者，计有护航舰两艘，另有驱逐舰一艘，护航舰一艘，正在装修中，一经完工之各舰，即行编队服役，其余部份将陆续积极装修。因该项船只，原为军舰，其舰体构造及一切设备均不能改作他用，即其各项配件之补充亦甚困难也。

附表八：三十四年八月至三十六年六月底拨发地方团队及警察武器数量表

时间\品名	手枪	步枪	轻机枪	重机枪	迫炮	弹筒	手机枪
总计	六八八八	四二三二三	一五八三	一六七〇	五四〇	一七一七	四五一
三十六年	六六四	一〇三二三	三〇三一	一〇八四	一〇一	三七八	五
三十五年	二五四七	二四〇三二七	三一二六	五六〇	一五八	九六九	四四六
三十四年八月至十二月	三六七七	七九七八二	九四一六	二六	二八一	三七〇	

附表九：分配舰种数量概见表

舰种	艘数	总吨位	备考
合计	二四	二九二四五	
运输舰	一	一八〇〇	第三批接收。
护航驱逐舰	一七	一二二五〇	第一批五艘、第二批六艘、第三批六艘。
驱逐舰	六	一二一九五	第一批三艘、第二批二艘、第三批一艘。

待接收之日舰尚有三十余艘，惟盟总尚未作最后决定。

丙、关于制度之推行

制度为建军之基础，百年之大计，目前虽置重在剿匪，但亦未忽视将来，故仍注重建立制度加紧推行，以奠定国军永久基础，兹举重要数端如左：

（一）人事制度

人事制度之革新，在配合整军戡乱，剔除旧习，以期提高国军干部之素质，增强国军之作战能力，兹录举如左：

1. 分层负责：过去国军人事，所有官役职绩奖惩，概由军委会集中办理，控制虽严，考核难周。本部成立后，为实事求是加强各级权责，改用分层负责制，制定陆海空军人事业务职掌划分办法，本部仅作员额分配与官佐控制及将官之任免，考绩奖惩，上校以下人员职务之调转及考绩等，授权陆海空勤各总司令及行辕、绥署主任与军、师长办理，事后呈报备案。

2. 退除役：退除役制度为保持军队朝气之最善办法，不但使常备军各级干部不断新陈代谢，以提高素质士气，且可储备大批后备军官，俾战时补充容易，故本部成立后，排除万难，力求此良好制度之实施。

（二）教育制度

优良之军官教育制度，为建军之基础，本部成立以来，对教育制度之改善，特加注意，兹将策定之教育制度与实施要点分述如左：

1. 军官教育制度订定之原则：以提高军官对科学之素养，及培养陆海空军一元化之统帅与幕僚为主，其他如加强联勤训练与专门技术训练，及培植预备军官，均为主要着眼。

2. 军官教育之阶层：分为军官养成教育，深造教育，高级幕僚教育，及最高国防教育四者。（一）军官养成教育阶层中，设立陆海空联勤统一教育之军官学校，并设军官训练班，建立预备军官训练团，以培养国防军之基本干部；（二）深造教育，则由各军种设立兵科学校；（三）高级幕僚教育，为参谋学校，由国防部管辖；（四）最高国防教育，为国防大学，训练优秀军官及文官，使成高级军事人才，及国防经济技术专家，由国防部管辖。此外视需要设立各特种学校，施以特业训练，并成立军事科学研究院，聘请科学专家从事研究。（参照附表第十）

3. 关于实施概况，军官学校及军官训练班，现已开始筹备成立，陆军、联勤各兵科学校，今（三十六）年秋成立初级班，预定明（三十七）年成立高级班，海军、空军学校亦筹办中，参谋学校已开始筹划，今（三十六）年冬可期成立，国防大学预定于三十九年成立军事科学院，已与教育部商洽，先委托各普通大学办理中。

军官教育学制如附表第十。

（三）补给制度

补给制度之良否，直接影响官兵之保育，间接与第一线之战斗力有关，亦为军事制度之重要部份。本部曾对此加以精密之设计，以期建立良好之补给制度，兹略述如左：

1. 财务与经理分立：过去财、物并由军需人员经理，现仿会计立法之精神，将财务与经理分立为两个系统，人员与机构皆明白划分，各专其责。

2. 预算与财务分立：仿照主计职掌分岁计会计之原则，本部及以下各级机关、部队均分别设置预算人员，办理预算、编审、分配、监督及支出前之查核签证，与事后之按期报告，于是本部得以完全控制预算。至会计收支事，则由财务部门主管，并实行军需独立，使业务单位不管金钱出纳，并励行公库制度，藉使会计制度纳于正轨。

3. 推行实物补给：此项制度推行已久，现仍在力求澈底改进中，凡军用器材、粮服、装具、燃料等皆力求实物补给，以免委托部队诸感不便,或滋生弊端。而其实行并采取不待各方请求,而主管者,按照规定与计划实施补给。

4. 员兵人数力求○实:军队吃空积弊甚深,迭经纠正,尚觉难以清除,本部为彻底力矫此弊,最近更制定人事日报表一种,以后一切给与补给,均以日报表数字为准,如能顺利实施,吃空之弊当可根除,同时并拟定人马点验办法表励行点验,俾与表报办法相辅而行。

丁、结论

本部三十六年度施政方针,原以继续整军复员为最大目的,并按计划逐步实施中。讵共匪更加紧扩充军队,澈底扩大叛乱,且进而在东北,引韩、蒙共匪及日俘,由某方接济武器,攻击国军,复串引外蒙公然侵略西陲,半壁江山横受摧毁。匪踪所至,随在破坏工厂、铁路、河堤、矿区,欲将国家元气,国民经济,完全摧毁,屠戮无辜,无所不用其极,凡异国敌人所不忍为之残忍行为,共匪皆甘心为之而无所顾惜,致人民水深火热,国祚动摇。政府以职责所在,为保全国脉民命,不得已乃决心戡乱,扫除建国障碍。盖共匪存在一日,国家安宁,社会秩序,人民生活,即一日受其危害。国家财政,国民经济,莫不受其摧残,建国建军,皆无从着手。综观世界大势,各国间因畛域观念,经济利害,与观念形态之冲突,日趋尖锐,良非空言可以保障和平。吾人鉴于八年抗战,损失之严重,牺牲之惨烈,对今后之国防,实应有更深之认识,与更充分之准备,方能保我国家之独立自由与安全,而建国建军之大业,必须统一之局面,与相当时间之准备及实施,始克完成。共匪一日不灭,国家不但不能统一,且将直接招致外祸,建国建军,即不能实行,故建国建军,必先消灭共匪,否则国家前途,民族命运,实不堪设想,是诚目下国家解除危难,而趋于富强之首要国是也矣。

〔国民党中央执行委员会秘书处档案〕

3. 行政院关于成立国防部九江指挥部等案秘密报告

(1947年11月)

［前略］

秘密　　　报告事项（二）

成立国防部九江指挥部，将鄂、豫、皖、赣、湘五省省政府归其指导案。

签注：国民政府十一月十三日代电开：为澈底肃清大别山区匪军，应即成立国防部九江指挥部，由白部长坐镇九江担任指挥，并将湖北、河南、安徽、江西、湖南等五省政府归其指导，以便军政之密切配合，电饬知照，并转饬遵照等因到院，已于十一月十五日由院分别令饬遵照。谨请鉴察。

秘密　　　报告事项（三）

剿匪检讨会议决议案

签注：主席电召豫、鄂、湘、赣、皖、苏六省主席来京，检讨六省剿匪及军政配合措施，由院长主持，于本月十三日至十五日在国防部开会三日，兹将决议各案，抄附于后。谨请鉴察。

剿匪检讨会议决议案

第一案

为请将大巴山以东，长江以北，黄河以南地区，划建十五个绥靖区，以控制战场，堵匪流窜，并提高绥靖区司令官职权，统一指挥党政军民，以一事权案。

(国防部提)

决议：一、各省内绥靖区之设置，得因实际情况划分之。

二、湘鄂赣边区及川陕鄂豫边区增设绥靖区，交国防部斟酌办理。

三、绥靖区内各县军事、民政，均受绥靖区司令官之统一指挥。

四、各绥靖区司令官受省政府主席兼全省保安司令部司令之指挥监督，但在作战用兵上，则仍依照战斗序列之规定，受其上级指挥官之指挥。

五、绥靖区所辖地境，如有关两省以上之辖区者，该绥靖区司令官应受辖境较大之省政府主席兼全省保安司令部司令之指挥监督。

六、绥靖区设民政专员一至三人，督导所属各县之民政事宜。

七、设置绥靖区之省份，原有之省政府行署及行政督察专员均撤销之。

八、绥靖区民政专员之人选，以撤销后之行政专员中有成绩者遴选任用之。

九、现行绥靖区之各项法令，应依此原则修正之。

第二案

为加强动员戡乱军政配合起见，谨将地方共同急待解决事提请讨论案。（六省主席提）

决议：（一）解除法令束缚办法

甲、依实际情况之需要，增设绥靖区，绥靖区内适用军法审判，县长兼任军法官。

乙、未设绥靖区之省，其省政府主席一律兼任全省保安司令，得依法宣布戒严。

丙、后方共党处理办法第八条"于法定时间内移送有审判权机关"拟修改为"于法定时间内移送军法机关"，可提出行政院修正之。

（丙项已另列讨论案）

以上三项办法可同时进行实施。

（二）实行战时体制

甲、各省应恢复保安司令部之组织，统辖省境内一切保安团队，受国防部之指挥监督，其已成立之警保处，应即改组，保安团队与警察，应依法分别改隶。

乙、各重要地区及重要交通线应请中央准设警备机构。

丙、澈底实行总动员法令。

（三）提高地方行政职权办法

甲、专员对各该辖区剿匪事宜，有指挥辖区以内所有保警及地方自卫武力全权，县长对各该县剿匪事宜，有指挥各该县所有保警及地方自卫武力全权。

乙、所有县级机构，应绝对统一隶属于县政府，县长对县级干部（民、财、建、教、保、警）有考核奖惩随时撤换暨权宜处理非常事变之权。

丙、县政府应组成一战斗体，其不适宜军事需要之机构得裁并之。

丁、减少县长兼职，除保安司令部军法官、人民自卫总队总队长、选举事务所主任外，其余职务一概不兼。

（四）加强省级保安团队办法，可并国防部提加强保安团及地方自卫队案讨论。

（五）地方武力所需械弹器材补充办法与国防部接洽办理，各省并得设厂（或二三省联合设厂）制造弹药，由国防部派厂长主持之。

（六）筹措有关自卫经费办法，凡与剿匪有关之交通通讯及城防工事各项经费，请中央补助，如不得已必需由地方筹措者，拟请中央明令，凡透过民意机关通过者，即准予施行，但对中央税项，不得重复征收。

（七）利用国有交通通讯工具办法，地方剿匪机关及保安部队在剿匪期间使用国有电报、电话、铁道、轮船时，准照国军例记帐。

（八）解除地方财政困难办法，送行政院核办。

第三案

保安团及地方自卫队加强方案（国防部提）

决议：照原案修正通过。

附修正案

保安团及地方自卫队加强方案

一、方针

为增强戡乱剿匪力量起见，将各省地方武力酌量扩充，加强编组，使足以担负地方之绥靖，并可形成国军之后备力量。

二、办法

甲、明分权责与加强组织。

查省区地方武力之使用权责，未有明确之划分，又各层指挥机构之组织，亦未臻健全，以致影响绥靖效力，兹拟详订如下：

（一）省属保安团为省级之地方武力，该省内之股匪，应由省保安司令部负责筹划运用，所属保安团力量限期清剿，其监督指挥系统如左：

国防部（授权行辕绥署）——省保安司令部——保安团。

（二）县常备自卫队为专员区及县级之地方武力，该区内在五百人以下之小股匪，应由区保安司令部负责筹划运用所属县民众自卫队力量，限期清剿，其监督指挥系统如左：

省保安司令部——区保安司令部——县常备自卫队。

（三）将现在省保安司令部编制一处二室四科，加强为二处四科一室（第一处掌理人事、补给，第二处掌理情报、作战训练，详细编制表另定，参考附件第三），并增设参谋长少将一，以辅助司令办理全省保安事宜。

（四）将区保安司令部组织增强，分设两科，第一科掌理人事、补给，第二科掌理情报、作战训练（原编制实际负责者，仅上校副司令及中少校参谋各一）。

（五）已改警保处之浙江、广东、江西、福建、湖南、云南等省暂缓实施建警计划，仍恢复省保安司令部，并限十一月底以前完成。

（六）各省属之保安部队，以直辖于省保安司令部为原则，惟情况需要时，得配属国军作战，如保安部队配属国军作战后，则抽调县常备队提升抵补之。

乙、加强省属保安（含保警）部队

（一）数量：各省属之保安部队，按各省实际需要增加若干团。

（二）编制：各省属之保安部队编制，由国防部规定，一律参照三十六年陆军步兵团编制，酌予修正，详如附表第二。

（三）经费：由各省自筹，准增列于省级经费预算内。

（四）武器装备：增编保安部队之武器弹药、通讯器材、卫生器材，由国防部规定配赋数，统筹发给，至装备粮服，则由省自筹为原则。

（五）兵员：由国防部另饬师管区照数增配增补。

（六）训练：由国防部拟定方针，由省保安司令部按照方针拟定计划，并由行辕、绥署负责督训。

（七）人事：

（1）上校以上人员，由各省遴选，呈报国防部审核，其他校尉人员，由各省保安司令部依照陆军人事法规自行核委，按编制检附出身经历证件，呈报本部审核，合格者予以登记，可调任正规军军官，仍予计算年资。

（2）增编各保安团所有各级干部，均以正式军事学校毕业，备役或现役军官，或复员转业军官，或高级司令部所办干部训练班毕业军官之优秀者充任之。

丙、加强县属常备自卫队

（一）数量：依各县之治安人口、面积、经费等情形，设置三——九个常备自卫中队，必要时得以三——四个中队，设一大队部统辖之。

（二）干部：以省转业军官或在乡军官、军士充任为原则。

（三）其他规定：该自卫队之指挥系统、编制训练、武器装备、经费等，均依照行政院颁行之"各县市民众自卫组训规程"。

附表：（一）

保安团编制系统表

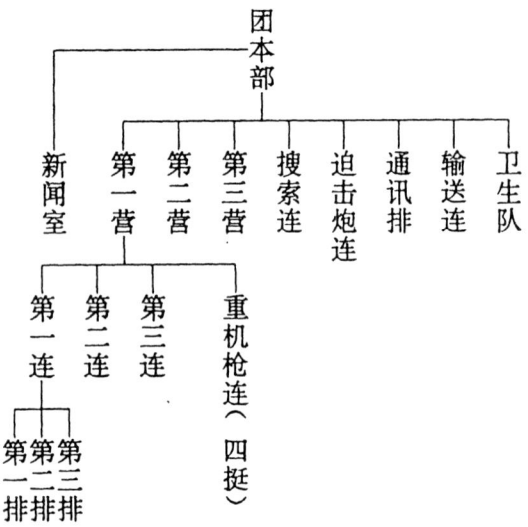

①官兵共约 2450 人。
②详细编制表及武器配赋表由四、五两厅会同拟定。

附表（二） 拟加强省保安司令部编制系统表

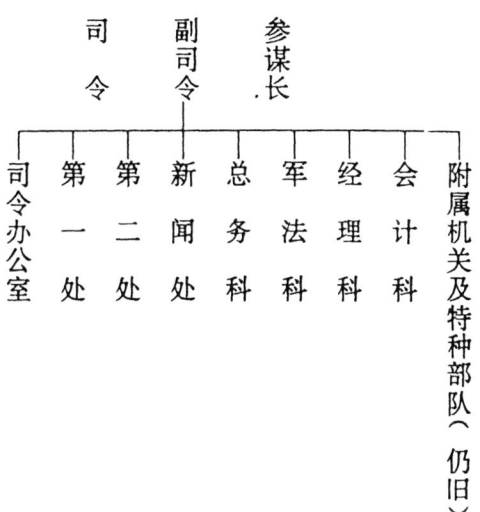

（按：防空科已并入防空司令部。）

〔行政院档案〕

4. 行政院关于省保安司令部组织规程等决议案

(1947年12月19日)

临时讨论事项（一）

省保安司令部及区保安司令部组织规程案

签注：国防部代电，为遵照剿匪检讨会议之决议案，拟订各省（区）保安司令部组织规程及编制表草案，请转陈核示到处，经邀集内政部、国防部开会审查，审查意见如下：

一、省保安司令部应采用警保合一组织，以为将来改警之基础。

二、组织应力求紧凑，人员应尽量减缩，以便增加效率，节约经费。

三、省保安司令部附属机关之编制，如修械所、医务所、警卫营、通讯兵大队等，过去均有规定，应仍照旧办理，本规程所附编制表，不再重复。其新闻处之组织，国防部新闻局业有通案规定，本规程亦予从略。

爰依据上列各原则，将两组织规程及系统表、编制表加以修正，嗣由内政部提送补充意见数项，经参照酌加修改，兹抄附于后，谨请核定。

组织规程及系统表、编制表附后。

决议：通过。

省保安司令部组织规程草案（审查修正本）

第一条 在动员戡乱期间，省保安司令部依本规程之规定组织之。

第二条 省保安司令部隶属行政院，受国防部指挥监督，其有关警保事项，兼受内政部之监督指挥。

第三条 省保安司令部置司令、副司令、参谋长各一人，司令由省主席兼任，综理全省保安事务，副司令及参谋长由国防部派充，襄助司令处理事务。

第四条 省保安司令部设左列各处科室。

（一）秘书室 掌理机要、文电事项。

（二）参谋处 掌理情报、作战事项。

（三）警保处 掌理编组、训练、警政、交通、通讯及械弹之补给事项。

（四）新闻处 掌理宣传及政工事项。

（五）总务科 掌理庶务、警卫、交际、运输、医务事项。

（六）经理科 掌理经费出纳及被服装具之补给事项。

（七）会计室 掌理经费稽核及审编预决算事项。

（八）军法室　掌理军法审判事项。

（九）人事室　掌理人事之任免、考核事项。

前项各处科室系统及编制如附表。

第五条　前条各处科室编制内人员，除警保处正副处长由内政部提请任命，警政人员依照警官任用条例办理外，军事人员依照陆军人事法规办理。

第六条　省保安司令部之编制分甲乙丙三等，如附表，由国防部会同内政部察酌各省情形分拟等次，呈行政院核定。

第七条　省保安司令部办事细则，由各省订定之。

第八条　本规程自公布日施行。

省保安司令部编制表

区别		司令	副司令	参谋长	秘书室			参谋处						司书
					秘书	译电员	司书	处长	第一科		第二科			
									科长	参谋	科长	参谋		
职别														
阶级		中（上）将	少（中）将	少将	军简荐一三阶	军委二阶	军委四阶	上（或少将）校	中（或上校）校	中校	上尉	中（或上校）校	中校	上尉	军委四阶
额数	甲等	一	一	一	一	一	一	一	一	二	三	一	二	三	四
	乙等	一		一	一	一	一	一	一	二	三	一	二	三	三
	丙等	一	一	一	一	一	一	一	一	二	三	一	二	三	三
备考															

警保处												新	
处长	副处长	第一科		第二科		第三科		第四科		视导	编审	雇员	处长	第科长
处长	副处长	科长	科员	科长	科员	科长	科员	科长	科员	视导	编审	雇员	处长	科长
简任	简任	荐任	委任	荐任	委任	荐任	委任	荐任	委任	荐任	荐任		上校（或少将）	中（上）校
一	一	一	十二	一	十二	一	十二	一	七	五	三	八	一	一二
一	一	一	八	一	八	一	八	一	六	三	二	六	一	一二
一	一	一	六	一	六	一	六	一	五	一	一	四	一	一二

闻 处							总 务 科				经	
一科		第二科		副官	统计员	书记	司书	科长	科员	书记	司书	科长	科员
科员	科长	科员											
中少校	上(中)尉	中校	中少校	上(中)尉	上(中)校	少校	上尉	少准尉	中校	中少校	上中尉	中少尉	上中尉	军委四阶	二等军需正	二三等军需正
一二	二	一	一二	二	一	一	三	一	一二	一一	一	二	一
一二	二	一	一二	二	一	一	三	一	一一	一	二	一
一二	二	一	一二	二	一	一	三	一一	一	二	一

理科	会计室			军法室				人事		
司书	主任	科员	司书	主任法官	军法官	书记	司书	主任	科员	
二三等军需佐	军委四阶	二等军需正	三三等军需正	一二等军需佐	军委四阶	或军简三阶军荐一阶	军荐二阶	军委一阶	军委四阶	军荐一阶	军荐二阶	军委二三阶
一	一	一	一	一	一	一	二	一	二	一	三	一 一
						一	二	一	二		二	二
一	一	一	一	一	一	一	二	一	二	一	一	

室司书	卫士	司号	传达	勤务兵	饲养兵	炊事兵	合计
军委四阶	中下士	上士	中上等兵士	上等兵一	上等兵一	上等兵一	
三	一二	一	一五	一五	一二	一六	兵一九〇 二六
二	一二	一	一四	一五	一一	一五	官二三四 兵二六
一	一二	一	一三	一五	一一	一四	兵一〇七 二一

区保安司令部组织规程

第一条　在动员戡乱期间,各省除已划列绥靖区之地方,依照绥靖区司令部组织规程组设绥靖区司令部者外,其未划列绥靖区之地方,得就行政督察专员区成立区保安司令部,其组织依本规程之规定。

第二条　区保安司令部直隶于省保安司令部。

第三条　区保安司令部置司令、副司令各一人,司令由行政督察专员兼任,副司令由省保安司令部派充,襄助司令处理事务。

第四条　区保安司令部设左列两科:

第一科　掌理情报、作战及民众自卫队编组、训练等事项。

第二科　掌理人事及械弹、粮服、器材等之补给与交通、通讯、卫生等设施事项。

第五条　区保安司令部办事细则,由各区保安司令部订定之。

第六条　区保安司令部之编制如附表。

第七条　本规程自公布日施行。

区保安司令部编制表

区别\职别		司令	副司令	第一科			第二科			副官	军需	书记	司书
				科长	参谋	参谋	科长	参谋	参谋				
官佐	阶级	少将	上校	中校	少校	上尉	中校	少校	上尉	上尉	二三等佐	军委二阶	军委四阶
	员额	一	一	一	一	二	一	一	二	一	一	一	一
士兵	阶级												
	名额												
备考													

卫士	司号	传达	饲养兵	炊事兵	勤务兵	合计	附记
						十五	
下士	下士	下士	一等兵	上等兵	一等		
一	一	一三	一	四	三	十四	

〔行政院档案〕

5. 行政院一九四七年度重大军事行政措施检讨报告

(1948年1月)

国防

政府对于共党问题，原想以政治方式求解决，故卅六年初仍继续整编国军，惟以共党的叛乱日益扩张，国军的整编工作亦不得不审慎进行。到了该年六月，共党的叛乱气焰已达高潮，国民的和平希望全被消灭，然后政府乃颁令动员全国力量，厉力戡乱，以求达到真正的和平统一与民主。兹将一年来各项重大措施分述如左：

一、继续整编国军

我国陆军太多，而海空军都太少，故整编工作，实以陆军为主要对象。至整编的方针，则在化军为师，化师为旅，力求员额减少，素质提高。此项工作系于卅五年度开始，卅六年度仍继续进行，惟因共匪叛乱日甚，未能全部完成，截至年底为止，总计已经整编者有七五个师，一五八个旅，尚待整编者有廿六个军，七十七个师。又为建立正常征兵制度，及适应动员戡乱需要，并仍继续实行征兵。

二、厉行动员戡乱

卅六年七月初，本院奉到国民政府令颁厉行全国总动员以贯彻和平建国方针一案后，随即订定《动员戡乱完成宪政实施纲要》，于呈奉核定后公布实施。此项纲要的要旨，已于前言一章内叙明，根据此项纲要而陆续订颁的实施办法，计有《动员戡乱完成宪政国防军事实施办法》（十二月九日公布、廿三日修正公布），《后方共产党处置办法》（九月五日公布、十二月三日修正公布），《粮食流通管理办法》（十一月廿二日公布），《全国花纱布管制办法》（十二月廿六日公布），《加强金融业务管制办法》（十二月廿三日公布)，《厉行消费节约办法纲要》(八月卅一日公布)及《动员戡乱期间劳资纠纷处理办法》(十一月一日公布)等种。为求动员戡乱工作的顺利推进，经于十一月间通令成立，由各级民意机关议长主持的省市县戡乱建国动员委员会，以分负各地动员民力的责任，同时并授权地方各级行政首长，指挥辖区内所有保卫武力，以加强军事政治的配合。

三、实施联省剿匪

共匪本是一种流寇，自从延安老巢及鲁省根据地为国军收复后，其流窜性能遂更加强。政府为防其流窜，加以聚歼，特分区进行联省剿匪工作，其中最重要者为左列三大区：

(一)华中区 共匪在山东的根据地为国军攻占以后，刘伯承匪部因在鲁南走投无路，乃于卅六年八月间窜入豫、鄂、皖、赣等省，希望建立大别山军区，同时陈赓及陈毅匪部亦相继渡河南窜，以相呼应，政府为联合华中各省力量予以聚歼，特于十一月中旬召开豫、鄂、湘、赣、皖、苏六省联合剿匪会议于南京。这次会议对于划建绥靖区，加强军政配合及地方团队等，都有详实意见提供中央采择施行。会议闭幕后，随即成立国防部九江指挥部，由白部长坐镇九江，指挥华中军事，并指导鄂、豫、皖、赣、湘五省政务。现大别山重要据点都已收复，共军主力已被击溃，残匪正在国军搜索清剿之中。

(二)华北区 华北的剿匪工作，原由各绥靖区军事长官分别负责，各区的联系，常有赖于联防会议的举行。卅六年十二月初，为加强联系，以便展开剿匪工作起见，特于北平成立华北剿匪总司令部，并派傅作义将军为总司令，以统一晋、冀、热、察、绥五省国军的指挥。

(三)东北区 东北的政治和军事，早于东北长官保安司令部撤销以后，即由东北行辕统一指挥。卅六年八月，为加强东北军政的指挥，经特派国防部参谋总长陈辞修将军兼任东北行辕主任，坐镇东北。因此国军在东北虽因战略关系，暂仅保有沈阳、长春一带，但共匪在卅六年度内先后发动的六次南犯攻势，则都被国军击破。

四、加强地方自卫武力

抗战结束后，政府鉴于新收复地区，匪患日深，人民无力自卫，早于三十五年六月颁布《收复区民众自卫队组训方案》，以苏、皖、鲁、豫、晋、冀、察、绥、热、陕、鄂等十一省为实施区域。三十六年度开始后，经将原方案修正为《绥靖区民众自卫队组训办法》，另复订定《绥靖区民众自卫队指挥系统暨补充干部械弹办法》，并将东北九省二市及广东沙区加入适用范围。

上列办法实施后，绥靖区的地方自卫武力虽已逐渐加强，但因所负任务既仅偏重于盘查、守望、侦察、向导、救护、运输、工程、供应等，而其适用范围又仅限于绥靖区，故在国民政府颁令动员戡乱以后，实已不能适应客观情势的需要。本院有鉴于此，特按照原办法重新订定《各县市民众自卫队组训规程》，于九月廿四日颁布，全国各县市一律施行。是项组训规定各县市应组织一般民众自卫队，以担任清剿零匪，警卫地方，及情报、向导、运输、通讯、警戒、盘查、工程、救护等任务，并组织常备自卫队，以担任机动剿匪，配合国军及保安部队作战。其目的在以国军清剿大股匪，而以地方自卫武力扫荡零星散匪，以国军控制点，而以地方自卫武力控制面，使匪无隙可乘，迅被歼灭。嗣为督促各省市迅速依照原规程实施，并经通令各省市限于卅七年元月底以前一律完成。据国防部统计，全国已有组织的民众自卫武力，在三十五年度为官五七，五三三员，士兵二，二二九，八五三名，步枪一四九，三九二支，机枪一，五七一挺，手枪五，六〇一支，而在三十六年度则为官一〇四，〇五一员，士兵二，八一八，〇一九名，步枪二七八，〇五四支，机枪二，五九三挺，其他武器（梭标、刀、矛等）二〇，四六八件。此外尚有陇海兰封至铜山段民众护路自卫队——〇中队，队员三七，〇六三人。又卅六年度各省市地方自卫队，共对匪作战一七四次，参加作战人员一二，九三三员名，伤亡失踪四四九员名，总计伤亡匪官兵一四，八二六员名，卤获匪官兵一五一员名，枪一二八支，弹三九，六三二粒，其中苏北、鲁南、鲁西、豫北、豫西、察绥等地的民众武力，都曾奋勇战斗，惨烈牺牲，予匪以极大的打击。

〔行政院档案〕

6. 行政院改组各绥署剿匪总司令部决议案

（1948年6月23日）

行政院第四次会议　三十七年六月二十三日
　　临时报告事项（一）
　　改组各绥署剿匪总司令部案
　　国防部六月廿一日代电称：奉核定（一）武汉绥署改称长沙绥署，即移驻长沙。（二）国防部九江指挥部改组为华中剿匪总司令部，特派白崇禧兼总司令。（三）陆军总司令徐州司令部改组为徐州剿匪总司令部，特派刘峙为总司令、孙震为副总司令。（四）陆军总司令郑州指挥部改组为徐州剿匪总司令部郑州指挥部，派孙震兼主任。请钧核发表。等情；到院。拟由院转呈发表。
　　决议：通过。

〔行政院档案〕

7. 国防部关于反共军事总崩溃情况及布署军事反攻之业务报告

（1949年9月）

行政院施政方针国防部业务部份报告书
　　最近四个月来之军事情势，国防部秉持既定方针，争时待机，机动作战，在艰苦困难中，一面求稳定战局，一面作反攻布署，匪

609

军的夏季攻势，着重在西北与华南，战争连续，已经三月，虽然西北方面，我军由于兵力没有集中，指挥未能统一，友军协同不够，补给十分困难，甘、陕、青、宁、绥各省，均遭受挫败，但甘陕豫川鄂边区战局，已经稳定，且正图加强，以为西南屏障。华南战局，林彪、陈毅、刘伯承诸匪，集中野战部队百余万，自七月中旬起，向福建、江西、湖南各省进犯，我军为求实行机动作战战略，争时待机，曾自南昌、赣州、福州、长沙各地转进，主力损失甚微。其间长沙方面，程潜、陈明仁叛变投匪，所辖五个军的部队，百分之八十五均已返回国军阵营，受程、陈胁迫投匪者，不过残缺之两个师及一部保安团队。湘西、湘东且曾获致数次胜利，先后击破林匪所部三个军。刘伯承之主力，累次图犯赣粤湘边区，均被我军阻击，直到最近，匪之正规部队，才有一小部份，侵入粤北南雄、翁源境内。在此时期中，我军除加强华中湘东与湘西之攻势防御外，对于闽南漳州、厦门之作战，曾集中陆海空军一部，与匪激战，消耗匪军将近一个军之兵力。同时我军对于保卫华南之战备，如加强广东之东江、北江防线，积极部署保卫广州革命策源地之工作，均在切实进行。华南战局，至今犹得稳定者，华中军政长官部在湘东之作战，与东南军政长官公署在闽南之作战，甚为得力。

西南后方，已较过去为巩固，共匪及其第五纵队，在云南昆明制造之变乱，由于国民党总裁蒋先生亲赴四川，协导西南军政长官公署处置适当，云南绥靖主任兼主席卢汉当机立断，已消患于无形，目前正集中军政力量，从事肃清共匪潜伏份子及士兵工作。同时四川共匪潜伏份子，在陪都重庆，到处放火，以致重庆市民生命财产，遭受重大损失，西南军政长官公署，事后处置得宜，除救死扶伤外，对肃清放火匪徒，及防止其同样情事继续发生，已作有效处置。共匪为配合其军事进攻，在香港、长沙、昆明及西北各省，不断发动政治攻势，和平攻势，谣言攻势，企图摇惑我人心,动摇我军心,不战而屈我之兵。幸赖全国军民均明大义,深知共匪阴谋诡计之狠毒,及一般卖身投靠之投机军人政客之无聊,不为动摇,以致长沙、昆明两处事变共匪均无成就,而反有利于我之作战。香港方面匪党,及其外围之一再通电煽惑,与东江吴奇伟、李洁之等之叛变投匪,亦未发生重大影响。

匪军渡江作战,将近半年,我军在表面上,虽仍着着失败,但我除失去不少城市与土地外,我军队实力之损失,尚不甚多,军队之士气及战力,且有恢复,江南之人心,完全改变,华北、东北之人民,都已一致觉醒,怨匪恨匪,欢迎国军,在豫、鄂、皖、苏、浙各地民众,已有自动武装起来反共之大规模行动,已知或已有连络之匪后游击部队,业已超过五十万人,彼等为争生存,争自由,在匪区已形成一巨大力量,而且正在不断扩大发展,使匪之清算斗争,参军献粮,支援前线,安定后方政策,不能贯彻。匪军野战部队,已有数军改为地方部队,与各地游击部队作战,本部除订定有效办法,激励人民在匪后组织武装自卫反共军,并鼓动遗留匪后部队及在乡军人群趋互相声援,同时并不断派遣干员,前往匪区连络策动游击部队之发展,空投传单,告以国内外反共之实际情形,俟时机许可,我有力部队,当分区反攻,以为声援。此为军事上一大转机,彼等牵制匪军,助我稳定战局,准备反攻,厥功甚伟。

匪军士气与实力,由于天时地利人和,均予匪不利,已受严重打击与损耗。数月来天气炎热,黄河、长江流域大雨大水,匪军除陈毅部队较好外,刘伯承部士兵多直、鲁、豫人,林彪部多东北人,彼等不惯山地作战,不服水土,被服装备不好,医药补给困难,因之疾病时疫,在匪军中普遍发展。据各方报告及匪俘归俘共称,刘、陈匪部患病人数常在三分之一以上,病死人数至少四分之一,未死者亦不能继续作战。同时匪军中有三分之一,为国军俘掳,彼等多不愿附匪作战,一有机会,即相率逃散,或于战阵前线,携械来归。若能长此旷日持久下去,我之长期消耗战略,必可更加分散消耗匪军实力,彼时我军乃可逐渐取得主动,转守为攻。一俟我军反攻准备到成熟阶段,我们即可转败为胜,军事新形势之到来,为期已不在远。

其次报告有关行政院、国防部施政方针之执行情形。

国防部之当前主要任务有四:一、为巩固反攻基地。二、为培植新生力量。三、为厉行军事革新。四、为实施总体战。在军令方面,于争时待机之政策下,采用总体战之政略,全面战之战略,以及避实击虚,以明击暗,以大吃小,速战速决之战术,以期扭转战局。在军政方面,厉行革新,采唯效用人,唯效绳人之人事制度,与核实补给,经理公开之有效措施,以期改善官兵生活,提高士气。在军训方面,严格施训,以期做到精兵主义。在政训方面,加强政工,以期恢复部队革命精神。以上所列为国防部施政之主要原则。至其具体实施,有如下述:

(甲)巩固基地准备反攻

一、保卫华南、西北

当前国军主要任务,为保卫华南、西北,稳定前线,打入匪区,肃清后方,巩固中枢。为达成此项基本任务,曾根据扭转时局方案,拟定保卫华南、西北方案,分令主管单位,研究实施。并成立国防部西北指挥所,统一指挥西北之作战。又将华南指挥机构,予以调整,以便统一指挥华南方面之作战。目前匪我对峙之线,正尽一切力量,坚持寸土必争,同时密派干员及有力部队,实行敌进我进,打入匪区,变匪后方为前方。并加强组织,肃清后方一切匪谍及其小武装。

二、建立台湾、海南、定海基地

为贯彻长期剿匪作战,准备反攻力量,本部现正致力于台湾、海南、定海各岛基地之建设,使成为我陆海空军军需生产、补给、训练及反攻之基地(详情如附件(一)——台湾、海南、定海建设概略)。

三、加强各战区间之策应联系

现时我剿匪战场,西起甘肃,东迄闽海,为便利指挥作战,本部曾先后设置西北、华中、西南、东南及华南五个军政长官公署,赋予各该战区作战指挥责任,并在西南四川周围重建重庆陪都防卫力量,分别成立川湘鄂边区绥署、川鄂边区绥署、陕鄂边区剿匪总指挥部、川陕甘边区绥署,按总体战原则,统一各该方面作战事宜,以期巩固四川,并以广东、四川两地为中心,联系西北、华中、华南、东南战场,使能互相策应,互相支援,以为积极反攻之准备。

迩来全国各战场已取主动机动战略,常有胜败互见之表现,相信不久将来,当可反守为攻,扭转战局。

(乙)精兵简政加强整训

一、紧缩机构核减国军员额

为节约军费,减轻国家负担,提高官兵待遇,故国军员额,经由五百万整编为三百万,现正继续拟减到二百五十万,以切实实施粮饷补给制度,渐次提高官兵待遇(详情如附件(二)——办理国军员额核实补给概要,及附件(三)——三至八月份银元经副费收支报告表)。

至简化与裁并机构正分别实施中:

(1)指挥机构,如各军政长官公署、绥署及兵团司令部等均经检讨紧缩,核定新编制,分别予以缩编。

(2)后方次要机构,亦经节约员额,如学校、兵役等机构,分别裁并与紧缩。

(3)为适应目前军事需要,使补给业务更增灵活起见,特将联勤总部撤销,以其业务并入本部统筹办理,各补给区制度,改用分层,由各战区负责。

(4)将作战损失部队之空番号及作战不力、空缺过多之部队,分别裁并，严格整编。

二、充实前线部队整训后方部队

凡前线作战部队，战力坚强及作战有功者，均列为优先补充，予以充实（附件（四）——国军装备补充概要）。为配合作战需要，并将前后方部队，加紧整训，第一线部队，以在战地补充，利用机会训练，使能随时参加战斗，第二线部队，系将成立之各军师，由编练司令部负责编训，凡编练一经完成者，即改为兵团，参加作战，其未参加作战之部队仍在原地继续整训。

三、加强慰劳工作激励士气

慰劳慰问工作，政府原以指导策动地位发动人民团体举办：

（1）国防部官兵慰劳团分十二组出发慰劳。

（2）最近正筹组中央慰问团，分五区实施，即可出发。其他如广州市二百万银元劳军款之征募，十万军鞋、十万毛巾运动，亦在次第举办中。

（丙）严明赏罚整饬纪律

一、奖励忠贞，惩办辱职军官及作战不力部队。

本部鉴于挽救剿匪军事上之失败，必须有功必赏，有过必罚，除过去所颁布之各种励奖，惩罚办法外，在本年五月间，依据连坐法之准则，订有国军作战部队战阵赏罚令，及临时职阶办法，通饬遵行，并提高奖金及授权各高级指挥官代授励奖，以期及时赏罚，而励士气（详情如附件（五）——国军部队作战赏罚令概略）。依据赏罚令规定，在本卅八年六月至八月份期间，其赏罚实施情形如左：

（1）作战不力部队及辱职军官之惩办

（一）京沪保卫战役，第八八军、第十二军、第二十八军、第三十七军、第四十五军、第五十一军、第六十六军、第八十五军、第一百〇六军及暂一军等十个军，及江阴、吴淞两个要塞司令部等单位，或因作战不力，或因损失重大，番号均予撤销。

（二）叛变投匪之程潜、陈明仁、张轸等，及参加匪党政协会议之军职人员，均予通缉，并免官褫勋（详情如附件（六）——投匪人员惩办情形表）。

（三）对贪污、辱职与违抗命令，及作战时遗弃部属之施有仁等，撤职查办，或交军法局讯办（详情如附件（七）——贪污辱职人员惩处情形表）。

（2）忠勇有功将士之升奖：

（一）本卅八年六至八月份受奖官兵概略：

六月份受奖官兵一，四八七员，士兵二，一一〇名，七月份官佐六七员，士兵一九二名；八月份官佐八七员，士兵一六五名，共计官佐一，六四一员，士兵二，四六七名。

（二）特殊忠勇事迹例举：

（子）永嘉军舰舰长陈庆堃，于第二舰队叛变之际，率舰突围，仍参加上海战役，卓著功绩，授青天白日勋章。

（丑）陈逆明仁，叛变期间，第七十一军八八师二六四团团长倪中纯不甘附逆，率人枪全部扣押叛师长刘勋浩来归，除给予该团慰劳金银元一万元外，并特予提升为八八师师长。

（寅）华中湘南青树坪战役，有功将士，如第七军军长李本一、参谋长郑宏昌等，授权由白长官授予勋奖，至空军有功将士，由空军总部统筹勋奖。

二、整饬军队纪律加强军民合作

本部为整饬军队纪律，特重新严格执行赏罚，并迭经颁布（或修订）有关整饬纪律，执行赏罚各项法令，通饬遵行。惟抗战经过八年，又继以四载剿匪，因受国家财政困难之影响，官兵均感衣食不足，以致违法犯纪之事，层见迭出。今欲力挽颓风，励行整肃，必须标本兼治，一面尽可能提高官兵待遇，解除官兵痛苦，一面建立军事监察制度，确实检点、检查，加强视察业务，倡导检讨检举，铲除过去一切积习，分派战地视察组，常驻战地，考核功过，增强战力。又加派巡回视察团，周历各区，理处军民纠纷，融洽军民情感，实施以来，颇收成效。今后除更求官兵待遇合理改善，并发动各地绅耆，成立驻军及过境部队福利委员会，协助解决困难，推进军民合作外，当继续严格整饬，以期日渐改进。

三、加强部队组织巩固官兵团结

为健全部队组织，巩固官兵团结，各部队一方面进行组织工作，一方面进行内部革新工作。组织方面，以连队为基层，各班组织战斗小组，以模范忠勇士兵为核心，以加强掌握，增进战力。革新方面，力行四大公开，各级均运用生活小组，使意见公开，运用人事评判委员会，使人事公开，运用纪律监察评判会，使赏罚公开，运用经理委员会，与经理伙食委员会，使财政公开，以做到官兵同甘共苦，生活一致。

（丁）发展民众武力实行总体战

一、健全政治基层组织，改进保甲，实行政治战

依照院颁反共保民动员委员会组织章程之规定及总体战方略，动员全国人力物力，集中一切力量，与共匪全面作战，部署反攻，已令各省市县分别成立反共保民动员委员会，负起征募、组训、慰劳及肃奸等工作。现各省市已次第组设成立，正展开工作中。

二、关闭匪区海港，及局部空室清野，实行经济战。

本卅八年六月二十六日零时起对陷匪港口海岸（福州以北至营口）实行关闭以还，计劝阻外轮进入匪区者，有岳州号、苏彝士之星、摩拉、新顺利及其他等计共七艘，扣留本国籍企图进入匪区之货轮九艘，焚烧济匪货船四艘。又空军方面，轰炸上海江南造船厂、闸北水电厂及匪方舰艇、船舶、铁路、桥梁、列车动力厂及真如国际电台等，阻绝匪方海空交通、通讯，陷京沪为死城，迫匪于上述地区，作大规模之紧急疏散，增大其后方之负担。

刻以战况转移，关闭区域自八月二十七日起，由福州港口向南延伸至围头湾口北端止，并更加强关闭力量，对匪区之经济作猛烈之打击。

较关闭陷匪港口具有更积极之作用及价值者，即为于某一重要局部实行空室清野，现华中战场已屡行有效，其他战场亦积极准备实施中。此不仅使匪军所到之处，野无所掠，行无所依，斩断匪军生存滋长之来源，增加匪军补给困难，具造成有利我军之形势，俾我军能以逸待劳，以明击暗，避实击虚，而迫使匪军在不明敌情毫无把握之战场上，被动作战也。

三、发展地方武力对匪实行民众军事战

值此匪焰猖獗之际，我欲彻底消灭匪军，获至最后胜利，除保卫基地待机反攻外，尤须以广大民众为基础，组织地方武力发动游击战争，变匪后方为前方，使匪疲于奔命，伺机予匪以致命之打击。本部为适应目前之需要，检讨以往之得失，特建立游击部队指挥系统，依照地理环境与现有军政管辖情况，划定大小单位二十四处，大单位由军政长官绥靖主任或绥靖总司令等负责指挥，小单位由挺进总司令或绥靖总指挥等负责指挥（详情如附件（八）——各队游击队之分布状况与活动情形概略），分头组织各地地方武力发动全国性之游击战争。

至匪后全国游击办法亦经颁布施行，其原则：

（1）凡省主席、专员、县长只可在原辖区内有游击政府，不许在后方有流亡政府。

（2）对于匪后方游击政府之省主席、专员及县长等，赋予党政军（民军）之全权。

（3）游击政府之经费及粮秣、服装，应以就地自力更生为原则，概由地方自筹，中央仅酌予补助。

（4）各师团管区司令部及其所属部队，于辖区陷匪时，应即在辖区内参加人民反共自卫救国军之组织，自求生存，不准撤退

（附件（九）——全般匪情）。

（5）凡匪后游击部队或民众武力能控制一县者,即承认其领导者为县长,能控制一专员区者,即承认其为行政专员,能控制一省者,承认其为省主席,并由政府给予正式任命,以资激励。

四、暴露共匪罪行实行宣传战。

（1）确定宣传战方针。

（一）争取国际同情,建立反共阵线。

（二）坚强国军战志,巩固胜利信心。

（三）动员民众力量,支援反共战争。

（四）打击匪军士气,造成匪军崩溃。

（2）工作实施：

（一）扩大宣传组织与各宣传单位筹组非常时期宣传决策及统一指挥机构,并在各地成立甲种及乙种宣传会报,以扩大反共救国宣传。

（二）大量编印匪区实录,及反共问题等书报,分发军民及海外侨胞阅读。

（三）整肃舆论,取缔为匪张目之反动报纸书刊。

（四）大量印制传单,空投匪区,打破匪党封锁新闻、欺骗人民之技俩。

（五）以各地军中广播电台为中心,与各民营广播电台同组广播宣传小组,展开广播宣传。

（六）鼓励由匪区逃出之智识份子及青年难民,报导匪区实际情况,使全国军民,均知共匪铁幕内之不自由,及人民清算、斗争、参军、献粮之痛苦,以致不能生活、无法生存之实际情形。

结论

总结以上报告,证见四个月来军事情势之发展,政府施政方针所规定之争时待机,机动作战之政策与战略,已收到一部份效果,即使在西北各省,我军曾遭致意外之失败,然对保卫华南、西北之全般政策，仍在逐渐实施，国军之士气与战力，渐得恢复，在受财政经济限制，惟有实行精兵简政政策之下，国军员额由五百万减成二百五十万，兵员核实，已具相当成绩，官兵待遇，事实上并未提高多少，但我军之战力，则确已较前增强。反观匪军年来之扩充，数量上已经发展到野战军及军区部队约四百万人，但其军队素质之变坏，匪军内部管制组织，已不能如过去之严密，匪军待遇及生活，较前更为恶劣，而人民参军献粮之负担奇重，激起人民普遍之反抗怨望，失去人心，使得人民由过去为匪支援前线之热忱，一变而为支持人民反共自卫救国军之游击部队，以与共匪直接斗争。此一事实，为数月来军事情势最大之改变与发展，亦即匪我主客易势。此种形势，已使匪军逐渐陷于被动，我军逐渐取得主动，此对今后反共救国战争将有重大影响。

其次，由于国防部坚持稳定战局，准备反攻，造成长期消耗战之局面，在国际上已得到良好反应，国际声援与援助已增加希望，全国人心之向背，已发展到怨恨共产党，欢迎国民党，厌恶共匪政权，拥护中央政府。国军在战场上，虽因匪我实力悬殊，仍不免于若干失败，但全国官兵，同仇敌忾，均已知反共救国战争之意义。从此反叛投匪之事实，定可减少。加以国军本身之改革，与军事革新政策之实施，不难使得反共战争之前途，显出光明之希望。固然过去几个月来，军事上之兴革，仍嫌过少过慢，但全国官兵都已提高警觉。有些部队，正自动积极从事改革，加紧整训，务求充实战力，争取反攻胜利。此种一般想好之动机与行动，未始不是国军之新猷，如能得到全国人民及民意机关代表之鼓励赞助，进步不难加速，战局不难扭转。

目前军事上之最大困难与希望，仍为官兵生活与民众动员之改进问题。国防部及各高级将领，均深知过去本身之错失甚多，承认并接受历次失败之教训，最近正在不断检讨。以谋兴革对统一指挥贯彻命令，辨别功过，严明赏罚，提高士气，整饬纪律，加强政工，改良补给诸项要务，务求彻底改革，切实实施。诚挚期望立法院同人多予指导，严加督促，俾战局得以确实稳定，反攻能够早日实现，反共救国，剿匪救民，日见光明。

〔行政院档案〕

（四）修订《剿匪手本》制定内战方策

1. 蒋介石批复刘峙修改《剿匪手本》报告代电

(1945年11月18日)

国民政府代电　　府军仁字第六八七号
　　　　　　　　中华民国三十四年十一月十八日

军令部徐部长勋鉴：兹发交刘长官峙十一月十二日第295号报告并附件一件，希核议具报。中正。戌巧。府军仁。

附件一：报告

　　　　　　第五战区司令长官刘峙呈　三十四年十一月十二日　承办机关号次第二九五号

恭读钧座前颁手制剿匪手本，精到简要。江西剿匪既收大效，今后绥靖尤为国军必须重温之典则，惟内容与今日之时势稍有出入，除已遵照前颁剿匪手本翻印分发所属各级官兵研读外，谨将职研读所见条呈于后，是否应予修改之处，伏乞鉴核。谨呈
委员长蒋

附件二：恭读剿匪手本后之所见
（一）今昔剿赤不同之点
一、就政略上观察，昔之赤匪仅施其农工政策，作共产主义与三民主义之斗争，今之赤匪则拉拢各党各派，伪言实行民主，虽其劫夺政权之目的，今昔如一，而其所取之政略则殊。
二、就战略上观察，昔之匪局居江南山地，陷于内线不利之地位，今之赤匪则散布大河南北，面积既广，且欲打通至外蒙之

国际路线,取外线作战方式制我行动。

三、就地理上观察,昔之赤匪因被困贫乏之山地,易受我物质之封锁,生存困难,今之赤匪则多占有富饶地区,生存容易。

四、就装备上观察,昔之赤匪仅十余万人,装备拙劣,今之赤匪则号称数百万人,拥有较前优良之装备。

五、就时势上观察,昔之赤匪为攘外之障碍,今之赤匪,则为安民之障碍,盖昔强邻压境,攘外必先安内,今则抗战胜利,建国必先安民。

六、就立场上观察,昔之赤匪在本党训政时期,难免有党争之嫌,今之剿赤则在正将实施宪政之时,且中央已开放党禁,但求政令、军令之统一,赤匪既无诚意团结,是其自弃于国人,故今后剿赤乃政府依民意之请求,而今国军剿赤,并非党争。

(二)基上所述,下列各词句似宜酌予修正:

一、绪言中

"我革命军自入赣剿匪以来,至今已时逾三载,……且及四人之多。"

"以此而欲望其清匪灭寇,则党国焉得而不危殆乎。"

"吾人如果欲破此江西山中之贼。"

二、救民篇中

"今赤匪乱国害民,致招倭寇外侮之侵略。"

"国强则外侮自熄,倭寇不足平矣。"

三、气节篇中

"国民党行党员之责。"

"今剿匪失败,外侮日急。"

四、"革命军"连坐法篇

"革命军即实行此连坐法。"

"第四条,各级党代表亦选用本连坐法。"

五、智勇篇中

"今日赤匪枭张,我军失利者。"

"此即赤匪上次在霍源东被之役。"

"此赤匪三年以来忽东忽西。"

六、勤劳篇中

"吾辈革命军人,当此内忧外患危急存亡之秋,……其成败利钝固难逆料。"

"当此空前未有之寇灾匪祸。"

七、战机篇中

"现在江西剿匪情形。"

"我江西剿匪各将领。"

"湖南前年之匪患,尤甚于今日之江西。"

"望江西各军。"

"以立今日剿匪御寇革命立国之基已也。"

八、抗日歌。

〔国防部战史会档案〕

2. 军令部等对《剿匪手本》修改意见之签呈

(1945年12月—1946年6月)

(1) 军令部签呈(1945年12月1日)

签呈 中华民国卅四年十二月一日于军令部

案奉钧座戌巧府军仁代电略开:兹发交刘长官峙十一月十二日第二九五号报告并附件一件,希核议具报。等因;遵签具意见如次:

一、查剿匪手本乃战前江西剿匪时所订定,目前国内外情势及奸匪情况均与昔迥异,刘长官研读所见,尚属洽当。

二、拟将剿匪手本就目前情况,参酌各方意见重加修改,并

623

与前奉钧座在林园座谈会时面谕，应行增加之"保甲组织战宣传战"等八项（现在拟编中），及奸匪最近战法及对策等，一并编为教令颁发至于剿匪手本，则不再重印。右拟是否可行，敬请钧裁。
谨呈
代总长程　转呈委员长蒋

（2）军政部军务署参谋室签呈（12月6日）
签呈　中华民国三十四年十二月六日于参谋室
一、查剿匪手本第六战机一节，其指导方针系本曾、胡战法"以守为主，以攻为客"，所谓攻势防御是也。然今昔异势，似有修改之必要，兹略举其相异之点如左：

一、匪势不同：1.江西时代质佳而团结力强，现在数多而质坏，其战力较低。2.昔为集中其兵力之转用较速，但今为分散彼此，甚难相应。

二、地形不同：昔多属山地而出产少，今则大半平原而物产富。

三、交通情形不同：昔均为小径公路少，今则铁路、公路均多，交通则四通八达，无处不可行车（除少数山地外）。

四、装备不同：匪我均有改善，但重武器及交通工具我则优势甚多。

五、态势不同：昔匪无外援，今则北境开放，若假以时日，则其势遂固难以消灭矣。

以上五项，皆似应以优势兵力，以神速机动先击破其主力，遮断其与国外及各区之连系，然后分区扫荡为宜者。抗战中日寇在沦陷区挟其技术与装备、交通及通信之长，于必守之点与线则配置连环堡垒，守以小兵力，而强化其交通，并配置以较大之兵力以应援各点，故坚固异常，当得知其敌主力所在时，则以迅速之转运分进合击以消灭之，并扫荡其根据地，此种战法似可采取。

六、关于战机一节，拟送军令部加以修正。当否？乞示。

(3) 军令部第一厅第四处签呈（12月19日）

签呈 中华民国三十四年十二月十九日于第一厅第四处

查关于修改剿匪手本，以教令颁发各部队参考一案，经签奉准照所拟办理在案。遵已修改编订完毕。谨将稿本随签附，拟定名为"剿匪战术"，列为作战教令第三十一号，印订四千册，分发各机关部队参考。是否有当？敬乞核示。

附：《作战教令第三十一号稿本》乙本。

（附呈：委座手订《剿匪手册》一册。）

(4) 军令部第一厅第四处签呈（1946年3月12日）

签呈 中华民国卅五年三月十二日于第一厅第四处

查前修改剿匪手本列为作战教令第三十一号颁发各部队参考一案，奉批"再研究修正。一、不必顾及剿匪手本原文，以免累赘。二、删除理论，着重方法，尤须顾及当前剿匪之需要，编成纯粹的教令体裁"等因。遵删除剿匪手本绪言、理论及与原手本重复之部分，注重实施方法，并改定为剿匪基本工作之实施要领，现已修订完毕，随签附呈。惟现国内局势变化，此项教令应否颁发各部队，敬乞钧裁。

附呈：《剿匪基本工作之实施要领》一本。

(5) 军令部第一厅第四处签呈（3月28日）

签呈 中华民国三十五年三月廿八日于第四处

奉交修正作战教令第三十一号，遵将"第四"修正，如附页，其他条文亦间有点改，如附签，未必有是。至目录及条文号数，拟俟核可后再行修正。同时，本教令专以奸匪为目标，是否能适应尔后之情况，颁发之后难免不有遗失，有无使奸党藉口之顾虑，若认为必要，则字面上或稍加涵蓄，专指绥靖立言，或俟国大会后再行颁发。如何之处？并请核示。

一、改正各处均可，惟"地方保甲组织战"……等各项目，有系委座指定者，似以不变更体例为宜。

二、此件已变为备用之品，故以奸匪为对象，似不必回避。

三、所谓"……战"之意义，似为针对对方情况如何制胜之意，惟所谓"交通"、"保甲"、"情报"均各有专管部门，似以分别请其参加意见为佳。

四、奉厅长谕，陆军总部曾印有"共产党之认识"小册子可以参考，厅长留在南京，将来可以交参阅。

五、此件既无完成限期，似可多搜集资料，再续为审编如何？请酌

陈处长　四、一、

(6) 军令部密代电（6月7日）

军令部代电　一乾已字第　　号

参军处商参军长勋鉴：机密。（甲）第九五五七号函诵悉。主席手令对剿匪战术应特别注意之三点分别拟定具体办法一案，除兵工部份已请军政部办理外，关于战术部份已交由国防部第三厅接办，并饬编入本部正撰拟之《剿匪战术》册内，一并呈核。军令部。一乾。已虞。印。

〔国民政府国防部史政局及战史会档案〕

3. 蒋介石修改《剿匪战术》之机密手令

(1946年4月—5月)

(1) 蒋介石手令（4月17日）

机秘（甲）第九四〇〇号

徐部长次宸：剿匪战术应特别注重主动与机动，其战斗之对象不重在攻占城市与据点，要以杀伤其人马，收缴其武器为目的。各进剿部队应严整纪律，不准驻扎城区。以上各点，希于拟订剿匪战术时特予注意研拟，编入为要。

中正
三十五年四月十七日

(2) 蒋介石手令(5月23日)

机秘(甲)第九五五七号

徐部长次宸、陈部长辞修：剿匪战术中对于以下各点应特别注意：(一)连以上各级部队均应挑选智勇士兵组训便衣搜索队，以防范匪部潜入及偷袭。(二)各部队应多注重近战战术及其兵器如机枪、冲锋枪、手榴弹等，以防奸匪突击。(三)应训练夜间战术及配备照明设备，此项除目前使用之照明弹外，应研究补助照明方法，并自行制造储备之。希即分别拟订具体办法，具备为要。

中正
卅五年五月廿三日
〔国民政府国防部史政局及战史会档案〕

4. 国防部第三厅对《剿匪手本》之修改意见稿

(1946年5月20日)

对奸匪之战术及其行动之对策

奸匪以其干部之战术能力较低，为使能对战术上之行动易于了解起见，故多以俚俗之名词形容其各种战法，名目虽繁，皆不出于扰乱奇袭，不打硬仗范围，并以裹胁民众为主眼，对此等奸匪之作战，特宜注意搜索警戒及掩护以主动打击匪军，并应注意保持部队力量，能随时机动使用，以应战斗之突发性，同时必须作到加强党政机构,广揽民心,灵活军队耳目,封锁情报秘密企图,始能予匪以有力之打击。至于军队之部署,切忌巧妙复杂。须知军旅之事,以简单而能期其实行者,方合典则之要求,本对策之着眼在加强搜索力,以战略单位区分为诸兵种联合之战斗群,俾能机敏运用,并使野战军区分为攻击军与占领军,俾任务专一,劳逸适中,攻防进退互为犄角,即附打击掩护与运动于一身,百战而不倦,乃能克服诡计百出之奸匪,兹列举重要各点于后:

一、提高士气,认识剿匪真谛。奸匪逆谋夺政权,不惜勾结外援,背叛祖国。其唯一伎俩在扰乱破坏,陷民众于不能生存之境,以达其裹胁叛乱之目的。其暴乱行为实与我全国人民企望和平安定,实行经济建设,厚利民生之目的,根本背道而驰,将使八年抗战之结果毁于一旦,势非使我黄帝子孙沦为异族不可。故我国上下须知"有匪无我"之要义,根本求不到妥协,唯有乘其多行不义,战力未完之时,一举歼灭,方免噬脐之悔,亦为国家一劳永逸之计。

二、以党政军一元化对一元化。奸匪以其伪党部、伪地方政府与伪军区,伪党政军一元化之组织指挥灵便,专事破坏原有社会组织,冶割据与裹胁于一炉,以便利其主力军之行动。我宜加强党政军一元化之组织,确依统一之指挥,使各级党政机构均能配合军事上行动,则压倒奸匪之力量,自可充实。

三、加强党政下层机构,实行以下层对下层。奸党以不受任何法制上之拘束,其低级干部多系由群众斗争中选拔而来,具有独断行动之能力颇大,其无能者已受自然淘汰,故其下层基础比较稳固。我宜充实党政下层机构,发动党团员实际行动,并于行动中选拔干部,注重斗争经验,俾能因地取才,以加强党政之实力。

四、加强谍报组织,防止匪谍活动。奸匪利用其秘密组织奸谍四出,且因有国际性,更属防不胜防,故其情报相当灵活,恒能知我内情出我意表。宜先统一谍报机构，加强防谍力量，求能严密封锁我之情报，再进求获取奸匪情报，以获取情报作战上之优良地位。

五、加强民众组织，实行以民众对民众。奸匪常利用其基层组织与恐怖政策，驱使人民为其放哨侦察，致匪区周围匪哨密布，我一有举动，匪先知之，得适机以谋我。我宜加强党政机构，以组织对组织，极力组织民众，收揽民心，招抚裹协，使民众成为我之耳目，于我军占领区域内对匪之基层干部须奖励检举，予以清除，然后针对匪之弱点，对匪区民众加强连系，以击破其欺骗虚伪之民众组织。

六、加强搜索警戒，防匪不意袭击。奸匪以其游击之惯技，常利用飘忽之行动出我意表，以行奇袭。我宜加强部队之搜索力，于前进时布成搜索幕（如附图一），于驻止时编成警戒网（如图例八），并须利用民众行搜索警戒，在平原地带时尤须注意地下道之搜索及封锁，以防奇袭。

七、以强迫决战，制匪之不打硬仗。匪惯以飘忽扰袭之行动分散我兵力，然后集中优势以大吃小，如遇我强大或一击不逞，匪即迅速退却而不打硬仗。我宜将部队编为多数具有独立作战能力之战斗群，俾能适应机敏之作战。一面依严密之搜索与灵活之通信，适切判断敌情，实行主动及迅速之轮回打击。一面绕袭其根据地，并用迂回包围强迫决战，以使匪无脱逃之机会（如图例（二）（三）（七））。

八、以进不使退，制匪之"敌进我退"。匪惯以"敌进我退"实行疲劳我兵力。我宜彻底集中兵力，分区分期逐次围剿，以多数能独立作战之战斗群，实行正面牵制，翼侧包围，并用迂回或绕袭其根据地，使匪无法脱逃，受我歼灭（如图例（三）（七））。

九、以退不使进，制匪之"敌退我进"。匪常以"敌进我退"之策，疲劳并分散我兵力，迨其初步目的已达，伺我后退时，匪复前进拢袭,以行局部歼灭。我宜将军队区分为攻击军与占领军,凡攻击进展后,即以占领军随之占领,并构筑碉堡与防御工事,使攻击军能迅速前进,即令攻击军在疲劳之状况下,亦能依占领军之掩护以行休息整补,立即恢复攻击之气势,故虽退而使敌不能进(如图例(七)之二)。

十、以驻不使扰,制匪之"敌驻我扰"。匪以其疲敌惯技待我驻止时,即行扰乱袭击,使我不能休息,我宜以占领军领导地方自卫力量周密掩护,使攻击军恒在有力掩护之下,控置于集结有利之态势安全整顿,确保行动之自由,使匪之扰乱归于无效。(如图例八)。

十一、以无懈可击,制匪之"敌疲我打"。我以攻击军与占领军交互攻守,并即以灵活猛烈之打击及固定之碉堡与活动之掩护部队,俾劳逸适中,部队常在整暇之态势,使敌无懈可击,即令匪以主力对我妄求试逞时,我可以占领军将其吸引,随时以攻击军附其侧背或行反面决战,以达聚歼之目的(如图例(八)(九))。

十二、以稳扎稳打,制匪之诱敌歼灭。匪以游击之惯技,其袭击之目标不外为我之两翼或交通线与独立派遣之支队,有时于远前方配置纵深警戒,或以小部队逐渐诱我深入,俟我翼侧暴露,然后由四面八方实行包围我之对策。为稳扎稳打,步步为营,即攻击部队前进时,即以占领部队配合随行或秘密之党政机构人员占领攻击军所护之地,步步设防,使攻击军常保持集结机动之有利态势,如匪以主力向我某方面妄逞时,即依占领军之固守牵制,以攻击军附其侧背而歼灭之(如图例(六)(七))。

十三、以分进合击或贯突战法,制匪之麻雀战术。匪以所谓麻雀战法,利则群集,害则散飞,故恒于其主力四围布置纵深甚大之警戒网,遇我军强大,即鸣枪示警匪主力乃四散转移,若不鸣枪即匪视我力弱,欲依埋伏与各方之合围以取胜。我宜由各方面分进合击,使匪不能散飞而驱雀入网,一举包围而歼灭之。有时匪四方设伏或渗出外线行四面包围，我宜以大胆之行动集结兵力于一点，实行贯突攻击，成功后再行席卷，对装备劣势之匪军，恒可收伟大之效果。

十四、以避处城镇，制匪之里应外合。匪常利用所谓炸弹战术，以奸匪乔装居民，或于城镇内设地道网，乘我不备或夜暗施行里应外合，以行奇袭。故我军应控置于战略要地，不准集中城镇内部，且不以占领城镇为能，即占领军亦宜以主力于城镇外围从事防守，使常在有力之控置状态。至于城镇内部之守备及潜匪之清查与民众组织等，应尽可能以随行之党政人员，配合当地之秘密党政机构及自卫部队等任之为要。

十五、充分发挥武器威力，杀伤人员，收缴匪械，制匪之保全实力。匪以啸聚群众为能，为保持士气须使群众不目睹战场惨象，非方不得已不攻坚锐，不打硬仗。我为促其解体不可徒以轻装备与匪周旋，须尽量集中轻重武器，配以充足弹药，充分发挥火器威力于最高度，以收杀伤震骇之效，迅速扑灭其人员，收缴其武器，并使群众触目惊心，士气沮丧，故攻击须强韧，追击须执拗，日以继夜，夜以继日，促使其崩溃。但亦须防匪之埋伏与袭击，不可疏忽一切之注意。

十六、以沉着应战，纵深部署，对匪之分波扰袭。匪于战斗时常以多数小部队四处呐喊，淆乱军心，待我兵力分散，乃行局部歼灭或以民众分波突击，诱我射击，待我弹尽再以精锐主力向我冲锋。我宜作纵深梯次之部署，沉着应战，不轻易射击，俟至最近距离，始行火力奇袭，一举扑灭之。或以最前之梯队牵制匪主力波，前方之民众以后方梯队绕袭匪主力之侧背，而歼灭之（如图例（四）（五））。

十七、以增加输力，追送补给，制匪之因粮于地。匪以打富济穷为名分田割地，以收买一部份流氓地痞，同时用以就地补给，故给养便利，但农民私有心重，只因社会组织已遭破坏，无法为生,实敢怒而不敢言。我如强行就地征购,则流弊所至,既不能打富以济穷,反使富者亦感失望而丧失民心,故宜增加输力,追送补给,讲求后方连络线之掩护,恢复农工商业,以收揽民心为要。

附记:

一、关于党政机构之计划与设施另行研究。

二、关于剿匪战术中之搜索、警戒与攻防、遭追退等行动之特殊原则,另案研讨。

三、因匪之装备逐渐加强,据区日大而渐于正规之战术,仍以作战纲要所示为准。

四、对未成股之零星散匪,则以保甲及警察清除之。

〔国民政府国防部史政局及战史会档案〕

5. 参军处关于编纂《剿匪战术》与军令部第三厅往来函电

(1946年6月)

(1) 参军处函(6月18日)

敬启者:机密(甲)第九三六五号主席手令,为对于奸匪之战术及其行动与地方政治组织等,希在军令部设调查研究专员,专门负责研究并随时拟对策呈阅,前经于四月九日送达贵厅录办在卷,以该案亟待呈复,相应函请即将办理情形迅予查示,以凭转报为荷。此致

国防部第三厅

参军长　商震

(2) 军令部第三厅代电(6月19日)

参军处商参军长勋鉴:机密(甲)第九四〇〇号函,查询主席手令关于剿匪战术应特注重主动与机动,战斗对象不重在攻占

城市与据点，要以杀伤其人马，收缴其武器为目的一案之办理情形等由。查本件已编入《剿匪战术》，该稿俟核删完竣，当缮正呈核，特复。国防部第三厅。已皓。战办。印。

(3) 国防部第三厅办公室签呈（6月20日）

签呈　中华民国三十五年六月二十日于厅办公室

本件据四处陈处长谈：

一、原手令似经次长刘交二厅一处王副处长。

二、本件曾经次长刘指示，不必另设机构或人员，即利用大战研究会，由各委员随时研究并提供对策，惟在四月中旬以后，本部迄在还都变动中，大战研究会多未依时开会。

三、陈处长所拟《剿匪战术》，即系根据本手令所撰写。

(4) 国防部第三厅代电（6月22日）

参军处商参军长钧鉴：机密（甲）第九三六五号主席手令，关于设调查研究专员负责研究奸匪战术及其行动与地方政治组织一案，过去系利用军令部世界战争研究会，由各委员负责随时研究，研究资料已陆续编入《剿匪战术》册内，俟核正完毕，一并缮呈。再军令部结束后，各厅业已重行调整，世界战争研究会本部会议决定，俟本部组织完成从新组织继续举行，届时本案将仍移该会办理，特复。国防部第三厅。战办。己养。印。

附：《剿匪战术》

绪言

我国自七七年抗战迄今已九载矣，夫抗战之目的在救国，现敌人已投降，而今后之要求则在国家之统一与建设，我中央为达成此要求，不惜任何忍让与迁就，而用尽了和平方法，此国人之所共睹者。惟奸匪对和平统一不但无诚意，而且因之枭张猖獗，有加无已，再不加以痛剿，非但统一无望，建设无从着手，而国家一切均无办法。因此今日之剿匪完全为国家之统一与建设不得已之举，为实行三民主义完成国民革命不能避免之事实，即吾人现阶段革命之唯一工作也。

第一，军队区分

一、军队区分在依原有之战斗序列，应作战之必要而定单位，一时之编组以附与战斗任务，务尽所能，保持军队之建制，以确保其团结与补给之便利及战力之强韧（作纲一第一、三）。

二、对奸匪作战时之军队区分，应其装备之特性与其行动之飘忽，须将部队区分为多数能独立作战之战斗群，各配属以所要之炮工兵部队，俾能随时应付不意之战斗（作纲第六二四条、作纲第三四三条）。

三、高级指挥官行军队区分时，可适宜区分攻击军与占领军，使攻守互用，俾部队常在机动余裕之状态，而免为不意之奸匪所乘。

第二、阵中勤务

一、情报

四、奸党组织严密，常以便衣及各种身份实行潜伏隐匿而行奇袭，或于其主力周围密布纵深警戒，常难探知其主力所在，待我行进方向错误再行袭击，敌须严密搜索，直接探知敌之位置、兵力行动设施等，务尽诸种手段，使匪暴露其状态、企图等，方为有利（作纲一第七一条）。

五、奸匪常以宣传或伪装之人民散布谣言，故所收集之情报须缜密审查，判定其真伪与价值，因此须考察情报之来源，获得之时机与方法等，以审定其正确与否，始下判断，而免为匪所欺（作纲一第七二条）。

已审定之情报须立即报告及通报，以便关系指挥官之用（作纲一第七五条）。

六、奸匪密探四布，对我军行动常甚明了，故宜加强防谍于各司令部，或本部平时委派受有训练之军官、秘密警察、宪兵及有组织之民众实行反谍（作纲一第五八——一六七条）。

七、奸匪常用各种宣传方法图炫惑我军，特宜严密防范为要（作纲一第一六六条）。

八、秘密企图在对奸匪作战时更为必要，凡部队行动均宜临时宣布，各级官兵应养成绝对秘密之习惯，以封锁情报，然后以疾风迅雷之势出敌不意，使匪不遑应付，以奏临机制胜之效为要（作纲二第六二八、六三四、作一纲领第六）。凡部队宿营之一切标识，车站、码头之标写，均易泄露秘密，倘非标写不可，亦须于开拔时除去（作纲一第一六四条）。

二、搜索

九、搜索为直接获得匪情之唯一手段，除依一般原则，以飞机、骑兵及装甲车等实行远近距离之一般搜索外，应乎奸匪之特性，尤须注重战斗搜索，以各部队所有之搜索机关于战斗之全期间不断实施之（作纲一第八二条）。

十、应于奸党之特性除行一般搜索外，并须注意居民意向及其动静之搜索（作纲一第八七条），故以多使用便衣侦探担任搜索为要。

十一、对奸匪行搜索时须注意一般征候之判断，因匪军民不分，常以匪军伪装农工商贾，依规定之暗号，以传递情报或行袭击。

有时奸匪于其主力周围密布监视哨，如遇我军进剿，匪即鸣枪暗示其主力转移，或不鸣枪而逃，即系匪有埋伏，须特别注意考察（剿匪经验）。

十二、对以强力实行警戒之奸匪，甚难判断其主力之所在，为免陷于被动，须行威力搜索，此时须使匪误认为真攻击而暴露其兵力与配备，乃巧妙使用搜索机关以察知匪情。行威力搜索时，须以主力为战斗诸准备求能不失时机,利用搜索之结果,而一举捕捉匪之主力(作纲一第一四五)。

十三、各部队须充实搜索队之兵力,于前进间编成搜索幕,防止匪之袭击,并妨害其搜索,以掩护国家之安全,并封锁情报而图出敌意表。

十四、战斗间最危险者为侧方及后方,当决定战斗部署时,须以搜索部队预防除去此危险,或妥定对付之策,以防患于未然(作纲第四七条),而以对奸匪之作战尤为必要。

三、警戒

十五、奸匪作战以出奇制胜为能,为求军队安全与行动之自由,须加强对地上及空中之警戒,以预防其奇袭,并掩护我之状况(作纲一第一六八条),故当随时以完整战备之小部队推进于被警戒部队之前方,同时被警戒部队亦自为充分之战备,始能达成,惟不可因警戒而妨碍战斗任务之达成(作纲一第一六九条)。

十六、欲求警戒完备,有赖于各个紧张之警戒心不断加以缜密之注意,对于匪谍及其裹胁之民众与可疑之居民,亦当时加警戒以察微知著,勿因细微之疏忽而招全般之不利为要(作纲一第一七一条)。

十七、搜索周密为警戒之主要条件,故不论在行军、驻军或宿营间,须不断搜索行动区域或所在地附近,并应乎所要同时向远地搜索(作纲一第一七三条)。

而在对奸匪作战时,我部队内部有无匪之内线,亦宜时时注意搜索,以防患未然。

十八、凡司令部战斗指挥所、炮兵通信所等,均须按地形及状况,讲求加强警戒及掩护之处置。如派遣掩护队时,须在便于掩护之位置,对危险方向派遣斥候,并于便利监视与展望之地点配置步哨,以行警戒。对匪之空军与战车部队之警戒,亦不可忽视(作纲二第四八条略改用)。

十九、警戒之严密，除防匪袭击之外，尚须防止士兵之逃亡。

二十、对奸匪作战尤须注意掩蔽，以避免匪之视察（掩护则为防止匪之攻击），使军队之集结与运动能不被匪过早发现，以秘匿我之企图（作纲一第三〇八）。

达成掩护之方法为以骑兵或搜索队、便衣队等布成掩蔽幕，极力使敌远隔于被掩蔽之兵团，并到处攻击匪之搜索部队而击退之（作纲一第三一〇）。

四、行军

二十一、在匪区作战随时与匪有接触之虞，常宜注意战斗准备，按各兵种使用之顺序，以编成诸兵种混合之行军纵队或战斗群，确实讲求警戒之处置（作纲一第三一四之二、第三二九及三四三条），俾能随时应付不意之战斗。

二十二、行军时务尽各种手段秘匿我之行动，尤其主炮兵及战车之位置不可暴露，使敌不能判断我之重要企图与我主力之所在为要（作纲一第三一六）。

二十三、行军时须以前卫、侧卫或后卫实行警戒，以掩护并掩蔽我部队之行动（作纲一第一八七及三〇八条）。

二十四、停止或宿营间之军队如更行前进时，仍依原警戒部队或前哨之掩护，以行集合或出发，通常须待新编成各警戒部队之先头通过原警戒线后，乃逐次撤去原来之警戒部队或前哨，令其于指定地点归入行军序列（作纲第二四六条）。

二十五、行军时之过早出发，虽有碍军队之休养，然拂晓前自熟地出发，实胜于日暮后到达生地（作纲一第三四六之一），而以在匪区行军为尤然。

二十六、行军间之警戒部队于纵队一时停止及行军完毕，若未奉解除任务之命令，则仍负警戒之责，故当纵队一时停止或行大休息时，须接近便于防御之地点或以所要之兵力占领之（作纲一第一八九条）。若与敌有冲突之虞，须使后方梯队接近，俾便于将来之部署。此时前卫须占领,便于此后展开之地区以行休息,敌情纵属轻微,亦不可忽略警戒。在荫蔽错杂之地形尤然,须以斥候,作小范围之搜索或派了望哨(作纲一第三七七条)。

二十七、行军间依状况,如须通过地障碍及其他困难之地形,有受敌妨碍之顾虑时,亦有先遣一部队至所要之地点,或逐次配置于沿路之要点,而在其掩护下前进者(作纲一第一九四)。

二十八、当与匪渐次接近或在匪区行动,对于尔后之前进感觉有重大危险时,则一面讲求搜索警戒之手段,一面继续前进,同时速整战斗准备,纵惹起不意之战斗,亦须能立即应付之,在不得已时,有由一地区向一地区逐次跃进者,此际如以炮兵掩护前进,亦须使梯次跃进应乎所要实施射击(作纲二第七十条)。

二十九、指示各纵队之进路及前进目标时,务在预想之战场得自成包围之态势(作纲二第六四条)。

三十、当前进时除给与各种搜索机关以任务外,并应乎所要指示前卫及各纵队等,以搜索之重点及情报接收所望之时间与地点等(作纲二第六五条),须规定情报之收集及各纵队间之连络法,应乎所要设置情报收集,所连络每周不豫期之原因或一部之战斗而断绝者,此时须尽诸种手段迅速恢复,并须规定空地连络所要之事项,各部队上空之注意亦不可稍懈,而于通信筒之受领与转送更不可稍失时机(作纲二第六六)。

三十一、在迅速占领战场附近之要点,或妨害敌之进出与机动,或奇袭敌人使生混乱等目的,常有先遣一部之必要,但不可因此陷于兵力分散之不利为要(作纲二第六七)。

三十二、夜行军之疲劳为大,且秩序及连络之维持困难,均在生地或不良道路行之,不特减耗战斗力,且稍遇妨碍即感困难,故必须绵密计划,周到准备,务尽可能先行周密侦察道路及地形,并选雇居民之诚实可靠熟悉道路者为向导(作纲一第三八八)。

三十三、机械化部队行军前之道路侦察最为重要(作纲一第三六九），行军时须设道路勤务部队担任道路修补、监视、指示等勤务（同上三九七）。机械化部队行军时，通常利用休息机会从事检查与补给（同上四〇二）。战斗部队不宜于长距离之行军，以保持人员与机件之战斗力（同上四〇六条）。

三十四、由行军移于宿舍时，须不失机早为部署，务在行军中传达宿营命令之要旨，最好于大休息地出发前下达之（作纲一第四二八）。

三十五、前卫司令官基于高级指挥官之命令，迅即指定应担任前哨之部队，并示以所要事项（作纲一第二四一）。前哨营长既受前卫命令。关于前哨之配置，应先将比较紧急必须迅速实行之处置，下达必要之命令，尤须于行军中即下达之，此际应与敌保持接触。若已失其接触，则须速谋恢复（作一第二四三），并与我在前方之搜索部队保持连络（同二四五）。

三十六、由行军移于驻军之际，原派在前卫骑兵、战车、装甲车等，虽无别命，亦须位于警戒便利之要点继续搜索，俟后方之警戒配备完毕，再依前卫司令官之命令，回至前哨掩护下宿营。骑兵则亦有仍在步哨线前方任警戒及搜索者（作二第二四五）。

五、宿营

三十七、高级指挥官既决定宿营，应即指示各部队宿营之地域，并示以尔后之企图，而关于警戒，尤须迅速予以所要之命令（作一第二四〇）。

三十八、在匪区作战，居民有反动之虞，受匪袭击之顾虑增大，须注意选择适当之警戒法，故警戒应特为严密，除配置所要之前哨部队外，各宿营部队亦应严行直接警戒。与匪益接近，军队均有战斗准备之必要时，则前哨须依战斗之便利以定部署。至匪情顾虑愈大，警戒愈须周密，甚至省略前哨等之区分，而以主力占领阵地，完成战斗准备者（作一第二二五条）。

三十九、各部队既到宿营地，应即设备关于宿营地之交通警备、工事伪装及防空等，若已开始设备再行转移，则甚妨害休息，故非不得已不可变更宿营地（作一第四三二条）。必要时先行完备宿营之一切警戒，再使部队于其掩护下进入宿营地。

四十、为休养人马虽以舍营为佳（作一第四二一）。惟奸匪出没无常，恒潜伏于居民中，虽无强大之股匪在前，亦宜视为匪接近。而因战术上之顾虑不得不位于一定之地域（作一第四二二之一），战术上必须使若干部队迅速作战斗准备（作一第四二三之一）。即在有敌情顾虑之舍营，则按战术上之要求，务使互相密集，以定舍营地（作一第四四〇）。因之不可以部队分散于城镇内部而行舍营，常须在城外战术上有利之地点，俾对城镇常在有利控制之态势，而行舍营村落露营，必要时且行露营。

四十一、舍营时步兵每营，其他兵种每连，辎重兵每排，应于其舍营地区内选定警急集合场，报告于宿营司令官、高级指挥官，为集合部队之一部或全部，须选定警急大集合场一处或数处，分别指示于各部队，当非常警报时，各部队应不待命令立即由其警急集合场来此警急大集合场集合，故须规定各部队之行进路，有时须开避通路，以免交叉混杂（作一第四五五）。

四十二、高级指挥官为防不意之奇袭，须指定舍营值日部队任宿营区之直接警备或防御，为宿营卫兵之后援，有时增援前哨（作一第四五六）。各舍营区须各设宿营卫兵一所或所归宿营值日军官指挥，任舍营区之直接警戒，与邻接宿营地取连络，密查及取缔反动，保持秘密，维持舍营区之安宁与秩序（作一第四五七）。

四十三、居民有敌意时，为预防其反动与间谍行为，须限制或禁止其通信及交通，倘无空袭及受敌炮击之虞，则以火炬或灯火照明街道，不许居民关门，军队则频繁巡察。若有必要或更行警急舍营（作一第四六一），宜严加警戒而行警急舍营时，则须增大各项警戒部队，必要时则从事村落防御设备或以若干部队集结于适当之房屋，以保严密之战备。故须以建制部队合营于一宅，整顿服装，置武器装具于身旁而卧，尽开门窗。凡有马匹之部队，应利用能开放之庭园院落，有时破坏围墙开设通路，使与主路相连络。汽车编制部队之驾驶兵应宿于车上，且作所要之准备（作一第四五九）。

四十四、经战斗而占领之村落，若不克预先准备，而使大部队舍营时，务选定新锐之部队，属于舍营司令官，保持内外之警戒及肃静，此时应多派巡查，并以政工人员用种种手段速行抚慰居民，搜索敌之残兵，没收武器，监视贮藏品，及有无地雷之设置，与毒气之散布，及地下道之有无，且不失时机占领给水、交通、通信等之机关而管理之。对于水质尤须检查，若水由敌方流来时，更须注意检查之（作一第四六〇）。

四十五、长久驻留之舍营，宜顾虑部队之大小建制，俾便于统御、教育、给养、卫生等事而定之（作一第四三九之二）。

四十六、凡由宿营地出发时，部队长应严命所属将宿营区域扫除清洁，备用物品送还原处，若有损坏如数赔偿。凡文件、标写、字迹等可为资敌判断之资料，一概焚毁或拭去，使匪不能察知。有驻军之征候，在退却时尤然。若在一地宿营甚久时，须查所属官兵对居民及商店有无欠债及其他情形，有则施以适宜之处置（作一第四三七）。

四十七、宿营之军队更行前进时，仍依二四条之规定。

第三、战斗

一、战斗指挥

四十八、对奸匪之作战，虽因任务或有守备占领之行动，然须认识攻击，为摧破匪之战斗力及压倒、歼灭奸匪之唯一手段，故常应决行攻击（作二第一），且应以周到之准备，一举闪击而扑灭其根据地。

四十九、指导战斗时确保主动地位，并出敌意外于匪不预期之地点与时机，予以彻底之打击（作二第二），而杀伤其人员，收缴其武器,以迅速达成战斗之目的,不可以占领城市为能,反使兵力分散疲敝。

五十、战斗部署之要诀,在于企图决战方面适时集中可期必胜之兵力,且发挥诸兵种综合之战斗力,对其他方面,仅使用必要之最小限兵力(作二第三)。

五十一、实行战斗时,不可逐次使用不充分之兵力(作二第五),尤其奸匪不能为韧强战斗决战之经过,需甚迅速。如过度为纵长区分,将逸失捕捉之好机。

五十二、预备队须积极为扩张战果之用,求于所望之地点与敌决战,故须主动使用,以收最大之效果(作二第六)。

五十三、战斗间各部队之指挥官,须不赖他部队之援助,努力达成其任务,又须看破战机,出敌不意,乘其弱点,力求扩张,以波及其全部(作二第一一之二)。

五十四、战况之变化无穷,未必克如预期而发展,欲贯彻战斗之目的,惟有赖于旺盛之企图心与责任感,及不屈不挠之坚强意志(作二第十二)。

五十五、高级指挥官至见有可能战胜之征兆时,为求捕捉歼灭敌匪于战场,须使各部队应机完成其准备,迅速移于有利之态势,此际各级指挥官务须不失时机行所要之准备(作二第十四)。

五十六、若已获战胜,各级指挥官须不使敌脱离战场,应续行猛烈果敢之攻击,并不失时机宜断行果敢之追击捕捉而歼灭之,不可因整顿队伍而失去时机,高级指挥官务适时决行大胆统一追击,以完成战胜之成果(作二第一五)。

五十七、为战斗而运用诸兵种贵依一贯之方针,尽量发挥其固有之能力,尤须使其密切协同,以其统合之战斗力,适时指向于所望之地点(作二第十九),而协同以使步兵能达其目的为主眼,其基础在有适切之部署与指导,而诸兵种相互密切之精神团结及对他兵种性能之理解与各自对其任务迈进之信赖,亦为协同之必要条件（作二第二〇）。

五十八、诸兵种尤其步战炮兵之协同，为达成战斗目的之必要条件，凡应行协同之各部队指挥官，须由战斗之初期即保持紧密之连络，随战斗之进展而益加密切（作纲二第四〇）。

五十九、向同一目的协同战斗之部队或邻接部队，其指挥官须互相保持连系，但徒顾虑连系而逡巡，犹豫于自己任务之遂行，则所严禁（作二第四二）。

六十、为使战斗部署及战斗指导适切，须有周到之搜索（作二第四三），尤以对奸匪之作战更宜强化搜索手段，多以便衣进出于远前方实行搜索，妥定各种传递情报之方法，始终统一指导，以期搜索之完全。

惟在战场之搜索，特须使用威力之时机不少（作二第四五）。

六十一、战斗间为妨害匪之搜索，以秘匿我之企图及行动，预防奸匪之不意攻击，须时时严密警戒，尤以在军队疲劳时，易使警戒弛懈，特须注意（作二第四六）。

二、攻击

六十二、攻击之主眼在包围敌于战场而歼灭之，若待于战场外之追击，则战果必不大，故须出敌意表，以刚强之意志专心向敌猛进，以迅雷疾风之势使匪无逃出战场之可能（作二第五四），对奸匪之作战特须奖励迂回包围以袭击其后方。

六十三、任包围之部队务须秘匿其正图，且以神速果敢之行动使敌不能讲求对应之处置，行包围时不论由数纵队之并进或由后方部队之加入，皆应于展开之先准备之，并须对敌所能取之对抗处置如反包围或对我正面突破与运动轴崩溃等，能预先判断，善制机先而摧破之（作二第五六）。

六十四、正面攻击之要诀，在突破敌阵后利用其成果以席卷造成包围，故特须在重点方面缩小正面，增大纵长区分，务集中强大之战车及炮兵火力神速深入，突破敌阵（作二第五一）。

六十五、军队为前进而战斗时,通常区分为诸兵种连合之数纵队(作一第六二),指示各纵队之进路及前进之目标时,务期在预想之战场得自然形成包围之态势(作二第六四)。

六十六、对奸匪作战而前进时,须极力讲求搜索警戒之手段,同时速整战斗之准备,纵惹起不意之战斗,亦须能立即应付之,不得已时须由一地区逐次跃进(作二第七十)。

六十七、在与匪行遭遇战时,须先匪展开军队于有利态势,由战斗之初动以支配战势(作二第七一)。鉴于奸匪之特性,其决战经过常甚迅速,故宜增大前卫之兵力,前卫不意与匪冲突时,须制于机先立即攻击当面之匪,迅速占领战场之要点,使主力有行动之自由(作二第七五之二)。

六十八、纵队之侧面受敌不意之攻击时,在其附近之指挥官应即决行果敢之攻击,而在该方面之上指挥官各纵队长等,须以断然之决心作机敏之行动,切戒迟疑犹豫,尤不可为局部之状况所眩惑而误全局(作二第七八之一)。

邻接前进中之纵队,若遇他纵队方面惹起战斗时,须不失时机参加战斗,并协同包围敌人。

六十九、受命展开于第一线之各部队,须各自施行所要之搜索及警戒,利用地形及气象适切应用队形与运动,务期避免敌眼敌火,迅速向所命之方向前进(作二第九十)。

各部队为保行动之自由,最初须保持充分之纵长区分,并取能立即应付战斗之态势(作二第九二)。奸匪之作战惯以民众为先锋,真正之匪军恒在民众之后,对此宜沉着应付,并预为所要之准备。

七十、步兵战斗既经开始,应不顾敌之猛火,依我步炮火力与运动之协调制压敌人,并与我炮兵及战车适切连络,巧为利用其战果不断迫近敌人,一旦占有之地,虽尺寸之微,亦不可委之于敌(作二第九五)。

七十一、当战斗激烈达于极点而进于决胜之重要时期，各级指挥官须善投好机独断协同集中威力于决胜点，以压倒敌人。然当面之敌非仅以射击可能消灭者，故常须实行冲锋，以获得最后之胜利（作二第九九条）。

七十二、对占领防御阵地之匪行攻击时，务求强敌于阵地外行决战，或不得不向敌之阵地攻击时，须定绵密之计划，完整准确，以行统一之攻击（作二第一〇八），故须使部队以适合状况之态势，搜索敌情地形，一面与战车及炮兵行必要之协定周到攻击之诸准备，在全般之展开尚未相当作成以前，务避免惹起过早之战斗（作二第一二二）。

七十三、在步战炮及空军协同战斗时，须基于高级指挥官统一之计划周到准备，依时间及地域适当规定各部队之行动，并讲求确实之连络方法（作二第一二八）。

七十四、在不待侦知敌主阵地带之位置，即须立即开始攻击时之攻击之部署，须保有相当之融通性，使尔后兵力之运用能不生阻碍（作二第一二九）。

七十五、当击退当面之敌始判知其主阵地尚在后方时，须尾追败退之敌，而一举攻占其主阵地。但其主阵地若有相当隔离且已有准备时，则须完整新攻击准备后，再实施攻击（作二第一三〇），免陷于步炮分离之战斗。

七十六、在乘夜占领攻击准备位置而行拂晓攻击，或对敌坚固阵地逐次推进，我攻击阵地等军队须利用夜暗接近敌人时，务于昼间秘密完整诸准备，若状况许可务须全部一举前进，必要时则先以小部队逐次为奇袭之前进，使主力在其掩护下推进，军队既达预定之位置，应速构筑攻击准备之阵地（作二第一三四），待命发起攻击。

七十七、随状况之进展，上级指挥官应善为观察状况，适宜指导部下以统一冲锋之实施，且用各种手段以诱起冲锋。上级指挥官于第一线部队独断冲锋时，务即利用此机争取有利之战果（作二第一四四），预料军队可能进出攻击目标之后端，则不失时机以能实行追击而指导战斗（作二第一四八）。

三、防御

七十八、在对奸匪之作战应以强化攻击为能，但对不必要方面或在攻击军侧背与后方之占领部队，则不可不"依地形之利用，工事之设施，战斗准备之周到等物质的利益，以补兵力之不足，且并用火力逆袭，以摧破奸匪之攻击"（作二第一七三）。凡防御务坚守主阵地带，而于该地带之前方摧破匪之攻击，不得已时，亦须于此阵地带内击破之（作二第一七四），故须为纵深之部署。

七十九、防御须不陷于被动而失动作之自由，故各级指挥官特须以坚强之意志，遂行其主动之企图，苟发现有可乘之隙，应不失时机而利用之，更须出敌意表，使其常追随我之意志，而立于新状况之下（作二第一七五）。

八十、在防御时各级指挥官应尽诸种手段，以察知敌情，尤其敌企图，同时须秘匿我之企图（作二第一七六）。

八十一、对于奸匪作战免部队陷于疲劳，须将部队区分为攻击军与占领军，以求攻守互换。当攻击军在前攻击时，即以占领军在其后方行防御，以为攻击军之收容，迨攻击军退入占领军掩护之下而行休息时，此时占领军之防御则为掩蔽与掩护，用以确保攻击军行动之自由，特须秘匿企图，统一指挥，始能运用圆滑。

八十二、奸匪之作战以奇袭性者为多，特须注意前进阵地与警戒阵地之编成及其战斗（作二第一八七、第一八八、第二一六条），使主阵地带有行动之自由。在对奸匪行防御时，通常以企图攻势之防御为当，关于兵力之利用，务节约用于防守之兵力，而增大为攻势得自由使用之兵力。其预备队为便于包围攻者之外翼或侧面，以配置于阵地之翼侧为有利（作二第二〇九）。

八十三、不断监视敌情，在防御尤为紧要。故高级指挥官除自行配置所要机关预为必要之设施外，有时关于部队之监视设施须就全般之着眼而统一之，不使因尔后战况之进展，气象或烟幕等而生缺憾（作二第一八九）。

八十四、战车以用于逆袭为主，最初由高级指挥官控置，追使用方面决定后再行迅速配属于该方面之第一线或由高级指挥官集团使用之。在未使用之先，须考虑预想使用之方面地形、敌炮火之关系等，适宜决定其位置并明白指示其意图，俾关于尔后之进出及诸兵种之协同等可作周到之准备。

又依状况有于敌攻击准备间使战车奇袭，而扰乱其准备者（作二第一九〇）。

八十五、如匪侵入我阵地时，须乘敌不意，且务向其侧背以急袭实行逆袭为有利（作二第二二一），并须有利利用逆袭之成果以决行攻击，此际须明确定其目的使各部队协同战斗（作二第二二六条）。攻势移转之时机，通常依预定计划，亦有乘敌顿挫而临机转移攻势者，须以完整之准备，创造好机一举急袭为有利（作二第二二八）。

八十六、攻势转移以将匪之主力牵制于我阵地前，而以有力之部队向其侧背或翼侧施行包围最为有利（作二第二二九）。此时如我原来之攻击军在阵地后方为有利之控制，则断然依正面之牵制一举进行深远之全面包围，且可乘机直捣其根据地，以最大之战果在企图决战之防御，有时以由正面转移攻势而能直捷迅速捕捉敌人者，在敌后方有地障碍时为尤然（作二第二二九）。

八十七、在夜间行防御，尤须严密警戒周到搜索，或照明前地等手段，以防敌接近，依状况有占领前地之要点，以防匪接近，并妨害其攻击之企图。如敌匪接近阵地行工事或行攻击准备时，则第一线部队应以小部队出击以妨害之（作二第二三三）。

八十八、夜间对于奸匪不意之攻击，须有应急之射击准备（作二第二三四）。夜间受敌攻击时，不可重新部署军队使生混乱

（作二第二三二）。夜间之防御，难期适时得比邻部队之协同及后方部队之援助，故各部队特须以断然之决心各自固守其位置，步炮须密切连络，必要时实施射击，最前线守兵须沉着镇定，于敌匪迫近我阵地时，即加以猛烈之射击或投掷手榴弹，乘其队伍动摇之瞬间，挥白刃以击灭之（作二第二三五）。

八十九、如在我攻击部队之后方以占领之目的而行防御时，其阵地线之选定通常须在便于收容我攻击军之位置，同时须着眼我攻击军向后转移时，其当前之敌匪应已有利展开之顾虑，故其阵地线又宜使相当隔离（作二第二三一）。即使敌炮兵非变换阵地不能有效射击我阵地线（作二四四），并于攻击军之第一线与主阵地间设中间地区，以迟滞敌之行动（作二第二三九）。故在攻击军后方之占领军阵地线，即为一固定之持久抵抗线，万一攻击军疲劳时，即转向其掩护下以行休息，并为尔后攻击军之出击掩护线。当攻击军前进时，占领军亦即随之跟进。

九十、在有抑留或诱致敌人之企图时，则行持久抵抗，通常于一抵抗线抵抗后，更于其次之抵抗线继续抵抗（作二第二三八）。此时以使用炮兵及步兵重火器为主，不必为纵深之部署，且不可胶着于阵地而演成被迫之决战，通常在企图某方面战局之发展，而在企图消极之方面使用之。

持久抵抗虽系企图消极之战斗，然当有机可乘时，仍须毅然转为攻击。

四、追击及退却

九十一、奸匪以不打硬仗之方针，常于一袭不逞即迅速退却，故与此等敌匪作战时，须以多数诸兵种联合之战斗群，预拟追击捕捉之着眼而与之交战，迫匪动摇即迅速移于追击有利之态势。

九十二、欲完成战胜之效果，须行猛烈果敢之追击，故各级指挥官当战胜之际，应以极巩固之意志断行追击（作二第二七〇），其主眼在迅速捕捉敌匪而歼灭之，务须向广而且深之敌方突进，以遮断其退路，并由诸方面包围敌匪或将其压迫于连络线以外掩捕而击灭之（作二第二七一）。

对奸匪行追击时，于追击队之翼侧须布成搜索幕，且使后方之占领部队跟踪追击队之后，以行占领，俾免减少追击队之气势，而收闪击之成果。

九十三、追击时务使匪主力无脱逸之机会，不可为一部之抵抗而抑留，速向其侧方与间隙突进（作二第二七三）。尤须使战车及骑兵发挥其特性，以遮断匪之退路。航空队须不失机攻击匪之主力，使之溃乱，或轰炸交通要点，遮断其退路（作二第二七六）。

九十四、夜间常逸失追击之好机，故须与敌密相接触或行夜袭，以侦知其企图。若知敌已退却亦应决行攻击，以放胆之行动使匪陷于溃乱。惟行夜间追击时，其兵力之部署须有机动性，即示各进路配置所要之部队急追敌人。纵惹起战斗，亦不可将大部队投入，使保有尔后行动之自由为要（作二第二七七）。

九十五、在战斗之目的已达成或转用兵力于他方面时，则行中止战斗。当追击时，则停止追击，即形成中止战斗。攻击时，如因敌之抵抗坚强或攻击顿挫，事实上有中止战斗之必要时，则宜先转为防御，然后中止战斗，其中止应由高级指挥官决定之（作二第二八〇、第二八一）。如将部队区分为攻击军与占领军时，则当攻击军转为防御，实行中止战斗之际，即同时在攻击军后方之占领军实行集结，为尔后机动使用之准备，此时则原来之攻击军已改为占领军之任务。

九十六、中止战斗之部队，必须设法收容及掩护，其由中止战斗而续行退却者，固然即在中止战斗，而仍不放弃原地者，亦因常须适宜变更原来之态势，务须设置收容，尤其战斗激烈方面更为紧要（作二第二第二八三）。

九十七、退却须依上级长官之命令行之（作二第二八六）。既经决定退却，则须迅速与乱脱离，并使尔后新企图之实行不生滞碍（作二第二八五），故须预行周到之准备，以不碍指挥掌握为限，利用多数道路作数纵队并进之部署（作二第二九一），使能迅速实行新企图对奸匪之作战。如以攻击军与占领军交互攻守并用，通常须行退却之时机甚少。如因战略上关系必须转移时，切须注意居民之状态，并统制通过居民地之方法，以免为匪所乘。

五、特种地形之战斗

九十八、在广大之平坦地及徐缓之波状地所成之平原地区作战时，因缺乏遮蔽物，对于地点之指示、方向之维持均感困难（作二第五五〇），故须决定明确之基点，有时须设置之对各地点及目标附以符号或号数。关于方向之维持，除使用指北针及必要之器材外，有时须设置基线（作二第五五七）。

九十九、在广漠地为秘匿企图出敌意表，无论攻防均须极力击破敌之搜索机关，施行适切之伪装及其他欺骗行为（作二第五五三）。因广漠地隐匿不便，奸匪常构筑地下网，由地下交通实行奇袭，切须注意侦察为要。

一〇〇、在广漠地通常翼侧无坚固之依托，须常依包围、迂回、侧面攻击等，对敌无准备之正面，迅速指导决战（作三第五五四）。在广漠地虽稍隆起之地点，亦常于展望有极大价值，又波状地之低洼部，常成为较大之死角（作二第五五一）。在广漠地作战，并须注意水源为要。

一〇一、在山地作战，须占领可以瞰制之高地（作二第四四八）。

一〇二、山地作战大部队之指挥困难（作二第四四九），交通连络困难，难期比邻部队之应援，故须有独立作战之精神，且行部署时，须附与所要之兵种，使具有独立作战之能力（作二第四五一）。

一〇三、在山地部署军队时，须不使敌有各个击破之机会

（作二第四五三）。通过长大之隘路时，须加强前卫之兵力或以一部先行占领隘路前方之要点，以掩护主力之进出。

一〇四、行军于谷地时，须以侧卫在两侧高地行进，或一时占领能监视两侧地区之地点，以任警戒。如受匪袭击之顾虑大时，则有须使主力由一地区向另一地区逐次跃进者（作二第四五三）。

一〇五、山地攻击，须力行迂回，以出敌意表。且因连络不变，各部队须努力击破自己当面之敌，以达协同之效（作二第四五四）。山地防御，则需占领制高点，尤须侧防死角（作二第四五九）。

一〇六、敌前渡河，须力行欺骗，出敌意表（作二第四六九），并须先遣掩护队，在其掩护下渡河（作二第四七四）。

一〇七、河川防御须能迅速察知敌之企图，故须讲求各种搜索之方法及监视，有时可以一部进出对岸行搜索（作二第四八三）。

一〇八、青纱帐（或森林地）之战斗，运动及战斗均甚困难，减杀火器之效力通视尤属不便，常使指挥连络及部队间连系协同发生困难（作二第四八七），且彼我混杂，战况不易发展。

一〇九、在青纱帐或森林地布署军队时，须赋予所要之兵种，使有独立作战之能力。此等地区之作战，多为近接战，尤易发生不期战，以白刃战为主，而火战次之，轻重机关枪，亦以于近距离奇袭使用为有利（作二第四八八）。

一一〇、在森林及青纱帐内，须对诸方向严密搜索警戒，以防奇袭。而在此种地区，连络协同恒甚困难，故须讲求种种方法，以期确实，尤须各级指挥官与士兵具有独断之能力（同前条）。

一一一、对森林及青纱帐地指导战斗，通常以一部直接向此等荫蔽区域攻击，同时在步炮协同下，由其外侧地区绕回，而求在青纱帐以外决战（作二第四八九）。如在纵深甚大之青纱帐地区，不能一举攻略时，则适宜区分区域，逐次攻略，惟须竭力维持连系与行军方向（作二第四九〇）。

通过青纱帐地区时，不可为极少数之敌所诱，又常须注意不预期之敌防御线，及奇袭性之逆袭，故第一线须集结其兵力，预备队须努力接近第一线，于前方及侧方以小部队构成广大之搜索幕（作二第四九一）。

一一二、在青纱帐地区行防御时，须利用各种障碍，妨碍敌之近迫，且欺骗诱致其于不利之方向，尽各种手段使敌陷于混乱为要（作二第四九四）。惟此等地区，容易起火燃烧，如将高粱茎斜侧砍断，于其根部留以适当高度，则可成为强大障碍，毒瓦斯及火焰放射器，在此等地区甚为有效（作二第四九八、第四九九）。

一一三、住民地战斗，大致与森林及青纱帐地区相同，一般为容易引起火灾，可利用建筑物行顽强抵抗（作二第五〇二）。同时奸匪常构筑地下通道，向各方交通，以行奇袭或窜逃。

一一四、对住民地攻击时，须先以炮工兵或飞机行所要之破坏，且使发生火灾，任攻击之部队，须有周到之准备，尤其步炮之协同及对敌侧防机关之制压（作二第五〇四）。突入住民地内部时，须迅速尾蹑敌人，而达于前端，不可为住民地内部之部分战斗所牵制。但对利用坚固房屋及地下室等继续抵抗之敌，须以一部扫荡之，而闭塞及搜索敌之地下道，尤不可忽视。

一一五、在住民地行防御时，各地区之配备须有独立性，构成坚固据点，关于交通、连络、防空、防毒、消防、救护、灯火管制等，须有周到之设施与准备（作二第五〇九）。

一一六、奸匪党羽四布，不论攻防，不可以多数兵力直接攻守城垣，以防内应，努力于城垣以外求战斗之进展。在对有飞机与炮兵之敌时亦然。如匪凭城固守，则宜断绝其交通与接济，然后攻略。或以一部行监视，不为一城一镇，而牵制我全般之行动（作二第五〇一），以迅速歼灭匪之主力为要。

一一七、当进入住民地内部时，则演成街市战，此时奸匪往往以微小兵力，潜伏于住民地，利用错综复杂之一切建筑物，行顽强抵抗，或猝然向各方出击或忽然隐没（作二第五一一、第五一三）。故于街市战之攻击，须有极周到之计划与准备，事先之严密侦察，尤为紧要。若能利用当地居民或使便衣之士兵潜入侦察，常能获得良好之效果（作二第五一五）。

一一八、在街市战时，任攻击之部队，通常区分为突击部队、火力掩护部队、预备队等三部份（作二第五一六），并按实际需要派遣掩护侧背之部队，以及搜索庭院、房屋、建筑物、地下道等，及押解俘虏等，均预为所要之处置，使攻击部队专意向敌。

一一九、突击部队之兵力与装备，依任务及状况而定，通常为由一个乃至数个携有步枪、轻机关枪、手机关枪、铁丝、剪刀、手斧等之步兵班，特宜携带充分之手榴弹，有时配属必要之重机关枪、火焰放射器及附有爆药与超越障碍物器材之工兵。突击部队在火力掩护之下，利用庭院园围或巷道等，由一地区向一地区逐次前进。对奸匪所设之一切障碍物，务尽可能，于突击开始前破坏之。凡由正面不易攻击之抵抗巢，务宜迂回或由侧背攻击夺取之。

扫荡残匪时，对于多层楼房，应封锁其所有公路，以少数人入内，先搜索下层楼房，尤注意地下室。其次，乃逐步搜索上层之房屋。此时，手榴弹、手枪、白刃、火焰放射器等，最为有效之兵器（作二第五一七）。

一二〇、在住民地，炮兵及步兵重兵器概难统一使用，通常分割使用之，惟须应乎所要，于紧要之地点与时机集中优势火力，不可陷于无重点之过度分散（作二第五一八）。

一二一、道路装甲汽车及战车，可为步兵开拓进路，有时配属少数车辆于突击部队，密切合作，所收精神上之威力尤大（作二第五一九）。

一二二、住民地内部之防御配备，通常区分为若干地区，每一地区，构成一个抵抗中心。匪之攻击方向能确实判定时，可对该方向构成各地区连接之一道或数道之统一的抵抗地带。反之，不能判定匪之攻击方向，甚至四面俱有受匪侵扰之虞时，则于各要地构成坚固之据点，以一部固守，主力控制便于向各方进出之地点，须为准备（作二第五二〇）。

一二三、各防御地区之守备队，通常区分为抵抗地带或抵抗中心之守备队与地区预备队。每一抵抗中心，宜利用特别坚固之房屋及独立之庄院，构成多数坚固支撑点，各支撑点守备兵力之编组，有充分之独立性，常宜配属必要之重机关枪及迫击炮。

各支撑点，向地区防御之骨干，须能以火力，有时并以逆袭互相支援。纵邻接支撑点被匪夺取，或匪从旁越过侵入，至于被包围时，亦须坚决死守，毫不为动（作二第五二一）。

一二四、街市战，炮兵及步兵重兵器不易统一使用，通常分割至最小单位，分散配备，使纵射街道及障碍物之直前，且多准备预备阵地，务猝然开始射击，而予敌以奇袭的打击。迫击炮及步兵榴弹炮，因其弹道弯曲，能由最近距离，火制窄巷庄院及高陡掩护物后之目标，所收物质及精神的威力均大（作二第五二三）。

一二五、于街市防御，决不可静待奸匪之来扰，应在抵抗地带或各支撑点之前方，以必要之兵力，积极活动，适时行有限目的之出击，以妨害匪之搜索及近接，使匪不得不过度分散兵力，受过早之损害（作二第五二六）。

一二六、匪进攻时，部队长通常在前领导，指导员在后督战，士兵与民众被迫作战，退则必死，故射杀其干部，摧毁其指挥机构，匪部立溃。

匪攻击时，其侧背感应甚强，故有"一营攻击，一营掩护，一营警戒"之原则，不论昼夜，我如出击应援，予以反包围，虽小部队，收效益大。其突击队万一攻入据点内时，应立即封锁其退路，于突破口及交通口多置拒马，实行阻绝，使其后续部队不得冲入，则突击队即失信心，解决甚易。

一二七、构筑工事，切忌利用民夫，奸匪恒寻此等机会，藉以获知我方工事状况，及我部队内部情形，以为袭击之基础，特宜注意。

六、闪击战

一二八、奸匪以裹胁为能，通常不打硬仗，特须以多数能独立作战之战斗群，尤其机械化部队，实行交互不断攻击，发挥高度之闪击精神，使匪无法对应，而予以歼灭的打击。

一二九、机械【化】部队于攻击时，对匪之战略要点行纵深突破，或对匪侧背行迂回袭击而达成包围，或于防御时，减轻正面之负担，并为促成决战，而向敌侧翼攻击，或敢行超越追击等（作二第三六六）。

一三〇、攻击时，务集结优势兵力，以疾风迅雷之势，予以扫荡（作二第三七四）。

一三一、对奸匪之攻击，不在多得城镇，而在歼灭其主力，可能时，务避免正面攻击，通常以一部兵力牵制敌人于正面，而大部利用地形与机动力，果敢施行大胆之包围及迂回，直接破坏其根据地。

一三二、攻击时，通常战车部队先行攻击前进，利用其火力与冲击力，摧毁匪之防御设施。同时，以空军及炮兵全力支援之，工兵则为之补助。如战车攻击进展时，摩托化炮兵，随战车之后，寻觅战车未能消灭之目标，行直接射击而消灭之。摩托化步兵，则跟随战车，确保已占领之区域。对于战车不易肃清之地带内残余之敌及战车不能活动之地带，则以摩托化步兵攻击之（作二第三七七）。

一三三、追击时，须发挥强大之运动性，果敢前进，俾收最大之战果，并应远行迂回，攻击敌之侧背，遮断其退路。若匪固守若干小据点，以图迟滞我之行动时，应即依其机动力，突破蹂躏之，或以少数抑留于正面，主力由其侧背挺进，切勿为敌少数部队所牵制为要（作二第三九二及本册九二条）。

一三四、追击时，通常战车部队在前，摩托化步兵尾随其后，占领中途要点。匪兵如向高地、阻绝地、荫蔽地等战车不易通过之区域退却时，则以步兵追击肃清之（作二第三九四）。

一三五、倘匪之兵力，犹未全部溃乱，则追击距离之限度，及追击到达之集合地，须先指示，免因兵力过于分散有受敌反击之虞，而对侧背之安全，亦宜注意，故须纵深部署为要。

第四、通信及阻绝排除

一三六、各级指挥官，须求精神上之相互连系，并通晓各种通信方法之性能，长短相辅，运用得宜，以期尽量发挥各种通信之性能（作一第四九六）。

一三七、通信设施，对于各种障碍，必须讲求防止与掩护方法。勿因局部障碍，而影响全般之通信，故于主通信设施外，常须准备副通信设施，必要时，且须设备其他之连络机关（作一第五〇〇）。同时欲发挥通信之效能，切须注意机密之保持与迅速确实等条件（作一第四九八）。

一三八、通信设施之维护，通常为通信机关应负之职责，故须有严密之巡逻警戒，并适宜配置查线所，及其他抢修之组织与准备，但在附近之部队，亦应有保护其安全之义务（作一第五六〇）。

一三九、奸匪常于夜间派遣小部队，专意破坏我通信设施，故电线应力求分道架设双线，或埋于地下，以免紧急时连络中断。

一四〇、各部队长，应使部下有尊重爱护通信设施之观念，如发现线路损坏时，应予协助修理，或将其地点，及损害程度，通知附近通信机关派兵修理，并报告当地之指挥官（作一第五六一）。

一四一、高级指挥官，对于通信设施之维护，如感当地通信机关力有不逮时，应按附近驻军之状况，将担任区域，分配于各部队内，或按附近居民组织之状况，划区责成居民维护之，凡被指派维护之部队或居民，应适切派遣斥候或巡查哨，专负掩护之责（作一第五六二）。

一四二、阻绝为奸匪之惯技，欲排除其所设之阻绝，宜从速侦察，除依空中侦察外，兼用工兵、通信兵或其他技术兵等所派之人员，由地上侦察其处所、范围、程度、种类等，以决定排除之方法及所需之人员、器材及时间（作三、三七二）。

一四三、攻击及追击时，为求迅速排除阻绝，宜适时派遣作业队于适当之方面行进，且派遣必要之斥候，随同第一线部队前进，以行侦察（作三第三七三）。

一四四、对轻易之障碍，可由各部队自行排除，较难之作业，始由工兵及其他技术部队任之，必要时，步兵应协助工兵或其他技术兵作业，或任掩护之责（作三第三七四）。

一四五、对不宜立即排除之阻绝，为求行动迅速，可依迂回或间隙通过，而同时着于排除之。但凡隐蔽危险之阻绝，如地雷等，宜从速侦察，标示其位置与范围（作三第三七五）。

第五、输送及补给

一四六、输送部队时，如以列车开赴前方，最前以距战线五十至三十公里为限，非有特别状况，并事实许可者，不得逾限再行前进（作三第二六）。为保持秘密计，对于到达地点，除必要之部队长外，有时以在下车当日之途中指示之为宜（作二第二七）。

一四七、输送前应派遣必要之人员，先至输送终点，作所要之准备，俾部队到达后之行动与宿营及给养等容易而迅速（作三第二八）。因敌人接近或运行发生遮断与危难等事，有不得已而在预定车站以外下车时，究宜在线路上立即下车，抑应前进或后退至线路之适当部份或最近之另一车站等，输送指挥官应参酌列车长之意见而决定之，故须讲求与列车长间之连络（作三第四九）。

一四八、在战场附近，实行铁路之大破坏，依独立作战之军（师）长以上指挥官之命令行之，小破坏（遮断一、二日者）得由上述之次级指挥官决定之，但实施之地点、时日、方法及程度等，应速报告于所属指挥官（作三第六八）。

一四九、输送军队时，其输送顺序及搭载区分，应考虑军队使用之顺序，及输送之警戒为主而决定之（作三第一三八）。

一五〇、当派遣某部离车队作战，或非独立而离车队较远时，应派遣一部辎重专任该部队之补给（作三第一九六），在预期战斗而部署行军时，应按各纵队之需要，分派所要之弹药、辎重，先行示各该纵队车队之直后（作三第一九七）。

一五一、高级指挥官为使军需品，尤其弹药及其他战斗之资材之补给与卫生设施等毫无遗憾，并考虑战斗间兵站推进之情形常充实，及整理各后方机关，使战斗间之补给能无遗憾，且能应乎战况，断行远大神速之追击为要。当补给军需品时，须于战斗之重点方面使之丰富，俾能发挥最大之战斗力，为最紧要（作一第三十九）。

一五二、部队直接征用给养时，只限于输送及购买俱不可能时行之，通常由高级指挥官统制施行，严禁擅行征用及不给价等事。若各部队擅行自征用，应负刑法上赔偿之责任。实行征用，通常会同地方官衙或地方居民中最有名望者，协同处理之（作三第二三〇）。

第六 结论

兹将剿匪作战有关重要原则，加以摘录，期各级指挥官精研而运用之，并尽可能熟读各兵科典范令，及全部作战纲要稿案，极其精微，发其隐晦，庶能于决心处置之际减少错误。总之，奸匪之战术，重在出奇制胜，以袭击为能，且以其装备较轻，行动迅速，训练缺乏，诸兵种协同之火力概难形成，致战斗无韧强性，而战斗经过常甚迅速。故对此等奸匪作战，特须注意搜索警戒，以防意外。部署兵力时，通常在遭遇战，则前卫之兵力宜大。在攻击时，则第一线宜使用较大之兵力。在防御时，则预备队之兵力宜大。追击时，须紧行协迫，且溢出追击，使无脱逃与反击之机会。凡行军、宿营、战斗诸时机，均须注意前方、侧方及后方之搜索与警戒。不论任何时机，均宜控制有机动部队，以应情况之变化，而免陷于被动。所谓稳扎稳打之真义，在使部队常能行有余力，而不致过于疲劳。

以我装备之优势，较往日江西剿匪时代，何异天壤，故宜有必胜之信念，以坚强之意志，主动打击奸匪，并注意杀伤其人员，收缴其武器，以歼灭其战力，俾迅速恢复国内秩序，展开建国工作为要。我全体将士勉乎哉。

〔国民政府国防部史政局及战史会档案〕

6. 蒋介石令国防部印发《剿匪手本》不必注明时间代电及政工局签呈

（1946年8—9月）

（1）蒋介石代电（8月19日）

国民政府代电　中华民国卅五年八月十九日

国防部陈总长勋鉴。八月十二日贞签六十二号签呈，为拟印发剿匪手令本等情，悉。准照办。但不必印所印年、月、日。中正。未皓。巳府军仁。

（2）国防部政工局签呈（8月31日）

查剿匪手本前于本（8）月十二日以钧座名义签呈主席亲核。顷奉主席未皓巳府军仁代电批示：准照办。但不必印所印年、月、日。等因；奉此。兹拟送请第二厅印刷所估价代印五万册（册之大小，拟作六十四开本，封底面用红色），俾使分发排以上各级部队长研读。可否之处，敬祈鉴核示遵。谨呈

次长刘

总长陈

职　吴　石呈

［刘斐、陈诚批］可。斐。诚。

九、一、

(3) 国防部政工局签呈（9月9日）

查奉中华民国三十五年九月九日批：印刷剿匪手本（修正本）五万册一案，业经送请第二厅印刷所估价代电，兹准该厅本（九）月五日函及估价单，共须用费八百六十八万七千元。复查此项经费，不在本局预算范围内，拟请由财务署迅即照数拨发专款，俾便进行。可否之处，敬祈鉴核示遵。谨呈

　刘

次长郭

　郭

总长陈

职　吴　石呈

［陈诚批］可。九、十、

〔国民政府军事机关档案〕

7. 蒋介石所著之《剿匪手本》（修正本）

（1946年）

剿匪手本（修正本）

蒋〇〇手制

总理训词

三民主义　吾党所宗　以建民国
以进大同　咨尔多士　为民前锋
夙夜匪懈　主义是从　矢勤矢勇
必信必忠　一心一德　贯彻始终

中国国民党党员守则

总理立承先启后救国救民之大志，创造三民主义五权宪法之宏规，领导国民革命，兴中华，建民国，于今全国同胞，皆能一德一心，共承遗教者，斯乃我总理大智大仁大勇之所化，亦即中国列祖列宗所遗天下为公大道大德之所感。今革命基础大立，革命主义大行，而内忧外患，与革命之进展，同时加重，凡我同志，应知吾党上对亿万世之祖宗，下对亿万世后代，中对全国国民与世界人类，所负之责任，更千百倍于往昔。我总理深知国者人之积，人者心之器，国家之治乱，系于社会之隆污，社会之隆污，系于人心之振靡。又知往古圣人诚正修齐治平之一贯大道，与修身为本之唯一至德，为救国救民救济全世界人类之无上要义，故不惮于遗教中，再四谆谆告诫。本大会懔于遗教之伟大深切，与国难之严重，更鉴于世界人类祸患之方兴未已，确信自立为立人之基，自救为救人之始。特制为全党党员守则十二条，通令全体同志，一致遵行。务期父以教子，师以教弟，长官以教属僚，将帅以教士兵，共信共行，互切互磋，亲爱精诚，始终无间，人人能成为世界上顶天立地之人，斯中华民国成为世界上富强康乐之国，然三民主义能实行于全国，弘扬于世界，千年万世，永垂无疆之休。惟我负革命建国大责重任之全党同志共守之。

（一）忠勇为爱国之本。

（二）孝顺为齐家之本。

（三）仁爱为接物之本。

（四）信义为立业之本。

（五）和平为处世之本。

（六）礼节为治事之本。

（七）服从为负责之本。

（八）勤俭为服务之本。

（九）整洁为强身之本。

（十）助人为快乐之本。

（十一）学问为济世之本。

（十二）有恒为成功之本。

中华民国陆海空军军人读训

我中华民族，雄踞东亚，建国迄今，已历五千年，以四万万优秀和平之民族聚居于一千一百余万平方公里之土地，复具有悠久光荣之历史，此其间先圣先贤，惨淡经营，奋斗创造，固已历尽险阻艰辛，自今以后，尤赖我忠勇军人保护维持之，乃克使我国家日益发扬光大。愿我全体将士，矢勤矢勇，一心一德，发挥民族固有之德性，砥砺献身殉国之精神，念念为救国而牺牲，时时作卫国之准备，如何而后可以保我祖先遗留之广大土地，如何而后可以保我繁衍绵延生生不息后代之子孙，如何而后可以保我国家独立自主之国权，凡此皆为我全体将士无可旁贷之职责，而一时一刻不可或忘者，盖我国家民族永续无穷之生命，实惟我全体将士是赖也。列举十条，俾供勖勉。

第一条　实行三民主义，捍卫国家，不容有违背息忽之行为。

第二条　拥护国民政府，服从长官，不容有虚伪背离之行为。

第三条　敬爱袍泽，保护人民，不容有倨傲粗暴之行为。
第四条　尽忠职守，奉行命令，不容有延误怯懦之行为。
第五条　严守纪律，勇敢果决，不容有废弛敷衍之行为。
第六条　团结精神，协同一致，不容有散漫推诿之行为。
第七条　负责知耻，崇尚武德，不容有污辱贪鄙之行为。
第八条　刻苦耐劳，节俭朴实，不容有奢侈浮滑之行为。
第九条　注意礼节，整肃仪容，不容有亵荡浪漫之行为。
第十条　诚心修身，笃守信义，不容有卑劣诈伪之行为。

以上所提，不过略举大端，此外国家一切法令规章，以及连坐法等所规定，为我军人必须遵守者。凡我全体将士，均应视为典范，共同遵守，人人以此自勉，并以勉励同袍，朝夕警惕，拳拳服膺，俾得发扬奋励无前之士气，造成精粹劲练之国军，共同担负救国家救民族之重大责任，我全体将士勉乎哉！

绪言

我国抗战八年，唯一之目的在求得国家民族之生存，以达成和平建设实现三民主义之使命。经此长期艰苦之奋斗，终获致光荣之胜利。方期破坏告终，建设伊始，全国上下，统一团结，共向建国之途迈进。而共产党徒，蓄意分裂国家，荼毒人民，叛乱破坏，阻挠复员。我政府深体经此八年抗战之国家，势不容再遭此大规模之破坏，抗战中牺牲惨重之人民，尤不容再受此大规模之蹂躏。是以不惜任何牺牲，委曲求全，容忍相让，希换取共产党徒之停止破坏谋国。以期从分裂中拯救命脉不绝如缕之国家，从乱离中拯救生机奄奄一息之人民。无乃奸匪居心叵测，毫无诚意，有案必翻，无期不拖，辱国家如敌体，视人民为草芥，枭张猖獗，有加无已。国事至此，和平既不可得，拖延益增民困，如再不加以痛剿，非但国家之统一无望，建设无从着手，循至民穷财尽，必致陷国家民族于灭亡之绝境。因此今日之剿匪，实为政府维护国家之命脉，人民之生机，求取统一与建设不得已之举，而决非吾人之愿战与好战也。凡我袍泽，务宜仰体时艰，继续发扬革命军人之精神，以尽此最后一篑之功。

昔吾革命军人之所以不计成败，不顾利害，而能前仆后继，视死如归者，以其为主义而牺牲也。故主义不明，则敌忾心无由而生，心志不坚，则同仇之义亦无由而兴。今后吾全体将士，务本既往之精神，勤习主义，坚定信心，为国家尽忠，为主义效死。国父有言："既为军人，不宜畏死，畏死则勿为军人，须知军人之为党国与主义效死，死重如泰山，我死则国生，我生则国死，生死之间，在于自择，以吾人数十年必死之生命，立国家亿万年不死之根基，其价值之重可知矣。"今日者，我军剿匪之成败，只问吾将士之沃心果为何如耳？古云：破山中之盗易，破心中之贼难。吾人如欲破山中之贼，必先破吾人之心贼，苟吾人而能具必死之决心以剿匪，则士卒必能以勿生还之勇气而尽忠。曾文正云："君子之道，莫大乎以忠诚为天下倡，世之乱也，上下纵于亡等之欲，畏难避害，变诈相角，曾不肯损丝粟之力以拯天下，得忠诚者，起而矫之，克己而爱人，去伪而崇拙，躬履诸难，而不责人以同患，浩然捐生，如远游之还乡，而无所顾悸，由是众人效其所为，亦皆以苟活为羞，以避事为耻。呜呼！吾乡数君子，所以鼓舞群伦，历九载而戡大乱，非拙且诚者之效乎？"如此，则吾人不患所部之不能忠勇，而患在本身之无牺牲决心耳。况乎必死者未必死，且多见其成功，而其怕死者，决无幸存之理乎？

国父对军人精神教育之决心曰："军人生在今日，有完成革命，改造国家之责任，负此责任者，全在吾人之决心，决心于何见之，在夫精神，精神者，革命之证券及担保也。军人精神，第一之要素为智，能别是非，明利害，识时势，知彼己，然后左右逢源，无不如志。第二之要素为仁，而所以行仁之方法，则为实行三民主义，此三民主义即与美国总统林肯所言民有、民治、民享之说相通。第三之要素为勇，军人须具有技能，始足应敌，而又明于死生之辨,乃不至临事依违,有所顾忌。此三则,为军人精神之要素,欲使之发扬光大,非有决心不能实现,因此决心所生之结果有二:一曰"成功",二曰"成仁"。所谓成功成仁者,乃惊天动地革命事业也,吾人何为而革命,务在造成三民主义安乐之世界,期其成功,不成功,勿宁死,死即成仁之谓也。成功,即造成庄严华丽之国家,共享幸福,不成功,则同拼一死,以殉吾党之光辉主义,自不失为杀身成仁之志士。夫有生必有死,虽均一死也,然有泰山鸿毛之别,若因革命而死,因主义而死,则为死重于泰山,其价值乃无量之价值,其光荣乃无量之光荣。吾人今日,如果欲死重于泰山为实行三民主义之革命军人,则必先打破投靠异族,蔑弃祖国之奸匪集团,以建立新国家万世不拔之基,而后乃能创造庄严灿烂之新世界也。胡文忠云:吾人任事,与正人同死,死亦附于正气之列,是为正命,附非其人,而得不死,亦为千古之玷,况又不能免于死耶?处世无远虑,必有危机,一朝失足,则将薰莸为同臭,而无解于正人之评议"。斯言也,实为吾军人惟一之宝鉴也。今日附于三民主义之下而死者,则为救国救民成仁之信徒,若其附于奸匪而生者,即为害国害民无耻之禽兽。望吾将士,别其是非,明其生死,皆能以良心血性为前提,奋发其"受伤不退"、"被俘不屈"之精神,保持吾革命军人神圣之人格,则虽死犹荣也。故今日剿匪之成功,不在兵力之多寡,亦不在军械之新陈,而在吾军人对其主义之决心,有否诚信耳。蔡松坡之论曾胡尚志篇云:"今日时局之危殆,祸乱之剧烈,殆十倍于咸同之世,吾侪自膺军职,非大发志愿,以救国为目的,以死为归属,不足渡同胞于苦海,置国家于坦途,须以耿耿精忠之寸衷,献之骨岳血渊之间,毫不返顾,始能有济。果能拿定主见,百折不磨,即千灾百难,不难迎刃而解。"又论曾胡之诚实篇云:"吾国人心,断送于伪之一字,吾国人心之伪,足以断送国家及其种族而有余,上以伪骗下,下以伪事上,同辈以伪交,驯至习惯于伪,只知伪之利，而不知伪之害矣。军队为用，全持万众一心，同袍无间，不容有丝毫芥蒂。此尤在有一诚字，为之惯串，为之维系，否则如一盘散沙，必将不戢自焚。社会以伪相尚，其祸犹伏而缓，如军队以伪相尚，则其祸彰而必速且烈，吾辈既充军人，则须将伪之一字，排斥之不遗余力，将此种性根拔除净尽，不使稍留萌蘖，乃可以言治兵，乃可以为将，乃可以当兵。惟诚可以破天下之伪，惟实可以破天下之虚。李广疑石为虎，射之没羽，荆轲赴秦刺暴，长虹贯日，精诚之所致也。"观此，则今日之剿匪诸将士，乃可自反自省与自立矣。如吾军上下，果能以诚信相孚，以礼义相尚，而以廉耻相勉，专心一志，实行主义，即精诚所至，金石为开，更何患奸匪之不灭哉？吾全体将士乎，此正"我死则国生，我生则国死"之时矣！泰山鸿毛，均一死也，望善择之。

见危授命，

责任之所在，虽赴汤蹈火，义不容辞。

止见一义，不见生死。

第一　救民

国父遗训："三民主义，即救国之义。"国以民为本，故三民主义亦即救民主义也。吾辈奉行三民主义之革命军人为主义而奋斗牺牲，亦即为救民而奋斗牺牲也。故国民革命军创立之初，即以"爱百姓"为一最重要之口号。盖民众者，实为主义成败，革命胜负之根本也。今者，奸匪乱国祸民，匪踪所至，民无噍类，人世之惨，至矣尽矣！谁无父母，兄弟，姊妹，子女，言念及此，其何以堪！吾革命军人，身负救国救民之责，对此数千万黑暗地狱中之同胞，唯有本□□□饥之义，誓除奸匪，拯之于水火之中，登之于衽席之上，庶无负同胞之付托，庶无愧国父之信徒。如革命军人，仍有拉伕扰民，奸淫抢掠，凡奸匪之所为者，而我亦为之，则违反主义，灭绝天良，莫此为甚！其影响所及，或将驱民予匪，此我革命军人之奇耻大辱也。曾文正曰："行军以不扰民为本"。不扰民者,即救民也。蔡松坡云:"兵者,民之所出,饷亦出之自民,索本穷源,何忍加以扰害。行师地方,仰给于民者,岂止一端,休养军队,采办粮食,征发伕役,探访敌情,带行道路,何一非借重民力。若修怨于民,而招其反抗,是自困也。"故消灭奸匪之要道,即自不扰民始也。今后务须切实遵行,毋稍息忽,须知国民革命军之纪律,扰民者杀无赦!举凡拉伕、勒索、奸淫、抢掠,皆为扰民之不肖军人,有一于此者,杀无赦!

爱民为治兵第一要义。

吾辈带兵,如父兄之带子弟。一般无银钱,无保举,尚是小事,切不可使之因扰民而坏品行,嫖赌、洋烟而坏身体!

第二　气节

礼义廉耻,国之四维,此四维者,国家兴亡之所系,吾革命军人之唯一精神也。今日奸匪,邪说充塞,人欲横流,廉耻道丧,若不急起挽救,则国固不国,而人民且将沦为禽兽矣。吾辈军人,救国必先救民,救民则须重礼义,知廉耻。古人云:"头可断,骨可碎,而此志不可夺。"胡文忠云:"天下强兵在将,上将之道,严明果断,一片肫诚,以浩气举事"又云:"将以气为主,以志为帅。"孟子云:"威武不能屈,贫贱不能移。"此精神者,即孟子所谓至大至刚可塞于天地间之浩然正气,亦即为革命军人团结一致之军心。有此精神,方得谓之舍之救国之革命军人也。被俘而不能死者,与被俘而为匪释放生还者,皆无廉无耻之人也。上官伤亡,而不知救护,与友军危急而不知赴援,临难而求苟免,遇险而不肯牺牲者,是无礼无义之人也。我革命军人之所以异于奸匪者,以其重礼义知廉耻也。主义不行,党员之耻,奸匪不灭,军人之羞。故革命军人,欲消灭奸匪,完成主义,必自重礼义知廉耻始。重礼义,则知尚气节,尚气节,则能团结精神,上下一致,知廉耻,则知明生死,明生死,则任何牺牲,在所不惜,古人云:"成仁取义。"国父云:"不成功,便成仁。"今奸匪猖獗,生民涂炭,吾辈身为革命军人者，正如曾文正所谓独赖此耿耿精忠之寸衷，与斯民相对于骨岳血渊之中，以救国为目的，以牺牲为志事，志之所向，义无反顾，方能于事有济。不然若为官长者，以苟安偷生为志，为士兵者，以得饷谋生为事，则复有何面目以见国人，且将何以对国父与阵亡将士在天之灵耶！凡我将士，须知治军以治心为本，其本乱而未治者鲜矣。故礼义廉耻，乃为剿匪立国之本，望身体而力行之，以完成我国民革命军之使命。

生死关头，义当生则生，义当死则死。眼前只见一义，不见有生死在。只从义利辨得清，认得真，有何生死可言。

礼义所以致信，廉耻所以致勇。

生而辱，不如死而荣。

受伤不退，被俘不屈。

第三　纪律

纪律为军队之命脉，服从为军人之天职。惟纪律者，不分上下，更无厚薄，凡自统帅，以至士兵，人人皆须以此为准绳，故阶级愈高者，纪律应愈严。岳武穆治军，虽军中无粮而将忍饥不敢扰民，故父老百姓争挽车牵牛载粮以馈义军，每临敌必身先士卒。故三军用命，视死如归，使金人有"撼山易撼岳家军难"之叹，每当朝廷行赏，辄以"将士效力，飞何功之有"为辞。故凡纪律严明者，其对民间，则能秋毫无犯，一尘不惊，其对匪部，则能上下一致，同仇敌忾。其对友军及部下，则能功则相让，败则相承。盖纪律不但赖以维系纪纲，亦藉以团结精神者也。古人所谓节制之师，乃可克敌制胜，因其有纪律而后有节制，有节制而复能共生死。然共生死之道，首在为上者能与士卒共甘苦，尤须以身作则，严守纪律，则精诚之感乎，必使士卒畏威怀德，自发其遵守纪律之良知。此国军连坐法，所以罚自上先，赏由下起，执法如山不稍宽贷者也。盖纪纲立然后法令行，赏罚公然后功罪明，必全军畏威，法立令行，军事方能日起而有功。望吾全体将士，共凛国家民族之危机、革命事业之艰难，一致遵行，严守纪律，庶几同心同德，并力向敌，则奸匪之不灭者，未之有也。

赏罚严明，恩威并济。

功则相让，败则相承。

罚自上行，赏由下起。

以民心之向背，定军队之纪律。

革命军连坐法及其条文

现在军队，不知节制，所以上下不相连系，以致进前者徒死而无赏，虽欲赏之，无从查考，退后者偷生而无罚，虽欲罚之，亦无从查考。今定有节制矣，如一班同退，只杀班长，一排同退，只杀排长，一连同退，只杀连长，一营同退，只杀营长，一团同退，只杀团长，一师同退，只杀师长。以上皆然。如此看之，所杀不过三五人，似与士兵无涉，还可退走。然你们要仔细思忖，此法一行，便是百万人，都退不得。听我说这个缘故。比方一团人齐退，必杀团长，团长见他一团人退时，他决不退。若是他团长一个人不退，必不能够支敌，必要阵亡在前方，我便将他部下三个营长都杀了，来偿你团长之命。营长见团长不退，恐阵亡了团长，就该他自己偿命，便是营长亦不敢退。他的部下连长，见营长不退，恐阵亡营长，他的连长怕要偿命，就护着营长，亦不敢退。连长不退，若被阵亡，他部下的排长都要杀，排长怕杀，便不敢退。他的部下班长，怕阵亡了排长，必被司令官拿问枪毙，他亦不敢退，就护着排长站住了。班下士兵，恐怕阵亡了班长，其全班士兵都该枪毙，便都护着班长，站住不退，如此不是所死的，止于阵亡的部下三五个人，便是百万人也要同心。那个还敢轻先退走。这个连坐法一行，就是全军之中人人似刀架在头上，似绳子缚着脚跟，一节一节，互相顾瞻，连坐牵扯，谁亦不能脱身。兵法云："强者不得独进，弱者不得独退。"又云："万人一心，万人齐力。"真是要得这个成效，非实行此连坐法不可。从今以后，革命军即实行此连坐法,仰各将士奉行无违,勿视此为普通具文也。

条文如左。本法条文于中华民国二十七年二月二十五日修正并改名。

国军抗战连坐法

（甲）纵的连坐法

第一条 国军以遵守先总理遗嘱,完成国民革命,实行三民主义为目的。各官兵应具牺牲精神,与敌交战时,无论若何危险,不得临阵退却。

第二条 本连坐法即适用于战时临阵退却之各官兵。

第三条 连坐法之规定如左：

一、班长同全班退则杀班长。

二、排长同全排退则杀排长。

三、连长同全连退则杀连长。

四、营长同全营退则杀营长。

五、团长同全团退则杀团长。

六、旅长同全旅退则杀旅长。

七、师长同全师退则杀师长。

八、军长亦如之。

九、军长不退而全军官兵齐退以致军长阵亡,则杀军长所属之师长。

十、师长不退而全师官兵齐退以致师长阵亡,则杀师长所属之旅长。

十一、旅长不退而全旅官兵齐退以致旅长阵亡,则杀旅长所属之团长。

十二、团长不退而全团官兵齐退以致团长阵亡,则杀团长所属之营长。

十三、营长不退而全营官兵齐退以致营长阵亡,则杀营长所属之连长。

十四、连长不退而全连官兵齐退以致连长阵亡,则杀连长所属之排长。

十五、排长不退而全排齐退以致排长阵亡,则杀排长所属之班长。

十六、班长不退而全班齐退以致班长阵亡,则杀全班兵卒。

第四条 各级政治工作人员亦适用本连坐法。

第五条 本连坐法自公布日施行。

(乙)横的连坐法

第一条 国军各部队应具同舟共济、唇亡齿寒之精神,与敌作战时,极力与友军确保连系,互相策应,以收协同动作之效,不得存苟且偷安、观望不前与保存实力之心理。

第二条 本连坐法适用于师(独立旅)以上各单位之指挥官。

第三条 横的连坐法之规定如左:

一、在同一战线上,或同一战场内之师(独立旅),与敌战斗时,无论攻防,倘某一师(独立旅)所受牺牲甚大,师长(独立旅长)殉职,而左右邻接或在该敌侧翼之师(独立旅)仍安全无恙者,除因战略关系或有特别命令外,该安全之师长(独立旅长)撤职交军法裁判。

二、在同一战线上,或同一战场内之军,与敌战斗时,无论攻防,倘某一军牺牲甚大,军长殉职,而左右邻接或在该敌侧翼之军,仍安全无恙者,除因战略关系或有特别命令外,该安全军长撤职交军法裁判。

三、在同一战线上或同一战场内之集团军亦如之。

第四条 在两个战区作战地境附近之战斗,则对战区司令长官,亦适用本连坐法。

第五条 本连坐法自公布日施行。

第四 智勇

胡文忠云:"兵事不外奇正二字,而将才不外智勇二字。有正无奇，遇险而覆，有奇无正，势极即阻。智多勇少，实力难言，勇多智少，大事无成。"故本军剿匪，尚勇之外，必须重谋，若对于奸戮渠丑，使之内溃，则尤贵运用侦谍，精于智谋也。以迂为直，以实为虚者，智谋也。出其不意，攻其无备者，智谋也。以静制动，以逸待劳者，智谋也。避实击虚，蹈瑕抵隙者，智谋也。超颠越绝，不畏险阻，耐饥忍渴，不避艰难者，智而勇者也。

胡文忠云："军旅之事，谨慎为先，战阵之事，讲习为上。盖兵机至精，非虚心求教，不能领会，矧可是己而非人，兵机至活，非随时谨密，不能防人，矧可粗心而大意。"其所谓谨慎者，智谋也；讲习者，亦智谋也。又曰："统将须坐镇，能勇敢不算本领，必须智勇足以知兵，器识足以服众，乃可胜任。总须智勇二字相兼。有智无勇，能说而不能行，有勇无智，则兵弱而败，兵强亦败。"吾人于此，若欲剿此狡诈之奸匪，岂可徒恃勇猛而不讲智谋乎。古云："战阵之事，恃强者是败机，敬戒者是胜机。"又云："衷者胜也。"望诸将士于此三注意焉，则剿匪之道，不难心得之矣。

多算胜，少算不胜，而况于无算乎？

大将以救大局为主，并以救他人为主。

第五　勤劳

吾辈革命军人，当此匪势猖披，国家阽危之秋，欲尽其救国救民、持颠扶危之责，虽曰扫清匪氛必有可期，然所以致胜之道，则惟有人人勤劳自持，以补智慧才力之不及而已。今日军队训练不精，组织未备，士兵程度参差不齐，一有疏忽，则失败随之。故无论派遣侦探，巡查步哨，调查户口，组织民众，研究宣传，盘访敌探，侦察地形，皆非官长身体力行不可。而各级主管长官尤须以身作则，习勤习劳，耐苦耐饿，不计时刻，不分昼夜，如鸡伏卵，如炉炼丹，未可须臾稍离。故凡巡哨查营，至午夜十二时后，尤须格外谨慎，无或稍懈。曾文正云："治军之道，以勤为先，军勤则胜,惰则败。惰者暮气也,须常常提其朝气为要"。又云:"精神愈用而愈出,智慧愈苦而愈明,不可因境遇偶挫遽而摧沮。"又云:"璞山带兵,有名将风,每于接仗之前一夕,传集各营长官,与之畅论敌情、地形,令诸将各抒所见。次日战罢,有与初谋不符者,虽有功亦必加罚。平日无事,每日必传各官长熟论战守之法"。胡文忠云:"军旅之事,非以身先之劳之,事必无补。"又云:"治军之道,必以苦其心志,劳其筋骨为法典。"蔡松坡云:"战争之事,或跋涉冰天雪窟之间,或驰驱酷暑恶瘴之乡,或趁雨雪露营,或昼夜趱程行军,寒不得衣,饥不得食,渴不得饮,枪林弹雨之中,血肉横飞,极人世所不见之惨,受恒人所不经之苦。其精神,其体力,非于平时养之有素,练之有恒,岂能堪此?练兵主旨,以能效命于疆场为归宿,欲其效命于疆场,尤宜于平时竭尽手段,以修养其精神,锻炼其体魄、娴熟其技艺,临事之际,乃能有恃以不恐,故习劳忍苦,为治军第一要义,而驭兵之道,亦以使之劳苦为不二法门"。夫以昔贤用兵,犹勤劳自勉如此,而况吾辈后进,当此空前未有之匪患,岂能不以勤劳自矢,期底于成乎?!

一分精神,一分事业,少一分检点,多一分失败。

综理密微,克勤小物。

〔国民政府军事机关档案〕

8. 国防部史政局编印之《剿匪基本工作之实施要领》

(1946年)

极机密　作战教令第三十一号　国防部史政局编印

剿匪基本工作之实施要领

第一　前言

奸匪于八年抗战中,藉抗日之掩护,暗中发展其势力,以党权至上，党员至上，军事为主，政治为副之统一化政策，利用严密之组织，巧妙之宣传，麻醉之手段，强制动员民众，袭击国军，建立根据地，以扩大占领区域。迄抗战胜利，复变本加厉，破坏交通，阻碍受降，发动内战，危害国家，使我八年抗战之硕果，毁于一旦，实为全国人民之公敌。若奸匪不除，即不能求得和平，人民不能安居，国家不能建设。

保国卫民为我国军之天职，今奸匪之猖獗如此，自应清剿，以固国本。而奸匪装备拙劣，战法出奇，仅能以游击惯技，从事扰乱，我国军须洞悉其奸，勿为所惑，则我剿匪工作，必能迅速完成。兹搜集奸匪之战法，并我剿匪基本工作之实施要领及应注意事项，编辑成册，以供国军之参考焉。

第二　奸匪优点及劣点

一、奸匪优点

一、官兵生活勤劳刻苦，战志较坚强，常能团结一致，冒险犯难。

二、战列部队官兵选拔精壮，且装备较轻，行李简单，机动力因之增大，故能进退自如，运用灵活。

三、施小惠把握下层，以恐怖防止分化，且监视严密，故能使其乐受鞭驱，勇于效命。

四、利用巧妙宣传，严密组织，兼施麻醉与恐怖手段，控制民众，动员民众。

五、党权至上，党员至上，军事为主政治为副，党权军权能一元化。

六、地下工作确实，能普遍分布于我前后方，故情报灵通，能收宣传煽动、扰乱破坏之效。

二、奸匪劣点

七、以密集队形作波浪式冲锋，在我军自动火器充实而火力优越之条件下，实属落伍愚蠢行动。

八、部队装备一般缺乏重兵器,且其他各种武器窳败。弹药来源缺乏,即其冲锋惯用之手榴弹,因制造不良,多半不能爆炸,故既不能攻坚,又不能持久,概难作果敢韧强之战斗。

九、部队无良好造兵工场,而经费来源与食粮补充,尤不能予取予求,如经常作战,伤亡损耗迭增,其战斗力恢复困难。

十、实行内外恐怖政策,专以欺诈及残暴灭绝人性之手段,内则人人自危,外则谈虎变色,若一经揭穿其阴谋,击毁其主力,则国军到达后必大部解体。

第三 奸匪战法之研究及我军应取之对策

一、奸匪战术之运用

十一、奸匪以装备不足,素质复杂,仅能以游击方式,从事战斗,惯以出我意表,避实击虚,声东击西,聚散无方,出没无常,以欺骗、煽动、麻痹、扰乱、破坏、袭击之手段,求达其企图。

十二、奸匪常以小部队行突击奇袭,以牵制并分散我之兵力,以其主力集中使用于大包围,兼程猛进迂回我之侧背,强我于阵地外或乘我阵地未稳以行决战。

十三、奸匪常选择我军弱点,施行韧强攻击,反复冲锋,求突破一点,以波及全面。

十四、奸匪常集中必胜之兵力,争取局部优势,实行各个击破,先击破我一点,再转用兵力瓦解我全线。

十五、奸匪每于窜扰遭我优势攻击时,则立即变更部署,分股星散,选行幽僻险境,人迹罕到之道路,昼伏夜行,多方窜扰,并各处设置伏兵,使我进剿困难。

十六、奸匪恒对民众施以小惠,并利用种种方法,威胁利诱,迫为所用。

十七、奸匪在盘踞较久之地,设置连络局,每局五六十人,每区设有联络站,每站三、五人,担任机关部队之连络,藉以灵通消息。

十八、奸匪行动诡密,部队进入村庄,即封锁消息,准进不准出,如发觉某村来往人稀,即可断为奸匪盘据。

十九、奸匪所派侦探多系有训练之小孩,利用看亲戚、割草、当小贩等,潜入国军区域,从事侦察。

二十、奸匪组织严密,谍员四布,情报灵活,我军之兵力位置及动向,尽为彼侦知,故能由各方调集部队,对我袭击。

二、奸匪惯用战法及对策

廿一、包围歼灭战法

匪军采取外线作战,零整互换,故布疑阵,常以大部兵力对我一部,实行包围,或攻击。或以一部兵力实行伴攻,而以主力迂回包围,以期一举歼灭我军,待我援军到达,则化整为零,分散远扬。

对策:

1. 须以部队为中心,向四周设置严密之谍报网,先行侦知其企图。

2. 设施坚固阻绝工事,凭险固守,并于外围控置机动部队,以资随时策应作战。

3. 严饬士兵遵守射击军纪,勿滥射击,节省弹药,以免被围时,有弹尽之虞。

4. 守兵应沉着应战,勿为奸匪猛攻猛冲之精神所威胁,纵被其完全包围,或突破一点,亦应以逆袭恢复阵地,固守待援。

廿二、远程奇袭战法(匪名远道奔袭)

奸匪常秘密其行动,使我军于数十里内外不能发现其一兵一卒,或用其他欺骗方法,使我军不预行戒备,故每利用黄昏、午夜、拂晓,尤其于暴风雨、大雪等天候,自远方飞奔而来,出我不意,施行袭击。

对策:

1. 于奸匪不设防区域内，远派谍探经常侦察，并利用民众组织谍报网，以明了奸匪之一切行动。

2. 对于搜索与警戒，须尽各种手段使无遗憾，无论行军驻军，须有战斗之准备，以应仓卒不意之事变。

3. 如遇其袭击须沉着应变，切不可惊扰，自行纷乱，应设法诱击来袭之匪军，因其所使用之兵力多为小部队，如对应得法，不难将其完全歼灭也。

4. 我军对于复杂及通过困难之地形与经路，均应讲求防御手段，切不可过于依赖地障。

廿三、伏击战法（匪名打埋伏）

伏击为奸匪惯用之战法，常利用天候、地形及我军疲惫及疏忽之际行之，分进伏、待伏、诱伏三种，当我军向其前进时，非至三十公尺绝不射击，并至二十公尺内始投掷手榴弹，而实行突然袭击，乘我军混乱之际而歼灭之。

对策：

1. 我军行进时须多派遗斥候于进路前方及两侧，严密搜索。

2. 进路上之险要地点，可派先遣队占领之，并增强侧卫之兵力，以防匪军侧伏。

3. 行军如遇匪军侧击时，指挥官应沉着详察敌情，速令部队向敌占领阵地，以被袭之部队施行正面抵抗，其他部队则对其行一翼或两翼包围，争取主动以歼灭之。

4. 对敌之小部队及战胜后之追击，应审慎行之，以防敌之诱伏，但有优势之兵力，适当之部署，亦可行猛烈果敢之追击。

5. 当部队移动，不可经过一定之路线，并须绝对秘密我之企图及行动。

廿四、麻雀战法（化整为零）

以轻重机枪集中使用攻击一点（盖麻雀之飞虽散为群，其集食则集于一处），即用小部队多处发动战斗，而以主力集中攻破一点之法。

对策：

1. 部队须纵深配置。

2. 控置强大预备队。

3. 转移正面，向其侧方及后方行攻击。

4. 注意搜索，勿为敌所眩惑。

廿五、夹击战法

奸匪守备其根据地或攻击我部队时，将其部队区分为守势部队、袭击部队，及扰乱部队三种，并于战地内各方遍设疑兵，故意往来频繁，或行其他欺骗动作，使我莫辨真伪。及其主力之所在，往往一经接触，其大部队即蜂拥而至，且自四方八面同时行动，而守势部队任正面作战，袭击部队向我侧翼袭击，扰乱部队向我远后方作广泛之窜扰，使我前后左右无暇兼顾，而致溃败。

对策：

1. 我军应严密搜索警戒，以免为其欺骗。

2. 部队之编组须成为多数之战斗群（但不可为过小之区分），俾能随时对各方面作战。

3. 指挥官应控置强大预备队，俾能适时形成重点防匪之窜扰。

4. 正面攻击之部队，应努力击溃当面之敌，使迂回包围之奸匪，无所依据，以粉碎其阴谋。

5. 两翼应有强固之依托或梯次配备。

廿六、疲敌战法（匪名二弹战法）

奸匪于攻击开始前，组织战地附近民众，发给手榴弹二枚，集团冲锋，任第一线之消耗战（肉弹），疲劳我兵力，消耗我弹药，至发现我军弱点，则集中精锐部队以炽盛火力向我猛扑（实弹），以期突破我阵地而席卷之。

对策：

1. 先敌发动攻势，使其第一线崩溃之影响及于敌主力，而破坏其计划。

2. 遍设伏兵及警戒部队，以确保我军之主动与安全，迨侦知其位置、兵力及行动，然后予以致命之打击。

3. 以一部占领阵地，控置主力于有利态势，待敌进至近距离以优势火力摧毁之，并以强大部队迂回其侧背，求其主力而歼灭之。

4. 固守城寨或防守一地时，须构筑能独立作战之据点工事，俾不因友军战况不利，而发生动摇。须以三分之一担任守备，以三分之二兵力保持机动，尤须注意免为奸匪佯攻或扰乱所眩惑，应力求沉着，并严禁无的放射，节省弹药、以备于匪军真面目攻击时，发扬有效火力。

5. 于要道及隘路附近，构筑堡垒工事，以阻匪之窜扰，并应配置呐喊队、宣传队，以使在火线前被迫之民众，得有归降自新之机会。

廿七、深诱反击战法（匪名口袋战）

奸匪与我接战时，常以退却诱我军追击深入，然后分组向我前后侧背反击，实施包围歼灭。

对策：

1. 当我军前进时，应步步为营，稳扎稳打，并于两侧及后方，布成警戒幕，俾不失尔后行动之自由。

2. 搜索警戒须严密确实，协同连络尤须圆滑。

3. 当情况不明了，不轻进不穷追。

4. 将部队区分为攻击军与占领部队，攻击军前进后立即以占领部队随之占领。

廿八、内应战法

奸匪有时派遣特务人员，潜入国军建立内应队，并负指挥之责。至我与匪军对战时，则乘机内应，袭击指挥部，破坏交通信信等，并与其外围部队，协同夹击我军。

对策：

1. 严禁各部队于战地内擅补士兵。
2. 对官兵思想行动，须绵密考察，并严禁于匪区结婚。
3. 严密注意营盘附近，诸洗衣妇女及小贩之行动。
4. 我军密组除奸队，以消灭奸匪内应队之活动。
5. 务尽可能组训干员，秘密潜入匪军内，建立内应工作。

廿九、夜间奇袭战法

奸匪常利用夜间向我军之间隙或弱点，派兵（或着便衣）潜入我军步哨线，捕杀我哨兵，大部兵力随即蜂拥而来，或分无数小股钻隙而入，到处鸣枪示威，乘我混乱之际，达成奇袭之目的。

对策：

1. 夜间对于各方须严密警戒，派遣警戒兵力宜大，尤以初到达或将离宿营地时，对于警戒更须注意，并须先完成被袭时之战斗准备，必要时可设伪宿营地，或于黄昏后变更宿营地为宜。（但仅限于熟悉之地形，以免引起混乱。）
2. 遇敌夜袭时，应依预设之工事，沉着固守宿营地，而另以一部绕袭敌之侧背为有利，有时派兵一部，于敌必经路径，或我军退路附近设伏兵袭击之，但非至万不得已时，绝不轻离宿营地，待拂晓情况明了后，以预备队驱逐之。
3. 夜行军时应于昼间派出政工人员为基干之便衣队，分别进出于进路前方，严密搜索行动，或以小部队占领前方及侧方要点，以掩护部队之行动。
4. 宿营时须严整战斗准备，官长须轮流巡查以免疏忽。

三十、坑道攻击战法

奸匪于逐次攻击失败后，则用对壕坑道作业，再行攻击，对于城堡则用大量炸药，以作攻击火力，但对于坚固城寨，不轻易攻击。

对策：

1. 于阵地外围多配置警戒哨及搜索队，以侦察奸匪之坑道作业，尤以夜间特宜注意。

2. 若发现其坑道作业时，则派队袭击之，以破坏其企图。

3. 用浓密火网封锁外壕，并于外壕前埋设地雷，以破坏其坑道作业。

4. 如匪已利用坑道作业突入我阵地时，须沉着应战，分别予以堵击，而歼灭于坑道口附近。

卅一、坑道防守战法

奸匪于占领区内，动员民众，组织民兵及自卫队等，构筑坑道，以资防守。其构筑情形及设备如下：

1. 坑道技术之要求。

（1）尺度　坑道宽二、五尺，高四、五尺（土质好者扩大半尺），坑道顶留土八尺，距离十丈留一卡口（疑系防水及出入口之设备）。

（2）出土口　出土口与坑道身最短距离三尺，开口在出土口之顶端处，不顺口而行堵死时，用砌泥墙法随填随砸。

（3）干线与支线　干线为大坑道，支线为贯通各个堡垒之小坑道，小坑道之尺度亦不太小，而多设较好之卡口及翻眼，以互不连通的原则，而防水患，先构筑大坑道，次完成小坑道。

2. 坑道形式　不论干线与支线，多通过障碍物，少通过街道或避免之，坑道分连环套形、鸡爪形及七星形，分别采用。

3. 坑道内之设备　根据计划多设卡口、陷阱、翻板、回旋处、休息室、坑道射击孔、便坑（存有灰土或马桶）。

4. 战斗设备　以不突出，不暴露，虚虚实实，到处均是为原则。一般由民工按上级计划构筑之，并强制民兵防守干线。其设备如下：

（1）高房岗楼　在有民兵之村落建立，但不一定突出，最好利用房屋、围墙等加以伪装。

（2）战斗堡　须能使用步枪及机关枪者。

（3）射击孔　须能使用手枪及拉放地雷。

（4）瞭望孔　能向外瞭望拉放地雷。

（5）战斗街及战斗院　即利用街道或庭院加以完善战斗设备，使能独立固守。

（6）战斗设备带有强制性，主要能灵活运用打击敌人。

对策：

1. 我军对此种地区攻击时，须先派谍探侦察其构筑及设备情形，对其出入口之多寡及地点，须知之甚详，不可冒然攻击，盲目牺牲。

2. 在攻击开始前须将部队另行编组，以步兵一个班配属工兵六名，合组搜索班，每班分三组。

（1）步兵组附轻机枪一挺，担任搜索及火力掩护。

（2）火焰放射器组，附火焰放射器一具（配属步兵二名任警戒），担任火焰之放射。

（3）爆破组携带破坏坑道用之爆破器材（配属步兵二名任警戒），担任坑道之爆破及堵塞作业。

3. 当攻击迫近村镇时，或进入奸匪退出之村落，步兵组应设法侦察奸匪坑道口位置。如经发见即占领有利地形，掩护火焰放射器组接近坑道口，到达有效射程，即行向坑道口放射火焰。如奸匪因窒息向另一坑道口奔逃时，步兵组即射击之，爆破组迅速接近坑道口施行爆破堵塞作业。

堵塞之先，最好以烟幕罐燃置坑道，以便因烟幕而侦知其出入口，用供次一攻击之考案。

4. 分段掘壤、破坏，如遇坑道，即以草置于坑道内燃烧之，再以薄土覆盖使火焰不能上升，而尽入洞内，使奸匪窒息；或引附近井内之水，罐注坑道内，而使坑道坍塌。

卅二、袭击据点之战法

奸匪对我据点常在袭击之前,利用预伏之内线及其情报人员,从事侦察据点之兵力、兵种、建筑及一切设置之弱点,供给外线之敌奸及情报部门之研究,并约定时间,内线起暴动作用,与外线夹击,而达里应外合互解该据点之目的。其渡过城市构壕之方法,使用长梯及滑车梯,其爬城方法系于架妥梯子后,以敢死队先行登城盘据一角,掩护前进。其接近据点方法,常使用托车,系木质四轮车,中心设一杠木,以手推杠木前进,上有掩盖,可载地雷、炸药及机枪,藉以掩护或筑坑道,进入据点内实行夹击。

对策:

1. 敌此种战法系内应战法及坑道进攻战法之连合运用,故应注意考察士兵思想行动,防止奸匪渗入。

2. 当奸匪攻击时,应注意内部之情势,须行连环监视,如发现不稳份子,应迅速严厉处置之。

3. 据点构筑应求伪装巧妙,火网配备适当,工地务求坚固。

4. 守城哨兵,应互相密取连络,对易于攀登之处,更须格外注意,以防奸匪大规模用梯攻城。

5. 对托车以使用火焰放射器、集束手榴弹、地雷为主,并以伏击、突击等手段,实行破坏或捕捉之。若敌托车接近时,须迅速歼灭其随行步兵为要。

6. 奸匪数度攻击失败后,应特注意其利用坑道接近,讲求预防手段。

卅三、新碉堡战法

奸匪近在晋察冀边区各村落,建筑碉堡,其建筑形式为在村落街道出口之两侧,建筑圆形碉堡,其他边则为方形碉堡,藉以消灭死角。碉堡用土壤(即未烧之土砖)作成,外涂泥土,墙厚一坯半(约一尺半市尺),高五寸。碉堡内通地下道,外边无门可入,墙壁有枪眼,奸匪军可由地下道进入碉堡内,向外射击。

对策:

1. 我军对此等村落攻击，须先利用强烈炮火将碉堡摧毁。
2. 利用火焰放射器或燃烧弹火攻之，使其全村起火，迫其放弃村落。
3. 集中火力攻击村落某方面之碉堡而突破之，其他方面之碉堡，不攻自破矣。
4. 摧毁碉堡后，应严密搜索其地下道之出入口，予以堵塞，防其潜出，再行扰乱。

第四 剿匪基本工作之实施要领

一、地方保甲组织战

卅四、奸匪常以各种身份，潜伏各地秘密发展组织，适时策应奸匪作战，对此宜切实加强保甲组织，实行连保，整理户籍，严密清查，以杜后患。

卅五、对于曾为奸匪盘据之地，首须协助行政机关，恢复保甲，并竭力扶植正派士绅，与确保有政治认识之知识份子，办理区乡保甲，杜绝流弊。

卅六、为增进保甲之效力，应协力当地党政人员，举办保甲人员训练班。使切实认清保甲之意义，与办理之方法，使确能成为自治之基础，且成为防匪肃奸之中坚。

卅七、以奸匪所驻地为中心，先于外围划分地区，完成保甲封锁地带，充实保甲自卫能力，逐渐向匪区推进，以根绝匪患。

卅八、对于自首或投诚之奸党份子，除经过必要之感化教育外，应交当地行政机关及保甲秘密监视考察，随时密报其行动。

卅九、保甲办理完全后，须适时协助其办理自卫队，俾协助军警担任地方警备及保护交通通信，协助运输补给等，俾军队之行动便利。

四十、办理保甲之目的在根绝奸匪，并非专以便利军队为目的，故不可遇事苛求，更宜力加辅导，并须督促当地行政机关办理，不可擅专职权，俾达成党政军一元化之目的。

二、民众运动战

四一、奸党劫持民众之方法，系用威胁利诱以毒攻毒之手段，利用流氓地痞为急先锋，对既有之社会组织与生活方式，加以根本破坏，使民众除供其驱策之外，根本无法生存，因以裹胁日众。

四二、民众运动之主旨，须针对奸党破坏之特性，予民众以实际之利益，注重消灭阶级斗争，实行民生建设，因之须注意安定农村，复兴工商业，办理失业救济，使民众有昭苏之希望。

四三、为求军民之切实合作，军队宜尽可能予民众以实际帮助，如帮助人民耕种与收获，以军医及药品为民众治疗，及尊重当地风俗习惯等，最能使军民之间，构成守望相友之关系。

四四、对曾为奸党挟持之民众，须予以自新之路，严禁土豪劣绅、贪官污吏藉端敲诈，逼上梁山。

四五、对民众运动之要点，在确以实惠归附民心，再次第推行组训民众，提高对奸党之敌忾心，充实自卫能力，俾自动担任巡查通信、保路保线及运输等任务。

三、宣传战

四六、奸党之宣传技术颇高，常利用人类心理上自私之欲望，从事渲染扩大，使发而为斗争与仇恨，而达其裹胁之目的。

四七、宣传战须针对奸党破坏人性之阴谋，在制造贫穷以达其裹胁之目的，并须列举事实推论其结果，必论于万劫不复，使人能有所警觉，恢复良知之心，而起同仇敌忾之感，俾自动与奸党为战。

四八、宣传须以具体事实，不可陷于空洞，反失信用，盖奸党机诈百出，其矛盾与虚伪之处，时时有之，宜随时加以统计，以暴露其阴谋。

壹 对民众

四九、我国人民文化水准太低，一切宣传须切近人民利害关系，并须予以实惠，以日常生活现象，证明奸党破坏之阴谋及其理论之错误,与对民族国家之危害。

五〇、对民众之宣传,不可以刷标语、印传单或集会宣传为已足,尤其曾为奸党盘踞之地,党政军须有固定且一元化的宣传网,分区负责,依计划以流言传播,其效力较以集会演讲使人一望而知为宣传者为佳。

五一、此种流言宣传网,须注意使在地方有信仰者传播之,否则不能生效,同时须秘密宣传之企图,使听者不知为有意之宣传为要。

贰　对奸匪

五二、对奸匪以实行分化为原则,尤贵以事实作宣传,对其改过自新者须加以礼遇,以示宽大,进一步改变其思想,使供我用。

五三、分化奸党须利用其内部之斗争,如故意优厚或释放某系人员,制造摩擦,使生疑忌,而自相仇杀,并援助失败者脱险,俾供我用。

五四、对大股投诚之奸匪,须使其选定良好时机,予匪以惨重之打击,而表明其心迹,一面杜绝其反复之念,同时使匪增大内部之疑忌。但须严密考察,免为匪所欺骗。

五五、对被匪挟持之份子,尽量怀柔,凡自动来归者,概不咎既往,并使已投诚之份子,时时向匪区份子通信,以事实表明政府之宽容,以减低匪之斗争情绪,有时并以奸党份子之家长,向其通信以引起其思家之念,而瓦解其群众。

五六、强化三民主义之社会性,以实现无阶级之社会为目标,而揭破奸党破坏反动之行动,惟有使社会日趋黑暗以解除奸党精神上之武装。

五七、极力提倡民族意识,国家意识,生存意识,以揭破奸党勾结外力,危害国家民族与人类生存及惨酷驱使、任意杀戮之罪恶,使扩大其内部之分化。

叁、对士兵

五八、提高官兵政治水准，揭破奸党勾结外力，危害民族国家之事实，以加强官兵之敌忾心，并认识奸党为有背景之敌，非严行防制即与国家民族之存亡有关。

五九、使官兵认识民族利益与阶级利益之区别，俾不为奸党之宣传所误，并自动清除奸党之兵运份子。

六〇、部队中赏罚必须严明，给与必求正公，一切给养卫生以至劳逸种种必须合理，以免奸党从中挑拨离间，吸引官兵同情。

六一、部队中除公开宣传之外，并须有秘密宣传网之设置，罗致在群众中有信仰之官兵，实行有计划之宣传。

六二、部队须有严密之防谍网，监视奸匪之任何行动，并破坏其宣传与煽乱之阴谋。

四、精神战

六三、奸匪为一以共产主义与阶级斗争为精神武器之敌，且有共产国际为后援，与我国家民族之存亡根本无妥协之余地，对奸党之精神战须以此为基点。

六四、精神战之要点，以实行思想指导、提高士气为第一，故须以民主国家有利之态势压倒匪之外援，并强化共产党为新法西斯，以我三民主义之社会性与民生主义之无阶级性，武装我之思想，且实践履行，而消灭奸党之精神武器。

六五、强化国家至上民族至上之精神，以粉碎勾结外援、危害祖国之奸匪。而在原子能之时代，战争之目标，实为国民之整体，故不容有阶级分化之存在，以破坏奸党存在之凭据。

六六、精神战之力源，出于祖国光荣之历史与悠久之民族文化，故须发扬我五千年伦理道德之精神，表扬先烈守正不阿、成仁取义之精神，以发挥民族之潜力，而廓清纷歧错杂之思想，使成为精神潜力。但须深入浅出，不可故事高玄，反无实际。

五、情报战

六七、奸党之组织，即为一具有神秘性之情报网，且有廿余年之历史，利用共产国际为后援，其情报机构本有相当基础，并利用各种身份随处活动，国军对此不可不妥为措施。

六八、对奸党首须有严密之防谍网，分区负责，切实侦查其活动情形，严厉防止而破坏之。此等侦察网须普遍于学校、机关、部队，尤其工厂及交通机关，与失意官僚之公馆等。

六九、师部以上高级司令部须组织剿匪别动队，选用干员，以各种方法混入匪区，窃取情报，并实行宣传破坏，对于潜伏而不能以军队清剿之匪，亦以别动队搜剿之。

七〇、因奸党之组织严密，仅依谍报及剿匪别动队，未必能达到情报之要求，故各级部队须十分注意战斗情报之实施，于攻防战斗之先，首先，使观测人员秘密进入阵地，亘攻防战斗之全经过，继续观测，以求情报确实。

必要时以威力搜索，获取情报。至于搜索警戒之周密，固为战斗情报之范围，不待具举。

六、交通战

七一、奸匪行踪飘忽，而党羽四布，惯以便衣队少数匪奸，对我后方实行交通破坏，以阻碍我部队之行动。或于其根据地之周围，广行交通破坏。有时破坏旧道路，而另选新路，待我依旧路前进时，匪即由新路而突击我之侧后或后方部队。

七二、对匪区须划分封锁地带，非有特命及持有特定之通行证者，不准通行。此种通行证，并须绝对不能仿造，以杜流弊。

七三、我后方交通线上，须沿途设置碉堡，尤其在桥梁、隘路、隧道、坡道及不易修复地区，更须妥为设置，以固定之人员，从事护路之警戒。

七四、深入匪区之交通线，须以占领军于交通路两侧要地占领掩护阵地，同时修筑碉堡，以掩护交通之安全。

七五、对交通路之掩护，除固定之碉堡与掩护部队外，更须设置潜伏便衣斥候及分区巡查会哨，或以骑兵及用汽车装载之步兵，实行巡查。但此等巡查会哨之时间，不可限于固定或型式，反予匪以可乘之机会，从事破坏。

七六、视党政推行状况，得以保甲组织状况分区设置民众掩护队，实行巡查会哨，以资保护。

七七、凡交通路附近须分区设〔项〕置修路队，予以必要之自卫力量，或设于护路队掩护之下，使万一受匪破坏，能立即实行修复，视党政及保甲工作状况，应组织民众修路队，担任修路工作。

七八、对匪区进剿时，为防匪之破坏交通，须充实工兵部队，或以民众修路队随军行动，俾能适时修复交通，便利进剿。

七、通信战

七九、匪为达疲敌扰乱，及获取情报之目的，常以少数匪奸，与其进扰之同时，破坏我之通信或行窃听。

八〇、对匪通信之特质，仍准交通战各条之要旨，对有线通信实行固定监视与查线，以期保线确实，视情况使民众担任查线及保线。如通信线路与交通线路相同时，得以必要之通信兵，随同护路队，及巡查队实行查线保线，及防匪之窃听。

八一、为防匪之窃听，对有无线电之通信，须使用密码及暗语，以行保密，并须配备足用之器材，尤须适应地形之状况，多准备补助通信。

八二、为适应剿匪战斗之飘忽性，有线电通信多不能适应机宜，故以使用无线报话两用机为宜。无线电之通信，并须于行进中定时连络，或于行进中亦能实施为宜。有时简单之旗语及烟火、信号弹、犬鸽等之通信，对于战斗尤能适合机宜，切须普遍应用为要。

八三、为适应地形与交通状况，除上述通信手段外，并宜分区设递传站，派兵护送，以求通信之灵活。

八四、应于奸匪装备之关系，其技术通信较为缺乏，类多以递传哨或音响、标记、暗号等手段行之，须随时设法潜入敌后，捕捉其传令人员，以妨害其通信。或研究其枪声与诸种标记、暗号，以理解其通信内容，而为捕捉战机之助。

如匪于其主力周围十余公里密布步哨，遇我进剿，即鸣枪使主力转移，若匪步哨逃逸而不鸣枪，即属有埋伏，行动须稳重。

八五、对有无线电等技术通信之敌，须努力实行破坏及侦听，以达通信战之目的。

八、后勤战

八六、奸匪以其党政军一元化之组织，冶割据与裹胁于一炉，尽力破坏原有社会组织，施行军事共产政策，灭收地主土地，俾使军需补给能就地取用。

八七、为断绝奸匪之补给，除于其盘踞地区发动经济斗争外，并应施行严密封锁，以杜绝其补给来源，同时注意烧毁其仓库，发掘其埋藏之粮食。

八八、对匪作战，尤须注意防匪袭击我之补给运输，切须注意其掩护，对辎重部队除依适切之交通掩护外，并须予以自卫之能力，在战斗间开设之粮弹交付所，均宜切实掩护。

八九、为求适应机动作战之特性，辎重行李部队须为适当之区分，使配属于各战斗群，俾能独立作战而赋予生存力。

九〇、凡出击之先，须在占领军掩护之下，秘密推进补给基点，屯备充份之粮弹，俾攻击发起后能应攻击军之行动，以求补给圆滑，故须充实各部队之输送能力为要。

九一、凡交通要点之掩护，及据点之防守，须预先屯备充分之粮弹及燃料与饮水，俾能应乎匪情与我部队之状况，纵在被匪围攻之下，亦能长久据守，以待主力之应援为要。

九二、剿匪作战以争取民心求得政治上之胜利为主，一切补给物品均宜禁止就地征购，以免发生流弊，丧失民心。在奸匪盘据之区，类多物资荡然，故在可能范围内，不徒以满足军队补给为能事，且须注意收复区善后物资之救济，及国民生活必需品之调剂。

故为满足剿匪区军民补给之圆滑，除增加部队本身之输力外，更宜组织民众运输队，以求补给便利为要。

第五、国军对于剿匪应注意事项

一、指挥

九三、各级指挥官须知有匪无我，应本军人之天职，主义信心，及绥靖地方保护人民之责任，抱与奸匪誓不两立之决心，切实掌握部下，予以适切之指挥，不惜牺牲，坚苦卓绝，努力达成任务。

九四、指挥战斗特须立于主动地位，保持机动，故应出敌意表，制匪机先，始终主宰战场，支配战局，切勿为匪之佯动所欺骗，致陷于被动之不利。

九五、剿匪作战之目的，应注重在杀伤其人员，收缴其武器，以歼灭其战力为主，而不重在城市之占领，与据点之争夺，故各部队须严整纪律，不准驻扎城区，以防不测为要。

九六、剿匪用兵务于状况许可，广行搜索，适时集中优势之兵力，采取积极行动，注重杀伤其人员，收缴其武器，以期一举击破，予以决定性之打击，或求其主力而击灭之。

九七、连以上之剿匪部队，应挑选智勇士兵，组训便衣搜索队，防匪潜入及偷袭，并应特别注意近战战术，及夜间战术，与近战武器如手榴弹、机枪、冲锋枪等之保管使用，以防匪突击。

九八、预备队须大，并须控置于能适应战况变化之地点，俾能策应各方面而期运用灵活，使奸匪无隙可乘。

九九、清剿地境，须以山岳地区为中心，现在奸匪惯技，到处企图占领山岳地带为根据，四出攻城掠地，破坏交通，我国行政区域多以山脉、河流划分，军事亦多以行政区域划分，未注意山地毗连关系，以致此剿彼窜，难收协同围攻之效，切宜注意。

一〇〇、奸匪冲破我正面后，常深入我后方，破坏我指挥机构，故我各级指挥机构，均须有战斗之准备，而前方部队更须沉着勇猛，即使战况混沌，亦须力求恢复气势，不可轻易动摇。当指挥官失却指挥能力时，其次级即须急起负责，发挥独立作战之精神，纵至最后一人一弹，亦应当奋勇作战到底。

一〇一、与奸匪作战，决战经过甚速，故我国军须有神速之机动力及相互应援之准备，并注意于各战略地点，配置相当兵力，互为犄角，预防匪军之突围。

一〇二、奸匪行踪无定，难以预期，各级指挥官须有独断应战之决心，与机动作战之准备，不可专待上级之指挥。

一〇三、凡兵团间隙部及左右两翼，切记派遣战斗侦探，以资连系而策安全。

一〇四、各级部队长应随时将所得情况报告上级指挥官，不可延误。

一〇五、注意奸匪利用民兵及被俘官兵，担任佯攻，以消耗我弹药，疲劳我部队，然后乘虚猛袭。

一〇六、注意部队连络，首尾相应，勿为匪所乘。

一〇七、对部队之行动，须严守机密，防范奸匪便探与间谍渗入我军中及驻在地，并应严整纪律，不准驻扎城区，以防内应。

一〇八、严禁各部队在战地附近擅补士兵。

一〇九、实施构筑据点及碉堡工事，并坚固守备之。

一一〇、对官兵思想及行动，须绵密考察，并建立防奸组织。

一一一、加强训练夜战、白刃战、巷战及特种地形小战斗教练，并熟练各种战斗技能。

一一二、剿匪军事，须力求与党政合作，务应牺牲成见，确实配合，密切行动，以期统一剿匪阵线，军民打成一片，集中有形无形之威力于短期内消灭之。

二、行军

一一三、行军部署为预防奸匪之奇袭,应区分为多数战斗梯队,各梯队兵力编组之大小,依敌情地形,及道路景况而定,通常以加强营为一个梯队,应将所要之日用行李与战斗行李,加入序列,以增强其独立性,指挥官须在便于各梯队之位置,以求指挥便利。

一一四、行军时无论在何种情况下,均须派遣前卫后卫及侧卫,尤须派遣便衣斥候,远出搜索,力求构成严密搜索网,以免为匪之伏兵所乘,而策本队之安全。有时须于通路之两侧,占领掩护阵地,使主力在其掩护下行进。

一一五、在匪区行军,须更番派先遣队,占领经路各要点,掩护部队,逐次前进,必要时对于经路之后方亦然。

一一六、在行军途中,所遇民众无论老幼、妇孺、商贩,均须详为查询,如有可疑份子,可交于地方机关查讯或看守,俟部队作战告一段落时,再行释放。

一一七、行进时遇隘路或险峻山地,应交互掩护前进。

一一八、受奸匪不意袭击时,须迅速占领可为据点之高地,或村落等,沉着应战,立稳脚跟,然后转移攻势。

一一九、休息须在适于作战之地点行之,倘前面有隘路,须通过后方可休息,险要地点须先占领之。

一二〇、由驻军移于行军时,在原地警戒之部队,须俟全部通过后,方可撤收。

一二一、到达宿营地之时间不可过迟,每日行程不宜过远,尤以生疏之地形为然。

三、宿营

一二二、各部队于未达宿营地前,各指挥官应先遣参谋人员侦察宿营地附近地形,先完成警戒部署,再使部队进入宿营地,必要时于要点,或通敌要道较远之处,设置伏兵,及阻绝工事,以策安全。

一二三、各部队须选定紧急集合场，并须事先讲求遭匪军奇袭时紧急集合及抵抗之处置，尤应预为策定指导腹案，及夜战诸设备，俾应付意外之事变。

一二四、防守部队应以连为单位，指定战斗地域，并妥定与各邻接部队连系，非有命令不得擅自移动，或转入友军区域。

一二五、机动部队应驻于防守地区之核心，应预先侦察驻地附近之道路状况及有利之地形，俾必要时策应驻地附近防守部队之作战。

一二六、对宿营地内居民须不断盘视巡察，并应封锁交通，禁止行人出入宿营地，以防止奸细之活动，各部队须加派内外卫兵，施行直接警戒。

为防奸匪之里应外合，须避免进入城镇，或广大住民地之内部行宿营为要。

一二七、前哨抵抗线及宿营地之周围，均须构筑所要工事及阻绝物，并于夜间置火照明，以便侦知匪进犯兵力及方向，而利于射击。

四、攻击

一二八、攻击战中之着眼，在于选拔精锐部队澈底集中争取局部优势，一举击破匪军主力，再配合所有之力量，继之以扫荡，使其无死灰复燃之余地，而图根本解决之。

一二九、任正面攻击之部队，应勇往迈进，向匪军据点深后方突入渗透，进而扩张战果，扫荡残匪，机动部队则与正面攻击部队协同一致，由一翼或两翼包围之，使其不能外逃为要。

一三〇、对纵深较小之匪巢，应以有力及富于机动性之部队攻击之，藉以牵制吸引匪兵力，而收聚歼之效。

一三一、对纵深较大奸伪匪巢，应以重兵伴动，使匪误认有进攻企图，俟其抽集兵力增防时，以最大之机动转移兵力，进取其交通线，实行反正面决战，使匪疲于奔命。

一三二、对匪进攻，应以适当兵力，秘密接近，严密包围，使其无一脱逃，不仅可打击匪之士气，且可使其一蹶不起，再无窜扰之能力。

一三三、对奸匪攻击，应调集大军选定一地，以稳扎稳打，招抚搜剿并用，每进一村须先将村外森林、坟墓、村内坑洼、墙壁、穴洞等处，严密搜索，以绝匪藏，并注意侦察其地道网。

一三四、在山地之遭遇战，占领制高点最为要紧，各级长官均应不失机宜，相机行动，以占优势。

一三五、攻击必须集中优势于决胜点，由此点突破后，进而瓦解其全线，其他方面须暂时忍耐，以求决胜点之成功。

一三六、决胜点之选定，通常以地形、敌情、兵力及交通网之状况而定，如匪军之弱点翼侧，及其阵地之锁钥部。

一三七、奸匪占领之区域甚为广大时，须施行限制目标之攻击，将奸匪区域划分为若干攻击目标，逐次实施，以期对每一地区之收复，均能将奸匪澈底肃清。

一三八、为求于战斗初期即予匪军以决定性之打击，通常于连、营、师各级应尽量减少预备队为有利，又为保有纵深之突击力，及能作多方面之攻击起见，则团与军部又须控置强大预备队。

一三九、步兵重兵器应尽量配属于第一线，尤应密切集中使用，炮兵务发挥炽盛火力，予敌以严重打击。

一四〇、确保攻击所获之战果，各攻击部队应随攻击之进展，步步构筑工事，必要时构筑堡垒作为尔后扩张战果之凭据。

一四一、攻击时应尽诸般之手段，设法破坏匪后交通，遮断其退路，并配合便衣队设伏袭击，使其首尾不能相顾，藉收前后夹击之效。

五、防御

一四二、防御战斗之主旨，在凭借地形及坚固堡垒之利用，一般工事之设施及战斗准备之周到等物质的利益,俾以寡兵扼众敌,而促进机动部队与守备部队之密切配合,于有利情况下,断然转移攻势,将匪军歼灭于阵地前或阵地内。

一四三、防御阵地应以碉堡为骨干,并辅以所要之据点工事,及前进防御工事等,编为纵深阵地,但应注意集中人力物力,以强化主阵地,又为补救人力之不足,及设备之缺点,必要时敷设地雷,及阻绝交通等。

一四四、防御部署之着眼,通常应以最小限兵力,构成据点及碉堡群,占领广正面之纵深阵地,专任守势部队之作战,以主力分置于阵地侧方及后方,保持机动,伺机转移攻势,务期配合守势部队,将奸匪包围于阵地前或阵地内而歼灭之。

一四五、守城时不可徒守城垣,须于外围每间隔一百公尺构筑堡垒工事,配以守兵,并以机动部队策应各方之作战。

一四六、防御战斗之指导:

甲、守势部队以一部占领前进阵地而挫折匪军之攻击力,以主力固守主阵地,利用我军装备良好火器优越之特点,编成炽盛而严密之火网,随战斗之推移,诱迫匪军渗入我主阵地火网内强迫与其决战。

乙、机动部队于战斗前,应与守势部队商拟协同作战方案,策定攻势转移计划,于战斗间务须把握战机,依其机动力,彼此协同聚歼匪军于阵地前或阵地内。

丙、奸匪攻势时,常以部队长在前领导,指导员在后督战,胁迫前进,如将其先头长官击倒,则部队不战自乱。

丁、奸匪攻击城寨碉堡时,以敢死队头顶稻草或身裹棉絮前进,应集中机枪、手榴弹等,以强大火力消灭之,并须广设鹿寨阻绝壕等副防御工事,勿使其接近。

一四七、防御时应设法破坏匪后交通遮断其退路,并配合便衣队设伏袭击扰乱,使匪军首尾不能相顾,以致溃乱。

一四八、如受优势奸匪突然攻击，而被完全包围时，应努力固守，以待主力部队之增援，绝不可轻弃阵地致长匪势。

第六 结论

我国经过八年艰苦困难之抗战，虽获胜利，然所受损失亦绝非短期间所能恢复。于此亟须休养生息之今日，而奸匪竟违反全国人民公意，发动内战，陷我国家于万劫不复之境，言之殊为痛心。为今之计，只有全国上下一心一德，继续抗战精神，期于短期内肃清奸匪，使国家和平建设人民安居乐业。

本书所列不过为剿匪作战中之特殊事项，至对装备较强之奸匪，则拟仍本作战纲要草案及历次颁发之作战教令、抗战参考丛书等，以求尽善。至于攻击奏功或防御致胜后，务须实行执拗之追击，俾一举击灭匪军。

奸匪战法旨在出奇，我各级干部应对其战法须有深刻之认识，并详研对策，以已得之经验，提供全体国军之参考，俾能于最短时间内剿灭奸匪，安定国家，是为至要。

"对攻击敌方各级指挥部与射击敌阵官长之战法及狙击手"之研究事项

（甲）攻击敌方各级指挥部

一、努力侦知敌指挥部所在地点及其附近地形，工事障碍物之程度及其番号、兵力等。

二、决定我军攻击所用之兵力及策定攻击所使用之方法与手段。

三、施行"奇袭"或穿贯"直袭"战法，以敏捷之机动力，出其不意，施行奇袭，使其不遑应付，或单刀直入向匪军司令部前进，加以穿贯直袭，如遇小部匪军阻挡，则以一部兵力与之周旋，而我主力仍应抱定决心，一意向既定目标前进，一举扑灭或捕获其指挥官。

四、施行"穿贯包围"战法,视敌情、地形、我军兵力等情况,并不固定于完全包围,如以各纵队神速向敌包围压迫,一面向敌突进,对其司令部穿贯急袭,亦可收急袭奇袭之效。

五、炮击或轰炸,侦知匪军司令部后,如情况许可,则以炮击或轰炸,使我军不血刃,一举摧敌于我炮弹威力下,使其丧指挥能力。

六、"紧缩包围"战法,侦知匪军司令部后,如一时难以攻克,则可逐渐紧缩包围圈,断绝其补给及隔绝其与外界之连络,相机剿灭之。

(乙)射击敌重要目标及其官长。

一、连内以排长或干练班长充任"目标观测手",专担任对敌阵重要目标,兵力配备态势,指挥所地点,加以观测及判断,使在适当位置选择及指示攻击目标之责。(应携带望远镜、手旗或电话机,俾连络报告确实迅速。)

二、必要时配属轻机关枪手,在较远距离射击其官长。

三、随带"狙击手",俾近距离狙击其指挥官。

四、配属小迫击炮、掷弹筒、火箭筒,破坏其重要目标(如敌掩蔽部、坚固据点、重兵器阵地等),并可增加精神上之威力,以机动使用为主。

五、携带"信号枪",指示敌阵重要目标所在,或以"曳光弹"射击指示之,使我各种武器发扬威力,并迅速以炽盛之火力,集中火力于一点,一举而摧毁之。

(丙)狙击手之训练

一、现行步兵操典第一部第一六一条,已有明文规定,"连长须就步兵班内,命定数名射击技能精良而携带步枪者,为狙击手,在战斗间除服一般任务外,并捕捉良机,专对敌之指挥官、监视哨、轻重火器之射手,及其他瞬间现出之有利目标等,予以狙击。

二、现行步兵射击教范第八十五条"连长在射击年度终了时,选拔成绩最优良之一等射手九名，实施狙击习会（注："狙击手急发射击"习会，距离为二百公尺至三百公尺），以充狙击"。

三、部队狙击手之选练办法，前经令颁布通饬遵照实施有案。兹附颁"新锐的狙击兵"，希各部队特别注意，切实遵行。

（丁）新锐的狙击兵

一、新锐的狙击兵之说明

1. 苏联的狙击兵：苏联摩络索夫中将顷著"红军中的狙击活动"一文，内称："苏联的狙击兵，一个要击毙德军数百，苏联的狙击兵广泛应用，已使德军遭受空前之打击。红军中的狙击手，他们千万个是西伯利亚的猎人，他们能射中松鼠的小眼，不伤到它的皮，所以此次德国人在斯城与列城，便重重受到他们的教训，苏联的报纸上，几乎每天载有著名的狙击兵因战功而受奖的消息"。

2. 新锐的狙击兵编创之目的，"新锐"两字之意义，系说明狙击兵是新时代的利器，给各干部以注意之意也。查战争不息，机械昌明，火器日新，各种战略战术之运用不同，战斗之手段亦异，故战能取胜者，莫不以巧妙运用是赖也。如苏联此次史城之胜利，德军伤亡数之惊人，则归功于狙击兵之活动效果实大。而狙击兵并早为倭敌重视，如我军此次在缅作战，每每我指挥官遭敌狙击，及重要射手过早伤亡，尤以我军转进突围时，到处遭逢敌狙击之害，所受之教训非浅。故当此整训教育之际，吾人为适应新时代战场之需要，特为编创"新锐的狙击兵"一目，以期知道其重要性，俾各部队得加以研究演练，而适用于战场，发挥战果为目的。

3. 狙击兵之攻效：狙击兵能以少制众，无论在攻击、防御、追击、退却，均可活动，以少数之兵力，可袭击射杀之大部队，甚至可以击溃敌人而得到伟大战果之收获。

4. 狙击兵之性能：狙击兵无论在何地形情况之下，均可使用，尤为在黄昏黑夜、风雨雷雪之中，山林、禾田错综复杂之地，则为狙击兵大事活跃之时机与场合，并可按当时地形情况而定使用狙击兵之多少。

5. 狙击兵之战法：狙击兵可以分进合击，可以化整为零，集零为整，利用地形，适应战况，给敌以致命之打击，以求达成战胜之效果。故其活动要领，总以少数之狙击手，利用地形、地物与天候，不暴露目标，而神出鬼没，独断专行，用其射击技能，以达成其射杀歼灭敌人为原则。

6. 狙击兵之条件：狙击兵须勇敢沉着，艰苦耐劳，身强体干，不避艰险，带着干粮，常整天整夜埋藏于冰雪、水田、草林之中不动，不断的继续其任务，并须迅速敏捷，百发百中，为狙击兵必具之条件。

二、新锐的狙击兵在各种战斗中之活动：

1. 攻击：狙击兵在攻击战中，常在部队前面，匍匐至敌军阵地巡回线内，射敌哨兵，攻击敌前进哨及小部队与骑兵。至我军攻击火战时，他们移动在两翼作战，在攻击稍沉寂时，便迂回敌之侧背或潜至敌阵前施其伎俩。如附图第一。

2. 防御：狙击兵在防御战斗中，伏至阵前或阵侧狙击分散零星目标，或重要观测所与指挥官，并可为我左右侧翼之警戒。如附图第二。

3. 退却：狙击兵在退却战斗中，如机枪队掩护大军撤退，他们躲在石缝里，树枝上，水田内，一小部狙击手，可以阻止大队敌军进展，并且还可将敌人击退，尤其在山地森林地带，其活跃更可惊人。如图第三。

4. 追击：狙击兵在追击战斗中，即利用其与敌接近之机会，绕道迂回于敌退路之侧埋伏，予敌以包围射击，故常能以少数几人，而使敌人大部队大部混乱，甚至溃不成军（此次缅战我军遭此害甚大）。

三、狙击兵之编组：

1. 每班狙击兵二名，为一小组，一人为组长。

2. 每排狙击兵六名，成为一小队，一人为队长。

3. 每连狙击兵成为三小队，归排长一员指挥。

4. 平时在班内，必要时集中使用。

四、狙击兵之装备：

1. 每人步枪一枝（或自动步枪一枝），伪装衣一套。

2. 每小组配望远镜一架（或每小队配望远镜一架）。

3. 每小队必要时配轻机枪一挺。

五、狙击兵之待遇：

1. 阶级上等兵以上（或超级军士）。

2. 常以射击奖励。

3. 享班内优待，不派内务清洁整理之勤务。

六、狙击兵之训练：

1. 视力训练：目测、腕测、指幅之使用，各种目标认识。

2. 射击训练：基本射击，各种习会，急袭射击，各种隐小及活动目标之射击，剧烈运动后之射击。

3. 潜行训练：匍匐、滚进、跃进、利用地形地物法。

4. 伪装训练：利用地物，利用形状，利用颜色，利用阴影、化装。

5. 臂力训练：劈刺、木杠、石担、持枪、体操。

6. 腿力训练：赛跑、超越障碍、跳高、跳远。

7. 夜间教育：视力、听力之养成，不齐地行进，方向之判别、潜行、搜索、连络、射击。

8. 智力训练：情况判断，夺敌死亡者之服装、武器、假装敌人或女便衣队等。

〔图略〕。

〔国防部战史会档案〕

9. 国防部颁布"动员戡乱完成宪政"国防军事实施办法

(1948年1月6日)

动员戡乱完成宪政国防军事实施办法　行政院(三十六)四防字第五一一六〇号指令核准，国防部三十七年一月六日天宇创字第〇一四五四号训令施行。

第一章　总则

第一条　本办法依动员戡乱完成宪政实施纲要第十五条之规定订定之。

第二条　动员戡乱期中之国防军事措施，除法令别有规定外，悉依本办法办理。

第二章　人力

第三条　为完成戡乱任务，树立建军基础，应保持国军所需兵员之编制员额，并适时补充之。

第四条　兵源征集，依据兵役法以征兵为主，大都市人口丛集，免、缓、禁役人员较多，为开拓兵源办理顺利，都市征兵得兼行征集志愿兵。

第五条　为开拓兵源，提高军队素质，得发动知识青年，志愿从军，参加青年军服役或任戡乱工作。

第六条　部队缺额与预备补充兵，均须于最短时间，如数征集，完成拨补并严加训练之。

第七条　依法加强在乡军人之管理，必要时得予以动员召集。

第八条　为补充国军初级干部，得召集预备干部予以短期训练。

第九条　实施国民兵组训，必要时得予以临时召集，以维持地方治安，担任军事补助勤务。

第十条　陆海空军及军事勤务等机关、部队、学校、厂场矿、医院所需之技术员工,得依军事需要,予以转录登记,并在不影响农工商业生产经营原则下,商同有关机关,予以征召、征雇或管理。

第十一条　奉命征调之技术员工,应即遵限驰赴指定机关部队报到,其必需费用,由征调机关部队发给之。

第十二条　某种军用技术员工,特别缺乏时,得由军事主管机关会同有关机关设班训练之。

第十三条　军事机关或部队长官得依军事需要,经由地方政府,依照军事运输征雇伕马车船办法之规定征雇民伕,设立递运站,运送军需品及伤患官兵。在设有军民合作站之地方,由合作站兼办之。

第十四条　军运机关得依军事需要,商由当地有关机关督饬各地码头工会及各种运输工会,加强组织,以便随时征雇使用。

第十五条　军事管理机关,得依军事需要,参照战时海员管理规则,商由有关机关管理或征雇海员及引水人员。

第三章　物力

第十六条　民间运输工具,如驮兽、大车、手车等,得依本办法第十三条规定程序,予以征用或租用。

第十七条　各铁道军事运输主管机构,得依军事需要,商由当地铁道管理机关调度车辆,供应军运,必要时并得停止或酌减客货运输。

第十八条　运输器材、燃料及通讯器材,得商由主管机关在可能范围内,供应必需之数量,必要时得商由有关机关对于国内公私厂商之器材及产品,依照动员戡乱完成宪政实施纲要第四条之规定办理之。

第十九条　国内公私车辆、船舶、航空器及器材修造工厂暨码头、栈房等设备,得依军事需要,商由主管机关予以征用和租用。

第二十条　前线水陆空交通要道上，得依军事需要，由宪兵会同有关机关设置检查站所，检查来往交通运输工具，以整饬运输纪律，及侦察奸谍事项。

第二十一条　应需军粮，得依实际数量，商由粮食主管机关统筹现品，分别配拨补给机关接受补给之，必要时并得就原配额内易发一部份代金，就地购食副食马秣，以由补给机关筹发实物为原则，但当地有物资可以利用时，得由补给机关核发价款交由受领单位自行购办之。

第二十二条　补给机关及受领单位，向市场采购副秣实物时，应会同当地政府、法团视其给与规定，商定合理价格，采购供应。

第二十三条　兵工生产所需之钢铁、五金材料及必须利用之各种原料，必要时得商由有关机关依照动员戡乱完成宪政实施纲要第四条之规定办理之。

第二十四条　国营公营有关军需工业厂矿，得依军事需要，商由主管机关设法增加其生产，并优先供应军用。

第二十五条　有关军需之民营企业厂矿，得依军事需要，予以奖助保护，以增进产量，充实军需。

第二十六条　敌伪产业及赔偿物资，其可利用作军需之生产者，得商由主管机关在顾及民生经济之年平衡条件下，以之建立军需工业。

第二十七条　奢侈品工业及民营事业中非属民生经济切要之生产者，得依军事需要商由主管机关令其改变生产品种，或以合约方式令其生产所需之军需品或民生必需品。

第二十八条　民营工厂中能改造军需品者，得由政府保留优先制造之权，并由各主管机关派员监督及考核成本，以便给予合理利润。

第二十九条　为协助军医院收容伤患官兵，必要时得商由有关机关征用公私医院床位、医护人员及医疗器械，按照军医院规定给予用费。

第四章　绥靖

第三十条　为动员戡乱绥靖地方，得依军事需要动员全国各县（市）民众武力，依照各县（市）民众自卫队组训规程，组织自卫队、常备自卫队，分别担任清剿零匪、警卫地方及情报、向导、运输、通讯、守望、盘查、工程、救护暨机动剿匪配合国军作战，各县（市）已受训之国民兵应加入自卫队组织。

第三十一条　为配合戡乱作战，得发动原籍绥靖区之复员青年军参加地方绥靖工作。

第三十二条　各地政军民意机关及社团对被匪裹胁之武装民众，应觅致路线，报请该管行辕、绥署指示，扩大招抚宣传，运用各种有效方法策动反正。

第三十二条　对自新之匪军人员及后方共匪之处理，依照后方共产党处置办法办理之。

第三十四条　绥靖区急赈工作，应配合军事进展，迅速救济处理之。

第三十五条　各地政军民应尽量搜集匪军罪证纪录及暴行史实，以为惩处匪犯之确据，必要时得经由主管宣传机关宣布之。

第五章　附则

第三十六条　本办法实施后，政府对于人民因动员所受之损失，除法律另有规定外，得依国家总动员法第二十八条之规定，予以相当之赔偿或救济。

第三十七条　关于本办法之实施，得由国防军事主管机关会同有关机关依事实需要随时刊订实施细则，分别以命令公布施行之。

第三十八条　本办法自公布日施行。

〔国防部档案〕

10. 国防部政工局编印之《剿匪方策》

(1948年5月)

剿匪方案　国防部政工局卅七年五月编印

第一部份　军事

一、战略指导

甲、匪方

为配合共产国际赤化世界之阴谋，在全般军事劣势下，采取持久消耗战略，以运动战、游击战之方式，彻底集中局部优势兵力，逐次歼灭国军有生力量，妄冀达成夺取政权之野心。

乙、我军对策

(一)为维护世界和平，必需唤起民众，认识赤色汉奸卖国阴谋，并连合民主国家，共同消灭共产国际，期早根绝乱源。

(二)集中人物财力，发挥高度效能，自力更生，足兵足食；战略持久，战术速决。

(三)建立新生力量，加强地方自卫武力，减轻野战军负担，打破有进无退、重地轻人观念，澈底集中兵力，逐股歼剿，入区绥靖。

二、共匪惯用战法及对策：

甲、匪方

(一)运动战

1. 轻装急进暗渡远略，不在一城一地之得失，大踏步前进，以大吃小，不惜任何牺牲，逐行其所谓人海肉弹，波式冲锋，轮回攻击，消灭我有生力量。大踏步后退，与其进一步盲目作战，不如退一步，明察敌情。避免决战，保存实力。

2. 钻隙踏瑕，锥形渗透，摧毁我指挥机构，陷部队于混乱状态，乘机歼灭。

3. 断线困点，围点打援，以麻痹守军，相机夺取，或攻我必救，设伏邀击。

4. 合十围一，以集中对我分散；以一吸十，以分散对我集中。

5. 攻击多在入夜发起，拂晓前如不奏功，即留置小部队监视，大部分退附近村落，视情况再与攻击。

6. 射击过程，区分战斗阶段：一、以机炮小组在我阵地前游动射击，试探虚实，谓之侦察战斗。二、以机步枪断续射击，佯式冲锋，以消耗我弹药，并掩护其战斗前进。三、机炮连续射击，即为真面目攻击。

7. 战斗部队区分为：一、爆破组；二、架桥组（肩负云梯作通过沟渠外壕障碍爬城之用）以指挥枪（曳光空炸）、指挥灯，指示攻击重点，各组协同，奋勇登先，大部跟进，扩张战果。

乙、我军对策

1. 以动制动，放弃战略上次要点线，集中兵力，争取主动，求敌主力决战。

2. 以静制动，并村联防，封锁要点要线，控制人力物力，使敌处处受阻，活动困难。

3. 争面护点（放弃不必要之点，控制强大机动部队，组训民众，加强外围力量）。

4. 秘密指挥机构，减少不必要人员，增强指挥机构所有人员本身战斗力，并力求接近作战部队。

固点必援，无援相机弃点（迅速脱离，保全实力）。

变死点为活点（视情况入暮撤出点外，使匪扑空，乘机伏击、截击；或留置少数兵力于点内，拼力抵抗，内外夹击；或利用坑道，使守兵得进出点外，拊敌侧背，明点暗线，使点与点互通声气，藉收兵力火力活用之效），切忌呆守不动。

5. 当敌合围时，运用内线作战之原则，先机击破一部，或以饵兵吸敌，施行反包围而歼灭之。

严密搜索,明察敌情,不为匪小部队眩惑与牵制;大胆前进,求敌主力决战。

6. 避免专守防御之观念,奖励夜间战斗,适时以有力部队,先机出击,以攻为守,打破其攻击部署,挫其锐气。

7. 不得已而行防御作战时,应先行储备充足之粮弹,注意水源,纵深配备;并构筑坚韧之核心据点,集中火力,标定火点。迨敌进至最近距离,突行急袭射击,歼敌于阵地前。切忌为敌小部队眩惑,浪费弹药,并暴露我阵地之配备。

8. 当匪围攻时,我空军应协助地面部队,予以扫射轰炸,通常在阵地附近十华里以内,最为有效。同时我地面部队,亦应配合行动,视情况断然出击。

甲、匪方

(二)游击战

1. 声东击西,眩惑国军。

2. 飘忽无定,疲备国军。

3. 避实就虚,消耗国军。

4. 破坏交通、通讯,扰袭国军。

乙、我军对策

1. 严密地方基层组织,设置乡村警察,加强地方自卫武力,建立地方情报网,配合省联防保安部队,不时扫荡,使匪无法潜伏活动,确保已占地区及大后方之安全。

2. 修路筑碉,增强我固守力与机动力;缩小匪之活动半径,依次推进,使匪无立足余地。

甲、匪方

(三)流窜战

1. 线的流窜:长距离大部流窜,开辟新战场,破坏地方政权,蚕食地方武力,裹胁掠夺,求兵求粮,狼奔豕突,使国军疲于奔命。

2. 面的流窜：民兵武装，在固定地区，广泛滋扰，抑留国军分散兵力，藉以掩护其地方政权。

乙、我军对策

1. 编组追剿兵团，衔尾穷追，活用地方武力，处处袭击，如蚁困蛆，使其无喘息休止，组训民众，建立政权之余地。乘其疲备消耗，预期于我有利地带，堵击包围，而歼灭之。

2. 编组突击兵团，乘其流窜之际，大胆挺进敌后，捣其老巢，绝其归路，摧毁其政治设施，依情况迅速挺进，迅速撤离。

3. 收抚武装民兵，以为我用；切忌报复杀害，迫使向匪。

甲、匪方

（四）行军宿营警戒

通常夜行军，昼宿营，装具轻简，运动敏捷，行军力至为强韧。行军计划，向不明示下级，**警戒于未然**。

2. 村落宿营，封锁驻地，控制民众，并利用民众担任外围警戒，不时变换驻地，保密防空，均称确实。

乙、我军对策

1. 我军应经常养成强韧之行军力。（如练习跑步，小部队之调防，部队长及佐属人员私人行李重量之规定，与制发干粮等。）

2. 匪夜间行军，搜索警戒，颇为疏忽，我如派小部队预伏于匪必经道路之两侧，行果敢之袭击，必收奇效。

3. 我军每日行程多不出三十华里，且常于白昼宿营，构筑工事，防匪袭击，墨守成规，不知活用，流弊所至，驯至消极自馁，视夜战为畏途。加以我之民众组织，不如匪之严密，往往虚实毕露，予匪以判断之资料，招致匪攻。倘能利用此种缺点以之为假宿营，薄暮后转移他处，伸长搜索，封锁消息，当可避免损失，打击敌人。

甲、匪方

（五）追击

1. 战场内追击：多以优势兵力，包围我军于战场，解决战局，仅作战场内追击。

2. 战场外追击：常广泛配置民兵于战场二十五公里圆周内追捕，我突围部队因指挥连络不易，常蒙重大损失。

乙、我军对策

1. 转进时主将殿后，向敌侧后绕道，迅速脱离战场，或相继打击敌之侧背。

2. 切忌分路突围，招致损失。

甲、匪方

（六）退却

1. 以一部牵制我军，主力迅速脱离战场。

2. 发起佯攻，以进作退，利用其民众组织之严密，与我友军间不协调之缺点，于兵团接合部分路窜逃。

3. 退却中预期于我追击之道路，选择适当之地形，布置袋形阵地，以打击我之一路，或行局部之反击伏击。

4. 溃败时近距离之退却，常成广正面之窜逃，如获得时间上之余裕，即指定一集合地点，化整为零。

乙、我军之对策

1. 高级司令部对匪军全盘态势，应适时予下级指挥官以明确之指示，以免为匪局部之行动所眩惑，而期捕捉其主力于战场内歼灭之。

2. 匪军陷我包围，有全歼之可能时，应即抽调强大机动部队负监视追捕之全责，切忌采用过分之命令主义（如匪由何处突围即令由何处指挥官负责），以迫使下级指挥官捏造情报，规避战罪，流弊所至，莫知匪踪。

3. 纵队追击时，除按一般原则实施外，特须注意齐头并进，行广纵面之搜索，并随时保持接触，使敌无喘气之余地。

4. 战场内之追击，以发扬炮火威力为主，视情况派有力之干部，适时追捕，以轻松之空气，喊话招降，解除其恐怖心理，切忌滥加杀戮，迫使拼命。

三、训练

甲、匪方

（一）精神方面：着重于政治训练，思想改造，绝对保守秘密之习惯，以"学习"、"讨论"灌输其官兵马列思想，激发其敌忾心，以"批评"、"坦白"考查其官兵思想情况，以"进步"、"消极"制造怀疑恐怖，以控制其官兵思想言行。

（二）技术方面：采取重点教育，经常练习跑步，夜行车，劈刺射击及投掷手榴弹；以说服代替打骂，以奖励代替惩罚；以热情代替严肃；养成其官兵自动活泼纯熟之技艺。

乙、我军对策

（一）精神方面：1. 加强官兵对三民主义之认识；2. 一般命令之下达务须详加解释，使部属明了；3. 政工人员应将所辖官兵之家庭情形，本身困难，社会关系，思想概况，详尽考察，此为掌握思想与言行之主要因素；4. 利用谈话会，讨论会之方式，使官兵自我检讨，及对上下之互相批评，互相改正，化军队为家庭，提高其向心力；切忌官僚作风，报复心理，使官兵有话无处说，有话不敢说。

（二）技术方面：在"以共匪之技术，消灭共匪"之原则下，养成高度之射击及劈刺技能，强韧之行军力，与夜间战斗等。

四、情报

甲、匪方

（一）积极方面：1. 分派男女党徒，或胁迫民众，潜迹我各级政府机关、部队，刺探军情，及策反宣传。2. 战争间以搜索队或游击小组捕捉我之少数官兵，或打劫公务人员及邮件，从事审讯研究。3. 建立地方情报组织，不论男女老幼，均负有搜索情报之使命。而各村又有匪党员，或所谓积极分子任村干，对民众监视管制，以敌不仅对进入匪区之我军行动，能迅速明了，更能掩护彼之情况，防制我谍员之混入。

（二）消极方面：1. 匪军每到达一地区，即断绝交通，封锁消息；尤其对驻在地之村落居民，严禁出入。2. 行军迅速，昼伏夜动，使我不易侦察判断。3. 匪军番号随时变更，并隐匿指挥官姓名、官阶，一律称首长，平时即养成军机防护习惯。

乙、我军对策

（一）积极方面：1. 以五至七人编成若干特工小组，以各种方式，打入匪区，侦察一切情况；并秘密散发宣传品及匪币（由我仿制匪币各种票面），以扰乱其金融，动摇其军心民心。如至青纱帐时，更可扩至十五至二十五人一组，配带武器、炸药，作种种破坏工作，收效必巨。2. 经常以快速部队（约一个加强团），乘虚踏隙、速进速退，深入匪区，更扩大扫荡匪之情报基层组织，亦为我今后剿匪争取主动切要之行动。3. 进剿时以多方设法捕捉俘虏，及卤获匪文件，审讯研究，为获取确实重要情报之最有效方法。

（二）消极方面：1. 加强民众组织，并在收复或绥靖地区，以乡保为单位，成立谍报组，于交通要道设置盘查哨，防止匪探潜入。2. 彻底清查户口及完成身份证手续，无论官民出门，都必须带有证件，尤以接近战地为然。3. 加强保密工作，慎派人员，分布我重要机关、团体、工厂、学校内，秘密侦查匪谍活动。

五、兵员补充

甲、匪方

（一）利用"土地改革"，提出"保家"、"保田"的口号，强迫参军，为兵员补充主要手段。

（二）四十岁以下之壮丁，除参军者外，分别编入民兵队、武工队或子弟兵团。平时在家生产，战时配属野战军作战，或担任运输交通诸勤务。次由民兵队升区自卫队、县大队、县独立团，递升为主力（野战军）。

（三）利用俘虏补充，使担任危险任务，强迫作战，被俘士兵，常用作肉弹。

（四）利用韩兵、蒙匪，及扣留之日俘，担任机炮射击手及技术上之任务。

（五）匪军防止逃亡办法：1. 民众组织相当严密，无通行证者不易通行。2. 士兵生活较一般平民为优，尤以前方作战部队为然。3. 注重精神生活教育，且无阶级严限之拘束。4. 确实优待军人眷属，安定军心。5. 逃归士兵，由村干监督其家属，不许容留，并发动儿童团、姊妹团等随时随地予以讽刺侮辱，务使其仍返原部为止。

（六）利用下级之核心党员，严密监防，互相责督。

乙、我军对策

（一）说明匪"土改"之毒辣，及我政府对收复区土地处理办法，印制简明传单，以各种方式深入匪区散发，以打破匪所谓"保家"、"保田"欺骗宣传。

（二）与匪对阵时，以播音器喊话，招回我被俘士兵，及欢迎匪军投诚，并订定优待具体办法印发，保证切实执行。

（三）号召匪区青年来归，资助升学，或使从事生产开垦等事业，免资匪用。

（四）铲除征兵陋习，严禁买卖壮丁，与后方政府机关役政作弊。

（五）优待出征官兵家属，确实奉行抚恤法令，严禁拖延干没中饱，以提高士气。

（六）新兵入营，应先编入当地之保安团队，经过相当之整训后，再改编为正规军，待遇力求平等，不得歧视。

（七）起用在乡军人，以达迅速扩军之要求。

（八）兵役宣传，应深入农村及连以上各部队。

六、后勤

甲、匪方

（一）粮秣来源：民间征发分"地方公粮"、"胜利粮"、"反攻粮"、"保田粮"、"拥军优抗粮"、"慰劳粮"等名目，征额占农民全部收入百分之七十五以上。征集后，就地设立仓库，或即交原户储存，随时提取，以供军用。

（二）被服装具来源：匪区工厂甚少，多由支前司令部规定标样管制征购，分配民间制造。

（三）弹药来源：匪根据地设有小型兵工厂甚多，可造步兵使用之各种弹药。惟原料来源不易，生产萎缩。其在华中匪军主要来源，系由港、沪、津、平匪地下组织运济。

（四）粮弹补给运输情形：1. 部队携行三至五日量之粮食。2. 支前司令部补给（民间大车输运）。3. 发给饭票、粮票、柴票，随时随地向民间兑用（但限于小部队及零星官兵）。

乙、我军对策

（一）经常派有力部队，以突击游击方式，乘虚踏隙，深入匪区，劫击匪之运输及各种仓库，如搬运不及则焚毁之。

（二）收复一地时，即搜集匪粮（奖励人民密报），以供军食，并散发民间，以济民困，严禁部队长官及兵站人员，变卖中饱。

（三）运输方面，我军虽有良好工具，但往往受天候、地形、道路限制，难期补给灵活，仍非利用民力不可，应由当地政府对于运输工具及其他有关事项，加以调查统计，适宜编组，以备征用。

（四）由联勤总部参酌需要，制发粮饭柴票，折作食物，发给部队机关，作少数人员行动出差之用，减少册报旅费之烦，及种种便利。

（五）就地采购燃料时，应按时价给予，以免民众裹足不前，及强购征发，砍伐树木，毁坏什物的情事，影响军民感情；或设立前方活动合作社,予官兵以种种福利。

（六）弹药补充,应由上而下,以免请求覆核误时,尤应着重养成节省弹药之习惯,俾适时发挥旺盛之火力。

七、军纪

甲、匪方

（一）强调群众纪律,一切假手群众,伪装群众,并利用群众之特性——盲从性与苛刻性——以维持军纪。

（三）"三大纪律"：1.一切行动听指挥；2.一切掳获都归公；3.不拿民间一针一线。

"八项注意"：1.不损坏庄稼；2.说话要和气；3.买卖要公平；4.借物要还；5.损坏东西要赔偿；6.不随便打人骂人；7.不调戏妇女；8.不虐待俘虏。

乙、我军对策

（一）特别爱护人民,扫除征服心理,切忌民匪不分,对人民生命财产,不循正当途径处理。

（二）战场纪律,应着重优待俘虏,适时资遣,瓦解匪战志,切忌辗转解送,报复杀害,但匪首及中级以上干部例外。

（三）严禁后勤机关,对进入匪区部队应得之主食,层层扣成减发,致前线部队,凡遇民物,即视为匪物,私卖中饱,败坏军纪,弊端百出。

（四）加强友军间之协调,确实施行横的连坐法。

（五）部队损失,而主管先期脱逃者,应澈查严惩。

（六）由国防部颁发戡乱期中军队纪律条款,通令各部队实施。

〔国防部档案〕

〔三〕战区受降与抢占抗日胜利果实

（一）国民党军战区受降

一、受降准备

1. 蒋介石关于日本投降应注意事项电

（1945年8月10日）

限二小时到。何总司令：训令：

一、敌已无条件投降。

二、同时令敌驻华最高指挥官，转饬所部，即就现态势停止一切军事行动，不得破坏物资交通，扰乱治安秩序，听候所在地中华民国陆军总司令或战区长官之处置，并限二十四小时之内答复。

三、各战区应注意下列各项：

甲、对敌可能之抵抗与阻扰，应有应战准备。

乙、并应**警告**辖区以内敌军，不得向我已指定之军事长官以外任何人投降缴械。

丙、对封锁地伪军，应策动反正，并迅即确保连络，掌握其令先期包围集中之敌，先将控制敌军撤离后之要点要线，以待国军到达。

丁、对投降之敌军及俘虏，不得危害，并恺切通令所属官兵。

戊、各战区除以主力挺进解除敌军武装外，应残留所要部队维持当地治安。

己、国军之整编,得由各战区长官斟酌状况暂缓实施。

四、该总司令对敌后各要点要线之挺进占领,及令敌军分区集结监视缴械办法,仰即日拟具详细计划呈核。中正。未灰亥。令一亨。印。

〔国民政府国防部史政局及战史会档案〕

2. 蒋介石对伪军颁布的命令

(1945年8月11日)

委员长于八月十一日对沦陷区地下军及伪军颁布之命令:

日本政府于十日晚八时,已向中、美、英、苏盟国声明投降。我沦陷区各地下军及各地伪军,应就现驻地点负责维持地方治安,保护人民。各伪军尤应乘机赎罪,努力自新,非本委员长命令,不得擅自移动驻地,并不得受未经本委员长许可之收编。仰各凛遵为要。此令。军事委员会委员长蒋中正。

〔国民政府国防部史政局及战史会档案〕

3. 蒋介石向国内外广播词

(1945年8月15日)

全国军民同胞们,全世界爱好和平的人士们,我们的正义必然胜过强权的真理,终于得到了它最后的证明,这亦就是表示了我们国民革命使命的成功,我们中国在黑暗和绝望的时期中,经过八年奋斗,今天才得到了实现。我们对于显现在我们面前的世界和平,要感谢我们全国抗战以来忠勇牺牲的军民先烈,要感谢我们为正义和平而共同作战的盟友,尤须感谢我国父辛苦艰难领导我们革命正确的途径,使我们得有今日胜利的一天,而全世界的基督教徒,更要一致感谢公正而仁慈的上帝。我全国同胞们,自抗战以来,八年间所受的痛苦与牺牲,虽是一年一年的增加,可是抗战必胜的信念，亦是一天一天的增强，尤其是我们沦陷区的同胞们，受尽了无穷摧残与奴辱的黑暗，今天是得到了完全解放，而重见青天白日了。这几天以来，各地军民的欢呼与快慰的情绪，其主要意义，亦就是为了被占领区同胞获得了解放。现在我们抗战是胜利，但是这不能算是最后的胜利。须知我们胜利的含义，亦不止是在世界公理力量，又打了一次胜仗的一点上，我相信全世界人类与我国同胞，都一定在希望着这一次战争是世界文明国家所参加的最末一次的战争。如果这一次战争是人类历史上最末一次的战争，那末，我们同胞，虽然曾经受了忍痛到无可形容的残酷与凌辱，然而我相信我们大家，决不会计较这个代价的大小和他收获的迟早的，我们中国人民，在最黑暗和绝望的时代，都秉持我国民族一贯的忠勇仁爱，伟大坚毅的传统精神，深知一切为正义和人道而奋斗的精神牺牲，必能得到应得的报偿，全世界因战争而联合起来的民族，相互之间，所发生的重负与信念，这就是此次战争给我们重大的报偿。我们联合国，以青年血肉所建立的反侵略长堤，凡是每一个参加的人，他们不仅是临时结合的朋友，简直是为人类尊严的共同信仰而永久的团结了起来，这是我们联合国家共同胜利最重要的基础，绝对不是敌人任何挑拨离间的阴谋所能破坏。我相信今后，地无分东西，人无论肤色，凡是人类，都会一天一天的加速密切联合，不啻为家人手足。此次战争，发挥了我们人类互谅互敬的精神，建立了我们互相信任的关系。

而且证明了世界战争与世界和平是不可分的，这是更足以使今后战争的发生势不可能。我说到这里，又想到基督宝训上所说的，与要爱敌人而取，确实令我发生无限的感想。我中国同胞们，须知不念旧恶及与人为善，为我民族传统至高至贵的德性。我们一贯声言，只认日本黩武的军阀为敌，不以日本的人民为敌，今天敌军已被我们盟邦共同打倒了，我们当然要严密责成他，忠实执行所有的投降条款。但是我们并不要企图报复，更不可对敌国无辜人民加以侮辱，我们只有对他们，为他的纳粹军阀愚弄，所驱迫而哀求恤悯，使他们能自拓于错误与罪恶，要知道如果以暴力答复敌人从前的暴行，以侮辱来答复他们从前的错误的优越感，则再冤冤相报，永无终止，决不是我们仁义之师的目的，这是我们每一个军民同胞今天所应该特别注意的。同胞们，敌人侵略中国的帝国主义，现在就是被我们打败了，但是我们还没有达到真正胜利的目的，我们必须消灭他侵略的野心与侵略的武力。我们更要知道胜利的报偿，决不是虚矫或懈怠，战争确实停止，以后的和平必将昭示我们正有艰巨的工作，要我们以战时的同样的痛苦，和结战时更巨大的力量去改造，去建设，或许在某一个时期，遇到某一种问题，会使我们觉得比战时更加艰苦，更加困难，随时随地临到我们头上。我说这一次话，先想到了一件最难的工作，就是那些法西斯，纳粹军阀国家受过错误领导的人们，我们怎样能使他们不只是承认他自己的错误和失败，并且也能心悦诚服的接受我们的三民主义，承认公平正义的竞争，转变他们武力掠夺与强权恐怖的竞争，更和平真理和人道要求的一点，这就是我们中国与联盟国，今后一件最艰巨的工作。我确实相信，全世界永久和平，是建筑在人类平等自由的民主精神和博爱互助的合作基础之上，我们要向着民主与合作的大道上迈进，来共同拥护全世界永久的和平，我想全世界盟邦的人士，以及我全国的同胞们，相信我们武装之下，所获得的和平，并不一定是永久和平的完全实现，真要到我们的敌人在理性的战场上，为我们所征服，使他们能彻底忏悔，我为世界上爱好和平的份子，像我们一样之后，才达到我们全体人类大战最后的目的。

〔国民政府国防部档案〕

4. 中国对在华日军的宣告

(1945年8月)

1. 此宣言系附于日军投降条件内,自一九四五年某月△日起,为在中国战区内之日军各级指挥官必须执行者,同时适用于日军队及一切人民辅助机关。

2. 所有在中国战区内之日军(包括中国、满洲、朝鲜、海南、香港、安南)均向中国政府、美国、英国作无条件投降,已非作战部队,将准备缴械及解散。

3. 此后所有在中国区域内之一切日军均受该地同盟国军事当局之指挥。关于尔后日本本国之主权,经济,应付赔款,军事罪犯之惩罚及其他一切事项,须由同盟国决定之,并经各地同盟国当局之命令及宣告说明之。

4. 在可能范围内,现存日军指挥机构于各部队未获特别指示前,于初期,仍使用以指挥其所辖部队之行动。于未获特别指示前,所有日本军队全部在华空军、海军、商船,均驻留原地。

5. 各日军部队及辅助机关之指挥部须负责维持秩序纪律,并集合保存所有装备、供给品、物资、情报、纪录及其他属于日军之一切物件,以备缴呈同盟国。

6. 日军指挥官须负责其所属部队之行动,并注意其部队不得危害烦扰或劫掠居民,并不得损坏彼等财产。

7. 于同盟军未接收所有盟军俘虏及被拘侨民时,日本指挥官须负责供给彼等适当之衣食居医药等,惟对被俘人员之一切禁例应即废止。

8. 未有其他命令前,日军仍须执行其必要补给,以供给其所辖部队人员之粮食、衣服、医药及其他必需物品。

9. 各部队未获行动命令前,各日军指挥官应先于其指挥区域内取消一切军事防卫设备，并清除埋设地雷。此外，应即修复其所辖区域内之道路、铁路、电话报站及电力厂等。

10. 当地日军指挥官须将占领区域内伪组织之物资及纪录文件等，先行保管，以待尔后呈缴同盟当局。

11. 任何日军如有违反上述条款者，则其指挥官及本人应受严重处罚。

〔国民政府国防部史政局及战史会档案〕

二、芷江洽降

1. 蒋介石关于日军投降电

（1945年8月15日）

急。南京日军驻华最高指挥官冈村宁次将军鉴：

一、日本政府已正式宣布无条件投降。

二、该指挥官应即通令所属日军停止一切军事行动。并速派代表至玉山接受中国陆军总司令何应钦之命令。

三、军事行动停止后，日军可暂保有其武器及装备，保持现有态势，并维持所在地之秩序及交通，听候中国陆军总司令何应钦之命令。

四、所有飞机及船舰应停留现在地，但长江内之船舰，应集中宜昌、沙市。

五、不得破坏任何设备及物资。

六、以上各项命令之执行，该指挥官及所属官员，均应负个人之责任，并迅速答复为要。

中国战区最高统帅蒋中正

〔国民政府国防部史政局及战史会档案〕

2. 冈村宁次关于派洽降代表至玉山电

(1945年8月17日)

中国战区最高统帅蒋中正阁下：中华民国卅四年八月十五日赐电敬悉。今派今井总参谋副长，桥岛参谋二人，率同随员三人，准于本月十八日乘飞机至杭州等候尊命，再起飞玉山。敝处使用双引擎发动机一架，并无特殊标识，并请咨照玉山飞机场派员接见。仰赖照料为感。驻华日军最高指挥官冈村宁次。印。

〔国民政府国防部史政局及战史会档案〕

3. 蒋介石关于改洽降地址电

(1945年8月17日)

南京驻华日军最高指挥官冈村宁次将军：八月十七日电悉。玉山机场目前不能使用，改为湖南芷江机场，何时起飞，另行通知。中国战区最高统帅蒋中正。未筱亥。

〔国民政府国防部史政局及战史会档案〕

4. 蒋介石关于日洽降代表应遵守事项电

(1945年8月18日)

限急到。南京驻华日军最高指挥官冈村宁次将军鉴：未筱亥电计达。今井总参谋副长可于八月廿一日来湖南芷江，希遵照下列事项：

一、代表人数不得超过五员（内须有熟悉南京、上海附近机场情形之飞行员一员），于八月二十一日晨坐日本飞机一架，自汉口附近起飞，迳飞湖南常德上空，此时高度须五千英尺，时间为重庆夏季时间上午十时（格林威治标准时间为上午二时），届时在六千英尺上空当有盟军战斗机三机迎接之。如云层过低，该日机应在云层下一千英尺，盟机高度则在云层下五百英尺。

二、日机标志在机翼上下各添带有光芒之日本国旗一面，并于两翼末端各系以四公尺长之红色布条一，以资识别。

三、盟军战斗机三架将护送该日本飞机至芷江机场着陆，着陆顺序第一架为盟机，第二架为日机，第三及第四架为盟机。

四、今井总参谋副长须随带驻中国、台湾及北纬十六度以北安南地区内所有日军之战斗序列，兵力位置，及指挥区分系统等表册。

五、如因气候恶劣不能完成上述之飞机时，收发用英语呼号"King Able Air Ground Control, Repeat. King Able Air Groud Control."与芷江之空中地面指挥部队取连络。此种呼号在距芷江一百英里时开始，以后每隔十分钟一呼叫，直至望见芷江机场为止。芷江无线指挥降落站用波长425K.O，其英语呼号为King Able，在望见芷江机场时，日本飞行人员即停止与King Able空中地面指挥部队连络，立以波长4495K.C收发，与King Able指挥塔连络之。

七、接到此电后，须于八月十九日重庆夏季时间午后六时至八时在南京无线电台（XON）以波长5400K.O答复。中国战区最高统帅蒋中正。未巧酉。

〔国民政府国防部史政局及战史会档案〕

5. 冈村宁次关于已遵照指定事项电

（1945年8月19日）

重庆中国战区最高统帅蒋委员长钧座：贵电敬悉。遵照贵方指定，八月二十一日派遣今井总参谋副长于芷江。（参谋二，通译官一，随行司机四员。）飞机种类中型双发动机一架，机尾部系以布条一，周率（5860K.O.）变为（5885K.O.），又（4495K.O.）变为（4493K.O.）。谨复。驻华派遣军总司令官冈村宁次。未皓。印。

〔国民政府国防部史政局及战史会档案〕

6. 蒋介石关于规定中国战区受降任务电

（1945年8月18日）

〔联衔略〕删辰令一元电计达。

甲、兹规定中国陆军何总司令之任务如下：

一、承本委员长之命，处理在中国战区内之全部敌军投降事宜。

二、指导各战区各方面军分区分期办理一切接受敌军投降之实施事宜。

三、秉承本委员长之意旨，对中国战区内之敌军最高指挥官发布一切命令。

四、秉承本委员长之指示，与中国战区美军人员密切合作办理美军占领区、盟军联合占领区，交防接防敌军投降后之处置。

五、收复区内难民救济，交通通信运输之恢复诸事宜。

六、指导各战区各方面军分区，分期办理接受伪军投诚编遣及剿办不听命令之伪军事宜。

七、负责迅速处置南京伪组织政府，恢复南京及其附近之秩序，敬待国民政府还都。

八、在办理接受敌军投降期间，秉承本委员长之指示，调动部队，占领中国战区内各军事政治经济交通要点及要港，构成处理敌军及恢复全般秩序之有利态势。

九、对于非经政府指定之受降部队，如有擅自接受敌军投降，企图扰乱我受降计划者，得呈请本委员长下令惩罚之。

十、敌军应对本委员长所指定之部队投降,如果对非指定之部队而擅自向其投降或让防,于投降部队不遵我军命令实施者,得由陆军总司令下令以武力制裁之,并对不遵命令之敌部队长或敌军最高指挥官,直接予以处置。

十一、指导监督并将全权处理收复区内一切党政各事务。

十二、指挥各战区所有向收复区挺进及原在收复区各部队,但各战区在后方留防部队,仍归各战区秉承本会之指示指挥之。

乙、陆军总部对各战区下达之重要命令,及各战区遵办情形,除报陆军总部外,均应分别呈报本军事委员会备查,本会对陆军总部各战区下达之命令,亦视必要同时分令之。以上各项,仰即遵照为要。中正。未啸亥。令一亨。

〔国民政府国防部史政局及战史会档案〕

7. 蒋介石关于规定各区受降主官等情电

(1945年8月18日)

即刻到。芷江何总司令:

一、第十二战区派傅作义为受降官,指挥原辖各部,负责接收热察绥三省地区,该区敌军为驻蒙军。

二、第二战区派阎锡山为受降官,指挥该战区原辖各部,并第一战区之三个军,负责接收山西省,该省内为敌第一军。

三、第十一战区

(子)甲、派孙连仲为受降官,指挥所属各部(新八军、第三十军、第三十二军、第四十军)负责接收天津、北平、保定、石家庄地区,该区为敌华北派遣军之直辖部队。

乙、着该战区之第十五军改归第五战区序列,第一战区之第四十军,第六战区之第三十二军,第十战区之第十九集团军辖第十二、第九十七军,改归该战区序列。

丙、着第五十四军、第九十四军,空运平、津,到达后即归该长官指挥。

（丑）甲、派李副长官延年为受降官,指挥山东挺进军及第十九集团军辖第十二军、第九十七军,负责接收青岛、济南、德州地区,该区为敌第四十三军之主力。

乙、第八军俟广州海港开放即船运青岛,尔后亦归李副长官指挥。

四、第一战区

甲、派胡宗南为受降官,指挥所属各部,负责接受洛阳地区,该区为敌第十二军之一部。

乙、着汉中行营直辖之第八十九军改归该战区序列,该战区之第四十军改归第十一战区序列。

五、第五战区

甲、派刘峙为受降官,指挥所属各部,负责接收郑州、开封、新乡、南阳、襄阳、樊城地区,该区为敌十二军及第三十四军各一部。

乙、对于伏牛山、桐柏山各地区之治安,仍由该区派队担任,务须确保根据地。

六、第十战区

甲、派李品仙为受降官,指挥所属各部队,负责接收徐州、安庆、蚌埠、海州地区,该区为敌第十一军、第四十三军各一部。

乙、着第六战区第三十三集团军辖第五十九军、第七十七军到平汉路后改归该战区序列,该战区之第十九集团军辖第十二军、第九十七军改归第十一战区序列,并归李副长官延年指挥。

丙、仍须酌留相当部队维持皖北大别山一带之治安,确保根据地。

七、第六战区

甲、派孙蔚如为受降官,指挥所属各部,负责接收武汉、沙市、宜昌地区，该区为敌第三十四军主力。

乙、着第四方面军之第十八军改归该战区序列，但该军应仍暂受王司令官指挥，先向长、衡进出，尔后再开武汉归入指挥；着该战区之三十二军改归第十一战区序列，第三十三集团军辖第五十九军、第七十七军到平汉路后改归第十战区序列，第九十二军即仍归还该战区指挥。

丙、第六十六军之第十三师仍任当地治安之维持。

八、第九战区派薛岳为受降官，指挥原管辖各部及七十三军，负责接收南昌、九江地区，该区为敌第十一军。

九、第七战区派余汉谋为受降官，指挥原辖各部，负责接收曲江、潮汕地区，该区为敌之第二十三军之一部。

十、第三战区

甲、派顾祝同为受降官，指挥原辖各部，负责接收嘉兴、金华、杭州、宁波、厦门地区，该区为敌第六军。

乙、第十三军尔后由广州海运杭州、宁波地区，亦归该长官指挥。

十一、第一方面军

甲、派卢汉为受降官，指挥第五十二军、第六十军、第六十二军、第九十三军，暂十九师，暂二十三师，第九十三师，负责接收越南在北纬十六度以北地区，该区为敌第三十八军。

乙、第五十二军抵海防后，即船运大沽口转赴大同、张家口。

十二、第二方面军派张发奎为受降官，指挥第四十六军、第六十四军，接收雷州半岛及海南岛地区，该区为敌第二十二独立旅、第二十七独立旅各一部。并指挥新一军、第十三军负责接收广州、香港地区，该区为敌第二十三军主力。但第十三军抵广州协助接收后，应即船运杭州、宁波。

十三、第三方面军派汤恩伯为受降官，指挥新六军及第七十四军自芷江空运，负责接收南京、上海地区，该区为敌第十三军。

十四、第四方面军派王耀武为受降官，指挥第七十一军、第一百军及原在长衡地区之部队，负责接收长衡地区，该区为敌第二十军。

十五、第二军、第五军、第五十三军待命开东北，其余部队仍服原任务。以上除分令外，仰即遵照。中正。未巧辰。令一亨。

〔国民政府国防部史政局及战史会档案〕

8. 蒋介石关于处理敌伪公产办法电

（1945年8月18日）

限即到。芷江何兼总司令：敌人投降，战斗停止，所有接收区之敌产伪产公产，凡有关军用者，如武器、弹药、器材、服装、粮秣、舰艇、船只、运输工具、营房、营具、军电话、厂库，以及其他一切军需品或材料，希指示军政部所派人员接收保管，并指示各当地省市政府及警备部队为之协助一切，勿使有隐蔽侵蚀或毁弃移转散失等情，特电查照，转饬一体遵照为要。中正。未巧。印。

〔国民政府国防部史政局及战史会档案〕

9. 中国陆军各地区受降主官姓名受降地点及日军代表投降部队长官姓名与投降部队集中地点番号表

（1945年8月21日）

受降主官姓名	受降地点	代表投降部队长姓名	投降部队集中地点	投降部队番号	备考
第一方面军卢司令官汉	河内	38A 士桥 勇逸	越南北部	38A（22D、37D）及不明部队	投降部队集中地点由卢司令官指定

第二方面军 张司令官发奎	广州	23A 田中久一	广州	23A 129D 130D 23Bs 8iBs 13iBs	
			香港	香港防卫队	
			雷州 半岛	1大/22Bs 1大/23Bs	
			海南岛 之琼山	海军陆战队	
第七战区 余长官汉谋	汕头	104D 师团长	汕头	104Diz 大半 A1大 130D	
第四方面军 王司令官耀武	长沙	20A 坂西一良	长沙	64D 116D 81Bs 82Bs 2Ks	
			衡阳	13D 58D 68D 22Bs 86Bs 87Bs 88Bs	
第九战区 薛长官岳	南昌	11A 笠原幸雄	南昌	27D 7Bs	
			九江	34D 40D 84Bs	
第三战区 顾长官祝同	杭州	133D 野地喜平	杭州	70D 133D 62Bs	
			宁波	89Bs 91Bs	
			厦门	海军陆战队	
第三方面军 汤司令官恩伯	上海	13A 松井太久郎	上海	13A 60D 61D 69D	
	南京	6A 十川次郎	南京	6A 161D 90Bs1Ks 及空 军地面部队 及降落伞部队	
第六战区 孙长官蔚如	汉口	6AA 冈部直三郎	武汉	6AA 131D 17Bs 83Bs 85Bs 11iBs 12iBs	
			沙市	132D 5iBs	

第十战区 李长官品仙	徐州	65D 森茂树	徐州	47D	
			海州	1iBs 海军陆战队	
			蚌埠	65D	
			安庆	3D 6iBs	
第十一战区 孙长官连仲	北平	华北方面军 下村定	天津	9Bs	
			唐山	华北特 别警备队	
			北平	3TKD 8Bs 3Ks	
			保定	7Ks	
			石家庄	1Bs 2iBs	
第十一战区 李副长官延年	济南	43A 细川忠康	青岛	5Bs 12Ks 海军陆战队	
			济南	11Ks	
			德州	9Ks	
第一战区 胡长官宗南	洛阳	110D 师团长	洛阳	110D	
第五战区 刘长官峙	开封	12A 鹰森孝	开封	13Ks	
			新乡	6Ks	
			郑州	10Ks	
			南阳	115D 4KB 92Bs 14Ks	
第二战区 阎长官锡山	太原	1A 澄田徕 四郎	山西省	114D 3Bs 10iBs 14iBs 5Ks	投降部队 集中地点 由阎长官 指定
第十二战区 傅长官作义	归绥	蒙疆军 根本博	热、察、 绥三省	118D 2Bs 4Ks 及热河省 内部队	投降部队 集中地点 由傅长官 指定
附记	一、本表所列日本各投降部队各集中地点得依情况由中国陆军总司令部及各地区受降主官临时酌量变更之。 二、日军各投降部队向集中地之开拔日期及行进路线由各地区受降主官规定之。				

〔国民政府国防部史政局及战史会档案〕

10. 何应钦关于洽降代表已抵芷江电

(1945年8月21日)

限即到。重庆委员长蒋钧鉴：日本军投降代表驻华日军最高指挥官冈村宁次之总参谋副长陆军少将今井武夫，率参谋陆军中佐桥岛芳雄，少佐前川国雄，翻译木村辰男，暨飞行员少佐杜原喜八，准尉久保善辅，小八重正里，雇员中川正治等八员，遵照我军规定时间，于八月二十一日上午十一时由盟方战斗机群掩护到达芷江。谨闻。中国陆军总司令职何应钦。未马午。印。

〔国民政府国防部史政局及战史会档案〕

11. 萧毅肃与今井武夫谈话记录

(1945年8月21日)

萧参谋长毅肃中将（以后简称萧）：

1. 本人是中国战区中国陆军总司令部参谋长萧毅肃中将，今天代表中国战区中国陆军总司令何应钦上将来接见你。这位是本总司令部的副参谋长冷欣中将，这位是在中国的美军作战司令部参谋长柏德诺将军，他们两位是陪同我来接见你的（今井举目周视）。

2. 请你说明身份，并交出身份证明书。

今井武夫少将（以后简称今）：鄙人是驻华派遣军总司令官冈村宁次派来晋见中国最高统帅负责代表，任务是在停战协定以前，与贵部准备联络。鄙人是中国派遣军今井总副参谋长，这位（指右）是桥本参谋，这位（指左）是前川参谋，都是我的随员。

萧：请你交出身份证。

今：鄙人并无特别身份证，只有冈村宁次大将授命鄙人前来接洽之命令，随身带来。

萧：命令书亦可交出一阅。今井乃立即呈出。萧参谋长等阅后，即送还之。

3.中国战区最高统帅——蒋委员长八月十八日下午六时致冈村宁次将军之电令：要你随带驻中国、台湾及越南北纬十六度以北地区内，所有日本陆海空军之战斗序列、兵力位置，及指挥区分系统表册，想你业已带来，可即交出。

今：中国派遣军仅负指挥中国战区之日军，关于台湾、越南因不属本军指挥，故不十分明了。当即呈出在华兵力配备图。确实详情，及其他所需表册，须俟回南京后再详为列奉。

萧：

4. 冈村宁次将军还有其他文件交你带来吗？

今：除长官发给令本人前来联络之命令外，无其他文件。

萧：

5. 中国陆军总司令何应钦上将，现有中华民国三十四年八月二十一日中字第一号备忘录一件，是致送冈村宁次将军的，由我交给你转交冈村宁次将军，你可先行阅读，读完后，可在接受备忘录证书上签字，并请负责转交冈村宁次将军。萧参谋长当即宣读备忘录全文，然后交今井细阅一遍。今井要求对内容有所说明，萧氏允予另行派员洽谈。

6. 在上项中字第一号备忘录内说明中国陆军总司令部，要先在南京设置一前进指挥所，由冷欣中将作主任，此项措施，可使日军投降事项顺利实施。所有本总司令部前进指挥所之人员，附空军机场设站人员，将乘飞机与你同时飞往南京，请转告冈村宁次将军，妥为保护，并妥为招待。

今：当遵代转达。

萧：

7. 何应钦上将不待冈村宁次将军签订投降书，即于最短期内输送军队前往南京、上海、北平各地接收，请你转告冈村宁将军知照。

今：当代转告。

萧：

8. 为使以后接洽方便起见，何应钦上将愿与冈村宁次将军直接通电，兹特规定对方电台呼号波长及通报时间一份交与你，请你于回南京后，并即转告冈村宁次将军实行。今井接受后，并出示日方之通报时间表一份。

9. 何应钦上将还另有许多问题，另派中、美专家向你问讯，为了你安全起见，中、美专家将分别前往你的住所，请你据实详细答复。

今：本人此来纯系任联络任务，日本天皇已接受波茨坦宣言，现日本代表在马尼剌与盟军最高长官议定最高原则的答复，故未奉到最高命令以前，日军不能随便行动，惟日军深知蒋委员长，故愿先派人来，在道义方面说，亦应速来与中国连络。

萧：

10. 你回南京的时间另行通知。谈话至此，萧参谋长宣告会谈完毕。

〔国民政府国防部史政局及战史会档案〕

12. 今井武夫关于在芷江洽降情形电

（1945年8月21日）

南京冈村宁次总司令官阁下钧鉴：一行于八月二十一日十一时十分抵芷江，与中国陆军总司令何应钦上将代表、中国陆军总司令部参谋长萧毅肃中将，并中国战区美军作战司令部参谋长柏德诺准将会见。接收由何总司令官致冈村总司令官之备忘录一本，十六时四十分在该受领证上署名揿印。现在继续关于细部事项实施连络中。再，一行归还日期，容俟决定后报告。但归还时，有在南京设置中国陆军总司令部前进指挥所任务之中国陆军总司令部副参谋长冷欣中将一行（依中国飞机），与我同行。今井总参谋副长。马叩。

〔国民政府国防部史政局及战史会档案〕

13. 何应钦关于日军投降致冈村宁次中字第一号备忘录

(1945年8月21日)

日期：中华民国三十四年八月二十一日。

致驻华日军最高指挥官冈村宁次将军。

由中国战区中国陆军总司令部。

事由：

一、本人以中国战区中国陆军总司令之地位，奉中国战区最高统帅、特级上将蒋中正之命令，接受在中华民国（辽宁、吉林、黑龙江三省除外）、台湾及越南北纬十六度以北之地区内日本高级指挥官及全部陆海空军与其补助部队之投降。

二、日本驻华最高指挥官冈村宁次将军，应自接受本备忘录之时起，立即执行本总司令之一切规定，在台湾及越南北纬十六度以北地区内之日军，亦同此规定，并应由冈村宁次将军负责指挥该项日军之投降。

三、冈村宁次将军于接受此备忘录后，关于下列事项，应立即对日本陆海空军下达必要之命令。

1. 对本总司令所辖地区内（即第二条所述地区，以下同）所有之日本陆海空军及补助部队，立即停止一切敌对行为。

2. 对本总司令所辖地区内之日本陆海空军及补助部队，立即各就现在驻地及指定地点静待命令，凡非蒋委员长或本司令所指定之部队指挥官，日本陆海空军不得向其投降缴械，及接洽交出地区与交出任何物质。

3.对本总司令所辖地区内所有日本陆海空军及补助部队之武器、弹药、航空器、船舰、商船、车辆及一切交通通信工具、飞行场、海港码头、工厂、仓库、物资与一切建筑物暨军事设施以及文献档案、情报资料等,应立即妥为保管,不得移动,并应绝对保持完好状态,由冈村宁次将军负其全责,听候本总司令派员接收。

4.对本总司令所辖地区内所有日本陆海空军及其补助部队,应各就现驻地负责维持地方良好秩序,直至蒋委员长或本总司令所指定之部队及负责长官到达接收为止,在此期间内,绝对不得将行政机关移交非蒋委员长或本总司令所指定之行政官吏或代表人员。

5.对本总司令所辖地区内同盟国被俘人员及被扣官民,应立即恢复自由,并充分供给其衣食住行及医药等,并准备遵照本总司令之命令送到指定地点。

四、为监视日军执行本总司令之一切命令起见,特派本部副参谋长冷欣中将先到南京设立本总司令前进指挥所,凡冷欣中将所要求之事项,应迅速照办。

五、冈村宁次将军亲自向本总司令接受有关日本陆海空军投降实施之正式手续及蒋委员长之详细命令之时间及地点,俟盟军统帅麦克阿瑟将军接受日本总投降后,另行通知。

中国战区中国陆军总司令一级上将何应钦

附中国战区各区受降主官分配表一件(附表一)〔略〕。

本备忘录交冈村宁次将军之总参谋副长今井将军转送冈村宁次将军。

〔国民政府国防部史政局及战史会档案〕

14. 何应钦关于各地区受降主官各设前进指挥所致冈村宁次中字第二号备忘录

(1945年8月22日)

日期：中华民国三十四年八月二十二日。

致驻华日军最高指挥官冈村宁次将军。

由中国战区中国陆军总司令部。

事由：

一、本总司令致贵官中字第一号备忘录第四项所载本部副参谋长冷欣中将先到南京设立前进指挥所一节，兹以同样需要更令各地区受降主官各派前进指挥所驻左列各地执行同样之职务：

第一方面军司令官派出前进指挥所于河内。

第二方面军司令官派出前进指挥所于广州。

第七战区司令长官派出前进指挥所于汕头。

第四方面军司令官派出前进指挥所于长沙。

第九战区司令长官派出前进指挥所于南昌。

第三方面军司令官派出前进指挥所于上海。

第六战区司令长官派出前进指挥所于武汉。

第十战区司令长官派出前进指挥所于徐州。

第十一战区司令长官派出前进指挥所于北平。

第十一战区副司令长官派出前进指挥所于济南。

第一战区司令长官派出前进指挥所于洛阳。

第五战区司令长官派出前进指挥所于开封。

第二战区司令长官派出前进指挥所于太原。

第十二战区司令长官派出前进指挥所于归绥。

第三战区司令长官派出前进指挥所于杭州。

二、贵官应转饬上述各地区内之日军最高指挥官对各地区前进指挥所主任所要求之事项迅速照办。

中国战区中国陆军总司令陆军一级上将何应钦

本备忘录交由冈村宁次将军之代表总参谋副长今井武夫将军转送冈村宁次将军。

〔国民政府国防部史政局及战史会档案〕

15. 蒋介石规定各部队应迅速行动电

（1945年8月22日）

限二小时到。何总长：未马午电悉。可与日代表在芷江会商各条款，签字地点决改在南京。中正。未养。侍参。印。

何兼总司令：关于我军占领战区挺进部署业经未灰亥、未巧辰两令一亨等电通令陆军总部及各战区在案。为期迅速接收占领区，各战区及各方面军部队，应即迅速行动，以争取时间。兹再规定如下：

一、预定空运部队，应立即向机场所在地集结，其余部队除残留必要部队维持辖境区内之治安外，一切应尽可能即向指定目标挺进。

二、各挺进部队之番号、目标、路线，由何总司令及各战区长官指定克日行动，不必反复请示。

以上两项，希即遵照，并将办理情形随时具报为要。中正。未养戌。今一元己。印。

〔国民政府国防部史政局及战史会档案〕

16. 何应钦关于日军投降事项致冈村宁次中字第四号备忘录

(1945年8月22日)

日期：中华民国三十四年八月廿二日。

致驻华日军最高指挥官冈村宁次将军。

由中国战区中国陆军总司令部。

事由：

一、依据本总司令致贵官中字第一号备忘录第二条第四项之所定，特再将各地区受降主官姓名、受降地点及日军代表投降部队长姓名，应投降之部队番号详细规定如附表，希先行下令准备实施。但表列日军部队番号、主官姓名及驻地，系依据今井将军所呈出之驻华日军态势概见图及其口述，如有遗漏或变更，另行修正之。

二、为使日军投降及械弹器材等缴收进行顺利，特规定如左：

1. 在本总司令中字第一号备忘录附表内所指定之各地点，即日军分别向我各地区受降主官之投降地点，所有日军应照该表及本备忘录之附表分别集中，凡日军在表列地点以外驻扎者，应先行将其防地分别交与我各地区受降主官所指定之部队，其交接日期，由我各地区受降主官分别决定之。

2. 凡日军依照本总司令中字第一号备忘录附表及本备忘录附表所指定之地点集中后，应仍保持表列各该地点之警备状态维持秩序，听候我各地区受降主官所指定之部队到达后，再依指定之时间逐次交防，并依指定之地点分别集合，立即将所有武器器材自行封存于我各受降主官所指定之各仓库内，呈出详细表册、再立将所有徒手官兵率赴我各地区受降主官所指定之集中营。至各该封存仓库，则由我各地区受降主官立即派兵看守，并派员照册点收。

3. 在冈村宁次将军尚未正式投降以前，凡中国军队有奉命调往日军现驻地区内者，沿途各地日军，应一律让其通过，不得妨碍。但以本总司令中字第一号备忘录附表内所指定之各地区受降主官所命令并通知之部队为限，其未奉各该受降主官之命令及通知之部队，日军应拒绝其通过，并防止其强迫占领城市，否则各该地日军指挥官应负其责。

4. 在中国领海及内河内之舰艇及船舶，应立即集中于沙市、宜昌，听候接收，但吃水过深者可集中汉口，并应先行造具各舰艇、船舶之种类、吨位、装备、弹药数目、性能、所用燃料（含存储数量）及员工人数之详细清册呈送本总司令。

5. 在本总司令所辖地区所有日本航空部队，凡可能飞行及可能修理之航空机，应立即修整完备，并作飞往湖北省恩施机场或其他指定机场之准备。至修理费时之航空机及所有基地存储之弹药、武器、油类，应一律封存，并连同上述一切航空机造具详细清册，呈送本总司令，听候派员点收。又所有机场及飞机修理各种设备，应保存完好状态，仍造具详细清册呈送本总司令，听候派员接收。至空军地面部队及降落伞部队，则由我各地区受降主官分别按陆军部队投降办法接收之。

6. 凡日军现驻地区内所有交通通信各路线及其管理机关，应不待冈村宁次将军正式投降，尽速开放；重庆、南京间，及芷江、南京间，并应立即直接通报。其芷江、南京间之电台通报时间周率呼号，已由萧参谋长面交今井将军，其重庆、南京间之电台通报时间周率呼号如附纸。又所有海河水道原布水雷及一切障物，应立即彻底扫除，以利交通，并希将布雷及阻碍位置与扫除情形绘图列表，尽速送呈本总司令。

7. 在日军现驻地区内，如有匪徒企图破坏交通通信及扰乱治安者，应特别防范并制止之。

三、希冈村宁次将军将上述各项规定之办理情形随时电告。
中国战区中国陆军总司令一级上将何应钦

附中国陆军各地区受降主官姓名受降地点及日军代表投降部队长姓名及投降部队集中地点番号表壹份（附表〔略〕）。
附重庆、南京间电台通报时间、周率、呼号表壹份。
本备忘录交由冈村宁次将军之代表总参谋副长今井武夫将军转交冈村宁次将军。
重庆南京间电台通报时间、周率、呼号表
重庆电台通报时间、周率、呼号如下：

22—11GMT	11200KC	XQL
11—22GMT	7913KC	XTQ
	7600KC	XTC

南京电台通报时间及所用周率应如下：

22—11GMT	11500KC
	12500KC
11—22GMT	7500KC
	1250KC
11—22GMT	7500KC
	8500KC

〔国民政府国防部史政局及战史会档案〕

17. 何应钦关于日军投降事项致冈村宁次中字第五号备忘录

（1945年8月22日）

日期：中华民国三十四年八月二十二日。
致驻华日军最高指挥官冈村宁次将军。
由中国战区中国陆军总司令部。
事由：

一、顷阅合众社马尼剌廿日电称：日本今日电麦克阿瑟元帅曰：中国战场自停战以来，现情势如下列：中国军事当局之军队，毫无纪律，擅自开入日军占领地区，并分别要求解除武装，日军尽其最大努力，但不能阻止彼等之愈形猖獗，使当地局面趋于混乱等语。

二、查我中国战区最高统帅蒋委员长曾于八月十六日致贵官一电，明白指示关于驻华日军之投降，应接受本总司令之命令，贵官已于八月十七日电复遵派今井总参谋副长至本总司令部洽降，照此则所有驻华日军，应向蒋委员长及本总司令所指定之受降主官投降，不得接受其他任何部队之要求，而贵官及所属部队，亦不应向任何其他部队接洽投降，贵官应已充分了解。今所传马尼剌廿日电如果属实，本总司令认此举乃日本有意侮蔑我军，甚至藉辞逃避停战责任及义务之行动，贵官应负其责。本人以中国战区中国陆军总司令之地位，特提出严重警告，日军不得作此恶意毁伤我军誉之宣传，并希切实答复为要。

中国战区中国陆军总司令一级上将何应钦

本备忘录封送冈村宁次将军。

〔国民政府国防部史政局及战史会档案〕

18. 蒋介石关于日本投降签字地点改在南京电

（1945年8月22日）

委员长八月二十二日侍参电（指示日军投降地点改在南京）

限二小时到。何总长：未马午电悉。可与日代表在芷江会商各条款，签字地点决改在南京。中正。未养。侍参。印。

〔国民政府国防部史政局及战史会档案〕

19. 蒋介石关于日本投降事项电

(1945年8月23日)

芷江何总司令勋鉴：

一、美军总部接麦克阿瑟将军来电谓：日政府正式投降，于八月三十一日始能签字。中国战区接受冈村之正式投降，须待东京总投降签字，及大军空运南京、上海已开始后，始可在南京签字。预计受降日期，约在九月四日或五日。

二、航委会所派之先遣队到达南京后，如报告南京机场可安全使用时，美方之工程通信及技术人员与我方突击队一队，即准备空运南京，担任南京及上海机场之修复警卫。但空运仍须候美机总部命令始开始实施，因正式受降之日期已延缓，故该项人员之任务，为从事大军空运之准备工作。

三、美空军以为现即以华军二团空运南京，将妨碍其预定计划，及阻滞尔后大军运输所需燃料之供应，因此，中美双方决定九月一日左右，开始大规模空运以前，仅可在南京布置联络，及交通人员与专门技术顾问，但仍愿尽一切可能提前实施运输。

四、美军总部飞送麦克鲁将军之日军投降书草案，及第一号总命令，均系经联合参谋处批准。（兹附记该项原稿及美方提出应修正之点，希照修正。另附寄美方八月二十二日第七一〇——七号备忘录及其附件。）然在日本与同盟国未经签字以前，此草案仅可视为暂时性质，或尚须修改亦未可知。

五、该总司令应遵未巧辰令一亨电，饬各战区，各方面军，即向指定接收地区前进，并在冈村未履行投降条款之前，不必设法使日军局部投降，如日军有愿意局部无条件投降者，则必须令将武器交与指定之国军，希在不违背全部条款之原则下，斟酌状况办理。又，我方拟提之全部条款，在冈村及其他主要日军司令未正式签署以前，以勿预先交给日方为宜。

以上各项，除另由美军总部转知麦克鲁将军外，仰即将遵办情形，随时具报为要。中正。未梗申。令一亨。

〔国民政府国防部史政局及战史会档案〕

20. 何应钦关于今井武夫报告要点电

(1945年8月23日)

限即到。重庆委员长蒋：本日今井报告要点如下：（一）日军系统，台湾、越南各有其最高指挥官。又，海军更不受陆军之指挥。现冈村仅代表驻华陆军，对海军及台湾、越南陆军，实施上不无困难，但并非完全不可能。（二）平素与中共勾结之日人中，亦有"日军将来之出路是否与中共妥协较善"之意见，但我等秉承天皇一贯之意旨，不予赞同。（三）日军官之军刀，为其传家之宝，请求不要视同普通武器而解除之。等情。谨闻。职应钦。未漾子。机。

〔国民政府国防部史政局及战史会档案〕

21. 何应钦与今井武夫的谈话记录

(1945年8月23日)

1. 前天（廿一日）下午三时，本总司令之萧参谋长面交转致冈村宁次将军之第一号备忘录及附件，汝已了解否。（今井答：了解了。）

2. 今天我又派员送交备忘录三件，汝均已否收到。（今井答：都已收到。）

3. 汝今天可乘原机飞返南京，希望汝告知冈村宁次将军，对于先后交付共四件之备忘录内所列各事，应迅速切实照办。（今井答：谨奉命。）

4. 我空运南京之部队，将在本（八）月二十六日以后，三十日以前开始空运，汝可转知冈村宁次将军准备一切。

今天谈话到此为止，汝可准备出发回南京。（今井听后，鞠躬退出。）

〔国民政府国防部史政局及战史会档案〕

22. 蒋介石关于空运部队前往南京等地电

(1945年8月23日)

芷江何总司令勋鉴：

一、美军总部接麦克阿瑟将军来电谓日政府正式投降，于八月三十一日开始能签字，中国战区接受冈村宁次之正式投降，须待东京总投降签字及大军空运南京、上海已开始后，始可在南京签字，预计受降日期，约在九月四日或五日。

二、航委会所派之先遣队到达南京后，如报告南京机场可安全使用时，美方之工程通信及技术人员与我方突击队一队，即准备空运南京，担任南京及上海机场之修复警卫，但空运仍须候美机总部命令始开始实施，因正式受降之日期已延缓，故该项人员之任务，为从事大军空运之准备工作。

三、美空军以为现即以华军二团空运南京将妨碍其预定计划，及阻滞尔后大军运输所需燃料之供应，因此中美双方决定九月一日左右，开始大规模空运以前，仅可在南京布置联络及交通人员与专门技术顾问，但仍愿尽一切可能提前实施运输。

四、美军总部飞送麦克鲁将军之日军投降书草案及第一号总命令，均系经联合参谋处批准（兹附记该项原稿及美方提出应修正之点，希照修正，另附寄美方八月二十二日第七一〇——七号备忘录及其附件），然在日本与同盟国未经签字以前，此草案仅可视为暂时性质，或尚须修改亦未可知。

五、该总司令应遵未巧辰令一亨电，饬各战区、各方面军即向指定接收地区前进，并在冈村未履行投降条款之前，不必设法使日军局部投降，如日军有愿意局部无条件投降者，则必须令将武器交与指定之国军，希在不违背全部条款之原则下，斟酌状况办理。又我方拟提之全部条款，在冈村及其他主要日军司令未正式签署以前，以勿预先交给日方为宜。

以上各项，除另由美军总部转知麦克鲁将军外，仰即将遵办情形随时具报为要。中正。未梗申。令一亨。

〔国民政府国防部史政局及战史会档案〕

23. 何应钦关于日军投降应做好各项准备工作致冈村宁次中字第六号备忘录

（1945年8月24日）

日期：中华民国三十四年八月二十五日。

致驻华日军最高指挥官冈村宁次将军。

由中国战区中国陆军总司令部。

事由：

一、凡日军现驻地区内，一切行政组织，及日军扶植之伪组织，应立即将各该组织原有人名、财产簿册、档案、票据、土地房屋、器具、印信等，一律造具清册，并指定人员，负责保管，听候点收，不得有迁移、毁坏、转让、隐匿等事。

前项所称之行政组织，包括各项机关、银行、学校、医院，以及各该组织所经办或占有之各项工厂、矿场、商号、仓库、公共事业等。

二、凡财务及金融机关，不得再发公债、库券、钞票，及类似纸币之票券，其已印未发之票券，及券版，连同财产现款票据帐册，暨保管之公债、库券基金、发行钞券之准备金等，一切保管财产物，均应封存，并派员连同原经管人负责保管，听候接收。

三、日军总部及所属各部队暨各级粮食管理组织，在各地所控制之粮食、运输工具、包装材料、仓库设备、粮食工厂，以及其他各种有关粮食器材，应立即分区造册，列明种类、数量、存在地点，尽速造报，听候接收。在接收以前，凡存在仓库之粮食，及一切工具、器材设备，均由日军派员负责保管。其在海陆运输途中之粮食，原经办人应即运交就近港埠仓库，存储保管。至军用粮食工厂及日人投资或合办之粮食工厂，各该原经办人或经理人，均应负责保持完整。

四、有关经济生产事业之组织，及所占有或存储之物资，例如**液体燃料、煤焦、棉花、纱布、丝、糖、茶、豆、羊毛、皮革、纸张、油类、五金器材及矿品等**，均应由日军派员连同原经管人负责保管，听候接收。其各项组织所经办或占有之有关需要各事业，如电力、自来水、煤气、煤矿等，在接收以前，仍应继续供应。

五、公用事业中，铁路、公路、水运、空运、邮政、电信，各项交通通信事业之业务，在接收以前，均应一律照常维持，并应照本总司令中字第四号备忘录第二条第6款，尽速开放。

六、有关教育文化之公私文物，如图书、仪器、古书、古物、书版、字画、建筑、雕刻、美术品，及一切文献，在接收前，均应由原经管人负责保管，不得毁损。

中国战区中国陆军总司令陆军一级上将何应钦

本备忘录交本总司令部副参谋长冷欣中将送冈村宁次将军。

〔国民政府国防部史政局及战史会档案〕

24. 何应钦关于中国军队已向南京等地前进致冈村宁次中字第七号备忘录

(1945年8月24日)

日期：中华民国三十四年八月二十四日。

致驻华日军最高指挥官冈村宁次将军。

由中国战区中国陆军总司令部。

事由：

本总司令已令第三战区顾长官祝同上将即派有力之部队向南京、上海挺进，接收各该地机场、车站，同时已命令本总司令中字第一号备忘录附表所列各地区受降主官派遣部队向就近各重要城市挺进，以便接收。希转饬所属日本军队知照。

中国战区中国陆军总司令陆军一级上将何应钦

本备忘录由本部副参谋长冷欣中将带交冈村宁次将军。

〔国民政府国防部史政局及战史会档案〕

25. 何应钦关于冷欣等抵南京致冈村宁次中字第八号备忘录

（1945年8月24日）

日期：中华民国三十四年八月廿四日。

致驻华日军最高指挥官冈村宁次将军。

由中国战区中国陆军总司令部。

事由：

本部副参谋长冷欣中将到达南京二十四小时之后，续有中国伞兵两队，及在中国之美军作战司令部前进指挥所人员，连同中国伞兵共约二百八十人，由芷江飞南京大校场机场降落，该项人员驻地，由冷欣中将指定，希妥保护为盼。

中国战区中国陆军总司令陆军一级上将何应钦

本备忘录由本部副参谋长冷欣中将带交冈村宁次将军。

〔国民政府国防部史政局及战史会档案〕

26. 冈村宁次关于今井武夫等已抵宁电

(1945年8月24日)

芷江中国战区中国陆军总司令何敬之阁下钧鉴：

一、今井总参谋副长一行，以及贵军将校三名，于八月二十三日午后八时抵宁。

二、交付今井总参谋副长之中国战区中国陆军总司令部备忘录中字自第一号至第四号各件，确实领到。

三、贵总司令部南京前进指挥所，希在可能范围内迅速前进。其他飞行规定线路、高度、时间，希即示知。本官以负责对冷欣中将阁下一行之保护，期无遗憾，并将予以有力援助。驻华派遣军总司令官冈村宁次。敬叩。

〔国民政府国防部史政局及战史会档案〕

27. 何应钦关于阎锡山将入太原受降致冈村宁次中字第十号备忘录

(1945年8月25日)

日期：中华民国卅四年八月二十五日。

致驻华日军最高指挥官冈村宁次将军。

由中国战区中国陆军总司令部。

事由：

关于第二战区受降事宜，中国战区最高统帅蒋委员长已于本(八)月十五日及八月十八日电令阎长官锡山遵照办理。其要旨如次：

一、太原附近日军武器装备以及交通线各场站，希即就地指定人员收缴接收，并迅速进驻太原为要。

二、速向太原日军司令官接洽受降事宜。

以上各项，希转饬贵军驻太原第一军司令官澄田徕四郎将军迅速妥为办理。

中国战区中国陆军总司令陆军一级上将何应钦

本备忘录由本总司令部副参谋长冷欣中将带交冈村宁次将军。

〔国民政府史政局及战史会档案〕

28. 何应钦关于越北等地日军投降致冈村宁次中字第十二号备忘录

（1945年8月26日）

日期：中华民国三十四年八月廿六日。

致驻华日军最高指挥官冈村宁次将军。

由中国战区中国陆军总司令部。

事由：

一、本总司令部中字第一号备忘录第二项规定台湾及越南北纬十六度以北地区内之日本陆海空军及其辅助部队，应由贵官负责指挥向本总司令投降。

二、刻本总司令又奉命接收澎湖列岛之日本陆海空军及其辅助部队之投降，此地区内之日军，亦应由贵官负责指挥向本总司令投降。

三、希贵官立即召集越南北纬十六度以北，及台湾、澎湖之日军最高指挥或其全权代表，暨驻在上述地区与驻在中国之海军最高指挥或其全权代表，于九月二日以前齐集南京，准备与贵官同时参加签字，并接收本总司令之命令。

中国战区中国陆军总司令、陆军一级上将何应钦

本备忘录交本部副参谋长冷欣中将带交冈村宁次将军。

〔国民政府国防部史政局及战史会档案〕

29. 何应钦关于日军焚毁仓库等情致冈村宁次中字第十三号备忘录

(1945年8月26日)

日期:中华民国三十四年八月二十六日。

致驻华日军最高指挥官冈村宁次将军。

由中国战区中国陆军总司令部。

事由:

据第四方面军突击队报称:衡阳日军,日来已焚毁仓库数处,并将重武器火炮等任意抛入湘江等语。似此情形,为殊有违本总司令中字第一号备忘录第三项(3)款之规定,希贵官严予查究,并速转饬所属不得再有上项事情发生为要。

中国战区中国陆军总司令、一级上将何应钦

本备忘录交本总司令部副参谋长冷欣中将带交冈村宁次将军。

〔国民政府国防部史政局及战史会档案〕

30. 何应钦关于改定一、五两战区受降内容致冈村宁次中字第十四号备忘录

(1945年8月28日)

日期:中华民国三十四年八月廿八日。

致驻华日军最高指挥官冈村宁次将军。

由中国战区中国陆军总司令部。

事由:

一、本总司令部中字第四号备忘录暨附表计达。

二、为求受降便捷起见,对于前项附表之第一、第五两战区之受降内容改定如后。

三、本总司令中字第四号备忘录附表，除本备忘录第（二）项所改定者外，其余各战区之受降内容仍旧不变。

四、本备忘录更改之事项，除由本总司令分电第一、第五战区胡、刘两长官知照外，希转饬日军知照。

中国战区中国陆军总司令陆军一级上将何应钦

受降主官姓名	受降地点	代表投降部队长姓名	投降部队番　号	投降部队集中地点	备考
第一战区胡长官宗南	洛阳	110D师团长	110D	洛阳	
			13KS	开封	
			6KS	新乡	
			10KS	郑州	
第五战区刘长官峙	南阳	12A鹰森孝	115D 4KD 92BS 14KS	南阳	

本备忘录由便机交本总司令部派驻南京前进指挥所主任冷欣中将转致冈村宁次将军。

〔国民政府国防部史政局及战史会档案〕

31. 冈村宁次对中国第一至第五号备忘录的复文

（1945年8月29日）

支总涉　第一号
昭和二十年八月二十九日
支那派遣军总司令冈村宁次
　　中国战区中国陆军总司令、陆军一级上将何应钦殿
关于中国战区中国总司令部备忘录之答复。

751

昭和二十年八月二十九日
中国派遣军总司令部

关于备忘录中字第一号事项：

一、八月十六日奉停战大命之后，对全军命令停止敌对行为。

二、关于中字第一号第二条因本官仅统率在华陆军，其他部队不属于本官之统率，现向中央请示，使之在华海军，并在台湾及越南北纬十六度以北地区内陆海军诸部队，亦受本官之统一调整。

三、1. 中字第一号第三条各项，现已指示所属各方面，期以彻底实行。

　　　2. 本项虽非本官之主管，但希明示行政机关之接收主任者。再本项之接收，似有与日军之接收同时实施之必要，请速派关系人员。

四、鉴于日军统帅组织，为期接收之圆满起见，希望分别任命统制中字第一号附表中所列受降主官孙蔚如、王耀武、薛岳三员之受降主管者，并孙连仲、李延年、胡宗南、刘峙、阎锡山、傅作义六员之受降主管者。

关于备忘录中字第二号事项：

本案已对所属各军通报矣。

关于备忘录中字第三号事项：

南京、上海、北平三处机场已准备贵军随时使用，且留意现况之确保并保全。鉴于华北治安之现况，希望向北平、济南等要地竟可迅速进驻兵力，并赐示其预想时间。

关于备忘录中字第四号事项：

一、关于中字第四号第一条之准备，业已着手，但日本方面责任者以及兵团番号，希照另表改正，并希示知附表所列各该地交涉之开始时间。

二、关于中字第四号第二条全般事项，现已准备中，但其具体的要领再与贵方密切连络以期圆滑整齐之实行,第二条第四、第五项中关于舰艇、船舶及飞机之集中,并其移交地点,因有各种情形,双方主任者之间希另行协议。第二条第六项中关于机雷及障碍物之撤去,现因扫海舰艇丧失,需要相当时间,并在长江本流原有联合军敷设之机雷多量,故其撤去事宜,应双方主任者之间另行协议。

关于备忘录中字第五号事项遵办。但日本军不但毫无故作恶意宣传之意志,进而有期停战以及撤兵之圆满且迅速者也,在此确实声明。

〔国民政府国防部史政局及战史会档案〕

32. 冈村宁次对中国第六至第十三号备忘录的复文

(1945年8月30日)

支总涉　第二号

对于中国战区中国总司令部备忘录中字第六号乃至第十三号之答复。

昭和二十年八月三十日

支那派遣军总司令部冈村宁次

中国战区中国陆军总司令陆军一级上将何应钦殿:

对于中国战区中国陆军总司令部备忘录中字第六号乃至第十三号之答复:

对于备忘录中字第六号事项:

一、关于中字第六号第一条、第二条事项,在日本方面因大部分归于大东亚省管辖,定与大东亚省职员,在南京设置涉外部,以使政治经济关系事项圆满处理,现在进行筹备中。至细部实情,希在主任者间随时连络。

二、关于中字第六号第三条事项,军直接管理者,由日军进行筹备,惟因日军粮食问题与日军完成撤兵之期间有紧密关系,日军对撤兵未完成以前给养,有重大关心,关于确保粮食,希望万全为之。

关于撤兵用之船舶与滞留期间等之粮食,本官有预先要知之意向,即请谅解为荷。

再,关于本问题另行连络。

三、关于中字第六号第四条之物资,除本军直接保有者外,因本军向未关与之故,有不能按照贵意处理之情形,希予谅解之。

但关于电力、水道、瓦斯、煤矿等之供给,现正百般努力,以期防止绝断。

四、关于中字第六号第五条,已如贵意处理。

五、关于中字第六号第六条,按照贵意现正在努力,对于博物馆等重要者,在直接警备中。

关于备忘录中字第七号事项:

关于本案已令所属知照。

但关于南京、上海线铁道管理之接收,认为应另行办理者。再南京、上海地区受降主官汤恩伯上将与进驻南京、上海地区之军指挥官顾祝同上将关系如何,请示知为荷。

关于备忘录中字第八号事项:

已如贵意处理。

关于备忘录中字第九号事项:

关于本案因基于贵方中字第一号业已下令,确信日军决无如投降土匪等之事实。

关于有无中字第九号之事实,经调查认为或确保要地之目的集中分散驻地之一部,结果发生之误解者。

关于备忘录中字第十号事项:

关于本案已在实施中。

关于备忘录中字第十一号事项:

青岛当予绝对确保,敬乞放念。再,一部兵力现正向该地增强中。

关于备忘录中字第十二号事项:

已如贵意处理。

再,台湾、澎湖岛及越南北纬十六度以北地区内日军,已定归于本官之统制,希即知照。

关于备忘录中字第十三号事项:

关于本案虽已严予查禁在案,但兹已按照贵意再发严重之注意。

〔国民政府国防部史政局及战史会档案〕

33. 冈村宁次对中国第十四号备忘录的复文

(1945年8月31日)

支总涉 第三号

关于中国战区中国总司令部备忘录中字第十四号之答复。

昭和二十年八月三十一日

支那派遣军总司令官冈村宁次

中国战区中国陆军总司令陆军一级上将何应钦殿:

关于中国战区中国总司令部备忘录中字第十四号之答复:

关于备忘录第十四号事项:

对于备忘录中字第四号附表,业于八月二十九日以支恳涉第一号"关于中国战区中国总司令部备忘录之答复"另表提出意见改正,惟对于此次收到之备忘录第十四号之该当栏,希望再予改正如下,至希知照。

受降主官姓名	受降地点	代表投降部队长姓名	投降部队集中地点	投降部队番号	备考
第一战区长官胡宗南	郑州	12A 鹰森孝	郑州 开封 新乡	110D 10KS 13KS 6KS	
第五战区长官刘峙	郾城		郾城	115D 4KS 92BS 14KS	

〔国民政府国防部史政局及战史会档案〕

34. 何应钦关于香港等地改由英国受降致冈村宁次中字第十五号备忘录

（1945年8月31日）

日期：中华民国三十四年八月三十一日。

致驻华日军最高指挥官冈村宁次将军。

由中国战区中国陆军总司令部。

事由：

奉中国战区最高统帅蒋委员长八月二十九日命令开：关于香港及九龙两地之日军投降，兹改定由英国接收：

（1）本委员长已授权英国海军少将哈考脱（Rear Admiral Harcourt）接收香港及九龙日军之投降。

（2）派罗卓英中将为中国代表，威廉逊（Colonel Williamson）上校为美国代表，参加接收香港日军投降。

（3）关于投降日期及详细规定，另行电知等因，特请贵官查照，并希转饬香港、九龙日军知照。

中国战区中国陆军总司令、一级上将何应钦

本备忘录由本部驻南京前进指挥所主任冷欣中将转致冈村宁次将军。

〔国民政府国防部史政局及战史会档案〕

35. 何应钦再次声明禁止其他部队受降致冈村宁次中字第十六号备忘录

(1945年8月31日)

日期：中华民国三十四年八月三十一日。

致驻华日军最高指挥官冈村宁次将军。

由中国战区中国陆军总司令部。

事由：

一、关于中国战区各地区之受降主官暨受降地点与投降日军集中地区等，以及有关日军投降一切办法，本总司令曾有明白规定，并曾以第一号及第四号备忘录通知贵官在卷，并经先后一再声明：

1. 凡非蒋委员长或本总司令所指定之部队主官，日本陆海空军不得向其投降缴械，及接洽交出地区与交出任何物资。

2. 中国战区内所有日本陆海空军及辅助部队，应各就现驻地，负责维持地方良好秩序，直至蒋委员长或本总司令所指定之部队及负责长官到达接收为止，贵官当已完全了解。

二、据报我察哈尔省会张家口于八月二十五日晨被不明番号之军队，一说系股匪占领，本总司令殊为遗憾。查察、绥、热三省地区，本部备忘录第一号及第四号明白规定，应由第十二战区司令长官傅作义上将负责接收，在傅长官及其所指定之中国正规军未到达前，该地区日军，应负责维持该地秩序。

三、希贵官立即查明张家口究被何项部队占领，如果属实，贵官及当地日军长官应负其责。

中国战区中国陆军总司令陆军一级上将　何应钦

本备忘录由便机带往南京交本部派驻南京前进指挥所主任冷欣中将转致冈村宁次将军。

〔国民政府国防部史政局及战史会档案〕

36. 何应钦关于日军投降注意事项致冈村宁次中字第十七号备忘录

（1945年9月2日）

日期：中华民国三十四年九月二日。

致驻华日军最高指挥官冈村宁次将军。

由中国战区中国陆军总司令部。

事由：

根据盟军最高统帅麦克阿瑟将军规定：

一、日军缴械时不举行收缴副武器之仪式。

二、日军代表于正式投降时不得佩带军刀。

三、凡日军所有军刀，均应与其他武器一律收缴，一俟正式投降后，日军即不得再行佩带军刀。

以上规定，在中国战区一律适用，希贵官知照，并转饬所属日军遵照。

中国战区中国陆军总司令陆军一级上将　何应钦

本备忘录由便机带南京交本部派驻南京前进指挥所主任冷欣中将转致冈村宁次将军。

〔国民政府国防部史政局及战史会档案〕

37. 何应钦关于陈仪任台湾受降主官致冈村宁次中字第十八号备忘录

（1945年9月3日）

日期：中华民国三十四年九月三日。

致驻华日军最高指挥官冈村宁次将军。

由中国战区中国陆军总司令部。

事由：

（一）本总司令部中字第十二号备忘录计达。

（二）奉中国战区最高统帅蒋委员长命令，派陈仪将军为台湾及澎湖列岛受降主官。

（三）关于受降日期及详细规定另行电知，希贵官查照，并转台湾及澎湖列岛日军最高指挥官知照。

本备忘录便机带南京交本部派驻南京前进指挥所主任冷欣中将转致冈村宁次将军。

〔国民政府国防部史政局及战史会档案〕

38. 何应钦关于重新规定各地区受降地点致冈村宁次中字第二十号备忘录

（1945年9月5日）

日期：中华民国三十四年九月五日。

致驻华日军最高指挥官冈村宁次将军。

由中国战区中国陆军总司令部。

事由：

兹根据贵官八月二十八日及三十一日复文所列日军各部队兵力、最近驻地，特重新规定中国陆军各地区受降主官、受降地点，及日军投降代表部队长姓名与日军投降部队集中地点，暨日军投降部队番号等项如附表，希转饬所属日本军遵照。附表如文。（附表三〔略〕）

中国战区中国陆军总司令陆军一级上将　何应钦

本备忘录由便机带京交由本部派驻南京前进指挥所主任冷欣中将转致冈村宁次将军。

〔国民政府国防部史政局及战史会档案〕

39.《中央日报》对何应钦在芷江演说报道

(1945年9月5日)

(中央社芷江四日电）：何总司令应钦，对芷江各界庆祝胜利大会演说词：

各位同志，各界同胞：今天芷江各界举行庆祝胜利大会，欢迎本人前来参加，在这庄严肃穆的仪式当中，看到诸位欢欣鼓舞的情形，抚今思昔，使我发生无穷的感想。回忆八年以来，全国军民，精诚团结，在险恶重重的环境当中，艰苦奋斗，许多忠勇的将士，流血牺牲。无数受难的同胞，流离转徙。半壁大好的河山，破碎沦陷。若干后方的城镇，被炸摧残，桂林、柳州、独山、衡阳等城市，全被焚毁。但是大家同仇敌忾的心情，依然坚定不移，贯彻到底。在贤明领袖领导之下，整齐步伐，勇往迈进。后来更与盟军并肩作战，共歼强暴。到了今天，终于使最后胜利光荣来临。日本帝国政府，已于九月二日正式向盟军最高统帅麦克阿瑟将军投降，不日应钦就要亲去南京代表蒋委员长接受日本驻华最高指挥官冈村宁次将军正式签字的降书。从此不惟我们沦陷的区域完全收复，而且从前的失土，如台湾等地，也在五十年后的今天，重回祖国的怀抱，这是何等令人欢欣快慰。芷江这一个僻处山丛的小城，因八月二十一日日军降使的远来洽降，忽已名闻世界，在历史上留下永不磨灭的光荣一页，各位的心情，更要欣喜若狂。但一怀念到领袖为国的宵旰勤劳，官兵的牺牲奋斗，民众的协助贡献，以及盟邦，尤其美国、苏联对我们各种援助和鼓励，都应该永志不忘，深致感谢与崇敬。尤其对于阵亡将士和死难同胞，他们先后为国家取义成仁，不及和我们同见胜利的来临，更要深致诚挚的敬意。现在日本虽已投降，战争已告结束，但我们绝不能矜骄自满，应该痛定思痛，警惕奋发，知道各人肩头的重担不惟没有放下，而且比从前还要特别加重。如目前的复员工作，将来的建国事业，无一件不艰巨困难，如要进行迅速顺利完成，必须军政的合作，军民的协调，继续以八年来艰苦抗战的精神，在最高统帅领导之下，一致团结，共同努力，使战争所留下的创痕，在最短期间逐渐得以平复，进而急起直追，积极建设，以求自给自足，成为富强康乐的国家。希望今天庆祝胜利以后，真能本着匹夫有责的思想，站在各人自己的岗位，竭智尽忠，努力工作，刻刻以国家复兴为职志，处处以民族利益为前提，那么，这次经过千辛万苦所换来的光荣胜利，才能永久保持，世界永久和平的理想，才能彻底实现，而三民主义的新中国，也才能光辉灿烂，雄峙于世界。并对诸位欢迎的厚意致谢。

〔国民政府国防部史政局及战史会档案〕

40. 冈村宁次对中国第十一号备忘录的复文

(1945年9月6日)

支总涉　第十号

对于中国战区中国陆军总司令部备忘录国字第十一号之答复。

昭和二十年九月六日

支那派遣军总司令官冈村宁次

中国战区中国陆军总司令陆军一级上将何应钦殿：

关于备忘录国字第十一号事项回答：

一、关于本案，曩于领受备忘录中字第一号第二条及中字第十二号后，随时与大本营连络，将结果曾以支总涉第二号"关于中国战区中国陆军总司令部备忘录中字第六号乃至第十三号事项"中，如所答复贵总司令。此次负责受降之全地域内日本陆海空军，关于一切投降之指挥权（又统制权）已付与本官，因此向贵总司令投降之事宜，应该本官负其一切责任，在停战协定时，拟本官单独签字。而对陆海空军各地域高级指挥官，基于本官统帅系统，分别命令投降之实施。

惟台湾总督原非军事之机关，本官不能直接指挥，即希见谅。

再，本官领受备忘录中字第十二号后，即为交付停战协定时之本官命令计召集幕僚，其一部业已集合待机中。

二、停战协定签字典礼时之本官随员预定如左：

记随员支那派遣军总参谋副长　陆军少将　今井武夫

周参谋　陆军中佐　小笠原清

支那方面舰队参谋副长　海军少将　小川贯尔

台湾军参谋长　陆军中将　谏山春树

第三十八军参谋（越南）　陆军大佐　三泽昌雄

陆军嘱托　木村辰男

〔国民政府国防部史政局及战史会档案〕

三、南京举行受降仪式

1. 何应钦关于日本投降签字地点等情致冈村宁次中字第十九号备忘录

(1945年9月5日)

中国战区中国陆军总司令部备忘录中字第十九号

日期：中华民国三十四年九月五日。

致驻华日军最高指挥官冈村宁次将军。

由中国战区中国陆军总司令部。

事由：

一、兹规定本总司令接受日军投降之地点、日期时间，及日军投降代表签字人与日军投降代表出席人如下：
1. 地点：中华民国首都南京。
2. 时间：中华民国三十四年九月九日上午九时。
3. 日军投降代表签字人：日本陆军大将冈村宁次。
4. 日军投降代表出席人：

冈村宁次大将之总参谋长。

越南北纬十六度以北之日军最高指挥官或其全权代表。

台湾澎湖列岛之日军最高指挥官或其全权代表。

中华民国（东三省除外）、越南北纬十六度以北、台湾澎湖列岛之日本海军最高指挥官或其全权代表。

二、前条各项，希照办。

中国战区陆军总司令陆军一级上将何应钦

本备忘录由飞机专送南京交本部副参谋长冷欣中将，转交冈村宁次将军。

〔国民政府国防部史政局及战史会档案〕

2. 冈村宁次关于日本投降出席代表名单复文

(1945年9月8日)

支总涉　总第十一号

关于备忘录中字第十九号之答复。

昭和二十年九月八日

支那派遣军总司令官冈村宁次

中国战区中国陆军总司令一级上将何应钦殿：

一、敬悉贵意。

二、第一项第四之出席人如左：

支那方面舰队司令长官　海军中将　福田良三

支那派遣军总参谋长　陆军中将　小林浅三郎
台湾军参谋长　陆军中将　谏山春树
第三十八军参谋（越南）　陆军大佐　三泽昌雄
支那派遣军总参谋副长　陆军少将　今井武夫
支那派遣军参谋　陆军中佐　小笠原清
〔国民政府国防部史政局及战史会档案〕

3. 何应钦关于中国陆军总司令部迁入南京致冈村宁次中字第二十二号备忘录

（1945年9月8日）

日期：中华民国三十四年九月八日。
致驻华日军最高指挥官冈村宁次将军。
由中国战区中国陆军总司令部。
事由：

本总司令部原派在南京之前进指挥所已于九月八日撤消，另设中国战区中国陆军总司令部前方司令部于南京中央军校旧址，由本总司令亲自主持，希知照。

中国战区中国陆军总司令陆军一级上将何应钦

本备忘录由飞机专送南京交本部副参谋长冷欣中将转交冈村宁次将军。

〔国民政府国防部史政局及战史会档案〕

4. 何应钦关于派遣张廷孟接收空军等情致冈村宁次中字第二十三号备忘录

（1945年9月8日）

日期：中华民国三十四年九月八日。
致驻华日军最高指挥官冈村宁次将军。

由中国战区中国陆军总司令部。

事由：

一、据空军接收代表张司令廷孟称：日方为维持在中国战区交接期间之连络方便而利交接起见，日方请求在该期间内使用非武装之运输机三十架一节，兹核定准以无武装大小运输连络机共五架，暂供该项目的之使用，如贵方确有不敷，可将使用计划详细拟定呈凭核示。至该已准使用之五机型式，着即呈报备查。

二、凡在本总司令部所辖之地区内〔中国本部（东三省在外）及台湾（含澎湖列岛），越南北纬十六度以北地区〕之航空〔陆军（舰上机除外）民航均含〕一切力量及设施（含所属配置），统归张司令廷孟代表分别接收。

中国战区中国陆军总司令陆军一级上将何应钦

〔国民政府国防部史政局及战史会档案〕

5.《中央日报》对何应钦在招待记者会上谈话报道

(1945年9月9日)

（中央社讯）：中国陆军总司令部何总司令应钦，八日下午三时廿分，在中央军官学校招待中外记者，萧参谋长毅肃，麦克鲁将军，柏德诺参谋长均在座。何总司令发表谈话谓：记得廿六年十一月廿六日，我们离开首都的那天，我们都有一个沉痛的决心和坚强的自信，我们一定要奋斗到底，获得最后的胜利，重回到首都。果然在领袖蒋委员长英明领导下，全国军民一致的努力，以及盟邦的协助，经过八年的艰苦抗战，终于获得光荣的胜利，重回到首都，内心自然是无限的兴奋和愉快。同时想到这八年来为抗战而牺牲的将士和同胞，以及陷区同胞八年来所遭遇的痛苦，又不胜其感念。今天回到首都，首先要代表蒋委员长对陷区同胞和死难军民的家属，表示恳切的慰问。我们的胜利不是侥幸，不是偶然，今日的目标，惟在如何建设我们的国家，使成为一个真正富强康乐之国，来共同担负起安定东亚，维护世界永久和平的任务，这是今后全国同胞应有的努力。某记者询以签字时间与地点已确定否？何总司令答称：时间已定于九月九日上午九时，签字地点在中央军官学校大礼堂，关于签字程序及参加人员名单，业已订定。某记者询日本签字代表名额，及日本陆海空军之代表？何氏答称：日本投降签字代表计共七人，冈村宁次将军代表其陆海空军签字。某记者末询以解除日军武装所需之时日？何总司令答称：约需三个月可以竣事。

〔国民政府国防部史政局及战史会档案〕

6. 中国政府关于接受日本投降之签字仪式程序

(1945年9月9日)

日期：中华民国三十四年九月九日

会场：中国陆军总司令部（即南京中央陆军军官学校旧址）大礼堂

程序：

一、上午八时三十分以前，各中外来宾均在规定之休息室休息。

二、上午八时三十五分，中国参观人员入会场，各依席次坐定。

三、上午八时四十分，同盟国参观人员入会场，各依席次坐定。

四、上午八时四十三分，中外新闻摄影记者准备会场外之照像（即日军投降代表下车时之照像，限定一分钟，并不得进入日军投降代表之休息室）。

五、上午八时四十五分，日军投降代表乘车由中国王武上校引导，到中国陆军总司令部广场下车，同时由王上校引入日军投降代表休息室。

六、上午八时五十分，中外新闻记者及摄影记者入会场，各依席次坐定。

七、上午八时五十一分，何总司令率参加受降官入场，各依席次坐定。

八、上午八时五十二分，中国王俊中将引导日军投降代表入会场，先到规定地位立定，向何总司令一鞠躬，何总司令命坐后，各依规定之席次坐下，王俊中将即退入参观席。

九、上午八时五十三分，何总司令宣布照像五分钟。

十、上午八时五十八分，何总司令请冈村宁次大将呈出证明文件，何总司令检视后将该文件留下。

十一、上午九时正，何总司令将日军降书（中文本两份）交付冈村宁次大将阅读并签字盖章（此时各中外摄影记者一律准予照像），冈村宁次大将将于签字盖章后，送呈何总司令。

十二、何总司令在日军降书上签字盖章后，以一份交冈村宁次大将。

十三、何总司令将中国战区最高统帅蒋委员长之第一号命令连同命令受领证交付冈村宁次大将，由冈村宁次大将在受领证上签字盖章后，将该受领证送呈何总司令。

十四、何总司令宣布日本代表退席，仍由王俊中将引导该代表等退至规定位置，向何总司令一鞠躬后，再导出会场（此时中外摄影记者一律准予照像，照像后仍速回会场坐定，听何总司令广播）。

十五、何总司令广播（以下时间均准予照像）。

十六、何总司令率领参加受降人员退席。

十七、同盟国参观人员退席。

十八、中国参观人员退席。

附受降席及投降席席次表：

席 次 表

```
┌─────────────────────────────────────────┐
│              ┌──受降席──┐                │
│                                          │
│  空军    海军    陆军     陆军     陆军   │
│  上校    上将    一级     二级     中将   │
│                  上将     上将            │
│                                          │
│  张廷孟  陈绍宽  何应钦   顾祝同   萧毅肃 │
│                                          │
│                                          │
│  陆 支  陆 支  陆 支  陆 驻  支 海  陆 台  陆 第  │
│  军 那  军 那  军 那  军 华  那 军  军 湾  军 三  │
│  中 派  少 派  中 派  大 日  方 中  中 军  大 十  │
│  佐 遣  将 遣  将 遣  将 军  面 将  将 参  佐 八  │
│    军  今 军    小 军  冈 最  舰    谏 谋     军  │
│  小 参  井 总  林 总  村 高  队 福  山 长   三 参  │
│  笠 谋  武 参  浅 参  宁 指  司 田    春     泽 谋  │
│  原    夫 谋  三 谋  次 挥  令 良    树     昌 长  │
│  清    副 郎 长     官 长 三                雄    │
│                                          │
│              └──投降席──┘                │
└──────────────大  门──────────────────────┘
```

〔国民政府国防部史政局及战史会档案〕

7. 日本向中国投降降书

（1945年9月9日）

降书

一、日本帝国政府及日本帝国大本营，已向联合国最高统帅无条件投降。

二、联合国最高统帅第一号命令规定："在中华民国（东三省除外）、台湾与越南北纬十六度以北地区内之日本全部陆海空军与辅助部队，应向蒋委员长投降。"

三、吾等在上述区域内之全部日本陆海空及辅助部队之将领，愿率领所属部队向蒋委员长无条件投降。

四、本官当立即命令所有上第二款所述区域内之全部日本陆海空军各级指挥官，及其所属部队与所控制之部队向蒋委员长特派受降代表、中国战区中国陆军总司令何应钦上将，及何应钦上将指定之各地区受降主官投降。

五、投降之全部日本陆海空军立即停止敌对行为，暂留原地待命。所有武器弹药、装具器材、补给品、情报资料、地图、文献档案及其他一切资财等，当暂时保管。所有航空器及飞机场一切设备，舰艇、船舶、车辆、码头、工厂、仓库及一切建筑物，以及现在上第二款所述地区内日本陆海空军，或其控制之部队所有，或所控制之军用或民用财产，亦均保持完整，全部待缴于蒋委员长及其代表何应钦上将所指定之部队及政府机关代表接收。

六、上第二款所述区域内日本陆海空军所俘联合国战俘及拘留之人民立予释放，并保送至指定地点。

七、自此以后，所有上第二款所述区域内之日本陆海空军，当即服从蒋委员长之节制，并接受蒋委员长及其代表何应钦上将所颁发之命令。

八、本官对本降书所列各款，及蒋委员长与其代表何应钦上将以后对投降日军所颁发之命令，当立即对各级军官及士兵转达遵照。上第二款所述地区之所有日本军官佐、士兵，均须负有完全履行此类命令之责。

九、投降之日本陆海空军中任何人员，对于本降书所列各款，及蒋委员长与其代表何应钦上将嗣后所授之命令，倘有未能履行，或迟延情事，各级负责官长及违反命令者愿受惩罚。

奉日本帝国政府及日本帝国大本营命签字人中国派遣军总司令官陆军大将冈村宁次印

昭和二十年（公历一九四五年）九月九日午前九时　分签字于中华民国南京

代表中华民国、美利坚合众国、大不列颠联合王国、苏维埃社会主义共和国联邦，并为对日本作战之其他联合国之利益接受本降书于中华民国三十四年（公历一九四五年）九月九日午前九时　分，在中华民国南京

中国战区最高统帅特级上将蒋中正特派代表中国陆军总司令陆军一级上将何应钦印。

〔国民政府国防部史政局及战史会档案〕

8. 何应钦在日本投降签字后发表谈话——广播词

(1945年9月9日)

敬告全国同胞及全世界人士，我是中国战区中国陆军总司令何应钦，中国战区日军投降签字，已于本日上午九时，在南京顺利完成。这是中国历史上最有意义的一个日子，这是八年抗战艰苦奋斗的结果。东亚及全世界人类和平与繁荣，亦从此开一新的纪元。本人诚恳希望我全国同胞自省自觉，深切了解今日为我国家复兴之机会，一致精诚团结，在蒋主席领导之下，奋发努力，使复兴大业，迅速进展。更切盼世界和平，自此永奠其基础，以进于世界大同之境域。

〔国民政府国防部史政局及战史会档案〕

9. 中国战区最高统帅蒋介石对日军第一号命令

(1945年9月9日)

一、根据日本帝国政府、日本帝国大本营向联合国最高统帅

之降书，及联合国最高统帅对日本帝国所下之第一号命令，兹对中国战区内中华民国（辽宁、吉林、黑龙江三省除外）、台湾以及越南北纬十六度以北地区之日本陆海空军，颁布本命令。

二、贵官应对上述区域内投降之日本陆海空军各地区司令官及其所属部队发布下列命令，并保证其完全遵行。

甲、日本帝国政府及日本帝国大本营，已令日本陆海空军全部向联合国作无条件之投降。

乙、在中国境内（辽宁、吉林、黑龙江三省除外）、台湾以及越南北纬十六度以北地区所有一切日本陆海空军及辅助部队，向本委员长无条件投降。凡此投降之日本部队，悉受本委员长之节制，其行动须受本委员长或中国陆军总司令、陆军一级上将何应钦之指挥，且只能服从本委员长或何应钦上将所直接颁发或核准之命令及告谕，或日本军官遵照本委员长或何应钦上将训令而发之命令。

丙、投降之日本陆海空军，即停止一切敌对行为，暂留原地静待命令，以所有一切武器弹药、装具、器材、物资、交通通信，及其他作战有关之工具、案卷，及一切属于日本陆海空军之资产等，予以暂时保管，不加损坏，待命缴纳于本委员长或何应钦上将指定之部队长官或政府机关之代表。

丁、凡在上述区域，所有日军之航空器、舰艇及船舶，除本委员长于第一号告谕中所宣示者外，其他一律恢复非动员状态，停留现地，不得加以损坏。船舰上飞机上有爆炸物品者，须立即将爆炸物品移入安全仓库。

戊、日本部队及附属部队之军官，须保证所属严守纪律及秩序，且须负责严密监视其部下，不得有伤害及骚扰人民，并劫掠或毁损有关文化之公私文物及一切公私资产。

己、关于日方或日方控制区所拘禁之联合国战俘及人民应如下之处置：

1. 联合国战俘及被拘人民，在本委员长或本委员长之代表何应钦上将接收以前，必须妥慎照护，并充分供给其衣食住及医药等。

2. 按照本委员长或本委员长之代表何应钦上将之命令，将战俘及被拘禁之平民送至安全地区，听候接收。

3. 凡拘禁联合国战俘及平民之集中营或其他建筑，连同其中所有器材、仓库、案卷、武器及弹药，须听候本委员长之代表何应钦上将，与其指定之代表派员接收，在所派接收人员到达前，各集中营之战俘或被拘平民，应由其中资深官长或彼等自选之代表自行管理之。

4. 凡向本委员长投降之日本陆海空军各级司令部，在接到命令所限定之时间内，须将有关战俘及被拘平民之详情及地点，列具完备之报告。

庚、除另有命令外，凡向本委员长投降之日军，应继续供给其所属军民衣食及医药物品。

辛、日军及日军控制区之军政当局，须保证下列各事：

1. 按照本委员长或本委员长之代表何应钦上将之命令，扫除一切日方所敷设之地雷、水雷，及其他陆海空交通之障碍物，在此项工作进行中，其安全通道应予标明。

2. 对于航行方面之一切辅助工作，须立刻恢复。

3. 一切陆海空交通及运输方面之器材与设备，须保持完好。

4. 一切军事设备及建筑，包括陆海军航空基地、防空基地、海港、军港、军火库及各种仓库，永久及临时陆上及海岸防御工事、要塞及其他设防区域，连同上述各种建筑及设备之计划与图样，须保持完好，并须将一切工厂、工场、研究所、试验所、实验室、试验站、技术资料、专利品计划图样以及一切制造或发明，直接间接便利作战所用之其它物品，或与作战有关之军事组织所用或意欲运用之物品，保持完好。

壬、凡一切武器军火、作战器材之制造分配，立即停止。

三、凡向本委员长投降而在中国、台湾（含澎湖列岛）及越南之日军司令部，在接到此项命令后，须即将各该区有关下列各项之资料，向中国陆军总司令何应钦上将提出报告。

甲、一切陆海空及防空部队图表册籍，须表明其所在地及官兵之实力（含人马、械弹、装具、器材等）。

乙、一切陆海军用及民用飞机图表册籍，须完全报告其数量、型式、性能、驻地及状况。

丙、日军及日军控制下之一切海军船只，包括水面水中及其他辅助船只，不论现役退役及在建造中者，均须以图表册籍报告其位置及情况。

丁、日军控制下之商轮，在一百吨以上，不论现役退役及正在建造之中，或过去属于任何联合国，而目前在日方手中者，均须列具图表册籍说明其位置及情形。

戊、拟具详细及完备之报告，连同地图，标明布有地雷或水雷，及其他海陆空交通障碍物之地点，同时须指定安全通道之所在。

己、凡一切日本方面所管理或直接间接利用之工厂、修理厂、研究机关、实验室、试验站、技术资料、专利设计图样，及一切军用或间接欲为军用之一切发明设计图样生产品，及为此项生产而行之设施，其地点及其详情，皆须报告。

庚、凡一切军事设施及建筑，包括飞机场、海军航空基地、海港及军港、军火库、永久及临时之陆上及海岸防御工事要塞，及其他防区之地位及详情，亦须报告。

辛、并须按照第二款己项之规定，报告一切拘禁联合国战俘及平民集中营，或此项建筑之地点，及其他有关情况。

四、向本委员长投降之各地日军司令部，须遵照各区受降主官之命，报告各该区日侨之姓名、住址，并收缴日侨所有之一切武器，通知全体日侨，在本委员长之代表何应钦上将所指定之官吏未发布处置该项日侨命令以前，须留在其现在住地，或指定之地点，不得离开。

五、日军及日军控制下之一切军政官员，须协助本委员长之代表何应钦上将所指定之军队收复台湾（含澎湖列岛）、越南北纬十六度以北地区，及中华民国境内各日本军占领区。

六、本命令所规定之各项，及本委员长之代表何应钦上将嗣后所发布之命令，日军及日军控制下之一切文武官员及人民，须立刻敬谨服从。对于本命令或此后之命令所规定之各项，尚有迟延或不能施行，或经本委员长或何应钦上将认为有妨碍盟军情事，将立刻严惩违犯者及其负责之军官。

右令驻华日军最高指挥官陆军大将冈村宁次

中国战区最高统帅特级上将　蒋中正

传达法：由中国战区中国陆军总司令陆军一级上将何应钦面交驻华日军最高指挥官、陆军大将冈村宁次。

〔国民政府国防部史政局及战史会档案〕

10. 中国战区中国陆军总司令部对日军第一号命令

（1945年9月9日）

一、自本（九）日上午九时起，以后本总司令对于贵官之一切行文，用命令或训令。

二、在本（九）日上午九时以前，本总司令送达贵官之中字第一号至第二十三号备忘录，除以后别有命令变更者外，一律视同命令。

三、本（九）日上午九时，贵官所签定之降书及所领受蒋委员长之第一号命令，贵官应以最快方法转达于在中国本部（东三省在外）、台湾（含澎湖列岛）、越南北纬十六度以北地区之日本陆海空军。

四、贵官及所属在中国东部（东三省在外）、台湾（含澎湖列岛）、越南北纬十六度以北地区之日本陆海空军，应自本（九）日上午九时起，完全受本总司令之节制指挥，不受日本政府之任何牵制。

五、贵官应于本（九）日将"支那派遣军总司令官"名义取销，并自明（十）日起，改称中国战区日本官兵善后总连络部长官。

六、贵官之总司令部，应自明（十）日起，改称中国战区日本官兵善后总连络部。

七、中国战区日本官兵善后总连络部之任务，为传达及执行本总司令之命令，办理日军投降后之一切善后事项，不得主动发布任何命令。

八、依据本部中字第二十号备忘录所区分之各地区日本代表投降部队之原有司令部，着均改为地区日本官兵善后连络部，其投降代表长官原有名义，着一律取销，改称地区连络部长。兹分别规定如附表〔略〕。

九、表所列日本官兵地区善后连络部长，对中国各地区受降主官之职务，在传达及执行各受降主官之一切命令，办理该地区内日军投降后之一切善后事项，但不得主动发布任何命令。

十、香港地区日本官兵之善后处理，由英国海军少将哈考脱（Harcornt）规定之。

右令日本官兵善后总连络部长官冈村宁次大将

〔国民政府国防部史政局及战史会档案〕

11.《中央日报》对中国战区日军投降签字仪式经过报道

(1945年9月10日)

（中央社讯）举世瞩目之中国战区日军投降签字仪式，业于九日在中国陆军总部大礼堂，以廿分钟之时间，顺利完成。举行签字仪式之地点，乃我作育革命军人之中央陆军军官学校大礼堂之原址。黄埔路上满布由空运抵京之宪兵，及新六军担任警戒，自辕门通至礼堂之道侧，每隔十步，竖有各同盟国国旗，旗与旗之间，立有新式装备之警戒兵一名，身着绿色美式秋季制服，钢盔革履，精神焕发，威武森严。签字仪式系于上午九时开始。中外来宾于八时三十分陆续签名入场。八时五十二分，日本投降代表冈村宁次大将等，分乘汽车三辆，由中国王武上校引至中国陆军总部，在广场下车时，中外记者纷纷为之摄影。王上校旋导日军投降代表入休息室。其时各参观人员均已依席次坐定。礼堂中央为受降席，受降席前设一较小长案为日军投降代表席，其后各立整齐严肃之士兵十二名。受降席与投降席之四周，环以白绸，其左侧为高级将领席，及中国记者席，右侧为盟国军官席，及外国记者席，参加者共达千人。八时五十六分，中国陆军总司令何应钦一级上将，率参加受降官四人入场，中外军官及来宾均肃立迎迓。何总司令居中，坐于受降席上，左为海军上将陈绍宽，空军上校张廷孟，右为陆官二级上将顾祝同，陆军中将萧毅肃。受降席上，正中置一时钟，与中国文具一套。八时五十八分，中国王俊中将，引导日军投降代表入场，先至规定地位，立正向何应钦作四十五度之鞠躬，何总司令欠身作答，并命坐下，日军投降代表，乃依规定，分别于投降席次坐下。驻华日军最高指挥官、陆军大将冈村宁次居中坐下，面对何总司令，举首即可瞻仰会场所悬之中、美、英、苏国旗。支那派遣军总参谋长、陆军中将小林浅三郎，支那派遣军总参谋副长、陆军少将今井武夫，支那派遣军参谋、陆军中佐小笠原清三人，则依次坐冈村宁次大将之左侧。支那方面舰队司令长官、海军中将福田良三，台湾军参谋长、陆军中将泽山春树，第三十八军参谋长、陆军大佐三泽昌雄，则依次坐于右侧。日方代表共计七人，一律戎装，均未佩刀。日方译员木村辰男，则仍着赴芷江洽降时之灰色西服，以立正姿势，立于冈村宁次之后。冈村就坐时，将其军帽置于案头，余均始终握于手中。日军代表入席后，何总司令命乃向中外记者宣布：摄影五分钟。中外记者骤形忙碌，纷纷在四周及走廊上拍摄电影及照片。我受降大员之雍容仪表，与骤然肃坐之日军投降代表，一一摄入镜头。九时零四分，何总司令命冈村大将呈出证明文件。冈村乃命小林总参谋长呈递何总司令，何氏检视后，当将该证明文件留下。旋将日军降书中文本两份，交由萧参谋长转交冈村宁次大将。冈村起立，双手接受。小林总参谋长在旁为之磨墨。冈村一面匆匆翻阅降书，一面握笔含毫，在两份降书上分别签字，以无犹疑踌躇之状。签字后，复从右口袋中，取出圆形水晶图章一枚，盖于其亲笔签名之下。所盖印鉴，略微向右倾斜，签字笔迹虽颇娟秀，惟其墨痕似嫌稍淡。签字时，中外记者莫不争取此稍纵即逝之机会，迅敏摄取冈村握笔姿态，一时投降席顿成电影机及照像机之焦点。而案头所置降书笔砚，及冈村之军帽，当为各记者所感兴趣而欲攫者。冈村于签字盖章后，即将其图章纳入原口袋中，一面命小林总参谋长将降书呈递何总司令，一面点首，若在表示日本业已无条件投降矣。小林总参谋长，当将冈村签名盖章之降书两份，谨慎持至受降席前，双手呈递何总司令，何氏加以检视后，即于日军降书上签字盖章，态度从容安详。旋以降书一份，令萧参谋长交付冈村宁次大将，冈村起立接受。何总司令复将中国战区最高统帅蒋委员长命令第一号，连同命令受领证，仍命萧参谋长交付冈村，冈村当在受领证上签字盖章，并将受领证命小林参谋长送呈何总司令。至此，何总司令宣布日军代表退席，仍由王俊中将引导日军代表离座，并肃立向何总司令一鞠躬，然后退出礼堂，何总司令曾起身作答。日军代表退出会场后，何总司令即席发表广播演说，向国内外宣布，日军投降签字仪式，业已在南京顺利完成。词毕，全体掌声雷动。嗣由鲍副处长静安译成英语，翻译甫竣，全场复热烈鼓掌。何总司令旋率受降人员退席，并将渠本人签字所用之毛笔携出，留为永久纪念。中外来宾群趋何总司令之前，与何氏握手道贺，并于礼堂门首，摄影留念。此人类有史以来最大悲剧之最后一幕，于兹宣告结束。

〔国民政府国防部史政局及战史会档案〕

12. 何应钦召见冈村宁次谈话记录

(1945年9月10日)

一、时间：三十四年九月十日上午八时三十分至九时三十五分。

二、地点：中国陆军总司令部。

三、出席人员：总司令，萧参谋长，麦克鲁将军（美军作战司令），钮处长先铭，王科长武，陈科长昭凯，陈参谋桂华，冈村宁次大将，今井武夫少将，小笠原清中佐，木村辰男翻员。

四、谈话内容：

总司令：

一、我知道你的责任非常重大，因为日本在中国战区，一百数十万官兵及数十万侨民，其生命之保障，及一切善后问题之解决，责任均在你肩上，所以希望你今后善能自处，只要你能切实服从我的命令，遵照我方各种规定，相信完成你一切善后任务甚为容易。

二、你为完成本身任务所顾虑到的几件事，我决定依照下面所说的原则办理：

1. 关于自卫武器：我认为在安全地区，可以不必留自卫武器，在有借自卫武器必要地方，可以借给极少数之步枪。

2. 关于粮食：你们现存的粮食，准许你们自用，但我方要派员检查监视，以免浪费。你们存粮用完后，我方届时当另筹拨补给。

3. 关于运输：闻你们国内尚有廿七万吨船只，但须作日本国内运输之用，不能调来，所以将来你们一百数十万人回国时所需船只，我可负责向我盟邦美国要求拨用，使你们早日返日。

4. 关于日本在华技术人员，拟斟酌情形，予以征用。

三、现在及今后东亚局势，必须中国统一强大，世界永久和平，始有希望。故日军一切武器器材，必须完整缴交我所指定之部队长官，切勿损坏、散失及落于匪手，致扰乱地方。

四、我所规定缴械办法，是先集中在一个地区，然后缴存于指定仓库，这都是为日军实施上的便利而定。

五、我军空运到各地的部队，抵达目的地后，需用车辆较多，你们所有车辆，必须全部先行交出，至你们担任连络之高级军官所用少数乘车，我可酌予暂准借用。

六、在中国内地各处日本飞机，应先完全交出，日方所需通信联络用飞机，我已批准留给五架。

七、所有日方交通通信，均由我方接管，尔后你们通信，不能再用密码。

八、据报现在你们尚使用一部份中国人代做苦工，此项工人，应即释放。

九、此后规定命令系统，我各战区长官、各方面军司令官，可下令于日军各方面军司令官及军长。至于我各战区长官及方面军司令官以下之指挥官，当以我高一级的军官下令于日军低一级的军官。

十、关于你所提出之舰艇、船舶的资料太不够，应迅速提出详细报告。

十一、关于以后日本官兵，希望严守我之命令，不应发生受惩罚事情，万一发生时，处置办法分左列三种：

1. 凡犯中国陆军惩罚令者，交你们自行处罚。

2. 犯情轻者，令你们交出，由我方处罚。

3. 犯情重者，由我迳行惩罚，即凡属刑法范围者，应完全由我方办理，因为你们自九月九日起，已无军法权。

十二、本人有军字第一号命令给你，此命令本来是昨夜已办好的，因知你今晨来见，故留待你来交给你。

冈村宁次：

一、刚才总司令所示各项，都已完全了解。

二、关于第三点日军武器移交问题，事实上须要向总司令说明，前（八）月十八日我已规定办法，通令各部队实施，即在中国大陆之日军武器，完全缴交中国中央政府，决不交与其他任何地方部队，此系在今井总参谋副长去芷江之前，即已规定，当时并未奉蒋委员长命令，我方已下令实施。

三、关于解除武器问题，我已完全了解，所谓地域安全及非安全，谅无问题。但实际为维持日军纪律，若无少许武器，则必定有一部日军指挥官不能维持良好纪律，敝人意见，将武器全部缴交贵方，但日军在未归国之前，借用一小部份轻兵器，以为保持日军之军纪及秩序，此点，可否按照香港英军对日军接收办法处理之。总司令答复，饬将香港方面英军对日军接收办法抄送本部参考，再行决定通知。

四、关于日军粮食及运输问题，备承总司令关照，非常感激，以后一切当遵从总司令指示实行。

五、关于技术人员征用问题，如有所规定，当遵命办理。

六、关于汽车及连络用飞机，蒙准使用，十分感激。

七、关于传达命令问题，为求避免日军官兵因受精神刺激而致逃散，成为土匪游民计，各区连络部拟请仍由卑〔鄙〕人担任联系，使彻底奉行总司令之命令，俾在返国之前，不致有不幸事件发生。

八、关于通信使用之各种密码本，当遵命呈送贵总部。

〔国民政府国防部史政局及战史会档案〕

13.《青年日报》对将日本投降书送呈蒋介石的报道

(1945年9月11日)

（中央社讯）：中国陆军总司令何应钦上将，特派副参谋长冷欣中将，携带日本降书，面呈中国战区最高统帅蒋委员长，并将冈村宁次签字情形，作口头报告。

（重庆十日中央社电）：中国战区日军投降书已到。富有历史意义之九月九日国父第一次广州起义纪念日，上午九时，由日本驻华最高指挥官冈村宁次大将，向中国战区最高统帅蒋委员长代表中国战区中国陆军总司令、一级上将何应钦签字。吾国五十年革命，八年抗战，得此伟大成绩。该项投降书，由何总司令派冷欣中将副参谋长，于当日携飞重庆，在十日中枢纪念周，纪念国父第一次广州起义典礼中，由冷欣中将呈递蒋主席察阅。呈递式简单隆重庄严，全体为之鼓掌。

〔国民政府国防部史政局及战史会档案〕

14. 中国战区中国陆军总司令部对日军军字第七号命令

(1945年9月11日)

中国陆军总司令部命令　军字第七号　中华民国三十四年九月十一日于南京

查何思源为中国政府简派之山东省政府主席，希转饬细川司令解散山东伪省政府，由何主席行使政权，并先交出步枪子弹一百万发，送何主席接收。关于山东济南、青岛及其他各要点，日军应守原防，以待李延年所部到达再行接受。

右令
中国战区日本官兵善后总连络部长官冈村宁次大将

中国陆军总司令陆军一级上将何应钦

〔国民政府国防部史政局及战史会档案〕

15. 中国战区中国陆军总司令部对日军军字第九号命令

(1945年9月12日)

中国陆军总司令部命令　军字第九号　中华民国三十四年九月　日于南京

兹规定各地区日军投降时应注意事项如左：

（一）各受降地区对日军投降不举行仪式，除台湾（含澎湖列岛）及越南北部外，可由本部中字第二十号备忘录所指定之各受降主官以命令，或训令，迳会各该地区日军代表投降部队长签具受领证。（二）关于日军撤退及收缴武器步骤：一、各地区接收部队到达后，日军应先将防区交由各受降主官所指定之部队接收，并即向本部中字第二十号备忘录所指定之集结地区分别集中，但在各防区内原有日军被服、武器、燃料等仓库不得移动，应予封存并呈出表册，暂由各该区受降主官派员会同军政部所派特派员接收保管。二、日军到达指定地点后，由各受降主官指定仓库，饬令日军将所有武器、器材分别自行封存于指定之仓库，并由受降主官派员会同军政部所派特派员接收保管。三、缴械后日本徒手官兵由受降主官饬令分别集中于水陆交通要点，待命开往沿海各港口，以便遣送回国（开拔时间及集中海港地点另令规定）。四、日军缴械时，可准每步兵中队暂借步枪十支，其他特种部队，准每中队暂借步枪六支，每步枪一支，准配带步弹五十发，待集中海港后，或上船时，悉数缴还。其余所有武器、器材，均应一律收缴。军官及下士官之军刀属私人所购者，另行指示暂不收缴。五、日本官兵回国确期，因所需船舶数量过大，暂难决定，应作渡过冬季之准备，准予留用冬季被服。六、在日本官兵集中地区内之粮食仓库，准暂缓接收，但须由各受降主官派员监视，按国军给养定量每人每日二十五市两，照实有人数查考登记。缴械后日本官兵之给养，即由各受降主官指定兵站予以补给副食，与我方当地官兵同。

以上各项除电各地受降主官遵照外，希即遵照，并转饬遵照为要。此令。

右令

中国战区日本官兵善后总连络部长官冈村宁次大将

中国陆军总司令陆军一级上将何应钦

〔国民政府国防部史政局及战史会档案〕

16. 中国战区中国陆军总司令部对日军军字第十号命令

(1945年9月13日)

中国陆军总司令部命令　军字第十号　中华民国三十四年九月十三日于南京

一、中国沿海各港口亟待开放，所有扬子江由宜昌、汉口至南京，及长江下游（含温州湾及舟山群岛）、厦门、海南岛及台湾之基隆、高雄等地日海军所敷水雷，及其他障碍物，统限于本（九）月三十日以前清扫完毕。

二、南京城区内外，及江边前日军所埋地雷，及其他危险物，限本（九）月二十日前扫清。

右令

中国战区日本官兵善后总连络部长官冈村宁次大将

中国陆军总司令陆军一级上将何应钦

〔国民政府国防部史政局及战史会档案〕

17. 中国战区中国陆军总司令部对日军军字第十二号命令

(1945年9月14日)

中国陆军总司令部命令　军字第十二号　中华民国三十四年九月十四日于南京

一、本总司令二十号备忘录规定属于第十一战区受降日军之(5K5)，现改归第二战区受降。

二、属于第二战区受降之(1A)，应仍在指定地点集结，不得他调。

以上两项，仰即知照，并转知为要。

右令

中国战区日本官兵善后总连络部长官冈村宁次大将

中国陆军总司令陆军一级上将何应钦

〔国民政府国防部史政局及战史会档案〕

四、部分地区受降

1. 第六战区受降简况纪实

(1945年8月27日)

第一　绪言

自三十四年七月二十六日，同盟国发表波茨坦共同宣言，决以全力对日，至是经我八年抗战消耗之日寇，已大感疲于奔命，加且广岛、大阪〔长崎〕原子弹之威力，遂使日寇于八月十日提出投降照会。盟国当于八月十一日接受日本牒文，并于八月十五日公布日寇正式投降。现全国各战区受降事宜，均次第顺利完成。本战区受降工作亦于十月十四日顺利告竣，爰志其大要于后。

第二　受降准备

本战区自本年八月十一日中、美、英、苏四大盟国接受日本八月十日所提照会遵照波茨坦宣言无条件投降，经八月十五日四强同时公布，及奉到委员长蒋未删展令一文电后，即开始准备接收投降工作。

一、八月十五日本部遵照委员长未灰亥令一亨及真参两电指示拟定本战区对敌军伪军伪组织奸匪复员处理基准纲要，令发各部队遵照实施。

二、八月二十二日，本部派少将参谋处长谢士炎前往芷江接受中国陆军总司令部之指示，当于八月二十三日返抵恩施。

三、八月二十五日本部依据委员长蒋、中国陆军总司令何之命令，及中国陆军总司令何致日军冈村宁次大将中字第一号至第四号备忘录，对本战区当面日军第六方面军司令官冈部直三郎大将发出备忘录：

第一号：通告本司令长官所受之任务，及令其即与本部连络，并限于八月二十七日上午十二时答复。

第二号：通告本战区各军前进地区，及经过路线，日军不得阻碍，并限二十七日实行，同时即交出土门垭。

第三号：通告派本部少将副参谋长兼参谋处长谢士炎前往汉口设立本部前进指挥所。

四、八月二十七日，中国陆军总司令何亲莅恩施对前进指挥所人员及执行受降任务部队详加训示。

五、八月二十八日，本部遵照中国陆军总司令何致冈村宁次中字第四号备忘录之规定，以备忘录第四号通告冈部直三郎大将，规定战区各地受降主官及投降部队集结地点及其他指示事项，并转令各部队向指定地区前进。

六、八月二十九日，以第五号备忘录规定收缴陆军装备及仓库办法，第六号备忘录规定公用事业、财务、粮食、交通、文化等准备听候接收，通告冈部直三郎大将遵照。

七、八月三十日，以备忘录第七号通告本部前进指挥所人员共四十八员名，于八月三十日乘运输机飞往汉口致冈部直三郎。

八、八月三十日，以本部备忘录第八号通告冈部直三郎，规定卫生人员、卫生器材、药品等，列册听候接收。

九、八月三十日晨，本部前进指挥所人员，由本部少将副参谋长兼参谋处长谢士炎率领官佐十九员、通信兵十二名、随军记者四人、宪兵十二名，由恩施机场起飞赴汉口，当天八时即到达，与本部取得连络。以上所发致冈部直三郎之备忘录各项规定一至三号用无线电连络，四至八号由谢主任带往汉口转交，自本部前进指挥所设置完毕以后，本部与冈部直三郎之连络及规定事项与各项要求，即由本部前进指挥所转达，互以电报连络，日方部队状况、人马装备补给、厂仓等情形，逐次呈出图表，惟甚多需待其所部队呈报，而尚不完全者。

十、九月六日，以据报日军有焚毁破坏埋藏物资、武器等不法行为，以第九号备忘录严重警告冈部直三郎，严厉查禁，并不得再有此事发生。

十一、九月八日，奉到中国陆军总司令何申江谋电，规定各地区受降主官（或派员）赴日军集中地点授训令（或命令），由日军投降代表签字于受领证，并附格式。本部遵即依据委员长蒋、总司令何历次指示与规定，拟定致冈部直三郎之命令，准备本部到汉后，即行授与冈部直三郎受领。

十二、本战区各部队自八月二十七日本部下达前进命令后，二十六集团军所属于九月七日到达宜昌、沙市一带，并继续向武汉、应城、孝感、黄陂前进，于九月十七日到达各指定地点。第十集团军各部，亦于九月十四日到达武汉附近，九月十六日进入武汉市区。

十三、本部于九月十一日，由恩施出发，十三日到达宜沙，十七日到达汉口，即日进驻市郊杨森花园附近上智中学校址，即应当时将授与冈部直三郎之受降命令修正附印，并即通告日方，定于明（九一八）下午三时，在汉口中山公园授受命令。"九一八"日上午十时三十分，冈部直三郎大将偕同其参谋长中山贞武及高级参谋前来本部谒见司令长官请示投降各项事宜。

第三　受降实施

一、本部于九月十八日十五时，在汉口中山公园，司令长官偕副长官、总司令及其他党政军各界八十八人，由司令长官主持，将本部六战作命甲第一号命令授与日军第六方面军指挥官冈部直三郎大将，由渠本人（司令长官）亲自签字受领，其参谋长中山贞武少将及来福栖静冈大佐、冈田芳政大佐、清永最之大佐四人均陪同参加。

二、九月十八日，同时将本部六战作命甲第一号命令分发各部队遵照实施，并呈报上级备案。

三、九月二十二日，日本第六方面军司令部依据本部六战作命甲第一号命令，以其统作命甲第五十一号命令下达其所属各部队遵照实施。

四、自九月二十二日命令下达后，各日军部队即向指定地点集中，各地点日军部队之仓库及不携带之物资，即就地缴交我军接收。

五、九月二十四日，本部续订定日军缴械细部规定电发各部队遵照实施，并印发各部队机关参考：

1. 规定交接手续。
2. 规定各部队机关接收权限范围。
3. 规定借用枪弹数目及准暂免缴物品。
4. 规定借用通讯器材。
5. 规定暂时留用人员及其遵守事项。
6. 规定准借用车辆马匹数。
7. 规定解除武装后改变日军名称。

8. 其他。

六、本部在实施解除武装日军及接收日军控制下一切物资期间，本部兼参谋长致武汉地区日本善后连络部冈部直三郎部长之汉字通报凡一百四十三号（十一月六日止），接字通报凡一四八号（至十月二十七日止），公报凡三十一号。

七、九月二十五日，日本第六方面军在武汉附近直属部队，及集中仙桃镇之第五步兵旅团，集中黄陂之八三旅团，开始解除武装。其他因路途较远（如八六旅团、116师团由湖南开来），或过于分散（如十一步兵旅团、十二步兵旅团），或因江水暴涨不能渡江（如八八旅团），或因疫厉流行（如132师团），因而延迟到达集中地点，亦陆续实施解除武装，至十月十四日，全战区受降全部顺利完毕。

第四　日军部队番号驻地主官姓名

日军各部队投降时驻地、番号、主官姓名如另图第一〔图缺〕。

第五　日军部队集中地点解除武装日期

日军各部队集中地点、受降主官及解除武装日期，如另图第二〔图缺〕。

第六　俘虏管理及使役

一、本部根据六战作命甲第一号命令日军解除武装后人员之处置，订定管理日本官兵暂行办法，于九月二十六日公布实施。

二、本战区按日军集中地区之日军各师旅团之单位设置，日本官兵管理所如另表第一另图第三〔图缺〕。

三、管理日本官兵暂行办法内容概要如左：

1. 规定管理所之组织。
2. 日本官兵入所时之处置。
3. 待遇。
4. 管理规则。

5. 使服劳役之规定。
6. 卫生事项规定。
7. 惩罚规定。
8. 规定俘虏符号、臂章、通行证、公差证及其他等。

第七　收缴日军各项兵器物资数字统计

本战区收缴日军各项兵器军用物资如另表第二〔图缺〕。

〔国民政府国防部史政局及战史会档案〕

2. 第九战区受降情况纪实

(1945年8月31日)

第一节　受降前敌我态势

七月上旬，敌第二十七师团、第四十师团由南雄、信丰、大庚，经赣县沿赣江东西两岸向南浔北撤转用，被战区月余之追击，至八月上旬，其态势如附图第一〔图略〕。

第二节　受降任务之受领

遵奉委员长蒋未巧辰一亨电节开：派第九战区司令长官薛岳为受降官，指挥原辖各部，负责接收南昌、九江地区，该区为敌第十一军。又奉总司令何未感机代电颁发致冈村宁次中字第一至第十三号备忘录，规定日军投降及我军受降一切办法，及申支酉谋代电颁发之附表修正日军投降部队番号、地点各等因。当将受降一切事项准备完毕。

第三节　对日军备忘录之下达

遵照总司令何致冈村宁次中字第一、第四、第六号各备忘录，及申支酉谋代电所颁附表，与处理受降事务，及接收收复区应注意之事项所示要领，策定本部各号备忘录如次：

一、九字第一号备忘录

中华民国第九战区司令长官司令部备忘录

日期：中华民国三十四年八月三十一日。

致驻南昌九江地区日军第十一军司令官笠原幸雄将军。

由中华民国第九战区司令长官司令部。

事由：

一、本人以中华民国第九战区司令长官之地位，奉中国战区中国陆军总司令一级上将何应钦之命令，接收在南昌、九江地区内日本第十一军及所配属陆海空军与其辅助部队之投降。

二、日本驻南昌、九江第十一军司令官笠原幸雄将军应自接受本备忘录之时起，立即执行本司令长官之一切规定，并应由笠原幸雄将军负责指挥该项日军之投降。

三、笠原幸雄将军于接受此备忘录后，关于下列事项应立即对日本陆海空军下达必要之命令：

1. 对本司令长官所辖地区内（即第二条所述地区，以下同）所有陆海空军，及辅助部队，立即停止一切敌对行为。

2. 对本司令长官所辖地区内之日本陆海空军，及辅助部队，立即各就现在驻地，及指定地点静待命令，凡非本司令长官所指定之部队指挥官，日本陆海空军不得向其投降缴械，及接洽交出地区，与交出任何物质。

3. 对本司令长官所辖地区内所有日本陆海空军，及辅助部队之武器、弹药、航空器、船舶、车辆，及一切交通通信工具、飞行场、码头、工厂、仓库物质，与一切建筑物，暨军事设施，以及文献档案、情报资料等，应立即妥为保管，不得移动，并应绝对保持完好状态，由笠原幸雄将军负其全责，听候本司令长官派员接收。

4. 对本司令长官所辖地区内所有日本陆海空军，及辅助部队，应各就现驻地负责维持地方良好秩序，直至本司令长官所指定之部队，及负责长官到达接收为止。在此期间内，绝对不得将行政机关移交非本司令长官所指定之行政官吏，或代表人员。

5. 对本司令长官所辖地区内同盟国被俘人员，及被扣官民，应立即恢复自由，并充分供给其衣食住行及医药等，并准备遵照本司令长官之命令，送达指定地点。

四、为监视日军执行本司令长官之一切命令起见，特派陆军第五十八军军长鲁道源中将兼本司令长官南昌前进指挥所主任，先到南昌设立前进指挥所，凡鲁道源中将所要求之事项，应迅速照办。

五、派陆军第五十八军军长鲁道源中将为南昌区受降主官，现在南昌除家埠间地区之日军，应立即向南昌区集中，听候受降官鲁道源中将之命令处理。派陆军新三军军长杨宏光中将为九江区受降主官，现在永修、德安、星子、瑞昌一带地区之日军，应立将防地交本司令长官所指定之新三军部队接收完毕后，听候受降官杨宏光中将之命令处理。

中华民国第九战区司令长官陆军上将薛岳

本备忘录交鲁道源中将转送笠原幸雄将军

二、九字第二号备忘录
中华民国第九战区司令长官司令部备忘录
日期：中华民国三十四年八月三十一日。
致驻南昌九江区日军第十一军司令官笠原幸雄将军。
由中华民国第九战区司令长官司令部。
事由：

一、依据本司令长官致贵官九字第一号备忘录第三条第四项，及第五条所定，特再将各地区受降主官姓名、受降地点，及日军代表投降部队长姓名，应投降之部队番号，详细规定如附表，希先下令准备实施。但表列日军部队番号、主官姓名，及驻地，系奉中国战区中国陆军总司令部依据今井将军所呈出之驻华日军态势概见图，及其口述，如有遗漏或变更，另行修正之。

二、为使日军投降及械弹器材等缴收进行顺利计，特规定如左：

1. 在本司令长官九字第一号备忘录第五条指定之地点，及日军分别向我各地区受降主官之投降地点，所有日军应照该条及本备忘录之附表分别集中，在表列地点以外驻扎者，应先行将其防地分别交与我各地区受降主官所指定之部队接收，其交接日期，由我各地受降主官分别决定之。

2. 凡日军依照本司令长官九字第一号备忘录第五条，及本备忘录附表所指定之地点集中后，应仍保持各该地之警备状态，维持秩序，听候我各地区受降主官所指定之部队到达后，再依指定之时间逐次交防，并依指定之地点分别集合，立即将所有武器器材自行封存于我各受降主官所指定之各仓库内，呈出详细表册，再立将所有徒手官兵率赴我各地区受降主官所指定之集中营。至各该处封存仓库，则由我各地区受降主官立即派兵看守，再派员照册点收。

3. 在笠原幸雄将军尚未正式投降之前，凡中国军队有奉命调往现在日军驻地区内者，沿途各地日军应一律让其通过，不得妨碍。但以本司令长官九字第号备忘录第五条所指定各地区受降主官所命令并通知之部队为限，其未奉各该受降主官之命令及通知之部队，日军应拒绝其通过，并防止其强迫占领城市，否则各该地日军指挥官应负其责。

4. 在九江附近及鄱阳湖、赣江所有轮船、民船，应立即集中于南昌、九江，听候接收，并应先行造具各船舶之种类、吨位、数目、所用燃料（含存储数量），及员工人数之详细清册呈送本司令长官所指定之各地区受降主官。

5. 在南昌、九江间地区内所有日本航空部队，凡可能飞行及可能修理之航空机应立即修整完毕，并在南昌机场集中。至修理费时之航空机及所有基地存储之弹药、武器、油类，应一律封存，并连同上述一切航空机造具详细清册呈送本司令长官所指定之各地区受降主官,听候派员接收。又所有机场及飞机修理各种设备应保存完好状态,仍造具详细清册呈送本司令长官所指定之各地区受降主官听候接收。至空军地面部队及降落伞部队,则由各地区受降主官分别按陆军投降办法办理之。

6. 凡日军现驻地区内所有交通、通信各线路,及其管理机关,不待笠原幸雄正式投降,应立即与本司令长官司令部通报,本部电台呼号L、E,波长七五米,连络时间,每日十点及十九点(重庆暑期时间),笠原幸雄将军应即将贵军电台通报时间、周率、呼号通报本部。又所有江湖河道及要地如布有障碍物,应立即彻底扫除,以利交通,并希将障碍物位置与扫除情形绘图列表尽速呈送本司令长官所指定之各地区受降主官。

7. 现日军现驻地区内,如有匪徒企图破坏交通、通信,及扰乱治安者,应特别防范,并制止之。

三、请笠原幸雄将军将上述各项办理情形随时电告。

中华民国第九战区司令长官陆军上将薛岳

附:中华民国第九战区各地区受降主官姓名、受降地点及日军代表投降部队长姓名与投降部队集中地点番号表一份。

本备忘录交由鲁道源中将转交笠原幸雄将军

中华民国第九战区各地区受降主官姓名、受降地点及日军代表投降部队长姓名与投降部队集中地点番号表

受降主官姓名	投降地点	代表投降部队长姓名	投降部队集中地点	投降部队番号	备考
第五八军军长鲁道源中将	南昌	笠原幸雄	南昌	27D 7iBS	

新三军军长 杨宏光中将	九江	笠原幸雄	九江	34D 40D 84MBS	
附 记	一、本表所列日本各投降部队番号，集中地点，得依情况由本司令长官及各地区受降主官随时酌量变更之。 二、日军各投降部队向集中地点开拔日期，及行进路线，由各地区受降主官规定之。					

附注：本备忘录附表所规定日军投降部队之番号，嗣遵总司令何申支酉谋代电所颁附表之规定，改令日军独立第七步兵旅团在南昌，第十一军司令部、第十三师团、第五八师团、独立混成第二十二旅团、独立混成第八四旅团、独立混成第八七旅团，均在九江集中缴械。

三、九字第三号备忘录
中华民国第九战区司令长官司令部备忘录
日期：中华民国三十四年八月三十一日。
致驻南昌九江区日军第十一军司令官笠原幸雄将军。
由中华民国第九战区司令长官司令部。
事由：

一、凡日军现驻地区内一切行政组织，及日军扶植之伪组织，应立即将各该组织原有人名、财产簿册、档案、票据、土地、房屋器具、印信等，一律造具清册，并指定人员负责保管，听候点收，不得有迁移、毁坏、转让、隐匿等事。前项所称之行政组织，包含各项机关、银行、学校、医院，以及各该组织所经办，或占有之各项工厂、矿场、商号、仓库、公共事业等。

二、凡财务及金融机关之票券，连同财产、现款、票据、帐册暨保管之公债、库券基金发行、钞券之准备金等，一切保管财物均应封存，并派员连同原经管人员负责保管，听候接收。

三、日军第十一军司令部，及所属各部队，暨各级粮食管理组织在各地所控置之粮食、运输工具、包装材料、仓库设备、粮食工厂，以及其他各种有关粮食器材，应立即分区造册，列明种类、数量、存在地点，尽速造报，听候接收。在接收以前，凡存在仓库之粮食，及一切工具器材设备，均由日军派员负责保管。其在赣江及陆路运输途中之粮食，原经办人应即运交就近城市仓库存储保管。至军用粮食工厂及日人投资或合办之粮食工厂，各该原经办人或经理人均应负责保持完整。

四、有关经济生产事业之组织，及所占有，或存储之物资，例如液体燃料、煤焦、棉花、纱布、丝、糖、茶、豆、羊毛、皮革、纸张、油类、五金器材及矿品等，均由日军派员连同原经管人负责保管，听候接收。其各项组织所经办或占有之有关需要各事业，如电力、自来水、煤气、煤、矿等，在接收以前，仍应继续供应。

五、公用事业中公路、水运、空运、邮政、电信各项交通通信事业之业务，在接收以前，均应一律照常维持。

六、有关教育、文化之公私文物，如图书、仪器、古书、古物、书版、字画、建筑、雕刻、美术品，及一切文献，在接收以前，均应由原经管人负责保管，不得毁损。

中华民国第九战区司令长官陆军上将薛岳

本备忘录交由鲁道源中将转交笠原幸雄将军

第四节　对受降部队处理受降事务应注意及遵守事项之训示

一、处理受降事务及接收收复区应注意事项之训示：

甲、对日军之处置：

子、各受降主官应速将本部致笠原幸雄九字第一号备忘录第五条所指定之地区内之敌陆海空军兵力驻地、主官姓名，确实调查。据此。

拟定接收日军投降办法，其内容可摘取本部致笠原幸雄九字第二号备忘录各项，并同样可以备忘录致接收地区敌军最高指挥官（即日军代表投降部队长），以求逐步实现。

丑、各军担任接收日军投降部队，必须尽量迫近日军驻地，以期迅速达成接收任务。如须通过日军驻地时，可遵本部致笠原幸雄之九字第二号备忘录第二项第三款之规定，通知日军。

寅、接收日军驻地，及收缴日军械弹、器材、物资等，以各区统一办理为原则，各区受降主官可以所要之备忘录直送各该区日军代表投降部队长，规定接收日军驻地，及收缴械弹等办法，着该代表投降部队长负责转令其所属部队遵行。

卯、日军之撤退及集中，宜分两阶段实施：（第一阶段），日军应由原驻地遵照各区受降主官之规定，将其驻地分别交与我方指定之部队后，即逐渐集中于受降主官指定之地点，候我方指定部队逐次接收完毕；（第二阶段），日军始再遵本部致笠原幸雄之九字第二号备忘录内所指定之日军集中地点集中，其交接日期，由各地区受降主官分别决定。至实行缴械日期，另候本部命令。

辰、日军之撤退及集中，应与我军开入日军撤退区相配合，以免为土匪（奸宄）所乘。此项我各区受降主官，及各区日军投降代表，应各自令其所属遵行，并须特别规定非受降主官所指定之接收部队，日军不得交让，或擅自撤退。

巳、各受降区内，所有日军武器、弹药、航空器、船舶、车辆，及一切交通通信器材等，应令各留现在地集中保管。但轻兵器可待日军集中指定地点后，自行封存于仓库内，并呈出详细清册，以待军政部派员接收。

午、日军官兵除武器器材等，应全部缴交外，其个人必需之日用品及衣物、少数款项等，仍准其保留应用，不得没收。

未、缴械后之日军徒手官兵，准暂保留其原有之师团，或联队建制，仍暂由其部队长率赴我各受降主官所指定之驻地。但我军仍应派以必要之部队，予以监护。

申、投降日军所需之粮食，概由受降主官负责补给，但可由日军缴出之存粮，及收复区征购之粮食供给之。

酉、交防接防及收缴日军武装时，对日军投降官兵，不可有敌意侮辱行为。

戌、各受降单位，必须与其投降单位日军直接取得通讯上之联络。

亥、凡处理日军投降未经指示事项，可参照本部致笠原幸雄之备忘录所示内容办理。

乙、对伪军之处置：

各受降主官应将所担任接收区内伪军实力（包括人数武器器材等）、驻地、主官姓名、籍贯、出身及经历等，详细调查具报。但已投诚，或正在接洽投诚之伪军，均应饬派相当人员至各指定之司令部联络。

丙、对奸匪之处置：

各受降主官应将所担任接收区内奸匪实力（包括人数武器器材等）、驻地、主官姓名、籍贯、出身及经历等，详细调查具报。据此。拟定防范办法，免碍任务进行。在接收日军投降期间，除因确保政治、经济、交通各要点要线而引起战斗外，目前对奸匪宜暂取守势，严密监视，必要时，仍得相机剿灭之。

丁、对伪组织及敌经济、交通、文化诸事项之接收：

各区内之党政人员在受降主官统一指挥之下，尽可能与开入收复区之我方部队同时进入，以便同时接收经济、行政诸机构，为适切要求，可由各区内有关以上事项之各机关派员参加处理接收事宜，但该地行政首长应受当地我军最高指挥官之节制。

戊、其他：

子、开入收复区之我方部队官兵应绝对严守军风纪，不得有抢掠骚扰等情事，各区受降主官，应绝对负责。

丑、中国陆军总司令部已请求美军作战司令部麦克鲁将军在各受降区派遣联络官协助办理日军投降事宜，并任中美军之合作联系，仰令所属官兵对美国官兵必须精诚合作，妥为招待。

二、对进入收复地区各部队官兵必须遵守事项之训示：

甲、要严守军风纪。

乙、要绝对服从命令。

丙、要爱护收复地区内之男女同胞，并切实保护同盟国侨民。

丁、要保持战胜勿骄之态度。

戊、军行所至，要随时随地维持地方秩序。

己、不得擅自征派人民。

庚、不得擅开日军所交仓库，擅取物品，或擅自没收，及转移公私财产。

辛、不得侵占、盗卖、掉换、遗弃、损坏日军所缴任何物品。

壬、不得虐待或侮辱俘虏。

癸、不得擅入日本商店，或日侨住宅，或强取俘虏，及日侨之私人财物。

三、处理受降事务注意事项之补充训示：

甲、关于日军撤退及收缴日军武器步骤：

子、依部队到达先后，先行接收日军防区，使日军得以按照指定地点分别集中。但在各防区内，原有日军被服、武器、燃料等仓库不得移动，应予封存。并呈出表册，暂由各受降区主官派员接收保管。

丑、日军到达指定地点后，应由各受降主官指定仓库，饬其将所有武器器材分别自行封存于指定之仓库，并暂派员接收保管。

寅、缴械后，日本徒手官兵应饬分别集中于水陆交通要点待命，开往沿海各港口，以便遣送回国。

卯、日军缴械时，可准其每步兵中队暂借步枪拾枝，其他特种部队，每中队准暂借步枪六枝，每枪一枝配弹伍拾发，待集中海港后，或上船时，悉数缴还，其余所有武器器材，均应一律收缴，日本军官及下士官之军刀，属私人所购者，另行指示，暂不收缴。

辰、日本官兵回国确期，因需船过多，难以决定，应饬作过冬之准备，准其留用冬季被服。

巳、在日本官兵集中地区内之粮食仓库，准暂缓接收，但须由各受降主官派员监视，按国军给养定量，照实有人数查考登记。缴械后，日本官兵给养，应由各受降主官指定兵站予以补给，其待遇与我当地官兵同。

乙、自即日起，日本军官除传达我方命令外，不得发布任何命令，并不得在通信上使用暗号或密码。

四、对日军投降书及受领证方式之指示：

奉总司令何申江电，各受降地区接收敌人投降时，各地区应其交通状况，于受降主官（或派员）使敌人集中投降地点授训令，或命令，于敌军投降代表部队长签字于各受降书。其训令方式如下：

（一）日本驻华派遣军总司令官冈村宁次大将已遵日本帝国政府，及日本大本营之命，率领在中国（东三省除外）、越南北纬十六度以北，台湾、澎湖列岛之日陆海空军，于中华民国三十四年九月九日降书向中国战区最高统帅特级上将蒋中正特派代表中国陆军总司令一级上将何应钦无条件投降。

（二）遵照何总司令命令，及其致冈村宁次大将中字第十号备忘录，指定本官及本官所指定之部队接收某某地区日本某某部队及其辅助部队之投降。

（三）上第二项之日军部队应于中华民国三十四年九月某日照下列规定切实施行：

1. 关于日军行动之规定。
2. 关于武器、弹药、器材、器具收缴之规定。
3. 关于日俘处置之规定。
4. 关于城市接收之规定。
5. 关于车辆及一切军用物资接收之规定。
6. 关于军事控制下民用财产接收之规定。
7. 关于交通通信接收之规定。
8. 关于区内海空军，及其他场站设备接收之规定。

9. 其他一切细部规定依各区状况规定之。

四、受领证格式如下：

今谨收到中国战区第某战区司令长官第某号训令一份，当遵照执行，并立即转达所属及所代表各部队之各某官长士兵遵照，对于本规令及以往之一切规令，或指令，及本区各所属与所代表之各部队之全体官兵均应有完全执行之责任。

日军番号指挥官级职姓名签字

年　月　日　地点

〔国民政府国防部史政局及战史会档案〕

3. 第二方面军受降情形纪实

(1945年9月1日)

第一节　受降准备

三十四年八月十五日，日本正式宣告无条件投降，举世欢腾，万邦同庆！我国为正义和平而奋斗，八年艰苦抗战，吾人之目的今日得到了实现；"正义必然战胜强权"的真理，终于得到了最后证明，亦表我国民革命历史的使命得以成功，开有史以来所未有之丰功伟业！

在此时，负有反攻积极行动之本方面军，所指挥之六个军，除第五十四军、第八军尚在黔桂道上向桂省前进外，四十六军及新一军主力正加紧反攻雷湾，前线迫近雷北敌之重要据点遂溪城，六十二军主力进出越南北圻，六十四军一部尚留龙津、宁明地区支援六十二军入越之作战。由于战局之急转直下，本方面军之部署须从作战行动迅速转变于受降接收之部署，此际所应考虑与准备者，非仅部队本身问题，而受降接收之措施尤属重要焉。

一、调整部署　本部为预期适应将来推进接受日军投降，乃于八月十六日令参加雷湾攻击之新一军解除作战任务，集结于广西玉林、贵县地区，准备开广州接受日军投降。令六十四军迅速集结南宁、钦县一带待命。其余第一线部队尽量推进占领地，严密监视敌人，准备接受当面日军投降。

二、训令伪军　鉴于日本宣布无条件投降后，各地伪军陷于混乱状态，本部遵照总司令何指示，以未铣国基电各部队转各该驻地之警备，维持秩序，以赎前非，各伪军部队尤须注意各交通线之维持，决不可受谣言之愚惑，致增咎戾。

三、筹划补给　预想日本投降签字后，本方面军无论向粤或其他方面进出，原有之后方诸设施，定难适应要求，进出部队之军粮补给当必困难。乃以未铣辰勇筹补电总司令何饬后勤总司令部预为筹划。并电请白司令早为筹划，或拨专款由兵站控置，随军前进，就地采购。另电广西省政府着于此流容县各于八月底在三十三年应征拨军粮额内拨交五千大包，统在县城积集，交付兵站拨补。

司令官飞芷江协商受降事宜

中央原令日军冈村宁次派代表飞至玉山洽降，因该机场不适用，改于湖南之芷江。司令官张奉总司令何电召，于八月十七日午后五时，偕同美军连络部博文将军及作战处处长李汉冲，由南宁乘飞机飞湖南芷江，参与中国战区受降典礼，并协商受降接收事宜，于二十四日午公毕飞返南宁，受降接收工作由此逐步迅速进行矣。

策定受降接收计划

本方面军自奉委员长蒋未巧辰令一亨电，指定接收广州、香港、雷州半岛，及其附近日军第二十三军所属各部队与海南岛日海军部队暨其辅助部队之投降后，当即由第三处拟定受降接收计划，以实施此史未曾有之光荣任务。兹将该计划摘录如左：

（一）受降步骤

（子）接防日军占领区。规定各受降部队接收地区任务，迅速推进，接防日军占领区，并规定移防后日军之集中地点。

（丑）解除日军武装。规定日军于移防之时，仅准其暂行携带其配带之步枪、轻机枪及少数弹药，其余武器、弹药缴交受降接防部队，日军于移防集中后，开始解除全部武装。

（寅）集中管理日俘。日军集中全部解除武装后，视为俘虏，送至指定之集中营，受我军监视、教育、管理。

（二）接收要领

（子）日军本身之装备，直接缴交受降部队接收。

（丑）日军、日侨所控制下之工场、工厂、仓库、公营民营事业等，均先交由受降部队警戒，仍留负责人员看管，列册移交中央各部会特派员，地方机关之主管代表接收、整理、利用。

（寅）受降部队所接收之一切武器、弹药、器材等，一律转交与各主管部门之接收代表接收。

（三）释放盟国战俘及被拘人民。命令日军恢复盟国战俘及被拘人民之自由，并保护其安全，移交我受降接防部队接收处理。

给日军田中久一第一号备忘录

本方面军奉令接收广东地区之日军投降后，为使受降实施迅速进行，于九月一日，派中校课长刘观凯及翻译员一员，携带致广州日军二十三军司令官田中久一之第一号备忘录一份，并乘运输机一架由南宁飞广州白云机场降落，交付完毕，于当晚飞返南宁。兹抄录该备忘录原文如后。

中国战区陆军第二方面军备忘录

日期：中华民国三十四年九月一日。

致日军第二十三军司令官田中久一将军。

由中国战区陆军第二方面军司令官司令部。

事由：

一、本司令官奉中国战区最高统帅蒋委员长及中国陆军总司令何应钦一级上将之命为受降官，接收广州、香港、雷州半岛及海南岛等地之贵官所辖区内之部队投降诸事宜。

二、贵官从即日起应接受并遵照本司令官所发有关贵军投降之一切规定。

三、贵官应先派熟悉全般状况之高级军官为贵官代表乘飞机到南宁本部接受一切规定,并负责报告贵官所辖部队之一切状况。

四、贵官之代表应随机携带贵军之:(1)所辖战斗序列;(2)所辖指挥系统表;(3)所辖大队以上主官姓名、驻地表;(4)兵力部署要图;(5)人员、马匹、武器、器材概数表;(6)各种运输交通工具概数表;(7)西江各河道与海上、陆上布雷及阻塞等危险地带状况表;(8)辖区内飞机及船舰调查表;(9)主要仓库位置表;(10)有关投降接收之一切必要资料。

五、自接到本备忘录之日起,所有珠江流域大小船舶,应立即集中高要交本方面军高要部队接收使用。

六、无线电通信方法暂定如下:

(1)本部无线电台电力为五十瓦特,呼号为(GOLY),波长为三十五米。(2)规定贵军无线电呼号为(XCGD),波长为三十五米。(3)双方连络时间自即日起每日七时、十三时、十八时、二十二时等四次行之(依重庆时间为标准)。(4)双方使用之电报码暂定为中国普通使用之明码,以中文电报新书为准。(5)附发电报新书一册。

七、贵官之代表及随员不得超过五人,应乘日本非武装之运输机一架,于中华民国三十四年九月三日晨八时正(重庆时间)由广州起飞,沿西江、郁江、邕江上空航线抵南宁,到达梧州上空时高度二千公尺(如天候不良时,另由本部以无线电通知变更高度),由盟国飞机三架引导至南宁机场降落。规定盟机一架在日机前引导,两架在日机后跟进,日代表之飞机应涂绿色,其两翼端末及尾部应系以四公尺长之红布条,俾易识别贵官之代表所乘飞机。起飞前应先用电报报告本部,经本部电复后始得起飞。

八、以上各项应切实遵照办理,并限于九月二日正午以前答复。

第二节　受降部队任务区分及行动

八月二十一日,奉委员长蒋未巧令令一亨电开:(甲)派该司令官为受降指挥官,指挥第四十六军、第六十四军接收雷州半岛及海南岛地区,该区为敌军二十二、二十七旅团各一部。并指挥新一军、第十三军负责接收广州、香港地区,该地区为敌第二十三军主力。但第十三军抵广州协助接收后,应船运杭州、宁波。(乙)第六十二军即归卢司令官指挥向越北进出,本部依据本命令除分令第六十二军遵照外,并根据日军兵力配置对各受降部队任务与行动规定如下(附图第二〔略〕):

一、粤桂南区总指挥邓龙光指挥四十六军、雷州独立挺进支队及沿海警备大队,以四十六军主力进驻雷州半岛,以一个师进驻海南岛,负责接收雷州半岛及海南岛日军投降及地方绥靖。

二、新一军孙军长指挥重迫击炮营及十三军之八十九师,即由现地经梧州、三水向广州推进,该军主力配置于广州市,各以一部分置于三水、顺德,监视该方面日军及受降实施。

三、第十三军(欠八十九师)即沿梧州、三水、广州道推进,以主力配置于广州(不含)至九龙广九铁路沿线,以一部推进香港,监视该方面之日军及受降实施。

该军主力到达广州时,第八十九师即归还建制。

四、六十四军即沿合浦、化县、阳江道向开平、台山、新会附近推进,以主力配置于新会、台山、鹤山地区,监视该方面日军及受降实施。

五、各部队接近日军防区时,得直接与日军交涉接防事项,并令其按照指定地点集中。

日军移防后之集中地点规定

日军部队番号	现驻地	规定集中地	我接防部队
二十三军军部及军部直属部队	广州	河南	新一军
二十三独立旅团	广州	河南	新一军
十三独立旅团	高要	石围塘	新一军
第八混成旅团		芳村花埭	新一军

第一百三十师团	新会	新会	六十四军
第一百二十九师团	淡水及广九铁路	东莞	十三军
香港守备队	香港	宝安	十三军
雷州支队	遂溪及广州湾	海康	四十六军
海南岛守备队	琼山	文昌、琼山	四十六军

受降部队师长以上主官姓名表

番　号	级　职	姓　名	备　考
粤桂南区总指挥部	中将兼总指挥	邓龙光	
新编第一军	中将军长	孙立人	
新五十师	少将师长	潘裕昆	
新编三十师	少将师长	唐守治	
新编三十八师	少将师长	李鸿	
第十三军	中将军长	石觉	
第四师	少将师长	骆振韶	
第五十四师	少将师长	史松泉	
第八十九师	少将师长	万它仁	
第四十六军	中将军长	韩炼成	
第一百七十五师	少将师长	甘成城	
第一百八十八师	少将师长	海竞强	
新编第十九师	少将师长	蒋雄	
第六十四军	中将军长	张弛	
第一百三十一师	少将师长	张显歧	
第一百五十六师	少将师长	刘镇湘	
第一百五十九师	少将师长	刘绍武	

各受降部队受领上项付与之任务后，先后由现地出发向目的

地推进,此时虽炎暑未消,夏日如火,而官兵精神奋发,日夜兼程前进。至九月三日奉总司令何未卅亥谋孟电转奉委座未艳申令一元电开:九龙、香港地区决定授权英方派队受降,本部遵照指示,即以申江电令饬十三军石军长无庸接收香港、九龙地区之日军投降。而香港、九龙又回复到原来之面目!

第三节 前进指挥所推进广州

广州,是日军华南派遣军司令部所在地,亦是本方面军受降之主要地区,本部为使受降接收实施便利计,遵照总司令何之指示,特组设广州前进指挥所。兹将该指挥所之编组及任务分录如下:

(甲)

第二方面军广州前进指挥所编组人员姓名表				
职 别		原级职	姓 名	派遣单位	备 考
主 任		中将高参	张觉非	本 部	
副主任		少将处长	梁一飞	第二处	
参 谋		上尉参谋	莫高炎	第二处	
参	兼组长	少将处长	梁一飞	第二处	
	副译官	上校课组长	黄宣章 骆来举		
	第一股	股长	上校课长	罗晋津	第三处	
		参谋	少校参谋	方文翰	第三处	
		参谋	少校参谋	钟□成	第三处	
		参谋	上尉参谋	窦学贤	第三处	
				黎惠钊	第一处	
			中校	刘彰顺	六十四军	

谋组	第二股	股长	中校	刘观凯	第二处
		参谋	中校	刘继武	第二处
			中校	沈子英	第二处
			少校	伍儒烈	第二处
		情报员	中校	卢宪民	第二处
			中校	李之兴	第二处
			中校	汤吉林	
			中校	张继青	
			上尉	温飘萍	
			上尉	左明	
			上尉	罗星海 郭斌	
		电务员(情报员)	少校	祁国强	第二处
			少校	铙琳	
			上尉	李崇沣	
	第三股	股长	上校课长	曾辉	第四处
		参谋	中校	曾能富	第四处
			中校	高人杰	第四处
			少校	蔡卓文	第四处
			上尉	刘应森	第四处
政务		组长	上校课长	方文正	副官处
		秘书	上校	何家槐	副官处
		摄影员	少校	李景开	副官处
				任冰人	中正日报社

组			徐鋆	中央通讯社	
			徐咏平	广西中央日报	
总务组	组长	上校课长	梁济青	第一处	
	副官	中校附员	何建烈	副官处	
		中尉副官	李三倧	副官处	
	军需	三等正股员	沈贵荃	经理处	综理指挥所范围内一切经理业务
		三等正股员	谭云淞	经理处	办理指挥所补给各官兵薪饷等事项
	军医	三等正军医	古枢兴	卫生处	
		一等佐军医	史鹏达	卫生处	
	译电员	中校译电员	吴之弼	副官处	
		中尉译电员	汪嘉清	副官处	
		少尉译电员	赖澄明	副官处	
	司机	准尉司机	黎威克	副官处	
美军联络处					共计官五员兵一名
广东省政府					代表二员
宪兵				宪兵营	官一员、士兵九名
通信部队				通独四营	官五员、士兵二〇名
警卫部队				特务团	官一员、士兵二〇名，全付武装
传达兵				传达排	二名
炊事兵				副官处	二名
附记	一、各单位应派之士兵名额如编组表。 二、各员兵携带行李不得超过五十磅。 三、随带车辆、通讯器材等如另表。				

（乙）任务

一、传达本部之命令并监督日军执行命令之实施。

二、听取日军之意见与转达。

三、调查区内日军所有一切物资及管制交通通信。

四、关于伪组织及伪军之调查与处置，随时报告并建议。

五、筹备本部及我军进驻各地及受降之一切事宜。

六、指导各级机关办理善后公安及处理临时发生事宜。

七、本部进驻广州后本指挥所即行撤销。

九月六日清晨，该指挥所人员官兵一百三十五人，由本部中将高级参谋张励率领，由南宁乘盟军运输机八架飞广州，南宁民众不下千余人围集机场，以示欢送此负有伟大任务之健儿东飞，各机于民众热烈之掌声中陆续起飞东去。当日上午九时五十四分，张主任乘之机首批降落广州白云机场。日军二十三军司令官田中久一，特派参谋长富田少将率代表队在机场迎护，执礼甚恭。张主任暨其随员分乘日方所备之汽车，驶入市区，沿途日军守护周密，车过处日军均举枪致敬。该所随即指定省府旧址为办公处，咨询一切。午后张主任率领高级职员赴黄花岗，致祭七十二烈士墓，荒芜八年之圣地，又恢复昔日之光辉庄严矣。

九月七日指挥所召见日军富田少将，垂询一切，并交付本部致日军二十三军司令官田中久一第二号及第三号备忘录。兹录其原文如下：

备忘录　第二号

日期：中华民国三十四年九月五日。

致日军第二十三军司令官田中久一将军。

由中国战区陆军第二方面军司令部。

事由：本司令部广州前进指挥所之推进及规定：

一、本司令官遵据中国战区陆军总司令一级上将何应钦之命令为使接受日军投降事项实施便利起见，特设前进指挥所于广州。

二、兹派司令部中将高级参谋张励为该所主任,率领该指挥所人员办理一切事宜。

三、该指挥所之编组办法如附表。

四、该指挥所人员于中华民国三十四年九月六日起分批由南宁乘盟机出发,在广州市白云机场降落。

五、该指挥所人员之安全贵官应绝对负责,并规定主要事项如左:

1. 在该指挥所推进广州时,机场附近除必要之警卫兵力外,其余部队应撤离机场。

2. 白云机场应有适当与警备安全之空军人员之住所。

3. 该指挥所所有人员武器装备工具驻所等,贵官应负绝对安全保护之责,并应予礼待。

六、贵官应先准备该指挥所人员(相等于师司令部)之驻地,并交通工具及给养等之供应。

七、该指挥人员有关于执行其任务之各种要求,贵官应予接受办理,并派高级军官一员常川驻在该指挥所以供咨询。

八、以上各项应切实遵照办理。

中国战区第二方面军司令官陆军上将张发奎

本备忘录交由本部广州前进指挥所主任张励中将转交田中久一将军。

备忘录 第三号
日期:中华民国三十四年九月五日。
致日军第二十三军司令官田中久一将军。
由中国战区陆军第二方面军司令部。
事由:

一、为使广州市区社会秩序治安得以迅速维持良好状态起见,我新编第一军急须进入广州市区接防负责治安。

二、广州市及其附近贵军部队之移防，应自即日起遵照本部致贵官之备忘录第四号所规定付诸实施。

三、所有广州市区交接防务事宜，即由本部广州前进指挥所主任张励监督实施。

四、以上各项希即遵照办理。

中国战区陆军第二方面军司令官陆军上将张发奎

本备忘录交由本部广州前进指挥所主任张励中将转交田中久一将军。

第四节 进军广州

九月十五日上午九时，司令官张发奎率同主要幕僚，乘机飞广州主持受降。穗市自接获司令官定期来粤之讯后，积极筹备盛大欢迎会。是日上午九时半，穗市各级首长、各机关团体代表，不下数百人，齐集于白云机场，鹄候司令官之降临，其情景之热烈，得未曾有！至十一时二十五分，该机在白云山上空盘旋两周，即于白云机场着陆。同机计有参谋长甘丽初，美军连络部博文将军，作战处长李汉冲，后勤司令部副司令何世礼，秘书长麦朝枢。司令官下机后，受欢迎者热烈之欢呼，旋即检阅欢迎行列及仪队，随登车率领各级首长、各机关团体代表及国军新三十八师部队举行进军广州之盛大仪式。中华北路口装搭有庄严灿烂之凯旋门，在此路口两侧排列着民众代表约五千人，当司令部车过时，一致立正为礼，热烈狂呼，从中华北路经一德路、太平路、长堤、靖海路、泰康路、汉民路、德宜路，至中山纪念堂前，绕市一周，行程两小时，沿途市民夹道以迎，炮竹声震通衢。国军之雄壮行列，旺盛精神，强壮体魄，优良装备，予沦陷八年之市民以兴奋之刺激，重新认识国军之优良！

第五节 广州受降典礼

九月十六日上午十时，广东地区日军签字投降仪式，于中山纪念堂举行。是日礼堂内外，布置一新，中、美、英、苏国旗，鲜艳夺目，礼堂内电灯齐明，场中气氛，庄严肃穆，威仪万千。九时三十分司令官偕同参谋长甘丽初、市长陈策、美军连络部博文将军、第三处长李汉冲、副官处长陈骏南，乘车莅临，徐步入场。其余参加受降人员，均相继而至，计到各机关团体代表及观礼者，一百八十三人。至九时五十五分，日军投降代表二十三军司令官田中久一，及参谋长富田少将，海南岛日军指挥官代表肥后大佐，乘车抵达，即由本部派出军官一员，宪兵两名，引导该投降代表进入中山纪念堂。此时，受降官司令官端坐礼台正中，甘参谋长及博文将军，分坐两侧，其余高级首长，则坐于两旁席次。日代表登台后，命令坐下，随即下达国字第一号命令，命由作战处长李汉冲，朗声宣读，继由日、英语翻译员，以日、英语宣读，日代表均垂头聆听，精神颓丧。宣读毕，日代表田中久一签署降书，旋即退出。计历时四十分钟，完成广州历史上最光荣之一页！

〔国民政府国防部史政局及战史会档案〕

4. 第二战区受降概况纪要

（1945年9月1日）

一、中华民国三十四年八月十日，日本宣布无条件投降后，本部接奉委员长蒋未灰亥令一亨训令节开："敌已无条件投降，除同时令敌驻华最高指挥官转饬所属务就现局势停止一切军事行动，不得破坏物资、交通、扰乱治安秩序，听候我在地中华民国陆军总司令或各战区长官之处置，并限二十四小时之内答复外，该战区除留二个军防御奸匪，即以二个军向临汾，以四个军向阳曲挺进，并与第一战区部队切取连系，协同监视敌人，分别解除其武装。各战区对敌后各要点要线之挺进占领，及令敌分区集结，监视缴械办法，仰即日拟具详细计划呈核"。等因。遵于八月十一日着各部队分别集结向目的地挺进，由楚副总司令溪春率领骑一军附暂四十一师、暂四十七师、炮兵第二十四团及工兵一部，彭副总司令毓斌率领第二十三军（欠暂四十七师）、第八十三军，并附暂四十八师，及工炮兵各一部，向太原挺进。梁军长培璜率六十一军（欠第六十九师、暂四十八师），附暂四十五师，挺进第三纵队，向临汾挺进。史军长泽波率第十九军（欠暂四十二师），附第六十九师，暂三十八师，挺进第二纵队，向长治挺进。高军长倬之率第三十四军（欠暂四十五师）向运城挺进。晋西留暂三十九师、暂四十三师、第七十师、第七十一师，及一九六旅、第一挺进纵队等，维持地方治安。并在沦陷区策动保安军四万五千人，均于事前委任名义，使其控制要点。以上部署，经本部未元午参电呈委员长备查。同时，为筹备一切受降事宜，特派第七集团军总司令赵承绶到太原组设前进指挥所，该总司令于八月十八日到达太原城，前进指挥所即于斯日成立。

二、各路军挺进情形：

甲、太原挺进部队：由八月十一日，由孝义出发，其沿途经过情形如左：

（1）八月十二日下午一时，我骑一师第三团行抵平遥城西北南政府附近，有平遥城内日军七百余，附炮二门，向该团攻击，激战三小时，日军不支退回城内。

同日下午三时，骑一师第一团通过平遥属左家堡桥梁后，行抵蒲村以东地区，被日军坦克车二辆、装甲车二辆截击，我即一面应战，一面前进。同时，李村之日军，亦向我腰击，我即占领刘家庄阵地与敌展开激烈战斗，激战约二小时，将敌击溃，我仍继续前进。

（2）八月十三日，我骑一师第二团向析县前进时，奸军以多数游击小组沿途向我袭击，被我俘获六名。

同日上午十一时，该团行抵平遥属长寿村时，天气亢热，村民备水招待我士兵，饮水后一小时，发现病兵四十三名，内有四人当时毙命，其病况系头昏眼黑，全身发青肿，经军医检查确系中毒，当捕获嫌疑犯三名，经审讯系奸叛强迫人民在水中投毒谋害国军。

（3）八月十三日，我骑一师行抵文水属里村，有奸军百余名，利用田禾隐蔽，向我袭击，经该师第三团派兵一部由两翼包围，激战时许，该匪利用田禾四散逃窜。是役毙、伤奸匪十五名，我伤亡官兵六员名。

（4）八月十四日我军到达徐沟以北地区时，遍地泥泞，行动十分困难，经各方证明，系奸匪将汾河、萧河上游决口，故意造成泛滥，妨害国军前进。

（5）八月十五日，各部队到达太原近郊。八月十六日，楚副总司令率骑二师一部进入太原城，布置一切。

乙、长治挺进部队：于八月十五日，由浮山开始挺进，于二十一日下午九时许，抵长子城西石哲镇附近。匪首陈赓率第三八六旅四千余，将我第六十八师截为数段包围袭击后，经我暂三十七师继续到达，内外夹击，始将匪军击退。当日，我军在民众夹道欢呼中进入长子城内。同日，收复屯留。次日，收复壶关。二十三日，进入长治，并分派部队于二十五日收复襄垣、潞城。

丙、运城临汾挺进部队：运城挺进部队于十四日，由稷山刘和出发，十五日进入运城。临汾挺进部队于八月十六日进入临汾。

三、八月二十一日，奉委员长蒋未巧辰令一亨电，派阎锡山为山西全省受降官，负责接收山西省日军第一军全军及4KS部队。当于八月三十日进驻太原，将前进指挥所撤销，改为接收委员会，并派楚副总司令溪春率骑四师于九月一日进入大同。

四、九月三日，本部召集日军第一军司令官澄田睐四郎及其参谋长山冈开会，研究缴械事宜，决定于中日两国正式签字后，双方接到上级命令时，再为实行。关于机关、工厂及物资等，可提前接收。本部给与日方及日方呈复各有关受降文件如左：

（1）太原日军澄田司令官阁下：案奉蒋委员长未巧辰令一亨电开，兹派该长官为受降官，负责接收山西省日军投降缴械等事宜。仰即遵照等因。一、请通知驻大同及雁北区所驻日军。二、规定日军部队集结地点如次：太原以南，日军集结临汾、平遥、介休、汾阳、沁县、榆次等处；太原以东者，集结阳泉；太原附近者，应以一部集结于东山煤矿地区，另以一部集结于西山煤矿地区，及附近工厂等各要点；太原以北者，俟另行规定通知。以上集结之部队，均负治安、交通维护之责。三、尔后日军移动务必事先有所洽商。四、请将所缴全部人马、械弹、物资、工厂等，列一清册具复。第二战区司令长官兼山西省政府主席阎锡山。未世。印。

（2）日军澄田司令官阁下：兹派本军楚副总司令溪春率骑兵第四师用火车输送向大同挺进，特告知照。九月一日。

（3）日本澄田司令官阁下：希于九月三日上午十时，偕贵军参谋长山冈来本部办公厅开会，研究双方缴收事宜，特达。并希准时参加。九月二日。

（4）日军澄田司令官阁下：兹着贵军即向太原、大同、沁县、汾阳、宁武等五个地区集结，准备缴械，并希将番号、兵力、主官姓名及装备情形，列造表册，送交本部为荷。九月三日。

（5）日军澄田司令官阁下：接何总司令未感机电开，对日军投降指示要点：（一）日方所有武器弹药、装具器材、补给品、情报资料、地图、文献档案，及一切物资，保持完整，交于蒋委员长指定部队。（二）日军私人物品，如洗面具、军毯、衬衣、鞋袜、铅笔、手表、随身款项，应准其留用。等语。特录告。九月六日。

（6）日军澄田司令官阁下：兹着贵军部队及10iBS部队驻太原，3BS部队驻崞县，114D部队驻临汾、榆次，5BS部队驻阳泉，14iBS部队驻沁县。以上各部，由赵总司令承绶负责办理。4KS部队驻大同，该部队驻绥远包头之一个大队为办理便利计，由第十二战区傅长官作义就近缴械。在大同城东聚乐堡有1180之226大队,原属第十一战区,亦照4KS驻包头之大队办法,由楚副总司令溪春就近一并缴械。希照办。九月九日。

（7）九月十日给日军第一号命令如左：

日本华北派遣军第一军司令官澄田崃四郎：遵照日本帝国中国派遣军最高指挥官冈村宁次大将向中华民国陆军总司令何应钦上将于中华民国三十四年九月九日（日本帝国昭和二十九年九月九日）在南京所签定之降书,今后华北派遣军第一军全军及4KS部队,并雁北十三县地面部队,均应受本官之节制与命令。中华民国第二战区司令长官阎锡山。申灰。印。

（8）日军澄田司令官接本部第一号命令后呈复受领证如次：

今谨收到中国战区司令长官第一号命令一份,当遵照执行,并立即转达所属及所代表各部队之各级官长士兵遵办。对于本命令及以后之一切命令,或指示,本官及所属与所代表之各部队之全体官兵,均负有完全执行之责任。日本军华北派遣军第一军司令官陆军中将澄田崃四郎。昭和二十年。中华民国三十四年九月十三日。

五、日军及日侨集结情形如左：

甲、日军

1. 太原、汾阳、宁武、大同,共集结肆万捌千肆百贰拾伍人。
2. 沁县及介休以北同蒲沿线,共驻有日军壹万陆千伍百零贰人。

乙、日侨

大同、朔县、太原、榆次、阳泉、太谷、平遥,共集中约肆万人,现正陆续返国。

六、各县城收复日期如左表：

县城	收复日期	备考	县城	收复日期	备考
洪洞	八月十二日		曲沃	八月十五日	
灵石	八月十三日		翼城	八月十五日	
赵城	八月十三日		浮山	八月十五日	
安邑	八月十五日		绛县	八月十七日	
襄陵	八月十五日		霍县	八月十七日	
临晋	八月十五日		徐沟	八月十七日	
永济	八月十六日		榆次	八月十七日	
芮城	八月十六日		阳曲	八月十七日	
虞乡	八月十六日		朔县	八月十七日	
解县	八月十六日		垣曲	八月十八日	
猗氏	八月十六日		荣河	八月十八日	
万泉	八月十六日		河津	八月十八日	
闻喜	八月十六日		离石	八月十九日	
临汾	八月十六日		稷山	八月二十日	
汾西	八月十六日		文水	八月二十日	
太谷	八月十六日		交城	八月二十日	
寿阳	八月二十日		襄垣	八月二十五日	
平陆	八月二十一日		潞城	八月二十五日	
平遥	八月二十一日		祁县	八月二十五日	
新绛	八月二十一日		平定	八月二十五日	
介休	八月二十一日		神池	八月二十八日	
屯留	八月二十一日		忻县	八月三十日	
清源	八月二十一日		怀仁	八月三十一日	
太原	八月二十一日		大同	九月一日	
长子	八月二十二日		山阴	九月一日	
汾城	八月二十二日		应县	九月二日	
沁县	八月二十二日		阳高	九月三日	
壶关	八月二十二日		天镇	九月三日	
长治	八月二十三日		广灵	九月三日	
左云	九月四日		宁武	九月二十日	

817

县城	收复日期	备考	县城	收复日期	备考
汾阳	九月五日		代县	九月二十一日	
夏县	九月五日		繁峙	九月二十四日	
定襄	九月十一日		浑源	十月二日	

七、有关受降之摄影如另集〔略〕。

〔国民政府国防部史政局及战史会档案〕

5. 第十一战区受降纪实

（1945年9月10日）

第一节 奉命受降

（一）本战区于三十四年八月一日奉命成立，准备在总反攻中，担任收复华北地区之任务，遵即组织成立，积极展开工作。

（二）本战区组织甫毕，于八月十五日日军正式投降，复奉委员长蒋未巧辰令一亭代电略开：（甲）派孙连仲为受降主官，指挥所属各部（新八军、第三十军、第三十二军、第四十军）负责接收北平、天津、保定、石家庄地区华北敌派遣军之直辖部队。（乙）着派战区之第十五军改归第五战区。第六战区之第三十二军，第十战区之第十九集团军辖第十三军、第九十七军改归该战区序列。（丙）着第五十四军、第九十四军空运平、津，到达后，即归该战区指挥。等因。遵即从事受降准备。

第二节 前进指挥所成立

（一）奉陆军总司令部中字第二号备忘录（附件一）……各地受降主官各派前进指挥所进驻左列各地，执行同样之职务，……第十一战区司令长官派出前进指挥所于北平……。等因。遵派本部副参谋长吕文贞为本战区北平前进指挥所主任。其编组及任务如左：

（二）第十一战区北平前进指挥所组织系统表：

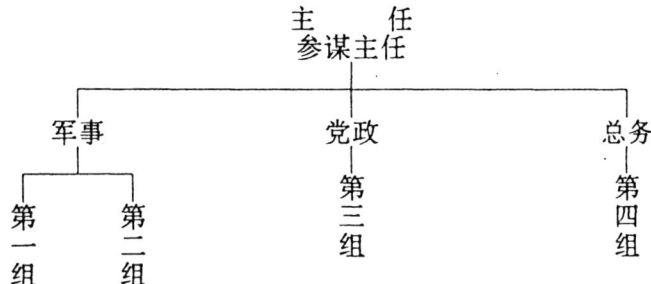

（三）第十一战区北平前进指挥所编组及业务分配：

主任吕文贞：总理受降一切准备事宜。

参谋主任刘本厚：承主任之命处理所内一切业务。

军事第一组：处理日军投降一切事宜。

陈开疆）：主持本组一切业务。
刘之泽

刘之泽：兼办日军连络事宜。

杨海澜：管理械弹、器材兼总收发。

许绍庄）：处理日军投降计划、命令之事宜。
张养浩）：兼伪军业务事宜。

汪麒徵：处理粮秣仓库。

王子恩：械弹、器材兼外收发。

黄宗徵：通信交通兼情报及传令官。

王绍鹏：马匹、车辆兼办庶务。

秦泽民：马匹、车辆兼主任办公室业务。

张廷楼：粮秣仓库兼传令官。

杨金明）
王华寿）：文书。

杨　竣 }
方正志 }：译电。

第二组张家铨：处理情报及警卫一切事宜。

刘云楷：主持本组一切业务。

白莲丞。

隋承礼。

李竞俊。

党政第三组：处理党务、政治、经济、文化、教育、宣传一切事宜。

刘漫天 }
施奎龄 }：主持本组一切业务。

高卓东：处理伪军投诚业务。

张伯驹。

何海秋。

王福民：英文翻译兼党政业务。

丁履进 }
汪松年 }：新闻摄影。

总务第四组：处理本所庶务、交际、经理、卫生、及一切临时派遣事宜。

马瑞庭：主持本组一切业务。

王绍鹏：兼办党政组事务。

王熙春：经理业务。

韩梦麟：军医兼办兽医各器材。

初光：日文翻译兼办对日军连络。

穆怀良：电台通信一切业务。

贾雨春：电台通信一切业务。

左君铎：电台通信一切业务。

蔡永祥：电台通信一切业务。

（四）命令 九月五日午后五时于西安本部

〈一〉本部北平前进指挥所人员拟即如附表分批出发，乘机赴平。

〈二〉第一批飞平人员拟于七日7时来本部集合，运送机场。

〈三〉第二批出发人员，其时间另行通知。

右令

北平前进指挥所人员

司令长官孙连仲

规定事项：

一、官兵服装一律着空制军服，黑皮鞋，证章（士兵带符号）、领章齐全。参谋人员并带图囊（右肩左胁）。其余人员一律着中山服装。

二、赴平人员一律不带铺盖，每人酌带衣服及盥洗具，其重量不得超过五公斤。

三、出发后一切行动均须严守秩序，不得自由行动。第一批受刘参谋主任之指导。第二批受高高参卓东之指导。

四、行动期间公私行李统由副官马瑞庭负责照料。

五、凡集体行动时，对对方之答礼，由主任行之，其余人员随后跟进，概不答礼。

六、附发第一、二批出发人员姓名表，及前进指挥所人员应遵守之事项各一份。

（五）第十一战区北平前进指挥所第一批出发人员姓名表：

职级	姓名	原属机关及职级	备考
主任	吕文贞	本部少将副参谋长	
参谋主任	刘本厚	军务处少将处长	
高参	陈开疆	本部少将高参	
参谋	许绍庄	参谋处上校参谋	
	张养浩	参谋处中校参谋	

职级	姓名	原属机关及职级	备考
	张家铨	调统室少将主任	
	隋承礼	调统室少将股员	
	王子恩	军务处中校处员	
	秦泽民	参谋处上尉参谋	
事务	马瑞庭	副官处中校副官	
经理	王熙春	经理处少校课员	
翻译	初 光	参谋处中校参谋	
文书	杨金铭	参谋处同中尉书记	
主任	丁□□	中央社主任	
译电	杨 峻	电务课上尉译电员	
电台	穆怀良	47台少校队长	
	贾雨春	47台上尉领班	
	左君铎	47台中尉报务员	
	蔡永祥	47台准尉报务员	
传令	苏宪文	参谋处军士	
	乔海成	军务处军士	
合计	二一员名		

（六）第十一战区北平前进指挥所第二批出发人员姓名表：

职级	姓名	原属机关及职级	备考
高参	高卓东	本部中将高参	
	高松元	本部少将高参	
参议	施奎龄	河北省府	
	何海秋	河北省府	
	张伯驹	河北省府	
	马汉三	调统室	
参谋	白莲丞	调统室	
	李竞俊	参谋处中校参谋	
	黄宗微	参谋处少校参谋	

职级	姓名	原属机关及职级	备考
	杨海澜	军务处上校课长	
	张廷楼	参谋处少校参谋	
	梁同祺	兵站总监部少将	
	王绍鹏	副官处中校副官	
	杨造时	政治部少将科长	
军医	韩梦麟	军医处上尉军医	
文书	王华焘	军务处同中尉书记	
新闻	马在天	益世日报社	
	汪松年	正报日报社	
摄影	丁履进		
翻译	王福民	本部参议	
译电	方正志	电务科中尉译电员	
传令	乔海城	军务处军士	
	王凤岭	高参室军士	

任务：

1. 传达本战区受降主官之命令，并催促日军从速办理之一切事宜。

2. 关于本战区辖境内伪军之调查及处置，随时报告并建议。

3. 准备长官部进驻之一切事宜。

4. 以办事上之关系，得随时要求日军给与各种便利。

（七）九月九日前进指挥所人员，由西安乘飞机抵北平，所址暂设于北平城内定埠大街，即日按照预定办事程序，开始办公，并发布工作手册，为工作人员之依据。

第三节　洽降经过（工作手册如附件一，办事程序如附件二〔略〕）

（一）九月十日，吕主任文贞召见日本华北方面军司令官根本博中将，作非正式谈话一次（附件三〔略〕），宣达中国政府之德意，并指示华北方面日军在本战区指定部队未行缴降前应守规不逾，维持防区治安，静待缴降。

（二）九月十二日，吕主任文贞在定埠大街指挥所召见日本华北方面军司令官根本博代表参谋长高桥坦中将，作第一次正式洽降（附件四〔略〕），指示日军缴械应准备事项，及日军缴降须有之认识，并遵守事项，同时授予如后之训令三件，由高桥坦受领遵行。

第十一战区训令　进字第0004号

日本华北方面军司令官根本博中将鉴：应呈出本司令官所辖地区内关于日军之文件如下：（1）军队指挥系统表。（2）海陆空军兵力统计、驻地及主官姓名一览表。（3）武器及附件种类与数量表（观测器材在内）。（4）弹药种类及数量表。（5）工兵器材种类及数量表。（6）通信器材种类及数量表。（7）各种车辆及油料保养工具数量表。（8）化学战器材数量表。（9）被服装具种类,数量存储地点表。（10）骡马装具数量表。（11）医药器材数量表。（12）舰船种类吨位装备弹药燃料等表。（13）情报部署及情报资料。（14）交通工作状况图表。（15）飞机场所位置航空器材统计图表。（16）北平、天津、保定、石家庄、唐山各地区及平汉、津浦、北宁路、平绥路警备状况报告书。（17）海军港湾码头状况图表。（18）粮秣仓库场站统计表。（19）工厂建筑物暨军事设备状况图表。以上十九项希迅予呈出。中国战区第十一战区司令官陆军上将孙连仲。（三十四）申真一〇参进（本训令由本部副参谋长吕文贞将军交日本华北司令官根本博）。

第十一战区训令　进字第0005号

日本华北司令官根本博中将鉴：关于本司令长官所辖地区日军应继续呈出之文件如下：（1）日侨数目及分住状况表。（2）金融财政机关实况调查表。（3）各种经济生产事业实况调查图表。

(4)各地教育文化机关及公私物品调查图表。(5)行政组织及其首长调查表。(6)铁路调查图表。(7)公路调查图表。(8)电信邮政调查表。(9)电气企气调查表。以上各项希迅予照办。中国战区第十一战区司令长官陆军上将孙连仲。(卅四)申真二〇参进。(本训令由本部副参谋长吕文贞将军交日本华北司令官根本博)。

第十一战区训令(代电) 进字第0006号

日军华北方面军司令官根本博中将鉴：对本司令长官所辖地区内所有日军之械弹、器材、工厂、仓库、被服、通信，与交通工具，以及文献档案、情报资料等，应负责维护，不得破坏移转，并应绝对保持完整状态，由根本博负其全责，听候本司令长官派员接收，希照办为要。中国战区第十一战区司令长官陆军上将孙连仲。(三十四)申真三〇参进。(本训令由本部副参谋长吕文贞将军交日本华北司令官根本博)。

(三)九月二十二日，仍召高桥坦参谋长举行第二次事务洽谈(附件五〔略〕)。对于日军缴降后之自卫，给养，居住及缴降前治安维持诸问题予以解答。

(四)十月十三日，作第三次正式洽降(附件六〔略〕)，要旨在对于解除日军武装后，日侨、俘遣送诸问题之决定。

〔国民政府国防部史政局及战史会档案〕

五、遣俘遣侨

1. 中美联合参谋会议致中国陆军总司令部备忘录

(1945年9月29日)

重庆中美联合参谋会议致本部备忘录(三十四年九月廿九日军令部二厅一处抄)

主题：委员长负责区域内日本缴械部队，及侨民遣送回日事宜。

联合计划已在此间进行，与同盟国最高统帅取得协同，并向麦克阿瑟将军请求供给下列情报：

1. 部队调动满足后，将来可能予中国用以遣散日本之船舶数量。

2. 委员长负责区域内，日侨遣送回国之接收计划。

3. 东北（满洲）日人遣送计划。

迄今为止尚未收复。

预测根据盟国政策，所有自日方获取之船舶，将由盟国最高统帅部统筹支配，其主要之任务，乃在遣送日人，并维持日本最低经济限度，以避免分散盟国力量（如部队调动所需之船舶等），以及其他最高统帅指定之任务。为准备于未来短期内，可获船只为中国运输。

1. 日本被解除武装部队及日本侨民之遣送，中国战区无疑应有完善之计划，以利用可能有之机会。

2. 关于接收部队之调动，侨民之集中，解除武装之态势，预测粮食情形，各地区内之通信状况，以上各项经详细考虑后，预定将来开始海运遣散日本人，将按下列之标准：

（1）广州区——自广州出口。

（2）京沪区——自上海出口。

（A）汉口长沙区，日人逐渐东移，代替已自上海遣散之日人。

（3）平津张家口区——自大沽口及秦皇岛出口。

（4）青岛济南区——自青岛及烟台出口。

（B）开封及华中区北部日人逐渐东移，代替已自青岛、烟台遣散之日人。

（5）汉口区日人最后 自上海出口。

（6）开封区日人最后自青岛、烟台出口。

为中国战区接收苏俄之责任，则东北区日人之遣送，当于中国本部遣送完毕后开始，继之则为安南北部，及台湾等地。为供本计划之参考最精确之估计，日本船舶在五〇〇以上大小船只可获取集中供用者，约为七五〇，〇〇〇吨，依据日本战斗装修，每人须有六吨之位，则遣送之日军每人二吨已足，平民所需吨位应根据每平民所允许其所携带之物品计算之。遣散工作极可能于十月三十一日前不能开始，或待日本本土之日人全部解除武装并复员后，及至日本之情形可能迅速收容，及顺利分布之后，始能开始。被破坏之住房、粮食，及衣服之缺乏，将增加其困难。

在上述时期中间，中国战区应尽一切之准备，以使遣送工作得迅速及顺利完成。

为此，本总部须要下列诸情报，以便与盟国最高统帅取得更进一步之协调。

（A）日本被解除武装部队，及被集中侨民之数量，粮食存量情形（足供多少日），可供人员调动使用之车辆情形，各集中区内被服之存量。

（B）日本被集中侨民数，及其财产之情形。

（C）预测可能何时准备完毕，按照上述遣散次序计划，开始遣散工作，并其数量。

（D）根据（C）项估计日本所不能供给之粮食，及其他补给所需要之数量。

（E）应采有适切之纪录，分类被遣送人员，此工作乃属必要，因可由此得有效考查此等被遣散人员，而使麦克亚塞将军于彼辈到达后之收容，及分配容易也。

上述情报对于联合计划极关重要，故应于最短期内，供给本总部此种情报，以转供联合参谋团。

〔国民政府国防部史政局及战史会档案〕

2. 中美关于遣送日本战俘侨民归国的计划

(1945年10月25日)

三十四年十月二十五日中美双方在沪召开第一次遣送日俘侨会议订定之中国战区日本官兵与侨民遣送归国计划（本部三十四年戌虞慎龙代电分令）

中国战区日本官兵与日侨遣送归国计划（一九四五年十月二十五日至二十七日中美在沪所举行之遣送中国战区日人返国联合会议中所拟定）

一、总则：

A、中国战区日本官兵与日侨之遣送返国由中国政府负责。

1. 在本计划之实施上，应尽量利用日方人员。

2. 由中国战区美军总部，或其继承者，派少数美方人员协助，并担任中国政府与美国最高统帅，及美海军各中间之联络事宜。

B、本计划分为二阶段：

第一阶段向港口之输送与上船时之检查，由中国陆军总司令部担任之。

第二阶段中国本土、台湾，及日本间之水运，用登陆艇之运送，由美第七舰队担任。用其他船只输送，则由 Scajap 负责。

C、由中国战区美军总部成立一遣送日本官兵与日侨连络部，负责中国陆军总司令部、盟国统帅部，及美第七舰队间之连络事宜。该连络部须于各上船港口派遣连络官，担任各该港口中国陆军与美第七舰队之连络工作。

（注：关于C项，中国战区美军总部代表认为应予修改，因根据美陆军部指示，该部应迅予结束，故拟仅由该部成立一中央指挥机构，以军官二，书记一，中文、日文翻译官各一组成之。至于港口之连络工作，应由各港口美海军与中国陆军直接办理之。）

二、第一阶段：

A、表册：所有检查登记用之表册，由中国政府办理之。

B、卫生检查：由中国陆军总部在上船前办理之，以尽量利用日本医务人员为原则。染有传染病者，一律不得上船。

C、战争罪犯：中国政府负责检察并扣押所有已知之战争罪犯，其详细办法见附件A。

D、违禁品之检查：于上船前实行检查，违禁品及准带物件见附件B。

E、携带款项之限制：日本官兵与日侨所携带款项，不得超过下列之数目：

军官：日金五百圆。士兵：日金二百圆。侨民：日金一千圆。

F、行李重量：每人准带之行李，以其能自行携带者为限。

G、航程中之给养：船上仅有煮米饭设备，除携带生米在船上煮用外，另应携带煮熟之给养，其数量由船长决定之。全航期给养带足外，另多带一日份预备给养。

H、上船港口集中营：由中国政府于上船码头附近设立集中营，此集中营之大小，以能容五倍于每日出港人数为标准。每日出港人数，以美第七舰队所预定之每月遣送人数决定之。

I、人员输送率：为使船只到港即有人员上船，而无延误计，港口集中营应经常保持饱和程度，即每日运入港口集中营之人数，应与每日出港人数相等。

J、日本官兵与日侨之隔离：日本官兵与日侨应尽可能隔离之。

K、遣送回国日人之数目：

关于应遣送回国之解除武装之日本官兵，与日侨及彼等之位置，见附录〔件〕D。

三、第二阶段：

中国台湾及日本间之水运：

A、开始使用之港口为上海、青岛、天津三港。如中国南部扫雷完成后，可续行增加。其先后次序由中国方面会同第七舰队决定之。新港口每月输出人数，须视可调用于该港之船只而定，该数字决定后，即由美方通知中国政府。

B、自华南港口之遣送，须待至一九四六年一月一日以后，且必须等至北方至少有一港口输送完毕后，始可开始，以免混乱，并可使海军人员能得最经济之使用。

C、商船之用以遣送日本官兵及侨民时，将由"东京麦总部船舶管理处"办理，惟管制航运，仍由第七舰队负责。当该项商船开向中国某港口时，东京麦总部即将预定到达时间通知该港口海军陆战队，或陆军连络官，同时并通知第七舰队，及其派在该港口之管理员，然后由港口连络官通知中国当局准备。应遣送之人数装船后，港口管理员即依照通常使用商船之手续，将该船开至东京面所规定之日本港口。

四、美海军船只之使用（见附件C）。

五、预定遣送日本官兵、侨民之数目（见附件D）。

六、日本船只之使用（见附件E）。

七、遣送日本官兵及侨民之政策（见附件F）。

附件A　检举战争罪犯之手续

一、中国战区美军总部军法处战争罪犯部门，应得知遣送日人回国所用之港口。

二、战争罪犯部门，即将日籍战争罪犯之姓名，通知各上船港口之该管当局。

三、战争罪犯被查出后，即予拘捕，交与港口中国当局，转送主管当局审问，并由中国当局暂予监禁。

四、港口当局应将所有拘捕人犯通知中国战区美军总部军法处战争罪犯部门。

五、将美国所索要之战争罪犯，应由战争罪犯部门负责送往审判。

六、俟接到联合国最高统帅关于审问罪犯之计划时，战争罪犯部门应立即通知中国有关当局。

附件B 违禁品及准许携带之物品

一、违禁品：下列物品系违禁品，不得运出。

（一）轰炸药、武器弹药、指挥刀，或大刀。

（二）照相机、双眼望远镜、野战望远镜及光学仪器。

（三）金条或银条，金块或银块，未镶之宝石，艺术物品等项。

（四）股票。

（五）每人（成人）只能携带自来水笔一枝，铅笔一枝，及表一只。

（六）珠宝及奢侈品而不合持有者之身份者。

（七）超过正常所需之烟草、雪茄、香烟等。

（八）超过正常所需之食物。

（九）超过后列第二项所载之衣服。

（十）历史书籍、及文件、报告书、统计数字，及其他类似资料。

二、准许携带之物品：下列物品及数量准带出口：服装及私有物品。

盥洗具一套。

毡毯（或棉花被褥）一套。

棉花被一条。

冬季衣服三套。

夏季衣服一套。

大衣一件。

皮靴三双。

短裤三条。

衬衫三件。

手提包一件。

手提袋一件。

其他随身用品：合理规定之数量，并以自行带走为限。

附件C　美国海军船只之使用

一、总则

上海及上海以北各港口之水雷均已扫除，如有船只，即可利用。至于华南各港口，预料于一九四六年一月一日前，未能将水雷扫清开放使用。

二、遣送工作之管理

甲、所有美国第七舰队担任遣送日侨回国之船只，完全直接受CTF78之指挥。而CTF78在上船，及登陆地点派一下级司令（即每一海口设一下级司令），该司令等充任与美国管理上船及下船当局接洽之连络官，及依照CTF78所规定，办理LST船只之调度。

乙、海军派在各港口之代表，应与各该海港陆军，或海军陆战队取连络。各港口之陆军，或陆战队如下：

天津、秦皇岛：海军陆战队第一师。

青岛：海军陆战队第六师。

上海：中国战区美军总部。

佐世保：第五水陆混合队。

博多。

鹿儿岛。

吴市。

釜山：第二十四军。

木浦：第二十四军。

仁山〔川〕：第二十四军。

所有中国未驻有海军陆战队之各港口内之连络组织，由中国战区美军总部主持之。

三、使用之港口

甲、中国与台湾：所使用之港口，依照中国陆军总司令部何将军所定之先后次序列表于左：

（一）天津（秦皇岛区）。

（二）上海。

（三）青岛。

（四）广州。

（五）海口（海南岛）。

（六）厦门。

（七）海防。

（八）基隆（台湾）。

（九）打狗（即高雄）（台湾）。

乙、日本：

（一）佐世保（使用之博多之水雷扫除为止）。

（二）鹿儿岛。

（三）博多（福冈）。待水雷扫除后，即可利用。

四、吴市。待水雷扫除后，即可利用。

丙、朝鲜：

（一）釜山。

（二）仁山〔川〕。

（三）木浦。

（四）各港口每月遣送人数：

中国：

一、遣送回日之日人：

（甲）天津区：每月六万六千名。

（乙）青岛：每月二万四千名。

（丙）上海：每月六万四千名。

二、由日本遣送回中国之华侨：

（甲）天津区：每月一万名。

（乙）上海：每月二千名。

（丙）日本：

（一）博多（福冈）：每日进口日人三千名，遣送出口之华人、朝鲜人或台湾人共三千名。

（二）鹿儿岛：日人进口每日二千人，遣送出口华人、朝鲜人或台湾人共二千人。

（三）佐世保：日人进口每日三千人，而无华人、朝鲜人、或台湾人送出。

（四）吴市：每天在九州人数超过五千时，即分送往吴市。

（丁）朝鲜：

（一）釜山。

（二）仁山〔川〕：遣送人数，容后决定。

（三）木浦。

（戊）船队：

（一）平均每队船数为登陆艇三只，但开往吴市者，每天限登陆艇五只。

（二）鹿儿岛之登陆设备，及火车交通，平均每日可卸登陆艇二只，船至多每天不过三只。

（三）如运输机关于一日到达日本（某一）港口之船数，超过上项规定时间，则超出该数之船只所载之人，须待至翌日上船。

五、在中国登船港口之集中区

甲、在华日人之集中营应靠近海口，每集中营之容积，须超过每日从该海口送去人民之总数（最好能容积等于该人数之五倍）。

乙、日人遣出后，由美国及中国司令从内地遣入填补（中国港口未驻有美国海军陆战队者，由中国战区司令部派遣联络组）。

六、须遣送回国之人

甲、从中国送出者、用登陆遣送回国者，限已缴械之日本海陆军人员，及反抗份子或捣乱份子之男性日侨。

乙、从日本遣回者：

根据下列第八至 B 所较情形，由负责将应行遣送回国之朝鲜人、华人，或台湾人集于日本终点：

一、朝鲜人及华北籍之华人，集中于博多（福冈）者，只能用返华北各港口之船只送回。

二、华中及华南籍之华人，集中于鹿儿岛或吴市者，只能用返华中或华南港口之船遣回。

三、在中国未予廓清前，台湾人不得在日本上船出口。以后只能用开往华南之船舰输送。

七、口粮及行李

甲、在中国及日本各上下船处之管理遣送机关，须各将煮熟之口粮（米饭）送上各船，其余在行途中之口粮（米）不必煮熟，但必须储备较多一日之量。船长应予以在船上煮饭之方便。

乙、用登陆艇转送之人，所有之行李，只限于个人一次能携带者。

八、卫兵

每登陆艇上设译员一人，及美国陆军卫兵六名，该卫兵等由艇上供给养（与艇上船员同）。

九、船只之使用

估计于一九四五年十一月十五日，可使用登陆艇十四只，而于同年十二月十五日，此登陆艇之总数，可增至一〇七只。

十、报告

CTF78 须将下列情形，报告于 SCAP 第六军 G. G. bth. Army 第五水陆混合队 G. G. Sth. hib corp：

甲、担任中国与日本港口间运输之登陆艇之数量。

乙、规定之表册。

丙、船只行驶报告，包括船首号码，开往日本地点等，及船上所载之日籍海陆军，及侨民之数（须分别开列表册）。

丁、在日本上岸港口之 CTF78 所派之港口代表，应供给归途线及登陆艇回程所需之协助。

附件D 日本官兵侨民遣送所在地与数目〔略〕

附件F〔E〕   利用收回之日方船只从事遣送

一、从日方收回轮舶之确数，由中国战区美军指挥官报告SCAP，此等船舶专供SCAP作为遣送日侨俘返国，及供应日方最低限度之经济，或因其他目的，由美指挥官指定调派之用。

二、美军指挥官必须向蒋委员长请得放驶日轮前往中国各遣散港口之许可，然后转知SCAP。此项办法实行，至已无日轮派遣来华为止。

三、上项入港许可收到后，SCAP之轮船即可派往中国遣送日侨，初期轮只之客载容额为一万八千五百名。其处理办法如次：

A、SCAP应将下列事项于各轮启碇五天前，通知中国战区美军指挥官，及其所指定之各有关单位。

一、船名。二、预定开行日期。三、乘客数目。四、客载总额。五、预定到达日期。六、目的地。

B、在预定开行日期两天前，尚未获接答复时，SCAIAP东京麦帅总部船舶管理所，便将航期决定，并将放轮情报，通知下列各方面：

一、上海方面 主办单位：CTF78。

需要通知之单位：

1. 中国战区美军指挥官。
2. 上海港口指挥部。
3. 美第七舰队司令。
4. CTF78。

二、天津区 主办单位：第三水陆混合队司令。

需要通知之单位：

1. 大沽港口管理员。
2.. 美军第七舰队司令。

3. 中国战区美军指挥官。
4. CTF78。
5. 美海陆战队第一师团长。

三、青岛〔区〕　主办单位：美海陆战队第六师团长。

需要通知之单位：

1. 青岛港口管理员。
2. 第三水陆混合队司令。
3. 美第七舰队司令。
4. 中国战区美军指挥官。
5. CTF78。

四、开始用此项船只遣送日俘、日侨时，SCAP对于其航期之订定，应顾虑以下各项规定：

A、应驶往塘沽、青岛及上海各港。

B、前后两轮到达同一港口时间，至少需相隔四天。

C、华侨之返回天津者，每月不得超过一万人。返回上海者，不得超过二千人。

五、中国战区美军指挥官，须会同主管方面，使被遣送之日本官兵与日侨，俟船到时，即能上船之准备，其数目应与前电所通知之客载总额数字相符。

六、按照东京麦总部船舶管理之部署，与美第七舰队所规定之办法，第七舰队将该项船只开往日港口，并电东京麦总部船舶管理所准备接收，同时并分电SCAP、美第七舰队司令、第六军团军团长，及第五水陆混合队司令知照。此项电报内容，须包有轮船名称、驶往港口、预定到达时间，及所载人员（人员应列陆军人员、海军人员及侨民之数目，以及需要救护车或担架之伤病者之数目）。

七、在SCAP统制下，所有日轮之员工给养及业务，应由日本政府负责。各轮并须携备回程所载日本官兵与日侨所需之食粮，及其他必需品。中国政府对于回程之轮船，当给予相当之便利与协助。

八、由日本载运华侨开往中国之日轮，在其驶离港口处，有美国船舶管理所之美籍港口管理员，东京麦总部船舶管理所即将驶离港口时间，及到达预定日期，通知到达港口管理员，同时并电美第七舰队知之。到达港口管理员，当预为布置一切入港手续及定泊地点。

九、由日方载运华侨到中国之日轮，轮上装有无线电，但驶离港并无美籍船舶管理人员者，当于到达目的地所四十八小时，以无线电将目的地，及预定到达时间报告美第七舰队。该舰队即发入港命令，并通知到达港口管理员。如日轮并无无线电设备者，得报告到达之进港管理所，并等待命令。上海方面系在扬子江进前浮标附近，即扬子江南端之北垒之处。船进上海，须遵照详细之航驶命令。此项命令由美第七舰队通知第五舰队，再由美第五舰队转知东京麦总部船舶管理所，东京麦总部船舶管理所，即准备收取美第五舰队所发之QP消息。此等布置对于更换扫雷程序上，实属需要。即知出航日期、目的地，及预定到达时间之后，东京麦总部船舶管理所即发一航驶命令，及航线送达上述第三节中各有关方面知照。

十、港口管理员分设于朝鲜之仁山〔川〕、釜山，中国之天津区（大沽、秦皇岛）、青岛及上海。

十一、SCAP处理遣送日本侨、俘之政策（见附录F）。

附件E〔F〕　遣送收复区内日本军侨之政策（盟军统帅部）

1. 尽量利用日本之兵舰及商轮，以资遣运。

2. 所有日本兵舰及最初指定载运人员，而非搭载内岛或海岸乘客之商轮，均调供遣送日本军、侨之用。

3. 人员遣送将由货船运载，惟以不影响货载为主。

4. 所有遣送轮只之业务员工及给养等，均由日本政府尽量供应之。

5. 日本陆海人员优先遣送，次及日侨。

6. 所有日本军、侨在送返日本土之前，均须解除武装。

7. 在太平洋陆军总部及太平洋区总部辖下，各地区日本军、侨之遣送，由本部盟军统帅部规定船舶之比率，分别派往各地使用。必要时，特别区可以优先遣送。凡须保留藉以完成占领海军之未了工作之兵舰，不在船舰比率规定征调之列。

8. 对于中国陆军总司令部、东南亚盟军最高统帅部、澳洲陆军总部、苏维埃远东军总部辖区之日本军、侨之遣送，均由本部予以适当之处理。

〔国民政府国防部史政局及战史会档案〕

3. 中国陆军总司令部关于港口运输司令部任务的规定函

(1945年)①

港口运输司令部

一、组织：

A、设司令一人（由其所属战区或方面军司令长官调派兼充，阶级以少将、上校为度。），参谋，英、日文译员及士兵，以日本人数及当地情况而定（以上人员均由长官部决定调用）。必要时，征调日本运输军官助理业务，及与日方连络。

B、名称：每港口运输司令部以各港口地名。

二、任务：

A、港口运输司令部之连络系统如附表。

B、会同当地各有关机关执行上船检查：

一、登记：登记册格式，由港口运输司令会同美方连络官共同订定。其内容姓名、性别、年龄、籍贯、职业、在中国之住地、

---

① 原件无时间，此时间系根据内容推断出来的。

来中国几次。格式订定后,送陆军总部一份备查。

二、卫生检查:尽量利用日本医师。

三、战争罪犯之侦察、拘捕,与押解、移送。

四、日本官兵、侨民财物之检查(附细部准带财物表一张)。

C、上船集待场之规定,及该场所集待人数之调节。

D、上船码头附近之警备(以调用当地军、警、宪担任之)。

E、将港口集中完毕,而可能上船之日本官兵、侨民人数,每三日电报陆军总部一次。

F、对于归国华人之内送事宜。

〔附表〕

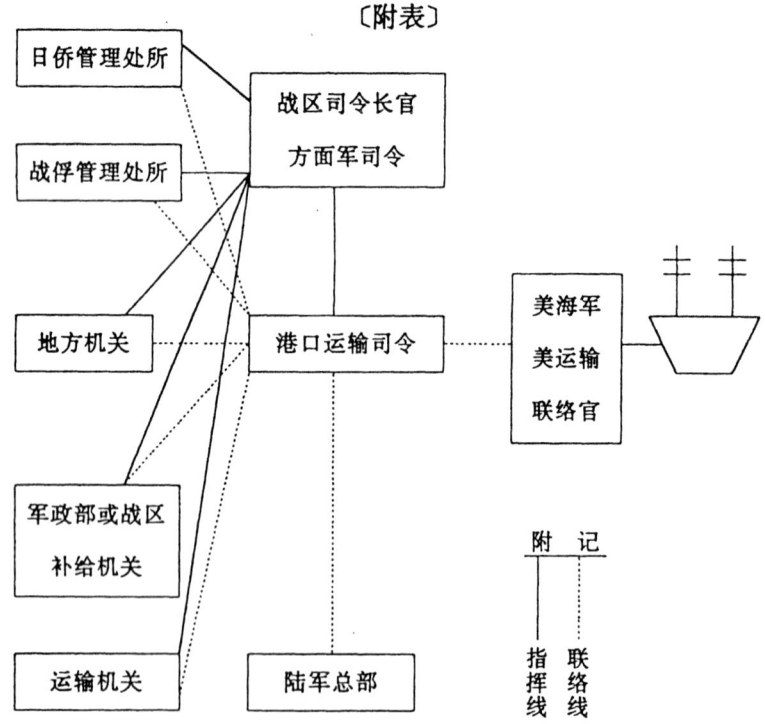

〔国民政府国防部史政局及战史会档案〕

4. 中国陆军总司令部关于战俘管理处（所）名称规定的电令

(1945年)

战俘管理处（所）名称规定：

(1) 徒手官兵集中营（本部三十四年酉有诚民电通令）

查各地区日军解除武装后，其收容机关各殊，兹规定为"某某地区日本徒手官兵集中营"。如一地区设有数处时，可称"某其地区徒手官兵集中营"。

(2) 战俘管理处（本部三十四年亥皓性梦电通令）

查前因各地区解除武装后，其收容机关名称各殊，经以酉有诚民电规定为"某某地区日本徒手官兵集中营"在案。现军委会已颁发战俘管理计划纲要草案，各级战俘管理处（所）编制亦已定，嗣后该项日本徒手官兵集中营，一律应依照战俘管理计划纲要草案之规定，改称为战俘管理处（所）。除呈报委座及颁令外，希知照。

〔国民政府国防部史政局及战史会档案〕

5. 军事委员会关于战俘管理计划纲要草案

(1945年)①

战俘管理计划纲要草案：

(1) 为负责管理训导战俘起见，特于军事委员会之下设置战俘管理委员会，由军政部、政治部、军令部共同组织之，专负设计之责（以下简称管委会）。其编制如附件第一。

(2) 于中国陆军总司令部，设中国陆军总司令部战俘管理委

---

① 原件无时间，此时间系根据其内容推断出来的。

员会,由中国陆军总部代表二人,总部后勤司令部代表二人,总部政治部代表二人组成之,受军事委员会战俘委员会之指导,负督导实施之责。其编组概要如附件第二。

(3)

1. 如战区司令长官部(方面军司令部),设置战俘管理处,受中国陆军总司令部战俘管理委员会之指导,负实施管理之责。其编制如附件第一。

2. 各战俘管理处,得依战俘集中情形设置若干管理所。其编制如附件第四〔略〕。

3. 不属于战区(方面军)之地区,如不能并入附近战区(方面军)时,得另行成立管理处。

(4) 各管理处之服务人员,由负责首长尽先选派明了日本情形,而通日本语文之优秀军官,及优秀政工人员担任之。

(5) 为使战俘均能表现其降服诚意起见,各管理处之服务人员,应达到左列所期之目的:

1. 日俘各种军事记载之供给与获得。

2. 日方重要文献之呈缴与搜集。

3. 专业人材之调查与登记。

4. 逮捕藏匿之战争罪犯,及必要予以分别拘留之人员。

5. 调查研究日本各种秘密组织,及其他各种问题。

(6) 参加此项服务之人员,应具备高尚之人格修养,及管理技术。其应注意之事项如左:

1. 与战俘之接触,必为公事,必须态度端庄,言行客气,在任何情形之下,绝对不容有私人间之友好行为。

2. 与战俘接触之宪兵及必要人员,应予以特别训练,使之不卑不亢,即不粗鲁傲慢行为。

3. 凡给以卫生操,及一切生活,应力求合理,并可选择投降日军之优秀份子自行管理之。

(7) 为使战俘均能觉悟起见，各管理处除原有管教人员随时施教外，应聘请中外学者名流讲演，使其明了：

1. 日本军阀穷兵黩武之错误，及战败之原因。
2. 日本军阀对此次战争应负之责任。
3. 盟国为正义和平作战之意义。
4. 三民主义与领袖之伟大。
5. 联合国宪章及民主政治思想。
6. 揭破日本神权伪造历史观念，授以实在史实。

各管理处应设各种书报杂志，以供阅览，使其了解同盟国之一般政策。教育计划另订之。

(8) 各管理处服务人员之薪给，均依照国军官兵待遇。

(9) 战俘之食物，照当地国军士兵现行给与，发给主副食现品。其冬季服装，如就所存之原有数量不敷利用时，得酌量补充之。

(10) 各管理处之经费，由军政部编列"预算呈请政府支付。在未核定前，先由军政部垫付"。

(11) 战俘管理委员会，及管理处组织规程，另定之。

(12) 本纲要于战俘扫数遣送返国前适用之。

附件一：

军事委员会战俘管理委员会编制表

职 别	官 佐		士 兵		备 考
	阶 级	员 额	阶 级	名 额	
主任委员	上将	一			兼 任
副主任委员	中（上）将	二			兼 任
委 员	少将（上校）	七			军政部、军令部、政治部各二员，后勤总部一员，均兼任。

843

教导组	组　长	上校（少将）	一			兼　任
	组　员	中　校	二			兼　任
	专　员		三			聘　任
	书　记	军委一阶	一			专　任
	司　书	军委三阶	二			专　任
编印组	组　长	上校（少将）	一			兼任，主管编纂、印刷、发行诸事宜。
	组　员	中校 军荐一阶 二阶	二 二			兼　任 专　任
	专　员		五			专　任
	特约编纂	（少将待遇）	五一一〇			聘　任
	书　记	军委一阶	二			专　任
	司　书	军委三阶 四阶	二 三			专　任
副　官		上　尉				专　任
军　需		三等正 一等佐	一			专　任
传达军士				中士	二	专　任
传达兵		上等兵 一等兵	二 二			专　任
炊事兵		上等兵 二等兵	二 三			专　任
合　计			四四——四九		一〇	
附记：官佐如不足时，可由各部调兼。						

附件二：

中国陆军总司令部战俘管理委员会编制概要

中国陆军总司令部战俘管理委员会，由该总部及总部政治部、后勤司令部代表各二人组成之，负督导实施暨各部间业务联系之责。至战俘受训、遣送诸事宜，由各该主管处办理，不另增编制及人员。

〔国民政府国防部史政局及战史会档案〕

6. 中美关于遣送日俘日侨会议决议案

(1946年1月5日)

三十五年一月五日中美双方在沪召开第二次遣送日俘、侨会议议决案

一、中国战区美军总司令部来件译文（1月5日）

事由：日俘日侨遣送会议之记录。

美方出席人员：

美军总部：

魏特曼上校——日俘侨遣送组长。

汉纳上校——T、P、S。

秦伯尔中校——第一处。

古德上校——第二处。

麦克纳米上校——第三处。

李温斯勒中〔上〕校——第四处。

爱尔毕中校——第五处。

顾萨克上校——日俘侨遣送组长。

费沙尔上校——日俘侨遣送组长。

米都吨准将——美军总部。

第七舰队：

牛顿上尉——第七舰队作战处。

赫其斯指挥官——第78派遣25。

战时船舶管理处：

弗勒——作战处。
本德——RMO。
南京连络部——凯森少校遣送组。
中国方面：
军政部：
刘心怡少将（水路军运指挥官）。
中国陆军总司令部：
曹士澂少将。
刘崇曦上校。
交通部：
全国船舶调配委员会徐秘书长学禹。
全国船舶调配委员会韦副秘书长焕章。
中国后勤部：
金铎主任（水路军运指挥部上海办事处主任）。
周副指挥官啸潮（第一区铁道军运指挥部上海办事处）。

二、出席本次会议代表单位，计有中国陆军总司令部、军政部、交通部、中国后勤司令部、第七舰队、第七十八派遣队、战时船舶运输管理处及本部。

本次召集之会议，乃是将于本月十五日在东京举行之正式会议之预备会议。吾人要讨论所能接收之船只，自中国内地输送日人至中国港口之输送率，及中国对于即将接收之自由艇二十五只所能供给之中国海员诸事项，而获得确定之协议。由日方海员驾驶之自由艇一百只，及登陆艇一百只，由东京麦总部船舶管理处负责移交，接收该项船只之输送率，则由我方决定。美方现停泊上海之海军登陆艇，至二月二十日，即不再负遣送日人之任务。留驻华北之美海军LST登陆艇，至三月一日可能撤退，以故三月一日后，即无第七舰队指挥之LST登陆艇撤退日人返国。吾人拟具中之使用之船只及遣送运输率，乃指本会议记录中所载明者。

兹已就有关事项概述如上。下述乃特殊问题之讨论。

魏特曼上校称：余愿以运输华南日人至海港区域有无困难因素，就询于陆军总部曹副处长，日军全部集中于海曹附近一带，似无若何困难存在？

曹副处长答云：并无困难。

魏特曼复就华中同一问题提出询问，按华中及包括南京、汉口、杭州一带区域，上海以西一带区域亦在港中以内。中国运输工具（水路、铁道、步行），每日未能运输日人一万至上海，其故安在？

曹副处长答云：自三月一号起，自汉口至上海，每月船运数目为三万人。

魏特曼称：运入上海港口之日人数目，必须相当增加，因自各地运到集中上海之日人仅有一八〇，〇〇〇人，若按上海港口每日运输五〇〇〇人返国，则上述数目约需二月始可运输竣事，故自内地运至上海之日人数量，必须维持平衡。照目前估计，上海遣送之日人至二月十五日，每日约可达一〇，〇〇〇人。

韦副秘书长询云：LST 登陆艇，是否可通至南京？

魏特曼上校：日军管理之 LST 登陆艇，不足以供给此项运输。美海军 LST 登陆艇不能使用。

韦副秘书长：每日运输一〇，〇〇〇日人至上海，实不可能。

魏特曼上校：然则应用水路、铁路及步行，最大之运输量可至多少？

韦副秘书长：水路运输量甚小，从汉口至上海一月至多运输一〇，〇〇〇人。

魏特曼：一〇，〇〇〇人仅为一日之运输。

韦副秘书长：自南京至上海铁路运输数目较大，每日约为一，五〇〇人。自杭州至上海，每日约为一千人。

魏特曼：能否加强汉口水运，每月一，〇〇〇〇人，实嫌不足。

韦副秘书长：LST登陆艇最好能驶至汉口。

魏特曼：LST登陆艇可能供吾人使用，至早必须在五月一日。然为时过晚，未能适合吾人遣送计划期限。

韦副秘书长：吾人当须以船只运输军队及还都政府人员，是故吾人估计日人输送之数目为一〇，〇〇〇人，若交通工具均能用以遣送，数目当可增大，但实须保持一部份船只，以供其他目的之用途。

魏特曼：一部分日军步行，其情形如何？吾人建议使其大批自汉口移至芜湖，其情形又如何？能集中在芜湖区之数目又多少？

韦副秘书长：自汉口至芜湖情形相当困难。

魏特曼：吾人甚望尽速使上项日军集中芜湖，即运至上海。

曹副处长称：现在集中在上海、南京区域之日俘侨有四二〇，〇〇〇人，按现在上海港口之遣送率，上述数目约一个半月，或者至二个月内，即可输送完毕。

韦副秘书长：计划何时始可将南京开放为输送港口？

魏特曼：南京是否开放为输送港口，余未能置答，此将影响全部输送计划，至少迟延两个月。故吾人必须利用中国船只、铁道、或使其步行至上海。吾人如须适应本记录中第三项所载明之拟定之先后次序，及如期完成此项输送，则不能将现有之LST登陆艇驶至上游。

韦副秘书长：以LST登陆艇输送广州之日俘、日侨，实属必要。

魏特曼：吾人已在进行调查黄浦江以南便于输送之港口，以便以自由艇停泊该处。

魏特曼询称：海南岛之日俘、日侨，是否已集中于海口海港以北区域？

曹副处长答称：约有日俘、日侨一〇，〇〇〇集中在海南岛南部三亚（Sanya）海港，且请求除海口外，该港亦可用以输送。

魏特曼：贵方能否于三月一日至三月十五日运输期内，将日俘、日侨集中于该二港口？

曹副处长：可以。

魏特曼：吾人将调查三亚用以输送集中该区内之日俘、日侨一〇，〇〇〇人之可能性。

魏特曼询称：越南日俘、日侨是否集中在海防，关于集中海防区之日俘、日侨以适应三月一日至四月一日之遣送期间，有无任何限制或困难？

牛头〔顿〕上尉：海防附近之洪街（Hongar）须用以代替海防，洪街以南之另一港口茶鳞，亦可使用。

曹副处长：茶鳞现有日俘、日侨五，二二〇人，集中日俘、日【侨】这在海防、茶鳞、洪街以备遣送，预料将无困难。

魏特曼：吾人完成华中、华南、台湾、海南岛，及越南日俘、日侨之最终日期为四月一日。吾人应将华北情形予以研究，以期明了关于输送日俘、日侨集中于华北港口区域，将遇何种事实之限制，或困难。

曹副处长：约有日人一〇，〇〇〇现准备自青岛上船，济南、青岛间火车已破坏。

魏特曼：可否估计何时能修复运输？

曹副处长：现时尚未能答此问题。

魏特曼：现时输送至青岛之输送率为何？

曹副处长：余不知。

魏特曼：吾人似应对现在之运输拟定计划，及将来交通畅时，吾人之运输至青岛之计划。

魏特曼：东九省情形，吾人现有情报极少数，吾人须在东京方面获知详细之情报。

魏特曼：余欲询问弗勒先生，自由船只转让与中国海员之法律情形如何？

弗勒：此间现有自由船只六艘，基本之所有权乃属于美国政府之海上委员会，但经同意后，系由若干公司使用。吾人所得之训令、按租船契约将船上货物及船员撤回交与陆军部。吾人现可预料，美国政府已拟定法律手续，可由陆军部转让与中国政府，但吾人尚未接获是项通知。吾人所得训令，乃移交该船只与魏上校，其间手续有船只、财产目录登记，与船只之归还美国。

魏特曼：请问李温斯勒上校，关于将船只让与中国准备情形怎样？

李温斯勒：本日午后二时，即将在第四处就此问题有所讨论，第四处与 MSA 间不能决定之事件，将请华盛顿方面解决。

魏特曼上校：请问曹副处长，你对可能估计利用中国海员管理将交与中国之廿五只自由艇乎？

曹副处长：关于上述六只自由艇之中国海员已在上海准备接收，若能一个月以前通知，则中国除船长、工程人员，可能暂时由美方供给外，其余十九只自由艇之中国海员中国方面可以全部供给。

魏特曼上校：吾人之输送计划，并未预计以任何日人驾驶之 LST 登陆艇作输送以外之其他用途，若此等船艇移作别用，则将必使吾人之遣送计划大为延迟。

牛顿上尉：何琪将军要求以十五艘登陆艇自朝鲜运煤，为余所知之惟一转移用途之举例。

魏特曼上校：曹将军，余愿一述吾人遣送队之组织，按照第三节中之计划，余敢相信中美两方之机构合作，将于充分之时间内从事工作，以保证议事日程所示工作期间内输送之速率与其完成。

曹副处长称：热望能如此做。

魏特曼上校：关于满洲之组织，至少须使用两港口，其一预计为芦岛,若获得允许,另一港将为大连。尤有进者,吾人希望于沈阳成立一美军输送总部,该地亦需有一中国之机构。华军于哈尔滨、长春及齐齐哈尔、亦须设立遣送队,俾使日人按时,自内地移至港口区,实为必要。此等机构准备于四月一日左右开始工作,不得迟于五月一日。吾人必须于此等机构进入满洲之前,获得关于满洲之充分侦察与情报。无论如何,目前必须采取步骤,选择须于四月一日左右进入满洲之司令官,并组织是种机构。

魏特曼上校:麦克阿瑟将军已于彼建议事日程中,列入讨论,交换中日所有自由轮之节目。

佛勒先生称:是节系包括于议事日程中作为一种提议,主张原来由日本船员驾驶之若干自由轮,应用于后勤方面,支持华北与满洲之华军,直至计划拨交中国之廿五艘自由轮中之此批自由轮,能获华方船只时为止。

魏特曼上校:就由中国于一月内供给廿五艘自由轮,所需船员之能力观察,此举是否必需,因而是否不致影响输送之进行,殊可怀疑。

魏特曼上校:议事日程之次一节,为自由轮之改换为医院船。目前有日本船舶管理处医院船二艘,可于一月三十一日用于中国战区,该船有病床一九五〇具,此外,相信尚须增加四〇〇〇医院船空位。日本船舶管理处更多船只,或自由轮之如是改装,将由麦帅总部完成之。

魏特曼上校:议事日程之次节,为LST登陆艇之移交与日本船员,此应为日本船舶管理处之职责,故不在本会中讨论。

魏特曼上校:议事日程之再次一节,为以日人驾驶之LST登陆艇,替代现有之LST登陆艇。议事日程第二节所示,可用船舶表已计及现在服务于上海之海军LST登陆艇,至二月廿日之损失数量,及现在于华北之其余海军LST登陆艇,至三月一日之损失数量。

魏特曼上校：华方应负责使自内地运至港口之日人数量，不少于经过港口之计划输送量。

魏特曼上校申述彼对在座诸君今晨出席本会之谢意，并表示相信此会议对于担任此同一输送计划之各机关之协调，有莫大之帮助。并愿与陆军总司令部、军政部、交通部及中国后勤部之代表，于一月五日九时，在同一会议室中会晤，以进一步讨论将集中之日人自内地运至港口之运输事项，该会应不超过十一时。

2. 美军总部来件译文（1月5日）

事由：一月四、五两日遣送日人返国会议记录——（续）。

赴会人员：

美军总部：

魏特曼上校——日军民遣送组组长——主席。

米都顿准将——美军总部。

米都顿准将——美军总部。

顾萨克上校——遣送组。

费沙尔上校——遣送组。

赖底摩上校——上海海港司令。

史迪生中校——上海海港司令部。

波门中校——中国战区补充勤务队。

南京联络司令部：

凯森少校——南京遣送组军官。

军政部：

刘心怡少将。

陆军总司令部：

曹士澂少将。

刘崇曦上校。

交通部：

徐秘书长。

韦副秘书长。

中国遣送日俘侨港口司令部：

谢司令。

乐上校。

中国后勤部：

金铎主任。

主席：本晨赴会人员，共有中国军政部、交通部、陆军总司令部、后勤部，及上海海港司令部之代表，以及美军上海海港司令部，及本部代表。

昨日吾人曾就中国区包括台湾、海南岛、越南等地之遣送日俘返国之职责，作一具体讨论。东九省方面，因目前情况不明，仅略述及。

本日继续讨论者为两主要问题，其一为自内地至连云港之输送，及自汉口、杭州、南京至上海海港之输送。

第一、本人拟向暂〔曹〕副处长询问，关于自内地至连云港之输送计划如何？

费沙尔上校（代曹副处长）：曹副处长同意维持输送至连云港之输送率，他可自铁路每日一千三百五十人至连云港。按此数字，在四月一日前，可集中全部俘、侨于连云港。若此项铁道输送自一月十日开始，吾人可期望在二月十五日开始运用连云海港。苟设海港是时（二月十五日）开始船运，则自内地运送至该港之俘侨，适可维持自该港每日之船运率。

主席：另一问题为自汉口、杭州及南京输送至上海运率，维持昨日决定之母〔每〕日一万人外运率。

韦副秘书长：二月廿七日时，吾人能澄清所有杭州、南京、上海等地，按一月十日开始输送，则二月廿七日运抵上海港者，共可有四五〇，〇〇〇人。

主席：输送方法如何？全部火车？抑一部份火车、一部份步行？

费沙尔上校（代曹副处长）：火车及步行，步行至南京后，由南京及杭州至上海为火车输送。

主席：是则每日步行至南京之输送率如何？

费沙尔上校（代曹副处长）：在安庆区共一五，六五九日俘，若自一月廿日开始步行，费时十一日，于二月底可到达南京，自南京每日可用火车输送一千五百人。至于芜湖区，共有日俘一四，〇〇〇人，可由铁路送至南京。

主席：自芜湖之铁道运输，何日可以开始？

曹副处长：现在即可开始。

主席：则吾人决定自一月十日开始，安庆方面则自一月廿日开始。

费沙尔上校：关于九江、汉口及长沙三集中区内之日人，昨日下午曾讨论及，曹副处长拟与中国后勤部商量在沿江每五至六日之步行停息地点，设一给养站，供应各区步行至南京之日俘，日俘全部步行。各区之日侨为一七——一八，〇〇〇人，望能用船输送。

主席：可能全程由船运否？

费沙尔上校：可能船只在上海装煤。曹副处长拟向后勤部交涉，沿步行途上设立小给养站，照料步行之日俘。

主席：请问金先生（后勤部），对于船只输量之情形如何。

金先生：每月输送三百人，需船五只，每月三万人，已包括一切在内。

主席：台端所称之三万人运输量，则一万七千日侨之输送，谅问无题。为吾人中美双方海港司令部之便利计，关于船运日侨至上海之事，台端可否告吾估计之运输率。

韦副秘书长：三月五日前所有内河航船，均全部指拨一定用途，吾人盼望能于三月五日后，指定五只船，专为遣送日人之用，此固为最少之量。二月底以后，中国商船可能有较大吨位，未知该时是否有何种船只可供输送更多人员之用，须俟获得其他船只后，吾人始能决定能否拨出一部份作此种遣送使用，但吾人目前仅能计算每月三万人。盖吾人尚须考虑及军用物品，政府还都官员，以及维持自内河至海港之合理化交通，且现在吾人所有，亦不过十数艘轮船而已。

主席：所云之轮船，包括交通部及后勤部所有者？

韦副秘书长：然。全部在内。现在所有者，不过此十余艘，吾人希望二月底或三月中，可能扩大商船队，每月三万五千人之数目，实为异常慎重之数。

主席：如此，则一七，〇〇〇日侨，何日可以抵达上海？

韦副秘书长：一七，〇〇〇人全部可于三月底到达上海，因三月五日前一切吨位均已指定。

主席：依台端所示日期，则吾人成立船运矣。

韦副秘书长：吾人可在三月间指定充分船只运送该一万七千日侨至上海，惟自目前至三月初，河水枯浅，则运输量可能因而减低，盼于是时，美军能拨登陆船二十余艘至汉口，协助此项工作。

主席：目前据本人所知，指拨登陆船至汉口之希望，可谓微乎其微，因海军之登陆船，不能使其航行内江，唯一希望，为日本管理驾驶之一部份登陆船，但以需时甚久，始可调用，恐不能应此次遣送之计划日期，本人尚望该一万七千日侨，由中国轮船运送者，能泊吴淞码头，而莫泊于虬江码头，约为何时？

韦副秘书长：三月最后十日内，可以到达。因三月五日以后，一切指定之任务，均可完成。则三月六日或七日，即可开始此项船运。在二月底时，吾人尚应作一检讨。

主席：请问自九江、汉口，及长江步行南京之日俘，其运输率如何？

费沙尔上校（代曹副处长）：此须视中国后勤部对于沿路给养站之设立情形如何？若步行自一月中开始，则三月一日此批人员能以每日五千人之运输率陆续到达上海。

主席：汉口等三个集中区之日俘为数约三十万人，须步行，及用火车自南京运至上海，设中国后勤部可于沿路设立给养站，而彼等自一月十日开始步行，则何时可到达上海？

费沙尔上校：三月一日以前，南京及芜湖区之日人可全部到达上海，并可维持每日自上海登陆船之六，〇〇〇人。三月一日以后，其他各区者，应可以每日五，〇〇〇人运抵上海。

主席：若该率能维持，则最后一批日人，可于五月一日左右到达上海。而五月十日左右，自上海之遣送工作，便可完成。如是则按新计划，上海港应以每日六千人为限，伸展遣送工作至五月十日。

主席：本人收到南京方面一电报称，日人登船返国行李重量以每人三十公斤为限。过去吾人曾决定日人所携行李重量，以其个人所能负起之一担为原则，但台湾方面中国代表，则规定每日人三十公斤，因而顺利进行中之遣送日人，其一部分将行李重量减为三十公斤。电文如是：

在吾人过去讨论中，曾有以三十公斤为规定之建议，惟最后经十二个单位同意，在十月间决定不限定重量，而限制其所携带之物品之种类及数量，至于日俘只准携带二十公斤限制之建议亦经取消。

本人以为吾人应重新商定此协议，麦克阿瑟将军曾请求以其所能负起之行李为限，如是则可减轻吾人对于输送行李车辆之供应。曹副处长，吾人可否仍按十月间会议所商定之规定重量之决定实行？并请转知台湾方面依照此办法实行？即限制其物品之种类而以其个人能力所能负起之重量为原则？

曹副处长：同意。

主席：本人拟向各位对于参加此会议之精诚合作精神，表示感激。吾人在此会议中已商得一整个计划，则各有关方面，均可按照调协之计划实施。本人认为此次会议收获甚大，请对中国军政部、交通部、陆军总司令部、后勤部，以及美军各代表重申谢忱。

日俘侨遣送组组长魏特曼上校

〔国民政府国防部史政局及战史会档案〕

7. 中美关于遣送日方人员会议议程

(1946年1月5日)

一九四六年一月五日在沪举行之中美联合遣送日人会议议程
一、本年元月一日起自中国及台湾待遣送之日人：
(A) 台湾：四九二，〇〇〇
海防：二一，〇〇〇
海口：三〇，八五〇
三亚：一〇，〇〇〇
广州：一一〇，六八四
广州湾（西营）：三，六五〇
汕头：六，四〇〇
厦门：一〇，七〇〇
上海：七五九，二五〇
连云：一一四，八五〇
青岛：一〇二，八〇〇
大沽：三二九，五〇〇
东九省：约二百万。
(B) 需用病船载运之病人：

| 地点 | 军人 | 侨民 |

塘沽	三,〇二一	一,〇四〇
青岛	六三〇	二〇〇
厦门	一〇	一
汕头	八八	三
广州	一,五三三	三一
广州湾	九六	〇
海口	?	?
海防	?	?
台湾	六,五九三	?
连云	?	?
上海		一一,三一二

(C) 下列各战区自内地至海港输送率维持之限制程度：

1. 华南——无——已在海港集中。
2. 华中——无——海港之输送率可能维持（但长江上游未能解决）。
3. 华北——因运输困难，及中央军队前往接收工作之未能完成，可能延至五月一日始可顺利进行（华中及华南之遣送计划可望于是时完成）。
4. 东九省——情况不明。

二、期料可获之船只：

日期	陆艇	自由船	日本轮船管理处船只
元月一日	七〇	〇	一四
元月廿日	六八	一〇	二五
二月一日	七八	二五	二五
二月十日	九〇	三五	二五
二月廿日	九六	五〇	三二

三月一日	八〇	六五	三二
三月十日	一〇〇	七五	三二
四月一日	一〇〇	七五	四〇
五月一日	一〇〇	八〇	五〇
六月一日	一〇〇	九〇	五〇
七月一日	一〇〇	一〇〇	五〇

三、遣送日程：

建议之输送率之优先及实施日期：

(1) 台湾　基隆六，〇〇〇；高雄四，〇〇〇一，〇〇〇〇——元月一日至四月十五日。

上海——六，〇〇〇——元月一日至五月十五日。

塘沽——三，〇〇〇——元月一日至六月一日。

(2) 广州区——四，〇〇〇——二月十五日至四月十五日。

(3) 海口——四，〇〇〇——四月一日至五月一日。

连云——二，〇〇〇——三，〇〇〇——二月十五日至五月一日。

(4) 海防（洪街）——四，〇〇〇——四月一日至五月一日。

(5) 青岛——三，〇〇〇——元月一日至四月一日。

(6) 东九省——一〇，〇〇〇——二〇，〇〇〇——五月一日至九月卅日。

四、自由船（参阅第二节）：

(A) 中国政府接收之船艇。

(B) 中国船员及日本船员，对于管理自由船之更换。

(此项已解决，因中国船员在一个月内即可召集)。

(C) 用作病船：

(1) 两日本病船于元月三十一日，可驶达此间（输送量共一，九五〇人）。

(2). 尚需能容四,〇〇〇人之病船。

五、登陆艇（参阅第二节）：

(A) 换用日本船员驾驶（日本轮船管理处之责任）。

(B) 以日本船员管理之登陆艇，代替目前之登陆艇。

（因美海军之登陆艇，三月一日以后另有任用。）

六、组织：

(A) 美军组织——协助中国海港工作及水运事宜。

(B) 中国组织——须能应付庞大之遣送日人自内地至海港之工作，按计划维持海运率。

〔国民政府国防部史政局及战史会档案〕

8. 联合国东京会议纪录

（1946年2月6日）

东京会议记录（中国战区遣送会议）一九四六年二月六日

一、任务：

联合国参谋总长，已经通知中国战区美军总司令协助中国自中国本土、东北、台湾、海南岛、越南纬线十六度以上，各地区遣送日俘、日侨返国。

二、责任：

1. 中国政府负责于日军缴械后，输送日俘、侨至海港区集中，以待海运之初步准备。至于日俘、侨之集中海港，中国政府应有充分准备，以免海运之延搁。

日俘、侨之集中海港，由中国陆军总司令部直接负全责。

2. 美军总部，则负与中国陆军总司令部、中国政府、第七舰队、盟军总部，及日本船舶管理处联络之责。

3. 第七舰队负美海军船只海运之责。

4. 日本船舶管理处，负日本船员管理之船只海运职责。

三、实施：

1. 美军总部决定中国各遣送海港遣送之先后程序，并指定各有关船只驶来中国担任此项任务。

2. 第七舰队之遣送船只，应CTF78之指挥调动。CTF78应在各上下船海港设一负责长官，担任海港有关美海军船只之美军方面之连络，并受CTF78之指示，管理登陆艇之行驶。

3. 日俘、侨至出口海港之输送：

a、记录：一切有关日俘、侨输送，并集中海港之记录，概由中国方面负责办理。

b、疫病验查：中国陆军总司令部受美军之督导，于日俘、侨登船前办理疫病验查，可尽量利用日本医疗人员办理此事，患传染病之俘、侨不准登船。

c、战犯：中国政府负责搜查遣送日俘、侨中是否混有指定之战犯，详细步骤请阅附件"B"。

d、钞票及有关金融文件（请阅附件"C"）。

e、违禁品之检查：中国方面于日本人登船前，负责违禁品之检查。违禁品及准带物品列于附件"E"中。

f、重量规定：每人以其能力一次所能担负之行李之重量为准。

g、航行时给养：

（1）美海军船只：被遣送日人之航行给养，于每登陆海港，由中国遣送管理处准备全程所需之给养置于船上，并多备全船旅客一日给养，以备意外之需。船上给养，应准备一日之熟饭，其他则为生米，船长于每船上设有烹饪设施。

（2）日本船舶管理处之船只：由日本船员管理，应载运返程日俘、侨船上所需之一切粮食，及其他贮藏。

h、海港集中营管理，由中国方面于登陆码头附近步行之地点设立，并应足容纳五日以上海运率之容量。

i、船票由海港司令，或其他盟军负遣送责任之官长，于每一

遣送船离开时施发。(详注于附件"F"中)

j、通讯除航行通知已于附近"f"中述及，其他无线电讯，应寄至中国美军总司令核办，一切寄至中国美军总司令核办之电信，不应转达其他部门知照。

k、翻译官：美军总部应在每一日本船舶管理处指挥之下，遣送自由船及登陆艇，设日本翻译官二人。翻译官可自日本调用，长期随遣送船在船上工作。

4. 中国与日本间之船运：

a、目前使用之遣送海港仅为青岛、大沽、上海及台湾，约于二月十五日，广州及连云亦可开放，越南海港则于四月初可以运用。任一新遣送海港开放前，各有关遣送均予知照。

b、日俘之遣送回国，应较日侨为先，惟亦视情形而定。但日军在遣送前必须完全缴械，尽可能分别日俘、侨之遣送。

c、约自二月一日开始，日本船舶管理处可由日本船员驾驶之登陆艇，及自由船若干艘，在中国各海港担任遣送工作。本年四月底，另可获日本船员管理之登陆艇八十五只，及自由船一百艘参加遣送。在全部获得之日本遣送般〔船〕只中，约有百分之三十可派遣至中国方面担任此项任务。

注：中国政府于寻获任何日本船只时，应通知美国总部转达日本盟军总部，此项船只将由盟军总部支配，担任遣送工作。

d、旅客名单如下所述办理：

(1) 由中国方面负责制定，可利用日人担任此项工作。

(2) 旅客名单除正本外，另制副本六份交船长（日本或美国）收存。名单填制应分别为陆军、海军、及日侨（男、女及十二岁以下孩童），并应注明上下船海港之名称。此外，尚应标明曾否受过疫病验查。船长本人收存副本一份，其余之正本一份及副本五份，于抵达日本海港时交付此港遣送军官。

四、朝鲜人之遣送：

1. 留日本之朝鲜人,应予遣送回籍之优先。
2. 留中国之朝鲜人,仅限于一部份因军事需要,经本部转盟军总部知照后,而须予遣送者,华北共有六千朝鲜人,自青岛及天津遣送回籍。此外,本年一月十五日至十七日在东京举行之遣送会议,盟军总部并决定自沪遣送朝鲜人四千名回籍。现驻华美军司令对于遣送韩人回籍责任问题,因陆军部尚未澄清,故暂不拟再遣送其他籍人回籍。
3. 遣送朝人回国,在上海、青岛、天津之地已成立朝鲜联络队,在遣送海港办理朝人返籍事宜。该队由朝人两名、代表朝鲜美军总部军政府组之美军官一人组成,联络队可由本部指挥,附属于有关司令部中担任是项工作。

五、中国及台湾人之遣送:

1. 日本盟军总部利用返程船只,自日本遣送中国及台湾侨民至中国各地,办法如后:

a、回华北各地之华侨,在日本博多(福冈)登船,仅用返程船只运送华北海港。

b、回华中及华南之华侨,在日本鹿儿岛及吴港登船,乘返程回华中,及华南之遣送船只至各海港。

c、台籍侨民返籍,将自日本吴港、鹿儿岛及浦贺乘返台湾之遣送船只回籍。

2. 留朝鲜中国国民之返籍,由第廿四团司令官负责指定一切航行日本、朝鲜、中国间之往返船只遣送。回籍之华侨,应予集中,俾便按地区分别遣送至华北、华南、或华中其原籍。第廿四团司令官应将船只到达日期,装载人数,事先通知驻华美军总部知照。

3. 台民自中国之返籍,则须视自菲律滨遣送华侨返国之船只,于其返国时是否有空位而定,并以不妨碍遣送日人计划为原则。

4. 太平洋区自日本及朝鲜遣送回籍之中国人,及台湾人,可继续在中国及台湾海港收容。

六、在中国、台湾、越南及满洲各海港，除华北由美海军陆战队负责外，概有美国陆军遣送队负责，与中国遣送队、第七舰及日本船舶管理处连络及调协。

七、日人邮件之处理：

盟军总部规定之便利日人在待船返籍之邮递办法如后：

1. 日人在遣送返籍前，准予寄回其本国之邮件，其种类如下：

a、官方通讯，仅限有关日人遣送之事。

b、私人函件，仅准用明信片书写限于个人性质之内容。

2. 有关商业及财政之通讯，列入禁例。

3. 一切往来函件，须经日本之检查机关检查。官方公函之重量，及私人寄发明信片之多寡，不予限制。邮件由遣送船只输运。

一切寄来之中国邮件，由船长到达终点海港后，交付中国邮政机关。寄至日本之一切邮件，亦须由中国邮政机关，交付船长转递至日本。

八、心理教育：

中国已批准一教导在中国境内之日人计划。内容主要为报纸、传单、及画片，并由美国新闻处予以协助。

附件：

附件A——医药程序。

附件B——搜捕战争罪犯法规。

附件C——遣送之财政整理。

附件D——遣送之补给办法。

附件E——船票。

附件F——遣送时每海港应准备之有关记录及被遣送人数之登记。

附件G——日俘、侨所需医疗船只之数量及地点。

中国战区遣送计划

一九四六年二月六日

附件A 医药程序

一、日俘、日侨之遣送，系中国当局之职责，中国各区司令官负责对所有离开其原来地区之日俘、日侨，按照国际检疫法规，予以检验消毒，日籍医药人员应尽量予以利用。

二、美国陆军遣送组，与美国海军陆战队遣送队，将作必要之建议，以保证下列第三节所述最低限度之医药设施，能付诸实现。

三、下述最低限度之医药设施，应于遣送日俘、日侨登船前作到：

a、所有日俘、日侨登船前种牛痘。

b、日俘、日侨登船前，应注射第一针伤寒疫苗。（其余各针，于抵日本时注射之。）

c、自四月至十月底之期间内，日俘、日侨于登船前，应注射第一次霍乱疫苗。（其余各针，于抵日本时注射之。）

d、所有日俘、日侨及其行李，应喷以DDT，或适当之代用品。

e、对于日俘、日侨应加检验，以免除下述之感染病：天花、伤寒、霍乱、兽疗、黄热病、鼠疫及麻疯。

f、旅客名表上，应作适当标志，以示上述各项措施，均已完备。

四、必需之医药用品，应由盟军总部预备之。并应由抵各港口之首批遣送船只，直接运至各遣送港口。

五、种痘与消毒手续，应于前列第四节所述医用品到达时立即施行之。若能就地利用日本之医药用品，应尽量从速施行之。

六、日本船舶管理处负责晓谕，其所辖船只之船长执行下述任务：

a、船上发现下述疾病中之任何一种，或在下述潜伏期内易于感染之旅客，均应通知乘客移入国家之负责管理机关。

霍乱——五日，鼠疫——六日，黄热病——六日，斑疹伤寒——十二日，及天花——十四日。

b、遣送船只于必要时行消毒，并于登陆港彻底清扫之。

c、对于安全之饮水，与废物之妥善处置，应作适当准备。

七、驻华美军司令应对日本船只管理处所辖，而服务中国各区之自由轮与登陆艇，供给日籍医药人员，派定之人员，应固定服务于派定之船只。若该船担任中国遣送勤务展期时，日籍医药人员应予遣回中国登船港口。

八、盟军总部对于服务中国各区之自由轮，与登陆艇以外之日本船只管理处所辖船只，应供给日籍医药人员，派定之人员，应固定为派定之船只服务。

九、对四日以下之航行，应供给助手二人。对为期四日，或四日以上之航行，则应派给医生一人与助手二人。

中国战区遣送计划

一九四六年二月六日

附件 B　缉捕战争罪犯法规

一、中国战区军法处战罪组，应以遣送港口通知之。

二、战罪组应即以日籍战争罪犯之姓名，通知各登船港口之主管当局。

三、搜缉中战争罪犯，一经发现，应即加以逮捕，并送交登船港口之中国当局，最后送交主管当局审讯。暂时之拘留，由中国当局执行之。

四、中国战区军法处战罪组，应由港口当局，以业经执行之逮捕通知之。

五、战罪组率先将美国所搜缉之战争罪犯，送至审讯地点。

六、当审讯战争罪犯之计划，自盟国统帅收到时，战罪组应采取迅速行动，以通知中国主管当局。

中国战区遣送计划

一九四六年二月六日

附件 C　遣送之财政管理

一、财政程序：

对于现行财政法规之应用，于对日往返遣送应予认定。此诸法规之节略如下：

A、返日之日俘、日侨：

（一）下述钞票与金融证券，准予日俘、日侨自其登船港口携往日本：

项　　目	最高数额	备　　考
日本朝鲜台湾与满洲银行之圆钞	一千元——侨 五百元——官 二百元——兵	朝鲜台湾与满洲银行钞票于登陆港按一对一之比兑换日本银行钞票
日本朝鲜台湾广东省与华北邮局所发之按日元计算之邮政储金簿邮局保险单日本公司所发之其他保险单其日本境内发行之银行存折对自华北遣送返日之日军日侨所发之日元兑换证	圆钞及兑换证总额不得超过： 一千元——侨 五百元——官 二百元——兵	此项兑换证由登船港之复员指挥发给其兑换由日本政府负责。
附加于日本银行券之B式辅票圆钞以外之按日元计算之日本债券	B式票与正规圆钞共同总额不得超过： 一千元——侨 五百元——官 二百元——兵	适用于自朝鲜台湾与满洲以外地区返日之日俘日侨

	此项债券总额不得超过： 一千元——侨 五百元——官 二百元——兵
日本陆海军战地邮政储金簿 中国境内之横滨正金银行对日圆存款向自中国遣送之日俘日侨所发兑付日圆之汇款收据	此项收据总额不得超过： 一千元——侨 五百元——官 二百元——兵

（二）a 日本国民得于上述限额内选带圆钞日圆对换证及日本政府之日元债券。

b 超出上述限额之钞票，上节未列举之金融证券，贵金属，仅对物主始有价值之小饰物以外之宝石均应于日俘日侨返日前没收之。

（三）除前述圆钞外，所有日俘准予增带其被囚期间内之全部欠薪，以圆钞或日圆兑换证支付之。全部薪给应予遣送前付于日俘。

（四）日俘应携带境遇身份证明书，该证书上应就其作战俘期内积累之薪给，列入报告。

B、自日本遣送回国之华人与韩人：

（一）自日本港口遣送回国之华人与韩人之财政程序，于彼辈离日前，由日本海关官吏处理之。此等华人、韩人准自由日本之登船港携带下述项目：

C、特殊问题之有关对遣送赴日，或自日遣送军民之金融与经济统制者，应交中国战区美军司令考虑，或交盟国统帅决定。

项　　　目	备　　考
每人带圆钞一千元。 日本金融机关或遣送目的地国家之金融机关所发行之邮政储金簿及银行存款簿，日本或遣送目的地国家境内发行之保险单，对日本金融机关所开及由其发行，并在日本付款之支票、汇票与存款证。	在限额内之任何数量之圆钞均得携带之。

中国战区遣送计划

一九四六年二月六日

附件D　遣送补给程序：

下述程序适用于遣送之补给事项：

一、日本政府负责以供应品供给使用于对日及自日遣送之船只。

二、盟国统帅保证日本船舶管理处船只之必需供应品，由日方补给之：必需之毛毯、食物与医药品，将按实际情形，尽可能于日本拨交此项船只。日本寒季中，日方应于自日本开出之船，不〔?〕备置充分之保暖衣服，以供自暖季地带返日之日俘、日侨穿着。

三、检验中国港口登船之日俘、日侨所需之疫苗与消毒品，经中国战区美军司令申请后，由日方于盟国统帅之指导下供给之。

中国战区遣送计划

附件E　关于船只启行之通报：

1. 负责港口之遣散之指导人员，或其他盟国军事人员，应于遣回船只启行各该港口时，将是项公文送达通知。惟此除外（CTF七八负责将关于CTF七八登陆艇启航情报通知），通讯地址如下：

a、在日本上陆之各海港：

发生情报之机构收		接受情报之机构
Hakodato	七七师师长	盟军总部第八指挥官陆军第九军团指挥官
Uvaga	第一骑兵师指挥官	盟军第十一军指挥官 盟军第八指挥官
Malzuru	第二五师指挥官	盟军总部第八指挥官 陆军第一军团指挥官
Kure,ujina	otake,第廿四军指挥官	盟军总部第八指挥官 陆军海军主任 Kurre 第一军团指挥官
Senzakl	第二海军师指挥官	盟军总部第八指挥官 陆军第一军团指挥官
Mojl	gltto	Altto
Snimonosok	gltto	Altto
Hakata	gltto	盟军总部第八指挥官 陆军第一军团指挥官 Fukuoka
Hasebo	第二海军师指挥官	盟军总部第八指挥官 Sasebo 海港主任
Karatsn	第二海军师指挥官	盟军总部第八指挥官 陆军第一军团指挥官
Bepku	altto	陆军第一军团指挥官

b、在朝鲜上岸之海港：

Lnchon （J-nsen） usaflk	盟军总部外事处第二军政府（Seoue）lnchon 港口主任 Ascom24 指挥官
Kunsan (Gunzan) dtto	盟军总部外事处第二军政府（sooue）Kunsan 港口指挥官 第六师指挥官
Mokpo　　　　dltto	盟军总部外事处第二军政府（seoue）Mokpo 海港主任第六师指挥官
釜山（Fusan）	盟军总部外事处第二军政府（seoue）釜山海港主任第四十师指挥官

C、在中国及台湾上岸之海港

基隆（kiirun）台湾遣散组		中国盟军总部指挥官①
大高（Takao）	ditto	ditto
上海	中国指挥官	上海盟军总部指挥官 海港指挥官

---

① 遣送船只若系美海军人员驾驶者,第七舰队之指挥官亦应列入情报通讯证内（CTF78 应负责通报关于（TF78 之登陆艇之各项通知）。

厦门	广东遣散组指挥官	中国盟军总部指挥官
汕头	ditto	ditto
广东（黄浦）	ditto	ditto
广州湾	ditto	ditto
海口	ditto	ditto
三亚	ditto	ditto
海防	海防遣散组指挥官	ditto
东三省各海港	东三省遣散组指挥官	ditto
塘沽	第一海军师指挥官	ditto 及第三两栖作战队指挥官
天津	第一海军师指挥官	ditto
青岛	第六海军师指挥官	中国盟军总部指挥官 第三水陆两栖作战队指挥官
老饶	老饶遣散组指挥官	ditto 及第六海军师指挥官

2. 兹将包括于启航公文内情报列举如下：

公文得分为二部分：

第一部分：电码字"遣回"应为全文之第一字，以下则接船只之名字及号数、启碇海港、启航之确实时间、上岸海港，及抵达之预定时间。

第二部分：

电码：

（A）已登舟之遣回人员总数。

（B）已登舟之遣散陆军总人数。

（C）已登舟之遣散海军总人数。

（D）人民总数。

（E）已登舟之遣回病人之总数。

（F）遣散人员尚未完全上舟。

3. 公文须简短，并须依下列形式以醒目方式行之（举列于下）：

自塘沽至乌劳加，此次遣散人员共计三，七五〇人，陆军二，一五〇人，海军七三〇人，非军人八七〇人，病人十四人。业已完全上舟。

发文者：第一海军师指挥官。

收文者：第一骑兵师指挥官。

情报：盟军总部，第十一军团指挥官，第八军指挥官，中国指挥官。

遣散人员中 XTARA，MARU 塘沽一七一，三〇〇，HURAGA 二三〇，〇〇〇，HABLE 三，七五〇，BAKER 二一五一，CHARLIE 七三〇，DOG 八七员，EASY 一四。

第二项目 MIKEBAKER 部队已完毕。

附注：

（一）上述（F）项如缺，则表示登舟事在进行中，同样，其他电码不需应用时，可略去。

（二）如来往船只停滞于任何海港时，得通知有关之机构。

（三）日军部队于遣送完成时，此项通知及部队名称，应于船上无线电发出。

（四）于任何情形下，应于船只启航时，立即以终点之海港通知EAT。

中国战区遣送计划

附件F 用以遣送之各港口之有关数字及经由各港口遣送之人数。

一、港口及输送之人数：

甲、输送日俘、侨使用之海港先后，及截至二月一日经由每海港输送之日俘、侨人数：

地区	海港使用之先后	日人	台人	朝鲜人	总计
台湾		四七四〇一〇	一〇八〇		四七五〇九〇
基隆（二九〇〇九〇）	一				
大高（一八五〇〇〇）	一				
华北					
老饶	一	一〇七三三	七〇二八	二三	一一四七八四
青岛	一	八六五九七	四〇六二	二七九	九〇九三八
大沽	一	六一二〇六	二九〇一九	一三八二	三一一六〇七
华中					
上海	一	六七二六八	一一九五七	六二一二	六九〇八五八
华南					
广东	二	一〇五〇七八	一五〇五	四一〇一	一一〇六八四
广州（三六五〇）	⎧一				
海口（一三五二〇）	⎨二	二一五五五	一八一六	二一一六〇	四四五三一
三亚（三〇九七八）	⎩二				
厦门	一	四七九五	一二六	一四二四	六三四五
汕头	一	三六八六		七〇〇〇	一〇六八六
法属越南					
海防或洪街	三	三〇九三五	二九	一五	三〇九八五
东三省					
葫芦岛	四	一六〇三〇〇〇	？	？	一六〇三〇〇〇

截至一月廿五日之总计
　　　　三五〇五七八二　五六六二二　　四一五九六　三六〇四〇〇〇

附注：若未有本部之优先证件，台湾、朝鲜侨、俘不得遣离中国。

二、需要医院船只运输之日俘、侨住地，及人数列载附件（F）中。

三、即将利用之船只：

甲、就自日方接收现由日本船舶管理之长程航运船只，仍得利用百分之三十之乘舱（约一万八千人），以资运送。

乙、按现有之协定，第七舰队登陆艇仍继续其输送之任务，其可能输送之人数则须视（一）运输中国军队之需要，因彼等获有优先权也。及（二）在美国海军之整编计划下，第七舰队登陆艇驶送美国之数目而决定。第七舰队□□□运输中国军队，在可能时，归途装载俘、侨自中国港口运至佐世保。

丙、日人驾驶，但由日本船舶管理处管理之自由艇一百艘，及登陆艇八十五艘，中国战区之遣送工作可应用此项船只，上述船只驶达中国之时间如下：

周末时间	登陆艇数	自由艇数
二月二日	四	〇
二月九日	七	七
二月十六日	七	十二
二月廿三日	九	十二
三月二日	十四	十二
三月九日	十四	十三
三月十六日	十四	十三
三月廿三日	十六	十三
三月三十日	〇	十八
总计		

丁、盟军总部管理之医疗船二艘，估计有混合舱位一千，现已分配在中国战区作输送之用。除上述医院船舱位外，另有自由式军队输送船只舱位五千座，亦将划归中国战区，船员及医疗人员仍为日本人，但仍为盟军总部管理。

四、中国战区内之各海港，计划中每月输送之人数，港内容纳之船只量及驶行期间：

区域	每日输送人数	港内容纳船只量	行驶时间
台湾			自现在至四月三十日
基隆	六五〇〇	自由艇九艘	
高雄	三五〇〇	自由艇四艘	
中国			
上海	六〇〇〇	无限制之停泊	自现在至六月十五日
塘沽	二五〇〇	登陆艇三艘	自现在至元月一日
青岛	每周七五〇〇	登陆艇二艘	自现在至五月廿日
老饶	每周一〇〇〇〇	登陆艇二至三艘	二月十五日到五月廿日
汕头		小船无限制	
厦门		小船无限制	二月十五日至四月廿五日
广州湾		小船无限制	
广东	四〇〇〇	自由船二艘	
海南岛			
海口	四〇〇〇	小船无限制	三月十日至四月廿五日
三亚		自由船二艘	
越南			
海防	四〇〇〇	无	四月一日至四月廿日
洪街		小船无限制自由艇一艘或二艘	
东三省	二〇—二五〇〇〇	未知	

一月十五日至四月一日间可能为结冰状况，但希望能使港口开放。

预计地雷将予二月十五日扫清。

预计地雷将予二月一日扫清。

送日俘、侨及运输中国军队同时并行，于预定计划并无防碍。

并希望在中俘侨开始遣送前，运输中国军队。

乙、

一、朝鲜之港口及每日容纳各区域输送之日俘、侨人数。

港　口　　每日容纳人数

釜　山　　七〇〇〇

　　　　　一五〇〇

　　　　　一〇〇〇

　　　　　一〇〇〇

二、朝鲜容纳自中国遣送之日侨、俘之数量，得由盟军总部与中国战区美军司令官之决定。

丙、日本海港及每日之容纳数量如下：

海　港　　每日容纳人数

　　　　　二五〇〇

　　　　　二五〇〇

　　　　　五〇〇〇

　　　　　七五〇〇

　　　　　五〇〇〇

　　　　　三〇〇〇

　　　　　八〇〇〇

　　　　　一〇〇〇〇

吾人正予考虑，增加日本之输送港口及港口设备。

五、往来之各海港

甲、书中间船只往来之各海港，其经常数字列如下表：

中国战区之港口	日本之港口	每日碇舶日本之船数	载回国之遣散数	自由船之数	登陆艇数	备考
基隆		自由艇一艘	三〇〇〇	一六		
基隆		自由艇一艘	三〇〇〇	一六		
基隆		不定	五〇〇			日人护航船
高雄		自由艇一艘	三〇〇〇	一九		
高雄		不定	五〇〇			日人护航
上海		自由艇一艘	三〇〇〇	一一		
上海		自由艇一艘	一二〇〇	一五		
上海		不定	一五〇〇			不定
塘沽		自由艇二艘	二五〇〇	三六		日本船
青岛或连云		自由艇二艘	二五〇〇	三四		
广东或海防越南厦门汕头		自由艇一或二只	三〇〇〇 六〇〇〇	二十——三八		
广州		未知				可用之日本小队

八三——八五

包括釜山——上海之来往。

每周有登船艇六只抵青岛,每周登陆艇八只抵老饶。

驾驶行之船只自由艇占百分之八十,日人驾驶之登陆艇占百分之十六,抵达日本及中国之终点港口得休息二日。

附注:盟军登陆艇至多能载运一千二百人,自由艇为三千五百人。

乙、日本船舶管理处于日本接受港口有新之建立或现有之港口设施有增加时,彼保有对于改变日本港口之权。

丙、

一、自由船只用以遣送时,须按下列秩序,自中国港口施行来往之输送：高雄，基隆，上海，基隆，以下仿此。广东於第二次之输送后，亦包括在此序内。海防于第十次输送后，亦列入以后之输送序内。

二、登陆艇自中国港口连续之输送工作仍按下列次序：溏沽，青岛或连云，上海，以后类此。

中国战区遣送计划

一九四六年二月六日

日俘、侨所需医疗船只之数量及地点

海港地点	日俘 担架	日俘 护送	日俘 小计	日侨 担架	日侨 护送	日侨 小计	总计
塘沽山西	三三七	四〇二	七三九				七三九
北平	一四六四	二三七四	三八三八	一七九	三三一	五一〇	四三四八
青岛济南	三六七	四六四	八三一				八三一
青岛	一一五	一六五	二八〇				二八〇
老饶河南	七八七	一〇〇八	一七九五				一七九五
海州	二六三	三三七	六〇〇	二二	五三	七五	六七五
上海湖南	三四八	一〇〇七	一三三五				一三三五
武汉	二二〇一	二七三〇	四九三一	五二	三	五五	四九八六
九江	一一七	四四四	五六一	二八	三六	六四	六二五
安庆	八一	一一六	一九七				一九七
南京	一三八二	二五七四	三九五六				三九五六
上海	二三八七	三五六〇	五九四七	八〇	一一七二	一二五二	七一九九
厦门厦门	四	六	一〇				
汕头汕头	九五	一二六	二二一				二二一
广州广州	六七〇	一二三六	一九〇六	四〇	四三	八三	一九八九
越南海防	二一一	三二七	五三八	四	三	七	五四五
海口海南岛	？	一三〇	一三〇				一三〇
基隆台湾	九八七	一六三〇	二六一七				二六一七
全部总数	二八一六	一八六三一	三〇四五二	四〇五	一六四一	二〇四六	三二四九八

〔国民政府国防部史政局及战史会档案〕

（二）抢占战略要地阻挠解放军收复失地

一、抢夺黑龙江、吉林、辽宁、绥远、察哈尔、热河等地区

1. 刘茂恩转报朱德部准备接受日伪投降作战命令电

(1945年9月25日)

渝行政院长宋：〇。谨将三区专署检报奸伪朱德对其部下之第三号命令，原文电陈如次：（一）未晚八时之命令。为配合苏联红军进入中国境内作战，并准备接收日蒙敌伪投降，我命令：(1) 原东北军吕替循① 所部，由山西绥远现地向察哈尔、热河进发。(2) 原东北军张蜡豁所部，由河北、察哈尔现地，向热河、辽宁进发。(3) 原东北万贯所部，由山东、河北现地，向辽宁进发。(4) 现驻河北、辽宁边境之李运昌所部，即日向辽宁、吉林进发会战。（二）晚九时第三号命令。为配合外蒙古人民共和国军队进入内蒙及绥、察、热等地作战，并准备接受日蒙敌伪分途投降，我命令：(1) 贺龙所部由绥远现地向北行动。(2) 聂荣臻所部由察哈尔、热河现地，向北行动。(3) 未真十时半之第四号命令。为配合肃清同浦〔蒲〕沿线及汾河流域之敌伪军，并准备接收敌伪军投降，并同时进入太原之区，我命令：(1) 所有山西解放军统归贺龙指挥，统一行动。(2) 在执行命令时，应克服一切困难，击破前进路上一切之阻碍。(3) 如遇敌伪，应坚决消灭之。（四）未真十一时之第五号命令。在中国境内交通要道之军队，并准备接

---

① "循"字傍原有存疑号。

收敌伪军投降,我命令:所有沿北宁路、平绥路、平汉路、同浦〔蒲〕路、沧石路、正太路、白晋路、道清路、津浦路、陇海路、粤汉路、沪宁路、京芜路、沪杭路、广九路、潮汕路等路线及其他解放区一切占领交通要道之中国解放区抗日军队,统应举行积极进攻。(五)佳午元日代表投降,在执行上项命令时,应克服一切困难,击破路上一切之阻碍。如遇抗拒,应坚决消灭之。等情。除将原令呈送一战区长官部外,谨闻。职刘茂恩。申梗。保绥瑞。印。

〔行政院档案〕

2. 绥境蒙政会等团体攻击八路军在该省争城夺地电

(1945年11月20日)

国民政府各院、部、会、国民参政会、中央社、各报社、周代表恩来、王代表若飞公鉴:溯沦陷各盟、旗蒙古同胞,遭日寇八年之蹂躏、屠杀。抗战各盟、旗蒙古同胞,经奋斗八年之惨痛牺牲,处境虽异,浩劫无殊。今获敌投降,民出水火,方谓建国宏规,自今发创。不料惊魂甫定,虎口余生之蒙古同胞,正在襁负东行返驮复员之际,忽值中共集结大军,西进攻绥,转瞬之间,已蜂屯省垣近郊,砍割电杆,拆毁铁道,日夜进攻,愈迫愈急。致各旗蒙古居乡者重罹荼毒,留城者望里难归。……至于内蒙自治,凡抗战蒙胞均有发言权,今乃一笔抹煞,而强以附已蒙人作招牌;行争地、争城之战争。……傅长官所队〔部〕,本以避免内战,由绥东撤回,亦须中共部队离此绥局,便可获安。其他问题,仍不难以和平商决也。迫切陈词,敬祈明察。绥境蒙政会、蒙旗宣慰使公署、各盟旗政府、扎萨克总管、蒙古各骑兵旅、各保安队、各游击军区司令部、各学校暨留绥各旗官兵等同叩。戌鱼。印。

〔行政院档案〕

3. 吴鼎昌抄送辽吉黑三省复员协进会反对苏军干涉接收东北议决书函

(1945年12月11日)

奉主席交下辽宁、吉林、黑龙江三省复员协进会为东北局势恶化，人民焦虑，旅渝全体同乡召开大会，谨议决三事，伏乞核夺施行呈一件，奉谕"交行政院"。等因。相应抄同原呈，函达查照。此致
行政院

计抄送辽、吉、黑三省复员协进会原呈一件。

文官长 吴鼎昌

抄原呈

为上书事：东北不幸，祸患相寻，十四年来被日本侵据，三千五百万人民饥寒病死，颠沛流离，所遭凶残蹂躏，念之惨痛。方期自兹以往，可得逐渐苏息，讵料胜利声浪兴播未久，惊人消息相继传来，派遣之保安部队既被阻而不能登陆，接收人员遂不得不撤退至北平。在此期内，奸伪、土匪、军阀余孽，与中共党徒互相勾结、利用，恃有庇护，乘机为乱，盗名民主，煽惑人心，诡称自治，图谋割据，乌烟瘴气，已弥漫于白山黑水之间。人民等蒿目东北局势之恶化，不胜殷忧，惟恐九一八事变再演于今日。回忆此次抗战中，我国作战历时最久，牺牲最大，而仍不惜损失重大权益，与苏联缔结友好同盟条约者，原期能增进友谊，互为协助，以谋远东安宁，进而策世界之和平。孰期一方面曲解自由之意义，阻止我军由大连登陆，他方面纵容中共党徒麇集东北各地，恣呈阻害〔碍〕接收之技俩，策动破坏统一之局势。谁使为之？孰令致之？最近盛传驻长春苏军总部提出若干条款，要请我方承认。于此更使举世人士怀疑苏联之所谓友谊，且深感中苏友好条约已

被苏联利用为侵略我国之工具。东北九省,无论就地理、历史、文化、政治、经济任何方言,俱为整个中国重要之一部份。复因位居我国边陲,就国防言与内地各省尤具有辅车相依之关系。当此东北局势遽行恶化之际,东北人民焦虑忧戚,群情激愤,旅渝全体同乡召开大会,谨议决左列各案。

一、尽速向东北增派重兵,讨伐阻挠复员之叛军,安抚人民,同时督促派赴东北接收人员,随军前往接收,严令负责各员不得再行延误事机,违者以误国论处。

二、向苏联严重交涉,促请其切实尊重两国具有悠久历史之友谊与中苏友好条约之精神,对于我国接收东北工作,无再故事阻挠,并尽量予以便利。

三、对于驻长春苏军总司令所提出之无理要求,断然拒绝,无涉犹疑,以保国权。谨乞核夺施行,实感德便。谨呈
国民政府主席蒋

辽宁省复员协进会
吉林省复员协进会谨呈
黑龙江省复员协进会

〔行政院档案〕

4. 马占山关于东北挺进军与八路军抢占察绥地区机密日记①

(1945年12月31日)

……

八月十一日

电令:上午十一时,奉司令长官傅未真子解两电开:极机密。

---

① 选自《东北挺进军总司令部机密日记》。

命令：(一)日寇已向盟方请求，接受波茨坦公告，准备无条件投降。(二)本战区为收复察绥，即令绥西部队积极向东挺进。(三)贵部即日由城坡子至牛隆湾间渡河，进出托、和、清、凉四县地区，指挥郭长清部，严整战备，相机收复各县城，不得再任奸军占领。并选地集结，防止奸军北窜，俟与进出绥包部队确实连系后，再向察北、东北前进。(四)希将出发及实施情形，随时电告。等因。

处置：奉到电令，即召集本部及新五、六两师有关人员，面示一切，并决定本总司令亲带各部队渡河。惟因防务无队接替及马栅至包子塔间之河防原为防奸未便放弃各关系，乃决心将新骑六师第十六团及特务营各留一部，担任防务。当下达命令如左：

命令　八月十一日下午一时于哈拉寨总司令部

一、(同傅长官未真、子解两电令)

二、本总司令拟亲率各部队渡河，进出托、和、清、凉四县，相机收复各县城。

三、新骑五师全部，于八月十三日早出发，由黑格老湾附近渡河，进出托城附近，相机进占托、和、凉各县城，务与进出绥包方面友军确取连络。

四、新骑六师酌留十六团之一部(附河曲保安队)，担任由马栅至包子塔间河防，拒止奸军渡河西犯。其余统由吕师长率领，于十三日早由哈出发，经大榆树湾渡河进出喇嘛湾附近，相机占领喇嘛湾，面向清水河前进。并令佟纵队即日渡河，监视喇嘛湾之敌。

五、特务营乘马部队，着由王营附竞武率领，于十四日早随本部司令，由哈出发，经大榆树湾渡河。该营徒步官兵由王营长指挥，负固守哈镇之任务。

六、郭长清部俟余渡河后，即在清水河附近整备，相机收复各县城。

……………
九、余在哈拉寨总司令部,尔后进至大榆树湾。〔下略〕

八月十七日

战况:本部在途中,即不断得慕师长报告:谓全师于寒午,由黑格老湾渡河完毕。托城之敌九尾部队五百余名,附伪蒙军七、八百名,于我军渡河之际,曾向我炮击。十五、六两日,又在河口镇、皮条沟各处与我接触。十七日晨,敌以受我压迫过甚,乃向归绥逃去,即收复托县。接吕师长报告:据守喇嘛湾之敌百余名,于十六日向东撤去,即派兵一部收复该镇。清水河敌三百余名,于十七日早一时,由县城向东退去。我友军郭长清部董团全团,已携该县孙县长进入该城,本部先头部队第十七团胡团及第一先遣纵队佟部,到达清水河城西一带,与奸匪三五八旅接触,激战一日,乃以众寡悬殊,遂向石碑桥转进。当晚奸匪复袭击清水河城董团及孙县长,损失惨重,卒被奸匪将清水河夺去。

教训〔略〕

八月二十三日

出动:本部到达托城,慕师长已派先遣第二纵队徐部,收复和林。慕师长迳奉傅长官令,带该师骑兵驰赴归绥,留第十四团程团驻守托县城。

战况:新骑六师于清水河战役后,全部始行集结,吕师长即占领清和间之一间房一带,阻匪北进。斯日匪众千数百名,乘天昏黑,袭击我驻一间房之十七团,颇有损失。

电令:奉司令长官傅电令,东北挺进军着即在旗下营集结,向陶林挺进。等因。

处置:当即决定各部迳至旗下营集结,所有托、和、清、凉各处防务,交由郭长清部接任。占山驰赴归绥,晋谒傅长官后,即到达旗下营。乃分别下达电令，大意如左：

一、电令慕师长率骑兵暂在归绥附近，侯余到绥后，经旗下营向陶林挺进。

一、电令吕师长即率所部，由现驻地出发，经归绥东南地区，至旗下营集结，再向陶林前进。

一、电令新骑五师程团长，即率所部，由托城随余出发，经归绥至旗下营集结，向陶林挺进。

八月二十七日

出动：当占山到绥晋谒傅长官时，知慕师长已率骑兵，奉长官令，于前一日由绥出发，向和、凉前进，阻止奸匪北上，而我新骑六师所部已到达归绥附近，遂令暂行停止。

八月二十九日

电令：奉司令长官傅未勘午解雨电开：兹着贵部即日取捷径，向宣化挺进，希将开驻情形，盼逐日电告。等因。

处置：奉到电令后，当即电致慕师长，由到达地迳赴卓资山，务于卅一日以前到达卓资山，与本军会合，向宣化挺进。并电令哈拉寨留守人员，侯接防部队到达后，即向包头移动。再各师各有步兵、有骑兵，不惟行军受其妨碍，即使用亦多不便，遂决心将两师骑兵，由慕师长指挥，步兵由吕师长指挥。其下达命令如左：

命令　八月二十九日下午一时于绥垣总司令部

一、顷奉长官傅未勘、午解两电开：兹着东北挺进军，即日取捷径，向宣化挺进，希将开驻情形，盼逐日电告。等因。

二、本总司令即拟率新骑五、六两师乘马部队，于本月卅日，由白塔附近出发，经陶卜齐——卓资山——平地泉，向宣化先行前进，各部徒步部队随续进。

三、新骑五师乘马部队，由慕师长率领，即刻于凉城向卓资山出发，务于卅一日前到达卓资山，与本总司令会合。

四、新骑六师所有乘马部队，统归刘副师长建华率领，随本总司令前行，尔后即归慕师长指挥。

五、所有两师徒步部队，统归吕师长指挥，跟随乘马部队行进路续进。

六、余现在绥垣总司令部。

注意：行进时对于奸军，务严加戒备，到达宿营地时，须赶速构筑工事，严密警戒。

八月卅一日

战况：本部到达卓资山后，而慕师长尚未到来。据报伊率所部骑兵，于二十九日在和林、凉城间之南天门地方，遇大股奸匪三、四千名，遭遇鏖战一日夜，方得脱离。

九月四日

出动：本部到达丰镇县东北之隆盛庄时，慕师长率队赶至，当即拟取道张皋镇、白家营、新平堡、渡口堡、柴沟堡，向宣化挺进，而以慕师长率各部骑兵为前卫。

九月九日

敌情：沿途经张皋镇、大同营子、白家营、新平堡等处，均有奸匪之工作人员及小部队窜扰，为我前卫所驱逐。六日抵新平堡时，即得获各方面之情报如左：

一、奸匪冀察晋边区主力及冀中晋绥各部，会合数万人，于八月下旬攻陷张家口及宣化、柴沟堡各处，得获日军武器装备极多，并保持平绥路、柴沟堡至下花园间之交通，其一部正围攻天镇。

一、商都、张北各地,有苏俄军队,为匪张目。

二、战区之主力,已进展至大同、阳高间,待机东进。

处置决心:基于以上诸情况,本军为达成挺进宣化之使命,开东进之路,必须先攻克柴沟堡,解天镇之围,使本战区之主力顺利推进。乃决定攻击部署如左:

一、着令新五师慕师长,率该师乘马部队及新骑六师乘马部队,于九日黎明,沿关帝庙、沙家屯,向柴沟堡进攻。

二、新骑六师吕师长,率两师徒步部队,推进至西阳河堡,策应乘马部队之进攻。

三、由新骑五师酌派一部,携带爆破器材,破坏柴沟堡至孔家庄之铁路桥梁。

战况:是日早三时,慕师长率两师乘马部队,前进至沙家屯,即与敌之警戒部队六、七十名接触,当被我驱逐。继续前进至柴沟堡附近,与据守该处之敌约三、四千名接触,遂发生激烈战斗。约三小时许,由张家口火车运到奸匪约四千余名,前来增援,向我侧翼攻击。众寡悬殊,并我方地形不利,且受敌炮火制压,于上午十时转进沙家屯。敌复向我反攻,我官兵奋勇杀敌,前仆后继,战斗剧烈,该屯失而复得者数次。终以敌藉禾稼、芦苇遮蔽,绕我后方,我因侧背遭受威胁,复转进于关帝庙,作坚决之抵抗。但敌以步、骑、炮联合向我正侧面冲击,火力炽盛,慕师长不得已,率骑兵第十三团、第十六团官兵六百余名,转进渡口堡。斯时我军即拟分守渡口堡、西阳河、新平堡各据点,而敌以六团(许第七十七、二十五、新四特务独立各团)之众,装备精良,将渡口堡包围,复进占王家湾南北之线,遮断渡口堡、西阳河间之连络。而围攻渡口堡之敌,仍由张家口、天镇方面陆续增加,内有外蒙军参加,不分昼夜,以野山炮、迫击炮及轻重机枪、掷弹筒等,(使用此种武器者多为异国人)向我猛攻,弹落如雨,我守城官兵奋不顾身,誓死抵抗。敌登城数次,均被击退。计伤毙敌二千余人，敌仍不顾一切牺牲，反复冲击。查渡口堡面积极小，墙垣亦不坚固，必藉火力制止其登城。鏖战两日，应城内马匹大半为敌炮火伤毙，而各部队之弹药亦尽迄。至十一日早，敌乘我火力稀薄，冲入城内，乃演成剧烈之肉搏战，双方伤亡惨重。慕师长激励官兵，为国家牺牲而奋斗，拼命与敌周旋，方将敌击退城外，而大部敌人复由城东北隅、西北隅攻入城内。当敌围攻渡口堡时，曾令守西阳河堡之第十四团程团长，率部往援，即在王家湾与敌发生激战。彼我伤亡均重，不克冲至渡口堡，慕师长见情况危急，亲率卫士千余名，向入城之敌猛冲，将当面之敌击退，而敌入城者愈增。斯时弹药告罄，官兵牺牲十之八、九，慕师长万不得已，乃下令突围。遂带左右十余人，越城而出。西阳河、新平堡亦难固守，乃向张皋镇、隆盛庄转进。〔下略〕

十月十七日

战况：第一集团王英部，驻守聚乐堡、四十里铺、后铺、周士庄、三十里铺一带。匪以五千之众，乘夜袭击聚乐堡、后铺各处，王部官兵抵抗甚烈，牺牲亦众，遂先后失陷。

十月十九日

作战：当将本军所有骑兵部队，由本部参谋处李处长世绩指挥，并会合第二战区楚总司令，派步兵一团，战车四辆，由大同驰至周士庄，向聚乐堡、后铺之敌反攻。其攻击命令如左：

命令　十月十九日午后十一时于大同副长官部发

一、由聚乐堡前进，奸匪现向周士庄推进，已到达周士庄东方附近地区。

二、军拟于明（廿）日拂晓，向该敌出击，由两翼包围该敌，而殄灭之。

三、右翼部队（王英所部）由王总司令亲自指挥，经路家庄

——遇驾山——张家庄，迂回包围敌之左侧背，向聚乐堡方向攻击前进。

四、中央部队第二战区所属骑四师第十四团全部，附战车四辆，由张团长有起指挥，经周士庄——四十里铺，向聚乐堡方向攻击前进。

五、左翼部队（东北挺进军骑兵）由李处长世绩指挥，经陈家堡向后铺之敌进攻，尔后沿南庄前进，迂回包围敌之右侧背，向聚乐堡方向攻击前进。

六、各部队务于拂晓前，到达周士庄南北之线，即同时出击，向敌攻击前进。

七、各部队务尽力向敌猛攻追击，以求达成将敌殄灭击溃之目的。

八、各部队前进间之连络，宜确实免生误会，并以上红下白之六十生的见方旗，表示到达位置。

战况：二十日拂晓，各部队按所负任务，向匪进击。匪见势不佳，即纷纷向聚乐堡退去，斯时张垣之匪全部西犯，隆盛庄、丰镇各地，先后失陷。左云匪亦二万余，由贺龙指挥，向大同、丰镇间前进。其先头已到达距大同三、四十里之镇房堡附近。大同防务重要，乃将出发各部队星夜调回，防守大同。

十月二十六日

防御：敌人攻陷丰镇后，孤山车站遂即陷落，周士庄车站亦为王部放弃，退据大同东南水泊寺一带。匪势汹涌，到处扬言进犯大同，当以大同车站关系重要，而御河铁桥工程浩大，尤须掩护，遂令所部死力防守。其防御命令如左：

命令　十月二十六日上午七时三十分于大同面粉公司
　　　总司令部

一、阳高方面之匪，其先头刻已到达三条涧，兵力约五千余名。我暂编骑兵第一集团之一部,在海里村,与优势之敌对峙中。

二、军以协同友军第二战区部队固守大同之目的,即于车站附近占领阵地。

三、新骑五师于车站以东(含车站)占领阵地,严密戒备,并占领白马城为前进阵地。

四、新骑六师于车站以西占领阵地,严密戒备,并派有力一部,掩护御河铁桥。

五、特务营担任保护总部,于大同面粉公司周围占领阵地,并控置一部兵力,作机动使用。

六、各师营之作战地境,如另纸防御配备要图之所示〔略〕。

七、各部队务在守备地区内,赶筑防御工事,妥为配备。

八、各部队务对友、我两军构筑之据点,能以火力支援者,须竭力协助之。

九、余在面粉公司总司令部。〔下略〕

十月二十七日

搜索:匪向绥包进犯,企图不明,但大同附近之匪,计共万余,仍蠢蠢欲动,颇有伺隙袭扰形势。当即划分搜索区域,令各部每日派队搜索。其搜索命令如左:

命令　十月二十七日于大同东北挺进军

一、大同东面之敌,约三、五千名,盘踞周士庄、后铺、东西羊坊一带。其先头已到达三条涧附近,东南之敌约千余,在解家庄附近窜扰。正西之敌二、三千人,先头到达青磁窑、小站村,在我友军扫荡中。正北孤山方面有匪数百名,分住孤山、太平庄一带。

二、军为确实明了当面敌情及勿使零匪接近计,着每日派队搜索,遇敌小股,即行驱逐、殄灭。遇大股,则行监视、戒备,派员回报。

三、各部应担任之搜索区域图〔下略〕。

中华民国三十四年十二月三十一日

东北挺进军总司令马占山

〔国民政府国防部史政局及战史会档案〕

5. 杨绰庵关于接收哈尔滨市日期电

(1946年1月2日)

国民政府主席蒋、行政院长宋、副院长翁：谨于卅五年一月一日接收本市府，开始工作。哈尔滨市市长杨绰庵叩。东。印。

〔行政院档案〕

6. 熊式辉报告辽宁省盘山县及营口市失守经过电

(1946年2月17日)

重庆行政院院长宋：顷据辽宁省主席丑佳锦机170代电报称：所属盘山县城，于子月十三日二十时遭共匪攻击。翌晨一时，县长金伯起以弹尽援绝，退出县城。十五日随国军反攻入城，十六时国军赴沟帮子，县城复告陷落，并被劫去县印，县府公物大部损失。又新委代理辽中县长李儒林，接收途中适盘山失守，李及其子、随员均为匪劫走，后其子被释，辽中县印、鞍山市印、鞍山警察局钤记，均被劫。营口于子月十日接收，十三日晚即遭奸进攻，十五日遂告失守。等情前来。除分电军事委员会外，理合呈报鉴核。东北行营政治委员会兼主任委员熊式辉。丑筱。政平秘。

〔行政院档案〕

7. 熊式辉关于保安部队接收嫩江等地情况代电

(1946年3月13日)

重庆行政院宋院长钧鉴：据嫩江省政府秘机丑微代电呈称：本府接收人员及保安部队一连一行，共二百人，于本年一月九日到达哈尔滨，二十一日抵齐齐哈尔，接收嫩江省政。现工作正逐步展开，谨将现状缕陈如次：一、接收概况。自上月二十四日开始接收，当日即接收本省省府及省会警察局，二十五日接收齐齐哈尔市政府，三十一日接收龙江县政府，进行尚为顺利，现正整理内部，并派员前往接收泰来、富裕、林甸三县。二、治安状况。目察齐市情形，并综合各方报告，全省治安情形极为复杂可虑。西北、西南两方均为不法武力盘据、搅扰，西北结集在甘南县一带，其势力竟达距齐市西北四十里处，东北讷河、富裕、林甸三县情形则较佳，西南方面亦有匪军。近由辽北省王爷庙地方，向洮安、洮南回窜扰乱。至泰来、镇东两县，则较为平靖，齐市治安大体尚好。等情。除指复外，谨转陈备查。东北行营政治委员兼主任委员熊式辉叩。寅元。政民。印。

〔行政院档案〕

8. 刘翰东关于保安团阻挠八路军围攻辽北省四平市经过代电

(1946年3月28日)

辽北省政府代电

行政院院长宋钧鉴：（一）本省省会四平市，于本月筱日晨二时，被共军二万余围攻，我防守部队仅保安团警，总数不及四千，武器低劣，弹药缺乏。而敌则有迫击炮、野炮、火箭炮及其他重武器甚多。翰东本守土有责之义，率部迎战，尽力防守，战斗异常激烈。自二时至五时，因我设有电网及防御工事，敌无法侵入，伤亡极众。六时许，我电厂为敌火箭炮破坏，电网失其效用，敌遂拥入市区，开始巷战。六时至十二时，我阵亡官兵已逾五百余人，并逼近省府，陷于混战状态。我敌伤亡均极惨重，终以众寡悬殊，优劣异势，弹尽无援，翰东及各委员、警务处长、会计长暨省府大部份职员均被俘，少数失踪。省府全部被敌纵火焚毁，公私财务均被掠一空，印信电本亦损失无存。（二）翰东等被俘后，当日即被解至梨树县共军第七十团本部羁押，以共军各首脑人物均集四平，皓日复将翰东等解回省垣。敌曾要求组织联合省政府及参加民众大会，均予严词拒绝。有日翰东及委员徐鼐、张式纶、警务处长王泰兴、会计长黄嘉汉等十四人脱险。行抵公主岭，又被自称东北人民自卫军扣留羁押一昼夜，宥晚十时许始抵长春，感日飞抵锦州待命。委员白世昌、李充国及省府职员一百余人，仍在四平，一部份则尚在梨树。截至现在为止，尚安全。（三）此次共军围攻四平，其企图：（1）在使国人认识共军在东北之力量，以利其将来在东北政治地位之争取。（2）四平为中长路及四洮路之枢纽，争此据点，以阻挠国军北上。（3）击破我保安团警武力，以免为国军北上之策应。（4）掠夺武器及物资等。（四）本省自元月灰日接收后，情势即极险恶，各县旗均被共军占据，省垣附近亦受包围。交通经济之封锁，已达两月之久，且时受苏军干涉，处境艰难。梨树、昌图、开源三县，虽先后派员接收，但亦只能固守一隅，大部地区仍为共军盘据。迭经电呈有案，翰东处此情势，惟有尽全力建立自卫武力，坚守四平据点，以为国军北上之策应。两月以来，曾建立骑、步兵各一团，警察一总队，蒙民军两路，集结四平，兵力则不及四千人。武器弹药尤感缺乏，迭电行营，请求被充，迄无一应。本月文日，即苏军由四平撤退之前夕，仍向我挑衅，逼我拆除防卫工事。元日苏军悉数撤退，而四平市外共军，即利用中长路及四洮路运输，兵力增至二万余人，省防更形吃紧。翰东当即一面电陈行营请援,一面督饬所部及发动民众,构筑电网及各种城塞工事,铣午完成。请援之电尚未奉复,而翌晨即遭围攻,壮烈牺牲,终至不守。以上四项,谨电呈鉴核。辽北省主席刘翰东叩。寅俭。锦。印。

〔行政院档案〕

9. 熊式辉抄送辽宁省政府收复县市调查表呈

(1946年6月17日)

案查前准军政部辰养电:以奉委座谕,东北各省兵役机构亟待设立,嘱将东北各省收复县市名称、人口数量、行政设施、维持治安各节查复等由。经电饬已经接收之辽宁、吉林、辽北、热河等省政府,克日查填具报在案。兹据辽宁省政府主席徐箴赍表具复前来,除分函国防部、内政部查照外,谨抄原表呈请鉴核备查。谨呈

行政院院长宋

附呈抄表一份

东北行营政治委员会
兼主任委员熊式辉

辽宁省收复县(市)调查表①

县(市)名称	收复日期
沈阳市	三十四年十二月二十七日
抚顺市	三十五年三月二十三日
鞍山市	三十五年四月十日
	(三十五年五月二十三日被匪攻陷,三十五年六月一日又经收复)

---

① 原表部份内容省略。

营口市	三十五年一月十日
锦州市	三十四年十一月二十五日
辽阳市	三十五年三月二十五日
本溪湖市	三十五年五月三日
铁岭市	三十五年三月二十九日
海城县	三十五年四月五日
	（虽一度收复，六月二日又被奸匪占领）
辽阳县	三十五年三月二十五日
台安县	三十五年二月十二日
沈阳县	三十四年十二月二十七日
新民县	三十五年一月十二日
黑山县	三十四年十二月二十四日
锦　县	三十四年十一月三十日
义　县	三十四年十二月二十八日
辽中县	三十五年二月十九日
盘山县	三十四年十二月十三日
	（三十五年二月十四日被匪攻陷，三十五年二月十日第二次收复。）
铁岭县	三十五年三月二十九日
绥中县	三十四年十一月二十一日
锦西县	三十四年十一月二十五日
北镇县	三十四年十二月二十三日
彰武县	三十五年一月二十一日
抚顺县	三十五年三月二十六日
本溪县	三十五年五月三日
兴城县	三十四年十一月二十四日

〔行政院档案〕

10. 熊式辉抄送热河省政府收复县市调查表呈

(1946年7月2日)

案查奉饬东北各省查报收复县市名称、人口数量、行政设施、维持治安调查表一案,经将辽宁省政府造送原表抄呈核备在案。兹复据热河省政府主席刘多荃赍表具复前来,除分函国防部、内政部查照外,谨抄原表呈请鉴核备查。谨呈

行政院院长宋

　　附呈抄表一份

东北行营政治委员会兼主任委员熊式辉

热河省收复县(市)调查表①

县(市)名称　　　　收复日期

朝 阳 县　　　该县县长于卅五年一月六日奉派到任
阜 新 县　　　该县县长于卅五年一月一日奉派到任
凌 南 县　　　该县县长于卅五年一月廿三日奉派到任
凌 源 县　　　该县县长于卅五年一月十日奉派到任
平 泉 县　　　该县县长于卅五年一月卅日奉派到任
建 平 县　　　该县县长于卅五年一月廿日奉派到任
宁 城 县　　　该县县长于卅五年一月廿七日奉派到任
阜 新 市　　　该县县长于卅五年一月二日奉派到任

〔行政院档案〕

11. 熊式辉抄送辽北省政府收复县市调查表呈

(1946年7月23日)

案查奉饬查报东北各省收复县市名称、人口数量、行政设施、

---

① 原表部份内容省略。

维持治安调查表一案,经将辽宁、热河省政府造送原表,抄呈核备在案。兹复据辽北省政府主席刘翰东赍表具复前来,除分函国防部、内政部查照外,谨抄原表送请鉴核备查。谨呈
行政院院长宋

附呈辽北省收复县市调查表一纸

东北行营政治委员会兼主任委员熊式辉

辽北省收复县(市)调查表①

县(市)名称	收复日期	
四平市	中华民国三十五年	五月十九日
长岭县	尚未收复	
通辽县	尚未收复	
海龙县	中华民国三十五年	五月二十四日
西丰县	中华民国三十五年	五月十七日
西安县	中华民国三十五年	五月二十一日
东丰县	中华民国三十五年	五月二十三日
梨树县	中华民国三十五年	五月二十三日
开源县	中华民国三十五年	三月二十七日
昌图县	中华民国三十五年	四月三日
辽源县	中华民国	五月二十三日

① 原表部份内容省略。

三十五年　六月十二日

（尚有九村尚未收复）

〔行政院档案〕

12. 熊式辉抄送收复安东省县市调查表呈

（1947年2月4日）

案查奉饬查报东北各省收复县市名称、人口、数目、行政设施、维持治安调查表一案，经将辽宁、热河、辽北各省政府造送原表抄呈核备在案。兹据安东省政府将已收复各县市调查表造送前来，除分函国防部、内政部查照外，谨抄原表送请鉴核备查。谨呈
行政院院长宋
　　附呈安东省收复县市调查表十份

　　　　东北行辕政治委员会兼主任委员熊式辉

　　　　安东省收复县市调查表①

县市名称	收复日期
安东市	民国三十五年十月二十七日
金川县	民国三十五年十月十七日
辉南县	民国三十五年五月二十五日
岫岩县	民国三十五年十月二十三日
凤城县	民国三十五年十月二十四日
庄河县	民国三十五年十月三十日
柳河县	县城于民国三十五年十月十四日收复，其他各乡镇先后收复中。
安东县	民国三十五年十月二十六日
通化市	民国三十五年十一月二日

---

① 原表有些项目经省略。

通化县　　　　　民国三十五年十一月二日

〔行政院档案〕

二、抢夺河北及天津地区

1. 张廷谔等报告严防八路军进攻天津市郊密电

（1945年10月8日）

渝行政院长宋：〇密。据报：匪军迫近市郊，数量日增，昨晚并进犯市区西于庄警察队，掳去步枪二十支、机枪一架，警士十三名。当此敌人初降，伺隙蠢动，自应格外注意严防。刻正与美军商洽，联防各空隙，以免疏忽。又市内不良份子混入，已与十一战区前进指挥所会商清除办法，即日成立军警稽察处，由十一战区代表施奎龄任处长，警局长李汉元任副处长，彻底查惩，以资镇摄〔慑〕。除以后情形随时续报外，谨先奉闻。职张廷谔、杜建时叩。齐。印。

〔行政院档案〕

2. 刘茂恩报告八路军攻占河北邯郸等地密电

（1945年10月13日）

渝委员长蒋、行政院长宋、部长徐、部长陈、内政部张部长：〇密。豫北特情。（一）微寅邯郸县被奸匪攻陷。（二）前攻陷磁【县】之奸匪第五、第四七两团，近窜至漳河沿岸萧乐镇一带。（三）伪第22、23、24等团，鱼日窜至水冶（安阳西约四十里）一带，封锁安阳。现安城北、南、西三面被围，势甚危急。除分报外，谨闻。职刘茂恩。酉真未。保绥瑞。印。

〔行政院档案〕

3. 赵公武关于五十二军在山海关至锦州间围攻八路军机密日记

(1946年2月23日)

陆军第五十二军三十四年十一月十五日至二十九日于山海关至锦州间地区剿匪机密日记

十一月十五日　于秦皇岛军司令部

奉司令长官杜十一月十四日十六时作命字第十七号命令：

一、综合各方情报：临榆之匪为李运昌部张鹤鸣旅之第四七及四八两团及游击支队，共约五千余人。九门口为匪第七师之二〇及二一两团，约三千余人。无名口有匪少数便衣队。抚宁附近匪之昌抚支队约三百余人，又有四十七团之独立支队，约四、五百人。匪之素质训练均极低劣，弹药尤为缺乏，到处窜扰破坏交通，扬言阻止国军出关。

二、本部以迅速进入东北地区接收防务之目的，于十一月十五日晨，以主力自临榆、九门口强行出关。以有力之一部，由驻操营经无名口、永安堡，向中前所、大石桥东南地区迂回，冲击匪之侧背。并与主力协力，将其包围于临榆、中前所间地区一带，向海滨压迫而歼灭之，尔后进出绥中南北之线。

三、第十三军为攻击兵团，其第四师、八九师于明（十五）日，由现在之展开线发起攻势，重点分别指向角山寺及铁路南侧日本兵营附近，将临榆城区之匪一举包围歼灭。尔后向单家岭、杨庄、姜女庙之线进出，与中前所、大石桥方面之廿五师迂回部队，确取连系。

其第五十四师于明（十五）日拂晓时，由现在展开线发起攻势，先以一部攻占九门口、黄土岭附近要点，主力通过九门口后，经李家堡进出喇嘛寺、闫家岭之线。右翼与八十九师连络，沿公路、临榆匪后攻击，左与我廿五师连系。

四、第五十二军之二十五师为左侧挺进纵队，明（十五）日拂晓时，由其展开线强行通过无名口，务于十六日进出永安堡以南中前所附近，切断匪之公路、铁路交通。并以主力向山海关匪之侧背攻击，一举而歼灭之。

五、攻击兵团及左侧挺进纵队，应以临榆为轴，向右旋回，将匪一举向中前所以西海滨压迫，而歼灭之。

攻击兵团与左侧挺进纵队之作战地境如左：

攻击兵团〕程庄、小何庄、大亨峪山、鸡冠山、桂旗山、
　　　　　〉水泉子、皇姑屯、老君屯之线，线上属攻击
左侧挺进纵队〕兵团。

六、第四十三师为扫荡队，以主力应扫荡北宁铁路（唐山至临榆段）以北抚宁、临榆间地区之匪匪。以一部扫荡坨子头附近散匪，有力一部仍驻守唐山南侧十公里，保护铁路，防匪流窜，以确保后方交通线之安全。

七、第五十二军（欠廿五师）为预备兵团，位置于王家岭、秦皇岛间地区，随攻势之进展，逐次向山海关摧〔推〕进。于攻击兵团攻势奏功而弹药缺乏时，应适应战机准备，超越第一线扩张战果，穷追败退之匪。〔下略〕

十二、余现在秦皇岛车站，本部明（十五）日十时到红瓦店。

处置

以军作命字一四号命令，下达所属各部。

命令　三十四年十一月十五日十四时于秦皇岛海滨路

一、敌情：友军状况、上级企图等，与长官部命令同，故略之。

二、军之企图与长官部赋予本军之任务同，亦略之。

三、第廿五师（附辎重兵第三营第一野战医院）为长官部之左侧挺进纵队，于本（十五）日拂晓时，由现在之展开线强行通

过无名口，于十六日进出永安堡以南，向中前所附近，切断匪之公路、铁路交通，并以主力向山海关匪之侧背攻击，一举而歼灭之。但侧冀应与友军（第十三军）确实连系，应以临榆为轴，向右旋回，将匪一举向中前所以西海滨压迫，而歼灭之。廿五师与长官部攻击兵团（第十三军）之作战地境如左：

攻击兵团 ⎱ 程庄、小何庄、大亨峪山、鸡冠山、桂旗山、水
廿五师　 ⎰ 家子、皇姑屯、老君屯之线，线上属攻击兵团。

四、〔下略〕

九、余现在秦皇岛海滨路本部。

军　长　赵公武
参谋长　赵振戈

据廿五师师长刘世懋寒戌电称：1. 职师全部，已于寒酉到达义院口，驻操营附近地区。2. 本十四日上午十时，第七三团二营五连占领马各庄高地时，发现罗家峪西端有【匪】百余，被我攻击后，即向东逃去。获得六五手枪弹五十发，工具两把。3. 第七五团刻与马家峪约一百余名匪对战中。4. 据报董家口匪约二、三百名，刻正继续侦察中。

处置
立即以电话报长官。

十一月十六日　　于秦皇岛军司令部

据廿五师师长刘世懋戌删戌电称：1. 职师于铣辰由驻操营出发，午后八时全部到达永安堡及其以西地区宿营。2. 沿途数次袭击匪军，计于马家塔、胡家口、立毛山、立根台等处，毙匪分队长以下十余名，俘匪官一员，匪兵七名，获步马枪四枝、连旗一面、骡一匹。该匪番号为第七团，均系鲁籍，服装整齐。3. 关于攻击兵团进展情形，恳祈示知。

处置

以戌铣已亨电复 25D 刘师长：1. 该师迅速进出永安堡，殊堪嘉尚。54D 已进出九门口，4D、89D 已迫近临榆城垣，将匪压出长城以外。该师应由永安堡迅即南向中前所，截断匪交通，包围歼灭之。发扬本军光荣历史，并与友军切取连络。2. 伤兵有无或多少，希电报并代为慰问，即向刘家营秦皇岛卫生列车，或北戴河总医院转送。3. 弹药务须节用，目前无法补充。

奉司令长官杜十一月十六日十八时于秦皇岛作命第十八号命令：本军之一九五师自明（十七）日起，归长官部直接指挥。命令原文如下：

一、山海关、九门口一带之匪，经我十三军及廿五师包围、猛攻后，于本（十六）日九时顷溃退，我已完全攻克山海关，残匪向东逃窜，我正追击中。永安堡以东地区之匪，亦已狼狈逃窜，中前所附近已无匪踪。抚宁已于昨（十五）日午，为我四十三师一部攻克，现正向其附近地区清剿残匪中。

二、第一九五师（欠五八三团）应于明（十七）晨，由秦皇岛出发，依火车输送（车辆由本部商洽）至张家庄，担任张家庄、坨子头及铁路两侧沿滦河两岸至乐亭间地区扫荡共匪。并沿会理镇经安山、后坨上，协助新六师攻克卢龙后，交由新六师驻守。该师待命，至安山乘火车归建。

三、第一九五师自明（十七）日起，归本部直接指挥。

四、通信以无线电为主，每晚十时至十二时，向本部连络一次。

五、余现在秦皇岛长官部，明（十七）日至山海关。

右五项仰遵照，具报为要。

处置

以电话促该师向长官部报到。（因该师亦直接奉到长官部同号命令。）

奉长官杜作命字第十九号命令：

　　命令　十一月十六日十五时于秦皇岛车站长官部指挥所

一、山海关、九门口一带之匪，经我包围、猛攻后，于本（十六）日九时，顷向东溃退。廿五师已于昨晚通过永安堡，今日进出中前所附近。抚宁于昨（十五）日午，为我四十三师一部所攻克，现正于其附近地区清剿残匪中。

二、本部以迅速向东北内地推进之目的，于明（十七）日拂晓，以主力由老君屯、望夫石，沿北宁铁路及榆辽公路，向绥中挺进。一部控置于中前所、临榆间地区，清剿残匪，以保后方交通线之安全。

三、着第十三军，本日继续扫荡残匪。日没后以第五十四师于老君屯附近地区集结，以第八十九师于喇嘛寺附近地区集结，以第四师于姜女庙附近地区集结。军直属部队于临榆城区宿营。该军明（十七）日拂晓，分左右两纵队，主力保持于左纵队，沿北宁铁路及榆绥公路，向绥中挺进。特须加强对榆绥公路北侧地区之警戒与搜索。

四、着第廿五师本日继续扫荡残敌，日没后集结于中前所附近地区。

五、着五十二军（欠一九五师、廿五师）于明日拂晓，开赴中前所、老君屯间地区集结待命，第廿五师明日即归还该军建制。该军工兵营应担任秦皇岛至中前所、所含间、北宁铁路之护路任务。

六、第五十二军之一九五师（欠五八三团）担任坨子头、张家庄、乐亭间地区剿匪任务，并协力新六师攻克卢庵后，候令以火车输送，归还建制。

七、本部于明十时，依列车输送，进驻榆临，担任秦皇岛市区警卫。归本部指挥之一九五师第五八三团，明日随同本部向临榆推进，由五十二军工兵营与美军协力，接替其所遗之秦皇岛市区之警卫勤务。

八、第五十二军配属本部使用之通信部队,明日随同本部推进至临榆后,迅速完成本部与各军及秦皇岛间之通信网。

九、各军师之补给,仍依作命第十七号之规定实施之。

十、各军师之伤病官兵,可送至临榆本部野战医院治疗。

十一、予现在秦皇岛车站本部,明(十七)日十时至临榆城。

司令长官　杜聿明

处置

以军作命字第十五号转令所属各部。

命令　十一月十六日廿二时于秦皇岛军司令部

一、敌情、友军状况、长官企图,与长官部命令同,略之。

二、军(欠廿五师、一九五师)于明(十七)日拂晓,开赴中前所、老君屯间地区,集结待命。第廿五师明日即归还建制。

三、第二师(附辎重团第二营第二野战医院)于明日拂晓,由现驻地出发,沿秦榆公路,在军直属部队后,向中前所附近前进。该师师部及直属部队,当日晚在西凉、水河子及附近地区宿营,以步兵一团驻老君屯,以一团驻户尚屯,以一团驻莲蓬洼,严密戒备。

四、第廿五师(附辎重团第三营第一野战医院三分之二)明日晚在中前所宿营,务以步兵一团推出中前所东端,严密戒备。

五、军部及直属部队(欠工营、特二连、通营之一部、第一、二、三野战医院、辎重团第二、三营)明日晨六时,在西北务南端公路左侧集合,归辎重团副团长李运成区处。集合完毕后,随即出发,当晚在大石桥及其以南地区宿营,严密戒备。辎重团第二营,着即配属第二师。

六、工兵营担任秦皇岛至中前所(含)间北宁铁路之护路任务,及与美军协力,接替五八三团所遗之秦皇岛市区之警卫勤务。

〔下略〕

十一、余现在秦皇岛，明日前进时，在军部先头。

　　右令

各师师长、各直属部队长、军部各单位主官。

　　　　　　　　　　军　长　赵公武
　　　　　　　　　　参谋长　赵振戈

　下达法：笔记，令各部派员授领。

　　十一月十七日　于大石桥军司令部

　军部本日十六时进至大石桥，即在此宿营，并下达直属部队及各处命令如下：

　命令　十一月十七日十九时于大石桥军司令部

参作字第78号

一、当面之匪经我第廿五师迂回痛击，狼狈沿海边及北宁路，向绥中方向溃退中。

　第十三军本（十七）日沿榆绥公路，向绥中方面追击，当晚在前卫街附近地区宿营。

　第廿五师向绥中挺进，本晚于沙河站附近宿营，明（十八）日拂晓续向绥中县东之报官岭挺进。

　第二师本晚在西凉、水河子宿营，明日拂晓在军直属部队后，向沙河站前进。

二、军部及直属部队（行军同前）于明（十八）日六时，在大石桥东北端沿公路右侧集结完毕（由特务营营长刘策区处之）。即沿榆绥公路前进，到沙河站（含）以东地区宿营，严密警戒。

　在西店子及前所宿营之部队，各在其驻地附近集合，于军通过时加入序列。

　三、〔下略〕

　五、余现在大石桥，行进时在部队先头。

　　右令

直属各部处长

军　长　赵公武
参谋长　赵振戈

下达法：笔记，令各部派员受领。

十一月十八日　于凉水河军司令部

军部本日十六时进至凉水河，即于此地宿营。即下达直属部队及各处命令如下：

命令　十一月十八日十八时于凉水河军司令部

一、当面之匪，本日来经我第廿五师及十三军连续猛烈攻击，迄晚退至绥中县城附近，有放弃该城模样。我第十三军攻占绥中县后，即在该城集结。

我廿五师本（十八）日十七时，于叶家坟出发，经绥中西北郊，向绥中东北之东关站迂回。到达该地后，即集结待命。

二、本军（欠廿五师、第一九五师）本（十八）晚在前街、凉水河间地区宿营，明（十九）日晨继续向绥中方向前进。

三、军部及直属部队（欠工兵营，特二连，第一、二、三野战医院，辎重团之二、三营，通信营之一部）本日在凉水河附近宿营，明（十九）日七时，于凉水河北端集合（集合场已另通知）完毕，训话后出发，经叶家坟、沙河站，向绥中县城方向前进，宿营地临时决定（行军序列同前规定）。

四、第二师除以一营，本晚前进刘把什屯，担任警戒迄向绥中归还建制外，其余在军直属部队后跟进。

五、余现在凉水河，行进时在部队先头。

右令

直属各部处

下达法：令各部派员受领。

下达第二师特作命字第四号命令：

命令　十一月十八日于凉水河子军司令部

一、绥中之敌已动摇，我第十三军已迫近城郊，我第廿五师正由叶家坟、经绥中西北，向绥中东北之东关站挺进中。

二、该师本十八日晚，即在现地宿营。并即刻派兵一营经前喊过岭，向刘把什屯搜索前进。到达后即对东北严密警戒，右冀应与第八十九师切取连络。

三、该师明十九日七时卅分，由现地出发，在直属部队后，向绥中方向前进，宿营地临时决定。

四、余现在凉水河子军司令部，明日前进时在军部先头。

右令

第二师师长刘玉章

下达法：笔记。派员送达。

十一月十九日　于东关站军司令部

本（十九）日晨六时，于凉水河奉司令长官杜作命特四号：

命令　十一月十九日三时于双台子指挥所

一、由沙河站向绥中退却之匪，已由我第四师跟踪追击，匪狼狈溃退。该师第十团，已于夜十二时完全攻占绥中城。

二、本长官部为期迅速进入沈阳，本（十九）日以一部，向兴城方向挺进，以主力于绥中待命续进。

三、第五十二军（欠一九五师）由现宿营地出发，分两纵队，由辽榆公路及北宁铁路，向望海甸扫荡前进。明日拂晓，由望海甸向兴城扫荡前进。每日到达后，应严密警戒，搜索敌情。以第廿五师，本（十九）日于东关站集结，待命车运。

四、第十三军本（十九）日，以军部及第四师于绥中城，第八十九师于马家河子及头台子间地区，第五十四师于二台子、报功岭间地区各集结，警戒待命。该军应即以汽车输送通信兵，将绥中至山海关间之电线，沿路查修，'限明（廿）晨通话报。该军应委派县长一员，主持绥中县政府，恢复地方秩序。本（十九）日该军应在五十二军通过后，再行出发，以免混乱。

五、各部队辎重，即依铁道输送，向绥中集中。

六、本部本（十九）日九时，由秦皇岛依铁道输送至绥中车站。

七、余现在双台子指挥所，拂晓后在绥中城。

　　右令

第五十二军赵军长

传达法：笔记。派军官送达。

　　处置

下达第二师、二十五师特作命第五号命令：

　　命令　十一月十九日六时十五分于凉水河军司令部

一、敌情、友军状况，与长官部同略之。

二、本军（欠一九五师）即由现地出发，分两纵队由辽榆公路及北宁铁路，向望海甸扫荡前进。明（廿）日拂晓，由望海甸向兴城扫荡前进。

三、第二师本十九日七时，由现地出发，分两纵队由辽榆公路及北宁铁路，向望海甸扫荡前进。其主力纵队应保持于公路，明（廿）日拂晓，由望海甸向兴城扫荡前进。每日到达后，应严密警戒，搜索敌情。

四、第廿五师本十九日于东关站集结，待命车运。

五、军部及直属部队，沿辽榆公路在第二师后跟进，本十九日晚在三里桥及其附近地区宿营，明廿日晚，在兴城附近宿营。

六、各部队辎重，即依铁道输送，向绥中集中。

七、余现在凉水河子，本（十九）日前进时，在军部先头。

　　右令

第二、第廿五师师长

传达法：笔记。军官送达。

十四时军部进至绥中时，下达第二师之特作命第六号：

　　命令　十一月十九日十四时于绥中

一、绥中之匪经我痛击后，退据兴城。

二、军即以有力之一部，向匪迂回。

三、第二师（欠第五团）到达绥中后，即刻轻装出发，经牛拉山向花营前进。本十九日晚，即在花营及其以北地区宿营，明廿晨由花营出发，经下城场向虎头山前进。廿日晚即在虎头山附近地区宿营，廿一日晨由虎头山出发，经旧门向下长、茂河子前进，到达后即在该地大休息。入夜后即由下长、茂河子出发，经西羊单沟，向何家沟前进。廿二日拂晓前，展开于孙家沟、拉子山、东窑站之线，向兴城攻击前进。该师第五团，自本（十九）日十四时起，即归本部直接指挥。明廿日十四时，由望海甸经长庵沟，向下城场前进，务于廿一日八时以前到达虎头山，归还建制。

四、余现在绥中，本十九日晚进驻东关站。

　　右令

第二师师长刘玉章

传达法：笔记；军官送达。

　　十一月二十日　于东关站军司令部

廿五师长刘世懋哿巳电称：（一）七三团哿晨，于望海甸获俘一名，据供系该方六四团，由锦州方面增援而来。该处有该六四团排哨后续部队，正向公路北移动中。（二）哿晨，七三团将该团排哨驱逐。（三）佟家窝棚以北，有匪约数百人，经七四团击溃，俘匪四名，获步枪十二枝。等情。

　　处置

以戌哿戈阁斌电报长官杜。戌哿亥戈电示第二师。

急到。第二师刘师长：〇密。该师之攻击到达线，为马皮山、姜女河、小山子、茶铺庵、首山、衣家屯、钓鱼台、码头山之线，不得超过此线,以免与友军混乱。(二)该师右冀,务与石佛寺之廿五师部队切取连系。(三)对连山方向之敌,务严密警戒,防敌夹攻。(四)连络记号、音号,同前。(五)该师设营人员仍在军部,将来在兴城归还。赵公武。戌哿亥。戈。印。

第廿五师戌皓亥参电报七三团战况:军长赵:○密。职师第七三团于本皓日十时,通过六股河后,到达长岭子附近,发现匪掩护部队约百余人。该团先头营当即猛烈攻击,以一部包围,惟甫经接触,匪即溃退。经该团后续渡河跟踪追击,狼狈后窜。计俘虏匪兵七名,步枪四枝。谨闻。职刘世懋。皓亥。参。印。

处置

以戌哿申桂电报长官杜。

十一月廿一日 于滥泥塘军前进指挥所

军长率领所要人员,本廿一日十六时,由东关站出发,廿三时进抵滥泥塘,即在此地宿营。军部各部、处,归郑副军长指挥,仍留驻东关站。

奉司令长官杜作命第二〇号命令:

命令 十一月二十日十九时于绥中车站长官部指挥所

一、据报昨日匪由锦州,以一个列车输送至兴城增援,详情不明。今日上午十时,匪约二千余人,由沙后所、大新民屯,分沿北宁铁路、辽榆公路,向兴城方面撤退。中庵王嘴及七里坡以南地区,似有匪之前进阵地。

二、奉委员长戌巧令一元信电开:"贵部忠勇奋战,迭克要隘,着即转谕。锦州、葫芦岛一带,尚有匪军,仍希转饬所部击灭之,向大凌河进展。"等因。本部以迅速向锦州推进并肃清兴城、葫芦岛散匪之目的,于十一月廿一日以攻击兵团之主力,分两纵队沿辽榆公路及北宁铁路,向兴城西南附近地区挺进。以其一部于现宿营地出发,由公路以北山地,迂回占领兴城以东附近要点,配合主力方面之攻势,将残匪全部包围而歼灭之。以预备兵团在绥中附近警戒集结,适时以铁道输送,向兴城方面跃进。

三、第五十二军(欠一九五师)配属第五十四师(该师应于明廿一日上午七时出发),为攻击兵团,于明廿一日夜,由望海甸出发,向兴城前进。须于廿二日拂晓,在卧牛寺、远屯、七里坡、庵王嘴之线展开完毕,完成攻击准备。并以一部派至磨石沟北之二道边,掩护左侧之安全,于廿二日拂晓时,即开始向兴城之匪攻击,进出兴城东河西岸之线。

第二师为左侧挺进纵队,明廿一日下午三时,由赵屯、郭屯间宿营地区出发,经磨盘山、西羊单沟、三关庙、田家屯,至西拉子山。即由右至左,以主力占领姜女河、小山子、2328高地及首山西端茶铺庵、水宁寺、远子莹、杨家寺之线。须于廿二日拂晓前,占领阵地完毕,以火力向西封锁各交通要道,防匪向东窜犯。

以一部向兴城侧背攻击,协力攻击兵团之攻势。到达牛道子、花园、龙王庙之线,应与攻击兵团密切连系,将匪捕捉而歼灭之。

四、攻击兵团与左侧挺进纵队之作战地境,为姜女河、蒋家洼子及兴城东南城角之线,线上属攻击兵团。

五、以十三军(欠五十四师)为预备兵团,于明廿一日以前,完成铁道输送之准备。利用已编成之四个列车(限廿二日到绥中车站,物品勿须下车),待命循环输送,向兴城跃进。当攻击兵团前进时,后续兵团先以第一列车沿铁道徐徐跟进,逐次抢修铁路破坏点及桥梁。准备攻击兵团奏功之顷刻,不失时机,以后续列车进出,至兴城下车,分三纵队超越攻击兵团,实行追击。

甲、右纵队(第四师)经兴城、东八里堡、东窑站、郝家屯、茨儿山,到达柳条沟南北之线,击灭葫芦岛之匪。

乙、左纵队(军直属部队及八十九师欠一团)经兴城、韩家沟、连山,向上下独树沟、二台子、影壁山之线进出,与匪保持接触。

丙、左侧支队（八十九师之一个团）经兴城、西八里堡、陈家岭、计家沟、万瓦家子，向东尖山子、赵家屯之线进出，掩护兵团之左侧背。〔下略〕

十、余现在绥中车站本部指挥所。

　　右令

第五十二军军长赵公武

　　　　　　　　　　　　司令长官　杜聿明

处置

以作命第十七号转令所属各部。

　　命令　十一月二十一日六时于东关站军司令部

一、敌情、友军状况、长官企图，与长官部命令同略之。

二、军之企图与长官部赋与本军之任务同，亦略之。

三、第二师（附第二野战医院）之任务，与长官部命令赋与该师之任务同，亦略之。

四、第五十四师（欠一团附山炮兵一连）为右第一线攻击兵团，于廿一日廿时，由望海甸出发，沿辽榆公路向兴城方向扫荡前进。须于本廿一日晚，占领李家洼两侧高地亘尖山、李家店之线，对敌严密警戒。廿二日拂晓前，展开于卧牛寺、远屯、七里坡、苏屯、高屯（含）之线，完成攻击准备。拂晓时开始向兴城之匪攻击，进出兴城东河西岸之线，协力左第一线攻击兵团，包围捕捉兴城之敌而歼灭之。左与左第一线兵团切取连系，右与第二师切取连系。

五、第廿五师（附山炮兵一连、第一野战医院辎团第三营）为左第一线攻击兵团，以一团于廿一日廿时，由现驻地出发，经中营子、大新民屯、介花石、大杨树、剪家沟、刘家屯、二道边道路，向黄土坎、老边之线占领阵地，向兴城方向严密封锁。该团前进时，对两侧高地应严密搜索，遇敌抵抗即击灭之，并与姜女河第二师之部队切取连系。主力于廿一日廿时,由现驻地出发,沿北宁铁路,向兴城方向前进。须于本廿一日晚,占领白庙子、铁马山、王嘴、西沟一带高地之线。廿二日拂晓,展开于高屯(不含)、大庙、下河洼、王嘴、磨石沟之线,完成攻击准备。拂晓时即开始向兴城之匪攻击,进出兴城东河西岸之线,协力右第一线攻击兵团,包围、捕捉兴城之敌。

六、作战地境如左:

左侧挺进纵队 ⎱ 姜女河、蒋家洼子、兴城东南城角之线,线上属
　　　　　　 ⎰ 左第一线攻击兵团。

左第一线攻击兵团 ⎱ 北宁铁路至马窝棚之段,兴城西北城角(含西
　　　　　　　　 ⎰ 北两门)之线,线上属右第一线攻击兵团。
右第一线攻击兵团

七、第五十四师之一团为军预备队,于廿一日廿一时由望海甸出发,向周家洼子前进。尔后战况之进展,随军部适时向前推进。

八、军部及未赋予任务之直属部队,仍在原地停止待命。

九、通信兵营应随战况之进展,随时保持通信之圆滑,对长官部及各师间,以无线电为主,有线电为副。

十、各部伤病暂由各部野战医院收疗,尔后适时送至兴城长官部卫生列车。其他规定事项,如另纸第一。〔略〕

十一、余现在东关站司令部。本廿一日廿时率特务营(欠一连),向周家洼子前进。

　　　右令
第二、廿五师师长及直属各部处
传达法:笔记,传令送达。
附作命第十七号另纸第一。〔略〕
　　　规定事项

（一）号音：白天用号，"夜间不用"。问：上讲堂？答：下讲堂。信号：使用信号枪。问红答绿，使用手电筒（用红布罩）。问：一长一短，答：二长。令前进绕圆形三圈，答左右摆动三次。连络符号：白天攻击到达地用两堆烟火，夜间攻击到达村庄或高地后，起火向后面连络。廿五师右臂缠红白识别带，第二及第五十四师右臂白手巾。

（二）响导每排一名，须先行找妥，并有乡保长担保。同时会当地乡保长，随部队前进到达兴城后，给资遣回。

2. 各部队攻击正面，须事先多派便衣队，搜索敌情，侦察地形及敌之工事位置。

3. 排长以上主管官，需备要图（含攻击点及其路线）。

4. 严戒为少数敌人迟滞我部队前进，如万一敌占要点顽强抵抗时，可派少数部队严密监视，其余大部绕道向目的地攻击前进。

5. 各部队一律轻装前进，大小行李集中，原驻地待命。

6. 各部官兵携带干粮一日份。

7. 攻城部队充分准备云梯。

接第二师哿酉电报：急。军长赵：〇密。职哿晨由花营出发，经下城场，于酉时到达虎头山，马日按预定计划实施。据报匪千余人，哿晨由下城场经红岚子，向兴城逃窜。谨闻。职刘玉章。酉哿。传。印。

处置

以戍马已斌电报长官杜。

二十五师戍哿绍敬电：本午第七四团在佟家窝棚西北高地，发现匪警戒兵。即以第二营之一部向其搜索，见其后方高地有匪百余占领阵地，乃对之攻击，以一部行包围战。二小时余，将匪全部击溃，向西北逃窜。查该敌系四六团之第一营，任后方掩护者。谨闻。职刘世懋。戍哿。绍敬。

处置

以马未享池电报长官杜。

十一月廿二日　于连山军司令部

军部进至沙后所时，得知我廿五师七三团，于本日晨已进占兴城。原据点城之匪，已于马日十时向连山逃窜，以是军部即向兴城进发。抵兴城后，又得知本日晨，我第二师与连山之匪激战，现连山城为第二师完全占领。于是，军于十五时，由兴城继续向连山进发。当军部本日午进至兴城时，长官杜亦同时赶至兴城。前方各方面之情况，亦于此时向长官杜面报。廿时到达连山，抵连山与第二师刘师长晤面后，始接到第二师、第二十五师如下各电：

马戌传电。军长赵：△密。据职师报称：兴城之匪，确于马午向连山逃窜。现兴城已无匪踪，乞电告即派队进驻兴城。职师养子向连山追击前进，胡团因散匪迟滞，尚未归。谨闻。职刘玉章。马戌。传。印。

马酉清电。军长赵：△密。胡团马晨由虎头山、吕阳峪、乔家屯出发，经四门，职于未时到达三关庙附近休息。预定马晚廿二、三时，在陈家屯进入攻击准备。养日拂晓，向兴城攻击前进。胡团归建后，为预备队。谨闻。职刘玉章。马酉。清。

马酉传电。军长赵：△密。据报兴城之匪，于豁日及马晨向连山逃窜。除严密俘获侦察外，谨闻。职刘玉章。马酉。传。

养巳渭电：军长赵：△密。职师因兴城已无匪踪，于本养日由何家沟附近出发，经陈家屯、团山子，到达连山附近。残匪恃险顽抗，正攻击扫荡中。惟因胡团尚未到达，兵力较薄，请饬友军迅向连山方面急进。谨闻。职刘玉章。养巳。渭。

养巳渭电。军长赵：△密。职师于本养日，已完全占领连山，余匪正扫荡中，俘获正清查中。职刘玉章。养巳。渭。

养未传电。军长赵：△密。第一团第一营养午，向塔山穷追败退之匪约一团，经击溃后，四散逃窜。该营于午占领塔山，严密警戒。职刘玉章。养未。传。

养酉传电。军长赵：△密。养晨第四团第六连连长韦裕祯，于三义庙西侧发现散匪两千余人，向北溃窜。该员因部队尚未到齐，挑选干部五、六人携冲锋枪追击。先俘匪卡车一辆，立即弃车穷追，迫近后以机枪扫射，毙匪百余名，匪被迫恃众反冲。该员等撤退不及，卒壮烈牺牲，并损失冲锋枪三枝。谨闻。职刘玉章。养酉。传。印。

养酉传电。军长赵：△密。连山附近溃匪，经逐次扫荡，已大部肃清，残余正聚歼中。总计养日掳获：（一）俘匪官兵五百余人。（二）步枪约五百枝。（三）轻机枪廿余挺。（四）掷弹筒十余门。（五）99日式迫炮一门，话机数部及弹药甚多，确数正清查中。职刘玉章。养酉。传。印。

养辰电。司令长官杜、军长赵：△密。职师第七三团于本廿二日七时五十分，攻克兴城县，俘虏及战利品正清查中。职刘世懋。养辰。

处置

连山战役俘获数，第二师经以养酉传电迳报长官杜，本部不再重报，但其余各综合上报。

十一月二十三日　于连山军司令部

接廿五师戌梗亥治敬电。军长赵：△密。职师于马晚，以三纵队由三里桥、望海甸，向兴城西北地区前进。右纵队第七三团驱除铁马山匪警戒部队后，于明晨七时卅分攻占兴城县。中、左两纵队仅与少数散匪遭遇，亦于同时到达兴城。职率部于养晨到达十八家时，曾与匪特务第一团之一排遭遇，当即予其完全缴械。总计此役共俘匪官兵六十七员名，获轻机枪两挺、步枪五十四枝、掷筒二个、手枪两枝，其他弹药、被服甚多。除战斗要报补呈外，谨先电闻。职刘世懋叩。戌梗亥。治敬。

处置

以戌回枢阁斌电转报长官杜。

十一月二十五日　于娘娘宫军司令部

军部本日五时,由连山出发,十七时卅分到达娘娘宫,即于此地宿营。昨廿四日廿时,奉长官杜作命第廿一号命令如左:

命令　十一月廿四日十八时于连山车站长官部指挥所

一、综合各方情报:盘据锦州之匪,为李运昌、杨昆、马骥、宋司令、徐政委部及第七师十九旅张鹤鸣部,合计三万余人。装备低劣,弹药缺乏,搜括物资,正准备向山岳地带撤退中。

二、本部以迅速攻略锦州之目的,于十二月廿五日,以迂回兵团、攻击兵团、左侧挺进纵队,分由锦州西北及东南地区强渡小凌河,进出大凌河西岸,将锦州匪军压迫于大小凌河间地区,包围而歼灭之。

三、第五十二军(欠一九五师)为迂回兵团,于明(廿五)日拂晓,分两纵队由塔山、大板桥、白台子、张台子、台子屯道及由前朱家沟、柳万屯、陆家屯、鞍子山、太平屯、娘娘宫道,于高家屯、蚂蚁村附近地区,渡过小凌河,取捷径于廿六日上午十二时以前,到达大凌河甸子至双羊甸子之线后,即行展开,以紫荆山为轴,向左旋回,右与左侧挺进纵队密切连系,求锦州之侧背而击破之。

另以一部(一个团为基干)由大凌河甸子渡过大凌河,于金城镇、世有屯各附近,占领桥头堡阵地而确保之。

四、第十三军(欠八十九师)为攻击兵团,廿六日七时,于于窝棚、大管屯、守堡之线展开,向锦州城及其两侧附近地区,攻击前进。先派一部于廿五日,向松山挺进,将匪封锁于松山以北山地,掩护该兵团右侧背之安全。

五、第八十九师为左侧挺进纵队,于明(廿五)日拂晓,由老爷庙取捷径,在小刘屯附近渡河。到达下苏沟后,以一部(一个团为基干)控置于乱山子附近,占领阵地,适时机动,防匪北窜。

以主力由下苏沟至庵王嘴子、台子山、石马山各附近,占领要点。并派有力一部至上蔡台车站,截断铁路,破坏通信。

六、各兵团之作战地境如左:

迂回兵团 ⎱ 小凌河由谢台子、锦州城东端之线,线上属攻击
攻击兵团 ⎰ 兵团。

攻击兵团 ⎱ 山齐屯、子屯、东大泥洼子之线,线上属攻击兵
左侧挺进纵队 ⎰ 团。

左侧挺进纵队 ⎱ 锦朝铁路由上蔡台车站至单屯段,再至小亮马山
迂回兵团 ⎰ 之线,线上属迂回兵团。

七、第一九五师为总预备队,位置于连山附近,随各兵团之进展,适时沿辽榆公路及北宁铁路,向前推进。

八、第七十一军为后续兵团,应于铁道输送,由秦皇岛向高桥急进,以便适时机动,超越第一线兵团施行追击。〔下略〕

十三、余现在连山车站长官部指挥所。

右令

第五十二军军长赵公武。

司令长官 杜聿明

处置

军即以作命第十八号命令,转令所属各部。

命令 十一月二十五日二时于连山军司令部

一、敌情友军状况、长官企图,与长官部原命令同,略之。

二、本军(欠一九五师)为迂回兵团,于廿五日拂晓,分两纵队前进,须于廿六日十二时以前,到达大凌河甸子、双羊甸子之线后,即行展开,以紫荆山为轴,向左旋回,右与左侧挺进纵队密切连系,求锦州匪之侧背而击破之。

另以一部（一个团为基干）由大凌河甸子渡过大凌河，于金城镇、世有屯各附近，占领桥头堡阵地而确保之。

三、第廿五师（欠一团又一营）为右纵队，须于廿五日五时，自现地出发，由五里河子沿北宁铁路至孙家屯，经大桥厂、白台子、张台子、台子屯道路，于高家屯附近地区渡河，取捷径到东二接地、五字屯附近地区集结，严密警戒。廿六日五时，继续经丰乐镇前进，须于十二时前，展开于大凌河甸子、东西靠山屯、兴隆屯之线，左与第二师连系，以紫荆山为轴，向左旋回，迅速进出大凌河甸子、青山、白云山之线，严密戒备。另以一部（一个团为基干）由大凌河甸子渡过大凌河，于金城镇、世有屯各附近，占领桥头堡阵地而确保之。

四、第二师（附山炮一连三门）为左纵队，应于廿五日五时三十分，由现地出发，经前朱家洼、柳万屯、陆家屯、鞍子山、太平屯、娘娘宫道路，于蚂蚁村附近渡河，取捷径至励窝棚、齐窝棚、绥风屯附近集结，严密警戒。廿六日六时取捷径继续前进，须于十二时前，展开于兴隆屯、双羊甸、刘家坟西至河岸之线。以紫荆山为轴，向左旋回，右与第廿五师及左侧挺进纵队，左与第十三军切取连系，注意左侧警戒。求锦州之匪侧背而击破之，相机进占锦州。

五、作战地境如左：

第廿五师 / 第 二 师：杏树底下、和字屯、长蛇山、关帝庙、白云山、下蔡台之线，线上属第二师。

第 二 师 / 第十三军：小凌河由谢台子至锦州城东端之线，线上属第十三军。

第二师 / 第八十九师：锦朝铁路由上蔡台车站至单屯段，再至小亮、马山之线，线上属第二师。

六、第廿五师之一团（欠一营）为军预备队，在军直属部队后跟进（须于六时卅分到达军部），渡河后至蒋家窝棚、张家窝棚集结待命，并严密警戒。

七、军直属部队（欠工兵营）于廿五日六时卅分，按传令排、军司令部（欠务、需、法及政治部等三处）、特务营（欠一连）、搜索营、通信营（欠一部）、输送连之次序（行军序列同），在军司令部以左，沿公路左侧集合完毕，待命出发，准第廿五师前进路前进，廿五晚集结范家窝棚，候命继续前进。务、需、法三处、政治部（炮兵营欠一连）、战车炮营、辎重团（欠两营又输力卅名）、笨重行李，于廿五日七时，在军司令部以右，沿公路左侧集合完毕。统归郑副军长率领（配无线电一班），由辽榆公路待命出发，至高梁附近集结待命。〔下略〕

十一、余现在连山，行进时在右纵队军部先头。

右令

第廿五、二师师长，直属各部处长

军长　赵公武

传达法：笔记。派员送达。

省酉享电报长官杜：军前进状况。即到。长官杜：△密。（一）现值潮涨，仅蚂蚁屯水深约二尺，可徒涉第〔下缺〕。

军长　赵公武

中华民国三十五年二月二十三日

〔国民政府国防部史政局及战史会档案〕

4. 张厉生抄送河北省各县局收复情形文及其附表等密呈

(1946年4月6日)

准河北省政府三十五年子删省日特字第一一六号代电报告：该府入省以来收复各县情形，并检同河北匪势与对策、河北省形势略图、河北省各县局被占及收复县名表，嘱查照并转报等由。查该省地当匪区前线，情形极为特殊，收复各县人才、经费两缺，尤应迅筹补救办法，俾复员工作得能顺利执行。该省前代电以县级经费无着，需要迫切，请转呈补发，以资维持一案，当经呈请鉴核在案。拟请钧院准予从宽拨发，以应急需。至所拟对策，均系针对事实而拟定，似属可行。理合抄同原代电及其对策与县名表各乙份，呈请核示祗遵。谨呈
行政院

  计抄：河北省政府原代电一件、河北匪势与对策、河北省各县局被占及收复县名表各乙份。

内政部部长　张厉生

抄呈河北省政府原代电

  重庆内政部勋鉴：渝民字第四六一五号酉哿代电敬悉。密查抗战军兴，河北首遭沦陷。所谓"八路军"者，即经太行山区进入本省西部，由是发展，假托抗战美名，号召民众，实则游而不击，专事劫取枪枝，扩充实力。初则利用机会，吸取偏激分子及无产流氓，推行组织，扩张干部。继则施行恐怖、残酷及虚伪欺骗手段，使多数善良民众受其控制，难以自拔。上年春间，因日军集中兵力撤驻交通线之时机，进据交通线中间及偏僻地区四十余县城。迨日本投降，复乘敌军遵命集中、伪组织解体、本府尚未入省、国军亦未到达之际，纷调匪军投〔钻〕隙猛进，袭据大多数县城，势力奄有全省。更一面破坏铁路，断绝交通，阻遏国军北进，抵制本省复员。一面搜括物资，强征壮丁，扩大斗争，摧残良善。在其倒行逆施之下，益陷河北于纷乱之境。至上年十月，本府进驻北平，先后派出之县长，策动地方武力，收复二十余县。由是军事、政治互有发展，县地方继有收复。截至三十四年年底，以北平为中心，经先后收复者，计平汉线上有：宛平、房山、良

乡、涿县、定兴、新城、徐水、清苑、望都、定县、新乐、正定、栾城、元氏等十四县城。正太线上有：获鹿及井陉二县城。平绥线上有：昌平一县城。平古线上有：通县、顺义、怀柔、密云等四县城。北宁线上有：大兴、武清、安次、天津、宁河、滦县、昌黎、抚宁、临榆、都山（设治局）等十县城。津浦线上有静海、青县、沧县、东光等四县城。旧黄河南北岸有：东明、长垣二县城。以上共为三十七县局，其保有面积广狭不等。关于乡镇、保甲组织，正在从新建立中，尚未全部报到。另有衡水、遵化、永年三城，收复之后部署未定，即被匪军包围，相持三月。今则衡水、遵化均又沦陷，永年尚在匪军包围中。此外，尚有丰润、大城、南皮、新海、交河、完县、满城、唐县、涞水、固安、柏乡等十一县境之一部，系在我方政权控制之下，待机发展。本府为期预有准备，相机收复各地，于全省一百三十二县局中，计已派出县长一百十五员，分别组织县府，除保有县城者即驻县城、保有县境一部者各在县境执行政令外，余则分别在就近交通要地进行工作。惟月余以来，匪军由于包绥失败，关外受挫，随即转移兵力，进入本省。在冀西北、冀东及冀中地区匪军，均有增加，在各线之上到处攻势①。虽属胜负互见，但因匪军集中，兵力雄厚，故我团队损失颇巨，以致衡水、遵化二城既被攻破，安次及都山亦得而复失，足征匪军之在河北实力庞大，野心未戢。摧破廓清之道，必须军事、政治密切配合。即：（一）以军事力量扶持政治，以政治力量配合军事。（二）以军事推进，掩护行政机构之建立，以政治发展、稳固军事之外围。（三）军事、政治由各大据点分路发展，逐步收复失地，争取民众，把握物资，以促匪军之崩溃。至于对策要领，具详于附件中。迩来本府一面根本整训原有团队，一面组训民众武力，期能与正规军相配合，同时充实行政干部，以推

---

① 原文如此，当有脱漏字。

行各项主要工作。由于本省为匪军主力集结之地，故欲摧破其主力，实有增派国军之必要。又河北各县，当长期灾患之余，地方残破已极，人民流离失所，县地方自治财政既无收入，县级经费无着，中央如不特别从宽补助，则县以下行政机构将至无法维持，影响收复工作至为重大。除将来发展及各县乡镇、保甲整编情形再行续报外，相应先将本府入省以来收复各县情形，并检同河北匪势与对策及图表，电达查照，并请转报为荷。河北省政府。子删。省日平。印。

抄呈河北省各县局被占及收复县名表

一、已收复县份（已进入县城，大部县境均能推行政令，但边远乡镇奸匪仍不时骚扰。）计三十七县局：

宛平　房山　良乡　涿县　定兴　新城　徐水　清苑　望都　定县　新乐　正定　栾城　元氏　获鹿　井陉　昌平　通县　顺义　怀柔　密云　大兴　武清　安次　天津　宁河　滦县　昌黎　抚宁　临榆　都山设治局　静海　青县　沧县　东光　东明　长垣

二、保有一部县境县份（县长已进入县境，惟大部乡镇仍为奸匪盘据，现正设法开展。）计十一县局：

丰润　大城　南皮　新海设治局　交河　完县　满城　唐县　涞水　固安　柏乡

三、被匪军控制县份（县境多被奸匪盘据，但我工作员化装潜入，仍可于一部乡镇推行工作。）计八十四县：

衡水　遵化　永年　乐亭　宝坻　盐山　庆云　宁津　吴桥　玉田　平谷　香河　三河　永清　霸县　易县　献县　阜城　景县　文安　任邱　卢龙　河间　雄县　容城　安新　高阳　曲阳　行唐　无极　深县　饶阳　晋县　束鹿　高邑　赵县　赞皇　冀县　故城　新河　宁晋　巨鹿　邢台　南和　鸡泽　尧山

临城　大名　广平　南乐　清丰　濮阳　邯郸　肥乡　成安　蓟县　迁安　兴隆　涞源　新镇　肃宁　蠡县　阜平　安国　博野　武强　武邑　安平　深泽　藁城　灵寿　平山　南宫　枣强　清河　威县　广宗　平乡　任县　沙河　隆平　内邱　磁县　曲阳

以上共一百三十二县局。

　　　　抄呈河北省匪势与对策〔略〕

〔行政院档案〕

三、抢夺山西地区

1. 第二战区司令长官部关于围攻晋省八路军机密作战日记

(1945年)

八月十五日　星期三　阴
　　　　驻吉县县城
　　对奸伪准备作战之指示

第八集团军楚副总司令溪春鉴：奸伪蓄积八年的力量，不打敌人，就是要等此时机争政权，不可低估奸伪力量。准备有战事时，他们用卅波、五十波的冲锋猛扑，你要多拿预备队，并告他们自动应援。阎锡山。合。未。参。

本军为收复城池监视敌军缴械，下达各指挥官命令如左：
　　命令　卅四年八月十五日正午十二时零分于孝义
　　　　樊家庄长官司令部
一、敌接受投降宣言，业已正式送达我国民政府。
二、军为收复城池，监视敌军缴械，拟即续向太原前进。
三、着彭副总司令指挥孙福麟、许鸿林军，分两个纵队，沿万户堡、净化村、侯村、北辛庄、长寿村、赵城村、修善村、南左庄、尧城镇、关戈站、北格镇、六堡镇、武宿村、许坛村道及东大王村、北官地、薛家庄、闫家庄、石永镇、南贤村、大象镇、信贤村、西社镇、杨房营、北程村、东罗白、北云友、吴家堡、三贤村、东堡村、南涧、小店镇、亲贤村道附近地区，向太原前进。于八月十五日下午三时，由现地出发。

四、途中应严防敌、奸袭击。

五、给养及柴水费等，均按新规定办理。

六、余在樊家庄长官部。

右令

第六集团军总司令杨爱源

第七集团军总司令赵承绶

第七集团军副总司令彭毓斌

第八集团军总司令孙楚

第八集团军副总司令楚溪春

第十三集团军总司令王靖国

炮兵司令　胡三余

工兵司令　程继宗

司令长官　阎锡山

八月十七日　星期五　雨、晚风

驻吉县县城

……剿奸伪战报

重庆委员长蒋钧鉴：据太原挺进军楚副司令溪春报称：未元下午一时，我骑一师行抵文水属里村北端时，田庄内发现奸军百余，利用隐蔽，向我射击。经我第三团派兵一部，由两翼包围，激战时许，奸匪利用田禾四散逃窜。是役毙伤奸伪十五名，我阵亡下士一名，伤官兵四员名。等情。除饬随时驱逐严加防范外，谨闻。阎锡山。未筱。参战。

报告我军收复县城奸军乘机围攻

重庆委员长蒋：我军收复太原县城后，奸军两次围攻，均被击退。谨闻。阎锡山。未洽申。

剿奸伪战报

重庆委员长蒋：剿奸伪战报。一、〔下略〕。

三、午皓，赵城保安大队在该县大李岩村，被奸伪洪、赵支队及民兵四百七十余包围，经该队奋勇迎击，战约两小时，将奸击退。毙奸十七名，伤二十余，我伤亡被俘士兵十名，损失步枪五支。四、午养夜，奸伪一千二百余，分向驻洪洞曲亭镇之洪洞保安大队围攻。经该队坚守顽抗，战至梗日下午，始将奸伪击退。斯役毙奸十二名，伤二十三名。我伤亡失踪士兵九名，损失步枪十一枝。阎锡山。（34）未筱午。军参战。

剿奸伪战报

重庆委员长蒋：剿奸伪战报。一、午寒、删、铣等日，赵城保安大队在该县道觉村、郇堡村、长安堡、营田庄等地，将四次进攻之奸伪三百六十余击溃。计毙奸九名，伤三名。二、午齐，洪洞保安大队在该县石桥村、下庄一带，与奸伪二百余遭遇，战四时许退去。毙奸八名，伤十余。三、午文，洪洞保安大队向盘据洪洞封里村之奸伪二百余进剿战〔战字衍〕，奸伪不支溃窜。毙奸三名，伤七名，获步枪一枝、子弹四粒、手掷弹二颗。发现奸伪百余向我围攻，经猛予还击，奸不遑退去。毙奸五名，伤九名，获子弹卅五粒、手掷弹二颗。阎锡山。（34）未筱午。二军参战。
〔下略〕

八月十九日　星期日　晴　吉县县城

剿匪战报

重庆委员长蒋、陈部长辞修兄：据暂四十二师师长阎俊贤报称：一、未筱晚十时，奸军七百余，由洪南社向汾阳城南关我第三团（欠一营）夜袭，抢架云梯三次爬城，均被击退。次日拂晓，该团第一营由西阳城镇驰往增援，奸军不支，向洪南社溃窜。该团跟踪追击，将村包围，奸军伤亡过重，向西山逃去。是役毙伤奸军二百余，我伤亡官兵廿余员名。二、未巧辰，我第三团第一营在城周警戒，有匪三百余侵入石塔村，捕杀我村办公人员。我当以迫炮掩护，步兵猛攻，该匪不支，向栗村逃窜。此时，奸匪由田村方向增来千余，我即采取守势，占据石塔村寨堡。俟该匪进至距我五十余公尺处，我集中手掷弹及轻重机枪火力，予以痛歼，奸匪四次波浪冲锋均被歼灭。同时该营第三连由左翼出击，奸匪伤亡惨重，狼狈溃窜。是役毙伤奸伪三百余，我伤官一，士兵九名，阵亡士兵各〔各字衍〕一名。等情。除饬继续扫荡并续报外，谨特闻。阎锡山。未皓。二参孝。

赵总司令巧晚率部进入太原省城

重庆委员长蒋钧鉴：赵总司令承绶，已于巧晚率部进入省城。谨闻。阎锡山。效。参。

八月廿日　星期一　半晴　吉县县城

复示赵总司令对太原北黄寨一带活动奸伪剿除之要领

一、据第七集团军赵总司令承绶未皓酉室电，据报：奸伪五、六千人，在太原城北之黄寨、向阳店、兰村一带活动。并在该地区东西两山内，亦集结有相当兵力，确数未详。其企图似在破坏交通，袭占我小据点，并阻我军再向北进展。可否俟第三梯队（彭军）到达后，派有力部队进驻黄寨地区，予以剿灭，请电示。等情。

二、本部据报后，当复一电如左：

赵总司令承绶：皓酉室【电】悉。可以，但要绝对优势兵力。阎锡山。未郛未。参。

八月廿一日　星期二　晴　吉县县城

重庆委员长蒋：据太原挺进军彭副总司令毓斌报称：一、未皓辰，我暂四十九师第二、第三两团先头部队，行抵太原县属戴家堡及祁县属牛家堡，奸伪数十名向我射击，当即派队搜捕，该奸利用青纱帐隐蔽逃窜。我阵亡军士一名。二、同日暂五十师抵徐沟属七里旺及王答村时，亦有奸伪百余，向我急袭。经我包围，毙三名、俘八名，余均逃去。各等情。谨闻。阎锡山。未马。参樊。

报告我军进入介休县城日期

重庆委员长蒋：顷接报告，本军本日上午七时，进入介休城。谨闻。阎锡山。未卻。参。

苏日两军动态及我军之行动

重庆委员长蒋：接太原电，苏军进攻张家口，日军奉命后撤。如攻大同，日军亦后撤，我军正向大同挺进中。谨闻。阎锡山。未箇。参。

报告史军进入长子长治各县城日期

重庆委员长蒋：我十九军史军长泽波电报，皓晚进入长子、进入长治。谨闻。阎锡山。未马申。参。

报告收复晋省各县情形

重庆委员长蒋：自我军积极进展以来，除晋西北九县、晋东南七县及繁峙县为奸军占据外，雁门关以南所有县份均经我军收复，所余雁北十三县正与日本接洽收复中。谨闻。阎锡山。未箇戌。

报告我军进入襄陵县城日期

重庆委员长蒋：未删，我襄陵地方团队，于下午八时进入襄陵城。谨闻。阎锡山。未箇。参樊。

八月二十二日　星期三　微风晴　驻吉县县城

奸情通报

各战区（衔略）奸情。一、据报交城境内近来集结有奸伪十万，企图攻占太原（待征）。二、浮山以北王村、柏村一带，有奸伪三个团活动。又卅八团、廿五团及太岳军区大部，于齐、佳两日，向灵石以东地区窜扰。又平遥以东地区，有奸伪三千余活动。三、汾阳城东西北地区，现集有奸伪四千余，企图窥占汾阳。四、奸叛孙定国部三千余，现仍在闻夏境内窜扰。阎锡山（34）未养未。参谋孝。

剿奸伪战报

重庆委员长蒋：据太原挺进军彭副总司令毓斌报称：职部副官齐奉钰，率特务队官兵廿员名，于未筱行抵平遥属武坊村，有奸匪百余向我袭击，激战三小时，该匪溃窜，计毙匪五名，伤九名。我伤亡官兵八员名。等情。谨闻。阎锡山。未养巳。参樊。

〔下略〕

八月二十四日　星期五　阴微雨　驻吉县县城

令吉克、桑各地守备部队，即日进入作战状态。查本军大部已向太原、临汾、大同各方面挺进，吉县克难坡、桑柏各地防务，关系后方安全与补给至巨。兹为预防奸伪乘机进袭起见，特令各地守备部队，即日进入作战状态。兹将原令录左：

第七十师郑师长继周、第一九六旅贾旅长绍棠、本部高高级参谋育才、战干团武教育长玉山、工兵廿二团张团长玉林鉴：兹为预防奸伪乘机进袭起见，所有吉、克、桑各守备部队，着自即日起，进入作战状态。除分电外，仰即遵照，积极准备，并加强情报为要。阎锡山（34）未回二。军参战。

剿奸伪战报

重庆委员长蒋：剿奸伪战报。据第十九军史军长泽波养电报称：我长沿挺进部队，于未马辰行抵长子以西石哲镇附近，突有奸伪堵截山口，向我进攻，经我暂卅七师迎头痛击溃窜。后据捕获俘虏供称：堵截山口之奸伪，系第卅二、第四六两团及潞城、长子、壶关三个支队，由陈赓指挥。等情。谨闻。阎锡山。未回。参樊。

剿奸伪战报

重庆委员长蒋钧鉴：顷据阎师长俊贤报告，奸伪养夜，由汾阳城北冯家庄，向城内打地道，潜入七十余已全部捉杀，现尚有百余在地道内，正破坏中。漾晨一时，又由冯家庄以七百余人之纵队，向西关猛冲，连续五次，均被击退，遗云梯九架，伤亡二百余人，刻仍在城周附近麇集。等情。除饬抽兵出击彻底剿除外，谨闻。阎锡山。未敬。参。

八月廿五日　星期六　上午雨，下午晴
驻吉县县城

令吉、大、永、石各县转饬河防小组严防奸伪窜扰

一、据报河西奸伪，似有准备扰乱沿河县村模样。等情。

二、本部据报后，当以（34）未有未军参战电令吉县、大宁、永和、石楼各县，转饬河防小组，严加防范，并将奸伪情报随时报告。〔下略〕

八月廿七日　星期一　半晴　　驻吉县县城

电告西安办事处黄处长我军进展情形

查本部驻西安办事处黄处长胪初，代表此次出席西安会议，特将有关本战区军此次开展部署情形电告如次：

西安黄处长胪初，兹将出席西安会议参考资料分示如次：一、我军此次开展部署如下：1. 阳曲方面：为骑一军、廿三军、八十三军附暂四十一师、四十二、四十八各师及工兵、炮兵，主力夺取太原。2. 临汾方面：地方保支团队甚多，复加派卅四军一个师、第七十二师及第二挺进纵队，进占临汾。3. 上党方面：派十九军

欠暂四十二师,附六十九师、暂卅八师、第二挺进纵队,进占长治。4.汾南方面:派卅四军欠一个师,配合保支部队,进占运城。5.晋西方面:暂卅九师、暂四十三师、第七十三师、第七十一师及挺进第一纵队、第一九六旅等,维持治安。二、我军进展情形:1.自我军积极开展以来,除晋西北九县、晋东南七县及繁峙等县为奸军占据外,雁门关以南所有县份,均经我军先后收复。所余雁北十三县,正与日军接洽收复中。2.王总司令靖国负责接收运城,史军长泽波负责接受长治,梁军长培璜负责接收临汾,赵总司令准备前往大同。现我军正拟向大同挺进中。三、重要城镇收复:未删收复临汾、运城,未筱收复太原市与汾阳城,未马收复长治。阎锡山。未感酉。军参战。

奸伪动态

一、准西安胡长官未皓岳仁辰电开:奸情。(一)据报:定边、盐池一带驻警三旅第三团,人数约千三百余。清涧驻七一五团,人数约千余,马一九匹,步枪八百四十枝。(二)绥德驻独一旅高士毅部直属警卫、通信、侦察、教导队,计约七百余人,步枪二百六十余,手枪六十余枝。(三)米脂驻七一二团傅传作部两营,人数三百四十,马二六匹,步枪四百八十九枝、轻机枪六挺、手枪五十四、重机枪五。(四)驻葭县三二团李化民部一营,人数五百五十,步枪三百九十、手枪廿、掷弹八。(五)驻绥西马蹄、罗家岭七十四团李建良部两营,人数九百四十,马一八匹,步枪四百余、手枪三九、轻机枪四、掷弹筒一六。(六)东乌审旗我奇玉山部骑兵六百余,西乌审旗奸警两连,奸警三旅第二、三连及新编骑兵团一部,于大囫囵战役,奸军惨败,死伤百余,并缴获奸长短枪七十余枝。(七)奸七团皓日由定边开城川(舍利庙),张家畔一营开掌高图,并由延安开张家畔一营,兵器齐全。九团据报亦开往舍利庙边境,策应西审旗战事。等由。

二、本部接电后,当以未感军参谍电令各部队知照,并复。

报告接收城池情形

重庆委员长蒋钧鉴：此次接收城池，除夏县被奸军攻占外，余均由我军接收。谨闻。阎锡山。未沁。

八月卅日　星期四　阴微雨　驻吉县县城
剿奸伪战报

重庆委员长蒋：剿奸伪战报：未元，我军收复洪洞城后，而城东各敌伪据点相继为奸伪独立团段龙泉部强占。迄未铣辰，经我挺一纵队一部往剿，将该奸伪悉数击溃。此役计毙奸伪卅余名，伤奸伪段龙泉团长以下四十余员名，俘奸四名，卤获步枪十八枝。阎锡山。（34）未卅辰。军参战。

剿奸伪战报

重庆委员长蒋：剿奸伪战报。未巧晚，奸伪纠集约三千余，附重机枪五挺、轻机枪三十余挺，突将我挺一纵队驻洪洞属苏堡之一部及安泽县府包围，激战两昼夜，奸【匪】向我猛冲数次均未得逞。后以我水源断绝，粮弹告罄，遂奋勇突围。此役毙伤奸七十余员名，又突围之际俘奸兵廿四名，卤获轻重机枪各一挺、步枪六枝、手枪一枝、地图七幅。我伤亡官兵十员名。阎锡山。（34）未卅辰二。军参战。……

剿奸伪战报

重庆委员长蒋：剿奸伪战报。赵城地方团队一部，未巧赴韩家（赵城东南）接收敌伪据点，途经东西董村，突遭奸伪三十八团游击大队包围。激战时许，经该队主力往遥〔援〕，内外夹击，奸不支负创溃窜。此次毙奸伪分队长苏善则以下廿七员名，伤廿余名。阎锡山。（35）卅辰。四军参战。……

补记　八月四日
委员长命令

日本已于十日二十时,向中美英申明投降。我在沦陷区地下军、各地伪军,均应就现在驻地负责维持治安,保护人民。各地伪军尤应力图报效,协助维持。在未奉本委员长命令以前,不得擅自移动,并不得改编伪军。此令。军事委员会委员长蒋中正。
〔下略〕

〔国民政府国防部史政局及战史会档案〕

2. 阎锡山转报晋省左云县八路军入察省屡战不利密电

(1945年10月11日)

行政院:密。接大同楚总司令溪春电报,左云匪军企图入察,屡战不利,回窜左云六百余名,逼令所有壮丁补入,指我军为顽固。有人提及拥护委座及长官者,即处重刑。等情。谨电报闻。阎锡山。酉真申。印。

〔行政院档案〕

3. 阎锡山转报三十三军拟围攻大同密电

(1945年10月16日)

渝中央党部、行政院、委员长蒋:〇密。据大同楚副总司令溪春电报:(33)军占据张垣后,司令郭天民、市长宋绍文,现积极准备以四师兵力围攻大同。因大同系察省与延安连系据点,势在必争。等情。除饬楚总司令溪春严防外,谨闻。阎锡山。酉叶未。印。

〔行政院档案〕

4. 阎锡山请更正共军占领山西各县城名称表密电

(1946年2月25日)

渝军委会、行政院钧鉴:军委会联发二七四一号中共侵占各县城名称表，敬悉。○密。查表列山西之平陆、夏县、闻喜、山阴、朔县、文水、永和、五台等八县县城，现均为我军占领。又武乡县城于卅年拆毁后，当经省府决议，将县政府移往该县南沟村，即以该村为县城，现亦为我占有。以上九县应请更正。再浮山、翼城、浑源、左云等四县城，侯〔系〕共军于一月十四日以后违反停战命令所侵占者，合并声明。阎锡山。(35)丑有申。谋习。印。

〔行政院档案〕

四、抢夺山东地区

1. 牟尚斋等关于反攻鲁西南曹县一带意见电

(1945年7月5日)

渝行政院长宋、副院长翁钧鉴：鲁西南为我北进桥梁，奸匪大举进犯，先后将我王子杰、张锦明部防地攻陷。本府何主席为重建该员根据地，于巳皓启程前往视察，以便相机布置。顷奉午冬电略开：巳俭安抵曹县，午东召集（11）及（16）两区党政军负责人员开会，计（11）区专员时锡九、曹县县长兼保安旅长张子纲及城武县长兼纵队司令智永德、纵队司令孙性斋、祝守川、陈伯扬、独立支队长石振声及党督导员张永锡、苏文奇等均参加。当经指示：（一）党政军应团结图存。（二）组织机动部队，争取主动。（三）对敌伪奸匪积极斗争，把握有敌无我，有我无敌之决心。（四）组训民众安抚流亡。诸大端，希转电。等因。谨电转鉴核。鲁省府秘书长牟尚斋、政务厅刘道元叩。午微。秘。印。未皓重发。

〔行政院档案〕

2. 李延年等转报阻挠八路军进攻鲁省曹县齐河一带电

(1945年7月)

(1) 7月6日电

渝行政院院长宋、副院长翁钧鉴：曹县九纵队孙性斋已养电：有奸伪一部进犯回子岗，经我派队往剿，毙伤四十五。我损失步枪十四，大队长孔绥之被俘，中队长高雄藻重伤殒命。（一）齐河保十九旅李连祥巳艳电：回，奸伪七百余，犯我齐河西温屯堂、王庄、城子坡，被我毙伤（20）余。寝奸伪复集合三千余，向我齐河西北韩庄猛犯，我军集中炮火内外夹击，伪匪击溃。我阵亡士兵九、伤（22），被俘（30），损失步枪五十枝。毙伤奸伪（250）余。（二）高塘保（23）旅邓协忱巳感电：宥，奸伪二千余，犯我禹城西南贾庄，被我毙伤二百余。我伤亡兵（13）。职李延年、臧元骏。午鱼。挹诚三。

(2) 7月21日电

渝行政院院长宋、副院长翁钧鉴：鲁西。一〔一字衍〕聊城王司令金祥巳艳电，回宥我保（19）旅李连祥，进击齐河西嘉屯、其王庄、奚子城、官庄、韩庄一带，奸伪毙伤百廿余。我亡兵六，伤连长以下（12），被俘（23），损失步枪五、手枪七。又巳俭艳我保（27）旅刘润生部，往剿茌平和小郭庄，奸伪毙伤廿，获步枪（52）。齐河保（19）旅李连祥午皓电，虞晚奸伪六百余犯我禹城西南将军庙、店集庄，被毙伤（30）。谨闻。职何思源、李延年。午马。军挹。

〔行政院档案〕

3. 李延年等报告王豫民等部进攻鲁北夏店等地八路军电

(1945年7月10日)①

渝行政院院长宋、副院长翁钧鉴：奸伪战报。（甲）鲁东昌邑十五纵队王司令豫民辰筱电，铣【日】我军进剿鲁北夏店、三区、党名桥、东冢一带奸伪，毙伤五十余，俘获步枪八九。鲁南淄川廿八纵程司令□通辰支电，我军进剿黄家峪奸伪，毙伤廿。【乙】鲁西。（一）鱼台由司令从周辰敬电，巧日我军进剿滕东南韩村及滕西湖口、石口一带奸伪，毙伤廿余，俘五，获步枪二，马二，【我】伤连长二。（二）高唐第三纵张司令建吕辰有电，敬日特务营在高平边区腰站，与奸伪激战，毙伤奸伪廿余。我伤连长二，士兵二、三十人。（三）李连祥部辰有电，梗在齐河西□屯，与奸伪遭遇战，毙伤奸伪廿。我被俘兵一。未完。职李延年、臧元骏代。已佳。总诚一。

〔行政院档案〕

4. 何思源转报张景月部与八路军争夺鲁省寿光等地电

(1945年7月11日)②

渝行政院院长宋钧鉴：奸伪战报。据寿北〔光〕张司令景月寅世、卯寝、铣、筱、巧、皓、哿、马、养各电称：（一）寅世奸伪第五军分区赵家舟部千余，窜寿北〔光〕、央子、宅科一带。卅辰我派精锐部队往剿，将其击退。（二）卯文奸伪渤海军区司令杨座夫，率属万余，南犯窝背、马头、央子。删敌□匪，并以全力围犯我王高防地，我守军坚强抵抗。激战至铣，我外围工事均被炸毁，守军三个连肉搏时冲出五十余【人】外，孙营长延文，营

---

① 此系发电时间，拟稿日期为6月9日。
② 此系发电时间，拟稿日期两电分别为5月4日和5月20日。

附周祥五、连长苗玉昌、王文昌以下均壮烈牺牲。应援部队亦伤亡营长以下百余。报完。谨闻。何思源。辰支。军给一。

重庆行政院院长宋钧鉴:奸伪战报。据寿光张司令景月佳、真、删各电称:(一)奸伪渤海军区主力万余名犯我保①,激战两昼夜,我部以弹药不继转移。毙伤奸伪千余,我伤亡官兵五十余。(二)灰【日】奸伪主力继犯毅阳镇驻地,激战至真,我军伤亡过半,被匪冲入,发生激烈巷战。我团长刘寿隆、团附王业悻、营长刘庆增、孙国、陈天一及连长二员、士兵一部炸晕,其余非死即伤,少数冲出。奸伪死伤八百余。(三)灰【日】奸伪一部,以迫炮向我谢家庄猛烈射击,我伤数人(未完)。职何思源。辰郃。军经一。

〔行政院档案〕

5. 何思源等报告国民党军与八路军争夺鲁北寿光一带经过电

(1945年7—8月)

(1) 7月29日电

渝行政院长宋、副院长翁:顷接本府何主席自鲁北寿光发来午有申电开:进犯十一区匪军,经弟督导孙旅长性齐、智旅长永德、陈旅长伯阳、侯旅长效廷,反攻击退,局势安定。部署完竣后,午漾夜东进,午有安抵寿光,希速转呈。等情。谨转请鉴核备查。职牟尚斋、刘道元叩。午艳。秘。印。

(2) 8月2日电

渝行政院长宋、副院长翁钧鉴:职到鲁北寿光后,连日慰劳前方官兵,接见地方党政军首长,召集干部及中小学生、民众讲

---

① 原文如此,似有脱字。

话,宣扬中央威德,人心士气异常振奋。奸匪闻讯,乃集中二万余,向我进犯,王专员豫民受挫。午艳又猛犯张专员景月防区,经督率各队迎击,奋勇展开激战。惟我军士气虽旺盛,弹药极感缺乏,以手榴弹、土炮、刺刀肉搏,以致伤亡重大,势甚危急。寿光地处紧要,为山东存亡关键,万一失去,山东将无本党立足余地。除严令各部队艰苦支撑外,恳祈钧座俯念鲁省环境特殊,转请迅赐批发大量弹药,空运接济,援救危急。翘望不胜迫切待命之至。职何思源叩。未冬。寿叩阜转。未江。

(3) 8月4日电

渝行政院长宋、副院长翁钧鉴:职于已有到达寿光后,俭日赴前方慰劳官兵,并视察工事。艳午召集十四区保安区党政军干部训话,到三千余人,情绪热烈空前,人心士气均为大振。奸伪闻讯后,结集向我进犯,田皇庄前哨已发生接触,我正调集全力,予以歼灭中。余续报外,谨闻。职何思源叩。午世。寿阜转。未支。

(4) 8月14日电①

渝行政院长宋、副院长翁钧鉴:谨将作战情形禀报如下:职到寿光后,奸伪陆海军区司令杨国夫,闻讯结集二万余,午卅进攻张景月部防区。我军分头迎击,展开激战。晚匪集中主力,用七五山炮、平射炮四二门,迫击炮卅余门、轻重机枪百余挺、炸药百余车猛扑,向柳庄(寿北卅里)据点猛攻异常。我守军马团长成龙奋勇抵御,外围我军亦从后夹击,血战甚烈。匪伤亡枕藉,仍猛扑不已,我亦愈战愈勇,每间隔两小时,必有激战数次,连续五昼夜,迄未停止。支夜匪由胶东增到援军两团,大炮卅余,将由柳庄西北角突破,情势愈危。我奋勇队【用】大刀、手榴弹及自造水龙、石雷冒死堵击,

---

① 此系发电时间,拟稿日期为8月8日。

毙匪千余,工事毁而复修者千余次。我林营长培文伤断膺叟负责督战①,匪迭遭重创,进攻愈急。我浴血肉搏,坚不动摇,连日枪炮隆隆,声振〔震〕山野,惨绝人耳,为年以来所未有。刻匪仍各路增援,力图得逞,我亦调集援兵誓死支撑,情势所趋,将演成大决战。幸我官兵忠勇用命,苦乏弹药,伏乞俯念本省危急情形,迅速派机航运弹药,对匪支撑。并派机助战,以壮士气。不胜翘企待命。职何思源。未鱼辰。寿阜转。未齐。

(5) 8月31日电②

渝委员长蒋、行政院院长宋、副院长翁、军政部长陈、组织部陈部长:奸伪集中兵力,猛犯我寿光县东北卅里田柳庄据点,已激战五昼夜,双方伤亡惨重。职视察前线,督导并悬赏百万元,鼓励士气。官兵弹药绝尽,浴血肉搏,形势危岌,间不容发。此次截击,胜负乃最后决战,关系重大,整个成败甚巨,恳钧座额外设法迅赐,接运弹药。并派□□□□,以解危机,而免匪患蔓延,贻无穷迫切,俯乞照准。职何思源叩。未豪晨寿阜转。未微。忱。未皓重发。印。

〔行政院档案〕

6. 何思源李延年综述阻挠八路军进攻鲁省各地情形电

(1945年8月)③

(1) 8月9日电

渝行政院长宋钧鉴:谨将本省奸伪动态电陈如次:(一)鲁中。我寿、昌、潍、安一带控制地区相当广阔,实力较前少,奸伪久谋占领,以打通横断鲁中交界。最近匪对该区采取夹击办法,已

---

① 原文如此,"膺叟"二字当有误。
② 此系发电时间,拟稿日期为8月5日。
③ 两电均系发文时间,拟稿日期分别为6月27日与8月18日。

佳以两万余之兵力，自昌乐西南，向张天佐部猛攻，激战两昼夜，匪不支溃退。是役毙匪三千，□□奸伪新四师副师长一员、团长二员，俘匪奸多名。又匪在鲁中博山、滨海伪军区，并由葛、沂、诸、蒙各地征募壮丁甚多，驱之牺牲。同时我驻安邱之胡鼎三、申集安、李鸿藻各防地，则为匪攻陷。匪赵寄舟部亦于是时配合胶东之匪五千余，向潍县北部成建基部进攻。蔡家村子一带，奸匪攻陷，正派队驰援中。孙〔寿〕光北部奸伪正与我张景月部对峙中，准备三度大战。（二）鲁南。A．已冬匪两千余，向博兴巩振环部驻地、郭县东部蠡山一带袭击，匪我损失均重。我暂退邹西，正图恢复。B．同时复向驻滕县下司家堂我保二师二团攻击，激战四昼夜，匪损失溃退。C．已支围攻十五区专员区，据报该部现正激战中。D．匪乘我王洪九部与敌人大战之后，疲劳未复，近迭次袭扰，均未得逞。又鲁东匪三千余，进犯我十九纵队阎珂乡部驻地新河一带，正战中。（三）鲁北。1．已寒起匪首杨国夫率众七千余，攻卅五纵队隽宇登部，迄今正在桓台、张官庄一带南北十六里之线上，激烈战斗中。2．集结于利津、蒲台一带之匪，正对我滨县惠民一带部队进攻，战况极为激烈。（四）鲁西南。匪自攻破定陶我军防地，县长王子杰壮烈牺牲后，凶焰益张。据报迭攻荷泽县长张锦明部，该部在敌匪夹击之后，弹尽援绝，乃至曹县。（五）孙性斋防地奸匪仍结集大量，进攻不已，情势异常危急。（六）鲁西北。1．肥城、长清一带之匪八、九百，击我齐河县长李连祥部。经阻击后，尚未演成大战。2．由河北省窜来匪约数千，一股向我驻平原西南部之刘保忠部进攻。一股结合临清、馆陶之匪，向驻馆陶之卅三纵王振忠部进攻，均在战斗中。（七）据确报：匪军近由内撤豫、苏，各调主力来鲁，企图消灭我方部队，完全占据山东，抢接盟军登陆，以争取国际地位。现鲁北、鲁西刻已发现冀、晋、豫、苏匪部，全省惨烈之战斗正未艾。除续报外。谨闻。职何思源叩。巳感。秘。

(2) 8月29日电

渝中央执行委员会委员长蒋、院长宋、副院长翁、军政部长陈、军令部长徐、教育部朱部长、组织部陈部长：奸伪战报。（甲）鲁南。昌乐张司令天佐午马电：铣号我军进剿临朐、柳山寨、孙家庄一带，奸伪毙伤（50）余，获步枪（14）。我伤亡兵（10）。（乙）鲁西。王司令官毓文未江代电：辰筱奸伪（13）至（22）各团万余人与我曹考边区二纵队逢乐部激战，至宥将匪击退。计毙匪司令李老头及十八团长王耀华官兵三千余，占全部百分之廿六。我阵亡中队长李鄑铃官长八、士兵一二七，伤兵七五，被俘官七、兵三一五，损失电台一、步枪五三二、轻机枪六、手枪二枝。（丙）鲁北。（一）邹平北：四纵张景儒午文电：真奸伪与我遭遇于长骋边区安、刘两村，我官佐及士兵卅余被俘，伤亡士兵十九。奸伪伤亡亦重。（二）章邱翟司令毓已转午世电：午巧奸伪万余，携轮拉雷长梯等，猛犯我信阳廿六纵王复成部哺家大庄防地，经我奋力迎击，并各方夹击，卒将匪击退。毙伤匪（300），马□。【我】伤亡官兵二三，被俘七。等情。谨闻。何思源、李延年。未巧。军总。印。

〔行政院档案〕

7. 何思源关于国共双方军队为争占济南发生激战电

(1945年8月21日)

委员长蒋、院长宋、部长陈：（1）日军宣称自卫，任何部队，不准进入其防地。（2）伪省长杨毓珣，对我接收济南横加破坏，并逮捕我方工作人员，有投匪可能。（3）奸匪对我各地部队积极进攻，每日均有激战。现我军在济南附近集结，匪亦调集跟踪来袭，正混战中。（4）津浦、胶济铁路交通混乱，电讯大部破坏，车站、桥梁亦有被匪炸坏者。(5)山东现状：因匪军猖狂，亟度混乱，恳祈钧座派空运部队来济南，协助接收，以免被匪抢夺。若片刻延迟，则发生变故，将不堪设想。临电迫切，无任叩祷。职何思源。未马午。历。印。

〔行政院档案〕

8. 何思源关于阻挠八路军进占临淄等廿县情况电

(1945年9月2日)

委员长蒋、院长宋钧鉴：日本宣布投降后，山东奸伪较前更为猖獗，到处向我攻击。职由益都赴济，沿途被截击四次。随职到济部队，在济南城郊王舍人庄驻防，东夜突破〔被〕匪袭击，刻仍激战。其他经我军收复之临淄、桓台、章丘、益都、邹平、齐东等廿县，均被奸伪抢占，肆行焚杀。我民众甫脱敌手，复遭匪患。山东同脱〔胞〕，六年以来，艰苦备□〔尝〕，农村破产，创痕满目，今□□能随胜利到来，重见太平。且如水益深，如火益热，□之殊堪痛心。伏乞钧座迅饬朱、毛停止进攻，以肃纪律，无任叩祷。职何思源叩。申冬午。秘。

〔行政院档案〕

9. 李先良率部"堵剿"进占青岛之八路军密电

(1945年9月14日)①

渝主席蒋、行政院长宋、副院长翁钧鉴：○密。两旬来职督率保安部队，堵剿进犯青境之匪，刻大势已戡。职于今日已率属由乡区进驻市内。谨电奉闻。青岛市长李先良叩。申元。印。

〔行政院档案〕

---

① 此系发电日期，拟稿日期为9月13日。

10. 何思源关于李延年部准备接收济南等情密电

(1945年9月16日)①

渝委员长蒋、院长宋、副院长翁、军政部长陈、总司令何：〇密。(一)济南日军司令细川对投降准备已完竣,专候接收。申齐细川电李总司令延年,欢迎接收,并拟派机来商邱,迎接来济。(二)济南周边奸伪日益猖獗,盐日、删日两夜均向市区扰乱,枪声彻夜不停,经我军配合日军予以击退。(三)胶济路已旬余不通车,津浦路时通时停,均因奸伪破坏所致。(四)揆察山东现势,如日军解除武装后,我军非有十万以上兵力,不能维持治安,祈钧座注意。谨电奉闻。职何思源叩。申佳。济。印。阜转。印。

〔行政院档案〕

11. 何思源攻击八路军调集主力至鲁省占领要地电

(1945年9月23日)

渝行政院院长宋、副院长翁钧鉴：奸伪情报。滕县保二师申从用巳虞电,奸伪最近大肆调动。(一)奸伪近由河北、山西发动大批主力,开往山东。闻杨庆主军来攻击敌人,注意使其消灭我国民党之部队,粉碎我游击区。(二)奸伪派遣干部打入敌方机关活动,并造谣离间敌伪感情,使伪军不敢与我部队接近,及我特工无法在敌区活动。(三)集中主力,两月内肃清我鲁抗战部队。(四)奸伪对伪【军】则威胁利诱,遇机占领交通线,控制沿海港口,以阻止我军反攻,迎接盟军登陆时,不得国际地位。定陶张司令瑞亭已虞电,奸伪近在荷、郓〔鄆〕、定、曹各区集结兵力两万余,以攻伪为烟幕,实则不惜牺牲,粉粹〔碎〕我鲁西南抗战

---

① 此系发电日期,拟稿时间为9月9日。

部队。职何思源。已虞午。军经一。

〔行政院档案〕

12. 何思源关于国民党军抢占济南青岛要地情形电

(1945年10月9日)

渝行政院院长宋:(一)山东日军静待受降,对维持交通治安尚称努力。(二)济南附近奸伪,经我军压迫,已均后退。现济南五十里以内已无大股匪踪,我军正积极开展中。济东已推出百余里,惟各区县匪势仍极猖獗,大小战役无日无之。(三)青岛外围之游击队,约三万五千余人,由杨副总司令业孔点验。青岛市治安,尚无问题。(四)李副长官延年,现率国军,已到达兖州、曲阜一带,正北进中。民心士气均极振奋,惟奸伪沿途截扰,行军困难。(五)胶济路仍未通车,路基被毁,已派队协助,日夜赶修。津浦路亦时通时停,正竭力保护修复中。谨电奉闻。职何思源叩。酉佳晨。秘。印。

〔行政院档案〕

13. 何思源转报阻挠八路军攻占鲁北无棣阳信县城电

(1945年10—11月)①

(1) 10月17日电

渝行政院院长宋:据无棣县长齐圭田报称:申佳奸匪杨果夫,集合匪军三万余名,围攻无棣及阳信城,经激战七昼夜,相继失守。第五区张专员子良受伤,突围抵津,冯司令立纲受伤被俘。等情。谨电。请鉴核。职何思源。酉微。政二。印。

---

① 两电系发文日期,拟稿日期分别为10月5日和10月25日。

(2) 11月3日密电

渝行政院院长宋、副院长翁：〇密。哿前据无棣县长齐圭田报称：奸匪杨果夫，集合匪军数万，于申文向五区专署驻地无棣县城围攻。该区张专员子宏突围，脱险抵津，经电呈在案。顷据报：张专员确遭此役殉职。谨闻。职何思源叩。酉有。鲁政二。印。

〔行政院档案〕

14. 山东临时参议会攻击八路军抢占省内县城并请予以"剿除"密电

(1945年10月31日)①

渝军委会委员长蒋、行政院院长宋、副院长翁、军政部部长陈钧鉴：〇密。哿日本投降，举国腾欢。鲁境奸匪见我胜利，竟不顾一切，公然破坏交通，阻挠国军入境抢占城市，杀我官员，并造作蜚语，诋毁中央，丧心病狂，莫此为甚。伏念鲁省绾毂南北，关系华北安危，现省内各县，泰半沦于奸匪，而所到国军兵力单薄，难敷分配。若不续派大军，则交通线不惟难守，即济、青两市亦岌岌可危。瞻念前途，实堪忧虑，有见及此，谨代表全省民众，恳请增派大军，从速空运入鲁，痛加剿除，以安鲁局而苏民困。临电不胜迫切□□□〔之〕至。山东省临时参议会叩。酉有。济。印。

〔行政院档案〕

---

① 此系发电时间，拟稿日期为10月25日。

15. 何思源报告阻挠八路军攻占鲁省沾化县情形密电

(1945年11月3日)①

渝行政院院长宋、副院长翁：○密。啣据报，沾化县政府前以环境恶劣，移驻无棣东南关，申元下午五时，被匪包围，激战三日，被匪冲入，县长王继孟率队突围，受伤被俘，迄未脱险。谨闻。职何思源叩。酉有。鲁政二。印。

〔行政院档案〕

16. 何思源污蔑八路军向济南青岛等地集中阻止国军北上电

(1945年11月3日)

渝行政院长宋、副院长翁钧鉴：奸伪情报。（甲）鲁南泰兖警备司令宁春霖酉马电：（一）奸伪一万七千，攻占滕县至界河五十余村，迫令民众每家每日缴出铁轨、枕木、道钉等若干，否则全家烧杀。（二）苏北奸伪两万，由徐州东新安镇过路北上，皖中巢湖亦过路北窜，并携有眷属，情形极感狼狈。（三）奸伪山东军区扩编为五个野战军。第一军王达安，辖三、四两师。第二军陈其渠，辖一、二两师。第三军许世友，辖五、六两师。第四军杨国夫，辖第七师两个警卫旅，分向徐州、济南、青岛、连云港等处，向交通干线集中，窥机破坏交通，攻占县城，阻止国军北上。（四）奸伪东北挺进总队在鲁集中完毕，田笠毅指挥，向辽宁挺窜。职何思源叩。江辰。军经。印。

〔行政院档案〕

---

① 此系发电日期，拟稿时间为10月25日。

17. 孔繁霨转报八路军占领威海卫烟台附近各县并请派兵"剿除"代电

(1945年11月5日)

行政院院长宋、副院长翁钧鉴：据本会秘书处来电报告，奸匪因占据威海卫与烟台附近各县，作为根据地，接近旅顺、大连，与苏联声气相通。闻近又得到日本所缴枪械一批，势甚披猖。自日寇接受投降后，奸匪更集中全力抢夺城市，破坏交通，使人民不得还乡复业，均流离失所。彼复以少数精锐，驱我父老兄弟，各怀炸弹数枚，或身带炸药，逼作先锋，置于必死之地，以攻击各县游击部队，惨苦实不忍言。且指抗战最力之张子良、王洪九各部队为伪军活剿，本党老同志参议员赵鼎铭杀戮，秦厅长启荣等诬良为奸，信口是非。过去种种罪恶，笔难悉数。近更变本加厉，民众深处水火之中，日夜盼望中央大军速往剿除，以资拯救。等情。据此。查奸匪占据威海各地海口，东通旅大，遥结苏联，西接延安老巢，以山东作根据，控制整个华北，赤祸蔓延，如腰插刀，由东而西，可直达于西藏。若不速剿，长江以北恐即非国家所有。现共党报纸犹任意宣传，惑乱听闻，为保存国家威信，以固边防计，中央似应准由各省民众尽量揭发其罪恶，并汇集报告，由各报宣布，以公诸世界。再应明令速定北平为国都，必须进军肃清华北土匪，以便迁都，使世界各国知是非所在，共党亦无所藉口。是否有当，谨电请鉴核转请施行为叩。山东省临时参议会议长孔繁霨叩。戌微。印。

〔行政院档案〕

18. 何思源为八路军进攻济南外围请迅速制止密电

(1946年1月4日)①

渝委员长蒋、院长宋:○密。鲁省共党军队乘济南受降日军解除武装之际,多日以来进攻济南外围,乞电毛泽东迅为制止为祷。山东省政府主席何思源。亥艳。秘。印。

〔行政院档案〕

19. 何思源转报新四军叶飞所部发布停止军事冲突通牒并请求制止该部军事进攻密电

(1946年1月23日)

重庆委员长蒋、行政院院长宋、副院长翁、军政部部长陈、军令部部长徐:5659密。据我兖州驻军军长吴化文子寒报称:新四军第一纵队司令叶飞、政委赖传珠、副政委谭启飞〔龙〕,于元月十三日致职军通牒云:本军于今日(十三日)下午一时,奉中共中央与延安总部关于停止国内军事冲突之正式命令,本军业已遵令,即停止向兖州城军事进攻。并提出通牒如下:仰即切实遵行:(1)仰即饬令各部,立即停止向本军射击与任何破坏行为。(2)迅速派遣代表出城,来本军指挥部谈判受降手续。(3)保护城乡居民与本军受伤、被俘人员之安全。(4)至于受降后所有官兵及其家属之生命财产、人格,当按本军一贯之政策保护,予以尊重与安全。(5)本通牒接到后,如仍继续向我方射击与发现有任何破坏行为,本军当以破坏停战协定论罪。等情。查山东各地我军均系奉令停战,并非投降,请转中央速令制止为祷。山东省政府主席兼保安司令何思源。子梗辰。保一。印。

〔行政院档案〕

---

① 此系发电时间,拟稿日期为12月29日。

20. 何思源报告八路军攻占济宁县城电

(1946年1月25日)

重庆行政院院长宋、副院长翁：据报济宁县城于子佳被共军攻陷。详情另呈外，谨闻。职何思源叩。子有。民三。印。

〔行政院档案〕

五、抢夺河南地区

1. 刘茂恩综述新四军控制豫境地区并请求"围剿"快邮代电

(1945年8月)

行政院院长宋钧鉴：查豫省奸伪窜据情形，均经随时电陈在案，谨再综合全省奸伪现态势，分陈概略如此：（一）伏牛山区之奸匪，虽经六月间击溃北窜，但潜留之零星小股，仍不断反复流窜，正在清剿中。现禹郑边境及伊嵩边境之奸匪，均有伺机回窜之可能。（二）洛渑区、陕渑边区及新安境内，为奸伪第二军分区司令韩钧之根据地，原驻约五千余人，八月上旬复由河北南渡约六千人。（三）嵩岳区（登、密、禹一带）为奸伪第一军分区司令皮定均〔钧〕之根据地，所部约两万左右。（四）宜伊嵩边境，为嵩山支队三八团王诚汉、河洛独立支队张剑石、独立团张宏道等部，共五千四百余。（五）桐、泌、舞、遂境内，为河南挺进兵团黄林部，约四千余人。（六）淮河两岸为第五师李先念部，约五千余。（七）西上汝边境，为奸伪十二军分区十三支队邓林及淮南支队赖鹏部，共约七千余。（八）豫东商、柘、宁、陵一带，为奸匪老巢，人数往来无定。（九）豫北三、四两区，毗连奸伪之冀鲁晋豫边区政府及河北各县境，因无国军镇摄〔慑〕，大部已为奸匪所控置。迩来窜扰封邱、延津、汲县、新乡,并相继攻占温县、博爱、焦作、辉县,势甚猖獗。综合判断奸伪企图,似在打通晋南与鄂北之连络,以建立豫中四大根据地(嵩山、伏牛、桐柏、大别),赤化中原,并截断平汉路东西之国军,以与陕北相连系。职为迅速肃清计,谨拟定防剿奸伪计划一份,随电附呈,敬祈鉴核,并恳酌派国军领导进行为祷。兼河南全省保安司令刘茂恩。未敬。保绥修。附防剿奸伪计划腹案一份〔略〕、要图一份〔图略〕。
中华民国三十四年八月

〔行政院档案〕

2. 刘茂恩转报人民武装攻占豫省登封密县一带并请派军争夺密电

(1945年8—9月)

(1) 8月17日密电①

渝行政院长宋:△密。据一区专员王光临未删卯电称:奸伪自西南方开来甚多,已将登、密两县城包围,倾其全力,企图占据县城,夺取日军武器,情形危急,地方团队势难抗拒,除竭力争夺外,乞速饬国军星夜推进,以挽危局。等情。除饬督率团队策动伪军协力痛剿外,敬乞电示为祷。谨闻。兼河南省保安司令刘茂恩。未铣亥。保绥梁。印。

(2) 8月21日密电②

渝行政院长宋:○密。(一)据一区专员王光临、登封县长杨铮、密县县长高万青等删、铣、筱先后电称:大冶失守后,奸伪

---

① 均系发文时间,拟稿日期为8月16日和8月20日。
② 均系发文时间,拟稿日期为8月16日和8月20日。

除以千余留据该地外，大部均随王树声西窜，攻占纸坊（登北〔封〕东北廿里）、玉台（登封东北卅里）等地。敌寇投降后，职等正分别劝告各县敌军缴械，准备收复县城。讵料奸伪奉其延安总部命令，集结重兵，围攻登、密县城。铣晨并进攻超化，虽经进剿两次，惟以奸众我寡，略予小创，未能解围。刻奸军声势浩大，非地方团队所能阻止，乞速饬国军星夜驰援，并续投大量弹药，以免城陷匪手。（二）据孟津县长姚安之未删电称：奸伪近由狂口南渡，共约六千，携弹甚多。除一部南去外，余均由瓯、新、安境积极组织河防队，并有由新沿河东窜企图。（三）据四区专员张敬忠、沁阳县长李德基铣、筱先后电称：温县县长李国宝元日率部入城，策动伪军，劝敌投降。铣午突遭奸伪围击，温县、博爱同陷奸手，焦作闻亦被奸伪占据。刻孟县西奸伪集结三个团，亦有乘机抢城企图。伪军初降，无法集结使用，请速派大军由巩县赵沟北渡，以解危局。否则三日内新乡以西各县，恐均将被匪攻占。（四）综合各方情况，奸伪似有乘我招降，国军尚未到之际，集结重兵，攻占黄河两岸附近战略要点，封锁渡口，阻止我军进出华北平原，并相机夺占豫西城池之企图。恳速转饬国军，火速推进，并派机接济团队弹药，以资作战为祷。恳祈电示。职刘茂恩。未郃。保绥梁。印。

（3）8月22日密电

渝行政院长宋：○密。特情。据一区专员王光临未巧申电称：密县长高万青、指挥官张振武，于未巧已率队进入密县城。奸匪乘我布防未隐之际，突然攻入城内，当与我发生巷战，终以众寡悬殊，我部于下午三时转移超化（城南十二里），刻仍与匪激战中。等情。谨闻。职刘茂恩。未养午。保绥洲。印。

(4) 9月8日密电①

渝行政院长宋：〇密。据一区专员王光临未宥午参密超电称：登封收复后被奸匪围攻九昼夜，终以众寡悬殊，伤亡惨重，迫不得已，我团队全部转进超化（密南十余里）。刻登封全境均陷匪手。（二）奸匪攻陷密城后，复攻松艳、隅镇、窑沟寨（密县东南）。现奸匪正集中全力，猛攻于沟、超化。（三）禹县收复后，亦被奸匪包围中，情势危急，乞速派劲旅救援为祷。等情。除饬属驰援外，谨闻。职刘茂恩。申微。保绥洲。印。

〔行政院档案〕

3. 蒋介石令五战区派队抢占兰封至马牧集等要地代电

（1945年9月5日）

国民政府军事委员会代电　令一亨调字第　号

〔第五战区：〕（甲）着该战区速派有力部队占领辖境内平汉路与陇海路兰封至马牧集各要点，确实控制交通并迅将各路情形查报。等因。（乙）着十九集团军务遵限于申虞前到达商邱、兰封，并派队占领马牧集至兰封（含）各要点，确实控置交通通信。（丙）第二十二集团军之四七军（欠一师附暂一师）务遵限于虞日进驻开封，并派队占领兰封（不含）至开封（含）各要点，确实控置交通通信。第四一军（欠一师）即进入许昌、漯河，并派队占领许昌至确山（不含）各要点，确实控置交通通信。（丁）第六九军米兼军长指挥六九军及二十二集团之一师，即由桐柏向信阳挺进，击破奸匪对信阳日军之包围，进入信阳并派队占领确山（含）至信阳各要点，确实控置交通通信。豫鄂边区杜总指挥仍归米兼军长指挥，米兼军长仍归孙兼总司令指挥。（戊）第二集团之

---

① 此系发电时间，拟稿时期为9月5日。

五五军仍在郑州监视日军,并派队占领广武附近黄河南岸经郑州至许昌(不含)各要点,确实控置交通通信。六八军即进入荥阳、氾水,并派队占领郑州(不含)至偃师(含)各要点,确实控置交通通信。(己)第十五军留伊、汝一带防匪外,主力限文日到达开封以西以北地区,并派队占领开封至新乡(不含)各要点,控置交通通信。(庚)新八军即由广武方面渡河向汲县挺进,扫荡奸匪,监视日军,限其日到达,并派队占领新乡(不含)至安阳及新乡至道口各要点,确实控置交通通信。(辛)第四十军即由氾水方面渡河,向新乡挺进,扫荡奸匪,监视日军,限其日到达,并派队占领新乡(含)至詹店附近黄河北岸及新乡至博爱各要点,确实控置交通通信。(壬)各部队应负责保护各该段铁道及电线,维持通车通话,尤须注意通告日军不得破坏,并限于申文前将铁道及电线详线情形报部,以便转报。(癸)关于受降事宜,秉承总司令何命令办理,另令饬遵。以上各项,除分令实施外,希即遵照。中正。申微。令一亨调。

〔国民政府国防部史政局及战史会档案〕

4. 刘茂恩请求增援阻挠八路军攻占豫北焦作沁阳等地情形密电

(1945年9—10月)

(1) 9月10日密电

渝军委会、行政院、军政部、军令部:○。据沁阳李县长申齐、佳先后电称:奸伪一二九师刘伯诚部,近由陵川窜至焦作、博爱一带,齐晨攻占焦作,齐、佳两日数度猛攻沁阳,经我努力反击,卒被击退。刻仍在城郊与我对峙,并有集中数县兵力夺取沁城企图。职部弹药奇缺,恳祈转请派机运送,投掷沁阳城东约五华里之西王召村、西门、大碉楼及该村西北沁河堤上大碉楼间之空地,以国旗及烟泥为记,并迅派队来援,以济眉急。等情。除电请胡长官派队北渡解围并接济弹药外,谨闻。职刘茂恩。申灰戍。保绥梁。印。

(2) 10月13日密电①

渝行政院长宋、委员长蒋、部长陈、部长徐、内政部张部长:○密。据沁阳李县长佳至真先后电称:(一)齐、佳两日,奸伪万余,山炮两门、迫炮廿余门,向沁阳城外各据点猛攻。我以弹药罄绝,无法抵御,已全部撤守城内。(二)佳夜奸伪在炮火掩护下,纷于城周架梯登城,我官兵以大刀、长矛将登城之匪尽行消灭。(三)佳子匪百余,将东门突破,窜入瓮城,为我团队立即驱逐。(四)此次围攻沁阳之奸伪,调集精锐部队,经八昼夜之血战,我官兵损失甚重。现以弹药告罄,全赖白刃御敌,沁城情形已岌岌可危。等情。除转报长官迅予空运弹药并派队驰援外,谨闻。职刘茂恩。酉文。保绥瑞。印。

〔行政院档案〕

5. 刘茂恩转报八路军总部发布接受
日伪投降作战命令密电

(1945年9月14日)②

渝行政院院长宋:○。特情。据一区专员王光临未蓊电称:延安总部未蒸发布第一号命令,略称:凡各解放区抗日武装部队,均得向敌发出通牒,限令缴械,并得令伪军、伪政府反正,听候编遣。如适〔?〕我军对任何敌伪所占城镇、要道,都有全权接受、

---

① 此系发电时间,拟稿日期为10月12日。
② 此系发电时间,拟稿日期为9月13日。

占领，实行军事行政管理。如有任何破坏，敌伪拒绝，即予坚决消灭。或【有】反抗事件，均以汉奸论罪。现为配合苏军进入中国境内作战，并准备接受日后敌伪投降，我命令：（1）吕正操部由晋、绥向热、察进发。（2）张学诗部由冀、察向热、辽宁进发。（3）万毅部由鲁、冀向辽宁进发。（4）李运昌部向辽、吉进发。又未真第三号命令：为配合外蒙古人民共和国军队进入内蒙及绥、察、热等地作战，并准备接收敌伪军投降，我命令贺龙部由绥远向北进发。等情。谨闻。职刘茂恩。申元。保绥洲。印。

〔行政院档案〕

6. 刘茂恩报告"收复"豫北各县等情密电

（1945年9月16日）

渝行政院院长宋：〇据三区专员赵质震申齐彰电称：（一）汲、淇、浚、滑、原、汤、临、安、延、封等县，未有前均已先后收复。（二）阳武县长刘延俊，未俭率队进驻县城，与日军共同据守。（三）内黄仍为奸匪盘据，该县长马诚礼已进驻楚旺，待机收复。（四）刻奸匪企图倾力夺取豫北各县政权，本署已于申虞进驻安阳，督饬团队严为防剿。等情。谨闻。职刘茂恩。申铣。保绥石。印。

〔行政院档案〕

7. 刘茂恩转报八路军攻占豫省新乡
焦作情形并饬属反攻密电

（1945年9月17日）

渝行政院长宋：〇密。据四区行政专员张敬忠申江、申佳两电略称：（一）申江奸匪集结三千余，向我新乡天崔寺、最公庙（新乡东南廿余里）一带骑兵（19）团进扰，激战竟日，卒以众寡不敌，我转移严须堤一带，刻正整顿部属，准备反攻中。计伤亡奸匪五百余，我亦伤亡百余。支辰奸匪复增加兵力，向我城垣进逼。（二）焦作被奸匪围攻，苦战经旬，终以弹尽援绝，保安团附李仙洲被俘，王长川失踪，虞日拂晓，被奸匪攻陷。等情。除饬属反攻，限期收复外，谨闻。刘茂恩叩。申筱午。保绥洲。印。

〔行政院档案〕

8. 刘茂恩转报人民武装进攻豫省鄢陵县并请求增援"围剿"密电

（1945年9月17日）①

渝行院院长宋：〇。据五区专员吴协唐申齐电称：鄢陵县秘书长张广亭未梗代电称：未铣周县长在屯沟乡公所招集开会，突有奸匪第十三军十一师师长汪某率领一个团包围，与我保安团发生激战，因寡不敌众，当晚七时被匪攻陷，周县长本立，张团长书全均被俘，夜间张团长乘机脱险。此役计伤亡士兵八名，损失步枪（85）支，手枪六支，消耗子弹（3240）粒。现被匪围攻县城历四日之久，匪不时增加，城垣危在旦夕。等情。除饬该专员迅速率队驰援痛剿外，谨闻。职刘茂恩。申真。保绥洲。印。

〔行政院档案〕

9. 刘茂恩转报人民武装准备进攻豫省陈留开封并饬属固守城垣密电

（1945年9月20日）

渝军委会、行政院、军政部、军令部：〇。特情。据陈留李县长报称：本（四）日十二时，奸伪六千余，窜扰陈留东廿五里之常店、陡厢一带，捆绑云梯，扬言将进攻陈留、开封。等情。除

---

① 此系发电时间，拟稿日期为9月11日。

饬固守城垣外,谨闻。刘茂恩。申号。保绥梁。印。

〔行政院档案〕

10. 刘茂恩转报李先念部准备进攻信阳等情密电

(1945年9月21日)①

渝行政院院长宋:〇。特情。据报:(一)奸匪正阳县县长张少英,未回检阅匪团队千余人,并向其训话。略称:敌人向苏投降后,苏联即将琉球、台湾转交中共中央接收,我方并先后解放蒙古、山西、河北等地。新四军已接受北平敌人之缴械。(二)奸匪新五师师长李先念,于辛家店李鸿部指挥所召开会议,计出席淮北指挥官胡仁、第七军分区司令卢光琪及区长、团队干部多人。决议事项:(1)注意日来敌人退出之县城。(2)集中兵力准备攻信阳。(3)加紧征粮。午〔午字衍〕未宥正阳境奸匪,将淮北屯积之粮盐运往□南根据地。(三)未陷砒山东十里岗家庄奸匪张予英家,搜获步枪八支,奸匪五人。等情。谨闻。职刘茂恩。申哿。保绥洲朱。印。

〔行政院档案〕

11. 刘茂恩转报八路军攻占豫省获嘉县 并饬该县长准备反攻密电

(1945年9月21日)

渝院长宋:〇密。据四区专员张敬忠未卅电称:据获嘉县长张建成称:未养奸匪千余围攻县城,梗已西、北两关被匪攻陷,我团队固守县城,与匪激战四昼夜。有辰大雨倾盆,城墙倒塌三十余公尺,匪乘机突入城内,我与巷战竟日,卒以众寡不敌,当晚

---

① 此系发电时间,拟稿日期为9月20日。

率部突围，刻正整顿所属，准备反攻。等情。除饬该县长迅速收复县城外，谨闻。等情。除饬该专员统筹进剿外，谨闻。职刘茂恩。申马。保绥洲朱。印。

〔行政院档案〕

12. 刘茂恩综述八路军与国民党军争夺豫西豫北各地情况密电

(1945年9月25日)

渝行政院院长宋：○。特情。（一）豫北。（1）未世奸伪天门会长杨贯一部进占道口镇，另部奸伪进攻长垣城。申东被守城伪军刘富山部反击，损失颇大。（2）申东大批奸伪围攻滑县城，经我团队奋勇抵抗，苦战数日，于江日被匪攻占。此次进犯之奸伪，约二万余，由杨勇负责指挥。未皓奸伪攻陷延津城后，复乘势进逼封邱。同日奸伪两千余，围攻黄凌，并将该地之庞炳勋部、三十一师张昆峰部，悉数缴械。（3）王国然部及通讯人员被匪携去，密本尚未遗失。（4）鱼晚奸伪进攻沁阳，被我李德基部击退，刻仍与我在城郊附近相持中。（二）豫西。（1）据报：伊川、吕店、丁留江、左河等处奸伪主力，微日东窜。我席祥寿部先头，已进驻万坡、郝坡司令部，微日驻银张（伊川东北十四）。（2）奸伪第六支队独立团等部，约共万人，集结神后镇，有南犯模样。确否待侦。（3）薛店、琢王（郏县西北卅余里）及张村（□县东北十余里）一带，时有奸伪出没。（4）未艳奸伪两千余，由逍遥镇（临颍东六十里）分窜郾城东北十五里青龙镇、召陵一带，与郾城保安团正激战中，有于敌军撤退夺取漯河之企图。等情。谨闻。职刘茂恩。申筱。保绥梁申祝转。印。

〔行政院档案〕

13. 霍守义部与人民武装争夺豫省兰封等地机密日记

(1945年9月30日)

九月一日

一、地点：十字河

二、天候气象：阴

三、部队驻地及移动：各部驻地位置如下：（一）独立团孙大庄（十字河南二公里）、炮兵营赵营子、工兵营马楼、通信营林桥、骑兵连化寺庄、特务营十字河西头。（二）百十一师师部曹店、三三一团黄小庙、三三二团侯桥、三三三团陈寨。（三）百十二师师部永平寨、三三四团李小楼、三三五团路西楼、三三六团赵庄。

四、命令通报报告：

A.命令：（一）奉总司令陈未引弓划电开：1.奉五战区长官刘命令节开，据报匪集五万余围攻开封、新乡，本长官指挥十九集团军、第二集团军、二二集团军、十五军、四十军、新八军，以扫灭奸匪占领开封、新乡之目的，兼往前进。十九集团军以主力迅速向兰封急进，并限申虞前到达兰封附近，扫灭奸匪，接收兰封。2.着该军即向兰封挺进，并限申虞前到达兰封附近，扫灭奸匪，接收兰封。3.总部及九十七军（欠卅三师），即向商邱推进。等因。（二）本军明（二）日改向兰封挺进，各纵队行动如左：1.第百十一师为左纵队，于明（二）晨八时，由现地出发，经曹庄、半小集、雷桥、张井、海庄、孙志园、狗咬胡同、高庄，由亳州北关西北角过河，经李老庄到十王庙、李糖坊、张毛庄、汪庄中间地区宿营。2.第百十二师为右纵队，由纪桥经三官庙、杨老庄、魏庄、马庄、东南园、东台庙，由亳州东北角石庄过河，经小丁庄、大刘营、张菜园，到闵楼、吕庄、刘枣园、邢庙、蔡庄中间地区宿营。3.军司令部率直属，为中央纵队第一梯队，于明

(二)晨八时,按骑兵连——工兵营——特务营(欠一连)——军司令部(手枪排、参、副、务、需、特务营之一连、医、兽、法、干部服务大队、附员大队)、野战医院、通信营、执法队之顺序,在通亳县公路上三里庄以南集合完了,即经孟庄、十二里庙、板桥口、亳县南、沿城至北门、三经庙、三里河、王庄、刘张庄、大小邢阁、后程屯附近宿营。4.独立团(附炮兵营、骑炮连)为中央纵队第二梯队,于明(二)晨,沿第一梯队行进路线到安庄、六里井以南地区宿营。(三)尔后行进时,须注意警戒,并派便探侦察匪情,驻军须有战斗准备,并构筑简单工事。(四)行军时予在军先头。

B. 电报临指十五、十九总部:本军于未世申抵汜河口、店子集一带地区,申东卯出发,因道路泥泞,申刻到达十字河、侯桥、纪桥一带宿营,申冬拟到安留集(鹿邑东北)以北地区宿营。

五、匪情:1.徐州附近集匪万余。2.攻陷永城匪军,共有七个团。〔下略〕

九月三日

一、地点:坞墙集(商、亳中间)。

二、天候气象:晴。〔下略〕

五、匪情:1.鲁西匪集结十七个团,企图会合豫北汜东之匪,夺取兰封。

2.苏北涡泗匪集结约二十个团,企图夺取徐州。〔下略〕

九月五日

一、地点:帝邱店。

二、天候气象:晴。

三、部队驻地及移动:〔略〕

四、命令通报报告:

A、命令：1. 民权县城北，约有奸匪两千余名，有时向陇海路以南窜扰。睢县西北地区，时有奸匪出没。明（六）日行军经过地区，亦有奸匪潜伏份子活动，行军宿营均须注意警戒。2. 军拟明（六）日，续向兰封方向前进。3. 百十一师为左纵纵队，于明（六）日早六时卅分，由现地出发，经豆子营、涧岗集、罗岗集、白云寺、仁岗，向尹店以西地区前进。即在郭庄、蒋孟夏寨、戴楼之线以西地区宿营，对杞县方向戒备。4. 军率直属部队，为中央纵队第一梯队，于明（六）日早六时卅分，在帝邱店西端至赵庄之大路上，楼〔按〕序列集合完了（行军序列与五日同）。即经杨桥、刘楼、黄洼集、土楼、汤庄、郑寨、平庄，向尹店前进。5. 独立团（附炮兵营）为中央纵队第二梯队，于明（六）日早六时卅分，由现地出发，沿第一梯队行进路，到验场、苍头、辛庄、奶奶庙、穴庄、侯孟庄、苏庄、打铁庄、长安庄一带地区宿营，对睢县方向严加戒备。6. 百十二师为右纵队，于明（六）日早六时卅分，由现地出发，经张莲、池寨、韩集、张落集、王楼、混子集，向尹店以东地区前进，即在湾子、徐牌坊、李庄前、徐楼岗、杨城之线东北地区宿营，对民权县方向戒备。7. 行进时，余在中央纵队第一梯队军部先头。……

五、匪情：1. 民权东北地区，有股匪出没。2. 黄洼集西北龙塘岗以西地区，有匪千余，流窜不定。

九月六日
一、地点：尹店。
二、天候气象：晴。
三、部队驻地及移动：〔下略〕
B、电报五、十战区长官部十五、九总部：
本军于申鱼卯，由帝邱店一带出发，行抵仁岗、混子集（杞县东北十五公里）一带，遭遇在杞县边区流窜奸匪约千余。经我前卫部队驱逐后，于申刻到达尹店（兰封东南四十五公里）。尹店踞有奸匪约千余及其署①，经驱逐后，即宿营此地附近地区，拟虞晨扫清附近奸匪，续向兰封挺进。

九月七日
一、地点：费李寨。
二、天候气象：晴。〔下略〕
四、命令通报报告：
……（二）鱼亥，奸匪余向我孙师驻地之马寨、阳武寨猛袭击②，一度冲入马寨，激战四小时，始将匪击退，毙匪数十人，略有掳获，向西南窜去。谨闻。

九月八日
一、地点：费李寨。
二、天候气象：晴。
…………
四、命令通报报告：
电报五、十战区长官部十五、九总部：
（一）查尹店（兰封东南二十五公里）为奸匪水东独立团之老巢，职军申鱼宿营该地时，民众匪化甚深。为肃清该地附近散匪，组训民众，协助民权六区王区长推行政令计，当饬百十一师三三三团留置尹店，以靖地方。谨电备查。
（二）职军于虞申到达兰封以南近郊，业经申虞酉参一超电呈在案。虞亥奸匪六、七百向我驻杨□〔阳堌〕（兰封南十六公里）之百十一师三三二团进袭，激战至齐丑，被我击退，向杞县方向

---

① 原文如此，似有脱漏。
② 原文如此，"余"字前似有脱字。

窜去。谨闻。〔下略〕

九月十日

一、地点：同前。

二、天候气象：晴。

....

四、命令通报报告：

电报五、十战区长官部十五、九总部钧鉴：密。根据（一）尹店（杞县东十五公里）、郭屯（睢县东十七公里）一带地区，有奸匪水东独立团及地方大队约两千余名，吕园子（民权北二十公里）附近有奸匪二千余。（二）鱼、单两县边区，有奸匪八路军鲁西军区主力，约二万余。陈留以西、以南，淮太杞边区，有奸匪新四军冀、鲁、豫军区宋仁熊所辖十二军分区于克勤部之卅一、二〇、一二八三个团及七个地方大队，约万余，装备较强。各部匪军刻正乘机争夺县城、控制交通、组织地方、扩大匪区中。（三）军遵令扫灭兰封附近地区奸匪，并防止窜扰计，除确保兰封外，以主力分向考城、睢杞、陈留方向游击，扫灭奸匪，相机进占匪巢，扶植地方机关，推行政令，组训民众。（四）部署如次：以一团进驻尹店（睢县东北十五公里），清剿其附近地区及郭之奸匪，以一个团进驻杨堌（兰封南十三公里），配合地方团队逐步向杞县进迫，相机收复之，以一团向沟村集（兰封西南十五公里）以西地区游击，肃清陈留附近之奸匪；以一团向考城方向游击，防止鱼、单方面奸匪南窜。（五）除游击情形随根〔报〕外，谨电备核。职霍守义。申蒸戌。参一超。印〔下略〕

九月十二日

....

四、命令通报报告：

电报十战区长官部十五、十九总部钧鉴：密。申鱼至申虞酉两参一超电计呈均览。谨将本军仁冈及马寨两战后经过，电呈如次：（一）奸匪新四军水东独立团，配合地方区队，攻占杞县后，即积极组织地方武力，蔓延于仁冈附近地区。（二）申鱼卯，本军由帝邱店一带出发，午刻我左纵队（孙师）通过仁冈（杞县东北十五公里）西进中，遭遇奸匪约千余，于火坑附近，向我射击阻挠，经我前卫部队（三三一团）对之应战，逐步压迫，匪不支，藉地形阴蔽退去。我乃仍依计划前进，申刻全部到达尹店附近，将奸匪及其区署驱逐后，即宿营尹店及附近地区。（三）鱼亥，由杞县方向窜来奸匪千余，向巧寨、阳武寨我孙师三三二团宿营地猛袭，曾一度冲入马寨圩内，与我发生巷战，我奋勇应战，达四小时，卒将该匪击溃，乘暗夜向杞县方向退去。（四）以上两役，获匪遗尸四具，血迹遍染寨内外，约共毙伤四、五十名。获土造骑枪一支、刺刀一把、手榴弹十八枚。我亡兵一名，伤官兵五员名，消耗步机枪弹八二五八粒、迫炮弹四枚、手榴弹六三枚、手枪弹八五粒。谨闻。职霍守义。申文巳。参一超。印。〔下略〕
中华民国三十四年九月三十日

军长　霍守义呈
〔国民政府国防部史政局及战史会档案〕

14. 刘茂恩报告八路军进攻豫北安阳一带战况密电

（1945年10月11日）

渝委员长蒋、院长宋、部长徐、部长陈、内政部张部长：〇密。特情。（一）大正集（安阳西北约廿里）盘据奸匪千余，并不时派便衣向车站附近活动，破坏通讯、交通。安阳以南之大寺台，有匪八千余，并驻有奸伪司令部。（二）奸伪八千余，申暂陷西岗（淇县东十二里），正破坏淇县以北铁路。（三）修武、焦作奸匪主力，近向薄壁（辉县西四十余里）及博爱属之白马口撤退，现该处奸伪正强征壮丁。（四）申马奸伪新一旅及武基韩队，围攻我驻布炉（武安东）之涉县县府所在地，现我涉县县府已转移至安阳。（五）观台（安阳西北）盘据之奸伪为河北独立团及一二九师第三四团左国桢部，并配合各县民兵，共约两万余，有围攻安阳企图。（六）据奸伪太行第五军分区透出消息，奸伪主力即将集结于冀省之滹沱河一带，以阻止国军之北进。除分报外，谨闻。职刘茂恩。酉真。保绥瑞。印。

〔行政院档案〕

15. 刘茂恩报告八路军与国民党军争夺豫北内黄一带战况密电

（1945年10月12日）①

渝委员长蒋、行政院长宋、军令部长徐、军政部长陈、内政部张部长：〇密。剿匪战报。（一）井儿头（内黄北约四十里）盘据奸伪第六团五百余，申养辰我驻回隆（内黄东北约四十里）之三区团队，向该村进攻，激战时许，匪不支东窜。是役毙匪指导官以下十二名，伤廿余名，俘四名。我消耗步弹（1600）粒、（65）弹（450）粒、（81）枪弹（84）粒。（二）艳子奸伪二千余，由漳河南□□□□向我驻丰乐镇车站及并家庄（均安阳北）之三区保八团进犯，激战至寅，因众寡不敌，马家庄被突破。至午，丰镇车站亦相继不守，我遂转移至太平庄（丰镇南约四里）、靳家木屯（车站四十五里）一带。是役毙伤奸匪百余，我失踪士兵25名，损失步枪（15）支，耗（79）弹（4200）粒、（65）弹（835）粒、手枪弹（95）粒。除分报外，谨闻。职刘茂恩。酉真。保绥瑞。印。

---

① 此系发电日期，拟稿时间为10月11日。

〔行政院档案〕

16. 刘茂恩关于人民武装与豫省上蔡团队激战情形密电

（1945年10月12日）①

渝行政院长宋、委员长蒋、部长陈、部长徐、内政部张部长：○密。奸伪战报。豫南汝沙河南岸白庄寨、姚湾、张楼等处，奸匪四百余，于汝、上边境之霍寨西北庄，与上蔡团队遭遇。激战约三时，匪不支向西南窜去。是役我伤士兵一，被俘六，损失轻机枪一挺、步枪四支、步弹（269）粒。等情。谨闻。职刘茂恩。酉真。保拓。印。

〔行政院档案〕

17. 刘茂恩关于豫西登封等地保安团队进攻人民武装密电

（1945年10月12日）②

渝委员长蒋、行政院长宋、军令部长徐、军政部长陈、内政部张部长：○密。豫西特情。（一）登封团队申巧击溃中岳庙（登封东）之匪，并以一部进至松金店、雷村、王上（均登封西南廿余里）附近。（二）禹、郑、密、巩、偃及仲〔伊〕川等县奸伪，东日前均窜集于登封东面向坪、马峪、唐庄镇、上下官寺一带。其正规部队约五千余人，余皆区干队。（三）省保两百旅席鸿勋部，东日攻占白坪沟（神后镇北廿里）。六五师江日攻占玉泉寺、官山（均神后北十余里），支日攻占唐庄镇（神后西北廿余里）。残匪经空山洞、水沟、杜村（均神后镇西三、四十里），向西南逃窜，与我省保五旅焦道生等部，在焦村（临汝东约四十里）一带激战，我

---

① 此系发电时间，拟稿日期为10月11日。
② 此系发电时间，拟稿日期为9月11日。

(64)、(65)两团正分途追击中。等情。谨闻。职刘茂恩。酉真戌。保绥梁。印。

〔行政院档案〕

18. 刘茂恩关于八路军与国民党军
争夺豫北汤阴情形密电

(1945年10月12日)

渝委员长蒋、院长宋、部长陈、部长徐、内政部张部长：〇密。豫北特情。奸伪集结7、8、11、15、16、19、21、22等团，共约万余，申梗戌围攻汤阴，敬、宥两日续增，至申感止，奸伪已增至两万余。艳辰匪挖掘坑道，将东门炸毁，乘机突入，现正激烈巷战中。除分报外，谨闻。职刘茂恩。酉灰。保绥瑞。印。

〔行政院档案〕

19. 刘茂恩关于人民武装与国民党军争夺
豫东太康等地情形密电

(1945年10月12日)①

渝委员长蒋、院长宋、部长徐、部长陈、内政部张部长：〇密。豫东特情。(一)申有进犯汉〔太〕康奸伪，兵力共六团，约五千余，迫击炮四门，重机枪四挺，轻机枪一百五十余挺，主力为第十五、第卅两团。宥日在城内搜索我方人员眷属，抢掠财物，拆毁城墙，并将城内存麦抢运。艳日(15)、(30)两团由太康北窜，另一部由老琢集(太康南卅里)西窜。(二)盘据齐老家、张大庄、四个楼、张庙(均淮阳西北廿余里)等地奸匪千余，俭日夜偷袭柳林集(淮阳西北廿余里)，经我沉着迎击，俭晨仍在原地。(三)艳晨奸伪在观音堂(淮阳西北廿

---

① 此系发电时间，拟稿日期为10月11日。

余里）召集民众讲话，禁止供应我军给养，夜间入村拍门三下，民众即开门迎接。化装暗号：以头围一寸半宽白布。等情。谨闻。职刘茂恩。酉真。戌绥梁。印。

〔行政院档案〕

20. 刘茂恩报告人民武装与国民党军争夺豫南正阳附近密电

（1945年10月13日）①

渝委员长蒋、院长宋、部长陈、部长徐、内政部张部长：〇密。特情。豫南。（一）奸伪三千余，进占叶王店（城南约百里）西南史店，有进犯杨楼、太封庙向西北窜扰之企图。（二）奸伪十三旅千余，申回在正阳熊寨，被该县团队击溃，窜奶奶山附近。申有奸匪二千余，由熊寨（城西南卅里）方向东窜。（三）确麋山、东寺、刘庄（城东南四十里）、正阳、宋店（城西卅里）等地，有奸匪二千余、暗杀团四十余，着便衣持短枪，申俭在确山前后营刺杀公务员。等情。谨闻。职刘茂恩。酉真。保绥拓。印。

〔行政院档案〕

21. 刘茂恩关于八路军与国民党军争夺豫省鲁山等地情形密电

（1945年10月14日）②

渝委员长蒋、院长宋、部长陈、部长徐、内政部张部长：〇密。特情。（一）奸伪确有二队，鱼午窜至沙河南岸婆街（鲁山西廿里）、瀼镇（鲁山西南十里）等地，酉时复攻占鲁南乡公所所在

---

① 此系发电日期，拟稿日期为10月11日。
② 此系发电时间，拟稿日期为10月11日。

地邓寨、陈楼、老庄、马盱塔（均鲁山南十里）等地，并将积存军粮劫掠净尽。虞日复在该乡西至王楼婆街，南至交口四十里，东至屹塔、邓寨一带盘据，刻正围攻袁寨、石佛（鲁山南十里）等据点。（二）张宫营（鲁山东南五十里）南之玉皇庙，鱼、虞两日奸匪一千余，向韩信寨、张良店（鲁山东南卅里）等地扰乱。（三）禹奸匪三千余，由大营（鲁山北四十里）西犯，其先头已达下汤（鲁山西五十里）、四棵树及四十里铺。（四）奸伪新四军五千余，酉微由方城东南三十里小史店窜叶县南大新庄一带。（五）奸伪约九个支队，由刘一英率领，现分三股向老婆寨集中，有待后续部队说。（六）奸匪新四军由鄢陵、扶沟，有窜扰许昌、襄县，与老婆寨奸匪合股之企图。（七）舞阳有奸匪四千余，拟向鲁、宝窜扰。等情。除饬各县团队积极堵击外，谨闻。职刘恩茂〔茂恩〕。酉真。保绥拓。印。

〔行政院档案〕

22. 刘茂恩关于新四军进攻豫南方城等地密电

（1945年10月15日）①

渝委员长蒋、院长宋、内政部张部长、部长陈、部长徐：○密。特情。豫南。（一）舞、泌边境奸匪约万人，酉江窜抵方城境小史店、太尉庙等地。一股申微晚窜常村方向。（二）新四军黄林部千余，由舞境经叶属夏李村、大官庄（城西南卅里），于虞日窜抵叶、鲁边境之玉稗庙。（三）奸匪六百余，由舞境窜叶属常村（城西南四十里）南走马岭，该匪等有进犯常村、拐河作根据地之企图，窜据正阳熊寨（城西南廿里）。（四）奸匪申艳召开军政会议，并分两路向孙店、胡冲店（熊寨南十五里）窜去。（五）宋店

① 此系发电时间，拟稿日期为10月13日。

（正阳西卅里）申俭陷匪手。（六）熊寨等处奸匪，番号系十三旅（27）、（28）两团，由陆大奎率领，兵力千余。该匪以宋属南顺山、刘龙集为根据地，以杨瓦房、魏庄（宋店南）为活动区。（七）和笑店、郭楼（正阳西北卅里）奸匪二百余，黄菜店便衣队五十余，常兴店、大申店（正阳西北卅五里）便衣卅余，酉支向商人勒款。等情。谨闻。职刘茂恩。酉元。保绥拓。印。

〔行政院档案〕

23. 刘茂恩报告人民武装争夺豫省叶县附近经过密电

(1945年10月17日)①

渝行政院、军委会、军令部、军政部、内政部：〇密。特情。豫南。（一）叶县西南卅里夏李寨，佳日陷匪手，灰日经我叶县团队夺回。该匪约五百余，向西南窜去。（二）佳日常村（叶县西南五十里）以南高地奸匪猛攻，均被其占领，刻奸匪二千余，正围攻常村。（三）叶县城北圣踪洲发现匪踪冒充（41）师番号，强缴民枪。我团队已向该匪围剿。（四）叶县西南大小官庄奸匪七百余，虞晨【由】走马岭（城西南四十五里）窜到二百余。（五）齐日奸匪三千余，轻机枪五十余挺，在太尉店与方城团队激战三小时，太尉店陷匪手，我退至太尉店西房山。（六）佳日，马庄（方城东卅五里）发现自称（47）补训处约八百人，已通知（36）师注意防剿。（七）拐河（方城北四十里）齐日下午由南召窜来奸匪刘豁子部三千余，骑兵甚多，枪支系三八式、捷克式。自称国民革命军第十八团，已陷古石滩镇、上下马葛河、大麦沟等地（拐东）。（八）鲁山澺河奸匪一股二千余，窜抵南召老景庄。等情。谨闻。职刘茂恩。酉删。保绥拓。印。

〔行政院档案〕

---

① 此系发电时间，拟稿日期为10月15日。

24. 刘茂恩报告八路军重新攻占豫北修伍情形电

(1945年10月28日)

渝委员长蒋、行政院宋、部长陈、部长徐、内政部张部长：据四区张专员酉梗子电称如下：修武经团队收复后，奸匪复由各地抽集老二团、老七团、老四团等及四路区干，共约八千余，向修武反攻。守备部队在兵力薄弱、弹药缺乏之下，与奸伪巷战肉搏两昼夜，击毙匪四百余。郅日修武复陷匪手。是役我伤亡官兵二百余，县长王毓忠失踪。等情。谨闻。河南省政府主席兼保安司令刘茂恩。酉俭。保绥瑞。印。

〔行政院档案〕

25. 刘茂恩转报保安队夺占豫省西华县城经过电

(1945年12月7日)

重庆行政院院长宋钧鉴：据西华县长田荆茂酉佳代电称：奸匪盘据本县逍遥镇，职协同国军于微辰克复该镇。嗣四十七军配合第七区淮西边区联防办事处黄题名部，于酉虞由周口向西华县城推进。本县派指导员胡兆源，率保安第三、四两中队，由逍遥镇向县城推进，已于鱼早将县城收复。等情。除饬办理善后工作外，谨电请鉴核备查。河南省政府主席刘茂恩叩。亥阳。汴民一平。

〔行政院档案〕

26. 刘茂恩转报张建成率团队会同正规军进占豫省获嘉县经过电

(1945年12月15日)

重庆行政院院长宋钧鉴：据报：获嘉县长张建成率领团队，会同八五军九二三五部队进攻县城,路遇奸匪激战五小时。同时,九二三六部【队】分路包剿。翌日拂晓双方进攻,毙匪五百余人。我军阵亡二人,伤三十余人。于十月十三日八时进驻县城。等情。除饬肃清残匪赶办善后工作外,谨电请鉴核备查。河南省政府主席刘茂恩叩。亥删。汴民一平。

〔行政院档案〕

27. 刘茂恩转报六十八军一部夺占豫省杞县县城情形电

(1945年12月24日)

重庆行政院院长宋钧鉴:据十二区专员胡长怡转报称:杞县沦敌七载,复被奸匪据城。十月十四日下午,由六十八军二十九师三百五十六团克复县城,县长薛景泗于十月十五日率全体工作人员到达县城,办理治安善后事宜。等情。除饬积极推进县政清剿奸匪外,谨电请鉴核备查。河南省政府主席刘茂恩叩。亥敬。汴民一平。

〔行政院档案〕

28. 刘茂恩报告国民党军夺占豫省封丘情形电

(1945年12月31日)

重庆行政院院长宋钧鉴:据报:封邱沦陷八载,日军投降后,奸匪于八月二十一日攻破县城。嗣国军进剿,奸匪不支,于八月二十七日收复。等情。除饬赶办善后工作外,谨电请鉴核备查。河南省政府主席刘茂恩叩。亥世。汴民一平。

〔行政院档案〕

29. 刘茂恩转报辉县团队配合国民党军夺占豫省该县情形电

(1945年12月31日)

重庆行政院院长宋钧鉴：据辉县县长关朝彦报告，于十月十七日拂晓督率团队，配合国军，分路向县城进攻。并由八五军吴军长及张专员亲临指挥，发生遭遇战，俘获奸匪二名。幸赖炮队接应，奸匪溃窜，颇多斩获，于十月十七日上午九时攻入县城。等情。除饬肃清残匪赶办善后工作外，谨电请鉴核备查。河南省政府主席刘茂恩叩。亥世。汴民一平。

〔行政院档案〕

六、抢夺安徽地区

1. 李品仙报告国共双方争占皖省各县城情况密电

(1945年10月24日)①

渝国民政府主席蒋、行政院长宋钧鉴：○。仰乞钧电②。兹将本省复员情形及奸匪活动状况，谨为钧座概略陈之：自日本投降后，当即成立复员计划委员会，关于各部复员事项，均订定缜密，严督遵照实施，并派各厅长委员分往陷区接收及督导复员工作暨宣抚事宜。截至现在止，陆续收复者计有合肥、怀远、亳县、巢县、含山、和县、怀宁、全椒、望江、滁县、凤阳、寿县、宣城、芜湖、当涂、南陵、贵池、至德、繁昌、青阳、宿县、凤台等二十二县。惟东流、铜陵两县，因国军尚未到达，各该县长虽已入

---

① 此系发电日期，拟稿日期为13日。
② 原文如此，当有错漏。

城,尚未能办理接收。又无为、泗县、灵壁、五河、盱贻、天长、来安、嘉山、郎溪、广德等十县城,当时国军未到,而各县伪军武力又极薄弱,致为奸匪窜据。本省六二县,除上述十二县外,其余五十县均能推行政令,并积极办理复员事宜。所可虑者,奸匪集结武力,企图扩展,除占领无为等十县县城外,计盘据四乡围扰县城者,有宿县、定远、芜湖、当涂、滁县、南陵、繁昌、至德、铜陵等九县。局部盘据者,有怀宁、合肥、蒙城、凤阳、涡阳、怀远、全椒、巢县、宣城、贵池、东流等十一县。重创窜扰者有巢县、亳县、桐城、和县、含山、寿县、青阳等七县。此等奸匪,大半系从抗战期间收缴地方团队及日本投降期间夺获伪军枪支扩充而来者,力量并非坚强。职拟于蚌埠、徐州各地受降后,即沿津浦、淮南两线及长江两岸,从事搜剿。现在除妥密布署并督饬所属加紧防剿外,谨将目前大略情形电呈鉴核,仰乞钧座时赐机宜,俾有遵循。不胜屏营感企之至。安徽省政府主席李品仙叩。酉元。印。

〔行政院档案〕

2. 军委会办公厅抄送关于新四军成立苏皖边区临时行政委员会以夺取华中情报函

(1945年12月4日)

行政院:奉谕抄送淮南匪情二则,请参考。军事委员会办工〔公〕厅。渝办秘礼。亥支。印。附抄【件】一件。
中华民国卅四年十二月四日发出

淮南匪情

一、匪企图夺取华中政权,于酉艳在淮阴成立苏皖边区临时行政委员会,辖该匪所划分之苏中、苏北、淮南、淮北四个行政区，内含江苏三十二县、安徽十六县、河南三县。

二、匪在所占区内，普遍强征十八至四十五岁适龄壮丁，充兵役。每乡组织反攻青年互助三队，另限期成立民兵一中队，直属于区长。由县政府发给弹械，专任突击、暗杀工作。

〔行政院档案〕

3. 内政部抄送安徽省政府关于该省已"收复"各县情形电

(1945年12月12日)①

准安徽省政府电报：该省奸匪窜扰情形到部，理合抄同原电，呈请鉴核备查。

抄呈原电

内政部：〇密。并请转呈军事委员会、行政院，本省各陷区自日本投降后，计先后收复县城二十县，奸匪窜扰各节，均经电报在案。截至目前止，本省共六二县，除无为、泗县、灵璧、五河、郎溪、广德、盱眙、天长、来安、嘉山等十县，县城被奸匪窜扰，并在贵池、东流、铜陵等县境内，现无重兵，猖獗异常。各该县因国军未到，无力进剿，以致推进县城工作【无法进行】。皖南贵池、东流、铜陵等县，以国军未到，日军不肯交出，致虽入县城亦不知接收外，其余四十九县，均能推行政令。特电查照，并请转电鉴核。安徽省政府。民铨。酉覃。印。

〔行政院档案〕

---

① 此系发电日期，拟稿时间为10月13日。

4. 第一三八师争夺津浦线南段要地机密作战日记

(1946年1月)

十二月三日　皖宿县　晴明

命令、通报、报告主要内容：

长官部参谋处参字第三六九〇号通报：(一)据报步骑约十二万之匪，分由临城南北进犯韩庄、沙沟两车站，情况不明。官桥激战至感日，电报不通。枣庄、韩庄矿区及临城一带甚危，现十九集团军正与该匪激战中。(二)总司令何戌勘午谋沛电：着对十九集团军在鲁南部队之补①，由本战区尽力协助。等因。查鲁南方面有十九集团军总部九十七军(三个师)及骑八、一一七师等部。(三)徐州、临城间之匪，奉令由徐指挥所牟主任及新六军部署进剿。(四)经令三十三集团军总部及七七军，依最速方法，挺进徐州，集结五九军兼程向徐州挺进。限亥江、支两日分别到达。五九军到徐后，续向临城以南地区进出，确保临城间交通。

(五)经令五八军以一师，开驻梁园附近，准备进剿定远之匪。军部及两师，即开宿县、徐州间，限亥齐到达，扼要守备，保持机动。

(六)一七一师开田家庵、水家湖地区整编。

(七)一七四师主力移驻立煌，并指挥九县联防指挥部姜汉卿部，守备立煌地区。

(八)总司令何戌卅谋沛电，饬三战区第三十二集团军李总司令默庵，先率第九十八军，车运徐州，并限亥月灰日到达。

〔下略〕

---

① 此处当有脱字。

十二月十九日　皖宿县　晴明

命令、通报、报告主要内容：

通报林团长、韦团长参作亥皓戌电：奉长官李轫藏亥筱、未二电开：准五战区刘长官亥东策一电开：（甲）奸匪张爱萍股约三万，盘据于永城、肃县一带地区，张破楼、保安集似为其主力所在。该匪时与丰县、曹县部队相呼应，向陇海路之沿线破坏及阻我军运。（乙）本战区拟以第二四及新三路军主力，于亥号以前，向商邱、拓城集结完毕，于亥马开始，分四路向山堆集、永城县一带围剿。（丙）拟请贵战区以三个师以上兵力，于亥马开始，分向由铜山、宿县，向庄城集、永城县一带来匪围剿。并确实占领陇海路杨集至铜山铁道，固守砀山、黄口各要点，断匪南北交通，都可行，请卓裁赐复。等因。除报请总司令何派队协剿外，希并饬属堵剿，并确守陇海路杨集、铜山间各要点，以防南北流窜。等因。仰各注意堵剿，勿使流窜。

〔下略〕

十二月二十一日　皖宿县　晴

命令、通报、报告主要内容：

奉长官李轫藏亥马未电：牟主任亥皓戌参光电，以郝总司令奉冯令，亲率徐州及各抽调之部队共六团，皓辰开台儿庄剿匪。请饬一三八师驻夹沟之营，暂勿移动，并加强巡逻。等情。一三八师应遵办外，查五八军马日起，陆续运徐州，已北开淮北，突见空虚。郝鹏举应遵本部轫藏亥筱已电所示，速开淮北接替五一军防务，并应陆续交防，陆续离开铁道，向淮北前进。仰各遵照具报。

十二月二十六日　皖宿县　晴

命令、通报、报告主要内容：

令四一二团林团长、四一三团韦团长、专保公署邱兼司令：

一、据报大店集、八里座各附近地区，本（二十六）日上午宥到奸匪第十一及十二旅，计四个团（其主力似在大店集附近），大量征集民伕，企图破坏宿、固间铁道。

二、师以扫荡该匪确保铁道安全之目的，决于明（二十七）日，师在宿县之主力，分路由东、南两方，向该股匪实行围剿。

三、着四一二团于明（二十七）日上午七时出发，分两路取捷径前进，限下午四时三十分以前到达大店集及其东北地区，实行扫荡。

四、着四一三团第三营（由该团配属迫炮一排，无线电一班），于明（二十七）日上午十时以前，在宿县车站上车完毕，南进至西寺坡下车，限下午三时以前，至达八里座附近，向大店集地区实行扫荡。

五、专保公署应派出一个自卫中队，随同四一二团行动。

六、各剿匪部队，概归四一二团团长林科连统一指挥。

七、各部队进剿时，须切取连络。

八、其他详细事项，由林团长规定之。

右八项仰各遵照，并将进剿情形具报为要。

十二月二十七日　皖宿县　晴明

命令、通报、报告主要内容：

报长官李、军长张参作亥感辰电：据报大店集、八里座（宿县东南约三十里）一带，宥午宥到奸匪第十一及十二旅，计四个团，大量征集民伕，企图破宿、固铁道。以〔为〕确保交通安全，部署扫荡该匪如次：（一）令四一二团分两路取捷径，限感申到达大店集及其东北地区。（二）以四一三团第三营（李燊），感午由宿乘车南开，至西寺坡下车后东进，限感申到达八里座附近。（三）各剿匪部队归林团长科连统一指挥。（四）关于扫荡时应注意事项，由林团长规定。上各项谨呈。宿。138D李英俊。参作。亥感辰。印。

十二月二十八日　皖宿县　晴明

命令、通报、报告主要内容：

奉长官李轨藏亥俭申代电：奉主任顾二十八日十时命令节开：（一）感夜，阚疃、路疃、支城子（曹村东南）一带有匪七、八千，曹村西南亦发现匪七、八千，桃山集有二、三百人，分向我曹村新十一师师部袭击，并破坏桃山集至曹村间铁道约十余处。（二）着贵官即指挥已到蚌埠、宿县之九十八军预四师及五八军之一八三师部队，迅速击破曹村方面之匪，恢复铁道交通。并已派五十二师，向曹村夹击。等因。命令：（一）据报攻袭曹村附近之匪，本（二十八）日九时，已被击稍退。新丰方面有新十一师之一个营，及夹沟北约十余里之五小庄有匪千余，夹沟驻有新十一师一个团部。又今晨查路车由宿县到夹沟，以情况不明，未敢北追。（二）着鲁军长即招致该军途中部队及新十一师，并指挥预四师，进击曹村以北铁道沿线及其两侧地区之匪。但情况无碍，预四师应予〔于〕夹沟及李家庄车站附近下车，担任路东奸匪之扫荡。在鲁军长未到前，由曹师长统一指挥，负责部署进剿。（三）五一军应注意防剿，并集结待命。（四）一三八师仍取原态势，在击退奸匪之同时，应依轨藏俭午一电行动。（五）陆□连络符号用四十号。除呈报外，仰各遵照具报勿误为要。

十二月二十九日　皖宿县　晴明

命令、通报、报告主要内容：

报长官李参战亥艳子电：轨亥俭促电奉悉。（1）夹沟东窜到匪有十二旅两团，第三师黄克诚部一个团，共约四千余人，另民伕数千，携有破坏工具。刻与新十一师及一八三师各一个团战斗中,夹沟车站已可闻枪声。(2)曹村电话不通,情况不明。(3)曹师长约艳寅可通过宿县。谨复。

令四一二团林团长、四一三团韦团长、四一四团第二营门营长参作亥艳辰代电:兹为加强铁道守备,调整部署如下:(一)四一二团部着于三十日以前移固镇指挥,并仰先以第三营于本(二十九)日移固镇,负责警备及其南北地区铁道附近潜匪之搜剿。(二)四一三团第一营着专任固镇(不含)以南之铁道守备,前由该团第三营配属之连应归建。(三)固、宿间铁道守备任务不变更。着门国安营既派西寺坡之连,归全营长喜指挥,仍在该地,并负责肃清西寺坡、龙王庙间铁道附近之潜匪。(四)着四一二团即派步兵一个营,接替宿县至夹沟(不含)间郝鹏举所属部队之铁道守备任务,限明(卅)日接替完毕。(五)门国【安】营之铁道巡逻任务,着由三十五年元旦起,交林团长派队接替。上五项仰各并饬遵照具报为要。

报长官李参作亥艳午代电:职师奉命守备宿县以南铁道,并策应徐蚌间之作战以来,已感兵力单薄,有顾此失彼之虞。现又奉钧座轵藏亥俭午一代电,饬向北伸延防区至夹沟(不含),虽勉力应付,然已无机动之余地。如奸匪蠢动,即无法应付。现大军北进徐州安堵,四一四团似无须留置徐垣,且师当整编之际,该团人事调整以远在徐海,无法实施。拟恳准饬四一四团开宿归建,以增战力并利整编,如何仍示遵。

〔下略〕

师长　李英俊

中华民国三十五年元月　日

〔国民政府国防部史政局及战史会档案〕

5. 李品仙续报"收复"皖东各县经过情况密电

(1946年8月)

(1) 8月5日密电

京主席蒋、行政院长宋钧鉴：8861密。民参绥之未微电陈皖省东各县收复情形，谅达鉴察。兹接前方午艳酉战电告各情，续陈如下：（一）养日，我一七二师收复灵璧之匪①第（73）、（81）两个团，毙二百余，生俘（25）名。梗日后，即在灵璧反复扫荡，协同修复公路。午感日午后，聚集外围肃清。俭日辰，即向泗城进袭，激战半日即将匪击溃，未逞②。当时收复泗县，继向北逃之匪追击，并掩护党政人员进城及协助难民事项，人民迁回日多。（二）我第五军宥日收复天长，感日收复盱眙。（三）由蒙城北进之我驻军，梗日到达赵集、坛城集、曷市集，拟仍北进中。（四）宿县西进，拟在我驻军已收复睢溪镇，白喜集仍继进中。余情待报外，谨电鉴核。李品仙。民参绥之。未微。李。印。〔自合肥发〕

(2) 8月7日电

京国防最高委员会、行政院、国防部：兹将皖东北各县收复及本省剿匪情形电呈于右：（甲）收【复】皖东北各县情形。（一）来安原为匪来安支队及淮南独立旅盘据，于已齐被七七师及地方部队收复。（二）灵璧原为匪灵璧总队及三师九旅一部盘据，经我一七二及一七一两师各一部，配合保安独立大队、地方武力等，激战旬余，于午养收复。（三）天长于午感收复。（四）泗县、五河、盱眙刻为匪二三师各一部、七师大部、四师全部及八、九、

---

①② 原文如此，当有错漏。

十二各纵队，四万余盘据，我军正积极推进中。（乙）剿匪情形。（一）匪最近由苏北调大批部队攻我来、嘉、灵、宿、亳、涡各地，经我反击，匪溃退中。（二）皖中各县散匪，我已设定联合防部开始搜剿。（三）皖西，由豫鄂边区窜来张体齐〔学〕部一旅之众，我已设指挥所围剿。（四）匪装〔皮〕定均部由鄂东窜经皖中，至皖东途中，经我数度围剿，已溃不成军，余股六、七百人向盱眙逃窜。（五）其他各县零星盗匪，抢劫扰民，除饬各区、县随时搜捕外，仍经常派队游击，协同地方武力剿捕。（丙）本府为强化收复区党政，组织发动民众力量，配合军事行动，彻底肃清奸匪，抚缉流亡，救济难民，安定社会秩序，争取民众，团结民心起见，经会同省党部、省参议会，于午皓组织并成立收复区党政工作督导团。由省府委员万昌言兼团长，省党部委员李仁甫、省参议员陈献南兼副团长，团员及所需用职员均经派出。该团并已拟定计划，于未江出发皖北东各县工作。安徽省政府。秘编。未虞。印。〔自合肥发〕

（3）8月10日密电

京国府主席蒋、行政院长宋：〇密。民参绥未微、未寒两电计邀鉴察。兹续将皖东五河县收复情形暨清剿经过，节陈如下：（一）我一七二师地方团队，于午俭收复泗县，并派兵一部于全申克复五河，刻正在该县扫荡残匪。综计该师毙匪四十余，俘匪数名，卤获LG一步枪数枝。（二）准第五军通报，该军陷日完全占领孟盅〔盱眙〕县城迄蒋坝，黎城镇奸匪第二师主力已被我击溃。计毙伤匪万余，获步枪千余支，俘匪千余。各情谨电鉴核为祷。职李品仙。民参绥三。未灰辰。印。〔自合肥发〕

〔行政院档案〕

七、抢夺江苏地区

1. 王懋功关于阻挠新四军占领六合等地密电

(1945年8—9月)

(1) 8月29日密电①

渝行政院长宋：○密。江浦县长姚镜涵未梗电称：六合县城，未马为匪攻陷。据【报】：此次攻六合匪首罗炳辉，指挥匪淮南独立第三团及东南大队约二万人，政委魏毂、参谋长柳明山。由西门攻入，搜索劫掳，惨不忍睹，并巷战多时，互有死伤。等情。谨闻。职王懋功。未感。宜二。印。

(2) 9月28日密电②

渝行政院院长宋、副院长翁：○密。据报：(一)距六合城南四十五里卸甲甸永利亚厂日军驻防区，申东匪百余，冒充南京先锋官，派来接收防地军械。经日军拒绝，始解。刻六合至卸甲甸公路被匪军破坏，电线杆截断。(二)六合于申东为匪占领，吸收物资，强征壮丁，发出每户出棉被一条【命令】，妄传进攻浦镇。(三)据孙良诚申江电称：兴化为匪围攻，万分危急。冬日曾派飞机一架侦察，并掷弹接济，战况至为激烈。刻死守待援。(四)据调查科陈孚报称：八月十五日敌公布投降消息后，将藏于京郊笆斗山中军需品、弹药、钢铁等，由轮运至江心，抛弃江中。中华门外兵工厂军用品盗售，小贩获利颇微。(五)八月廿八日夜，奸匪江宁县警卫连，配合十六旅部队，约二千余名，向各交通镇、市进击，将江宁县府烧毁，捕去警察队长徐兴才。同日围包镇、江

---

① 此系发电日期，拟稿时间为8月27日。
② 此系发电日期，拟稿时间为9月4日。

宁一区亦被占领。等情。职王懋功。申支未。申养重发。印。

（3）9月18日密电

渝行政院长宋、副院长翁：〇密。据仪征县长潘逸民申筱电称：（一）黄克诚部兵力约三团，轻重武器全，于申寒夜，由江南渡江，经大河口，开至西部之卅里铺及龙山头、警家营一带。（二）匪罗炳辉部第五旅长程正军，由天长经谢营，进驻仪城北十二里岔口，与黄部联防，企图攻城。（三）北淮南会皖边区游击支队长兼冶县县长魏然，率匪五百余名，进驻县西北队塘集。（四）奸匪六合县政府胥浦区长余定载，率领该区常备队二百余名，窜至城西约十里胥浦桥，统计奸匪兵力有围城态势。等情。除电令严防外。谨闻。职王懋功。申巧酉。宜二。印。

庞处长、张副处长译呈行政院长宋、副院长翁：密。据政府得县长潘逸民报称：奸匪第三师师长黄克诚，于申文亲率第二、三两师，由六合仁和集侵入仪属荷塘、常家、刘家、谢家等集，装备齐全。于占领各地，召集乡镇保长开会，禁止粮草之移动，并扬言进攻县城。申删召集仪征、六合两县区长会议，决定：（一）指定每区派米一百五十石，限四日缴清。（二）指定各区人民组织慰劳抗战将士献金。（三）在最近期间，攻破仪属各据点。等情。谨闻。王懋功。申巧。宜二。印。

〔行政院档案〕

2. 王懋功报告"收复"苏省沦陷区各县情况密电

（1945年9月3日）

渝行政院长宋、副院长翁：〇。兹奸匪乘敌人投降，国军尚未部置完成之前，在匪首陈毅、张云逸等率领下，以其全力向我各重要城市攻击。规模之大，范围之广，向所罕见。苏北方面，徐东之宿迁、睢宁，徐西之丰县各县城，均沦匪手。徐属一带，我方虽尚存铜山、沛县、砀山、萧县等县城，然亦在匪重重包围之中，亦无保全希望。海属沭阳、赣榆二县先后亦告不守，淮南地区则宝应县城已于未养失陷，兴化县城于未卅失陷。淮阴、淮安、盐城、泰兴、如皋、南通等县亦正被匪围攻，情势堪虞。扬中、靖江、启东、海门、崇明各县情势猖獗，恐难久持。泰县、东台、高邮各县，无一不与匪苦斗之中，情势悬殊，朝不保夕。宁属地区之六合县城，最近亦为匪攻占。江浦孤悬，垂危堪虞。江南方面则江宁、镇江及京沪沿线各县周庄、四坝等小据点，均先后为匪占，人民恐怖万状。溧阳、溧水、高淳、金坛等城镇，先后失陷，蔓延之速，如火燎原。苏北奸匪现已按照地形，划成三个军区。其一为盐阜区，以匪首黄克诚任司令；其二为淮南军区，以匪首陈正军任司令，兵力约二十万之众，包括民兵。（装备齐全，实力相当雄厚。其老巢在苏南方面者，仍以浙西之天目山、金坛附近之茅山为根据，苏北则以洪泽湖为根据。）又闻匪首罗炳辉、刘伯诚等，刻已由泰县、六合、仪征一带指挥军事，对京市及津浦、京沪各线具有狂妄企图，奸匪惯技乘虚钻隙。现时苏省各能与匪周旋之我各挺进部队、地方团队，虽倍苦奋斗，日在短兵相接之中。然究因装备简陋，数量悬殊，更以弹药不继，往往不能确保城市。而伪军及伪保安团队，自来即受敌方限制，不予充实。加之正在环境变动期间，军心涣散，斗志消失，是以更难与匪敌。现时敌军尚未撤退，虽有少数县城犹可藉其据点，苟延残喘，然匪势猖獗，已属无法遏止。若一旦敌军缴械，青黄不接，睹此情势，江苏全省稍有疏忽，一时难望收复。兹拟恳请中央：（一）迅速运调正规大军入境，清剿并接济已收编之伪保安团队弹药，饬其切实负责清剿。（二）在军事交接期间，对于正在被匪攻之县城，速派大量弹药、飞机，运发大量弹药充实我军战力，俾得继续与匪苦斗。（三）抗战虽告终结，然苏省被奸匪盘据已久，根深蒂固，似非运用军事，不足以言平定。且南京首都所在，京沪沿线，非周密计划，部署大量兵团，恐亦不足以绥靖京沪外围，而确保交通与首都安全。此外，并拟请拨派国军一部，归地方自行清剿。除就近报陆军总司令部前进指挥所外，谨电奉闻，伏乞亮察为祷。王懋功叩。申江。京秘。印。

〔行政院档案〕

3. 王懋功转报新四军与国民党军争夺 苏北兴化县城经过情形电

（1945年9月）

（1）9月5日密电

渝行政院长宋、副院长翁：○。据孙良诚报称：兴化县城因匪军围攻日久，工事均被炮火毁坏，守军伤亡惨重，弹药尽无法接济，遂于江日辰被匪冲进南门，现与我军发生肉搏巷战中。等情。谨闻。职王懋功。申微宜。印。

（2）9月8日密电

急。渝行政院长宋、副院长翁：○。申微宜谋电计呈钧察。续据孙良诚申支电称：兴化县城自未艳子被奸匪围攻，血战数昼夜，战况激烈。迄申江，我以弹尽援绝，县城被陷，刘师长下落不明，王参谋长及王、袁两团长均被匪俘，现该师余部正由赵副师长收容中。等情。除分报外，谨闻。王懋功。申齐午。宜一。印。

〔行政院档案〕

4. 王懋功关于阻挠新四军攻占淮阴等县经过情形电

（1945年9—10月）

（1）9月6日密电

渝行政院长宋、副院长翁：○密。（一）第七区专员徐家棻参战未删二电,匪军约三师以上,对淮阴取包围,形势危急万分。(二)淮阴县长杜宗藩未阳电:敌十日内撤退,匪军约廿①团包围我县城,士气不振,弹药将罄。(三)淮阴县党部书记长唐政考未马电:涟水、泗阳两县城均被匪占,淮阴外围渔沟孙良诚部亦溃退王营,县城危急万分。(四)淮阴县长杜宗藩、涟水县长朱孟□、泗阳县长吴卫久申江午电,淮阴县城被匪炮轰,损失惨重,危害万分。各等情。除饬坚守待援外,谨闻。王懋功。申鱼。京秘。印。

渝行政院长宋、副院长翁:○密。苏北战况:(一)据第七区专员李云霈申冬电称:奸匪纠集约二个团围攻淮安城,激战惨烈,我守军弹药告罄,官兵仅用石头、砖瓦守城,危在目前。除激励所部作最后挣扎外,谨电恳速派飞机掩护,并投送弹药,抛掷城内,以解危局。(二)据萧县刘县长瑞崐有辰电称:黄口车站经我派队收复后,匪于未敬由南北猛攻,因众寡悬殊,遂被突破。各等情。除饬队与匪军苦斗外,谨电奉闻,并乞示遵。职王懋功。申鱼辰。宜一。印。

(2)9月10日密电

渝行政院长宋、副院长翁:○。据淮安李专员云霈申佳电称:(一)淮阴电台已两日不通,进展不明。(二)奸匪知我淮安弹药告罄,在城周围赶筑碉堡,高出城墙,以密集炮火掩护扒〔爬〕城,正在堵击中。等情。除电令郝鹏举迅予派队驰援外,谨闻。王懋功。申灰午。宜齐叩。印。

(3)9月19日密电

急。渝行政院院长宋、副院长翁:○。据固字淮安城之第七

————

① "廿"字傍原有存疑号。

区专员李云霈、县长牛作喜、新编第三纵队司令吴延述等申筱电称：（一）现匪军集中迫炮廿余门，向我淮安城南门以西轰击，城垣轰倒多处，我守军正冒火以麻包挡堵中。（二）第十二纵队刘国泰部被匪击溃，该司令下落不明，第五支队王庆三部已全部殉难。（三）职等苦守孤城多日，生死早置度外。惟下级官兵在此粮尽弹绝之际，未见中央一架飞机输送弹药。加之奸匪煽动，军心更为涣散，如中央再无实际援助，职等惟有尽人事而已。等情。除再据情飞电孙良诚派队驰援外，谨闻。第十战区副长官兼苏北挺进军总指挥王懋功。申皓戌。宜一。印。

（3）9月20日密电

庞处长、张副处长译呈行政院长宋、副院长翁：密。据青年团淮阴分团股长王伯南申删报告及泗阳县党部书记长郑良辅申皓报告，奸匪第三师师长黄克诚率部三千余及地方匪军二万余，自未酉起围攻县城。连日以猛力炮火向城内轰射，经我新编第六路第四军潘干臣部及地方团队等予敌迎击，战况极酣。迄申鱼夜，我守城工事均被摧毁，各线渗透，加以弹尽援绝，城被攻陷。是役计伤匪三千余，我暂三师师长潘干函、淮阴县长杜宗藩、泗阳县长吴卫久，均壮烈殉难。又区保安团长王其可因伤被俘，其他涟水县长朱梦杰、淮阴县党部书记长唐政考及分团书记许新五、股长张家驹、股员莫玉钟、第一区队附王道生及团员金振华、王万言等均被俘。又淮安城已被围困近月，倘不速予援助，孤城终当〔将〕陷落。等情。除分报外，谨闻。第十战区苏北挺进军总指挥王懋功。申哿辰。宜一。印。

（4）9月21日密电

特急。重庆庞处长、张副处长分译呈行政院院长宋、副院长翁、组织部长陈：〇密。（一）据七区专员李云霈申效、哿各电称：

奸匪第三师黄克诚部，配合淮、宝、盐、阜各县独立团及民兵等七千余人，于申效、晓，以密集炮火向淮安城内猛轰，掩护扒〔爬〕城，报请我守兵竭力抵抗，未逞。皓夜，又以炮火猛击东南城，工事被毁多处。哿夜，匪由湖西增兵两团，继续猛攻。我以弹药缺乏，伤亡惨重，现仍对峙中。我各部队守城匝月，弹尽粮绝，实已无法应付。务恳空运弹药，即日送淮，以挽危局，迟则不济。（二）据第二路孙总司令良诚申筱电：奸匪十余团自申齐起向东台北向大中集我暂二旅谷振稻部猛攻，激战酣烈，于寒日该地即失联络，情况不明。又虞晓，我第二师戴心宽部派队进剿窜据盐城北大李庄之奸匪，将其击溃，毙匪五千余名。等情。除电孙总司令良诚迅即派队驰赴淮安救援外，谨闻。第十战区副长官兼苏北挺进军总指挥王懋功。申马申。宜一。印。

（5）9月23日密电

重庆办事处译呈委员长蒋、代总长程、行政院长宋、副院长翁、组织部长陈：密。奸匪围攻淮安，兹续据李专员云霈申马辰电称：淮安被围，业经廿三日，匪总攻五次，均被我击退。哿夜作第六次总攻，炮火猛烈，彻夜未止，东西各城门楼均被击毁。刻正换火力掩护，抵城与我激烈战斗中。我守军精疲力竭，确信坚守已至最后关头，恳速予救援。等情。除复饬固守，并电孙总司令良诚迅速设法救援外，谨闻。职王懋功。申梗午。宜一。印。

（6）9月30日密电

渝行政院长宋、副院长翁：〇密。据固守淮阴、淮安两县城外之江苏七区专员李云霈暨淮安城内军事首长吴效韩、吴延述、金震东、韩剑飞、赵之玉、张冀田、马永权等，并亲率全体官兵申灰戌电称：据报淮阴城于鱼日下午失陷，潘师长干函有殉难讯。匪军现集中二万余人，围攻淮安城，正在激烈对抗中，恳速派机来淮安城周围轰炸并送弹药。二、三日内或可支持。最后一电请于廿分钟内赐复。敬祈健康。中华民国万岁！等情。情势急迫，危在旦夕。查两淮为苏北枢纽，倘或不保，后患堪虞。除一面就近呈请中国陆军总部迅派飞机来淮安城轰炸，并运送弹药。一面飞电新编第二路军孙总司令良诚，就近派队星夜驰援，以济眉急暨电复外，谨此电陈。职王懋功叩。申【删】。京。印。

(8) 10月14日密电

渝行政院长宋、副院长翁：〇密。战报。自午豁淮属各县敌军全部撤退后，我淮、涟各县部队及伪二十八师潘干丞部、第七区常备团全部，集中淮阴固守。午养，匪新四军两团附淮海分区一、二、三、四支队及淮、淮、涟、泗四县民团约万余，附轻迫击炮四门，向淮阴四郊据点猛犯，激战达十二昼夜，我以弹尽援绝，且潘干丞部之啸目团被匪煽惑，放弃东门，未鱼淮阴遂陷匪手，潘干丞当时殉难。现淮阴县长杜宗蓝〔藩〕，党部书记长唐正考，青年团书记许新五，泗阳县长吴卫久，涟水县长朱孟杰等及全县警兵，均被口口。等情。谨闻。职王懋功。酉支。军二智。印。

〔行政院档案〕

5. 王懋功关于新四军与国民党军争夺泰兴如皋等县经过情形电

(1945年9月)

(1) 9月17日密电

渝行政院长宋、副院长翁：〇密。申元戌宜一电计呈。（一）续据泰兴县长薛佩琦申真电称：奸匪攻城甚烈，守军虽沉着坚守，但以弹药告罄，局势极危，恳速救援。（二）据第七区专员李云需申删、铣两电称：围攻淮安城之奸匪，寒戌以一团之众，向城西南角猛攻，我官兵奋勇抵抗，未为所逞。惟查奸匪现已侦悉我军弹罄粮绝，对我采取严密围攻策略，使我兵力疲惫，军心动摇，再图乘机攻袭，危殆殊甚，恳速转请派机运送弹药，俾挽危局。各等情。除饬仍固守待援外，谨电请鉴核示遵为祷。第十战区副长官兼苏北挺进军总指挥王懋功。申筱午。宜一。印。

(2) 9月21日密电

急。行政院长宋、副院长翁：○。据南通第四区专员徐谟嘉申啸、皓电称：奸匪纠合七团之众，自申铣起围攻如皋城。一面破坏城外公路、桥梁及民房，一面以密集炮火向城内轰击。我守军沉着应战，迄已四昼夜，官兵疲劳，弹药缺少，军民食粮亦将告罄。倘无大军来援，终恐不保。等情。除电孙总司令良诚，迅即派队驰援外，谨闻。第十战区副长官兼苏北挺进军总指挥王懋功。申马申。宜一。印。

(3) 9月25日密电

重庆办事处译呈委员长蒋、行政院长宋、组织部长陈：密。据报：(一)徐州以北津浦路，常被奸匪破坏。(二)匪围攻泰兴城，真戌已陷匪手，伪军蔡鑫元下落不明。苏。职王懋功。申有未。宜谍。印。

特急。重庆庞处长、张副处长分译呈行政院院长宋、副院长翁、组织部长陈：○密。苏北战况：据新编第二路军总司令孙良诚申养辰电称：(一)奸匪万余，申筱起围攻如皋城，巧日猛攻东城十余次，数度肉搏，匪未得逞。皓日西城被匪炮毁，皓夜匪更冒雨猛袭，我守军独一旅孔瑞五部与匪激战已四昼夜，伤亡惨重，弹尽粮缺，岌岌可危。(二)申删起匪复固守通州，围攻泰县东之溱潼，连日炮战甚烈。我守军独二旅徐客部浴血苦战，毙匪甚多。

外围据点均被匪占,势甚危殆。(三)申佳,我驻盐城之第一军第六团,向城西杨家铺一带之匪彭明芝部猛袭,激战三小时,匪不支溃退,毙匪廿余。等情。除复饬分别派队驰援并电请总司令何,由京派飞机即往如皋、淮安、溱潼等地救援外,谨闻。第十战区副长官兼苏北挺进军总指挥王懋功。申有午。宜一。印。

(4) 9月29日电

渝行政院长宋:苏北战况:(一)综合孙总司令良诚、陈副总指挥泰运、徐专员谟嘉申宥、寝各电称:如皋东之丁堰镇,于申马被匪攻陷后,我守军张善宏、侯钧华两大队,除少数官兵突围外,余均壮烈牺牲。又匪首管文蔚、粟裕、叶飞等率部万余人,自申筱起围攻如皋城,连日激战甚烈,迄养午城被攻陷,我守军孔瑞五旅官兵牺牲甚众,其一部突围者尚未取得联络。奸匪于攻陷如皋、丁堰后,复大举围攻泰东之溱潼,情况危急。溱潼如失陷,杨、泰即受威胁,恳转请中央速派飞机数架,经常联络,协助接济弹药,以挽危局。(二)据困守淮安之七区专员李云霈申养寅电称:奸匪攻城益急,城内所有工事全被轰毁,城墙亦被轰倒多处,现仍弹如雨下,向我阵地轰击中。匪又挖掘地道至城基,企图用炸药轰倒城墙,淮安城危在旦夕。各等情。查淮安自养寅后,即与本区电台失去联络,情况不明。除饬续报外,谨闻。王懋功。申艳午。宜一。印。

(5) 10月5日密电

重庆办事处译呈委员长蒋、代总长程、行政院长宋、副院长翁、组织部长陈:○密。兹据南通徐专员申皓哿电称:围攻如皋城之奸匪,皓夜猛攻未逞,仍对峙中。又城东皋雁桥聚匪廿,破坏公路、桥梁,阻我接济军品前进。又据仪征县长潘逸民麻申巧电称:奸匪陈毅,受我军压迫,已率部渡江。现本县城东毛家营一带奸匪五千余，巧午向我新城据点及县城进攻，经我各种迎击，未逞。各等情。除分报外，谨闻。王懋功。申寒午。宜一。印。

〔行政院档案〕

6. 王懋功转报国民党军阻击新四军围攻宿迁邳南经过情形密电

（1945年9月27日）

渝行政院长宋、副院长翁：〇密。战况。据邳县挺九纵队司令董鼎铭未敬电称：（一）养晨，奸匪千余人围攻宿迁西北皂河，我独立第二支队长曹镶唯率部奋勇阻击，激战至酉，因众寡悬殊，致我支队付赵锡福被俘。阵亡士兵二二一名，损失步枪一八二支、驳壳枪二三支。（二）敬卯，奸匪百余人进犯邳南徐塘平，第二十六团长张宪五率部迎击，激战至夜，将敌击退，伤士兵三名。等情。除分报外，谨闻。苏。王懋功。申感。宜均。印。

〔行政院档案〕

7. 王懋功报告新四军进攻武进丹阳等地代电

（1945年9月27日）

行政院长宋、副院长翁钧鉴：匪情。（一）攻占泰兴之匪，近以一部南渡，窜扰武进、丹阳、江阴一带。（二）匪万余，刻集结于无锡之澄西及石庄镇。（三）宜兴周铁桥匪三千余，有进扰无锡模样。（四）匪二千余由新河庄，向油榨沟、峡石窜扰，并有进犯宣城之企图。（五）匪溧水县长杨元时、副县长李中魁，盘踞城内原伪县府旧址。谨闻。职王懋功。申感。军二智。

〔行政院档案〕

8. 王懋功关于阻挠新四军进攻邳县附近密电

(1945年9月30日)

重庆庞处长、张副处长,分译呈行政院长宋、副院长翁、组织部长陈:密。据报。(一)奸匪五百余人驻邳北,率领口高家渡以北山河沿岸及赵家一带①,于梗日拂晓偷渡运河,向东南进犯,与日军搜索队在赵墩附近遭遇,激战两小时,匪死伤六、七十人,向河北赵村、丛湖一带退去。(二)匪运河支队四百余人,敬夜征调民伕七、八百人,自〔将〕济桥、王麦湾之临台路电杆锯断,并破坏铁路约五百公尺。又匪运河支队及基干队,约千余人,盘据耿集、张瓦房、茸山一带村庄,向我驻军防地袭击。等情。除饬驻邳部队严防清剿外,谨闻。苏。职王懋功。申陷酉。宜谋齐。印。

〔行政院档案〕

9. 王懋功关于刘瑞岐部在苏北萧县一带与新四军激战等情密电

(1945年10月4日)②

渝行政院长宋、副院长翁:○密。战报。据第九区冯专员报称:(一)申筱我暂编保安第三纵队刘瑞岐部,于萧县邑洼一带,与匪西南大队及匪六区部两千余遭遇,激战五小时,匪不支溃退。是役毙匪数十名,我无伤亡。(二)砀山匪徐彭部,集中两万余,破坏铁路沿线,当经沿线之日军加以驱逐,计死亡民伕百余。等情。谨闻。职王懋功。酉东。军二智。印。

〔行政院档案〕

---

① 原文如此,当有脱字。
② 发电时间为4日,拟稿日期为1日。

10. 王懋功关于新四军在陇海津浦路沿线活动等情密电

(1945年10月6日)

渝行政院长宋、副院长翁：〇密。匪情。（甲）陇海沿线奸匪，现均窜距铁跌〔路〕数十里外，津浦沿线尚时有股匪发现。（乙）江南武进一带奸匪近况如次：（一）滥发纸币，强迫民众流通，以吸收我法币。（二）强征壮丁，供其牺牲。（三）民间剩余食粮，勒索一空。（四）惨杀我方工作人员，封没财产。（五）破坏教育，加紧赤化工作。等情。谨闻。职王懋功。酉支。军二仁。印。

〔行政院档案〕

11. 王懋功关于新四军攻占泰兴城等情密电

(1945年10月)

（1）10月6日密电

重庆办事处译呈委员长蒋、行政院长宋、组织部长陈：密。据报。（一）徐州以北津浦路，常被奸匪破坏。（二）匪围攻泰兴城，真戌已陷匪手。伪军蔡鑫元，下落不明。苏。职王懋功。申有未。宜谍。印。

（2）10月14日密电

重庆办事处分译转行行政院长宋、副院长翁、组织部长陈、政治部长张：〇密。据孙总司令良诚申感午电称：泰兴伪军蔡鑫元部，素质复杂，作战之初，迭经电令死守。自文日起，电讯突告中断，情况不明。嗣据报：蔡部顾团长为匪内应，开城投降匪军，该旅全部缴械，县城为匪侵占。等情。谨闻。职王懋功。酉寒。军二智。印。

〔行政院档案〕

12. 王懋功转报新四军第二师拟进攻扬州外围密电

(1945年10月6日)①

重庆办事处呈送行政院长宋、副院长翁、组织部长陈：×密。据陈副总指挥泰运报称：（一）匪新四军第二师长罗炳辉，近率部万余，集乐川附近，似有犯扬州外围仙女庙、邵伯、霍家桥企图。（二）〔略〕。各等情。除饬严防外，谨闻。职王懋功。申感午。宜谍。印。

〔行政院档案〕

13. 王懋功转报新四军与国民党军争夺崇明县情形密电

(1945年10月10日)②

渝行政院长宋、副院长翁：○密。据江南行署主任刘秉哲，转据崇明县长孙云达呈称：本府伪县长刘绳武，于未养率伪军警全部仓卒赴沪后，奸匪即口焉思逞。邻县启、海匪军数千，亦陆续渡江，有以崇明为桥梁，进攻上海企图。职即于回日，令本县自卫团第二大队长陈钧部入城，维持治安。寝日职亲率县府工作人员及三个大队兵力进城，匪军即联合启、海奸伪，于陷晚包围全城，猛烈进攻，我军当予痛击。世晨驻扎东门外之第一大队被困，弹尽全部被掳。弹绝孤军难守，乃急电川沙张司令惠芳乞援口派部队，于申东一时赶到，匪始不支，向西北窜去。惟据各方情报，匪仍可能有增加兵力攻城。除严阵以待，誓歼匪类外，谨闻。等

---

① 此系发电日期，拟稿时间为9月27日。
② 此系发电时间，拟稿日期为10月1日。

情。谨闻。职王懋功。酉东。军二智。印。

〔行政院档案〕

14. 王懋功关于严防新四军进攻高淳等地电

(1945年10月14日)①

渝行政院钧鉴：(一)据报：匪情。溧阳、溧水、高淳一带，现集匪军有三万人，番号正饬查中。高淳境伪【军】大小据点，均被匪攻占，并由安兴、柳濮起，迄溧水甘载之金山、大山、颜山等地，赶筑工事，企图阻我皖南部队向京芜线推进。(二)如皋城郊，现集结匪方不夜、龚玉生及匪泰州县独立团等部，向如城附近蠢动，有进犯城垣模样。惟该城日军已撤至南通，该城守【军】兵力单薄，情势颇危。除电饬严防守外，谨闻。职王懋功。申感。宜谍。印。

〔行政院档案〕

15. 王懋功关于严防新四军进攻无锡等地电

(1945年10—11月)

(1) 10月14日电

渝行政院钧鉴：据报：无锡范县长惕生先后报称：(一)苏北匪军自攻陷泰兴后，即窜抵苏南武进、丹阳、江阴一带活动，开到澄西在庄镇已达一万三千名。(二)宜、锡交界周铁桥一带，计有新四军三千余人，有窜扰锡地模样。(三)匪新四军第一师粟裕部，约七千余，携有轻重武器，窜抵周铁桥驻扎。(四)匪十六旅千余，于皓日攻陷县西杨墅园、北新桥。当晚宿营藉前来桥，有窜扰县城企图。(五)县西新滨桥，于下午由南阳湖（武锡交界）

---

① 此系发电时间，拟稿日期为9月27日。

开来匪军二千余名,配备尚佳。洛社车站附近,发现匪军有破坏铁道企图。等情。除饬该县长会同驻军严防堵剿外,谨闻。苏。职王懋功。申感午。宜谍。印。

(2) 11月13日电①

行政院长宋、副院长翁钧鉴:匪情。据报:(一)匪苏北区江防团张铁,率部千余,配备轻机枪十余挺、步枪六百余枝,近由常熟北新闸登岸,分驻浒浦、高浦口、白茆口一带。(二)小股奸匪络续由苏北渡江南来,到处窜扰,勒征公粮。(三)南通匪军刻积极征收棉花、公粮、税捐,滥用抗币,封锁民船。匪南通警卫团,已改编为新四军第一师十八团,驻石港。(四)匪二、四两师各一部,近至句容、茅山一带窜扰。(五)匪粟裕部主力,酉有越陇海路北窜。其淮海军区司令章裕部千余人,附轻重机枪十余挺、炮二门,酉寝窜灌云、大伊山、新安镇一带。匪灌东支队孙良浩部八百余人,附轻机枪四挺,酉感窜灌属徐圩、杞阴山一带,有进扰云台山模样。(六)匪苏中。匪近变更经济方针,食盐大宗出境,食米及农产品交税,可自由搬运。通令各盐场,自十一月起,停止生产品。(七)无锡。匪锡东县常备队,流窜荡口一带,常熟二、五两区,有匪独立第一师独立团及匪虞县警卫团两部窜扰。(八)匪江都独立团长林辉才,率部九百余人,流窜永安河南之三周庄及季港、高桥等乡。匪甘泉游击支队司令陈新峰,率部三百余,窜扰江都西七里甸、西来庵、酒甸等地。扬天、扬清两公路之桥梁,被破坏。(九)匪涟水县长改由刘锡九接充,并恢复旧潼阳县委,王通五为县长。(十)匪将无锡荡口镇改称荡口市,以曾俊峰为市长,华仲良副之。等情。谨闻。职王懋功叩。戌齐。军二仁。

〔行政院档案〕

---

① 此系发电时间,拟稿日期为11月8日。

16. 王懋功关于新四军与国民党军争夺苏北双沟等地电

(1945年10月15日)①

渝行政院长宋：苏北战况。(一)据睢宁挺八纵队司令刘文展未筱电称：奸匪新四军第九旅赵汇川部，配合地方部队约六千人，自未冬起围攻铜、灵、睢边区之重要据点双沟，与我第二十二支队陈杉三部激战十二昼夜。迄寒辰，我以弹尽粮绝，突围向铜、荡边境之后马家转移。是役奸匪死伤甚重，我阵亡军需主任李雪明等七名，伤官兵卅二员名，失踪官兵四十九名。(二)据邳县新第四纵队司令刘斐然申文电称：佳午奸匪运河支队八百余人，与我在邳西耿集附近李场河湾、岳忘一带激战半日。毙匪六十余，我支队附耿丙法被俘，阵亡官兵廿四员名，损失轻枪枪二挺、步枪廿九枝。各等情。除分报外，谨闻。职王懋功。申感午。宜均。印。

〔行政院档案〕

17. 王懋功关于严防人民武装进攻台儿庄及邳县各据点密电

(1945年10月22日)

渝行政院长宋、副院长翁：〇密。据报。鲁南军区第三、第五两团，约八千，艳辰侵占台儿庄及邳五区北境。陇海路南木瓦房一带，到匪三、四千人，有犯我陇海路及邳县各据点企图。等情。除饬属严防外，谨闻。职王懋功。酉养。军二仁。印。

〔行政院档案〕

---

① 此系发电时间，拟稿日期为9月27日。

18. 王懋功关于阻挠人民武装攻陷邳县宿羊山并进攻萧县代电

（1945年10月23日）

行政院长宋钧鉴：（甲）邳县报告：由鲁南窜来奸匪一一五师四、五两团及运河大队，约三千余，配合邳、铜、峄三县边境民兵千余，于酉江向我宿羊山据点暂编第四纵队刘斐然部围攻，激战竟夜，被匪攻陷，刘斐然只身逃出，损失步枪二千五百枝、轻重机枪百挺、掷弹筒五十门、迫击炮一门、造枪机器六部、马百匹，现复向碾庄、八义集一带进犯。邳县情势危殆，陇海路东段有被切断可能。（乙）宿迁县报告：奸匪第三师黄克诚部第二十八团独立大队，配合沂河大队，共三千余，附炮四门，集结于沭阳、高流一带，于申卅夜，将沭河东岸四号铁桥炸毁。（丙）萧县报告：奸匪新四师约三团，骑兵一部，在本县朔里乡，每保急筹面粉一千斤、猪一口、软床数十张，有进犯萧县企图。各等情。谨闻。职王懋功叩。酉梗。军二智。

〔行政院档案〕

19. 王懋功转报新四军为接收苏浙皖三省及两特别市任命省主席及市长密电

（1945年10月24日）

重庆行政院长宋、副院长翁：密。据本省保安第四纵队司令张少华申微参谍电称："据报：匪新华社华中本日电，发表匪新四军军部命令：为接收管理敌占苏、浙、皖三省及南京、上海两特别市之行政事宜，兹为任命黄克诚为江苏省政府主席，季方、李一氓为副主席。叶飞为浙江省政府主席，罗炳辉为安徽省政府主席，刘瑞龙、郑抱贞为副主席。粟裕为南京特别市市长，方毅为副市长。刘长胜为上海特别市市长,张执一为副市长。此令。代军长陈毅、副军长张云逸、代政治委员饶漱石。等情。谨电。"等情。除分报外,谨电请鉴核。江苏省政府主席王懋功叩。申回。苏临军政三。印。

〔行政院档案〕

20. 王懋功关于阻挠八路军和新四军围攻徐州等地代电

(1945年11—12月)①

(1) 11月6日代电

重庆行政院院长宋、副院长翁:据本府徐属办事处主任董汉槎、第九区督察专员冯子固、铜山县长耿继勋、萧县县长刘瑞岐、沛县县长张开岳、丰县县长董玉珏、邳县县长辛玉堂、睢宁县长刘天展、宿迁县长朱培福等酉删急电称:奸匪近度变本加厉,向我袭击。其动态:(一)阻止国军前进,实行三平四空策略,即对铁道线扒平,电杆砍平,路沟填平,铁轨运空,交通器材运空。(二)破坏农村经济,焚毁房舍,搜运食粮,均分土地,改变地形。(三)摧毁中央政治体系,残杀区乡保长,突击游击部队,杀害知识分子,威胁男女青年,残酷手段骇人听闻。现津浦线徐州北段利国驿至韩庄一带,南段三堡至宿县,均被破坏殆尽,站房亦已焚毁。陇海线东段草桥站、沂河铁桥全部焚毁,西段郝寨至砀山、西杨楼一带,破坏无余。且鲁南、苏北八路、新四等匪军,麇集徐州四围,号称十万,先后攻陷津浦路东张庄、宿羊山等据点,并占据符离集车站,包围宿县,企图消灭地方部队后,即围攻徐州。目前徐属各县青年学生、耆老、士绅,纷纷逃徐满坑、满谷,徐市房舍已感无法收容,情状惨苦,形势严重,恳迅派大军清剿,以

---

① 此系发电时间,拟稿日期为10月31日。

解倒悬，而固国本。又据睢宁县长刘天展酉养午十万火急电称：匪军集结主力，马日拂晓向后马家据点猛攻，我军竭力抵御，南面外堡已被炮火轰毁，圩内房屋损失奇重。该处为我路东地区硕果仅存之唯一据点，铜、睢、灵、萧等县八年来艰苦抗战之干部，麇集于此，若果有失，则精英一网而尽。情势危急，焦灼万分，请速派队驰援，以拯危局。各等情。查后马家位徐州东南，确为津浦路东仅存之唯一据点，徐州为交通要冲、军略重地，倘为奸匪占据，影响复员大计及国际视听至钜。除分电第十战区李司令长官请速派队驰援并先拨款（150）万元救济流亡人员外，谨电祈鉴赐，核办饬遵。职王懋功叩。酉世。军政三。印。

(2) 12月15日代电①

江苏省保安司令部代电

保总安字第二〇四号

中华民国三十四年十二月十五日

行政院长宋、副院长翁钧鉴：转据保三团团长陈英林戌铣报称：酉巧奸匪新四军第九、十一、十二三个旅及教导团、骑兵队等，围攻我铜东南后马家据点，激战十四昼夜，反复冲杀二十余次，我圩内工事全被炮毁，战闻惨烈。迄酉世我以弹尽援绝，迫不得已，乃突围转进至铜东七区冯庄。是役毙匪第七旅团长以下官兵一千四百余，伤一千八百余。我伤亡官兵一百零八员名，失踪二百六十六员名，获步枪八支。我损失掷弹筒一门，轻机枪四挺，驳壳枪二十支，大刀一百七十四把，刺刀二百三十八把，马四十三匹。等情。除报外，谨闻。职王懋功叩。亥齐。保绥。删【重发】。印。

〔行政院档案〕

① 此系发电时间，拟稿日期为12月8日。

21. 王懋功报告所属保安部队关于苏南反共军事部署代电

(1945年12月14日)

江苏省保安司令部代电　　保总安字第一九六号
中华民国三十四年十二月十五日

行政院长宋、副院长翁钧鉴：兹将本省保安部队参加清剿江南地区奸匪部署如次：（一）保安第六纵队宗志强，全部（第十一、十二两团）归第一区行政督察专员兼保安司令顾大荣指挥，配属第七十四军施忠诚部，清剿江宁、镇江、丹阳、句容、金坛、溧阳、溧水、高淳、宜兴等县境之奸匪。（二）保安第九团孙英杰部，归第二区行政督察专员兼保安司令许宝光指挥，配属第四十九军王铁汉部，清剿无锡、武进、吴县、江阴、常熟、太仓、吴江、昆山等县境之奸匪。（三）保安第六团李文一部，归第三区行政督察专员兼保安司令谢承炳指挥，配属第七十一军陈明仁部，清剿松江、南汇、上海、青浦、金山、奉贤、宝山、川沙、嘉兴、崇明等县境之奸匪。（四）保三纵队郭寅博部（第四、五两团）仍驻镇江城厢，担任镇江城防。除分报外，谨电鉴核备查。江苏省政府主席兼保安司令王懋功。亥寒申。保绥。

〔行政院档案〕

22. 王懋功报告苏北高邮被攻占经过情形代电

(1946年1月8日)

江苏省保安司令部代电　　保总安字第262号
中华民国三十五年元月十七日

行政长宋、副院长翁钧鉴：据宝应县县长朱羽仙报称：三十四年亥皓，奸匪围攻高邮，我军以众寡悬殊，弹尽援绝，邮城于有日沦陷于匪手。本县驻邮警察队除伤亡外，所有人枪悉数被匪俘缴，本府驻邮办事处文卷及无线电台公物等，均被劫掠。秘书田文辉、军事科长刘月樵等十七员，同时失踪。除设法营救各员外，理合电请鉴核。等情。除分报外，谨闻。职王懋功叩。子齐。保绥。印。

〔行政院档案〕

23. 王懋功报告扬泰公路及泰县张家坝等据点被摧毁经过代电

（1946年1月8日）

江苏省保安司令部代电　　保总安字第132号
　　　　　　　　　　　　中华民国三十五年一月十三日

　　重庆行政院长宋：据泰县县长丁作彬子微已电称：本县保安团第一大队二、三两中队，此次协同驻军守备扬泰公路之张家坝、塘头、郭村、彭家庄等据点，自亥感夜起，被奸匪围攻，激战甚烈。艳申，我派第一中队驰往应援，复被匪围困于东夏庄，战斗益烈。卒因弹尽援绝，众寡悬殊，所有碉堡、土圩悉被摧毁无余，以致伤亡颇重。该大队全部官兵，除第一中队长王元樵、分队长李玉明等七十余员名奋勇冲出，详情另报外，其余官兵二百余人均为党团殉难，或被匪俘，大队长王福棠迄仍下落不明。等情。除饬将殉难官兵详确查报并分呈外，谨闻。江苏省政府主席兼保安司令王懋功。子齐申。保绥。

〔行政院档案〕

24. 王懋功报告苏北东海县水牛庄等据点失守经过代电

（1946年1—2月）

（1）1月12日代电

江苏省保安司令部代电　　保总安字第277号
　　　　　　　　　　　　中华民国三十五年一月十七日

行政院长宋：据第八区专员夏鼎文亥卅电称：（一）寒辰，我东海县保安团驻县西水牛庄之第六连，被奸匪千余围攻，激战甚烈，我增援部队中途被阻，战至巧午，该处随陷匪手，守军一百三十一名悉数伤亡被俘，损失步枪九十一枝。该部奸匪旋复向西围攻赵集，经我保安第三中队长李毓桢率部奋勇迎击，毙匪三百余，匪旋增援猛扑，战至敬晚，该中队以弹尽援绝，遂全部壮烈牺牲。（二）马、养、梗三日，我区保安团分途进袭，围攻川尖庄、龙苴、孙港等处之奸匪，激战甚烈，我以众寡悬殊，当经分别突围。计毙伤奸匪二百余，我阵亡失踪士兵各二名。等情。除分报外，谨闻。江苏省政府主席兼保安司令王懋功。子文午。保绥。

（2）2月1日代电

江苏省保安司令部代电

保总安字第964号

中华民国三十五年2月6日

行政院长宋钧鉴：（一）八区专署子宥电：东海县保安团第二大队，亥巧于蒋集被奸匪新四军吕德余部围攻，激战七昼夜，迄亥回以弹尽援绝，遂陷匪手。是役毙匪三百余，我阵亡一二七人，损失步枪一一二枝，轻机枪一挺。又驻该县西南上房之保安第三大队，于子帮被匪围攻，战至梗夜，因弹尽无援，被匪攻陷，毙伤奸匪二百余。我伤亡百余，损失步枪百余支。（二）〔略〕各等情。除分报外，谨闻。江苏省政府主席兼保安司令王懋功。丑东申。保绥。

〔行政院档案〕

25. 王懋功报告陇海线东段新安镇等据点被攻占代电

（1946年1月）

（1）1月25日代电

江苏省保安司令部代电　　保总安字第772号
　　　　　　　　　　　　中华民国三十五年元月廿八日
　　行政院长宋钧鉴：据东海八区专署子鲥电：皓夜，沭阳保安队范铁军六百余人，在徐塘、高塘，被匪黄克诚部围攻，伤亡过半。驻新安镇之宿迁保安队及山东挺进军第九十二、九十三两支队，被匪袭击，亦伤亡惨重。现陇海路东段新安镇、牛山、阿湖各地车站，悉被攻占。又赣榆到有林彪部十万之众，围攻海州至急。等情。除分报外，谨闻。江苏省政府主席兼保安司令王懋功。子有午。保绥。

（2）1月29日代电

江苏省保安司令部代电　　保总安字第933号
　　　　　　　　　　　　中华民国三十五年二月五日
　　行政院长宋钧鉴：九区专署子有电，奸匪不顾停战命令，自子元起，纠合十万之众，连日破坏铁路桥梁，攻占城镇据点，势极猖獗。我驻守炮车之独立旅、邳县保安团等部，于删晚被迫向西撤退，子效进抵窑圩西南，渡运河被匪发觉，遭其伏击，我官兵奋勇渡河，讵天寒水深，游动不便，已下水者大半溺死，未下水者多数被俘。残余部队复转至距新安镇西八里处，又遭匪野战军七十二团猛袭，损失甚重。独六旅参谋长陈文、邳县县长辛华轩均失踪。巧日我新安镇各机关部队随军东撤，亦遭匪袭击，损失甚多。又据沭阳县府子养电，我驻陇海路南高塘沟之县保安第一中队，自铣日被匪重重包围后，迄仍在激战中。各等情。除分报外，谨闻。江苏省政府主席兼保安司令王懋功。子艳戌。保绥。

〔行政院档案〕

26. 汤恩伯关于第三方面军进攻京沪地区人民武装战斗要报

(1946年2月)

第三方面军清剿京沪地区奸匪战斗要报

甲、清剿前匪军流窜态势。

自本部进入京沪地区后，奸匪鉴于其本县〔身〕兵力之劣势，为避免歼灭，乃决定以扰乱江南巩固苏北之策略，即将新四军主力窜渡江北。在江南方面，留置小股及地方土匪，共约二万余，以太湖、茅山、扬中、江阴、常熟各附近地区为根据地，藉以揭〔扰〕乱社会秩序，破坏交通并牵制我军对苏北之进剿。在江北方面，以第一师粟裕部主力二万余，窜扰东台一带，第二师罗炳辉部二万余窜扰淮北，另一部三万余窜扰扬州西北部、一、三两师及七、八两旅各一部分窜盐城。计主力十二万，民兵十八万，共三十余万。

乙、我军部署概要。

一、本部自进入京沪地区，一面进行受降工作，一面开始清剿散匪。于卅四年十月廿三日，下达沪战字第一九三号命令：以新六军清剿上海附近散匪，以七一军清剿昆山至丹阳、京沪沿线一带散匪，以七十四军清剿南京及镇江地区之散匪。嗣于卅四年十二月初，奉委座亥东（令一）号暨兼总司令何靖字第一号命令：第三方面军改组为第一绥靖区，协力衢州绥署肃清江南股匪，确保京沪路，并任苏北地区之绥靖。此际受降工作已告一段落，为积极开始清剿工作，乃将司令部移驻无锡。并于十二月五日至八日，邀同王主席召开京沪治安会议，商定党政配合清剿办法。其军队部署概要如下：

A. 江南

一、方针

本部以恢复京沪地方治安及维护交通安全之目的，以主力迅速彻底清剿江南散匪，以一部警备江北，阻止苏北奸匪之南窜，掩护江南绥靖，并为尔后大军进剿江北之准备。

二、指导要领

1. 沿长江南岸及各交通沿线，构筑碉堡封锁线，防止奸匪流窜。

2. 以海军舰艇巡逻长江，防止奸匪偷渡，并保障航运安全。

3. 施行分区清剿，并配合党政机关编组保甲，施行清乡。

4. 在清剿期间，同时修复交通通讯。

三、军队部署

1. 陆军（如附图一）〔图略〕

以七十四军军长为第一绥靖分区司令，负责清剿谏壁镇、丹阳、延陵镇、金坛、新河、陈圩、广福以西，上市镇、洪蓝桥、小丹阳、采石镇以北，长江以南之匪。

四十九军军长为第二绥靖分区司令，负责清剿谏壁镇、丹阳、金坛、广福桥以东，梅渚、张渚、蜀山沿太湖姚家港以北，苏州、大义桥、福山以西，长江以南之匪。

七十一军军长为第三绥靖分区司令，负责清剿吴江、苏州、大义桥以东，长江以南，平望镇、西塘、小昆山、七宝以北，石港、奉贤以东之匪。

沪杭铁路护路司令娄剑如，兼第四绥靖分区司令，负责清剿西塘、小昆山、七宝以南，徐家汇、石港、奉贤以西，平望、桐乡、海宁以东，钱塘江以北之匪。

军委会别动军十二纵队司令吉猛，为第五绥靖分区司令，负责清剿梅渚、张渚、蜀山镇、太湖南岸、姚家港以南，誓节渡、平望、乌镇以西，桐乡、菱湖镇、安吉、广德以北之匪。

新七师师长为第六绥靖分区司令，负责清剿采石镇、小丹阳、洪蓝桥、上市镇以南,梅渚镇、长乐铺、誓节渡以西,宁国以北,南陵、繁昌以东之匪。

为指挥便利,同时设长兴指挥所,统一指挥四、五、六三个绥靖分区。

以廿五军及孙良诚两部守备泰县、扬州,警备江北,阻止苏北奸匪南窜,并为尔后大军渡江之准备。

2. 海军(如附表一)〔表略〕

以海军舰艇组成水上巡防总队,以梁大治任司令,担任长江下流之巡逻。嗣奉令以海军第二舰队配属本部,以该舰队所属内河炮舰八艘,分布于南京至吴淞口间,协同陆军担任巡逻封锁。

B. 江北

卅四年十二月廿五日,奉兼总司令何靖字第三号命令暨主任顾南树字零肆壹号代电,我军决击灭匪于东台、高邮、天长之线以南地区,遵即拟定江北清剿计划,并分令各部遵照其部署概要。(如附图二)〔图略〕

一、方针

本绥靖区以击灭东台、高邮、天长以南地区股匪之目的,由南通、口岸镇、仙女庙分路北进,于占领海安镇、秦潼镇、真武庙,甘泉山之线后,在此线整顿态势,再兴攻击,尔后向东台、兴化、高邮、天长之线进剿。

二、军队部署(附图二)〔图略〕

1. 七一军之九十一师,配属八十七师之一个团,向如皋方向进击。

2. 一百军配属颜秀五部(六个团),以一部守备口岸镇、泰县,以主力先向海安镇、港口攻击,尔后向东台进击。

3. 以四十九军一部由泰兴、靖江北进,策应九十一师及一百军之作战。

4. 二十五军以一部守备江都、仙女庙各据点,以主力先向丁沟镇、真武庙之线，尔后向兴化、高邮进击。

5. 以七十四军之五十八师向六合进攻。

6. 二十一军为机动兵团，先控制于丹阳附近，预备向天长方面进出。

丙、剿匪战斗概要

1. 江南——江南股匪流窜于茅山、太湖、扬中、江阴、常熟各附近地区，先后经我七十四军、七十一军搜剿，已大致肃清。其各次剿匪战斗如附表二。〔表略〕

2. 江北——江北各次剿匪战斗（如附表三）〔表略〕

A、围剿泰兴奸匪（如附图三）。〔图略〕

我二十六师亥世晨由过船港登陆后，将沿途阻击我军之匪肃清后，申抵泰兴城郊，当即展开激战，匪凭城固守，反复冲杀，战数小时，卒经该部官兵奋勇将城突破。同时我七十九师一个团，由八圩渡江，肃清十圩附近散匪后，乘胜直追。靖江匪仍凭险顽抗，卒赖士卒用命围击，至午匪伤亡甚重，不支溃退，我遂占领该城。随即构筑据点工事，分别搜剿四周残匪，并以一个营守备大扬庄、过船港之线，把握水陆交通，以备大军北上清剿。

B、泰兴外围大扬庄、过船港歼灭战斗（如附图四）〔图略〕

匪以泰兴、靖江两据点被我攻占后，图〔国〕军进剿容易，齐晚集结奸匪万余，由管文蔚、陈玉生分别指挥，围攻泰兴、靖江，企图巩固其苏北外围。我军内线作战，分数路猛击，卒歼匪于大杨庄、过船港之间。是役伤匪旅长以下官兵千余，毙匪六百余。我亦阵亡营长以下官长四员，兵五十八名。靖江匪亦同时被靖江守军击退。

C、围歼六合奸匪（如附图五）〔图略〕

子佳辰，我七十四军五十八师四个营，由六合南渡河，向毛西墩、红桥、大湛、白酒岗匪据点攻袭，经我空军协助，将士用命，激战数小时，我主力两个营即占领毛西墩、红桥、白酒岗、大湛各据点。匪仍继续抵抗,经我第三营占领龙池,第一营由大湛北强渡,击匪侧背,匪不支退至城西大唐营、城西北包营沿河之线,继续抵抗。并集结主力一部八百余,于李家庄向我第一营侧击,经我空军掩护,第二营增援,围攻激战五小时,匪部陷于混乱,我主力遂乘势进迫城郊,突入西门、南门,匪侧背受敌亦溃退。我攻南门部队乘势攻入,匪主力就歼,残部向东北窜去,我遂占领该城。是役毙匪五百余,我伤官兵三十,阵亡兵五名。

司令官汤恩伯

中华民国三十五年二月　日

〔国民政府国防部史政局及战史会档案〕

八、抢夺湖北地区

1. 第三十三集团军总司令部关于抢占湖北沙市等地阵中日记①

(1945年8月)

八月十六日　晴　马良坪

……

二、命令、通报、报告。

1. 奉长官孙未删午略战电开:兹已下达致敌驻华最高指挥官冈村宁次之投降电令,其文曰:(一)日本政府已正式宣布无条件投降。(二)该指挥官应即通令所属日军,停止一切军事行动,并速派代表至玉山接受中国陆军何总司令应钦之命令。(三)军事行动停止后,日军可暂保有其武器及装备,保持现有态势,并维持所在地之秩序及交通,听候中国陆军何总司令应钦之命令。(四)

---

① 选自《第三十三集团军总司令部八九月份阵中日记》。

所有飞机及船舰,应停止留于现在地。但长江内船舰,应集中宜昌、沙市。(五)不得破坏任何设备及物资。(六)以上各项命令之执行,该指挥及所属官员,均应负个人之责任,并迅速答复为要。仰即饬属知照。等因。本部以未铣午绥杰电,饬各部知照。
〔下略〕

八月二十五日　雨　马良坪

……

　　(丙)部署:(一)王总司令指挥(66A)、(13D)、(92A)、挺进第三支队、(96R)(欠第一营),为武汉挺进兵团。(1)(66A)(欠13D)不待敌武装解除后,即经郝穴、监利、沔阳道超越敌人,向汉口挺进而占领之。军部应推进汉口。(2)(92A)以一师解除敌(17BS)之武装后,向潢川、沔阳、潜江、汉阳间地区挺进,任该地区之绥靖,肃清奸匪。其余主力即分由华容、藕池,经监利、峰口、牌州、金牛道超越敌人,向武昌及其附近地区挺进,总部进驻武昌。(二)冯兼总司令指挥(59A)、(77A),沿平汉南段,为大洪山挺进兵团。(1)(59A)即经流水沟、张家集、白果桥、洛阳店、上潭铺、应山道,向孝感、信阳间地区超越挺进,占领要点、要线,监视敌人,解除武装,并肃清桑树店(安陆西南)、马坪岩、子河市、马家楼之线以东之奸匪及绥靖。(2)(77A)先解除荆、当敌之武装,再经钟祥、三阳店,向洛阳店附近前进,任南与(75A)、东南与(59A)相衔接之线,北与五战区连系,占领要点、要线,监视敌人,解除武装,肃清奸匪。(3)总部应推进应山。(三)周兼总司令指挥(32A)、(76A)(附战区独立战防炮营),(76A)及挺进第一、二两纵队,宜巴要塞野山炮营(欠野炮连)及要塞重迫炮营、战区重迫炮营、重迫炮第四团、炮八团、要塞工二团、独立第六团第一营,为后方绥靖兵团。(1)(32A)先以全力解除宜昌敌之武装而占领之,除留一部任守备及监视敌人外,以主力即向荆、当挺进,接替(77A)川汉路以北、襄河以西地区之绥靖,监视敌人,肃清奸匪。(2)(76A)以一个师协力(32A),占领宜昌,开放长江交通后,即沿长江北岸,向沙市、沙洋前进,解除敌人武装并襄河以西长江以北之绥靖,肃清奸匪,监视敌人。另以一师解除公安至弥陀寺间敌之武装后,向长江以东,进任潜江、监利以西,洞庭湖以西,虎渡河以东,长湖、汉江以南间地区之绥靖,监视敌人,肃清奸匪,并备以一部接替(32A)汉川路以北之绥靖任务。(军部应推进沙市一带,一师进驻当阳,一师进驻郝穴。)(三)(75A)即由宜昌以北地区,经鸦雀岭、十里铺、沙洋、皂市、应城,向襄江以东地区超越挺进,占领襄河以东、汉水以北、平汉以西,北与冯兵团相连系,【守卫】地区间之要点、要线及绥靖,监视敌人,解除武装,肃清奸匪。(军部应挺进应城,一师驻皂市,一师驻黄陂。)(四)十八军为武岳挺进兵团,该军退出长、衡后,续经岳阳,向武汉以南地区进出。(丁)挺进时间之作战地境。(一)十八军与王兵团为洞庭湖北岸之长江至簰州之线,线上属左。(二)王、周两兵团为正寿市、长湖、黄家场(潜江北),沿汉水北岸至潢川、蔡甸、罗家坝,再经下集至沙口之线,线上属左。(三)周、冯两兵团为龙泉铺、富里寺(河溶西南),沿川汉路基至旧口、东山、白河铺(花园南)、黄陂、下塘之线,线上属右。(四)冯兵团与五战区俟协定后,另令之。但预定为南漳、枣阳相连之线。(戊)注意事项。(一)挺进部队对经路可能发生之阻扰,须有应战准备。但须迅速进入武汉,先控制武汉及平汉南段要点、要线及解除其附近之武装,对不必要之作战及滞留,务期避免。但冯集团对于辖区内之奸匪,务须击灭之。(二)绥靖兵团对敌人分区严密监视、缴械及处理。对奸匪务集中兵力,予以彻底打击。对该区伪军予以管制及运用,对伪组织应照处理敌伪基准纲要办理。对辖区内水陆交通,尤其长江与汉宜路应特别注意维护其安全,已分区缴械及集中。监视办法并挺进开始日期另令之。以上仰即遵照,妥为准备,候令实施。等因。本部以未有绥阳电令各军分监部遵照准备。

2.奉长官孙未梗策勋忠电开:奉委员长蒋未马令一元乙电开:据阎长官未谏午参樊电称:据我向太原挺进之楚副总司令报称:骑一师第二团元午路经平遥属之长寿村时,天气酷热,村民备【饭】招待士兵,饭后一小时,发现病兵四十余人,内四人当即毙命。其征候初则头昏眼花、气短,继则全身发青发肿,医生检验确水中毒。嗣骑一师捕获奸军游击小组六人,经我审讯,据供系受其长官指示,沿途混充民众,在茶水内投毒,并胁迫人民诱国军。等情。仰转饬所属严加防范。等因。希饬属严加注意防范为要。等因。本部以未宥绵实电饬各部防范。

3.本部预定行军日期及宿营地,以未有酉绥电报长官部如次:职部及直属,预定于宥辰,由马良坪出发,向南漳前进。预计(宥)抵朱砂坪,(感)【抵】石桥,(俭)抵南漳,并派吴高参光辽在南漳指挥所接受命令等项事宜。除到达后另行电报外,谨闻。

中华民国三十四年八月　日

〔国民政府国防部史政局及战史会档案〕

2. 王东原关于阻挠新四军李先念部进占豫鄂边区及大洪山一带代电

（1945年11月13日）

湖北全省保安司令部代电

重庆行政院长宋：据报：本省境内奸匪新四军李先念部，前乘国军推进收复地区之际，既潜踞豫鄂边区及大洪山一带，以为根据。继分股线〔钻〕隙西窜，有进占襄樊，胁制五、六战区侧背及深入鄂陕川边【区】滋扰之企图。其一股人枪万余，酉俭已袭击枣阳，其余窜至襄樊外围，与守军及地方武力对峙，我第五战区正抽调部队星夜驰剿中。除督饬各专员、县长及地方武力,切实配合国军严密清剿,并分报军委会、军政部外,谨电鉴核。职王东原。戌元。保绥武。

〔行政院档案〕

3. 第三十三集团军总司令部关于抢占武汉等地机密作战日记

(1946年1月13日)

八月十四日

一、奉长官孙未文略序电开:奉委座未灰令一亨电开:(一)敌政府已向盟国提出照会,无条件投降。(二)该战区应准备以一部监视宜、当、沙市之敌,以主力向武汉挺进,分别解除其武装。(三)各战区招抚注意事项:(甲)对敌奸可能之抵抗与阻扰,须有应战准备。(乙)应警告辖区以内敌军,不得向我指定军事长官以外任何人投降缴械。(丙)对各地伪军应策动反正,迅即确保连络掌握。并令先期包围集中之敌军,控制敌军撤离后之要点、要线,以待国军到达。(丁)对投降之敌军及俘虏不得危害,并剀【切】通令所属官兵。(戊)奸军先我占领要点时,应集结优势兵力,迅速驱逐或剿灭之。(己)各战区除以主力挺进,解除敌军武装及敌残留战地之部队,继续肃清辖区之奸军。(四)各战区对敌后要点、要线之挺进占领,敌军分区集结监视缴械办法,仰即日拟具详细计划呈核。等因。仰饬所属各军、师注意,并准备。但在敌未终止作战以前,务严加整备与警戒,并努力搜索敌情,如发现已撤退时,即行占领当面要点、要线。

二、本部奉命后,即以未寒绥电各军、师遵照,作各项准备,待命出动。

八月十五日

一、奉长官孙未寒策电训令：（一）爱护百姓，不征拉民伕，不强取民物，凡主副食马乾，应照定价付现，丝毫不准有扰民之行为。（二）应随时应战准备，不论前方后方，何时何地，警戒不可疏忽，并研究剿匪战术。（三）进入城镇市街及飞机场等处，对于地雷及其他危险物之搜索暨饮水之检查，应绵密实施。（四）对伤病落伍士兵，绝对不准遗弃。（五）对于投降俘虏，除解除其武装及危险品外，严禁剥夺其衣物，并照战时国际公法办理之。敌之仓库物资，务须妥为监管，不可散失。各部队长务仰体斯旨，详密规定，并组织纠查队，明密考查，认真赏罚。

二、本部受命后，即以未删申绥电饬所属遵照。

八月十六日

一、奉长官孙未元炎战电开：奉委座未文总导电开：现在日寇已接受盟国公告投降，希火速分别转饬各地伪军，在原驻地集中要点固守，待命保卫地方，戴罪图功。于交通要点及国军经过都会，尤应重兵固守，切勿轻听蜚言，自生疑感〔惑〕，免遭人算为要。等因。除已设法转知叶蓬等外，着均迅转知并饬属知照。

二、本部即以未铣绥电饬属知照，并转荆、当一带之伪军遵照。

八月十八日

一、奉长官孙未筱略战电开：奉委座未铣令一亨电开：查日本政府已于本月寒日接收〔受〕同盟国所提投降条款，兹特派何总司令全权处理受降事宜，各战区应即停止对日军之攻击，一律听候何总司令命令办理，未接何总司令整个措置与指示以前，不得局部各别收缴日军武器，以免纷歧冲突。但各战区为确保安全，仍须有应战准备，并得视状况采取必要之自卫动作。除已电令南京日军最高指挥官冈村宁次通饬所属日军停止军事行动并派代表至玉山接收〔受〕何总司令命令外，仰即遵照。

二、本部奉令后，即转饬所属遵照。

八月二十四日

一、本部拟订剿匪注意事项：以未回戌绵电令各师如次：（一）严防匪军奸计、造谣、冒充友军、假造命令。（二）宿营后须构筑工事，对于夜战应有充分准备。（三）防匪袭击及设伏。（四）严守秘密，禁止任意射击。（五）注意前后侧方警戒，防匪谍报破坏毒害等行为。

八月二十五日

一、奉长官孙未梗略战电开：甲、第十一号命令：（甲）日军在华派遣军总司令冈村宁次之代表，已于未齐抵芷江，正接洽受降中。（乙）战区为准备解除敌（34A）全部之武装，决以主力由襄河南北地区超越，挺进武汉及平汉南段，占领要点、要线，控卫武汉要地，分别监交敌人一部分区，解除敌之武装，控置于武汉以西，洞庭湖以北，枣阳以南及宜昌以东广大地区，警戒奸匪及后方，以辅武汉之安全及保持长江、襄河之水运。（丙）部署。（一）王总司令指挥（66A）、（13D）、（92A）、挺进第三支队（106R）、（欠一营），为武汉挺进兵团……略。（二）冯兼总司令指挥（39A）、（77A），沿平汉南段为大洪山挺进兵团。（1）（59A）即经流水沟、张家集、白果树、洛阳店、上潭铺、应山，并向孝感、信阳间地区超越挺进，占领要点、要线，监视敌人，解除武装，并肃清枣树店、马坪、岩子河市、马家楼线以东之奸匪之绥靖。（2）七七军先解除荆当敌之武装，再经钟祥、三阳店向洛阳店附近前进，任南与（75A）、东南与（59A）相衔接之线，北与五战区连系，占领要点、要线，监视敌人，解除武装，肃清奸匪。

(3)总部应推进应山。(三)周兼总司令指挥(32A)、(75A)(附战防营)、(76A)及挺进一、二两纵队……等部,为后方绥靖兵团……余略。(四)十八军为武岳挺进兵团,向武汉以南地区进出。(丁)挺进时间之作战地境。(一)周、冯两兵团为龙泉铺、富里寺沿川汉路基至四口、东山、白河铺(花园南)、黄陂、下塘之线,线上属右。(二)冯兵团与五战区候协定后,另令之。但预定为南漳、枣阳、桐柏之线。(戊)注意事项:(一)挺进部队对经路可能发生之阻扰,须有应战准备,但须迅速进入武汉,先控制武汉及平汉南段要点、要线及解除其附近日军之武装,对不必要之作战及滞留,务期避免。但冯集团对于区辖内之奸匪,务须击灭之。(二)绥靖兵团对敌人分区严密监视、缴械及处理。对奸匪务集中兵力,予以彻底打击,对该【日】军伪军予以管制及运用,对伪组织应照处理敌伪基准纲要办理。对辖区内水陆交通,尤其长江与汉宜路,应特别注意维护其安全。分区缴械及集中监视办法,并挺进开始日期另令之。

二、本部受命后,即以未有绥阳电令各军及分监部遵照准备,并派员侦察经路情形及奸匪动态。

八月二十七日

一、奉长官孙未有略战功电开:未梗略战一、二电计达。奉中国陆军总司令何未回午训谋约代电略开:六战区孙长官为武汉、宜昌、沙市受降官,接受敌第六方面军及其指挥(131D)、(132D)、(51BS)、(11IB)、(12IB)、(83BS)、(85BS)、(17BS)投降处理。等因。战区不待当面投降之敌与我签署前,决遵守本部前领之未梗略战一、二电,即日实施并修正。(一)冯兵团(59)军仍遵本部未敬略战电所示任务实施。(77)军除酌留一部交防外,不待敌武装之解除,即经钟祥、三阳店,并向洛阳店推进,担任南与(75)军、东与(59)军、北与五战区、西至襄河地区之绥靖及肃清奸匪,并确实占领要点、要线,接受敌人缴械。(二)王、冯两兵团及周兵团,除(32)军(76)军外,均限申虞前到达指定地区。已基于何总司令于未养致冈村宁次中字第四号备录内之(3)项,凡中国军于奉命调往日军现住地区内者,沿途各地日军应一律准其通过,不得妨碍。但【以】同意本总司令中字第一号备忘录附表内所指定之各地区受降军官所【颁】命令,并通知各部队为限。除以未有略战一电通知汉口日第六方面军冈部〔村〕将军外,希即遵办。

二、本部当以未感亥绥电令两军遵办,并饬迅速前进,依限到达。

八月二十九日

一、奉长官孙未敬申略战电开:奉委座未漾待参手令电开:我军行军移动时,无论大小部队,必须照正规行军队形及序列,按步前进。尤应注意前卫之派遣与广正面搜索侦察,以防中途伏击、袭击。接电后,希即切实研究剿匪手本,并严饬所属恪遵,勿稍息忽。等因。仰即转饬军、师,切实恪遵为要。

二、奉长官孙未梗辰略战一电开:奉委座未马令一元电开:日军无条件投降,业已全获胜利,世界盟邦合作互助,彼此胜利成功,同深欣幸。此后各战区部队已逐步前进,接收敌占领区。凡我全体官佐士兵,务各维持秩序,遵守军纪,对投降敌人不可采取犯法行为,妄加侵害。更勿稍涉骄矜,示我模范。现在尤须注意恪守命令,切勿爆进争功,致使甫经解放民众重陷涂炭,致失胜利之荣誉。中正亲爱袍泽,对于革命军人应守军纪,严格遵行,仍希善体斯旨,切实凛遵勿忽。此令。

三、本部以未艳巳绥电,分饬各部恪遵。

八月三十一日

一、奉巴山部未敬策电开:查奸匪穷凶极恶,无所不为,午元曾派游击小组在山西平遥混入民间，于沿途茶店中撒毒，毙我士兵数名。当兹敌伪纷纷投降，尤恐其冒充伪军向我接洽，或假装民众团体欢迎，乘机袭击，各部队务须加注意防范，免为所乘。除分电外，仰即遵照。等因。

二、本部即以未世绵松电，饬各部注意防范。

九月二日

一、奉长官孙未世外电开：未艳略五电计达，尔后派遣军使或代表，应派职级较高并附译员，应手持国旗，堂堂正正进入敌区，且须能负全般责任之参谋或副主管所属。奉令久住敌司令部者，须附一辅佐人员及通信器材。等因。〔下略〕

九月十日

一、奉长官孙申鱼酉略电开：奉总司令何申宥酉电略开：冯集团应速越平汉路南段，向东挺进，归入十战区序列。等因。着该集团，除五九军暂仍服原任务并接七七军肃清孝感、信阳以西、襄河以东之奸匪候令归制外，其余部队即向平汉路以东挺进，归入十战区序列。仰即遵照，并将每日到达地点报部，并依未世未略战【电】所定呼号，分报李长官。等因。本部即传所属知照。

二、与两军划分受降绥靖区域如次：集团为办理受降、绥靖地方、恢复交通事宜，兹规定两军担任地区如次：（一）七七军即进住安陆、孝感、花园间地区，军部位置于安陆附近。（二）五九军即进驻应山、广水、信阳间地区，军部位置于应山附近。（三）总部申蒸抵均川，尔后进驻应山附近。

三、集团挺进情形电报五、六、十战区如次：职部第七七军刻向安陆、孝感间地区，五九军向应山、广水间地区急进。沿途秩序恢复，奸匪远飏。总部于申蒸抵均川附近。（二）随县日军尚未离去，已饬黎课长广诗前往接洽。（三）职拟以七七军驻安陆、孝感、花园间地区，以五九军驻花园、广水、信阳间地区，总部驻应山、随县间地区，办理受降、绥靖地方、恢复交通。

九月十三日

一、本日午后三时，我一一二团接收随县，日军十一旅团二三二大队天野中队，令向淅河大队部集结。我军入城，民众夹道欢呼，鞭炮不绝。本部当派员会同刘县长，分别安抚，地方秩序迅速恢复。

二、黎课长广诗由应山报称：日军十一旅团兵力驻地如次：（一）旅团部及二三三大队应山。（二）二三一大队广水。（三）二三二大队淅河。（四）二三四大队信阳。（五）炮兵三十九联队孝感。（六）共计官兵约七千余人，马五百余匹。

九月十四日

一、本部为受降便利，规定两受降地区如次：（一）孝感日军炮兵三十九联队，由何军长派部受降。（二）应山、广水、信阳日军十一旅团部二三一、二三三、二三四等大队及高射炮中队、汽车队等部，由刘军长派部受降。〔下略〕

九月十七日

一、奉长官孙申灰戌略调电节开：贵部对信阳附近各据点、各交通要点务尽先接收，不可被奸匪先我占夺为要。

二、本部以申筱戌参电刘军长，严令三十八师星夜开赴信阳接收布防，并将逐日行动具报。〔下略〕

十月十五日

一、奉长官孙酉真略请电节开：奉委座酉佳令一元勇电开：兹派该长官指挥所属第三十三集团军（欠一个军）第六九军、第七五军及四一军之一个师，为剿匪部队。务追求分布桐柏山及平汉路南段东西两侧地区之股匪李先念部主力，包围而歼灭之，限酉月中旬完成作战准备。除清剿计划另令外，希对六九军、四一军之一个师及第七挺进纵队掌握连络，预为必要措施。

二、本部奉命后之处置如左：

1. 电五战区，请示六九军、四一军等部之位置，以便连络。
2. 分饬详侦桐柏山、四望山一带匪情，准备各项清剿工作。本部拟订信阳附近警备计划如左：

一、指导要领

（一）本部为维持地方治安，防止奸匪乘机袭扰，确保总部之安全，以警备队之一部担任信阳城防，主力任信阳城郊之警备。对西南四望山方向，应特别注意警戒之。

二、警备部队区分

（1）本部特务营
（2）第一一二团
（3）第三九五团

三、警备地区

东沿平汉路至浉河右岸，南至东七里铺、十里防营、凤凰山之线，西至贤山、笔架山、李家湾、赵家湾之线，北至张家湾、彭家湾、石家湾之线。

四、警备任务之划分

（1）总特营（欠一连）任总部内围各处室之警戒。
（2）一一二团以一部任城厢附近之警戒，主力任城郊东北及车站附近之警备。
（3）三九五团任城郊西北方向之警备，以有力部队守备马鞍山、贤山、笔架山等据点。

五、警备地境之区分

沿浉河东，自杨家湾、琵琶山、双桥寺、胡家营至两道河、李家湾之线。浉河右岸属三九五团，左岸属一一二团。

十月十八日

一、奉长官孙酉铣略调电开：奉委座申陷令一元勇巳电开：第三十三集团军应遵照前令，以一个军速接替五一军防务，其余准暂归该战区指挥，担任清剿信阳、礼山一带奸匪。

二、本部奉命后，即分别转饬两军遵照，并赴〔赶〕作清剿各项准备。

十月十九日

一、奉长官孙略字第二五六五号代电颁发豫鄂边区清剿计划节开：集团为第一清剿区，指挥七七军、六九军、四一军之一个师、五战区挺进七纵队等部，清剿桐柏山、四望山附近奸匪，并以有力一部确保应山及信阳至广水段平汉铁路各要点，不使奸匪窜据。

二、本部遵拟清剿计划如左：

第一　方针

（一）本区以彻底肃清奸匪，安定地方之目的，逐步压迫信阳、应、随、桐间地区之奸匪，包围奸匪主力于四望山附近，而歼灭之，务使其不能向北集中。

（二）以一部沿淮河店亘明港之线堵剿，阻匪北窜，主力逐步缩小包围圈，求奸匪主力而剿灭之。

（三）清剿开始时期，候令。

第二　指导要领

（四）本区各清剿部队，应即布置情报网，利用诸种手段，积极侦察匪情地形及奸匪可能经过之道路。

（五）各清剿区内之党政机关及地方团队，均归各分区指挥官指挥，务期尽量发挥协同之效。

（六）各清剿部队务于十月底完成作战准备。

（七）各清剿分区应即会同当地党政机关，实行清乡工作，以防奸匪混入。

第三　兵团部署及任务

（八）军队区分

1. 信阳警备区

由本部直接指挥

第一一二团

第三九五团

集团军直属部队

信阳县地方团队

2. 堵剿部队

长第四十一军之一师长

四十一军之一个师

该区内之地方团队

3. 第一清剿分区

长第七十七军军长何基沣

第七七军（欠三九五团）

第五战区挺进第七纵队

该分区内之地方团队

4. 第二清剿分区

长第六十九军军长米文和

该分区内之地方团队

（九）各部队任务

甲、信阳警备区

遵照本部信阳附近警备计划实施。

乙、堵剿部队

1. 以主力展开淮河店（不含）亘固县、申阳台、古城之线，逐步向南压迫,并预料奸匪经过之道路、要点,分别设伏阻击、截击,以防奸匪北窜。

2. 与第一、二清剿分区密切连系,逐步紧缩包围圈,求奸匪主力而歼灭之。

丙、第一清剿分区

1. 以主力展开于广水、应山、马坪、浙河、随县之线,逐渐向北压迫,寻求奸匪主力而歼灭之。

2. 以一部须确保应山及信阳至广水段平汉路各要点,务不使奸匪窜据。

3. 与第二清剿分区及堵剿部队密切连系,逐渐缩小包围圈,压迫奸匪于四望山附近而歼灭之。

丁、第二清剿分区

1. 以一部深入匪区,寻求奸匪而搜剿之。

2. 以主力展开于广县镇、青苔镇、杨家湾、出山店、月河店、淮河店(含)之线,逐渐向东南压迫,寻求奸匪主力而剿灭之。

3. 与堵剿部队及第一清剿分区密切连系,逐渐缩小包围圈,压迫奸匪于四望山附近而歼灭之。

(十)作战地境

第一清剿分区　　均川店——随县——万家店——吴家店——浆溪店之线,线上属右。

第二清剿分区　　黄岗——淮河店——半边店——胡湾——黄龙寺——西新店之线,线上属右。

堵剿部队　　　　东双河——下楼寺——曾湾——大田之线,线上属堵剿队。

第四　补给、通信、卫生另定之。

〔下略〕

十月二十四日

一、奉长官孙六战作命甲第十五号命令,要旨如次:

(1) 鄂境奸匪主力,有向四望山、中华山集中模样,一部尚残留于大悟山(礼山附近),另一部近向大洪山核心地区蔓延。我挺进第六纵队曹勖部,刻仍在三阳店、宋河。奸匪之又一部在信阳西北桐柏山地区,建立第六军分区根据地,似有巩固要地,另有所行动模样。

二、战区以主力先击破各该地区之匪,予以歼灭,使不克北窜。同时以一部警备各主要水陆交通,便利军民运输,并堵击区内奸匪,杜绝其流窜,攻击开始候命之。但预定为十一月上旬,各部队须于十月底前完成作战准备。

三、第一清剿区应以一部为堵击部队,并控制广随公路及广信铁道线与桐柏县,先包围奸匪于桐柏山、四望山、中华山地区。以主力由信阳、武胜关、应山、随县、高城、桐柏、平昌关各要点,分向四望山奸匪根据地之中心,合围聚歼之。对奸匪可能逃窜之地区及方向,应预为必要堵击之部署,如向邻区逃窜时,应穷追之。(余略)

四、本部奉令后,以五战区配属各部,均未取得连络,命令无法下达。当电长官部报告,请转电刘长官,速饬六十九军、四十一军等部遵照。〔下略〕

十月三十日

一、奉长官孙酉艳略植电开:奉委酉感已令一元戊电开:兹为适应状况变化需要起见,着该长官原负桐柏区剿匪指挥任务,在五战区辖境内者,改由刘长官负责。五战区应派出部队,亦应归刘长官指挥。又该区四望山奸匪李先念部主力,现既北窜桐柏附近,希派有力部队追剿,不受作战地境限制,以协助第五战区剿匪,期一鼓歼灭,勿使漏网为要。等因。希照本部六战作命甲第十五号命实施，如期进攻四望山，并策应五战区方面之作战。

二、本部奉命后，即电七七军之作战指导如次：

（1）该军除以必要部队担任防区内道路警备外，即以主力展开于黄龙寺、浆溪店、吴家店、新店之线，逐步搜索前进，寻求四望山匪之主力，包围而歼灭之。（2）以一部由应山方向，经徐家店、万家店、高城之线搜索前进，逐步向四望山压迫，堵击该匪西窜及南窜。（3）各该地方团队归该军指挥，各部应切实封锁，以收围歼之效。

十一月一日

一、奉长官孙酉世略植电开：（一）该集团应即向十战区前进，所遗防区由第十、第二十六集团向北延伸接替。十集团着先遣一部接替信阳武胜关至广水间防务，二十六集团着先以一部接替应山、马坪等要点防务，随县防务由鄂三区彭专员派员接替。统限戌佳交接完毕。（二）第一清剿区任务：由第十、第二十六集团接替……下略。（三）该集团交防后，先头限戌灰出发。

二、本部奉令后，即电七七军交防后，即向信阳附近集结，准备东进，并电所属后防机关遵照。

十一月二日

一、奉委座戌东令一调电开：（一）第三十三集团军之第五十九军，即开徐州、临泉一带，防务仍由五十一军担任，总部及七七军即日车运徐州附近。

二、本部奉令后，即分电六、十战区长官部报告，并令两军遵照。

中华民国三十五年元月十三日

〔国民政府国防部史政局及战史会档案〕

九、抢夺广东地区

1. 第七战区司令长官部关于"围剿"粤境人民武装机密作战日记[①]

(1945年12月)

　　九月一日　　　位置：长官部在寻邬

（一）奉委座申东戌令一亨调电要旨

兹重新规定该战区作战地境为：东自诏安海岸起，经平和、永定、上杭、平远以西之线（线上不含）与第三战区毗连。再自寻邬西南，经安远、信丰，沿粤赣省界，至粤赣湘交会处之线（线上不含），与第九战区毗连。再由此交会处西向，经粤湘、粤桂等省界，至苍梧东之线（线上不含），与第四方面军毗连。再由苍梧东沿西江北岸，经德庆、高要、三水、广州（以上各县不含）东莞，沿珠江北岸，至广龙出海之线（线上含），与第二方面军毗连。除分电外，仰即遵照。（此电经以申支智康电转饬余总司令、缪主任香总司令、古主任遵照。）

九月二日

据东江指挥所缪主任申冬午竹杰电要旨：未引申、申东巳智正两电奉悉。兹为受降与肃奸同时举办，决定部署如下：（甲）宋指挥官辖余团，徐、梁两支队，袁、易两总队，搜剿如下地区之奸匪：1. 现驻矮陂之余团，即开龙门，清剿右潭、铁岗、龙华、沙迳、麻榨附近地区之奸匪。2. 现驻公庄之易总队，清剿公庄、

[①] 系摘录。

平陵、龙岗、路溪、官山附近地区之奸匪。3. 现驻柏塘之梁支队主力，协同四六一团工作外，其余仍位置泰尾。4. 现驻矮陂之徐支队，清剿矮陂附近以东至三多祝间之奸匪。5. 现驻证果之袁总队，清剿麻榨、证果、横河间地区之奸匪，并协同郭师四六一团，清剿横河、响水附近之奸匪。（乙）一五四师之任务：1. 驻泰尾之四六一团，与宋指挥连络，协同梁支队主力，经柏塘、平安，进出响水、横河，清剿各该地区附近之奸匪，并准备接受增城、东莞地区敌之投降。2. 现驻河源之四六〇团，进驻泰尾、良田，准备接受博罗、宝安地区敌之投降。现驻河源之四六二团，进驻大小岚，准备接受惠州地区敌之投降。3. 现驻河源之一五四师，师部应进驻观音阁间。谨电察核。

（经以申微智康电复，准予备查。）

九月七日

据十二集团军余兼总司令申虞辰年谷贻淇电要旨：据六五军黄军长申鱼寅才云电称：谨将本军（欠一五四师及一六〇师之四七八团）从新部署，命令电呈如下：命令。兹为剿灭本军作战地境内奸匪之目的，特调整部署如下：（一）一六〇师（欠四七八团）以一团主力，集结于仁化，派一部于长江。如一团主力集结于始兴，派一营于南雄，师部位置于始兴。（二）一八七师以一团集结于曲江，担任城内之警备。以一团主力集结于枫湾，派一部于马坝，另以一团集结于司前、隘子地区，专任征剿该方面奸匪。（三）四八〇团归还一六〇师建制。（四）留置南雄一八七师之一营，须俟一六〇师派队接防后，始行归制。（五）两师作战地区线为：乐昌、石塘、周田、深渡、水都坑、南迳之线，线上属一八七师。（六）军部位置于南迳。（七）以上统限申佳到达，部署完毕。等情。谨电察核。

九月十五日

奉总司令何申删申谋超电要旨：兹修正第二方面军与第七战区之地境线为：广州、石龙沿广九路至九龙出海之线（线上属第二方面军）。特电知照。

九月二十日

据余兼总司令申号巳年谷贻淇电要旨：据六三军张军长申筱未帝典作电称：据一五三师李副师长荣梧申寒辰电称，据报增城县属廖村、廖桂桃、廖渭溪、廖金、廖西等，派人往增城县城之张岗、尾头、塑头、下墩头、浴山、张西头等村，招集大股奸匪，企图暴动。等语。若增城县城日军开走时，因我军距离颇远，匪必进占。为防范未然计，拟请饬四五九团推进至东洞，以一营开驻桥头附近，借以监视，免为奸匪捷足先登。等情。查增城地区，原奉饬归东江指挥所之一五四师接收，据东江指挥所电话，因兵力不敷支配，对增城地区请仍由六三军派队负责接收。经奉钧座核准。各等由。惟职部迄未奉令，据电前情，谨电核示饬遵。

九月二十五日

（一）据余兼总司令申有戌年谷贻淇电要旨：据六三军张军长申养未帝典作电称：查永汉、左潭、龙门各地，原属东江指挥所作战范围，兹拟便于剿奸，且得李辅群部之协同计，该三地区可否改属职军范围，谨电呈饬遵。等情。谨电核示。

（二）据闽、粤、赣香总部午有巳决文电要旨：钧部第九号作战计划，既剿奸匪实施计划地境划分不一致，关于海陆丰等作战绥靖之计划与实施困难，应如何办理，乞电示遵。

（三）据北江西岸指挥所古主任申有震作电要旨：申灰智铭电奉悉。自应遵照。兹整理从新部署如下：1. 挺二纵队除一部驻芑江外，其余负责维护大小北江河道交通。2. 第二区保安第一大队，负责维持连山、连县及粤桂边境一带治安。3. 第十七团（两营）以一个营，负责【围剿】黎埠、七拱、太平、白莲沙、陂街、白石潭、横石、新圩一带冯天日、黄九、黄天福各股匪。另一个营围剿称架坪、溪汤盘、天井山、大东山一带股匪。4. 连县自卫总队，围剿绥江上游蕉坑、葵洞、北市岗、山螺岗间郑坤廉股奸匪。5. 广宁城及绥江下游一带防务，由肇清师区补一团及暂编营、广四自卫大队担任。现补一团及暂编营奉令拨还暂二军，拟调十六团（两营）接替所遗清远防务。拟请钧座派兵一团接替防务，并负责围剿文洞（高田蝉、眉坑间）、天堂顶一带各股奸匪。当否乞电示遵。

九月二十七日

（一）令余兼总司令 缪主任 申感智康电要旨：兹为便利剿匪，重新修正作战地境如次：(一）第十二集团军与东江指挥所自忠信、锡场、古岭、平陵、官厂、水南洞、石麟、企石、石马之线，线上属东江指挥所。(二）东江指挥所与第二方面军，自石马沿广九路至九龙出海之线，线上属第二方面军。除分电外，特电遵照。

九月二十八日

（一）据南雄云县长申俭警电要旨：申齐，武装奸匪二千余人，由始兴窜入武岗、丁洞、朱塘、丁帐畸，由一六〇师四七二团程营，会同地方团队进剿，但匪势浩大，后续奸匪尚多。申寝，扰百顺、白云，掳捕乡保长，焚烧机关。请迅增兵堵击，以免蔓延。

九月三十日

（一）令余兼总司令申卅智康电要旨：1. 查北江奸匪及珠江纵队大部，窜至曲江、始兴、南雄等县，希饬六五军努力剿办，毋使与湘匪会合。2.着六三军即派兵一营,开赴黎洞,暂归古主任指挥,剿办文洞、高田一带奸匪。余〔除〕电饬古主任知照外,仰即转饬遵照具报。〔下略〕

十月十日

(一)据岭背古主任酉灰巳震作电要旨:申卅智康电奉悉。兹为彻底肃清辖区内奸匪,经从新策定分区清剿部署如下:(一)连连乳源区"包含连山、连县、乳源及韶连公路全段与武江两岸地区",由第二区马兼保安司令指挥。保安第一大队及连连乳源县岭背、称架二乡与武江两岸各地方团队,负责清剿该北面内奸匪。并规定派保安队一中队,分驻岭背、称架各附近,担任维持韶连治安。(二)开封德高四区"包含开建、封川、德庆、高要、四会各县西江北岸地区",由第三区陈兼保安司令指挥所属保安队及各县地方团队,负责清剿该区内奸匪。并规定派有力一个大队,驻四会石狗附近,协剿绥江下游奸匪。(三)广宁区由张司令指挥连阳自卫总队(欠两中队)第三六团第一营及广宁地方团队,负责清剿广宁境内奸匪。但在肇清师区补一团入湘、入赣尚未确定以前,仍由该司令督饬,继续担负剿匪任务。(四)清远区"包含清远城,北沿北江,经飞来寺、得贵村、三兜松亘蓼岗之线以西及英德县境梅坑河坝水边连口之线"两岸(以南地区属之),由十六团罗团长所属部队(欠两营)及一五二师四五五团第三营,与清远地方团队,负责清剿该区奸匪。并规定一五二师四五五团第三营,驻黎洞、高田。(五)英德区"包含北江以西及梅坑、河坝、水边、连江口之线"以北。英德地区由挺进第二纵队莫司令指挥所属部队、英德地方部队,负责清剿该区内奸匪。石潭、浸潭、桃源三乡地方团队,负责清剿该区内奸匪。为肃清冯天日股匪,并规定团部驻七拱,维持大湾以东、小北江下游与饭店渡口以北、北江上游水路交通。并规定该司令部及一个大队驻英德城,另以有力一部分驻"洽洗"、"连江"间。(六)阳山区"岭背、称架两乡",由第十七团范团长指挥所属部队(欠两营及第一连)及连阳自卫总队第三、第四两中队、清远自卫队一中队、阳山地方团队暨白石①。(七)第三七团三营分一连驻青连,一连驻新圩,余调驻大湾,维持治安。大湾至阳山交通,归本部直接指挥。以上部署,各部队限酉灰以前,一律调整完毕,限酉删以前,各将区内匪奸肃清。以上除经以酉东震绥电分饬遵照外,谨电核备。

十月十一日

(一)据余兼总司令酉真辰年谷贻淇电要旨:据六三军张军长酉齐未带典作电,转据一五二师黄师长酉微电称:职师(欠四五四团)为便利清剿翁、英、佛奸匪及办理地方善后计,兹从新部署如次:(一)四五五团团部进驻白河,以第一营开驻官渡、米石、回龙附近,归师部相应指挥。第二营驻白河,派一连进驻佛岗,第三营开赴北江西岸黎洞,归古主任指挥,剿办文洞、高田一带奸匪。(二)四五六团团部仍驻鱼子湾,以一营进驻大镇附近,并派出步兵两连,分驻翁源城及鱼子湾,一营驻烟岭附近,派出步兵两连进驻黄屋及高岗。(三)师部及直属部队,仍驻青塘、石桥塘附近。(四)各部队限酉齐部署完毕。等情。谨电核备。

十月二十四日

(一)呈委员长蒋、总司令何、主任顾酉回智康电要旨:本战区接收日军事宜行将办竣,为今后办理绥靖善后指挥连络便利,本部定于感日,由寻邬移驻曲江。职本人先赴潮梅一带视察,再回曲。部务暂由蒋副长官主持。谨电核备。

(二)令罗兼保安司令申敬智康电要旨:申养参电悉。查保安

---

① 原文如此,当有脱漏。

团在本战区辖境内者，有第二、第三、第八各团，但仅保二团配属海陆丰守备区，指挥该地区重要①。为剿办奸匪，维护地方治安，应暂保留勿动。又为维持东江河交通治安，并以保八团配置泰尾、观音阁、河源、柳城各点，归贵司令直接指挥。其他在吴川、合浦、琼州各团系属第二方面军，辖境应向张司令官请示。自广东绥靖公署裁撤后，全省绥靖事宜由全省保安司令部负责接办，除保二、保八两团外，其他各团及特务大队，统希妥为部署具报。

十一月二日　　长官部在曲江

收 12AG 余兼总司令酉寝申年谷淇电乙件

据一八七师张师长酉梗辉行电称：（甲）据孙副师长称，五六一团酉马令剿矿山一带奸匪，除俘散匪两名外，未发现匪踪。（乙）职师以限肃清枫湾、深渡水一带奸匪之目的，重新调整部署如下：（一）五六一团以一营于深渡水，派一连驻贪洞。左〔又〕拨一营位于司前，各派一连驻甘子园、锅洞，以一营位于隘子、墩头附近，各派一连驻冷洞坑，担任搜剿，团部驻隘子。（二）五六〇团第三营位于河村岭，改归五六一团副团长指挥，各派一连驻瑶村、矿山、灵溪搜剿。（三）各部于此次会剿完毕，即调整部署积极搜剿，限戌微肃清。（四）孙副师长部署完毕归制。等情。谨电核备。

十一月五日

12AG 余兼总司令戌党年谷贻淇电一件

密查奸匪陆续北窜，为剿匪与护路，得以协调起见，拟请将灯塔以西，新江以东沿韶兴公路之工兵十一团，暂为六十二军张军长指挥，以期统一事权，收兼领之效。如蒙核准，请迳电遵，并

---

① 原文如此，当有脱漏。

乞示复。

十一月六日

收一五四D郭师长酉感申电第乙件

密酉感午争忠荣电计呈，职师从新调整部署如下：（一）四六一团第一营平潭防务，于寝日交由师战炮连接替。（二）四六八团第一营李营长，清剿梁化奸匪之部队任务，于微午前交由师工兵营接替后，于艳午前以一连开赴永湖，一连开良井，营部及其两连开淡水，接替四六〇团第二营防务，交防后即开平山归制。四六二团派出梁化剿匪之两连，同时归制。除分报指挥所、总部、军部外，谨电核察。

十一月九日

收十二AG余兼总司令戌萧巳年谷贻淇电乙件

据挺四纵队伍司令酉世辰忠智特电称：前奉电饬调从化、佛【山】地区经过：酉筱派两中队赴从化，三中队集花县，两中队番禺北剿匪中，经前两周报告有案。嗣于四梗，再派三中队（两中队留花县），回进至街口。据报：奸匪数十，仍盘据新开洞以北一带山地。当于有日分路由百姑桥一带和睦岗、黄竹田，向上下头甲及庵潭口，开新开洞、共仔形、猪仔峡、洛洞等处搜索。该地丛林深密，分别以火力搜索。至寝未见匪踪，后据确息一五二师左营进剿后，一部向新开洞逃窜，一部窜向睦岗。回晚新开洞匪本有少数散四九附近，勾结前匪。后我退回新庄、棋杆一带。

十一月十二日

收12AG余兼总司令戌辰年谷贻淇电一件

据六五军李军长酉东戌参作电称：据一六〇师酉世协华电称：谨将职【师】现部署电告如下：（一）师部暨直属队（欠战炮连）

驻始兴，战炮连马市，一排古菜。（二）四七八团二营部暨六连、机二连驻始兴，高营四连周所，五连南雄。（三）四七团一营经伤驻大坪，主力世驻百顺，续向奇心洞、上下武岗搜剿。（四）四八〇团部暨直属队，附第六连、机二连（欠一排）驻新庄水。第一营除于长岗、江口各留一排抢险守备外，主力集结黄结，积极向九曲岭、贫洞以南地区搜剿。第二营主力现驻仁化、长江，第三营除留一连驻乐昌外，主力驻坪石。等情。谨电核备。

十一月十六日

收香总司令酉有决文电乙件

密。极机密。（甲）奉令海陆丰指挥部酉月底裁撤，挺一纵队戌月底裁撤。（乙）惠淡奸匪有大举东窜企图，惠来、南山及各地奸匪亦渐见蠢动。（丙）本部为防制奸匪东窜及彻底肃清辖内奸匪绥靖地方治安起见，特调整部署如次：（一）一八六师梁副师长率该团兼程开陆丰附近，接替海陆丰指挥部原有任务。并须遣一部，于酉世前抵达。梁副师长到达后，保二团及该区现有团队即归其指挥，以主力防剿惠、淡奸匪东窜，一部肃清辖内散匪。（二）张师（欠一团）合并指挥辖县团队，并先以主力肃清南山匪巢，一部负辖内各地之绥靖。原在沙市及角石之两营□□□□。（三）□□队应集结□□□□办理结束。（四）五区前方指挥所应即裁撤，其剿匪有关案卷，交由张师接管。梁副司令着调还专署，归制。（五）五区陈兼司令以保三大队及□总队为基干，合并指挥海山守备队及□江东岸梁团队，负责□江东岸地区之绥靖。（六）本部特务营（欠两连）附挺一特务中队，除留一连□□中队在澄海暂维治安外，应于酉□开□□接□□队任务。（七）各部绥靖区域及地境线：①梁副师长所部惠淡方面，张师为原海陆丰守备区辖境线。②张师与原陈兼司令为□江□□临□江西岸至□港□之线，线上属张师。除饬各部遵照部署外，谨电核备。等情前来。经以戌铣智康电复,准予备查。而以戌艳智康电饬遵前电,饬一八六师立派兵一团开赴海陆丰,协同保二团清剿该区境内奸匪。

十一月二十日

收缪主任戌梅竹杰电乙件

密。受降大致完成,因所属各处奸匪猖獗,重以沿海及博属为甚,业经饬郭师抽兵进剿。除剿匪计划另案呈报外,惟兵力不敷,诚恐南剿北窜,难以如故收效。查庵川一带匪情较缓,拟请饬一六〇师郑团以一营归河源马县长,一营归紫金钟县长指挥,协同队堵截由惠、博北窜之匪。使用均以十二月底为期。如蒙核准,请饬于本月底前,开到河源及□塘,候马、钟两县长命令,当否乞示。

发缪主任戌梅竹杰电乙件

惠阳缪主任:戌梅竹杰电悉。1.密。郑团在东江方面只有两营,除派赴和平剿匪及警备灯塔、忠倍公路外,所控制兵力无多。现本战区绥靖工作将重新调整部署,所请暂缓议。

十一月二十一日

收154D郭师长戌回午争第电乙件

密。①遵主任缪戌马午竹杰电示要旨:职师为加强防范辖区奸匪工作,并包围歼灭大安洞之奸匪主力,务期彻底肃清之目的,实行分区清剿,预定使用时间为一个月(即亥月底)。各部队任务及驻地:一四六一团即以一个营仍留淡水附近,清剿各该地区之奸匪。团部及一个营驻惠州,维持及监护仓库。②四六二团戌有前,将各日俘集中营监护任务交由教导团接替后,戌寝由横沥经塘角圩、三多祝、白云堂,以一营【经】横岗岭、白马洞、白马山至大□渡头,以一连先占芒山障、五指嶂之线,向大安洞取包围态势。③六〇团除以一连守备白云,一连守备稔山,二连在埔莞任日军物资之监护及清剿附近奸匪外,以一营经平山、田坑至源潭(三多祝东南约二十五华里)、黎园坳、石垠坳,【转】经白云、松嘉、左玉、热水洞。并以一连经平政圩至鹅埠市以东地区,向大安洞取包围态势。④各部队戌全到达指定地点,占领要点,准备完毕。⑤师指挥所暨直属部队,于戌俭由惠州开平潭,艳至平山。⑥大安洞围攻时间定为亥东五时正(标准钟)。除饬属遵照实施暨分报总司令等外,谨电察核。

十一月二十四日

发委员长蒋、主任顾、总司令何戌艳午智汶一电各一件

特前即到。委员长、杭州主任顾、南京总司令何:△密。极机密。兹谨遵钧(委)座面示,本战区预定于三个月内肃清辖区内奸匪,重新调整部署如下:(甲)本战区划分为四个地区:①北江地区。②东江地区。③闽粤赣边区。④北江西岸地区。(乙)军队任务及配置:①六五军担任北江地区内奸匪之肃清及区内重要交通线维持,以两个师配置于翁源、佛冈、吕田、新丰、连平间地区,以一个师主力【配置于】南雄、始兴间,分一部于乐昌、曲江附近。该军之一五四师俟一五三师到达,接替任务完毕,立即归制,开赴新位置。又四七八团俟教导团到达庵川后,即开赴曲江十二集团军总部直辖。(二)六三军(欠一八六师)担任东江地区内奸匪之肃清及区内主要交通线之维持,以主力配置于增城、庵门、河源以南地区,限期肃清惠、博一带奸匪,再移主力剿灭海丰、惠阳边境之奸匪。先以一五三师开惠阳,接替一五四师任务。教导团俟六三军(欠一八七师)接防后,即归十二集团军总部直辖,控制于庵川。(三)北江、东江两地,统归余兼总司令指挥。(四)一八六师担任闽粤赣边区内奸匪之肃清及区内重要交通线之维持,主力仍服行原任务,立即派兵一团开赴海丰,协同保二团肃清海陆丰一带之奸匪。(五)北岸、西岸地区运用现有团队,限

期肃清辖区内奸匪。(丙)各地区作战地境：北江西岸地区与北江地区为武江、北江西岸至飞来寺、得贵村、三兜、大乌石、蓼江、亭江之线，线上属十二集团军。北江地区与东江地区为定南、和平、忠倍、石角地、派铁岗、东洞、福和、新塘之线，线上属北江地区。东江地区与闽赣边区为贝岭、黎咀、老隆、下杜田、洋潭、三多祝、徐州坑、旺官圩之线，线上属闽粤赣边区。(丁)各地区，限期三个月由内肃清各辖境内之奸匪。除分电余兼总司令、香总司令、古主任暨分呈委座蒋、主任顾、总司令何外，谨电核备示遵。

十一月二十七日

收张司令官戌梗国绥电乙件

限三小时即到。余长官幄奇兄：密。①在渝曾商定暂留一个军在粤剿匪，为迅施绥靖工作及早日归还吾兄建制计，拟留六三军并即由弟指挥，担任东江、韩江绥靖任务。②现派五十四军之一师接防北江，贵部六五军何时集结及北江防务何时交接，统祈电复，以便饬办为荷。

发张司令长官戌俭午智康电乙件

限三小时到。广州张司令官向公：密。弟宥日抵韶，读戌梗国绥电，敬承一①。查军事新部署尚未奉中央核定饬遵，敝区部队均未他调，纵将来情况上需要，如何留置部队，似亦须先呈委座核准。现敝区奸匪较多，弟拟调整部署，重点于东江方面，限短期间内肃清之。并拟请兄派一个师开驻北江西岸，暂归古主任鼎华指挥，担任肃清该地区内奸匪。此乃根据当前状况及仰承尊旨之处置。如何，尚祈卓夺示复。

---

① 原文如此，当有脱漏。

十一月三十日

①发香总司令转中美合作所十三班汤副主任戌艳智汶电乙件

汕头香总司令转中美合作所第十三班汤副主任毅生：△密。希派兵一营立即开赴蕉岭、大坎附近，肃清梅、蕉、平、埔各县闽粤边境奸匪，宜归香总司令直接指挥。除分电外，仰遵照具报。

②发古主任戌艳智汶电乙件

提前即到。岭背古主任：密。极机密。本战区军预定于三个月内，肃清辖区内奸匪。仰即运用该区现有兵力，重新部署，依限肃清具报。

③发惠阳缪主任戌艳智汶电乙件

提前即到。惠阳缪主任：△密。极机密。（一）本战区军预定于三个月内，肃清辖区内奸匪。经饬六三军（欠一八七师）担任东江地区绥靖任务，并着一五三师立即开赴惠阳，接替一五四师之任务，暂归该主任指挥。又教导团俟六三军部队接防后，即开赴庵川，归余总司令直接指挥。（二）俟六三军部到达后，应饬一五三师归制。该地区绥靖任务由张军长负责，该指挥所专办理受降及该所结束事务。除分电余兼总司令外，仰将遵办情形具报。

④发兴宁香总司令戌艳智汶电乙件

兴宁香总司令：密。极机密。本战区军预定于三个月内，清剿辖区内奸匪。兹重新部署如下：（甲）本战区划分为四个地区：①北江地区。②东江地区。③闽粤赣边区（地境照旧）。④北江西岸地区。（乙）十二集团军担任北江、东江两地之绥靖，以六三军（欠一八六师）担任肃清东江地区内之奸匪及重要交通线之维持。限期先肃清惠、博一带奸匪后，再移主力剿灭海丰、惠阳边境奸匪。以六五军担任北江地区内奸匪之肃清及交通之维持。（丙）该边区军应以一八六师主力，仍服行原任务，并立即派兵一团开赴海丰，协同保二团剿办海陆丰一带奸匪。中美合作所十三班，即派兵一营开赴蕉埔、大坝附近，肃清梅闽边梅、蕉、埔各县奸匪，归贵总司令直接指挥。除分电各总司令、各主任外，仰遵照具报。

十二月二日

收香总司令戌卅决文电一件

查潮、普、惠南奸匪主力，放弃南山继续窜集八乡山一带，惠、淡奸匪复向海陆丰东窜。本部为迅速扑灭各该股奸匪计，经饬张师梁副师长率黎团，限亥支前开抵海陆丰，合并指挥保二团（兵力薄弱）及海陆丰各团队，协同缪主任所派部队，防剿惠、淡奸匪之东窜。至张团则使任汕头及潮安、揭阳间治安之维持及仓库之监护。叶团除以必要兵力监视日俘外，余移剿八乡山奸匪，并兼任搜剿潮、普、惠、南残匪。又近据报：大塘、平和等奸匪猖獗，势须由张师派出一部兵力前往剿办。本区绥靖实嫌兵力过小，恐此剿彼患〔窜〕，难收围歼之效。恳请加派一团，归本区指挥，否则拟请照粤桂边区会议所拟定之方案，海丰、紫金一带之清剿任务，暂时划归缪主任负责。当否，乞核示遵。

十二月三日

收香总司令戌艳决靖电一件

现准闽省刘主席戌寝电，略以迩来奸匪多在闽粤边境一带流窜，我方部队往剿匪时，即窜入粤境，请派队驻松源及石碌协剿。等由。查本部现无兵力可派，惟日前承钧座面示，已饬汤副主任派其特务营，驻蕉、平间。等因。请钧座指示该营驻在梅县、松源，负责协剿闽粤边境奸匪。如何，乞示。

发香总司令亥冬智汶电一件

兴宁香总司令戌艳智汶电计达。戌艳决靖电悉。〇密。经电汤副主任派兵一营，开大坝附近，归兄指挥，特复。

十二月六日

收 12AG 余兼总司令亥宥未年谷贻淇电乙件

据四七八团郑团长戌陷巳附电称：顷奉东江指挥所主任缪戌艳甲竹鸿电略开，仰即抽集一个营开赴紫金，归钟县长指挥，围剿蓝塘、安墩一带奸匪。等因。查职团现有兵力六步兵连，除第二、三连分驻灯塔、曾田、牛背脊，担任公路护运，第七、八连闹头剿匪，第九连黄石圩、第一连赴龙南领款外，兵力一时未能集中。拟以第三、九两连及机一连（欠三分之一）日间集中龙川后，由第一营营长许元鹏率领开赴紫金协剿。是否可行，谨电察核，迅饬示遵。等情。除复饬暂予缓派，惟对河源、紫金方面注意戒备，并饬教导团俟六三军接防后，派一营开赴紫金剿办外，谨电核备。

十二月七日

收欧阳副总司令亥江决文电一件

长官余：戌艳、亥冬两智汶电均奉悉。〇密。(1) 黎团经饬于戌艳开海陆丰，并限于亥支到达，协同缪主任所派部队会剿海□、大安洞奸匪。(2) 本地区部署：除海陆丰绥区及张师绥区（潮属韩江西岸并含八乡山），经于戌卅决文电呈察，韩江东岸绥区由陈兼司令指挥保三大队及辖县团队负责，第六行政绥区由周兼司令指挥保四大队及辖县团队负责。(3) 梅、蕉、埔边境，经由钧部戌艳智汶电饬汤副主任，遵派军一营，前往剿办。该营开到日期，另行续报，谨先电核备。

十二月八日

收古主任亥支震作电一件

长官余：戌艳戌、艳午智波两电奉悉。×密。自应遵办。惟查本地区内广宁奸匪特炽，非有四营以上兵力，难期清剿。自肇清□区补一团送拨六三军后，暂派保四团（该团仅得两大队，每大队仅得三中队）兼接补一团防务。只能防守各据点，无法出击，欲依限肃清，非增兵不可。而清远方面虽有别一纵队及教六团两部，但皆在整训期间，且不属本所指挥，自难调动。又迩来别动军外围工作人员遣散，挺二纵队结束，琶江、滨江团队同时裁撤，一般失业官兵无以为生，不免暗中为匪，以致大小北江下游抢劫频闻，行李〔旅〕裹足，交通治安影响甚大。拟请仍派六三军四五五团全部，担任英、清两属剿匪，俾保五团得依原定计划开广宁协剿，以期限期肃清。如何，敬乞电示。

十二月十一日

发张主任亥虞未智汶电一件

限两小时即到。广州张主任向公：〇密。顷奉总司令何急电，饬调六五军即开衢州、诸暨地区，限明年元月灰日前到达。等因。查各部队正展开剿匪，在情况上势难一时抽空，诚恐奸匪乘机坐大。现拟先抽调一八七师北上，其余部队仍须陆续北调，但遗防地即须部队接替清剿，以免滋难图①。兹拟请公先派四个团，接防英德、翁源、佛冈地区，暂归弟指挥。可否，敬电察夺示复。

十二月十五日

收12AG余兼总司令亥齐酉年谷贻淇电一件

特急。长官余：虞未智汶电奉悉：密。谨将职集团军兵力部署变更如次：（一）一五三师仍照本部亥虞未年谷贻淇电实施剿灭罗浮山附近奸匪。尔后俟张副总司令到达惠阳后，再行计划饬遵。（二）工兵十一团仍归六三军指挥，即接替吴邦昌团护路、剿匪任务。吴团交防后，即行归制。惟该团第二营除留一连及一排驻鹅公贝岭，归本部科长蒋泽民指挥，俟军品运输完毕归制外，余饬

---

① 原文如此，似有漏脱。

归制。（三）一八七师连江口、黎洞防务，经饬一五二师派队接替。坪石、乐昌防务，请由钧部派队接替。该师交防后，亦集结南雄附近候命。（四）教导团即派一营开赴庵川，接替四七八团防务。余俟一五三师到达后，开赴庵川，并以一营开赴紫金，截剿奸匪。该团归本部指挥。（五）四七八团（欠一营）俟教导团接防后，即向九连山奸匪进剿，归六五军指挥。（六）六三、六五两军其余各部，仍在现地区清剿。除分饬实施外，谨电核备。

十二月十七日

收总司令何亥真申诚超电一件

余长官亥虞午智汶电收悉。密。（一）粤、桂两省土匪清剿，已饬由张主任统筹部署。（二）第六十五军防务，已着张主任派第五十四师之一部接替。（三）第六十五军应速留一部交防，该军主力即行开浙。（四）第六五军之第一八七师，希即饬开拔。以上四项，希遵照具报。

十二月二十日

收缪主任亥筱辰竹杰电一件

据郭师长亥真午争代电称：查职师四六〇团任□山、王海、大洲一带剿奸，地区辽阔，兵力有限，难以机动而收宏【效】。拟请转电边区香总司令，即饬海丰部队派兵接守埔川、日□仓库，将职四六〇团前派守埔心仓库之加强连，调返归制，作剿匪机动使用。等情。查埔心系属边区总部作战地境范围，除复准予照办暨电请香总司令查照办理外，谨电察核。

十二月二十一日

发12AG余兼总司令亥号健电一件

即抄送余兼总司令：密。接广州行营张主任电话，经派第八师接防南始地区。等由。兹改定各部队行动如下：（一）第一六〇师主力仍暂在原地区续行原任务，除第八师到达接防后，即集结南雄附近开拔北调。但此时即须为各种之准备。该师之四七八团应饬即开南雄附近，归还建制。（二）着第一五二师立即抽调一个团，兼程开赴九连山附近，清剿该处奸匪，其余仍在原地区服行原任务。（三）第六三军军部着遵广州行营张主任命，开赴惠阳。除电张主任查照外，仰饬遵具报。

十二月二十三日

收12AG余兼总司令亥祃午年各贻淇电乙件

据六三军张军长亥皓帝典作电称：据欧师长亥铣夫勤作电称：兹将职师清剿部署电报如下：（一）各团警照本部亥佳未天勤作电所示，务于亥哿前到达指定地区。尔后四五七团向官厂、何家田、横河、四五八团向横河、响水，四五九团向大坡洞、酥胶洞、罗浮山各附近，被〔被字衍〕搜剿前进。四五八团留置河源、回庵间之一营，于该团前进后，暂归本部指挥。（二）为防堵奸匪钻隙逃窜，四五七团于庵华，四五八团于公庄，四五九团于麻榨，应各留置一小部兵力，适时截击逃窜之匪。（三）四五七团第二营，应以一连位置于平陵，相机堵击北窜之匪。其余布于庵门附近，机动使用。（四）各团作战地境：（甲）四五七团与四五八团为□田坑、坑田、九庵障、黄竹坳、官山、帜岗华之线，线上属四五七团。（乙）四五七团与四五九团为沙迳□浩、岗头岭、坳下山、水东洞、石鳞圩之线，线上属四五九团。（五）进剿开始时机为亥月马日。各团到达线为增博公路附近之线。等情。谨电察核。

十二月廿八日

收十二集团军余兼总司令亥有酉年谷贻淇电乙件

据六五军李军长亥梗参作电称：查四七八团经于亥梗，到达浰头、窄口、热水、高坡、□□谷附近,准备向九连山奸匪围剿□。拟于一五二师部队未到达以前,仍着该团继续围剿,俾得迅速清剿该匪。尔后该团随职部,经信丰至赣州归制。等情。谨电察核。

司令长官　余汉谋

中华民国三十四年十二月　日
〔国民政府国防部史政局及战史会档案〕

2. 第十二集团军抢夺赣南及粤省要地机密作战日记

(1946年1月)

〔上略〕

八月十四日①　星期二　晴

位置　总司令部在定南下历司

命令

一、奉长官余未元申智汶电乙件

限即到。余兼总司令(密):机密。奉委员长蒋未灰亥令一亨电略开:训令。(一)敌已无条件投降,同时令敌驻华最高指挥官转饬所部,即就原态势停止一切军事行动,不得破坏物资交通,扰乱治安秩序,听候所在地中华民国陆军总司令或战区长官之处置外〔外字衍〕,该战区应监视当面之敌,解除其武装,尔后行动另令饬遵。各战区应注意下列各项:(甲)对敌、"奸"可能之抵抗与阻抗,应有应战准备。(乙)应警告辖区内敌军,不得向我已指定之军事长官以外任何人投降缴械。(丙)对各地伪军应策应反正,并迅即确保连络掌握。并令先期包围集中之敌,或控置敌军撤离后之要点、要线,以待国军到达。(丁)对投降之敌军及俘虏不得危害,并须剀切通令所属官兵。(戊)奸军先我占领要点时,应集

---

① 系1945年。

结扰〔优〕势兵力，迅速驱逐或包围击灭之。等因。兹指示各部队行动如次：（一）各部队应即令有力部队，推进接近当面敌人，监视其动静。主力准备随时行动，解除敌人之武装。"至我整编之部队仍遵案，务于八月底以前整编完竣。"对以策动成功之伪军，应火速转饬，在原驻地集中候命。对于交通要点、城市、都会，尤应重兵固守，秩〔护〕卫地方。如敌抵抗或奸匪乘机阻扰时，则予以制敌、剿奸任务，使与我协力。（二）对于未策动之伪军及在集中之敌军俘虏暨奸匪等，悉遵委座电令指示原则办理。（三）各部队尔后行动及收缴敌械办法，另令饬遵。除分电外，仰即遵照具报。余汉谋。未元申。智汶。印。

八月十七日　星期五　雨

位置（同前）

命令

一、奉长官余未筱酉智康电乙件

限即到。余兼总司令：（密）奉委座未铣午电开：查日本政府已于本月寒日接受同盟国所提促降条件，兹特派何总司令全权处理受降事宜。各战区应即停止对日军之攻击，一律听候何总司令之命令办理。未接何总司令整个措置指示以前，不得局部各个收缴武器，以免纷歧冲突。但各战区为确保安全，仍须有应战准备，并得视状况采取必要并自卫行动。除已电令南京日军最高指挥冈村宁次转饬所属日军，停止军事行动，并派代表至玉山接受何总司令命令外，仰即遵照，并通令所属一体遵照。等因。除分电外，仰即遵照并饬属一体遵照为要。寻。余汉谋。未筱酉。智康。印。

〔下略〕

八月十九日　星期日　晴

位置　（同前）

报告

一、呈长官余未皓年谷贻堂电乙件

限即到。长官余：（密）现粤北一带奸匪活跃，谨遵照未元申智汶电，拟调整部署如下：（一）六三军（欠一八六师）负责监视广州方面之敌，搜剿大坑口、新江、坝子以南地区之奸匪，并应有随时进占广州之准备。以一五三师推进汤塘、良口、吕田、梅坑、新丰一带，以一五二师主力推进三华、龙仙、冈尾附近，一部推进大镇、鱼子湾附近。军部位置坝子附近。（二）六十五军（欠一六〇师）负责监视曲江方面之敌，搜剿大坑口、新江、坝子以北地区之奸匪，并应有随时进占曲江之准备。以一八七师主力位置始兴、司前一带，一部向曲江、大坑口方面监视敌人，搜剿奸匪。以一五四师位置龙南、虔南、南迳一带，军部位置虔南。（三）两军作战地境为杨村圩、贵东、坝子、新江、大坑口之线，线上属六三军。但在追剿奸匪之际，准许越过地境线。（四）一六〇师（欠四八〇团）为集团军预备队，位置定南、和平一带。（五）集团军总部仍在定南、新城。是否可行，谨电核示。兼第十二集团军总司令余汉谋。未皓。年谷贻堂。

八月廿一日　星期二　晴

位置（同前）

命令

一、奉长官余未马智康电乙件

急。余兼总司令未皓年谷贻堂电悉。（密）奉委座巧辰令一亨电，着本部负责接收曲江及潮汕地区计划，候本部饬遵，特复。余汉谋。未马。智康。印。

二、奉长官余未马智汶电乙件

限即到。余兼总司令：（密）极机密。命令战区军以最迅速手段，从敌手收复九龙之目的。（一）先着余伯泉团并指挥徐东来支队,以剿匪名义,自选捷径,立向九龙挺进,占领九龙半岛各要点。限十日内进入深圳以南地区。(二)一五四师立即以一团开赴公庄、柏塘,接替余团任务。其余由郭师长亲率,取最捷径,向九龙挺进。限二十日内到达深圳以南地区。并指挥余团及徐支队,确实占领九龙及其附近各要点。(三)以上部队应立即开始行动,星夜兼程挺进,避实潜入目的地。(四)郭师(欠一团)及余团开始行动后,应与本部切取连络,由本部直接指挥。除分电余兼总司令、缪主任外,特电遵照,实施具报。余汉谋。未马戌。智汶。印。

三、奉长官余未马亥智汶电乙件

限即到。余兼总司令:(密)极机密。未马戌智汶电计达。兹将委座未马巳令元电转达如次:希即抽派一个师兵力,不待集中完毕,或先以有力一团一营,均可采用迅速方法,星夜向九龙挺进,限期到达,确实占领九龙。并将部署情形及部队行动具报。等因。特电知照。余汉谋。未马亥。智汶。印。

八月廿二日　星期三　晴

〔上略〕

二、奉长官余未养智康电乙件

限即到。余兼总司令:(密)兹策议本战区解除曲江、潮汕地区敌军武装计划如次:第一、方针。战区军为迅速解决曲江及潮汕地区敌人,立即以有力一部推进接近敌人,监视其行动。主力适时推进,占领敌区附近要点、要线,迫敌解除其武装。但为防止敌军之抵抗与奸匪之阻扰,应控置有力之一部,以为机动。第二、指导要领。(二)各部队除以一部推进监视敌人行动并驱灭附近奸匪外,其主力应作充分准备,随时挺进。(三)敌如局部抵抗,应以必要之最少兵力,监视制止之。仍一面收缴其他敌军之武装。(四)如奸匪乘机阻扰,应以一部驱逐或剿灭之。(五)与伪军保持连络，使于指定地点集结候命。如敌抵抗，则命令从内部发动策应。第三、兵力部署。（六）第十二集团军。1.第六十五军以一八七师并指挥一六〇师四八〇团，进出曲江及乐昌附近，解除曲江区敌军之武装。以一五四师并附教导团推〔挺〕进独立第一支队，进出东、宝附近，解除东增宝区敌之武装。其于〔余〕控置于连平、和平间，机动策应。2.六三军欠一八六师，以主力进出翁源、新丰间地区，搜剿奸匪，粉碎其阻扰企图，其余控置于三华、龙仙附近，机动策应。（八）东江指挥所以所辖部队，担任惠州区敌武装之解除。（九）闽、粤、赣边区军，担任潮汕区及海陆丰区敌武装之解除，海陆丰区应伤由保二团负责。（十）北江西岸指挥所以西岸地区部队，担任肇清区敌武装之解除。（十一）别动军第一纵队以主力潜入广州附近活动，监视敌之行动，必要时予以破坏。（十二）琼崖守备军担任海南岛敌军武装之解除。第四、指示敌军集中区域。（十三）曲江区，曲江、英德属之。在此地区内之敌军，集结于曲江附近。（十四）惠州区，惠阳、博罗、淡水、平山属之。在此地区之敌军，集结于惠阳附近。（十五）东增区，增城、石龙、东莞、宝安、九龙属之。在此地区之敌军应集结于增城及石龙附近。（十六）潮汕区，潮安、澄海、汕头、揭阳属之。在此地区内之敌军，应集结于汕头附近。（十七）海陆丰区，海、陆丰属之。在此地区内之敌军，集结于海丰附近。（十八）肇清区，西江北岸【封】开、封川、德庆、高要、清远属之。在此地区内之敌军，应集结于高要及清远附近。（十九）琼州岛内之敌军，集结地点由王司令定之。其他另订。除分电外，仰即遵照。余汉谋。未养。智康。印。

〔下略〕

八月廿四日　星期四　晴

……

三、奉长官余未敬亥智康电乙件

限即到。余兼总司令：（密）未养智康电计达。顷奉委座未养戌令一元辛电开：关于我军占领敌区及挺进部署，业经未灰亥、未巧辰两令一亨等电通令陆军总部及各战区在案。为期迅速接收占领区，并免为奸匪所乘计，各战区及各方面军部队应即迅速行动，以争取时间。兹再规定如下：（一）预定空军部队立即在机场所在地集结，其余部队除酌留必要部队，继续肃清辖境区内之奸军外，主力应尽可能即向指定地区挺进。（二）各挺进部队之番号、地区路线，由何兼总司令及各战区长官指定，克日行动，不必返复请示。以上各项希即遵照，并将办理情形随时具报为要。等因。仰饬一八七师除酌留一小部肃清区内奸匪外，可能以主力即向曲江附近挺进，仍将遵办情形具报。余汉谋。未敬亥。智康。印。

八月廿五日　星期六　晴

报告

一、呈长官余未有申年谷贻淇电乙件

限即到。长官余：未养及未敬亥智康两电奉悉。（密）极机密。遵经调整部署如下：（一）六十五军（欠一五四师及一六〇师四七八团）进出曲江附近，占领大富、大桥、大塘、沙溪各要点，监视曲江附近之敌，相机解除其武装。军部位置于南迳附近。一六〇师四八〇团即归还建制。惟对汝城附近之奸匪，除四八〇团应以有力之一部，协力九战区堵剿外，对南雄方面并应留置小部防剿。（二）六十三军（一八六师）以主力进出翁源、大镇、吕田、新丰间地区，广为搜剿奸匪，粉碎其阻扰企图。其余控置于三华、龙仙附近，机动使用。军部位置于龙仙附近。（三）两军作战地境为：龙南、虔南、南迳、坝仔、新江、大坑口之线，线上属六十五军。（四）一六〇师四七八团仍留驻定南、和平间，归本部直接指挥。（五）本部指挥所暂在下历司。除分饬两军实施外，谨电核备。兼第十二集团军总司令余汉谋。未有申。年谷贻淇。

命令

二、令63A、65A各军长未有申年谷贻淇电乙件

限即到。63A、65A各军长：（密）极机密。集团以迅速接收占领区免为奸匪所乘之目的，应即调整部署如下："原电与呈长官余未有申年谷贻淇电同。"除分电两军及兵站外，仰即遵照并并〔后一并字衍〕行各部行动随时具报。兼总司令余汉谋。未有申。年谷贻淇。〔下略〕

八月廿六日　星期日　雨

位置（同前）

命令

一、令63A、65A各军长、挺四纵队伍司令未寝申年各贻淇电乙件

限即到。六十三军张军长未有午帝典作电悉：（密）查曲江、六十五军黄军长、挺进纵队伍司令英德、增城、石龙、东莞、宝安各地，属本集团军接收地区。惠州、博罗属东江指挥所接收地区。凡此各地之敌军，如已撤退，我部队均应立即派队进占，维持地方秩序治安，以免为奸匪所乘。特电转饬遵照具报。兼总司令余汉谋。未寝申。年谷贻淇。

报告

二、据六五军黄军长未宥午才电乙件

限即到。兼总司令余：未有申年谷贻淇电奉悉。（密）极机密。谨将部署电呈如下：（一）四八〇团归军直接指挥，除以一营位置于现地，相机协力九战区堵剿汝城奸匪外，主力于未感开始行动，进出大富，监视曲江附近之敌。（二）一八七师除留一营于南雄，防剿南雄东北方面奸匪外，主力于未感开始行动大桥、长坝、大塘、沙溪地区。师部位置于周田，监视曲江附近敌人，着解除其武装。（三）一六〇师除四八〇团仍留定南，归钧部直接指挥外，

师部暨四七九团暂留定南整编，完竣后开赴始兴。（四）军部暨直属队定未赚行动，未世到南迳。除分电饬遵外，谨电察核。职黄国梁。未宥午。才。印。

〔下略〕

八月廿八日　星期二　晴

…………急。总座余：（密）据一八七师张师长未感巳挥电称：（一）五六〇团未感出发，未俭以一营进出黄金村，一营大食岭，团部位置黄泥坑（大食岭北）。该团已编成两营，监视曲江之敌，候命接收其武装。（二）五五九团未寝出发，经始兴鹿子、坑背、大塘、山田，限未艳前进至沙溪。一部位置南华寺附近，清剿奸匪。（三）五六一团未俭出发，限未艳到达周田（不含）、平步村间地区。（四）四七二团编拨本师五六〇团之一营，留置南雄，防剿奸匪。（五）师部未俭行动，未艳到达周田。等情。除该师所部即移驻枫湾外，谨电察核。黄国梁。未勘辰。才云。印。〔下略〕

八月卅日　星期四　晴

位置（同前）

报告

一、据六十五军一八七师张师长未全午挥行电乙件

限即到。总司令余：（密）据五六〇团梁团长未全电称：职团奉命推进曲江黄金村后，未俭晚，应日军之请，即派副团长张让初，与敌警备队长熊大佐及参谋长日野少佐洽商。未艳开会，谈判结果，我方根据最高统帅部意旨，坚持曲江敌应将武装、车马、物资全部交我接收。日军缴械后，均集中东河坝孤儿院，其安全由我军负责。据日方答复，现尚未签字，亦未奉南支派遣军命令，只奉令速开新街集中。因此随配武器、车马未能缴交，仅移交防务及多余物资。我再持全部武器，均须缴交。日方签复，俟请示

上级核夺,约定未全下午签复。等情。谨电察核。一八七师师长张光琼。未全午。挥行。印。

二、据一八七师张师长未全戌挥行电乙件

限即到。总司令余:(密)未全午挥行电计呈。据五六○团梁团长未全戌电称:未全下午,据日军复称,经奉核示,略以如须曲江日军缴械,请七战区司令长官立电南支派遣军,转饬角和司令遵照,方合手续。等情。惟查日军约申冬至申支退出曲江,仍盼我方常与其连络。等情。谨电察核示遵。一八七师张光琼。未全戌。挥行。印。〔下略〕

中华民国三十五年元月　日

〔国民政府国防部史政局及战史会档案〕

3. 余汉谋所部为争夺地盘"围剿"东江纵队等人民武装阵中日记①

(1946年2月)

九月六日

长官部于寻邬,分呈重庆委座、铅山主任顾申鱼智大电乙件。战报:(甲)闽、粤、赣边区总部未艳电:(一)未元一八六师五五六团一部,在普宁属棉湖圩、灰寨圩一带围剿奸匪韩江纵队第三支队,一股约二百余。该匪被我击溃,向南山长滩(普宁城西)等处逃窜。计伤毙匪廿余,获步枪七枝,我阵亡士兵二,伤官一员。(二)未筱,一八六师五五七团派队搜剿揭阳东北三十岭、居西溜一带奸匪。计伤毙匪廿余,获步枪五枝。(乙)李主席未有电:午筱,我保六团一部,在琼崖临高属孟楼竹一带,围剿奸匪琼崖纵队第四支队符志行股三百余,匪不支溃窜,计伤毙匪三十

---

① 系摘录。

余。（丙）琼崖守备司令部寅皓（该电迟到补报）、寅微、虞佳等日，我保六团一部，先后在琼崖澄迈属仁原市、福来市等处，搜剿奸匪马白山、符大千等股三百余，匪受重创不支溃窜。计伤毙匪大队长符大千、张世英以下二百五十余，俘匪廿五，获轻机二挺、步枪三十枝，弹药及军品甚多。我伤官一员，兵五名。各等情。除分呈委座、主任顾外。谨闻。

九月十一日

呈主任顾申真智筑电乙件

未敬全工电奉悉。兹谨将本战区所辖赣省境内各要点构筑碉堡工事计划乙份，随电附呈察核示遵。

第七战区所辖赣省境内各要点构筑碉堡工事计划：〔略〕

分呈重庆委座、铅山主任顾申真智大电乙件

战报：（一）十二集团军总部申尾等电，未、俭、全等日，我一五二师四五六团一部，先后在昌江县永福、白沙县雅利等处，搜剿奸匪琼崖纵队吴克之、马白山等股各二、三百，与匪激战，匪受重创逃窜。各役合计伤毙匪八十余，我伤亡官兵卅余员。各等情。除分呈委座、主任顾外。谨闻。

九月十七日

分呈重庆委座、铅山主任顾申筱智大电乙件

战报：（甲）十二集团军总部申文元电：（一）灰真。等因。我一六〇师四七九团一营，先后在始兴属马市、候陂、老黄塘（始兴东北十余华里）等处围剿奸匪，【与】曾村林股（番号未详）五百余激战二小时，匪不支向太原（始兴北二十华里）溃窜。计伤毙匪二十，俘二，获步枪四枝。（二）未回，我一五二师四五四团，于翁源属六里下陂坳头（翁源东南四十华里）一带，与奸匪千余激战，相持数时，匪受重创，向镇子圩（六里北十华里）溃窜。（三）申虞辰，我一五二师四五五团一营，于佛冈属太平圩、烟岭（鱼子湾南十余华里），搜剿奸匪北江支队一股二百余，匪不支向白颈坑、杨梅坑（鱼子湾南十华里）一带溃窜，计伤毙匪三十余。（四）虞卯，我一五四师四六一团，在博罗属大坑洞、旱田冈、白云冈（博罗西二十华里）等处，围剿奸匪东江纵队一股三百余，匪不支向水圩西北地区逃【窜】。计伤毙匪三十余，俘一。我伤士兵一。（乙）惠淡守备部申佳电：江日，宝安县自卫队在该县属福田围（横冈圩东）附近，搜剿奸匪二百，匪不支溃窜。计伤毙十余。各等情。除分呈委座、主任顾外。谨闻。

九月十九日

分呈重庆委座、南京总司令何、铅山主任顾申皓智大电乙件

战报：十二集团军总部申删电：真日，我一六〇师四七九团一部，在始兴属候陂、太原、清河洞（始兴北十余华里）等处，搜剿奸匪东江纵队第五支队曾村林（春年）股三百余人，激战数时，匪不支分向杨梅坑、呈坪（始兴北十余华里）一带逃窜。计伤毙匪四十余，俘一，获步枪四枝。（乙）一五四师申支电：佳日，我四六一团一部，在博罗属连安、水南（博罗西十余华里），搜剿奸匪三百余，匪不支向横河（博罗西二十华里）逃窜，计伤毙匪十余。（丙）惠淡守备部申删电：齐日，窜占惠阳属稔山、平海（惠阳东四十余华里）等处奸匪东江纵队第八支队（新编）赖祥股千余人，真辰我派惠淡守备等二大队搜剿，匪不支溃窜。计伤毙匪二十余，我伤兵五，亡一。各等情。除分呈委座、主任顾外。谨闻。

九月二十四日

分呈重庆委座、南京总司令何、铅山主任顾申敬智大电乙件

战报：十二集团军总部申哿马电：（一）虞至真日，我一五二师四五五及四五六两团各一部，先后在英德属梧桐坑、水桶坑、合水潭（英德东南约十公里）及佛冈属、烟岭等处，搜剿奸匪东江纵队北江支队邬强股残匪各百余，匪不支向杨梅坑（鱼子湾东南约十公里）及烟岭西南山地逃窜。合计伤毙匪五十余，俘匪二名，获步枪二枝。我阵亡官一，伤亡士兵十名。（二）申寒，我一五三师四五九团一部，在龙门属油田蕉坑（永汉圩东）搜剿残匪数十，匪不支溃窜。计俘匪三，获步枪一枝。各等情。除分呈委座、主任顾、总司令何外，谨闻。

九月二十六日

分呈重庆委座、南京总司令何、铅山主任顾申寝智大电乙件

战报：（甲）十二集团军总部申梗电：巧日，我一六〇师四七九团在始兴属呈坪、沿溪（始兴西北）一带，搜剿奸匪东江纵队第五支队一股三百余人，匪不支向横坑（始兴北十余华里）逃窜。计伤毙匪三十余，俘匪三，获步枪三枝。我伤班长一。（乙）一五四师申马电：元日，我四六一团在博罗属百官坳、澜石圩（博罗西北），围剿奸匪东江纵队残匪一股二百余人，匪受重创，主力向龙溪圩（博罗西）逃窜，一小股向罗浮山散窜。计伤毙廿余，获步枪一枝。（丙）东江指挥所申马电：元日，挺进独立第二支队，围剿博罗属龙华圩奸匪李光汉股五、六十人，激战一小时，匪不支溃窜。计伤毙匪十余人，俘一，获步枪一。各等情。除分呈委座、总司令何、主任顾外，谨闻。

分呈重庆委座、南京总司令何、铅山主任顾申感智大电乙件

战报：（甲）六十五军申养有等电：皓、梗等日，我一六〇师四七九团一部，先后在始兴属奇心洞、呈坪（始兴北），仁化属苦竹坪、官波水等处，搜剿奸匪东江纵队第五支队残匪三百余，匪

不支溃窜。计伤毙匪五十余，俘匪廿余，获步枪二十余枝，手提轻机【枪】一。（乙）一五四师申巧有电：寒、筱等日，我四六〇团及四六二团各一部，先后在惠阳属七女湖、黄沙洞、矮陂（惠阳东北）等处，围剿奸匪三百余，匪受重创溃窜。两役计伤毙匪十余名，俘一，获步枪七枝等各情。除分呈委座、主任顾、总司令【何】外，谨闻。

分呈重庆委座、南京总司令何、铅山主任顾申艳智大电乙件
战报：十二集团军总部申寝感电：（一）巧、皓等日，我一八七师五六一团，在始兴属冷洞、矮岭、龙石峰（始兴东南）一带，围剿奸匪珠江纵队千余人。（据俘匪供称：该匪股由三水经清远窜来，与北江支队会合。）计伤毙匪百余人，俘十余，获步枪十余枝。我伤官二员，士兵二十余人。（二）筱日，我一五二师四五六团一部，在英德属坝子圩、潭洞（英德东）一带搜剿残匪数十，匪受重创散窜。计伤毙匪七人，俘一，获手枪一枝。各等情。除分呈委座、主任顾、总司令何外，谨闻。

九月三十日
分呈重庆委座、南京总司令何、铅山主任顾申全智大电乙件
战报：（甲）十二集团军总部申感俭电：养、梗等日，我一六〇师四七九团、四八〇团各一部，在始兴西北呈坪、泥洴半地、奇心洞、苦竹坪、官波水等处，搜剿奸匪东江纵队第五支队残匪百余人，匪不支散窜。计伤毙匪二十余人，俘十余人，获步枪十余枝，手提机枪二，我阵亡班长一。（乙）一五四师有电：梗日，我四六一团一部于博罗属邓冈、邹村、横河圩（博罗西北）一带，搜剿残匪数十，匪不支溃窜。计伤毙匪二名，俘三名。（丙）普宁县政府申有电：梗晨，挺一纵队及县团队各一部，在普宁、南山交界地区围剿奸匪林川股百余人，匪受重创散窜。计击毙匪大队长

高凤、中队长陈错、中队指导员庄克、分队长李廷春等四十余人，并伤匪总指挥林川乙名。各等情。除分呈委座、主任顾、总司令何外，谨闻。

十月二日

分呈委员长蒋、总司令何、东南行辕主任顾及通报第二方面军电各一件

（一）寒，我一五二师四五六团，于英德属黄竹塱、潭洞（英城东十余华里）截获匪七名。据称：奸匪北江支队、西江支队共约七百余人，连夜北窜。（二）巧，奸匪东江纵队一股三百余，由澜石（博罗西）经白面石（增城东），北窜南昆山活动。（三）据投诚匪兵供称：匪司令部原驻清虚观（罗浮山附近），元、回等日，经我四六一团先后搜剿，退窜福田、三江圩，向东莞、宝安方面移动，匪首曾生己窜往宝安。（四）博罗属福田、黄家坑（罗浮山南）一带，有匪第三支队、第五支队主力及珠江纵队一部，合千余人，散窜附近山地。

十月三日

分呈委员长蒋、总司令何、东南行辕主任顾及通报第二方面军电各一件

（一）感奸匪二百余，由澜河窜抵百顺（南雄西北）抢劫物资，并掳去该乡公所职员，我正追剿中。（二）增东、博西奸匪东江纵队主力三千余，由罗浮山经龙溪、铁冈南窜，似有窜回梧桐山（惠阳南）老巢及大鹏湾沿海一带模样。余匪由彭沃率领第三支队一股三百余，并会合伪博罗县长韩继元，刻仍在博罗以西地区活动。（三）惠阳属三栋、永湖、良井等处，发现匪二千余（属东江纵队一股），紫金、青溪附近发现匪三百。（四）奸匪东江纵队一股约千余人，由惠阳窜抵海丰属赤石、大安洞、田心坑。另一股

向鲘门窜扰,筱与我团队激战。(五)寝奸匪七百余,轻机十余挺,在海丰、高潭与我团队激战。感,吉隆、鹅埠均为匪占。(六)奸匪江绍东、冯伟钊等股,窜据广宁东北之江屯一带,经我搜剿后,散窜大油、六丁顶(江屯北)附近山地。

十月四日

分呈重庆委座、南京总司令何、铅山主任顾酉支智大电乙件

战报:据东江指挥所申沁、俭、艳等电:(一)申筱,我一五四师四六二团一部,在惠阳属七女湖、沙田、新圩(惠城东北)一带,搜剿奸匪百余,激战一小时,匪不支溃窜。计伤毙匪十余,获步枪七枝。(二)申有、梗等日,我教导团先后在博罗、龙门交界地区之官厅、坑口、鳌鱼洞及龙华圩(博罗西南)等处,围剿奸匪东江纵队残匪三百余人,匪受重创,一股向麻榨圩逃窜,全〔残〕匪散窜。各役计毙匪十余,俘匪十八名,获机枪一、步枪九、手枪三枝。各等情。除分呈委座、总司令何、主任顾外,谨闻。

十月五日

分呈委员长蒋、军令部部长徐、总司令何、东南行辕主任顾电一件

(一)申俭广宁属排沙圩东南之罗坑附近,集匪七百余(番号待查),附轻机枪四十余挺,扬言窜扰广宁。(二)申艳,奸匪彭沃部七百余,由博罗窜惠阳属万年。(三)惠阳属稔山、平山一带奸匪现增至七千,附炮十门,掷弹筒颇多。(四)大鹏湾现有奸匪汽艇十艘行驶。

分呈重庆委座、南京总司令何、铅山主任顾酉微智大电乙件

战报:(甲)六五军酉冬电:申艳,奸匪珠江纵队独三大队一股数十,由巡拨经下南坑,窜抵曾公坑(均始兴属沈所圩西南).

被我一六〇师四七九团一部堵击，匪受重创，向含鱼头南窜。计俘匪四名，获步枪五枝。（乙）东江指挥所申全电：申、梗、寝等日，我一五四师四六一团及教导团各一部，先后在博罗西北横河圩与从化东北之南方山等处，搜剿东江纵队残匪三百余，匪不支分窜圣祖坳、塘坑（罗浮山东北）、上禾洞（吕田西）一带。计伤毙匪数十，俘三名，获步枪三枝。（丙）惠淡守备部申艳电：申俭，我挺进独一支队在东莞东南地区桥头、大洲、石水口（常平东北）一带，围剿奸匪四百余，匪不支向谢冈（铜湖南十余华里）溃窜。计伤毙匪二十余，获步枪三枝，我伤士兵二名。等情。除分呈委座、总司令何、主任顾外，谨闻。

十月七日

分呈委员长蒋、军令部长徐、总司令何、东南行辕主任顾及通报第二方面军电各一件

（一）始兴属龙头石（陇子西北约十二公里）附近奸匪，经我围剿后，残匪百余，申养分向楠木坑、寨下逃窜。是役计毙匪约二百，俘十九，获长短枪十五枝。据匪俘供称：该股匪属珠江纵队所部。（二）申感，珠安塘（百顺北约七公里）奸匪约二百，窜小流坑（白云圩北），原据小流【坑】匪约二百，窜锅坑（澜河北）。（三）申全，寄心洞（始兴北）奸匪百余，经我搜剿散窜，俘匪七名。（四）据香港报载：中共已下令八个地区（含广东）奸匪，概向北撤。（五）窜据惠阳属平山、白茫花、稔山一带奸匪六千余（内有前香港防卫队日军三百余），现大部窜抵三多、祝有，续向东窜模样。

分呈重庆委座、南京总司令何、铅山主任顾西虞智大电乙件

战报：（一）申、庚、寅，我一五四师四六一团主力，由响水向横河（均博罗西北）附近奸匪东江纵队第三支队残部进剿，匪

大部向黄竹坳、何家田（均横河北）方面逃窜。有辰该团第一营追剿至黄竹坳附近，与匪数百激战，匪不支，未刻向陈禾洞（黄竹坳东北）溃退。计伤毙匪卅余，俘匪十三（内政工队员一），获步枪一枝，文件乙束，我无伤亡。（二）又有辰，该团第三营由酥醪洞向大陂洞（均罗浮山北）进剿，在罗坑、田心（酥醪洞北）附近，先后遇匪各百余，即予围击，将匪击溃。计伤毙匪卅余，俘匪五名（该匪番号有东江纵队、珠江纵队及增龙纵队。）获步枪六枝，我阵亡士兵二名。（三）申寝、感等日，我教导团各营先后由官厅、永汉（均龙门西南）等地，向龙华沙、迳油田、蕉坑及永汉南、南吕屋一带，搜剿散匪。各与匪百余遇战，经我团击后溃散。计伤毙匪十余，获步枪一枝，我阵亡班长一名。（四）申寝辰，我一五四师四六二团第一营，搜剿惠阳南良井圩附近奸匪，与匪数十遇战，匪不支溃散。感未有匪百余，由白茫花北窜北石碑坑（良井圩东南）附近。该营俭辰由良井圩进剿，该匪据高地顽抗，我即予包围，至未，匪不支【向】白茫花退窜。各役计伤毙匪廿余，俘男女匪七，获步枪七枝（内六五步枪一枝）、文件两束，我无伤亡。（五）申俭辰，我挺独一支队，由马嘶（博罗西）分向南岸、桥头、大洲（均常平东北）等地进剿，在大洲附近与匪约二百遇战，未刻匪不支，向谢岗溃退。计伤毙匪四十余，获步枪三枝，我阵亡士兵二名。又十二集团军酉冬、江等电：（一）申皓、养等日，我一六〇师四七九团主力，分由太坪圩、百顺圩（均始兴北）等处进剿里仁（太平圩西南）及三角塘（百顺西北）各附近散匪，各与匪数十遇战，匪向附近山地散逃，计伤毙匪卅余，俘匪七，获步枪二枝，文件甚多。我阵亡班长二，伤兵二。（二）又申俭日，该团第二营进剿上下南坑及上左拨（均始兴西南）等地，奸匪先后与匪百余遇战，匪不支散窜。计毙匪七，俘匪数名，获步枪一枝。（查该匪股属珠江纵队铁英队，另一股称大鹏队。）（三）据六十三军转据先遗〔遣〕军李辅群申宥电：寒、铣等日，该部进剿宝安属沙井、新桥等地奸匪，遇匪四百余，内日军卅余，经该部击溃。计伤毙匪六十余，俘匪二，获步枪二，我伤士兵六名，各等情。除分呈委座、总司令何、主任顾外，谨闻。

十月八日

分呈重庆委座、南京总司令何、铅山主任顾酉齐智大电乙件
战报：（甲）十二集团军酉微电：（一）申全，我一六〇师四七九团一部，搜剿始兴南曾公坑、左拔等地残匪数十，当将匪击溃。计毙匪十余，俘匪六名（内匪队长一），获步枪五枝。（二）据六三军张军长转据先遣军李辅群申感电：申梗，我克宝安属新桥，有、宥等日，续克西乡、南头。盘据新桥奸匪，分向南洞、岭下（均新桥东南）溃窜。又公明圩、燕川、水贝各附近聚匪千余，现我正派队分剿中。（乙）一五四师申艳电：（三）申回，我四六一团第一、二营，分由横河、平安（均博罗西北）等地出发，向东坑、云枕、黄竹坳等处奸匪围剿，各与匪数百遇战，匪据山地顽抗，经我围击，匪不支溃窜。计伤毙匪廿八，俘匪六，获步枪五，我伤士兵六。（丙）闽粤赣边区总部申寝电：（四）申真，我梅县团队搜剿梅、蕉等县边境奸匪，于蕉岭南碌梅县松源乡交界之耀祖顶附近，与匪约二百遇战，经我冲击，匪不支，分向粤、闽边逃窜，计毙匪数名，我伤士兵二。（五）申佳，我潮安团队进剿潮饶边境双溪岭附近奸匪，与匪八十名遇战，匪不支向饶属杉坑、白水湖附近山地逃窜。计毙匪七，获步枪二。各等情。除分呈委座、总司令何外，谨闻。

十月十一日

分呈委员长蒋、军令部部长徐、总司令何、东南行辕主任顾及通报第二方面军电各乙件

（一）据报：匪首曾生，有由莞宝方面回窜博罗【模样】。

(二)我先遣军李辅群部,于申宥收复宝安,奸匪向新桥、福永逃窜。(三)盘据清远属桃源附近奸匪冯天日股百余,经我搜剿后逃窜天堂山(横石东北),据险顽抗,现我正围剿中。(四)奸匪北江支队邬强股,现仍在清英佛地区活动,近以粮食困难,将小鬼妇女队遣散。

十月十二日

分呈重庆委座、南京总司令何、铅山主任顾酉文智大电乙件

战报:(甲)十二集团军总部酉阳电:申回,我一八七师五六一团一部,先后在始兴南之长眉坑(冷洞东北十华里)、龙头石(冷洞南十余华里)一带,搜剿奸匪珠江纵队一股约六百余,激战数时,匪受重创溃窜。计伤毙匪百余,俘二十余,获轻机【枪】一挺,步枪十九枝,手枪一枝。(乙)东江指挥所酉鱼电:申寝,我一五四师四六二团一部,在惠阳东之良井、大陂、田心(平山圩南十余华里)等处,围剿奸匪东江纵队一股五百余,匪不支溃窜。计伤毙匪十余,俘五名,获步枪十余枝,我阵亡士兵二名。(丙)闽、粤、赣边区总部酉鱼电:申感,奸匪东江纵队第六支队叶基股九百余人,窜占海丰属高潭圩,被我挺进独一大队及守备队各一部堵击,匪不支折窜陶金坑(高潭北)。计伤毙匪十余,我阵亡中队长一员,士兵四,伤士兵五。各等情。除分呈委座、总司令何、主任顾外,谨闻。

十月十四日

分呈委员长蒋、军令部长徐、总司令何、东南行辕主任顾及通报二方军电各一件

(一)鱼奸匪二百余,由始兴属长眉坑窜柑子园(司前街东北)。(二)虞奸匪邬强股百余,窜英德属坝子附近。(三)据报:博罗属响水、横河一带,近集匪五百余,似有进占响水企图。

(四)鱼东莞属谢冈奸匪第二支队卢伟如股,向附近乡村勒缴木船五十艘,并扬言向我进扰。

十月十五日

分呈委员长蒋、军令部长徐、总司令何、东南行辕主任顾及通报第二方面军电各一件

(一)始兴属锅洞、石人嶂、柑子园(罗坝方面)一带,有奸匪约三百,轻机【枪】七,步手枪百余。真戌,其一股窜良源洞抢掠。又刘家山、横路(柑子园南)一带,发现奸匪二百余,似有东窜企图。(二)始兴属九曲山(顿冈东北)奸匪二百余,齐日经我搜剿,毙匪十,俘七,获步枪四,残匪向南溃窜。(三)申月中旬,由始兴方面窜仁化属大坪、长江一带奸匪数百,经向赣境窜去。(四)据报:惠阳属井龙、三和及莞谢冈一带,有奸匪三千余,日来调动频繁,并在谢冈构筑工事。另一股四百余,由东江南岸向罗浮山方面窜去。(五)佳,我搜剿博罗福田、联和一带奸匪,毙匪十余,获步枪三。(六)龙门属东西坑、永汉沙迄龙门一带,奸匪东江纵队龙门独立大队黄达宏股二百余,鱼日分犯龙华、永汉,均被我军击退。

分呈重庆委座、南京总司令何、铅山主任顾酉删智大电乙件
战报:(甲)十二集团军总部酉轸电:鱼日,我一五三师四五九团,在增城东北东坑围剿奸匪四百余,匪不支溃窜。计伤毙匪十五人,获手提机【枪】一,步枪九枝。(乙)东江指挥所酉虞电:申回、俭等日,我一五四师四六一团、四六〇团各一部,先后在博罗属黄竹坳、郭坑口(横河东北约十余华里)、鹤地(惠阳东约十华里)等处,搜剿东江纵队残匪五百余,匪受重创,分向分水坳(横河东北)、白茫花(平山圩南十余华里)逃窜。计诸役伤毙匪四十余人,俘十二人,步枪十枝,我伤士兵六名。(丙)一五四

1067

师酉灰、虞日，我四六一团一部，进剿惠阳属洲田（淡水西六公里）附近奸匪百余，激战一小时，匪不支溃窜。计伤毙匪五人，获步枪二枝，我伤官兵各一。各等情。除分呈委座、总司令余、主任顾外，谨闻。

十月十六日

分呈委员长蒋、军令部长徐、总司令何、东南行辕主任顾及通报第二方面军电各一件

（一）据报：支日，奸匪二百余，由始兴属长眉坑窜深渡水时，该处联防主任被俘，自卫班枪枝全数被缴。（二）江西，奸匪五百余，由惠阳西南经冠沙堆（惠阳西北十二里）渡河，窜博属八围，虞向横河、响水窜去。（三）灰巳，奸匪六百余，窜扰博罗属横河，未刻被我击退。又真辰，奸匪一队袭击湖镇，激战至午，匪向横河方面逃窜。（四）文，我一五三师一部，搜剿龙门属低□（永汉西）附近奸匪黄达宏股，匪不支向雁洋陂山地逃窜，现我正追剿中。

分呈重庆委座、南京总司令何、铅山主任顾酉铣智大电乙件

战报：惠淡守备部酉文元电：（一）佳日，我挺进独二支队一部，在博罗西之福田、联和一带进剿奸匪，与匪百余激战，匪不支溃窜。计伤毙匪十余，获步枪三枝。（二）灰日我挺进独一支队部，于东莞属马坑附近（石龙东南）搜剿奸匪百余，匪散窜。计伤毙匪四名，俘二名。各等情。除分呈委座、总司令何、主任顾外，谨闻。

十月十九日

分呈委员长蒋、军令部长徐、总司令何、东南行辕主任顾及通报二方面军电各一件

（一）庚日，始兴属柑子园、石人嶂一带，奸匪征工构筑工事。（二）真日，我搜剿始兴属九曲山一带奸匪。在瑶村附近击毙匪五，俘四，获步枪二。（三）奸匪第三支队彭沃股千余，附小炮一门、轻重机枪十余、步手枪八百余，在龙门属鳌溪洞、大陂洞、博罗属响水、横河、罗浮山一带活动。该股匪每中队辖有金龙（宣传）、日云（谍报）、前锋（袭击）等队。（四）奸匪五百余，文陷博罗属横河，现我派队进剿中。（五）文午，奸匪路东新二区主席杨松鹤，在东莞属清溪召集附近乡保甲长会议，闻有破坏广九铁路企图。

十月二十一日

分呈委员长蒋、军令部长徐、总司令何、东南行辕主任顾及通报二方面军电各一件

（一）始兴属柑子园、石人嶂、刘家山一带，奸匪曾多股（番号待查），经我搜剿后，向罗坝方面逃窜。（二）筱午，奸匪三百余，由北窜抵仁化属扶溪附近，我正派队搜剿中。（三）近由惠阳先后回窜博罗地区奸匪共约千，属彭沃股。（四）惠阳属新庵、李家屯一带，近窜集奸匪千余。铣日，其一股窜高潭，与我激战中。（五）铣未，奸匪第七支队高健股约百，窜惠阳属梁化附近抢劫。（六）申佳起，石马日军先后将重机十、轻机卅余、步枪百余、弹药五百余箱，运惠阳属新圩、鸦鹊水等处，拨交奸匪。（七）奸匪近在东莞属清溪附近，强征壮丁及强迫民众不与我军合作。（八）奸匪近在大禺山（大鹏湾对面）成立广东军事委员会，由曾生、王作尧分任正副委员长，林平任政治主任。并在惠阳属三洲田设立军校，由曾生兼校长，现有学生百余。

十月二十二日

分呈重庆委座、南京总司令何、铅山主任顾酉养智大电乙件

战报：（甲）十二集团军总部酉删、效等电：（一）齐日，我一六〇师四七九团一部，在始兴东地区九曲山附近之远遥村搜剿，奸匪百余不支溃窜。计伤毙匪七，俘三，获步枪二枝。我伤【官】一员，士兵三名。（二）真日，我一五三师四五九团一部，于增城属白石岗（征果圩北二十五华里）附近，围剿残匪百余，匪不支散窜。计伤毙匪五，俘三。（乙）东江指挥所酉筱电：寒日，我挺进独二支队于博罗属横河圩，与奸匪五百余激战，匪受重创，向黄竹坳、河肚（横河东北）逃窜，计毙匪二十余。（丙）北江西岸指挥所酉巧电：文、元等日，我肇清师区补一团一部，在广宁东南地区之带洞、白花、黄田圩等处，搜剿奸匪二百余，匪不支，向江头、马坑（黄田圩南）逃窜。计伤毙匪十余，我伤官一员。等情。除分呈委座、总司令何、主任顾外，谨闻。

十月二十三日

分呈委员长蒋、军令部长徐、总司令何、东南行辕主任顾各〔及〕通报二方面军电各一件

（一）巧，奸匪百余，由南雄属白云窜珠玑街、里东圩一带，设站收税。（二）筱午，窜抵仁化属扶溪奸匪三百余，经我进剿，皓回窜南雄属澜河附近。（三）文陷博罗属横河奸匪五百余，经我进剿，寒向福田、东博逃窜。

十月二十四日

分呈委员长蒋、军令部长徐、总司令何、东南行辕主任顾及报二方面军电各乙件

（一）南雄属北山附近，现集奸匪刘培股千余，支队部设竹山背（澜河西）。据俘匪供：有会合新四军窜扰南雄、始兴企图。（二）马酉，奸匪彭沃股约千，由博罗属何家田（横河东北）北窜，养抵公庄附近。（三）马午，龙门奸匪黄达宏股二百余，分窜麻榨、

龙门，我派队截击中。(四)皓晚龙门属鳌溪洞、坑口附近发现奸匪数百，据报系第四支队，由罗浮山方面窜来，确否待查。〔下略〕

十一月五日

分呈重庆委座、南京总司令何、杭州主任顾戍徽智大电乙件

战报：十二集团军总部酉宥、陷、全、引等电称：(一)有日，奸匪东江纵队第三支队彭沃股千人，由博西窜经河源属李峒、甘蕉、左坑，续窜东坑、枫木镇一带，遭我一五三师四五七团堵击，匪不支，分股溃窜。(二)俭、艳等日，我一六〇师四七八团一部，由登塔分途经白溪、枫园，向黄士岭、高坑（均登塔东）一带，围剿奸匪二百余，激战数时，匪折南窜狮头岭、白沙岭。(三)感日，我一六〇师四七九团及四八〇团各部，在南雄属白云、官田、长江一带搜剿残匪百余，激战竟时，匪不支，分向珠安塘、凌溪、小流坑（百顺东北）逃窜。各等情。除分呈委座、总司令何、主任顾外，谨闻。

十一月六日

分呈委员长蒋、军令部长徐、总司令何、东南行辕主任顾及通报二方面军各一件

（一）酉世，窜抵树山背匪约百，续窜太平（青州西南）。(二)东，由热水向㽞头北窜匪二百余，江续向龙南属大坝窜去。(三)支，匪北江支队陈荣基股二百余，在英德属望夫、冈圩（河头北）附近抢劫。（四）奸匪近将未经训练及老弱者，资遣回籍。（五）据报：奸匪由酉月起，将各支（大）队改团（营）制，确否待查。（六）东莞奸匪蔡子培、萧国良等股，于酉寝将清溪至龙岗公路桥梁破坏。（七）酉寝，匪千由广九路以西地区，经天堂围，向东莞、三峰（清溪南）窜去。（八）酉艳，博罗属横河附近发现

匪约千，龙门属路溪附近三百余，番号待查。

十一月九日

分呈委员长蒋、军令部长徐、总司令何、东南行辕主任顾及通报二方面军电各一件

（一）据报：酉回，奸匪千余，由惠阳属平海向海丰方面移动。现平海附近，仍有奸匪三百余。（二）博罗属显村、麻榨地区，现集结奸匪千余，似在改编中。（三）伪博罗县长为韩继光，伪国民兵团副团长为蓝平，辖奸匪三百余。（四）窜据河源属高坑附近之奸匪二百余，经我进剿，向锡场西北逃窜。

十一月十一日

分呈委员长蒋、军令部长徐、总司令何、东南行辕主任顾及通报二方面军电各一件

（一）南庾公路中站、珠玑一带，现有奸匪百余，四出抢掠。（二）江奸匪三百余，由南雄方面窜至澄江以西师姑岭、小水山一带山地。（三）冬，奸匪曾生部五百余，由博罗窜至河源属古岭附近。（四）粤、赣边境始兴、南雄、虔南间地区，发现奸匪渤海支队郑少康部，辖梅留风、何苏全、吴新民、曾多等大队，全部千余人。（五）奸匪黄强部五百余，刻在潮安属蟹目山、彩塘塔下一带活动。

十一月十四日

分呈重庆委座、南京总司令何、杭州主任顾戌寒智大电一件

战报：（甲）闽、粤边区总部戌徽电称：冬日，奸匪四百余，由园埔窜抵秤钩潭（均普宁、南山西南），遭我挺一独立大队堵击，匪不支向官草湖（南山圩北）逃窜。计伤毙匪廿余，我伤兵四、阵亡士一，遗失驳壳枪一枝。（乙）东江指挥所戌虞、齐、真、佳等

电称：（一）酉陷，戌东、冬等日，我教导团及挺进独一支队各一部，先后在惠阳、东莞交界地区之旗岭、黄猫岭、雕□、丰门、勒竹排一带进剿奸匪，匪向附近山地溃窜。伤毙匪中队长罗成能等二十余名，获步枪六枝，我伤兵三名。（二）冬、鱼等日，我挺进独二支队一部及博罗自卫联防队，在博罗南之福田、荔枝墩一带，搜剿奸匪第三支队，残部向罗浮山溃窜。伤毙匪三十余，我伤士兵十余。各等情。除分呈委座、总司令何、主任顾外，谨闻。

十一月十五日

分呈委员长蒋、军令部长徐、总司令何、东南行辕主任顾及通报二方面军电各一件

（一）奸匪东江纵队第三支队彭沃部七百余，现驻博罗属横河、响水地区。其一部于元、寒，袭击证果、龙华，均被我击退，正分别追剿中。（二）东莞属怀德、北栅、刘屋一带，现有奸匪三百余，续窜九连山。（四）广宁属江屯附近，现增到奸匪百余，番号正饬查中。

十一月十八日

分呈重庆委座、南京总司令何、杭州主任顾戌巧智大电乙件

战报：（甲）东江指挥所删电称：灰、真等日，我教导团一部，于增城东之联和圩、白面田一带，搜剿奸匪第三支队一股四百余，匪向周塘北窜。计伤毙匪二十余，俘二，获步枪一枝，我阵亡士兵二。（乙）北江西岸指挥所戌寒电称：文晚，奸匪百余，窜抵阳山、七拱乡、富竹湖附近，我十七团第一营第三连星夜围剿，激战竟夜，至元晨该连长亲率士兵冲锋不逞，被匪击毙，现仍在围歼中。（丙）闽、粤、赣边区总部戌寒电称：齐日，我一八七师五五七团一部，在普宁、惠来交界地之白马仔、锡坑、樟树坪、庵潭、大窝等处，搜剿奸匪二百余，匪向普宁地区西窜。计伤毙匪

一名。等情。除分呈委座、总司令何、主任顾外，谨闻。

十一月十九日

分呈委员长蒋、军令部长徐、总司令何、东南行辕主任顾及通报二方面军电各一件

（一）据报：奸匪近在各活动地区，准备粮食四十天，防我全面进剿。（二）删窜博罗属何家田一带之奸匪，刻仍滞留该地区。（三）盘据增城以东兰溪、罗浮山、徐福田地区之奸匪共约千，属东江纵队第五支队及独立第二、第三大队各一部。齐辰，其一部百余，在徐福田附近被我团队进剿，击毙三名，并卤获步枪四十余杆。（四）窜至始兴属清化、良洞一带之奸匪渤海支队郑少康部，经我痛剿，伤毙三百余，残余六百余现窜至始兴附近山地，我正追剿中。（五）奸匪王作尧率领之东江纵队第五支队，在南雄以东百顺地区，经我围剿后，其一部逃窜粤、赣边境，其大部千余，现流窜该县属白云、澜河、莲花洞、邓坊一带，我分别进剿中。（六）窜驻海陆丰附近地区之奸匪东江纵队第六支队二千余，现改为步兵团，仍由叶基任团长，团部设田心坑。（七）奸匪东江独立大队邹世良部七百余，刻盘据揭阳、普宁等县边境。

十一月二十二日

分呈委员长蒋、军令部长徐、总司令何、东南行辕主任顾及通报二方面军电各一件

（一）奸匪东江纵队司令曾生，率司令部及匪兵千余，于戌月中旬，由宝安属乌石岩，经淡水、平海，向海陆丰方面移动中。（二）奸匪东江纵队第三支队彭沃部，现分踞九连山各村庄，并征集壮丁、粮食。铣亥，其一部百余，经敦厚向分水坳（虔南东南）窜去。（三）奸匪韩江纵队，刻积极增编四个中队，全部共约千五百余，仍在普宁、惠来地区。（四）博罗地区奸匪，每甲强征

壮丁乙名及枪械。据报：伪博罗县府有俄人乙员。

司令长官余汉谋

中华民国三十五年二月　日

〔国民政府国防部史政局及战史会档案〕

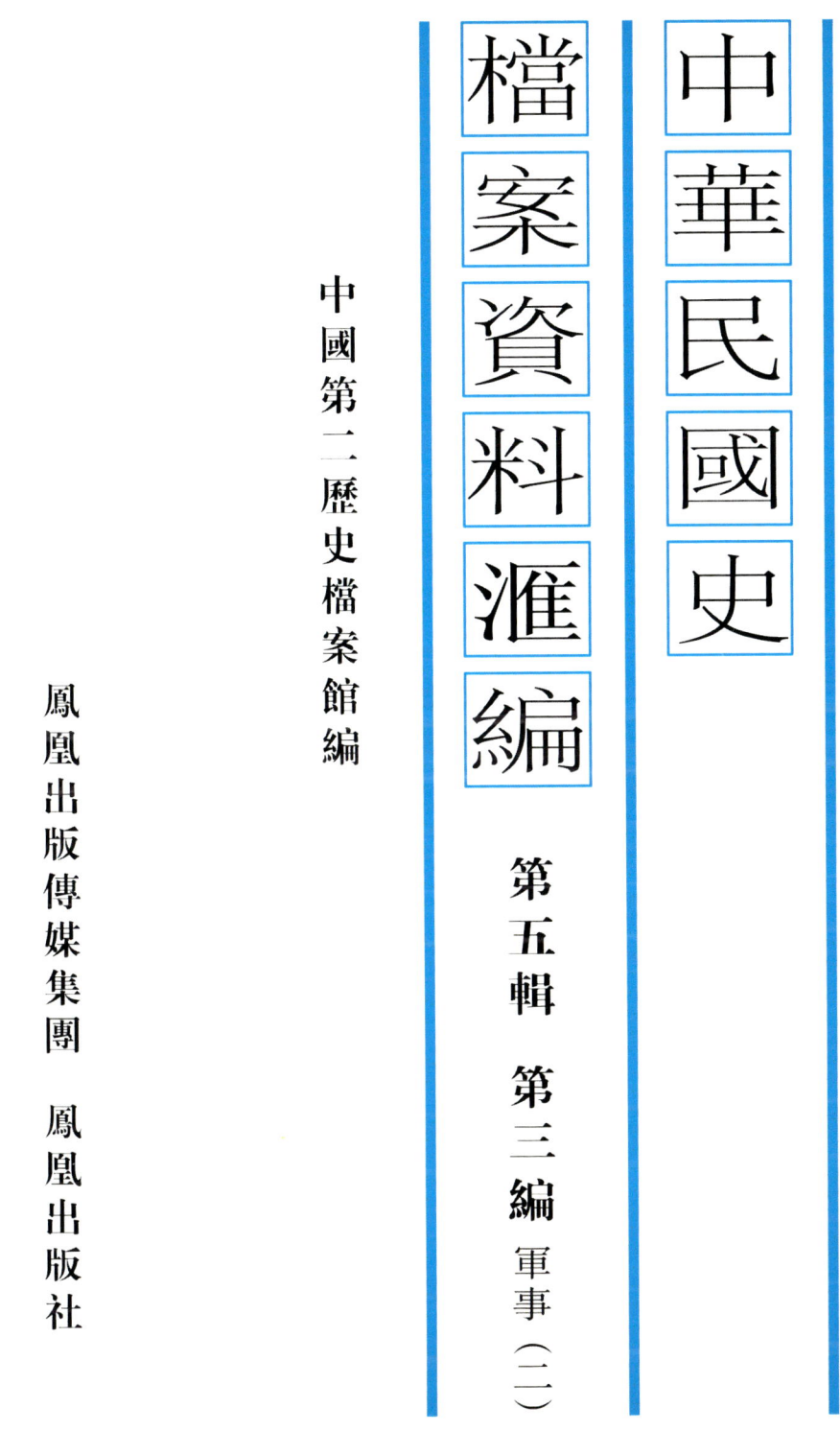

中華民國史檔案資料滙編

中國第二歷史檔案館編

第五輯 第三編 軍事（二）

鳳凰出版傳媒集團
鳳凰出版社

目 录

〔四〕全面内战的爆发及国民党军的溃败

(一) 国民党军战略进攻与解放军战略防御阶段

一、国民党军对中原解放区的进攻

1. 国民党武汉行营关于围攻湖北门汊湖地区中原解放军战斗详报
   （1946 年 7 月） ················ （1）
2. 国民党第六绥靖区周岩部在豫鄂边区进攻中原解放军经过概要
   （1946 年 8 月） ················ （10）
3. 国民党整编第三师赵锡田部在豫鄂陕边区进攻中原解放军情况报告
   （1946 年 8 月） ················ （32）
4. 联勤总部转达湖北省政府为中原解放军在鄂西一带加紧活动请补助经费代电
   （1946 年 12 月 26 日） ················ （38）
5. 国民党整编第六十六师宋瑞珂部在鄂西北地区进攻中原解放军经过概要
   （1947 年 1 月） ················ （41）
6. 国民党整编第七十二师在鄂皖豫边区进攻中原解放军战斗报告

（1947年3月） …………………………………………… (49)

二、国民党军对苏北根据地的进攻

1. 王懋功报告铜山境内解放军积极活动打击国民党军电
   （1946年5—8月） ……………………………………… (100)
2. 王懋功报告国民党军进攻赣榆解放军受挫代电
   （1946年7月—1947年4月） ………………………… (102)
3. 王懋功报告东海沭阳地区国共两军交战互有胜负电
   （1946年7月—1947年4月） ………………………… (104)
4. 王懋功报告国民党军进犯如皋泰兴一带解放区惨败经过代电
   （1946年7—8月） ……………………………………… (108)
5. 王懋功报告江都一带解放军向国民党军出击情形代电
   （1946年7月） …………………………………………… (115)
6. 王懋功报告国民党军侵占萧县并向县属各地进行"清剿"代电
   （1946年7—8月） ……………………………………… (116)
7. 王懋功报告国民党第四十五师等向六合解放军发动进攻代电
   （1946年7—8月） ……………………………………… (120)
8. 国民党第四十九师第七十九旅文礼部进犯如皋及其东南地区战报
   （1946年7月24日） …………………………………… (122)
9. 王懋功报告国民党军在丰县与解放军发生战斗代电
   （1946年8月） …………………………………………… (138)
10. 王懋功报告国共两军在沛县一带交火情形代电
    （1946年8月） ………………………………………… (140)
11. 王懋功报告国民党军第六十九师进犯睢宁遭重大伤亡代电

(1946年8月3日) ·················· (144)
12. 王懋功报告靖江境内国民党军向解放军进攻代电
　　　(1946年8月-1947年1月) ············ (145)
13. 王懋功转报解放军克复砀山县城经过情形电
　　　(1946年8月) ······················ (147)
14. 国民党第二十一师新编第七旅进犯如皋李堡等镇遭到惨败战报
　　　(1946年8月) ······················ (148)
15. 王懋功报告邳县国民党军与解放军发生交火代电
　　　(1946年10月-1947年4月) ··········· (155)
16. 王懋功转报宿迁邵店人和圩之役国民党军遭到惨败代电
　　　(1947年1月) ······················ (156)
17. 王懋功报告国民党第二十八师等与淮阴淮安解放军交战情形代电
　　　(1947年2-4月) ···················· (157)
18. 王懋功转报南通三余镇海门聚兴镇等地获解放国民党军伤亡惨重代电
　　　(1947年3-4月) ···················· (159)
19. 王懋功报告国共两军在阜宁西南地区发生激战代电
　　　(1947年4月1日) ·················· (161)
20. 王懋功报告"视察"苏北各地解放军活动情形并陈对付办法密电
　　　(1947年4月) ······················ (161)
21. 王懋功报告解放军第七纵队在泗阳附近发动进攻国民党军伤亡惨重代电
　　　(1947年4月21日) ················· (163)
22. 王懋功转报高邮宝应樊川黎城等地获解放国民党军损

3

失严重代电

(1947年4月26日) ……………………………… (164)

三、国民党军对胶济路沿线的进攻

1. 何思源报告解放军在临淄高密等地反击国民党军进犯电

(1946年1—2月) ……………………………… (164)

2. 国民党第八军进犯朱阳北侧解放区战斗要报

(1946年1月) …………………………………… (166)

3. 国民党第七十三军进犯鲁中军区胶济线西段作战命令

(1946年6—7月) ……………………………… (171)

4. 韩浚等关于进犯博山之第十二号作战命令电

(1946年7月9日) …………………………… (186)

5. 国民党第十五师进犯鲁中军区胶济线西段济阳等地战报

(1946年7月) …………………………………… (187)

6. 国民党第七十三军进犯鲁中军区胶济线西段战报

(1946年7月) …………………………………… (193)

7. 国民党第二绥靖区王耀武部进犯山东淄博解放区作战要报

(1946年8月) …………………………………… (207)

8. 国民党第二绥靖区王耀武部进犯胶东平度掖县解放区战报

(1946年11月) ………………………………… (211)

9. 国民党第八军李弥部进犯胶东解放区掖县战役战报

(1946年11月) ………………………………… (216)

10. 国民党第八军李弥部自胶东掖沙地区"撤防"溃败战报

(1947年2月) …………………………………… (236)

11. 国民党第八军李弥部于胶东掖沙地区"撤防"时被击溃之检讨会议录

(1947年3月) ………………………………………… (258)

四、国民党军对山东省沂蒙山区的进攻

1. 国民政府第二绥靖区李仙洲部进犯鲁南解放区临沂战役
   经过战报
   (1947年1—2月) ………………………………………… (273)
2. 国民党陆军总司令徐州司令部顾祝同所部进犯鲁中解放
   区作战经过概要
   (1947年3—4月) ………………………………………… (282)
3. 国民党军第一兵团进犯鲁中蒙阴山区经过战报
   (1947年4月) …………………………………………… (294)
4. 国民党第一兵团在鲁中蒙阴孟良崮地区阻击解放军遭受
   惨败战报
   (1947年5月) …………………………………………… (305)
5. 国民党整编第二十五师黄伯韬部在鲁中解放区鲁村附近
   战役战报
   (1947年6月) …………………………………………… (321)
6. 国民党陆军总司令徐州司令部关于在鲁中与解放军第三
   期作战经过概要
   (1947年6—8月) ………………………………………… (329)
7. 国民党整编第六十四师黄国梁部关于南麻"解围"战役
   战报
   (1947年7月) …………………………………………… (345)
8. 国民党整编第八师李弥部困守临朐战报
   (1947年7—8月) ………………………………………… (351)
9. 杨嘉彦为工兵第十五团于苏北鲁南反共战役损失车辆请
   予证明与薛岳往来代电
   (1947年8—9月) ………………………………………… (384)

五、豫皖冀地区重要县城及战略据点被解放

1. 刘茂恩报告豫北各地对解放军作战情况代电
   (1946年6月—1947年2月) …………………………… (385)
2. 刘茂恩报告豫东等地对解放军作战情况电
   (1946年8月) …………………………………………… (389)
3. 郑州绥靖公署关于在鲁豫边区民权附近与解放军作战经
   过概要
   (1947年) ………………………………………………… (394)
4. 刘伯龙关于陆军整编六十八师五十五师兰封考城战役之
   检讨报告
   (1947年2月) …………………………………………… (412)
5. 河南省第二区集训自卫总队与解放军历次作战经过报告
   书
   (1947年3月) …………………………………………… (421)
6. 王懋功报告所属部队在豫东夏邑胡桥附近被解放军击溃
   伤亡惨重等情代电
   (1947年4月11日) ……………………………………… (426)
7. 刘茂恩报告豫东各县对解放军作战情况电
   (1947年4—6月) ………………………………………… (427)
8. 刘茂恩报告与解放军在豫北安阳、汤阴、温县、封邱等
   县城作战情况电
   (1947年4—6月) ………………………………………… (432)
9. 李品仙报告皖北亳县、涡阳县城被解放经过情况电
   (1947年2月) …………………………………………… (444)
10. 李品仙报告皖北蒙城被解放经过情况密电
    (1947年5月7日) ……………………………………… (445)
11. 李品仙请派军来皖"剿共"密电
    (1947年5月10日) ……………………………………… (446)
12. 河北省政府关于军政进行情形致行政院代电

(1947年1月) …………………………………………（446）
13. 河北省政府报告冀南栾城、井陉等县城被解放经过情况密电
(1947年4—5月) ………………………………………（453）
六、国民党军在山西省朔县霍县等地区的失败
1. 阎锡山报告晋南闻喜、绛县县城被解放经过代电
(1946年7月) …………………………………………（454）
2. 阎锡山报告晋北朔县等地被解放经过代电
(1946年7—8月) ……………………………………（455）
3. 阎锡山报告赵城被解放情况密电
(1946年8月28日) ……………………………………（458）
4. 于镇河部在晋北忻县对解放军作战经过报告
(1946年) ………………………………………………（459）
5. 阎锡山所部第七十三师等于霍县及南关战役对解放军作战经过概要
(1946年) ………………………………………………（466）
6. 阎锡山所部暂三十八师等与人民解放军在晋北大同作战经过概要
(1946年) ………………………………………………（475）
7. 国民党军暂编第三十八师韩步洲部对人民解放军进攻大同战役战斗详报
(1947年8月20日) ……………………………………（488）
8. 山西省政府以晋南新绛等十七县相继被解放请派军反攻密电
(1947年5月3日) ……………………………………（508）
9. 刘茂恩转报晋南平陆县城及茅津渡等地被解放经过情况密电

(1947年5月) …………………………………………… (509)
七、山西省汾阳孝义临汾等战役
1. 国民党第二战区汾孝战役机密作战日记
　　　(1947年1月) …………………………………………… (510)
2. 国民党军汾孝战役作战经过概要
　　　(1947年1月) …………………………………………… (532)
3. 国民党第七集团军汾孝战役战斗详报
　　　(1947年1月) …………………………………………… (542)
4. 国民党第八集团军汾孝战役战斗详报
　　　(1947年2月21日) ……………………………………… (553)
5. 国民党第六集团军汾孝战役战斗详报
　　　(1947年3月) …………………………………………… (560)
6. 国民党太原绥署于解放军围攻临汾期间机密日记
　　　(1947年9月) …………………………………………… (573)
7. 国民党太原绥署于解放军围攻运安期间机密日记
　　　(1947年11—12月) …………………………………… (582)
八、国民党军进犯陕北解放区
1. 国民党西北行辕闪击延安作战指导方案
　　　(1947年3—4月) ……………………………………… (586)
2. 国民党董钊部进犯延安作战指导计划
　　　(1947年3月) …………………………………………… (594)
3. 国民党西安绥署闪击延安作战经过概要
　　　(1947年3月) …………………………………………… (596)
4. 西安绥署牡丹川会战经过概要
　　　(1947年4月) …………………………………………… (604)
5. 西安绥署瓦窑堡会战经过概要
　　　(1947年3—4月) ……………………………………… (611)
6. 国民党陕西省政府关于解放军反攻陕北宜川耀县等地作

战概况的简报

(1947年5—10月) ……………………………………… (618)

(二) 国民党军战略防御与解放军战略进攻阶段

一、国民党军在苏皖豫鲁等地区的溃败

1. 顾祝同等关于国民党军在荷泽一带与解放军作战概况代电

    (1948年1月13日) ……………………………………… (621)

2. 国民党第六绥靖区在豫皖苏鲁边区与解放军华东野战军作战经过概要

    (1948年1月30日) ……………………………………… (622)

3. 国民党第五绥靖区策应豫东之战战斗详报

    (1948年6月29日—7月7日) ………………………… (634)

4. 国民党伞兵第三快速纵队于铜山郝寨村与华东野战军作战战斗详报

    (1948年6月) ……………………………………… (638)

5. 国民党第七兵团于苏北沭阳附近与华东野战军作战经过概要

    (1948年10月) ……………………………………… (644)

二、国民党军从湖北境内重要战略据点败退

1. 国民党湖北省政府为应付刘邓大军挺进大别山紧急措施六条与行政院往来电函

    (1947年10月) ……………………………………… (653)

2. 国民党湖北省保安司令部报告大别山区刘邓大军活动情形代电

    (1948年3月) ……………………………………… (654)

3. 国民党华中剿匪司令部编：襄鄳会战史

    (1948年 月) ……………………………………… (657)

三、国民党军进犯鄂豫皖边区大别山根据地及洛阳的解放

1. 国民党江西安徽湖北湖南四省党部及省政府防范刘邓大军南渡复电
   (1947年10月) ……………………………………… (677)
2. 国民党第四十师一一五团困守许昌被歼经过概要
   (1947年12月22日) ……………………………… (678)
3. 国民党整编第三师于祝王寨被歼战斗要报
   (1948年1月) ……………………………………… (680)
4. 国民党国防部新闻局关于整三师祝王寨一役作战经过及经验教训致陈诚呈
   (1948年2月) ……………………………………… (685)
5. 国民党华中剿匪总司令部为送一九四七年度工作报告代电
   (1949年2月23日) ………………………………… (689)
6. 国民党第二〇六师困守洛阳被歼经过报告
   (1948年3月) ……………………………………… (706)

四、国民党军进犯胶东平度莱阳解放区
1. 国民党整编第二十五师进犯胶东解放区平度莱阳威海卫一带战斗详报
   (1947年10月) …………………………………… (711)
2. 国民党第十一绥靖区丁治磐部进犯胶东解放区莱阳即墨一带战斗详报
   (1948年4月) ……………………………………… (722)

五、国民党军在东北公主屯等地的溃败
1. 国民党新五军公主屯战役战斗详报
   (1948年1月9日) ………………………………… (727)

六、国民党军在陕北地区的溃败
1. 国民党空军第三军区司令部参与宜川战役机密日记
   (1948年4月30日) ………………………………… (733)
2. 国民党第五兵团渭北会战战斗详报

（1948年4—5月）……………………………………（741）
3. 国民党甘肃陇东绥靖区关于"匪情"及"剿匪"报告书
  （1948年4—8月）……………………………………（750）
4. 国民党杨荫寰旅顽守洛川战斗详报
  （1948年6月14日）…………………………………（757）
5. 国民党第九十五军一九四八年度绥靖实施经过概要
  （1949年 月）………………………………………（771）
七、国民党军败出晋中重要据点与太原争夺战
1. 国民党太原绥署晋中会战作战经过概要
  （1948年6月12日—7月31日）……………………（775）
2. 国民党太原绥署困守太原机密日记
  （1949年1月）………………………………………（797）

〔四〕全面内战的爆发及国民党军的溃败

（一）国民党军战略进攻与解放军战略防御阶段

一、国民党军对中原解放区的进攻

1. 国民党武汉行营关于围攻湖北汈汊湖地区中原解放军战斗详报

（1946年7月）

武汉行营自六月廿六日至七月二日进剿汈汊湖战斗要报

甲、进剿前匪我态势概要（参阅附图第一〔图略〕）

一、匪军

盘踞汉川以西汈汊湖及其西北地区之匪，原为新五团、新六团（新编番号、主官姓名不详）及匪天、汉、沔各县府地方武力等，共约二千余，分布于乾驿、马家咀、华严湖、杨叶背、丁家集、芦家台、蓝家集、渔新河一带地区。

五月上旬以来，该区匪军续有增加，原驻大洪山之匪、京钟随县自卫武力张光浩、彭刚等部八百余，于五月五日窜至皂市东南之垌冢集、李家垸一带。另匪十一团一部四百余，由应城方向窜至蒋家场附近。又天汉指挥部许树庭及应北大队李岩性、京钟随总队、京北总队等匪部，主力约二千余，由天门东北窜至田二河、虾子汤寺地区。

以上各部，综计兵力约五千余人，统归匪江汉军区司令罗厚福指挥，凭借刁汊湖复杂地形，构筑要点工事，封锁水陆交通，控制船只，积极备战，企图于路西建立所谓"湖山"据点（按即并合刁汊湖、大洪山据点之称），并于据点内重征税款丁粮，残杀地方政府干部，冀图彻底赤化。

二、我军

本行营进剿前路西之部署，系以整七五师之第六旅任应山、安陆、应城一带及其以北地区要点要线之守备；十六旅任钟祥、京山、皂市、天门附近及其以西地区要点要线之守备，并各监视当面匪军、警备交通及实施整编与训练；整十一师十一旅卅一团驻防峰口、仙桃附近（卅二团驻防鄂城）；十八旅五二团防守襄河北岸各要点，五三团负孝感、汉口间铁道守备任务。

乙、进剿间匪我兵力番号及指挥官之姓名（如附表第一）

丙、作战指导概要（参阅附图第二〔图略〕）

本行营鉴于路西匪军日趋活跃，为防止其建立据点以利尔后对李先念主力之作战，决心先行将其击灭。于六月十二日策定攻击部署如次：

一、整11D以一个团控制于孝感，以一个团附舟艇部队，由长江埠汉川间西上，以一个团由仙桃北上。同时，75D以一部由应城、皂市南下，一部由天门、岳口东指，协力整11D肃清汉宜路以南皂市、天门、岳口以东地区之匪。地区指挥官由整18B覃旅长担任之。限巳敬开始攻击，巳卅完成任务。尔后整11D之两个团即巩固该地区，并为行营总预备队，策应整75D之作战。

二、整75D先以16B之主力肃清汉水以北、岳口、天门、皂市以西、京钟路以南地区之匪，限巳敬开始攻击，巳卅完成任务。尔后以一部巩固该地区，主力参与师主力之作战。以上两地区之作战，由整75D柳师长指挥之。

三、整3D以一部确保随县、万家店、高城、天河口之线，对东警戒，以主力速向大洪山以东地区进攻。同时，整75D以一部分向古城畈、大洪山方向进攻，协力整3D肃清大洪山以东地区之匪，限巳敬开始攻击，巳卅完成任务。尔后整3D应巩固该地区，并策应整75D之作战。

四、整75D在实施前三项任务时，应同时对双合店、桑树店、石板河之匪江汉军区与安云以东及安应（山）间各地区之匪，应各特予严密监视。俟前项任务完成时，即应形成完全包围江汉军区之态势，候令开始攻击。

同时召集各旅长以上于行营，予以详密之指示。迨六月廿二日，各部正积极准备中，适奉主席蒋午巧防战作三电，饬刘主任统一指挥五、六两绥署之部队，围歼李先念部。本行营当遵令各部即受刘主任指挥，准备对路东之作战。因此，对路西攻击遂不得不大部停止。但为顾虑囗汉湖匪军在全般态势上之影响，如任其盘踞活动，尔后进剿困难，决令七五师、十一师各以一部在不影响刘主任作战之原则下，仍照预定计划实施攻击，并改期限，六月廿六日开始，七月二日完成任务。

当时七五、十一两师之部署如次：

〈1〉整十一师部署

A、右侧支队（十八旅五三团一营）限囘日以一部进占麻湖渡要点，并指挥十三大队之一中队固守刘家隔，主力限宥日进出官渡、西湖岗、中堤口之线，搜索散匪，并防止北窜。

B、右支队（十八旅五二团（欠一营）附保安十三大队）限有日集结分水咀、鲜鱼沟，宥日以主力攻占横堤，一部攻占斗埠头，尔后分向窑场、吕家港之线进出），迫匪于杨叶背、湖汊间而歼灭之。

C、左支部（十一旅卅一团（欠一营）附保安第一大队及沔警一中队）限有日于张池口、玉皇阁附近集结完毕，宥日攻占田二河、乾驲、马家咀各要点，尔后续进占蒋家场，即在该地构筑工事，防匪回窜。

D、两支队战斗地境为脉旺咀、玉皇阁、汪家堤、天成垸、钟家大台之线，线上均属左。

E、工兵营舟艇队（以兵力一排、汽划十只组成之）限回日开泊麻湖渡，宥日起开始巡弋汈汊湖，并封锁船舶，防匪由湖区逃窜。感日，即配属五二团指挥。

（2）整七五师部署

A、第六旅十六团主力及十七团之一部，附安陆、云梦地方团队，任对双合店、桑树店、杨家河、石板河及安应（山）间匪之监视，并阻止南下增援汈汊湖方面匪军之作战。匪如进袭，应即断然堵击而牵制之。

B、第十六旅（附天门、京山、钟祥、潜江地方团队）应以步兵一营由天门经魏家坊子，于宥日前到达刘家集附近，肃清该地区之匪，以协力整十八旅之作战。但须先派一部分由天门、岳口构筑垌冢、胡家场、横林口等地区工事，堵匪西窜，并指挥钟祥地方团队控制襄河船只，防匪渡河西窜。主力即肃清汉水以北、岳口、天门、皂市以西、京钟路以南地区之匪，并须于汉宜路南北地区觅匪主力所在，穷追猛击而消灭之。

C、炮兵营以一部位置于袁家集、龙王集、盛家滩各要点附近，支援汈汊湖方面步兵之战斗。

D、工兵营主力（附野炮一门）集结袁家集附近，协同炮兵营向杨家河方面警戒，并指挥应城自卫队，任长江埠、郎君桥、应城（不含）间碉楼守备及交通之维护。宥日以一部进驻牛堤口以北地区，协力整十八旅之作战。

E、师直辖预备队（第六旅十七团第三营，附野炮二门，汽车三辆）除以一连有日推进龙王集，任对石板河之匪监视，并封锁应城、皂市（均不含）间之交通，防匪北窜。

主力有日集结盛家滩,向杨家河及其以北地区之匪任监围,机动策应各方面之战斗。

F、在进剿期间,各部队应不分畛域与地境之限制,密切连系,确取合作,藉收协同歼匪之效。

G、以上各部队,统限巳有前部署完毕,宥日开始攻击,午冬达成任务。

丁、进剿经过(参阅附图第三〔图略〕)

一、整七五师

1. 第六旅十六团主力及十七团之一部(附安陆、云梦地方团队)控置安陆附近,各机动部队任对安陆西北双合店、桑树店一带匪之监围。在此时期,该方面战况无变化。

2. 第十六旅四七团第一营廿六日攻占胡家场、刘家集,四六团加强连同日攻占汈汊湖以北之垌冢,四六、四七两团主力廿六日分向汉宜路南北之线及京钟路以南地区分别进剿。匪多化整为零,并将枪支隐藏民间,仅于京山西北之蓝家集及渔新河(天门西)各附近,与匪各四百余遭遇,激战二小时,计毙伤匪共二百余,残余分向罗家桥、观音湖方向溃散。

3. 七五师直属部队。工兵营除主力仍集结长江埠、袁家集,维护长江埠、应城间交通通信外,一部向西湖岗、牛堤口进剿。廿六日于胡家湾与匪四百余遭遇,激战三小时,计毙伤匪五十余员名,余均绕应城西北方向逃逸。师预备队十七团第三营(欠一部)于七月二日向杨家河(应城东北卅华里)附近地区进剿,与匪三百余激战四小时,当毙伤匪卅余名,匪不支向西北方向窜去。未刻进占杨家河,旋即协同地方团队构筑碉防。

二、整十一师

1. 十一旅卅一团（欠一营）廿六日攻占田二河、乾驲、马家咀，廿七日续进占蒋家场后，即在该地区构筑碉堡，防匪回窜。
2. 十八旅五二团（欠一营）廿六日攻占横堤、斗埠头，廿七日进占虾子沟、窑场、吕家巷，廿八日围攻杨叶背之匪，被我击溃一部，余均仓皇由丁家集登陆，向应城方面窜去。该团第一营一部廿四日占领麻湖渡要点，并指挥保十三队之一中队固守刘家隔，主力廿六日进占官渡、西湖岗、牛堤口之线，即在各该要点构筑工事，防匪北窜。配属该团之舟艇队廿四日开泊麻湖渡，廿六日即进入汈汊湖巡弋，搜剿湖中之匪，并控制湖区船只及汉水以北之交通，及协助民众在湖区附近及要点，筑成碉堡卅余座。

戊、进剿停止后匪我态势概要

各部六月廿六日开始进剿，七月二日停止攻势，除匪大部被击溃向应城西北方向逃窜外，仅少数残余隐匿湖汊间。整七五师旋为协力追剿越路西窜之匪，已全部西调。对该湖区内之散匪，当由整十一师一部协力地方团队清剿，并督导各级行政机构进行左记之工作：

一、构筑碉堡，增强地方自卫力量。

二、搜剿潜匪，藉以彻底澄清匪源。

三、恢复行政机构，重编保甲及增设哨所。

四、安抚流亡，救济失业，整理农村经济。

五、登记民枪、民船。

六、收容自新匪军，并揭发奸宄，整肃社会秩序。

己、战果

是役收复陷区六十余平方公里，村镇卅余处，计毙伤匪官兵三三八员名，俘匪官兵八二员名，投诚匪七一人，卤获轻机枪四挺，步手枪一六三支，地雷三个（其他弹药、装具、器件、文件多种，尚清查中）。

我军方面，伤亡见附表第二，械弹、器材损耗正清查中。

庚、进剿所见

一、匪军方面

1. 进剿时，匪军武力虽为我驱逐，而其党政工作组织，并不因此停止活动。我方政工人员，此后应深入民间，彻底调查，务期解散其组织，使其无法再行活动。
2. 封锁警戒严密，民众掌握确实，此固我方所不及。考其主因，其所以警戒严密者，第一熟悉地形，第二以民众任前哨；而能确实掌握民众者，并非人民确为掌握，乃以强暴手段，被迫而屈服也。
3. 多着便衣，避免决战，化整为零，分股逃窜，将武器埋藏民间，或沉于湖中，我军通过时，复又聚零为整，亦有隐匿民间待机复活者。匪如化整为零，我应分队追击，不使有喘息之机会，当无聚零为整之可能。部队通过某一地区后，应以一部清扫战场，则隐匿之匪，当无法复活也。

二、我军方面

1. 应、皂间地区封锁不严密，致杨叶背、胡家湾、垌冢等地区之匪各一部，均向应城西北方向逃窜，该方面四六团及十七团各部未能堵击歼灭，殊为遗憾。
2. 石板河、蓝家集、渔新河各方面匪军，仅稍加抵抗后，即向西北方向逃窜。我四六、四七两团主力，因急待转移兵力，参与路东作战，未能求其穷追，予以歼灭。
3. 双合店、桑树店等地区之匪，因为我第六旅严密监围，始终未予南窜增援之机会，进剿中得以不受影响。
4. 对匪实行全般封锁时，使用兵力甚大，而有处处薄弱之嫌，且又不能收制匪突破之效。在部署上，似以节约监视封锁兵力,尽量于要点上控置部队,依情况适时机动为宜。
5. 小股匪应以地方团队剿办之,大股匪经国军进剿奏效后,宜用团队肃清残匪,藉使国军易于他调,策应他方面之作战。
6. 通讯机构欠灵活,战况情报,不能适时收集,影响处置。
7. 对投诚匪军之收容管理与训练,缺乏计划与准备,影响部队行动及使匪军昧于自新之门。

附表第一之(1)

武汉行营辖区内刁汊湖附近匪军兵力番号主官姓名表 卅五年七月参一科调制

	番 号	主官姓名	兵 力	位 置	备 考
江汉军	洪山总队	不详	五〇〇	田二河、横堤一带	
	天汉指挥部	钟吉农	二〇〇	田二河、横堤一带	
	应北大队	李砦性	三〇〇	田二河、横堤一带	
	京钟随总队	不详	五〇〇	田二河、横堤一带	
	京北总队	不详	五〇〇	田二河、横堤一带	
	京钟随县政府	彭刚	四〇〇	垌冢李家垸一带	
	京钟县政府	张光浩	四〇〇	垌冢李家垸一带	
	新十一团	不详	四〇〇	蒋家场附近	新编番号
	新五团	不详	四〇〇	乾驲附近	
	天汉县政府	程墩秀	二〇〇	芦家苔	
	新六团	不详	四〇〇	杨叶背附近	新编番号
	天门总队	不详	四〇〇	蓝家集附近	新编番号
	天京潜总队	不详	四〇〇	渔新河、观音湖附近	新编番号
	合 计		五〇〇〇		
附记	一、表列匪军各部系进剿前之位置。二、双合店、桑树店、杨家河、石板河等地区被监围之匪军,人数均未列入。				

附表第一之（2）

武汉行营进剿汈汉湖我军团以上兵力番号主官姓名表						卅五年七月参一科调制
番号		主官姓名	位置	兵力	合计官兵	备考
整十一师	师司令部	胡琏	咸宁	该师直属部队未参战	一万八千三百九十五人	该师参战各部系归18B覃旅长指挥
	18B 旅司令部	覃道善	汉川	248		该旅长归75D柳师长指挥
	18B 52R（欠一营）	夏建勋	分水咀附近	2193		该团附保十三大队及工兵营舟艇队（汽划十只组成之）
	18B 53R（欠两营）	尹俊	石家桥附近	1508		
	11B 31R（欠一营）	黄健三	脉旺咀附近	2193		该团附保一大队及沔警一中队
整七十五师	师司令部	柳际明	应城	245		
	6B 旅司令部	林曦祥	安陆及其西南地区	248		该旅附安陆、云梦地方团队
	6B 16R（全部）	罗扬鞭		2878		
	6B 17R（全部）	张克成		2878		
	16B 旅司令部	黄一华	天门	248		该旅附天、京、钟、潜地方团队
	16B 46R（全部）	曹顾三	皂市	2878		
	16B 47R（全部）	胡樟茂	天门附近	2878		
附记	一、表列各部队系进剿开始时之部队位置。 二、各师在他处担任防务之建制部队均未列入。 三、地方团队及舟艇人数未列入。 四、各团兵力总数含团直属部队人数。					

〔国民政府国防部史政局及战史会档案〕

2. 国民党第六绥靖区周岩部在豫鄂边区进攻中原解放军经过概要

(1946年8月)

第六绥靖区对豫鄂边区奸匪清剿经过概要

（子）清剿前状况

自东北停战命令发布以来，奸匪叛行日趋显著，迄六月廿日止，匪我态势如附图一。

六月下旬，奉主任刘巳哿未计一名代电指示，本区清剿部署要旨如左（如附图二）。

（一）七十二师（欠新十五旅）占领双门阑（不含）经西河至经扶之线，右与五绥区一七四旅确保连系，并与四十七师相呼应，重点指向泼皮河，围歼第二区之匪。

新十五旅占领杨家湾经石门、七里坪、河口至刘家集之线，重点指向禹王城，与六十六师连系，围歼第三区之匪。另以一部于大小金山，对柿子树店之匪监视，与十八旅派出由黄陂向木兰山方向进出之部队相连系，夹系〔击〕木兰附近之匪而歼灭之。

（二）六十六师主力占领夏店经郭店至大新店之线，重点指向宣化店，与十五师、四十一师会师后，并连系新十五旅，围歼第三区之匪。一部仍在原阵地线担任监视路西之匪，并花园至信阳间交通之维护。

（三）十五师占领大新店（不含）经新店至三里城之线，进剿重点由大新店以北指向宣化店，并与四一师、六六师在宣化店会师，围剿第一区之匪。

（四）第五、六两绥区之作战地境，为粟树坡、三里店、马蹄店、张堆、宣化店、尖天屋、刘家湾、双门阑、石马畈之线，线上属六绥区。

（五）七十五师应抽调一部控置于广水，请武汉行营饬驻浠水之一六九旅推进至麻城以北，统归第六绥区周司令官指挥，作机动使用，应与第一线部队确保连络，随时准备截击逃窜之匪。至十五师之主力，仍在原阵地担任路西奸匪之监视。

（六）攻击开始时间，另令饬遵。

本绥区遵照上项命令，以三字第一号命令转饬实施，并令七五师待路西任务完成后，即以一个团集结于广水附近，归本部直辖，机动使用，主力仍任该地区散匪之肃清。各部队作战地境：

一七四师

　　　石马畈—双门阑—沙窝—刘家集—泼皮圩—晏家河

七二师　—陈家河—宣化店之线，线上属七二师

七二师

　　　乾家凹—四姑墩—禹王城（不含）—黄坡站—宣化店之

七六师　线，线上属六六师

十五师—徐家店—大新店—东新店—田家楼—宣化店南端之线，线上属六十六师

七五师

　　　西陵岗埠（不含）—魏家店—同心店—三陂港—平林市

六六师　—易家河—潘家河—贯庄店（不含）之线，线上属七五师

（丑）攻击准备及匪开始西窜之作战（附图三）

六月廿五日，路东之匪第二旅全部潜集沙河南岸，并向宣化店移动，第一纵队司令王树声率匪第三旅经板桥窜向宣化店，白雀园、沙窝附近之匪第一旅经虎湾向宣化店窜去。下午四时，复得悉第一纵队由宣化店续向西移，第二纵队在信阳东南之涩港店东南集结。当饬护路部队加强守备，准备予匪以迎头痛击。并以七五师协同十一师之一部会剿路西汈汊湖附近之匪。

二十六日，七五师在路西平坝、麻河渡、吴家堰各地区进剿，

颇有斩获。

二十七日辰刻，奉主任刘巳宥戍计一名电，着七二师主力即跟匪踪西进，务与匪保持接触，不得使其逃去；七五师应以一个旅开广水集结。本区遵照部署如左：

（一）七十五师路西清剿任务暂行停止，六旅以一部留置路西监视当面奸匪主力，限巳卅前到达广水集结待命。

（二）七二师主力即跟匪踪西进，以一个团兵力控置河口镇附近，保持机动。

（三）十五师、六六师在夏店、阳平口、大新店、三里城、九里关、东双河之线，对匪加紧包围封锁，主力分置铁路线及铁路以东各要点，堵匪西窜。

迄午刻，七十二师新十三旅卅九团之一营攻占沙窝，并续向白雀园、余家集方面挺进。卅七团之一部，亦进占泼皮河。同时奉归本区指挥之十五师一三五旅，本晚已到达新店、柳林店间集结。六四旅已到达张家湾、东双河一带集结。师部到达母猪河，明（廿八）日可到信阳。

廿八日，宣化店附近之匪已有三个团窜抵柳林以东地区，第一纵队亦由光山窜宣化店，保七团千余由官田畈、道士冲一带窜至木兰山。午刻，匪四十一团由郭家河窜向檀树岗。又匪五、六百由莲塘坳、陡沙河间窜至箭长坳（中途店址）。

二十九日，由光山窜宣化店之匪第一纵队，复窜马家集，宣化店已无匪踪。申刻，匪约五千由九里关窜李家砦之和尚山及柳林之新集，利用夜晚，向我一三五旅土门、仙人岩一带部队猛扑。同时路西之匪，亦向我袭扰。因前后夹攻，柳林北之贺家店，遂被突破。另匪一部，自午后九时，分由九里关、杜家畈，向我柳林车站猛攻，经我一八五旅五五三团之一营竭力抵抗。迄午夜，战斗异常激烈，匪攻车站不逞，除仍以一部与我对峙外，主力遂绕攻车站以南之何家店。

十五师六四旅向杜家畈挺进,先头部队行经黄家土门附近,与匪四百余遭遇,激战二小时,匪由杜家畈东窜。入夜,匪增至千余,续向我进犯,激战至卅寅,卒被我击退。

同日未刻,七二师方面,匪二千余由陡家河、郭家河间向中途店逃窜。易家田铺、张家铺之匪千余,向福田河以东之双庙关、玉皇阁窜去。午刻,由木兰山向塔耳岗回窜之匪千余,经我卅四旅一〇一团之一营协同一一八旅之三三团围剿后,匪不支,经八里牌南窜。

奉主任刘巳俭酉计一名电指示,调整部署如左:

(一)七二师之新十三旅,应即围歼蒋家大凹(不含)至槐树店之线,重点指向宣化店以东。该师之新十五旅,应即占领槐树店(不含)经佛德桥、河口镇亘夏杏(不含)之线,重点由河口镇指向禹王城。三四旅应迅开经扶,机动使用。

(二)七五师应即抽调一个旅,星夜开广水集结。

(三)各部队重点指向之部队,均限攻击开始后一日,到达宣化店会师。

(寅)追剿堵击(附图四)

卅晨起,何家店附近之战斗又起,而柳林车站之战斗,迄八时许,匪又以路西之迫炮向我车站射击,适我铁甲车驰援,以炮火制压,战斗渐趋沉寂。先是午前三时,匪利用优势兵力,向我李家寨守备部队牵制。主力约三个团,纷纷越路西窜,激战四、五小时,毙匪二百余,遗尸五十具,俘匪十余名。迄晚,仍与一三五旅在柳林、李家寨之线以东对战中。六四旅仍在东双河以南以东地区堵击。

拱极庵、阳平口、双桥镇以东之匪第二、三旅、十五旅,共五千余,企图西窜,经我一九九旅迎击,激战迄酉,粟林店2124高地,卒为我占领,毙匪百余名。其企图由王家店越路西窜之匪,经我三八团堵击围歼,伤亡惨重,离散者尤多,大部被堵向东回窜。

匪一股约千余，经黄陂、朱埠间，窜新洲、三店附近，并破坏电线十余里。当饬七二师派队跟踪追歼。

匪约四千余，于廿八、廿九两日，由易家田铺、中途店东窜玉皇阁、五里店，被我三四旅及新十三旅围攻。迄本日，尚在黄土岗及福田河以北激战。

匪二千余，由何家新集向东南至岐亭一带，与我三四旅于本拂晓开始战斗。迄午，卒为我击溃，匪分窜三店、潘塘各附近。

郭家河窜围树岗以东匪四一团及由莲塘坳、陡沙河间窜箭长坳之匪，约五、六百，均蛰伏未动。又匪二千余，未刻由陡沙河、郭家河间向中途店逃窜。

匪第五、六两团共二千余，昨窜长岭岗，本晨于余家山、郭家河被我击溃，主力分窜三店市、潘塘各附近，余仍蛰伏八里湾以南地区。

我新十五旅四五团对窜蔡店、梅店之匪激战后，匪续向东南逃窜。

是午，奉主任刘巳艳计一名（二）电，为指挥便利起见，十五师即改归第五绥靖区孙司令指挥。

七月一日，六六师主力续于拱极庵、粟林店、双桥镇之线与匪战斗中。匪第一纵队二、三、十五旅各部，利用夜暗，由小河溪乘隙，于本晨经由魏家店、王家店间地区越路向西逃窜，经我三八团并附先后由广水南下之三七团及第六旅之各一营，猛予堵击，激战迄午，毙伤匪近千，遗尸三百余具，俘匪八十余，马二十余，步机枪九十余。除一部三千余窜向赵家棚外，主力约五、六千，回窜花园东北之张王庙、旗杆湾一带。三八团分别续行追歼堵击，一九九旅在小河溪南北之线以东地区与匪接战。其五九六团向滚子河（拱极庵西南）以西地区，协同三八团向南攻击中。同时并电七十二师以一个旅主力，进出宣化店、新府集、拱极庵之线,协同六六师尾追西窜之匪。

双庙关、玉皇阁地区之匪张体学部约四千余,经我新十三旅三九团与三四旅围剿后,一部二千余,窜至马家畈(福田河北),一部约七、八百,窜三河口东南,一部窜黄毛毛尖各附近。另由大悟山窜六架山(蔡店西北)匪七百余,及由塔耳岗向东南窜之匪千七百余,经我三四旅之一〇一团及十八旅痛击后,分股经新洲以北地区向罗田、浠水方面逃窜。

绥区为先肃清花园、武胜关东西两侧地区散匪,尔后向大洪山进出追歼残匪计,后调整部署如次:

(一)六六师以一部担任孝感、信阳间铁道守备,另以一部肃清武胜关、大庙畈、岩子河、马坪、应山间地区残匪,主力协同七二师围歼青山口、小河溪、二郎店、三里、姚家畈、毛家集、拱极庵间残匪。

(二)七五师以六旅围歼盘踞赵家棚之匪,以十六旅之一部协同十八旅肃清应城、天门、仙桃、汉川间之匪,并以一部监视大洪山、古城畈、桑树店一带之匪,主力肃清天门、岳口、渔薪河、京山、皂市间奸匪。

(三)七二师以一个旅肃清新洲、宋埠、向皮、麻城、双庙关、两路口间奸匪,主力协同六十六师围歼河口镇、梅店、拱极庵、毛家集、姚家畈、宣化店、泼皮河、槐树店间之匪。该师指挥所于午微前推进至河口镇。

(四)清剿间各部政工人员随队前进,任恢复地方组织、清乡等工作。

为防匪再越路西窜,除派十三旅之三八团及三七团之一营任铁路守备外,并由五九六团抽调一部经邓店、十八里湾,与三八团、三七团之一营夹击,期歼该匪于王家店、魏家店以东地区。五九六团则进出刘家燕窝、万顽山、油坊岭之线,与拱极庵之一营夹击滚子河西南之匪。

二日，王家店、魏家店以东被阻之匪，大部已于昨晚化整为零，向东潜窜。迄午刻，五九六团一、二营分别在旗杆湾、南新店，五九五团在樊家畈（阳平口南），与小河溪匪百余激战。同时一八五旅之五五三团（欠一营）由双桥镇、二郎店向汪洋店搜剿，匪均不支溃退，我各部均有斩获。

（卯）清剿追击（附图五）

三日午刻，西窜赵家棚之匪会合原盘踞该地者，共约四千余人，经我六旅十六团由王家店，十七团由安陆经会家岩猛烈夹击，匪向寿山、乌兔山间地区逃窜，有经平林市渡河向洛阳店西窜模样。我六旅及十三旅之一部跟踪西追，酉刻到达大邦店，接官厅、伏水港之线。绥区为防匪西渡襄河逃窜，部署如左：

（一）七五师着十六旅一个团主力，速车运宜城，扼要守备转斗湾、欧家庙（不含）间沿襄河要点，控制船只，堵匪西渡，钟祥以一个加强连固守之。六旅应速追歼西窜奸匪，尔后经洛阳店向六房咀、大洪山、茅茨畈之线进出，觅歼残匪。

（二）六六师以十三旅罗旅长率两个团经大邦店，追歼西窜残匪，尔后经马坪、员庄店、均川店，向吴家店、茅茨畈之线进出，觅歼残匪。

四日晨，寿山附近之匪续经大邦店西北地区，向北逃窜。我六旅之一个团主力到达平林市、大邦店之线。为不分畛域，追歼西窜之匪，当令第六旅归宋师长指挥。

五日，得悉李先念部主力，自上月二九夜经柳林附近西窜，本日已窜抵淅川。江汉军区司令罗厚福率四个团约二千余，其先头本日西渡襄河，陷宜城后窜雷家河（宜城西南十公里）、孔家湾（雷家河南十公里）一带，并有续窜保康模样。洛阳店及大洪山方面，亦有匪向西移动。卯刻奉主任刘午支巳计一名驻电节开：六绥区主力，限午文前剿灭逃往赵家棚、洛阳店、大洪山之王树声部及原盘踞该方面之贺炳炎部，限午号前肃清路东残匪。绥区遵即部署如下：

（一）七二师以一个旅协同五八师肃清立煌、麻城、经扶间地区及新洲、三店间散匪，主力仍肃清河口、梅店、拱极庵、毛家集、姚家畈、宣化店、泼皮河、槐树店间之匪。

（二）六六师应以一部肃清平汉路东小河溪、二郎店、三里城、姚家畈、□□□□、拱极庵残匪，另以有力一部任信阳（含）、孝感（不含）间铁路警备及通信维护外，主力应向吴家店、茅茨畈之线进出，追歼西窜之匪，并肃清该师地境内残匪。

（三）七五师

1. 六旅连系六六师向大洪山、六房咀之线，追歼西窜之匪，并肃清洛阳店、大洪山以南地区残匪。

2. 十六旅除一个团主力任欧家庙（不含）、宜城、斗湾间沿襄河扼要守备，堵匪西渡外，主力清剿宋河、大洪山以南襄河以东潜江、岳口、皂市间地区残匪。

3. 十八旅任汉川、仙桃、天门、桑树店、宋河间地区匪之肃清。

六日，匪第一旅之二、三两团约千余由沙窝，独二旅（欠第五团）由郭家河，及第五团、保七团共千五百余，均窜抵罗田东之大河岸附近。

十六旅之四六团主力向宜城超越追击，堵匪渡襄河西窜，本晨已到达钟祥。

六六师主力已进出于吴家店、茅茨畈之线，当命六旅进出太洪山、六房咀之线，迅歼西窜之匪。

连日大雨，襄河水涨流急，京钟路已不能通行，襄河车辆不能渡河，各地战况均趋沉寂。

七日，我为歼灭宜城之匪，命四六团克日收复宜城，并令十六旅黄旅长率四七团主力车运荆门，堵匪西窜，尔后协同茅茨畈向襄河进出之第六团〔团字衍〕旅围歼之。卯刻，六旅于平林市渡河后，即经夏家河，沿途肃清残匪。酉刻，占领洛阳店。本晚，进抵柳林店、徐家湾、田家湾间，为歼灭渡河之匪。当命该旅迅经三里岗、大洪山向襄河兼程急进。六六师先头卅七团抵唐县镇。

八日，路东之匪千余，窜英山东之张家榜，并分一股四百余窜抵广济东之双峰尖附近。奉主任刘电，饬一八五旅及十三旅（欠一团）即由襄花公路经枣阳、双沟向吕堰县前进。

九日，十六旅黄旅长率四七团一部进抵钟祥，四六团午刻收复宜城，先头将窜小河之匪击溃后，到达欧家庙，除以最小限兵力任宜城、欧家庙一带之守备堵匪后续西渡外，主力仍跟匪踪，向南漳方向穷追。一八五旅先头本晚抵兴隆集，六六师师部抵应山，十三旅抵马坪，五九五团抵大邦店。

奉主任程电令，罗田附近之匪，由傅师长并指挥一六九旅负责歼灭。绥区遵即部署如下：七二师并指挥一六九旅，限五日内追歼净尽，以三个团仍任经扶、泼皮河、宣化店、汪洋店、塔耳岗、黄安间地区残匪之肃清。

宜城附近渡河之匪，有续向保康逃窜企图，当命十六旅之四六团速经南漳，躡匪穷追。灰戌奉主任刘午灰巳计一驻电开：

（一）着一八五旅迅由襄阳渡河。

（二）六六师宋师长指挥一八五旅及十六旅，向保康方向尾匪穷追。本区当即转饬遵照。

十一日，据报板凳岗东五公里之偏头山、鸭儿坡一带有匪七、八千，流水沟附近亦发现匪□□。绥区当令：

（一）十三旅罗旅长即率五九五团由随县经安居、环潭，向双河西北地区急进，协同六旅速围歼板凳岗、流水沟各附近之匪。

（二）十六旅黄旅长仍率主力经武安堰，向南漳追击，以一个营由四七团胡团长指挥（附工兵二十四团两个连），任宜城、转斗湾间沿襄河守备，堵匪西渡。

匪第二旅约三千余，续西渡汉河脑附近，我四七团之一营向之攻击，激战自未迄酉，毙匪千余。该营卒因众寡悬殊，渐陷重围，当饬四七团荆门之营，星夜车运增援，并饬向南漳西追之四六团主力折回反击。并以三七团南向武安堰、南漳以南地区堵歼西窜之匪。

东岸流水沟、板凳岗中间地区之匪，逐次西移，当令六旅向流水沟尾匪急追，围歼该匪于襄河东岸。

铁路以东匪独二旅二千余，本晚窜踞木子店（麻城东卅公里），我三四旅向之攻击，激战数小时，匪不支，向陈家榜窜去。是役，我获步枪百余支。

十二日午，奉主任程午真电开：

（一）一六九旅兼程进出英山、罗田，肃清该地区之匪，连系五八师堵匪南窜。

（二）傅师长派三四旅一个营挺进滕家堡，肃清该地区之匪，并连系一六九旅、五八师堵击匪军。

（三）饬十八旅以一个团克日开应城附近，接替七五师所有遗防。

板凳岗、流水沟间之匪，续渡河西窜，经我六旅、十六旅东西夹击及空军轰炸，毙伤二千余。其后续四千余，□经我六旅进迫，未及渡河，向北逃窜。河东之匪，于流水沟以东，遗尸百卅余具，淹毙襄河者尤众。西岸之匪，一部三、四千，于本晚乘隙脱逃西窜。当令：

（一）一八五旅仍沿原路，向窜保康之匪，急迫尽歼。

（二）三七团经武安堰向南漳觅匪追歼。

（三）六旅尾北窜匪踪追击，并饬十三旅罗旅长率五九五团速向田家集西北襄河东岸挺进堵歼。

（四）十六旅仍任汉河脑、雷家河各附近匪之围剿，尔后向西追击。

六六师指挥所于本晚进抵襄阳。

三四旅本晨与滕家堡之匪发生激战，迄申刻，攻占滕家堡，匪被击溃，后向僧塔寺、八迪河窜去。该旅续蹑尾追击，获步枪百余支。

十三日未刻，我三七团占领武安堰后，转向刘侯集、报信坡急进，协同十六旅堵歼向西溃窜之匪。

十四日，十六旅继续肃清孔家湾、雷家河残匪后，续分两纵队向西追歼。一八五旅本晨收复南漳后，续向保康急进。窜逃南漳残匪，被我击溃后，一股向保康，一股经马良坪向房县逃窜。当令十六旅经报信坡、马良坪、歇马河向房县急追。

襄河东岸之匪，经我击破后，一部弃械散伏于流水沟、垭口间地区，一部向北逃窜。我五九五团申刻到达李家坝（随县西百四十里），与该匪激战，当令六旅急进围歼。

十五日，襄河东岸被我击溃之匪一部千余，经鸟金店、随阳店，东至唐王店，北经吴家店，续向东北逃窜。申刻，我六旅进抵龚家脑，十六团到达新街、檀树岗一带，十七团抵南营里附近，当令该旅以一团搜剿襄河西岸残匪，封锁渡口，重点置大洪山，主力向北追歼溃匪。五九五团是晚抵李家楼。

由孔家湾、快活铺西窜之匪，经我十六旅穷追后，已溃不成军，沿途遗弃伤病甚多。四七团本日追至刘侯集以西，遇匪二百余激战，伤亡其半，余向报信坡以北逃窜。该团当晚追抵上下榨屋。四六团经雷家河向武安堰跟踪追击。该旅旅部迄晚进抵刘侯集。六六师之三七团未刻抵报信坡，亥刻进至响水洞、毛坪之线，向西窜匪追击。一八五旅一部向保康，主力向石花街以南堵歼北窜之匪。该师各部连日与匪战斗，均有斩获。

十六日，昨窜唐王店之匪，本日未刻窜抵钱家岗（枣阳东北八十里）。十三旅罗旅长率五九五团戌刻追抵枣阳，预定明（十七）日经草店至太平镇以北地区，截击该匪，当饬六旅连系夹击。

七二师方面，卅四旅先后在长塘坳、金家铺各附近地区，与匪千余战斗三、四小时，匪不支，向东南溃窜。新十三旅在罗田附近搜剿时，与华桂山之匪四、五百接触，迄黄昏时，尚在战斗中。新十五旅在羊子山（禹王城西南八里）附近，潜伏散匪数十，战半小时，颇有俘获。

十七日未刻，层奉主席蒋午寒电开：对南漳、罗田之匪，穷追猛击，勿使脱逃，同时对桐柏、大洪及平汉路东西各战区加紧清乡，组训民众，以地方武力协助国军，分区扫荡残匪，务于最短期内彻底肃清。本区当拟具清剿安抚工作八项，分饬各师、各专署实施。

窜钱家岗之匪，本日续经板仓北窜桐庄、张庄一带，我五九五团续穷追中。五五四团本日收复保康。匪江汉军区一个团及警卫营，自删开始，由保康西窜。其残留掩护队与五五四团接触后，即向西逃窜，该团续追击中。五五三团向老鸦山之匪七、八百歼灭后，进出石花街。

十九日，奉主任程午巧酉参一年电节开：

（一）七二师应即以三四旅并指挥新十三旅主力，由罗田南下，限七月底肃清。宿松、太湖、罗田、套山边区股匪及广济、浠水、黄梅、黄冈间散匪，并相机堵击皖境匪军之回窜。以新十五旅并指挥新十三旅之一部，七月底肃清罗山、礼山、黄安、宣化店、经扶、两路口、麻城间残匪。

（二）一〇二旅之一团即回驻黄梅附近，协力三十四旅之作战，候令归制。

（三）十一师即以一个团负责搜剿黄安西南、宋埠以西郝口、长轩岭、大小悟山、小河溪间残匪，归彭总司令直接指挥。

（四）该方面作战以后，由本行辕直接指挥。

绥区当转饬遵照。

据报大洪山、平坝一带，窜集奸匪约二千。当令六旅除以一个营归十六旅陈副旅长指挥，守备襄河西岸渡口及肃清附近散匪外，其余全部兵力，应以营（加强连）为单位，分成多数搜剿队，分进合击，克日经田家集、茅茨畈、安居，向大洪山、平坝一带地区搜剿。

（辰）追剿（附图六其一、二）

十九日午刻，奉主任程午巧申参一年电节开：本行辕为迅速捕歼由保康西窜之匪，防其窜入大巴山计，特先对路西部署如次：

（一）宋师长瑞珂指挥一八五旅、十六旅及十三旅卅七团、第六旅十七团，即以主力肃清保康及其附近之匪，向房县以西索匪攻击，一部向马良坪、歇马河迅速肃清沿途之匪，向砚盘市西蒿坪之线索匪攻击。

（二）重庆行营之第十师一个团于到达兴山后，应即取捷径向黄保山、上凫市之线，主力达巴东、巫山间后，即取捷径向白河市、口坝市前进，索匪攻击。

（三）一战区预定开平利、竹溪之一个加强团，应即向竹山以东索匪攻击。

（四）二二四团即以主力推进当阳、荆门、宜昌，扼要守备，堵匪南窜，一部仍服行原任务。

（五）以上各部，均归周司令长官指挥，并即推进宜城指挥，尔后依状况向南漳续进。

（六）路西（平汉路以西，襄河以东）残匪之清剿及铁道警备部队，着归柳师长负责指挥，适宜部署报核。

（七）周司令官、柳师长，自即日起，归本行营直接指挥。与胡长官作战地境为谷城、石花街、东两河口、大木厂市、极阳关、得胜铺、铜钱关之线，线上属胡长官。

绥区当转饬遵照，并令十七团除以一个营归本部指挥外，主力仍归第六旅建制，任襄河东岸之清剿。并电复，请将十师先头团改于巴东上岸，经西滚口、白河口向中坝市，主力改于奉节上岸，经巫溪、镇平向竹山、白河口以东地区，索匪攻击。本部为指挥连络灵便，指挥所先推进襄阳，尔后依情况向石花街推进。

二十日，五五四团到达青峰镇后，续向陡口前进。五五三团昨晚到达天池口、蒋家店。马团本日在陡口市及其以西地区战斗，迄晚仍在马栏铺附近激战中。卜家庙以北之匪，被我三七团击溃后，向老鸭山方向逃窜，与该处原有匪合股后，共约二千人，由盛家糠（谷城西南）附近，有北渡南河经谷城、石花街中间地区，向三官殿窜扰模样。当令三七团以一个营由南漳经龙门集、茨河市向谷城方向搜剿。并令五五三团由天池口经紫金洞向盛家糠之匪追歼中。

二十二日，本部指挥所于午刻进抵沙洋。重庆行营归本部指挥之第十旅，其先头于二十日已到达兴山，本日午刻，续经九道梁向房县前进，觅匪攻击。

匪罗厚福股，本晚窜占竹山，当令第十旅分由九道梁、镇坪向竹山、竹溪急进堵击。

二十三日，匪二、三两旅及十五旅主力，企图由石花街以南地区向西逃窜，经我五五三团先占尖山、笔架山各要点，猛予堵击，匪伤亡千余，残余三、四千，一股经紫金洞，一股经五堵坡，分别突围西窜。我除令十六旅兼程西进，其到达青峰镇之四六团，限回午前赶到房县，向西窜竹山方向罗厚福股匪追歼外，并令一八五旅之五五四团由房县经黄连树、观音堂向石花街西南之王家店子前进，截歼西窜之匪。

五五四团于本晨将下店（房县西十公里）罗匪残部驱逐后，匪续向西窜。五五三团本日到达石花街附近。四七团到达后坪。十六旅旅部到达歇马河。本部指挥所申刻进抵荆门。

二十四日，本部指挥所到达樊城。王树声股本晚窜至沙河店（石花街西南九十里）。十六旅、一八五旅主力及三七团各部，分由石花街、青峰镇、房县急进围歼中。

二十五日，王树声主力似由石花街经土山、大畈（观音堂、沙河店以北）西窜，一部六、七百，本午窜至青峰镇。我五五四团酉刻追抵东西店（青峰镇北）。当令寻王匪主力攻击。十六旅之四六团除以一个加强营速向竹山前进索匪攻击外，其主力即向青峰镇急进，协同一八五旅围歼由石花街西窜之匪。四七团除以一个连守备保康，主力由桃坪经马桥口、金斗寺坪急进堵击。

二十七日，由石花街西窜之匪，已到达玉提店、柳溪河（青峰镇东南），另一股窜至陡口市。当饬四六团向陡口市，四七团由□坪向骡蹄岭（青峰镇东南）东西夹击，围歼该匪。一八五旅主力酉刻到达乌牛观南之中宴河附近，三七团到达张家操寨（小观音堂南五里），十旅之二八团到达九道梁南之黄柏坪，二九团到达鸡心岭、萧家坡（镇坪东南）之线。当令该旅主力兼程经新街向竹山急进，二九团经镇坪向县河铺，协同二十四旅及十六旅之一部，觅匪追歼。

二十八日寅刻，我一八五旅旅部及五五四团向青峰镇东西地区追击，因山道崎岖，被山洪阻止，黄昏追抵蒿二沟、红庙、宴家坝之线（均青峰北）。五五四团当与各该地之匪千余战斗，主力仓皇向玉提店方向逃窜，我当即控制青峰镇。石花街附近西南窜匪一股二百余，窜梅花山（陡口西），经四六团三营进剿后，匪伤亡颇重，全部回窜陡口。匪架浮桥，企图东渡，被我追至猛击，匪毁桥后溃败。我先头进至陡口东之七里沟。六六师指挥所推进石花街。

二十九日，五五四团肃清青峰镇附近残匪后，已刻进占玉提，四六团击溃梅花山匪后，进占青峰镇。匪主力约三千余，仓皇沿玉提店、玉皇庙、白马尖向西南逃窜。该团尾匪穷追。

三十日，四六团（欠第二营）超越追击，酉刻到达下店（房县西）。该团之第二营于未刻在马栏铺南大红厂附近，堵击西窜之匪，匪大部被封锁于五台山以东地区。该营凭有利地形，炽盛火力，往来冲杀，迄暮匪分股西窜，一股向土笼、木架山（五台山）西南方向逃窜，另一股向上木瓜河（马栏铺南）方向逃窜。是役，毙伤匪官兵六百余，仅大红厂附近匪遗尸在五百具以上，获步枪百余枝。四七团巳刻到达房县后，向南索匪堵剿。十六旅旅部申刻进抵房县。

一八五旅（附三七团）进出房县、竹山，超越追击，截匪西窜。戌刻，三七团到达汤池口，旅部到达马栏铺，五五四进抵陡口。另匪十五旅一股八、九百，经李、黄两旅夹击后，由青峰镇经观音堂、龙王沟向武当山北窜，当以五五三团跟踪追击。

三十一日晨，我四六团除以一部进占西南上达河、杨义河诸要点堵匪西窜外，主力向南索匪截击。其第二营巳刻追抵马栏铺南之木瓜镇，向窜匪追击。四七团本日追抵谭家纸厂（房县南）。

匪罗厚福股二千余，先头本日窜抵镇坪北之牛头店，当令十旅急进围歼。

八月一日，匪王树声股二、三两旅二千余，午刻窜抵庙垭子（竎上北），有续西窜模样。当饬十六旅穷追猛击，向上竎、白河口、九道梁间地区追击。匪十五旅千余，本日续由武当南之吴家河西窜。

二日，奉渝行营主任张未东函参电开：本行营萧参谋长顷接贵行营蒋参谋电话：房县（含）以东之匪，由宋瑞珂担任，以西之匪，请由整十师罗广文担任等语。查罗师之谷旅，原令归贵方指挥，刻已令自即日起仍归罗师长指挥。

三日，由吴家河西窜之匪，其先头本日窜抵房县东北之吊桥，我五五三团续跟踪追击，并饬郑州绥署归本部指挥之十五师一九〇团，由白河南进，协力五五三团围歼西窜之匪。

四日，王树声股匪主力二、三千，窜抵马桥口（房县东南）、杨日湾一带，我十六旅主力追抵大小池口、上竎各附近地区。

一八五旅亥刻收复竹山城，残匪已先西窜。当饬向南进出九道梁，协同十六旅，觅西窜王匪主力而歼灭之。

本区防广兵单，此剿彼窜，残匪未能速予尽歼。为肃清残寇，特指示六六师追剿改进要点如次：

（一）有长追而无堵击，在山地往往跟不及匪，虽数度形成包围，终被突窜。

（二）以竹山为中心，用一团兵力于其南北，择要点三、四处，协同地方武力守备，限制匪东西之流窜，凡三至四十里之范围内，应阻匪窜过。并时刻准备与追击队夹击窜匪。

（三）其余主力，应穷追，并轮流充任之。

五日，匪王树声股先头午刻出没于高桥河，46R 吴营将匪少数部队驱逐后，已进占八卦庙（上龛东南），47R 之向营午刻到达紫竹。

匪十五旅千余，昨晨窜马息山附近，经我 553R 之褚营堵击后，本日北窜骡马沟、吊桥、十二连山、大坪以南地区，我 553R 酉刻追抵吕家河（武当山西南）。

六日，匪十五旅先头已窜抵五谷庙，当饬 190R 于白河、保丰间防堵，并饬 553R 穷追。

匪罗厚福部三千余，由竹山西窜经樊停河，本晚先头抵兵营口，10B 之 28R 经官渡穷追中。王树声股匪仍在杨日湾附近地区盘踞。

七日，匪十五旅窜抵大木厂，我五五三团追抵解家河（房县东北卅二公里）。罗厚福股匪续经樊停河西窜，我 10B 之 28R 本晚追抵樊停河。王树声匪似有向九道梁南北地区西窜模样。除饬十六旅以主力急追外，并饬 195R 主力向九道梁以南地区进出，协同十六旅围歼西窜之匪。是晚，46R 进抵范家桠子，47R 到达上龛，预定明（八）日向盘水河前进。六六师指挥所本日进驻草店南之老君堂。

王匪二、三两旅本日由杨日湾、大中小洛溪、马桥口、黄土坪，分股向南流窜。当饬 47R 之一个营攻占杨日湾后经大中小洛溪尾匪穷追。该团胡团长率第三营及46R之一营，由盘水河经西河口向古木厂及其以西跟踪追歼。46R主力向上龛西南廿公里之举人坪、孔子沟急进围剿。同时饬75D抽一个加强营，由副团长指挥，车运宜昌，经兴山转雾渡河堵击。

八日申刻，我四七团之加强营于两层垭（杨日湾西北）附近与匪第三旅激战，毙匪二百余。

匪十五旅复回窜武当山西南十公里之西沟、黄花观一带。当饬五五三团第三营分由界牌垭、白庙子围剿。

十一日亥刻，匪王树声股由杨日湾南窜，先头兵力不详，窜抵郑家坪（兴山北廿公里），与兴山团队接战，当令十六旅星夜急进围歼。

十二日，窜郑家坪之匪，申刻陷兴山城，我为求歼匪于兴山附近地区，当令十六旅分三路南进收复兴山围歼该匪外，并令一八五旅主力速经九道梁、龚家桥向兴山急进合歼该匪。

匪十五旅自四日以来，经我五五三团追迫后，逃亡甚众，现仅七、八百人，徘徊于武当山附近地区。为求迅灭残寇，免其建立根据地计，令鄂八区地方团队以一部扼守要点，主力协力五五三团围歼该匪。

十三日，我十六旅连日因被山洪阻隔，其四六团本日进抵兴山西北卅公里之木瓜园，四七团到达兴北之干箕坪，乘夜月续经古木厂向兴山急进。五五四团抵杨家湾（竹山西南）。三七团抵新码头，其先头营日已到达白河口。当饬该旅星夜向龚家桥急进，合击兴山附近之匪。

十四日，据报陷兴山之匪，似有窜宜昌企图，当饬七五师前经宜昌转兴山之一营即留置宜昌防守。王树声匪另一股千余，窜兴山北之百城。罗厚福匪一股千余，本日由竹溪回窜官渡南之蒲溪沟附近。另一股千余，拂晓由公祖河（北河口西北）经马鬃岭、洪坪东窜，其先头于戌刻窜抵官坪。除饬五五四团即于官渡、白河口间南北地区堵击外，并电十师请派队向东跟歼。

十五日未刻，我十六旅主力收复兴山城，该匪闻风于巳刻向兴山东北之黄狼坪方向逃窜。当饬该旅以一个团跟踪穷追，以一个团清剿兴山附近及百城之匪。

十六日晨，罗厚福匪一股千余，经白栎树垭（官坪东）向东北窜去。其后续二、三百巳刻在九道梁北之泉水庄附近，与我卅七团先头营发生战斗，匪伤亡廿余。申刻，该团主力进抵官坪，匪十五旅主力向九道河（武当山西南）以北地区逃窜，我五五三团戌刻追抵黄花岗附近。

十七日戌刻，奉主任程未铣巳参一电开：兴山既已克复，对于窜踞兴山东西两侧之匪，应就现态势妥拟部署，分别捕捉匪军于龚家桥市及黄狼坪各附近地区围歼之。兹指示如次：

（一）三七团应即停止于九道梁附近，并以一部向麻线坪移动。

（二）四六团继续经龙家坪向兴山以西索匪攻击。

（三）四七团主力经古木厂、高家院，一部经公平市、曹家湾、水兴山附近之匪攻击之。

（四）各部应于匪之外围控制战略据点后，再行合围，不得以一部单独挺进，致匪又形流窜。

（五）第六旅之一营车运抵宜昌后，应速经雾渡河向兴山推进，雾渡河地方部队应推进到水月寺、学堂坪间扼守，香溪地方部队择要构筑防御工事，又秭归保安部队应推进水曰坝□，一面准备攻击，一面构筑工事。

（六）在未形成包围圈以前，各部不得轻举妄进，予匪逃逸之机。

（七）以上各部队，归宋师长统一指挥之。宋师指挥所应即推进至盘水河市。

绥区基于行营指示，除转遵外，并再指示宋师要旨如次：

（一）黄旅仍照未铣巳知一电部署，追歼黄狼坪、百城各附近匪。

（二）三七团应以一营在九道梁附近堵击搜剿，主力集结龚家桥探明匪三旅行踪围歼之。

（三）五五四团应以一个营配合团队，分守竹山、官渡、新码头、白河口（重点在中央为便）各要点，制匪流窜，主力集结上龛，速探罗、王各股动向，适时歼灭。杨日湾应派加强连守备之。

匪王树声部经我击溃后，分为三股。其第二旅之一股经校场坝绕山路向杨日湾方向逃窜，我于青山、公平市以西俘匪官兵十余名。四六团本日到达板庙。另一股与我四七团于郑家坪接触后，向杨日湾、马桥口方向逃窜。该旅之两团续穷追中。其第三旅灰、真两日经我十六旅先锋营击溃后，窜至冠木河附近。

十八日，由兴山窜教场坝之匪，续向青龙口北窜。四六团本日卯刻由青龙口急进尾追。郑营进抵歇马河。由郑家坪北窜之匪，本晨续经后湾、长防河方向逃窜。四七团于戍刻追抵长防河。其旅部未刻进驻榛子树岭。

罗厚福匪一、二两团主力午刻在石板溪（举人坪东北）附近，经我三七团之两个营夹击后，分股向石板溪东北之熊家坪方向逃窜。

由高桥河西窜举人坪之王匪第八团两个营，申刻经我三七团进击后，向段家坪（举人坪东南）方向逃窜。该团是日两次战斗，共毙匪六十余名。五五四团一个营酉刻到达竹山。

十九日卯刻，奉主任程未巧巳参一电节开：奉主席蒋令着开：行营迅即调抽一个整编师兵力，集结信阳、广水间待命，以备机动使用。兹指示如次：

（一）七五师着即开信阳、广水间地区集结待命，应不待接防部队之到达，即向指定地点集结。至车运宜昌之第十七团，应即原车返应城。其在兴山之第十六旅，应将清剿任务交由一八五旅担任后，即开宜昌待船运汉，再转信、广。限柳师于未有前集结完毕待命。

（二）随县迄宜城以北地区，应由鄂三、五区专员公署共同担任残匪之清剿，所遗随、宜（不含）以南地区，着六六师一九九旅担任残匪之清剿。至孝感、汉口间铁道守备，暂由该旅担任。又该旅旅部着改驻钟祥。

（三）白河、竹山、白河口市、九道梁迄巴东（均含）以西地区剿匪任务，着改由重庆行营部署。至于竹、巴以上，仍由宋师长亲率一八五旅及三七团担任清剿。六六师师部应进驻盘水河市，五五三团应担任保康、房县各地之守备及其以北地区散匪之肃清，并指挥地方部队担任各该县附近地区之清剿。一八五旅（欠一团）指挥三七团担任兴山附近残匪之清剿，并应迅速接替十六旅之清剿任务。

绥区基于行营指示，部署如次：

（一）一八五旅（欠五五三团附三七团及三八团之一营）配备地方团队，除担任十六旅兴山以北王匪主力之清剿任务外，对歇马河、中坝市、上龛、杨日湾、郑家坪、公平市各要点，各以一连上下之兵力，构筑工事，固守之。

（二）五五三团（配合地方团队）任房县、保康（均含）以北间地区之清剿，对石花街、草店、大木厂、青峰镇各要点，各以一连以下兵力，构筑工事，固守之。

（三）一九九旅以一个团之一营，任孝感、汉口间交通通信之维护，主力配合地方团队，任襄河（宜城、沙洋间）以东宜城、随县（不含）以南地区之清剿；另以一个团之一营，任沙洋、长江埠间公路之维护，主力配合地方团队，任宜城、南漳（不含）、远安、当阳、十里铺、沙洋（均含）间地区之清剿。其宜城以南、襄河交通之维护，由该旅直属队担任之。

（四）随县、宜城（含）以北地区之残匪，由鄂三、五两区会合清剿（以各该区界为清剿区）。

（五）沙洋河、溶江口、沙市、浩子口间地区之残匪，由鄂四区团队清剿。

（六）各县城由各县团队之一部构筑工事，固守之。

（七）各县城及要点守备部队，遇匪窜犯，应力予堵击，至今须固守三天以上，使我有增援夹击之余裕。

匪许猛部千余，本日窜犯当阳东北之观音寺，我地方团队二百余，与之激战半日，伤亡二十余，卒因寡不敌众，退守淯溪河。当饬七五师荆门附近之十七团星夜进剿。

二十日，观音寺之匪，续犯淯溪河，当阳、河溶惴惴不安。当令一九九旅车运一营，星夜开当阳进剿，并令将由兴山北开之十六旅先开宜昌两个连，暂任防守，俟该旅主力到达后归制。由歇马河向金斗逃窜之匪第四团，因被我三七团压迫，复折回望佛山（歇马河西北）。

二十一日酉刻，我五五四团追击王匪至桂竹园附近，一八五旅旅部及刘营未刻到达田家山。当刘营进出田家山、洪河间高地时，与匪千余遭遇激战。至二十二日丑刻，匪不支，分股溃窜，一股向东北逃窜，该营续穷追中。是役，毙匪百余名，遗尸三十余具，俘匪七名。

二十二日午后，樊停河数目不详之匪，经毛塔寺向竹山逃窜，我十师之一八八团一部尾追中。三十七团追匪至张家坪（紫竹北），一八五旅部率刘营入暮到达紫竹。匪十五旅本日经仙人峰窜九道河，我五五三团追至六度坪。

七五师及六旅本日出发开花园转广信集结。十六旅分由歇马河、长防河、榛子树岭出发，开往宜昌，待轮运汉。

二十四日，三七团主力于九龙池附近，发现王树声匪第三旅之一部数百人，当向之攻击，激战至酉，匪乘夜暗向西逃窜，计毙匪五、六十名。

二十五日，五五四团仍在杨日湾，三七团到达盘水河附近。

淯溪河、脚东巷附近之匪，午后一部他窜，余仍在淯溪河。

一九九旅已将信阳至孝感间铁道守备，于本日全部交七二师四三团接替完毕。

二十六日，一九九旅旅部及五九六团一部本晨由花园出发，戌刻进抵安陆。其五九六团主力，预定明（二七）晨向家大庙前进。

二十七日，匪许猛部之一股三百余，窜至张家场、郝家场（十里铺西北）。脚东港之匪为江汉支队第二营，人枪三百余，经我击溃后，一股百余窜官挡，另一股窜慈化寺东北荆门之杨家集、四明山。本晚窜到匪六百余。我五九六团之一营，已刻到达官挡、周家桥一带，与匪百余战斗一小时，毙匪十余名。

二十八日，粟溪之匪，窜扰洋坪，淯溪河之匪，已被进驻当阳之钱营击溃，向东北逃窜，当饬一九九旅派队追剿。

经验与教训〔略〕

〔国民政府国防部史政局及战史会档案〕

3. 国民党整编第三师赵锡田部在豫鄂陕边区进攻中原解放军情况报告

（1946年8月）

陆军整编第三师豫鄂陕边区追剿战役战斗详报

自卅五年六月二十日起至八月十二日止

甲、战斗前匪我态势

奸匪中原区司令李先念部第一纵队王树声部三个旅（即第一、二、三旅）约万余人，及第二纵队文建武部三个旅（即第十三、十四、十五旅）（十四旅番号由三五九旅改编）约一万五千余人，并其警卫团及直属部队约三千五百人，综计全兵力约三万余，盘踞于平汉路东皖鄂豫边境一带地区，不遵协定，擅自行动，乘隙袭击国军，破坏交通，企图扩大地盘，夺取政权，造成内乱恐怖态势。迭经执行小组劝解未果，竟自六月十五日起，大举攻击。经我奋勇迎击，匪势不支，狼狈窜扰。李匪先念亲率主力，于六月二十九日由信阳以南越路西窜时，本师奉命率第三旅（欠第八团第一营）集结信阳，正向信阳前进中。于到达平氏时，复奉绥署命令，即开返枣阳，阻匪西窜，并确保襄阳、枣阳，于七月四日到达枣阳，即参加追剿战斗。

乙、天候、季节、地形等影响及于战斗者

七月上旬至八月上旬，晴多雨少，气候炎热，鄂豫陕边区山地运动虽较困难，但于轻装部队，行动限制甚微，惟农作物繁茂，易于遮蔽，对匪情搜索困难而已。

丙、各地追剿战斗经过

（一）天河口、高城之役

七月四日，匪先头部队五千余，分向我天河口、高城二十旅五十九团一部进犯，激战至戌，匪复以有力部队向我该方面守军两翼包围，以掩护其主力乘机西窜。旋经我军猛烈反击，跟踪尾击。是役，俘匪20余名，毙伤匪500余名。

（二）枣阳附近之役

七月五日，师奉绥署电令：第三旅应即由现地转向天河口方面进出作战，尔后该师应确实指挥20B、3B于厉山、高城、天河口地区，竭力阻止打击西窜之匪，必要时可向枣阳附近地区逐次抵抗，迟滞其行动，但应确保枣阳。是时，匪已越天河口、高城之线，而窜至枣阳东北青台镇、太山庙、枣林店、刘升店地区。师当令第二十旅由兴隆集，第三旅由榆树岗，于鱼辰同时分向该匪进剿，激战终日，匪以伤亡过巨，乘夜暗转，向湖阳镇、刘家砦地区狼狈逃窜。

（三）鹿头镇、刘家砦、程家河等地之役

七月六日晨，师令第三旅吴团自吉家河东南地区向鹿头方面威力搜索，于申刻进抵该镇西南附近，即向踞守该镇七百余之匪攻击，激战三小时，匪以受我夹击不支西窜，我当将鹿头镇占领，附近地带匪遗弃尸体约百余具。

七月七日午夜，第三旅陈团（欠一营）由吴家凹出发，于拂晓到达刘家砦南二里之肖河附近，匪357B七、九两团约八百余人，正准备西窜，我当向该匪予以猛烈激战约一小时，匪似有动摇西窜模样。我即以一个加强连向匪迂回，断其退路，匪狼奔豕突西窜。我于辰刻收复刘家砦，扫清战场后，即向该匪跟踪追击。至午刻，匪已窜越枣阳、苍台镇间之地区。师以确保枣阳之目的，当经调整部署如次：

1. 第二十旅旅部率59团之一营守备枣阳。
2. 第五九团（欠一营）即以汽车输送，担任襄樊之防务，如匪窜扰该地，应力予堵击。
3. 第三旅（欠第八团）为右纵队，即由太平镇向西窜之匪追击。
4. 师部率第五八团为中央纵队，即由枣阳向逃窜苍台镇之匪追击。
5. 第八团（欠一营）为左纵队，由程家河向苍台之匪追击。

（四）寺张街等地之役

七月八日丑刻，第八团（欠一营）追击到达程家河附近，于拂晓向踞该地之匪百余攻击，激战半小时，匪不支，即扑河图逃，被我猛烈射杀殆尽，我遂收复程家河。同日拂晓，第三旅吴团自太平镇向踞寺张街及唐子山、紫微山之匪13B三九团二千余攻击，于辰刻克复寺张街，残匪向西溃去。是役，毙匪三十余，夺获步枪十三支，战马两匹。四窜之匪，经我第三旅痛击后，状极狼狈。九日晚，窜踞邓县东北及西南之白牛镇、贾朱林镇、文曲集等地。七月九日，我追堵各队遵命适时到达邓县西南地区，当即分向匪攻击，激战至申刻，匪不支退窜。十一日，我各部由文曲集、原坡之线，继向北，对该匪续攻。匪以翼侧被我夹击后，仓皇逃窜。是役，毙伤匪百余，俘匪十余名，获枪十余支。

十三日，师奉命由李家桥渡丹江，限一日内到达郧阳，担任各要隘口之防守。当经处置如次：

1. 着第八团（欠一营）为先遣队，限明（十四）日到达郧阳，于该地各要隘口积极布防。

2. 师部及第三旅（欠第八团）、第二十旅五八团，着兼程急进，限于明十四日到达郧阳。

十四日，第八团依限到达目的（计全程一百二十公里），其余各部亦相继到达郧阳，构筑工事，完成守备。

（五）南化塘之役

十六日，师奉派第三旅第八团（欠第二营）协力友军125旅攻击作战。

十七日酉刻，该团到达南化塘北岸后，即令第三营协力125B一八七团战斗。十八日晨，匪三九团一部约五百余人，向我第三营南化塘北岸阵地猛犯，该团当即抽派直属有力一部，绕攻匪之侧背，匪不支，向周家铺方面溃窜。我继向周家铺两侧高地之散匪扫荡。至戌刻，我将鲍鱼岭亘南北塘之线完全占领。是役，毙匪500余，俘匪44名，获步枪20余支，轻机枪二挺。

（六）赵家川街之役

十八日，师奉命率第三旅（欠第八团）、第二十旅五十八团及五十九团之一营，于十九日进至赵家川街堵击窜匪。九时，匪李先念亲率主力37R、38R、39R、40R、45R五个团及警卫团，正向赵川前进中，先头已窜抵赵川。师当即令第三旅第九团（欠第一营）向赵川急进。午刻，至赵川东南地区，即向该匪攻击。另以二十旅五八团（欠第一营）攻占赵川西之狼头山，阻匪西窜，尔后相机协同第九团向东夹击匪主力。该团第一营进至赵川东侧附近，与匪38R遭遇，激战二小时，匪不支北窜。时第三营进至四条沟北口高地，第九团第二营于石堰河，正与匪激战中。该营即转向匪之右侧背围击，匪伤亡枕藉，不支，向北溃退。是役，毙匪团长汪世才一员、营长二员，及匪下级官兵四千余名，伤亡二千余，俘匪官四员、兵七十余名、战马九匹，及重要文件；我伤亡连排长八员、士兵四十五名。

（七）秦家漫之役

七月二十日晨，第三旅第八团以主力向下漫、秦家漫匪13B主力进攻，该匪凭踞险要顽抗，我即以第二营向秦家漫迂回，以一、三两营分向当面之匪夹击，激战至午刻，匪不支，仓皇纷向西北逃窜，我遂收复下漫、秦家漫两地。

（八）云台山之役

七月二十三日，第三旅第九团向十里坪搜索前进间，据报云台山有奸匪三百余名，我即派第一营取道捷径，搜索该山之匪。戌刻，与匪遭遇于山麓，激战至翌日拂晓，残余之匪六十五名，遂携械向我投诚，缴获轻机枪三挺、步枪三十七支。是时，在丹江以南赵家川街、十里坪街、罩川街以北地区之李匪主力，已被我击溃。师当奉命即以一部任赵家川街、十里坪街以北地区残匪之肃清，主力协同友军，仍继续追剿中。

（九）核桃坪之役

七月二十四日，第二十旅五八团（欠第二营）清剿范家庄西南地区散匪，于未刻由梁家坟追抵核桃坪，当即分向踞守南沟匪之警卫团基干队约千余，包围攻击，激战至黄昏，匪乘夜暗窜逃。是役，毙匪官兵十八名，伤匪官兵三五名，我亦伤亡官兵八员名。

（十）靳家河、乙家沟之役

七月二十六日晨，二十旅五八团续向范家庄搜索前进中。申刻，于徐家沟口（靳家河北端）与匪第七、八团后卫约二百余接触，激战至黄昏，我攻达车家河后，以夜暗，乃中止战斗。同日辰刻，第三旅第八团由罩川街出发，于午刻进抵乙家沟北端，与残匪45R及13B一部约八百余人之后卫百余人接触激战，匪踞险顽抗。旋经我迫炮轰击，匪不支，向东北逃窜。我即以第二营跟踪急追，以第三营有力一部，由仙姑河经猪槽沟截击该匪，各部队均予窜匪以相当打击。是役，毙匪官兵二十五名，伤匪官兵七十余名，我伤亡官兵五员名。

（十一）张家大屋之役

七月二十七日寅刻，第三旅第八团（欠第一营）由板庙子出发，进至张家大屋附近，与散匪百余遭遇，经我前卫第三营一部猛烈攻击后，残匪即向西北高地逃窜，我继向漫川关前进。

（十二）南章沟、长沙沟之役

七月二十九日，师命第二十旅五八团进驻北大沟，并以一部进驻竹林关，构筑要点工事，防匪向东偷渡丹江。旋据报，匪约千余，于三十日戌刻，乘夜暗由竹林关东北五公里渡过丹江，窜至南章沟附近地区。我五八团即区分两纵队，分由牌楼河、古路河及长岗岭、南章沟向竹林关西北之南庄、竹桥搜索前进。另以武装便衣一队，沿丹江西岸向竹林关搜索前进。十三时二十分，我左纵队进出张家原、刘家村之线，右纵队到达李家村北侧时，匪正沿其中间高地棱线，向北窜进，我当即展开猛攻夹击。匪经坚强顽抗后不支，向南逃窜。□□□□□□第一营及第七连狙击，转向北退去。惟该匪素称劲旅，黄林之保一团，大部已为我歼灭，其逃窜者，仅残余之一部。同日，命第三旅第八团进至银花街，以第三营自西向东，第二营至土门向北搜索前进，尔后即向〔由〕禾家沟、长沙沟、大红沟向夫子岭搜索前进。该营径至长沙沟附近，与匪五百余遭遇激战，我即以有力兵力一部由夫子岭东端高地，向匪绕攻，匪一面抵抗，一面向东南涉水逃窜。时以大雨倾盆，我除用猛烈炮火追击外，部队即占领长沙沟、安沟等地。

（十三）阎家川、腊竹山之役

八月二日午刻，第二十旅五八团（欠第二营）前进清剿竹林关、十里坪、罩村关、大坪、土门间地区散匪，于酉刻搜索到达龙王庙。据报暖水川、阎家川有匪一部。三日六时，我以一个加强连，经分水岭向阎家川西侧高地进击，主力经龙王庙向暖水川、阎家川攻击。午刻，进展至阎家川，与匪百余接触，激战一小时，匪不支，向腊竹山方向逃窜。追击到腊竹山，与匪另一股约八百余复遭遇，激战二小时，匪乘雨夜窜向乔家坪、七里沟、通山沟等地。

（十四）五花山之役

八月三日晨，师饬第三旅第九团由寺坪分向其以北，清剿山阳、土门街、龙驹寨、白杨店间地区残匪。我一部渡过江家河后，于五花山东南山地，与约二百余之匪遭遇，当即向该匪攻击，激战一时许，匪不支北窜，我占领五花山。是役，毙匪七十余，俘十三名，夺获步枪十三支。

（十五）北山之役

八月五日晨，第三旅第八团自银行街南三十里之土沟向金家河附近北山搜剿，与匪约百余人遭遇，匪据险顽抗，被我痛击后，遂向西南山中窜去。继经我迂回部队突袭，匪即四散奔窜，我向金家河继续搜剿前进。

八月六日，师接奉郑州绥署主任刘电令，本师限即日出发到达潼关，车运商邱，接替55D防务，当即令各部队遵照。追剿战斗，于是结局焉。

〔国民政府国防部史政局及战史会档案〕

4. 联勤总部转达湖北省政府为中原解放军在鄂西一带加紧活动请补助经费代电

（1946年12月26日）

联合勤务总司令部快邮代电　（卅五）财政字第六四二二号

行政院秘书处公鉴：奉国防部交下湖北省政府省财二特字第

二六六五号代电，略谓：该省被奸匪窜扰，各县需款万急，转请补助等由。准此。查所称各节，事关地方救济，相应抄附原件，电请查照核办为荷。国防部、联合勤务总司令部。亥宥。卅五。财政。附抄原代电一件及原送奸匪窜扰情形及请求补助款各表一份。

　　国防部公鉴：案查前据本省被奸匪窜扰各县报称：税收多已停顿，县政经费无着，请予大量补助，以资维系一案，曾将被扰害状况，以酉齐电达行政院鉴核，恳予颁发紧急命令，拨款九亿元救急在案。兹查本省匪情，自李先念部于本年七月间开始西窜起，除国军击溃及俘获外，散在鄂西北之兴山、房县、保康、南漳一带者，约五千人。近日散匪麇集，又达万人，窜踞区域，益趋扩大。在该方面盘踞乡镇，设卡收税，避免攻掠城池，藉以减少国军注意，而遂其造成政治基础之企图。至在鄂东之英山、黄梅、罗田、浠水等县，为张体学部，数达万人。虽经国军围剿后，不足千人，然以该地与豫、皖毗连，此剿彼窜，迄未能根绝。且近据情报，西窜之李部残余，有重行东返窜入大洪山之讯。如任其在该地带立足，则鄂东匪势，尚难即告敉平。又凡曾经匪徒流窜各县，因抛弃枪械甚多，一部份遂致流入股匪、散匪与夫莠民之手。因此，受股匪、散匪滋扰之县，亦复不少。而就我剿匪兵力言，除省县团队外，国军之数甚少，现近冬防，殊以为虑。中央有鉴于此，业已将本省划入适用前颁〔颁〕冀热察及东北九省军政措施办法之区，足证本省治安情形，尚多顾虑。除军事情形当由本省保安司令部秉承主席武汉行辕指示力图歼灭外，关于匪扰各县财政情形，因之大受影响，一方面原有税捐无法课征，一方面因剿匪军事关系不可预期之支出复与时俱增，以致呼吁之电，不绝于途，均请发给紧急救济，藉维现状。窃自财政设制以来，中央、地方原属各有分际，县级财政，自应恃所划赋税收入，自为挹注。但以情况特殊，赋税既骤形短绌，省又复无力接济，处此两难之间,则似不得不转向中央请求。值此复员尚未就绪之时,亦诚知国库支用浩繁,惟以救济地方,亦即培植国家元气,扶持县政,亦即固奠邦基。除分呈行政院外,相应将本省各县被奸匪窜扰及请补助情形列表,电请查核,转请行政院核示,并希赐复为荷。湖北省政府。酉陷。财秘。印。

县别	股匪窜扰	散匪窜扰	程度			请求补救款数	备考
			最烈	次烈	烈		
英山	张体学部反复流窜扰害	兼有多数散匪滋扰	最烈			三千万元	
黄梅	同前	同前	最烈			三千万元	
罗田	同前	同前	最烈			三千万元	
浠水	同前	同前	最烈			三千万元	
广济	吴成忠、漆少川股匪扰害	少数散匪滋扰		次烈		二千万元	
圻春	同前	同前		次烈		二千万元	
黄冈	同前	同前		次烈		二千万元	
麻城	同前	同前		次烈		二千万元	
黄安	股匪通过及少数散匪扰害			次烈		二千万元	
礼山	同前		最烈			三千万元	
云梦	同前				烈	一千万元	
汉川	同前			次烈		二千万元	
黄陂	同前		最烈			三千万元	
孝感	同前				烈	一千万元	
应城	同前				烈	一千万元	
安陆	股匪流窜	散匪扰害		次烈		二千万元	
应山	同前	同前		次烈		二千万元	
钟祥	同前	同前		次烈		二千万元	
随县	同前	同前		次烈		二千万元	
京山	股匪流窜	散匪扰害		次烈		二千万元	
天门	同前	同前		次烈		二千万元	

沔阳		少数散匪滋扰	次烈		二千万元
潜江		多数散匪滋扰	次烈		二千万元
监利		少数散匪滋扰	次烈		二千万元
江陵		同前	次烈		二千万元
荆门	股匪流窜（许猛股）	散匪扰害	次烈		二千万元
自忠	同前	同前	次烈		二千万元
枣阳		散匪	次烈		二千万元
谷城	股匪反复流窜	多数散匪扰害	最烈		三千万元
保康	股匪盘踞扰害	散匪最多	最烈		三千万元
南漳	同前	同前	最烈		三千万元
远安		散匪扰害		烈	一千万元
当阳		多数散匪扰害		烈	一千万元
兴山	股匪窜扰	散匪尚多	最烈		三千万元
房县	股匪盘踞扰害	散匪甚多	最烈		三千万元
均县	同前	同前	最烈		三千万元
竹山	同前	同前	最烈		三千万元
竹溪	同前	同前	最烈		三千万元
郧县	同前	同前	最烈		三千万元
郧西	同前	同前	最烈		三千万元
合计	四十县				九亿一千万元
附记	1. 全县股匪窜扰最烈者计十六县①。 2. 县境只有股匪通过，而散匪扰害较烈者计十九县。 3. 县境内散匪滋扰者计五县。				

〔国民政府行政院档案〕

5. 国民党整编第六十六师宋瑞珂部在鄂西北地区进攻中原解放军经过概要

（1947年1月）

陆军整编第六十六师鄂西北剿匪作战经过概要

一、前言

---

① 原文如此，"全县"似为"全省"之误。

自三十五年六月杪李先念股匪越平汉铁路西窜，本师遂奉令由堵击移于追剿，已历半载矣。初匪焰方张，王树声、罗厚福两股共万六、七千人，连陷自忠、南漳、保康，围攻房县，进破竹山，两入兴山，流血千里，蹂躏鄂北，宣称组织陕鄂川边区政府，而以武当山附近为根据地，建立所谓鄂西北军区。时苏北、华北先后告警，争战方酣。本师主力分别警备平汉路南段，卫戍武汉，进剿荆当，所得使用于鄂西北战场之兵力，仅步兵三个团及一度隶于指挥之第十六旅而已。

师之追剿期间，由盛夏而历寒冬，作战地境由襄河右岸而抵鄂边，官兵喋血于骄阳飞雪之时，追奔于崎岖湍流之地，转斗半年，驱驰数千里，终于消灭匪之主力，俘虏其干部，摧毁其企图。此皆上赖统帅之德威、层峰之指挥，及我官兵之能明是非、别顺逆，是以艰难百战，奋励无前而冒险犯难，前仆后继，允无愧于三民主义之革命军人也。

今兹师之兵力加强，而匪之余孽犹存，方当纵横扫荡，歼厥渠魁，以报党国，以救生民，以慰死者，然后待命北征，比肩友军，肃清奸党，统一国家。虽然此半年来之战绩，固我官兵血汗之代价所不敢忘，爰述作战经过，辑为概要，俾鉴往知来，益加惕励。

二、作战经过概要

1. 匪情概述

一、匪王树声所率第一纵队之第二、三、十五各旅，自六月下旬由宣化店西窜时约一万五千人，七月一日于花园以北之王家店企图偷越铁路时，经本师痛歼后，其越路西窜各旅及其直属部队共约万人。

二、匪罗厚福所率之江汉军区警卫团及第一、二、三团共约五、六千人。

三、上述两匪共约一万六、七千人，七月十五日以后，全部窜入南、保、谷、房、竹县境。

2. 追剿情形

甲、第一期之追剿情形（七月一日至九月十日）

1. 对王匪之追剿

该匪自七月一日在徐湾（花园北）、朱家湾（广水南）两地经我痛击后，被迫分股钻隙越路西窜。本师当即移于〔兵〕追击。七月十四、十五两日，在武安堰、报信坡，被我卅七团追及痛击后，北渡蛮河，经李家庙窜盛家塆，图渡南河，乘隙西窜。我洞烛其奸，七月十九日以正由保康追击罗匪之五五三团转向紫金洞以北地区截剿。七月廿三日，该团于笔架山、乌蛇蛉（均石花街南）付出重大牺牲后，始将匪主力击溃。该匪自此遂分为两股溃逃，一股为其十五旅（即和平支队），由八道河北窜武当山，由五五三团继续追剿（详情见另节）；一股为王树声亲率之二、三两旅，于八月二十七日南窜青峰。本部基于当时情况，当令一八五旅由房县转向观音堂向东截剿，十六旅（归本部指挥）分由寺坪、金斗、马栏铺向该匪堵剿，卅七团由石花街经百步梯、八道河向该匪追剿。在当时已成合围之势，不幸大雨滂沱，山洪暴发，予追剿部队行动以相当阻碍，匪遂得利用夜暗，化零向五台山逃窜。廿九日窜至大红厂，遭我四六团李营之伏击后，牺牲惨重。至此，其西窜与罗匪合股之企图，全被粉碎。于八月卅一日以后，其二、三两旅复不得不分股流窜，而本师此后之追剿，当可分两方面以说明之。

子、对第二旅（即民主支队）之追剿

王匪第二旅遭我四十六团李营于七月二十九日在大红厂附近伏击后，遂于第三旅分股南窜千家坪、马桥口。八月七日，经大中小洛溪、郑家坪南窜，十二日陷兴山。按当时情况，本可暂时放弃第二旅之追剿，而彻底集中十六及一八五两旅主力剿歼王匪亲率之第三旅于后河、高桥河一带地区。但为顾及政略上之要求，不得已以十六旅之两团由田家山以西地区驰救兴山,并饬正由竹山以南向高桥河前进之一八五旅,亦南向兴山前进。八月十五日,四六、四七两团同时由响水滩向兴山城垣包围攻击。匪知螳臂,不足当车,甫经接触,即分股向东北逃窜。一股为旅部及第五团,窜青山、百城,经四十七团穷追,被迫经长方河、五道沟,向扬日湾以南逃窜;一股为第四团,经黄狼坪、公平市,向歇写河逃窜,由四十六团追剿。

八月十九日以后,十六旅奉命归制,转用于陇海路方面,由卅八团第二营继续追剿。八月廿三日,该营于峰山附近,将匪第四团包围痛击,匪溃向大小横溪逃窜。计毙伤匪中队长以下四十余员名,俘匪官三员、兵十三名,获轻机枪一挺、步枪十四支、手枪二支、马二匹。八月卅日,该匪东窜官斗坪。其旅部及第五团于九月八日经大小洛溪窜顶塘上及榛子树岭。九月十日,在板庙附近合股,由我卅八团第二营及卅七团第一营继续追剿(详见乙款。)

五、对第三旅(建国支队)之追剿

该匪七月廿九日在大红厂附近与第二旅分股后,八月三日由王树声亲率经鸡公岭向盘水河市逃窜。自八月六日我四十六团吴营超越追击至盘水河予以痛击后,匪溃向扬日湾附近逃窜。自八月七日至十五日,该营迭于两层垭、大洛溪、冠木河,予以猛击,卒将其击溃,向后山坪、田家河丛山间窜去。此时因十六旅转向河南归制,该营遂未穷追。八月十八日,我卅七团由九道梁向田家山搜剿,于举人坪附近与该匪遭遇,当予猛击,匪回窜田家山。此时我追击罗匪第二团之刘营适至,与该匪不期遭遇,又予痛击,匪伤亡惨重,狼狈向高桥河逃窜。八月十九日,该匪因不堪我一八五旅及卅七团之围剿,冒死突围,西窜湾腰树,旋窜上龛西南地区,与由竹山以南回窜之罗匪合股。其后经上龛、大小五池、仙家坪,于八月卅一日窜至门古寺及东河一带。

寅、对十五旅（和平支队）之追剿

七月廿六日，被逼于八道河与二、三两旅分股向武当山附近地区逃窜之十五旅（和平支队），经我五五三团（欠第二营）跟踪追剿。八月十三日于马息山附近与由通省馆向北截击之该团第二营遭遇，经围剿后，该匪被迫分三股，一股为三大队，回窜武当山以南地区，其余两股分窜乱石沟与大坪，于九月十五日以后，该两股合窜大木厂以北之高山川，其第六大队则渡渚河，向罗家山窜去。

回窜武当山以南之第三大队，狡黠避战，此剿彼窜，旋磨打圈，极尽巧诈，经五五三团半月之余追剿，于九月五日始为该团第二营在五谷庙附近击溃，八月七日被迫窜过堵河，向罗家庙窜去，与其六大队合股逃窜汉江北岸。其第九大队则残留于渚河东岸黄龙滩以南地区活动，并由王树声亲自指挥。

2. 对罗匪之追剿

罗匪于七月五日由流水沟渡过襄河后，六日陷自忠，八日陷南漳，十二日陷保康。我一八五旅由襄阳渡过襄河后，兼程追击，七月十四日收复南漳，十七日攻克保康，匪向房县窜扰。该旅急于十八日继续追击，廿日于汤池口将其第二团击溃后，围攻房县，城匪遂连夜撤围西遁，七月廿二日陷竹山。当时该旅须回青峰镇截击王匪，迄任务完成，乃转向竹山追击，八月五日续克竹山，匪向竹溪方向逃窜，被我于旅堵剿，予以惨重打击。

八月十四日，该匪又由竹山以南地区先后分股向上龛西南回窜，经五五四团第八连截击后，廿九日绕至上龛以南，与王匪第三旅合股。九月卅日，经大小五池、仙家坪窜至门古寺附近地区。此时为聚歼两匪计，乃急令一八五旅主力由扬日湾以南地区回师房县，进击该匪，并饬守备竹山之五五四团第三营即向门古寺进剿。

以上为第一期之追剿情形。

乙、第二期之追剿情形（三十五年九月十一日至卅六年一月十三日）

1. 对王匪之追剿情形

子、对第二旅（民主支队）之追剿

先是匪第二旅四、五两团于九月十日在板庙附近合股，九月十四日遭我卅七团第一营于板庙附近夜袭，分股逃窜。一股为其第四团，十五日经堰坪河、羊胡垭折窜油山、阎家坪，九月二十二日经卅八团第二营进剿后，该团全被击溃，分数股逃窜，旅长杨秀坤仅率残匪数十，徒步溃窜。该营此役，除伤毙匪百余外，获机枪一挺，步枪廿余支，马五匹，俘匪廿余名，及其他战利品无算。一股为旅部及第五团，十五日窜马桥口以南地区。自此以后，此剿被逃，往复流窜于歇马河、马桥口、板庙之间。十一月上旬，乘我兵力转用之际，于十一月六日再度窜陷兴山，我五五三团第三营星夜驰援，于十一月十一日收复兴山，匪乃北窜。十二日窜至大水坑附近，与我由巡检司向兴山急进之卅七团第三营遭遇，该营当予包围痛击，匪溃向杨日湾西南地区窜去。

兴山规复后，我为加强老白路方面之围剿，重新部署，该方面仅以五五三团第三营（欠二连）在歇马河附近搜剿。

丑、对第三旅（建国支队）之追剿

王匪自九月三、四两日于门古寺附近会议后，亲率第九团经大小川窜花果园、黄龙滩附近，由第十旅续剿。其第七团由副司令刘昌义率领，窜武当山，再窜老白公路以北地区。我五五四团自九月十日由马桥口进至房县，即向该匪追剿，与匪转战于武当山附近及老白公路以北万家坪东西地区者达两个月之久。十一月九日以后，王匪率第九团及新警卫团由茅塔河越路北窜娘娘庙，与刘匪合股。此时，该匪合襄河总队、伪均郧县政府地方部队约二千人，其势大振，颇有向我五五四团反噬企图。我洞烛其奸，一面以廿八团（尔时暂归师指挥）由武当山以西地区向花果园附近前进截击，一面以卅八团（欠一营）由南漳开来石花街，车运十堰，协力五五四团进剿。十一月十七日，卒将匪包围于郧南地区，予以痛歼。是役，计歼匪千余，俘匪一百五十余，获重机枪二挺，轻机枪六挺，步枪五十余支，马五匹，无线电一部，电话机一部，及其他战利品无算。匪经此次战役，其幸存者仅数百人，于廿日以后钻隙越公路南窜武当山，复经我十三旅之围剿，续向青峰以南逃窜。十二月十三日窜至后坪，又受我五五三团之包围痛歼。计伤毙匪三百余，俘匪六十余，获重机枪二挺，轻机枪六挺，步枪四十余支，马四匹，及其他战利品无算。至此，该匪仅存五百人，狼狈向东逃窜至板桥附近。十二月廿日，遭新十五旅之堵击，又向保康以南地区回窜。廿一日，我五五三团于庵垭附近予以痛击后，残匪狼狈向金斗以北地区溃逃。三十六年一月一日，我五五三团第二营续于安阳坪以东之大西沟，与该匪遭遇，经三小时之奋力围剿，将其击溃，分为两股溃逃。一股由王树声、刘昌义率领，经焦家垭、麻阳沟、温家坡，元月九日又纠集原在保康东南之匪，共约八百余，由张家坡经长坪附近北窜。十一日，在洪山顶经我三十七团第三营痛剿后，续经高峰楼向廖家坪逃窜。刻我卅七团正加紧围剿中。一股由第七团团长阙子清率领，于一月二日经梅花山北窜。一月七日在乌牛观附近，被我五五四团第三营将其全部歼灭。计俘团长阙子清以下官兵六十八员名，获轻机枪六挺，步枪三十支。截至一月二十一日止，武当山附近已无匪踪。

2. 对罗匪之追剿情形

罗匪自九月三、四两日门古寺会议后，其所属部队，即打破建制，分股逃窜。其在本师作战地境内者为第二及第三两团，罗匪本人因任鄂西北军区副司令，系随王匪运动，故本师对该匪之追剿，可依据下列分项以说明之。

子、对第二团之追剿

该匪原系打破建制，附于王匪第七、第九两团内，九月廿七日，始分由张秀龙率领，窜南、保、谷间地区，由我三十八团追剿。十一月上旬，卅八团转用于老白路方面，由卅七团续剿。但匪旋亦窜武当山以南地区，与罗匪本人所率之一部合股。十二月六日，因受卅七团之压迫，遂向保康以南地区逃窜，我卅七团当即跟追，迭于毛家湾（长坪南）、太山庙（乾溪北），与该匪战斗，匪乃向歇马河以南逃窜。截至一月十三日止，我五九五团仍在兴山以北地区追剿中。

丑、对第三团之追剿

匪于门古寺会议后，第三团即留在该地活动，经我五五三团第一营进剿，南窜上龛附近，由第十旅续剿。

3. 对匪第三军分区清剿情形

王、罗两匪经我第十三旅（又卅七团附五五四团）于十二月上旬在武当山附近先后予以包围痛剿后，该两匪于七、八两日分股向保康以南地区逃窜，已如前述。至武当山附近，则由第三军分区所辖之伪和平第九大队残部及汪彪部以及均谷总队均谷指挥部等残孽继续活动。

我十三旅（欠卅七团附五五四团）自十二月九日，即开始以营为单位，在武当山周围地区实施彻底之清剿。此际时届隆冬，气候严寒，冰雪载途，行动不易。然该旅官兵尚能窥破好机，悉力以赴，迭于黄草坡、老人坪、乌牛观、双井河、东西店、九道河、黄土岭等地，将该匪等分别予以剿歼。计自十二月九日起至元月十日止，一月另一天中，将匪第三军分区司令部及所属各部队彻底解决，共毙匪官兵一千二百五十余员名，俘匪第三军分区政治部副主任李唯一以下五百七十员名，马六匹，获轻机枪卅二挺，步枪二百六十七支，手枪十九支，发射筒四个（五五四团第三营元月七日在乌牛观歼匪第七团，所获战果，已详对匪第三旅之追剿一节，故未并入计算）。截至元月十三日止，武当山附近已无匪踪。

三、结论

本师自六月廿八日开始追剿以来,于鄂西北山地与匪发生大小战斗一百五十余次,歼匪官兵一万一千六百余,俘匪第七团团长阙子清以下官兵二千二百六十三员名,马八十五匹,获步兵炮十七门,重机枪十九挺(缺脚架二),轻机枪六十六挺,堪用步枪一千九百六十五支,废步枪四百七十一支,手枪一百零九支,无线电一部,及其他战利品无算(详见附表一、二〔略〕)。截至三十六年一月十三日止,王、罗股匪,仅存余烬,综合判断如左:

1. 王树声、刘昌义率残匪八百余,逃窜于保康东北地区。

2. 罗厚福率残匪五百余,逃窜于歇马河西南兴山以北地区。

3. 王定烈率残匪七百余,逃窜于南漳西南之果盒坪、板桥一带。

4. 邹毕兆率残匪八百余,逃窜于兴山西北及九道梁东南地区。

综合上述数字连同该匪等地方部队,在本师作战地境内者,为数不过三千人。

总之,残余奸匪,就歼有期,然铲除其武装,固持〔恃〕军队,但根株之绝,尤赖政治之清明,此则领袖昔尝诏示吾人以三分军事、七分政治从事剿匪之旨也。鄂西北民性强悍,萑苻未靖,其利用机会,起而与奸匪合股者已有各城丁家兴、杨子钧(杨匪已被本师擒获)等,虽近剿灭,若兵去而匪复生,乘机倡乱,固隐忧之大者。他如选用公正人士,健全地方行政机构,充实自卫武力,扶植正气,则举地方之人力物力得协助国军之作战,事半功倍矣。

师长　宋瑞珂

中华民国三十六年元月　日

〔国民政府国防部史政局及战史会档案〕

6. 国民党整编第七十二师在鄂皖豫边区进攻中原解放军战斗报告

(1947年3月)

陆军整编第七十二师鄂皖豫三省边区剿匪战斗详报

第一 进剿前匪我态势（如附图一〔略〕）

一、奸匪第五师李先念所部约五、六万人，盘踞豫鄂交界之罗、礼、经、光各县间地区，于一月十五日停止后，见国军逐渐北上，华北行政交通及地方秩序次第恢复，且各地民众反对日烈，为挽回军事、政治之厄运，妄冀造成内战不息，攫取政权之迷梦，并见久困大别山，恐有窒息之虞，乃不惜破坏和平，违反停战协定，竟于六月下旬东抽西调，利用夜暗，佯动眩惑，即率主力越铁道西窜，而留置张体学之独二旅全部及第一旅一部暨地方部队（保七团冈麻支队漆少川部、安麻支队郑维孝部），共约万余人，先后窜据鄂东，企图依据大别山、大小悟山为根据地，控制各解放区，阻碍政令，牵制我军，策应华北作战之进行顺利，以遂其破坏国家和平统一之阴谋。

第二 作战地区之状态及影响于作战事项

二、豫鄂边区之大洪山、四望山、大别山，绵延千余里，横亘其间，于抗战过程中，人民受匪蹂躏，十室九空，一般乡愚无赖，多为匪用。本师进剿，以致交通通信不易灵便。且于匪突围逃窜时，连日大雨，山洪暴涨。因此，影响部队行动。尤以军粮之追送不济，各部于进剿、追剿各时期，颇受其拘束。

第三 匪我兵力及部队番号、主官姓名

三、师当面之匪，系第五师全部，共两个纵队、独立旅及警卫、特务各一团。其第一纵队辖第一、第二、第三各旅，第二纵队辖第十三、第十四、第十五各旅。其匪首、番号、主官姓名详左：

中原军区司令兼第五师师长　李先念

军区政委兼书记　陈少敏

参谋长　王树声

第一纵队兼司令　王树声

第一旅旅长　皮定钧

第二旅旅长　张才千

第三旅旅长　刘昌义

第二纵队司令　文进武

第十三旅旅长　吴锡光

第十四旅旅长　程耀德

第十五旅旅长　王海山

独立第二旅旅长　张体学

特务团团长　许金彪

警卫团团长　陈国钦

四、本师此次参加剿匪，除全师外，并指挥一七四旅、一六九旅、一九九旅、一五三旅之四五九团、军政部补充独立五团、独立四团及湖北第二、第三区行政专员、河南第九区行政专员。所有部队番号及指挥官姓名列后：

陆军整编第七十二师师长　杨文瑔

　　　　　　　　副师长　祝顺锟

　　　　　　　　参谋长　唐雨岩

第三十四旅旅长　李则光

第一〇一团团长　王大中

第一〇二团团长　刘　泽

第新十三旅旅长　杨平固

第三十七团团长　陈元良

第三十九团团长　胡锡桂

第新十五旅旅长　江　涛

第四十三团团长　徐　华
第四十五团团长　田其丰
第一七四旅旅长　王景宋
第五二〇团团长　叶碧丛
第五二二团团长　滕睢平
第一六九旅旅长　曹玉珩
第一〇二旅旅长　梁　勃
第一九九旅旅长　彭战存
第一五三旅四九五团团长　曾博群
军政部独立第五团团长　邓兆熊
军政部独立第四团团长　黄之纲
湖北第二行政督察专员　蔡文宿
保安第十大队大队长　詹剑峰
保安第十二大队大队长　奚友三
湖北第三行政督察专员　彭旷高
保安第五大队大队长　苏崇伦
保安第十八大队大队长　曾宪直
河南第二① 行政督察专员　张振江
保安第一团团长　张旭东

第四　各时期作战指导

五、围剿时期之作战指导

1. 第一线兵团于攻击开始时,各以一部兵力,扼守小界岭、周家河、孟良砦、陡山河、白沙岭、郭家河、佛塔山、高坡岗、夏店、蔡店、大成潭各要点,阻击钻隙逃逸之匪,主力即向白雀园、泼陂河、宣化店、礼山各要点,迅速攻击前进,以期一举歼灭匪人。

2. 各部队为攻击奏功容易,第一线兵团各旅编组一至两个挺

---

① 上文为"第九"。

前队，于攻击开始时，即钻隙向白雀园、泼陂河、宣化店挺进，威胁匪之各级司令部。如遇匪之阻击，须避免胶着，努力向任务迈进，以达策应之目的。

3. 第二线兵团控置于三河口、麻城、大路铺、河口各要点，部队应随第一线兵团推进，保持机动，协同作战，使匪不致漏网，以达歼灭之目的。

六、追剿时期之作战指导

1. 追剿部队应乘匪之连络中断、补给困难、疲惫之际，断然向匪穷追猛打，使匪无喘息机会，则匪不攻自破。

2. 追剿部队不得受匪之小部队牵制或佯动眩惑，应寻匪之主力穷追猛打，并注意夜间行动，利用超越追击，运用截击阻击尾击，使匪被迫溃乱而捕灭之。

3. 追剿部队应轻装急进，行动秘密，若遇优势之匪反击抵抗时，应彻底击破之，使匪无暇收容整顿。

七、清剿时期之作战指导

1. 清剿散匪，应并用军事与政治力量，严密保甲及民众组织，完成交通通信及情报设施，使匪无掩护藏匿及喘息之余地。并注意摧毁其地下组织。

2. 搜剿小股及潜散残匪，依匪情、地形、部队状况，详密计划，区分要点守备部队、牵制部队及进剿部队，先以有力部队分任守备及牵制，确实控制辖区要点，并封锁交通，阻匪窜逃，再以进剿部构成适当包围环，求匪而击灭之。

3. 剿抚并施。应以三分军事，穷追猛击，彻底索歼散匪，即运用党政力量，展开宣传工作，揭穿共产党阴谋罪行，阐扬三民主义，策动反正，办理自首自新，不究既往，优待俘虏，使匪孤立绝望，则不攻自破。

第五　各时期战斗经过

甲、原态度围歼时期

六月廿六日，奸匪于沙窝、白雀园、余家集之第一旅、浒湾、泼陂河间之第三旅间〔间字衍〕，开始向宣化店移动。师当以己宥邓策筹电，令各部攻击该匪。其部署如次：（一）师以攻击匪人之目的，重点移向白雀园附近地区，一举而击灭之。（二）新十三旅（附三十四旅之一〇一团）除以一部守备现阵地外，一部沿小界岭、浒湾，各向当面之匪努力攻击，主力沿周家河向宋家畈攻击前进，攻略该线后，继续挺进白雀园、泼陂河之线待命。（三）新十五旅以一部扼守现阵地，另以有力一部（该旅三分之一兵力）先驱逐佛塔山、龙王山之匪，后向熊家河、禹王城之线攻击前进，攻略该线后继续挺进宣化店地区待命。该旅其余部队于攻击开始之初期，控置七里坪附近，策应作战，尔后随战况之进展，逐段推进。（四）三十四旅（欠一〇一团）依情况逐段向黄土岗、福田河等地推进，准备截击匪人沿商城、两路口间向东南逃窜，并策应新十三旅之作战。（五）又为使各攻击部队容易奏功计，兹拟第一线旅各编组钻隙挺进队一至二个队，每队（约一营以下兵力，并附卫生队三分之一，无线电报话机一部编成之）队长，以果敢练达之营长充任。各旅于攻击开始时，新十三旅即以一队沿张家田铺（福田河东北十公里）、韩家老屋、八里畈，向白雀园匪军第一旅司令部袭击；以一队沿吴家湾（浒湾西九公里）、谈冲（邱店东南二公里）、郑家凹、章家墩、上朱凹，向泼陂河匪军指挥部袭击。新十五旅方面，派遣一队沿潘家河（七里坪东北五公里）、天台山、大竹园，向宣化店李先念司令部袭击。（六）钻隙挺进队与各攻击部队相遇时之记号，即以新服装、军帽为标示，口令为连络。（七）钻隙挺进队之袭击目标，除匪军司令部以外，对退却中之匪部队，应视为良好袭击目标。在挺进中，如遇匪小部队阻我前进时，应即扑灭之。如遇优势匪人，应尽诸般手段脱离之，而向任务地突进。（八）钻隙挺进队之归还时间与地点，由各旅长在报话机临时指示。是日，我新十三旅三七及三九两团部队与匪于沙窝附近及泼陂河南端与郭家楼等地发生激烈战斗，幸我官兵行动敏捷，一部四千余，卒被我截留于白雀园西南端地区围歼中。

六月二十七日，奉第六绥靖区司令部作参三字第一号命令如左：

一、奸匪叛行日趋积极，近更集中兵力，在山东各地发动大规模之攻势，豫鄂边区匪情，企图逃窜扰乱。

二、郑州绥署为使尔后主力方面作战有利，以剿灭豫鄂边区奸匪之目的，决以第五、六两绥区所属各部队，分由豫南、豫东对信阳、经扶、潢川间之匪，尤其对宣化店、泼陂河方面匪之主力，集结优势兵力，一举分区包围而歼灭之。依各部队重兵之形成，以定远店、文殊寺、朱堂店、三里城间为第一区，泼陂河、刘家湾、白雀园、沙子岗为第二区，宣化店、禹王城、杨平口为第三区。

三、第五绥靖区方面部署如次：

1. 四一师于萧土门（东双河车站东十公里）、龙升镇、陈兴店之线，向宣化店及其以北之匪进剿，预期攻击开始后二日，与我十五师及六六师在宣化店会师，围歼第一区之匪。

2. 四七师于卧龙台（光山西十四公里）、光山、附流店之线，向四七师泼陂河附近及其以北以东之匪进剿，预期攻击开始后第一日，与我七二师在泼陂河会师，围歼第二区之匪。

3. 一七四旅（附独一团）于附流店、大冲、双门栏之线，围歼第二区之匪。

四、本部决即协同第五绥靖区展开于双门栏、西河、经扶、槐树店、七里坪、河口、夏店、大新店、东双河之线，将李先念匪主力分区包围而歼灭之。

五、第七二师主力（欠新十五旅）占领双门栏（不含）、西河、经扶之线后，与一七四旅切取连系，并与四七师相呼应，重点指向泼陂河，限攻击开始后一日，与四七师在泼陂河会师，围歼第二区之匪，以新十五旅主力占领槐树店、石门口、七里坪（黄安北十二公里)、河口、刘家集(河口西北六公里)之线,重点指向禹王城,与六六师连系,围歼第三区之匪。该旅更以一部于大小金山对柿树子店附近之匪,严密监视,与十八旅由黄陂向木兰山方向进击之部队,协同夹击木兰山附近之匪而歼灭之。

六、六六师主力占领夏口、杨平口店、大新店之线,重点指向宣化店南端,与十五师及四一师会师后,并与新十五旅确保连系,图歼第三区之匪。以一部确保张杨店、应山、大邦店、大庙畈、四望山各附近要点,监视各该区奸匪及孝感至信阳间交通之维护,并阻止匪越路东西窜扰。

七、十五师占领大新店(不含)、三里城、九里关、东双河之线,重点指向宣化店,限攻击开始后第二日,与四一师、六六师在宣化店会师,围歼第一区之匪。

八、七五师待路清剿任务完成后,即以一个团集结于广水附近,归本部直辖,机动使用,主力仍任该地区散匪之肃清。

九、各部队作战地境

一七四旅 七十二师	石马畈、双门栏、沙窝、刘家湾、泼陂河、晏家河、陈家店、宣化店之线,线上属左。
六十六师	乾家凹(刘家集西北二公里)、四姑墩、禹王城(不含)、黄陂站、宣化店东侧之线,线上属左。
十五师	徐家店、大新店、东新店、田家楼、宣化店南端之线,线上属右。
四十一师	信阳、东双河、杨家畈(彭新店西八公里)、石灰窑之线,线上属右。

十、各部队务于本(六)月二十五日以前到达以上规定之攻击准备位置,将防务交接完毕,并完成作战准备,待命开始攻击。至部队调动及交换防务,均利用夜暗行之,以保机密。

十一、地方团队为防剿部队,控置于临近匪区各要点及通匪要道,以堵匪之流窜,随进剿部队之进展,肃清收复区之散匪。

十二、各部队须预为控置机动部队于匪可能逃逸及容易进击之地点，准备截击。

十三、各部务密切连系，确实协同，如匪集结主力向我攻击时，邻接部队务自动迅速驰援之。

十四、匪如逃窜时，各进剿部队务不分畛域，跟踪穷追，直至奸匪就歼为止。

十五、空军之协同作战，另令之。惟各部队对陆空连络报话机之使用，事先应妥密准备，预行演练之。

十六、各部队携行粮弹，应照规定带足。其补给系统，仍照现状补给，延伸线路另定之。

十七、本部以花园为通信中枢，与各师构成通信网。各师旅应利用既设线及师旅属通信器材，构成通信网。并依攻击进展，逐次伸延之。其与邻接友军间有无线电之连络，事先尤须妥为协定（附发郑州绥署颁发无线电连络表一份，由各主官指定专人或亲自保管）。

十八、本部指挥所设花园。

师遵上记命令，给予各旅感申策筹电令如左：

（一）匪军第一纵队于沙窝、白雀园地区之第一旅，浒湾、泼陂河间之第三旅，于宥日向宣化店方向窜去，我新十三旅追击队于感晨已进至沙窝及其以西地区，及浒湾、郭家楼（浒湾西北七公里）、泼陂河一带，并与泼陂河方面之四七师部队取得连络。惟白雀园附近地区残匪，正搜剿中。（二）我六六师主力正向夏店、杨平口店、大新店之线移动，准备待命，协同本师与第五、第六两绥区各友军，围剿宣化店方面匪人中。（三）军鉴于司令官周作命三字第一号命令，以协同友军待命围剿匪人之目的部署如次。（四）新十三旅三九团应确切联系一七四旅，就到达之余家集附近迄沙窝、宋家畈之线，严防匪人由余家集向东南逃窜。并连络友军，彻底肃清余家集、白雀园及其以北地区匪人后，向宋家畈、沙窝地区集结,策应第三七团之作战。三七团就泼陂河、浒湾、郭家楼、莲堂坳等要点待命,围歼宣化店方面之匪。目前该团应确实截断泼陂河、经扶,道上东西地区匪人之东西交流。该旅旅部应即推进至经扶指挥,注意与一七四旅之连络。(五)新十五旅除以一部于夏店(等待交防)及蔡店、会亭河、梅店、姚家集一带严防官田畈附近匪人向东北窜扰外,主力应于陡山河、郭家河、卤店河、祖师尖、虾蟆石、2277高地(佛塔山西南三公里)、高坡岗、刘家集一带,完成攻击准备,重点指向禹王城待命,连系六六师,向宣化店东侧地区攻击前进,围歼宣化店地区之匪。(六)作战地境:一七四旅与新十三旅为石马畈、双门栏、沙窝、刘家湾、泼陂河、晏家河、陈家店、宣化店之线,线上属左;新十三旅与新十五旅为宋埠、谢店、檀树岗、莲堂坳、石家湾、陈家店之线,线上属右;新十五旅与六六师为乾家凹(刘家集西北二公里)、四姑墩、禹王城(属新十五旅)、黄陂站、宣化店东侧地区之线,线上属左。(七)三四旅之一〇二团(欠第二营,受鄂二区蔡专员指挥,任广河、龙坪一带搜剿),立即移置大路铺附近(广安东北十五公里),准备策应新十五旅之作战。该旅旅部即推进至沙河集。该旅之一〇一团暂位置三河口,俟白雀园方面残匪肃清后,移置骑骡铺附近,策应各方作战。(八)一〇一团第一营暂位置庙基湾附近,仍受本部指挥,防止宫田畈之匪人向东南窜犯。(九)通信补给另令规定。(十)余仍在宋埠。(十一)上项仰即遵照,于俭日部署完毕具报。

六月二十九日拂晓,据报被我截阻于白雀园西南端之匪第一旅四千余,于二十八日晚乘夜钻隙,窜至韩家老屋、易家田铺一带。又河口以北之吴子墩、王家店一带奸匪,已逐渐北撤。同时奉区司令官周己检酉要电:(一)奉刘主任电谕:路东奸匪第一、二两纵队主力,逐渐由宣化店西移,似有越路西窜企图,仰严饬各部严密包围封锁,监视搜索,不得使其窜逃,否则应由各该地区指挥官负责等因。(二)匪如继续西窜,我各部队应积极跟追堵击,务必在路东予以歼灭。(三)七二师除以一个团守备麻城、宋埠各要点外,应以一部择要占领泼陂河、经扶之线要点,与四七师一七四旅确取连系,阻匪回窜;主力集结夏店(不含)、河口镇、黄安七里坪间地区,保持机动,对宣化店、禹王城一带之匪,须积极侦察搜索,匪如西窜,应跟踪进击。仰切实遵照,并具报为要。

师基于上记情况及电令,以巳艳辰策筹电处置如次:(一)匪情如前记。(二)军鉴于司令官周巳俭酉要电及以上情况,以分区围歼之目的,规定各旅之行动如次。(三)新十三旅以三九团主力连系一七四旅,迅速肃清余家集、白雀园、八里畈一带奸匪,另一部沿宋家畈、周家河向西南,三七团一部由甘家塘、中途店向东南,协同三十四旅之一〇一团围歼易家田铺之匪,务跟寻匪踪而剿歼之;主力就泼陂河、郭家楼、莲堂坳各地区,向西严密搜索匪情,务与西窜匪人确保接触。该旅对泼陂河、浒湾、经扶间,务特别注意防匪逃窜。(四)新十五旅以一部于夏店(等待交防)及担任蔡店、会亭河、梅店、姚家集一带之守备;另一部于陡山河、郭家河、余家店(新店东南二公里)、花家塘各要点,向西北严密警戒,防止匪人由该地区向东南逃窜;主力除以一部守备祖师尖迄高坡岗原阵地外,即推进熊家河、禹王城、破碾子岗、羊角山、四姑墩之线,与北撤之匪确保接触。该旅对郭家河、祖师尖间之空隙及与夏店方面友军之连络,应特别注意。(五)三十四旅除仍以一〇二团控置大路铺附近与新十五旅切取连络,准备策应该旅作战外,一〇一团(欠第一营)即刻开始行动,进击福田河、大河铺(易家田铺西南七公里)等地,分沿苏木尖河铺(易家田铺东南五公里)、观音砦(易家田铺西南三公里),连系新十三旅部队,围歼易家田铺之匪,如匪逃窜,应跟寻截击尾击。该旅团之指挥,应设指挥所于乘马岗附近。(六)新十三、新十五两旅间及与一七四旅、六六师等之作战地境,仍同本部巳感申策筹电。(七)一〇一团之第一营,仍位置朝基湾附近,严密搜索匪情,受本部指挥。(九)上项仰即刻行动,并具报为要。

同日申刻,得知窜至易家田铺一带之匪一部千余,已窜至玉皇观(福田河东南五公里)、双庙观地区;主力二千余,仍盘踞韩家老屋(周家河西南六公里)、黄土岭、段家砣(均在易家田铺东南)地区,乃以新十三旅三九团一部于沙窝、宋家畈,向北警戒;一部进击两路口,向双庙关索匪攻击;主力沿周家河、甘家湾(周家河西北五公里),向西南攻击;三七团一部沿中途店向东围歼韩家老屋、段家砣地区匪人,主力仍就泼陂河、郭家楼、莲堂坳各要点,与西窜之匪确保接触。三十四旅一〇一团(欠第一营)一部进出五里山(三河口北十五公里)北端地区,主力进击黄土岗附近,堵击向东南逃窜之匪。一〇二团(欠第二营)进乘马岗及其以北六公里之王家楼子,连系三七团部队,向东北围歼匪人。

六月三十日战况:本日未刻,由韩家老屋、易家田铺窜来之匪,其一部千余窜至黄土咀(阎家河北)、上石桥,与我三十四旅特务连、工兵连及一〇一团之各一部战斗;另一部千余窜福田河以北地区,被我新十三旅三九团一部及一〇二团一部阻击截击中。浒湾之匪六、七百,向我新十三旅三七团孟良砣阵地进犯。又宫田畈之匪约二千,由陈大姐指挥,艳日沿平港附近回窜木兰山、长岭岗一带,经我一〇一团第一营由分水岭向长岭岗侧击,续向东南逃窜。三十日拂晓,窜至歧亭南之周家山、郭家岗一带,复被我十一师一一八旅三三团及一〇一团第一营堵击尾击,战斗二小时,续向东南易家河,潘塘方向逃窜。其战斗经过,如(附图一〔略〕)。

同日,禹王城方面之匪,已向北撤去,我新十五旅四三团第二营已推进至熊家河、禹王城之线。同时奉司令官周巳艳辰要电:奉主任刘巳俭酉计一各电开:(甲)兹为适应目前状况起见,**特调**

整部署如下：(一)第五绥靖区方面：(1)七九师（欠一个旅）应即占领马蹄店（含）经青山店亘龙升镇（含）之线，该师重点应沿竹干河以西地区指向宣化店西北。(2)四七师（附一七四旅）应即占领龙升镇（不含）经卧龙台亘蔡家大凹（含）之线，该师重点应沿竹干河以东地区指向宣化店东北。(3)四一师之二四旅应控制信阳附近，机动使用。(4)豫九区保安两个团仍控置潢川。(二)第六绥靖区方面：(1)七二师之新十三旅应即围歼蒋家大凹（不含）至槐树店（含）之线，该旅重点由槐树店指向宣化店以东。该师之新十五旅应即占领槐树店（不含）经佛德桥、河口镇、夏店（不含）之线，该旅重点由河口镇指向禹王城。(2)六六师主力及十五师之部署，同本署巳支未计一各代电所示。(3)七二师之三十四旅应迅开经扶控置，机动使用。(4)七五师应即抽调一个旅，星夜开广水集结。(乙)各部队配备时，应以有力一部占领指定之阵地，与匪保持接触，竭力缩小包围圈，并加强封锁，务使柴粮断绝，不击自解。(丙)各部队重点指向之部队，均攻击开始后一日到达宣化店附近会师。(丁)四一师二四旅以部队于宣化店会师后，应协力歼灭陡山河、宣化店、三里城以南地区之匪。六六师十五旅主力于宣化店附近会师后，应协力歼灭陡沙河、宣化店、三里城以南地区之匪。(戊)第五、六两绥靖区战斗地区，如本署巳鱼未计一各代电所示。(己)各部队应严密警戒，努力作战，不得任匪逃去，如匪由某部队方面逃窜，即以某部队长是问。(庚)如匪逃窜时，应立予进剿，匪盘踞顽抗时，待命开始进剿。以上各项，除分令外，仰即切实转饬遵照具报。等因。仰即遵照具报为要。

师基于上述情况及电令，即以巳卅未策筹电处置如次：(一)匪情(如上记)。军遵照司令官周巳艳辰要电及目前情况处置如次。(二)……(三)新十三旅三九团以一部于沙窝、宋家畈等，向北严密警戒，主力沿两路口向南猛攻东窜之匪。三七团主力就泼陂河、吴陈河、浒莲塘坳、郭家楼一带，与匪确保接触，进剿时重点指向宣化店，待命向西攻击；一部速沿中途店向东围歼易家田铺匪人后，限午东开赴中途店附近，截击由郭家河方面向东南逃窜之匪。该旅旅部仍在经扶，对莲堂坳、陡山河之间应特别注意。(四) 新十五旅四三团主力就陡山河、郭家河之线，确实阻击向东南逃窜之匪；以一部担任郭家河、七里坪间各要点之守备，阻击天台山向东南逃窜之匪。该团之其余一部（一营兵力）于熊家河、禹王城之线，与匪确保接触，待命向宣化店东侧地区攻击。四五团除以一部任蔡店、会亭河、梅店、姚家集等地守备，并截击由大小悟山方面匪人向东南逃窜外，主力位置羊角山、四姑墩、刘家集、河口镇地区，机动使用，并与夏店方面友军切取连络，防匪南窜。该旅部仍位置黄安城。(五) 三十四旅一〇一团（欠第一营）全部转向五里山（新店南十公里）、三河口及其西南地区，堵截东窜匪人。一〇二团（欠一营，于龙坪、武穴一带）连沿西张店转向黄土岗西南地区围歼碾盘店、上石桥及福田河东北地区匪人，并适时准备截击续由乘马岗向东窜来之匪。该旅旅部即移武家河（黄土岗西南十公里）指挥。(六) 新十三旅与新十五旅及一七四旅、六六师与该两旅之作战地境，仍同本部已感申策筹电。(七) 一〇一团第一营迅速联系十一师之五三团部队，击灭歧亭东南逃窜匪人后，即开赴歧亭集结，准备应付各方之战斗。(八) 余仍在宋埠。(九) 以上各项，仰即遵照，即刻开始行动，并具报。

是日，我三十四、新十三旅及一一八旅部队于情况所述各地，与匪激战竟日，本部斩获甚重。

乙、主力西进夹击时期

七月一日，窜入本师防区之匪，经我痛击外，除一部千余沿通城店、双庙关间向东南窜去外，一部千余窜三河口东南，其余仍在黄土岗、福田河、乘马岗一带与我三十四旅旋回战斗中。师正计划以三十四旅、新十三旅逐渐缩小包围圈，歼灭该匪，适奉区司令官周午东辰要电：（一）宋师续于拱极庵、栗林店、阳平口、双桥镇之线与匪接战中，其一部约三千余，由小河溪于午东辰窜抵魏家店（花园北十公里）、王家店，越铁路西窜，刻正与宋师十三旅三九团激战中。（二）黄师应以一个旅歼灭新洲、麻城一带之匪，主力应速即进出宣化店，新甫集（五万分一图新甫）、拱极庵之线，协同宋师尾跟西窜之匪，夹击围歼之。（三）贵师指挥所应随主力前进指挥，希即遵照部署具报为要。师遵令处置如次：（一）师遵司令官周午东辰要电，即以一部歼灭窜入防区之匪，主力进击宣化店、新甫（王家店南十公里）、拱极庵之线，协同六六师夹击西窜匪人。（二）新十三旅三七团于浒湾、经扶两地集结完毕，以主力沿印店，一部经陡山河道，于午冬到达潘家楼、老屋湾之线后，限午江占领宣化店、观音庙（宣化店西南十五公里）之线待命。三九团即于福田河附近集结完毕，经乘马岗西张店道，限午冬到达檀树岗附近，午江以一个营到黄安，受本部指挥，其余部队推进熊家河、禹王城地区集结，保持机动，策应各方之作战。该旅旅部随三七团行动，限午江到达黄陂站附近。（三）新十五旅（应留置一部于河口控制交通）即以四三团先肃清郭家河、七里坪、天台山、老君山地区匪人后，于午冬推进天台山、老君山之线，并与熊家河方面部队保持连系。该旅全部即连系新十三旅，限午江进占观音庙（不含）、新甫（王家店南十公里）、礼山、拱极庵之线。该旅旅部进至四姑墩附近指挥。（四）新十三、新十五两旅之搜索地境为陡山河、大竹园、黄陂站、观音庙之线，作战地境为七里坪、熊家河、唐家店、王家店之线，线上均属右。（五）三十四旅（欠武穴方面之一〇二团第二营，暂受鄂东专署指挥）即担任经扶、麻、黄、宋埠、新洲各地区间奸匪之清剿。该旅长务依情况，适当调整部署，先行肃清已窜入夫子河、麻城、经扶、黄安、宋埠间地区匪人，并以一营兵力控置宋埠。（六）各部前进时，除应特别注意连系外，新十三旅及新十五旅右翼之一部，应注意右侧背之搜索警戒,尤其新十五旅四三团进击天台山、老君山,须行广正面之收索,以免奸匪脱逃。(七)师通信营以黄安为基点,即向两旅构成通信网。(八)十九供应分站即推进黄安,并于禹王城、四姑墩设派出所,对各部须随时补足三月份携行粮秣。(九)师医院主力于黄安,一部于河口,准备开设收疗各部伤患。(十)予率必要人员于江日由宋埠推进黄安指挥。

七月二、三两日,我三十四旅正于黄土岗以北剿办福田河、乘马岗一带之匪,复由白沙关、郭家河西北窜来之匪(独立二旅一部及安麻支队)约二千余人,乘我兵力转移之际,于六月二日窜至笔架山、朝阳店、皮家寨、河头店一带,与我一〇二团主力及一〇一团之一部,激战于李福寨、吴家畈各附近。适我三九团由乘马岗向七里坪西进,于江日到达印家畈(西张店东),得知匪与三四旅酣战,即向三角山之匪侧后攻击,匪因伤亡惨重,向羊必山(西张店西南六公里)西南逃窜。其战斗经过,如(附图二〔略〕)。是日,我三九团为协力友军夹击西窜匪人之任务,将三角山、河头店方面匪人击溃后,即星夜续向七里坪急进。

七月四日,下达午支戌策筹电令如次:(一)麻城西北向东南逃窜匪第二旅一千八百余,于麻城北十二公里之围棋畈及其西北之陶氏祠、四屋凹、王福店、石西山、茶棚山、林店附近一带地区,被我三十四旅围剿后,受创甚巨。刻一部约六、七百回窜至羊必山(西张店西五公里),主力窜至沙子岗、三角寨(西张店南三公里)附近。原在朝天尖、段家畈一带匪五百余,经福田河附近,向东窜去。巳卅窜夫子河附近之匪二千余未动。又双桥镇、阳羊口、栗林店一带匪情,尚不明。(二)师以尾跟西窜匪人、协同友军围歼之目的,处置如次。(三)新十三旅三七团即向上桥(宣化店西北十五公里)、沈家湾、田家桥、姚家店(观音庙西四公里)、陈门山(姚家店南三公里)之线,行广正面之搜索,进出该线,并以斥候幕进出东新店搜索匪情。三九团(欠第三营,受师部指挥）以一部推进至宣化店，与该方面友军切取连络，并对西北严密警戒，掩护师之右侧背，主力仍位置熊家河、禹王城地区，机动使用。该旅旅部暂于黄陂站附近指挥。（四）新十五旅主力即向陈门山（不含）、高家店、刽子店（汪洋店北二公里）、龙井沟、苏家庙（栗林店东南三公里）之线，行广正面之搜索，进出该线，并以斥候幕进出双桥镇、二郎店、阳平口东岸搜索匪情；以一部控置新甫、礼山地区，机动使用；另一部肃清大小悟山间匪人。该旅旅部进驻余家河指挥。（五）新十三、新十五两旅作战地境为华家湾、禹王城、走马岗、杨家湾、千里田、陈门山、沙河店、十里墩之线，线上属新十三旅。（六）三十四旅仍就麻城西北地区自行适当部署，肃清麻城南北地区匪人。（七）通信以有线电为主，无线电报话机及徒步传达为副。（八）十八供应分站于麻城方面担任三十四旅之补给；十九供应分站仍照前电推进黄安，并在河口、黄陂站、四姑墩设派出所，担任新十三、新十五两旅及师指挥所之补给。（九）各部统限微日拂晓开始行动。（十）师指挥仍暂在黄安指挥。

此后各部队即在上述各地区继续清剿潜伏散匪，无激烈战斗。

丙、主力东进追剿时期

七月九日情况：麻城以北被我截击之匪，已窜至罗田方面之大河岸、长塘坳、平湖、滕家堡、木子店集一带。

同日奉主任程（甲）午阳辰参一博电：（一）奸匪四千余，午微分由黄城、夫子河、及礼方面窜至罗田西北之平湖及罗田附近之长塘坳、罗田东之大河岸。同日阻堵立煌、吴家店。支干发现奸匪约万人，企图有向罗田进窜榜样。（二）为阻奸匪逃窜，并协力各部队作战，已令一六九旅（欠一营）即挺进罗田，索匪攻击。除分电马师长及迳令曹旅长外，特电知照，并希切取连络为要。（乙）午齐申参一新电：罗田附近之匪，亟待肃清。第一六九旅即归傅师长指挥，限电到五日肃清，否则该师旅应负全责。除分电外，希即遵办，并将电达日期具报为要。

师基右记情况及电令，以午佳未策筹电处置如左：（一）师遵主任程午阳辰参一博及午齐申参一新电，以围歼罗田东北及龟峰山、大旗山一带匪人之目的，指示各部行动如次。（二）一六九旅（欠一营）限真日进出步兵河、叶家河（均在罗田东）、罗田、三里畈（罗田西北十二公里）之线，主攻保持于右翼，由南向北攻击，限元日肃清当面匪人，到达 八迪河（长塘坳北稍东十二公里）、河铺（罗田北二十公里）、边店（河铺西七公里）之线，与三十四旅会师。该旅务防匪人向东南逃窜。（三）三十四旅真日进出滕家堡、木子店集（滕家堡西北十公里）、平斗山、侧路潭（均在麻城东约二十公里）之线，主攻保持于滕家堡、木子店集地区，由北向南攻击，限元日肃清当面匪人，到达八迪河、河铺、边店之线，与一六九旅会师。该旅务注意左侧背之安全。（四）新十三旅以一部（一个团，欠一营）位置七里坪附近，受新十五旅陈副旅长渔浦指挥，担任黄安、西张店、白沙关、天台山、老君山、下畈间地区散匪之清剿，主力即取道七里坪、林店，限文日到达东岳庙、客马铺（均在麻城东南十二公里）、大坳（白果东十一公里）、夫子河之线，由西向东攻击，务于元日前到达黄土岭（罗田西北二十公里）、东界岭、牌坊畈、龟头河、龟峰山之线待命。（五）新十五旅由该旅长自行适当部署，担任宣化店、姚家畈、大新店、双桥镇、二郎店、小河西市、双河店、西阳岗、官田畈、姚家集、河口、王家店、华家河间地区散匪之彻底肃清。（六）各部务利用夜间行动，力求企图秘密。（七）各部与本部之通信，一六九旅用无线电，新十五、新十三两旅利用既设线路，三十四旅在有线电未通前，以无线电及报话机连络。（八）师指挥所于真日移驻宋埠，尔后依情况到白果指挥。

七月十一日，我三十四旅于午真分两纵队，沿平斗山、龟峰山向木子店集、长岭索匪攻击前进。未刻左纵队（一〇二团，欠第二营）到达刘家湾、口峰尖，与匪陈大姐部千余发生激战，当集中机炮火力猛攻，匪不支，退据木子店集及李家榨附近，企图顽抗。该团即乘势以全力向木子店集之匪主力猛攻，匪因伤亡惨重，乘夜分向石尖坳、滕家堡、老峰岗溃退。该旅各以一部向石尖坳、老峰岗追击，主力星夜向滕家堡追击。进至达摩寺、王家坳、毛家坳（滕家堡西五公里）一带，与千六百余人接触，匪向滕家堡逃遁。该旅两团之各第一营于文日拂晓进至滕家堡，猛勇攻击，午刻将匪击溃，攻占滕家堡，匪分向纸棚河、汪家畈溃散。其战斗经过如（附图三〔略〕）。

同日，新十三旅亦进抵龟头河、龟峰山之线，一六九旅尚未取得连络。

七月十三日，奉（甲）区司令官午真巳文一电：（一）查奸匪李先念等分率其所部向唐河西北逃窜中。（二）兹为追剿奸匪，迅速歼灭及肃清豫鄂皖伏匪残匪窜逃计，特调整部署如次：（1）第五绥靖区部队仍以三师、一五师、四一师、四七师及一二五旅向岳西窜中匪李先念股猛烈尾击截击侧击，务捕捉于镇、清、光、邓、枣间地区聚歼外，其一二七旅（附王金联部三个保安团）即刻担任平汉铁道以西信阳、天河口、枣阳、襄樊（均不含）之线以北地区残匪之肃清。（2）第六绥靖区：（子）六十六师（欠七三旅、一九九旅、附一六旅）应兼程西进，向前逃窜保康之匪猛烈追剿，直至该匪就歼为止。（丑）七五师（欠一六旅、附十八旅、一三旅、一九九旅）担任信阳、三河口、枣阳、襄樊（均含）一带襄河左岸以东以北平汉（含）路以西地域匪之肃清。（寅）七二师（附一七四旅、一六九旅）担任平汉路（不含）以东长江左岸以北豫鄂皖省界泉河铺以西固始、潢川、罗山（均含）、信阳（不含）以南地区残匪之肃清。但对窜往罗田、立煌之奸匪，应由一六九旅、一七四旅不分区域分别派队追剿，直至该匪就歼为止。（三）第五、六两绥靖区清剿地境为泉河铺、固始、潢川、罗山、信阳、三道河及桐柏东南十六公里菁台镇，枣阳、襄樊之线，线上属第六绥靖区。（四）在各该清剿地境以内之地方武力，统归各警戒区节制官指挥等因。（1）彭旅长指挥一九九旅之五九五团，任路西段泉口店、大庙畈、随、枣一带残匪之清剿；罗旅长指挥十三旅（欠三十团）及三十四旅之一团，任信阳、孝感间铁道警备及铁道两侧残匪之肃清；十三旅、一九九旅统归直接指挥。（2）各部清剿地境：（子）十三旅为阳枣（含）、三里岗、官庙、应山、大庙畈、黄龙寺、三道河、青苔镇、枣（含）之线，线上属十三旅。（丑）七五师自襄樊（含）、枣阳、环潭（不含）、三里岗、阳店、平林市、陈家店（均含）、西陂岗、孝感（不含）之线，线上属七五师。（寅）七二师自五里店（信阳东南十二公里）、九里关、三里城、双桥镇、小河溪、西阳岗、五桂市（均含）之线，线上属七二师。（3）其余均遵电令实施。除分令外，仰即遵照部署具报。（乙）行辕午文酉参一新电：围剿罗田附近地区之匪，除一六九旅归贵官指挥外，并饬驻九江之一〇二旅派一个团克日北渡，向罗田方面前进，即归贵官统一指挥，务期一举肃清，希即遵办具报为要。

师基以上电令，下达午元戌策筹电如次：（一）由经扶方面向英、罗、滕家堡方向逃窜之匪六七千人，真、文两日经我三十四旅痛击后，刻窜至僧塔寺（罗田东北四十公里）及英山、罗田间地区。我五八师已派一个旅向西界岭、僧塔寺之线追剿该匪中。（二）师遵区司令官周午真巳文一电及主任程午文酉参一新电，以协同友军围歼该匪之目的，指示各部行动如次。（三）一六九旅（附文日由九江北渡黄梅一〇二旅之一团）取道刘公河、张家塝及浠水、鸡鸣河道迅速进出河铺（英山东北二十八公里）之线，由东南向西北攻击前进，开始后一日，即进出张坡咀、白庙河与三十四旅会师。（四）三十四旅（欠一营）应即连系僧塔寺方面五八师之一旅，以一个营于滕家堡、木子店等地堵击立煌方面之匪人向西南窜犯；主力立即肃清当面匪人，进出果子关（僧塔寺西北十公里)、板桥、八迪河之线,向东南攻击前进,限攻击开始后一日,进出张坡咀、白庙河之线,与一六九旅会师。(五)新十三旅(欠二个营)以一个营留置龟头河附近,清剿龟峰山、夫子河间地区匪人;旅部即率主力立即肃清当面匪人,进出蚂蚁坳(罗田北十四公里)、罗田、叶家河(罗田东南十公里)之线,连系三十四旅及一六九旅,适时截击向西逃窜之匪。(六)以上各部,统限删日前到达位置,开始攻击;如匪逃窜,各部应不分区域,适时派队追剿,直至该匪就歼为止。(七)一七四旅以一部位置白雀园附近,保持机动,并注意新店、两路口、沙窝、周家河;主力机动清剿泉河铺、固始、潢川、陈兴店、经扶(不含)、商城间地区潜伏散匪。(八)新十五旅由该旅长适当部署,担任罗山、信阳(不含)、双桥镇、阳平口、小河溪市、西阳岗、河口、黄陂站、周党畈、罗山间地区潜散匪人之清剿,并有捕捉路西匪人回窜之准备。(九)新十三旅之三九团(欠一个营),仍受陈副旅长源浦指挥,担任麻城、乘马岗、经扶、天台山、老君山、黄安庙、基湾、宋埠、麻城间地区潜散匪人之清剿,并有捕捉罗田、滕家堡方面向黄安、礼山回窜匪人之准备。(十)以上清剿部队,通由各指挥单位依匪情适当部署,限午月号日前彻底肃清所有区域内匪人。(十一)通信,除新十五旅以有线电连络外,其余各部队,均以无线电及报话机连络为主,徒步传达为副。(十二)本部为就通信便利计,仍在宋埠指挥。

上述各攻击部队,均按时攻击到达指定位置。但此时匪张体学及陈大姐部,经我各部追剿后,除一部潜散于罗田、英山、黄梅各县境外,大部已向皖属宿松、太湖方面窜去。师部于十七日进至白果指挥。

七月二十日,奉主任程午巧酉参一军电:(一)匪情如贵官所知。(二)奉主席蒋手令午筱府机钴电开:鄂东之张体学股匪,应由第四十八与第七十二两师负责清剿。至第二十六师之一六九旅,仍应照预定计划,即乘舰下驶,限本月底到徐州集中,勿误。前令第四师之一团,只可暂驻黄梅协剿,应由第十八师从速派队接防,俾第四师全部移动,如期调集徐州;如恐鄂东清剿兵力不定,由程主任可酌调第十八师协剿。对张体学股进剿部队,暂归武汉行营统一指挥部署。限月二十二日前详报,勿误。等因。特部署如下:(甲)窜皖境之匪,由夏总司令指挥四十八师,并抽调部队歼灭之。(乙)七二师应即以三十四旅,并指挥新十三旅主力,由罗田限本(七)月底彻底肃清宿(松)、太(湖)、罗(田)、英(山)边区股匪及广(济)、浠(水)、黄(岗)、黄(梅)间散匪,并相机堵截皖境匪军之回窜。以新十五旅并指挥新十三旅一部,限本(七)月底肃清罗(山)、礼(山)、黄(安)、宣化店、经扶、两路口、麻城间残匪。(丙)一〇二旅之一团即回驻黄梅附近,协力三十四旅之作战,候令归制。(丁)一六九旅即开至津港,待船开徐州。(戊)十一师即以一个团负责搜剿黄安西南宋埠以西河口、长轩岭、大小悟山、小河溪市间残匪,归彭总司令直接指挥。上五项,除分电外,希即遵照部署报核。

师遵即下达午号未策筹电如次:(一)东窜罗田、英山一带匪人张体学、陈大姐各部,经我一六九旅、新十三旅及三十四旅各旅追歼后,受创甚巨,除一部尚潜散罗田、英山、黄冈各县境外,大部已向皖属宿松、太湖方面窜去。我徐州绥署正派四十八师堵剿该匪中。(二)师遵主任程午巧酉参一军电,以彻底剿灭匪人之目的,兹指示各节行动如次。(三)新十三旅(欠两营、附三十四旅一〇二团于广济、武穴之第二营)即沿蔡家河(罗田南三十公里)、李梓街(罗田东南二十公里)之线,由西逐步向鸡鸣河、张家塝、宿松、许家岭(宿松东二十公里)、桃花铺(太湖东南十六公里)、太湖、合水洞、百里墩、英山、汤河以内地区搜剿该地区匪人。又该旅三十七团第三营肃清龟峰山、龟头河一带散匪后,即控制于罗田、东界岭,担任骆驼坳、木榨河、龟峰山、黄麻坳、团陂间地区之搜剿。（四）三十四旅（欠一营）以一部控置于僧塔寺、滕家堡、木子店，对东北严密警戒，并任附近地区之搜剿；主力即就新铺（英山北十二公里）、余家铺、张坡咀之线，由西逐步向英山、百里墩、合水涧（均不含）、太湖（不含）、小池驿（太湖东北十二公里）、刘河街、水吼岭（太湖北三十公里）、响潭河、滕云庙（即岳西，在太湖北四十公里）、包家河（滕云庙西北二十公里）、西界岭以内地区搜剿该地区匪人。（五）一六九旅即开至津港，归还建制。（六）一〇二旅之三〇四团即南移黄梅、广济地区，搜剿黄梅、广济、武穴、太白湖间地区匪人，并协助新十三旅之作战。（七）新十三旅之三九团（欠第一营）担任麻城、两路口、经扶、吴陈河、陡山河、檀树岗、顺河集地区散匪之清剿，受新十五旅江旅长指挥。（八）新十五旅担任吴陈河、罗山、信阳（不含）、大新店、阳平口、礼山、河口镇、黄安、七里坪、陡山河（不含）以内地区残散匪人之清剿，并有捕捉路西匪人回窜之准备。（九）各部队依匪情自行适当部署，于午养开始清剿，限午世彻底肃清所示地区内匪人，但三十四、新十三两旅限午有进至长和卡、弥陀寺、百里墩、曹家河、包家河之线，整顿后各留置必要兵力于各要点，担任附近地区之清剿，主力即向指定之地区搜剿前进。（十）三十四旅、新十三旅进至宿松、太湖方面，如遇优势股匪，须由三十四旅旅长指挥，合力围歼之。（十一）余仍在白果指挥。（十二）以上各项，除呈报外，仰即遵照具报为要。

七月二十三日，第三十四旅酉刻进至陶家河，该旅一〇一团（欠第一、第二两营）到达铁家河，该团于本日酉刻到达麻滩河，即与匪五、六百发生战斗。其一〇二团（欠第二营）到达上古坊，于二十四日拂晓前得知张体学率匪二千余盘踞于麻滩河、司空山、野溪河间地区。又岳西方面，有匪数百未动。祝旅长鉴于情况，即以铁家河之一〇一团部队向东北警戒，即率其主力向司空山匪人攻击。我一〇二团及一〇一团之一营，展开于麻滩河、马踏岭向司空山、野溪河攻击前进，匪我均作殊死战斗。卒赖官兵奋勇攻击，匪不支，一部向焦家山窜去，主力即向蒋军山、桐山冲逃窜。该旅乘势追击至陶家冲、横山岭，旅部进至余家河。二十五日，匪窜至黄溪河，遭遇三七团之一营侧击，该匪续窜至横山头，复遇该团主力攻击，匪狼狈分向弥陀寺、界领逃窜，希图迅速逃出围歼之险。殊匪主力窜至界岭，又遭遇三九团第一营之攻击，匪因昼夜均未脱离战场，官兵异常疲困，即向太湖逃遁。我新十三旅仍乘夜跟追。是役，战斗经过如（附图四〔略〕）。

七月二十七日，我新十三旅进至花凉亭（太湖北十五公里）、芙蓉寨、东冲河（太湖西南十三公里）之线。三十四旅进至刘公河（太湖十二公里）、葛蒲潭、滕云庙各地区，而张体学、陈大姐各匪首见我两旅穷追不息，即分股向宿太及岳西各方面逃窜。

丁、分区清剿时期

七月二十八日，奉主任程（甲）午宥参一军电：着派豫九区张兼司令（辖各县保安团及直属一二三团），并指挥独一团张旭东部，即归贵师长统一指挥，担任光山、罗山、经扶、商城、潢川间残匪之清剿。除分电外，希遵照为要。（乙）午感未参一军电：奉主席蒋午有防战作三电开：奸匪张体学部围战，着夏司令官统一指挥整四十八师及七十二师一个旅，不分地域，负责剿清。至整七十二师主力，仍任该行辖境内路东散匪之清剿。等因。贵师着即以三十四旅归夏司令官指挥，任皖鄂边境广济、黄梅、宿松、太湖、英山间张体学残部之清剿。师主力并指挥辖境各级地方团队及独一团。豫九区张专员任路东之清剿（河口、黄安西南大悟山、小悟山一带，暂由一一八旅担任，尔后仍准备由贵师接替）。遵午巧酉参一军电所示，如限完成。除分电薛主任外，希即遵照。师当即以午俭由策筹电令各部如次：（一）奸匪张体学部，经我三十四及新十二两旅旬日来之追剿，主力千余人向宿松、太湖方面，一部向岳西方面窜去。（二）师遵主任程午宥及午感未两参一军电，指示各部队行动如次。(三)新十三旅(原附一〇二团之第二营,即归还三四旅建制)邱副旅长即率该旅主力分沿刘家畈、弥陀寺、陈元畈、英山、石桥铺及竹马尖、横山头、鸡鸣河,与陈汉沟、张家塝、汪家坝、洗马畈等道路,扫清沿途散匪,向罗田方面前进;以一个营任广济、刘公河、汪家坝、何家铺(均不含)、鸡鸣河、蔡家河、浠水(不含)、兰溪、蕲春(不含)间地区之清剿;主力担任何家铺(英山南二十公里)、英山、金家铺、张坡咀(均不含)、僧塔寺、滕家堡、木子店、三河口、福田河、麻城、白杲、东界岭、黄土岭、三里畈、骆驼坳、蔡家河、鸡鸣河间地区残散匪人之清剿。该旅旅部位置罗田。(四)三十四旅受徐州绥署所辖,夏司令官威指挥,以一个营担任黄梅、广济、蕲春、武穴、湖世伯间地区之清剿;主力担任黄梅、宿松、太湖、岳西、张坡咀、金家铺、英山、何家铺、汪家坝、刘公河、广济、黄梅间地区潜散匪人之清剿,并阻止东窜匪人向西回窜。该旅旅部位置弥陀寺。(五)新十三旅之三九团(欠一营),仍受江旅长指挥,担任麻城、福田河、小界岭、西河(经扶东七公里)、经扶、陡山河、檀树岗、两道桥(以上均含)、中馆驿间地之清剿。(六)新十五旅担任陡山河(不含)、宣化店、周党畈、龙升镇、罗山、信阳(不含)、大新店、杨平口、拱板庵、夏店、河口镇、黄安、两道桥、檀树岗(以上两地不含)间地区散匪之清剿。(七)鄂二区蔡专员指挥保安第十、第十二两大队及黄冈、浠水自卫队,担任兰溪西岸、浠水、蔡家河、骆驼坳、三里畈、黄土岭、东界岭、白杲、潘塘、三店街、新洲、黄冈、巴河街间地区残匪之清剿。(八)豫九区张专员指挥独一团及所属保安团、自卫队,担任小界岭(西路口北八公里)、商城、潢川、罗山(不含)、龙升镇、周党畈、宣化店、徒山河、经扶、西河(以上均不含)以内地区残匪之清剿。(九)各部均自行依照匪情,适当部署,限奉电之日起五日内,肃清所示地区内残散匪人。(十)除鄂二专署及豫九专署外,其余各部清剿区内之地方团队,统受各指挥单位主管直接指挥。(十一)余在宋埠指挥。

八月二日,奉主任程午世酉参一博电:奉主席蒋午艳午防战作三电开:着整十一师即东运至徐,归薛主任指挥等因。(一)已令该师于三日内出发。(二)该师一一八旅担任之宋埠、黄安、河口以西大小悟山、河溪以南及黄陂、仓子埠一带遗防,着由该师派队接替。除分令外,仰即遵照具报。

师当下达未冬午策筹电令如次:(一)新十五旅立派兵一营,接替河口、大小悟山、河溪市一带防务,营部驻小河溪市,担任该地区以南青山口、泉水店(会亭河东南十公里)、姚家集以北地区散匪之清剿。(二)师属工兵营(欠一连,留驻宋埠)立开黄陂,接替该县城防务,并以一部进驻仓子埠,担任该地附近之治安,并维护交通。(三)黄陂自卫队酌留一部于县城,担任各机关之警卫,主力即开塔耳岗、木兰山,担任分水岭、柿子树店、平港、栀桐店、两路口、长堰市间地区之清剿,一部于长轩店维护交通。

张体学匪部主力独二旅第五团及鄂东支队,黄再兴部二千余,于本(八)月东至江日,由岳西经赵家铺(英山东稍南七公里)、英山尖、东庄畈(金家铺东十公里)回窜,经我三十四旅两团部队分头追剿,先后于支、微、鱼等日在陈汉沟东北及桐山、将军山、邓家山(陈汉沟东南三公里)各地激战,该匪损伤甚巨,分向蕲、黄边境洗马畈东南之杨家冲、回龙池一带及上下古茆(二里河西二公里)地区逃散。战斗经过如(附图五〔略〕)。

八月一、二两日,匪张体学独二旅第六团第一、第二两营,由陈胜一(亭前驿西七公里)、苦竹口(陈胜一南八公里)、狮子口(刘公家北稍东十公里)、三角山(洗马畈东九公里)向西北窜。我以新十三旅三七团第三营由叶家河(罗田东六公里)、李半街(叶家河东南六公里)截击。江日于观音庙(罗田东稍南十五公里)、大坳(罗田东南十四公里)两地,各与匪战斗三小时。支子,匪经三河口（鸡鸣河西北五公里）向彭家畈逃窜，该营衔尾追击，并以该团第二营由瓦寺前、白羊山（瓦寺前西五公里）之线，向北侧击，战斗至鱼，匪不支，一部百余由仙人台向蒋家桥、百丈冲，主力四五百南向汪家坝附近逃散。

奸匪独二旅第六团第三营及岗麻支队漆少川部共六百余人，自东日由洗马畈、杨家祠（团陂南十公里）向西北窜。支日，窜至琵琶璃、将军山（白杲南十二公里），当经我原控置白杲之三十四旅一〇二团第三连附麻城自卫两个中队迎击，战斗至微。该匪经夏家山（夫子河东十公里）向蔡家河（夫子河东北四公里）逃窜，我当予追击。该匪于鱼、虞两日经龟头河、龟峰山东北，齐辰窜抵木榍河以南地区，复被我截击，战至巳刻，该匪狼狈南窜林家咀，又遭我三七团第一营堵击，战至午刻，该匪溃向蚂蚁坳及龟峰山、黄麻坳各方逃散。

张体学匪部半月来，经我三十四及新十三两旅于英、罗、蕲、黄、广、太、宿各县交界山地迭次痛歼后，即化零潜散。师为配合党政协力实行分区清剿，乃以未筱酉策筹电划分新十三、新十五两旅清剿区域如次：

（一）新十三旅（三九团归还建制）蕲春、广济、汪家坝、英山、张陂咀、僧塔寺、滕家堡、三河口、福田河、小界岭、西河、经扶、檀树岗、宋埠、潘塘、白杲、东界岭、骆驼坳、蔡家河、兰溪、蕲春间地区之清剿。

（二）新十五旅担任宋埠、檀树岗、经扶（线上属新十三旅）、关陈家、羊山、罗山、信阳（不含）、大新店、阳平口、栗林店、小河溪市、青山口、泉水店、姚家集、詹店、宋埠间地区之清剿。

（三）新十三旅三九团派副营长率兵一连，于白杲指挥；自卫队担任冈、浠、麻交界地区之清剿；新十五旅以相当兵力，于陡山河附近，担任郭家山、莲塘坳、大竹园、天台山、老君山、卡畈间地区之清剿。

（四）三十四旅仍受四十八师张师长指挥，担任岳、太、英、蕲间地区之清剿，并注意与新十三旅连系，搜剿将军山、桐山冲、陈胜一、唐家山一带之搜剿。

八月二十日，奉主任程未皓参一新电：陈参谋总长皓日经汉赴郑，据面告：七五师须于五日内集中信阳待命等情。兹特指示如次：（一）整七五师师部及第六旅应就现在位置，取捷径分由孝感、花园两地集结，车运到广水待命。第十六旅应速将任务交六十六师接替后，取捷径至宜昌转汉口直达信阳。（二）第一九九旅信阳、武胜关间（含）所遗护路任务，由七二师派队接替；花园至孝感任务，暂由一九九旅指挥装甲车队担任，该旅主力即开荆、钟各附近，接替七五师所有任务。（三）整六十六师除以一部协力第十师夹歼九道梁一带之窜匪外，须应遵照未啸巳参一电令，对襄河西岸迄白河、巴东间之匪，统一部署清剿。上述各项，特电遵照，迅速行动为要。

师当以未号未策筹电调整新十五旅部署如次：（一）陈副旅长渔浦率四三团（欠一营，留置九里关附近）于明（马）日开到信阳，接替信阳、武胜关（含）防务，维护铁道交通。（二）旅部率四五团之一营，移至宣化店指挥。（三）四五团（欠一营，归旅部直接指挥）团部位置礼山，以一营担任河口、四姑墩、观音庙、双桥镇、阳平口、大小悟山、姚家集间地区搜剿；一营担任黄安、两道桥、檀树岗、莲塘坳、大竹园、禹王城、乔店间地区搜剿。（四）四五团第二营部开赴黄安，归还建制。（五）以上各项，除分电外，希即遵照具报为要。

八月二十一日，奸匪漆少川率匪四百余，由琵琶脑（道观河东北七公里）窜至金山河（道观河东南八公里）、铁野附近。当令师特务营长吴光泰率该营第一连，并指挥黄冈、麻城自卫中队及原留置龟峰山三九团部队，沿易家河、道观河及夫子河围剿该匪。我特务营养日于铁野、燕几砦、道观河东南八公里，将匪包围。梗日拂晓，紧缩聚歼，匪我发生激烈战斗，我特务营吴营长见匪顽抗，即亲率特务连向匪猛攻，匪亦举全力反抗，我特务连因地形不熟，匪钻隙向马鞍山方向逃散。是役，特务营长吴光泰腿部负伤，阵亡士兵二名，黄冈自卫中队长卢连星负重伤。

八月二十五日，奉主任程未漾参一电：（甲）兹调整第七二师与豫九区之作战地境为东衔徐州绥区双门关起，沿豫鄂省境迄唐家店（黄陂站西）、丰家店、王家店、东新店、大新店、陈家湾、武胜关之线（三十万分一图），线上属豫九区。（乙）平汉路南段铁道守备，兹分示如次：（1）信阳至武胜关间铁道守备，由豫九区派保安团担任之。（2）武胜关至花园（含）间铁道守备，由七二师、新十五旅指派部队担任。（3）花园（含）至孝感（含）间铁道守备，由一九九旅指派部队担任。（4）孝感（不含）以南铁道守备，仍由武汉警备部担任。（5）各部队之交接，统限未宥前完成具报。除分令外，希遵办为要。师当以新十五旅四三团全部接替武胜关至金山庙（孝感北十八公里）铁道守备任务，其原守备之信阳至武胜关段，交由豫九区保安团担任。

奸匪独二旅四、六两团及特务营兵力，共约千余，于养日前先后窜扰蚂蚁坳（僧塔寺南稍东十公里）、七娘山高地。我以新十三旅三七、三九两团部队围剿，先后于梗、敬、有、宥各日在茶铺冲（七娘山南二公里）、石柱山、圣人堂（僧塔寺南五公里）、笔岩山、紫山脑（金家铺西北六公里）、石桥铺等地，予匪以痛击。该匪分向打树汊及乌罗坪各地区溃窜。战斗经过如（附图六〔略〕）。

八月底，匪首张体学以所部康洪山（原第四团团长）率匪百余，流窜于蕲、黄、广、□区；黄再兴（黄英太宿蕲五县指挥）率匪百余，流窜于唐家山、陈胜一、陈汉沟一带山地；吴成忠（独立二旅旅长）率匪六、七十人，流窜于龟峰山、大旗山、贾家山一带；张体学本人率其四、五、六、八各团主力约七、八百人，流窜于英、罗、南之北地区，企图兜圈打漩，以达坚持大别山、控制大别山、控制各解放区之目的。师为彻底歼灭残匪，早日恢复地方秩序起见，以三十四旅于英山、罗田以南迄洗马畈、蕲春、武穴、二郎河、弥陀寺间地区；新十三旅于英山、僧塔寺、八成山、龟峰山、罗田间地区，配合地方武力，继续清剿。

九月一日，奉主任程未世申参一杰电：命令。为彻底清剿鄂东张体学匪部，免其再行流窜计，着以该师主力暨一七四旅先于匪后外围，以营为单位，构成战略据点，再行缩小包围，务期捕捉匪军于英山南北地区，一举歼灭之。兹指示部署：（一）以新十三旅、一七四旅、保安四团，担任围歼僧塔寺、英山间张体学匪部主力，在未开始合围前，应将部队推进，控置于赵家铺、麻滩、羊角尖、河南岭、洪家坂、青尾岭、黄泥田、大旂河、歇马台、大港河、双台岭、僧塔寺、龚家铺、许家畈、石桥铺、英山等地，构成包围圈。……（电码不明）再行索匪攻击。（二）以三十四旅暨保安五个团与在黄梅一〇二旅之一个营，担任英山、黄梅、广济间残匪之清剿，在开始清剿前，应于二郎河镇、刘家畈、弥陀寺、打虎厂、庙前坂、汪家坝、李家园、桐梓河、油铺街、三渠铺各地，构成包围圈，尔后索匪攻击之。（三）黄梅、宿松、太湖、潜山、岳西、霍山、立煌、滕家堡、浠水、广济等各县，应以各该县地方武力及配属之保安团队，应就各县主要交通线一带守备，形成第二道外线包围圈，阻匪逃窜。（四）剿匪部队应以营为单位，发挥战术单位之力量，而实施行军、宿营与战斗，不得有大部麋集一处，使匪有流窜之机。（五）各部队之调整，应于九月四日前完成各战略据点之占领与控制，九月五日辰开始围攻。（六）在我合围之势未成，而匪已逸出包围圈地窜者，各部队应不分境域，积极猛追，使匪无从脱离战场。（七）该方面之作战，应由七二师杨师长统一指挥，并应推进指挥所于罗田，一七四旅旅部应位置于舞□河。（八）以九江方面之一〇二旅以一部于长江北岸，担任九江对岸迄田家镇之线守备，防匪南窜。（九）剿匪期限，定九月十日以前应将英山南北地区匪军彻底歼灭，否则团长以上各主官，定予处分；倘匪逸出第二道包围环时，所经过流窜之地，县长以下各行政长官，均应严惩。（十）此次围剿各部队，应将每日行动逐日分两次（上下午）报部。七二师推进罗田指挥后，应在宋埠设置通信交换所，如有剿匪情况，由该师整理后，即以电话□宋埠交换所，再由宋埠送转横店再转本行辕。以上十项，除分电外，希即遵照实施。详细部署，并将准备后围剿情形，随时具报为要。

师当以申东酉策筹电部署如次：（一）匪情如前记。（二）师遵主任程未世申参一杰电，以彻底捕歼匪人之目的，兹指示各部行动如次。（三）第一七四旅（附保安第四团）于支日推进双台岭、永佛寺、晴沟铺、千笠寺、长岭庵、包家河、分水岭、上古坛、麻滩河、赵家铺之线，完成攻击准备，旅部移至黄泥田附近，微日前以主力扼守上述要点；一部向西界岭、张坡咀、金家铺间地区索匪攻击。（四）新十三旅就现态势，以一部控制柳林河（英山东五公里）、贺家桥、步兵河、大河岸、八迪河、板桥、果子关、黄石河各要点，两翼与一七四旅切取连系；主力按照匪情，适当部署，于微晨开始向英山、大枫树、僧塔寺、龚家铺间地区之匪人，积极搜剿；并酌以一部控制于骆驼坳、龟峰山、三河口，机动搜剿各附近地区残匪，旅部推进石桥铺指挥。（五）三四旅（附保五团）就现态势，以一部控制桐梓河、唐家山、陈汉沟、刘家畈、弥陀寺、桐山、将军山、打虎厂、庙前畈、鸡鸣河、洗马畈、树林河、刘公河各要点；主力按照匪情，适当部署，于微日开始搜剿，但对三角山、唐家山、将军山，须注意搜剿，务攻破其匪。（六）一〇二旅以一部于长江北岸，担任九江对岸迄田家镇之线守备，防匪偷渡南窜，并以黄梅附近之营，于微晨沿亭前驿、油铺街、大洋庙向唐家山、界岭地区连击；三十四旅辗转搜剿。（七）各进剿部队须派员督导各进剿地区之各县（黄梅、宿松、太湖、潜山、岳山、霍山、立煌、麻城、浠水、蕲春、广济）地方团队，于县境各要点，对英山配置第二道包围环。（八）匪如于我合围之势未成而已逃出圈外时，其进剿部队不分境域，穷追猛击，以歼灭为止。（九）剿匪期限，九月十日前应将英山南北地区匪军彻底歼灭，否则团长以上主官定予处分；倘匪逃出第二道包围环时，所经过地方之县长以下各行动长官，均应严惩。（十）各进剿部队应将每日行动逐日分上下午两次报部，汇转行营。（十一）三四、新十三两旅应就张家塝、石桥铺向罗田之有线电，于支日前架设完成。（十二）师指挥所准于支日推进罗田指挥。

九月四日，各部均照前电部署完毕，师部亦于本（四）日酉刻到达罗田。据报张体学率所部四、五、七、八各团主力，于本（四）日午刻窜至查家山、田家桥、四安砦（英山南二十公里）一带，似有避我围剿、企图利用夜暗、乘我两旅之空隙，经方家咀、大月山向西逃出重围。师当即处置如次：（一）新十三旅主力乘夜移于大月山、观音山、英山、界岭（英山东南十公里）之线，以有力一部保持于观音山方面，由北向南，连系三四旅，围歼匪人。其余部队，仍服行原任务。（二）三十四旅主力利用夜暗，移于将军山、仙人台、三角山、洗马畈之线，以有力一部保持于后翼，由南向北，连系新十三旅，围歼四安砦、鸡鸣河匪。其余部队，仍服行原任务。

九月五日，各旅均于拂晓前部署完毕，午刻，匪即经新桥、方家咀，窜至林木河，经我三七团第三营由石桥铺、鸡鸣河到达，即由南北夹击，溃退至大坳及大月山，复遇我新十三旅工兵连伏击。同时，观音山、张家山之三七团第二营，亦由西北向匪攻击，匪见势已陷入重围，即施展全力，誓死战斗，殊我官兵愈战愈勇，激战四小时，匪伤亡惨重。其第八团团长谢挺被俘，张体学匪首见战况无法挽回，即率残部狼狈经仁圣寺向东南逃窜。

九月六日，张匪率残部七、八百人，拂晓后窜至牛头冲，即遭遇我三十四旅一○二团第三营迎击，匪数度猛冲，均遭击溃。其第九团团长黄世德阵亡，该匪士气愈馁，即向西南回窜，利用山林整顿，我续予以围剿。又吴成忠率残匪百余，微日于罗汉尖被击溃后，其第六团团长康洪山只身潜逃，其余分股向太湖、檀林河、横岗山逃窜。同时，师以申鱼巳策筹电调整部署如次：（一）匪情如前记。（二）师以迅速捕歼张匪之目的，指示各部行动如次。（三）第一七四旅担任吴家店、僧塔寺、金家铺以东亘英太公路以北间地区残匪之清剿，并以有力一部控制僧塔寺、金家铺、余家河、赵家铺、合水涧各要点，防匪回窜，并注意连系一○二团剿歼马蹄铺、余家河附近之残匪。（四）第一○二旅于黄梅附近之营部，指挥黄、广各县地方团队，扼守二郎河、苦竹口、广济亘竹瓦店间各要点。该营及有力团队按照白羊岭、罗山尖、唐家山、黄冈山一带山地匪情，适当部署，努力搜剿，务于限期内将黄再兴、吴成忠、康洪山各部彻底肃清。（五）三十四旅即以一部担任张家塝以南及马蹄铺附近残匪之搜剿，主力沿查家山、四安砦、汪家坝、古佛寺、株林河，由东南向鸡鸣河连系新十三旅，逐次紧缩包围环，捕捉匪人而歼灭之，尤须注意不使再向东南逃窜。（六）新十三旅三九团（欠一营）即率一个营开赴二里河集结，准备进出余家河、弯陀坳、五阁老及边店、东界岭、岗树陀之线捕捉向西北逃窜之匪；一个营仍控置于木子店、龟峰山、三河口各要点，清剿散匪之三七团（欠一营），并指挥蔡家河之保安大队，于观音山、张家山、大月山、长岭岗、洗马畈，向鸡鸣河搜剿潜伏山地匪人，但绝对不使匪人再向西南西北逃窜；并饬浠水自卫大队进占江家河、策山（浠水东南十五公里）各要点。该团部位置蔡家河。该旅其余部队，仍沿叶家河、石桥铺、松杉铺、界岭，向南连系三十四旅，围剿张体学匪部。（七）各地搜剿地境线，线上属右。其一七四与新十三两旅为赵家铺、尖铺、黄石河、果子关、吴家店之线；三十四与新十三两旅为赵家铺、查家山、松杉铺、三角山、洗马畈之连线；三十四与一〇二两旅为隘口、界岭、桐梓河、广济之连线。（八）新十五旅即以一部协同地方团队，努力清剿其境内残匪，注意防匪回窜，并集结一个营于黄安附近，准备截击向西北逃窜之匪。（九）胡参谋长立饬一〇一团第一营迅速推进黄麻坳，控制贾家庙、大旗山及皂角树、凉亭各要点，准备捕捉向西北窜来之匪人，并督饬贾铁、东河各乡集合壮丁，努力搜剿辖境残匪，先行动剿灭漆少川匪部。（十）各剿匪部队不得因暴日骤雨所阻滞，尤注意夜间于深山小道，准备伏击捕歼。（十一）余仍在罗田指挥。

九月七日，张匪窜至鸡鸣河以南之冷水井、龙塘坳附近，被我三七团第八连追至，该连官兵奋勇攻击，匪亦誓死冲杀，发生激战。斯时我第八连因地形不利，连附负伤，排长阵亡，因之攻势稍挫，匪即乘虚向三角山逃逸。时三十四旅一〇二团由洗马畈赶至，即寻匪跟追。其战斗经过如（附图七〔略〕）。

九月九日，师为继续围歼残匪，调整部署，下达申佳辰策筹电令如次：（甲）张体学匪部于大月山、龙坳间地区被击溃后，化零鼠窜。其张体学本人率残匪四、五百人自回龙池、寒婆寺向东南逃窜；一股（第五团残部）百余人，由长塘坳向河铺、平湖西北逃遁；另一股约六、七十人，由彭超率领，窜至河家寨（上巴河东五公里），似有化零眩惑分散国军，以遂从容逃出重围之企图。（乙）师以继续围剿匪人之目的，调整部署如次。（丙）新十三旅应按如下之行动：（一）三七团（欠一营）以一营于黄花坪、株林河、洗马畈之线，担任堵剿，相机含东南逃窜之匪尾，以一营控置于鸡鸣河、蔡家河各要点，酌以一部由滥石河向东南搜剿，进出回龙池、贾家坳之线。（二）三九团（附麻城自卫两个中队）以一部控置铜罗关、滕家堡、木子店、龟头河各要点，并清剿附近散匪，主力负责剿灭窜至长塘坳、平湖铺、八迪河间地区匪人。（三）旅部（附三七团之一营）仍位置石桥铺附近。（丁）三四旅以一部于沙河方面搜剿吴成忠匪部,一部于陈汉沟并指挥地方团队搜剿钟子恕、康洪山匪部,主力即移至仙人台、汪家坝、永安砦、刘公河之线,连系三九团,逐次向大横山、回龙池紧缩包围环,捕捉张匪首。(戊)蔡专员应饬保十二大队于上巴河、夏河铺、侯家桥、新庙、黄麻坳各要点设伏,捕捉向西窜到之匪;以保十大队(附浠水自卫大队)占领长岭冈、洗马畈、姜家河、策山各要点,阻匪向西北逃窜,并注意蒋家山方面之匪情搜索,严令蕲、黄、梅三县县长督饬团队,密切协力军队,务于限期内,将流窜该方面之黄再兴、钟子恕、康洪山等匪首捕歼之。

九月十二日,张体学率残匪三、四百人,由横岗山折转经新铺街向横车桥逃遁,判断该匪似有续向西逃窜模样。师当以申文辰策筹电令处置如次:(甲)匪情如前记。(乙)师以穷追捕歼该匪首之目的,兹指示各部行动如次。(丙)三十四旅即以一〇二团(欠一营)经横车桥寻匪穷追,努力向黄土岭、大旗山、上巴河方面压迫,到达后即连系友军,围歼匪人。该旅主力负责肃清英山、鸡鸣河、唐家山、将军山、金家铺间地区潜散残匪。(丁)新十三旅应按如次行动:(一)三九团(欠一营)并指挥一〇一团第一营、保十二大队及麻城自卫两个中队,限文晚于总路嘴、贾家庙、大旗山、大坳亘龟峰山之线,严密部署完毕,准备捕捉向西北窜来匪人。(二)三七团(酌控置一部于叶家河、鸡鸣河搜剿残匪),主力即推进边店、三解元、华桂山、蔡家桥、关口之线,俟一〇二团追击通过铁炉场、竹瓦店之线,俟匪人进入我包围圈内,即由东南逐次向龟峰山、大旗山紧缩围歼之。(三)旅部暂位置叶家河,准备向三里畈进出指挥。(戊)蔡专员即以保十一大队限本(文)日黄昏前,移至上巴河亘巴水驿间,择要配置,严密阻匪向西逃窜。(乙)胡参谋长即令军士大队推进至铁野、三庙河街、河边铁铺之线,占领各要点,截击匪人。(庚)匪进入我包围环,如再钻隙逃窜,即由所经方面之各级主官负责,定予严惩不贷。

九月十三日，匪经黄龙山、关口，午刻窜至何家砦，强渡巴河，与我巴河铺之保安第十二大队发生战斗。傍晚窜至鲍家店，将保安队击退。是夜，经贾家庙、马鞍山钻隙向山庙河街逃窜，即令新十三旅部队及三十四旅之一〇二团寻匪穷追。其战斗经过，如（附图八〔略〕）。并以师部军士大队、一〇一团第一营及保安第十、第十二大队，统归陈副旅长正熙指挥，于大旗山、总路嘴亘巴水驿之线，阻击西窜匪人。

以上本月上旬鸡鸣河附近战役，毙匪二百余人（内第九团团长黄世德一员），伤匪二百八十余（内第五团团长潘继义一员），俘匪军官三十四员（内第八团团长谢挺一员），士兵四百四十名，夺获轻机枪二十五挺，重机枪四挺，步枪于〔于字衍〕一百九十一枚〔支〕，手枪十二支，□□榴弹筒四具，其他物品甚夥，为剿匪以来第一优良之战绩，师长及新十三旅旅长奉命记大功一次。

九月十五日，下达申删筹电令如次：（一）据报：张体学匪部申删于焦街、福禄港（均在新洲东十公里）附近被我军士大队及新十三旅击溃后，已向三店市（新洲北十公里）逃窜。（二）师以穷追歼匪之目的，指示各部行动如次。（三）新十三旅以三九团之一营，留置于黄土岭（龟峰山西南二十公里）、大旗山、贾家山（均在上巴河北十八公里），担任搜剿防匪回窜，即率三七团（欠一营，受新十五旅长指挥）及三九团（欠一营）由贾家庙出发，经徐古、潘塘、岐亭、尹家河道，星夜兼程，向黄安及其南超越追击，但通过尹家河（宋埠西北十五公里）后，努力向西北窜之匪，适时截击侧击，并饬一〇二团以一个营跟匪追击，其余应在山庙河街肃清残匪。其追击之营，进至新洲后，即停止待命。（四）陈副旅长指挥军士大队及一〇一、三九团之各第一营，设法抑留匪人于三店市东南地区而围歼之；如匪万一窜过河西，即寻匪跟踪猛追。但军士大队进至宋团公里，即将追击任务交由各该营后，由胡副大队长锡桂率回宋埠，继续训练。（五）三十四旅（欠一〇二团两个营及一〇一团第一营）并指挥地方团队，担任英、罗南北地区散匪之搜剿。（六）新十五旅俟三七团拨归之营到达后，即以一营于大小悟山，一营于东西大山（宣化店东西两大山），防匪回窜，准备捕歼之。（七）蔡专员即以保安两大队控置于浠、冈、麻三县交界山地各要点，迅速肃清买铁、东河两乡地区内残匪及其地方组织。（八）余明（铣）日由罗田出发，向宋埠前进。

九月十六、十七两日，师指挥所由罗田经黄麻坳、夫子河回至宋埠指挥。至匪首张体学率残部四、五百人于此两日中，被我三十四、新十三两旅部队及军士队尾击侧击，经八里湾（删晚由柳子港附近渡河）、何家新集（八里湾西南六公里）、长岭岗（八里湾西南十公里）向西北逃窜。筱日午后，窜抵苏子店（长轩岭东南七公里），筱晚经白木港（木兰山西南七公里）间钻隙向西北逃窜，似乎盘踞大小悟山及娘娘顶（广水东北二十公里）之企图。

九月二十日，下达申哿丑策筹电如次：（一）匪首张体学率所部四、五百人于申巧窜姚家山、小悟山附近，被我各部围剿，不支，皓日向羊毛岭、悟头、石湾回窜，似有向西南钻隙逃过路西模样。（二）师以夹歼匪人之目的，指示各部行动如次。（三）新十三旅以一部控置于大悟山附近，阻止匪人向南北窜，主力即沿梅店（不含）、蔡店、小悟山、齐湾、青山口、彭家湾之线，逐次向姚家山、白云砦严密搜剿前进；并以有力一部保持于青山口、彭家湾方面，阻止匪人向西北逃窜。（四）陈副旅长正熙指挥四五团第二营及一〇一团第一营（欠一连）沿梅店、官田畈向白云砦、桥头、石湾索匪攻击。（五）一〇二团（欠一营）以主力沿三家店（官田畈南三公里）、河店之线向杨林沟、圹山索匪攻击，到达后即占领该线，向西北堵击匪人；一部控置于横山寺，防止匪人向东逃窜。（六）陈副团长焕智所指挥军士大队第二中队、一〇一团第二连及工兵连，推进东阳岗，占领朱家冲、张坊店、涂家巷之线，阻止匪人向西南逃窜，并受刘团长指挥。（七）各部通信，以有线电为主，无线电及徒步传达为副。（八）余本日到黄陂指挥。

九月二十二日，张匪三百余人于申真由官田畈折经平港，傍晚向上店（河口南十公里）、红毛砦（詹店西南三公里）方向回窜去；另一股约二百人，似窜至圹山（长轩岭西北十公里）附近。

九月二十二日下达申养辰策筹电如次：（一）张匪体学部经我各部连日追歼，刻已溃散于黄安以北地区。（二）师以主力扫荡匪人之目的，部署如次。（三）新十三旅以主力控制黄安、七里坪、郭家河、华家河、禹王城、四姑墩、河口各要点，一部寻匪追剿。（四）新十五旅（欠四三团）以四五团第二营担任黄陂站、宣化店及两侧地区之搜剿，其余部队仍服行原任务。（五）三四旅部移至罗田，连系一七四旅于僧塔寺、金家铺、赵家铺、弥陀寺、陈汉沟各地部队，继续搜剿英、浠、蕲、广、黄、罗各县及龟峰山间地区残匪。（六）陈副旅长正熙令一〇一团第一营开赴尹家河集结待命，归还建制，即率军士队返宋埠，继续训练。（七）一〇二团刘团长令工兵连开赴黄陂，归还建制，即率所部由长轩岭出发，经塔耳岗、岐亭待命。（八）师指挥所本（养）日移返宋埠。

九月二十三日，张匪二百余，养日午后窜抵三峰尖（河头店西南三公里）、杨员山（西张店西南十公里）一带，分由黄安窜来之匪三百余会合后，大部未动；一小股约百余，梗辰向檀树岗方向窜去，我新十三、新十五两旅部队继续追剿。

九月二十四日，奉主任程申支申参一代电：兹为彻底肃清辖区匪军，免其再事流窜，特颁布分区清剿办法，兹指示如次：（甲）绥靖序列暨绥靖区域，如附图表所示。（乙）任务：（1）豫鄂皖三省边区清乡指挥部，除第一清乡区应将英山南北地区张体学匪部彻底消灭外，余第二、第三清剿区应在各辖境内积极清剿零星散匪。（2）第五清剿区应彻底肃清大洪山附近潜伏残匪。（3）第八清剿区应以全力击灭许猛匪部，并相应策应六六师之作战。（4）其他各清剿区，应就各辖区内积极清剿其散匪。（丙）规定：(1) 清剿期限为一个月，所有各清剿区股匪散匪，统限酉微前彻底肃清，倘有逾限，各清剿区司令以下、国军营长以上暨保安大队长，统应一律严惩。(2) 各清剿区以军事为主，所有一切地方，均得由该司令统一运用各行政官吏，政绩之良窳，亦视剿之成绩而定，倘有不尽职守、轻易放弃要地者，亦得由清剿区司令报请议处。(3) 各清剿区地境线，应相互联防，协力清剿，不得有分畛域，致遗匪患而遭议处。(4) 保安大队现已配属清剿区内，除经费一项得向各该省保安司令部具领外，其军事上之行动，统由配属清剿区司令指挥运用。以上各项，除呈报并分令外，希各遵照并转饬所属遵照具报为要。兹对绥靖序列及区域图表从略而摘记，其第一清剿区者为：(一) 区域：自大江陈家营起，沿皖鄂省界、豫鄂省界，经王家店 (不含)、大新店 (不含)、武胜关 (含)，沿平汉铁路经孝感 (不含)、黄陂、杨罗沿长江北岸至陈家营间地区，为第一清剿区。(二) 序列：以本师师长杨文瑔、鄂二区专员蔡文宿兼任第一清剿区正副司令，并以一七四旅 (全部)、军政部独五团、整六三师一五三旅之一个营、保第十第十二两大队、三四旅、新十五旅 (欠四三团) 及新十三旅，列为本区序列。

师当以申回酉策筹电处置如次：(甲) 师遵主任程申支申养参一代电，以彻底歼灭辖区内匪人，以靖地方，规定清剿办法如次。(乙) 清剿区序列及绥靖地域：(一) 第一分区司令王景宋兼辖一七四旅全部、军政部独五团及整六三师一五三旅之一个营，担任武穴、广济、□公河、鸡鸣河、汤河、僧塔寺 (均含) 之线以东迄鄂皖省界线间地区之搜剿。(二) 第二分区司令祝顺锟兼辖三四旅 (一〇二团)、鄂保第十第十二两大队，担任团风、道观河、麻城、福田河、两路口 (均含) 之线以东迄与第一分区武穴亘僧塔寺之地境线间地区搜剿。(三) 第三分区司令杨本固兼辖新十三旅全部，担任黄陂站公路之线 (均不含) 以东迄与第二分区团风亘两路口之地境线间地区搜剿。(四) 第四分区司令江涛兼辖新十五旅（欠四三团），担任黄陂站公路（均含）以西迄王家店、大新店（均不含）、武胜关、广水、孝感铁路（均含）至黄陂间地区搜剿。（五）一〇二团集结宋埠，为师预备师。（丙）第三、第四分区应积极将窜至檀树岗、老君山地区张体学股匪及三里城、大小金龙山一带周子建匪部彻底击灭，绝对不使再行流窜外，其余第一、第二两区，应迅速消灭各辖区内潜散残匪。（丁）规定：（一）清剿期限，务恪遵行辕规定办理。（二）各清剿分区内地方团队，由各该司令统一指挥运用。（三）各地境线上匪人应相互协力，不得推诿。（四）实施清剿时，务照本部未号辰策筹代电所发清剿办法（本详报未记入）办理。

九月二十五日，下达申有戌策筹电如次：（一）据报张体学匪部三、四百人，于有日窜至八里畈（经扶东北十三公里）、张家田铺附近，被豫九区保安团阻击，刻正战斗中。又张政率匪二百余人，回午经燕窝、杨桥（均在宣化店北三公里）向东窜扰中。（二）师以各个追歼之目的，兹指示各旅行动如次。（三）新十三旅派兵一团，沿檀树岗、乘马岗向八里畈搜剿前进，索匪攻击，务以追歼匪人为止。其余部队暂控置黄安、七里坪、郭家河各要点，协力新十五旅肃清天台山、老君山匪人。（四）新十五旅即以四五团第二营追歼张政股匪，并连系新十三旅肃清黄陂站、宣化店两侧地区散匪。

奉主任程申文午参一昌电：（甲）据报：（一）武穴及田家镇之凤凰山、五屏山一带，约有散匪二百余，时出流动，并组有伪政府，县长朱流，指导员黄仙。（二）太白湖及田家镇以北之马口湖附近，各有散匪百余人，不时出没。（乙）一〇二旅奉命开京归制，前令归贵师长指挥该旅黄梅方面之一个营，着即归制。（丙）希即针对上项匪情，即将黄梅方面及九江北岸迄田家镇之线清剿部署调整。一五三旅刻亦情况关系，无部队进驻。除分电外，希即遵照。师当以申有午策筹电转饬三四及一七四两旅遵照。

九月二十七日，张匪主力五百余，由八里畈、泼陂河西北窜，酉刻窜抵晏家河（泼陂河西十公里）及其西北地区。我以新十三旅三九团部队及商城自卫队、经扶保安大队，续由各方围剿。

奉主任程申宥申参一军电：（一）王树森部七、八百人，梗午由璞河埫经转斗湾、襄河东窜乐河，其企图回据大洪山。（二）已令四三团即由钟祥向北堵击。（三）着新十五旅江旅长即率四五团，不待交防，即经广水、应山、马坪向均川店、环潭镇、大洪山地区搜索前进，尔后并即指挥四三团及保十八大队负责肃清渡河东窜之匪。（四）四五团所遗铁道警备，已令一九九旅克日接替。（五）经扶、黄安、礼山、宣化店一带残匪之肃清，着杨师长协力豫九区妥为部署，限期根绝，不得任其再事流窜。上五项，除分令外，希即遵照具报。

师当以申感未策筹电令新十三旅派兵一营，限俭日推进宣化店，连系豫九区部队，迅速剿灭黄安、礼山、宣化店间匪人，并饬该旅于短期内负责歼灭张体学残匪。同日以申感午策筹电饬新十五旅遵行辕申宥申参一军电，迅速行动，并将剿办情形随时具报。

九月二十八日，（一）新十五旅于本日出发，向行辕申宥申参一军电指示地区前进。（二）张匪卯刻窜至殷家棚（南向店西稍北五公里），与我三九团部队激战。至辰，该匪不支，向陈家棚（光山西南二十公里）、文殊寺、典陈店（陈家棚西十一公里）一带逃窜。

九月二十九日，奉主任程申感巳参一军电：（一）新十三旅除留必要一部于黄安、七里坪、郭家河、礼山一带肃清残匪外，主力应积极尾追向经扶以北地区逃窜之匪，并以有力一部向大小鸡笼山搜剿，务协力豫九区将仅存之张体学匪部完全肃清。（二）新十五旅应速遵申宥申参一军电行动。（三）鄂东股匪业已肃清，残匪不足两千，希饬一七四旅、三四旅迅速扫荡，以利尔后之作战。上三项，希照为要。

师当以申艳午策筹电转饬各旅，并饬一七四及三四两旅遵本部申回酉策筹电办理。新十三旅遵指挥部申俭参东电指示，统一指挥驻南白店附近之豫保一团两大队，于最短期日，将宣化店东西山地之匪彻底剿灭。

九月三十日，下达申卅酉策筹电如次：（一）据报张体学率匪三、四百人，于艳、卅两日窜据杨藩桥（泼陂河西北十公里）、文殊寺、老虎山（文殊寺西南六公里）未动。（二）师以剿灭匪人之目的，指示各部之行动如次。（三）新十三旅以有力一部进至宣化店、定远店，阻击东西流窜匪人，相机搜剿大竹园、墨斗关、牢山地区残匪；一部仍控置西张店、七里坪、黄安、礼山各要点，主力即努力追剿匪人，但注意防匪向夏店（浒湾北约五公里）、浒湾、吴陈河、潘家楼（宣化店东十公里）间地区逃窜。（四）独立一团酌留一部守备商城、余家集各要点，主力利用夜暗，沿双河桥、白雀园、沙窝，经砖桥、毕家店、八里畈，向槐树店、杨潘桥、晏家河李匪攻击。（五）豫九区保一团沿槐树店、陈家棚、罗陈店、钖山砦之线，由北向南索匪攻击。（六）匪如钻隙逃窜，即以逃窜方面之部队，不待命令，转为追击，绝对不使脱离匪踪。（七）各部统限酉东黄昏开始行动。

十月一日，张匪三、四百窜抵经扶、八里畈附近，与我新十三旅三七团第三营战斗两小时，入夜窜周家河（福田河北十五公里）、韩家老屋一带。

十月二日至三日，路东张匪经博家冲（福田河西北八公里）、万字山、傅家湾，支酉窜抵万义河（林店东稍北八公里）附近，我新十三旅两团部队追击，与匪激战。至亥，匪不支南窜，我复以三四旅一〇二团由黄土岗附近堵击。路西李人林匪部（以下简称李匪）六、七百人，由丰乐河、襄河东窜，冬日窜抵皂市北之曹武街、石桥铺一带地区。

十月四日，路东张匪二百余，巳刻窜抵新田河、龙王庙山（林店西南五公里），我以新十三旅两团部队尾击；三四旅一〇二团由中馆驿北之料棚附近，师特务营一部由龙王庙（林店南五公里），新十三旅工兵连分由叶枫河（狮子口东南六公里）、两道桥，向该匪围剿，激战至申，该匪溃窜潭坂河附近。又孙宝元、张政两匪（以下简称孙匪）二百余，由西北窜至墨斗河路西，李匪得知我新十五旅（欠四三团）由东北进逼，开始折向窜。

十月五日，路东张匪窜光宇山（西张店西七公里），我以师特务营一部、新十三旅两团部队，与原在围棋畈（麻城北稍西十五公里）之三四旅一〇一团第一营，分别追击截击。路西新十五旅四五团到达宋河镇、五谷台、三阳店、六房咀间地区集结；四三团亦奉罗旅长命令，转向回窜襄河东岸之李匪追击，是日，到达孙家桥（京山西）、陈家集一带。而李匪主力三百余，已窜至新河集，我四三团第三营追及，与之战斗半小时，将其击溃，向长滩埠方向窜去，另一部向下洋港方向窜去。

十月六日，路东张匪经八字门楼（西张店东北八公里）向界岭逃窜，我以三十四、新十三两旅部队及经扶自卫队独一团，由各方围剿。又窜墨斗河之孙匪，被我经扶保大队攻剿，继续东窜，我以三七团第二营经陡山河西北进剿。路西李匪主力窜至刘家集，一部由下洋港向聊屈山北窜。

十月七日，路东张匪窜抵抚儿山（福田河西南十公里），我三九团部队及麻城自卫第四、六两中队，追至该地，一度发生战斗。路西李匪主力窜至多宝湾，我以四三团第三营尾追，其一部于聊屈山附近化零四散。

十月八日，路东我一〇二团一部及三九团主力、麻城自卫队，由南西北三方围剿张匪于陈家山（抚儿山东南二公里），激战两小时，匪不支，经木厂河（抚儿山东六公里）、三河口南窜黄土咀。又墨斗河附近孙匪窜至棋盘山（陡山河东北十三公里），我以三七团主力分由西南两方围剿。路西李匪主力窜至螺丝滩，我四三团**第三营继续追击。**

十月九日，路东张匪未刻窜至胡家平斗山（阎家河东十五公里）一带，以三十四旅两团主力、三九团一部，由西南北三方围剿，该匪于申刻经东边岩（木子店西北九公里）东窜。又棋盘山孙匪与由殷家棚方面窜来之匪百余会合，被我围剿。一股百余向西南窜，未刻窜至天台山，我新十三旅部队予以围剿，激战两小时，该匪化零逃散；一股向吴陈河（陡山河北稍东十一公里）方向窜去。是役，我三七团毙伤匪五十余，俘匪第五团团长潘继义，夺获美造加拿大手枪一支、步枪二支、望远镜一具。

十月十日，（甲）下达酉灰午策筹电令如次：（一）张体学率残匪二百余人，经我数度追歼后，于佳晚向杨家冲（李店西北九公里）逃遁。又孙宝元收容罗、礼间散匪百余人，于虞齐向墨斗河、唐家塝（均在宣化店东约十二公里）附近窜扰。（二）师以分区歼灭匪人之目的，调整部署如次。（三）一七四旅仍照本部申回酉策筹电所示任务，以有力一部连击，三四旅迅速肃清金家铺、滕家堡、牌形地间地区残匪，并以一部协力第梅自卫队，彻底扫荡太白湖、黄梅间匪人。该旅主力即控制各要点，扫清残散匪人。（四）三四旅（欠一营，受师直接指挥）附鄂保安第十、第十二两大队，仍以有力一部由滕家堡、木子店、龟峰山之线，连系新十三旅之追击部队，围歼窜至杨家冲、八成山附近之匪；一部连系广济方面独五团，彻底肃清菩提坝、田家镇一带地区匪人。该旅主力仍控置清剿区内各要点，搜剿残散匪人。（五）新十三旅即以有力一部于宣化店附近，连系豫九区保一团，歼灭孙宝元匪部一部（约一加强营），由平斗山向八成山、杨家冲追歼张旅，并确切连系三四旅及豫九区独一团，迅速歼灭张匪残部。旅主力即控制西张店、七里坪、老君山、黄安、礼山各要点，并指挥黄安、黄陂自卫队，迅确搜剿詹店、塔耳岗、姚家集一带潜散匪人。（六）各旅清剿地境，一七四及三四两旅于与本部申回酉策筹电规划同，三四、新十三两旅与本部申卅午策筹电规划同。（七）一〇二团第三营为师预备队,集结宋埠,保持机动。(八)新十五旅依照匪情,适当部署,应以主力先剿办京山向西泗港市间匪人,尔后再依情况,搜剿大洪山、京山间地区匪人。(九)三四及一七四、新十三各旅,应确实运用地方武力,配合党政团,彻底消灭散匪,摧毁其地下组织。(十)以上各项,除分电外,希即遵办具报。(乙)路东张匪酉灰午刻窜至陈家山(河铺东南四公里),我三九团第二营追及,与之战斗一小时,该匪经李家山(河铺东南十四公里)窜高家冲(滕家堡东北八公里),我以一〇二团第一营由团山以南截击。路西李匪主力窜至竹影寺附近地区。

十月十一日,路东方面,张匪子刻经团山折向南窜,我以一〇二团主力及三九团一部尾追一〇一团一部及该(三四)旅工兵连,由二里河(龟峰山东南十五公里)向八回河、牌形地堵击。一七四旅部队向西截击,匪于亥刻经蚂蚁坳逃窜。又向吴陈河逃窜之孙匪一股百余,经该地向南向店以南地区逃窜,我以三七团一部堵击。路西方面,四五团第二营附旅特务连,由京山向南截击,四三团第三营由泗港市、渔新河市继续尾追。四三团部移永兴镇(京山东南十二公里),指挥保十八大队堵击窜竹影寺附近之李匪主力,先后于该地及永兴镇附近与匪激战。至未,该匪伤亡惨重,率残匪二百余,经石桥铺向天王寺。又十余人向孙桥镇狼狈窜去。

十月十二日,路东张匪辰刻窜蚂蚁坳以南地区,后分为两股,一约八十人,经木樨河,向平斗山方向窜去;一约二百人,窜至大雾山,我三九、一〇二团及一七四旅部队,分头追击。路西李匪主力二百余,经五谷台,向六房咀以东窜去。

十月十三日,路东张匪主力二百,辰刻向李家楼、萧家坳、金家铺方向逃窜,我以三九团由黄土坳(八迪河南六公里),一〇一团一部由大河岸,一七四旅由望营寨、鸡鸣河,分头追击堵截。该匪于申刻窜至观音山(罗田东南二十公里),我续以一七四旅及三四两旅部队与三九团一部,分由步兵河、鸡鸣河、蔡家河、骆驼坳、研石河（罗田东南五公里）、洗马畈各地围剿。又真日向南向店以南地区逃窜之孙匪百余人，在该地被我三七团部队痛击后，于本日折经宣化店，向大金龙山方向窜去，我仍继续追击。路西新十五旅自本日以后，遵行辕指示，于京钟、随县境分区清剿。又该旅四五团第三营于五台山（三阳店西十公里）与李匪二百余战斗一小时，该匪即向随县东北窜去。

十月十四日，（一）张匪主力二百余，于观音山、□子畈间地区被我围剿，自巳刻激战至申，该匪溃经大月山、百里河（蔡家河东北五公里），向东南逃窜，我续以追击。是役，我三十四旅一〇一团毙伤匪三十余，俘匪第六团团长石□金一员，兵士七名，夺获轻机枪二挺，步枪二支，望远镜一具，手枪一支，机步弹一五〇发。其战斗经过如（附图九〔略〕）。

又由大金龙山逃窜至香炉寺（大金龙山北稍西五公里）及北岸山（大金龙山西七公里）孙匪一部，被我三七团第一营攻剿后，向三里城方向窜去，此后即逃出，该旅剿匪未再追击。（二）以三四旅负责追剿张匪，三九团一部搜剿木子店、龟峰山、平斗山残部，一部进驻礼山镇压，主力移阎家河附近整理。（三）遵行辕酉文未参一军电指示，调整新十三旅部署：（1）邱刚旅长仲丕率三七团（欠一营）接替一九九旅武胜关至孝感段铁道警备。（2）该旅旅长率三七团一营至宣化店任东西两大山搜剿。（3）三九团一部任郭家河、天台山以北地区搜剿，该团主力控制西张店、七里坪、黄安、礼山各要点，剿办窜入匪人。

十月十五日，路东张匪转经朱杨河（鸡鸣河南稍东五公里）向火田冲逃窜，我三十四旅部队及一七四旅五二二团第三营跟踪追击。路西十一日，向孙桥□□窜之李匪一部十余，本日窜至杨家庙附近，向乡公所投诚。

□□（一）张匪窜至仙人台（松山铺南十公里）东南地区，被我原驻何家铺附近之一七四旅部队截击后，窜汪家坝东北地区，我一七四旅及一〇一团部队续由东北两方进剿。（二）调整三四及一七四两旅部署：（1）三四旅（欠一营）以□营为追击队，抑留匪人于四安寨、松杉铺、张家塝以西地区，俟一□旅部署完毕后，即连系围歼之一部，仍任清剿区内残匪之搜剿；该旅主力控置罗田、洗马畈、漕河镇间地区各要点，俟张匪向西北回窜，应即连系一七四旅，彻底围剿之。（2）一七四旅以主力仍控置新剿区内各要点，继续搜剿潜散残匪；有力一部沿赵家铺、弥陀寺、陈汉沟、唐家山之线，由东向西连系三四旅追击索剿张匪。但阻其不得再窜过上述线以东地区。

十月十八日，路东张匪五百六十人窜百丈冲（鸡鸣河南八公里）东北地区，我以三四旅两团部队，由蕲阳坪（洗马畈北稍东五公里）附近进剿。路西新十五旅四三团第二营于新河集，与匪京钟游击大队李炳南部约百人战斗半小时。

十月十九日至二十一日，路东张匪百四五十人，经仙人台、将军山、柯家山（何家铺东五公里）、萧家河（两河口东北四公里）向独山港（两路口东南五公里）逃窜，我以一七四旅及一〇一团部队围剿。路西新十五旅四三团第二营二十一日在麻子岭（大洪山南二十公里），与八、九十人战斗半小时。

十月二十二至二十三日，张匪经王裕冲窜抵唐家山（桐梓河东稍北十公里），与黄再兴匪部会合后，共约二百人，续向西南蕲春边境逃窜，我一七四旅部队及一〇一团第二营分途尾击截击。

十月二十四日，路东张匪（含黄匪）向黄、广、蕲边境潜逃，我三十四及一七四两旅部队继续搜剿。路西四三团第一营于司马山（三阳店西稍北十公里）与彭友德匪部四十余，第三营于小泉冲（新河集东三公里）与李炳南匪部三十余各战斗半小时。

同日奉到主任程酉养申参一军命令电：（一）匪李仁林①、苏

---

① 上文作"李人林"。

庆扬、邹亚龙约五、六百人，酉哿以来，在寿山以北地区会合孙宝元部约百人，酉筱由东双河越路窜谭家河、刘家冲（均在信阳、应山、随县边区）窜扰，判断似有于路西寻求根据地，建立所谓中原军分区之企图。另其残部李炳南约百余人，经我新十五旅截断后，刻潜伏于聊屈山附近地区。（二）襄河西岸之匪第二旅及江汉支队杨洪先部荆、当、南、漳间积极扩充部队，另派张秀千一部（匪部西北军野战旅长）率部千余，酉巧窜南樟、保康间之新店，子刻，我十三旅正分别进剿中。（三）着杨师长即推进花园，统一指挥。路东原属各部队及路西一九九旅（欠五九五团）、新十五旅、鄂三区保安团队，负责肃清路东西股匪，以利一般作战。（四）进剿前，务须绵密部署，先以必要兵力控置要点要线，遏止匪之突窜，然后以主力自有利方面索匪攻击，并包围而歼灭之。（五）进剿间应特别注意要点，使匪不易逃窜及破坏铁道，越路东窜。追剿间，对地方党政人员，应予利用，使军事之进展有利。上五项除分电外，希遵照部署报核为要。

十月二十五日，独五团第三营部队于万家堡（桐梓河东十二公里），与张匪二十余战斗二十分钟。

师遵主任程酉养申参一军命令电令，即处置如次：（一）新十三旅旅长率三九团（欠一营，暂驻黄安、礼山，担任七里坪、河口一带地区清剿）移广水指挥，并限该团俭日开赴谭家河集结待命。该旅邱副旅长至宣化店设指挥所，指挥三七及三九两团之各一个营及豫保一团，迅速肃清经罗、礼、安间之匪人；三七团（欠一营）移驻广水，仍任武胜关至孝感段铁道警备，并抽一部推进应山。（二）师部移花园指挥。

十月二十六日，（一）路西四三团第三营一部于聊屈山南八公里之李家坡，与京钟游击队饶玉清部二百余，激战一小时。（二）师部由宋埠出发，车运至横店宿营。

十月二十七日，（一）路西四三团第二营部队于老孙家集（白口东北四公里），与匪四十余战斗二十分钟。（二）师部到达花园。

十月二十八日，师以酉俭酉策筹电令三四、新十三、新十五、第一七四、第一九九各旅、鄂三区。其命令：（甲）匪情：（一）路东张体学匪部，经我三四旅及一七四旅数度追歼后，率匪百余人与宿太边区主任黄再兴合股约二百余人，流窜于黄、英、蕲三县交界地区。又匪经光罗县长刘名榜率匪百余，流窜于东西两大山。（二）路西匪首孙宝元、苏庆扬、邹亚龙合股约三百余人，似窜据信、随、应各县交界山地，企图建立根据地。襄北指挥李人林部三百余人，其一部由所属钟团长率领，窜至洛阳店，主力似在寿山附近未动。洪山支队彭友德部约三、四十人，潜伏大洪山西南之客店坡。京钟游击大队李炳南率匪七、八十人，流窜于聊屈山附近。（三）判断奸匪目下化零流窜，似有盘踞大别山、大洪山，扰乱华中，牵制国军，待机活动之企图。（乙）师遵主任程酉养申参一军电，以彻底肃清大别山、大洪山迄襄河、长江左岸地区匪人之目的，决以主力先剿歼辖境股匪，一部扼守各要点，配合党政，督同地方团队，搜剿潜散残匪，并摧毁匪之地下组织，俾地方秩序得早恢复。（丙）新十三旅以一部由邱副旅长指挥，任麻、经、罗、礼、安五县间匪人之搜剿，一部归孝感、武胜关段铁道守备，主力连系彭专员，迅速剿歼信阳、朱家店、高城、马坪、应山、武胜关间孙宝元、苏庆扬、邹亚龙股匪。（丁）一九九旅（欠五九五团）担任应城、安陆、应山、马坪、洛阳店、三阳店、京山、皂市间匪人之搜剿，但以主力连系应山方面新十三旅部队，先剿灭寿山、洛阳店一带匪人。（戊）新十五旅（以有力一营拨鄂三区彭专员指挥，一营任沙洋弹药库守备）担任皂市、京山、大洪山、张家集迄襄河左岸间地区匪人之搜剿，并注意阻击由襄西渡河东窜匪人。该旅部移至东桥镇指挥。（己）彭专员指挥新十五旅之一个营及保安第五、第十八两大队，担任洛阳店、马坪（均不含）、高城、厉山、资山、新集、大洪山、古城畈间地区匪人之搜剿，但先以有力一部于万家山、新店、萧家店各要点，协力新十三旅剿歼窜至信、应、随各县交界地区之匪人。（庚）一七四及卅四两旅，仍于原地区服行原任务，但须各以有力一部将窜至唐家山、陈汉沟、将军山、四安寨、张家榜一带之张、黄两匪残部，迅速歼灭，使匪不得窜过浠水、罗田以西及宿、太方面。

十月二十九日，四三团第二营一部于范家集（钟祥南稍东十二公里）附近，与匪京钟大队李炳南部二十余，战半小时。一九九旅五九六团第一营一部于王家场（皂市西北十公里）以南大小梅子坳，与彭有德匪部战斗一小时。

十月三十日，路东一七四旅部队，于百丈河（英山东南十公里），与匪太蕲边区指挥李台文部廿余人激战半小时。

十月三十一日，路东张、黄两匪部，仍潜散罗、浠、蕲、黄边区，我一七四及三四两旅部队，继续搜剿。

十一月二日，（一）以戌冬巳策筹电，令一五三旅将该旅四五九团在陈汉沟附近之第二营调至黄梅附近，防匪南窜。（二）新十五旅四五团第一营于大洪山西南六公里之袁家台，与李人林匪二百余，自酉战斗至戌，匪不支，向长岗店（大洪山北八公里）窜去。

十一月三日，新十五旅四五团第一营与李人林匪部于高坡砦（茅茨畈西南），自午战斗至未，匪不支，向双河东北窜去。

十一月八日，奉主任程戌鱼参一军电：（一）着该师师部即移驻应城，三四旅部移至宋埠，新十三旅部驻广水，一九九旅部驻京山，新十五旅旅部仍驻钟祥。（二）各部队部署，应依各地现状，由该师妥拟报核。右二项，仰即遵办具报。师当以戌庚巳策筹电部署如次：（一）三四旅（欠一营，为师预备队）以一团位置罗田，一团仍于白水畈、洗马畈以南地区，连系一七四旅，肃清散匪，该旅旅部移至宋埠。（二）新十三旅旅部仍驻广水，服行原任务；三七团团部移至宣化店，服行邱副旅长所负任务。（三）三四旅及新十三旅之清剿地境为李家集、八里湾、尹家河、檀树岗、莲塘坳、浒湾之连线，线上属三四旅。（四）李部于明（九）日由花园出发，移至应城指挥。上项除分电外，特电遵照具报。

十一月九日，奉主任程戌佳巳参一军电：（一）停战命令已颁发，自戌午开始生效。（二）本行辕辖境已无（乙）军，对现窜扰各地之散匪土匪，仍继续肃清，不受停战命令之限制。（三）本命令除应设法告各部队长外，不得据文层转，以重机密。（四）嗣后各部队不得于谈话或任何人公开报告及发表关于本行辕辖境内（乙）军之情形。上四项，除分电周司令官、张指挥官、杨师长外，希密办理。

师遵照上述命令，当以无线电加码密令各旅于戌刚前将辖区内散匪土匪彻底肃清，并告之前电大意，各级均能恪遵奉行。一面继续扫荡辖境潜散残匪土匪，一面督同地方保甲，迅予编组，修补汉宜、汉襄公路，维护襄河下游及长江交通安全。直至十一月中旬，所谓匪部之蕲太黄英边区办事处主任兼县委黄再兴，经一七四旅擒获解部，该匪向北溃散。

流窜随枣边境之张波、宁怀各部，亦经新十三旅击溃。自是鄂皖豫三省边区及湖北长江北岸已告平靖，地方秩序恢复安稳，鄂省剿匪遂告结束。

第六　各时期之后勤设施〔略〕
第七　经验与心得〔略〕
第八　附图〔略〕
第九　附表〔略〕

师长　杨文瑔

中华民国三十六年三月　日

〔国民政府国防部史政局及战史会档案〕

二、国民党军对苏北根据地的进攻

1. 王懋功报告铜山境内解放军积极活动打击国民党军电

（1946年5—8月）

（1）5月1日密电

限卅分钟到京。行政院长宋钧鉴：○密。据桐〔铜〕山县长耿继勋辰东巳电称：辰东晨，匪约五千人分三路向我许庄据点取包围形式，企图进击，其前哨已抵许庄附近二华里之各村，刻与我各地队部〔部队〕接触中。另有千余人分向韩大楼、敬安集中我两据点进犯，企图牵制我兵力。徐西存亡，在此一举。职除已向绥靖公署请援外，刻抱病返部指挥作战。请飞电绥靖公署迅派大兵救援，并转恳绥靖公署拨借手榴弹一万颗，因与匪作战，往往机步枪失去效能，非手榴弹不可应战，事机万急。等情。除复令坚守据点待援，并电请徐州绥靖公署顾主任派兵救援，及请拨借手榴弹，俾资应战外，谨此电陈。职王懋功叩。辰东辰。秘机。印。

（2）7月20日代电

江苏省保安司令部代电　保总安字第9576号
中华民国三十五年七月　日

行政院长宋钧鉴：据铜山县府午齐代电称：冬子，共军房村区长孟广培纠集各乡基干队，并调野战团第二营赵桂勋部，共四百余人，在该区晓奠、仁和等乡，强征民夫五千余人，由仁和乡杨洼至伴山一带，掘挖交通沟（深八尺、宽一丈），经派本县第八区自卫队分路前往剿袭，战斗四十分钟，将其击退，毙共军十余名，伤二十余。江日，共军四十余人，在丰县六区昌德化等乡，强征食粮，经我昌平乡自卫队前往剿袭，至王山与共军遭遇战斗二小【时】，共军不支溃退。等情。除分报国防部徐州绥靖公署第一绥靖区司令部外，谨闻。江苏省政府主席兼保安司令王懋功。午哿。保绥。印。

（3）7月22日代电

江苏省保安司令部代电　保总安字第9646号
　　　　　　　　　　　中华民国卅五年七月　日

行政院长宋钧鉴：据铜山县府午真文三电称：（一）鱼酉，共军第十三区区队四、五十名，在我第九区窑楼乡紫庄抢运食粮，经该乡自卫队前往剿袭，战斗半小时，将其击退，毙伤共军三名，获步枪三支、步弹五粒。（二）鱼酉，我第八区自卫队前往七区东境晓奠乡一带活动，在该乡晓奠村与共军铜山县便衣队百余遭遇，战斗时许，将其击溃，毙共军四名，伤十余名，获步枪四支。（三）鱼日，共军乡长赵贵星率乡队及基干队共三十余人，在我第六区德化乡七、八、九、十各保抢运食粮，经该乡自卫队前往剿袭，至潘棠村与共军接触，战斗二小时，共军不支，向东南溃去。各等情。除分报国防部徐州绥靖公署第一绥靖区司令部外，谨闻。江苏省政府主席兼保安司令王懋功。午养。保绥。印。

（4）7月23日代电

江苏省保安司令部代电　保总安字第9734号
　　　　　　　　　　　中华民国三十五年七月　日

行政院长宋钧鉴：据第九区专署午皓电称：真晓元日共军在铜山东南各乡强征民夫，掘挖由苏湖经伊桥至宝光寺一带之交通沟，经我区保安队先后前往剿袭，将其击溃，毙共军十余等情。除分报国防部徐州绥靖公署第一绥靖区司令部外，谨闻。江苏省政府主席兼保安司令王懋功。午梗。保绥。印。

(5) 8月1日代电

江苏省保安司令部代电　保总安字第10245号
　　　　　　　　　　　中华民国三十五年　月　日

　　行政院长宋钧鉴：据铜山县府午感电称：宥未，共军七百余，由沛南窜至本县三段、五段乡，将五段乡长张学云惨杀，九段乡事务员等六人捕去。当派我县保安团分路经五段乡沿微湖西岸剿袭，另派一大队配合沛县张县长由铜沛公路经雀寨夹击，匪闻势不支，向沛二区前后蒋桥一带窜去。我各部遂并力跟踪追击，将苗洼之匪击溃，并向蒋桥推进，在该镇附近与匪战斗半小时，将其击溃，当将该庄占领。是役，毙匪十余名，我伤亡二名。等情。除分报国防部徐州绥靖公署第一绥靖区司令部外，谨闻。江苏省政府主席兼保安司令王懋功。未东。保绥。印。

(6) 8月8日代电

江苏省保安司令部代电　保总安第10733号
　　　　　　　　　　　中华民国三十五年八月十二日

　　行政院长宋钧鉴：据铜山县府午艳报称：午俭晓（一）盘踞县东北马山乡马山家之匪首张效月部三、四十人，潜伏该庄，当派该乡长李开云率自卫队四十人前往搜剿，在该庄与匪战斗二小时，匪不支，向西北窜逃，毙匪一名，伤三名。（二）……等情。除分报国防部徐州绥靖公署第一绥靖区司令部外，谨闻。江苏省政府主席兼保安司令王懋功。未齐。保绥。印。

〔国民政府行政院档案〕

2. 王懋功报告国民党军进攻赣榆解放军受挫代电

(1946年7月—1947年4月)

(1) 1946年7月3日代电

江苏省保安司令部代电　保总安字第8730号
　　　　　　　　　　　中华民国三十五年七月　日

行政院长宋钧鉴：据驻海州之赣榆县府巳鱼报称：微辰，本县难民还乡团，配合县保安队，分路向县西南唐圩、太平庄、滕湾、新团浦、汪庄一带推进，经在各该处与共军四百余，战斗七小时，我队沉着应战，共军终未得逞。迄晚，我各队仍分别退回，至小房庄、尹巷等处休息整理，续图进展。是役，计毙共军指导员一名、连排长三名、士兵十三名。等情。除分报国防部徐州绥靖公署第一绥靖区司令部外，谨闻。江苏省政府主席兼保安司令王懋功。午江。保绥。印。

（2）1947年1月14日代电

江苏省保安司令部代电　保绥字第1083号
　　　　　　　　　　　中华民国三十六年元月廿日

行政院长宋钧鉴：据赣榆县县府子佳电称：齐夜八时半，匪首郝逆鹏举之第二师全部向我新浦外围小屋子、毛口、赵圩、富安、鸿门、色庆各据点围攻，以五百余人附迫击炮二门、轻重机枪十余挺，猛攻我防地赵圩，激战彻夜，先后冲锋十余次，未逞。至九日上午四时，战斗终止。是役，我赵圩据点内落炮弹廿余发，阵亡分队长乔静波及队员朱继鄂、吴德智三名，伤队员张如九一名，奸匪伤亡约卅余人。等情。除分报国防部徐州绥靖公署第一绥靖区司令部外，谨闻。江苏省政府主席兼司令王懋功。子寒。保绥战。

（3）4月24日代电

江苏省保安司令部代电　保绥字第8280号
　　　　　　　　　　　中华民国三十六年四月廿五日

行政院兼院长蒋钧鉴：据赣榆县县府卯巧、皓、哿先后电称：巧晨，国军第一五五、一五六团各两个营，会同我县保安队及自卫队，分路向沙河一带进剿，在该处与匪战斗两小时，匪不支退去，当将该镇收复。同日,我第二八师第一九二旅进驻仿庄、敦尚,匪不支向城头一带退去。我第三、七两区自卫队,协同自治人员,均随军出发,返乡工作。又我第一七一师第五二团,进抵敦埠,与匪新四军第四师及滨海团遭遇,匪不支向夹山北逃窜。皓晓,我第二八师第一九二旅两个营,会同我县保安队前往县东南青口一带清剿,与匪县大队及公安局民兵二百余人遭遇,匪凭河堤顽抗,战斗半小时,匪不支,向东北方向逃窜。各等情。除分报国防部陆军总部外,谨电鉴核。江苏省政府主席兼保安司令王懋功。卯回。保绥战。印。

(4) 4月24日代电

江苏省保安司令部代电　保绥字第8359号
中华民国三十六年四月廿八日

绥靖区政务委员会钧鉴:据赣榆县县府卯铣电称:铣晨,我县保安第二中队及自卫队配合国军两个营,前往沙河一带清剿,至沙河北徐屯中伏被围,激战一小时突围,国军伤亡二十余名,我保安队伤亡五名。匪新四军一个团纠集滨海团及县大队民兵共五千余人,复向我进攻,激战至下午四时,匪不支向瓦窑方向退去。同日,我县保安第一中队配合国军一个连,前往殷庄一带清剿,至大口子与匪滨海团一部,及民兵共五百余人遭遇,战斗二小时,将其击溃。是役,匪伤亡二百余名。等情。除分报行政院、国防部、陆军总部外,谨闻。江苏省政府主席兼保安司令王懋功。卯回。保绥战。印。

〔国民政府行政院档案〕

3. 王懋功报告东海沭阳地区国共两军交战互有胜负电

(1946年7月—1947年4月)

(1) 1946年7月9日代电

江苏省保安司令部代电　保总安字第8891号
　　　　　　　　　　　中华民国三十五年七月　日

行政院长宋：据第八区专署巳感电称：巧晨，共军警卫团五百余，围攻我驻东海县西南小周圩、黄庄、张庄、唐桥等处还乡队第三大队一部，经本区保安第一、二两中队前往增援，激战迄晚九时，卒将其击溃。是役，计毙共军四名，伤十余名。等情。除分报国防部徐州绥靖公署第一绥靖区司令部外，谨闻。江苏省政府主席兼保安司令王懋功。午佳。保绥。印。

(2) 7月19日代电

江苏省保安司令部代电　保总安字第9288号
　　　　　　　　　　　中华民国三十五年七月　日

行政院长宋钧鉴：据沭阳县长汤仪南午铣军电称：本县难民还乡团武装大队于午寒夜，东海县还乡队共二百余人，自东海城南买屯防地进展驻上房街。删辰为共军千余包围，删夜猛攻五次，激战八小时，均未得逞。现我方正赶筑工事，准备固守。等情。除复饬与驻军配合从速开展，并分报行政院、国防部徐州绥靖公署及第一绥靖区外，谨闻。江苏省政府主席兼保安司令王懋功。午效午。保绥。

(3) 7月19日代电

江苏省保安司令部代电　保总安字第9385号
　　　　　　　　　　　中华民国三十五年七月廿日

行政院长宋钧鉴：据第八区专署午微报称：巳养申，共军新四军独立旅新一、二团及新三团之特务营，配合东灌沭警卫团，约三千余人，附轻重机枪五十余挺、迫炮三门，由杨纯指挥，向我驻东海新坝、蒋庄、周庄之区保安大队围攻，激战二小时，我以众寡悬殊，周庄、蒋庄均被陷占。旋经我援军到达，始将其击退。计毙伤匪七、八十名，我伤亡十二名，损失步枪五支。等情。除分报国防部徐州绥靖公署第一绥靖区司令部外，谨闻。江苏省政府主席兼保安司令王懋功。午皓。保绥。印。

(4) 7月23日代电

江苏省保安司令部代电　　保总安字第9727号
　　　　　　　　　　　　中华民国三十五年七月　日

行政院长宋钧鉴：据第八区专署午皓电称：寒夜，我东海、沭阳还乡队配合区保安队前往县西南周庄、许庄一带推进，与共军百余遭遇，战斗时许，将其击溃，并收复上房镇，毙共军二十余名，获步枪十八支等情。除分报国防部徐州绥靖公署第一绥靖区司令部外，谨闻。江苏省政府主席兼司令王懋功。午梗。保绥。印。

(5) 7月23日代电

江苏省保安司令部代电　　保总安字第9736号
　　　　　　　　　　　　中华民国三十五年七月廿六日

行政院长宋钧鉴：据第八区专署午马电转据东、沭两县府先后报称：皓未，共军新二三团及东海警卫团约三千余人，附迫击炮二门、轻机枪二十余挺，乘大雨之际，向我驻东海上房镇之东、沭两县保安队及还乡队围攻，激战竟夜，我以众寡悬殊，弹尽援绝，该镇遂被攻陷。我东海还乡队人枪一百八十余、轻机枪四挺，除队员逃回八十余名外，余损失殆尽。沭阳还乡队人枪百余，除逃回三十八名，其余生死不明。刻我驻买屯之还乡队被围攻至急，现正请求驻军派援中。等情。除复饬与国军切实配合推进并分报徐州绥靖公署第一绥靖区司令部外，谨闻。江苏省政府主席兼保安司令王懋功。午梗。保绥。印。

(6) 1947年1月10日密电

京国民政府主席蒋、行政院院长宋、参谋总长陈、绥靖区政务委员会钧鉴：○密。沭阳已于本日十二时为我七十四师克复，现已饬该县县长从速入城，安抚流亡，配合军事，确立治安，并饬淮阴苏宁分署办事处从速拨给大量物资，赶往救济矣。谨呈。职王懋功。子蒸。亲。淮阴。印。

(7) 1月21日代电

江苏省保安司令部代电　　保绥字第1414号
　　　　　　　　　　　　中华民国三十六年元月廿八日

行政院长宋钧鉴：据第八区专署子铣电称：北进国军二十五师由南新安镇之张家店进驻伍份庄，灰子五七师进驻仲兴集，商巡队进驻小柴墅，文日至大伊山与二五师会师。五七师奉令返新，商巡队一部向杨家集推进。文日，灌云保安队以一分队驻下车，两分队驻火柴墅。现北上国军二五师进驻东海龙墟、上房、平明、上房山一带，并在房山与沭阳国军会师。等情。除饬各县速即编查保甲，组织民众自卫队，抢修公路桥梁，架设电讯交通，从速恢复秩序，并分报国防部徐州绥靖公署第一绥靖区司令部外，谨闻。江苏省政府主席兼保安司令王懋功。子马。保绥战。

(8) 3月27日代电

江苏省保安司令部代电　　保绥字第6089号
　　　　　　　　　　　　中华民国三十六年三月　日

行政院兼院长蒋钧鉴：据沭阳县府寅暨电称：奸匪新十旅第卅团何鑫部暨民兵千余，附迫炮一门、掷弹筒六门、轻机枪十五挺，于皓亥围攻我第七区公所小李庄据点，历六小时，猛攻四次，工事已被突破，卒赖该县区乡队及驻守之保安队，全力用命，终未得逞，至暨辰窜去。是役，我乡队负伤七人，毙匪二百余，遗尸十六具，生俘一名，卤获步枪六支、弹药百五十发。等情。除分报国防部陆军总司令部外，谨闻。江苏省政府主席兼司令王懋功。寅感。保绥战。印。

(9) 4月22日代电

江苏省保安司令部代电　保绥字第8000号
中华民国三十六年四月二十四日

行政院兼院长蒋钧鉴：据沭阳县县府卯筱巧电称：寒日，奸匪淮海军区新二、三两支队，及第七师共三千余人，向我县南胡集据点围攻，经我国军及该区乡自卫队凭圩坚守，激战两日夜，该据点一度被匪突入，经我官兵奋勇冲杀，战至铣午，匪终不支退去。是役，匪伤亡三百余名，该处民众被俘三百余名。筱夜，奸匪三百余人向我县南十字桥据点进攻，经该部自卫队奋勇阻击，战至巧晨，匪复集中匪众，向我十字桥东翱庄、周庄、小徐庄等处进犯，现仍相持中。各等情。除报国防部陆军总部外，谨闻。江苏省政府主席兼保安司令王懋功。卯养。保绥战。印。

〔国民政府行政院档案〕

4. 王懋功报告国民党军进犯如皋泰兴一带解放区惨败经过代电

（1946年7—8月）

(1) 7月10日代电

江苏省保安司令部代电　保总字第8849号
中华民国三十五年七月十二日

行政院长宋：据泰兴县府午鱼电称：微申，共军第六师管文蔚、粟裕部计三团，附炮骑工兵一部，向我驻县东五里墩、姚家代、十里甸、曾家庄一带之国军第八十三师两个连围攻，激战至鱼晨，经我增援，将其击溃。是役，毙伤共军三百余，我伤十余人。查共军纠众企图进犯我县城，情况危急，本县兵力单薄，防地辽阔，恳转请增派国军驻防，以安地方。等情。除分报国防部徐州绥靖公署第一绥靖区司令部外，谨电鉴核。江苏省政府主席兼保安司令王懋功。午灰。保绥。印。

(2) 7月17日代电

江苏省保安司令部代电　保总安字第九二八四号
中华民国三十五年七月十九日

行政院长宋钧鉴：据泰县府午删铣两电称，元酉共军第一师四个团及第六师六个团，并陶勇、郝鹏举等之一部，暨靖江独立团、泰兴独立团，共三万余人，分路向我泰兴城及十里甸、宣家堡、火泗庄与泰县西之塘头等处围攻，经我八十三师、二十五师各部分头迎击，激战昼夜。寒日，共军一度侵入泰兴城南门，当经我官兵奋勇冲杀，将其逐出。删日，粟裕复续纠集共军第四纵队七团之众，向我泰兴东北宣家堡猛攻，经我第五十六团刘团长光宇奋勇迎战，终以众寡悬殊，致该镇一度被陷。旋经我口岸国军赶往增援，激战迄铣晨，往反〔返〕冲杀数次，共军始不支，向东溃窜。计毙伤共军两万余人，俘数百人，遗尸遍野，我伤亡六千余人，刻正向黄桥推进中。又查共军进占我据点后，即大肆焚烧民房，屠杀民众。等情。除分报国防部、徐州绥署第一绥靖区司令部，谨闻。江苏省政府主席兼保安司令王懋功。午筱。保绥。印。

(3) 7月19日代电

江苏省保安司令部代电　保总安字第九三一五号
中华民国三十五年七月二十日

行政院长宋：午筱保绥代电计呈钧鉴。兹据泰兴县长薛佩琦午筱秘兴电称：本县县城西南两面城墙于十五日四时被共匪突破，匪军入城后，两路猛袭县府，职员暨保安中队长以下官兵、警察局员大部被俘，或当场殉难，囚犯全被释放，档案、金库、无线电台等等，以及公私什物，除印信及密电本外，均已损失一空。职于二时应驻军刘团长召商城防问题，未及回府，即在五十六团部协同刘团长，与匪奋战，终于十六日四时许规复县城全部。职以信心太强，又恐摇惑人心，住府职员赓夜工作，毫未停顿，以致惨遭损失。等情。除复饬将是役损失详情查报并分报行政院、国防部、徐州绥靖公署及第一绥靖区外，谨闻。江苏省政府主席兼保安司令王懋功。午皓辰。民财保绥。

(4) 7月23日代电

江苏省保安司令部代电　　保总安字第九六三〇号
　　　　　　　　　　　　中华民国三十五年七月　日

行政院长宋钧鉴：据驻南通之第四区专署午马养各电称：一、国军65、83两师于午巧攻占靖江北黄桥镇之役，毙伤共军四千余人。二、国军49师王师长率26、29两旅，于筱辰由南通向如皋挺进，在丁埝附近与共军第六八师激战一昼夜。巧、皓两日，共军第一师及第七纵队继续增援，激战甚烈，计已毙伤共军万余人。刻仍被围困于该镇，给养断绝，情势危急，速转请派飞机助战，以振士气。三、共军近自鲁南及淮、泗、宿一带调集如皋者，约有二十个团，声言非攻取南通，不足以控制长江流域。比长江为袋，南通为袋口，倘袋口入其掌握，则沿江各省及京、沪，均不难解决。等情。除复饬密切配合国军协同攻防，并分报国防部、徐州绥靖公署第一绥靖区外，谨闻。江苏省政府主席兼保安司令王懋功。午梗未。保绥。

(5) 7月25日代电

江苏省保安司令部代电　　保总安字第九八七七号
　　　　　　　　　　　　中华民国三十五年七月　日

行政院长宋钧鉴：据南通午梗电称：现四十师王师长铁汉率二六、七九两旅在如皋、丁埝间，被共军第一、第六两师及第七纵队优势兵力严密包围下，浴血苦战，迄已六日，共军伤亡万余人，我亦损伤惨重。我一〇五旅奉命增援，现被阻于林梓附近，全局殊为危殆。又南通城防虽由二一师四三五团担任，而乡区据点及通如公路，均赖地方团队维持，以目前情况之严重，实堪虞虑。

等情。除分报徐州绥靖公署第二绥靖区司令部外，谨闻。江苏省主席兼保安司令王懋功。午有。保绥。印。

（6）7月25日代电

江苏省保安司令部代电　保总安字第一〇二六号
中华民国三十五年七月二十五日

行政院长宋钧鉴：据南通县府午养电称：马晚我四十九师军法处长由前方负伤返通，综合战况如下：（一）师部于筱日率二六、七九两旅由白蒲进驻丁埝北十里陈庄，与匪军后备队激战。迄皓未，以众寡悬殊，二六旅官兵多数伤亡被俘，如皋县长王运典以下官兵均被俘，师长王铁汉突围，转入七九旅在如皋南丁堰北地区苦战中。一〇五旅奉令增援，行经林梓被阻，仍在激战中。等情。除分报徐州绥靖公署第一绥靖区司令部外，谨闻。江苏省政府主席兼保安司令王懋功。午有。保绥。印。

（7）7月27日代电

江苏省保安司令部代电　保总安字第九九九一号
中华民国三十五年七月　日

行政院长宋钧鉴：据南通第四区专署午有辰电称：据参加丁埝作战负伤逃回者报称：一、四九师王师长率部暨地方部队于午筱进抵丁埝后，即向如皋城前进达张八里，后殿部队在距丁埝十里地区，被匪截断围击。至皓辰，王师长率部向西南突围而出。其时如皋王县长亦向东南突围冲出，失去联络，谅已被俘。现仍设法调查。二、我方被俘军政三百余人，已押往丁家所。又匪夺获我方无线电话机，迫令被俘通信兵暴露其秘密，及与空军联络密语；违即处死。等情。除分报国防部、徐州绥靖公署第一绥靖区外，谨闻。江苏省政府主席兼保安司令王懋功。午感申。保绥。

（8）8月8日代电

江苏省保安司令部代电　保总安字第一〇七二八号
中华民国三十五年八月十二日

行政院长宋钧鉴：午有保绥保总安字第一〇二六五号代电，谅邀钧察。兹续据第四区专署未冬电称：如皋战役经过情形，谨查明如次：（一）我方动员兵力，计四十九师一个师（26、79、105三个旅）、六十五师（560团）一个团、如皋县保安队一大队；匪方新六师六个团、新一师第三旅（即前第八纵队）五个团、苏北保安行动第一纵队（即前苏中第一军分区特务团）三个团、如皋警卫团两个团、独立旅一个团，及区警卫连、乡基干队、民兵等，约共五万余人（内民兵二万人），统由匪首粟裕指挥。（二）午铣，我四十九师26、79两旅沿通如公路行进，至丁埝以西鬼头街、陈家庄地方，匪军主力十余团预伏该处公路两侧青纱帐内，向我突击，我26旅首先应战，被匪分成三段包围，79旅即向右翼宋家桥方面侧击，亦被匪军包围于宋家桥、南马塘、杨花桥一带，遂展开激战。当时匪方兵力，超我三倍以上。虽众寡悬殊，处于劣势，我官兵奋勇应战，经105旅及65师分自白蒲及如新公路绕出敌后增援，苦战七昼夜，卒合力将顽匪击溃，进占如皋县城。（三）此役计毙匪一万余名、马一百余匹，俘匪千余名；我26旅两个团，伤亡最重，仅存一个营，79旅伤亡一营余，105旅伤亡一连，如皋县保安队损失两中队，县长王运典县府以下工作人员全部失踪。（四）匪新六师及一师三旅残余部分分退海安、李堡以北一带，正在整编中。苏行动纵队退丁埝以东、拼花以南地区，向第一军分区所辖各县警卫团连征调补充。如皋警卫团以第二团伤亡最重，团长失踪，现由城防司令顾维汉率领，与第一团均在丁家所、范家庄一带活动。（五）匪军恃其基层组织健全，故兵员补充非常便捷；倘得生力援助，仍有卷土重来趋势。除饬属严防外，谨电陈鉴核。等情。除分报国防部、徐州绥靖公署第一绥靖区司令部外，谨闻。江苏省政府主席兼保安司令王懋功。未齐。民保绥。印。

(9) 8月15日代电

江苏省保安司令部代电　　保总安字第一一一九九号
　　　　　　　　　　　　中华民国三十五年八月　日

行政院长宋钧鉴：据如皋及南通县府未元电称：灰晚，匪军新一师及新六师共十一个团，向我驻如城东北李堡镇新六旅猛攻，激战甚烈，伤亡惨重。我以众寡悬殊，该镇被其攻占。元晨，我四十九师王师长铁汉率七九旅由如城驰援。又一〇五旅一个团在李堡镇东五里，亦被匪围困中。(二)通如公路两侧，我新委之乡、保长，于文、元两夜，被匪杀害甚多。等情。除分报国防部、徐州绥靖公署第一绥靖区司令部外，谨闻。江苏省政府主席兼保安司令王懋功。未删。保绥。印。

(10) 8月25日代电

江苏省保安司令部代电　　保总安字第一一九八三号
　　　　　　　　　　　　中华民国三十五年八月　日

行政院长宋钧鉴：查午元至铣日，奸匪进犯泰兴战况概要，业经本部保总安字第一〇四七四号未江保绥代电呈报在案。兹续据泰兴县府午有呈报是役经过详情称：午元酉，匪第一师四个团及靖江独立团配合民兵万余人，向我泰兴城围攻，经我整编第八十三师第十九旅第五十六团及我县保安队、警察队、第一区自卫队奋勇迎战，激战竟夜，终未得逞。寒夜，匪复增援进袭，卒以众寡不敌，于十五日三时许，南门、西门及东北城隍庙，先后被匪突破入城，分两路向我县府猛扑，虽经我守军力加抗御，终以实力微薄，被匪围缴，保安队第三分队长张明起当场殉职，中队长张栋晨、分队长张叔平、代分队长潘建国、警察局科长李德昌，以及警长、士兵被俘掳者，计九十余名。其住本府后进之员工，闻警，只身乱逃，致公私财物未及携带，所有金库及无线电台，均告损失，器具、文卷，亦复毁劫甚多。军法审理员王逸群、建设科长张汉清、科员钟乐山、司法书记陈传源等九员名，均以逃避，未及被俘。县长因奉召赴团部开会,幸未遭俘,遂与守军刘团长坚守团部据点。迄铣晨四时,匪始不支溃窜,全城秩序完全规复。查此役为时虽短,而匪军伤亡逾万,我亦伤亡近千。县长于铣辰即遄返县府,邀请县参议会驻会委员常健、县教育会理事长林蔚岑、商整会主任委员张千忍等,察勘一周,照相留志,旋即掩埋遗尸,清除血迹,慰问难胞,犒劳守军,赶筑破坏公路,修补突破城垣,检查户口,搜索余逆。并组织兵灾善后委员会,办理一切善后事宜。除监所人犯被匪释放、司法部份现金案款、赃物等项损失情形另报苏州高等法院,并分呈外,所有此次匪军攻破县城经过暨本府损失情形,理合造具清册具文呈报,仰祈鉴核。等情。除分报外,谨闻。江苏省政府主席兼保安司令王懋功。未有。保绥。印。附抄呈泰兴县府损失清册一份〔略〕。

(11) 8月26日代电

江苏省保安司令部代电　保总安字第一一八一〇号
　　　　　　　　　　　中华民国三十五年八月　日

行政院长宋钧鉴:据如皋代理县长谢问岑未寝辰电称:一、自丁埝、林梓两镇于回日失守后,驻守立发桥、柴湾两镇之国军,亦被迫撤回。现本县仅余一城,且通如公路断绝,形势堪虞。二、如皋城四周,现窜到匪第一、第二、第四、第六等师及第六、第七两纵队,共数万人,武器精良,均用俄造。自晚起,在城西谢家甸一带发生激烈战争,迄尚未停。三、如皋系匪必争之地,安危实关苏北全局,恳即转请军事当局,迅派大军来如增防。等情。除电饬秉承就近驻军长官,密切配合,镇定坚守,勿稍张皇,尤须督率地方武力,严密防范,不得稍退一步。并分报国防部、徐州绥靖公署第一绥靖区司令部外,谨电察核。江苏省政府主席兼保安司令王懋功。未宥亥。保绥。

〔国民政府行政院档案〕

5. 王懋功报告江都一带解放军向国民党军出击情形代电

(1946年7月)

(1) 7月19日代电

江苏省保安司令部代电　保总安字第9285号
　　　　　　　　　　　中华民国三十五年七月　日

行政院长宋钧鉴：据江都县长午筱戌电称：一、铣午，我国军两营向宜陵北杨家出击，至晚返防。刻小殷庄、小湖一带约有共军一团活动。二、筱午，共军三百余人向仙女庙河北贾庄进犯，正与国军激战中。三、筱晚，共军一团，企图自砖桥以北杨家渡过河南窜，已渡过八人经我守军击退，刻正戒备中。等情。除分报国防部徐州绥靖公署第【一】绥靖区外，谨闻。江苏省政府主席兼保安司令王懋功。午皓未。保绥。

(2) 7月20日代电

江苏省保安司令部代电　保总安字第9466号
　　　　　　　　　　　中华民国三十五年七月　日

行政院长宋钧鉴：据江都县长张济传午皓电称：一、巧晚，共军江都独立团三百余人，向县城东北十公里之高庄、戴家庙一带进犯，与我守军第二十五师之一部激战竟夜，终为我军击退。二、……除分报国防部徐州绥靖公署第一绥靖区外，谨闻。江苏省政府主席兼保安司令王懋功。午哿午。保绥。

(3) 7月23日代电

江苏省保安司令部代电　保总安字第9644号
　　　　　　　　　　　中华民国三十五年七月　日

行政院长宋钧鉴：据第五区专署午养电称：(一)养巳，共军千余，向我扬州仙女庙东北四里许之樊家套进犯，刻正激战中。(二)宜陵北七里甸一带，今晨发现服装整齐之共军八百余，向我据点炮击，似有再度切断扬泰公路之企图。（三）共军江都县县长万道生率部六百余人，向我江都东北大桥一带窜扰，经我国军前往袭击，共军不支，向嘶马镇方向窜去。等情。除分报国防部徐州绥靖公署第一绥靖区司令部外，谨闻。江苏省政府主席兼保安司令王懋功。午梗。保绥。印。

　　　　　　（4）7月23日代电

江苏省保安司令部代电　保总安字第9736号
　　　　　　　　　　　中华民国三十五年七月　　日

　　行政院长宋钧鉴：据江都县长张济传午养电称：养日，我军将进犯梗家套之共军击溃后，十二时占领乔墅等情。除分报国防部徐州绥靖公署第一绥靖区司令部外，谨闻。江苏省政府主席兼保安司令王懋功。午梗。保绥。印。

〔国民政府行政院档案〕

6. 王懋功报告国民党军侵占萧县并向县属各地进行"清剿"代电

（1946年7—8月）

　　　　　　（1）7月20日代电

江苏省保安司令部代电　保总安第9465号
　　　　　　　　　　　中华民国三十五年七月　　日

　　行政院长宋钧鉴：据萧县县长黄体润皓电称：国军交通警察总队于午巧辰进入萧城，下午即分兵进驻瓦子口。巧日进占杨楼站之队，仍驻守未动。另一八三师亦于巧日进占津浦路萧境褚兰，本县保安团独立大队及第十区自卫队，并与配合行动。等情。除复饬迅即修复公路，架设电话干线，并确实与军事密切配合暨分报国防部徐州绥靖公署第一绥靖区外，谨闻。江苏省政府主席兼保安司令王懋功。午皓辰。保绥。

(2) 7月26日代电

江苏省保安司令部代电　保总安字第9912号
　　　　　　　　　　　中华民国三十五年七月　日

行政院长宋钧鉴：据萧县县长黄体润午养电称：巧日，交通警察第二总队挺进萧城时，本县派保安第一大队一、二、三区乡长及自卫队随同入城，并派保安第二大队第六区乡长及自卫队随驻杨楼。又派第九区乡长及自卫队随一八三师进驻永固，并派独立大队第十区乡长及自卫队随一八三师进驻褚兰。县长现率一部职员配合交警第二总队行动，现驻杨楼车站，以期军政密切联络，并随时督饬区乡镇人员配合大军入境，办理收复工作。等情。除复饬切实配合军事，从速完成各项任务，并分报国防部徐州绥靖公署第一绥靖区外，谨闻。江苏省政府主席兼保安司令王懋功。午寝辰。保绥。

(3) 8月6日代电

江苏省保安司令部代电　保总安字第10666号
　　　　　　　　　　　中华民国三十五年八月九日

行政院长宋钧鉴：据第九区专署未冬电转据萧县未先电称：(一)午俭，我第二区自卫队配合五十八师一个排，向瓦子口、杜子房搜索，西进至郭楼、马庄，与匪军十余人遭遇，将其击溃，毙匪二名，伤三名。(三)萧徐公路之龙城桥，由公路总局第一工程队携带器材监修，本县派民夫六十名协助抢修，东日竣工，自徐可直达县城。(三)由瓦子口至皖宿睢溪口公路，已由我二区分乡派伕逐段修补中。(四)萧徐公路电线已饬就各乡管辖地区树界标记，责令分段保护。各等情。除分报国防部徐州绥靖公署第一绥靖区司令部外，谨闻。江苏省政府主席兼保安司令王懋功。未鱼。建保绥。印。

(4) 8月8日代电

江苏省保安司令部代电　保总安字第10866号
中华民国三十五年八月十三日

　　行政院长宋钧鉴：据萧县府未冬江两电称：午世卯，我第三区自卫队两班，协助该区南部接驿、湘西、洪滨、祖楼等乡长入乡开展工作，至接驿乡孙圩子，与匪基干队二十余人遭遇，战斗一小时，匪不支溃去，毙匪一名，伤二名，我阵亡一名。未东，本县民政科长孟繁超率保安大队第一中队前往二区永固，与五十八师洽商清剿工作事宜。冬晨返县，行经岗子桥，与匪独立团二百余人遭遇，当经我官兵分头痛击，战斗二小时，匪不支溃退。是役，毙匪五名，伤八名。等情。除分报国防部徐州绥靖公署第一绥靖区司令部外，谨闻。江苏省政府主席兼保安司令王懋功。未齐。保绥。印。

(5) 8月16日代电

江苏省保安司令部代电　保总安字第11198号
中华民国三十五年八月　　日

　　行政院长宋钧鉴：据萧县府未灰电称：佳日，我第三区油坊乡乡长郝振文率自卫队六人，配合交通警察第二总队十余人，前往该乡杜集搜索散匪，与匪区公所部队遭遇，将其击溃，毙匪区长林兴瑞一名、副区长丁杰三一名、士兵三名，俘文河乡乡长刘步廷一名、情报员彭庚宣一名，我获匪枪二支、脚踏车一辆。等情。除分报国防部徐州绥靖公署第一绥靖区司令部外，谨闻。江苏省政府主席兼保安司令王懋功。未铣。保绥。印。

(6) 8月16日代电

江苏省保安司令部代电　保总安字第11322号
中华民国三十五年八月　　日

　　行政院长宋钧鉴：据萧县府未灰电称：（一）佳日，我三区自卫队前往该区按驿乡工作，抵达孙圩子，侦悉西北菜园潜有匪徒，当即派队搜捕，计俘匪按驿乡主任谢庆林一名、情报员王玉明一名，获匪枪一支、步枪十四支。（二）我二区朔里乡队王庆繁率自卫队在该乡后葛塘搜获匪匿之步枪七支。（三）我丁庄乡长程文华率自卫队在该乡搜获匪枪一支、步枪二支。各等情。除分报国防部徐州绥署第一绥靖区外，谨闻。江苏省政府主席兼保安司令王懋功。未铣。保绥。

（7）8月28日代电

江苏省保安司令部代电　保总安字第11982号
中华民国三十五年八月　日

行政院长宋钧鉴：据萧县府未巧代电称：铣晓，我第三区自卫队会同各乡自卫队，分路进剿该区内散匪，行经王寨北朱庄，与匪程山、闵贤、油坊、王寨等乡基干队接触，战斗二小时，匪不支溃窜。是役，俘匪十八名，获步枪十三支。等情。除分报国防部徐州绥署第一绥靖区司令部外，谨闻。江苏省政府主席兼保安司令王懋功。未俭。保绥。印。

（8）8月29日代电

江苏省保安司令部代电　保总安字第12054号
中华民国三十五年八月　日

行政院长宋钧鉴：据保安第一总队长苏祖武未宥电称：宥卯，我保安第二大队第八中队在萧县东镇店东南冯瓦房，与匪萧县政府县队四百余人附重机枪两挺遭遇，战斗一小时，匪不支逃窜。（二）该股匪仍盘踞冯瓦房东南胡楼、刘瑞、午庄、大孙庄一带。等情。除分报国防部徐州绥靖公署第一绥靖区外，谨闻。江苏省政府主席兼保安司令王懋功。未艳。保绥。印。

〔国民政府行政院档案〕

7. 王懋功报告国民党第四十五师等向六合解放军发动进攻代电

(1946年7—8月)

(1) 7月24日代电

江苏省保安司令部代电　保总安字第9690号
中华民国三十五年七月廿五日

行政院长宋钧鉴：(一)据六合县府午皓电称：巧日,国军第五军四十五师分三路推进,右翼推进至县城东北四十华里之樊家集,正面推进至县城北二十华里之管家墩,左翼推进县城北三十五华里之黄泥坝附近,与占领骡子山之共军激战中。(二)……除分报徐州绥靖公署第一绥靖区司令部外,谨闻。江苏省政府主席兼保安司令王懋功。午回。保绥。印。

(2) 7月24日代电

江苏省保安司令部代电　保总安字第9807号
中华民国三十五年七月廿七日

行政院长宋钧鉴：据六合县府午皓电称：皓日,国军第五军四十五师右翼推进至县城东北四十五华里之冶山,正面推进至县城北四十五华里之马家集；第五军九十六师之一部推进竹镇集(县城西北六十华里)现仍前进中。等情。除分报徐州绥靖公署第一绥靖区司令部外,谨闻。江苏省政府主席兼保安司令王懋功。午回。保绥。印。

(3) 8月2日代电

江苏省保安司令部代电　保总安字第10430号
中华民国三十五年八月六日

行政院长宋钧鉴：(一)据六合县府午回报称：午皓,我第二区横梁镇长率自卫队十二人前往猴子乡第三保推行政令,突被匪军卅余人围攻，战斗半小时，以众寡悬殊，遂奋勇突围，致被俘二名，伤二名，损失步枪二支。（二）……除分报国防部徐州绥靖公署第一绥靖区司令部外，谨闻。江苏省政府主席兼保安司令王懋功。未冬。保绥。印。

（4）8月8日代电

江苏省保安司令部代电　保总安字第10760号
　　　　　　　　　　　中华民国三十五年八月十二日

行政院长宋钧鉴：据六合县府午世电称：午回晨，匪二百余人突向我第二区峨眉乡自卫队包围猛攻，经我官兵奋勇抵抗，战四小时，幸赖我队士顾老三勇敢超群，坚持防地，救出队士八名。惟队士郑士和与陈振亚两名被俘，陈振亚随匪同行，乘隙杀匪一名，携匪枪一支逃回。我损失步枪八支。等情。除分报国防部徐州绥署第一绥靖区司令部外，谨闻。江苏省政府主席兼司令王懋功。未齐。保绥。印。

（5）8月10日代电

江苏省保安司令部代电　保总安字第11009号
　　　　　　　　　　　中华民国三十五年八月　日

行政院长宋钧鉴：据六合县府未鱼电称：东寅，窜据本县六区竹镇集、西候洼子一带之匪约八、九十人，当即派我县保安中队前往剿袭，至该处附近，匪竟占据阵地向我射击，经我官兵奋勇迎击，战斗二小时，旋经我二区自卫队增援赶到夹击，匪不支向皖盱眙境逃窜。是役，毙伤匪十余名，获手榴弹八枚。等情。除分报国防部徐州绥靖公署第一绥靖区司令部外，谨闻。江苏省政府主席兼保安司令王懋功。未灰。保绥。印。

〔国民政府行政院档案〕

8. 国民党第四十九师第七十九旅文礼部进犯如皋及其东南地区战报

(1946年7月24日)

陆军整编第四十九师第七十九旅如皋及其东南地区剿匪之役战斗详报　民国卅五年七月廿四日 旅长文礼

甲、战斗前匪我形势

旅奉令于五月下旬自靖江移防南通唐家闸附近整编后,以第二三五团进驻兴仁镇,第二三七团各以一小部进驻天生港及十八里河口,其主力随旅部位置于唐家闸。月来积极构筑工事,搜索匪情,对四郊尤其对如皋方面奸匪,严密戒备。是时,我军以第廿六旅驻防白蒲、平潮,第一〇五旅驻防南通东南观音山、小海地区,师部位于南通城。

苏北之匪,年来假借民主,破坏政治,发行抗币,盗攫江北物资,啸聚莠民,建立非法武力,其蓄意破坏统一、造成割据局面,至为明显。旅当面如皋之匪,系于去(卅四)年八月自浙西方面渡江窜来,于战斗前,以第一师(粟裕部)第三旅(陶勇部)分布于如皋以北以东地区,以第一旅(张震东部)分布于如皋东南林梓、丁堰、马塘、磨头地区,以第二旅(陈玉生部)主力分布于海安以西曲塘、姜堰地区,一部散置于白蒲、平潮以西地区。并成立地方团队,如如皋警卫团、南通警卫团及各区公所之民兵大队、自卫队(又称反攻连)等,遍布如皋外围四乡,不断向我防区袭击,极尽骚扰能事。

七月十四日以来,匪不顾信义,一面利用军调处南通执行小组,向我伪称和平商谈,一面将华东野战军及如皋当面各野战旅团主力西调,乘我不备,攻击泰兴。十七日以后,复回师如皋,全力向我猛扑,企图于我西翼友军第六五师、第八三师未到达如皋及曲塘以前,将我各个击破。战斗前匪敌形势,同附图第一〔略〕。

乙、影响于战斗之气象地形及住民地状态等

时值盛暑,天气异常酷热,白昼行军,人马中暑者不少,部队易感疲劳。夜间气候凉爽,行动甚得其利。日出拂晓五时卅分,日没八时顷,白昼约十四时卅分,昼长夜短。月龄下弦(十八日至廿五日),前半夜阴黑,十步外不见人影,后半晚一时后,始见月色,利于匪军夜暗之运动接近及攻击。而我之防守,则较困难。

战地平坦开阔,河渠纵横,遍地高粱、玉蜀,已成青纱帐。村落星散,多系茅屋,防守时不足凭借。村缘及河岸,均有树木展望,搜索十分困难。而匪军匿迹,则称便利。

如皋一带匪军,盘踞达八年之久,民众多已赤化,四十五岁以下壮丁,尽属民兵,老妇、幼女,亦均为匪类所组织利用。作战时,不独无民力可供利用,且须加监视防范。

丙、匪我兵力比较

一、我军:

Ⅰ、参加作战人员、马匹数量,如附表第二〔略〕。

Ⅱ、参加作战武器,除一部奉命留守后方,概计步枪两千支、轻机枪一九三挺、冲锋枪一百零八支、重机枪廿四挺、手枪二百余支、掷弹筒一百三九个、山炮六门、战车炮两门、迫击炮十七门、小迫击炮廿二门。

二、匪军

作战兵力番号如附表第一〔略〕。

丁、各时期之战斗经过

第一期 通如公路西侧地区之扫荡(同附图第二〔略〕)

七月十三日廿三时顷,旅奉师长王参字第二五三〇号命令开:(一)匪情如贵官所知。(二)廿六旅(欠七八团两个营)为师右纵队,应于七月十四日前结集白蒲镇附近,完成攻击诸准备,于七月十五日拂晓沿通如公路北进,扫荡林梓、丁堰之匪后,即占领丁堰、宗港桥、高长台之线,准备尔后之攻击。(三)七九旅为师左纵队,应于七月十四前结集姚家园、杨家园附近,完成攻击诸准备,于七月十五日拂晓沿通如公路西侧大道北进,扫荡前进路上之匪后,应即占领邓家桥、南马桥之线,准备尔后之攻击。(四)一〇五旅应各以一个营,担任海门小海之防务,另以一个营于七月十四日接替唐家闸、平潮、天生港之防务,主力应集结南通,巩固南通城防,对兴仁观音山应随时酌派部队游击。(五)第七八团(欠一个营)为师预备队,应于七月十四日前集结白蒲镇,尔后随本部行动。(六)两纵队间与左侧友军之作战地境如下:

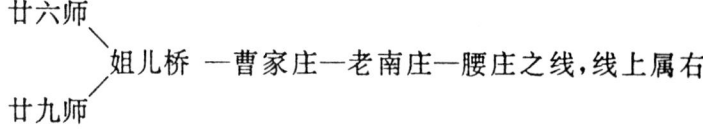

姐儿桥 —曹家庄—老南庄—腰庄之线,线上属右纵队

加力市(如皋西南七公里)—申家埠—刘房戴—张王港之线,线上属本师。(七)师部于七月十四日推进至白蒲等因。旅遵当以作命第十号部署如下:

(一)第三二七团(附无线电一班)为第一梯团,应于明(十四)日早七时,自现驻地循公路经平潮、四十里镇、五十里镇向白蒲镇西南姚家园、杨家园地区开进,完成攻击诸准备。后(十五)日之行动分令之。

(二)旅司令部及直属队为第二梯团,应于明(十四)日九时卅分,自现地循胡团行进路向白蒲镇南端附近开进,其详细行动,另令规定之。

(三)第二二五团(附无线电一班)为第三梯团,应于明(十四)

日二时卅分,自兴仁镇出发,经南通唐家闸循旅行进路向白蒲镇南文峰阁、冯家赤虹庄地区开进,完成攻击准备。后(十五)日之行动另定之。

(四)特务队明(十四)日拂晓后,应以主力循旅行进路及其两侧地区,向南马塘、朱家桥、杨化桥及其以北如皋地区搜侦挺进,对当面如皋之匪情,尤须迅确绵密搜侦具报。其派出于兴仁镇方面之一组,即随魏团归还。

(五)旅右与第廿六旅、左与第八三师之战斗地境,同师命令。团后(十五)日之战斗地境另示。

(六)通信连适时撤收唐家闸通信网,明(十四)日到达目的地后,应迅速以白蒲南旅司令部为基点,与师部及各团间构通通信网。

(七)工兵连应随时准备修补道路之作业。

(八)各部队行进间及就开进配置后,应严密搜索警戒,防匪袭击。

(九)余明(十四)日行进时在第二梯团先头,尔后推进白蒲镇南端。

十四日十五时,因旅全部到达白蒲镇,第二三七团进驻姚家园,第二三五团进驻白蒲南端,对花家楼、郭家井、土墩头、唐家堡及吴家庄之线,派出搜索警戒。

十四日廿时,因奉师长王面示,着旅暂回平潮集结,休整待命等因。旅遵即以命第十一号部署如次:

一、第二三七团两个营(派一副团长指挥),附无线电一班为右纵队,应于明(十五)早五时卅分,自姚家园经腰庄桥、坍港坝、新坝大道,除留置一个营于新坝担任该地之防守外,余开平潮,归还团之建制。该纵队行进间,对右侧李家桥方面之匪情,特须注意防匪侧击为要。

二、第二三五团(附无线电一班)为左纵队第一梯团,应于明

(十五)早四时,自白蒲南端出发,循原来公路向平潮镇河东及南端地区进驻之,对东对南派出警戒。

三、旅司令部直属队(附胡团团部及第三营)为左纵队第二梯团,应于明(十五)日早五时自白蒲出发,循原来公路向平潮镇进驻之。其详细行动,另令规定之。胡团预定分驻平潮镇西端北端地区,对北对西派出警戒。

四、各部队于平潮之驻地分配,统由本部副官处区划之。

五、余明(十五)日行进时在左纵队第二梯团先头,尔后进驻平潮镇。

十五日十二时顷,旅按部署全部回驻潮镇。

十六日十时顷,奉师长王午铣电令开:奉司令官李绥三战字027号密令,略开:第四九师以一部守备海门、南通附近据点,以已集中白蒲附近之主力,于本七月十六日十时开始向如皋攻击前进等因。兹指示各部任务及行动如下:(一)第廿六旅(欠七八团之一个营)本铣日十时,向林梓扫荡而占领之。(二)第七九旅应于本铣日十时,由现地向周观音堂、顾家埭扫荡而占领之。(三)第七八团(欠一个营)仍在白蒲待命。(四)两旅间及师与左翼友军之作战地境同前。(五)第一〇五旅任务同本部参字第2530号命令。(六)师部拟于本铣日推进至白蒲。等因。旅遵即令魏团循原道向周观音堂附近,胡团向姚家园附近,旅向黄家庄附近前进,限同(十六)日到达,并各以小部循通如公路西侧大道向宋家桥、杨花桥方向搜索当面如皋方面之匪情。

十六日十八时顷,各部先后进驻预定地区,侦得匪情如次:

一、南马塘现驻匪游击连约百余;

二、曹家堡、顾家埭、土墩头各地,本(十六)日上午,有匪游击队数十名活动,午后即向南马塘窜去。现以上各地,尚有少许民兵出没。

十六日十九时顷,奉师长王铣西戌电开:筱日各部队任务及行动如次：（一）第廿六旅应于明筱日四时继续沿通如公路北进，向丁堰东陈刘庄之匪扫荡并占领之。（二）第七九旅应于明筱日四时继续沿通如公路西侧大道，向宋家桥、杨花桥之匪扫荡并占领之。（三）两旅应多派小部队尽可能向如皋城挺进而占据之。（四）筱日师部及七八团（欠一个营）推进至复兴庄及其附近。（五）各部队到达指定地区，即尽全力构筑工事，防匪反击。等因。旅遵即以作命第十二号部署如次：一、第二三七团（附无线电一班、保安第三中队向导四名）为左扫荡纵队，应于明（十七）早四时（以天明为准），自姚家园出发，经土墩头、孙家老坝、孙家庄、应家庄、九条巷、奚家庄、南马塘、栅场口，向杨花桥、顾庄之匪扫荡，并确实占领之。并应以小部队于大薛庄、复兴庄等地占领搜索警戒据点，尽可能向如皋城挺进，搜索当面匪情，适时进占之。

该纵队左侧无依托，对李家桥、下驾原方面匪情，特须注意搜索警戒，防匪侧击为要。

二、第二三五团（欠第一营，附无线电一班，警察十名，向导四名）为左扫荡纵队，应于明（十七）早四时（以天明为准）自王家园出发，经周观音堂、顾家埭、宋家祠、陆家庄、卢家庄、张家庄、西朱、陈庄，向宋家桥之匪扫荡而确实占领之，并应以小部分尽可能向如皋搜索挺进，适时进占之。

三、卢家庄、南马塘为旅前进第一目标，两扫荡纵队于进出各该地后，应整顿态势，并以无线电话与本部连络一次（如无情况，预定上午十时）继续扫荡前进。

四、两扫荡纵队应在搜索地境内作广正面之搜索。其作战地境为：

第廿六旅	姐儿桥、曹家庄、老南庄、腰庄之线，线上属其旅。
右扫荡纵队	白蒲、邓家井、陆家庄、仙人庄、斜陆家庄、后肖家
左扫荡纵队	庄、段家庄、东廓家殿、顾家庄、小薛庄、斜巷、姜家庄、龙游河之线，线上属右纵队。

第八三师　　　加力市、新家埠、刘房、戴张王港之线,线上属左纵队。

五、旅司令部及直属队(欠魏团第一营及警察分队)应于明(十七)早五时卅分,自黄家庄出发,为右扫荡纵队后一公里跟进,向宋家桥、南桂花园、顾家庄进驻之,详细行动另示。

魏团第一营应于周观音堂加入旅部行军序列,随行于旅直属队之最后尾,为旅后卫,于到达宋家桥附近时,即以主力进占子孙庙,一部进占西朱、陈庄(均于宋家桥东南约三华里),担任旅东南方向之警戒。

六、通信连适时撤收通信网,于到达目的地后,应以桂花桥旅司令部为基点,构通旅通信网。

七、各部队于到达指定地区后,应即尽全力构筑工事,防匪反击。

八、对匪作战注意事项,应确实遵照前(十五)日颁发规定。

九、予现于黄家庄,明(十七)早出发时在旅部先头,尔后进驻桂花园。

十七日四时顷,旅两纵队按部署分道向宋家桥、杨花桥扫荡前进。左纵队方面,孙家老坝亘南马塘地区匪第一师一部百余,轻机枪六挺,步枪五、六十支,闻风北窜,胡团乘势扫荡前进。申刻,至杨花桥、顾家庄,遭遇该匪,经我攻击北溃,我即进出该地区。并以一部推进至大薛庄、复兴庄,向如皋挺进搜索。左纵队尖兵于顾家埭附近击退匪反攻连民兵四十余。十三时顷,复于宋家桥遭遇自丁堰方面退来之匪三百余名,经我驱逐,均向如皋溃去。我当以主力推进宋家桥,一部占领十里墩及小薛庄等搜索据点,向如皋挺进搜索。

同(十七)日十五时,□部进驻顾家庄,魏团刘营进驻子孙庙、子孙堂及西朱陈庙,对东对南严密搜索警戒。

第二期　　如皋东南地区之歼匪战斗(同附图第三至第七〔略〕)

十七日廿三时顷,奉师长王午筱戌戌电令开:(一)匪情如贵官所知。(二)师拟于明(十八)早五时继续向如皋城攻击而占领之。(三)廿六旅(欠第七八团两个营及第七六团第一营,暂留丁堰,暂不动)于明(十八)早五时由现地出发,沿公路扫荡,并多编组小部队,协助地方保安警察及还乡队,向如皋城挺进,不失时机由城东突进,占领据点,并协助第七九旅扫荡歼灭城内之残匪。(四)第七九旅于明(十八)日早五时,以二三五团、第二三七团成梯次配备向如皋城扫荡前进,并各须多编组小部队,协助地方保安队及还乡队向如皋挺进,不失时机由城南反攻,突入占领据点,并协同第……。(五)师部及第七九团(欠一个营)明(十八)日五时沿公路先向东张八里推进,尔后随廿六旅向城内前进,并由七八团派兵一连对东陈方面之匪警戒。等因。旅遵令部署如次:一、魏团〔欠刘营(欠一个连)〕为右纵队,应于明(十八)早五时自宋家桥沿茅子河西侧大道向如皋城东南门攻击前进,攻击奏功后,应先确占东南部城厢孔庙附近地区,逐步向东门北门推进,与第廿六旅之攻城部队应切取连系。

二、胡团为左纵队,应于明(十八)早五时自杨家桥沿龙游河东岸大道向如皋城南门攻击前进,攻击奏功后应先确占西南城厢公共体育场附近地区,逐步向西门北门推进,与右纵队应切取连系。

三、炮兵明(十八)早后,应于腰庄附近占领阵地,协力攻城之战斗。

四、旅部(附魏团刘营一个连)明(十八)早六时随左纵队后前进,尔后进驻如皋城厢。

十八日五时顷,我两纵队正整队出发,右纵队魏团前兵营,首先与由搬经镇窜来之匪一股,不预期遭遇,当展开白刃冲杀,立毙匪千余,俘八十余,夺获轻机枪两挺,步枪十余支。同时明团于杨花桥东南,亦发现匪数百名。至七时顷,十里墩、大小薛一带,匪增至千余,杨花桥、顾庄东南,匪亦迅速增加,东西移动,向我包围,遂成胶着状态。据俘供称:匪野战第六师(与第六纵队混称,师长陈志成)于明(十七)黄昏分两路,自黄桥开来。北路第46团、第50团经搬经、王家庄、邱家岱、大刘家庄、严家甸,目标丁堰镇,至宋家桥北十里墩附近,与我遭遇。南路为第48、41、54团,经小丁家庄、鞠家庄、东西下洋,目标杨家桥,兹主力均集结于万绿桥。又据逃来难民报称:如皋城西南门外,集结有匪大部队,番号不明。

综合各方情报判断:泰兴黄桥、姜堰之匪,已□数窜来如皋以南地区。是日八时顷,旅将全盘情况电呈师长王,奉令即就态势固守。并得悉廿六旅七八团占领陈家庄,廿六旅(欠七八团)占领斜三官殿。该旅当面亦已发生战斗,似为匪第七纵队,由东陈镇方向开来。旅当指示各部迅速构筑工事,积极搜侦当面情况,待机攻击前进。

十一时顷,匪陆续增加,逐步向我朱陈庄、子孙庙包围接近,并分向我杨家桥、宋家桥、桂花园阵地冲击。我凭村缘奋勇迎击。十一时卅分,我飞机到达上空助战,匪不逞,稍见后撤,遂与我成对峙局势。

十六时顷,旅以作命第十三号部队各部队如次,准备夜间之战斗:

一、匪情如贵官所知。第廿六旅本(巧)晚于老南庄、老坝地区宿营。师部于陈家庄宿营。

二、旅遵师部指示,本晚于宋家桥、杨花桥、顾家园地区宿营,部署如次。

三、第二三五团(欠刘营,附无线电一班)应即以主力于宋家桥,各以一部于宋家桥西约一华里无名村及卜薛庄宿营,对如皋当面匪情,尤其北对东陈市、西北对茅子河西岸通如皋大道方面,须严行搜索警戒,右与老南庄附近第廿六旅,左与胡团,均取连系。

四、第二三七团(欠李营,附无线电一班),应即以主力于杨花桥、顾庄地区;各以一部于大薛庄、复兴庄宿营,对如皋当面匪情,尤其溯龙游河两岸及万绿桥方面,须严行搜索警戒,右与魏团,左与李营,切取连系。

五、魏团刘营、胡团李营,为旅控置部队,其宿营地及警戒如次:刘营应以主力于桂花园,一部于子孙庙、西朱陈庄宿营,对当面匪情,尤其对苏家庄方面,须严行搜索警戒,右与李营,左与魏团,切取连系;李营应以主力于顾家庄,一部于该庄南二华里之无名小村占领据点,对南匪情,须严行搜索警戒,右与胡团,左与刘营,切取连系。

六、旅司令部及直属队于顾家庄附近宿营。

七、各部之搜索警戒作战地境如次:

魏团(欠刘营)	桂花园(不含)—小薛庄—斜巷—王庄—平家坪—腰庄(线上属魏团)
胡团(欠李营)	顾家庄—顾庄—斜蒋家堡—小东庄(线上属胡团)
胡团李营	顾家庄—东郭家殿—前郭家殿—段家庄(线上属李营)
魏团刘营 魏团	桂花园—前丛庄—老南庄—斜三百殿(线上属刘营)

八、炮兵营应对茅子河西岸大道、龙游河两侧、万绿桥、南马塘、东西前后郭家殿及苏家庄方面,准备火力。

九、旅直属队之警戒区分,同旅长面示。

十、各部队应即妥为配备兵力,尽全力构成固守工事,并限于日没前完成诸兵器之夜间射击设备,准备夜间之战斗为要。

十一、各部队如无别命,应绝对固守阵地。

十二、其余注意事项,同电话指示。

十三、予于顾家庄。

十八日廿时,匪开始以第六师第四七团、第四八团对我宋家桥河东魏团第二营,第五〇团、第五四团对我河西第三营及西端无名村第五连阵地,以第一师第一、二团对我杨花桥、顾家庄,四九团对大薛庄、复兴庄胡团阵地接近环攻,双方激战,通宵不息。

十九日四时,宋家桥正面匪主力转用于宋家桥西无名村魏团第七连及子孙庙第二连阵地猛冲,往返厮杀。于子孙庙方面,我马连长身先士卒,毙匪八百余,生俘五十余名,缴获步枪九支,匪攻击顿挫。

同(十九)日五时卅分,匪以新锐部队再次攻击我杨花桥阵地,一部被其突破,宋家桥西南桂花园左前方,亦遭匪一股二百余窜入,经我白兵逆袭,匪阻于我鹿砦,未惶窜脱,悉数就歼。全役毙匪三千余名,伤匪百余,卤获步枪卅三支。

同(十九)日六时顷,子孙庙以东地区伏匪千余,我马连长率部搜索,遭匪狙击,光荣殉职。

同(十九)日七时顷,将战况电呈师长王,并以弹药将尽,恳转请后方速以飞机输送弹药。同时得悉师部及廿六旅方面战况,至为紧急。

同(十九)日十五时顷,奉师长王指示,我旅应逐次向右翼师部方向靠拢,策应该方面之作战。旅遵即策定以我左翼之讯团,第一步转移朱陈庄,占领阵地,准备由宋家庄方面侧击匪军,处置如次:(一)令胡团以一部留置大薛庄、杨花桥、顾庄原阵地,拒止进犯之匪,掩护主力之转移。(二)令炮兵营以火力之大部指向杨花桥西北地区,掩护胡团之行动。(三)胡团主力迅速脱离战场,推进朱陈庄及西朱陈庄地区,准备尔后行动。

同(十九)日十七时顷,胡团主力于我炮火掩护下到达顾家庄以南地区,一部并到达西朱陈庄。正其间,我右翼廿六旅一部及师部已突围抵达本旅防地。该方面之匪军,亦全部窜抵我旅正面。旅鉴于全般态势,为集结兵力,予匪以重大打击起见,调整部署如次:以胡团主力守备顾家庄以东迤桂花园以西之线,一部控置于顾家庄东端;以魏团主力守备宋家桥,一部守备桂花园;旅直属战斗部队守备顾家庄东迄南之线；各部并于子孙庙及东西朱陈庄等地占领坚强前进据点；山炮兵及旅部，仍位于顾家庄。

同（十九）日廿二时，匪于右翼廿六旅方面之兵力，全部转用于本旅正面，以五二团攻我子孙庙刘营，以四八团及第十八旅主力攻我顾家庄西南胡团，以第六三团攻我宋家桥东南魏团第四连，第六六团攻我宋家桥西南魏团第七连，第六一团攻我宋家桥西北魏团第八连，第六二团攻我宋家桥东北魏团第五连阵地。以白色信号及号音指挥，分股猛冲，杀声遍野。我官兵咸抱必死决心，沉着应战。激战至廿日拂晓，经我炮兵猛射及飞机助战，匪死伤惨重，攻势顿挫，双方遂成胶着状态。

廿日七时顷，奉悉第六五师今（哿）晨自搬经镇向如皋城南六里之贺家坝前进，策应本旅作战。我八三师已攻占姜堰镇。

同（廿）日十六时顷，第廿六旅七八团编成一个营，接替胡团西桂花园一部防务。

本（廿）日昼间，飞机不断盘旋于战场上空，匪军未敢蠢动。十三时及十七时顷，运输机两架先后投送弹药百余包，我获补充，官兵更为兴奋。

同（廿）日夜，匪因连日不逞，以我粮弹将尽，故不惜孤注一掷，重行部署，以精锐之特务第一团及第一师第一团攻我宋家桥东北魏团第五连，匪第二团攻我宋家桥西北之第八连，其第三团攻我宋家桥东南之第四连，匪第四六团一部攻我宋家桥西端第七连。顾家庄胡团方面，则以其第十八旅于廿时顷，利用夜暗，向我接近猛冲。尤于魏团第五连及第七、八两连接续部，更番猛冲，我第五连连长及副连长相继负伤，第五、七、八连阵地一部被其突破。当令魏团预备队反攻，令胡团一部由桂花园向西北出击，互相肉搏，战况惨烈。至廿一日拂晓，我以山炮火力掩护全线冲锋，恢复阵地，击毙突入之匪特务第一团团长及营长□以下五千余，俘匪百余名，卤获步枪卅余支。

廿一日六时顷,旅以魏团第五、八连伤亡过重,及令子孙庙之第二连接替宋家桥东北第五连,而以第九连接替西北第八连阵地,子孙庙阵地则由胡团第七连接替。

同(廿一)日拂晓,匪迫击炮向我宋家桥及顾家庄炮兵阵地发射数十发,我略有伤亡,当令我炮兵制压,匪炮火始逐趋沉寂。

同(廿一)日十三时顷,颇□我三一四团已由南马塘赶到,展开子孙庙东南攻击西朱陈庄及朱陈庄,旅以胡团第三营派兵一部向朱陈庄侧击。

同(廿一)日入暮,宋家桥方面匪以其五四团向我东南,匪第四七、四八两团向我东北,其特务团向我西北,其第二团向我西端,其第一、三团向我西南;顾家庄方面,则仍以其第十八旅主力于廿一时卅分全线向我围攻,分批猛冲,战况惨烈。战至次(廿二)日拂晓,匪因伤亡惨重,攻势顿挫,遗尸六百余具,我俘伤匪九十余名,夺获轻机枪一挺,步枪十余支。

廿二日廿时,匪再兴攻击,以 46、48、50 团各一部配合如皋独立团,向我宋家桥西北及顾家庄西南进犯,匪军因损失过多,本夜变更攻击方式,多以百余人为一组,携带大量手榴弹,向我疯狂猛扑投掷,我凭藉工事,沉着应战,匪伤亡不计其数,迄未获逞。

第三期　如皋东南地区之追击及克复如皋之役(附图第九〔略〕)

廿三日拂晓,当面之匪因连日伤亡惨重,不堪再战,攻势甚疲。旅即令全线出击。八时顷,令我魏、胡两团各编有力之搜索部队,先后占许家岱、严家甸之线。

廿三日九时顷,旅依据当时情况,判断匪之主力已被我击溃,当即报告师长王,乃决心我三一四团自朱陈庄出发,沿茅子河西岸向如皋攻击,本旅魏团刘营统率魏胡两团搜索部队,沿龙游河东岸向如皋攻击,并奉派本旅李副旅长乃赓统一指挥。

同(廿三)日十五时顷,我刘营击破沿途匪之残置部队,一举突入如皋城。我三一四团于十七时亦继续赶到。匪不惶抗拒,以其匪之第一师及特务团主力向李堡,第六师主力向海安方向,狼狈溃窜,我遂克复如皋城。

同(廿三)夜,匪仍以潜伏之小部,不断向我顾家庄、如皋城四周鸣枪袭击扰骚,经反击后退去。

同(廿三)日夜廿一时,奉师长王命令开:(一)当面之匪连日来经我军予以痛击,于本七月廿三日拂晓,开始逐次向如皋城东北方向撤退。(二)师决于明(廿四)日拂晓向如皋城扫荡前进。(三)第廿六旅应于明(廿四)日晨清理丁堰、韩家庄、刘庄各战场,收容该旅伤散官兵器材后,即集结如皋待命。(四)第七十九旅应于明(廿四)日六时由现地出发,向如皋城扫荡前进,尔后担任城垣守备,应于城西城北近郊,各以一个步兵营担任警戒,并积极构筑工事。(五)第一〇旅(附第六五〇团)应于明(廿四)日继第七九旅之后,向如皋城扫荡前进,尔后担任城垣东南近郊防务,并积极构筑工事。(六)余随同第七九旅旅部于明(廿四)日推进如皋城。等因。旅遵以作命第十四号部署如次:

一、魏团(欠刘营,附无线电一班)为右纵队,应于明(廿四)早六时自宋家桥出发,沿茅子河西岸大道,经十里墩、许家岱、骡子荒场进如皋城东门,向城厢东大街、西大街(均含)以南地区进驻之。如皋城南门及西门之防务,着由该团负责,并应以一个营推进西门外,远派搜索,严密警戒。该团刘营及搜索部队,于该团入城后归还建制。

二、胡团(欠第一营及搜索队,附无线电一班)为左纵队,应于明(廿四)早六时自顾家庄出发,沿龙游河东岸大道进如皋城南门,向城厢东大街、西大街(均不含)以北地区进驻之。如皋城东门及北门之防务,着由该团负责,并应以一个营推出北门外,远派搜索,严密警戒。该团搜索队及第一营,俟旅司令部进入城内后,归还建制。

三、旅司令部及直属队(欠野战医院)明(廿四)早七时自顾家庄出发,于左纵队一公里处跟进,向如皋城厢进驻之,详细行动另示。

四、通信连明(廿四)早适时撤收顾家庄通信网,于到达如皋城厢后,应以旅司令部为基点,迅速构通旅通信网。

五、特务队继续搜索如皋城以东以西以北地区匪情,其详细行动同参谋处之指示。

六、各部队于进入如皋城后,应即赶筑固守工事,勿懈战备,防匪反攻为要。七月廿四日六时各部队开始行动,十一时顷按序进入如皋城。

戊、战斗后之匪我态势,同附图第九〔略〕。

已、匪我优劣点之比较战法对策及经验教训〔略〕。

庚、匪我伤亡卤获及械弹器械损耗(附表第二、三、四、五〔略〕)

附表第一

陆军整编第四十九师第七十九旅如皋战役当面匪军番号兵力概况表

队号			数量区分 主官姓名		步枪	机枪	迫炮	备考
华中军区	华中野战军	第一师	师长	粟裕	90000+3000+	5000+	200+	10+	特务团装备甚佳，士兵均有钢盔，机枪均为俄式。团辖四营及直属连，营辖四连及迫炮排。连辖九班。第一旅之步机枪较杂，编制为三三制。
			副师长	陶勇					
			第一旅 旅长	张震东		1500+	100+	6	
			第一团	周维生					
			第二团	阳景延					
			第三团	陈培生					
			特务第一团	王××					
		第六师	师长	王必成	30000+	15000+	400+	30+	装备较差，步机枪种类甚杂。编制为三三制。
			第十六旅	第四六团					
				第四八团					
				第五〇团					
			第十七旅	第四七团					
				第四九团					
				第五一团					
			第十八旅	第五二团					
				第五三团					
				第五四团					
		第七纵队	司令	刘培善	10000+	6000+	200+	10+	
			第六一团						
			第六二团						
			第六三团						
			第六四团						
	第一军分区		如皋警卫团	顾维汉	0000+	500+	9		顾维汉系匪如皋县副县长
合计					55000+	28000+	900+	50+	

附记	一、本表系根据俘虏口供文件及其他情报等综合制成之。 二、此次旅正面之匪指挥官为粟裕。

〔国民政府国防部史政局及战史会档案〕

9. 王懋功报告国民党军在丰县与解放军发生战斗代电

（1946年8月）

（1）8月1日代电

江苏省保安司令部代电　保总安字第10255号
　　　　　　　　　　　中华民国三十五年八月　日

行政院长宋钧鉴：据丰县县政府午梗电称：灰日，我县保安第三大队七中队长胡万安率部前往七区推行政令，至该区刘楼，与匪四十余人遭遇，匪凭房玩〔顽〕抗，经我官兵奋勇冲杀，战斗二小时，匪不支溃窜，毙匪一名，伤三名，俘六名，获步枪二支。元日，我县保安第二大队六中队前往第二区搜剿，至该区田桥，与匪联防队遭遇，战斗一小时，将其击退，俘匪三名。删日，我县保安第三大队九中队长孙宝山率部前往第六区蒋桥一带推行政令，与匪华山县大队孙树吉部遭遇，战斗一小时，将其击退。筱日，我县保安第二大队长穆伯仁率第六中队前往本县一区王堂乡推行政令，该乡匪斗争会员王居华以误入歧途，夙意反正，曾与我层次通讯，是日乘我部到达，即会同全体会员王西胜等十一名，携步枪十支，并将匪抗联会长张敬谦等二名捆送，向我投诚。等情。除复饬将投诚匪枪械留县使用，官兵送就近国军处置，并分报国防部徐州绥靖公署第一绥靖区外，谨闻。江苏省政府主席兼保安司令王懋功。未东。保绥。印。

（2）8月2日代电

江苏省保安司令部代电　保总安字第104××号
　　　　　　　　　　　中华民国三十五年八月六号

行政院长宋钧鉴：据第九区专署午养电转据丰县县政府报称：午支，我第五区民众自卫队五十余人，在该区周庄乡小楼庄与匪部遭遇，战二小时，匪不支溃窜，当捕获匪编村长闫道学、联队主任王世秀等二名。齐日，我三区民众自卫队会同七区赵河乡自卫队，共二十五人，前往六区王岗集推行政令，在该镇与匪区队李性真部四十余人遭遇，战斗一小时，我以众寡悬殊，遂即转移该镇附近活动，毙匪一名。灰日，我四区自卫队二十八名，前往孙庄工作，与匪联防队二十余人在该庄战斗时许，匪凭楼顽抗，我官兵奋勇冲杀，卒将其击溃，毙匪八名，获步枪三支，匪枪一支。皓日，我四区自卫队二十五名前往五区活动，至引河涯与匪联防队遭遇，战四小时，我以众寡悬殊，随即突围。是役毙匪五名，获步枪五支。等情。除分报国防部徐州绥靖公署第一绥靖区司令部外，谨闻。江苏省政府主席兼保安司令王懋功。未冬。保绥。印。

（3）8月7日代电

江苏省保安司令部代电　保总安字第10724号
中华民国三十五年八月十二日

行政院长宋钧鉴：据丰县府午俭电称：午皓，我第七区自卫队会同尹楼乡自卫队三十五人，前往该区虎王集一带搜剿，在该镇与匪二十余人遭遇，战斗四十分钟，将其击溃，遗尸一具等情。除分报国防部徐州绥靖公署第一绥靖区外，谨闻。江苏省政府主席兼保安司令王懋功。未虞。保绥。印。

（4）8月10日代电

江苏省保安司令部代电　保总安字第11102号
中华民国三十五年八月十日

行政院长宋钧鉴：据丰县府未冬电称：午寝，我县机炮中队一分队长杜若海率部七十余人，前往本县二区工作，行经张五楼，与匪第八团之一部及抗联小组共百人遭遇，战斗一小时，匪不支窜逃，俘匪抗联小组长陈绳光及八团通讯员王为山等三名，获步枪二支。午俭，我第四区自卫队王志廉率部四十八名，前往该区活动，在卜小庙与匪乡团二百余人接触，将其击溃。旋继有匪丰县大队百余人,附轻机枪两挺增援,战斗二小时,复被击退。我为开展工作计,续向岳庙、于张庄一带推进,在该村与匪县大队及乡团三百余人遭遇,经我官兵奋勇迎战,卒将其击退。我军续向前进,至未时,在刘元集又复与匪之轮训队遭遇,战至黄昏,我以弹药告罄,遂即率部向南转移。是役,共计毙匪三十二名,我伤亡一名,获步枪六支。同日,我五区自卫队长张念骞率部四十七名,前往该区单楼乡推行政令,在梁饭棚与匪铜枪队遭遇,战斗一小时,匪不支窜去,毙匪二名,我阵亡一名。午艳,本县一区龙雾乡齐庄之匪铜枪队员齐学礼等七人,前曾洽接向我反正,当由我县机炮中队派员前往会晤,该匪等深明大义,随携步枪四支向我投诚。各等情。除饬将投诚之匪拨交国军处置,枪械留县使用,并分报国防部徐州绥署第一绥靖区外,谨闻。江苏省政府主席兼保安司令王懋功。未灰。保绥。印。

(5) 8月16日代电

江苏省保安司令部代电　保总安字第11948号
中华民国三十五年八月　日

行政院长宋钧鉴:据丰县府未皓电称:元日,我第四区自卫队会同还乡团警卫队长王志廉,率官兵五十二人,前往该区便集一带搜剿散匪,行经孙庄,与匪丰县大队百余人遭遇,激战三小时,匪不支狼狈溃窜,毙匪八名,伤十二名,我获轻机枪一挺、步枪二支等情。除分报国防部徐州绥靖公署第一绥靖区司令部外,谨闻。江苏省政府主席兼保安司令王懋功。未铣。保寝。印。

〔国民政府行政院档案〕

10. 王懋功报告国共两军在沛县一带交火情形代电

(1946年8月)

(1) 8月1日代电

江苏省保安司令部代电　保总安字第10257号
中华民国三十五年八月　日

行政院长宋钧鉴：据沛县县政府午艳电称：午俭夜，我县保安团会同铜山保安团分路向沛南桑庄、孟寨、黄楼、包楼、高垞庙等处进袭，在该处与匪第八团约七百余人激战四小时，黄楼、高垞庙均被我攻破，匪不支退至包楼、孟寨集结顽抗，我乘势猛扑，一鼓冲入，将匪击溃，狼狈窜去。是役，匪遗尸十五具，俘二名，我阵亡士兵一名，伤九名，获步枪六支，脚踏车一辆，机枪弹夹两个，手枪弹百五十粒。等情。除分报国防部徐州绥靖公署第一绥靖区司令部外，谨闻。江苏省政府主席兼保安司令王懋功。未东。保绥。印。

（2）8月12日代电

江苏省保安司令部代电　保总安字第11128号
中华民国三十五年八月　日

行政院长宋钧鉴：据第九区专署未江电称：午俭子，我区保安团会同沛县保安团协助沛县三区民众还乡队入区工作，行经该区孟寨，与匪第八团一部五百余遭遇，匪凭寨垣楼房顽抗，战斗二小时，将其击溃，计毙匪十余名，伤数十名，我伤八名，阵亡七名，获步枪一支等情。除分报国防部徐州绥靖公署第一绥靖区外，谨闻。江苏省政府主席兼保安司令王懋功。未文。保绥。印。

（3）8月13日代电

江苏省保安司令部代电　保总安字第10660号
中华民国三十五年八月十六日

行政院长宋钧鉴：据沛县县长张开岳未真午电称：灰夜一时廿分，突来奸匪四十余名，袭扰我韩大楼据点，当与我县保安队战廿分钟，奸匪不支溃退。以深夜青纱帐深，未予穷追。等情。除复饬注意巩固防务，机动打击奸匪，策应砀山方面战事，并分报国防部徐州绥署第一绥靖区司令部外，谨闻。江苏省政府主席兼保安司令王懋功。未元酉。保绥。

（4）8月23日代电

江苏省保安司令部代电　保总安字第11759号
中华民国三十五年八月　日

行政院长宋钧鉴：据铜山县府未皓戌电称：皓午，匪沛北四、五、六、七区之匪共三百余人，在我铜沛公路崔寨一带窜据，经我县保安第三大队前往剿袭，战一小时，将其击溃，毙伤匪十余名，俘三名，遗尸四具等情。除分报国防部徐州绥靖公署第一绥靖区外，谨闻。江苏省政府主席兼保安司令王懋功。未梗。保绥。印。

（5）8月25日代电

江苏省保安司令部代电　保总安字第11751号
中华民国三十五年八月　日

行政院长宋钧鉴：据沛县县长张开岳未敬电称：职于马辰率县保安团、各区公所及难民还乡团，由沛南县府驻地韩大楼，随同国军八十八师李旅进剿县境之匪，当晚宿营第三区，孟一带匪两次夜袭，均被击退。养晓，向沛城推进，沿途击溃零星散匪，午时收复沛城，搜索抚辑，后会同国军驻守。惟城垣破坏无余，公共处所折除净尽，百姓仅数百人，守城剿匪不能兼顾，政治工作亦难开展，交通虽极力恢复，守护不易。恳转商国军速加派兵一团，以防意外。等情。复复饬从速加强该县保安队，健全各区乡镇保民众自卫队，构筑碉堡圩寨工事，整编保甲，清查户口，举行各村镇联防自卫，确实掌握收复区，并就近禀承军事长官妥为配合办理，暨分报国防部徐州绥署第一绥靖区外，谨闻。江苏省政府主席兼保安司令王懋功。未有辰。保绥。

(6) 8月27日代电

江苏省保安司令部代电　保总安字第11836号
　　　　　　　　　　　中华民国三十五年八月　日

行政院长宋钧鉴：据沛县县长张开岳未有电称：沛县虽于梗日收复，匪八、九团及钢枪队仍到处出没骚扰，梗日在赵庄截劫国军给养，敬日大举进攻栖山，有日拂晓以三百余人进攻大张寨，企图截断铜沛路弹药车。沛城四郊匪益猖獗，县保安团兵力薄弱，守城不足，更难搜剿游匪开展行政。恳派队增防协助。等情。除复饬速将民众自卫武力扩大坚强组织，期能以地方武力自保，确实掌握治安，并分报国防部徐州绥靖公署第一绥靖区外，谨闻。江苏省政府主席兼保安司令王懋功。未感辰。保绥。

(7) 8月31日代电

江苏省保安司令部代电　保总安字第10244号
　　　　　　　　　　　中华民国三十五年八月　日

行政院长宋钧鉴：据铜山县长耿继勋午艳未电称：一、匪新九团于午宥向我进犯，被我军追至沛县境之前后蒋桥击溃后，午俭晓，职复率县保安团会同沛县保安团之两个大队及九区专署保安团之两个大队，进击盘踞沛县南之蔡庄、付庙、梁坝及孟寨、高坨庙、包楼、黄楼、贺楼等处之匪新八、九两团及钢枪队等共约二千人。二、职部进攻桑庄、付庙、梁坝之九百余人，激战一小时，该三庄均被我县保安团长耿继绪率队占领，并追击至沛城南七里之罗庵子一带，俘匪六名，毙伤十余名。三、沛县张县长率部及专署保安团吴品三部与盘踞高坨庙、孟寨、包楼、贺楼之匪新八团千余人激战四小时，将匪击溃，各该庄亦均经占领，毙伤匪五十余名，并追击至栖山一带。四、此次赴沛剿匪官兵，溽暑行军四月，颇为疲劳，拟今日仍回原防休息。因此间大雨，平地水深尺余，事实上行军极为困难。职拟今日回县府（亲民村）休息两日，再赴丰县清剿。等情。除复予奖慰，饬速收复地区，并分报国防部徐州绥靖公署第一绥靖区外,谨闻。江苏省政府主席兼保安司令王懋功。午世辰。保绥。

〔国民政府行政院档案〕

11. 王懋功报告国民党军第六十九师进犯睢宁遭重大伤亡代电

(1946年8月3日)

江苏省保安司令部代电　保总安字第10463号
中华民国三十五年八月　日

行政院长宋钧鉴:据九区专署未东午电转据睢宁县府午卅由双沟报称:(一)国军六十九师梁师长汉明统率六十及九十二两旅由宿县向东推进,已于午宥率六十旅进驻双沟,乃以兵力一部沿海郑公路向东进剿,于感日到达睢宁六区觉民乡孙徐庄一带,九十二旅宥晚进驻双沟南十八里朝阳集,乃指挥部属将该地之小寨、裴集、单桥、京渠等处收复。(二)匪军对我驻朝集之国军九十二旅,以游击小组窜扰,突于感晓由鲁南调来大股匪步骑兵两万,向我朝阳集及单集等处国军猛攻,激战至感巳,我俘匪数十名,毙匪七、八百名,获步枪三百支,钢盔数十个,刺刀数十把。是役,我军微有伤亡。(三)感夜,匪军复向朝阳集增援猛攻,激战彻夜。至俭晓,我朝阳集山头哨兵被匪攻退,匪居【高】临下,向九十二旅旅部(朝阳街上)集中炮火猛攻,我军迫不得已,转移阵地,又遭匪军猛击,死伤千余人,损失重炮二门、电台一架,其他军用品损失情形,尚不详。(四)我国军预备第三旅旅部前驻铜山八区骡马集,业于感日指挥部属向睢宁六区庙山一带进剿,现仍继续前进中。(五)六十九师师部指挥部属前进,因受匪军从左翼威胁,转移至双沟西谢圩。(六)国军九十二旅进驻朝阳集,本县以东即为我五区边境,当派该区区长胡恒懋率领乡镇保长及党团人员四十三人前往,与九十二旅联络入境工作,当与匪战斗,紧急时我六区人员失踪者二十三人，死二人，伤三人，陆续逃归者十五人。等情。除复希督饬各县健全基层组织，配合军事，掌握收复区，力谋开展，并分报国防部徐州绥靖公署第一绥靖区外，谨闻。江苏省政府主席兼保安司令王懋功。未宥申。保绥。

〔国民政府行政院档案〕

12. 王懋功报告靖江境内国民党军向解放军进攻代电

（1946年8月—1947年1月）

（1）1946年8月5日代电

江苏省保安司令部代电　保总安字第10473号
中华民国三十五年八月　日

行政院长宋钧鉴：据靖江县府未东电称：午世辰，我县保安队会同国军向县西马桥、真武庙一带抢收靖太公路，在真武庙附近，与匪百余遭遇，战斗时许，匪不支溃窜，俘匪三名，经国军带回处理等情。除分报国防部徐州绥靖公署第一绥靖区司令部外，谨闻。江苏省政府主席兼保安司令王懋功。未微。保绥。印。

（2）8月8日代电

江苏省保安司令部代电　保总安字第10759号
中华民国三十五年八月十二日

行政院长宋钧鉴：据靖江县府未东电称：午感辰，我县保安独立中队两分队及第一区民众自卫队，会同国军工兵团之一连，前往马桥、粟海庄、大坝港一带搜索散匪，中午在大坝桥发现匪靖江独立团四百余人，该匪以一部据河岸向我发射，以一部渡河猛冲，激战三时许，匪不支西窜。是役匪伤亡廿名。等情。除分报国防部徐州绥署第一绥靖区外，谨闻。江苏省政府主席兼保安司令王懋功。未齐。保绥。印。

(3) 8月12日代电

江苏省保安司令部代电　　保总安字第　　号
　　　　　　　　　　　中华民国三十五年八月　日

　　行政院长宋钧鉴：据靖江县府未鱼电称：东日，匪游击连百余，在本县一区六圩桥一带强征食粮，当派我一区自卫队会同国军一个连前往剿袭，将其击溃，当将六圩桥占领。旋匪纠集兵力一营反攻，战三小时，匪不支，向西北溃退，毙匪三名，伤七名，俘二名。等情。除分报国防部徐州绥靖公署第一绥靖区外，谨闻。江苏省政府主席兼保安司令王懋功。未文。保绥。印。

(4) 8月16日代电

江苏省保安司令部代电　　保总安字第11366号
　　　　　　　　　　　中华民国三十五年八月　日

　　行政院长宋钧鉴：据靖江县府未灰电称：齐辰，我第一、四、六区自卫队会同工兵第四团第三营，分左右两翼前往第三区杜家街一带搜剿残匪，在该镇南与匪遭遇，当将其击溃，毙匪一名，俘一名，获步枪一支。等情。除分报国防部徐州绥靖公署第一绥靖区司令部外，谨闻。江苏省政府主席兼保安司令王懋功。未铣。保绥。

(5) 9月28日代电

江苏省政府代电　　（卅五）府民一字第八六一六号
　　　　　　　中华民国三十五年九月二十八日

　　行政院院长宋、副院长翁钧鉴：顷据本省靖江县长张开仑申回电称：职于申梗卯亲率保安卫民等部及第三区区长陈云等工作人员，会同（460R）二营进驻第三区孤山，当与匪靖江独立团发生激战，赖我官兵奋勇，终将其击溃，该区区长陈云即在该镇开始办公，重建行政组织。等情。除饬速编保甲，清查户口，举办户口异动查报，制发国民身份证及组织区乡镇保民众自卫队具报外,谨电请鉴核。江苏省政府主席王懋功叩。(卅五)申俭。府民一。印。

(6) 1947年1月14日代电

江苏省保安司令部代电　保绥字第922号
中华民国三十六年元月十八日

行政院长宋钧鉴：据靖江县长张开仑子微电称：东晚,匪靖江警卫团等部,企图于四墩子窜扰江南,乃令七、八两区队于江日拂晓配合堵击。据七区兼区队长罗杰回报称：职队奉命配合八区队赴四墩子堵击流匪,于夹港、太平寺一带遇敌(番号不明)千余人,有重机枪两挺、轻机枪二十余挺,当时展开激战,计毙匪129名,伤匪26名,匪终未得逞。我方计负伤官兵王坤等六名,阵亡一名。等情。除分报国防部徐州绥靖公署第一绥靖区司令部外,谨闻。江苏省政府主席兼保安司令王懋功。子寒。保绥战。印。

〔国民政府行政院档案〕

13. 王懋功转报解放军克复砀山县城经过情形电

(1946年8月)

(1) 8月11日电

京行政院蒋秘书长转呈行政院长宋钧鉴：据徐州冯专员子固、有真辰午两电称：(一)睢山县长刘天展真午急电报告,匪灰日围攻睢城,彻夜激战,东岭外耶禾、加鱼堂据点被突破,我军现守夏楼。迄真,激战未停。(二)黄口、夏楼一带,同时发现匪军五千余名窜扰。(三)电令刘县长坚守,并饬铜山耿县长、萧县董县长、沛县张县长派兵驰援,一面报告薛主任、王总司令,请派陆空军援救。(四)砀东杨楼站附近桥梁二座被毁,均在抢修中。李庄站碉堡一座被烧毁,砀山东铁路亦有数处被破坏,援军被阻,情势严重,乞转电驰援。等情。查匪军发动围攻砀山,今晨据报,已急电转陈。并严电刘县长天展、省保安总队苏总队长祖武,在大军未到前,务以全力督率地方武力及省保安总队,本城存与存,城亡与亡之决心,坚忍死守,不得退后一步。同时电饬冯专员督率加紧坚守。除再复令遵照前电暨禀报薛主任及驻军长官切实遵照外,谨分电陈明。王懋功。未真酉。秘机。印。

(2)8月15日密电

京行政院蒋秘书长转呈院长宋钧鉴:密。据铜山县长耿继勋未寒午电称:(一)据砀山逃出之人报告,砀城文已被匪由南门攻入,我在砀省县保安团队,损伤甚重,刘县长天展被俘。(二)到达黄口之国军约两团,新丰保安团一个大队到李寨,随同前进。(二)李庄、砀山两车站,尽成焦土,铁路破坏甚巨。等语。查砀山自文已电报不通,节经转报。并于寒日电令徐州冯专员酌带团队,随国军前进,于收复砀城时进驻该县,以便配合军事,恢复治安秩序。兹据前情,除复令就近秉承薛主任配合军事、策应反攻、协助侦探响导外,谨分电陈报。王懋功。未删午。机。印。

〔国民政府行政院档案〕

14. 国民党第二十一师新编第七旅进犯如皋李堡等镇遭到惨败战报

(1946年8月)

陆军整编第二十一师新编第七旅八月十日十九时
至十一日二十时在如皋县北李堡镇
西场镇战役战斗详报

(一)战斗前敌我形势概要。

甲、匪军第七纵队(四个团)八月二日黄昏由海安溃退后,一部住富安(海安北卅华里),主力住东台附近。第一师、第六师于

五、六日自西场、丁家所、李堡、角斜、拼茶等地,向北撤至东台以东地区。十日十七时,匪军全部在李堡北约四公里三东腰灶、十八灶、姜八灶、新河边、大墩头地区,海安西约六公里之尾桥有匪军五百余人,海安北十公里有匪千余人,海安西北东南,均有匪民军,数目不详。

乙、十日十七时,我一〇五旅(欠三一五团)在李堡东三里杨村,新七旅(欠二十一团炮营、辎营〈欠人力一连〉、旅医院、十九团之第九连、十九、二十一两团之搜索排及各部留守江阴办公、患病官兵与受训官佐)由副旅长率领住李堡构筑工事中,旅长黄伯光同二十一团及一〇五旅之三一五团在海安。十日晚,李堡即发生战斗。十一日四时半,旅长率二十一团由海安向李堡出发。至李堡方面,于十日十九时起,即发生通宵战斗,刘部无报告,王师部亦无指示。但王师部、刘旅部与海安三一五团部无线电报话,均未中断。如皋至海安有线电话,亦畅通。

(二)影响于战斗之气象、地形及住民地状态〔略〕

(三)各时期之战斗经过

(1)八月九日十二时,旅在海安奉司令官李命令,该旅受四九师王师长指挥。同日十六时,奉王师长命令,该旅限灰日先以一个团前往李堡镇,接替一〇五旅防务,余一个团真日由该旅长率往李堡镇防守等因。

(2)旅遵即命副旅长田云从率十九团(欠第九连搜索排)及旅部官兵直属各部(欠炮营、辎营〈欠人力一连〉、医院),于灰日赴李堡镇接替一〇五旅防务,旅长率二十一团(欠团搜索排)于十一日四时半由海安向李堡出发。仅依时间先后及作战地区,分别记述如次:

(甲)李堡方面:据十九团团长介景和未寒如皋代电称:
【(一)】职团于佳日十八时在海安奉到命令,饬于灰晨随副旅长田及旅直属各部队,向李堡出发,到达后归刘旅长指挥,接替一〇五旅防务，构筑工事。俟两旅防务交接清楚后，即开始沿拼茶、角斜、李堡镇暨其以西十公里附近之线，构筑碉堡线，肃清该碉堡线以南地区之散匪。职奉命后，于灰日四时随同副旅长田，以十九团第一营、团部暨直属部队第二营、旅直属各部队第三营（欠第九连）之顺序，向李堡镇前进。午前十时到达西场，午后三时到达李堡，午后五时将李堡镇一〇五旅防务接收清楚，职即率全团各营长侦察地势，分配防区，构筑工事。查李堡镇市区广大，地形复杂，周围高粱、玉米丛生，数步外即不能通视，河沟多干涸无水，不成障碍。原六五师收复该地后，仅在市区小住两日即去，并未构筑工事。六五师去后，一〇五旅仅派兵一营接防，系暂时警戒性质，其余部队，住镇东三里之杨家庄，故亦未在李堡构筑工事。职团系本旅先遣部队，在旅未全部到达及团任务地区未详细确定前，只好全镇地区完全防守，以俟后续部队之到达。当时所构筑工事，均系临时性质之野战筑城据点，工事尚不易一时完成。午后七时顷，接派出搜兵报告，李堡镇北约四公里处之东腰灶、姜八灶、新河边、大墩头附近，本日有匪数团向我行动，并在东腰灶南端河流架设浮桥三座，已分头向李堡镇包围前进。职据报后，当即报告刘旅长，蒙指示：如能固守市区，即竭力固守，以待明日，否则即向杨家庄附近三一四团阵地外转移，衔接三一四团阵地，构筑工事，从事防御。职当以时已入夜，且时机急迫，转移新地，更难部署。若于转移间遭敌攻击，部队必生混乱，更难掌握，无法应战。即面呈副旅长田，决心固守李堡，加强工事待援，俟明（十一）日钧座同二十一团到达后，再行决战。当饬第三营（欠第九连）任李堡西端附近地区之防御，以第二营任李堡镇北端附近地区之防御，以第二营之第二连及特务连搜索排任李堡镇南端附近地区之防御（李堡镇东端距一〇五旅之杨家庄三一四团阵地甚近，判断敌由此进攻之公算较少），第二营第六连应速在李堡市区南北小河之线，构筑第二线阵地，以备巷战，第一连、旅工兵连及团特务排控置市内为预备队。部署尚未就绪，四面已发生断续枪声，午后十一时许，敌大部已迫近镇北、镇西沿河之线，开始攻击，北端三桥梁处最为猛烈。且其附近有河一段，干涸无水，其攻击重点，即在该处。在其猛烈炮火机枪掩护下，密集队形，逐浪进冲。我第四连连长刘金铭与敌冲杀中首先阵亡，第八连连长涂忠良亦在两营阵地接合部身负重伤，我排长、士兵伤亡者亦众。因列营长振球及潘附员福康身临督战，尚能固守。战至真日二时许，李堡北西南三面攻击均甚猛烈，西端桥梁处已成为匪攻击之第二重点。第七连萧连长苦力支持，李代营长继祖亦在该处督战，虽萧连长负伤，而阵地未曾动摇。此后李堡四面俱被攻击，冲杀之声，无时或断。迄六时顷，我携带弹药大致用尽，轻机枪多生故障，而敌炮射击处为猛烈，四、七两连代连长均又负伤，士兵死亡殆尽，两处阵地均被突破，职即以特务排增加第七连反冲，陈排长新民即于肉搏中阵亡。是时，即以第一连在第七连后布置阵地，从事抵抗，第二营部队亦退至北街端巷战，而南端之敌，亦攻入市区，非战斗员兵，纷纷乱窜，市内已陷混乱状态。此时，奉到刘旅长命令指示，如不能支持时，可向三一四团阵地旁边接近，继续作战。职见大势已去，挽回困难，即报告副旅长田，决心以第一营苦守李堡东端，掩护撤退，其余部队，即向三一四阵地南二里许之洪家庄、金家庄中间地区转移阵地，收容整顿，准备再战。然因干部伤亡过半，经收容后，已无作战能力，微经接触，即纷纷溃散，匪军四面蜂涌而来，重重包围，职于是时即被俘虏，所有官兵，除逃出者外，亦大致被俘，我三一四团此时亦陷于苦斗中。此后情形，已难详述，只能听闻炮机声而已。（二）职被俘后，冒充病兵，在匪军第一团团部拘留两夜一昼，元日拂晓，匪军西移，我被俘官兵，壮者即被其补充兵额，高级者后送匪区管押，伤病者均予放回，职以杂伤病兵中获释。是役，我旅团官兵除伤亡外，均被俘去，详细情形，无法统计。

（三）此次李堡战役，因遵命行动，致陷重围，立足未定，即发生战斗，官兵奋勇，前仆后继。职所目睹，匪军对我行动，完全洞悉。由佳日起，即已筑成陷阱，待我深入，且集中优势兵力，八团之众，聚歼我军，其情报之敏活处，为职所不解。最惊人者，即周围五十里内，所有民军全体动员，致我突围官兵，处处受击，人人被俘，除极少数外，无一漏网；若不予以对策，则以后隐患不堪设想矣。（四）职团于惨败后，一切人员、马匹、武器、械弹、被服，除消耗外，完全损失，详细数字，有待清查，方能报出。现突围官佐，计有七员，士兵二百余名（负伤者在外）。职受国家豢养，负全国重寄，丧师失地，罪不敢辞，戴罪军次，敬候惩处，以后行动恳祈示遵。等情。

（乙）西场方面：旅长率二十一团（欠团搜索排）于十一日四时半由海安出发，以二十一团第一营为前卫，团直属部队、第二、三营之顺序，向李堡前进。五时半至立发桥两侧高粱地，即闻枪声，经饬前卫搜索。七时至洋马河，与敌之小部队接触，同时闻李堡方面机炮声浓密，当即判断：（甲）李堡被匪攻击；（乙）一〇五旅（欠一团）向海安出发，在途中与匪遭遇，决心夹击匪军，增援李堡。将决心面告廖团长，继续搜索速进，勿为敌小部队所迟滞。八时，又右侧发现敌人枪声，命护船之第四连渡河，在南岸搜索前进。河之两岸，高粱、玉米丛密，数步之外，不能通视，地势平坦，无处可据。但匪逐次顽抗，进展甚缓。十二时，匪被我前卫击溃，进至距西场西端二里附近，匪利用强固工事与支流障碍，敌皆据桥头及西场周围既设阵地，我正面及两侧，枪炮声浓密，部队前后均有伤亡。据前卫营副营长罗幸玺报称：左侧有匪大部发现，即命第二营（欠第四连）为左翼队，与前卫确取连络，驱逐敌人，向西场右侧攻击；第三营缩短距离，企图一举将匪突破。是时，前卫已被优势头戴钢盔只知阿罗 阿罗叫（为日寇）之匪军阻止，伤亡甚众。第二营经敌猛冲，伤亡亦重，杨营长负伤。至十三时，架设电台，拟将情形报告王师部，并通知现状，于李堡共同夹击匪军。至十六时，尚未叫通。讯问俘虏，称系一百军被俘之兵，匪系第一师、第七纵队，共八个团，机炮手全为日本人，早知你们旅长带一个团，上午过此，以三个团等着你们，五个团围攻李堡，于今晨已将李堡守军解决，抽兵前来包围你们，你们左翼及背后有三个团以上的兵力，将你们包围，你们怕无路可走了等语。职同廖团长商量，以现在种种情况判断，已陷入重围，而李堡方面早无枪声，前进不能，只有集结兵力，守一据点，等待李堡情况明白，再为攻击。但后方之敌须驱逐，以免四方受敌。以□□心面告第三营营连长，以七、九两连向后方搜索。该两连行未百米，即与玉米地潜藏之匪发生肉搏，反复冲杀，死伤枕藉。延至十九时半，职目睹该两连几全部复灭，南岸之第四连亦被匪大部冲杀，形成溃散。职同廖团长相距约一百米，亦被匪截断。职与匪距不过十步，前后部队被匪隔绝，职乃在敌炽盛火力之下，渡过南岸，仅卫士数人随行。比上岸，回顾对岸，已全为敌人。行未一里，已黄昏，枪声亦渐寂。二十时，到海安南七里公路侧，以电话向王师长报告本日情况，令暂驻柴湾收容。

（四）敌我兵力交战、敌兵之部队番号、
主将姓名、编制装备、素质战法等

（1）我军新七旅（欠炮营、辎营之人力一连，驮马连，医院，十九团之第九连，两团之搜索排及各部留守江阴办公、患病官兵与受训官佐）、一〇五旅（欠三一五团），官兵统计约万余员名。

（2）匪军第一师、第六师、第七纵队，共为十八个团，约四万余人；匪民军一个旅，及交战地卅里以内民兵最少四万人，共计在八万人以上。

（3）匪军编制：每班正副班长各一，正副组长各一，士兵十名，正副班长、组长各率兵二、三名，故其控制力甚强，被俘精强士兵及强拉壮丁，皆可立即分配班内作战，不敢反抗。三班为一排，三排为一连（轻机枪编为三班，每班三挺，余为步枪班），三步连一机连为一营，三营为一团，团直属部队、特务队、炮连、通信排外，其余不明。三个团为一旅，旅有特务团。三旅为一师，师直属部队不明。但炮兵系一团或一营。其机炮手多为日本人，步兵连内日人亦不少。

（4）匪军武器：机步枪、掷弹筒多为日械，其余步枪为中正式。每连步枪七、八十支，轻机枪九挺，掷弹筒七、八具，迫炮亦多。

（5）匪军官兵行李绝少，士兵十之七、八有钢盔，灰布军服，不带粮秣，由地方征发及民众供给，故行动轻快飘忽，极适于运动战。

（6）匪军尉级军官及士兵，几全为三十岁以下青年，体力一般强悍，故其冲锋、行军，均甚猛锐、迅速。

（7）匪军战法：①不断冲锋，前仆后继；②包围攻击；③设伏；④游击狙击扰乱；⑤攻击时使用绝对优势兵力；⑥避实击虚，无胜算〔券〕可操之战争决不发动；⑦情报通信均灵活，偷听我方军情，具特别技能，凡我军情，了若指掌，讥我军通信方法太陈旧；⑧匪高级指挥官同部队行动，故处置很快，部队进退，部队长可以随机决定，不甚受命令限制；⑨此次指挥官为匪第一师师长陶勇；⑩匪政工人员特多，权力甚大，能力非常良好，凡匪军所到之标语、传单，到处张贴，民众全为控制。

（五）战斗后敌我情势概要

（1）匪军于十日十九时至十一日二十时，将本旅及一〇五旅（欠一团）李堡西场部队突破后，即就西场至洋马河一线稍事整理，当夜仍继续向海安西南行动，十三日，我军大部向海安增援，匪即陆续向李堡以北撤退。

（2）十一日二十三时，旅长在海安南四公里道上用电话向王师长报告经过，奉电话令住柴湾收容，仅收容突围脱险及负伤官兵约五十余人。十二日晨，奉命移如皋西门外收容，随即晋谒王师长，面报战斗经过及收容与损耗情形，始知旅部及十九团于昨十一日晨在李堡被匪突破，伤亡甚巨。十五日，司令官李在如皋召见垂询作战经过，复奉命移平潮整理具报。截至十六日，在如皋计收官佐七四员，士兵一五六三名。十七日辰时，率领收容人员，由如皋出发，十八日午到达平潮，从事整理。

（六）关于李堡及西场战役之死伤表及兵器弹药器材被服装具之损耗表，如附表一、二、三、四、五表〔略〕。

谨呈。

旅长　黄伯光
〔国民政府国防部史政局及战史会档案〕

15. 王懋功报告邳县国民党军与解放军发生交火代电

（1946年10月—1947年4月）

（1）1946年10月1日代电

江苏省政府　　　　代电　（卅五）府民一保字第八七〇三号
江苏省保安司令部　　　　中华民国三十五年十月一日

行政院院长宋、副院长翁钧鉴：顷据本省邳县县长辛玉堂申敬电称：职于申巧进驻古邳，业经报告在案。当时古邳因无国军，邳、睢残匪均集中在该镇以北。申哿晚，得确息：匪邳睢县长钱佐率各区乡队及二十六团夏玉华残匪，连地方民兵约千人，派少数到巨山前截我归路，大部由呆堂子、韩塘圩一带向我正面袭击。当时职率队沿大堤移到五工头部〔布〕防，因此地凭堤，较易防守，并可乘隙机动与匪突击。申马，职同李书记长率队到徐场、夏行一带搜索，第三区区长胡玉泉率队到张集搜索，同时编查保甲及组织地方武力。刻预三旅七团二营已进驻古邳地方，工作更易开展。等情。除复饬加紧办理户口异动、查报联保连坐切结及制发国民身份证，以期奠定基政、确保治安外，谨电请鉴核。江苏省政府主席兼保安司令王懋功。(卅五)酉东。府民一保。印。

(2) 1917年4月18日代电

江苏省保安司令部代电　保绥字第7897号
中华民国三十六年四月廿三日

行政院兼院长蒋钧鉴：据邳县县府卯文电称：真晨，我县保安第一、二两中队会同第七区自卫队，向沙埠庄推进，在该处与匪百五十人遭遇，战斗时许，匪不支向三沟埝溃去。同日午后一时，我二、四两中队会同第七区自卫队，前往葛庙一带进剿，与匪六十余人遭遇，匪不支向三沟埝退去，当即派队跟踪追击，匪不支，复向石玉庄及找埠一带窜去。现呦鹿山有匪二百余人，汉庄、大道口、芦汪、冯家场等处，现有各县纠合窜来之匪二千余人，匪众我寡，恳速转请派队增援，以安地方。等情。除复饬坚守严【防】，并分报国防部陆军总部外，谨闻。江苏省政府主席兼保安司令王懋功。卯巧。保绥战。印。

〔国民政府行政院档案〕

16. 王懋功转报宿迁邵店人和圩之役国民党军遭到惨败代电

(1947年1月)

(1) 1月8日代电

江苏省保安司令部代电　保绥字第四二九号
中华民国卅六年元月

行政院长宋钧鉴：据沭阳、宿迁两县府亥陷卅两电称：国军六九军沿宿邵公路东进，元日先头部队进驻邵店，师部驻宿境人和圩。删夜四时，匪由沭阳鲁南窜来十万余人，向该两据点猛攻，将运河线切断，与第十一师隔绝，激战三日夜，战斗惨烈。至巧夜，终以弹尽援绝，师旅部均被突破，六十旅被俘团长二员，预三旅团长阵亡一员,副旅长受伤脱险,四一旅旅长受伤,师部高级人员及下级官兵除伤亡外,大部被俘,师长自戕,其余官兵由六十旅黄旅长收容,戴师长遗体已运回,江日起榇运京。等情。除分报国防部、徐州绥靖公署第一绥靖区司令部外,谨闻。江苏省政府主席兼保安司令王懋功。子齐。保绥战。印。

(2) 1月9日代电

江苏省保安司令部代电　保绥字第六五三号
中华民国卅六年元月　日

行政院长宋钧鉴:一、据宿迁县府亥皓马电称:匪军第九纵队、第七纵队、第十一纵队及第二师,并从鲁南调来番号不明之部队,其〔共〕十余万人,于巧夜分路向我进驻县东北之六九师及六十旅、预三旅、四一旅包围猛犯,战斗惨烈。各该部据点,终被突破。六十旅、预三旅旅长只身逃出,师长自杀,我配合前进之部队及行政人员损失尚未查明。现匪十一师及孙良诚部退守运河东岸顺河集北岸井儿头一带。二、皓晚匪分向我第二区顺河集及八区井儿头进犯,经我军分头迎击,激战至拂晓,匪不支,向东北邵店方向窜去。等情。除分报国防部、徐州绥靖公署第一绥靖区司令部外,谨闻。江苏省政府主席兼保安司令王懋功。子佳。保绥战。

〔国民政府行政院档案〕

17. 王懋功报告国民党第二十八师等与淮阴淮安解放军交战情形代电

(1947年2—4月)

(1) 2月8日代电

江苏省保安司令部代电　保绥字第2535号
中华民国三十六年二月十二日

行政院长宋钧鉴：据淮阴县长黄家驹丑支电称：子回，国军第二十八师会同我县保安队，分路向大集庵一带搜索散匪，在老张集东北郑湾与匪遭遇，经我侧背猛攻，匪不支溃退，当将大南庄收复。是役，计毙匪三十余名，保安队伤三名。子世晨，匪姜超部分路向我驻张官荡北徐庄国军及县保安队各一部偷袭，经该部发觉，奋勇迎击，激战二小时，匪反复冲杀三次，均未得逞。世日下午，安然返城。等情。除分报国防部徐州绥靖公署第一绥靖区司令部外，谨闻。江苏省政府主席兼保安司令王懋功。丑齐。保绥战。印。

（2）4月7日代电

江苏省保安司令部代电　　保绥字第6870号
　　　　　　　　　　　　中华民国三十六年四月十日

行政院兼院长蒋钧鉴：据淮安牛县长卯江未军电称：匪淮安独立团兵力约六、七百名，于卯冬晨由县城东南五十华里之泾口镇出发，经大施河，于当晚向张桥（曹甸西二十华里）进攻，与驻防该镇之县保安第一中队激战，至江丑，匪不支，退大施河绿草荡一带。是役，匪伤亡百余名，俘匪三名，卤获步枪三支，我无伤亡。等情。除转报外，谨闻。江苏省政府主席兼保安司令王懋功。卯虞。保绥战。印。

（3）4月12日代电

江苏省保安司令部代电　　保绥字第7258号
　　　　　　　　　　　　中华民国三十六年四月十五日

行政院兼院长蒋钧鉴：据本省驻淮阴办事处卯灰电称：齐晚，奸匪万立誉部八一团、七七团及淮宝支队共二千余人，附轻重机枪数挺、迫击炮二门，向我驻淮安西南高良涧之水警第三队猛犯，激战至夜半，该队第一、三两分队以众寡悬殊，弹尽援绝，被迫转移淮阴，第二分队全部牺牲等情。除电饬坚守并分报国防部陆军总部外，谨闻。江苏省政府主席兼保安司令王懋功。卯文。保绥战。印。

〔国民政府行政院档案〕

18. 王懋功转报南通三余镇海门聚兴镇等地获解放国民党军伤亡惨重代电

（1947年3—4月）

（1）3月27日代电

江苏省保安司令部代电　保绥字第六一六七号
　　　　　　　　　　中华民国卅六年四月一日

行政院兼院长蒋钧鉴：据南通县府寅马电称：（一）奸匪粟裕、管文蔚、梁灵光等部，配备轻重武器齐全，四个团之主力，自北方沿海窜南，以三个团兵力分布三余外围各地，阻我援军，另有一团攻我三余。（二）匪于寅筱酉，利用民房打洞，暗置机枪，至夜三时发动总攻势，初将西北碉堡火击倒塌，继以轻机枪猛射，掩护步兵进攻。我区自卫队赵区队附率队迎战，以众寡悬殊，区署被匪攻占，即退与保安队实警队合力挽回，巷战惨烈。至巧日下午二时，终因弹尽援绝，一部阵亡，余均被俘。（三）得报即派保安大队长张国彦率一中队及实警一中队增援，至四甲坝、北新镇被阻堵击。（四）匪占三余，抢劫物资运北后，焚毁民房、工事，强迫民众向海晏镇九门闸一带退去。（五）国军绵阳部队于皓上午十时经三余向南，下午抵达余东。除派县保安大队附陈品珊、区县保安队各一分队及自卫队两中队皓午进驻三余，恢复秩序。等情。除分报国防部、陆军总司令部外，谨闻。江苏省政府主席兼保安司令王懋功。寅感。保绥战。印。

（2）3月31日代电

江苏省保安司令部代电　　保绥字第六一六四号
　　　　　　　　　　　中华民国卅六年四月一日

　　行政院兼院长蒋钧鉴：据报：奸匪张震东、梁灵光等部三千余人，于日前优势兵力攻陷南通县之三余镇后，集结兵力，复于宥日下午一时，向海门县东之聚兴镇猛烈围攻，发炮四十六发，碉堡工事全部被毁。战至宥未，我地方团队以弹尽援绝，除一部突围外，其余保安队及该县第五、六区自卫队及各乡镇长等，均作壮烈牺牲，或被戕杀，聚兴镇遂陷匪手。是役，匪军死伤二百余，我伤亡被俘官佐六十三员，士兵一七六名，损失轻机枪四挺，步枪一二〇支，驳壳枪九支，其他损失详情，正清查中。现该匪复向西移，有继续进犯江家镇企图。等情。除饬海门县府督属严防坚守并分报外，谨闻。江苏省政府主席兼保安司令王懋功。寅世。保绥。

（3）4月11日代电

江苏省保安司令部代电　　保绥字第七二二三号
　　　　　　　　　　　中华民国卅六年四月十五日

　　行政院兼院长蒋钧鉴：据南通县府卯虞电称：支晚，奸匪梁灵光部二千余人，向县东北滥港据点围攻，经我第七区自卫队沉着应战，匪猛攻十余次，我以众寡悬殊，弹尽援绝，该镇遂于微戌被匪攻陷。我损失伤亡详情，查明详报。等情。除分报国防部、陆总部外，谨闻。江苏省主席兼保安司令王懋功。卯真。保绥战。印。

（4）4月11日代电

江苏省保安司令部代电　　保绥字第七二九六号
　　　　　　　　　　　中华民国卅六年四月十五日

　　行政院兼院长蒋钧鉴：据海门县长谢庭升寅俭电称：寅有，奸匪纠集数千人，向我驻守聚兴镇之保安队围攻，激战十七小时，至寝午，卒因众寡悬殊，弹尽援绝，该镇随被失陷，所有人员，除保二中队冲出一部外，其余人员完全牺牲。刻下匪主力移动，逼近江家镇，我增援部队七、八两团一个营，于感晚到麒麟镇。职随同部队分向三阳镇以东地区及聚兴镇一带清剿。等情。除分报国防部、陆军总部外，谨闻。江苏省主席兼保安司令王懋功。卯真。保绥战。印。

〔国民政府行政院档案〕

19. 王懋功报告国共两军在阜宁西南地区发生激战代电

(1947年4月1日)

江苏省保安司令部代电　保绥字第6459号
中华民国三十六年四月五日

行政院兼院长蒋钧鉴：据阜宁县府寅寝电称：回晚，奸匪第十纵队及第六旅共千余人，向我县西南沙庄、杨西、天沟等处进犯，经我县保安队及第一、八两区自卫队，配合四十二集团军第一师第二、三两团，分路迎击，在该处遭遇，激战四小时，匪不支溃窜。是役，毙伤匪四百余名，俘百余名，我伤亡百余名，获长短枪卅余支。等情。除分报国防部、陆军总司令部第一绥靖区司令部外，谨闻。江苏省政府主席兼保安司令王懋功。卯东。保绥战。印。

〔国民政府行政院档案〕

20. 王懋功报告"视察"苏北各地解放军活动
情形并陈对付办法密电

(1947年4月)

(1) 4月18日密电

京行政院长张、绥靖区政务委员会钧鉴：○密。苏北残匪，近颇猖獗，不但集零为整，又到处有回窜之势。苏北各绥靖区，清剿兵力，不敷分配，现有国军，仅能出守据点，其外围地方，均由县保安队、民众自卫队担任防守。惟地方武力，成长不久，枪支过劣，弹药尤缺，较为脆弱。而匪以有计划组织之阴谋，集中攻击一点，以期先消灭地方武力。国军又以兵力薄弱，难为适宜之应援。且各绥靖区无机动部队可资掌握，自堪忧虑。苏北残匪，除通、如、两泰、东台等地、徐属不计外，据张司令官雪中精确估计，仅淮海绥靖区辖境残匪，尚在六万左右。盱衡现势，苏北各绥靖区清剿兵力，确属过少，非迅速增加兵力，不能清剿奏效。又张司令官面谈，目前该区最感缺乏机动部队作清剿支援，盼能拨给一个团，最好能派一个旅至该区。如鲁南匪势不增加，一二月内，可望清剿奏效成功。职视察各县实情，与张司令官所见相同，已转陈徐州顾总司令核办。再，淮属各县情势，如宿迁之曹集，泗阳之大庄、南星集，淮阴之徐溜、顺河集，淮安万良集，涟水李集，匪军均发动两三千人，攻势猛烈，挟有重武器，先后吃紧，被匪窜入。惟我方以寡敌众，歼灭颇多。最近洪泽及泗阳、宿迁境内之匪，随时向清徐公路两侧威胁，尤以宿为甚。职于明晨转往该两县，督饬清剿，除一面严督各县加强地方自卫武力，配合军事，切实堵剿防守，静待纱帐以前将匪肃清，确立治安外，谨请鉴核。王懋功。卯巧。于淮阴。印。

(2) 4月19日密电

京行政院院长张钧鉴：密。卯巧淮阴电陈苏北各县匪势及清剿情形，谅邀赐察。今晨由淮抵泗阳、宿迁，谨将所见续陈如下：(一)泗阳全境百余乡镇，能控制之乡镇仅三分之一。近以洪泽湖、高良涧及南新集被匪窜入，匪氛又炽。仓集、临河集附近公路两侧，即有匪活动，若不清除，清徐公路交通，时感威胁。宿迁二、八区，尚有匪二三千，自沭阳紧张后，匪焰益张。该区南境与泗淮三、四区相连，为皖泗县、青阳外围与苏边匪窜入地方，战前系匪老巢。该地界线洪湖潘匪九纵，约四千流动团，随时可窜扰仓集、临河集，威胁清徐公路，非原有一省会剿，不能彻底肃清。(二)第一纵队孙司令良诚所辖之睢、宿及泗阳以北地方活动之匪，约有万余。孙司令颇能勇剿匪，惟仅四个团编制狭小之兵力，分散防剿。现金锁镇又归该部接防清剿，兵力颇感不敷。(三)苏北分区清剿，现各绥区兵力，均感过小，尤以缺乏机动部队。权衡现势，非增加兵力，不能清剿奏效。一面并须与邻境及各绥区，彼此联防会剿，方能彻底消灭腹心残匪。(四)沭阳钱集兵力不敷分配，淮、沭交通又断。(五)除切令各县健全地方民力，将民众自卫队充实，由县统一编组训练，集中使用，加紧配合军事清剿，严督遵办外，明日再赴睢宁及徐州，督饬徐属各县加紧确立治安。除分电外，谨陈。王懋功。卯皓于宿迁。印。

〔国民政府行政院档案〕

21. 王懋功报告解放军第七纵队在泗阳附近发动进攻国民党军伤亡惨重代电

(1947年4月21日)

江苏省保安司令部代电　保绥字第8001号
中华民国三十六年四月二十日

行政院兼院长蒋钧鉴：据泗阳县府卯筱电开：铣丑，奸匪第七纵队配合泗阳独立团，及地方团队，共二千余人，附轻重机关枪六十余挺，迫击炮数门，向我驻泗阳城南十五里之王大庄县保安第三、四两中队包围猛攻，经我官兵奋勇冲杀，将其击退。迄筱卯，我以众寡悬殊，弹尽援绝，阵亡中队长一、士兵五十四名，伤分队长四员、士兵数名，武器损失殆尽。旋经城防国军田团增援，激战三小时，匪始不支，向芦集营门方向退去。是役，匪伤亡三百余人。现运河北匪军新十旅等部，强渡运河，有进攻我众兴之企图。恳大军救急，不胜迫切之至。等【情】。除分报国防部、陆军总部外，谨闻。江苏省政府主席兼保安司令王懋功。卯马。保绥战。印。

〔国民政府行政院档案〕

22. 王懋功转报高邮宝应樊川黎城等地获解放国民党军损失严重代电

（1947年4月26日）

江苏省保安司令部代电　保绥字第八三九五号
中华民国卅六年四月廿九日

行政院长张钧鉴：据第五区专署卯养电称：筱日盘踞宝应第三区之匪高邮独立团共六百余人，将黎城攻占，复向高邮第八区金汤镇进犯，与该区自卫队激战竟夜，未逞。奸匪三、六纵队计千余人，附炮三门，轻重机枪卅余挺，于养晚将泰县小纪镇进占。同日，该匪复向高邮东南樊川据点猛犯，激战九小时，迄养夜，终因众寡悬殊，弹尽援绝，该镇被其攻陷。是役，我自卫队损失惨重，详情续报。等情。除分报国防部、陆军总司令部外，谨闻。江苏省政府主席兼保安司令王懋功。卯寝。保绥战。印。

〔国民政府行政院档案〕

三、国民党军对胶济路沿线的进攻

1. 何思源报告解放军在临淄高密等地反击国民党军进犯电

（1946年1—2月）

（1）1月26日电

重庆行政院院长宋、副院长翁：顷据临淄县长杨静电称：共军于停战有效后三日，攻陷回店及淄河店，全县紊乱，人民流离，困苦万状。等情。谨请鉴核。职何思源叩。子宥。民三。印。

（2）2月6日电

行政院长宋、副院长翁钧鉴：共军动态。甲、军事。（一）渤海军区赵寄舟部，活动于胶济路益都以北地区，连日袭击我地方团队，并封锁给养，逮捕抗属。（二）围困兖州、柳城及泰安、枣庄、德州、周村、张店、高密等城市之共军，迄今仍继续包围对峙，虽未猛烈进攻，并挖掘地道，填装炸药，准备和议破裂，一举突破。城内军民，坐困重围，呼吁泣诉，惨不忍闻。共军在城外演剧宣传，呼我军回家过年，极尽感惑。（三）共军主力廖容标、韩丝堂、赵杰、杨国庆、钱钅工及新四军王海山部，共约五万余人，刻集中于博山、淄川、张店地区，在淄河西岸布防，扬言截击我第八军。新四军陈毅部及鲁南军区张光中部，及鲁中杨勇部，共约十万左右，刻集中于兖州城县〔县城〕，及临枣地区，企图似在堵截徐州西北国军。（四）黄河以北德州地区，前集共军主力一部约三万人，刻似令一部转由胶济路赴东北营口接防，其士兵不愿远去，多有潜逃者。（五）据匪区来人谈，共军主力均开至交通沿线，在我军防区附近与我对峙。其内部异常空虚，数百里不见一兵。乙、宣传。（一）谓国民军向共军悔过投降，各地方团队均须向其缴械。（二）谓国民军消灭军队，你们要觉悟，仿效高树勋、郝鹏举将军之义友战。（三）毛泽东为中国最高领袖。（四）诬美军在中国询事人员为美特，绘有漫画，极尽诬蔑。（五）烟台、龙口海岸停泊舰船百余艘，每日与大连、营口通航，运输弹药、军用品甚多。彼谓已得到苏联协助，不怕国民党。等语。（丙）调处情形。（一）执行小组抵鲁后，共军负责人避不见面，迄今仅作到不进攻，毫无遵令撤退模样。等情。谨闻。职何思源叩。丑麻辰。办。

〔国民政府行政院档案〕

2. 国民党第八军进犯朱阳北侧解放区战斗要报

(1946年1月)

陆军第八军朱阳北侧地区匪军扫荡战斗要报

一、战斗前敌我之态势

(一)匪军之态势

军当面之匪为胶东军区司令许世友所辖之第五、第六两师及特务团,又南海及西海军区两独立团,配合民匪一部,共五万余人,附有山炮四门、迫击炮廿余门、骑兵一部。其主力盘据于周戈庄,饮马三合山间地区,其有力之一部盘据于大小牟家、黑牛、王家庄、石牛庙、凤睡埠、凤凰屯、万户屯、南北孟谷地区。又朱阳西南七里蓝逄王庄、朱子石集间地区集结之匪军,约九千余人。

(二)本军之态势

我荣一师位置于朱阳、苗家上町、平正屯、塔耳堡山间地区。

我一○三师位置于老匙沟、大麻湾、丈岭间地区。

我一六六师位置于蔡家庄车站、范家邱、朱佛各地区。

军司令部及直属部队位置于蔡家庄车站。

二、决心与处置

军以扫荡当面匪军之目的,以主力保持原驻地之阵地,以一部于十二月廿四日拂晓施行逐次攻击,将匪压迫于邹家庄、角栾庄、□〔千〕哥庄、曹戈庄亘南孟以北之线,并相机而歼灭之。

攻击重点,保持于中央队之右翼。

一六六师以一团(配属输大六连、骑兵一排)为右翼队,于十二月廿四日七时前展开于红埠庄东侧之线,就攻击准备位置,尔后逐次向张家庄、赵家庄、阎家庄、邹家庄之匪攻击,并相机压迫,形成包围之态势。

该师之主力应确保原驻地之阵地,并支援该部之攻击。

荣一师以两团之兵力(配属战车四辆)为中央队,于十二月廿四日七时前展开于朱阳南侧铁路线,就攻击准备位置,尔后逐次向凤睡埠、凤凰屯、高家庄、田戈庄、角栾、千哥庄各线地带之匪施行猛烈之攻击。

该师应留一部及山炮兵营保持原驻地之阵地,并支援该师之作战。

一〇三师以四营之兵力为左翼队,于十二月廿四日七时前展开于老匙沟北侧铁路线,尔后逐次向万户屯、石龙河、曹戈庄、南孟各线之匪攻击,协力中央队之作战,并相机向右压迫,形成包围之态势。

该师之一部应保持原驻地之阵地,并支援该部之作战。

各部队之战斗地境如左:

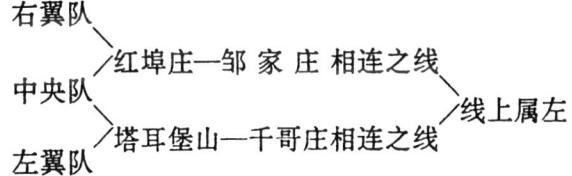

各部队开始攻击前进之时机,应待支援炮兵效力准备射击完成后,由荣一师王师长规定之。

各部队进出于邹家庄、角栾、千哥庄亘南孟之线,将匪压迫于该线以北地区后,即停止前进,并依炮兵与留置部队之掩护,于当日日没前一举撤回原驻地。

各部队由荣一师王师长伯勋统一指挥之。

三、战斗经过

据一六六师王师长之宇转据右翼队之四九六团团长萧超伍报称:团遵令十二月廿四日五时在驻地集合出发,七时到达红埠庄,完成攻击准备,以第一、二两营为左右翼,第三营为预备队,位于右翼队后,展开于该庄东西之线,攻击前进。九时十分,攻抵毛家村、毛李家庄、阎家庄南端一带。该三村共有匪军三千余人,藉强烈炮火掩护,凭坚固工事,向我顽抗。当令第二营向毛家庄、第一营向毛李家庄、阎家庄攻击,并以一部及骑兵排警戒黑牛、王家庄方面之匪,掩护团之右侧。激战一小时,我一、二两营官兵先后由毛家庄东面及毛李家庄西面冲入,敌凭坚固堡垒扼守巷战,十一时,大小年家增援之匪千余人,由黑牛、王家庄向我右侧包围,各村内匪军亦同时涌出村外反击,形成混战。当令预备队以一连增援截击,黑牛、王家庄增援之匪军受创顿挫后,正面官兵英勇肉搏,复将匪驱入村内,激战至十五时,卒将该匪击溃。以天将入暮,不便穷追,于十七时在红埠庄集结完毕,返回原驻地。是役,计毙匪二千余名。

据中央队之荣一师王师长伯勋报告称:师于十二月廿四日七时前在朱阳附近及塔耳堡站附近铁道之线完成攻击准备。八时卅分,师炮兵对朱阳北之刘家庄行攻击准备,射击约卅分钟,我车战队控制于孙家上町东北,向机出击,并以火力掩护我部队右侧背之安全。九时,发起前进,师两翼队即于朱阳、上埠头以北之线,展开前进。九时三十分占领石牛庙、凤睡埠、凤凰屯之线,以一部留置监视,继续前进,向第二线高家屯、田戈庄之匪攻击,当将其警戒部队驱逐北窜后,于十时卅分占领。十二时顷,左翼队已前进占领长兴屯、千哥庄之线,匪军千余人东向角栾方面溃窜。右翼队已向角栾庄正面运动前进,乃以军右翼一六六师四九六团方面与匪遭遇于毛家庄、阎家庄附近,激战甚烈。匪一部数百人向师前进之右侧急进,企图侧击,经师炮兵以猛烈之炮火阻止,随延伸于大小年家方面,对匪之后续施行歼灭射击,支援四九六团方面之战斗。迄十二时十分,师右翼于抵达角栾庄前缘附近,以两翼步炮火力协同将盘据该庄之匪千余人并附山炮二门与由千哥庄方面合流之匪压迫北窜,并占有于其以北高地之线。左翼之一〇三师方面，亦于十一时卅分，将曹戈庄、南孟以北之线占领。旋以一六六师四九六团方面陷于对战状态，进展迟滞，致于师占领角栾庄之线后，拟以师左翼向匪右侧旋回，施行侧击，以策应右翼队作战之企图不果。复以我中央及左翼队突出过甚，匪数度以密集队形向我右侧背突袭，均在我炮火猛烈射击之下制止，伤亡甚大。迄十四时后，师右翼方面受敌包袭侧击之威胁过大，敌骑百余名由毛李家庄方面向我正通过高家屯南端之先头部队左侧尾击前进，当命师炮兵及第三团迫击炮以火力制止，目击数弹命中，匪骑二、三十名伤亡。十七时后，师两翼于击退匪军任务达成后，逐次掩护下撤回原防。

据左翼之一〇三师师长梁筱斋报称：师遵以三〇八团步兵两营、战炮一排、迫炮两排及三〇九团步兵两营、战炮一排、迫炮两排为左翼队，于十二月廿四日七时在铁道以北刘河埠、于家庄之线展开，山炮在丈岭车站以北地区进入阵地。八时三十分，荣一师炮兵开始炮击，我炮兵即继之向南孟山奸匪阵地射击，步兵即开始前进。九时，我第一线到达牛脊埠、于家庄经石龙河之线，匪以迫击炮、掷弹筒向我射击，当被炮兵制压。九时卅分，左翼队由牛脊埠后端高地包围正面攻击，到达南孟、曹戈庄之线。十时卅分，占领南孟山顶点，并派小部队续向北搜索。十二时，周家七沟之匪千余，向西北逃窜，经我炮火猛击，伤亡约二百余名，余均四散奔逃。南孟山各交通要点，匪设地雷，伤我员兵四员名。十五时卅分，以两翼交互掩护，撤回原防。

四、伤亡、损耗及俘获

官兵伤亡如附表一

弹药消耗如附表二〔略〕

武器损坏如附表三〔略〕

卤获械弹如附表四〔略〕

匪军伤亡统计如附表五

五、本战役所见

本军之三〇步枪全未配发刺刀，故与匪近战颇多不利。

本军士兵射击欠沉着，故每一战役消耗弹药甚巨。匪军之战法，盘据村落之匪，如遇我优势部队向其扫荡时，每即化装为民，以一部潜伏村落外围沟渠，或特设之掩蔽物内，我部队占领时，如搜索不严密，即乘机袭击我之腹背或渗合扰乱。

胶东村镇匪化甚深，民匪难辨，且一般人民多畏其残暴，不敢向我军报告，盖我军不能久驻其地，以卫其生命之安全，故情报之搜集极其困难。匪军炮兵及轻重机枪射手，多系日人，射击精确，专狙击我之干部，故作战时官兵服装须力求一致。

附表第一

陆军第八军朱阳北侧地区匪军扫荡官兵伤亡统计表							
部　别	作战地点	负伤			阵亡		备考
		官	兵	小计	官	兵	小计	
一〇三师	南孟山附近	二	二	四				
一六六师	毛家庄、毛李家庄、阎家庄	八	三七	四五	三	三八	四一	
军输十六连	黑牛王家庄附近		一	一				
合　计		一〇	四〇	五〇	三	三八	四四①	
				五〇			四四②	

---

①② 原文如此，均应为"四一"。

附表第五

陆军第八军朱阳北侧地区扫荡匪军伤亡统计表			
作战部队	作 战 地 区	匪军伤亡数	备　考
荣一师	角栾庄、千哥庄附近	三〇〇余	
一〇三师	南孟山、曹戈庄、周家七沟附近	五〇〇余	
一六六师	毛家庄、毛李家庄、阎家庄、黑牛、王家庄附近	二,〇〇〇余	
合　计		二,八〇〇余	

〔国民政府国防部史政局及战史会档案〕

3. 国民党第七十三军进犯鲁中军区胶济线西段作战命令

（1946年6—7月）

作命甲第〇〇一号

第七十三军命令　六月廿三日十九时于辛庄军司令部

一、当面匪情如贵官所知。

第九十六军（欠暂十二师）于本（六）月二十六日先以暂十四师攻占龙山，恢复交通，掩护西兵团主力之集结。

暂十五师于本（六）月二十六日前集结于郭店、十里铺、西屯邱间地区，准备尔后之攻击。

二、本军（欠十五师）奉命于本（六）月二十六日前集结于苏家庄、桥头庄、董家庄间地区待命，并对东北布置警戒。

三、第七十七师着于本（六）月二十五日，由现地出发，沿七里堡（历城东北八华里）、大辛庄、裴家营、董家庄道前进，限二十六日于苏家庄、陈家庄、王家庄、王家新皇头、李家寨、杨家庄、徐家庄间地区集结完毕，并先派一部于二十六日午前占领全节河、傅家庄、赖家庄、韩家庄之线，掩护主力之集结。

四、第一九三师于本（六）月二十五日由现地出发，沿小清河南岸与第七七师连系前进，限二十六日以一个团集结于陈家岭、陈家园、大张庄间地区，并派一部于该日午前占领韩家窑、桥头庄、鸭旺口之线，掩护其主力集结于邢家洼、小达子营、潘家马头、曲家庄、路家洼间地区。

五、以上两师搜索地境，规定为王家庄——西沟头——宁家埠——回军——田家庄之线，线上属右。

六、第十五师归总部直辖，其行动另令伤遵。

七、军指挥所及直属部队，于二十五日推进至农林学校一九三师原驻地，二十六日推进至董家庄、姚家庄、谢家屯、李家庄间地区。

八、到达集结地后，通信营应以董家庄为基点，向各师构成通信网。

九、余现在辛庄。

右令

　　　　　　　　　　　　军　长　韩　浚
　　　　　　　　　　　　副军长　李　琰
　　　　　　　　　　　　参谋长　张海鸣

作战甲字第二号

第七十三军命令　三十五年六月廿六日廿二时
　　　　　　　　于济南东董家庄

一、鲁匪自攻占我津浦沿线各据点后，近更有进犯济南企图。龙山、明水间原有匪鲁中第一军分区刘国柱部四千余，其龙山镇于本（廿六）日上午已为我九六军进占，残匪向明水方向窜去。

章邱、旧军各附近，有匪解放第四师廖容标部五千余人，刘国柱部约二千余人。

周淄地区有匪解放第九师钱钧所部盘踞。

我东路兵团（第八军）本（六）月二十八日由昌潍地区沿胶济路西进，向张店、周村之匪攻击。

我九六军于本（六）月二十八日由龙山附近地区继续东进，展开于瞿家庄、山后寨、后斜沟亘东洼里堡之线，向文祖镇、白泉镇、明水之匪军攻击。

二、本军（欠十五师）奉命于本（六）月二十八日由集结地前进，向章邱、旧军之匪攻击。

三、第七七师应于明（廿七）日拂晓由集结地搜索前进，至崔家庄、潘家庄、李官庄、西沟头、名行庄之线，二十八日逐次驱逐辛店、马棚庄、杨家庄之残匪而占领之，于二十九日展开于该线，保持重点于右翼，开始向章邱攻击而占领之，并与右翼九十六军确取连络。

四、第一九三师即编组一加强支队，配报话机一部，由该师杨副师长指挥，于本（六）月二十七日拂晓，由集结地向白云湖西端李家码头搜索前进，于二十八日继续向郑家马头、太平庄、托寨之线搜索前进，于二十九日连系七七师左翼，开始向旧军攻击而占领之。该师主力于本（六）月二十七日由集结地前进，至大王庄、齐家庄、殷千户桥、头庄间地区，掩护军之左侧背，二十八日推进于西沟头、小北庄、大徐家庄、齐家庄、崔家庄地区，随时保持机动。

五、作战地境规定如左：

第九六军 ——王家庄—千家庄—辛店—南山—相公庄—河庄—
第七七师 　　万山—张家河—马家峪—石河—周村相峪连之总
　　　　　　线，线上属左

第一九三师——大徐家庄—沿白云湖南岸—相等庄—大沟埃—南
　　　　　　套庄—星龙店—盛林庄—董家庄之线，线上属左

六、第十第十二两行政专署所部，应于二十八日集结于等家庄、鸭旺口间地区，尔后随军向前推进，并由十二行政专署所辖之保安第十四团于鸭旺口、老僧口、张家林等处，随战况进展，各派遣部队担任警戒。

七、通信营于本（六）月二十八日午前，以李官庄为基点，完成至各部队之通信网。

八、各部队前进时，应逐次修补各该师之行进路，以能通行汽车为主。

九、各部队应携带粮秣五日份，尔后由各配属分站追补之。

十、军弹药纵列，暂停止于胡官庄附近。

十一、军野战医院于本（六）月二十八日开设于胡官庄附近，担任第一线部队伤患之收容，其向后转运，由五十一卫生大队及卫生汽车队担任之。

十二、军指挥所于本（二十六）日推进至董家庄，二十八日推进至李官庄附近。

右令

军　长　韩　浚
副军长　李　琰
参谋长　张海鸣

作命甲字第三号

第七十三军命令　六月廿八日廿二时
　　　　　　　　于李官庄司令部

一、匪情如贵官所知。

二、军（欠十五师）为整顿态势，暂在章邱附近停止待命，向邹平、长山、周村之匪军攻击。

三、第七十七师应以一部于明（二十九）日推进至七郎院、曹王庄、东高庄、大夫庄、矿山亘大峪岭之线，肃清该线以西之残匪，并向其以东地区搜索匪情地形，主力集结于章邱及其以东以北附近地区，并于章邱城及城北山构筑一个营据点，宋家庙（章邱东南十华里）构筑一个连据点，玉皇庙亘大峪顶之线构筑碉堡六个，统限于本（六）月三十日完成具报。

四、第一九三师（欠现在大徐家庄五七八团之一个营）应于明（廿九）日攻占旧军后，即以一部逐次扫荡连王庄、夏侯庄、任家道口各附近之残匪，推进至董家庄、后茅庄、刘官庄之线，严密向东及东北方向警戒，并搜索匪情、地形。

五、作战地境，如作命甲字第二号规定，并延伸至青阳店、许山铺——螺丝山——韩家坊子——十里铺——牌楼庄——孙家庄之线，线上仍属左。

六、军指挥所现在李官庄，于明（二十九）日下午一时推进至章邱县。

右令

军　长　韩　浚
副军长　李　琰
参谋长　张海鸣

下达法——先以电话传达要旨，再笔记送达。

作命甲字第四号

第七十三军命令　　六月卅日十三时卅分
　　　　　　　　　于章邱司令部

一、匪军解放第九师一部，仍盘踞周村，其主力已窜淄博；解放第四师及警备第七旅一部驻张店，其主力据报仍盘踞淄河以东地区。

我东兵团感午攻克益都后，正悉力搜剿该地附近之残匪，预定七月一日继续西进，会师淄川。

二、军（欠十五师）奉命于明（一）晨继续东进，先攻占邹平、长山、周村，以期与东兵团会攻淄川；我暂十四师之一团（附无线电一班）紧随本军后尾前进，掩护军之后方连络线，其主力行动预定如左：

第一日（七月一日）挺进至池子头。

第二日（七月二日）挺进至普济镇。

第三日（七月三日）挺进至王村镇。

第四日（七月四日）挺进至冶头庄。

三、第七七师应于明（一）日拂晓，以一个团由该师胡副师长指挥，经曹庄、徐家庄、东窝陀道搜索前进，占领5704高地、贺家庄北侧高地、会仙山6001高地之线。七月二日，进出于4002高地、印台山、于兹山之线，掩护军之右侧。但东窝陀东南高地，仍须控制，候命撤回。并以一部相机协力一九三师对邹平县之攻击。另一个团，仍留置于长白山、凤凰山之线，掩护军之侧背，待命推进。其余部队，于明（一）日集结于青阳店附近，七月二日待一九三师攻占邹平后，即以一部推进至大夫村、柳泉庄、南逸家庄之线，主力推进至乔木庄、黄山前郎君间地区，准备向周村攻击，并对右侧山地注意搜索警戒。

四、第一九三师应以一个团于明（一）日拂晓，先行出发，推进至樊家庄、山神庙、韩家坊子之线，掩护主力推进至东西闸子、柴家庄、介家庄、牛家庄、耿家庄、大小张官庄间地区，准备向邹平攻击前进时，对浒山铺洼须注意搜索。七月二日拂晓，保持主力于左翼，一举向邹平攻击而占领之，尔后即进出于北逸家庄、东范庄、韩家庄之线，准备向长山攻击。

五、两师作战地境，规定为刘家庄—黑虎山—郎君庄—黄山前—南逸家庄—平原庄之线，线上属右。

六、通信营应于明（二）日以曹庄为基地，七月二日以马家庄为基点，先后向各部构成通信网。

有线抢修队应于七月二日午前架通由章邱至马家山之双回

线。

七、各部队弹药以携行为主，粮秣发给代金，就地采购，不足时由第六支部跟随追补之。

八、五十一卫生大队以一部随军行动，担任伤患之收容及转运。

九、军指挥所于明（一）日推进至曹庄，七月二日待邹平攻占后，推进至马家庄。

右令

军　长　韩　浚
副军长　李　琰
参谋长　张海鸣

下达法——先以电话传知要旨，再笔记送达。

作命甲字第五号

第七十三军命令　七月二日午后三时于邹平县城

一、匪情如贵官所知。

友军情况，如作命甲字第四号所示。

二、军（欠十五师）以攻占长山、周村之目的，决于明（三）日拂晓继续行动。

三、第一九三师（欠驻邹平之一个营）务于明（三）日拂晓开始行动，主力保持于左，向长山攻击而占领之，奏功后以一个营留驻长山，其余部队暂控置于明礼庄、周家庄、马家庄、莲花池、陈河崖、黑豆坡、沈家庄一带地区待命。

四、第七七师以一个加强团由胡副师长率领，于明（三）日拂晓行动，向周村威力搜索，相机占领该地，主力明（三）日仍控置于乔木庄、黄山前郎君庄一带地区。

五、两师作战地境，向前延伸至阎家庄、黑土庄、白家寨相连之线，线上仍属右。

六、一九三师驻邹平之一个营，在行动期间，暂归军直接指挥，待命归制。

七、通信营应以邹平为基点，向各部构成通信网。

交通部抢修队于明（三）日架通由邹平至长山县之双程线路一条，于七月四日架通由邹平至周村之双程线路一条。

八、第六支部应补足各师五日份之携行粮秣。

九、军指挥所明（三）日仍在邹平，视战况进展，拟于七月四日推进至周村。

右令

        军　长　韩　浚
        副军长　李　琰
        参谋长　张海鸣

下达法——先电话传知要旨，再油印交付。

作命甲字第六号

第七十三军命令　七月二日廿三时卅分
　　　　　　　　于邹平司令部

一、作命甲字第五号暂缓实施。

二、据报小河滩、回路峪、郭庄、陈庄（青阳店东南约十华里）等处，为匪廖容标部之巢穴，并建有小型兵工厂及地道。

三、军决以有力一部扫荡邹平西南一带山地之潜匪，主力暂控置于邹平附近地区，再策后图。我暂十四师于明（三）日拂晓以一个团由池子头出发，沿至马家峪道及其东南山地，搜索扫荡。

四、第七十七师应以一个团于明（三）日拂晓由5704高地、5861高地向其东南山地及陈庄、郭庄、回路峪、小河滩各附近，严密搜索，求匪巢穴而扫荡之。其主力除以一个营控置周村外，余仍控置原地待命。

五、第一九三师暂控置于原地待命行动,但对东北两方面应加意警戒。

六、军指挥所在邹平。

右令

　　　　　　　　　军长　韩　浚
　　　　　　　　　副军长　李　琰
　　　　　　　　　参谋长　张海鸣

下达法——先传知要旨,再油印送达。

作命甲字第七号

第七十三军命令　　七月三日十八时
　　　　　　　　　于邹平司令部

一、邹平以南山地残余潜匪,我七七师及暂十四师已派队予以扫荡;盘踞长山之匪为警七旅一部及地方民兵,约共千余,其主力约四千人,据报出没于焦家桥、孙家镇一带地区。

二、我暂十四师之一部于昨(二)日已进抵池子头(明水镇东十二华里)附近,预定明(四)日推进至苏家庄、井泉庄、海套园间地区,其另一部则推进至杨官庄以东之465高地一带。

我东兵团部队,正向临淄攻击中。

三、军(欠十五师)决于明(四)日以一部续向长山攻击,主力控置于周村、邹平间地区,以期与东兵团会攻淄博。

四、第七七师于明(四)日以一个团推进于前后丁王庄、红庙、八里沟、古城庄、郭家泉间地区,另以一个团推进于尚庄、方家庄、管家店、李家庄、孟家堰间地区,并分于小王庄(白云山东)、凤凰山、阎李庄、韩家窝、徐家庄、高塘庄、北旺庄、黄家营之线,酌派部队向南及东两方面严密警戒,其余部队推进至周村镇,准备尔后向淄川进出。

五、第一九三师于明(四)日拂晓以一个团向长山城攻占而占领之,另以一个团控置于南范庄、七里堡、东范庄、北范庄、滕家庄间地区,机动使用,其余部队集结于邹平及其东北附近地区,警戒军之左侧背。并分于邹平、长山构筑一个营据点工事。

六、作战地境规定如左:

暂十四师

　　　　　　虎伏山 — 马家庄—郭庄—贺家庄之线,线上属七
第七十七师　十七师

　　　　　　郎君庄 — 黄山前 — 南逸家庄 — 平原庄 — 闫家
第一九三师 庄—黑土庄—白家寨之线,线上仍属田师

七、通信营于本(七)月五日前以周村为基点,向各部构成通信网。交通部抢收队应于明(四)日前架通由邹平至周村之双程线路,于七月五日前架通由周村至长山之双程线路。

八、军指挥所现在邹平城,准备七月五日推进至周村。

右令

军　长　韩　浚

副军长　李　琰

参谋长　张海鸣

下达法——先以电话传知要旨,再油印分送。

作命甲字第八号

第七十三军命令　七月四日十九时
　　　　　　　　于邹平司令部

一、据报焦家桥为匪警七旅(欠一四团)盘踞巢穴。

孙家镇及其以南地区有番号不明之匪,约四五千人,霍家坡有匪军之团部,陈河崖(邹平东南十六华里)发现兵力不详之散匪,常出没于其附近。

二、军(欠十五师)为排除左侧背之威胁,决以有力一部于明(五)日向邹平北及其东北附近地区求匪而扫荡之。

三、第七七师暂于原地停止待命，并于周村镇周围扼要构筑碉堡。

四、第一九三师除以一个营守备邹平，一个团守备长山，并由该团派一部扫荡陈河崖之散匪外，其余部队由该师长率领，于明（五）拂晓出发，经开河、孙家庄、霍家坡、张家套、苏家庄、韩家庄等处，扫荡潜匪后，仍归还原地集结待命。

五、军指挥所仍在邹平城。

右令

军　长　韩　浚
副军长　李　琰
参谋长　张海鸣

下达法——先电话传知要旨，再笔记送达。

作命甲字第九号

第七十三军命令　七月五日下午三时
　　　　　　　　于邹平司令部

一、据报马棚庄、冲山、焕山、明水一带地区有匪解放第九师盘踞，池子头、绵扬山时有散匪出没。

我东兵团于昨（四）日已进抵金岭镇附近，预定本（五）日到达张店，暂十四师预定明（六）日向王村镇攻击，进出于闫满庄西空山东铺之线。

二、军（欠十五师）决于明（六）日以一部扫荡红庙以南地区散匪，搜索匪情，主力集结于周村镇附近及其以南地区，准备尔后与东兵团会攻淄博。

三、第七十七师于明（六）日将周村镇防务交第一九三师接替后，即推进于红庙东黄山泉、西台头、王家桥西杨溪庄、孙家庄、自李庄、后新庄间地区，并派小部队驱逐当面散匪，占领小尚庄、彭家庄、东道寨、前坡、韩家窝之线，向南及东南方向警戒,搜索匪情、地形。但须以一个营推进至双子沟附近,向小尚庄、大尚庄派出部队,策应暂十四师对王村镇之攻击。

四、第一九三师除于长山、邹平各留一个营守备外,于明(六)日拂晓,以一个团推进于周家庄、李家庄、刘家桥、史家茔、乔家庄间地区,一个团推进于孟家堰、樊家庄、东陈路、二十里堡、刘家寨间地区,其余部队推进于周村北半部至西塘坞间地区集结待命。并分于西东北三方面择要派遣部队,担任警戒。

五、第十区行政专署所属部队,着于明(六)日十二时出发,推进至蒙家庄、南逸家庄地区,担任周村、邹平间交通及电话线路之维护。

六、通信营应于明(六)日以周村为基点,构成至各部队之通信网;交通部抢修队应于明(六)日完成周村、长山间单程线一条。

七、军指挥所明(六)日晨推进于周村镇。

右令

军　长　韩　浚
副军长　李　琰
参谋长　张海鸣

下达法——先电话传知要旨,再笔记分送。

作命甲字第十号

第七十三军命令　七月七日廿三时
　　　　　　　　于周村司令部

一、匪军解放第四师及第九师、警备第一第七旅,主力现仍盘踞佛庄、淄川、博山、磁窑坞西南山地,企图顽抗。

490高地、冲山、大邢家庄一带,似为匪之警戒阵地。

右翼我暂十四师主力,先协同本军扫荡赵八洞、滴水石屋、黄家峪附近匪军后,以不足一个营沿黄家峪、南石峪、五花泉、峪口庄道,向云基顶、上捍庄、崖下庄方向搜索,扫荡敌匪。

左翼我第八军主力于本（七）月九日连系本军南进，攻占双泉庄、淄川、黉山后，再推进至小昆仑、薄芦顶、龙泉镇之线，整顿态势，待命行动，准备尔后协力本军攻占博山。

二、军（欠十五师）除以一部守备长山、邹平、周村各要点外，主力决沿周村、博山大道两侧，继续南进，保持重点于中央，于本（七）月九日开始，先攻占490高地、冲山、大小北溪、何家庄诸要点后，再推进至孙家峪、黑峪、桃园、汪西庄、大昆仑之线，准备向博山攻击。

三、第七七师〔（欠二三一团）（欠一营）〕应于明（八）日午前将池子头及其以南防务，交由一九三师派队接替后，即保持主力于左翼，展开于大尚庄、前坡庄、姚家庄、陈家庄之线。九日拂晓，开始向490高地、冲山攻击而占领之，尔后连系一九三师再进出于孙家峪、黑峪、牛鼻湾、桃园之线待命，协力一九三师向博山之攻击。

四、第一九三师除以一个团守备邹平、长山、周村各要点外，应于明（八）日午前推进至池子头附近，接替第七七师防务后，即保持主力于右翼，展开于郭家庄、三河庄、明山南端之线。九日拂晓，于第七七师攻击490高地、冲山之同时，开始向戴家庄、三教堂、大邢家庄、双泉庄（含）攻击而占领之，尔后再推进至李官庄、汪夕庄、大昆仑之线，整顿态势，待命 向博山攻击。

五、作战地境如左规定：

九六军	虎伏山—马家庄—大黄埠—朱家庄—孙家峪—青龙湾庄—双咀山相连之线，线上属九六军
七七师	卧虎山—后大师—杨家窝—磁窑坞—寇家庄—平度沟相连之线，线上属一九三师
一九三师	二十里堡—韩家窝—明山—焕山—大昆仑—5200高地之线，线上属一九三师
第八军	

六、第二三一团（欠一营）在原地为军预备队，归军直接指挥，尔后随军行动。

七、各部队攻击前进时，应半日行动，半日作工，严密警戒，绵密搜索，防匪袭击。

八、通讯营应于本（七）月九日以池子头为基点，向各部队构成各通讯网，尔后随战况进展，另令饬遵。

九、军指挥所决定于九日推进至池子头，尔后随战况进展，再向戴家庄推进。

右令

军　长　韩　浚
副军长　李　琰
参谋长　张海鸣

下达法——先以电话传知要旨，再笔记送达。

作命甲字第十一号

第七十三军命令　七月八日十七时三十分
　　　　　　　　于周村军司令部

一、原任周村守备之第五七八团（欠第二营），着即进驻邹平县。

二、原任邹平守备之第五七七团第二营，着即移驻青阳店。

三、原任长山守备之第五七八团第二营，着将防务移交第八军接替后，即移至周村。在该营未到达前，周村防务暂由第二三一团第二营担任。

四、上项部队，均由车团长指挥，担任各该要点之守备及工事之构筑，维护本军之后方连络线与左右侧背之安全。

右令

军　长　韩　浚
副军长　李　琰

　　　　　　　　参谋长　张海鸣

下达法——先以电话传知要旨，再笔记送达。

作命甲字第十三号

第七十三军命令　七月十一日廿四时
　　　　　　　　于磁窑坞司令部

一、当面之匪解放第九师全部连日经我痛击后，伤亡惨重，残部分向博山东南西南山地溃窜。

二、军为确保博山及巩固王村要道与肃清博山附近残匪之目的，特赋予各部队之任务如左。

三、第七七师〔欠二三一团（欠一营）〕，应即沿东西空山、青云寺、胡林庄东西高地、马棚庄以西高地、北山寺、张家峪、7439高地至大峪口庄（不含）之线，构筑一个团守备之碉堡群，并分于滴水石屋、北石峪、黑峪、石门各附近，扼要构筑前进据点，统限于本（七）月十八日前完成。该师师部位置于台头崖。

四、第一九三师〔附七七师二三一团（欠一营）〕除仍以一个团守备青阳店、邹平、周村并在各该地构筑一个营阵地外，应以二三一团（欠一营）扫荡博山以南及西南地区残匪，防止匪之回窜，任务完成后归制。该师其余部队，即于大峪口庄（含）起沿匪军既设外墙至石灰坞（不含）间地区构筑一个团守备之碉堡群，并于西流泉、马公祠西端高地、青石关、焦家峪等处，扼要构筑前进据点，统限于本（七）月十九日以前完成。该师师部位置于博山。

五、构筑工事所需材料及民工，得由各师统筹，商同地方政府就地征集。

六、构筑土碉、石碉、柳砖碉，就当地环境，以材料征集容易而定。

七、构筑时应注意下列各点：

（一）应派队掩护，防止匪之袭击；

（二）每点应构筑子母碉，能独立作战各点，应能互相支援，绝对避免孤碉构筑；

（三）枪眼开设，以能斜射、侧射为主，尤以机枪枪眼以利用碉堡之四角开设为佳。

八、军指挥所位置于磁窑坞。

右令

萧田师长

军长　韩　浚
副军长　李　琰
参谋长　张海鸣

下达法——先以电话传知要旨，再笔记送达。

〔国民政府国防部史政局及战史会档案〕

4. 韩浚等关于进犯博山之第十二号作战命令电

(1946年7月9日)

田萧师长：作命第十二号。奉总司令夏午佳申参申电开：(一)韩、李两军明（灰）日辰刻继续攻击，进出于龙塘庄（博山西北约二十华里）、莲花顶、大峪口庄、把山、安上庄、南万山庄、东坡地、黄崖顶、北黄崖顶、土路庄各概略线，相继攻占博山；(二)陈军各扫荡支队，应进出于大宽庄、西南峪庄（黄家峪南约廿华里）之线。等因。(一)田师明（灰）日早六时，继续向当面之匪攻击，进出于龙庄、莲花顶、大峪口庄、平度沟之线，并以一部准备策应萧师对博山之攻击。(二)萧师明（灰）日早六时继续向当面之匪攻击，进出于平度沟（含）、把山、安上庄之线，相机攻占博山。(三)作战地境，延伸如次：甲、九六军与七七师为双嘴子——上池子相连之线，线上仍属九六军。乙、第七七师与一九三师为平度沟——小桥庄——神头镇——尖固堆相连之线，线上仍属一九三师。丙、第一九三师与第八军为5200高地——马庄——石炭坞相连之线，线上仍属一九三师。（四）军指挥所明（灰）日推进至戴家庄附近。上四项，仰即遵照具报为要。韩浚、李琰、张海鸣。午佳。参一召。

〔国民政府国防部史政局及战史会档案〕

5. 国民党第十五师进犯鲁中军区胶济线西段济阳等地战报

（1946年7月）

第十五师战斗经过（归二十总部直接指挥）

第一　战斗前匪我态势

一、匪军：在奸匪点点包围、线线切断之阴谋下，济南、青岛间之交通，全被遮断，各大城镇，多遭包围，所有济南以东旧军、章邱、龙山镇及其南北要点，均为奸匪盘踞，并不时四出掠夺及破坏交通，袭出我军。

二、我军：师于六月十日奉军长韩参一召巳灰戌代电，奉委座手令，本军即车运徐州集结，已罄开始空运山东潍县，后改运济南。本师于六月十六日由浦口开始车运，至十七日晨全部到达三堡各附近（徐州南三十里），待命空运。至十九日午后，本师空运开始，至二十二日上午，全部空运到达济南，驻华山堰头镇、卧牛山韩家桥各附近待命。（六月十六日至六月二十二日）

第二　战地地形交通状况及气象与
　　　住民对战斗之影响〔略〕

第三　各时期之战斗经过

（六月二十三日至七月十三日止）

一、六月二十四日奉军长韩六月二十三日十九时军作命甲字第〇〇一号命令要旨：本军于（六）月二十六日前集结于苏家庄、桥头庄、董家庄间地区待命，并对东北布置警戒；第十五师归总部直辖，其行动另令饬遵。六月二十六日奉司令官王已有参声第一四八二号代电命令：着十五师于巳感进驻王舍人庄附近，策应西路兵团及济南守备兵团之作战，暂归本部直辖。六月二十六日奉总司令夏六月二十五日作命甲第四号命令：第七十三军第十五师，着于本月二十七日以前集结王舍人庄附近陈家庄、赵家庄、牛王庄待命，并于王舍人庄（原命误写为王庄）构成一个营之坚固碉堡据点。

....

二、六月二十八日奉总司令夏六月二十七日二十四时参一字第〇〇一一命令：

（一）着第七十三军第十五师以一个团兵力，自明（二十八）日即任王舍人庄（不含）至龙山（不含）间之碉线之构筑及守备。

（二）第九十六军应于攻略明水后，以暂编第十五师之一个团兵力，任龙山（含）至明水（不含）间之碉线之构筑及守备。

（三）各团构筑碉堡时，应自行向两侧派出警戒部队，暂十五师派出410高地、东屯、邱罗村（埠东庄西约二华里）各点之部队，由第十五师派队接替后，方可归还建制。

....

同（二十八）日二十三时奉总司令夏电话命令要旨如左：

（一）本（二十八）日我陈、韩两军已将当面之匪驱逐，确实占领文祖镇、白泉镇、明水、章邱之线，整顿态势。

（二）第十五师明（二十九）日应派三个加强连，配合便衣队，分向中泉、龙湾、桃科方面搜索匪情（注意携带布板）。

师基右令，并奉总司令电话，准予仅派两个加强连。............至桃科搜索之四十五团第二营主力，于艳酉达成任务，归还防区。

至龙湾搜索之张团第五连（附第六连之一排，无线电话机机部谍报第三组），于艳未以威力搜索，进入龙湾，与奸匪鲁中军分区特务第一团（欠一营）于艳晚接战，官兵奋勇，毙伤敌五百余，以众寡悬殊，虽伤亡重大，弹药缺乏，仍苦斗待援。经我张团第二营（欠第五连及第六连之一排）于三十子增援三十师，将匪击溃，并行火力追击，予敌重创。三十午，安然归制还十里铺附近。……

三、七月一日奉总司令夏六月三十日作命甲第六号命令要旨如左：

（一）匪军解放第九师一部仍盘踞周村，其主力已窜淄博；解放第四师及警备第七旅一部驻张店，其主力据报仍驻淄河以东地区。我东兵团午感攻克益都后，王悉力搜剿该附近残匪，预定七月一日续攻西进命师。

（二）本兵团决于七日晨继续东进，先收复邹平、长江，以期与西进兵团会攻周、淄，奸匪主力。

（三）第七三军行动概示如左：

1. 第一日（七月一日），以主力沿青阳店道进出东窝陀、大李庙（青阳店东约十华里）、上口、孙家庄之线。

2. 第二日（七月二日），以主力沿通邹平道进出夫村、柳泉庄、马泉庄、高家庄之线。

3. 第三日（七月三日），以主力沿通周村路进出于山、王庄、管家庄、房镇之线。

4. 第四日（七月四日），应进出于葫芦山、管子庄、大柳行马尚之线，保持主力在右。

5. 该军东进时，左侧背应注意自行派有力支队于小清河南地区，扫荡散匪。章邱至邹平间后方连络线，由第九六军派兵维护。

（四）第九六军军部应于七月一日推进至明水，该军行动概示如左：

1. 暂第十四师应以步兵一团附无线电一班，紧随七十三军推进,担任保护韩军之后方连络线及掩护本兵团左侧背,预定于章邱、长白山、旧军间留兵一营,青阳店留兵两连(由副营长率领),团长率该团主力驻邹平。该师并派兵一小部(加强排)经颜家庄——东西宋凹——枣峪——尤家河滩,向周村方向搜索匪情。

2. 暂十四师主力行动概示如左:

第一日(七月一日)推进至池子头
第二日(七月二日)推进至普济镇 } 各南之线择要构工筑碉,恢复交通,并扫荡进路两侧匪军
第三日(七月三日)推进至王村镇
第四日(七月四日)推进至冶头庄

3. 暂十五师以主力集结于鹤村、白泉镇、埠村间地区,保持机动,任向黑峪口、南曹范方面搜索匪军(以当日往返为限),以一团任明水镇、龙山镇间铁路两侧碉堡之构筑。

(五)第十五师主力仍控置于历城附近,其担任龙山、历城间铁路守备之一个团,应迅速完成所要碉堡工事,并不断向南搜索,扫荡散匪(以当日往返为限)。

(六)交通恢复公路铁路抢修——公路限七月一日通车至明水,铁路限七月三日通至明水。

(七)有线电抢修,限于七月一日架通由明水至章邱之双回线一对,又明水至济南之线路,仍按前规定,应迅速完成。

八、余率必要人员于七月一日推进至明水。

…………

七月四日以来,我张团(欠第三营)以一部经西彩石、龙洞,主力经西彩石、大习科,郑团之第二营经马庄,分向寨而头、龙湾方向搜索前进,于东梧庄、龙洞之线,与匪军四百余遭遇,经我攻击后,匪即向龙湾方向退窜,我即跟踪追击;于龙湾附近,与匪鲁中军区之一部约近千余遭遇,经我攻击后,匪不支南窜。该团于详搜该地匪情后,申刻安返原防,匪伤亡四十余名,我无伤亡。……

四、七月四日奉总司令夏如左命令要旨:

（一）据报鸠山（龙山南约二十华里）附近，现窜来匪约千余人。

（二）着第九十六军暂十五师于明（五）日派兵一团，以主力由东南向西北，一部由东南向西会合梁师，夹击鸠山附近之匪。该师并另以一部驱歼南曹范之匪。

（三）七十三军第十五师应于明（五）日派兵一团，主力由西北向东南会合徐师，歼灭鸠山附近之匪，并以有力一部进至大龙潭附近，防止奸匪之逃窜。

（四）预定攻击时间，明（五）日上午七时，两师之行动务须注意空间及时间上之协调。此时师谍报祖报称，鸠山已无敌踪，经报告总部。

…………

我黄团第三营遵来右令，于微辰到达鸠山，与暂十五师第一团会合，该地已无敌踪，并向大龙潭搜索。该地散匪五十余，经我追击，向待姑山逃窜。该营以侦察地形、搜索匪情之目的，经西彩石、小龙堂至十里铺，于七月六日归还。

五、七月四日二十一时，奉司令官王叁昌字第一二五号命令开：

（一）据报济阳城有匪约千余名

（二）着第十五师即派一个营（附迫击炮二门），沿黄河右岸前进。限本（七）月六日到达秦家道口（在贾庄对岸），归新三十六师一〇六团杨团长指挥（杨团六日到达贾庄，须切取连络），协力济阳城之攻击，俟确实攻占后再归建。

…………

七月六日，黄团黄营业经出发。旋接第二绥靖区第三处蔡科长人昌电话，该营应俟济阳县政府人员到后，于七月七日出发，至十六时到达秦家道口停止。奉一〇六团命令，该营于七日二十四时出发，沿黄河右岸经湘家岸、吴水寨，于范家庄强渡黄河，向济阳城厢东南面之敌攻击。…………

各队准备完了,即开始攻击前进,忽重雾弥漫,我攻击各队利用天候,于五时十五分迫近城脚大堤,经猛烈战斗,于六时十分,我攻击各队均先后奋勇,攻夺城楼及城上碉堡,敌不支,向城厢北面逃窜,六时二十分,我右翼攻城队并占领县政府高楼。此时一〇六团部队亦由西门攻入。当即令各队整顿态势,以主力控置城外大堤要点及城上碉堡城楼,防敌逆袭,以一部入内扫荡残敌。七月九日奉命归还龙山镇之孙家庄新驻地。……

七月六日,并奉司令官王命令要旨如左:警备旅第一团应即开驻王舍人庄附近,接替第十五师铁道警备任务,并限七月八日交接完毕。…………

六、七月七日,奉总司令夏作命第十号命令,规划西兵团之行动。本师奉命于七月九日以主力移驻龙山镇,一部控置于韩仓附近。师为严密当面搜索,经以师作命甲第十二号命令,着郑团派一个加强连,配属历城县自卫队一中队,经港口、有蓝峪、扒头山、西彩石、神武、田家庄搜索敌情;张团则以一部向南北登山西彩石搜索敌情,限九日十九时归还,并与警备第一团守军连络,与敌小部队相机获取战果。各该团部队,并须随时准备策应。…………郑团萧营王副营长纶率兵一个连,佳辰向龙洞以南山地搜索前进,至大路与敌六百余遭遇,经郑团长亲率队增援侧击,激战至申,毙伤匪五十余,匪不支南窜。至戌刻,该团全部到达韩仓宿营。是役,卤获消耗已详附表〔略〕。

七、七月十日,我张团第八连附第六连之一排,灰辰向赵鹊鸦山威力搜索,与散匪百余遭遇,经以一排牵制,主力向敌包围,毙伤匪十余名,匪不支南窜,我无伤亡。灰未归还。卤获步枪七支(每支弹药仅五十发),宣传品一束。

八、七月十二日,我张团周营及郑团陈营,文卯分向大龙潭(龙山西南二十三里)、石加畚(龙山南二十四里)威力搜索,周营于石家庄与匪五六十人遭遇,当毙匪十名,生俘一名,卤获步枪一支,匪不支,向南逃窜。陈营于大龙潭与匪十余名遭遇,毙匪二名,我无伤亡。

〔国民政府国防部史政局及战史会档案〕

6. 国民党第七十三军进犯鲁中军区胶济线西段战报

(1946年7月)

陆军第七十三军鲁中剿匪战役战斗详报

第一 战斗前匪我态势概要

一、匪军态势

匪军自六月上旬以来,以新四军一部及各解放师为基干,协同军区地方团队,纷向胶济、津浦路沿线各据点攻击,企图占领济南、青岛,囊括整个山东。匪鲁中军区以解放第三、四、九师主力,配合警一旅、警七旅,集中于南徐、马龙山、章邱、明水、邹平、周村、淄川、博山一带地区,伺机进犯济南,并防制国军攻击。其配置如附图第一〔略〕。

二、我军态势

军以策援济南城郊作战,进而配合友军,以打通胶济路为目的,自六月十五日起,开始由徐州空运,至二十二日,全部空运完毕,先集结于济南城附近,以策应该方面之作战。

六月二十三日奉总司令夏甲字第四三九九号命令:第七十三军(欠第十五师)限本(六)月二十六日前于苏家庄(十里铺西北约二公里半)、桥头庄、董家庄间地区集结待命,并对东北布置警戒。军(欠第十五师)遵于二十五日开始行动,二十六日各部队集结于指定地区。其集结态势如附图二〔略〕。

第二 战地地形交通状况及气象与住民景光对战斗之影响〔略〕

第三 各时间之战斗经过

一、第一时期—章邱旧军以西地区之扫荡战(自六月二十六日起至三十日止,参阅附图三〔略〕)

军遵于六月二十六日如附图二之态势集结完毕,比奉总司令夏甲字第一号命令,其要旨如左:

(一)第七十三军(欠十五师)应于本(六)月二十八日由集结地前进,展开于辛店、刘家庄、杨家庄亘康家庄之线,向章邱旧军之匪攻击,重点指向于章邱。

(二)该军前进时应于 小清河右岸鸭旺石、老僧口、太平庄、王家桥各要点,酌派部队警戒兵团左侧背。

(三)与右翼九六军作战地境为王家庄—千家庄—辛店—南山—相公庄—何庄—张家河—马家峪—石河相连之线,线上属七三军。

军基于右述之命令要旨,即下达甲字第二号作命,其要旨如左:

(一)第七十七师应于二十七日拂晓由集结地搜索前进,逐次驱逐西河头、石行庄、马棚庄之匪后,二十八日展开于辛店、马棚庄、杨家庄之线,保持重点于右翼,向章邱攻击而占领之,并与右翼九六军确取连络。

(二)第一九三师编组一加强支队(配报话机一部),由该师杨副师长指挥,于本(六)月二十七日拂晓,由集结地出发,沿白云湖北端向郑家马头搜索前进,二十八日连系七七师左翼,向旧军攻击而占领之。该师主力于二十七日前进至大王庄、齐家庄、桥头庄间地区,二十八日推进至西沟头、石行庄、大徐家庄间地区,掩护军之左侧背,并随时保持机动。

(三)作战地境

九六军 王家庄—千家庄—辛店—南山—相公庄—何庄—张家河 —马家峪—石河相连之线，线上属左。

七七师
一九三师 大徐家庄 —沿白云湖南岸—相高庄—大沟坝—南套庄—□龙庄—盛林庄之线，线上属左。

（四）军指挥所于二十六日推进至董家庄，二十八日推进至李官庄附近。

二十七日拂晓，七七师以二三一团、二二九团向党家庄、石行庄之线搜索前进，巳刻进抵焦家庄、辉流庄各附近，与匪渤海军区杨果夫部之一部约四百余（附炮四门）接触，匪利用村落占领阵地，向我射击，我当以一部展开还击，一部由其右侧迂回战斗。至午，该匪伤亡惨重，狼狈向东北逃窜，我乘胜推进至党家庄、西沟头、石行庄之线。

一九三师之加强支队（五七七团）附炮二门，是日晨向郑家马头搜索前进，午刻进抵老僧口，与匪四百余遭遇，激战至申，毙匪百余，残匪向东北逃窜，我即跟踪追击，推进至郑家马头，并逐次肃清白云湖以北地区残匪。

二十八日，七七师续向马棚庄、宁家埠攻击前进，匪六百余盘踞各该地，顽强抵抗，经我以炽盛火力痛击后，匪纷向章邱城东北逃窜，我乘胜分途猛追。迄午，进迫章邱城郊，当与盘踞该处之匪警七旅主力约三千余接触，匪藉工事顽抗，我一面以优势炮火轰击，一面由城南、城西、城北三面同时围攻。战斗至下午三时，二三一团首由南门突入，展开激烈巷战；二二九团同时攻占城北山。激战至下午五时，顽匪势不支，狼狈向东逃窜，我即完全占领章邱城。是役，歼匪五百余，俘匪五十三名，夺获弹械辎重甚夥。

同日拂晓，一九三师之加强支队，续向水寨镇之匪攻击，战斗至午刻，匪增援五百余，向我反扑，我官兵沉着迎击，匪未得逞。旋向旧军方面溃退，我乘胜追击。酉刻，迫近旧军城郊，惟时近黄昏，各部乃于原地构筑工事，准备翌日拂晓之攻击。十九时三十分，奉总司令夏巴俭参岳欣完指示：

（一）该军应于明（二十九）日于原地停止攻击，于章邱构筑一个营据点，宋家庙构筑一个连据点，并派兵驱逐长白山匪军后，即于玉皇庙、大峪顶间地区择要构筑一个连守备之碉堡六个，限两日内完成。

（二）对青阳店、余家楼各附近，派有力部队搜索匪情，并于济阳方面派谍侦察。

军遵即颁发甲字第三号作命，对各师指示如次：

（一）军（欠十五师）为整顿态势，暂在章邱附近停止，待命向邹平、长山、周村攻击。

（二）第七七师应以一部于二十九日推进至七郎院、曹王庄、东高庄、大夫庄、矿山亘大峪顶之线，肃清该线以西之残匪，并向其以东地区搜索匪情、地形，主力集结于章邱及其以东以北附近地区，并于章邱城及城北山构筑一个营据点，宋家庙构筑一个连据点，玉皇顶亘大峪顶之线构筑碉堡六个，统限于六月三十日完成。

（三）第一九三师应于二十九日攻占旧军后，即以一部逐次扫荡连王庄、夏侯庄、任家道口各附近之残匪，推进至董家庄、后茅庄、刘官庄之线，严密向东及东北方向警戒，并搜索匪情。

（四）作战地境延伸至青阳店、浒山铺之线，线上仍属左。

匪警七旅主力经我田师连日攻击后，一部逃窜旧军，增援匪十五团对旧军之战斗，其余仍退据章邱以东山地及青阳店附近。

二十九日，我第七七师除以一部构筑城区及城北山、长白山等处工事外，并以有力一部继续扫荡章邱以东山地残匪，自晨迄未，我逐次将章邱以东大峪顶以南残匪肃清，计毙匪四百余，夺获轻机枪十余挺,步枪三百余支。

第一九三师续向旧军攻击,匪警七旅之十五团及十三团之一部,约二千余,藉城寨家屋,顽强抵抗。迄卯,我五七七团之一部迂回至靳家庄、柴家庄附近,主力配合优势炮火,由西南两面夹攻。战斗至辰,我完全占领旧军,当即分途追击扫荡邢家庄、彭刘庄残匪,并以五七八团及五七九团之各一部,向盛林庄、后茅庄之线追击前进。未刻,逐次将各该处残匪肃清,计毙匪二百余,夺获步枪一九二支,我伤亡官长一员、士兵六名。

三十日,各部队于原地整顿态势,构筑工事,并准备向邹平、长山、周村之攻击。

二、第二时期——邹平、长山、周村之攻击战(自七月一日起至七月六日止,参阅附图四〔略〕)

盘据章邱、旧军之匪警七旅,遭我田、萧两师连日猛攻痛剿后,伤亡惨重,残部分两股逃窜,大部经青阳店窜邹平,一部向孙家庄方面窜去。

我各部队于本(六)月三十日十二时在章邱及其以北地区调整态势就绪,各要点工事亦先后完成。十三时许,奉总司令夏甲字第六号作命指示如次(要旨):

(一)本兵团决于七月一日晨继续东进,先后收复邹平、长山,以期与东兵团会攻周、淄,歼匪主力。

(二)第七三军行动概示如左:

A、第一日(七月一日),应以主力沿青阳店道进出,于东窝陀、大李庙、上口、孙家庄之线。

B、第二日(七月二日),以主力沿通邹平道进出于夫村、柳泉庄、马家庄、高家庄之线。

C、第三日(七月三日),以主力沿周村道进出于山王庄、大庄、管家庄、房镇之线。

D、第四日(七月四日),应进出于葫芦山、管子庄、大柳庄、马尚之线,并保持主力于右。

E、该军东进时,左侧背应注意自行派有力支队于小清河南岸地区扫荡敌匪,章邱至邹平间后方连络线,由第九六军派兵维护。

…………

七月一日拂晓,各部队将章邱、旧军、长白山等处防务交由暂十四师第二团接替后,即分途搜索东进东窝陀、会仙山、青龙山、浒山铺、许家道口、大小张官庄之潜匪,逐次被我驱逐。未刻,七七师达到印台山、三教堂之线,毙匪百余,夺获步枪八〇余支。一九三师进抵柴家庄、解家庄、耿家庄之线,与匪五百余激战二小时,毙匪二百余,夺获步枪一一三支,轻机枪一挺。

七月二日,我以七七师之一部向邹平西南印台山以东之于兹山附近挺进,切断匪之退路,策应一九三师围攻邹平。午刻,进抵石家庄附近,与匪二百余遭遇,战斗至未,将匪击溃,我遂占领于兹山,夺获步枪五十余支。

一九三师辰刻扫荡韦家庄、上口残匪后,以五七七团及五七八团之一部向萧家庄、大小王陀庄搜索前进,以主力由后城子右旋向邹平围攻,先后于后城子与萧家庄各附近,与匪七百余展开激战,我利用空炮轰击成果,向匪两翼包围,激战至午,匪伤亡惨重,遗尸数十具,残部退守邹平城,欲藉城垣顽抗。我当乘胜追击,并以一部由西门突入。是时,我二二九团之一部,亦迫近南门,匪不支,向东门突出,狼狈向长山方向逃窜。未刻,我完全占领邹平,当即以一部尾随追击,余则整顿态势,准备翌日之攻击。是日,计毙匪二百余,夺获步枪一七三支,手榴弹五百余枚。此时军为使匪无喘息机会,乃下达甲字第五号作命(从略)如附件,拟明(三)日仍继续向长山攻击。惟至酉刻,据报陈庄、郭庄、小河滩、回路峪等处,为匪廖容标之巢穴,并建有小型兵工厂。同时奉总司令夏甲字第七号作命,饬本军主力改集结埠头村、相可庄间地区待命攻击,一部守备邹平,并须派有力一部将万山、小院、伏虎山以北山地东侧散匪肃清，以安后方。

…………

是时奉总司令夏午东密电开：贵军冒署〔暑〕远征，勋劳卓著，官兵奋勇，深堪嘉慰，特发犒费洋一百万元，希即转奖此次作战有功官兵，以资鼓励，并盼督励所属，以竟全功。等因。遵即转知各部官兵，精神益加振奋。

是日夜，第七七师以二三一团之有力一部，由蒙家庄向周村袭击，匪猝不及防，盲乱射击。我分三路，乘匪混乱，分由城东西北三门，一举突入，激战约三小时，匪不支，纷纷向南溃退。三日晨，我复派该团全部确实占领周村，肃清残匪，夺获步枪百余支。

三日，七七师以二二九团扫荡郭庄、摩诃山、回路峪、小河滩等地残匪，毙匪三十余，夺获步枪三十余支。

同日上午四时，许匪五百余，向我小王陀之五七七团袭击，战斗半小时，未逞北窜。该团及五七八团当即各以一部跟踪，向韩家庄、石家套等处扫荡，旋与匪邹平民兵六个中队及第十三团一部约共六百余遭遇，激战一小时，毙匪百余，夺获步枪三十支，残部向焦家桥方向逃窜。

戌刻奉总司令夏甲字第〇八号作命要旨如左：(一)七三军明(四)日驱逐长山之匪后，即于邹平、长山各留兵力一营构工据守外，该军主力即推进周村、红庙、北山、家山、王庄、石河间地区，一部推进大房家庄、池子头附近，努力搜索淄川以北匪情，待命攻取淄博。(二)右与九六军搜索地境为伏虎山、马家庄、郭庄、贺家庄相连之线，线上属韩军。

…………

四日拂晓，各部队开始行动，七七师以二三一团搜索周村西南山地潜匪，以二二九团及二三〇团之各一部扫荡山王庄、凤凰庄、樊家庄等地残匪。至午刻，先后推进于指定地区集结完毕。

第一九三师五七八团于是日拂晓由王家庄出发，主力经韩家庄、吕家庄，一部经礼参庄、五里堆向长山攻击前进。九时许进抵城郊，当以主力展开于城北，一部展开于城西，向长山城猛攻，匪千余凭城抗拒，约一小时，毙匪二百余，残部向西江坡及桓台方向逃窜。巳刻，我完全占领该城。除派一部跟踪追击外，余即在该城周围构筑工事，防匪回窜。

未刻，据各方情报，匪警七旅及地方民兵约四千余，装备颇优，七月一日来，于邹平西北地区经我痛击后，残部刻仍据张家桥、孙家镇附近地区构筑工事，一部约二千余于十二时窜抵霍家坡附近，似有南窜扰击我军侧背企图。

军为排除左侧背之威胁，决以有力一部于明（五）日向邹平地区以北及其东北附近地区求匪而扫荡之。…………

七月五日晨，一九三师除以五七八团及五七九团之一营守备长山、邹平并构筑工事外，该师长率领其余部队向指定地区扫荡，原盘据该地之匪，闻风向东北潜逃。迄未刻，该师以任务达成，仍返原地。

未刻奉总司令夏甲字第九号命令，饬本军明（六）日应以一个师兵力驱逐池子头股匪，进出于粟家庄、大小尚庄、魏家庄、郭家庄、锦扬山、前坡之线，并另以一师随军部位置于周村附近，但须于长山、邹平各派兵一营驻守。

…………

七月六日辰，一九三师除以五七七团第二营守备邹平，五七八团第二营守备长山外，其余部队，于午刻到达周村附近，集结完毕。第七七师于拂晓向周村以南地区推进，并以二二九团、二三〇团各一部，向踞守葫芦山、明山之散匪攻击。迄申，卧虎山、锦扬山、明山先后被我占领，主力于指定地区集结完毕。

三、第三时期——博山以北地区之歼灭战（七月七日至十二日，参阅附图五〔略〕）

七月七日,除第七七师以一部向红庙以南地区搜索扫荡外,一九三师主力集结于周村附近待命。未刻,奉总司令夏作命甲字第十号要旨如左:

(一)第七三军(欠第十五师)以一个团扼守周村、长山、邹平各要点,主力连系第八军,沿周村、博山大道西侧,另以一部经马棚庄、天门峪、西流泉岭西南进攻,占490高地、冲山、大小北溪、何家庄之线后,即推进至孙家峪、桃园、汪夕庄、大昆仑之线,整顿态势待命,与第八军一举攻占博山,进出于上池子、焦岭、前白杨河、尖固堆、石炭坞(不含)之线,以小部队推进于青石关扼守之。

(二)第七十三军、第八军各应于八日黄昏前展开于大尚庄—彭家庄—郭家庄—锦扬山—明山—北安庄—凌衣庄—赵王庄—王母山—夏庄概略之线,完成攻击准备,定七月九日开始攻击。

…………

七月八日,七七师及一九三师各以一部驱逐当面之匪,主力申刻先后展开于大尚庄—彭家庄—郑家庄—锦扬山—明山之线,准备翌日拂晓之攻击。

同日因青阳店附近发现股匪三百余窜扰,乃于申刻遵照总司令夏齐未参一欣电,即以原守备邹平之五七七团第二营移驻青阳店,原守备周村之五七八团(欠第一、二营)移驻邹平,原守备长山之五七八团第二营,俟防务交由第八军派队接替后,移驻周村,分别坚固守备,以维护本军后方连络线与左侧背之安全。

七月九日拂晓,七七师分两翼队开始向490高地及冲山之线攻击前进,匪解放第九师约二千余人,凭藉碉堡,坚强抵抗,并时以小部队及炽盛火力,向我反击。巳刻,该师在空、炮联合轰击之下,一举冲入匪阵。匪以冲山得失系关淄博战斗全局,乃分由马道口、甘泉增援五百余人,向我两翼反扑,当被二三一团第一营及二二九团第二营予以阻击,往复冲杀,约二小时,匪未得逞，490高地及冲山同时被我占领，匪遗尸九十余具，残匪向南溃逃。计夺获步枪二百余支，我亦伤官长一员，阵亡士兵一〇名，伤二十余名。

同日拂晓，第一九三师以五七七团及五七九团之一部为攻击队，向戴家庄、大邢家庄、双泉庄之线攻击前进，匪解九师一部分途阻击。巳刻，与在焕山东西之线占领阵地之匪约千余人接战，匪凭碉拼死抵抗，曾向我两度逆袭，卒因我火力猛烈，官兵沉着勇敢，匪以伤亡惨重，势渐不支，急向南溃窜，我当乘势尾追，将戴家庄、双泉庄完全占领，并夺获步枪一百二十余支，轻机关一挺。

酉刻，奉总司令夏午佳申参甲电饬明（灰）日仍继续攻击，进出于龙坛庄、莲花顶、大峪口庄、把山、安上庄、南万山庄的黄崖顶、土路庄各概略之线，相机攻占博山。

…………

戌刻，奉司令官王午虞壹电开：该军官兵忠勇杀敌，连克章邱、邹平、长山、周村等要点，除传令嘉奖外，并奖洋一百万元，以昭激励。等因。当即以电话传知所部，官兵闻悉，士气更为旺盛。

七月十日寅刻，七七师继续攻击，于簸箕掌庄、刘家庄、台头崖以南高地、马棚庄东西各高地，与匪约二三千人展开激战，一峰寸地匪，均顽抗不退，我官兵因受司令官精神感召，奋不顾身，勇猛冲杀。迄酉，我将孙家峪、牛鼻湾、桃园各要点完全占领，毙八百余名，获夺步枪百余支，我亦重伤官长一员，伤亡士兵二十一名。

拂晓后，一九三师赓续九日之攻击，向磁窑坞、张李庄、三台山、禹王山、昆仑山一带匪解放第九师主力攻击，匪凭碉死守，当展开主力战，自辰至酉，反复冲杀凡十余次，匪以伤亡奇重，逐次向小范庄、东西高庄、侯家楼、郭庄及其以南地区退却。是役，计毙匪七、八百人，遗尸于阵地者凡二百余具，俘匪二十名，夺获步枪百余支，我亦伤亡官兵三十余员名。

酉刻，奉总司令夏午灰参一欣电开：韩、李两军，明（十一）日应继续攻击，占领博山，进出余甲字第十号所示之线。该两军作战地境线，改为三教堂、郭庄、梁庄、五龙庄、山头庄、台子之线，线上属右。等因。军当即指示各师明（十一）日拂晓继续向博山攻击，并进出于上池子、樵岭、前白杨河、尖固堆之线。

七月十七日，七七师将哭鹿山、老洞山、虎山等处之匪驱逐后，继续向南追击。另以二二九团沿山东麓向博山西南挺进，迄午攻占凤凰山、团山、比分关急进，占领土门头、山头庄，截断匪之退路，以策应一九三师向博山包围攻击。匪千余仓皇突围南窜，遭我集中炮火射击，歼员过半，残匪分向八陀山、青石关方向逃去。

一九三师巳刻将焦庄、大尖山之匪击溃后，趁七七师向博山迂回之际，猛向博山城攻击，当由北门西门突入，展开激烈巷战，匪以伤亡惨重，退路已绝，即由东门南门突击，分途溃窜。未刻，我即完全占领博山城，当以一部向南进击，余即扫荡城郊残匪，加强工事，并协助地方政府清查户口，安抚民众，遭匪蹂躏将年之淄博同胞，今日得重睹天日，莫不喜气洋洋，弹冠相庆。

申刻，奉总司令夏作命第十三号命令指示如下：第七三军于攻占博山后，除派有力一部扫荡博山西南地区残匪，对西对南严密监视匪军回窜外，应以七七师于石炭坞（不含）起沿日军既设工事至大峪口庄（含）间地区，构筑一个团坚固阵地；以一九三师于大峪口庄（不含）起经7438高地、张家峪、马棚庄以西高地、胡林庄东南高地、青云寺东西空山间地区，构筑前进据矣。

基于上令，军以确保博山、巩固王博要道与肃清博山附近残匪之目的，特下达作命甲字第十三号命令，调整部署，……

七月十二日，各部队分别调整部署，侦察阵地，十三日开始构工，我二三一团亦逐步将博山以南及其西南地区残匪肃清，十四日归还建制。是时，奉司令官王午元叁昌电，以本军军纪严明，官兵忠勇，收复博山，击溃顽匪，特赏洋五百万元，以昭激劝。

此次鲁中剿匪，为时历十九日，大小凡五十余战，虽未能予匪歼灭致命打击，亦足以寒敌胆，而如火如荼之鲁境剿匪绪战，至此暂告一段落点。

第四　作战经验与教训〔略〕

陆军第七十三军战斗序列表

```
陆军第七十三军战斗序列表
│
├─ 陆军第七十三军(欠十五师)
│  军长韩浚 │ 副军长李琰 │ 参谋长张海鸣
│  │
│  ├─ 第七十七师
│  │  师长田君健 │ 副师长胡景瑗 │ 参谋长于豪章
│  │  │
│  │  ├─ 第二二九团 团长许秉焕
│  │  │  ├─ 第三营营长宾楚楝
│  │  │  ├─ 第二营营长刘志浩
│  │  │  └─ 第一营营长袁道纯
│  │  │
│  │  ├─ 第二三〇团 团长柏桂臣
│  │  │  ├─ 第三营营长何司介
│  │  │  ├─ 第二营营长李光群
│  │  │  └─ 第一营营长滕志刚
│  │  │
│  │  └─ 第二三一团 团长陈运武
│  │     ├─ 第三营营长黄尚志
│  │     ├─ 第二营营长钟志烈
│  │     └─ 第一营营长邱世荣
│  │
│  └─ 第一九三师
│     师长萧重光 │ 副师长杨明 │ 参谋长王德谷
│     │
│     ├─ 第五七七团 团长王一之
│     │  ├─ 第三营营长郭友和
│     │  ├─ 第二营营长龙渊
│     │  └─ 第一营营长周子鸿
│     │
│     ├─ 第五七八团 团长 缺
│     │  ├─ 第三营营长刘毅果
│     │  ├─ 第二营营长李德生
│     │  └─ 第一营营长曾相捷
│     │
│     └─ 第五七九团 团长王政直
│        ├─ 第三营营长熊炳文
│        ├─ 第二营营长唐国忠
│        └─ 第一营营长陈泽
│
└─ 第十五师
   师长梁化中 │ 副师长徐亚雄 │ 参谋长李昆治
   │
   ├─ 第四三团 团长黄玉溪
   │  ├─ 第三营营长丁秉信
   │  ├─ 第二营营长郎世忠
   │  └─ 第一营营长黄昌武
   │
   ├─ 第四四团 团长张伯侯
   │  ├─ 第三营营长蒋相瑛
   │  ├─ 第二营营长李甲琛
   │  └─ 第一营营长周羽朴
   │
   └─ 第四五团 团长郑烨
      ├─ 第三营营长陈怀坚
      ├─ 第二营营长王中和
      └─ 第一营营长萧俊
```

注记：第十五师奉命归第二十集团军总部直接指挥。

陆军第七十三军鲁中剿匪战役当面匪军番号主官姓名兵力调查表

番号	部别	匪职	姓名	兵力	作战时间	作战地点	备考
誓七旅	司令部	旅长	赵寄舟	约5000+	六月廿六日至七月四日	章邱邹平迄长山间地区	该旅闻由副旅长许云轩指挥
		政委					
	第二三团	副旅长	许云轩				
	第二四团	团长	杨信				
	第二五团	团长	张雨华				
解放第九师	司令部	师长	钱钧	约7000+	七月四日至七月十一日	周村迄山间地区	
		政委	李耀文				
		副师长	陈宏				
	第廿五团	团长	彭玉龙				
	第廿六团	团长	赵□				
	第廿七团	团长	孙□				
鲁中军区第一军分区	独立第一团	团长	陈奇	1000+	六月卅日至七月十一日	龙济以南地区	十五师当面匪情
	历城县独三营	营长	孟昭东	700+	六月卅日至七月十一日	龙山以南地区	
渤海军区第一军分区	章邱县大队			300+	七月八日至七月十一日	济南	
	济阳县大队			300+			
附记	一、本表系根据俘虏口供及鹵获文件汇集。二、表列数字仅对武部队兵力,其余地方民兵,均未列入。三、解放四师之一部与本军稍接触后,即行逃窜,故未列入。						

〔国民政府国防部史政局及战史会档案〕

7. 国民党第二绥靖区王耀武部进犯山东淄博解放区作战要报

(1946年8月)

第二绥靖区淄博会战战斗要报(五万分一图)

(甲)战斗前匪我一般态势(如附图一〔略〕)

一、匪军态势——奸匪以新四军第一、二、七师,山东野战军、解放第三、四、五、六、八、九师及民主建国联盟军郝鹏举部为基干,配合鲁中、鲁南、滨海、胶东、渤海等军区地方部队及民兵共约六十万人,占领山东全境百分之九十六,势甚猖獗。本年七月七日夜,复违背停战命令,发动有计划之全国攻势,先后攻占我明水、龙山、周村、张店、泰安、德县、大汶口、即墨、胶县、高密、城阳等城镇,并以十万之众围攻济南,五万之众进犯青岛,企图歼灭我野战军,广领山东,控制华北。

二、我军态势——自日军投降后,我军入鲁兵力,极为单薄。旋奉停战命令,停止军事调动,外援断绝,内部空虚,更陷于不利态势。而奸匪复变本加厉,于七月七日先后攻占我外围大小据点,紧缩济南、青岛包围圈,情势至为危殆。嗣我七三军空运济南,五四军海运青岛,交通警察总队亦分在青岛、坊子着陆,士气、民心大为振奋。

(乙)作战部署

绥靖区以击灭匪军主力,扩张控制区域之目的,律定作战部署如次:

(1)十二军确保济南。

(2)五四军扫荡青岛外围顽匪,并向胶县、高密攻击。

(3)交通警察三个总队配合地方保安部队,守备昌潍地区。

(4)第八军编为东路兵团,七三军及九六军编为西路兵团,均归二十集团军夏总司令指挥,分由昌乐、济南沿胶济线对进,会师周淄,歼灭匪军主力,夺取淄博矿区。

(丙)战斗经过概要(如附图二〔略〕)

一、东路兵团(第八军)先于昌乐附近集结完毕,于六月二十五日强渡㳅河,当与匪解放第四师独立第一旅及鲁中军区地方部队共约二万五千人,激战于㳅河以西口埠、李家集、辛庄、杨河之线。匪凭藉工事节节抵抗,二十六日午近迫驻防城。翌晨,在空军掩护下,分向益都驻防城猛扑,战况至为惨烈。迄午,匪伤亡甚重,弃城逃窜,我遂克复该城。惟匪军仍窜踞附近山地,伺机滋扰。为求后方连络线安全计,乃以全力分向尧王山、云门山及西南山地作大规模之扫荡,斩获颇众。至七月二日,分三纵队继续西进。三日,荣一师攻占临淄县,一〇三师攻占刘官庄,一六六师攻占淄河店。四日午,一〇三师及一六六师分向铁山、金岭镇攻击,匪凭借既设阵地,顽强抵抗,我依空军及炮火之掩护,奋勇冲杀,肉搏至再,匪伤亡惨重,遗尸五百余具,向南侧山地溃退,我遂进占铁山、金岭镇。为防匪之夜袭,当令一六六师于金岭镇附近赶筑工事,派队扼守。我荣一师则继续西进,酉刻进抵下湖田附近,突遭匪八千余人袭击,幸我早有戒备,未为所乘,经一度激战后,匪不支败走。五日晨,续沿铁道西进。申刻,荣一师克复张店,一〇三师及一六六师均于原地构筑工事。六日,一〇三师扫荡卫固及其以北散匪,并以一部向桓台方向警戒搜索,掩护我军右侧背;荣一师扫荡张店、周村间残匪,颇有斩获。同日,并与西路兵团会师。七、八两日,整顿态势,构筑工事。九日,以一六六师守备张店及金岭镇间地区,军主力循张博公路及其以东地区,与西路兵团七三军并进。向磁窑坞、淄川、黄山之线攻击。未刻,一〇三师攻克淄川城,荣一师占领黄山及其以东高地,卤获颇众。十日晨,协同七三军,续向博山东西之线攻击,匪凭险顽抗,经激战竟日后,进抵昆仑山、葫芦顶、天台山之线。十一日，继续攻占石灰坞、八陡庄、黑山、西河等地。十二日，扫荡附近残匪，斩获颇众，并赶筑工事，组织民众。其会攻淄博任务，于焉完成。

二、西路兵团

1.九六军暂十四师于六月二十五日由王舍人庄附近沿铁道向东攻击，二十六日攻占龙山，掩护西路兵团集结，二十七日扫荡龙山以南山地散匪，斩获颇众。二十八日晨，暂十四师、暂十五师，分沿铁道及其以南地区齐头向东攻击，匪节节抵抗，伤亡惨重，我亦略有损伤。傍晚，暂十五师攻克文祖镇、白泉镇，暂十四师攻占明水镇，卤获军用物资特多。二十九、卅两日，扫荡南侧山地散匪，并办理清乡，组织民众，构筑工事，整顿态势。七月一日，暂十五师主力担任文祖镇、白泉镇、埠村间地区守备，并向南扫荡，掩护西路军右侧背之安全，一部担任王舍人庄至明水间守备，并赶筑铁道两侧工事。暂十四师续向东攻击，当日攻占池子头，惟匪由南侧山地不时滋扰，乃暂停东进，于二、三两日，一面扫荡附近散匪，一面赶筑工事，组织民众，修复交通。四日晨，暂十四师续向东推进，攻占普集镇。六日，复向王村镇及东西空山攻击，匪凭藉既设工事，顽强抵抗，我依空军掩护，并以浓密炮火猛烈轰击，匪伤亡枕籍〔藉〕，遗尸遍野，不支溃退，我遂占领东西空山及王村镇。七日晨，续向南侧山地攻击，匪据险顽抗，经一度激战后，匪狼狈撤走。八日子刻，匪新四军第一师第三旅约七八千人，由莱芜方向分股犯暂十五师石岭矿场、文祖镇等地，企图直取明水，截断我军后方连络线，来势凶猛，前仆后继，战况至为惨烈。迄辰刻，我空军适时临空助战，予匪痛击，伤亡近千，遗尸数百具，向南狼狈溃退。九日，我东西路兵团会攻淄川、博山，为掩护七三军右侧背，乃以暂十四师之有力一部，向王村以南山地攻击，匪利用优越地形，顽强抵抗，我进展较缓。迄十一日，始攻抵云基顶、夹山庄之线，构筑工事，组织民众。

2. 七三军（欠十五师）六月廿六日集结于郭店以北潘家码头、董家庄、吕家庄、大张庄间地区。廿七日晨，向东推进，午刻抵老僧口、焦家庄、魏流庄一带，与匪三股各五百余激战，至申刻占领党家庄、西沟头、李家码头之线。廿八日，续向章邱、旧军之线攻击，匪虽节节抵抗，我借空军掩护，仍能顺利进展。未刻，七七师攻占章邱，一九三师攻占旧军。廿九、卅两日，扫荡长白山残匪，并整顿态势。七月一日，一九三师攻抵邹平城郊，并占领凤凰山及五七〇六高地。二日，该师进入邹平城，卤获军需品甚夥。同日，七七师向周村攻击，匪凭借据点工事，顽强抵抗，迄三日始完全占领之。四日，七七师扫荡周村以西白云山残匪，一九三师攻占长山县。六日，七七师攻占葫芦顶、明山之线。七日午，军主力推进二龙山、双山之线，调整态势，准备进攻淄博。九日晨，以七七师在右，一九三师在左，循周博大道及其以西山地，向博山挺进，当日占领塔山、冲山、大邢家庄、双泉庄之线。十日，续攻占磁窑坞，并进出黑峪、桃园、李家庄、汪夕庄、宋家坊之线。十一日，七七师迂回至上门头、山头庄后，一九三师即一举攻占博山。

三、青岛守备兵团（五四军）

自第八军一六六师西调之后，青岛兵力即形单薄，匪军集结兵力三、四万人，先后攻占胶县、高密后，转师东迫青岛外围，攻陷城阳、即墨后，乃以全力猛扑青岛水源地之黄埠及流亭之线。当时青岛危急万分，幸五四军适时海运到达，得挽殆势。六月二十三日，五四军三六师（欠一个团）沿仙家寨、流亭、仲村道向即墨攻击，一九八师沿沧口、城阳、马山道向马山攻击。当日，卅六师攻占石沟、王家宅、头北、曲田村及以北高地之线，一九八师攻占仇家沟盆、朱家坡子、东西袁庄之线。廿四日，卅六师续向训虎山、大庙山、土桥头及仲村、前后东城攻击，匪凭工事，节节抵抗，激战至晚，方被我攻占。一九八师同日晚，亦攻占西城、楼子里、辛庄之线。廿五日晨，匪七千余，分向我大庙山、坡上卅六师反攻,激战竟日,匪未逞。同日,一九八师复攻占张家、西城、闫家岭、大小金家之线。廿六、廿七两日,续向即墨、马山攻击,匪凭借工事顽抗,并增援军,向我逆袭,企图阻我前进。迄廿七日晚,我仍与匪在大庙以北苗头、张家、西城、楼子里、大刀村之线激战。入夜以后,匪复增援反扑,战斗至为惨烈,双方伤亡均重。廿八晚、廿九日晨,匪由东北复运即墨两个师,共约二万余,加强即墨、马山间各据点工事。五四军整顿态势,继续北攻。卅日,第八师驰抵前线增援,当分数纵队,向即墨猛攻,战斗至为惨烈。迄七月二日正午,方攻克该城,匪死伤枕籍〔藉〕,残部向东北溃退。三日,续向马山攻击,激战至晚,复占领马山。四日夜,匪主力万余,一部两千余,同时分向即墨、马山猛扑,幸守军早有戒备,战至五日晨,匪不支,向西北退去,我乘胜追击,颇有斩获。六、七两日,续扫荡即墨东北残匪,并进展至东西葛村、舞旗山、小张村、宅子头、三堡、袁家庄、龙湾、黄泉埠、大小刀村、埠头之线。八日,整顿战备。九日晨,转师西进,先后攻占南泉埠、华村、蓝村、大麻湾等地。迄十二日,复攻克胶县,整顿战备,构筑工事,组织民众,抢修交通。

（丁）匪我伤亡如附表一〔略〕。

（戊）我军卤获如附表二〔略〕。

（己）作战经验教训,已于午俭叁炎电呈报在案。

（庚）作战检讨与改进意见〔略〕。

〔国民政府国防部史政局及战史会档案〕

8. 国民党第二绥靖区王耀武部进犯胶东平度掖县解放区战报

（1946年11月）

第二绥靖区第三期平（度）掖（县）会战战斗详报

第一　会战前匪我一般态势（如附图〔略〕）

其一　匪军

胶东匪军解放第五第六两师及警三警五旅、独立旅等部，自经我军于胶济铁路东段击溃后，即分别退据平度、蓝底及沙河镇、掖县等间地区，积极整补，赶筑工事，企图阻止我军东进，确保胶东半岛（其指挥系统、主官姓名如附表第一）。

其二　我军

本部于第二期会战、打通胶济线后，仍命73、96、12等三个军，担任济南及胶济铁路西段与淄博矿区守备，六个交警总队担任胶济铁路东段守备，暂十二师及五个补充团担任青岛外围及水源地守备，另以五四军集结于胶县、高密间地区，第八军控制于昌邑、潍县附近，一面整补，一面备战（我军指挥系统、主官姓名如附表第二）。

第二　影响于战斗之气象、地形及住民地状态〔略〕

第三　攻击部署

绥靖区以击灭胶东匪军主力、遮断奸匪外援之目的，先以五四军、第八军分由胶县、昌邑各附近会攻平度，再以第八军进占掖县、虎头崖，相机攻略龙口。经下达命令要旨如左：

一、胶东匪军主力现集结于平度、蓝底等地区，企图伺机蠢动。

二、本绥区以击灭胶东匪军主力及遮断奸匪外援之目的，先以五四军及第八军会攻平度，再以第八军迅速集结进占掖县及虎头崖，相机攻占龙口，索匪主力而击灭之。

三、航空队应以沧口为基地，攻击开始时，以主力协力攻击军之作战，一部侦察威海卫、烟台、龙口、羊角沟等港口及诸城、莒县匪军之行动。

四、海军应适时协助第八军攻略虎头崖及龙口，并经常巡弋渤海面，遮断匪军海上交通，视情况分向烟台、长山岛佯攻。

五、五四军为右翼攻击军，应于本（十）月二十七日以前在胶县、高密间秘密集中完毕，并完成一切准备，十月二十八日开始行动，先联系第八军会攻平度，奏功后，即在该处构筑工事，俟令行动。

六、第八军为左翼攻击军，应于本（十）月二十七日以前在岞山、昌邑间集中完毕，并完成一切准备，十月二十八日开始行动，协力五四军会攻平度，奏功后，即向北挺进，配合海空军攻占掖县及虎头崖，并相机攻占龙口。

七、整四六师（欠十九旅）为机动部队，以一个旅控制益都，主力控制胶县，策应胶济线之作战。

八、各守备军一面加强守备，一面派队扫荡，确保连络线之安全。

第四　战斗经过

其一　平度战役

一、左翼攻击军（第八军）于十月卅日分由大保庄、千庄、董家阡庄、王家阡庄（昌邑以东）沿烟潍公路向东挺进，当日因天雨泥泞，行动困难，进展甚微。三十一日，冒雨继续东进，午刻抵新河镇、官庄各附近，遇匪顽强抵抗，经二小时激战，匪不支，分向东北溃窜，我遂进占官庄、新河镇等地，并以一部渡过胶河。十一月一日，军主力仍向平度进迫，一六六师沿烟潍公路扫荡，匪军沿道路要冲，满布地雷，迟滞我军行动。迄晚，军主力攻占白官庄、吴屯、东西白家、郭家等地。一六六师进占埠西、李家。二日，军主力续向平度外围武王山、文王山及柴荆山攻击，与匪解五解六师部及北海西海独一独二团、警三旅十七团等部发生激烈之战斗，自辰迄晚，反复肉搏十余次，卒赖我官兵忠勇用命，一鼓攻克外围据点，乘胜进占平度城。

二、右翼攻击军（五四军）于十月三十日分向蓝村、胶县，向平度方面推进。是日，因气候恶劣，泥泞载道，迄晚始攻占吴家口、大澜之线。翌晨，续向蓝底攻击，与匪七千余遭遇，展开激战。入夜，匪复分三路向我反扑，均被我击退。午刻，第八师进抵塔丘附近，匪纠合二万余，向该团〔师〕包围，并以一部向大小河岔、北河庙我一九八师及军部猛袭，双方奋勇冲杀，壮烈空前。嗣以我卅六师绕击敌背，不支北窜。三日，续向北推进。斯时，第八军已攻占平度。傍晚，两军会师平度附近。本军鉴于两军初步任务虽已完成，但匪军海上交通，仍未遮断，乃再以戌江叁英电指示两军行动如次：

一、李军明（四）日在原地休整，五日继续北进，一举攻占掖县及虎头崖。

二、国军卅六师暂控制蓝底附近，主力集结平度，构筑工事，肃清残匪，并于五日以有力一部向大泽山佯攻，掩护李军右侧背之安全。

五四军接奉命令后，即遵照指示实施。嗣因匪于高密以南之道乡、柿子园等地集二万余人，企图乘我军北进之际，遮断胶济交通，恢复国际走廊，并袭击我北进部队之侧背。本部为粉碎匪军阴谋计，乃命五四军全部回师南下，以一个师控制胶县，主力集结高密，保持机动。

其二　掖县会战

三、第八军接奉右述命令后，即于四日晨由平度继续向北挺进。同日拂晓，一六六师亦由埠西李家向沙河镇攻击，与匪三千余激战二小时，匪不支，向掖县窜去。军主力亦于同时进抵沙河镇附近。五日晨，军以一六六师在右，一〇三师在左，续向掖县、虎头崖之线攻击，匪纠合解放第五、第六师及警三旅、警五旅暨胶东军区地方团队，共约五万余人，利用掖县外围有利地形，节节抵抗。申刻，我军始攻占神堂、凤凰山、伏游山、虎头崖等地。六日，匪由黄县增来援军万余，占领掖县城西南郊袋形阵地。七日晨，我一〇三师冒然突进，匪由两侧向我包围，我伤亡团长以下官兵九百余人，态势至为不利，幸荣一师适时赶到增援，得挽危局。九日，我第八军在海空军掩护下，奋勇攻击，李军长亲临前线督战，战况极为惨烈。当晚，我军攻占十里铺、五里猴子过埠、孙家等地。十日晨，掖县城外各据点，均被我攻占，我两翼迂回部队向北挺进，猛击匪之侧背，匪不支，弃城逃窜，我遂进占掖县县城。

第五　经验教训〔略〕

第三期平度掖县会战匪军指挥系统表

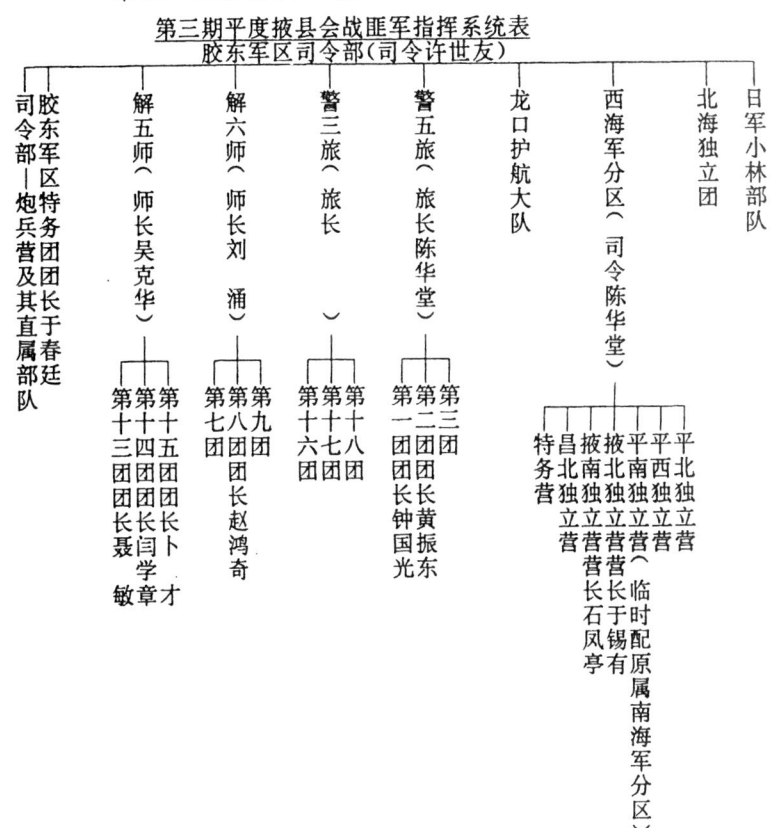

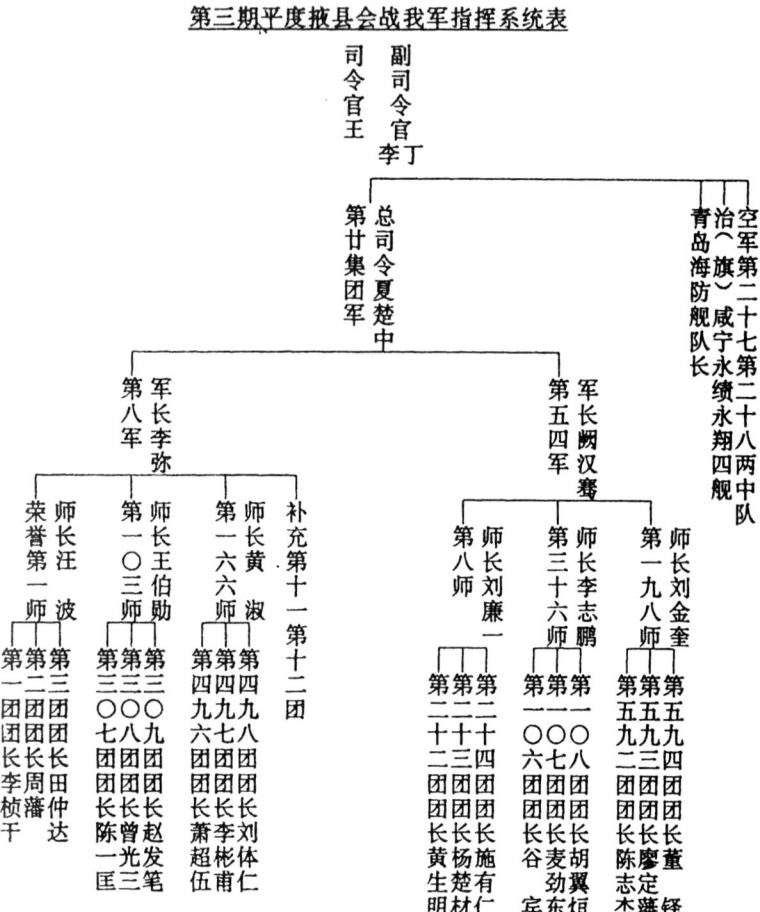

〔国民政府国防部史政局及战史会档案〕

9. 国民党第八军李弥部进犯胶东解放区掖县战役战报

(1946年11月)

第一　会战前匪我之态势

如附图第一〔略〕。

第二　会战前本军之实力〔略〕
第三　天候季节〔略〕
第四　兵要地志〔略〕
第五　会战前军之集中

一、十一月三日，军长率主力在平度附近，奉总司令夏电令如左：

十三万火急。李军长：一、明支日第五四军主力应进驻平度，扫荡该地附近散匪，并随时策应李军作战。二、第八军于支日仍续向掖县攻击前进。上二项，希遵照具报为要。夏楚中。戌江午。参山。

二、十一月三日军之位置如左：

荣一师　周哥庄
　　　　十里铺
　　　　紫荆山地区（平度附近）
　　　　文王山
　　　　武王山
一〇三师　崔家营
　　　　　巧女张
　　　　　　　　地区（平度附近）
　　　　　韩家庄
　　　　　段家疃
一六六师　一部占领埠西李家东侧高地
　　　　　主力　郭家
　　　　　　　　宁家　地区（沙河镇西岸地区）
军部及直属部队　沙河镇附近
军战斗指挥所　段家疃

三、掖县及沙河镇地区之匪情如左：

高家坡子附近　匪三千余，由高望山（沙河镇东南）窜来，番号不明。

黑羊山

杨家庄附近　西海军司令之一部,西海独立团之一部,约千余人。

于家屯

四、基于右述之电令及匪情,决以主力即于十一月四日由平度附近向沙河镇附近集中,并以一部驱逐该匪,掩护军之集中。

五、军集中前之部署及各部队之任务如左记之电令:

限卅分钟到。汪兼师长、王师长、黄师长:×密。(五万分一团〔图〕)命令:(一)兵力不详之匪,刻在坡子、黑羊山、灰埠之线,占领阵地。(二)一六六师应于明支十时先攻占灰埠,再攻占沙河镇。(三)荣一师应于明支拂晓由现地经王仙庄、大石桥进占玉埠庄,并以一部攻占黑羊山高地。(四)一〇三师于明支七时由现地经昌里、沙沟进占国家,并须注意扫荡涩埠、坡子之匪。(五)吴家屯、张舍、任家注各据点守兵,着予归建。(六)汪、王两师其余照面示办理。上六项,仰即遵办具报。新河。李△。戌江戌。参翔。印。

六、各部队遵照右述之电令,分别行动。

(1)荣一师由平度附近出发,驱逐大石桥之匪,一部占领黑羊山,主力集结王埠庄。

(2)第一〇三师由段家疃附近出发,扫荡孙家、昌里、沙沟之匪后,一部占领坡子,主力集结国家附近。

(3)第一六六师由郭家埠、西李家附近出发,扫荡灰埠、驿塘之匪,占领沙河镇而集结之。

(4)军部及直属部队新河镇附近。

军战斗指挥所:埠西、李家东侧高地。

七、十一月四日,奉总司令夏戌江戌参山电开:

十万火急。李军长:戌江午参山电计达。阙军明支日行动不变，李军明支日应在平度扫荡该地附近残匪，待命行动为要。夏楚中。戌江戌。参山。

八、十一月四日，军已前进，无法停止，遵以支卯亲电呈司令官王、总司令夏，原电如左：

司令官王、总司令夏：×密。本支卯奉总副司令夏戌江戌参山电：奉悉。本军各师刻已向国家、王埠庄、黑羊山、沙河镇之线攻进中，无法停止。谨闻。新河镇。职李弥。戌支卯。亲。

第六　会战开始

一、虎头崖及凤凰山亘神堂各高地之攻占

（一）十一月四日，奉司令官王戌江参昌电原文如左：限一小时到。李军长：贵军应取捷径攻占虎头崖，并确实绵密侦察该地，是否适用补给基地后，再行决定前进为要。王耀武。戌江。参昌。印。

（二）基于右示之电令，军决于十一月五日占领虎头崖及凤凰山亘神堂之线，以戌支戌参翔电给予各部队之任务，电令如左：限卅分钟到。汪兼师长、王师长、黄师长：×密（五万分一图）。命令：（一）一六六师（欠一团）于明微六时由现地取捷径进占游优山、虎头崖，并注意与我海军连络。该师一团并辎重，暂留沙河镇。（二）一〇三师明微六时由现地过河，逐次攻击大张家、龙王埠、口埠高地，进占凤凰山亘神堂之线高地。（三）荣一师为总预备队，于明微七时由现地取捷径过河，推进王家、石埠、蔡家地区。该师岳营明微由东西郑村归建。（四）余明微日进驻沙河镇。仰即遵照具报为要。新河镇。李弥。戌支戌。参翔。印。

（三）十一月五日，各部队遵照右述之电令行动。

（1）第一六六师（欠一团）由沙河镇向虎头崖之匪攻击，迄十二时，已完全占领虎头崖及游优山。据守该地之匪海防部队千余人，经我攻击后，沿海向东北逃窜。

（2）第一〇三师由国家附近向大张家、龙王埠及凤凰山亘神堂各附近高地之匪攻击,迄十二时,已先后攻占凤凰山亘神堂之线各要地,残匪一部约千余人向掖县及以南山地逃窜。

(3) 荣一师由玉埠庄推进王家、石埠、萧哥庄附近地区。

(4) 军部及直属部队(欠输送团兽力营)推进沙河镇。输送团及兽力营担任沙河镇至昌邑间交通守备。

二、调整态势

(一) 十一月五日,奉总司令夏戌支戌参一刚电原文如左:限即到。李军长:奉司令官王戌江参英电开:(一) 李、阙两军击溃顽匪攻占平度,至为欣慰。(二) 李军明支在原地休息,微辰继续北进,并限鱼日攻占掖县及虎头崖。(三) 阙军卅六师暂控制兰底附近①,主力集结平度,构筑工事,肃清残匪,并于微日以有力一部向大泽山佯攻,掩护李军侧面。除分电外,特电遵照。等因。除阙军已遵司令官王另令指示,以卅六师星夜赶到胶县军部,率第八、一九八两师集结吴家口矣。贵军进展情形及掖县方面匪情,希随时报部为要。潍。夏楚中。戌支戌。参一刚。印。

(二) 十一月六日晨,以戌鱼辰谋参一电呈复总司令夏,原电如左:限本午前到。总司令夏:×密。戌支戌参一刚电奉悉。阙军南去,平度空虚,掖县应否占领确保,并尔后如何行动,祈迅电示遵。沙河镇。李弥。戌鱼辰。谋参一。

(三) 十一月六日,以戌鱼未谋参一电呈司令官王、总司令夏。其原文如左:即到。司令官王、总司令夏:×密。查匪区城市如需要收复确保,则应行攻占;如得而复弃,则有失民心。对于掖县城,究应如何行动,恳示为祷。沙河镇。职李弥叩。戌鱼未。谋参一。印。

(四) 基于右述之电令及处置,并平度方面友军之行动,乃以戌微戌谋参一电令荣一师及一六六师,调整态势,下达左记之电

---

① "兰底"一作"蓝底"。

令：限三十分钟到。汪兼师长、黄师长：×密。命令：（一）荣一师于鱼以一个团控置萧哥庄，并由该团派队守备龙王埠、梁家、徐家附近各小高地，该师主力控置于国家附近。（二）一六六师（欠四九八团）明鱼日以一个团主力控置于大宋，一营守备虎头崖及游优山，该师师部及一团即控置于大曲庄附近。上一项，仰即遵照具报为要。沙河镇。李弥。戌微戌。谋参一。印。

（五）十一月六日，各师遵照右述电令开始行动：

（1）荣一师以第二团控置萧哥庄，并担任龙王埠、梁家、徐家各附近小高地守备，主力控置于国家附近。

（2）第一六六师四九七团控置于大宋，并守备虎头崖、游尤山，四九八团守备沙河镇，师部及直属部队及一团控置于大曲庄。

（3）第一〇三师仍原态势。

（4）军部直属部队仍位置沙河镇。

（六）十一月六日，军调整完毕后，即奉层峰之电令如左：（一）司令官王戌鱼寅办电：限一小时到。李军长：一、上峰意旨，望迅速攻占龙口，配合政局之进展。以贵军之兵力及所携带弹药，并当面敌情、地形，能否攻占龙口？攻击龙口时，可派大量空军掩护及协力。一、若占领龙口后，海军之补给不成问题，并以该处为基地，向外扩展。且胶东颇富足，以后成立部队及粮食物质，均较易解决。希详为计划电告为盼。王耀武。戌鱼寅。办。印。（二）总司令夏戌鱼辰参山电：限一刻钟到。李军长：奉司令官谕，贵军攻占掖县后，迅即整理，准备单独对龙口作战，攻占龙口后，即可利用海军补给。夏楚中。戌鱼辰。参山。印。

（七）十一月六日，以戌鱼戌参翔电呈复司令官王、总司令夏，原电如左：（一）限两小时到。司令官王：×密。戌鱼寅办电奉悉，自应遵办。军决于明虞日攻占掖县后，即调整态势，准备携行五日分粮秣，放弃虎头崖、掖县及后方连络线，向龙口挺进。可否？乞电示遵。沙河镇。职李弥叩。戌寅戌。参翔。印。（二）限二小时到。总司令夏：×密。戌鱼辰参山电奉悉，自应遵办。军决于虞日攻占掖县后，① ……向龙口挺进。除请示司令官外，谨复。沙河镇。职李弥叩。戌鱼戌。参翔二。印。

三、六日夜间之战斗

（一）匪情：掖县附近匪情，截至十一月六日十时止，除原由凤凰山亘神堂、虎头崖被我击溃之匪约二千余人窜据掖县以南山地及西北地区外，并无重要匪情。

（二）基于右述之匪情及司令官王、总司令夏电令所示之任务，于十一月六日以戌鱼酉谋参一电示，予各师行动之电令如左：限卅分钟到。王师长、汪兼师长、黄师长：×密。命令：（一）一〇三师明虞六时开始行动，以一个团攻占山张家附近高地后，留兵一部守之；该团主力即向掖县城攻击而占领之；师主力向神堂及东西藤个庄推进。（二）荣一师第二团应于明虞七时前接替一〇三师凤凰山及其北侧高地之防务，并随时准备策应一〇三师之战斗。（三）一六六师萧团主力应于明虞随时准备策应一〇三师之战斗，并由游优山之部队派出一部随一〇三师之进展，适时占领过埠、孙家北侧高地。（四）军榴弹炮营明虞支援一〇三师之攻城战斗。特电，合仰遵办具报为要。沙河镇。李弥。戌鱼酉。谋参一。

（三）右述电令下达后，于六日十九时据一〇三师王师长电话报告称：（一）十八时许匪山炮二门，在官庄以东地区占领阵地，向我凤凰山三〇七团第一营炮击五十余发。（二）入夜后，并以小部队向神堂及冯家各据点扰乱。

四、十一月七日之战斗

（一）十一月七日，各部遵照本部戌鱼酉谋参一电令行动：

甲、据第一〇三师王师长报告该师七日之战斗经过如左：七日晨，遵照军之指示要领部署行动，其处置大要如左：（一）三〇

---

① 以下与同日致司令官王耀武电同，兹略。

八团以一营于七日拂晓占领十里铺、雷沟，构筑工事，掩护三〇九团，对粉子山及禄山、掖县之攻略。(二)三〇七团于七日六时即开东西藤个庄，构筑工事，保持机动，一部俟凤凰山二五〇一高地防务交替后归建。(三)三〇九团(配属工兵一排)应于七日七时由冯家开始行动，九时前到达十里堡，受三〇八团之一营掩护，向北进出公路，先以一部攻占十里铺以北诸高地，以一部固守之，主力尔后展开于禄山亘袁家之线，向掖县城西关攻击前进。(四)炮兵营于七日六时卅分以一部挺进神堂，占领阵地，尔后以一部随三〇九团后推进至十里堡，准备支援三〇九团之作战。(五)工兵营(欠一连)于七日晨推进至十里堡，构筑工事，并抢修烟潍路至掖县之段。(六)师司令部及其余部队于七日七时卅分推进神堂，视状况，师战斗指挥所推进于十里堡。(七)各部队遵时到达指定位置，从事战备，而我三〇九团亦于九时廿分到达十里堡，在三〇八团之一营掩护之下，即以第一营对山张家以西诸高地攻击，主力即向葛达埠附近推进，占领要点，准备尔后展开福禄山、二六〇高地之线，向县城攻击。当推展期中，在我军炮兵一部及师炮兵之掩护下，攻击甚为顺利。迄□占领葛达埠以北高地及东西之线。正对福禄山攻击之际，即遭遇葛达埠南北两侧洼道埋伏，及由县城西关循公路分数纵队向我前进之匪解五、六两师主力并警五旅共约二万余(附山野炮十七门)之匪攻击，并受福禄山及二六〇高地敌火瞰制，兼敌炮火集注轰击，一时情况不利，伤亡甚多。该团复以正面过大，陷于苦战，约十一时卅分，该团团长赵发笔力战负伤后，部队掌握益形困难。十二时许，该团第一营在我山炮、榴弹炮火力支援下，攻占山张家以西高地。旋因数倍于我之匪由山张家增援猛扑，并集中炮火轰击，致该营伤亡过半，不能立足。斯时，程副师长在十里堡指挥该团作战，乃以三〇八团第三营增加赵团左翼作战，以掩护赵团第一营之撤出重围。而由李家尾蹑赵团第一营之匪众二千余，遂与我三〇八团第三营在吕家东南地区，展开激烈战斗。其由公路方面向赵团正面攻击之匪，在其猛烈炮火掩护下，以密集部队反复猛扑，该团阵地逐渐为匪突破，陷于各个包围，情况危殆。同时，另有匪千余，由班家向我三〇七团东西藤个庄东南阵地攻击，战斗异常猛烈，情况益形严重困难。但为解救我三〇九团及三〇八团第三营方面之战局，仍决由三〇七团方面抽出一个营兵力，驰赴十里堡，受程副师长指挥，坚守十里堡，并适时策应三〇九团之作战。同时，又派李参谋长赴十里堡协助调整战线。该营于十四时顷到达十里堡，正构筑工事中。迄进犯我藤个庄之匪，以遭我三〇七团之迎头痛击，伤亡过半，主力退窜班家，经小曹家以西洼道向雷沟急进，企图迂回十里堡，以期解决葛达埠方面之战斗。当与我三〇七团第三营及师工兵营在十里堡东南地区展开血战。经我猛烈炮火轰击，毙匪甚众，匪军攻势顿挫，主力遂向五里猴子及福禄山以东溃窜。其由向李家尾蹑三〇九团第一营追击之匪，亦以遭受我三〇八团第三营之严重阻击，未得寸进。至此，匪企图由东西两翼迂回夹击之计划，乃为我粉碎矣。情况逐渐稳定，致匪对屡攻不下之葛达埠，又付出伤亡惨重之代价。计不得出，愤恨之余，纵火焚烧，火光烛天，照彻天空，通宵未熄，致使我负伤官兵及收集武器装备，悉为火化，惨烈极矣。自入夜，匪不断向我苦争各地，猛扑十余次之多，枪炮之声，彻夜未已，其冲杀之烈，甚于昼间。各自为战之官兵，虽前后失却连络，干部伤亡殆尽，陷于混战状态中，尤能誓死不退，苦战到底，终能迟滞匪于葛达埠以北及其东西高地之线。其欲由两翼迂回十里堡之匪，亦遭十里铺二〇七团第三营与师工兵营及吕家东南三〇八团之第三营坚苦阻止，以及我炮兵彻夜轰击，而全部溃灭。其间虽因重〔众〕寡悬殊，情势危殆，然自师长以下，皆能遵奉军长之指示，各就现地，以三〇九团固守即既得十里堡东北高地及葛达埠附近高地，以三〇八团第三营固守吕家东南地区，由程副师长三〇七团第三营、师工兵营,确保十里堡及其附近各要点。幸全师官兵恪遵命令,咸抱必死决心、必胜信念,坚毅果敢,壮烈牺牲,卒能击溃数倍于我之匪,未辱使命。迄八日晨,我各部阵地依然雄峙敌前。是役,我伤亡团长以下官兵九百余员名,然据事后清扫战场所得,在葛达埠东南一隅之洼道内,匪遗尸百卅余具,其他零星发现尸体,达二百余具,并发现遗尸中有日人尸体数十余具,卤获亦众,惜〔悉〕为火化于葛达埠中。

乙、荣一师第二团于七时前接替三〇七团凤凰山及其北侧高地之防务完毕,并于八时即与来袭之匪一部对战。

丙、第一六六师四九六团推进至杨村附近,当因天已入暮,未及加入战斗。

丁、榴弹炮营第一连炮二门推进神堂附近。

戊、军指挥所推进神堂附近。

当军长到达神堂指挥所时,已下午一时半,目击匪炮火正向我五里猴子、十里堡及其以北高地作面的散布射击,知我攻击部队已遭遇劲敌,同时已明了前线之激烈战斗状况。比即决心先求稳当,次求变化,当令王师长确保十里堡、东西藤个庄、神堂及其以南高地,二〇九团固守各到达点,以待明八日部队之攻击令,一六六师四九六团推进前张家。其理由:(一)不论迟早,在时间上均所不许。(二)三〇九团已入于混战阶段,夜间无法加入作战。(三)在时间空间上及当时所现示之各种状况下,均使我不敢放弃现有据点而作运动战。

五、十一月八日之战斗

(一)匪情及战斗状况:(1)披县附近山张家、过埠、孙家及大山头各附近之匪,截至十一月七日廿二时止,已增加到三万余人,附炮十余门。(2)我一〇三师自本七日拂晓起迄现在止,仍与匪在神堂、十里铺、五里猴子、禄山一带激烈战斗中。

(二)基于右述之匪情,十一月七日以戌虞十一时参翔电示予各师行动之电令如左：限卅分钟到。汪兼师长、王师长、黄师长：×密。命令：（一）匪情略。（二）一六六师明齐八时前应由驻地赶到东宋附近，完成攻击准备，由西南向东逐次攻击趴山及东侧高地，并大小刘家东方高地而确保之；四九八团明齐拂晓后，将沙河镇防务交荣三团接替后归建；四九六团（欠虎头崖之一营）在杨村归建。（三）一○三师明齐日保持原战线。（四）荣一师第二团主力明齐六时后，控置于魏家附近，第三团（欠守备坡子之一连）明齐八时半前接替四九八团沙河镇防务，该师主力仍位置国家附近。特电，合仰遵办具报。李弥。戌虞十一时。参翔。印。

十一月七日廿二时，以参战第一○四九号命令示予输送团兽力营之行动如左：输送团附兽力营，着于明十一月八日由昌邑桥（不含）逐次由西向东迅速撤防，并撤收抢修队已架设之电话线，限当日开驻大曲庄、小李庄地区归建；该团黑牛山守兵，着加为一个连，待命撤收。仰即遵办具报为要。此命〔令〕。

（三）各师遵照右述之命令行动：

甲、据一六六师黄师长报称：师奉命后，即令四九六团（欠第二营）于齐日拂晓由东西杨村向过埠、孙家北侧高地相机攻击，该团第二营以主力守备虎头崖及游优山，一部由游优山向趴山攻击，师主力分由大曲庄及沙河镇向东宋急进，八时到达东宋。其时，四九六团（欠第二营）正与匪解五师十二、十四、十五各团在过埠、孙家以东高地激战。九时许，我四九八团亦赶到杨村归建，当令该团增加四九六团右翼，向过埠、孙家以东高地攻击。十一时许，趴山为我四九六团一部攻占，过埠、孙家以北高地，亦为我攻占大半。匪复增援猛扑，阻我进展。迄十八时许，过埠、孙家以东高地，终为我四九八团全部攻克。惟同时匪以警五旅所属之一三团复向过埠、孙家以北高地我四九六团当面增援反扑，战况激烈。我即以四九七团之八、九两连由东宋驰往增援。入暮后，仍在激战中。

乙、据第一〇二师王师长报称：奉命就现态势严整战备，并支援一六六师之作战。本日我除以军配属之一〇五榴炮及山炮不断以火力支援我一六六师攻击过埠、孙家以北高地外，并于十五时以三〇八团抽派步兵两连附迫击炮、机枪一部，向王氏、徐家攻击，支援一六六师四九八团对前后上庄以西高地之攻击，战斗约二小时，即将企图包围该团之匪击溃。我十里铺及东西藤个庄东南之守备部队，虽遭匪炮击千余发，然以我工事坚固，损伤极微。

丙、军输送团附兽力营由昌邑桥（不含）逐次撤防，已于十六时到达大曲庄、李家附近集结。

丁、荣一师汪兼师长报称：师遵戌虞十一时参翔电令，于九时前全部接替移防控置完毕。

戊、我海军青岛海防舰队永绩、永翔两舰，已于八日正午抵虎头崖海面，二时顷，向趴山及过埠、孙家北侧高地以北地区炮击百余发。

己、军榴弹炮营第一连全部推进神堂附近，以火力制压匪炮兵，支援作战。

庚、各部队战斗经过如附图第九〔略〕。

辛、各部队伤亡俘获损耗如附表第十二至十七〔略〕。

癸、军指挥所推进游优山。

六、十一月九日之战斗。

（一）匪情：当面匪军已证实者为解五师、解六师、警三旅、警五旅、龙口护航大队、东江纵队、胶东炮兵营、掖南掖北昌北平北各独立营及民兵共约五万余人，附山野炮十余门，刻仍与我一六六师及一〇三师激烈战斗中。

（二）基于右述之匪情，十一月八日以电报及命令示予各部队及请求海空军行动于左：

（1）限卅分钟到。黄师长：×密。命令：（一）应于明佳继续向过埠、孙家山、张家各北侧高地,逐点攻击。(二)师炮兵明拂晓先制压匪炮兵,继破坏匪工事,尔后支援步兵之战斗。(三)该师待炮战开始后,步兵即开始攻击,并派一加强营协同主力,沿趴山西北山麓攻占后趴埠,迅速完成工事而确保之,并以火力支援主力之攻击。(四)军炮兵明八时在游优山附近占领阵地,主对匪炮兵战斗。(五)虎头崖及游优山防务,明八时前由兽力营及工兵营分别接替后归建。特电遵办具报为要。李弥。戌齐亥。谋参一。

(2)第八军命令 卅五年十一月八日廿三时,于沙河镇军司令部,参战字第一〇八九号。一、兽力输送营应于明九时由现地经沙河镇,限八时前到达虎头崖,接替一六六师四九六团第二营之防务。二、榴弹炮营(欠第二连)应于九日晨由现地出发,限八时前到达西原附近占领阵地,准备主对匪炮兵战斗,并适时支援一六六师及一〇三师之作战。三、输送团应于明九日七时由现地经沙河镇进驻大宋待命。该团驿塘防务,由荣一师派兵一连于明九日七时前接替。四、荣一师应派兵一连,于明九日七时前接替输送团所遗驿塘之防务。五、军工兵营应于明八日由现地经沙河镇,限八时前到达西原后,以一个连接替一六六师四九六团第二营游优山防务,主力守备该村。六、第一六六师四九六团守备虎头崖、游优山之第二营,于明八日八时前将防务分别交由军兽力营、工兵营接替后,应即归建。七、余在沙河镇军司令部,明八日在游优山指挥所。右令第一六六师师长黄淑、输送团团长李荩宣、工兵营长刘定国兽力营长甫景云。下达法:笔记后本晚送达。军长李弥、副军长汪波、参谋长陈冰。

(3)陆空连络组饶队长勋鉴:请速要求空军于明九日八时后轮番出动,前来披县上空助战为荷。李弥。戌齐戌。参翔。印。

(4)令炮兵组中校副指挥官龚宗屏率无线电话机一部驻永翔军舰连络,要求舰上炮火支援本军作战。

(三）各部队及海空军于十一月九日遵照命令及请求之行动：

甲、据一六六师黄师长报称：当面匪军自昨八日午后以来，不断增援猛扑，激战彻夜。本九日拂晓后，令四九八团继续加强工事，并向前后上庄东侧攻击，令四九七团以一部协力四九六团，续向过埠、孙家北侧高地东端山头反复冲杀争夺。迄十二时，卒将该匪击溃，确实占领过埠、孙家北侧全部高地。当因清扫战场，构筑工事，乃停止向山张家高地之攻击。

乙、据一〇三师王师长报称：当面匪军自昨八日入暮后，即以炮火向我凤凰山、王家北侧及神堂各高地与东西藤个庄、十里堡各据点盲目猛击。于本正午，我前方观测所发现匪炮兵阵地在康王坟附近，后即以山炮先作试射，于命中之同时，以一〇五榴弹炮联合齐放，当将匪炮兵阵地击毁，匪炮六门可能全毁。该师复以三〇八团第一营推进王氏、徐家附近，向山张家佯攻，策应一六六师作战。

丙、荣一师为军总预备队，仍原态势，以主力保持机动，掩护右侧背之安全。

丁、输送团于十时到达大宋后，为策应一六六时之作战，当令该团以一营接替一六六师趴山防务，主力推进东西朱流，随时准备增援一六六师之作战。

戊、军工兵营、兽力营分别于八时前接防完毕。

己、军炮兵一连在神堂附近，主力在西原支援一六六师及一〇三师之战斗。

庚、海军海防舰队永绩、永翔两舰在海庙附近海面，以猛烈炮火向小沟、演武沟、泗河、朱杲、姜家地区射击，使匪死伤枕藉，无法增援，战果甚伟。

辛、空军之战斗如附表〔略〕。

壬、军指挥所仍位置游优山。

七、十一月十日之战斗、县城之占领。

（一）匪情及友军状况：（1）匪军：当面匪军一部，本日被我一六六师击溃后，据报本午又增到一部万余及炮兵一部，企图继续顽抗。（2）友军：奉司令官王戌齐戌办电节开：一小时到。李军长：为虑贵军兵力单薄，已令警四旅于佳日晨向掖县急进，限两日到达，归弟指挥，望予连络。第四十六军明灰可抵平度。

（二）基于右述之匪情及友军状况，于十一月九日戌佳戌谋参一电及戌佳戌参翔电示予各部队之任务及请求海空军之行动如左：

（1）限卅分钟到。汪兼师长、王师长、黄师长：×密。命令：（一）我海防舰队长治、咸宁、永绩、永翔四舰，于明灰七时炮击十角庙、姜家、演武沟东北地区；我空军同时轮番出动，协同作战。（二）明灰我四十六军可抵平度，警四旅可抵新河。（三）一六六师应于明灰八时由现态势开始向山上刘家、尹家东端高地，逐点攻击而占领之，特别注意戒备十角庙东北地区之匪。（四）一〇三师于明灰七时应以一部占领宁家、朱家，策应一六六师之作战。（五）荣一师于明灰应确保原态势，防匪迂回。（六）军炮兵明灰七时开始对匪炮兵战斗而制压之。（七）余明八在游优山指挥所。特电，合仰遵办具报为要。李弥。戌佳戌。谋参一。印。

（2）限一小时到。青岛海防舰队刘队长孝鋆兄：×密。戌庚申纯电敬悉。永绩、永翔兵舰昨齐以来，已与本军连络，并已参加本军对掖县攻击之作战，效果至大；长治、咸宁各舰，请先开虎头崖，协助本军，俟攻占掖县后，再协同本军沿海向龙口攻击为荷。弟李弥。戌佳十六时。谋参一。

（3）限一小时到。永绩舰赵舰长：×【密】。（一）本军本佳日左翼已进抵十里堡、王氏、徐家、上庄、刘家、崔家、小沟之线，预定明灰日上午八时，步兵开始向东攻击。（二）我炮兵及空军明灰六时向十角庙、演武沟、泗河河套、姜家及掖县以北各村落炮击，并请注意我步兵之进展，随时用无线电话切取连络为荷。

弟李弥。戌佳戌。参翔。印。

（4）陆空连络组饶队长勋鉴：请速要求空军于明灰八时后轮番出动，前来掖县上空助战为荷。李弥。戌佳戌。参翔。印。

（三）各部队遵令行动：

甲、据一六六师黄师长报称：师遵令于十日拂晓攻击再兴，以四九七团由后上庄经彭家山、上刘家向山张家以北二四〇高地及二六〇高地攻击，进出于亭子南北之线；四九八团由庄头经尹家向二二〇高地攻击，并对演沟、泗河方向确实掩护师之侧背；四九六团以一部守备过埠、孙家以东以北高地，主力为师预备队；师直属部队控置于过埠、孙家，于十三时击溃当面之匪，确实占领山张家以北高地，残匪向掖县退却，我第一线当奋勇追击，先头卒于廿一时许完全占领掖县。

乙、据一〇三师王师长报称：以三〇八团推进王氏、徐家之一营，向宁家、彭家攻击，以掩护我一六六师四九七团对粉子山（山张家以西高地）之攻击。该营前进中与匪激战，约三小时后，于十一时占领宁家、彭家，达成掩护任务。而我炮兵亦以有力炮火，支援一六六师之攻击部队，收效甚大。本日在半蹄山以南洼子附近，发现匪野炮四、五门，向十里堡附近射击，我山炮及榴弹炮射程，均不能制压，当要求空军予以轰炸。

丙、榴弹炮营一部仍在神堂附近，支援一〇三师及掖县附近之作战，主力推进于东宋西侧，支援一六六师作战，并制压泗河以北地区之匪炮兵。

丁、军输送团一部于拂晓后，由趴山向小沟之匪攻击，经激战后，于十时小沟支援一六六师之作战。

戊、我海军海防舰队刘队长孝鳌率长治、咸宁、永绩、永翔四舰在海庙后附近海面，于拂晓开始以猛烈之集中炮火轰击山张家高地北侧及演武沟、十角庙、泗河河套、姜家及掖县西北地区之匪，密集部队，使匪进退维谷，死伤惨重，遗尸遍野。

己、空军：青济两地起飞之飞机，自晨至暮，均轮番出动，穿梭轰扫，使匪无法逃离战场，遭受惨重损失。惟我第廿八中队副队长李英驾机，于英勇之余，低空扫射，致被匪高射机枪击坠于泗河附近。匪因猛烈争夺，当被其僚机扫射，着火焚毁。惟李副队长已由本军部队抢救，安全返防。

庚、军指挥所仍位置游优山。

八、战场之清扫及追击

（一）匪情：掖县附近之匪，经我连日之陆海空联合猛攻后，伤亡惨重，遗尸遍野。本十日，其主力已向掖县东南山地溃窜，一部向平里店方向退窜。

（二）基于右项之匪情，十一月十日以戌灰亥谋参一电示予各部队之行动：（1）限卅分钟到。黄师长、王师长、汪兼师长、李团长荩宣：〇密。匪主力已于本灰入暮后向掖县东南山地溃退，一部向平里店逃窜。（2）一六六师应于明真八时前将埠、孙家北侧高地防务交输送团后，并以一部确保山张家北侧高地，主力即向掖县东南及东北地区之匪追击，相机歼灭之。（3）一〇三师应于明真八时前，以有力之一团连系一六六师主力向掖县南侧地区之匪进击。（4）荣一师仍确保原态势。（5）陆空连络组要求空军明真八时后侦炸掖县东南山地及平里店北窜之匪。（6）警四旅明真到达冯家地区。特电，合仰遵办具报为要。李弥。戌灰亥。谋参一。印。

（三）各部队遵照命令行动：第一六六师主力及一〇三师一部于八时前分别由东西藤个庄、十里铺、掖县各地区发起追击。至十二时许，进抵寒司山北侧迄双龙山间地区，匪主力已窜入山地。该两部于扫清附近残匪后，分别撤回掖县及十里铺地区。

第七　海空军协力战斗经过一览表

第八军掖县会战我海军协力战斗经过一览表

	青岛海防舰队	附记
舰 名	咸宁 / 长治（旗舰）/ 永翔 / 永绩	本表系依各日战斗而汇列之。
舰长姓名	赵梅卿 / 祝科伦 / 刘孝鳌 / 林葆恪	
出动日期	十一月九日到虎 / 十一月八日到虎 / 十一月八日到虎	
协力经过	在虎头崖至海庙后海面，反复巡弋，以猛烈炮火轰击姜家、泗海、武沟、十角庙、河套及掖县西北地区之匪军，支援一六六师之作战，尤以永翔舰能于八日夜间以炮火阻止匪之增援，其功尤伟。	
战果	匪军毙伤甚重，尤其无法增援。	
备考		

	出动地点	青岛　济南	青岛　济南	附　记
第八军掖县会战我空军协力战斗经过一览表	出动日期	十一月九日	十一月十日	一、由军安全救回，飞机着火焚毁。二、十一月七、八两日，因气压变化，空军未能出动。三、本表系根据陆空连络组报告调制而成。十一月十日十六时，我济南廿八中队副队长李英驾机被匪炮火击落于泗河附近，李副队长
	协力经过	轮番协力一六六师及一〇三师之作战，扫射轰炸掖县西及西北东一带之匪军。	轮番轰炸扫射掖县西北及东南山地之匪，协力一六六师及一〇三师攻占掖县城。	
	架机	十二	二〇	
	战果	毙伤匪军七千余，马百余匹。	毙伤匪军约五千余。	
	备考	青岛、济南各出动三批，每批两架。	青岛、济南各出动五批。	

第八　作战经验与教训（如附册〔略〕）
第九　政治报告〔略〕
第十　附图〔略〕

掖县会战匪军指挥系统一览表

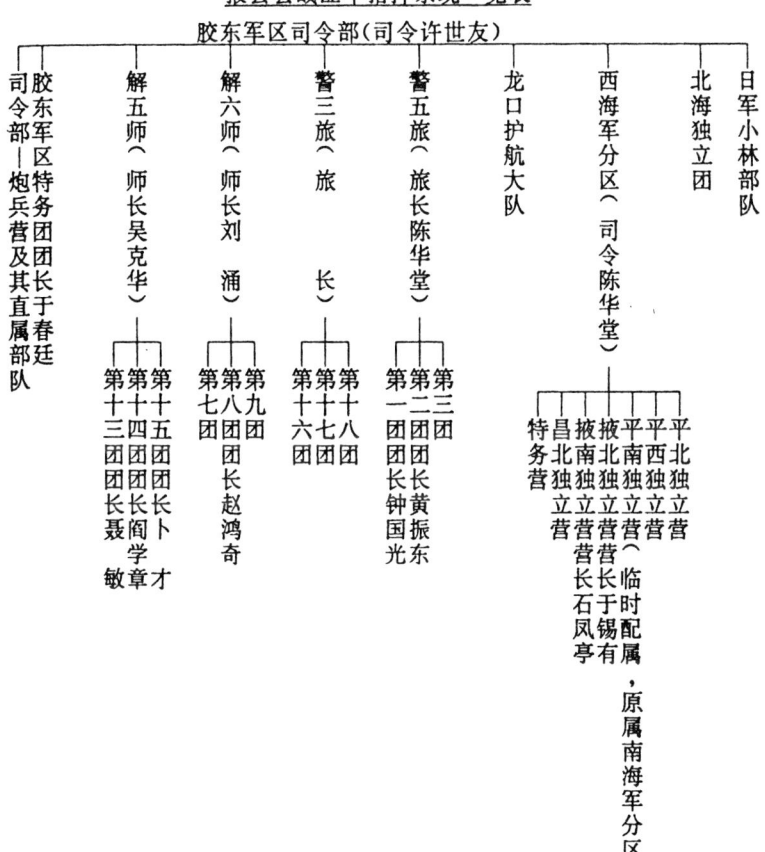

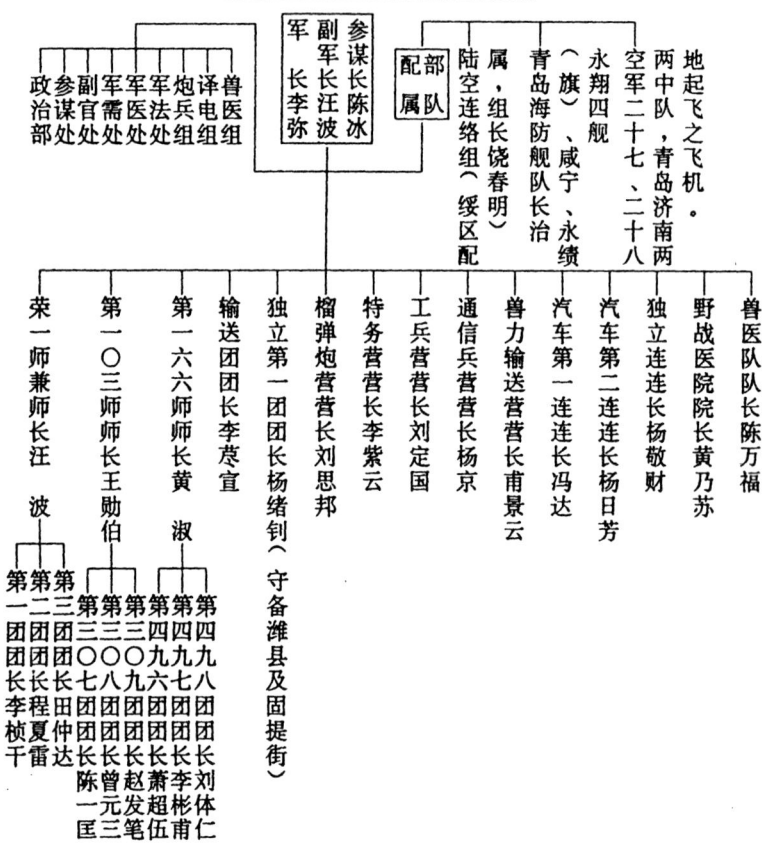

〔中国人民革命军事委员会保存国民党档案〕

10. 国民党第八军李弥部自胶东掖沙地区"撤防"溃败战报

(1947年2月)

陆军第八军掖沙地区撤防战役战斗详报

第一 战斗前匪我之态势

一、匪军

胶东匪军主力约七万之众,自卅五年十一月与本军于掖县附近会战溃败后,除一部仍与本军前哨保持接触,伺机偷袭流窜外,其主力即集中平度、莱阳、招远一带,积极整补,企图乘隙蠢动。其解五、解六两师,为增援鲁南作战,于二月中旬先后偷越铁道南窜。嗣后复以警三旅改为新解五师,警二旅改为新解六师,及其警四旅、西海军分区、警五旅莒县独立团、掖县独立营、平西独立营、胶东各区保安队、胶东军区指挥部特务团、教导团、炮兵营,及其民兵等约四万余人,自二月上旬以来,陆续向掖、沙外围集结,流窜频繁。

二、本军

本军荣一师自二月上旬即奉命由潍县以铁道输送桑梓店下车后,进驻齐河,归司令官王直接指挥。独立旅仍任昌邑、柳疃、瓦城、东西利鱼迄胶河以西海岸间地区及固堤街、寒亭至天成店间公路交通之守备。军输送团守备天成店(不含)至灰埠(不含)间交通。一〇三师守备灰埠、黑羊山、凤凰山、萧哥庄、土山间地区。一六六师守备掖县城及神堂、塔埠、海信、虎头崖间地区。军司令部驻沙河镇。

第二　参加本战役之匪我兵力及指挥系统

一、匪军兵力及指挥系统表

掖沙撤防战役匪军兵力及指挥系统表

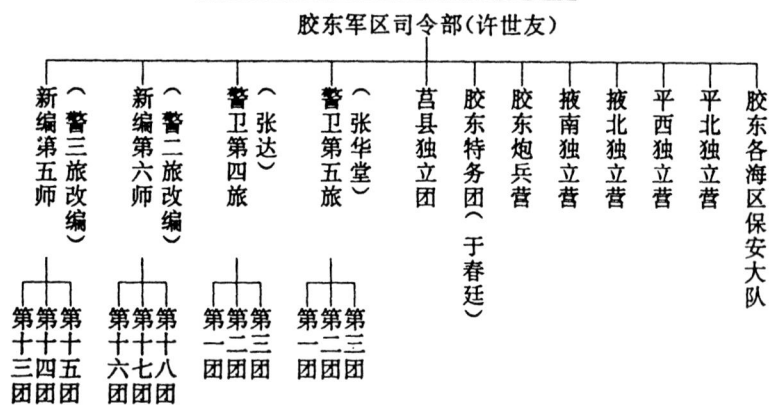

二、本军兵力及指挥系统表
第八军披沙撒防战役参加兵力及指挥系统表

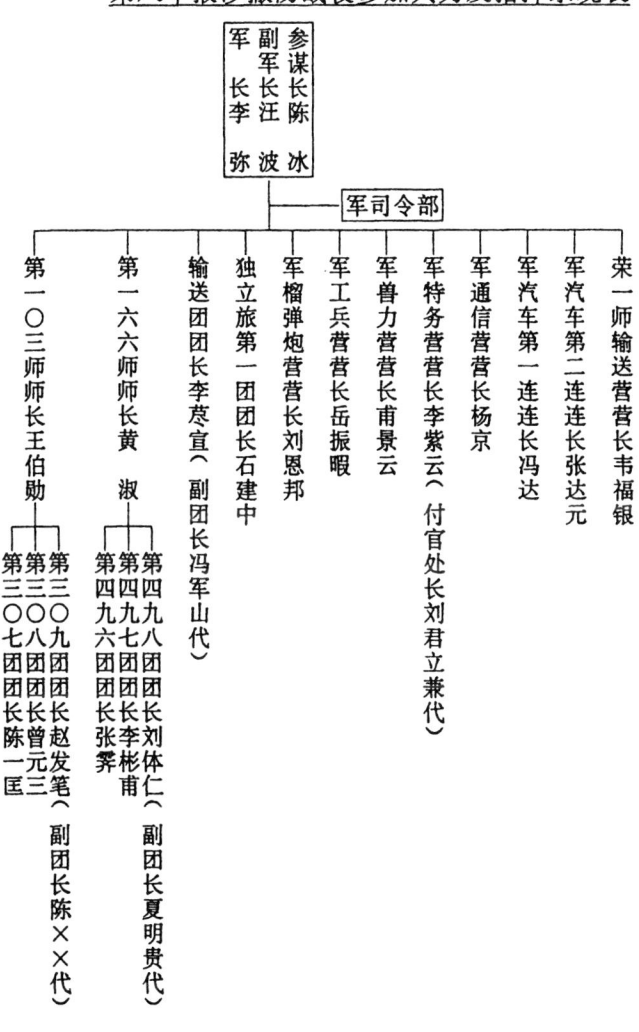

第三　天候地形〔略〕
第四　交通通讯卫生〔略〕

第五 撤防行动及战斗经过
一、撤防开始
(一)二月十五日奉总司令夏丑删午一电
特急。李军长：×密。(一)据报，临沂删日经我军攻克，陈毅率部向蒙阴进窜，刘伯诚部主力向泰安推进中。(二)第八军应暂留一个师于掖县，协力第十兵站分监部将屯掖粮弹两日内运集昌邑、潍县后，平毁该地不用工事，□昌邑一并指挥该军独立旅，担任新河、昌邑防务。(三)贵军应率军直属队及一个师，巧日出发，在潍县集结，车运益都待命。夏楚中。丑删午一。印。

(二)二月十七日奉总司令夏丑筱辰一电
限即到。李军长：×密。丑删午参一电计达。为节约兵力，贵军撤防后，新河可暂放弃。希即遵照。夏楚中。丑筱辰。参一。印。

(三)军遵右述之电令，于二月十六日十一时以参战字第二三六七号命令赋予各部队之行动，原令如左：

第八军命令　参战字第二三六七号
　　　　　三十六年二月十六日十一时
　　　　　于沙河军司令部

(一)奉总司令夏丑删午一电开（原文同右电，略）等因。

(二)军（欠荣一师）决于二月十八日开始自掖县、沙河各附近分别撤防，向潍县及昌邑附近前进。行军日程及区分，如附行军日程表。

(三)第一〇三师（欠三〇七团及输送营）应于二月十八日按行军日程表，由沙河出发，限二月二十日到达潍县北关待命。……

(四)第一六六师应于二月十八日由掖县附近迅速一举撤防完毕，在三〇七团掩护下进驻沙河镇，十九日在一〇三师输送营及军输送团掩护下进驻新河，二十日在独立旅掩护下进驻昌邑、刘家、辛郭谷附近待命。

…………

(四)军将右述处置之大要及请求事项于二月十五日以丑删戍

民翔电呈总司令夏之原电如左：限一小时到。总司令夏：×密。丑删午一电奉悉。军遵拟以一六六师及独立旅守备东京埠、昌邑迄寒亭、固堤之线，军部率直属部队及一〇三师巧日由现地出发，预定马日全部到达潍县，恳饬路局备车待运。除详情续闻外，谨复。沙河。职李弥叩。丑删戌。民翔。印。

（五）军处置后，旋于二月十六日奉司令官王关于本军撤〔撤〕防指示要点之丑删办超电如左：限一小时到。李军长：（一）掖县所屯粮秣，务须分段转运，部队亦须分段转移。（二）部队移动时，所有壮丁，希尽量设法使其随军行动，以备补充兵额，勿留为奸匪。（三）转移时，望给予民众以恩惠。上三项，希督饬各部队切实办理为要。王耀武。丑删。办超。印。

（六）军基于右示之电令，并本爱民与不资敌之旨，于二月十六日以丑铣十二时半民翔电令各师长及冯主任之原电如左：限二小时到。一六六师黄师长、一〇三师王师长、政治部冯主任：×密。奉司令官王丑删辨〔办〕超电开（原文如右述）等因。除分电外，希速派员与当地行政机关首长洽商，权衡办理具报为要。李弥。丑铣十二时半。民翔。印。

（七）关于撤退民众及粮弹之处置，于二月十六日以丑铣午民翔电呈复司令官王之原电如左：即到。司令官王：×密。丑删办超电奉悉。除派员向当地政府机关洽商办理外，谨复。沙河。职李弥叩。丑铣午。民翔。印。

（八）右述各文电分别下达及呈复后，自二月十五日起，即以军现有大小车辆昼夜轮回抢运掖县地区兵站屯储粮弹，并以一部分车辆输送撤退难民至潍县。经我汽车部队官兵夙夜辛勤，至二月十八日下午，始将掖县地区粮弹物资及老弱妇孺难民七千余人输送完毕。

（九）第一〇三师（欠三〇七团及输送营）于二月十八日由沙河、萧哥庄出发，依行军日程表规定，于二月二十日十五时许到达潍县大圩河头附近待命。

（十）第一六六师于二月十八日七时由掖县出发，各据点守备部队同时一举撤离，交互掩护，除后卫部队与少数零匪小有战斗外，当日十七时许全师进抵沙河镇及东西郑村地区。

（十一）军司令部及直属部队（欠输送团、搜索营、工兵营、通信营主力、榴弹炮营）于二月十八日十时由沙河出发，十六时全部到达新河。⋯⋯⋯⋯

二、军行动之变更及战斗开始

（一）军长率司令部等于二月十八日十七时撤至新河，于当日二十三时奉到总司令夏丑巧未参一欣电：限二小时到。李军长：×密。奉司令官王丑筱酉参泉电开，着第八军军部应率一个师驻潍县附近，其余一个师及警四旅（独立旅）暂在沙河镇以南维持原态势，候令行动，希饬遵办具报。等因。希遵办具报为要。夏楚中。丑巧未。参一欣。印。

（二）军基于右示之电令，当即处置，于二月十八日二十三时三十分以丑巧亥民翔电令一六六师原电如左：限半小时到。一六六师黄师长：×密。奉总司令夏丑巧未参一欣电开（原电如右示）等因。贵师应暂就现态势停止，并派必要兵力接替一〇三师输送营黑羊山、驿塘、灰埠及灰埠、官庄间桥梁据点之防务。详细部署另令饬遵。特电遵办具报为要。新河。李弥。丑巧亥。民翔。印。

（三）二月十九日晨，除一六六师遵右示电令停止于沙河，军部暂停于新河外，其他部队，仍照原计划行动。

（四）据一六六师黄师长报称：师奉命后，即令四九七团派兵一连，即日接替黑羊山防务，以师工兵营接替驿塘、灰埠以西各据点之防务，四九八团第二营沙河、南家防务，即由四九六团派兵一营接替，其余部队及驻地仍旧。讵正当我调整部署之际，匪新六师配合新五师之一团、莒县独立团，附山炮三门，于十时顷，以主力由黑羊山向我西南方面，一部由苗家向我东南围攻沙河镇。适我四九六团第二营正向小李家游击，与匪遭遇，旋即展开激战。该营以众寡悬殊，逐次向沙河镇转进，诱匪进入我火制地带后，沙河守备部队当予以迎头痛击，激战四小时，毙伤匪千余名，旋即狼狈溃逃，当派四九六团第二营趁势追击，斩获颇众。该营抵达小李家、大曲庄之线，时届黄昏（十八时），乃命撤回原地。是晚，匪乘我追击部队撤回后，复进据大曲庄、小李家及其以南地区。同时新五师主力亦陆续窜到沙河东岸国家、高疃、路旺、侯家一带。其西北岳里、杜家等处，亦发现匪军。

（五）据一零三师王师长报称：三〇七团于二月十八日十五时将沙河防务交一六六师接替后，当晚宿营灰埠。十九日，继续西进，十二时到达后卜庄，奉军长命令，即以一营车运驰援灰埠之输送营，团主力折回新河，继向三埠店前进。输送营原以主力守备灰埠，第二连守备驿塘，第三连由副营长颜曙率领守备黑羊山。撤防初期，该营任务为暂就原态势，掩护一六六师通过后，即撤防归建。十九日晨六时，复奉命转饬该营，须将防务交由一六六师接替后，仍遵原令归建。而讵当该营更改任务、命令尚未达于所属之际，匪军主力即分向黑羊山、驿塘各据点围攻，我黑羊山守军官兵当即奋勇迎击。鏖战至十二时，因众寡悬殊，大部官兵均与阵地共亡，该地遂陷匪手。该营守备驿塘之第二连与匪激战，苦力支撑，至十九时始获三〇七团第二营副营长邓玉麟率领第四连赶到增援，因携手奋战。至廿一日晚，所有工事，均为匪炮所毁，两连官兵亦全部与阵地偕亡，壮烈牺牲矣。该营营长周治成率所属（欠二、三连）于三〇七团第二营驰援后，即与合力固守灰埠，迭与匪短兵相接，赖官兵用命，卒将匪众击退，达成任务。

（六）军长于二月十九日十二时许，分别接到一六六师黄师长及一〇三师输送营周营长先后电话报告，匪攻陷黑羊山后，即以全力分向沙河、驿塘、灰埠猛烈攻击。为顾虑一六六师之携行弹药过少,特于二月十九日晨于万难中抽派汽军〔车〕八辆,载补一六六师各类弹药廿吨。午后,为增援一〇三师输送营之作战计,当令三〇七团即在后卜庄以一营由汽车输送灰埠增援,团主力车运埠西、李家支援黄师及周营之作战,并令一六六师及一〇三师输送营继续在原地固守,准备东西夹攻,予匪以严重打击。军部决停止于新河。

三、二月二十日之战斗

(一)十九日入夜后,匪仍续有增加,炮火则分向沙河、驿塘、灰埠各据点猛烈射击,并以有力密集部队包围驿塘、灰埠,怒涛扑攻。先后发现番号者,计有新解五、解六两师,警四、警五旅,西海军分区胶东炮兵营,掖县独立营,平西独立营及民兵等,共约四万余人。

(二)二月十九日十九时,在新河先后奉总司令夏丑皓午及丑皓未参一电如左:(1)即到。李军长:×密。丑巧未参一欣电计达。贵军撤防后,应以一个师车运益都,军部率一个师在潍县附近集结待命。另贵军独立旅,仍担任昌邑、潍县间防务。希遵办。夏楚中。丑皓午。参一。印。(2)限二小时到。李军长:×密。丑皓午参一电计达。顷奉绥区电话,希速行动,不为小股匪军袭扰而滞阻。特达。夏楚中。丑皓未。参一。印。

(三)军基于右述之状况及层峰所示之意旨,决先击溃当面之匪,确保沙(河)新(河)公路安全后,再逐次撤防,即于二月十九日夜以电令指示各部之行动如左:

(甲)限即到。一六六师黄师长:×密。命令:(一)三〇七团主力刻在三埠店,该团第二营(欠一连)及该师输送营(欠一连)在灰埠,该两营之各一连刻在驿塘。(二)贵师明晨日应以一部固守原防,以有力一部攻占黑羊山而确保之。(三)已着五师抽派山炮一连于明晨日十时前车运至埠店,归陈团长指挥,策应贵师作战。(四)余明日仍在新河。特电遵办具报为要。新河。李弥。

丑皓亥。参民翔。印。

（乙）即到。一〇三师王师长：×密。（一）附山炮五门兵力不弱之匪军，于本皓晨分股向黑羊山、蔡家村、灰埠、驿塘等地进犯，经黄师及周治成营集注猛击后，退窜凤凰山、大曲庄、蒋家、东西吴庄之线，继续顽抗，黑羊山已被匪军占领。（二）皓午令三〇七团由官道部附近车运埠西、李家，并以一营进驻灰埠，支援周营，相机向黑羊山方面侧击该匪。（三）贵师暂就皓日到达地停止待命为要。特电遵照。新河。李弥。丑皓申。参民。印。

（丙）即到。一〇三师王师长：×密。丑皓申参民电计达。贵师应抽派山炮一连于明皓日七时完成出发准备，候本部由潍派卡车十辆装载来新河待命。所需炮弹，已由本部潍库运来五百发，该连不必携带。特电遵办。新河。李弥。丑皓戌。参民。印。

（丁）军长以电话命令三〇七团团长陈一匡，该团明廿日拂晓，应以一营由三埠店向王家以东高地攻击，策应一六六师作战。该师山炮一连及团主力即由现地以炮火支援该营及灰埠周治成营之作战。该团之第二营及周营仍固守灰埠、驿塘。

（四）右述处置后，各部队之状况如左：

（甲）据一六六师黄师长报称：二月二十日，师遵以四九六、四九七两团向黑羊山攻击，因匪在小王家、大曲庄一带，凭藉家屋围墙及要道口，坚强抵抗。在匪炽盛火力下，我官兵皆极奋勇，反复突击，战况极为激烈。此际，匪军主力陆续增至，匪胶东军区司令许世友率领特务团，亲临前线督战。匪炮亦在黑羊山东侧，频频猛击。我苦战竟日，未克奏功。综计沙河外围之匪，数在四万以上，并附山野炮十余门，迫击炮二十余门。而盘踞黑羊山及其西北各村落之匪军四、五千人，亦陆续北向增加。我因众寡关系，且近黄昏，易为匪乘，遂令该两团即撤回原防。入夜，匪复不断向我猛扑，鏖战达旦。

（乙）据一〇三师王师长报称：二月廿日晨，三〇七团以第三营于九时在我炮火掩护下,向王家以东高地攻击,当被据守该地之匪猛烈阻止。同时,小灰埠、红庙、姜家、王顾庄之匪,亦向该营进扑,企图包围,经我炮火猛击及该营之坚强痛击,激战至十五时,卒将匪军击溃。该营为掩护追补驿塘第四连弹药,乃改经灰埠向驿塘前进,归副团长王家桢指挥。中途迭被匪军坚强阻止,遂于十九时撤回三埠店。第三营仍协同周营固守灰埠。第四连自十九日增援驿塘后,即遭匪军层叠包围。二十日,复曾两度派队掩护追补弹药,均遭阻止未果。此后,该两连即与营、团失去连络,情况不明,终致全部与阵地偕亡壮烈牺牲矣。

四、二月廿一日之战斗

(一)沙河、驿塘、灰埠各据点,入夜,匪仍环攻不已,而驿塘、灰埠尤烈,激战彻夜,匪我伤亡均重。

(二)基于右述之情况,决即将已撤防之部队,回师增援,下达命令原文如左:

(甲)第八军命令　参战字二四三九号
　　　　　　　　　三十六年二月二十日十六时
　　　　　　　　　于新河军司令部

1. 匪情战况(略)。

2. 军以先行击溃该匪确保沙新公路安全,尔后再逐次撤防西进之目的,特重新调整态势,区分各部队任务如次:

第一〇三师(欠三〇七团及输送营、山炮一连)着于二月廿日由潍县车运埠西、李家待命。

独立旅第一团着二月廿日全部撤防完毕,集结昌邑待命。该团所遗柳疃、庞翟防务,由孙副旅长另行派队接替。

军工兵营、搜索营、通信营(欠第三连及有线电一排)、荣一师输送营,着于二月廿日由潍县车运新河待命。

榴弹炮营应以一连于二月廿一日拂晓,由昌邑出发,开新河待命。

三〇七团及一〇三师输送营,应各就原地加强戒备。

一六六师之行动，另令饬遵。

其余各部队，着各在原地待命。

右二项，除分令外，仰即遵照。

右令

各部队长（略）

下达法：笔记印刷后交副官处派车专送。

军　　长　李弥

副军长　汪波

参谋长　陈冰

（乙）第八军命令　参战字第二四四一号
三十六年十二月二十日二十四时
于新河军司令部

1. 沙河外围黑羊山地区之匪，自本月十九日七时起，先后与一六六师及一〇三师三〇七团输送营作战以来，经我奋勇迎击，伤亡甚重，刻仍在该地猛烈对战中。另有番号不明之匪，约三个团，于本二十日，分由高望山城子方向向沙河西南地区集窜。

2. 第一〇三师应于明二十一日拂晓，以主力由埠西、李家经三埠店、王家、界山、潘家向黑羊山攻击而占领之，以一部沿烟潍公路进占驿塘，策应一六六师小李家、大曲庄之作战。

3. 第一六六师应于明二十一日八时以一团攻占小李家，以一部任沙河守备，主力控置于沙河及东西郑村地区，准备机动，听候本军长无线电话指示行动。

4. 军工兵营、搜索营及荣一师输送营为军预备队，统归副官处长刘君立指挥，控置于三埠店附近。

5. 榴弹炮营应以一连于明廿一日九时在埠西、李家附近占领阵地，协力一〇三师之作战。

6. 军通信营应于明廿一日以三埠店为基点，构成军指挥所，与各部队之通信网。

7. 第一〇三师野战医院应于明廿一日九时前在拉埠庙开设，

负伤官兵,即利用空车后送新河转送潍县。第一六六师野战医院,仍在沙河镇开设,收容负伤官兵,候车后送。

8. 各师在作战时,应特别注意陆空连络。

9. 余现在新河,明廿一日八时后在三埠店附近军指挥所。

右令

各部队伍(略)

下达法:笔记印刷后汽车送达。

      军　长　李弥

      副军长　汪波

      参谋长　陈冰

(丙)二月二十日以丑哿戍参民电令一六六师:

限一小时到。一六六师黄师长。×密。(一)已令王师(欠三〇七团及输送营)于本哿晚由潍车运新河,会同贵师夹击该匪,并调榴炮一连协力作战,约明马日八时可全部到达新河,续向三埠店输送。(二)贵师务于明马日八时以一团攻击小李家,将匪主力吸引,以一部任沙河守备,主力控置于沙河及东西郑村地区,准备机动,听候本军长无线电话指示行动。(三)明马日七时后,贵师电台须与本部切取连络,勿稍间断。免逸战机为要。特电遵办。新河。李弥。丑哿戍。参民。印。

(丁)二月二十日以丑哿酉参民电令独立旅:

限一小时到。独立旅孙副旅长。×密。命令:该旅第一团着于本哿晚全部撤防完毕,限明马日九时前集结昌邑,候本部派车接运新河待命。该团所遗柳疃、虫埠防务,务希另行酌派部队接替为要。新河。李弥。丑哿酉。参民。印。

(三)行动及作战经过

(甲)据第一六六师黄师长报称:本师遵以四九六团于十一时顷攻占小李家后,旋奉军长无线电话指示,以友军因运输关系,未能如计划到达,着本师仍撤回原态势待命,当令该团于十四时许撤回。

（乙）据一○三师王师长报称：（一）师遵命以汽车由潍县依三○九团、三○八团、师直属部队次序，轮番输送，自二月二十日十七时起迄二月廿一日十二时，先后到达新河下车后，当即以三○九团进占三埠店，师直属队及三○八团进占埠西、李家，就开进配置。（二）令三○七团（欠第二营）于二十一日推进灰埠，并指挥师输送营，以该团之第一、二两营展开于屯子、楚家东南之线。十时许，在空军与炮兵掩护下，向屯子攻击，第一营自屯子东南，第二营自屯子西北之公路洼道攻击，第三营在灰埠东南占领阵地，严密监视韩家附近匪军行动，并准备扩张战果。攻击开始后，第一线部队在我空军、炮兵协同下，猛勇奋进。匪军受我猛攻后，势呈不支，纷向楚家方面溃退，我遂冲入屯子。此际，我空军已返基地，攻击部队立足未稳，匪复由楚家方面增援约两团兵力，向第二营迂回逆袭。同时，黑羊山之匪，亦向我第二营猛击。第三营亦与韩家窜来之匪发生激战，并以猛烈炮火向我攻击部队轰击，致我攻击屯子之第一营伤亡过重。至屯子北端与我激战之匪军，经我炮火及轻重机枪之集中射击，伤亡惨重，我再度迫近屯子，发生白刃搏战。此时，匪军不断增援，激战至十七时，天已入暮，我伤亡亦大，乃奉命撤回灰埠。是晚，匪炮火集中向我灰埠守军及阵地施行破坏射击，我略有损伤。至此，我守备驿塘之两连，状况仍不明。该地部队，经数昼夜之剧烈战斗，想已全部壮烈牺牲矣。

（丙）独立旅第一团及军直属部队，亦于二十一日十五时许，先后运抵新河东北地区。

（四）军长率军指挥所于二十一日九时顷到达三埠店南侧高地后，因一○三师车运部队尚未全部到达新河，为策应一六六师之作战，乃令三○七团推进灰埠，向屯子方面攻击。十五时，目击匪军蜂拥增援，我主力尚未全部到达，乃分令该团撤回灰埠，一六六师仍撤回沙河待命。

五、二月二十二日之转进战斗

（一）掖沙地区匪军虽经我陆空联合之猛烈攻击，伤亡惨重，然仍不断增援，拼力苦战。其作战略上之牵制与截击本军企图，已明若观火。

（二）二月二十一日先后奉司令官王电令如左：

（甲）奉司令官王丑马二十一时电令：限一小时到。李军长：×密。（一）匪以九师之众围攻莱芜吐丝口及铁道沿线，并企图进袭济南。贵军务须排除万难，迅速脱离敌人，万勿恋战。（二）明养日整天派空军掩护行动，希注意下列各事：(1)待空军到达、连络确实后，利用空军掩护转进。(2)配属贵军之陆空联络电台，因铁道破坏，折返济南。(3)各部队必须挑选精干人员，在最前线铺设布板指示目标并联络。(4)无论大小部队，必须确实掌握，切勿混乱为盼。王耀武。丑马廿一时。印。

（乙）奉司令官王丑马廿三时电令：李军长：×密。丑马廿一时电计达。（一）瓦城方面，不宜派队占领，贵军务须迅速脱离敌人，万勿恋战。（二）无论大小部队，必须确实掌握，转进时须有计划有秩序，切勿混乱。总之，不论何时，镇定必胜，混乱必败，希切实注意为要。王耀武。丑马廿三时。印。

（三）基于右述之匪情及司令官王之电令指示任务，军即作如左之部署：

（甲）二月廿一日廿二时下达参战字第二四五四号命令如左：

第八军命令　　参战字第二四五四号
　　　　　　　卅六年二月二十一日廿二时
　　　　　　　于新河军司令部

1. 当面匪情如贵官所知。

2. 奉总司令夏丑皓午参一电及司令官王丑马廿一时廿三时两电（均见前电略）。

3. 军（欠荣一师）决于明二十二日攻击当面之匪，打通三埠店、太平庄、尹家、沙河镇间交通路后，即由新河镇间逐次撤防，交互向潍县前进。

4. 第一〇三师（附独立旅第一团为总预备队）应于明廿二日拂晓前，以两个团由大小官庄附近秘密向太平庄、尹家、东西大阁庄攻击，务于八时半前占领完毕。尔后以一营守备太平庄，主力即守备尹家及东西大阁庄，一团仍守备灰埠，相互策应对公路东南地区之匪严密戒备，必要时应向该匪攻击，确实掩护一六六师通过后，逐次由东西大阁庄、驿塘、尹家、灰埠、太平庄、三埠店各附近，交互撤退，在一六六师后进驻新河。该师之各掩护部队，特须重视大局，不惜任何牺牲，达成掩护任务，是为至要。

5. 第一六六师应于明廿二日拂晓，以一个团攻占岳里后，以主力守备，一部俟与东西大阁庄之一〇三师部队取得连络后，即继续向马埠子攻击占领之。该师主力即在该团及一〇三师与输送团掩护下，于明廿二日八时半，由沙河经岳里、东西大阁庄、小泥河、焦家庄、大官庄、新河道转进，以一部驻新河东侧村庄，主力即驻新河西岸，攻占岳里及马埠子之一团，俟掩护师主力通过后，即撤防跟进。

············

11. 空军明廿二日大批出动，协助本军作战，各部队应特别注意陆空联络。

12. 余在新河镇军司令部。

右令

各部队长（略）

下达法：先以电报电话示要旨后，笔记送达。一六六师，先另电下达。

军　长　李弥
副军长　汪波
参谋长　陈冰

（乙）二月廿一日以丑马廿三时亲电令一六六师：限卅分钟到。一六六师黄师长：×密。因大局关系，军奉命集结潍县机动，已令王师于明养九时前确实占领东大阁庄、尹家、太平庄之线，掩护贵师转进。希火速准备，于明养在王师掩护下经岳里、马埠子、大小淀河、大小官庄向新河转进为要。余如详细另电。新河。李弥。马廿三时。亲。印。

（丙）同时以丑马戌民翔电令一六六师：限卅分钟到。黄师长：×密。马廿三时亲电计达。命令：（一）已令王师于明养八时以两团（欠一营）攻占东大阁庄、尹家，一营攻占太平庄，并限于八时半前占领完毕。三〇七团及该师输送营仍在灰埠，全力确实掩护贵师撤防西进。（二）石建中团明养拂晓后进驻三埠店，归王师长指挥，为军总预备队。（三）贵师应于本马晚完全撤防准备，明养拂晓前应以一团之主力进占岳里，其余俟与东大阁庄之王师部队取得连络后，即进占马埠子，掩护贵师部队完全通过后，即在后尾跟进，其他部队应于明养九时前撤防完毕，在该团及王师掩护下，由岳里以北经马埠子、大小淀河、大小官庄进驻新河西岸附近地区。（四）负伤官兵，随师车运新河。（五）明养空军特多，须随时注意陆空连络。特电遵办，万勿犹豫为要。新河。李弥。丑马戌。民翔。印。

（四）军之行动及战斗经过

（甲）据一〇三师王师长报称：师于奉命后，即下达各团之命令要旨如左：

1. 师以攻击当面匪军之目的，决于明（廿二）日拂晓前主力开始行动，向太平庄、大淀河、尹家、大小官庄逐次攻击而占领之，以达成掩护友军一六六师之安全撤出。

....

二月廿二日，天气晴朗，惟八时后微雾，通视困难，我炮兵开始向太平庄、屯子炮击，两翼队亦同时开始行动，先头到达小官庄，即遭匪阻止，驱逐后，九时半始到达太平庄西端。盘踞该地之匪千余人，附大小炮十数门，利用村落，顽强抵抗。同时，小灰埠匪炮兵不断向我轰击，虽经我山炮及榴弹炮猛击制压，而匪仍死守不退，战况之烈，前所仅见。我攻击部队为匪炮及轻重武器猛击后，伤亡甚重，前进困难。匪见我攻势受阻，乃不断抽调兵力由右翼出击，企图包围。幸被我左翼侧击阻止，遂在太平庄南北地区成胶着状态。我左翼队之先头于九时通过大淀河，到达小淀河以西地区，发现匪约三千余人，占领太平庄、小淀河、寨里、徐家之线。该队主力即展开向小淀河攻击，并以有力一部向右压迫，以策应右翼队对太平庄之攻击，一部牵制该方面之匪，激战至十二时，以匪占据村落顽抗，匪炮亦不断向我轰击，十三时，我寨里、徐家部队与一六六师取得连络。斯时，匪在其炮火掩护下，由东南增援步兵数纵队，约数千人，企图截击一六六师。幸我官兵用命，奋勇冲杀。至十六时，我一六六师后尾部队，亦已通过，达成掩护任务。

三〇七团与输送营二十二日二时起，遭匪三千余，山炮、重迫炮十数门包围攻击，至拂晓后，始行停止。但该团经连日之攻击，疲惫不堪，复在匪三面包围状态中，弹药缺乏，急待补充，故对灰埠东南及公路以南方面之攻击，已属力有未及，乃在原地与匪对战，从事伤患后送。是日，由黑羊山、小灰埠方面向公路以北窜犯之匪约四、五千人，在屯子、驿塘及公路以北地区，遭我炮击，伤亡惨重。我各掩护部队于十六时卅分开始逐次交互掩护撤防，二十时半完全脱离战场，到达埠西、李家集结。当奉军长李电话，命令师即遵令星夜向昌邑转进。二十三日上午，安全进至潍河西岸昌邑地区整理收容。

（乙）据第一六六师黄师长报称：师奉命后，即令四九六团于拂晓，以主力进占岳里，其余俟与东西大阁庄王师部队取得连络后，进占马埠子，掩护师完全通过后，在后尾跟进。四九七团俟张团确实占领岳里，并与王师取得连络后，撤防经岳里以北马埠子、大小淤河、大小官庄向新河前进，到达马埠子后，以一部在寨里、方家寨里、王家以北之线占领掩护阵地，尔后由四九八、四九六两团逐次派队接替师司令部直属部队（配属炮二连），在四九七团后跟进。四九八团（附炮一连）在沙河掩护师主力后尾到达岳里后，开始撤防，准师行进路前进。六时半，我四九六团确实占领岳里，即以一部向大阁庄搜索前进。待至十一时，仍未能在大阁庄与王师取得连络。旋奉军长丑养九时亲及民亲两电，略以转奉司令官王指示，本军务须迅速脱离战场，万勿恋战等因。师为迅速脱离战场，与避免匪军窥破我企图计，乃于十一时二十分按预定部署，毅然向新河前进。十三时许，师主力正陆续通过岳里，向马埠子前进。时匪即由小李家、东西大阁庄、驿塘之线向我侧击。同时秘密控制于黑羊山、涩埠之匪主力新解五、解六师、警五旅等部，亦以密集部队，向我掩护部队展开广正面之截击，当与我岳里之四九六团及师工兵营第一连与甫撤离沙河之四九八团第一、二两营短兵相接，展开惨烈之白刃战。同时，匪炮兵亦由择顾庄向大曲庄变换阵地，对我后卫部队施行遮断射击。我四九六团团长张霁为求确实掩护师主力迅速脱离敌人及支援四九八团第一、二两营之战斗，亲率该团誓死固守岳里，支撑全面战局。四九八团第一、二两营以前进路已被匪遮断，且沙河东岸、杨家东杜家等处匪军枪声逐渐浓密，经与北进之匪作激烈之肉搏后，乃集结兵力向杜家西北地区撤退。此时东西大阁庄之匪，亦倾巢北进，以一部包围岳里，主力向北压迫。四九八团一、二两营为欲溢出敌人包围圈外，乃向西北急进，企图折往西南，向海仓前进，因携带弹药消耗殆尽，十七时许进抵大任家后，复被匪包围，发生激战。入夜后，即与师主力失去联络。

四九六团于四九八团两个营向杜家西北撤退时，仍在岳里竭力拒止由黑羊山、涩埠方面北进之匪，掩护四九八团之行动。此时，沙河东岸匪军蜂涌渡河，东西大阁庄方面之匪，亦迅速北进，形成四面包围。该团乃由岳里突围西进，沿途冒重大牺牲，且战且撤，屡突重围，主力于夜半后始脱离战场到达新河。

四九七团于十三时二十分进抵马埠子后，即令第一、三两连在寨里、方家寨里、王家以北之线，占领掩护阵地。十四时，师部通过后，匪军五百余，即由灰埠经太平庄东蜂涌来犯，经我沉着应战，激战至黄昏时，匪不支回窜，我即迅速撤离战场，向新河前进。

师主力于十八时进抵新河后，旋于十九时半奉军长面谕，师于一〇三师掩护下，星夜进驻昌邑。师奉命后，于廿二时由新河出发，二十三日五时许抵达昌邑。

（丙）军长于二十二日综合整日战斗及层峰所赋予之任务，均须立即脱离战场，故于十九时一六六师主力进抵新河附近后，即决心当夜撤退。当以独立旅第一团及输送团之一部，在三埠店南北高地，掩护一〇三师由灰埠、太平庄、大小淀河、埠西、李家地区撤退，以输送团主力及军工兵营、搜索营及荣一师输送营，分在新河、前后卜庄、官道部掩护，按一六六师、军司令部、一〇三师、输送团、军直属队、独立旅第一团之次序，交互掩护，星夜撤退。至廿三日拂晓前后，全部进至潍河西岸昌邑附近。除后尾掩护之独立旅第一团与尾追之匪，在潍河东岸发生小规模之战斗外，余均安全撤退完毕。

第六、作战经验教训

作战经验及教训，如检讨会议录〔略〕

第七　附图表

陆军第八军掖沙附近撤防战役匪军部队番号主官姓名兵力判断一览表			
匪军部队番号	匪首姓名	兵　力	备　　　考
胶东指挥部	许世友	二〇〇〇	
胶东特务团	于春廷	二〇〇〇	
胶东教导团	蔡立国	二〇〇〇	
胶东炮兵营		八〇〇	
西海军分区司令部	陈华堂	二〇〇〇	含特务营、教导营、交通营、侦察连，其代字为"武昌"。
新解五师	（警三旅改编）	二〇〇〇	据俘匪第五师十四团士兵徐芝洪供称：匪警三旅（解五、六师通过铁路南窜后）改编为第五师（亦称新解五师）原辖十六、十七、十八团改为十三、十四、十五团。该师代字"华山"，十三团代字"正河"，十四团代字"默河"，十五团代字"胶河"。该师山炮四门，野炮一门（炮手均为日人）。每团迫击炮六门，每营重机枪三挺，每连轻机枪四、五挺。
第十三团		二〇〇〇	^
第十四团		二〇〇〇	^
第十五团		二〇〇〇	^
新解六师	（警二旅改编）	一八〇〇	据被俘逃回士兵李江海供称：匪本年度元月份在烟台附近新成立警二旅（解五、六师通过铁路南窜后），该旅窜至莱阳附近，旋即改为新解六师（装备详情待查）。
第十六团		一八〇〇	^
第十七团		一七〇〇	^
第十八团		一七〇〇	^
警四旅	张途	一八〇〇	去年十一月我军进攻掖县时，匪集结胶东，主力于粉子山附近与我决战，匪伤亡惨重，溃不成军，惟恐我军取烟台龙口，迅将胶东"抗大"学校全体官生改编为警四旅，保卫烟台。我军占领掖城后，奉令停战，固守原防，未曾进占烟台，致予匪整补良机。匪军部队整补完成后，该旅复恢复学校教育，解五、六师通过铁路南窜后，匪由北海独立团（改为该旅第一团）、滨海独立团（改为该旅独立第二团）、西海新编独立团（改为该旅第三团），三个海区独立团于掖境郭家店附近成立为警四旅。
第一团	周福祺	一七〇〇	^
第二团		一七〇〇	^
第三团		一七〇〇	^

警五旅	陈华堂（兼）	一五〇〇	一、该旅旅长由西海军分区司令员陈华堂兼任。 二、第一团代字为"古山"，第二团代字为"爱山"。 三、原第二团副团长、代团长黄振东已升调胶东司令部参谋长。
第一团	钟国光	一八〇〇	
第二团		一八〇〇	
第三团		一八〇〇	
莒县独立团		二〇〇〇	
掖南独立营	于有锡	六〇〇	
掖北独立营	董维林	六〇〇	
平西独立营		六〇〇	
平北独立营		六〇〇	
胶东各海区保安大队		二〇〇〇	该队均着灰色棉军服
合　计		四四〇〇〇	
附记	一、本表系根据各方报告、通报及俘虏莒县独立团第一大队第四连士兵陈书和、西海军分区侦察连密探毛荣棠、解五师十三团二营四连士兵姜洪宜供词研究调制。 二、民兵担架队共约万余人，未列入。 三、武工队、县大队、区中队、镇中队、保甲大队，共约四千余，未列入。		

续表

陆军第八军披沙附近撤防战役部队番号主官姓名兵力一览表			
我军部队番号		主官姓名	兵　力	备　考

军司令部及直属部队	军司令部	李　弥	一五九	
	人力输送团	李荩宣	一八七八	
	特务营	李紫云	八四七	
	工兵营	岳振暇	五二二	
	通信营	杨　京	三七六	
	榴炮营	刘恩邦	七〇二	
	兽力输送营	甫景云	五三五	
	汽车第一连	冯　达	一七〇	
	汽车第二连	张达元	一六四	

第一〇三师	师司令部	王伯勋	二四六一	
	第三〇七团	陈一匡	一八八七	
	第三〇八团	曾元三	一八八五	
	第三〇九团	赵发笔	一八八六	
第一六六师	师司令部	黄 淑	一五七九	
	第四九六团	张 霁	一九四七	
	第四九七团	李彬甫	二〇五九	
	第四九八团	刘体仁	一九〇〇	
	独立旅第一团	石建中	一六一一	
	荣一师输送营	韦福银	五五九	
	合　　计		二三一二五	
附记				

〔中国人民革命军事委员会保存国民党档案〕

11. 国民党第八军李弥部于胶东掖沙地区"撤防"时被击溃之检讨会议录

（1947年3月）

陆军第八军掖沙昌撤防作战检讨会议录

总司令夏开幕训词

贵军远在掖县、沙河撤防作战回到潍县举行严肃隆重的检讨大会，将各位流血流汗的经验教训作一个综合检讨，意义非常重大，本人得有机会参加，非常欣慰。

现在许多机关团体，大都犯着精神麻痹，只讲虚伪欺骗客气假面子，不讲正义，不讲真理，不讲是非，不讲功过，这种坏的风气，是很危险的。所以我们的检讨会，是要把腐败的习气完全击破，换以坦白的忠诚的研究的民主的进步的，以求未来的成功与进步。

我们既已明了开会的意义,就要忠恳陈述,以无事不可对人言的精神来进行检讨,并要严于责己,薄于责人,做到不掩过,不饰非,不护短,不忌医,来检讨得失,策励将来。

我们军人的责任是很大的,最近本党三中全会决定有五大要政,简单来告诉大家:(一)完全宪政准备;(二)扫除建国障碍;(三)维护世界和平;(四)实行民生主义;(五)充实教育内容。在这五项之中,以第二项为最重要,而且是我们武装同志必须努力达成的艰巨任务。共产党背叛国家,不顾民生国命,企图以武力夺取政权,无论政府对他如何优容迁就,政治设施如何民主光明,他亦毫不改变,所以我们对付他,亦要积极的以干的精神于他以彻底的打击,依据领袖"新""速""实"的训令去完成使命。

本人对军事前途的看法,很是乐观,神经过敏的人,或者不完全相同。山东剿匪因有过去南下部队的失败教训,故此北进兵团,都是戒慎恐惧,稳扎猛打,进展虽较缓慢,但我相信短期内,一定可以底定鲁局,聚歼顽匪于鲁南山地,转移华北局面,决无问题。带兵之道,有三要点:(一)即未战不侥幸;(二)既战不惊慌;(三)战后不懈怠。本此要则,治军用兵,未有不克敌致胜者也。

关于潍坊地区防御工事、重要据点,本人皆亲自看过,一般皆构筑得很好,证明大家已下最大工夫,更可以看出诸位在精神上的共同努力与踏实认真,在技术上也是根据经验自出心裁。全军工事大同小异,现在大家聚在一处检讨,更要研究仿效,期臻至善。

战术包括攻防追退,防为重要之一,守固攻取,敌若打我不破,我即可进取而消耗之,故防御为军队作战之根基,工事做得好,打仗工夫即有一半也。

至于作工,须要征工征料,损及民物,常因此而伤军民感情,自属必然之事。此在军队看来,自另有价值与意义,但民众为其本身利益，其看法当又不同。且间因官长未尝亲自指导监督及对民众解释，晓以大义，致生弊端，以后宜特别注意。

总之，这次检讨会议，除作战外，对于作工、教育、管理等，皆应有好的意见方法陈述，大家决策共行，使尔后一切都有长足的进步。这是大会最希望的，也就是大会的真义。

军长开幕训词

本军掖沙撤防作战及守备坊潍工事检讨会，蒙总司令百忙中亲临训示，以听不厌教不倦的精神训示我们指导作战方针与要领，我们应心体力行，永矢弗忘，以为临机制胜达成任务的宝典。

此次掖沙撤防作战，遭遇损失之大，伤亡之重，为本军抗日剿匪以来空前惨痛之事，缅怀我全军将士多年来惨淡经营艰难缔造之光荣历史，蒙受了重大的辱耻，同时想到生死与共患难同尝的官兵，虽然为国光荣的牺牲或残伤了，但是我们不能横扫妖氛，以完成先烈遗志，真是悲感万千，望我官兵"砥砺奋发"，誓雪此辱，为我已死的官兵复仇，才不负国家付托之重，才对得起死伤的袍泽。

痛定思源，这是军长奉职无状，指挥失当，招致如此重大损失，愧对已死和负伤的官兵，玷污了本军光荣的历史，有负国家之重托和长官的期望，凡与会官长和士兵，要牢记我们这次沉重的教训和耻辱，拿出良心和血性，为本党奋斗，为已死的官兵复仇，我们一息尚存，誓必湔洗这无上的耻辱，抱"卧薪尝胆"与"击楫不还"之决心，戒慎恐惧，直至胜利而后止。其次，再说检讨会应有的精神，检讨是批评过去的错误，检讨现在的设施，研究将来的改善，找出致败之源，研究致胜之道，把血的经验和教训检讨出来，以为今后作战时之指针，所以应各本经验，坦白真诚，不夸张战果，不掩饰己过，就是总司令指示的"求真是非"，求"真功过"，同时希望效法古时典型军人马伏波有功相让、有过相承的精神，不怨天不尤人，尤不可讳病忌医，要先自我批评，承认过失，拿出先烈血的经验和教训，优良者"择善固执"，错误者"猛省警惕"，针对失败的原因，研究改善的方法，为尔后作战之指导。

刘为章先生说（国防部次长），一等军队才能打退却，二等军队只可打机动（运动战），三等军队只好打不动（守势），我们不可妄自尊大，亦不可妄自菲薄，拿事实来比较，匪军不过四万余众，本军以两万余装备优良之军队，既不能发挥辉煌之战果，又不能占到不败之地位，反而遭遇了重大损失，反躬自问，我们的军队要算是不列等了。

揆诸致败之源，在心理上以为撤防精神上无形失去旺盛之企图，遇匪不能猛扑猛打，于紧要关头不能"见危授命"，而无冒险犯难之精神，只求侥幸成功和避免危险；在技术上战斗不能达战术之要求，战术不能达到战略之目的，处处脱节，到处被动，致有此次的失败。

凡我官兵，应痛加猛省，深自警惕，万勿以鲁南友军之挫，心存五十步笑百步之卑劣心理，以此种精神与方法遭遇匪军之主力，宁有不全军复灭者乎？吾人当秉顶天立地的革命之磅礴正气，以澄清乱局为己任，如怀侥幸之心，常存偷生之念，失败而不知耻。官兵死伤而不思复仇，被俘而腼颜求活，何以对养我之天地、生我之父母，爱我之长官，何以对已死之将士？使人民陷于水深火热之中，国家仍为变乱扰攘之局，凡有良心血性之军人，能不惭愧无地乎？

失败为成功之母。我们要承认失败。曾国藩说，打仗要有"不竭之气"，此即愈败愈战，愈战益强的道理。我们要在失败的沉痛教训中，发动捕捉复仇雪耻的好机会，"胜而不骄"，"败而不馁"，不屈不挠，完成军事上的使命。

披沙昌撤防作战经验教训报告

（一）副参谋长杨绪钊〔略〕

（二）炮兵指挥官黄志圣〔略〕

（三）——（十四）〔略〕

（十五）一〇三师师长王伯勋

一、黑羊山乃一孤立据点，周围接近村庄，易为匪利用。该处村庄被匪占领后，我军不易增援。

二、驿塘连络不确实，致守军遭受众〔重〕大牺牲。

三、三〇七团输送连连长能自动协助固守官桥友军，毙匪数名，获冲锋枪一支，步枪四支，殊堪佳尚。

四、战场心理，须注意培养。师到新河时，少数士兵胡言乱语，影响全般心理。

军长指示：

一、黑羊山之失守，系通信连络不确，尔后独立据点通信，应由各部队确实策划。

二、使用电话，各主官应编成号数（参三课规定）。

三、灰埠战斗部队未携火箭筒，是极大错误。

…………

（十六）——（六十五）〔略〕

（六十六）一六六师四九六团团长陈志刚。

一、"行动不秘密"。掖县撤防前三天，民众即有消息，同时发生一种恐怖状态，匪军岂有不明白的道理，使匪能有充分时间集中兵力，对我作战。

二、不能把握时间。沙河转进时间太晚，也有一部分行动更迟，使匪有运用兵力的机会。

三、不能掌握部队之原因，训练不够，加以团结力与向心力之不够，实为造成此次不利战局之主因。

四、我官兵体力训练不够，攻击时追匪不上，转进时又跑不脱，此是我平日少练习跑步之原因，故为我军之缺点，抑即奸匪之特长，今后应着全武装多练习。

五、夜间教育无基础，由新河转进到昌邑时，大车汽车拥挤不堪，同时电灯沿途乱射，并不断发射曳光弹，如有小股土匪以火力袭击，其紊乱之状不难想见。

六、各级干部缺乏互助精神，咸抱坐视心理，虽有致胜之机，亦难得良好战果，更易被匪各个击破。

（六十七）—（一〇〇）〔略〕

军长指示：

一、四九六团在岳里被匪袭击，即已混乱，部队失却掌握，当不能发生战斗力；四九八团两个营撤离沙河，即向北转进，离开敌人正面，竭力避战，此为致败之由。当时若一直向西打，决不致遭此重大损失。两团失败最大原因，皆为时间上之迟滞。

二、张团长缺乏战场经验，每遇情况，无法处置，即诿责营长自行设法，足证该员能力薄弱。

三、未遵指示占领马埠子，影响撤退行动甚大。

四、掩护部队未待后尾通过，即先撤退，且占领阵地后未作工事。

五、军师部皆因幕僚未在，不能集思广益；军部指导时间过迟，师部处置决心不坚。

六、无线电连络不确实，作战时应分话电两班，部队未行动以前，决不应撤收。

七、掩护部队欠勇敢，不能猛扑猛打，以必胜兵力奋取指定掩护地点。

八、中下级干部战场经验不够，遇敌截击，不知行中央突破或夹击，向指定目标前进。

九、撤退时，炮兵不应随后尾部队行进，应先行占领掩护阵地，阻止敌人。

十、轻机枪行进间，以皮带挂于肩上射击，各部可采用。

十一、撤退系适应战术战略上需要，不可存失败心理。

十二、四九六团被俘士兵，始终未说出张团长，可知士兵甚好。我们为人长官，要爱护部下，同时又为人部下，要拥戴长官。

十三、要爱护武器。军人以武器为唯一生命，不可轻易损失。近闻尚有少数丧心病狂盗卖或拐逃武器者。兹规定盗卖或拐逃武器者，一律处死刑。

（一〇一）独立旅旅长周开成

一、命令下达规定行动之时间，应绝对遵守，俾各部在连络不易之状况下能行动一致（此次昌邑撤防时，即发生掩护部队于主力部队未通过时，即先行撤走之弊）。

二、夜间行动及战斗掌握不易，应事先妥密规定连络信号，确实保持连络，一旦发生情况，始能指挥自如。

（一〇二）独立旅副旅长孙进贤

一、撤防前应尽各种手段，眩惑欺骗敌人，秘密我之企图，而打破敌欲截击我之企图。自军抜沙撤防后，匪不进攻昌邑县城，即似有俟我军自动撤离而予以截击之企图，故于昌城西南公路附近控制有主力部队（二月二十六、二十七日情报：丁家、裴庄附近〈昌城西南十余里〉即据有匪兵力约二团）。二月廿八日军长于电话中指示机宜时，有鉴于匪可能窃听，遂复指示于明（三月一日）晨派兵一团（第一团两个营、第三团一个营）附山炮一门，向丁家、裴庄夹击扫荡。至翌晨获情报，该股匪已于昨晚南窜。其欲截击我之企图，遂遭粉碎。我当晚撤防，安全到达寒亭。

二、夜间教育，颇感不够，连络掌握欠确实。当晚撤防时，系分两纵队在公路两侧齐头并进，因连络不确之故，两纵队到达目的地之时间，相差在半小时以上。

三、撤防时行动欠秘密。少数部队撤离阵地即焚毁工事，致火光冲天，照彻数里以外，暴露我之企图。幸部队脱离迅速，否则即有遭截击之虞（因于离城数里途中，即发现南侧匪军信号弹不断发射，似作截击之准备）。

（一〇三）—（一一四）〔略〕

参谋长讲评

各位官长、各位弟兄：

在未讲评之先，向诸位报告两点号外消息：第一，我军已于昨天上午七时收复泰安；第二，新四军军长陈毅于周村附近被我机炸毙。关于此次掖沙撤防经过情形，概略报告如下：

一、军前后奉到层峰之命令要旨如次：

二月十五日命令：（一）第八军应暂留一个师于掖县，协力第十兵站分监部，将屯掖粮弹两日内运集昌邑、潍县后，平毁该地工事，开昌邑，并指挥该军独立旅担任新河、昌邑之守备。（二）贵军应率军直属部队及一个师巧日出发，在潍县集结，车运益都待命。

二月十六日命令：为节约兵力计，贵军撤防后，新河可放弃。

二月十七日电令：（一）掖县所屯粮弹，务须分段转运，部队分段转移。（二）部队移动时，所有壮丁，希尽量设法，使其随军行动，勿留为匪利用。

二月十八日命令：着第八军军部应率一个师驻潍县附近，其余一个师及警四旅，暂在沙河镇以南维持原态势，候令行动。

二月十九日命令：撤防应以一个师车运益都，率一个师在潍县附近集结待命，另贵军独立旅仍担任昌潍间防务。又命令：希速行动，不为小股匪军袭扰而滞阻。

二月二十二日命令：贵军务须排除万难，迅速脱离敌人，万勿恋战。又电令：贵军务须迅速脱离敌人，万勿恋战。

二、行动前后匪军番号兵力：

新（解）五师（警三旅改编）

新（解）六师（警二旅改编）

警四旅

警五旅

莒县独立团及几个独立营

共计约四万余人

三、我军兵力：

一〇三师、一六六师及军直属部队（含独立旅第一团）

匪我伤亡比较：

匪我伤亡概数：达万余

我伤亡数目：二千五百余人（含失踪在内）

四、损失原因：

本军如照最初层峰命令行动，依照预定计划撤防，不论以何种手段行动，此时披沙附近之匪，尚未集中兵力，其他方面之匪，亦未到达，则一六六师绝无损失；因尔后迭奉层峰电令，无所遵循，故遭此次意外之重大损失。

五、指挥官确实明了敌情后，始能策定作战之方针。此次情报，既属不确，命令亦受限制，故将一〇三师主力开至潍县，致前方兵力薄弱，迨发生情况后，复将该师汽车输送，星夜调回，触犯逐次使用及疲劳兵力之弊。

六、退却要领：（1）出敌意表；（2）秘密；（3）迅速。

七、退却时机：（1）黄昏后；（2）夜半；（3）拂晓前。

（1）本军此次由新河于夜间一举撤至昌邑而成功，乃出敌意表之行动，因匪无从判断我于夜间行动也。

（2）此次一六六师由沙河撤防，军与师之指导，因离开原则而行动，故匪节节阻击而受损失。

八、退却目标之选定：要深远（原则规定）。第一日行动要远，然后逐次缩短行程，始可脱离战场。退却指导在不违背上官企图和意旨，各级指挥官应依视状况，临机应变，独断处置，遂行任务。此次失败，过于拘泥命令也。

九、团以下部队，如能打能战，可弥补上级指挥官之过失，是即谓战斗战术可补救战略，但战略绝不能补救战术战斗。此次失败，多由于团以下之战斗力不强有以致之。

十、此次一〇三师、一六六师均犯逐次使用兵力之弊，不能彻底集中兵力，猛扑猛打，一举奏效；一〇三师不能适时占领太平庄，一六六师不能一举攻占黑羊山，致为此次损失之主因。

结论：各级指挥官战术修养不够，今后应研读典范令，活用于战场，以应付战场上之变化。

总司令夏致闭幕词

诸位官长、诸位弟兄：

这次的作战检讨会议，情绪非常良好，大家都能以赤诚坦白的精神来检讨自己的得失，其目的在求今后致胜之道，并须重在求其在我，此不仅为已参加此役之人员，尤以未参加此役之人员更为重要。盖作一事，长一智，事非经过，不知其难。血的经验教训，不可或忘也。今为提示其致胜要点于下：

致力战斗战术修养上致胜之道——此次黑羊山之不保，造成全般失利之主因，以致掩护退却与攻击要点等动作，犯了战斗战术上许多过失。大家既已知其错误，必须彻底改进，针对奸匪惯用战法及诡诈技俩，去实施对策。战场上之情况，瞬息变化，各级指挥官总要把握战机，临机应变，适应战况，未有不常打胜仗的。

改正战场心理精神纪律致胜之道——我军怕敌迂回包围之心理，与怕适应战况前进后退之临时调遣的心理，必须彻底改正。须知剿匪无后方迂回包围之来，只有沉着应付。至于紧急时之前进后退，尤为运用至妙之通则。我官兵今后须具必胜之信念，必死之决心，遂行任务，并以迂回包围之方法同样攻打奸匪，必易收歼灭之效也。

通讯连络为作战致胜之道——如部队掌握确实，运用灵活，明了全般状况，发挥互助协作精神，均在赖于通讯连络之完善也。纵然通讯中断，须牢记下级向上级、士兵向官长之连络，而自动归入其掌握，以受其指挥。如此部队，才是真正团结成为打不散打不溃的铁军。在战况混乱之际，上级无法指挥，亦须本长官企图独断专行，达成其任务。

致力教育致胜之道——军队必须教战合一，以平时所学应用于战场，使无缺恨为满足，有经验者必须求学理之充实，有学理者必须求实际之经验，互为因果，则收教战实效，故今后除一般训练外，须针对剿匪实际需要，举办军官训练，以期士兵有技术，干部有才能，达到革命战术以一打十之目的。

构筑工事与守备致胜之道——此次潍城附近构筑之工事，大家很能认真。惟其技术方面，仍有不少需要研究改良之点。今将其要点提示于下：（一）工事要坚强；（二）要能消灭死角，编成火网；（三）要有独立性；（四）工事内外要有潜伏工事；（五）守备者要有作战；（七）昼夜之精神与准备。

砥砺精神致胜之道——精神为一切之首要。此次检讨会未能达成任务之同志，深知其认为大耻大辱，是很好的现象，所谓"知耻近乎勇"，大家努力改进，即以此精神贯注中层下级士兵身心上去，抱定忠奸不两立，正邪不二天之精神，把握必胜之信念，必死不死之决心，遇匪打，找匪拼，勇往迈进，灭此朝食。好！等着吧，伟大之前途，辉煌之战果，准是等候大家去创造也。

军长致闭幕词并讲评

听到总司令训示的致胜之道，这是兵学上一个伟大的发明，实战时独到的经验，望我官兵，带回部队去发扬光大，把握战机，争取胜利,才不负总司令谆谆训诲的苦心,司令官对本军之希望,使水深火热的人民得到安居乐业,早日完成戡乱安民统一建国的使命。

三日来,听取各级官兵报告战斗经过以及实战经验与教训,虽然于战斗过程中,在精神上失去主动,技术上欠缺灵活,但都能坦白虚心承认过失,尚不失为虚怀若谷,允宜如此,我们才能从失败之教训中获得尔后之进步与胜利。

蒋百里先生说:"军人骨头要硬,脑子要软",换言之,即军人要有山一般的骨格,要有水一样的脑子。"骨头硬"才能气节参天,义薄风云;"脑子软"才能大雅容物,汇百川之细流而成大海,亦即孟〔孔〕子所说的"仁者乐山"、"智者乐水"之义。

"前事不忘,后事之师"。在这次惨痛失败之教训中,去寻求胜利的方法。望我官兵,要有"败而不馁""胜而不骄"不屈不挠之精神,不断研究与努力,想方法找对策,捕捉胜利,复我之仇,雪我之耻。

曾文正公说:"无兵不可痛哭,无饷不足深忧,独举目斯世,求一忠愤耿耿者不可亟得"。从这一段话,可以看到打仗时,兵少粮缺,都无关系,而忠愤之气,万不可少。所谓忠愤者,即是气节。本军为吾人艰难缔造之家庭,官兵如家人手足。此次所受之耻辱仇雠,我们岂可片刻忘怀而不心存洗雪吗?

现在本人就精神和技术上的缺点以及错误的总和赘述如下:

在精神方面不能争取主动——什么叫主动?领袖在剿匪纪实中训示我们:"主动在精神上讲,是使敌人的意志跟着我们的意志走,而我们的意志不为敌人所左右,行动上是攻守进退悉由自主,忽东忽西,纵横自如。"如果说攻击是主动,防御是被动,前进是主动,退却是被动,那就错误了。兵学上有一句名言:"攻心为上",攻心就是使敌人的战意丧失精神动摇,那就是主动和被动的道理。

本军此次之损失，痛定思源，就是在精神上起了变化，以为撤防只求能及早离开战场，就算达成任务。比至情况骤变，仍存侥幸避战之心，不能猛扑猛打，以雷霆万钧之势，乘敌立足未稳之际，击溃而歼灭之，殊属可惜。精神上战意既失，力量当然无法发挥，遂造成本军此次空前之奇耻。

共产党出卖国家，诋毁政府，诬蔑元首，杀害人民，种种惨绝人寰之暴行，如非麻木不仁者，决不能视而不见，听而不闻，低首下气，寡廉鲜耻的甘之如饴。望我全体官兵，秉承本军必胜之信念，必死之决心的一贯精神，冒险犯难，坚忍不拔，向战场的最危险最黑暗的方面揭开光明，搏取胜利，誓雪本军之仇耻，力挽国家之危机，方足以告慰胶东人民所渴望于我们第八军的一番苦心。

在技术方面，失去了灵活技术，就是艺术战争，是艺术的比较。岳武穆好散战，宗泽戒之曰"阵而后战"，武穆答以"运用之妙，存乎一心"。这就是说，负指挥责任者，各有其慧眼，各有其独到的见解，故不论战斗如何惨酷，均应随机应变，独断专行，随战况之推移，办到达成任务之至当行为，纵当连络中断，情况不明，也能基于枪声之所在，适时判断，决心处置。如果四九六、四九八两团能办到这点，不希图向没有枪声的方向去规避战斗的话，那么不都冲出来了吗？

要知道，军人事业在战场，战场即是要找仗打，打仗的时候，要把握战机，不可迟疑与不为，不可心存观望，要向最危险的方向走，最危险的方向才是最光明与最后胜利的所在。此次的失败，就是犯了这个通病。

现在说错误的总和：

（一）黑羊山为沙狈公路之要点，一〇三师守备部队输送营之四个排，应死力固守，掩护一六六师之通过或交防，而竟以一部轻举妄动，放弃阵地，扫荡当面之散匪，以致兵力分散，造成黑羊山之不能确保，影响于全局。

（二）一〇三师输送营第二连驿塘工事位置，选择不当，不能形成打不破坚固据点，以致为匪突破，东西隔绝，首尾不能相应。

（三）一〇三师掩护部队三〇九、三〇八团，不能猛扑猛打，适时占领太平庄及东西大小阁庄，致使一六六师观望不前，失去时间上之良机。

（四）一六六师攻击黑羊山时，不能不顾一切一鼓作气，猛扑猛打，一战而夺回既失之要点，挽回既失之战局，竟致一衰再竭之弩末趋势。

（五）一六六师依赖心过切，始终坐待一〇三师部队之到达东西大小阁庄，以致时间拖延，丧失临机应变、独断专行、脱离战场的好机。

（六）一六六师大车竟达二百余辆之多，致使行军长径增长，企图暴露，影响四九八团撤退时间之延长，招致敌人追兵之赶到。

（七）四九六团不能遵命令派遣一个营占领马埠子，致使土匪侵占寨里遮断退路，演成向北迂回之重大错误的主因。

（八）一六六师岳里掩护之四九六团，不待四九八团之通过完毕，即停止抵抗，递〔擅〕作向北而不向西之撤退，以致本身并影响四九八团共同遭受惨重之损失。

（九）四九八团不能充分把握时间，分数纵队随师部后尾跟进，致一、二两营不能衔接，行动脱离掌握，陷于溃败。

（十）四九八团之两个营，应向枪声激烈之岳里方向猛冲；四九六团应向寨里或寨里土山间之开阔地向新河冲进，竟希图避战向北迂回，以致共同遭受敌人截击、尾追、包围，自陷于败溃。

总之，此次失利之最大症结，由于缺乏巩固之攻击精神与旺盛之企图心，以致战斗手段不能达到战术之要求，更无法挽救战术指挥上之错误，战术之运用不能达成战略之企图，更无法补救战略上之错误。愿我各级官兵，痛定思源，深加猛省，胜败虽为兵家常事，但须有"败而不馁"之气，本着总司令指示的：（一）未战不饶幸；（二）既战不惊慌；（三）战后不懈怠，戒慎恐惧，"苦斗必生"，"苦干必成"的信念，在司令官、总司令的领导之下，向战场上最黑暗最危险的方向迈进，矢必打开光明、取得胜利、完成山东戡乱安民之使命，湔洗本军此次失败之耻辱，盼共同努力。

此次在掖沙撤防作战以及潍坊外围各防御战役中，本军各部团体或个人功绩彪炳者，除另案分别嘉奖给赏外，特再当众宣布于次：

一、军汽车第一、二两连及榴炮营汽车官兵在掖沙撤防战役中，自二月十六日起至廿二日止，全体官兵不惮辛劳，不避艰险，先将兵站屯储于掖沙两地粮弹抢运完毕，又将随军撤退难民中之老弱妇孺七千余人运送昌邑、潍县等地。廿日，又星夜轮番由潍县、昌邑运输一〇三师及军直属部队与独立第一团至新河驰援，使一六六师得以迅速脱离。此种勇于从公奉行命令之精神，实堪嘉许。

二、一〇三师三〇七团第四连及该师输送营第二连守备驿塘，孤军奋战，不屈不挠，迭予匪军十四团以严重打击，使其伤亡过半。后因该两连弹尽粮绝，阵地全被匪炮击毁，或被爆炸，全部壮烈牺牲。又独立旅第三团第三连排长郭顺堂率兵一班守备平旺据点，被匪五百余人包围猛攻，该班苦力支撑，坚忍到底，于毙伤匪军二百余人及工事完全被毁之后，全部牺牲。该两部官兵忠勇为国、壮烈捐躯革命军人之精神具体表现，殊足矜式。

三、一〇三师三〇七团输送连连长郑仲英，二月二十一日于三埠店附近，临机独断，协助友军，聚歼顽匪，致使阵地无恙，友军亦得转危为安，充分表现团结互助之精神，殊属难得。又该团第九连于灰埠战役中，固守正面，始终不动，卒能阻匪攻势，稳定全团战局。该连官兵之坚忍苦斗与牺牲小我、完成大我之精神，实足为全军官兵所宜效法。

四、一〇三师三〇八团第二连连长廖群虎,于大汶河战役中掩护该团撤退,能适应情况,予匪反击,使主力安全脱离,达成掩护任务。

五、一六六师四九八团第一营于沙河撤防时,官兵用命,一再掩护协助友军,并使炮兵安全通过。在此混乱艰难之情况下,尚能协助友军,殊属难得。

六、荣一师山炮营第一连于沙河撤防时,不避艰险,排除万难,救出重要武器,殊堪嘉许。

七、独立第三团第三营副营长孙玺璋,第九连连长王在田,守备寒亭,受伤不退,迭挫匪锋,达成固守寒亭之任务,使匪军不敢正视潍坊,纷纷东窜。

八、独立第七团副团长范企奭,率该团第一、二两营守备阙庄,痛挫匪锋,斩获颇众,使匪解四师全部溃逃。

上列各部官兵,或不惜牺牲,与阵地共存亡,或不避艰险,以求达成任务。此种不计小我、完成大我之革命精神,实足为我后死袍泽所宜效法。愿我各级官兵,共体时艰,竞相勖勉,发挥本军光荣历史,完成绥靖大业为幸。

〔中国人民革命军事委员会保存国民党档案〕

四、国民党军对山东省沂蒙山区的进攻

1. 国民政府第二绥靖区李仙洲部进犯鲁南解放区临沂战役经过战报

(1947年1—2月)

第一 战斗前匪我态势(如附图一〔略〕)

一、匪军 陈毅匪部自苏北挫败,妄图会合刘伯诚部由豫东向徐州发起之钳形攻势,亦被我粉碎后,乃纠集新四军全部及山

东各解放师与军区部队麇集于郯城、临沂及其以北之沂蒙山区,企图确保老巢,相机反攻,同时胶济沿线匪军,亦大肆袭扰破坏,以策应其主力作战。

二、我军 本区奉令抽调十二军、七三军及整四六师,由莱芜、新泰进出青岛、临沂侧背,以策应鲁南之作战。

第二 战地地形交通天候季节与居民状况对战斗上之影响〔略〕

第三 匪我全期参加作战部队兵力番号及团长以上主官姓名(见附表一、二)

第四 各时期战斗经过概要

一、第一期会攻临沂之战斗经过

(一)作战计划之策定

元月八日,奉国防部子虞防创才电,指定以两个军进出新泰,复奉令七三军主力亦须加入,策应鲁南会战。当以文祖镇至蒙阴一带地区山峦重叠,形成狭长隘路,不适于大兵团作战,经策定作战指导腹案三案,力主向诸城、莒县进出。

第一案——以五四军全部及整四六师主力向诸城、莒县进出,威胁临沂侧背;以十二军向莱芜挺进,达成牵制目的。

第二案——以五四军及整四六师向诸城、莒县进出;第八军集结潍县策应作战。

第三案——系遵照国防部指示,向新泰进出。

以上三案,经以子铣参昌电一再向国防部建议,未蒙采纳。因国防部系着眼整个战略之有利态势,不能因本绥区局部之不利而有所变更。遂决心遵照层峰指示,仍向莱芜、新泰进出。

(二)第一次攻略吐丝口、莱芜之战斗

一月十日,奉子佳防创才代电,饬"以有力一个军先进占吐丝口、莱芜,尔后于徐州方面国军进攻临沂时,再候令向新泰进出"。当即抽调担任济南守备之十二军迅开明水、日泉镇间地区集结,十三日集结完毕,十五日晨开始向文祖镇以南地区挺进。因匪在沿途到处埋设地雷,行动颇受妨害。十七日午,攻抵吕公泉附近,遭遇匪警一旅及新二、新三、新六等团及莱芜子弟兵团之阻击,激战三小时,奋勇击退。酉刻,先头师已攻占吐丝口。是晚,匪增援反扑,彻夜不停。战至翌晨,匪不支南窜。我军续向莱芜推进,匪凭既设工事,节节抵抗,均被我击溃,于未刻攻占莱芜城。

该军攻占莱芜后,当饬一面向外扫荡,一面构筑莱(芜)吐(丝口)两地工事。此后,匪虽利用雪夜屡次向我袭击,均未得逞。嗣因鲁南我军主力尚未开始行动,而匪军解四、解九等师,又回窜莱芜附近,层峰为顾虑该军过于突出,乃即令转移至何庄、吐丝口间地区,待机再向莱芜进出。

(三)第二次攻略莱芜及新泰之战斗(附图二〔略〕)

会攻临沂之作战准备完成后,复奉主席蒋手启(卅六)子感防创才代电,饬本区应以第十二军、整四六师全部及七三军主力,迅速攻占莱芜,待命向新泰进出,并相机占领蒙阴,策应鲁南方面之作战。当律定各部行动如次:

1. 第十二军应于二月一日由原地向莱芜攻击,务于四日攻占该城,尔后以主力控制莱芜附近,策应第一线兵团作战,并以一个师协力抢收后方交通线。

2. 整四六师应于二月二日进至何庄附近,策应第十二军作战,俟十二军攻占莱芜后,即经苗山集、徐家店向颜庄挺进,限三月八日攻占新泰。

3. 七三军(欠七七师)应于二月四日在博山集结完毕,随四六师后跟进。

4. 李副司令官率前进指挥所人员进驻博山,依战况向前推进。

各军奉命后之行动:

甲、第十二军之行动:

该军于二月二日攻抵孝义集，一部进至莱芜附近，忽奉主席蒋丑东府机电停止前进。乃转饬该军在原地待命。三日，复奉命按原计划实施，于四日午刻攻抵莱芜附近。匪凭城顽抗，我军在空炮火力掩护下，奋勇先登。战至申刻，再将该城占领。

嗣因莱芜、新泰一带匪军坚壁清野，道路破坏无遗，居民逃避一空，大军给养运补甚感困难，乃饬该军以主力继续扫荡莱芜附近残匪，以一个师协助九六军、暂十二师抢修明水至莱芜间公路，并担任维护。

乙、整四六师之行动：

二月二日，该师由博山进至何庄（博山南）附近。四日，续向苗山集以南挺进。五日午刻，攻抵颜庄（莱芜东南约十五公里）附近，与匪警一旅、二新二团莱芜子弟兵团等遭遇，激战至六日午刻，将该匪击溃，乘势一举攻占颜庄及其以南之龙山及512高地。入夜，匪增到解四师主力，会合警一旅等，共约万余，向龙山及其以东512高地反扑，发生激烈之争夺战。相持至八日晨，匪开始向两侧山地溃退，该军继续向南推进，申刻攻抵金斗山、南师店、将军堂（新泰东北）之线，匪复利用有利地形，坚强阻击。当饬七三军之十五师加入战斗，分两路向匪侧翼猛力夹击，匪不支南窜，酉刻遂将新泰城完全占领。乃积极整顿态势，构筑工事，以防匪之反攻，并作进攻蒙阴准备。至十日，匪解四解九两师，回窜青山庄、鳌山、后马峪、白窑、鳌阳镇（新泰东约十公里）一带，构筑工事，阻我南进。十一日午，整四六师派一个团向该地搜剿，在青山庄、鳌山后附近，与匪五千余发生激战。相持至十二日晨，当饬该师以主力驰援，空军亦凌空助战，匪不支南窜。十三日晨，续向鳌阳镇、白窑、马峪之线攻击，匪据险顽抗，正面进展困难，遂分两路迂回，击敌侧背，至午刻，将该线占领，直逼蒙阴威胁临沂侧背。

丙、第七三军之行动：

第十五师及一九三师,二月四日在博山集结完毕。五日,军部率十五师随整四六师跟进,以一九三师推进至八陡庄(博山东南)、苗山集间,暂任该段公路之抢收及维护。八日,以十五师适时加入战斗,协力整四六师,击溃南师店、将军堂之匪后,即控制于颜庄附近,分向两侧山地搜剿,以巩固后方连络线之安全。

二、第二期临沂会战后之战斗经过(附图三〔略〕)

本部遵照主席蒋手谕,于二月八日依限攻占新泰,并续向蒙阳镇以南挺进,直逼蒙阴。陈毅匪部因受我侧背威胁极大,被迫放弃临沂,企图向北转用,打击我之南进兵团,以挽回其失败之颓势。自二月十四日以来,空军陆续发现大股匪军,经蒙阴及太平邑,分向西北运动。迄十六日止,颜庄以西之冶店附近,集结匪军六个师(2D、4D、6D、7D、E10D、N8D),颜庄以东之双龙峪附近,集结匪军三个师(E4D、E6D、E9D),并续由大王庄向北运动。另一股约二万余,经肥城向泰安前进,对我军之包围态势,业已形成,而我军尚分散于吐丝口、莱芜、颜庄、新泰间地区,态势至为不利。当即一面以丑铣参英电向国防部建议,要求准予机动作战,一面权令整四六师以一部在新泰附近活动,主力撤至蒙阴寨、颜庄间地区。七三军集结于莱芜附近,保持机动。在此时期,迭奉国防部丑寒创胜及丑铣战徐等电指示,准备固守新泰。并云陈、刘两匪已开始总退却,将由东河、范县间北渡黄河,饬派队分向蒙阴、白马关、大汶口方向侧击。等因。本部因探悉陈、刘主力并未西窜,确有打击南进兵团之企图。但为贯彻层峰命令,仍复令整四六师及七三军开回新泰、颜庄间地区,恢复原配备。并再电国防部建议,要求准予机动,迄未批示。十九日,情况益趋紧张,为顾虑兵力过于分散,被匪各个击破计,乃独断处置,立令整四六师迅速集结颜庄,占领楼里、龙山及其东西之线,七三军占领莱芜城及其以南山地,准备作战。

本部因鉴于当面情况之危急,为便于作战指挥掌握计,改将十二军（欠新卅六师）调至张店、明水一带，担任铁道守备；而将九六军之暂十二师推进至文祖镇，协力新卅六师，维护明水至吐丝口补给；七七师由张店经博山向吐丝口归制。十九日午刻，该师行至麻峪（吐丝口东十六公里）附近，遭匪解四、解六、解九师、警二旅等二万余分段截击。当因两侧山峦耸叠，无法施展，而友军又被匪牵制，不能救援。苦战至廿日晚，因师长君健阵亡，团长负伤二员，官兵伤亡过半，遂陷于混乱，情况不明。

二月廿日晚十二时许，匪集中优势兵力，分向我莱芜、吐丝口、青石桥（吐丝口北）、大寨等处发动总攻，在颜庄附近之整四六师亦同时被匪攻击。是晚（廿日），解七师、解十一师及警七旅，复向胶济路西段及淄博各据点大举猛攻，铁道电线俱被破坏，交通通讯完全断绝。莱芜方面激战至廿一日午刻，匪已继续增加至六万余人，城垣已三面受困，而扼守吐丝口、青石桥、大寨之新卅六师，亦被匪各个包围，不能互相救援。经我陆空协同，予匪猛烈轰击，匪虽死伤盈野，但仍前仆后继，攻势亘夜不停。当时我为集结兵力予匪打击计，乃急令整四六师向莱芜转移，并进击匪之侧背，协力七三军作战。甫抵汤里村、南冶（莱芜东南）之线，即遭匪五万余之坚强阻击，城内与城外完全隔绝，我飞机亦被匪击落一架，击伤一架。嗣据俘虏口供，当时莱、吐两地匪军，计有新四军1D、2D、4D、6D、7D、N1D、N8D、E4D、E6D、N9D、E10D等十一个师及1GB、2GB两个旅，基干第1R、2R、3R、4GR、E6R、鲁西基干团、莱芜子弟兵团、教导团等八个团，共约十五万余人。鲁南匪主力，皆已集中于该地区，企图打击我南进兵团后，再乘胜夺取淄博，袭取济南。

廿一日夜，匪围攻愈急，大寨、青石桥等据点守军（新卅六师之一〇六团及一〇七团）伤亡过半，相继被陷。至是该方面之匪，更集中全力向吐丝口四面围攻，战况之惨烈，前所未有。我利用坚固民房，逐步与匪巷战。至翌日拂晓，大部已被匪突破，曹师长率部坚守东北一隅，匪不顾重大牺牲，数度突入我核心，皆为我忠勇官兵歼灭于刺刀下，匪伤亡达二万余人。

廿二日晨，整四六师在空军掩护下，竭全力向莱芜以南之匪军侧背猛攻，激战至午刻，将该线山地占领。因地势受匪瞰制，旋撤过汶河北岸，与城内七三军会合，并肩作战。斯时莱芜在四面环攻下，粮弹俱缺，吐丝口孤军更危如垒卵；若吐丝口不保，则运屯该地大量粮弹，必损失殆尽，而莱芜之两军势亦不能久持。同时，窜据文祖镇及泰安、肥城等处之匪，亦有乘虚袭取我济南之企图。为解救吐丝口，并便于尔后作战计，乃决令莱芜之七三军及整四六师于廿三日晨开始向吐丝口转移，并规定两军交互掩护，交互前进。不幸我军行动为匪侦知，而指挥部署又犯重大错误，以致进入匪军预设之口袋阵地内，四面受匪围攻，双方反复冲杀，遗尸遍野。战至黄昏，我各级指挥官或死或伤，因之部队失去掌握，陷于混战。我扼守吐丝口之曹师长即率领残部突围，沿途排除万难，卒能安全到达济南。

三、南进兵团失败后之紧急措施

南进兵团失败后，深恐匪军乘胜北窜，袭取济南，造成政略战略上之有利态势，当采取紧急措施，立即将守备铁道之十二军与守备淄博之五个补充团星夜调回济南，加强防务。并动员全市人力物力，完成一切作战准备。匪见我布署已成，不敢冒险进犯。

第五　结论

此次南进兵团之失败，为战场上诸种错误之总合。本部在奉令向新泰进出之前，已深感态势不利，既进出新泰之后，尤觉兵力分散过于突出，随时有被敌各个击破之虞。且匪放弃临沂后，本部即已判断匪必打击我南进兵团，以挽回其颓势，故一再要求机动作战。但层峰因有整个计划，始终未能采纳。厥后我军由莱芜向吐丝口转移时，以如此强大力量，在空军掩护下作短距离之战斗前进，绝未料其失败，如当时决心坚守莱芜，固可少受损失，但匪必转用主力,乘虚袭取济南,济南既失,莱芜必陷,整个局势更难挽救。吾人受此挫败,不仅损失重大,使党团蒙忧,而本部一年来在鲁省艰苦奋斗所开创之新局面,亦悉告破产。每一回忆,实有无限之沉痛与惭愧,吾人惟有淬励奋发,痛歼顽寇,以雪此奇耻大辱,完成绥靖任务。

第六、作战经验教训

本期作战经验教训另详附图〔略〕。

附表一

\	\	\	\	\	\
区分	番号	姓名	团数	兵力	战力
野战部队	第一师	叶 飞	九	一五〇〇〇	甲
	第二师	韦国卿①	九	一五〇〇〇	甲
	第四师	张爱萍	九	八〇〇〇	甲
	第六师	王必成	六	一〇〇〇〇	甲
	第七师	谭希林	三	六〇〇〇	甲
	新一师	陶 勇	六	一〇〇〇〇	甲
	新八师	何以祥	三	六〇〇〇	甲
	解三师	曾国华	三	六〇〇〇	乙
	解四师	欧阳平	三	六〇〇〇	乙
	解六师	刘 涌	三	六〇〇〇	乙
	解七师	宋时轮	三	六〇〇〇	甲
	解九师	牟涟新	三	六〇〇〇	乙
	解十师	贺 健	三	六〇〇〇	乙
	解十一师	萧 峰	三	六〇〇〇	乙
	合 计		六六	一一二〇〇〇	

① 即韦国清。

军区部队	警一旅	周长胜	三	六〇〇〇	丙
	警二旅	王海山	三	三〇〇〇	丙
	警七旅	赵寄舟	三	一〇〇〇	丙
	警四团	贾克明	一	一〇〇〇	丙
	新六团	栾子南	一	一五〇〇	丙
	教导团		一	一〇〇〇	丙
	基干一团	王子健	一	一〇〇〇	丙
	基干二团	吴存富	一	一〇〇〇	丙
	基干三团		一	一〇〇〇	丙
	鲁西基干团		一	一〇〇〇	丙
	莱芜子弟兵团		一	一〇〇〇	丙
合 计			一七	一九五〇〇	
总 计			八三	一三一五〇〇	
附记	一、总计兵力一三一五〇〇人，共计十四个师、三个旅、八个团。 二、民兵未列入。 三、甲、乙、丙示战力。 四、新四军第三师似已编入他部，本表故未列入。				

附表二 第二绥靖区策应鲁南作战参战部队番号兵力及团长以上主官姓名表

绥靖区前进指挥所指挥官 李仙洲

第十二军 军长霍守义
- 新三十六师 师长曹振铎
  - 第一○六团团长何指洞
  - 第一○七团团长徐星耀
  - 第一○八团团长谭鸣煌
- 第一一二师 师长于一凡
  - 第三三四团团长杨毓芳
  - 第三三五团团长韩福山
  - 第三三六团团长高指旌
- 第一一一师 师长孙焕彩
  - 第三三一团团长林学骞
  - 第三三二团团长于高翔
  - 第三三三团团长徐振和

第七三军 军长韩浚
- 第一九三师 师长萧重光
  - 第五七九团团长王正直
  - 第五七八团团长车驷海
  - 第五七七团团长张海驷
- 第七七师 师长田君健
  - 第二三一团团长陈运德
  - 第二三○团团长冯炳武
  - 第二二九团团长许初鸣
- 第十五师 师长杨明
  - 第四五团团长谭述常
  - 第四四团团长张伯候
  - 第四三团团长陈封甫

整四六师 师长韩练成
- 第一七五旅 旅长甘成城
  - 第五二三团团长周禹
  - 第五二四团团长夏越
- 第一八八旅 旅长海竞强
  - 第五六二团团长韦泽文
  - 第五六四团团长覃照心
- 新十九旅 师长蒋雄
  - 第五六团团长卢玉衡
  - 第五团团长何绍祖

〔国民政府国防部史政局及战史会档案〕

2. 国民党陆军总司令徐州司令部顾祝同所部进犯鲁中解放区作战经过概要

（1947年3—4月）

陆军总司令徐州司令部鲁中会战经过概要

一、进剿前匪我一般态势（附图一〔略〕）

甲、匪军

子、鲁南及鲁东方面

陈毅匪部自临沂失败后，即向西北窜逃，其主力在梁邱山地亘徂徕山以东地区，一部在潍县东北及明水、周村等地区。其盘踞情形如次：新七师、新十师盘踞梁邱山地；新一师、新六师、第八师盘踞费县西北太平邑及其南侧山地；第二师、第四师、第七师盘踞徂徕山、羊流店间地区；第三、第四及第九解放师盘踞莱芜、泰安间地区；第一师盘踞界首附近地区；第五、第六解放师盘踞潍县东北地区；第七、第十一解放师盘踞明水、周村地区。

丑、鲁西南方面

刘伯诚匪部自豫东惨败后，伤亡过半，其主力退踞聊城、阳谷间地区整理，一部流窜东阿、平阴、肥城地区（如附图一〔略〕），陈、刘二股匪，均已伤亡过半，目下正积极整补，各以民匪与我接触，有伺机扰袭我侧背之企图。

乙、我军

第一兵团：整二八、整六五、整二五、整八三、整七四等师，守备东海、新安镇、郯城、李家庄、临沂等地区；整五七师集结阿湖附近。

第三绥靖区：整五九师及整七七师，守备台儿庄、峄县、枣庄各附近地区。

第三兵团：整廿师、整四八师（欠一七四旅）、第七军、整六四师、整十一师，守备韩庄、临城、滕县、邹县一带地区；第二保安纵队，守备济宁、兖州一带地区。

第二兵团：整八八师、整七五师、第五军、整八五师、整七二师，集结金乡、兖州、汶上、袁口以南及郓城一带地区。

第二绥靖区：第四五军、十二军及第八军之四二师，守备济南城区外围一带地区（附图一〔略〕）。

子、我军作战指导及兵团部署

国军预期在大汶河畔与匪会战，求主决战于津浦路两侧地区，包围匪军于战场附近而歼灭之。

第一兵团以一部守备东海及清剿苏北残匪，以主力控置于李家庄、临沂、郯城、凤凰山地区,加强据点工事,搜剿散匪,准备尔后之攻势。

第三兵团以一部守备临城、邹县间交通线,以主力速进出曲阜、邹县地区,准备尔后向泗水、歇马亭进剿,与第二兵团互相协力,围歼匪军。

第二兵团以主力逐次攻略歇马亭、大汶口、泰安各要地,与第三兵团互相协力,围歼匪军,以一部攻略肥城、东阿、平阴,与济南方面南下部队会师,打通津浦路;另以一部扫荡鲁西残匪,拒止匪军渡河;五七师为总预备队,控置炮车附近,准备尔后向凤凰山推进,接二五师防务,或车运临城转用;其余第三绥靖区及徐兖绥靖区部队之行动任务如旧。基于右项作战指导,于三月七日下达第一次进剿命令,其要旨如次:

(一)第三兵团之整十一师,应于佳日攻略曲阜,尔后准备向泗水或歇马亭进攻;该师邹县东滩店一带防务,交整六师担任。

(二)第二兵团之整七五师,应于佳日协力整十一师攻占曲阜后,经曲阜车站进攻歇马亭,并以第五军于佳日攻略宁阳,准备尔后以一旅协力整七五师攻略歇马亭,整七五师应于佳日推进于袁口间,以一部于灰日推进汶上,准备尔后向席桥进出。

复于三月十一日下达第二次进剿命令,其要旨如次:

(一)第三兵团之整十一师,以一旅以上兵力,适时进出吴村车站,直接支援七五师之作战。

(二)第二兵团于寅文以整七五师及第五军之一旅,进出吴村车站、峪口村、九山、凤凰山、毛窝、卧虎庄、邢山后刘伶墓、堽城屯各附近之线,对东北方占领坚固据点阵地;以第五军及整八五师主力控置宁阳、汶上,分遣有力一部肃清白马庙、夹河一带及汶河南岸之散匪,准备尔后之攻势;其余各部队续行原任务。

丑、战斗经过(附图二〔略〕)

曲阜歇马亭宁阳袁口之战斗

第一兵团各部队于指定地区集结后,主力加强据点工事,一部清剿苏北散匪及守备东海,准备尔后之攻势。第三绥靖区之五九、七七两师,仍守备台儿庄、峄县、枣庄地区。第三兵团之整十一师,于三月九日攻占曲阜,第二兵团之七五师、第五军、八五师,均于三月九日分别攻占歇马亭、宁阳及袁口闸等地区。三月十二日,整七五师及第五军之一旅,续攻占吴村车站、峪口村、九山、凤凰山、毛窝、卧牛庄、刑山后刘伶墓、堽城屯之线,沿途均无匪抵抗,进展顺利。自三月十二日起,迄三月廿日,各兵站均在原位置,加强据点工事,扫荡各驻在地附近散匪,准备尔后之进剿。

二、津浦路中段之进剿

子、我军作战指导及兵团部署

国军决先扫荡黄河右岸亘津浦路沿线之匪,打通津浦中段,遮断陈、刘两匪之连络,诱致匪主力于当面而击灭之。于三月十九日下达作命第二号命令,要旨如次:

(一)第一兵团应连续扫荡流窜于梁邱山地东南侧之奸匪,压迫于山地内而监视之,并准备两师以上兵力,进出费县西北,策应第三兵团之作战,或进出兰陵镇以西,策应台枣线之作战。

(二)第三兵团应连续扫荡梁邱山地西侧之奸匪,压迫于山地而监视之,并准备两师以上兵力,向北策应第二兵团之作战,或向东策应第一兵团之作战。

(三)第二兵团应以七五师、八五师及七二师之一部,于三月二十一日开始渡过大清河,向北扫荡,限卯敬以前夺取东阿、平阴各要地,尔后以七二师一部扼守平阴、东阿一带黄河渡口;以七五师、八五师主力转锋,向东北扫荡,限卯感前攻占肥城,与第二绥靖区由长清南进部队会师后,即向泰安进剿;并适时令第五军以凤凰山为轴,向右旋回,夺回大汶口南北之要点,与左翼部队会师,限寅卅前攻占泰安、大汶口;第二绥靖区应以一师由长清向平阴扫荡，与第二兵团会师后扼守长清、平阴间黄河渡口，并扫荡散匪；另以一师控置长清策应，适时向南扫荡，会师肥城后，即转锋津浦界首、万德、张夏一带扫荡，于寅卅前打通界首、济南间津浦路，并限寅养前在济南完成准备待命。

五、战斗经过（附图二〔略〕）

泰安肥城平阴东阿之战斗

第一兵团各部队为策应第二兵团之作战，仍在新安镇、郯城、李家庄、临沂等地区加强工事，扫荡梁邱东南侧地区散匪；第三绥靖区之五九师、七七师与徐兖绥区之廿师，仍在台儿庄、峄县、枣庄及临城守备，并派小部扫荡各该地区散匪。

第三兵团除主力守备韩庄、临城、滕县、邹县等地区外，另派一部扫荡梁邱西侧山地奸匪，以策应第二兵团之作战。

我第二兵团之七五师、八五师、七二师，于三月廿一日，分由汶上、袁口由南而北，向肥城、平阴、东阿进剿；我七五师于三月廿二日先后攻占夏谢东恒鱼地区，廿七日续向肥城攻击，匪第七纵队一部利用城垣顽抗，经该师奋勇攻击，残匪四百余向东溃逃，于廿七日午攻占肥城。卅日，该师乘胜转锋，向东进剿，沿途仅遇轻微抵抗。是日，攻占金牛山、上寨。卅一日，向泰山进剿，匪守军警备旅三千余人，踞险节节抵抗，战况激烈。经该师猛勇冲击，卒将顽匪击溃，于卅一日午完全攻占泰安，毙匪二百余，俘获廿八名，获步枪十六支。

我八五师于三月廿一日强渡大清河后，当日即攻占宁阳西北之须城、东平。廿六日，续攻占大羊集、黄城、石横、钱家、官庄等地区。廿七日，该师转锋，由西向东进剿，沿途仅遇少数奸匪阻止，均被击溃。卅日，攻占泰安西之金牛山、鱼池庄、孙家庄等地区。卅一日，攻占界首，毙匪百余人，俘匪十七名，获步枪十七支。我七二师主力于三月廿一日以一部由袁口沿东平湖右岸向北进击，于廿四日先后攻占东阿南之刘家庄、王家山头、张家河、旧县等地区，主力由东阿东南之东柿子园、丁家泉、杨家河、苗家河进剿，中途遭遇匪运河支队约千余人，利用村庄，节节顽抗，经该师猛攻，匪不支，向东北窜逃，于廿四日未时攻占东河，毙匪三百余，匪遗尸二百余具，俘匪百廿五名，获轻机枪五挺，手枪五支，步枪八四支，马十匹。该师一部廿六日续向平阴进剿，十二时击破当面匪军，随即攻占平阴，残匪向东北窜去。卅日，主力进驻肥城，一部向平阴东北孝里铺扫荡。二十八、卅一两日，该师扫清肥县以北地区散匪，于圣佛站及平阴北与二绥区南进之一一一一师会师。至是，肥县、平阴、长清间山地之残匪，遂告肃清矣。

第五军之二百军，于三月二十七日由宁阳北进，击破当面匪第七纵队一部后，即攻占安驾庄。卅日，由西而东，转向大汶口及南留攻击，沿途仅少数民兵抵抗，经扫荡后溃散，于卅午攻占大汶口及南留两要点。又该军之九六师同日攻占大汶口以南之南驿，毙匪二百余名，获枪六十余支。

第二绥靖区十二军之一一一师及一一二师，均于三月二十三日集结济南西南之长清。自廿六日后，分别南进，击破沿途匪军。廿八、卅一及四月三日先后于界首之小辛庄、肥城、平阴各地区附近。与我北进之八五、七二两师会师。至是，津浦路中段完全打通，而津浦路之会战遂告一段落。

三、费县梁邱城前泗水之进剿

子、我军作战指导及兵团部署

我军决于打通津浦路之同时，急袭费县、梁邱、城前、泗水一带山地之奸匪而歼灭之，于三月底打通临沂、费县、太平邑、大桥、泗水、曲阜之公路，准备尔后之攻势。于三月二十四日下达作战第三号命令部署如次：

（一）第一兵团以两师兵力于三月廿五日开始行动，限廿七日以前急袭费县而占领之，剿灭费县、中村、车辆、梁邱间山地之奸匪，与第三绥靖区在费县、梁邱会师。

第二八师应抽出有力部队，向欢墩埠、羽山方面扫荡，第六五师（欠一八七旅）应以一团兵力推进李家庄，固守原据点。

（二）第二绥靖区抽出一师半兵力，于三月二十五日开始行动，限二十八日以前急袭梁邱而占领之，剿灭梁邱、车辆、抱犊谷、枣庄间之奸匪，与第一兵团在梁邱、费县间会师，与第三兵团在白彦会师。

（三）第三兵团以第七军及整四八师（欠一七四旅）于三月二十五日开始行动，限二十七日以前急袭城前、张庄而占领之，剿灭附近山地之奸匪，与第三绥靖区在白彦会师，并以第七军向太平邑进剿，与第一兵团在太平邑会师，以四八师向大桥进剿，以第十一师于三月二十五日开始行动，当日急袭泗水、西盐店而占领之，剿灭泗水南方亘杨厂一带山地之奸匪，并准备进出大桥与右翼友军会师。

（四）徐兖绥靖区续守备水陆交通之任务，但廿师应以一旅兵力于三月二十五日推进至官桥、滕县界，河保二纵队分遣两团兵力至邹县及两下店，分任守备，各派队于廿六日分向艾湖及灰埠进剿。

（五）第二兵团续行原任务，但第五军应以有力一部于廿五日进占王府，并向南驿搜剿。

（六）第五七师于三月二十六日正午以前进驻赤土门，并准备尔后推进临沂接防，俾抽出二十五师为第一兵团预备队。

丑、战斗经过（附图二〔略〕）

第一兵团除以六五师、五七师、廿五师守备郯城、李家庄、赤土门、朱陈及临沂，并派小部扫荡各该辖区散匪外，以七四师于三月二十五日向临沂西北前进，当日攻占义堂集，廿九日续攻占薛村、朱满、毛沟（费县东北）；八三师自临沂交防廿五师后，于三月二十七日以主力进至临沂西北周井堡，其十九旅同日攻占费县东南之十里铺。廿九日,该旅续向费县攻击,匪费县警卫大队四百余顽抗,经该旅奋击后,匪不支,仓皇向西北窜逃,廿九日申,完全占领费县。该旅乘胜追剿,续攻占毛峪、东新安、杨家湾、老君崖等地区。六三旅卅日向梁邱方向进剿,与匪联防大队遭遇,激战甚烈,卒将该匪击溃,毙匪百余,俘匪十余,获步枪卅一支。

第三绥靖区五九师之三八旅、七七师之三七旅及一三二旅,三月廿六日分由税郭、枣庄地区向北进剿,当日攻占上下义和庄、黄山口、峨山口、青山前之线。匪新七师被击溃后,纷向东北窜去。廿七、廿八两日,三八、三七旅先后攻占抱犊崮、北庄、将军山,匪新十师、新九师及鲁南军分区约三千余人凭险节节抵抗,经该旅猛力强攻,匪不支,狼狈分向东西溃去。廿九日,该旅一部乘胜向北进剿,沿途仅遇轻微抵抗,于是日酉刻攻占梁邱,毙匪百余名,俘匪六名,获步枪九支。卅日,匪新九师之二五、二七两团经东西黄山峪向三八旅右翼绕攻,匪鲁南军分区三个团经虎弄山、孟家庄向卅七旅主力左翼攻袭,战斗至烈,反复冲杀,匪我伤亡均重,卒以匪众我寡,各该旅暂向南转移,占领东西马庙、龟山、土门、鳌山、青山之线加强工事,继续阻击来犯之匪。是日,我攻占梁邱之卅七旅一部,因陷孤立,为免匪围攻,即撤返上下义庄及上下泥河、峨山口原占领之线,增强工事。卅一日辰,该匪复向我阵地攻袭,经各该旅予以反击,战斗至未,匪势不支,分向梁邱东南之石亭庄及梁邱西南之胡家沟溃逃。

第三兵团第七军于三月廿五日由滕县推进至东郭,廿六日攻占韩家河、老虎洼、吴家、邵、连翠山,廿七日续攻占陈家山、罗家营,廿八晨在城前与匪新十师一部战斗,激战至未,将该匪击溃,于午攻占城前,廿九日、卅日、卅一日,先后攻占南径、黄草坡、薛家峪等地区。四八师于三月廿五日推进至界河东北之龙山,廿六日即攻占故山、后王村、红羊之线,廿七日先后攻占小烟庄、刘家洼,廿八日续攻占凤凰山、辛庄、后峪之线,廿九日继向明水东南之张庄攻击,匪第八师一部利用山险,节节阻抗,经该师猛击,匪即向东北溃退,于卅午攻占张庄,毙匪百余,获步机枪百余支。十一师于三月廿五日自曲阜向东推进至西盐店,廿六日向东继续进剿,沿途驱逐少数民匪,于本日午攻占泗水,廿七日至卅一日先后攻占桃花山、凤城、聚龙山、围家窝及尧山口、申家庄各地区,四月二日续向泗水东北西石莱扫荡。六四师一部于三月廿八日攻占泗水西南杨厂。廿师一部于三月廿六日攻占滕县以东之艾湖。第五军之九六师于三月卅日攻占王府、南驿,并向东扫荡。至此,久据费县、泗水西南山地之股匪,已大部披靡矣。

四、围剿梁邱之战斗

子、我军作战指导及兵团部署

匪张光中部约万余人,盘踞梁邱山地,我军决秘密准备,于四月四日一举围歼之。当于四月二日下达作命第四号命令部署如次:

(一)第一兵团以八三师之一旅,于四月三日进驻南北许家崖,四日经燕庄、云台山、团山一带山谷搜剿,确实占领之,掩护进剿军之右侧;以七四师之一旅,于四月三日进剿孟家庄南坡,四日经辛庄向梁邱搜剿,确实占领之;以六五师主力于四月三日进驻保和庄、车辋,四日分经九女山及上下火炉向吕家山口一带搜剿,确实占领之。

(二)第三绥靖区以五九师之一旅,于四月三日确保上下义和庄、横山后、青山前之线,四日向鸡山、锯梁山、黄龙洞、西坡之线搜剿,确实占领之;另以一团位置税郭,于四日经玉皇庙、钓鱼台向双河、上村跃进;以七七师之一旅,于四月三日在枣庄秘密准备,于四日经鸡冠崮两侧小路,向石门寺、长山、大山之线搜剿,确实占领之。

（三）徐兖绥靖区以廿师之一旅，于四月三日进驻北安阳、桑村后，秘密准备，于四日分经上山口及山亭、白鱼山、枣树岭、高山之线搜剿，确实占领之。

（四）第三兵团以第七军之一师，于四月三日进驻冯卯、城前，秘密准备，于四日向上下湾、西山、白彦之线搜剿，确实占领之；另以一部于四日向林前搜剿，掩护进剿军之左侧背。

（五）各部队均限于四日正午到达攻击目标线，互取连络，即时向上下龙口、古城、红山湾、东西七里河会师，一举围歼包围圈内之匪军。

（六）各部队于四月五日仍在原地搜剿各进路上之残匪，彻底肃清之。但第三绥靖区应派兵一旅，于五日到梁邱、白彦接防。

丑、战斗经过

我八三师之十九旅由费县自东而西，七四师之五八旅由薛村自东北而西南，六五师（欠一八七旅）由保和庄、车辆自东南而西北，五九师之三八旅由上下义和庄、横山口自南而北，七七师之三七旅由枣庄自南而北，廿师之一三三旅由北安阳及桑村自西而东；第七军之一七一师由冯卯自西北而东南，以分进合击之态势，向久踞梁邱山地之匪张光中部围剿。我三八师之十九旅，四月四日自东而西，攻占朱田镇、姑姑山前之线，匪北山大队凭险顽抗，经该旅奋勇击退，五日，续占云台山、团山各据点。七四师之五八旅，于四月四日自东北而西南，攻占梁子峪、野鸡岗之线，五日续向梁邱进剿，十时与匪千余战斗，战况至烈。至午后四时，匪不支，向西北溃窜，该旅即攻占梁邱。我六五师主力于四月四日自东南而西北，攻占驼阴；另一部击溃九女山匪百余后，进占吕家山口。五日，全部推进占吕家山口，并以一团向红山湾搜剿。六日，以一部派向梁邱，接替七四师五八旅防务。七日，主力续向吕家山口以西山地扫荡，一部由梁邱搜剿，至郯城抄获匪军品甚多。我五九师之三八旅于四月四日自南向北攻占鸡山口、锯梁山。五日，以一部向上村搜剿，同时并将向我□部袭击之匪新九师千余击向万村逃窜。六日，续攻占高桥、高家泉之线，遇匪数百，经击后，即向西北逃窜。八日，先后攻占大山、大花山、头柿、黄峪、三岔河、江山湾、米家山顶、七里河等地区，并与六五师一部会师。七七师之三七旅，于四月四日自南而北攻占黄龙洞、卧牛山之线，五日续向大山扫荡。六日，匪四千余，凭踞长山、南岭、大山、红岭一带山地顽抗，经该旅及廿师之一三三旅协力夹击，匪不支，一部向东北山区溃退，主力三千退踞富山、李家庄地区，我即攻占该线。七日，续与一三三旅南北夹攻富山、李家庄，匪一部被歼，余约二千，乘隙溢出罗递、青石港，向南逃窜。八日，追至罗递、青石港，并与廿师之一三三旅合师。廿师之一三三旅于四月四日自西而东攻占鱼山、枣树岭、高山之线，匪五、六百分向新招东西七里河逃退。五日，续向新招东西七里河攻击，匪不支，一部向东逃窜，一部溃入山区。六日，协同三七旅，击溃大山、富山之匪，毙匪八百余，俘匪廿名，获步枪卅支。七、八两日，仍协力第三绥区部队夹击大山、李家庄及追剿罗递、青石港之匪。第七军之一七一师于四月四日自西北而东南攻占上湾、西山、白彦之线。五日，续占上下龙口、古城之线，匪三、四百被击向西北逃退。六日拂晓，匪新十师千余，由郑城向大山我军侧翼攻击，激战竟日，匪伤亡惨重。复经该师猛冲，匪不支，向东北空隙窜去，毙匪百余，获步枪八十余支，轻机枪一挺，掷弹筒六个，掷榴弹十三个。至是，盘踞梁邱山地老巢之匪张光中部，除少数乘隙向梁邱以北窜逃外，大部均被歼灭矣。

　　五、经验与教训〔略〕

　　六、附图〔略〕

　　七、附表

　　　　甲、进剿前战斗序列表（附表一）

〔以下略〕

陆军总司令部鲁中会战第一期进剿前战斗序列表

总司令顾祝同
参谋长张秉均

第一兵团 司令官汤恩伯

- 整编第五十七师 师长段茂
  - 整编第七十四师 师长张灵甫
    - 第五十一旅 旅长陈传钧
    - 第五十七旅 旅长陈嘘云
    - 第一七二旅 旅长明灿
  - 整编第八十三师 师长李天霞
    - 第六十三旅 旅长徐志勖
    - 第一四四旅 旅长刘光宇
    - 第一〇〇旅 旅长杨荫
  - 整编第二十五师 师长黄伯韬
    - 第四十旅 旅长陈士章
    - 第一〇八旅 旅长李楚藩
    - 第一四八旅 旅长罗文浪
  - 整编第六十五师 师长李振
    - 第一六〇旅 旅长温淑海
    - 第一八七旅 旅长李子亮
    - 第二一六旅 旅长谢辅三
  - 整编第三十八师 师长李良荣
    - 第二〇九旅 旅长万赢郭
    - 第三一二旅 旅长何竟武

第三绥靖区 司令官冯治安

- 整编第五十九师 师长刘振三
  - 第三十八旅 旅长李宝善
  - 第一八〇旅 旅长崔振伦
- 整编第七十七师 师长王长海
  - 第三十七旅 旅长过家芳
  - 第一三二旅 旅长过家民
  - 第二一七旅 旅长杨植珍

第三兵团 司令官欧震

- 整编第五师 师长胡琏
  - 第十一旅 旅长杨伯涛
  - 第十八旅 旅长覃道善
  - 第一一八旅 旅长王元直
- 整编第六十四师 师长黄国梁
  - 第一五九旅 旅长韩仲元
  - 第一五六旅 旅长杨伯涛
- 第七军 军长钟纪
  - 整编第四十八师 师长张光玮
    - 第一七六旅 旅长刘秉
    - 第一七六旅 旅长谢防
- 整编第二十师 师长杨干才
  - 第一三三旅 旅长伍重英
  - 第一三四旅 旅长严民芳

第二兵团 司令官王敬久

- 整编第七十二师 师长杨文瑔
  - 第三十四旅 旅长汇亮尧
  - 第一四〇旅 旅长李运先
  - 第新十三旅 旅长廖则干
- 整编第八十五师 师长吴绍周
  - 第二十三旅 旅长黄子华
  - 第一一〇旅 旅长廖运周
- 整编第七十五师 师长沈澄年
  - 第六旅 旅长林伯森
  - 第一六旅 旅长方先觉
- 整编第八十四师 师长方先觉
  - 第一一八旅 旅长戴朴
  - 第一一八旅 旅长王进贤

第五军 军长邱清泉
- 第四十六师 师长汇
- 第二〇〇师 师长熊
- 新十三师 师长蒋清
- 新十五师 师长孙
- 第九十六师 师长于凡
- 第十二军 军长霍守义
- 第十二军 军长十二军

第二绥靖区 司令官王耀武

（国民政府国防部史政局战史会档案）

293

3. 国民党军第一兵团进犯鲁中蒙阴山区经过战报

(1947年4月)

第一兵团蒙阴战役战斗详报 三六年四月二十一日至二十八日

第一 作战前匪我态势概要（附图第一〔略〕）

三十六年四月中旬，流窜赣榆、临沂大道以南羽山、欢墩埠一带地区企图进犯新安镇之匪军各纵队，经本兵团迎头痛击后，即向北回窜。迄二十日左右，其概略位置如左：第七纵队仍踞黑林镇附近；第二纵队窜界湖附近；第八纵队由十字路回窜上冶集附近，一部及华中独立团于青驼寺、垛庄间；第四纵队由大桥向西北移动；第六纵队由垛庄向西北移动；鲁南军区张光中部窜踞上冶集以西地区。

兵团于四月十九日奉总司令顾同日作命第七号命令，向临沂、费县地区集结，准备攻略蒙阴山区。其要旨如左：

国军决于四月二十一日开始夺取葛沟镇、青驼寺、上冶集、蒙阴，围歼匪主力于沂山、蒙山中间地区，进出于葛沟镇、青驼寺、垛庄、桃圩、蒙阴、观山头、谷里各东北侧之线，准备尔后之攻势。

第一兵团之任务及行动如左：

甲、第二纵队整二八师主力固守东海既设阵地，以一旅以上兵力守备沙河镇、欢墩埠，掩护国军之右侧背，派队向黑林镇搜剿。

乙、第三纵队整四八师（欠一七四旅）以一旅守备马山，主力位置于朱沙埠附近，准备向十字路或大店镇进剿。

第七军位置于相公庄、重沟间地区，准备向大店镇、夏庄或河阳镇进剿。

丙、第一纵队整八三师、整七四师于四月二十一日开始向葛沟镇、青驼寺方面进剿，限二十二日以前占领青驼寺，准备向东北或西北进剿。

丁、第四纵队（派黄师长百韬兼任司令，辖整六五师、整二五师）以整二五师（附原驻临沂之战车连）即推进黄县，于四月二十一日开始向黑峪子、上冶集及其以北地区进剿，并以一小部沿费泗公路向小平安庄搜剿，限二十二日正午以前占领各该地，击灭蒙山奸匪，限二十三日正午进出垜庄、桃圩；以整六五师控制于薛村附近机动。

戊、整九师以一旅部及三个团接替临沂防务，主力控制于李家庄附近，为总预备队。

己、整五七师任郯城、马头镇、阿湖、房山街之守备，并清剿附近散匪，确保交通。

庚、在新安镇之战车连即开临沂，准备协力第一纵队之决战，其余各特种部队，由该兵团妥为分配。

辛、兵团司令部位置临沂。

兵团遵照上令，于二十日以卯号达忠电转达各部队，并以作命第六号补充规定如左：

一、作战地境：第一纵队、第四纵队为义堂集——朱汪——朱满——固子地——黄沙峪——老虎窝——朝仙桥之线，线上属右。

二、战车第一营第一连配属第四纵队，第二连配属第一纵队。

三、整七四师配属之空军连络组，改配第四纵队。

四月二十日，各部队集结地区如左：第一纵队整八三师郁九曲、褚家庄、刘家庄、五里沟，整七四师义堂集、王家、诸里、徕庄铺、费县；第二纵队东海，一部沙河镇、欢墩埠；第三纵队第七军夏庄附近，整四八师朱樊、马山附近；第四纵队整二五师一部由临沂开费县，整六五师重沟附近。

第二　影响战斗事项〔略〕
第三　匪我兵力及交战匪军番号装备编制战法
匪军番号编制装备战法如附表第一
我军参战部队如附表第二〔略〕
第四　作战经过（附图第三〔略〕）

四月二十一日

各部队于左记地区集结完毕：第一纵队整八十三师桥坊、乔家湖、九曲店，整七四师义堂集、王家、诸里、半程、北鹤埠；第二纵队东海，一部沙河镇、欢墩埠；第三纵队第七军重沟附近，整四八师夏庄、马山附近；第四纵队整二五师徕庄铺、费县间地区，整六五师郁九曲附近。

四月二十二日

第一纵队整八三师推进半程东方地区，整七四师击破匪之华中独立团，进出庐山、西头、徐公店及其以西之线。

第四纵队整二十五师击破当面之匪，进出于东璧城东西之线，整六五师推进至薛家庄附近。

同日十六时，兵团以卯养达忠电令律定各部队之行动，其要旨如左：

一、匪情如贵官所知。

二、第一纵队应确实占领青驼寺，并以有力一部于卯漾午前攻占钉子岗、东五彩山及其西南高地而确保之，准备向垛庄东西之线进出。

三、第四纵队应于卯漾午前攻占黑谷子、马头岗、大庵及其西南高地、上冶集而确保之，并准备向垛庄、桃圩之线进出。

四、作战地境仍旧。

四月二十三日

第一纵队整八三师进出半程东北地区，整七十四师向青驼寺附近攻击战约二小时，占领青驼寺，并向青驼北方地区进出。

第四纵队整二五师第四〇旅向观上、黑峪子附近上冶集之线攻击,匪凭险顽抗,鏖战竟日,仍相持中;整六五师向石兰附近推进,准备翌日参加战斗。

同日,兵团下达命令(卯漾酉电)如下:

一、匪第四、第六、第十纵队围犯泰安,第五纵队由南流附近西窜,第三纵队已窜至大汶口东北地区,第一纵队窜至天宝寨、谷里附近,其第八纵队仍在上冶东北地区与我对峙中。

二、兵团以围歼蒙阴西南地区股匪之目的,明敬日续向垛庄、桃圩之线攻击前进。

三、第三纵队明敬日以整七四师攻略垛庄而确保之,整八三师主力控置青驼寺东北黄崖顶、鼻子山各附近,一部确保葛沟,并向东北方向搜索警戒。

四、第四纵队明敬日以整六五师攻略云蒙山向界牌进出,整廿五师应击破上冶附近之匪,续向北桃圩进出。

四月二十四日

第一纵队整八三师驱逐尖山子附近之匪,进出于尖山子东北地区,整七四师击破当面之匪,二十三师占领双侯集、杏山东五彩山之线。

第四纵队整六五师加入战斗,击破匪之二十二师,攻占黑峪子、大庵一带山地;我二五师击破匪之二十四师,占领观上、上冶集之线。

同日十八时,兵团为适应当面情况,以期迅速歼灭临蒙大道两侧奸匪,当策定除以第一、第四两纵队继续向北攻击外,并使用第三纵队向葛沟方向进出。当以卯敬申电令第三纵队,卯敬酉电令第一、第四两纵队,其要旨如次:

一、当面之匪第二纵队,似在马牧池南方地区,第八纵队仍在垛庄、蒙阴间及其南方山地顽抗中。

二、兵团以歼灭该匪之目的,明有日续向界牌东西之线攻击前进。

三、第三纵队明有日以第七军推进葛沟附近地区,整四八师先开到重沟附近,以汽车向葛沟附近输送,尔后攻略河阳镇、界湖,向马牧池、坦埠方向进出,附匪侧背攻击,协力蒙阴方面之作战。

四、第一纵队有日辰,整七四师攻略孟良崮、垛庄后,向面梨沟、天马山、界牌之线进出;整八三师攻略桃花山、415高地、万泉山、椿树峪各要点而确保之,并以有力一部经杏山、老虎窝、黄崖山向界牌以西搜剿,掩护该纵队主力之侧背。

五、第四纵队有日以六五师沿云蒙山脊及其东麓向北攻击,占领黄土沟、徙山、三家口各要点,并以一部向界牌侧击,策应第一纵队之作战;第二五师攻占杨树林东西600高地及朝阳洞各要点后,向北桃圩方面进出。

四月二十五日

第三纵队由重沟经汤头镇向葛沟前进间,其先头第七军于红埠岭附近,与匪第七纵队遭遇,当即将其击破,匪向北退,该军始进占葛沟附近地区。

第一纵队整八三师击破匪第二纵队之一部,占领重崖顶、鼻子山、磊石山、桃花山诸高地;整七四师击破当面之匪,占领垛庄及黄崖山之线。

第四纵队整六五师击破匪之节节抵抗,攻占燕子山、玉皇顶诸高地;整廿五师攻占卧牛石、桃花岭之线,与杨树林、朝阳洞之匪对峙,匪居高临下,凭险顽抗。

同日十八时,兵团决定续向蒙阴挺进,并以卯有酉电令各部队,其要旨如左:

一、当面匪情,如贵官所知。

二、兵团明宥日以有力一部向蒙阴挺进,攻击而占领之。

三、第三纵队宥日以有力一部向河阳镇、界湖地区扫荡,一部经岳庄、官庄,向前汉沿、高柱山之线搜剿,与第一纵队连络,主力仍控置于葛沟镇、白塔间地区。

四、第一纵队宥日以一旅以上兵力附战车五辆,向蒙阴挺进,攻击而占领之,一部于北桃圩、天马山、界牌、塌山间,主力于埠口、万泉山、孟良崮、垛庄地区加强工事,并准备适时机动。

五、第四纵队宥日以整六五师扫荡塌山、徙山、三家口地区后,攻占龙头崮、富家寨诸高地,策应第一纵队之作战,并切取连络;整廿五师同日继续攻略杨树林东西600及朝阳洞诸高地,并剿灭当面残匪。

四月二十六日

一时左右,据第三纵队报告,该纵队当面之匪,似系强大部队,且有分向东南及向西急进之模样。兵团为使一纵队能应付右侧方之意外威胁,经以电话指示该纵队两师注意掌握主力对于蒙阴之挺进,候令实施。拂晓,情况明了,无大变化。仍令各部照原定部署实施,并补发宥巳电令如下:

一、当面匪情无大变化。

二、兵团以歼灭蒙沂山地匪军之目的,一面攻略蒙阴,同时准备向莒县、沂水方向进出。

三、第三纵队第七军以界湖东西地区之匪威力搜索,相机予以歼灭;整四八师控置于汤头镇、白塔间地区,向夏庄方向搜索,准备机动。

四、第一纵队以整七四师攻略北桃圩,并以有力一部向蒙阴挺进,急袭而占领之;整八三师控置埠口、青驼寺间地区,准备机动。

五、第四纵队整六五师扫荡云蒙山东北部残匪,进出徙山、三家口之线后,攻略龙头崮、富家寨高地,策应整七四师之作战,并切取连络;整廿五师攻略朝阳洞高地,并向紫锦关东西高地进出,追击北溃之匪。

六、各纵队行动，即时开始。

是日，第三纵队第七军一部击破葛沟及铁山子附近之匪，进出葛沟、铁山子北方地区。

第一纵队整八三师击破当面残匪，占领高柱山、孙祖、万泉山各高地；整七四师击破孟良崮、黄崖山两侧高地之匪，先头进出天马山及界牌附近。

第四纵队整六五师攻占石屋山、望海楼，整廿五师攻占杨树林、朝阳洞、猪毛沟，匪仍凭险，节节顽抗，争夺至烈。

兵团续行前，决心以卯寝戌电下达命令如次：

第三纵队明感日以第七军攻略河阳镇及其西北庙山、凤凰山、南北土山各高地，向界湖集东西之线进出；整四八师暂控置于汤山镇附近，准备机动，并向夏庄方向搜索。

第一纵队明感日以整七四师攻略北桃圩，并以一个加强旅向蒙阴挺进而攻占之；整八三师主力控置于垛庄、双候集间地区，策应整七四师之作战，并派队向东搜剿残匪。

第四纵队明感日以整六五师扫荡云蒙山东北部残匪，攻略龙头崮、富家寨高地，向蒙阴南方九女山附近进出；整廿五师酌留一部，巩固费县、上冶集、朝阳洞各要点，主力扫荡天马厂、布袋峪地区残匪，并派一部向大庄附近进出，策应整七四师之作战，左与整十一师连络。

四月二十七日

第三纵队第七军经整日之激烈巷战，始占领河阳，并进出于高家、大店及南北土山之线。

第一纵队整八三师推进孟良崮、垛庄间地区，向东北方搜剿；整七四师突破北桃圩向蒙阴挺进，占领长山、公家、城子各要点。匪仍作困兽之斗，顽强抵抗。

第四纵队整六五师续向塌山、三家口之匪攻击，黄昏时占领各该地；整二五师击破紫锦关、天马厂及布岱峪之匪①，先头进出于龙头崮及其西方地区。

同日奉总司令顾宥戌电令如下：

一、匪第八、第九纵队已大部歼灭，残余向桃圩、蒙阴、盘车沟逃窜，第四、第六纵队已向谷里、宫里、楼德镇退窜，第一、第三、第五纵队窜踞东梁庄、南留、西界各附近，有犯大汶口企图。

二、国军决乘胜追剿，捕捉匪主力于界湖、蒙阴、宫里、楼德镇附近而歼灭之。

三、第一兵团应于明二十七日以主力分向河阳镇、界湖集及卢家坡、蒙阴进剿，占领各该地，以一部位置汤头镇、青驼寺、垛庄，向东北方向搜剿。

兵团比以电话指示第一、第四两纵队，仍照宥戌电令实施，并由第一纵队派一部占领卢家山坡、黄斗顶山截击东窜之匪，同时以卯感戌电下达第三纵队，其要旨如下：

一、贵纵队第七军明俭日继续攻击当面之匪，并以整四八师向葛沟以东地区梯次推进，求匪主力而歼灭之。

二、战车第一连配属贵纵队，俭晨八时三十分以前到达葛沟镇。

三、已饬李旅长英俊率杨团推进汤头镇附近，向夏庄方向搜索警戒，并以一营位于白塔附近，维护后方连络线。

四月二十八日

第三纵队当面之匪经我强力攻击后，纷向沂水方向溃窜。

第一纵队整八三师向孟良崮东北地区进剿，击破匪第二纵队之一部；整七四师拂晓前迫近蒙阴城郊，续行攻击，匪向东北溃退，七时卅分完全占领蒙阴，午后攻占卢家山坡。

---

① "布岱峪"一作"布袋峪"。

第四纵队续向龙头崮、富家寨及其西北方追击,扫荡残匪。蒙阴之攻略战,至此告一段落。

同日奉总司令顾俭酉电要旨:第一兵团应于明二十九日向莒县、沂水、坦埠方面搜剿,并确实占领界湖镇及黄斗顶山、卢家坡①、凤凰山一带高地,但整六五师应于二十九日推进蒙阴北侧,归胡师长琏指挥;整廿五师主力控制蒙阴,以一旅扫荡费县、蒙山散匪。

兵团遵照总司令顾指示,当以卯俭酉电令各部队,其要旨如左:

一、第三纵队艳日以有力一部留置河阳镇北方地区,继续搜剿,俟整八三师到达后归还建制,主力转移于夏庄附近,准备攻略莒县,并酌留一部于汤头镇、白塔间,维护交通。

二、第一纵队艳日以整八三师主力转移于河阳镇东北高家屯、界湖镇间地区,准备向沂水进出,并暂留整四四旅(欠一团)于青驼寺南北维护交通;整七四师以主力集结北桃圩、界牌东北地区,并以一个加强营占领孟良崮高地,另以有力一部确实占领黄斗顶山、卢家山坡,准备尔后坦埠之攻略。该师蒙阴防务,交由整廿五师接替。

三、第四纵队艳日以整二五师主力接替整七四师所遗防务,一部位置北桃圩附近,维护交通,并留置一个团守备费县、上冶集各要点;整六五师艳日向蒙阴城西东儒来间集结待命。

四、第二纵队艳日以有力一部向黑林镇附近搜剿,策应兵团主力作战。

第五 战斗后匪我之态势

匪第七纵队退窜莒县西南地区,第二纵队窜沂水附近,第八纵队残部窜坦埠、沂水间。

---

① "卢家坡"一作"卢家山坡"。

我各纵队于二十九日到达指定位置，准备尔后行动。其概略如次：

第一纵队整八三师（欠四四旅）葛沟、王家、石沟间地区，四四旅刘家河盼、青驼寺间地区，整七四师蒋沟桥、大旺庄间地区。

第三纵队第七军王家、长沟、河阳镇间地区，整四八师北石、行头、房湖、汤头镇间地区。

第四纵队整二五师蒙阴，一四八旅费县，整六五师蒙阴城西东儒来附近（该师归第三兵团指挥）。

第六　战果及匪我伤亡（附表第二一三〔略〕）

是役，匪军伤约七千余，亡约三千余。

我军伤官一〇四员，官二三员，伤兵一千余，兵三百七十余。

我军俘匪四百五十名，获步枪千〇十一支。

第七　检讨

一、匪军占领高地，并利用旧城寨构成坚固据点，正面攻击，颇难奏功。匪之高地固守，每于山顶阵地配置少数兵力，大部集结于反斜面方面，俟我攻击部队到达山顶，陷于疲劳混乱，炮兵支援困难时，即猛力向我逆袭。故我对之攻击，应以一部监视正面，主力向其两侧谷地包围或迂回，则奏功易而收效大。

二、整六五师不避艰险，果敢行动，由黑峪子、马头崮攀登云蒙山，占领望海楼、玉皇顶诸制高点，迂回匪阵地后，而使整廿五师对上冶集以北山地之正面攻击奏功容易，益证山地作战之迂回动作，每能决定战局。

三、匪第七纵队于四月二十五日由河阳镇以北企图侧击青驼寺附近之我第一纵队，如非我第三纵队进出葛沟，则不能将其企图粉碎，稳定整个战局，故梯次配置，于大兵团之作战，当甚属切要。

附表　第一号

第一兵团蒙阴战役交战匪军调查表① 三十六年四月二十一日至二十八日

番号		匪首姓名	素质	兵力编制装备	战法
第二纵队	司令部	韦国清	较差	每连一〇〇人，每团约二五〇〇人，全师约八〇〇〇人，每纵队约二五〇〇〇人。	一、以一部坚固占领制高点，大部控制于棱线，复俟我攻击部队到达山顶，疲劳混乱时，猝然向我逆袭。二、往往避开正面，待我前进深入时，袭击我之侧背。
第二纵队	第四师	朱绍清	较差	″	″
第二纵队	第五师	罗占云	较差	″	″
第二纵队	第六师	陈庆元	较差	″	″
第四纵队	司令部	陶勇	良好	每纵队辖三个师，师辖步兵三团，特务、炮兵各一营，炮兵营有火炮七门，步兵团辖三营及步炮连，营辖步兵三连，重机枪一连，重机连配重机四至六挺，步炮连配迫击炮四门，步兵连轻机枪九挺，掷弹筒三，步枪六十余支。	
第四纵队	第十师	张振东	良好		
第四纵队	第十一师	谭志和	良好		
第四纵队	第十二师	彭德清	良好		
第六纵队	司令部	王必成	良好		
第六纵队	第十六师	钟国楚	良好		
第六纵队	第十七师	韦永义	良好		
第六纵队	第十八师	江渭川	良好		
第七纵队	司令部	成俊	良好		
第七纵队	第十九师	熊应堂	良好		
第七纵队	第二十师	李克成	良好		
第七纵队	第二十一师	曾希贤	良好		
第八纵队	司令部	王建安	良好		
第八纵队	第二十二师	孙继光	良好		
第八纵队	第二十三师	廖龙标	良好		
第八纵队	第二十四师	周长胜	良好		
鲁南军区		张光中	低劣	约四千余	
华中独立团			低劣	约一千余	
附记					

〔国民政府国防部史政局及战史会档案〕

---

① 表中人名，江渭川、成俊、曾希贤、廖龙标，似应为江渭清、成均、曾希圣、廖容标。

4. 国民党第一兵团在鲁中蒙阴孟良崮地区阻击解放军遭受惨败战报

(1947年5月)

第一兵团蒙阴东南地区战役战斗详报

(三十六年五月十一日至五月十七日)

第一 作战前匪我态势概要（附图第一〔略〕）

甲、匪军

匪第二、四、七、八、九各纵队，于五月上旬被我于临蒙公路中段击溃后，分别向东北回窜，截至十日止，其大概位置如左：第七纵队莒县东南小埠附近；第八纵队沂水附近；第二纵队苗家区界湖附近；第九纵队坦埠附近；第四纵队窜新泰以东地区；第六纵队流窜于费县西北太平邑、下桥以南山地。

乙、我军

兵团准备进出沂水、坦埠，五月十日，我第三纵队集结于汤头、葛沟附近，第一纵队八十三师集结于鼻子山、大官庄附近，整七十四师集结于泉桥子、垛庄附近，第四纵队整廿五师集结于王家庄、北桃圩附近，一部守备费县及上冶、紫金关隘路之控制，整六五师担任蒙阴守备及新泰与白马关方面之交通维护。

第二 影响于战斗之气象地形及住民状态〔略〕

第三 匪我兵力及番号

五月十一日至十三日间，当面之匪仍为第二、第七、第九纵队，十四日起，增援之匪为由新泰、莱芜东南窜来之第一、三、四、五各纵队及独立师，另由费县以西窜来之匪第六纵队，共计九个纵队一个独立师，总计兵力约廿二万人，炮约二百门。

我参战部队为第七军及整四八、七四、八三、廿五师及六十五师之一部。

第四　战斗经过（附图第二〔缺〕）

五月十日

奉总司令顾辰蒸电令要旨如左：

（一）匪主力退据莒县、沂水、坦埠、南麻、淄博等地区，其一部流窜大店镇以东及太平邑。

（二）国军决跟踪追剿，进出于莒县、沂水、悦庄、淄博之线。

（三）第一兵团应以主力于明（真）日开始进剿，以一部控制于后方各要地，扫荡残匪。

兵团遵照上令，当以辰蒸申电令各部于十一日开始先行攻略坦埠，其要旨如左：

（一）陈匪主力似仍在蒙阴、新泰东北地区，第十纵队由博山南窜，第二、七、八、九各纵队似仍在莒县、沂水、坦埠附近，我二、三两兵团主力正分向莱芜东北进剿中。

（二）兵团真日开始，先行攻略坦埠，尔后与友军协同，求匪主力而歼灭之。

（三）第二纵队以有力一部绫向黑林镇附近搜剿。

（四）第三纵队绫向夏庄、苏村、界湖之线威力搜索，主力集结葛沟、汤头间，准备机动。

（五）第一纵队（欠整七十四师）为兵团预备队，以一部向界湖、马牧池之线威力搜索，主力控置于青驼寺以北地区，准备机动。

（六）整七十四师、整廿五师为攻击部队，归第四纵队黄司令统一指挥，除以一部控制孟良崮、北桃圩要点外，主力真日攻略三角山、水塘崮、杨家寨、黄鹿寨、黄斗顶山、卢家山坡、凤凰山各高地，文日攻略坦埠而确保之；整六十五师仍巩固蒙阴防务。

五月十一日

整七十四师对三角山、水塘崮之攻击未能开始，整二十五师一部占领黄斗顶山、卢家山坡、凤凰山各高地，与匪第九纵队之二七师对峙。

五月十二日

整七十四师攻占三角山、杨家寨、黄鹿寨各高地,该师当面之匪为第九纵队廿五、廿六两师,凭桃花峪、大箭、马山、红山各高地顽抗。

兵团续行前决心,同日以辰文酉电令各部队,其要旨如左:

(一)匪第二、第九纵队仍在大箭、桃花峪、马山之线,与我整七十四师对峙中。

(二)兵团先行歼灭当面之匪,尔后向莒县、沂水方向进出。

(三)第三纵队元日以第七军占领苗家区、界湖间地区,向苏村、朝阳庄、鲁家庄、凤凰山之线搜剿,策应整七十四师之作战,整四十九师推进于河阳镇附近,准备机动,但酌留一部于汤头、白塔附近,另候派队接防。

(四)第一纵队整八十三师以一个旅确实控制盘龙山、大老峪、牧虎山及孟良崮各高地,并向大安子庄、青阳、行圆、园嵝之线搜剿,主力仍控置于鼻子山东北地区,准备机动。

(五)整七十四师继续击灭当面之匪,占领坦埠,并肃清桃山峪、蓝石山附近山地残匪。

(六)第四纵队续行原任务。

五月十三日

整七十四师攻占大箭、马山两高地,当面之匪第九纵队廿五、廿六两师,仍踞桃花峪、红山高地之线,顽强抵抗,其余各部队均到达指定位置,并向指定区域搜剿。

兵团为迅速占领坦埠,以免匪主力增援引起不预期之会战,以元酉电令各部队行动如左:

(一)第三纵队寒日以有力一部向埠前庄、鲁家庄及其以西山地搜剿,策应整七十四师之作战,主力集结苏村、苗家区间,准备机动。

（二）第一纵队整八三师以有力一部控制黄石山、牧虎山、孟良崮各高地，并向马牧池东北方向搜剿，掩护整七十四师右翼，主力仍控制于鼻子山东北地区。

（三）整七十四师应于寒午前击灭当面之匪，占领坦埠，肃清附近残匪。

（四）第四纵队任务仍旧。

同日二十二时奉主席蒋电话，迅即攻略沂水，正准备中。旋奉总司令顾电话，饬知先攻沂水或攻莒县，待研究后决定。廿三时许奉总司令顾电话指示，决定先行攻略莒县。遵以辰元亥达电第三纵队张司令，着以钟军之一个师控制于苗家区附近，向沂水方向施行佯攻，该纵队主力明（十四日）进出夏庄以北地区，十五日一举攻略莒县而占领之。最后，复奉总司令顾电话，饬仍遵主席谕，攻击沂水，比即电饬遵照。

五月十四日

拂晓前第三纵队正准备行动之际，忽受莒县、沂水方面窜到匪第七、二两纵队之袭击，于河阳镇、苗家区附近发生激战。

八时许，复据报马牧池、红山、钜山亘蒙阴东北山地发现匪之强大部队，与我在马牧池、黄斗顶山、卢家山坡各处，剧烈争夺；其一部侵入界牌以北之天马山西复浮山附近，另一强大部队于马牧池、随家庄附近，向西南进犯，与整八十三师十九旅（欠五七团）激战，其一部侵入盘龙山、荆山等处。

兵团依右状况，比以电话饬令八十三师努力阻击荆山方面之匪，整七十四师、整廿五师夹击天马山附近之匪，并夺回黄斗顶山、卢家山坡各高地。

九时，又据整七十四师张师长报告，天马山附近之匪向东窜扰，黄斗顶山东侧匪后续部队向东南行动，拟移转师主力于孟良崮附近，已开始运动等语。当经指示，与廿五师协力向西夹击侵入之匪，并与该师打成一片。

午间，接八十三师李师长电话，窜到荆山方面之匪万余，一股向万泉山东麓，一股向马山方向西窜。当指示该师即向马山进击，并饬该师在万泉山、孟良崮之五十七团确保该高地，掩护整七十四师转移。

同时据整七十四师蔡副师长、魏参谋长电话报告，该师正越汶河南移，其先头部队已驱逐石旺崖、冯家庄之匪。比令其以一部控制孟良崮高地，主力到达后，占领垛庄及其附近要点，继续向西夹击，与整廿五师取得联系（尔后即与该师失去有线电话连络）。复以寒酉电令该师张师长如左：匪来犯我，实难得之歼匪良机。我钟军即由界湖附近向西，王、胡两师由常路经蒙阴向东，求匪夹击。贵师为全局之枢纽，务希激励全体将士，坚强沈毅，固守孟良崮，并以一部占领垛庄，协同友军，予匪痛击，以收预期之伟大战绩。

同日黄昏，依空军通报及各部队电话报告，综合战况如左：

第三纵队报告：整四八师及第七军之一部，由河阳镇、苗家区之线向东北出击，于杨家坡、冯家官庄、南左泉、小沟、远家庄、查白庄、李家屯之线，展开激战。当面之匪为第七纵队全部及其第二纵队一部，系由莒县、沂水窜来。自拂晓至申，经我痛击，并依战车及空军之协助，反复冲锋，毙匪二千余。该匪刻仍踞张家营、唐家营、蔡家河、沟头之线顽抗。拟即调整部署，集中主力于河阳附近，明（十五）日继续歼击当面匪军。

整八十三师报告：六三旅于马山南方与匪对峙，十九旅之五六团本日于盘龙山、黄石山及荆山等处与匪鏖战，伤亡颇重，刻正收容整理。其守备孟良崮、万泉山之五七团，午刻以来，与匪六千余，于土门、胡子山附近接触，刻仍激战中。

万泉山之整八十三师五七团团长罗文浪报告：整七十四师已全部到达孟良崮附近，并有一营接替该团孟良崮阵地；土门之匪，猛烈进犯，均经击退，刻仍在激战中，孟良崮东北部，枪炮声浓密，我七十四师正面，似有激烈战斗。

第四纵队报告：整廿五师第一〇八旅拂晓前，受匪第一、三两纵队之攻击，拂晓后，黄斗顶山、卢家山坡各高地，均陷于独立战斗，匪即向东南窜入天马山，虾蟆崮、复浮山各地，先后陷于匪手。入夜后，该师于界牌西方及北桃圩、大姜庄之战，与敌对战中。

整六十五师蒙阴东北宝山、高家山、南岭、方山之警戒部队，受第三、五纵队之压迫，撤回城郊附近。刻东北山地匪军猬集，正严整战备中。

五月十五日

自拂晓迄八时止，综合各部队报告：

第三纵队当面之匪，昨（十四日）夜不断向我猛犯，均未得逞，我于拂晓顷开始攻击，正激战中。匪有后续部队增加，并有强大之炮兵。

整八十三师当面，拂晓前后，马山、磊石山之线，均有激战，匪仍陆续增加中。

整七四师方面，守备万泉山之整八三师十九旅五七团，昨夜受强大之匪猛攻达旦，匪我伤亡惨重，该团仅有六百余人，万泉山被匪占领，该团节节转移，与整七十四师部队协同固守芦山南麓。拂晓以来，匪向鹏窝猛犯，争夺至烈。孟良崮东北方面，亦在鏖战中。同时据张师长寒酉电，略谓："寒黄昏前，安全集中于孟良崮、芦山间地区，正加强工事，严密防范"。又得该师魏参谋长振钺无线电话，要求空投粮弹，并谓未能占领垛庄。

整廿五师仍在原地，与匪激战中。

兵团依右情况，当为如左之处置：

（一）令第四纵队黄司令即率廿五师、六十五师主力，迅向垛庄、孟良崮攻击前进，夹击歼灭匪军，以解七十四师之围；蒙阴城可留一团守备之。（删辰电）

（二）令整七十四师加强孟良崮兵力，并与空军协力，迅速恢复万泉山。（删巳电）

（三）与空军联络，请空投粮弹，并协力七十四师之出击。

（四）整八十三师仍继续向北攻击。

（五）第三纵队由第七军派一部向五神堂、何庄方向进出，策应八十三师之作战。

同时，又以删巳亲电致整七十四师张师长如下：目前战局，贵师处境最苦，而关系最重。本日空军全力来助，黄、李两师并王凌云师，即向东出击，只要贵师站稳，则可收极大之战果，亦即贵师极大之功绩。务希转告全体将士，一致坚毅奋斗，以达成此伟大任务。又闻万泉山已有匪踪，此点至关重要，希以有力部队夺回确保。

十四时许，据第四纵队无线电话报告：已遵照本部删辰电，以第四十旅及第一○八旅主力向界牌、天马山之线出击，正节节进展中。又得空军通报，即往助战，并投粮弹。比以删未电告知七四师张师长，铺设布板，表示位置，烧烟火表示风向，并依空军助力，夺回万泉山。

十六时，得空军通报：整七四师大部攻领孟良崮山地，经与连络，据答无力反攻万泉山；整廿五师攻抵界牌东方，距孟良崮西北麓约四公里半。等语。

第三纵队方面，攻占李家坡、大徐疃各村匪山野炮四十余门，仍在东西太阳港、曹埠庄等处顽抗；一七二师一部正向五神堂、何庄进出，策应八三师作战。

整八三师于桃花山、磊石山之线，与匪对峙，右翼方面之匪，不断增加。

同时，奉总司令顾电话，准由第七军抽一个师协同八三师向孟良崮方面增援。

兵团依右状况，以删申电令各部队，其要旨如左：

(一)兵团决于垛庄东方地区,求匪主力而歼灭之。

(二)第一、三两纵队,着归张兼司令淦统一指挥,以三纵队之一部控置河阳镇附近地区,牵制匪第七纵队,主力即进出孤山、磊石山之线,与黄纵队协力,以解七十四师之围,并求匪主力而歼灭之。

同晚,综合各部队报告如左:

第三纵队当面之匪,有大部美械及火箭炮于曹埠庄南北双泉,藉工事及炮火掩护,顽强抵抗,我被击毁战车一辆,伤亡千余。我一七一师一部于东西太阳港与匪胶着,匪乘夜反攻,经予击退。我一七二师全部决于明(十六)日向孤山方面进出,协同整八十三师作战。

整八三师午后战斗更趋激烈,右翼方面增加匪部,向高柱山、鼻子山之线猛犯,正阻击中。

第四纵队整廿五师出击部队右翼第四〇旅(欠一团)于石马庄与匪遭遇,匪占黄崖山高地顽抗。另匪一股七、八千,由东西洼峪向该旅右翼窜犯,刻在红石线高地激战中。左翼第一〇八旅(附四〇旅之一团)攻占界牌、司家庄向东进出时,受匪万余及增援部队之压迫。入夜后,转移于黄土沟南太平、陡山、南桃圩之线,与匪对战。整六十五师本(十五)日午前,于城郊附近,与匪第五纵队之一部发生战斗,午后,匪逐次进迫,正阻击中。其向王家店东进之一六〇旅(附一五四旅一营),十五时于九女山附近大田庄、薇莱峪,与匪发生激战,仅四个营到达高门楼附近。十四时十分,奉总司令顾电话,整七四师应固守孟良崮,并以一部向界牌出击,与整廿五师夹击当面之匪。

兵团于廿二时以删戌亲电分达第四纵队黄司令、整七四师张师长,其要旨如次:明(十六)廿五、六五两师主力,应利用空军之掩护,尽力向界牌东南地区求匪夹击,以解孟良崮之围;七十四师应以山地为根据,向西出击,并竭力恢复万泉山,俾能打成一片。除令第七军及整八三师明铣日向荆山、万泉山之线进出外,特电遵照。

五月十六日

三时,据整廿五师无线电话报告:昨(十五)日夜廿时得张师长通报称:如贵师攻占天马山及面黎沟以南高地,则可解围。又孟良崮方面,昨午夜及本晨,均有激战,目前已渐趋沉寂。

五时,据整八三师无线电话报告:昨(十五)夜,我高柱山、鼻子山之线,匪第二纵队四、六两师,不断猛犯,刻仍在激战,正以全力出击中。

六时,据整七四师魏参谋长无线电话报告:昨(十五)夜,终宵战斗,匪我伤亡均极惨重,目前略较稳定,请求空投粮弹,并望援军速进。

第三纵队昨(十五)夜击溃进犯东西太阳港之匪,本日拂晓,续向高埠庄、曹埠庄、姚家官庄、宋家官庄、李家屯、高家屯之线攻击。据匪俘供称:匪快速纵队,昨(十五)由沂水南下参加战斗,我攻击部队已逐渐进展中。

第七军之二七师,拂晓经凤凰山向西北前进,于留田附近与匪第四师一部接触,正激战中。

整八十三师拂晓后,由高柱山、鼻子山向桃花山推进中,并已与一七二师取得连络,另一部正向双候集方面进出。

第四纵队整廿五师昨(十五)晚击退进犯之匪,于阵地彻夜。本晨,该师以第一〇八旅全部、四〇旅之一团及一六〇旅之四个营,分向南太平、上下马崮间黎沟以南高地及天马山、复浮山、虾蟆崮之线攻击,正与当面之匪剧战,逐渐进展中。

十一时卅分,据整廿五师无线电话报告:得整七十四师通报谓,战况剧烈,粮弹不必再投,希望空军轰炸孟良崮600高地以西各高地。

十二时至十四时间,又据廿五师无线电话及空军通报,整七十四师似仅保持孟良崮、芦山及610高地之狭小范围，此外均有匪军盘踞。同时奉总司令顾电话，饬调第七军全部向孟良崮增援。

兵团以整七四师战况剧烈，比为如下之处置：

（一）令第三纵队猛力击溃当面之匪，使第七军之一七一师脱离战场，明（十七）日向西增援。

（二）电各部队："我张灵甫师连日固守孟良崮，孤军苦战，处境艰危，我奉令应援各部队，务须以果敢之行动，不顾一切，星夜进击，破匪军之包围，救袍泽于危困，以发扬我革命军亲爱精诚之无上武德与光荣；其有徘徊不进、见危不救者，决非我同袍所忍为，亦恩伯所不忍言也。（辰铣未亲电）。十五时后至十八时间，综合各部队报告：

第三纵队第七军之一七一师逐渐脱离战场，准备于黄昏后向缪官庄、黄家屯、小官庄地区集结；整四十八师仍与敌对战中。

第七军之一七一师及整八十三师进出孙祖、马山之线，当面之匪，复有增加，仍鏖战中；整廿五师攻击部队于十二时击破匪第一纵队之顽强抵抗，先后占领交界墩司家庄、大司家庄、义王店、小石岭口、桃花岭之线，十四时攻占赵家店、界牌、董家河、波罗厂、天马山、复浮山，匪不断增援，与我反复争夺界牌、天马山。另匪第六纵队午间向我右翼望海楼、红石线猛犯，经第四〇旅（欠一团）反击，相持于黄崖山及其南方之线。

十九时顷，得空军通报，略谓：十六时至十七时间，发现孟良崮西方600高地我军情况不明，仅孟良崮高地则仍有激烈战斗等语。是时狂风骤起，鏖〔尘〕沙蔽日，继以雨雹。迄廿时许，风雨稍止，而各部队无线电话之联络，受天电干扰，仅稳约可听取十分之一二，概知各部队当面之匪均有增加，各呈胶着状态。

当晚廿四时奉总司令顾电话，转奉主席谕：饬整八十三师李师长天霞，限十七日攻抵孟良崮。当时本部与该师电话不能直接连络，比以电话由第三纵队张司令转饬遵照。

五月十七日

匪鲁南军区张光中部五千余及匪滨海支队二、三千，连日以来，于费临大道及临郯大道与临沂汤头大道两侧，不断窜扰破坏我后方交通通信，经随时由整五十七师及预二旅派队驱逐。惟匪部地形熟悉，且得匪化民众之掩护，东西跳梁，彼来此往，我扫荡部队无日不在奔驰中。本日子刻，匪一部窜至临沂东郊，向我扰犯，经城防部队予以驱逐，匪向沭河东岸逃窜。

第三纵队整四十八师续向圣母冢、苏村方向攻击，当面之匪，仍节节抵抗，于李家庄、张家营、李家屯、高家屯之线战斗中。

第七军之一七师拂晓顷，脱离战场，于南河阳附近集结，后正向沂河以西运动；第一七二师与整八三师昨（十六）晚与增援反扑之匪战斗彻底，本拂晓继续由孙祖、天马山之线向北攻击，遭迂匪之顽强抵抗；整八三师另一部沿临蒙大道向上方店进出，与匪第廿二师遭遇，均在激战中。

第四纵队整廿五师及整六十五师一部，仍在石屋山、黄崖山、界牌、天马山、复浮山之线，与匪激战。

整七十四师方面，自昨（十六）日午后联络中断，情况不明。

整六四师（欠一三一旅，附一三三旅）由毛沟、城阳附近向半程附近前进间。午刻，于方城西南遭遇匪鲁南军匪张光中部之袭击，该师即变换正面，展开于黄泥沟、忠义山、大小义山、朱岭庄之线，向西南压迫包围攻击中。

十二时奉主席蒋五月十六日八时手令电："山东共匪主力今日已向我军倾巢出犯，此为我军歼灭共匪，完成革命之唯一良机，凡我全体将士，应竭尽全力把握此一战机，万众一心，共同一致，密切连系，协力迈进，各向当面之匪猛攻，务期歼灭共匪，发扬光荣伟大战绩，以告慰总理及阵亡将士在天之灵；如有萎靡犹豫逡巡不前，或赴援不力，中途以致友军危亡，致使匪军漏网逃脱者，定必以畏匪避战、纵匪害国、贻误战局，严究论罪不贷。希各奋勉勿误。等因。比以筱十电转饬各纵队司令、各师长遵照。

十四时奉总司令顾删亥刚电：

（一）陈匪第一至第九纵队全部，正向第一兵团猛犯中。

（二）国军决集中主力围歼匪军于蒙阴以东汶河河畔。

（三）第一兵团应以一师固守孟良崮，以主力转移攻势，并以整廿八师（三个团）克日进出相公庄以北，增强第二纵队之攻势；整六四师（欠一三一旅）附廿师之一三三旅，限辰铣经费县、上冶中间，分向诸满、青驼寺及黑峪子追击匪第六纵队，并即归汤司令官指挥，协力整八三师向垛庄、孟良崮及其以东地区攻击。

（四）第三兵团欧司令官即进驻新泰指挥，整廿五师、整六五师、整十一师、整九师，克日向孟良崮、黄斗顶山、钜山、上下温村之线攻击，第五军附整七五师，除一部守备莱芜外，主力即向新泰、颜庄集结，准备向上下温村、南麻急袭而占领之。

（五）第二兵团王司令官即进驻泗水，整八十五师主力即推进羊流店及新泰，在泗水之整六四师一三一旅，归王司令官指挥。

兵团为适应当面情况，于十五时以筱辰电下达命令，其要旨如左：

（一）兵团以一部击灭河阳东北之匪，主力巧日开始行动，攻略孟良崮、垛庄以西之线，向蒙阴东北进出，协同友军，求匪主力夹击而歼灭之。

（二）第三纵队张司令淦统一指挥第七军、整八三师、整六四师（欠一三一旅），巧日开始攻略孟良崮、垛庄之线，向界牌东北进出，与欧兵团协力，击灭蒙阴东南匪军。

（三）整六十四师迅速击灭薛家村、方城间之匪，巧日进出青驼寺附近，归张司令淦指挥。

（四）整四十八师张师长并指挥整廿八师五二旅（三个团巧日到达汤头附近）迅速击灭河阳镇东北之匪，掩护兵团主力之右侧背。

（五）张纵队以临蒙大道为后方连络线。

午后续得各部之报告如左：

整四十八师仍与圣母冢、苗家区西南之匪对峙中。

第七军之一七二师进出孤山附近，与匪战斗中，其一七一师到达黄崖顶西方地区。

整八三师六三旅进出马山、桃花庄以北，四四旅一部进出双候集南方，与匪十四师及廿二师激战；该师另一部向北突进，攻抵万泉山南麓及其东方之南大沟附近后，受优势匪之压迫，一时陷于混战。入夜，复增援反攻，窜〔?〕至鼻子山北方光光顶附近，与匪激战中。

整七十四师方面，据第三纵队对空电台与空军联络，谓孟良崮山地发现铺设旧用布板符号。

整六四师午后续向临费公路薛家村附近之匪包围攻击，匪即越公路向西南山地逃窜，该师跟踪追击，匪即四散逃逸。当晚，该师在薛村附近宿营。其整廿师之一三三旅，在费县东北之城关附近宿营。

五月十八日

整四十八师仍于圣母冢、苗家区之线，与匪第七纵队对峙，入夜后，匪向东北方向溃窜。

第三纵队张司令进驻冯家楼子附近，第七军之一七一师推进于高柱山南方，其一七二师由孤山附近向马山以北之匪侧击，匪向盘龙山方向移动，一部仍据山地，节节顽抗。

整八三师击破当面之匪，进出万泉山及垛庄附近，与匪对峙。

整七四师方面，据该师负伤团长王奎昌午后回临沂报告，该师于十四日黄昏到达孟良崮附近后，匪即跟随进犯，当夜及十五日匪不断增加至十余万，炮火尤为猛烈，我军据守山地奋战至十六日，卒以众寡悬殊，且死伤枕藉，匪节节从各方面突入，午后陷于混战状态，十八时许，张师长、蔡副师长、卢旅长均成仁，全师官兵伤亡二万余人，匪军伤亡至少两三倍。等语。

整六四师（欠一三一旅）到达半程及其以北地区，因补充粮弹，当夜在半程、徐公店间宿营；整廿师之一三三旅，于城头、薛村各附近扫荡残匪，并补充粮弹，准备向黑峪子以北搜剿。

整廿八师之五二旅到达重沟附近。

五月十九日

整四八师扫荡河阳镇以东以北残匪，第七军一七二师由孙祖沿汶河右岸向北扫荡，其一七一师推进鼻子山附近。

整八三师击破当面之匪，与垛庄附近之整廿五师会合，继续击溃匪之掩护部队，占领孟良崮；整六五师主力亦进出天马山、复浮山东北地区，匪军大部向东及北方退窜。

整六十四师到达青驼寺附近。

整廿八师之五二旅到达汤头镇附近。

同日十六时奉总司令顾电话谕：国军即全面调整部署，各部队暂就原地搜剿等因。当即遵照部署清剿，本战役至此告一段落。

是时整七四师负伤官兵，复有陆续来归者，综合该师第五一旅一五一团团长王奎昌、第五七旅一七〇团团长冯继异及其他官兵等先后口述，该师转移孟良崮后之英勇战斗及张师长以下之壮烈牺牲情形如次：

十四日黄昏，整七十四师全部到达孟良崮附近后，以五八旅占领孟良崮，第五七旅、第五一旅两旅则占领东北麓及其附近村落。当夜匪即跟随进犯，四面包围，激战彻夜，短兵相接，匪我伤亡，均极惨重。并于俘匪及匪×中发现匪军第一、三、四、五、八、九等纵队及独一师番号。

十五日拂晓前，匪军陆续增加，不断扑犯，枪炮如雨，火光烛天，匪方发射烧夷弹极多，我军所据村落工事，尽皆着火燃烧，战斗惨烈，素所未见。匪我死伤枕藉，至射击孔为之堵塞。拂晓顷，万泉山失守，匪即猛攻鹏窝高地，同时东北麓方面之匪，蚁聚麇集，于其炽盛火力之下，逐波冲锋，势如潮涌，我军退守山麓，步步相持。午间，垛庄方面窜到匪之第六纵队，更沿西麓进犯，于是战况更形紧迫。

午后迄夜间，匪军更番迫近，我军抵死搏斗，反复冲杀，彼我战线犬牙相错，战斗尤为惨烈。

缘我军完全保守山地，以后饮料断绝，渴不可支，体力渐弱，各种火炮以俯角全失，效力降低，且阵地毫无遮蔽，全受匪方火制，而山地概系岩石，匪方射击威力倍增，人马损失更大。尤以我军马骡及杂役兵夫，受匪炮击，惊扰奔窜，引起部队混乱，致使掌握困难，匪军因得自各方渗入。

十六日拂晓后，匪军逐渐侵入半山，我占领区域愈小，山岭倾斜愈急，我机所投粮弹，十九为匪所得。是时，我旅、团以下无不受伤或阵亡。然我官兵无不义愤填膺，发指眦裂，与匪作殊死战，虽负伤再三，犹据地射击，死而后已。午间，我仅据守孟良崮、芦山及600高地三点，匪军四面突入，陷于混战。迄午后四时，则仅存孟良崮山顶，匪我相距数十公尺，我张师长、蔡副师长及负伤之陈旅长、卢旅长等，亲率师部特务营之一部及各旅官兵数百人，奋呼格斗，弹尽继以枪刃，刃折继之以石。迄午后六时，匪我相距咫尺，我张师长、蔡副师长等，皆于手毙匪徒后，以其最后之一弹，慷慨成仁。是时，狂风骤起，杂以雨雹，惨烈之象，诚足以惊天地而泣鬼神。我整七十四师全体官兵，于此完成其壮烈牺牲、尽忠报国之神圣职责。

又据负伤官兵称：十七、十八等日，负创离开山地时，自山顶以至山脚，尸骸委积，至于不能通行，山下沟渠，亦为尸骸填塞，雨后流水尽赤，匪、我伤亡，当在七、八万云。

第五 作战后匪我态势概要

甲、匪军第一至第九各纵队，以我各方援军陆续到达，于十八日起开始回窜。十九日以后，其第七纵队似窜莒县附近，第二、

四、六、九等纵队窜沂水、坦埠间，第一、三、五、八各纵队窜蒙阴、新泰以东地区。

乙、我军遵照总长陈、总司令顾二十日亲莅临沂指示，调整部署，至廿五日完毕，并就地构筑据点工事，清剿附近残匪，并准备尔后之攻势。各部队位置如左：

第一纵队：整九师（欠预二旅）刘家、何疃、高里、徐公店间地区；整五七师青驼寺以北地区，并派一部于万泉山、孟良崮、泉子崖附近。

第二纵队：整廿八师之五二旅沙河镇、欢墩埠间地区，其余各部队仍在东海、连云港、灌云间地区。

第三纵队：第七军塔桥、汤头间地区；整四八师河阳镇、葛沟间地区；整八三师临沂、郯城间地区；整九师预二旅临沂城防守备，暂归整八三师师长指挥。

第六　检讨〔略〕

第七　战果及伤亡损耗

是役，我军毙匪兵一万一千二百余名，又伤匪一万八千九百四十余名。

另据整七四师负伤官兵称，该师正面，匪伤亡在我三倍以上，约五万员名左右。又据五月底逃回官兵称：自十九日至月底十余日间，匪军于坦埠、沂水间，以各种车辆及民夫担任运输负伤者，络绎不绝。综计是役匪军伤亡，当在八万人左右。

我军亡官一七一七员，亡兵一一二五三名，伤官一三九二员，伤兵七四七九名，失踪官一六七员，失踪士兵三三一五名。

〔国民政府国防部史政局及战史会档案〕

5. 国民党整编第二十五师黄伯韬部在鲁中解放区鲁村附近战役战报

(1947年6月)

陆军整编第二十五师鲁村附近战役战斗详报

三十六年六月二十四日至卅日止

第一 战斗前敌我态势

(一)匪情动态

六月二十三日晚,据第五军通报,匪第一纵队在南麻以南地区,第二纵队在鲁村、唐家沟地区,警备旅在刘家、傍谷、下淤土地间地区。

(二)我军态势

迄至六月二十三日晚,师部北公庄,四〇旅南西周、西西周、北西周附近,一〇八旅南公庄附近,一四八旅北公庄、侯家庄附近。

第二 各时期战斗经过

(一)六月二十四日

遵兵团部会议决定,本师以一部经马庄、左家、傍峪,主力经蒙阴寨、龙工峪,进出言家庄,攻略鲁村。师决以未行动之先,为求明了当面匪情及交通状况,特先派搜索部队行远距离之搜索,以便主力进出容易。

战况:

本回晨,搜索部队(四四四团第一连附团搜索排)经南师店向马庄、通乡峪、龙工峪方向前进。十三时许,于马庄以东地区,与匪二百余遭遇,匪凭有利地形,向我顽抗,经该连即向该匪攻击,并以第六连向杨家坡急进,协力作战,激战至十八时许,匪经我夹击,即向东北逃窜,该连取捷径到达沙帽峪集结,第六连亦撤回占领清阳崮。另搜索部队四四四团第一营（欠第一连）及刘团搜索部队，向蒙阴寨及其以东地区搜索。十三时许，抵蒙阴寨附近，遭匪便衣五十余名，经我攻击，即向东逃窜。该搜索部队复向绰罗庄搜索时，遭匪三百余，激战三小时，匪不支，向东北逃窜，十九时我将沙帽峪及其东北高地完全占领。

命令：

奉司令官范六月十九日作战第一号命令要旨：（1）左纵队集结于周家庄、娄家庄间地区，六月二十五日拂晓开始行动，应与中央纵队及邱纵队严密连系，以主力经南师店、蒙阴寨、龙工峪、言家庄，向鲁村攻击而固守之，一部自南师店东侧经马庄、通乡峪，与中央纵队密切连系，向崧崮庄前进，协助中央纵队，突破大张庄，尔后随主力行动。①

师遵令下达命令要旨如次：

（1）一四八旅明拂晓派搜索队向龙工峪搜索匪情。

（2）四十旅明六时三十分出发，经新泰、南师店到达蒙阴寨东侧之海眼庄、宋家庄附近集结。

（3）一四八旅（欠四四四团）明八时出发，遵四十旅进路，在师部后跟进，到达蒙阴寨集结。

（4）一〇八旅明九时出发，在一四八旅后跟进，经新泰、南师店到达马庄附近集结，并向旋崮山、通乡峪方向搜索匪情，并向十一师连络。

（5）师部明七时出发，在陈旅后跟进，到达蒙阴寨集结。

（二）六月二十五日

战况：

四四四团于本日八时，第一营之加强连，经龙工峪向上河、上下土城、四门地方向搜索匪情，进抵上河附近，即与匪军百余人

---

① 原文如此，无"（2）"。

遭遇，激战二小时，匪不支，向四门地方向逃窜。我搜索部队跟踪追击，至四门地附近，复发现匪军五百余名，占领太平庄东西高地，以火力向我狙击，我藉空军之掩护，向匪猛烈攻击，匪仍顽强抵抗。并发现顾坡以南及以北各高地，均有匪军踞守，我以孤军，未便深入，遂于十九时撤回黄庄附近。

命令要旨：

(1) 四四四团明宥晨以主力占领龙工峪5297、黄花峪、7143、历山及尚家峪、笼子峪、崧崮各高地，掩护师主力前进，俟师主力集结后，撤回纱帽峪归制。该团另以一部掩护工兵部队修复龙工峪经上河、上土城至四门地之公路，并搜索牛牌子山、言家庄、斜山各附近匪情。

(2) 四十旅明晨先遣步兵一营占领基山附近高地，于六时三十分前到达，掩护师主力通过黄庄后，撤收归还建制。旅部率其余部队，六时出发，经南城子坡、红沟庄、黄庄，沿公路到达龙工峪、霞峰庄、鹏窝附近集结，并确保5297、历山、5217各高地。

(3) 一四八旅（欠四四四团）四四二团（附扫雷排）明晨先遣步兵一营，占领3423、5431（黄庄东南约四华里）各高地，于六时三十分前到达，掩护师主力通过黄庄后撤回归制；另以步兵一连留置蒙阴寨，维护交通通讯；五团部率该团其余部队，七时出发，经海眼庄、丈八丘、金水河，到达黄花峪、茄子峪附近集结，行进时，并派右侧卫向杨旅连系；旅部率直属队八时出发，遵四〇旅进路，在一〇八旅直属队后跟进，到达侯家桥、纱帽峪附近集结归制，并确保5339、7143各高地。

(4) 一〇八旅明晨出发，经通乡峪到达左家、傍峪附近集结，扫荡沿路散匪，右与十一师切取连系，到达后，并派队至龙工峪，掩护该旅直属队归制。

(5) 一〇八旅直属队随师部出发跟进，到达龙工峪后，待该旅派队掩护归制。

(6) 师部明七时出发,在四十旅后跟进,到达北霞峰庄宿营。

本（廿五）晚各部队态势：

1. 师部及一四八旅蒙阴寨；
2. 四十旅海眼庄、宋家庄；
3. 一〇八旅马庄附近。

（三）六月二十六日

战况：四四四团第二营本宥日以第五连向言家庄搜索,该营主力经崧崮庄向鹞崖庄搜索。午刻,主力抵崧崮庄时,与匪百余战斗时,许匪不支东窜。我复追至610高地,与匪战斗。此际,房家圈之匪百余,向我射击,经我攻击,不支北窜。第五连未刻抵牛牌子山、斜山以南各高地。迄薄暮,匪三百余向我攻击,战斗四十分钟后,经我击退,我即在五老峪以北无名山彻夜。

本（廿六）晚各部队态势：

1. 师部纱帽峪；
2. 四十旅龙工峪附近；
3. 一〇八旅左家、傍峪附近；
4. 一四八旅黄庄、茄子峪附近。

（四）六月二十七日

命令：

1. 一〇八旅三二二团第一营继续向牛牌子山攻击,并归武副旅长指挥；该旅另以一营占领五老峪以北高地；旅部率其余部队即刻出发,到达崧崮庄、上河、崧崮、上土城各附近集结,并确保各该处高地。

2. 四十旅（欠一个团）即占领龙工峪、历山、7143、5339各高地,以一个团即占领历山、后下庄、尚家峪、八大庄各附近高地,并派队向基山之第五师部队取得连系。

3. 一四八旅除四四四团第五连守备黄庄,四四四团第二营守备笼子峪附近高地,旅部率其余部队,即刻出发,向牛牌子山、言家庄、斜山之匪攻击(三二二团第一营向牛牌子山攻击,归该旅指挥)。

4.师部即移驻历山、后庄。

战况:

一四八旅四四四团第三营本感晨五时出发,向斜山方向搜索。八时许,在青杨圈与匪三百余遭遇,匪逐次抵抗,退至斜山后,居高顽抗。十七时许,我四四四团主力到达,即以第一营由劳坡方向迂回,第二营向言家庄攻击,激战至十五时三十分,匪不支,向东北逃窜,我即占领言家庄、斜山之线。四四二团第一营十八时许到达鲍家庄时,退踞鲍家庄以北无名高地之匪,即以轻重火器向其射击,当即向该匪猛攻,匪不支,向黄沟方向逃窜,该营即在无名高地构工守备。三二二团第一营五时由崧崮出发,向牛牌子山攻击。午刻进抵鹞崖附近,遭匪二百余,经该营攻占后,继向牛牌子山攻击。此际,凤凰翅之匪,亦向我射击,经我猛攻,迄十五时三十分,攻占牛牌子山,残匪向鲁村方向逃窜。

本(廿七)晚各部队态势:

1.师部历山后庄;

2.四十旅及一一八团龙工峪附近,一二〇团历山下后庄、八大庄附近;

3.一〇八旅部及三二四团崧崮庄,三二二团(欠一营,鹞崖、牛牌子山)房家圈;

4.一四八旅太平庄、鲍家庄间地区,一部斜山。

(五)六月二十八日

命令:

奉组长陈六月二十七日作命第二号命令要旨:"整二十五师于二十七日八时以一部经南岩向其东北高地进出,掩护主力进出牛牌子山、斜山之线,尔后归邱副司令官指挥,伺机攻占鲁村。"

又奉副司令邱六月二十七日二十二时命令要旨:"整二十五师

应于明（二十八）日七时以一个旅向龙崖庄及其北侧高地攻击而占领之，尔后以强大便衣控制鲁村，留置一个团确保龙崖庄北侧既得阵地，旅主力归还原位置，并以师主力推进至斜山、牛牌子山、青山圈、五老峪、崧崗、龙工峪、涝坡间地区，俟整十一师进出齐家屋子、苍凉峪之线后，以主力攻略鲁村而确保之。又奉组长陈巳感忍帘电要旨："贵师应于二十八日拂晓向鲁村攻击而占领固守之，并适时策应十一师之攻占南麻。"

师遵令下达命令要旨如次：

1. 一四八旅即向鲁村攻击而占领之。

2. 一〇八旅以一个团占领崧崗、五老峪之线各附近高地，旅部率一个团即接替青子圈① 西北高地牛牌子山、言家庄间地区一四八旅防务。

3. 四十旅一二〇团之一个营在笼子峪、八大庄各附近，掩护辎重部队通过尚家峪后，即随辎重部队后尾归制。该团部率其余部队即接替斜山东西高地及涝坡附近一四八旅防务；该旅旅部率其余部队即经上土城到达四门附近地集结。

4. 师部即向太平庄推进。

5. 余略。

战况：

当面之匪第九师、第二十四师各一团盘踞鲁村附近地区，我一四八旅四四二团及四四四团一部于本俭晨二时向鲁村攻击前进，抵南岭附近，与匪二百余接触。同时，炮兵即向鲁村射击。经我四四二团主力猛攻，并以一部向冯家沟、曹家庄迂回攻击，四四四团之一部向鲁村西侧攻击后，匪不支，大部向北，一部向东逃窜，我九时三十分占领鲁村，并派队向东向北追击扫荡。

本（二十八）晚各部队态势：

---

① "青子圈"一作"青山圈"。

1. 师部太平庄。
2. 四十旅四门地、下土城、青杨圈、斜山、涝坡间地区。
3. 一〇八旅言家庄、牛牌子山、鹏崖、鲍家庄、东峪、仙公山、崧崮地区。
4. 一四八旅仁里庄、庵崖庄、东黄沟、鲁村、东五陡地区,四四二团第一营鲁村。

(六)六月二十九日

命令:

奉副司令官邱六月二十八日十九时命令要旨:"整二十五师应于明(廿九)日以一部进占鲁村、四岭一带而确保之,并向芝芳、水磨头之线施行威力搜索,主力推进至张家、石沟、东西黄沟、龙崖、牛牌子山、鹏崖、斜山间地区,并酌留部队掩护该师后方连络。又参谋组长陈巴俭酉电要旨:"贵师明晨开始向鲁村攻击,应到达荆山泉、豆付峪之线,与胡师协力。

所下达命令要旨如次:

1. 一四八旅即进驻鲁村而确保之,并派有力搜索部队向三教山、刘家洞、水磨头搜索匪情。
2. 一〇八旅即在骡子东岭、黄埠岭、冯家沟地区集结,准备向荆山泉、上下豆付峪、芝芳各附近进出,协力十一师攻击南麻,并先派搜【索】队向荆山泉、上下豆付峪搜索。
3. 一〇八旅与一四八旅作战地境为东南岭、冯家沟、流泉庄之线,线上属一〇八旅。
4. 四十旅即占领牛牌子山、雕崖、言家庄、斜山、东黄沟、于家、石沟、东五陡而巩固之。
5. 师部即移驻西黄沟。

战况:

一〇八旅协助十一师攻击南麻、该旅三二团于崮山庄驱逐匪警戒部队后,向荆山泉之匪四百余攻击,战斗两小时,匪不支,逐次向傅家庄、西台庄退去，我于十四时三十分占领荆山泉及其以北高地，并以一部攻占傅家庄，协力十一师攻击南麻；该旅另以三二二团第二营经上下豆付庄向匪攻击，匪千余占领西峪及其以北高地顽抗，该营即以一部经流泉庄、九会庄向该匪迂回，匪不支，向唐家流窜去。该营分向钓鱼台、历山、芝芳之匪攻击，我即在该地与匪对峙。一四八旅搜索队向三教山、刘家洞、水磨头搜索，九时许，在三教山遭匪百余猛烈抵抗，经我猛攻后，该匪向东北退击，我进至刘家洞、水磨头附近，均无匪情。

本（廿九）晚各部队位置：

1. 师部西黄沟。
2. 四十旅东黄沟、牛牌子山、斜山地区。
3. 一〇八旅黄埠岭，三二四团崮山庄、荆山泉、傅家庄、西峪，三二二团上豆付峪、沙沟庄地区。
4. 一四八旅率四四四团王家、石沟、南岭、四岭地区，四四二团全部鲁村，搜索队三教山、刘家洞地区。

（七）六月三十日

命令要旨：

1. 一〇八旅派队向莱盘庄、孟坡庄、次峪庄搜剿。
2. 一四八旅派队向匙埠庄、猪窝、鲁山庄搜剿。
3. 四十旅派队向东西黄沟以南地区扫荡。

战况：

1. 一〇八旅三二二团第三营本卅日晨经上下豆付峪、九会庄向孟坡庄、次峪庄方向搜剿。该营午刻至九会庄北侧高地，遇匪百余名，经我痛击，匪向北窜去。至申刻，继向孟坡庄、次峪庄搜索，各无匪情，即撤回原防。另三二四团第一营经西峪、芝芳向莱盘方向搜剿，午刻至西峪、钓鱼台附近，发现历山有匪第八纵队第二十四师之一部，约二百余，向我射击，该营即向历山之匪攻击，匪凭险顽抗，战约时许，匪不支北窜，我即攻占历山。

2. 一四八旅四四二团第一营本卅晨向刘家洞、上土门、鲁山庄搜索，未刻抵鲁山庄附近，遭匪四五十名抵抗，经我攻击，匪即北窜，该营在附近地区搜索后，撤回原防。

3. 四十旅两个搜索排本卅晨以一路经青杨圈、涝坡、历山向霞峰庄扫荡，一路经雕崖、崧崮庄向霞峰庄扫荡，午刻先后到达霞峰庄，均无匪情，即撤返原防。

本（三十）晚各部态势：

1. 师部及一四八旅旅部王家、石沟，四四二团（欠第三连三教山）鲁村，四四四团齐家、石沟。

2. 四十旅牛牌子山、斜山、东黄沟地区。

3. 一〇八旅沙沟庄、崮山庄、荆山泉、傅家庄、西峪间地区。

（八）本战斗至此告一段落。

第三　经验教训〔略〕

第四　附表、图〔略〕

师长　黄百韬

中华民国三十六年六月　日

〔国民政府国防部史政局及战史会档案〕

6. 国民党陆军总司令徐州司令部关于在鲁中与解放军第三期作战经过概要

（1947年6—8月）

鲁中会战第三期作战经过概要

第一阶段（自三十六年六月二十四日起七月十一日止）

一、会战前匪我态势（附图一〔略〕）

甲、匪军

奸匪陈毅部7CD踞黑林镇、十字路间地区，2CD在东里店附近地区，5CD主力在沂水西南之孤山，其14D窜至大白常各附近地区，6CD在上下位，3GB踞大张庄、贾庄间地区，9CD在鲁村，7KCD南麻①，1CD悦庄，8CD铁车，4CD南北博山庄，3CD吐丝口，10CD明水各附近地区，似有待机蠢动之模样。

乙、我军

第三兵团临沂指挥所：第二纵队（28D、44D）东海欢墩埠各附近地区，第三纵队（7D、48D）葛沟、汤头，83D临沂、郯城，51D西新安镇各附近。

第三兵团9D青山埠、保得，65D蒙阴以东店子，57D蒙阴城，133B/20D崔家、城子各附近地区，兵团司令部蒙阴。

第一兵团：64D常路，1D整阳镇，75D新泰城，25D新泰以南北公庄，5D莱芜，85D大圣井庄各附近地区，兵团司令部驻新泰。

第二兵团：72D主力兖州，一部大汶口，84D兖州、泗水、曲阜，70D济宁各附近地区，兵团司令部驻兖州。

第二绥区：46D济南以东，73D泰安，12D东阿、平阴，8D（欠42B济南）历城、54D城阳各附近各地区，绥区司令部驻济南。

第三绥区：59D临枣镇，77D峄县各附近地区，绥区司令部驻贾汪。

徐兖绥区20D（欠133B）滕县，鲁保第三、六团白彦、邹县各附近地区，绥区司令部驻兖州。

二、作战指导

国军以摧毁沂山山区匪军巢穴之目的，即先以有力一部，分由河阳镇、济南两方面，施行牵制攻击，主力秘密集结蒙阴、新泰、顾庄间地区，突破琵琶山、大张庄、松崮之线，一举攻占鲁村、南麻，求匪主力于沂山山区而击破之。攻击开始，预定六月廿四日。

---

① 原文如此，当有脱漏。

三、兵团部署（附图二〔略〕）

四、作战经过（附图三〔略〕）

鲁中第三期会战，自六月二十四日开始，各部队行动如次：

甲、李延年部第三纵队（7D、48D）以有力之一部，于六月二十四日开始由汤头、河阳向麦庄、苗蒙区及其以北之线，施行牵制攻击。寝晚，匪7CD犯我欢墩埠阵地，经我28D痛击，该匪不支，仍窜回十字路附近。

51D守备新西安镇及交通通讯之维持，无战况。

乙、第三兵团133B/20D，六月二十五日进至蒙阴以东之南石门、钜山地区，连日向坦埠方向搜剿，65D六月二十五日由蒙阴进至东高口，廿六日驱逐当面匪1CD之2D二千余，攻占朱家坡及其以东高地之线。感日，当面之匪凭南北岱崮、龙须崮坚固阵地，顽强抵抗。俭日，进至大崮山、贾庄。艳日，攻占龙须崮。午支，除以一部乃留大崮山、郭家庄、对宝山，包围南北岱崮之匪外，主力改向沂水攻击。是日，进至演马庄、瞭阳崮、马市、子沟之线，连日排除匪之抵抗。灰日，进至坦埠东南之常庄。真日，与9D齐头到达沂水西岸。9D已有经解家沟，于寝日到达上下温村。感日，以有力之一部，进至野店附近，掩护65D之右侧背。午支，除以一旅留上下温村外，主力进至南北燕子、黄崖顶、拉窑山、槐花洞等处。午虞，移至蒙阴东南之保□附近。午齐，东进至北楼、水明崖。佳日，进至上位、摩天岭，驱逐当面之匪数千。灰日，进至崔家峪、南小河。真丑，一部渡过沂河，进占沂水县城，主力到达沂水西岸之线。

57D守备蒙阴，无战斗。

第三兵团司令部七月九日进驻坦埠，十一日进至摩天岭。

丙、第一兵团

64D已有由长路进抵上下薛家峪。寝日，击溃匪之警三旅，进占腰峪及两耳山、独脚山之线，稍有斩获。感日，续占琵琶山。俭日,于边顶、东南顶、狼茂顶、凤凰岭之线,与匪8CD之23D、24D战斗。艳日,与匪于狼茂顶、凤凰山之线发生争夺战。卅日,将该匪击退,俘获甚多。微日,续进至东里店西北傅家寨、刘家庄、凤凰寨之线。虞日,进占东里店以南之□□□家庄间地区,连日在各附近扫荡残匪。

11D已有寝两日,由鳌阳镇经土门进至旋福峪、郭家庄,获匪手榴弹工厂一所,库房三个,惟均被破坏。感日,攻占天门顶、大张庄,先头部队进占狗跑泉。俭日,逐次攻占志公山、望景山、凤凰翅、小黄庄及苍凉峪各要点,击溃匪2CD之72R。艳日,攻占南麻,计毙匪数百,俘匪百余,卤获甚多。卅日,续占凤凰山。七月江日,攻占马头崮、马王峪。支日,攻占莱峪、九顶、连环山。微日,进抵青泉山、大贤山之线,当面匪为9CD之一部。又由南麻派出部队,连日向北石白、中张良、芝芳搜剿。

25D六月有寝两日,经蒙阴寨进至龙工峪。感日,攻占牛牌、子山、斜山之线。艳日,攻占鲁村,并以一部分向东北搜剿。七月冬日,由鲁村回师向东南进剿。支微日,攻抵娘娘顶及其以口各高地。鱼日,攻占龙王堂、前后西里之线。虞日,渡过沂河,占领东里店及其东北各高地。真辰,匪6CD及2CD、7CD各一部,向我反击。真亥,被我击退。

5D六月有寝两日,经顾庄进至东王庄。感日,进至铁阙寨、埠西附近,一部经王家庄进占铁车。艳日,进占石家庄、草埠。七月冬日,进至鲁村,接替25D防务。微日,以一旅进驻莱芜,接替85D防务。迄至真日,均在各驻地附近扫荡。85D七月微日,将莱芜附近防务交5D之一旅接替后,移驻新泰。佳日,到达蒙阴。灰日,进至坦埠,归入第三兵团指挥。75D除留6B守备新泰外,主力移驻坦埠,归入第三兵团指挥。

丁、第二绥靖区

45D六月感日,攻占明水、文祖镇。卅日,分别收复锦阳关、章邱，达成牵制任务后，仍回济南附近。

54D 七月微日，攻克胶县。虞日，进抵高密后，仍回城阳附近原防。8D 七月江日，攻占临朐。灰日，攻占高崖，续向蒋峪进袭后，仍回潍县附近原防。匪 8CD 全部于七月虞晚向泰安进犯，我守军 73D 之 15B 与匪激战，至齐辰，转进至界首、万德间地区。佳日，匪 10CD 由中宫向张麦，80D 主力由泰安向西北，继又南窜。我 73D 退守万德以西之莲花山、双山。灰日，我由西向东反攻，进占凤凰台、三尖台之线。另匪一股，窜陷大汶口。

戊、第二兵团除清剿后方散匪外，于七月初转入鲁西，对刘匪伯诚作战（另报）。

己、第三绥靖区徐兖绥靖区各部队，均任后方交通通讯之守备及散匪清剿。其作战经过另报。

第二阶段（自三十六年序七月十二日起八月十四日止）

五、作战指导

国军以扩张战果、各个击灭流窜匪军之目的，各以有力之一部，守备沂水、东里店、南麻及原有各要点外，主力即分由新泰、莱芜、肥城向泰安、大汶口及由临沂、蒙阴、韩庄向峄县、枣庄、各行、求心攻击，捕捉匪军而歼灭之。

六、兵团部署（附图四〔略〕）

七、作战经过（附图五其一〔略〕）

鲁中陈匪经我攻破沂山老巢、进占沂水、南麻后，失去根据地，分股流窜，其 1CD、4CD 及 13CD，于七月上旬窜抵费县、峄县、枣庄间地区，8CD、10CD 流窜泰安、太汶口间地区，2CD 流窜莒县东北地区，6CD、7CD、9CD 流窜东里店、悦庄东北地区，3CD 流窜博山附近地区。我军自七月十二日起作战经过如后：

甲、李延年部

张涂纵队（48D、7D）七月十二日派一旅进至沂水，与 9D 会师（当即返回），主力集结苏树附近。十三日，开始南移。十四日，到达葛沟、白塔间地区。十五日,回至临沂东岸,以大雨水涨,延至十八日晚,7D全部渡过沂河西岸,当以一部推进武德。纵队部进至古城48D继续渡河中。十九日,7D进抵梁邢附近。48D于二十日到达费县,连日于梁邢、费县各附近,行广正面之搜剿,堵截及1CD、4CD之向东回窜。廿四日,7D击溃九女山匪4CD后,进占黄山、双壁山之线,48D由费县向车辋以东攻击。迄至二十七日,继续向东南追击,至卡庄。二十八日,7D进占东西石门。卅日,该纵队司令部率48D、7D到达峄县、枣庄。八月一日,到达临城、韩庄。二日,车运商邱,转用于鲁西方面。

28D之50B,于七月十日由东海进驻临沂,廿四日到达沙墩以南沿沂河东岸布防,卅日到李家庄,卅一日回至临沂东岸。又该师李师长淳率二个团,于廿七日到达阿湖,卅日进驻新安镇。八月十一日,23A军部及28D师部进驻临沂城。八月廿二日,该师80B及239R进驻临沂,与83D会剿十字路、大店之匪。83D于八月一日由临沂渡过沂河北进,冬日先头部队进至苏村,三日全部到达沂水城。并派出一部向马站与25D会师。八月十八日,该师除留44B(两团)守备沂水外,主力集结河阳、葛沟,统归23A李军长良荣指挥,与28D主力进剿十字路、大店匪。7CD自廿二日开始,二十三日进占十字路,廿四日攻占黑林镇,廿五、六、七日续克黑龙坡、三界首,并收赣榆城,卅日收复日照、石臼所,续向北进剿中。

44D八月四日由大伊山镇到达海州接防完毕,并以一部接替西新安镇防务。

乙、第三兵团

65D七月十二日集结沂水南岸葛子铺附近,十五日回到坦埠,十六日到蒙阴,除留一八七旅守备蒙阴外,主力于十七日进抵水沟,十八日进至太平邑西南地区,十九日将城前附近之匪驱逐后,即占领城前、东砌河、土门地区,一部进占编西店,廿日击溃老虎窝、黄家、安岭之匪后，攻占冯卯、东郭之线。当面匪为1CD残部。廿二日，与滕县守军取得连系。廿三日，攻占桑村、艾湖。连日以永□①。至卅日，到达北沙河。卅一日，进至高家店以后，转入鲁西方面作战。

85D、57D七月十三日集结蒙阴，转向西进，十四日进至张家林，十五日抵仲林，十六日到达太平邑，十七日到泗水以东之南苗馆、廿里铺各附近，十八日进至鄪阳、南北塘村之线。十九、廿日，57D将张庄、凤凰山、任家岭之匪击溃后，进占连翠山、老虎窝、王庄、苏庄间地区。85D十九日进至青邑、徐家沟，廿日至东西石竹、姚家堂各附近，廿一、二日57D□□□山附近□□，85D进至谢家庄。廿三日，八五师进占板里，廿四日进至梁邢。以连日大雨水阻，迄卅日到达东郭，卅一日进至界河附近，越过津浦铁路追剿1CD、4CD，转入鲁西方面作战。57D廿三日向白彦搜剿，廿四日回至泗水，经曲阜于廿七日到达兖州，廿八日开邹县，廿九日到界河，卅日续向郭里集围剿匪1CD、4CD之残部，以后该师转入鲁西方面之作战。

133B八月五日由蒙阴经桃圩、紫锦关、太平邑，于十一日到达白彦，归还20D建制。

第三兵团司令部于七月十三日由摩天岭回至坦埠，十四日【至】蒙阴，十六日至白马关，十七日【至】武德，十九日【至】青邑，旋随队进展，于卅日进驻兖州，嗣于八月十二、三日进驻新泰指挥。

丙、第一兵团（附图五其二〔略〕）

75D主力于七月十二日推进摩天岭，十三日回至旧寨，十四日至长路，十五日至新泰，十六日到谷里，十八日进至楼德镇、西营间地区，十九日到北石固，一部进出高庄，廿一、二日攻占凤

---

① 语气未了，当有脱漏。

凰山，主力集结歇马亭、何家店附近，廿三日以一部进出宁阳，廿四日主力进至高家店、宋庄，以一部向王晋、安临站方向搜剿，廿五日到达百子坡、曹庄，廿六日进抵泰安东之桐家庄、邱家店，卅日渡过大汶河至鲁西集、辛店间地区，八月二日到达羊流店、谷里，连日清剿徂徕山附近散匪，颇有斩获。

5D七月十二日于鲁村交防后，向西埠集结，十四日到达幡龙山、朱家洼、十五日到莱芜，十六日除留96B守备莱芜外，主力进至庞家庄，十七日至羊流店，十八日到珠山埠、上东、梁庄，十九日【到】凤凰山、石楼间地区，廿日到歇马亭，廿三日进占三娘庙、胡城子之线，旋移大汶口，堵匪东窜，卅日由大汶口进至南崿，八月一日进占宁阳，三日续攻占新嘉驿、吴高桥、二郎店、汶上之线，四日将汶上西地区匪之8CD击溃后，该师即追剿当面之匪，转入鲁西作战。

11D攻克南麻匪之老巢后，即一面清剿附近散匪，一面构工守备。七月十七日，匪集2CD、6CD、9CD、7CD、5CD各主力，向我南麻包围猛攻，战况至为激烈。至十九日，11D仍与匪于南麻周围之马头崮、石钱山、吴家、官庄、历山、荆山泉、永兴、官庄之线激战。廿日，永兴、官庄被匪攻陷，匪我伤亡惨重。迄至廿一日晚，经我英勇力战，当面之匪开始溃退，分向淄博、临朐方面逃窜。廿二日，我11D乘胜追击至悦庄以西之北张良、北石臼之线。是役，毙伤匪二万余，遗匪尸三千余具，生俘三千余人，获步枪三千支，轻重机枪二百余挺，我伤亡亦在四千余人。迄至八月上旬，该师即在南麻、鲁村各附近，修建机场，并清剿残匪。25D七月十六日以一团守备东里店，主力移至沂河西岸翟家庄。十九日，25D、64D向北攻击，增援南麻，于高崖顶、尹家崮之线，遇匪7CD，发生激战。廿一、二日，击破当面之匪后，64D之159B于永兴、官庄，与十一师会师，主力分向芦芽店、铁车之线追击，另一部于南麻以南之北刘家庄，与11D会师。

当面匪之主力，自南麻击退后，转向临朐包围攻击。廿六日，64D随踪追击，至悦庄以西之北张良、仟林集。廿八日，进至三岔店附近，遇匪2CD、7CD主力及6CD之一部，发生激战。至廿九日，将当面之匪击溃，主力攻占上下平庄，一部占领青石崖。卅一日，全部进至上下五井。八月一、二日，进至临朐，与临朐守军80D会师。六、七日，进占益都。十四日，进克张店。

25D七月廿七日集结大张庄、东里店、山神河各附近。至卅日，主力进至任家庄，一部到达铜陵关各附近。八月一日，进至十里河西岸头。二日，进占蒋峪。三日，派队向大盛、高岸、穆陵关、店子各地区搜剿。五日，以一部至马站，与83D北上部会师，连日均在蒋峪附近清剿残匪。9D七月十二、三日，全部渡过沂水，扫荡散匪，构工守备。旋以南麻、临朐战况紧急，该师除留一团守备沂水外，主力北上增援，于廿二日到达东里店，廿四日到达悦庄，廿五日攻占豹头崮、马头崮，廿八日并指挥64D进至三岔店，击破当面匪之抵抗，卅日攻占南蒋、上五井，八月一、二日进至临朐，与守军8D会师，六、七日续收复益都，十四日收复临淄城，一部进占辛店。

丁、第二绥靖区

8D为策应南麻之方面作战，该师由潍县于七月廿二日进占临朐，围攻南麻之匪2CD、6CD、7CD、9CD。廿四日，转向临朐，包围该匪攻击，即于城郊附近展开激战，力战七昼夜，尤以廿七日至卅日于西北南关及朐山各地战斗，至为惨烈。迄至卅午，将匪完全击溃，分向益都、高崖逃窜。我8D一面清扫战场，一面派队分途追击。是役，毙伤匪二万余，遗尸六千余具，生俘千余名，获步枪千余支，轻重机构百余挺，我伤亡团长以下官兵三千余人。

21军部指挥8D，击溃临朐之匪，于八月二日至昌乐，四日进驻临朐；9D、64D统归入该军指挥，于十三日推进至益都。

鲁省第八区兼保安司令张天佐、第十四区兼保安司令张景月等，指挥保安团队，增援临朐作战；八月十日，张景月部收复寿光，厥功甚伟。

54D为策应南麻、临朐作战，向胶县、高密方面攻击，七月十八日于小麻湾、葛埠岭、韩信沟之线，与匪滨海独一、二团激战，毙匪团长陈树云以下五百余人。连日因水阻，至八月三日，一部强渡大沽河，主力进至沽河东岸之何荣庄、李哥庄、蓝村、郭屋子间地区。五日，收复胶县。十五日，收复高密城。

73D七月十二日克界首，十四日克泰安，十六日攻占南留，十八日克大汶口，十九日进占安驾庄，廿日续向东阿、平阴前进，于廿六日分别到达。八月二日击溃须城附近准备渡河北窜之匪300^+，占领东平、席桥之线，堵截匪军北窜。八月十一日，以一部接替东平北刘口、袁口之防务，师部驻东平，另以一旅接替泰安守备。

12D七月十二日攻克圣佛站、大石铺，十四日进占肥城，一部于泰安与73D会师，十六日全部进驻泰安，十八日一部进占大汶口，廿二日又由大汶口退守南留，八月三日于大汶口、障城之线完成部署，防匪北窜，十一日全部到达东阿，十三日以一部强渡大清河，进占庞口、王家庄之线，十四日攻占荫柳科，与北进部队84D会师，连日斩获颇多。

第三阶段（八月十四至卅一日止）

八、作战指导

国军即以一部破坏小清河以北黄河各渡口，主力由益都、龙山、莱芜三方面分进合击，包围残匪于淄博地区而歼灭之。

九、兵团部署（附图六〔略〕）

十、作战经过（附图七〔略〕）

甲、第三兵团

11D八月十九日由鲁村附近北进攻占南留山。廿日，一部进至源泉庄，主力进至焦岭子，并派一部与南下之45D部队会师于博山城。廿一日，全部进驻博山，以一部进出大昆仑，与9D部队会师，另以一部于何庄掩护交通。俭绝〔?〕继续北进，于卅日全部进驻明水、普济间地区，连日派队分向邹平、章邱、旧军镇等处扫荡，斩获甚多。75D八月十四日开始北进，于十八日由羊流店进至莱芜，另由新泰6B派出一营进驻大张庄。十九日，主力进至吐丝口附近。廿日，进至何庄，另派一团进出锦阳关。廿一日，派一部向博山会师。廿二日，主力由何庄回至吐丝口。廿三日，开始向吐丝口至锦阳关公路两侧扫荡。廿四日，一部扫荡文祖镇，与明水南下部队会师。廿五、六、七、八等日，扫荡大王庄、上下港、西营各附近，均有小战斗，并搜获匪粮械被服仓库多所。廿九、卅日，仍集结吐丝口，准备尔后之扫荡。

96B/5D八月廿日派一团进驻南苗山，掩护交通通讯，主力仍守备莱芜。

187B/65D连日修补蒙阴至坦埠公路，并清剿两侧散匪。

乙、21A夏楚中纵队

25D八月十三日由蒋峪派一部进驻临朐，主力于十七日进抵潍县西南之北展、桥官，十八日进占潍县东北之十里堡附近，廿一日收复昌邑城，廿五日由昌邑南下到达徐家庄，廿七日到南流，廿八、九日到达黄旄堡、鲍家营，卅日进至太堡庄、峄山，卅一日至高密附近集结完毕，归入胶东兵团，准备尔后作战。

8D八月十三日以一部进驻益都，主力于十五日由临朐经益都、巨淀，进出昌乐东北十公里地区，十八日进至潍县东北之固堤街。166B守备寿光。迄至卅日，全部集结昌邑附近，归入胶东兵团，准备向东进剿。

9D八月十五日由辛店、临朐进占金岭镇、南北金台，十六日续占张店、北营之线，同日，该师留沂水之一团北进，归还建制，十八日收复淄川，十九日以一部进占大昆仑，廿二日与北上之11D会师后，即集结张店附近，廿六日由张店东进，当日到南普通益都、淄河站各附近，廿七日到译家、坊子，车运东开，廿八日到达潍县，因水阻，除以一部进至朱里街，于卅一日全部进至穆村附近集结完毕，归入胶东兵团，向东进剿。64D之131B率鲁保十三团，八月十五日收复广饶，十六日续占其西北之东西相村及东北之王家店，主力进占东西苇河庄，十七日进至索镇，十八日收复恒台、长山，与东进之42B/8D会师，同时131B收复博兴城，廿二日主力集结柳桥附近，131B进至黄河南岸刘阳庄、道西各渡口，并克复蒲台城，廿四日主力进至博兴，131B由道西沿黄河下游向史家口扫荡，廿五日开始向东集结〔集字衍〕，廿七日回抵柳桥，廿七日到广饶，廿八日到寿光，廿九日进至耿家庄、洛城，卅日到达流饭桥、槐埠，卅一日到樱桃园、山后庄、河北庄，九月一日到南流，续向峊山、太保庄、高密集结，归入胶东兵团指挥。

鲁十四区兼保安司令张景月部，八月十六日由寿光向东北经北孙堂子进至邢桃庄，十八日进至羊角沟，达成破坏任务，沿小清河南岸向西扫荡，仍回至寿光附近，担任胶济路之守备。

丙、第二绥靖区

42B/8D八月十六日由龙山攻占章邱，十七日续克邹平，十八日收复长山，与西进之64D部队会师，十九日到恒台后，即东开，于廿二日到达潍县，归还8D建制。

45D八月十七日由济南附近进至龙山，十八日攻占王村、周村之线，十九日进驻淄川，廿日收复博山城，连日于淄博附近扫荡，颇有斩获。旋该师除留213B守备博淄外，211B移驻益都，212B驻峊山，师部驻坊子。并指挥张景月、张天佐部及交警一总队，统由夏军长楚中指挥，担任胶济线之守备及两侧残匪之清剿。21A军部移驻潍县。12D于十九日回至济南，廿日由济南沿黄河南岸向东推进，廿一日到章邱，廿三日攻克齐东，廿四日续克高苑、青城。旋任黄河下游自历城至羊角沟之河防，及各附近地区散匪之清剿。

73D任济南以南至东平之河防，及泰安至大汶口间交通通讯维护，无战斗。

丁治磐部54D八月十五日于张鲁集、芝兰店击溃匪之滨海S1R、S2R、S3R后，攻克高密，连日于胶县、高密间扫荡残匪，颇有斩获。廿四日，以一部进至岠山，廿五日派8B由高密向诸城进剿，是日进抵苗家屯，廿七日到达岳沟后，仍返胶县。该师于卅日全部集结胶县附近，归入胶东兵团，准备尔后之进剿。

十一、结论

鲁中会战第三期作战，自卅六年六月廿四日开始，至八月卅一日止，共计战斗经过二月又六天，国军按照预定计划，逐步实施。其中虽受气候影响，大水泛滥，有时补给中断，我进剿部队尚能不顾一切，跋山涉水，忍饥挨饿，排除万难，达成任务。尤以南麻战役固守五昼夜，临朐战役坚守七昼夜，终将顽匪击溃，获得辉煌战果，奠定鲁中全面胜利，足征官兵忠勇，将士用命，乃迭蒙极峰奖励，先后颁发奖金百余亿元。又本期作战已攻破陈匪之主力，并将其老巢沂山山区收复及打通胶济全线。统计毙伤匪十余万名，生俘二万余人，卤获枪炮万余支，破坏匪工厂、仓库十余所，并先后收复山东临朐、益都、淄川、临淄、长山、邹平、桓台、章邱、齐东、青城、高范、博兴、广饶、寿光、昌邑、高密、胶县、沂水、日照等廿县，江苏赣榆一县。

十二、经验与教训〔略〕

十三、附图〔略〕

十四、附表

甲、战斗序列表

乙、我军人员马匹伤亡失踪统计表〔略〕

丙、匪军伤亡卤获统计表〔略〕

丁、我军武器弹药损耗统计表〔略〕

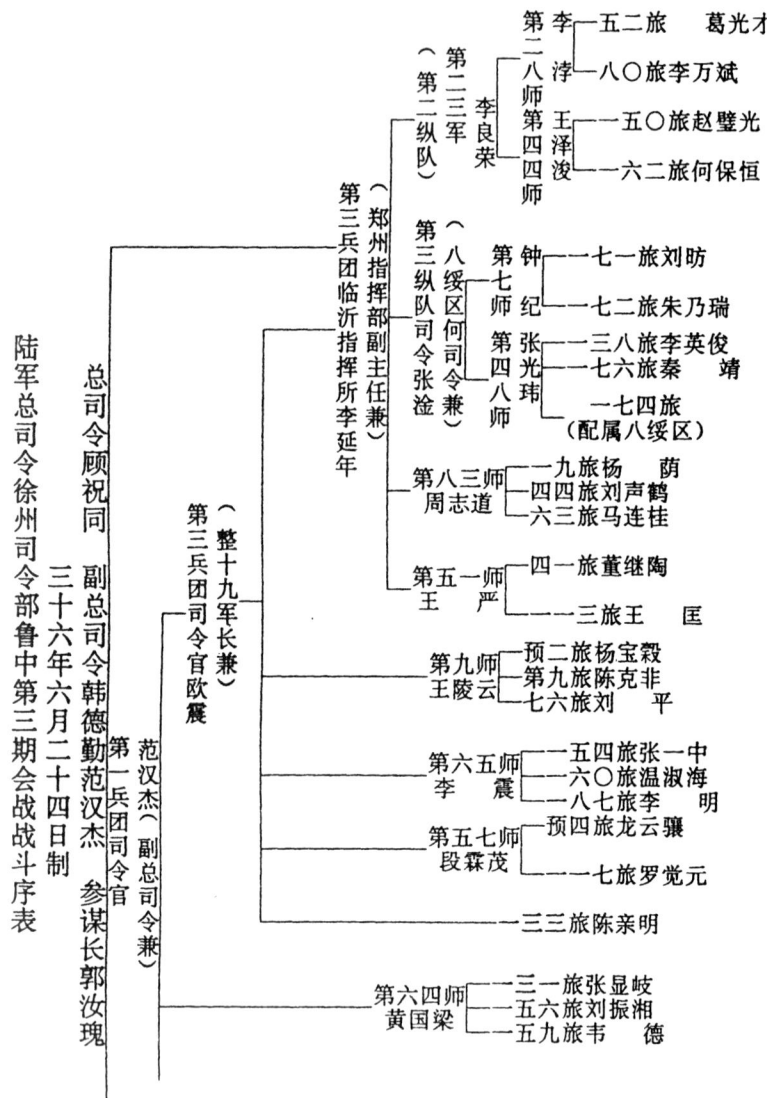

陆军总司令徐州司令部鲁中第三期会战战斗序列表　三十六年六月二十四日制

总司令顾祝同　副总司令韩德勤范汉杰　参谋长郭汝瑰

- 总司令 顾祝同
  - 第三兵团临沂指挥所李延年（郑州指挥部副主任兼）
    - 第二绥区（第二绥区）第二十三军 李良荣
      - 第二八师 李浮
        - 一五二旅 葛光才
        - 一八〇旅 李万斌
      - 第四四师 王泽浚
        - 一五〇旅 赵璧光
        - 一六二旅 何保恒
    - 第三纵队司令张淦（八绥区何司令兼）
      - 第七师 钟纪
        - 一七一旅 刘昉
        - 一七二旅 朱乃瑞
      - 第四八师 张光玮
        - 一三八旅 李英俊
        - 一七六旅 秦靖
        - 一七四旅（配属八绥区）
    - 第三兵团司令官欧震（整十九军长兼）
      - 第八三师 周志道
        - 一九旅 杨荫
        - 四四旅 刘声鹤
        - 六三旅 马连桂
      - 第五一师 王严
        - 四一旅 董继陶
        - 一三旅 王匡
      - 第九师 王陵云
        - 预二旅 杨宝毂
        - 第九旅 陈克非
        - 七六旅 刘平
  - 第一兵团司令官 范汉杰（副总司令兼）
    - 第六五师 李震
      - 一五四旅 张一中
      - 一六〇旅 温淑海
      - 一八七旅 李明
    - 第五七师 段霖茂
      - 预四旅 龙云骧
      - 一七旅 罗觉元
    - 一三三旅 陈亲明
    - 第六四师 黄国梁
      - 一三一旅 张显岐
      - 一五六旅 刘振湘
      - 一五九旅 韦德

续表

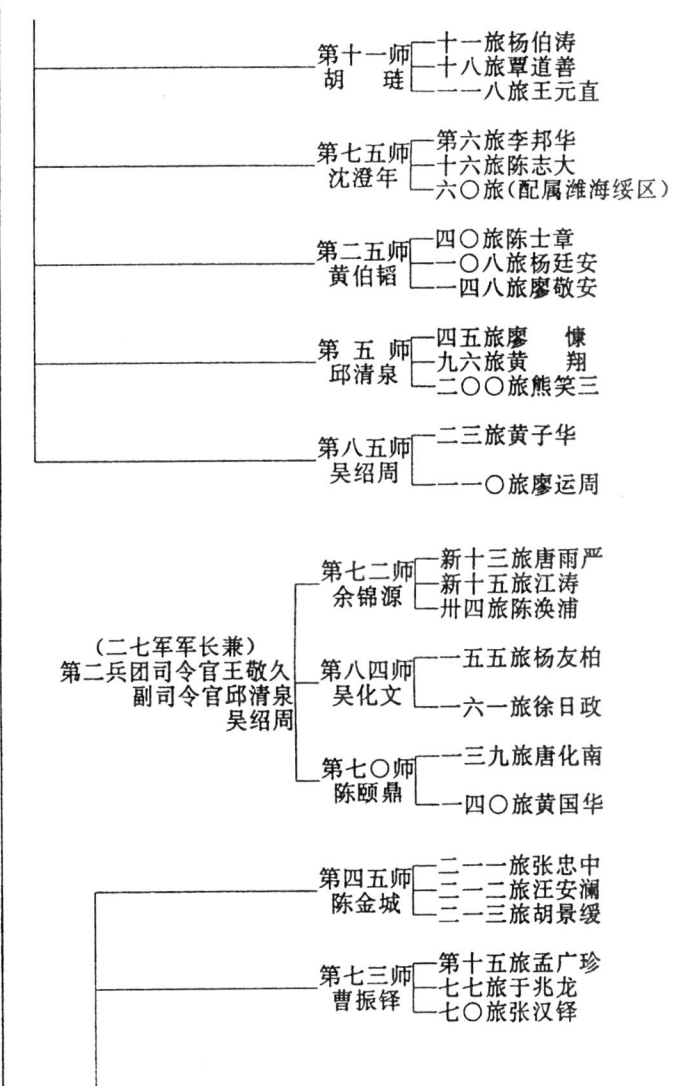

- 第十一师 胡琏
  - 十一旅 杨伯涛
  - 十八旅 覃道善
  - 一一八旅 王元直
- 第七五师 沈澄年
  - 第六旅 李邦华
  - 十六旅 陈志大
  - 六〇旅（配属潍海绥区）
- 第二五师 黄伯韬
  - 四〇旅 陈士章
  - 一〇八旅 杨廷安
  - 一四八旅 廖敬安
- 第五师 邱清泉
  - 四五旅 廖慷
  - 九六旅 黄翔
  - 二〇〇旅 熊笑三
- 第八五师 吴绍周
  - 二三旅 黄子华
  - 一一〇旅 廖运周

（二七军军长兼）第二兵团司令官 王敬久 副司令官 邱清泉 吴绍周
- 第七二师 余锦源
  - 新十三旅 唐雨严
  - 新十五旅 江涛
  - 卅四旅 陈涣浦
- 第八四师 吴化文
  - 一五五旅 杨友柏
  - 一六一旅 徐日政
- 第七〇师 陈颐鼎
  - 一三九旅 唐化南
  - 一四〇旅 黄国华

- 第四五师 陈金城
  - 二一一旅 张忠中
  - 二一二旅 汪安澜
  - 二一三旅 胡景缓
- 第七三师 曹振铎
  - 第十五旅 孟广珍
  - 七七旅 于兆龙
  - 七〇旅 张汉铎

续表

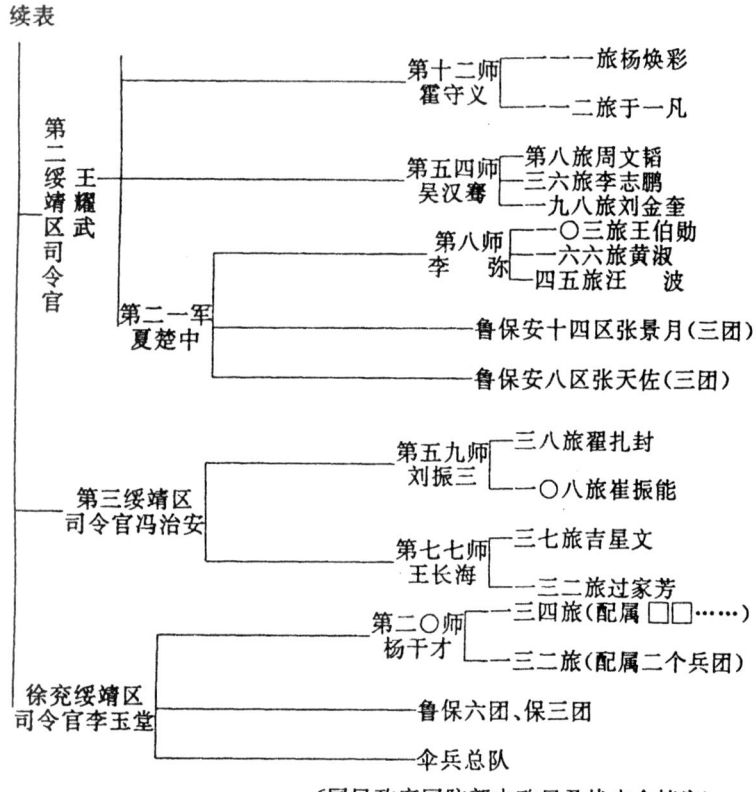

〔国民政府国防部史政局及战史会档案〕

7. 国民党整编第六十四师黄国梁部关于南麻"解围"战役战报①

(1947年7月)

〔上略〕

南麻解围战役（由七月十九日至七月廿二日）

七月十九日　雨　月龄初二

拂晓，匪第七纵队十九师沿青泉山、牛心崮以南峪地西窜。值天雨浓雾，通视困难，匪拟集结绝对优势兵力，一举夺占牛心崮。迫至山麓，我即以密集火力向匪扫射，毙匪百余。匪续以一营兵力，分四路向我该处之守点两排冲锋三次，均被击退，复毙匪百余。十一时许，匪增加兵力至四个营，包围攻击，并以炮火集中猛烈围攻，战斗至烈，伤毙匪三百余。我因众寡悬殊，仍浴血力战，匪经六次冲锋，仍不得逞。战斗至十四时，我守备该处之步兵两排，仅余官兵十四人，仍利用山石、刺刀，拒止匪军。十四时后，该两排排长李力奋阵亡，李建中重伤，余均全部壮烈牺牲（内重伤排长李建中等十四员名，至廿二日晚我廿五师反击牛心崮时救出）。

一五六旅晨开蒙阴，途至朴里庄。旋奉廿五师黄师长电话，以匪第二、六、七、九纵队倾全力向我南麻十一师围攻甚烈，奉连络组长电示，廿五师、六四师应以全力策应十一师之战斗等谕。师奉命后，当即适时饬一五六旅中止开蒙阴，主力即在柳枝叶、刘家庄间地区集结，整顿战备。同时据报，匪一股经窜抵河东庄，后续约千余续向西窜犯，我一三一旅三九一团部队刻向该匪攻击中。

---

①　摘自《陆军整编第六十四师第五期鲁中会战及南麻解围战役战斗详报》。

基于以上情况，即决定部署及行动如左：

一、以一三一旅（欠三九一团）由现地进出倒坐崮、高崖顶，准备尔后之攻击。

二、一五九旅以一连占领王家峪南端高地，另一连占领狼茂项，防匪南窜。

三、一五六旅即先遣有力一部约一团，迅速占领焦家、上庄、于家崮各要点，以利师主力之行动；该旅主力即进出南平顶、社庄间地区；旅部位置于社庄。

四、师司令部本（十九）日午后推进至马连峪。

渡过沂河西窜之匪，午后续向我一三一旅守备之高崖顶攻击，争夺终日，迄夜，我仍占领凤凰崮、龙王崮、高崖顶亘娘娘顶之线，与匪对战中。

一五六旅奉命折回后，即适时派出有力一部（二营）迅速前进，占领南平顶要点甸杰士崮、焦家、上庄及于家崮、户家崮。搜进时，匪已继续由九顶、连环山向南渗透，妨害我进出。十五时许，抵六五〇高地南端时，即与匪遭遇，经我奋勇冲锋，十七时许，占领杰士崮及六〇〇、六五〇高地暨南平顶等要点，使师主力进出容易。入夜，我后续部队兼程赶到，调整部署，并派队搜索匪情地形，准备继续攻击。

师司令部午后到达预定地点，守备大张庄，附近之一五九旅，亦以一部沿公路向北搜索，与望景台、凤凰翅之匪战斗后，归还赤板附近警戒；另一部向狼茂顶搜索。但该高地已先为匪约一营占领，搜索部队续向东南顶向匪施行威力搜索。该部任务达成后，占领天门顶，向匪警戒战斗。经过如附图八〔略〕。

七月廿日　晴　阵雨　月龄初三

师为争取时间、应援十一师战斗起见，决不待廿五师主力到达，即先击破当面匪军，进出九顶、环山之线。一时，下达命令指示各部队攻击部署，其要旨如左：

一、师当面之匪情如参处通报。其二、六、九纵队及七纵一部，两昼夜以来，连续向我南麻十一师围攻甚烈。我廿五师主力本廿日晨在本师后续进，预定超越攻击，进出九顶山，与十一师会师。

二、师以应援十一师战斗之目的，决即击破当面匪军，迅速进出九顶、连环山之线。

三、一三一旅除留一部（约一营）扼守韩望崮、凤凰崮、龙望崮等要点向东警戒外，主力应于本廿日拂晓开始行动，迅速击破当面匪军后，进占东九顶、连环山，以后行动候命。

四、一五六旅应于本廿日拂晓开始行动，迅速击破当面匪军，进占西九顶、连环山，以后行动待命。

五、一三一旅、一五六旅之战斗地境，为娘娘顶、卢峪、胡庄、东九顶、连环山之线，线上属一三一旅。

六、有线电以娘娘顶为基点，构成师旅间通信网；师旅间无线电通信，七时后每隔一小时连络一次。

七、师野战医院应于战斗开始后，在社庄开设。

八、师指挥所本廿日十一时后，位置于娘娘顶南麓社庄。

下达以上命令后，并电饬一五九旅派兵一营于拂晓后进出门子顶，掩护师主力左侧监视，防匪迂回；又与廿五师联电，将本日两师行动通报于十一师。

拂晓后，开始攻击。一三一旅九时许对胡庄之匪施行攻击，九时将河东庄之匪驱逐后，十一时许攻克河东庄西侧高地。同时，一五九旅进占门子顶之一营，亦已到达，并向前搜索。一三一旅十二时续克胡庄，即向牛心崮攻击。旋廿五师先头部队（约一团）已集结完毕，随即超越我步兵线，向牛心崮攻击。另饬一三一旅转向胡庄西侧高地攻击，同时以一部攻占刘家庄，使胡庄西侧高地之攻击容易。十四时，攻击部队攻至山顶时，匪由菜峪增援逆袭，反复争夺。十六时后，仍在该线相持中。一五六旅拂晓时，向柳峪、胡庄、于家崮、马头崮攻击，匪大部占领胡庄西侧高地、七五〇高地亘于家崮一带，与我激战。我以密集炮火，向于家崮东侧柳树峪猛烈射击，该匪四散逃窜，溃不成军。并以一部夹击胡庄，协力一三一旅之攻击。九时许，占柳峪，柳树峪、于家崮之匪，凭山势峻险顽抗。十二时许，再兴攻势，以一部攻七五〇高地，以一部协力一三一旅攻胡庄西端高地，主力攻于家崮、柳树峪，战况至为激烈。十二时许，廿五师部队适时赶至，随即超越我第一线，对七五〇高地猛烈攻击，我原攻七五〇高地之一部，即转向柳树峪攻击，匪不断增援顽抗，战斗甚烈。十四时，我攻占柳树峪。惟于家崮山势陡峭，我仰攻仍无进展，遂一部钻隙攻击马头崮，威胁于家崮匪之侧后。迄黄昏后，仍在该线与匪激战。我乘夜勇猛向匪扑击，至廿一小时，卒将于家崮攻克，残匪向北逃窜。同时为防匪迂回，以一部（四六八团三营）由于家崮西侧各地向匪钻隙攻击，至石门峪、刘家庄间，将企图迂回包围我侧背之匪十九师第五五团及五七团一部全部击溃。

在大张庄之一五九旅，亦派队搜索，玉皇山无匪踪。另一部在赤板西附近，遇匪百余，经我驱向西北窜去；另一部向大张庄、黄庄间公路搜索，于崧崮庄附近遇匪四百余，经我猛烈攻击，匪不支北窜，一部退踞崧崮，大部向西窜去。入夜后，该部仍开返大张庄守备。战斗经过如附图八〔略〕。

廿二日　阵雨　月龄初四

三时，许匪以主力军廿师五九团，向我一五六旅之于家崮阵地反扑，我守军因伤亡甚大，该要点遂重陷于敌手。拂晓后，我以全部炮火集中掩护主力，向该要点施行恢复攻击，我钻隙部队向于家崮、马头崮间鞍部突进，威胁其侧背，经猛烈冲击后，九时许，复将于家崮制高点占领。十二时许，续攻占马头崮，匪渐呈动摇，退守尹家东西之线，十八时许，我续占领尹家崮、翰林峪、冯家峪之线，仍向匪继续攻击中。

一三一旅于三时许,对胡庄西南高地施行攻击,战斗惨烈,经四次争夺,匪我伤亡均大。我攻击至十时许,卒将顽匪击溃,我遂完全占领该高地,续向北搜攻中。该旅部位置于高崖顶,其一部(三九一团)仍守备高崖顶亘龙望崮、韩望崮之线。

一五九旅本日向匪据点佯攻,并扫荡刘家、傍峪,另以四七五团于十一时进出赤板西侧高地,攻占卢家庄东西侧无名高地,匪退望景台、凤凰翅之线顽抗。我以威胁目的已达,乃退回赤板、大张庄。

匪二、六、九纵队仍围攻南麻,【与】我十一师激战中。匪连日经我夹击及猛烈攻击后,伤亡惨重,且粮弹均缺,已呈动摇模样。廿五师续向匪攻击,预定廿二日拂晓前攻占九顶山。

师决即以主力乘夜进出尹家崮以北地区,续向东西郑王庄北侧高地推进,以应援十一师之战斗,于廿一时策定部署如左:

一、一五六旅(附三九三团及现守备门子顶之四七七团第三营)应即以有力一部扼守于家崮亘门子顶之线,掩护纵队左侧安全,主力应于本廿一日十三时开始行动,一面于家崮,一面渗透迅速进出西九顶、连环山西侧,策应一〇八旅对西九顶、连环山之攻击容易,并相机向东西郑王庄北侧无名高地挺进而占领之。

二、一三一旅(欠三九三团)除以一营扼守韩望崮、凤凰崮、龙望崮各要点,掩护纵队右侧安全,其余位置高崖顶附近待命。

三、师部位置于娘娘顶。

廿一时,一五九旅加强团(四七五团)乘夜进出大张庄,向许村前进,攻击匪军,策应十一师作战。

一五六旅奉命后,即乘夜以主力攻占尹家崮,并协力廿五师对九顶连环山之攻击,残匪向北溃窜,我续追击中。战斗经过如附图八〔略〕。

七月廿二日　阵雨　晴　月龄初五

七时许,一五六旅攻占狼茂顶,并续占西九顶连环山西侧高地及东西郑王庄及其东北西北高地。九时许,续占九顶山及其以西高地。旋九顶山交由一〇八旅接守,我在附近扫荡残匪,匪大部向石桥方面溃退,我续行战场追击及清扫。

进出许村,策应作战之一五六旅加强团(四七五团),六时许展开于上家庄东西高地之线,向望景台、凤凰翅之匪攻击,经我猛烈攻击后,匪向西北溃窜,我随以一部经永兴官庄与十一师守备高村部队会师,匪对南麻包围战斗,遂告失败;主力跟踪分途追击至鲁村附近,残匪分向东北及西北狼狈溃窜,我追击至十九时,返永兴官庄集结,向西北方向搜索警戒。战斗经过如附图八〔略〕。

午后,一五六旅集结于东西郑王庄、后拉山、红岭子、大马岭地区,旅部位置于大马岭;一三一旅一部位置于尹家崮、杨家洞地区,主力于狼茂顶、蒲峪、冯家峪间地区,旅部位置于冯家峪;一五九旅除四七五团位置永兴官庄外,其余仍监视南北岱崮匪据点及维护新泰、大张庄间交通,旅部位置旋福峪,师部进驻十八里庄。

围攻南麻我十一师之匪军第二、六、九纵队,已分向东北、西北溃退,我应援任务遂告达成。旋奉命集结补给粮弹,战斗乃告一段落。

(己)作战所得之成果

一、本战役,我全体官兵用命,奋勇攻击,先后击溃匪第二、八、九纵各一部及第七纵夹击我十一师之匪军,匪终不支,全线崩溃窜退,迫匪放弃山区根据地,并达成应援任务。本战斗伤毙匪、俘匪及卤获武器,如附表第一〔略〕。

二、彻底破坏匪山区根据地,使匪不能立足。

三、为争取时间应援十一师战斗起见,廿五师交互向匪猛烈攻击,发扬协同作战精神,打破匪围歼我十一师之企图,达成任务。

（庚）匪我之损耗

此次战役，匪我损耗，如附表第二、三〔略〕。

（辛）可为参考之所见〔略〕

（壬）今后我军作战应改进之点〔略〕

（癸）各人各部队之功过〔略〕

陆军整编六十四师师长黄国梁

中华民国三十六年　月　日

〔国民政府国防部史政局及战史会档案〕

8. 国民党整编第八师李弥部困守临朐战报

（1947年7—8月）

陆军整八师坚守临朐战斗详报

第一　会战前本师之概况

本师于三十五年十一月十一日占领掖县后，即担任掖县、昌邑、潍县公路沿线迄渤海南岸地区各要点之守备。三十六年元月中旬，第四十二旅（即荣誉第一师）奉调济南，归司令官王直接指挥。二月中旬，师主力复奉命由掖县、昌邑间撤防西进，应援莱芜友军之作战。其时，匪军为图牵制师之行动，乃集其胶东主力四万余人，尾追截击，恶战四昼夜。因迭奉上令，万勿恋战，限速西进，致后尾被截，损失兵力约四个营。二月二十三日，与匪脱离，全部到达潍县附近，旋因莱芜方面战局逆转，复奉令固守昌潍地区。斯时昌潍附近匪军环伺，袭扰频繁，师以疲惫之兵力，既须星夜赶筑工事，复须阻止匪军，赖地方机关与民众之协力，及官兵之不惮辛劳，忠勇用命，卒能于短期内完成坚强工事，并迭予进犯之匪以严重打击。迄六月下旬，非仅匪未获逞，昌潍地区安于磐石，而师仍能于此时利用机会，使各部轮流调剂，战力亦告恢复。七月一日，师遵极峰指示，抽兵（六个团）袭占临朐，策应鲁中之作战。当时胶东匪军复袭掖沙故技,集中主力三万余人,于六月一日起向我防区发动攻势,并以主力围攻寒亭、齐家埠等据点。终以匪众我寡,兵力过于悬殊,兼以上命綦严,无法回师应援,寒亭及齐家埠两地遂于七月一日陷匪,我独立旅第三团全部壮烈牺牲。其他各阵地屹然未动。师仍不顾一切,星夜西进,遵行袭占临朐之任务。当时之兵力部署如左:

一、出动部队(六个团)

第一〇三旅(欠工兵营、输送营及山炮营主力)附山炮一连。

第一六六旅(欠四九八团及工兵营、输送营)附山炮二门。

独立旅第一团。

师工兵营、特务连及榴弹炮两门。

二、守备部队

甲、潍县地区

第一六六旅四九八团及该旅工兵营、输送营。

独立第七团。

师特务营(输送团第四营)、兽力输送营、榴弹炮营(欠炮两门)。

第一〇三旅输送营、山炮营(欠一连)。

乙、寒亭、齐家埠及二十里堡(潍县东北)地区

独立旅第三团(七月一日晚全部牺牲)。

丙、坊子地区

师输送团。

第四十二旅输送营。

丁、廿里堡(潍县南)飞机场地区

交警第一总队(归师指挥)。

戊、尧沟

第一〇三旅工兵营。

己、机动部队

独立旅第五团。

三、第四十二旅守备济南，归司令官王直接指挥。

第二 会战前本师之行动

其一 第一次临朐之袭占

一、兵力（见前出动部队）

二、匪情：（1）匪二、四、六、七、九等纵队在东里店附近；（2）鲁中警四、警五团踞郑母、闵家庄、十字路、龙岗、荻子涧一带，龙山大队及临朐独立营踞临朐城厢附近；（3）渤海十五、十六团踞浨河西岸杨家庄、杨姑桥附近；（4）昌乐独立营踞黑山庄附近。

三、师之任务

（子）六月廿八日廿三时，奉到主席蒋六月廿六日九时手令如左：

炳仁同志吾弟勋鉴：此次进剿鲁中共匪老巢，必须由潍县主力积极进取蒋峪、穆陵关，南至马站，北至临朐，勿使残匪经胶济线向北向东自由退却，方能收获全胜。故我进剿部队占领南麻时，第八军必须立即出击，而且要有夜间行动与袭击之准备，使匪不及防范，出其不意，直捣其蒋峪与临朐，必克奏肤功，务须切实遵行。并望依照日前指示之要旨，不在占领城市，而在摧毁其后方根据地之物资与阻绝其交通与通信之联系。总期前后呼应，双方挟击，达成此重大之任务为要。此时更应积极筹划在马站至益都道路之两侧，如何设伏，如何毁路，如何夜袭等各种动作。无论穆陵关、蒋峪、临朐，尤其益都四据点，任何一二点，能占领数日或竟能固守，必待其主力大部队来攻时，再行相机撤退，则更有补于整个战局。总之，此次第八军任务重大，我军能否收获全胜效果，其关键全在于吾弟是否能贯彻中央之意旨，完成使命。望全力图之，不负所期。是为至要。顺颂戎祉。

各师旅团长均此。

中正手启　六月廿六日九时

（丑）师长奉到上项手令后，当即向总司令夏请示行动。于六月卅日奉到总司令夏六月廿九日廿时作命甲潍字第四号命令，要旨如左：

（一）集团军决遵极峰意旨，以一部固守昌潍，以主力策应北上友军之作战为目的，对益都、临朐、蒋峪、穆陵关等要点附近匪军之后方，予以机动勇猛截击伏击之打击。

（二）第八军李军长应亲率该军约两个师（六个步兵团、配少数炮兵）于七月一日拂晓前，由潍县附近出发，经夹河、郑母、龙岗道，迅速歼灭龙岗以西、弥河以东匪军，相机攻占临朐，控置益都，视状况直捣蒋峪。

（三）潍县及坊子、廿里堡防务，除交警第一总队之守备不变，并应由第八军留置步兵四个团及军师直属营，于明卅日重新调整固守部署，并责成该军独立旅旅长周开成驻潍，统一指挥。

（四）出击部队应一律减轻辎重，携带充足弹药，着眼迅速秘密机动，并切实遵照极峰对贵官手谕之指示。

（寅）七月一日奉总司令顾午东标一电原文如左：限卅分钟到。李师长：顷奉主席电话谕：我五四师应以有力部队向诸城、高密进出，第八师应以有力部队向临朐、蒋峪进出，以断敌之补给交通线。如遇敌大部队则退避，遇小部队则歼灭之，以利主力军之作战等因。刻我第一兵团已攻占南麻、鲁村，正与匪第一、三、四、六、八、九各纵队对战中。匪第二、七纵队在莒县以南，第十纵队在章邱附近。希着眼全局，努力达成任务。除分电佐民、贯难、似庵外，希将遵办情形具报为要。顾祝同。午东。标一。印。

四、作战经过概要

师长于奉到右述各电令后，遵于七月一日晨亲率出动部队，由潍县经昌乐向临朐挺进，逐日扫荡昌乐以南迄弥河东西两岸各地区之匪后，于七月四日十一时卅分，占领临朐城，正饬属赶筑工事搜剿残匪中。第八区张专员亦亲率所部保十团孙玉田部，已推进至尼山、灵山、黄山地区。十四区张专员所部及徐司令振中所部，均已进抵谭家、坊子南北地区迄 河东岸，进展顺利。复奉司令官王七月四日手令午支参及总司令夏午未参一剑电令。

（一）七月四日原手令如左：炳仁老弟：据报东里店之匪似已北窜，潍县附近之匪动向不明。为适应情况变化，贵军应立即一返潍县，保持机动，勿延为盼。顺颂胜利。王耀武。七月四日。

（二）限卅分钟到。李军长：×密。为适应匪情变化，贵军应立即开返潍县。除分令外，希速遵办具报。王耀武。午支。参。印。

（三）限卅分钟到。李军长：×密。奉司令官王竿友参昌电开：贵军应立即开回潍县，已饬张景月掩护该军行动，万勿延误。希遵办具报。夏楚中。午支末。参一剑。印。

师遵于七月四月廿四时自临朐附近撤〔撤〕退，至五日十时顷，即全部到达潍县西南之黄土埠、大柳树、乔官地区。当奉主席蒋派机空投七月三日九时手令如左：炳仁同志弟勋鉴：据空军报告，弟部已接近临朐，甚慰。望占领临朐后，即派有力部队或分数路向蒋峪、穆陵关、马站方面积极挺进伏击，最重要为夜袭行动，必须直接予匪部以严重威胁与打击，方能收获此次兜剿鲁中共匪之全效，是为至要。顺颂戎祉。中正。卅六年七月三日九时。

"我鲁中进剿部队，预定本月六日以前，可克复东里店、沂水、莒县后，即可向穆陵关挺进矣。"

师长于奉到上项手令，当即向总司令夏请示本师究应如何行动。旋奉总司令夏面谕：暂在原地停止待命。迄七月八日午后，始奉命续向蒋蒋〔后一"蒋"字衍〕峪进袭。

其二 蒋峪之袭攻与潍坊外围之扫荡

师遵令由临朐〔朐〕及其附近撤至西南郊后，旋奉总司令夏午支酉参一剑代电，饬即趁回师之际，由师长统一潍坊部队，围歼潍坊外围之匪，以利尔后作战。正遵办间，复奉总司令夏午微辰一及午鱼己参一剑电令，要旨如次：

（一）李军长：×密。奉司令官午支亥亲电开：李军主力暂控置于昌乐附近，以有力一部仍向临朐袭击敌人，达成任务等因。特电遵办具报。夏楚中。午楚中。午微辰。参一剑。印。

（二）二小时到。李军长：×密。午鱼子亲电话：昨晚以迄，大雨倾盆不停，部队行动困难，贵军对潍县近效匪之攻击，可暂缓实施。一俟雨止，仍即遵照极峰手令指示，向蒋峪进袭为要。夏楚中。午鱼巳。参一剑。印。

同时又奉总令夏午鱼己参一剑代电作命甲潍字第五号命令，要旨如次：

（一）集团军遵照极峰手令，由潍县派兵一部东进，策应五十四军进出高密之作战。

（二）第八军独立旅一、五两团应即集结潍县附近，视情况候令出动，策应五十四军进出高密之作战。

七月六日晨，奉司令官王午微亥亲电令如左：限一小时到。李军长：×密。贵军在潍。即予匪以打击后，务须遵极峰手令指示，于明虞日下午即取捷径，径向蒋峪进袭，勿误为盼。王耀武。午微亥。亲。印。

六、七两日，大雨滂沱，山洪暴发，迄七日黄昏雨止。惟道路泥泞难行，沟渠积水未退，以官兵经数日夜不避风雨之剧动，劳疲已甚，亦须科学分析事休整。经于八日开始行动。迄九日黄昏前，出动部队全部到达仓上、北展附近。十日，第一六六旅先头进占高崖，一〇三旅主力到达郚部、柳山寨附近地区。同时，我第八行政区张专员天佐亦并率所部保九团分向郚部以东地区，保十团向岳泉以南柳山寨以北地区机动扫荡，协同作战，进展顺利。当奉司令官王午灰午参泉电令如左：限一小时到。李军长：匪第六、第九纵队似向东里店以东窜去，贵部进袭蒋峪，应力求机动作战,万勿疏忽。济王耀武。午灰午。参泉。印。又奉军长夏午灰未参一剑电如左:限卅分钟到。李军长:本部遵极峰意旨,决于午文派周旅长开成率该旅第一、五两团东进,连系阙师之作战,希即遵办具报。夏楚中。午夜辰。参一剑。印。

七月一日,师以作命蒋字第二号命令赋予各部队续向蒋峪攻击,并令独立旅第一团开回坊子,准备东进,策应五十四军进袭高密之作战。…………

十一日拂晓后,大雨倾盆,山洪暴涨,沟溪成河,无法徒〔徒〕涉。十五时,一〇三旅、一六六旅部已排除万难,击溃当面之匪,占领高崖亘虎头山(蒋峪东北五公里)之线,师部进驻鄌部。旋以山洪所阻,随令各部暂就到达地停止戒备。

十一日十六时,(1)据第六纵队匪俘供称:该纵队已窜抵蒋峪南侧附近;(2)不明番号之匪七千余十一日午由西南窜至柳山寨、郭沟、英山附近,黄昏复向　　续窜;(3)灰未由临朐东窜大小桃花之匪六千余,自称为第九纵队;(4)匪华东野战第四师窜抵高崖正面之牛沐、贾孟附近。师为脱离高崖、蒋峪间三角地带之不利态势,避免匪之截击,待其来攻,予以严重打击计,经于午真戌奉军长夏电话指示,迅速向仓上地区转进,机动作战,当遵于十一日廿二时开始自虎头山、高崖及其以北地区,星夜冒雨转进。迄十二时七时,即全部到达仓上、西级岩、下店子、北展间地区,集结戒备。

…………

七月十五日奉军长夏午删酉参一剑代电开:限即到。整八师李师长:(1)贵师应以有力一部位置仓上附近,相机向南挺进,其余机动控置潍县坊子附近;(2)周旅主力应位置于十里堡附近,并于寒亭、范家庄附近各选筑一营据点,派员据守,希遵办部署报部为要。夏楚中。午删酉。参一剑。印。

师遵于七月十六日以一〇三旅原态势控置,师工兵营受保九团孙团长荣第指挥,守备仓上,其余部队即回驻潍县。

师为肃清潍坊匪军,确保潍坊防地安全,俾利尔后作战计,乘此回师之际,出敌不意,一举扫荡潍县外围匪军,乃令一〇三旅于十七日开回坊子待命,于十九日以一〇三旅、一六六旅(欠四九八团)、独立旅(欠第七团)分由潍县及坊子向东西鲍庄、金马庄、南谭里庄、朱茅、小仓、徐家楼、南平旺、吴官庄一带扫荡,血据各该地区匪军为警五旅及西海军区司令部并地方部队等约万余人,凭据既设之据点,拼力顽抗。经我官兵在炮火掩护下奋勇猛攻,激战竟日,卒将该匪击溃,占领以上各地。于入暮后,始令一〇三旅仍撤回坊子,一六六旅(欠四九八团)撤回潍县,独立旅仍以主力守备十里堡、廿里堡,师部及直属部队仍回驻潍县战备待命。

以上各役,师之行动及战斗经过如附图第一,关于匪我之伤亡及俘获均已先后分别呈现报,北从略〔图略〕。

第三　匪我态势及实力并有关会战之诸事宜

其一　匪我之态势

如附图第二〔略〕

其二　匪我指挥系统及实力

(一)本师临朐会战指挥系统表

(二)匪军指挥系统及编制判断表

(三)匪军番号及姓名一览表

(四)本师临朐会战人马统计表〔略〕

(五)本师临朐会战武器数量统计表〔略〕

(六)本师临朐会战携行弹药数量统计表〔略〕

(七)本师临朐会战携行通读器材统计表〔略〕

(八)本师临朐会战携行工兵器材统计表〔略〕

(九)本师临朐会战携行及空投弹药数量统计表〔略〕

(十)本师临朐会战参加车辆数量表〔略〕

陆军整八师临朐会战指挥系统表

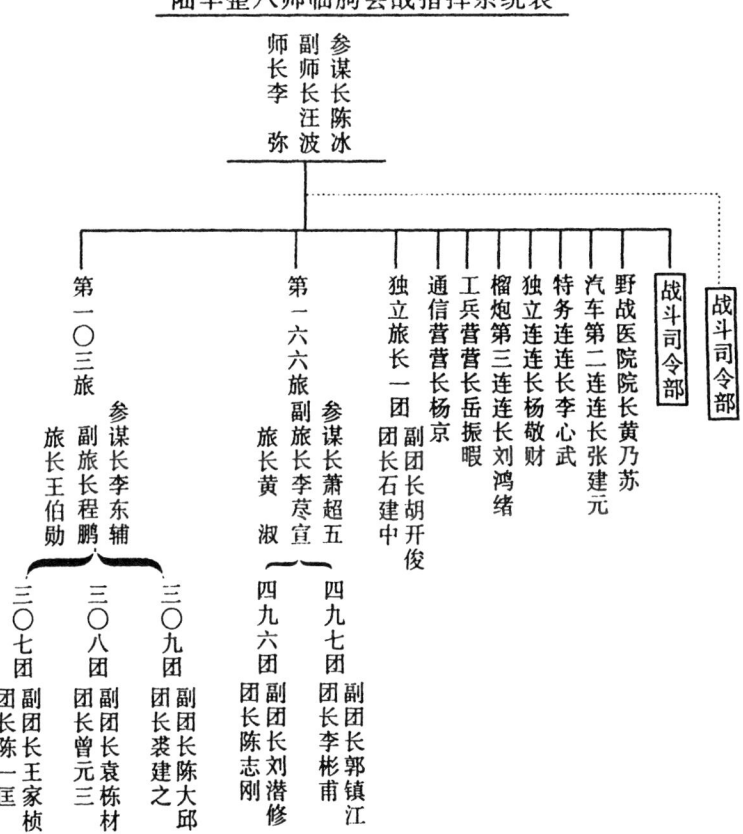

师长李弥
副师长汪波
参谋长陈冰

- 战斗司令部
- 战斗司令部
- 野战医院院长黄乃苏
- 汽车第二连连长张建元
- 特务连连长李心武
- 独立连连长杨敬财
- 榴炮第三连连长刘鸿绪
- 工兵营营长岳振暇
- 通信营营长杨京
- 独立旅长一团 副团长胡开俊 团长石建中
- 第一六六旅 旅长黄淑 副旅长李荩宣 参谋长萧超五
  - 四九六团 团长陈志刚 副团长刘潜修
  - 四九七团 团长李彬甫 副团长郭镇江
- 第一〇三旅 旅长王伯勋 副旅长程鹏 参谋长李东辅
  - 三〇九团 团长裘建之 副团长陈大邱
  - 三〇八团 团长曾元三 副团长袁栋材
  - 三〇七团 团长陈一匡 副团长王家桢

359

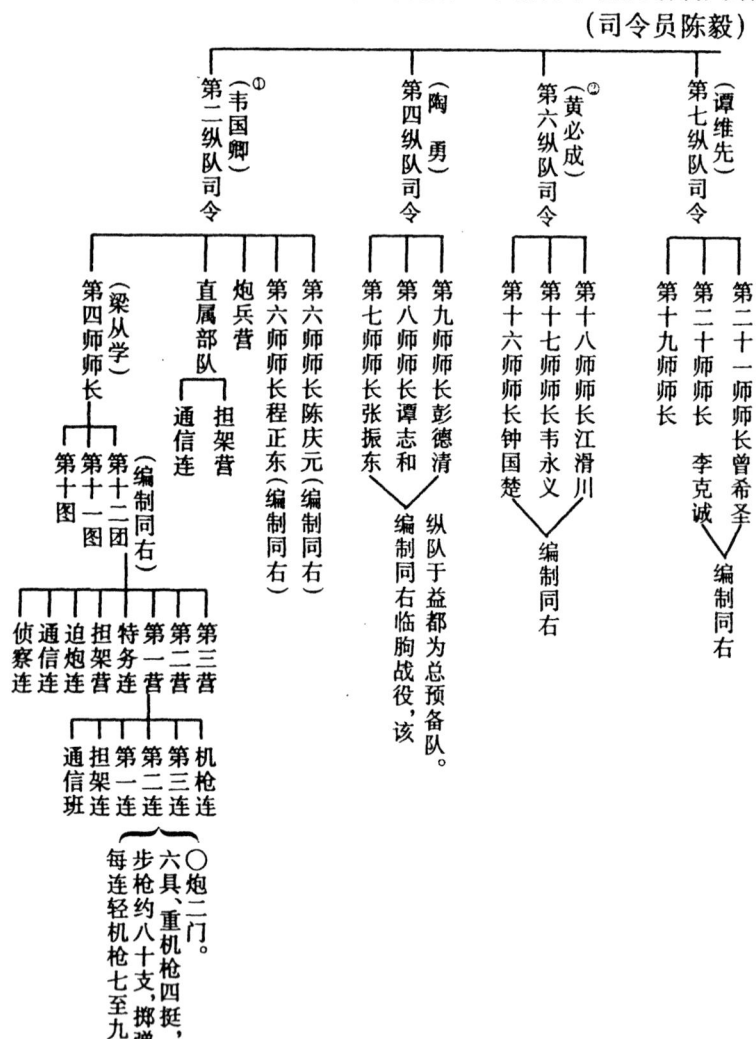

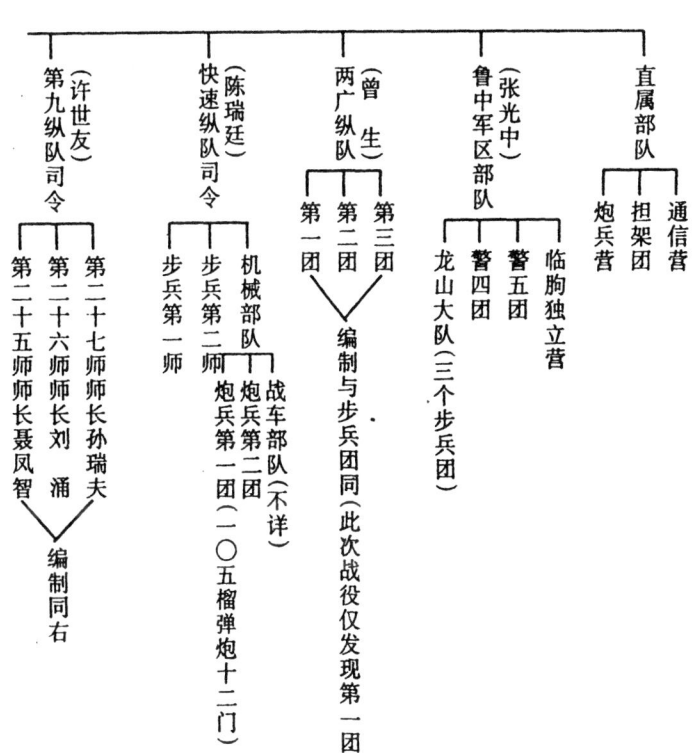

队别		匪军番号	匪首姓名	兵 力	备 考
中国人民解放军华东野战军		司 令 部	陈 毅		
	第二纵队	司令部	韦国卿①	三〇〇〇	辖特务营、通信营、担架团
		炮兵营		六〇〇	每营山炮八门
		第四师	梁从学	八〇〇〇	
		第五师	程正东	八〇〇〇	
		第六师	陈庆元	八〇〇〇	
	第六纵队	司令部	黄必成②	三五〇〇	
		炮兵营		六〇〇	
		第十六师	钟国楚	九〇〇〇	
		第十七师	韦永义	九〇〇〇	
		第十八师	江渭川	九〇〇〇	
	第七纵队	司令部	谭维先	三五〇〇	
		炮兵营		六〇〇	
		第十九师		一〇〇〇〇	
		第二十师	李克诚	一〇〇〇〇	
		第二十一师	曾希圣	一〇〇〇〇	
	第九纵队	司令部	许世友	三〇〇〇	
		炮兵营		六〇〇	
		第二十五师	聂凤智	八〇〇〇	
		第二十六师	刘 涌	八〇〇〇	
		第二十七师	孙瑞夫	八〇〇〇	
	快速纵队	司令部	陈瑞廷	四〇〇〇	
		炮兵团		二〇〇〇	参战者计15榴弹炮十二门，88野炮八门，山炮二十余门。另外两个步兵师不详。

① 即韦国清。
② 应为王必成。

第四纵队	司令部	陶 勇	三〇〇〇	据俘虏供称：该纵队由益都西北窜至益都以南地区为总预备队。
	炮兵团		六〇〇	
	第七师	张振东	八〇〇〇	
	第八师	谭志和	八〇〇〇	
	第九师	彭德清	八〇〇〇	
两广纵队		曾 生	一〇〇〇	最近新扩编
鲁中部队	龙山大队		四〇〇〇	
	警四团		一二〇〇	
	警五团		一二〇〇〇	
	临朐独立营		四〇〇	
	县大队及区中队		八〇〇	
合　　计			一五九六〇	

附记	一、匪第七纵队山炮四门被我炮兵全部击溃，快速纵队被我炮兵击毁榴炮一门。 二、由俘谈吐中，悉此次指挥各纵队围攻临朐者系叶剑英及粟玉① 三、以上各单位系据俘虏供称及文件证实所调制。

---

① 应为粟裕。

其三　影响于作战之天候及地形〔略〕

　　其四　交通通信及后勤状况〔略〕

　　　第四　会战揭幕

　第一期　战斗经过（含师之集中与前进，七月廿一日至廿四日廿二时）

七月廿日

一、奉司令官王午皓未亲电令如左：限卅分钟到。李师长：顷由徐州轩来极峰电话谕：匪三个纵队围攻南麻甚烈，希速饬整八师主力先攻临朐而占领之等谕。务须迅速行动，如稍延误，恐受极峰责罚。除分电外，特电遵办具报为要。王耀武。午皓未。亲。印。

二、同日奉军长交下总司令顾午皓午标一亲电令如左：限一小时到。夏军长：奉主席蒋谕；第八师应即攻占临朐，东向麻进出，牵制匪军之攻击等因。希即遵照具报。徐顾祝同。午皓午。标一。印。

三、同日奉军长夏午皓辰一剑代电如左：崇军整编第廿一军司令部代电　卅六年七月廿日　参一剑字第四八七〇号

专送整八师李师长：（1）奉司令官王转奉总司令顾午巧亥标电开：自巧辱起，匪第六、第二、第九三个纵队迫近南麻，有与我十一师决战企图，诸城、蒋峪、临朐各地，已无大匪，著整五四师即由高密向诸城扫荡，整八师向蒋峪、临朐及共西南地区扫荡，相机占领各该地，制匪军，以利胡师之作战，希遵办具报等因。（2）贵师主力五个团，希即遵照指定目标，机动策应胡师之作战。（3）周旅应即于廿里堡选筑一独立营据点，其余控置于十里铺附近。上三项，遵办具服。夏楚中。午皓辰。参一剑。

四、同日又奉军长夏竿皓剑参一代电如次：

陆军整编第廿一军司令部代电　中华民国三十六年七月二十日　参一剑字第四八八五号

专送整八师李师长：（1）奉司令官王午皓英电开：李师久占疲惫，确属实情，本部已送电请求调回原防，迄未获准。刻为解救胡师围困，仍希派队机动进剿，达成牵制目的，勿负层峰其望为盼等因。（2）准徐州陆军总部郭参谋长汝瑰午皓电称：胡师刻正与匪激战中。（3）贵师希即遵照指定目标迅速行动为要。夏楚中。午皓。参一剑。

五、同日又奉军长夏午皓酉参一剑代电如次：

陆军整编第二十一军司令部代电　中华民国三十六年七月廿日
　　　　　　　　　　　　　　　参一剑字第四八八六号

专送整八师李师长：（1）奉总司令顾午皓午标一亲电开：奉主席蒋谕：第八师应即攻占临朐，向南麻进出，牵制匪军之攻击等因，希遵办具报等因。（2）奉司令官王午皓未亲电开：顷由徐州转来极峰电话谕：匪三个纵队围攻南麻甚烈，希速饬整八师主力先攻临朐而占领之等谕。务须迅速行动，如稍延误，恐受极峰责罚。特电遵办具报。等因。（3）贵师主力（六个团）应即于明（二十一）日拂晓车运昌乐，先攻占临朐后，再向南麻进击牵制匪之攻击。（4）独立第五团应即控置大小圩、河头附近，保持机动。（5）第十四区张兼司令景月所部及第八区保安第十团，着暂归整八师李师长指挥。上各项、希遵办具报。夏楚中，午皓酉。参一剑（二）。

六、师长基于右述之各电令，遵于二十一日拂晓亲率出动部队（六个团）迅速向临朐攻击而占领之……

七月廿一日

一、七月廿一日拂晓师长北率出动部队由潍县车运昌乐、尧沟两地下车后，于黄昏前，第一〇三旅进占郑终（昌乐西南十二公里），第一六六旅进占何志岭及南北十亩附近，师部及独立第一团并随行直属部队进占程家、辛庄。

二、同日于程家、辛庄奉到军长夏派员专送主席蒋七月廿一日由空军副总司令王转达主席蒋函令如次：

楚中炳仁两弟鉴：增援南麻之电令，想已到达。再将下意着王副总司令叔铭口头记录空投转达，务须切实遵行勿误。接信后盼复。但应守极端秘密而行动，更要秘密与迅速，以达成任务，是为至要。

应注意事项：（1）前进时应与空军切实联络，使其掩护，遇有匪阻碍时，应陆空军协同一致扫荡之；（2）后方基地粮弹行动不便时，空军可投送，不可为粮弹辎重延误时机，应轻装速进；（3）前进时道路之两侧五十公里以内，应派有力部队为左右侧卫，先行搜索前进，并须加强后卫力量。

蒋中正　七月廿一日
王叔铭转达

三、同日奉军长夏午马酉参一剑代电转总司令顾午马未标代电如次：

陆军整编第廿一军司令部代电　中华民国卅六年七月廿一日
参一剑字第四九六八号

整八师李师长：奉陆军总司令顾午马未标一字第二六二二号代电开：命令：（1）鲁中匪情如贵官所知。（2）国军决即集中兵力，击破窜犯南麻之匪，以利尔后之作战。（3）着整九师王陵〔凌〕支部除以一个团留守沂水行机动作战外，主力限本马日薄暮前完成出发准备，乘夜到达小诸葛店子附近（纵匪发觉，我已过去，不致受阻），养日应在我空军掩护下通过东里店、马庄间之隘路，向南麻东南匪之侧背攻击，限午敬攻到南麻，与整十师会师。该师由东里店前进时，应与左翼黄伯韬纵队切取联系，相互支持，进出马庄后，并注意与第八师李弥部连络。该师应携行五日粮弹到达南麻后，再依情况改变后方连络线。（4）第八师李弥部即由临朐经南蒋至悦庄，限午敬到达，向南麻东北匪之侧背攻击，并注意与王凌云部连系。（5）整十一师应竭力固守南麻，痛歼匪军，如匪后撤，即出击牵制，以利我外围部队之围歼。（6）黄伯韬纵队应速攻占大贤山、九顶连环山及其以西线之高地，向北夹击匪军，并掩护整九师之进击。(7)各攻击部务队〔队务〕须极力协同，发挥攻击精神，达成任务。除分令外，希即遵照确行具报。等因。希遵照具报为要。夏楚中。午马酉。参一剑。印。

四、同日奉军长夏午马申参一剑代电如次：

陆军整编第廿一军司令部代电　中华民国三十六年七月廿一日
　　　　　　　　　　　　　　　参一剑字四六九七号

整八师李师长：奉总司令顾午晋西标一新代电开：命令。(1)围攻滕县之匪一、四纵队及第十三师，已向滕县东南地区溃退；围攻济宁之匪第三、八纵队，有退集凤凰山、后茅集、姚村一带模样；第十纵队对我汶上之攻击，亦已顿挫；第二、六、七、九纵队自午筱起犯我南麻，正与我第十一师激战中。(2)国军决即以主力继续围歼津浦路方面之匪，一部夹击南麻附近之匪，一举而各个歼灭之。(3)张淦纵队以主力置于费县，一部控置于梁邱，行广范围之搜索扫荡及夜间设伏截击匪军，适时参加欧震兵团方面之战斗。(4)欧震纵队应配合李玉堂、张淦两部，积极扫荡太平邑、泗水、曲阜之线以南地区，索匪军主力而歼灭之。(5)邱清泉纵队向饮马亭方面搜索攻击，行广范围之扫荡，截击回窜匪军，并适时支援大汶河以南之战斗。(6)王耀武部应越大汶河向南搜索，占领南驿及宁阳，吴化文部即向凤凰山、宁阳附近追击，与王耀武、邱清泉两部扫清大汶河以南地区匪军。(7)肥城、平阴、东阿、东平各地，由王耀武部派出小部队警戒，防止匪军偷渡回窜。(8)黄伯韬纵队着速北进，夹击犯南麻之匪；黄国梁师后调之一旅，着即连同大张庄部队向九顶连环山西侧延伸，参加战斗，攻击匪军侧背，并归该师建制。(9)着第八师即占领临朐、蒋峪，并向悦庄附近匪军侧背攻击，策应南麻之作战。(10)其余各部队之任务仍旧。(11)各部队须密切协同，多行夜间攻击，与广范围设伏截击，注意匪军钻隙回窜。上项除分令外，希遵照妥为部署实施具报。等因。希即遵照部署实施具报为要。夏楚中。午马申。参一剑。

五、同日奉总司令顾午马未标代电同前，略。

六、师长基于上述之电令及当面之状况，决心于七月廿二日拂晓以主力攻占临朐，一部机动控置于右翼后，适时推进。……
……

七月廿二日

战斗经过

一、第一〇三旅、一六六旅于廿二日拂晓遵令开始向临朐前进后驱逐沿途散匪，于十一时三十分进抵弥河东岸地区。旋即与匪警四、警五团及尧山、郑母两大队在水沟山、龙山、慕虎山一带激战，经我猛攻达五小时，迄十七时，将匪击退，占领各高地，残匪在其西岸炮火掩护下窜渡弥河西岸，我追击部队于十八时半占领粟山、朐山各要点，匪仍凭据城郊及弥河西岸工事，顽强抵抗，其炮兵向我东岸各部队不断轰击。入暮后，临朐附近复增到匪军约三个团，配合败溃之匪，分向我粟山、朐山及弥河东岸各要点猛攻，彻夜未已。师主力则于十七时顷进占龙岗、十字路、陈家楼之线，及以西地区。同时，我张专员天佐及张专员景月、徐司令振中各部，均已分头扫荡尼山、灵山、太平岭、谭家坊子南北地区之匪。临朐县关县长亦亲率地方团队，随军进至龙岗附近，发动民众，抢修公路，清查匪谍。

二、同日奉司令官王午养辰参泉代电转总司令顾午马未标代电（见前），略。

三、同日奉总司令顾午养标一电令如左：限一小时到。李师长：围攻南麻之匪，马晚已向北及东北退却。除饬追击外，希注意侦察截击。徐顾祝同。午养。标一。印。

决心处置

四、师长基于二十二日之激战情形及右示之匪情，决心全力攻占临朐，以截断匪之退路。…………

七月二十三日

战斗经过

一、当面之匪自廿二日入夜后，频频向我进犯，激战彻夜，均被击退，匪军伤亡极众，我亦颇有损伤。

二、一〇三旅于拂晓开始在朐山守军掩让〔护〕下，于九时三十分强渡浨河成功，旋即展开对临朐城郊及县城之攻击。十一时三十分，先头攻入城内，发生巷战，反复争搏。至十三时始将匪军击溃，完全占领临朐，匪退据西郊村落，继续顽抗，当令该旅迅速构工固守。

三、十二时顷，据山东第八区张专员天佐电话：匪十七师已于廿二日窜抵高家庄附近（高崖西北七公里），同时大涧铺方面，亦续有匪军发现。十二时半，据空中通报：由南麻溃窜之匪，先头已越过南蒋，向临朐急进中。同时匪十七师一部已于柳山寨附近，与第八区部队接触。十七时许，空军通报：由南向北窜之匪，已抵纸房（临朐西六公里）、上下五井一带；另由蒋峪北窜之匪万余，主力已到达南北东朱（临朐南六公里），先头已抵临朐城郊，与我警戒部队接触中。十七时二十分，据空军通报：临朐西南二公里以外，窜到匪军甚多；同时据一〇三旅报称：十七时许，临朐二公里地区已发现大股匪军，刻已与我警戒部队接触。

四、十二时四十分，由（B25）式中型轰炸机于龙岗投下总司令顾午养西标一代电如左：第八师李师长勋鉴：奉主席蒋卅六养防剡畏手启电开：（1）王耀武任大汶口以北及泰安、山口、锦阳关、淄川之线以西地区之追剿，应以七三师、十二师、四十二旅截击大汶河以北地区匪军，并即以一部占领山口、范家镇，以四十五师出明水、文祖镇，进占锦阳关，与莱芜部队协同截击回窜匪军。（2）邱清泉部（5D、75D、57D）迅即由莱芜抽出一部，确实占领鲁西镇、吐丝口，封锁各隘路口，设伏截击回窜匪军；以第五师主力由大汶口经泰安与范家镇间地区，追击匪军，并乘势攻复淄博；以第七五师协同八四师，扫荡汶河两岸残匪，并跟踪追剿；第五七师到泗水后，续向楼德镇进出，为预备队。(3) 欧震部以六五师改归张淦指挥，以八五师控置蒙阴，准备向东进出，并即由蒙阴抽出一旅向桃圩、上冶堵防匪军。(4) 张淦部(7D、48D、65D)在梁邱、郯城、费县间之追剿，特须注意费县东西地区之防堵。(5) 以五二旅、八三师主力及五一师之一旅，堵截由郯城附近越沂河东窜匪军，并任沂河以东地区之追剿，适时以二八师主力参加堵击。(6) 第九师迅速进出悦庄，堵截匪军，尔后向南蒋追击，与第八师会师后协同收复临朐、益都；第八师主力到临朐附近后，进占上五井，堵截东窜匪军，并与第九师会师；第二五师、六四师行战场追剿后，出铜陵关，进占蒋峪；第十一师即行战场扫荡，并收复鲁村，就地整顿，准备尔后之攻势。以上各项，希即刻以通信筒派专机分别投送，勿误为要。等因。除七五师应随第五师主力向大汶河北岸追剿，大汶河南岸应由八四师清剿，张淦纵队及第六五师、八五师仍归欧司令官震统一指挥，以适应情况外，希即遵照妥为部署，切实实施具报。徐顾祝同。午养酉。标一（附记：本令已分发至有关之师长以上单位）。

五、师长基于二十三日之激战，并综合各方剧变之匪情，与总司令顾之命令，判断匪为打通其退却路线，以便于其辎重、炮兵之通过计，必全力猛攻临朐，以驱除我之堵击，决以主力迅速进占临朐城，堵击败退之匪，并准备以一部进出上下五井，与友军会师，夹击该匪。…………

战斗经过

一、二十三日入夜后，临朐近郊及弥河东西两岸地区，匪我激战彻夜，匪第九纵队之廿七师于当夜由弥河西岸大张季附近偷渡，于廿四日七时窜抵弥河东岸之迟家庄、半截楼（龙岗西北五公里）及其附近地区，与我一六六旅激战四小时，匪不支，向东北窜退。另由柳山寨北窜之匪第六纵队十七师，于七时起、在西王家沟

(临朐东廿公里)、上林附近,与我独立旅第一团及张专员天佐所部之保安第十团孙玉田部激战达七小时后,继续西窜。十四时卅分。匪廿七师一部约五百余人,复由大张季方向渡河,向我安家庄前进,当被我乘其半渡,予以猛击,毙伤过半。

八时许,据空军通报:益都车站麋集匪军甚夥,正向临朐方面急进中;临朐西北宁王踞匪三万余人。据俘匪供称:廿七师全部于梗夜由临朐西郊偷渡㳠河东岸。

师长综合各方面之战况及匪情,判断匪已采取客岁与本军在掖县附近作战之口袋战术之惯技,将我包围于临朐盆地,企图消灭本师。师长基于当时状况及师之任务,决心钻入口袋,彻底集中兵力,形成铁球,以粉碎其企图,乃以一部交互掩护前进,于廿四日十六时许,亲率司令部直属部队及独立旅第一团进入临朐县城,各部队亦于同时进入指定地点。

二、廿四日十八时由(B25)式中型轰炸机于临朐投下总司令顾午梗亥标一代电如左:整八师李师长:奉主席蒋午梗防创畏电令:(1)各纵队应猛烈追剿回窜匪军,并乘势收复益都、淄博。(2)25D行战场追击后,以一部守备东里店,主力扫荡东里店、大张庄以南残匪,彻底破坏匪巢,并准备策应各方面之作战。(3)夏楚中纵队(8D、9D-1R、64D)限于廿六日收复益都,并确实占领临朐,防止匪军东窜,于邱清泉纵队攻击博山之同时,即向张店附近之残匪攻击,与邱清泉、王耀武两部会攻淄川。(4)11D应迅速肃清东里店、大张庄、蒙阴寨以北地区残匪,彻底破坏匪巢,并以一部准备策应邱纵队,攻击博山。(5)邱清泉纵队(5D、57D、75D)堵击东窜匪军后,向莱芜、吐丝口集结,继续向博山追剿,连系夏楚中、王耀武各部,包围残匪于淄博地区而歼灭之;以57D控置于大辛庄,为预备队。(6)以上各纵队,着归范副总司令指挥,仍驻新泰。(7)王耀武部73D扫荡路西残匪后,经安驾以北地区及泰安、山口、水北街向雪野附近进出,并占领锦阳关、文祖镇、任邱清泉左翼之掩护；另以45D之主力于邱清泉纵队攻击博山之同时，收复明水、王村，进占淄川、周村；12D固守泰安，42B固守济南。应各积极肃清附近残匪。等因。除分电至有关各师外，希即遵照妥为部署实施具报。徐顾祝同。午梗亥。标一。印。

三、师长基于上述之命令及当面之匪情，决心先行稳固临朐防务，尔后依状况之变化，再策定与友军会师夹击之作战，当令各部队一面与匪作战，一面加紧赶筑工事，并电张专员天佐、景月、徐司令振中，必要时须固守昌乐、埠南庄、仓上。…………

第二期之作战（廿四日廿二时至廿六日廿二时）

一、廿四日十八时后，由南麻方面溃窜之匪，已全部到达临朐近郊及弥河东岸地区，廿二时后，即以包围态势向我阵地猛烈进攻，企图一鼓削平，故于战斗初期，即以所有兵力火力猛轰猛冲，枪炮之声，有若燃爆。当日之战斗经过如次：

二、七月廿四日廿二时后，匪以第六纵队之十六师、十七师，由方山、油房一带，向我弥河东岸窦家洼、朐山等地猛攻，与我第一六六旅及一〇三旅之三〇八团第三营激战彻夜，分股猛冲，达十余次，均被我军将其摧毁，匪军死伤枕籍〔藉〕，遗尸遍野。同时第七纵队之十九师，则向粟山猛攻。第九纵队之廿五、廿六两师，则猛攻北关，廿七师猛攻龙山、慕虎山；第二纵队第六师配合警四、警五两团，向临朐西城进攻，第五师进攻南关；快速纵队则在石沟河附近向城厢猛烈炮击，弹落如雨，惨烈激战，彻夜未已，匪军伤亡惨重。至拂晓后，除窦家洼、朐山与临朐北关方面匪我两军入于对峙状态外，其余各地战斗，仍激战进行中。

三、…………

四、廿五日十时后，匪除以原态势利用雨雾、我空军无法出动助战之机会继续猛攻外，复以第七纵队之廿师由弥河东岸朐山以西徒涉，加入对临朐城东南面之攻击，并以两广纵队加入城西北角之攻击，炮兵则以燃烧弹向城内猛击，多处起火，匪步兵则分波猛扑。廿四① 后，又增到第二纵队之主力及第六纵队之十八师并山野炮廿余门，倾巢猛犯，城厢及朐山、粟山炮声震天，枪声四起，俨若燃爆。迄廿时，西南北三面城垣及围墙，被匪炸毁数处，匪军涌入，发生惨烈巷战，赖我官兵忠勇奋发，愈战愈勇，白刃肉搏，致由西南两面突入之匪，均被我全部围歼于南关及城内。惟突入北关之匪，据屋拼抗，与我独一团及三〇七团展开惨烈之逐屋争夺战。同时，朐山、粟山、龙山、慕虎山、尼姑山、窦家洼各据点，亦正恶战中。廿三时，粟山连络已断，情况不明，城内房屋被毁甚多。

五、我守备粟山之三〇九团第一营营长周兴率步兵四排、重机枪迫击炮各一排，自战斗开始，即被围攻，激战未停。匪并集中炮火猛击。因该山区域窄小，经一日之猛烈炮轰后，工事被毁殆尽，官兵伤亡过半，城厢及其余部队亦均被匪军重重围攻，无法应援，遂于廿六日四时顷陷匪，守兵大部壮烈牺牲。惟此役以该营长指挥失当，布署不周，固守仅及两日，而致要地失守，加重城厢严重威胁，营长则只身逃出，师长当依战时军律及连坐法之规定，予以枪决，并经呈报在案。

六、廿六日五时，西城又被匪突破，巷战竟日，始将匪歼减〔灭〕城内。十时许，猛攻窦家洼及朐山之匪，被我一六六旅及朐山守军迭次猛击，伤亡惨重，遗尸遍野，旋即南溃，当被两部乘胜追击，合力围歼，生擒匪连长以下百余名，获轻重机枪十余挺，步枪二百余支，毙伤匪团长李五以下二千余名，我三〇八团第三营长张德崇亦因率队追击，身受重伤。又攻击龙山、慕虎山、尼姑山之匪廿七师，亦被我守军奋勇击退。廿时卅分，独一团团长石建中于指挥巷战之际，即先后连负三伤，但仍坚苦挣扎，率部冲杀，始终不退。该团营长张锡进、周毓宽，亦均负伤不退，卒

---

① 原文如此，似为"十四"之误。

能重挫匪锋，稳定战局。嗣奉司令王午 艳午参电转奉主席蒋勋奖原电如左：限一小时到。李师长：奉主席蒋午伶酉侍亥电开：据报：石团长建中连负三伤不退，始终与匪冲杀，卒能击退顽匪，恢复阵地。闻之悲喜无已。又张营长锡进、周营长毓宽，亦皆负伤不退，固守阵地。我军稳定，忠勇奋发，匪患不难平矣。除将奋勇将士石团长、张周二营长勋绩交国防部核勋另颁外，兹先颁发第八师守临朐伤亡官兵抚恤费法币三亿元，由李师长分配呈报可也。等因。希激励士气，益加奋勉为要。王耀武。午艳午。参。印。

七、师长鉴于三日来之战斗惨烈及匪我之众寡悬殊，决心缩小防区，先歼灭突入北关之匪，巩固城防，全力死守，以待友军之会歼。……

八、第一六六黄旅长遵令部署完毕后，于十三时全部到达临朐县城东北门附近。

九、师长为迅速歼灭突入北关之匪计，乃于廿六日十四时半以参战字第三九三○号命令，饬黄旅长指挥三○七团、独立旅第一团、四九七团对北关之匪，予以猛击。……

九〔十〕、黄旅长当以四九七团为主出击部队，以独一团及三○七团之主力仍固守原阵地，一部协同四九七团于十五时开始攻击，以一部由北关市街正面逐屋攻击前进，主力指向北关之东北侧时，匪仍顽强抵抗，并以猛烈炮火向我猛击，激战至廿二时，我已夺回既失阵地五分之三，匪势大挫。入夜后，匪复大量增援反扑，匪我即入于拉锯状态。至此，匪军全面猛攻愈急，本师遂陷于层层包围中矣。

此役中，我一○三旅旅长王伯勋指挥若口〔定〕，当匪于昨今两日突入城内时，督令副旅长程鹏、参谋长李东辅、团长曾元三，亲率该团直属部队及三○九团第三营之一部，奋勇搏斗，迭将突入之匪歼灭，稳定战局。尤以该团第四连排长邓品先、第五连排附龚文林、杜为宣等,当匪突入后,能拼力死守突破口之两缘,奋勇堵截,使匪后续部队无法继进。此种有敌无我、与阵地共存亡之牺牲精神,尤堪矜式。又一六六旅旅长黄淑,于本日该旅由窦家洼向城厢推进以及扫荡及尔后固守北关诸时期,均指挥卓越,出敌意表;参谋长萧超伍策划周详,于此次战役,均卓著勋绩。

第三期之战斗(七月廿六日廿三时至卅一日三时)

一、四日以来,匪军虽死伤枕籍〔藉〕,仍轮番猛扑无已,突入北关之匪,尤不断增援,战斗进入拉锯式之惨烈状态中。师长鉴于师之伤亡惨重,攻势防御,未能击溃匪军,且徒遭更大之伤亡,乃决心改为固守防御,逐屋死守,争取时间,以待友军之到达。当以四九六团交换伤亡重大之四九七团,入城整理,乃于廿六日廿一时以参战字第三九三五号命令,划分两旅长之指挥守备区域。……

二、廿六日廿时奉司令官王午寝巳亲电如左:限一小时到。李师长炳仁弟并转全体将士:午有民翔暨午寝参两电均悉。贵师连日苦战,至为轸念。已一再电请极峰迅抽调援军空投粮弹。务望吾弟激励士气,坚守待援,澄清鲁局,歼灭顽匪,在此一举,有厚望焉。王耀武。午寝巳。亲。印。

三、同日廿一时,奉主席蒋七月廿五日十时电令如左:李师长:(1)据潍县夏楚中报告:匪二、六、七、九四个纵队,昨(廿四)日晚到达临朐周围,有围攻临朐之企图。(2)南麻第六四师黄师长国梁、悦庄第九师王师长凌云,着该两师会同向临朐前进,限明(廿六)日到达上五井、临朐中间地区,协同第八师作战;第六四师归王师长凌云指挥。(3)第二五师黄师长伯韬、第十一师胡师长琏,该两师各旅有力之一部至悦庄搜索警戒,掩护第九师及六四师侧背之安全。(4)该令口授空军王副总司令叔铭记录,并分别投递。蒋中正。七月廿五日十时。印。

四、同日廿三时奉司令官王午有申英电令如左:限一小时到。

李师长：贵师既奉极峰命令固守临朐，务望鼓励士气，击溃顽匪，保持已往光荣为盼。王耀武。午有申。英。印。

五、廿六日廿三时后，匪军炮击益烈，城内成为弹巢密集，匪军猛扑无已。廿四时后，城垣先后被匪炸毁十余处，匪军蜂拥突入，守军前扑后继。迄廿七日五时，除北关仍惨烈逐屋格斗外，余均全部就歼。同时，第二纵队之全部，则向我朐山轮番猛攻达十余次，均被我集中炮火及英勇守军之奋勇迎击所摧毁。廿七日八时后，全部战斗愈演愈烈，天雨不止，山洪暴发，洱河水涨，空军亦被雨阻，无法出动。

六、七月廿七日十时，奉司令官王午感辰亲电令如左：半小时到。李师长：连日气候恶劣，空军不能大量出动，甚为焦急。城内弹药能维持几日？是否需要继续空投？盼迅电告。王耀武。午感辰。亲。印。

七、同日十一时半，奉主席蒋午宥侍玄电令如左：限一小时到。李师长：×密。由王司令官转来午有、午感两电悉。弟部遭遇优势匪军围攻，无任关念，已严伤援军兼程驰援。希吾弟严督所部，坚定固守，夹歼残匪为盼。中正。午宥。侍玄。印。

八、同日十三时，奉空军副总司令王午感、午徐电，转奉主席蒋廿七日十一时电话谕，原电如左：李师长炳仁兄：顷奉主席蒋本（廿七）日十一时电话谕：第九师、第廿五师、第六十四师，因近日山洪暴发，延误时间，现已严厉督促，兼程前进。务希固守临朐待援。等因。特达。弟王叔铭。午感午。徐。印。

九、同日奉司令官王七月廿七日正午十二时手令如左：炳仁老弟勋鉴：迭接战报，备悉匪大股窜攻临朐，老弟与全军将士浴血苦战，以大无畏之革命精神，与奸匪作殊死斗，孤军悬绝，以少敌众，坚苦情形，不言可喻。余以坐镇泰安指挥扫荡，未能亲自临空前来视察，心中至为焦急。除将老弟率部苦斗危急情形，随时向极峰求救外，并已电请上峰严令空军昼夜加紧协助轰炸，并请转友军迅速增援,尚望老弟鼓励三军,发扬贵军过去光荣之战绩,争取最后五分钟之胜利。书不尽意。即祝胜利。王耀武。七月廿三日十二时。

十、同日奉军长夏午感巳亲电开:限卅分钟到。李师长:顷奉主席蒋手启午宥酉府电开:据空军报称:第八师拟于本午放弃临朐。闻之不胜系念。我第九师、第六十四师,今已由悦庄出发,明日即可到达临朐,夹击残匪。如我放弃临朐,则战略上将受重大影响,希饬固守。等因。除复极峰兄部仍坚定固守外,现友军即将到达临朐,希兄部万倍极力固守,协同友军歼灭残匪,以副极峰殷望为盼。夏楚中。午感巳。亲。印。

师长于奉到后,即以午感申亲电分呈复及报备如左:

(1) 限三十分钟到。总司令夏:密。午感巳亲电奉悉。并无此事。本军付出重大牺牲代价,始获占有临朐,非有命令,决不放弃。除呈极峰核备外,谨复。职李弥叩。午感申。亲。印。

(2) 三十分钟到。司令官王:×密。奉总司令夏午感巳亲电开:顷奉主席蒋手启午宥酉府电开:据空军报告:①……希饬固守。等因。并无此事。窃查本军付出极大牺牲之代价,始获占领临朐,非有命令,决不放弃。除呈极峰核备外,谨闻。临朐职李弥叩。午感申。亲电。印。

(3) 限卅分钟到。总司令夏恳转主席蒋:×密。师拟放弃临朐,决无其事。窃查本军付出极大牺牲之代价,始获今日之战果,如非有命令,决不放弃临朐。谨电核备。职李弥叩。午感申。亲。印。

十一、师长目睹涤河暴涨,援补均艰,一面尽诸般手段,设法补充弹药,另以炮火全力支援朐山之战斗外,并于廿七日十三时以手令一件交谍员泅渡涤河,交守军三〇八团第三营,务期死守。

---

① 以下与上文夏楚中致李弥"午感巳亲电"同,兹略。

原令如左：朐山据点之得失，关系本军全局，务望激励所属，发扬本军光荣历史，全力扼守死守，如能支持至本月三十日，即给奖洋二千万元。……

十二、二十七日十六时，王、黄两旅长调整防务，尚未完毕，激战又起。迄廿四时，南北两关逐屋逐墙血战拼杀，匪我均无使用步枪射击之机会，惨烈空前，南北关房屋至此多已荡为瓦砾场矣。我守备北关之三〇七团副团长王家祯及增防之四九六团团长陈志刚、营长黄伟慎等，均率队奋勇冲杀，身先士卒，负伤不退，卒将匪军击退，稳定战局。

十三、二十八日十一时，奉司令官王午感酉参电转奉极峰午寝戌创畏手启电令如左：限半小时到。李师长：奉极峰午寝戌创畏手启电开：（1）我第八师仍坚守临朐，与匪激战中。（2）王师长凌云指挥第九师、六四师，分向临朐前进，攻匪侧背，限廿八日上午十二时前到达临朐解围。（3）二十五师除留一团固守东里店外，主力应向悦庄附近集结，准备支援王师之作战。（4）另派有力一部占领朴口（十万分一图朴家流），在悦庄西北十公里附近掩护王师之右侧背。等因。除分电外，特电知照。王耀武。午感酉。参。印。

十四、同日又奉司令官王午感戌参电令如左：限半小时到。李师长：据空军报告：我援军第九、第六十四等师由悦庄分两路急进，其先头部队一路于本感十七时卅分到达东鲍庄（悦庄北十公里），一路到达东廖之（东鲍庄八公里），明俭日可进抵临朐附近，希确取连络为要。王耀武。午感戌。参。印。

十五、二十八日七时奉主席蒋手启午感侍黄电原电如左：限十分钟到。李师长：有、寝各电均悉。已饬令分别照办，只要气候良好无碍，必可如期办成，勿念。中正手启。午感。侍黄。印。

十六、廿八日零时起，恶战仍赓续进行。迄四时止，朐山争夺战竟达七次，均被击退，匪伤亡惨重。南关之匪，三度突入，均被击退，北关仍在惨烈巷战。五时，匪复利用天雨云低，空军无法出动之际，调整攻势，以第七纵队之十九师，由粟山附近东渡汝河，会同第九纵队之二十七师，夹击龙山、慕虎山，并集中炮火轰击。我守军三〇九团第二营，经数日来之恶战，弹尽援绝，工事尽被匪炮击毁，官兵伤亡惨重，仍在艰苦支持中。同时匪第六纵队之十六、十七两师，则由朐山以南由东向西渡过汝河，转用于对临朐西城之攻击，以十八师继续围攻朐山，其第二纵队则全力用于南关之攻击。廿二时，北关西北角又被突破，发生巷战。其他各处，亦竟日激战无已。我空军虽于午后冒极恶劣之天候出动，但以气候瞬息即变，战果未能宏奏。

十七、廿九日接阙师长拨云午俭八时电：限二小时到。李师长炳仁兄：前闻贵部向临朐进剿，捷报频传，无任欣欢。悉遭遇顽匪，苦战经周，本军星夜驰援，进抵胶县，奈连日大雨倾盆，胶县附近道路水深过肩，桥梁均被水淹，不惟补给不上，竟致部队不能行动。围剿有心，夺天乏术，全军上下，正策补救之道。希将战况随时赐告。弟阙汉骞。午俭八时。印。当以午艳戌参民电复如左：特急。阙军长拨云兄：×密。午俭八时电敬悉。劳师远援，至深感谢。匪二、六、七、九四个纵队，自敬日起，与我激战于临朐城厢附近，赖将士用命，迭挫匪锋，刻战事仍惨烈进行中。敬复。弟李弥。午艳戌。参民。印。

十八、当城厢战况进入最惨烈阶段，我北上友军被阻，乃奉军长夏以由潍坊抽兵应援原电如左：限三十分钟到。李师长炳仁兄：午俭十时民翔电悉。已令周旅长率独立团、运输团于艳拂晓车运昌乐，并指挥保十二团、保十三团，策应贵师作战矣。特复。夏楚中。午俭酉。参一剑。印。师长当以午艳十时卅分电呈复如左：限卅分到。总司令夏：×密。午俭酉参一剑电奉悉。全体官兵，无不感奋，当死守到底，以谢钧座。谨复。职李弥午艳(1030)叩。以【午艳】十时卅分亲、十二时民翔及午艳廿一时民翔各电,请张专员天佐、景月,徐司令振中及由潍驰援之本师独立旅周旅长等部,迅速急进。…………

十九、廿九日晨,竭尽全力,卒将突入北关西北角之匪歼灭过半,残部溃逃。惟北关东北角之匪,仍与我惨烈巷战中。城厢及朐山激战至十六时后,渐趋沉寂。惟匪炮仍猛烈向城内轰击,并发射燃烧弹及烟幕弹。同时据空军通报:于十七时在界首附近,发现匪军万余人,另由石沟河(临朐北)南向临朐窜来匪军甚多。二十时起,匪复发动全面总攻,激战彻夜不已,南关被匪突入,发生巷战,一进一退,均未越过十公尺,惨烈空前。龙山、慕虎山、安家林据点,连日被匪全力围攻,官兵伤亡殆尽,援绝弹尽,遂陷匪手。廿八日拂晓,迄廿九日拂晓,廿四小时之战斗,乃整个战役最惨烈,而亦匪攻击之最高峰,是为全局之转捩点。而我由昌潍抽调应援、张专员天佐指挥之保十团,张专员景月、徐司令振中及本师独立旅周旅长亲率独五团(输送团因防务无法交替,未及行动),亦正在郑母以东迄尼山、灵山、黄山之线,与匪激战。兼以天雨,无法急进。我空军仍轮番出动,惟多为雨雾所阻,(P51)几至不能飞行,(B25)则为雾所蔽,对地上目标轰扫困难。但空军对我全力协助,于罗司令午俭指战丁电内已扬溢无遗矣。

七月廿九日接济南空军第四军区罗司令电如左:限三十分钟到。李师长:查空军自贵师被围,即以全力协助。本廿八日全日因雨,各飞行员待命机场,终无法起飞。现已于□六时卅分派C47二架前往试探,如天气好转,立即起飞,希与匪军奋斗到底,因外者与被围者同样焦急。弟罗机。午俭。指战丁。印。当以午艳十五时亲电复如左:一小时到。钱参谋长请转空军罗司令:×密。午俭指战丁电敬悉。血战以还,仰荷空军神力无昼无夜之协助,全体官兵无不感奋。现刻粮弹已源源由天而降,轰炸扫射之声震耳,我官兵士气精神,愈加激昂振奋,相信必能克尽厥职,以慰雅望,以报空军也。敬复。弟李弥。艳十五时。亲。

二〇、三十晨，先后奉总司令顾午俭止一及午艳止一两电如左：(1) 即到。李军〔师〕长：午宥参电悉。凌云寝到悦东庄北约十公里处，黄国梁寝到悦庄附近。除饬急进，并与贵官切取连络外，特复。徐顾祝同。午俭。止一。印。(2) 即到。李师长：午俭十时电悉。贵师官兵忠勇守城，迭挫匪锋，殊深嘉慰。除饬援军星夜兼程驰援并派机助战、投送粮弹外，希勉励将士，以坚忍不拔之精神痛歼顽匪，希饬遵照。徐顾祝同。午艳。止一。印。

二一、同日奉军长夏午参一剑电令如左：特急。李师长：奉总司令顾昨卅标电开：李师长奋勇歼敌，殊堪欣慰。现王、黄两师艳日进至三岔店、南蒋，与匪二、七纵队主力及六纵队一部发生激战。除饬击破当面之匪后，即向临朐前进外，并饬黄伯韬兼程由铜陵关、十里河、界首向临朐前进。等因。特达。夏楚中。午参。一剑（二）。印。

二二、战斗自廿九日夜迄三十日六时，匪图于我援军未到前，作最后挣扎，孤注一掷，乃复倾全力猛扑。其十九师与廿七师，复由淄河东岸增援，加入县城东北角之战斗。廿九日二十二时后，西南两面城垣又被毁数处，匪军涌入，惨烈巷战达六小时，将匪歼灭过半，残部溃逃。南北两关，竟日格斗，反复争夺，城内弹下如雨。此时我各种炮弹，均已用尽，步机枪弹，亦所余无几，情况万急。适十时后，天候由大雾而放晴，我空军大量临空轰炸扫射，响声震耳，火星蝗飞。空运飞机，则以粮弹源源由空下投，我苦战七昼夜而疲倦之士气，为之大振，益加奋勇，致匪终未能越电〔雷〕池一步，朐山仍巍然在我固守中。自廿六日入夜以来，(B25)轰炸机则轮番临空盘旋轰扫，照明弹投下后，城厢俨如白昼，助益步炮兵之射击，使匪军伤亡益大，可谓剿匪戡乱中开夜战之奇迹。十三时半，匪因七日夜来屡攻被挫，伤亡惨重，一部向北开始溃退，我当即遣队迂回追击。惟南北两关之匪，仍向我猛攻无已，东西两面及朐山渐趋沉寂。但大部匪军仍潜伏附近村落及青纱帐内，致我追击部队被阻折回。十九时后，匪炮又向城内猛轰，步兵又开始总攻，激战复起。迄三十一日三时止，匪之回光攻势，又被摧毁，旋即全面总溃退，遗尸遍野，臭气蒸薰，重伤匪兵，遗弃道旁田野，状至凄恻。

二三、七月卅一日，奉军长夏午世未参一亲（二）电如左：限二小电〔时〕到。李师长：（一）匪新五六师、警五旅，艳、卅两日彻夜袭击潍县、坊子。除令周旅长率独立第五团即开潍县外，特闻。夏楚中。午世。参一亲（二）。印。

师长遵于右令，当令周旅长率独立团于三十一日晚迅速后撤，开返潍县。此时张专员天佐、景月，徐司令振中各部，亦因防务辽阔，兵力分散，且遭匪军逐次顽抗，致未及会合，予匪追击。

第四期追击与战场扫荡及会师

一、围攻之匪二、六、七、九及快速纵队与两广纵队七个纵队，共十五万余人，与我经八日七夜之恶战，仰赖主席及各级上官之德威，空军神勇，友军之驰援，地方政府及民众之密切合作，官兵之忠勇用命，卒将匪众击溃。当即以一部固守原阵地，一部清扫战场，另抽出一部，由一六六旅四九七团团长李彬甫率领，分途追击。惟以当时与友军尚未会师，且部队经长期苦战，伤亡重大，追击兵力单薄，仅能进抵石沟河、后营、大赵疃、韦庄、西安庄之线，未予穷追。黄昏后，分别撤返城厢。查本师仅有六个团之兵力，历时八昼七夜之苦战，伤亡过重，恨未能穷追溃匪，捕捉聚歼，殊为憾戾耳。

二、八月三十一日十八时半，以午世十八时半民翔电分呈主席蒋及各层峰，原电如左：×密。（战报）（1）我追击部队到达石沟河、后营、大赵疃、韦庄之线附近，因兵力微弱，未予深追，刻已折返。匪向益都及诸崖方向窜退中。（2）我国梁部先头部队于本卅一日十八时顷到达临朐。除分报外，谨闻。职李弥叩。午世十八时半。民翔。印。

三、由悦庄方面北进友军，因与沿途留置之匪连日苦战，且为山洪所阻，终于七月三十日进抵上下五井及冶源以北地区。七月三十一日十八时半，与廿五时于临朐会师。八月一日十三时后，即正式在临朐西南与第九师及六十四师会师，比肩歼匪矣。

第五　尾语

奉主席蒋午世府机电开：一小时到。李师长炳仁弟：午卅电欣悉。临朐坚守，凄惨悲壮，梦魂克复，旗茬扬樽，血战周余，卒能击破顽匪，确保胜利，全鲁战局，自此底定，吾弟之勋绩与全师光荣，乃与党国同垂不朽矣。惟胜利之余，严防官兵骄慢，对来援各友军，更宜亲爱互助，先人后己，切不可稍带骄气。临朐邻接潍县，实为弟部驻地，故凡友军初到，多缺乏础碓，对粮食物质之供应，更应竭尽地主之谊，庶几精诚团结国军同甘共苦共患难之革命精神，乃因弟之竭力补助而益加发扬也。军纪风纪，尤应特别严饬，毋使因胜而骄，因骄而败，大胜之后，应时存戒惧勿胜之心，养成大将风度，有厚望焉。此役伤亡官兵及其勇敢特出之下级官兵，更须报部，以凭奖赏。除前已发给抚恤金三亿元外，兹另发犒赏费三亿元，望代为分配数量详报是盼。中正手启。午世。府机。印。等因。此次临朐战役，我系以战斗之态势进入城厢，既无既设之阵地，尤无构筑之余暇，且师之原任务，乃在驰援南麻，必须深入山区。…………此役中，我济南、青岛、徐州三地空军，在副总司令王统一指挥下，尤均以最英勇之精神，冒极恶劣之天候，穿云过雨，昼夜临空助战，使匪军伤亡惨重，感受最大威胁。此外，各上官与友军及地方政府等关心爱护，与夫风雨同舟之患难精神，尤使全军上下感奋难已。如济南空军第四军区罗司令及第四兵站总监部周总监，当战况紧急时，曾相偕亲临上空，巡视孤城，周总监尤关心兵食，漏夜亲督赶制饼馍，空运投发。司令官王尚恐制造欠佳，每必亲尝而后运出。总司令夏午夜焦虑空防潍坊。而应援友军第九师及廿五师、六十四师在王凌云、黄百韬、黄国梁诸将军亲率下,日夜苦战,不避锋镝与山洪艰险,兼程急进。而张专员天佐、景月及徐司令振中各部,均能本精诚团结之精神,以粗劣之武器与极少弹药,与匪恶战,策应孤城之作战。…………

第六　经验与教训〔略〕

第七　附图〔略〕

第八　附表〔略〕

〔国民政府国防部史政局及战史会档案〕

9. 杨嘉彦为工兵第十五团于苏北鲁南反共战役损失车辆请予证明与薛岳往来代电

（1947年8—9月）

（1）杨嘉彦代电（8月29日）　　彦技字第二四九七号

陆军渡河工兵第十五团代电　彦技字第二四九七号
中华民国三六年八月二九日

南京国民政府参军长钧鉴：窃查本团第二营于去（三五）年十二月十六日参加苏北曹家集剿匪战役,损失吉普车一辆；第三营于本（三六）年元月四日参加鲁南向城剿匪战役,损失吉普车一辆,大卡车一十一辆,共计损失大小车辆一十三部,当经先后以亥寝及子宥代电并附表呈报钧署核转。旋奉钧署亥俭车二务工字第3937号代电,已转请联勤总部核销。并奉徐州陆军总部积一字第2923号卯真代电转联勤总部运辎字第709224号辰皓代电："该团作战损耗之汽车一十三辆,应补具参与各该次战役之高级长官证明,以凭核办"等因。查本团斯时既归钧座指挥,而钧署又已撤销,奉令前因,谨特检具第二、三两营作战损失车辆证明表,随电迳呈钧核,拟恳赐予证明,俾资转请核销为祷。徐州工兵第十五团代团长杨嘉彦。未艳。副叩。附第二、三两营作战损失车辆证明表各四份〔缺〕。

(2) 薛岳复代电稿（9月3日）

国民政府参军处代电　字第　号

徐州陆军总司令徐州司令部转工兵第十五团杨代团长：未艳副彦技字第二四九七号代电暨附件均悉。查该团参加曹家集及向城战役属实。至所报损耗器材数量，仍应迳请联勤总部查核办理。原件发还。薛〇。申冬。研。附还原损失车辆证明表八份。

〔国民政府档案〕

五、豫皖冀地区重要县城及战略据点被解放

1. 刘茂恩报告豫北各地对解放军作战情况代电

(1946年6月—1947年2月)

(1) 1946年6月4日电

河南全省保安司令部代电　保靖字第8754号
中华民国三十五年六月四日

行政院长宋钧鉴：战报：一、辰俭乙军集结十七旅之五二团及炮兵第五团、安阳独立大队等共约五千余，向我前后万金、辛庄、苏度（均安阳北约廿里）等村进犯，经我安阳团队迎击，激战至艳酉，终以众寡悬殊，我被迫突围。是役毙伤奸匪五百余，我阵亡中队长以下一〇三名，伤六七名，失踪分队长以下六六名，损失步枪一七三支、机枪十挺、掷弹筒二个，消耗步机弹三五〇〇〇粒。二、俭日乙军二六及独立团与民兵等共三千余，向我史村（内黄西北）之三区保二团进犯，激战至亥，匪冲入村内，巷战三小时，至艳辰始将匪击退。是役毙敌三百余，我阵亡士兵十名，伤三六名，失踪十七名，损失步枪三六支、机枪七挺、炮二门，消耗步机弹七四〇〇〇粒。三、苏度、辛庄以北复于三十日增到乙

军八千余，再度向我安阳团队进犯，激战至世日拂晓始停。刻匪在我防地外围构筑工事，封锁交通，有续犯模样。是役我消耗迫炮弹一三九枚、手榴弹三〇八三枚、步机弹五九九粒。四、寝日乙军四百余，向我黄营（封邱北四十余里）之滑县团队进犯，经激烈巷战后，我南撤至鸭固一带，与匪对峙中。是役我伤士兵一名，消耗步机弹六〇〇粒。五、艳寅乙军四五团二百余向我范庄（修武西南十里）进犯，经我修武团队配合国军迎头痛击，匪不支西窜。是役毙匪三人，伤十余人，我伤士兵一名，消耗步机弹一三〇〇粒。六、哿日乙军五〇、五三两团及民兵共二千余，攻陷我马革垱（淇县北三十余里），经我三区保四团配合淇县团队反攻，于马日收复。梗激战竟日，我占领裹河砦（淇县北四十里），现仍与匪对峙中。除分报外，谨闻。河南省政府主席兼保安司令刘茂恩。巳支。保靖瑞。印。

（2）6月17日电

保靖字第9323号

河南全省保安司令部快邮代电　中华民国三十五年六月十七日

行政院长宋：战报：（一）佳寅我王德霖部将盘据前后范营（封邱北七十余里）之奸匪县大队击溃后，辰时匪由北增到援兵千余，向我反扑，于东西马头固（均封邱北）附近展开血战，亘二小时，复经我派队绕袭，匪不支狼狈北窜。是役毙伤奸匪百余，俘二名，获步枪二十一枝、轻机枪二挺、掷弹筒五具、马二匹，与给养文件等，我伤亡官兵三十四员名，损失步枪九支、轻机枪三挺。（二）奸匪集结（19）（21）（44）（45）等团各一部共三千余，于文戌猛攻我前后董村、王屯、傅屯、南孟（修武南十余里）等地之博爱团队，激战至元寅，我以损失惨重，被迫突围，董村陷匪，刻仍激战中。（三）齐寅奸匪百余，向我韩庄（汤阴西北五里）进犯，经我痛击，匪不支西窜。我团队复协同国军追击至王佐、郝家岗（汤阴西十五里）附近，匪复增到二百余，向我反扑，激战五小时，匪不支纷向北窜。是役毙伤奸匪三十余，我伤一名，消耗步机弹（372）粒。除分报外，谨闻。河南省政府主席兼保安司令刘茂恩。巳筱。保靖瑞。印。

(3) 8月28日电

河南全省保安司令部代电　保靖字第13535号
　　　　　　　　　　　　中华民国三十五年八月廿八日

行政院院长宋钧鉴：豫北战报：一、江晚奸匪集结（11）（12）、新九等旅共约万余，分路向坡头、南陈、白坡（均孟县西卅余里）一带进犯，我驻守坡头之济源团队与匪激战六小时，终以众寡悬殊，被迫退守南陈。支辰我各据点均被隔绝，匪对南陈攻击益烈。支午南陈被匪突入，我团队主力撤至岭上，一部退至南滩收容，配合国军继续防剿。虞夜奸匪经我援军痛剿，不支东窜，我先后收复坡头及南陈。斯役共毙伤奸匪三千余，我阵亡官兵三员名，伤副团长以下八员名，被俘官兵四员名，消耗步机弹六万二千发、手榴弹二百七十余枚。二、我修武团队于未、虞、齐、佳、灰等日，在范庄（修武西南）、东水寨（修武东北）等地，配合国军先后与匪激战四次，毙伤奸匪百余，我伤中队长一员，伤班长一名，消耗步机弹三八〇〇粒、手榴弹九二枚、迫炮弹六〇发。三、皓、驾两日，我滑县团队在车厢、演马庄（封邱北卅余里）一带，俘匪通讯排长陈美玉一名，毙十余名，获步枪五支、手枪三支、电线三车。除分报外，谨闻。河南省政府主席兼保安司令刘茂恩。未俭。保靖瑞。印。

(4) 9月2日电

河南全省保安司令部代电　保靖字第13847号
　　　　　　　　　　　　中华民国三十五年九月二日

行政院长宋钧鉴：豫北战报：一、未灰奸匪三百余，分路向我柴库（安阳西廿余里）进犯，经我三区保一团迎击，激战时许，匪陆续增至千余，再度猛烈激战一昼夜，终将奸匪击退。斯役毙伤奸匪百余，我阵亡士兵二，伤三，消耗步机弹三千七百粒。二、奸匪集结五十一团及独立团与民兵一部共千四百余，分路向我沿村、常村（均辉县东北约廿里）进犯，当被我辉县团队击退。元夜匪复增到援军一部，再度猛扑，我团队与匪巷战彻夜，终以众寡悬殊，沿村陷匪。寒、删两日经我反击，两度收复。沿村铣晚再告失陷，筱辰我团队两个大队配合国军往援，复将沿村攻克。巧、皓两日匪我仍在激战中。以上诸役共毙伤奸匪六百余，我消耗步机弹二五〇〇〇粒、手榴弹一〇〇〇枚、迫炮弹四四枚、地雷一九个。三、文日奸匪廿六团七百余向河干村（内黄北）进犯，经我三区保二团分路围击，匪不支向北逃窜。是役毙匪廿余，我阵亡士兵二名，伤五名，消耗步机弹三二二一粒、迫炮弹二六枚。四、未养我封邱团队在冯村、聂村（封邱东北廿余里）一带，与奸匪三百余遭遇，激战三小时，匪不支北窜。是役毙伤奸匪卅余，我伤兵二名。五、未灰奸匪三百余围攻后董村（修武南十余里），为我博爱团队击退。毙匪二名，获手榴弹八枚，我伤特务长以下二员名，消耗步机弹四二六八粒、手榴弹五八枚、枪榴弹四六枚。除分报外，谨闻。河南省政府主席兼保安司令刘茂恩。申冬。保靖瑞。印。

（5）1947年2月12日电

河南全省保安司令部代电　保靖字第02153号
中华民国三十六年二月十二日

行政院院长宋钧鉴：豫北战报：一、我省属人民自卫第一总队（附三区集训第二总队之第二大队）于接替南乐城防后，子养亥奸匪第二总队一部千余，由东向县城猛扑数次，均被击退。是役，毙匪卅余。梗日匪复纠集独立旅王天祥部共二千余，再度向南乐进犯，我官兵沉着应战，激战二小时，以众寡悬殊，被匪突入，经我派队往援，始转移至城西近德固一带。是役毙匪五十余。有日该总队奉命西进，向南乐之奸匪分路进击，三区集训总队第二大队行抵善线町村（南乐西北）附近，与匪四千余遭遇，经激战后，以匪众我寡，陷入重围。巷战肉搏三小时，我援军赶至，该大队因伤亡惨重，大队长始率部突围。宥日该总队续向近德固之奸匪进攻，匪据险顽抗，往返冲杀，历六小时，我副总队长薛登宽身先士卒，冲入敌阵，残匪不支，纷向东北逃窜。以上四役共毙伤奸匪五百余，我伤亡官兵四五员名，失踪士兵一一七名，损失轻机枪九挺，步枪一六二支，手枪七支，消耗步机弹六九二六四粒，迫炮弹三五〇发。二、我省属人民自卫队第一总队，子元于双庙战役，阵亡官兵五八二员名，伤五七员名，损失步枪四八一支、轻机枪二九挺、手枪四七支、掷弹筒五具、迫击炮一门，消耗步机弹三七二〇〇粒、迫炮弹二三发、手榴弹九四五枚，除分报外，谨闻。河南省政府主席兼保安司令刘茂恩。丑文。保靖瑞。印。

〔国民政府行政院档案〕

2. 刘茂恩报告豫东等地对解放军作战情况电

（1946年8月）

（1）8月7日密电

京行政院长宋：〇密。特情：一、奸匪集结独一、独二、第十七、第三〇三等团及济、孟两县民兵共六千余，江晚向我坡头、白坡、冶戍（均孟县西卅余里）等据点大举猛攻，同日晚坡头、冶戍、白坡，迄鱼晚仍在激战中。二、鱼日柿林滩（孟泽西北廿里之王庄对岸，图无）发现奸匪兵力不详，我河防团队正严密监视中。除分报外，谨闻。职刘茂恩叩。未虞午。保绥瑞。印。

(2) 8月12日电

京行政院长宋：综合豫东真日匪情：（一）真晨奸匪千余围攻罗王车站，迄十八时止，匪陆续增加六千余，附小炮四门、轻机枪廿余挺，先后向我炮击二千余发，防御工事悉被摧毁，守备该站为省保安第六团第三大队，竟日苦战，伤亡殆尽，我乔大队长仅率十余人于真晚突围，到达兴隆车站。（二）围攻兰封奸匪于灰晚，自东城墙突入城内，与我守军发生激烈之巷战，迄真晨止，情况不明。（三）开封南四十里万庞岗，于真已被自通许方面窜来之匪五百余窜扰。（四）开封东北四十余里刘庄、高店、门府、曲兴集一带，于真晨被匪军窜扰，刻正强征给养中。等情。除分报外，谨闻。刘茂恩。未文未。保绥善。印。

(3) 8月11日密电

京行政院院长宋：△密。续未真亥保绥善一电：（四）未灰亥兰封西北十五里三义寨，发现匪三百余，有犯罗王（鲜封西三十里）企图。（五）据兰封胡专员未灰亥电称：兵力不详之匪现向兰封猛攻，我城东垣被匪突破，刻正展开激烈巷战中，恳祈转请速增援。（六）未真子兰封城关各处电话均已不通，我驻守车站保一团刻正被匪包围激战中。等情。除分报外，谨敬闻。河南省政府主席兼保安司令刘茂恩。未真亥。保绥善二。印。

(4) 8月12日电

京行政院长宋：查共军以十余万众，由鲁西之荷泽、冀之东明，大举向豫境进犯，灰晚迄今，连攻考城、兰封、民权、柳河、杨集、碓城，并破坏陇海线，威胁开封、徐州。豫省经八年抗战之余，民困已极，方冀战后稍事安息，乃共军背弃信义，破坏协定，利用其一面谈判、一面行动之惯技，扩充兵额，到处骚扰。月余以来，李先念部既窜扰于宛西，近复大举进攻豫东，地方糜烂，生灵多被惨杀。茂恩守理斯土，职责攸关，除严饬部属并发动民众，随时严加防堵，力谋自卫外，务恳钧座明令声讨，迅派大军痛予剿击，以遏凶焰，以障民命，不胜迫切待命之至。职刘茂恩。未文。省办。印。

(5) 8月12日密电

京行政院院长宋：△密。豫东匪情：(一)未灰申匪军数千由北窜到官庄坝后庄附近（虞城约六十里）舍徐庄据点围攻激烈战斗中。(二)未佳夜十二时，民权以南四里段堤头发现匪千余，民权北十八锋、胡集、唐庙、靳庄一带发现匪二千余，并闻其后续部队约二万人现正南进中。(三)据睢县殷县长未真寅电：(1)柳河车站于未灰夜被匪攻占。(2)民权车站现正在激战中。(3)民权、兰封两县城及张岚峰部所据地区之白楼（睢县南约五十里）、□渠（太康西约五十里）等据点，均包围中。(4)睢县全县刻下虽称安全，惟匪势甚炽，倘大举进攻，城防危急万分。等情。除分报请待援外，谨闻。河南省主席兼保安司令刘茂恩。未文酉。保绥善。印。

(6) 8月13日电

京行政院长宋：豫东匪情：(一)柳河车站（民权东南约四十里）于未灰被匪刘伯诚部二千余围攻，于未文卯国军一连突围，转移至焦庄（宁陵东北八里）。(二)文未攻占杨集车站匪一股七百余，逼近刘堤圈以东地区（虞城东南约四十里），似有征集民夫，破坏铁路之企图。(三)匪一股百余盘据朱屯（刘堤圈东北约十里），并将大桥破坏。(四)未真十时，我睢、杞、太边境龙渠、马头、白楼、台寨、转楼各据点，遭匪突击，迄真辰仍在对峙中。等情。除分报外，谨闻。河南省政府主席兼保安司令刘茂恩。未元申。保绥善。印。

(7) 8月15日密电

京行政院院长宋：〇密。综合近日豫东情报：（一）此次进兵兰封及罗王车站之匪，系第十六、十七、十八等旅，均归刘伯诚指挥。（二）马庄、六里庙、四芦村（开封东四里）于未寒午为我八一旅及十八旅一部克复。（三）拾讨庄、崔楼（开封东约五十里）有匪约千余，罗王车站匪主力似已向东撤退。（四）未文通杞独立团毛春林等部两千余，盘据葛屯、长智（通杞东约廿余里）一带，其他零匪均亟活跃。（五）我省保五团由杞县北，于未真驰援兰封时，与匪遭遇，于田庄、挂李砦（开封南）一带激战两日夜，因敌众我寡，四面临敌，当即率队退回，收容省保安第一团及七四旅伤兵二百余，向西转移于元寅新土山砦（陈留东北十五里）。（六）睢县至宁陵、商邱电话已恢复。匪攻民权死伤甚重，县城我仍坚守中。（七）〔缺〕（八）龙塘岗（民权西南约五里）。〔下缺〕（九）通杞独立旅及不明番号之匪于灰夜，向我马象集、转楼、台砦、龙渠等据点（均杞睢太边境）袭击，于真晚被我张岚峰部出动击退。灰巳张部黄支队于瓦岗（睢县西南约四十里）附近，与该匪一师激战。文子匪主力向我龙渠（太□北约五十里）围攻，未元辰仍在激战中。（十）我驻守后粉庄（虞城南约五十里）蒋嘉赓团队一部被匪猛攻两日夜，弹尽援绝，于未文拂晓突围。（十一）太康楼（虞城东约五十里）蒋嘉赓部之匪，于江晨被我击退。（十二）文午匪由东北正南两方向刘堤圈（虞城东南约五十里）我夏邑县政府猛攻，文戌仍在激战中，五区保安团正驰援中。（十三）窜据北庄（阳武约一里）之奸匪千余，经我卅一集团部队围剿后，受创甚重，残部于元夜窜胡堤（延津西北），现继续向王堤（延津北卅余里）一带窜去。（十四）我省保一团吴团长带所部一个大队守护兰封，被匪集中炮火猛攻，伤亡惨重，于未真午后五时突围，我吴团长受伤被俘，彻夜十二时脱险，到达杞县北汤堉，刻正收容中。敬闻。河南省政府主席兼保安司令刘茂恩。未删亥。保绥善。印。

(8) 8月15日电

京行政院长宋：豫省最近匪情：（甲）豫东：（一）本月初旬，匪晋冀鲁豫军区部队约十余万，集中鲁西荷泽、定陶、曹县、单县及冀南东明等地，佳日开始窜扰本省虞城、民权、考城、兰封等县辖境，与我蒋嘉宾、张盛泰部及十二区团队发生激战，灰日分别迫近陇海路睢山至杨集间、柳河至罗王间各车站及兰封县城，与我护路之蒋嘉宾部及省保安（1R）（6R）激战，迄文日因匪我兵力悬殊，且匪配备多数武器，火力异常旺盛，致先后陷入匪手。守备罗王车站之保六团第三大队被匪五六千层层包围，先后遭匪炮击两千余发，工事悉被摧毁，弹药消耗净尽，该大队仅余十余人生还。同时，睢县、杞县两县城及虞城东北各据点，亦相继遭匪围攻。真日，开封南四十余里万龙岗附近窜到匪金绍山部约千余，真文曾先后以零星小股向开封南护城堤附近村庄扰乱，元晚窜近朱仙镇。（二）我第四绥靖区部队元日开始，由兴隆镇向匪返攻，迄删午在开封以东四十里鄢陵府南北之线，与匪激战中。兰封、罗王一带系匪（16B）（17B）（18B）等部，均由磁县调来，归刘伯诚指挥。（乙）豫北：（一）灰晚平汉铁路汤阴及塔岗两车站附近，铁桥被匪破坏四处。文晚汤阴西北铁桥复遭匪再度破坏，与我护路孙殿英部发生激战。（二）真晚匪两千余向我延津西北卅里贾堤团队围攻，激战至文午，匪复窜至延津四十余里贾村，经我空军轰炸后，窜至阳武北廿里秦庄，元日被我卅一集团军派队围剿，大部就歼，残余之百余狼狈东窜。（丙）豫西南：（一）匪第五师十三旅十九团赵炳伦部二千余，佳自陕属商南境返窜淅川境内，经我团队配合（75B）堵剿后，匪复窜返商南摇铃河。（二）未齐匪黄林部一千二百，自陕境洛南窜卢氏境木洞沟附近，真日窜灵宝境朱阳镇附近,我十一区团队正积极进剿中。等情。除分报外,谨闻。兼河南全省保安司令刘茂恩。未删。保绥梁一二三。印。

(9) 8月23日密电

京行政院院长宋:△密。据杞县长王征五未筱代电称:本县自未灰八一旅移防后,奸匪金绍摒、王广文等部数千人,每夜分股围攻县城,经督率团队配合八一旅守城之强营竭力固守,迭犯未逞。迄删夜,匪增加精锐部队四千余,重炮数门,向我城内猛犯,血战彻夜,我守北门之官兵一排伤亡殆尽。因城垣广大,兵力薄弱,县城终被匪突入,职与强营率部与匪巷战两小时许,以弹尽援绝,突围而出,县府职员多数被俘,一切卷宗尽被焚毁。职突围后撤至陈留,收容团队,稍事整理,再行反攻。等情。除饬清查续报外,谨闻。河南省政府主席兼保安司令刘茂恩。未漾。保绥民。印。

〔国民政府行政院档案〕

3. 郑州绥靖公署关于在鲁豫边区民权附近与解放军作战经过概要

(1947年)

郑州绥靖公署民权附近战斗经过概要

第一章 前言

刘匪伯诚之窜扰豫东,与陈毅匪部之进犯苏北互为表里,同恶相济,为患苏鲁冀豫边区已非一日。溯刘匪去秋之向鲁豫边区进犯,也曾发动匪众拾万,乘我豫东空虚之际,围民、考,陷兰封,进逼开封,其势披猖,中原震憾。第以我早有准备,及援军之及时到达,初挫匪军于汴东之罗、王,再败于鲁西之曹、定,终致不得已向黄河以北溃窜。匪为稳固其军心,防制我军之进剿,复于去岁冬季，不惜孤注一掷，乘我鲁西、豫北两兵团尚在分离之际，倾其全力，向我冀南老岸镇、邵耳砦及上宫村等地进犯。嗣因我各该地守军之坚强抵抗，及鲁西、豫北两兵团之适时到达战场，遂又仓皇北遁，局促朝城、范县、观城间地区约及月余。继因我大军节节进逼，复乘虚渡黄河，向鲁西地区逃窜。会鲁南陈匪进犯台、枣，该匪为策应其作战，于窜陷嘉祥、巨野后，原欲经金乡进窥丰、沛，威胁徐州，讵金乡被阻，久战无功，乃改变途径折回曹、定，再遭我刘汝珍及张岚峰等部之节节堵击，是刘匪之策应作战已一再延误。洎至越铁道南窜也，我大军已陆续集结民权、商邱完毕，故不得不以主力留置于铁道以北，作牵制我军之用。至犯柘、鹿之一股，又因遭我七五师之痛剿，致威胁徐州、策应陈匪作战之目的不达，因以陷陈匪于单独作战之境地是其临沂之败北有由来也。乃刘匪野心未戢，一本其避实击虚之惯技，再展向我民权进犯，以诱我于阵地包围歼灭之诡计。先以其三纵队向我诱攻，殊为我军早已洞烛其奸，本各个击破之要领，以雷霆万钧之势，一举击破其第三纵队。迨匪主力到达，我早已折返原阵地，于从容布署之下，鼓战胜之勇气，经一昼夜之鏖战，再度击溃其主力。鉴于猛烈之追剿，获得辉煌之战果，于以达成其任务。综上所述，我军之胜利，固由于刘匪判断之错误，并犯有逐次使用兵力之弊，而我军判断正确，于明确企图下，迅速转用部队，彻底集结兵力，主动指挥作战，实致胜之主因也。

第二章　战斗前匪我态势（附图一）〔略〕

第一款　匪军态势

元月二十六日刘匪主力窜扰态势如左：

一、第（六）（四）两纵队盘据单县、曹县间及商邱以北地区。

二、第三纵队盘据武城及其以西地区。

三、第一纵队盘据定陶附近地区。

四、第二纵队盘据曹县附近地区。

第二款　我军态势

整廿七军指挥之第五军及七五师元月廿六日集结情形如左：

一、七五师全部：商邱附近。

二、第五军（欠九十六师）：民权附近。

三、第四绥靖区之六十八师（欠一一九旅）守备开封，守备荷泽；五五师任兰封、考城、东明之守备。

第三章　匪我作战指导

第一款　匪军作战指导之判断

刘匪伯诚似有阻止我军东进，以策应陈毅部作战之企图。

第二款　我军作战指导

当元月二十五日，奸匪刘伯诚部主力窜陷定陶、围攻曹县之际，我整二十七军主力已由豫北转移至商邱、民权附近地区，本署为适时捕歼刘匪计，遂于元月廿六日策定鲁西作战指导腹案如左：（附图二）〔略〕

甲、方针

一、绥署以击灭刘匪伯诚主力之目的，决即以主力分由商邱、民权向曹县外围之匪夹击，务期捕捉而歼灭之。

乙、指导要领

二、作战准备：

1. 第四绥靖区应以现有兵力并辖区内地方团队，确保荷泽、兰封、民权各要点，重点保持于荷泽，并于大黄集附近控制有力部队机动。

2. 第五绥靖区与整二十六军之任务同前。

3. 整二十七军应即以整七五师及第五军之九六师在商邱集结，及第五军（欠九六师）在民权、柳河间集结。

三、作战实施：

1. 整二七军与第五军应分经潘口、仲堤圈及颜集、王厂，向曹县外围之匪夹击而歼灭之。

2. 第四绥靖区应以有力一部与整二十七军相呼应，相机规复定陶。

3. 如匪逃逸时，整二七军应集结兵力，跟踪穷追，直至该匪就歼为止。

4. 空军应以开封为基地，主与整二十七军协力作战。

元月二十七日，匪以全力击破曹县守军孙性斋部后，即积极向西南移动，其七纵队主力已越铁道，窜据宁陵东北之观音堂附近。当时本署判断匪仍将以主力控制于曹县以南地区，待机进犯，以牵制我军之转用；以一部越铁道南窜，与泛区匪会合后，续向徐州以南津浦路窜犯，策应陈毅匪部之作战。同时，我九六师又奉命开砀山作战，故于廿八日修正鲁西地区作战指导腹案如左：（附图三）〔略〕

甲、方针

一、绥署以击灭刘匪伯诚主力之目的，决即以主力分由商邱、民权，向曹县、定陶间地区索匪主力而歼灭之。

攻击开始预定为二月一日以后。

二、作战准备：

1. 第四绥靖区应以现有兵力及辖区内地方团队，确保荷泽、民权、兰封各要点，重点保持于荷泽，并于大黄集附近控制有力部队机动。

2. 第五绥靖区及整二十六军任务同前。

3. 整二七军应以整七五师在商邱集结，第五军（欠九六师）在民权、柳河间集结。

4. 整七十二师（奉拨鄙本署指挥，由汉口开民权，预定于二月廿五日以后全部到达）即向柳河集结，归本署直辖。

三、作战实施：

1. 整二十七军应以右纵队（整七五师）先推进至小坝车站，截断铁道两侧奸匪之联系，并监视其行动，尔后随战况进展并续向曹县推进；左纵队〔第五军（欠九六师）附快二纵队（以四九旅为基干）〕即经颜集（曹县西南一六公里）、王厂（曹县西南八公里）向曹县方向索匪主力而击破之，并收复曹县城。

2. 第四绥靖区应以有力一部与整二十七军相呼应，相机规复定陶。

3. 如匪逃逸时，我主力应蹑匪踪追剿，直至该匪就歼为止。

4. 整二七师暂控制柳河机动，视情况参加主力方面之作战，或向铁道以南之匪进剿。

5. 空军主力应以开封为基地，主协力整二十七军之作战；一部以新乡为基地，协力整二十六军及第五绥靖区方面之作战。

廿七日以后，因鲁南战斗之吃紧及匪第六纵队续越铁道南窜，复奉主席蒋电话命令，着整二七军改归徐州绥署指挥，并饬本署协力先击灭南窜之匪，故于二月二日再修正鲁西地区作战指导腹案为鲁豫边区作战指导腹案如左：（附图四）〔略〕

甲、方针

一、绥署以击灭刘匪伯诚主力之目的，决即以有力兵团与整二十七军相呼应，先击灭泛区之匪。攻击开始预定于二月五日以后。

乙、指导腹案

二、作战准备：

1. 第四绥靖区应确保荷泽、考城、民权、兰封各要点及辖区内陇海交通之维护，并于兰封附近集结有力兵团机动。

2. 整六四旅之一九〇团担任开封及机场之守备。

3. 整七二师、整四九旅、整八五师（二十七军东调后，本署令由豫北开兰封迎击刘匪，预定二月七日以后可全部到达）在兰封附近集结。

三、作战实行：

1. 即令已集结之整七二师（欠三个团）先向祁县推进，视情况向大康或睢县附近之匪进剿,与整二七军协力夹击柘、大、睢间地区之匪而歼灭之。

2. 如匪以主力向我整七二师进犯时,该师应确实掌握部队,集结兵力坚强作战。以吸引匪军,待整二十七军到达,夹击歼灭之。

3. 如匪逃逸时,应即与整二十七军协力跟踪追剿,务须捕捉而歼灭之。

二月四日,主席蒋莅郑,本署当呈出豫鲁边区作战指导方案如左:(附图五)〔略〕

甲、方针

一、以击灭刘匪伯诚主力之目的,拟乘匪分离,先以主力击灭陇海路以北地区之匪,尔后依情况向泛区转用兵力,索匪而击灭之。

乙、指导要领

二、以整廿七军(附整八八师)及第四绥靖区之各一部,确保鲁西、豫东及陇海路砀汴段交通各要点,截断铁道南北匪军之连系。

三、整二七军(欠七五师,附整八八师)主力为主攻方面打击兵团(右打击兵团),于砀山集结后,以砀山、单县、定陶为主作战线,向定陶方面;第四绥靖区主力及整七二师(欠三个团)、整八五师、快二纵队为助攻方面打击兵团(左打击兵团),于兰封集结后,以兰封、考城、定陶为主作战线,向定陶方向。彼此互相呼应,求匪外翼夹击而歼灭之。

四、如匪主力向铁道以南渗透时,右打击兵团应以一部确实掌握虞城、单县之线,主力控置砀山机动。左打击兵团于迅速收复曹县、定陶后,除以快二纵队控置兰封、归本署直辖外,主力即尾匪追剿。

五、以四八师、五八师守备颍上、涡阳、永城、亳县、夏邑各要点，阻匪东窜、南窜，并以二〇〇师控置砀山，以策应该方面之作战。

六、预定于花园口堵口尚未完成、新旧黄河皆成障碍而限制匪之行动以前，完成此计划。

主席蒋阅后，认为可行。同时并面示各项，由张参谋长世希笔记如左：（附图六）〔略〕

甲、匪情判断

一、我对鲁西发动攻势，陈毅股匪作战失败后，可能有以下之行动：

1. 向东北退却，保持鲁南沿海一带山岳地区。
2. 经济宁窜巨野、嘉祥地区，与刘匪伯诚合股。

二、刘匪伯诚南窜后，以为我必由徐州东转用兵力，故尚不敢大胆行动，如在八日以后发觉我东段主力北进，并未向西转用时，必尽量在泛区向蒙、涡、永、夏方面及金乡、鱼台、单县等地，肆力窜扰徐州侧背，以威胁我军。

乙、方针

我以同时击灭陈毅、刘伯诚两股匪之目的，决彻底集中徐州、郑州两绥署之兵力于兰封以东、陇海路沿线地区，分别索匪主力于鲁南及鲁西、豫东地区而歼灭之。

攻击开始：在徐州以东拟定二月六日（一星期内进展到临沂附近），徐州以西拟定二月八日以后。

说明：关内土匪计有四大股，为贺龙、聂荣臻、刘伯诚、陈毅等。现贺、聂已无大能为，如陈、刘两股能一举击灭，则中原大局可早安定。目前刘伯诚股渡黄河南窜，我应不失良机，彻底集中兵力击灭之，黄河北岸不必要之城砦可以放弃一部分。

丙、作战准备

一、八日以前，第五军以两个师集中砀山，以一个师及整七五师集中商邱。

二、以整八五师、整七二师、快二纵队集中兰封、民权附近。

三、视情况预定八日以前开始进剿。

丁、作战实施

一、以整二七军先期经虞城、单县向定陶,郑州绥署部队经考城向定陶,夹击曹、定、单间地区奸匪而歼灭之。

二、如匪以主力向铁道以南渗透时,整二七军应以一部确实掌握虞城、单县之线,主力控置砀山机动。

三、郑州绥署以有力一部留置民权、兰封间,主力应向铁道以南尾匪追剿。

四、整四八师、整五八师守备涡阳、蒙城、永城、夏邑一带地区,阻匪东窜。

五、整六四旅调来渭河,并指挥第七、第八行政区所属地方团队,沿黄泛区以南、以西堵剿。

二月六日,本署依据主席蒋面示各项,并参照面可之作战指导方案,复策定鲁豫边区作战计划如左:(附图七)〔略〕

第一、方针

一、绥署以击灭刘匪之目的,决即以主力向曹县方面与整二七军相呼应,夹击曹、定、单间地区之匪而歼灭之。

攻击开始日期预定于二月八日以后。

第二、作战准备

二、整八五师、整七二师、快速第二纵队即在兰封、民权间地区集结。

三、第四绥靖区之整五五师,除以一部守备东明、考城、兰封外,主力即在考城集结,整六八师主力在荷泽集结。

第三、作战实施

四、整八五师、整七二师、快速第二纵队统归整八五师长吴师长绍周指挥,为右纵队,经旧考城向曹县方面;整五五师(主力三个团)为左纵队,经琉璃阁、魏湾,向曹县以北地区索刘匪主力而歼灭之,并收复曹县。

五、守备民权之豫保第二纵队归整八五师吴师长指挥,除守备现地外,应以一个大队随主力之进展向柳河砦推进,担任主力右侧背之掩护。

六、如匪向我左纵队攻击时,我右纵队应向右旋回,协力左纵队夹击该匪而歼灭之。

七、如匪向我右纵队攻击时,我左纵队应向右旋回,协力右纵队夹击该匪而歼灭之。

八、如匪主力向北逃逸时,我主力应跟踪追剿,一部协力整六八师规复定陶。

九、如匪主力向东逃逸时,我主力应跟踪追剿,与整二十七军相呼应,夹击该匪而歼灭之;一部协力整六八师规复定陶。

十、如匪向南逃逸时,我左纵队应确实掌握民权、曹县之线,视情况并与整六八师协力相机规复定陶。

右纵队应以快二纵队控制兰封、民权间机动,主力尾匪追剿。

第四、交通通信

十一、交通以利用铁道为主交通线,公路为辅助交通线。

十二、通信以有线电为主,并以兰封为基点,随战况之进展,在右纵队后推进;以无线电为辅助通信,联络时间每日定为十二次。

十三、有线电料、电杆,限二月八日前在兰封屯集完毕,准备架设。

十四、兵站以开封为基地,以兰封为主地,兵站末地依情况随右纵队推进。

第四章 战斗经过概要

第一节 战斗之前匪我态势(如附图八)〔略〕

第二节 战斗经过

二月八日,绥署鉴于整八五师、整七二师、快二纵队及五五

师之一部,已大致集结就绪,乃以丑齐未汴电命令各部如次:

一、第四绥靖区除守备荷泽、东明、考城、兰封间交通外,应以整五五师有力之一部,于丑佳开始行动,经琉璃阁向曹县攻击前进。攻占曹县后,即以主力守备曹县,一部守备旧考城。

二、整八五师吴师长指挥整七二师、快二纵队、豫保二总队,以有力之一部协力整五五师之作战为目的,于丑佳开始行动,经旧考城向曹县前进;主力初期控制于民权附近,尔后随战斗之进展,在第一线部队之右翼后推进。

三、泛区指挥部应以守备通许、杞县之团队,于各该据点努力活动,搜索匪情,肃清散匪。

各部于奉令后即积极准备,因七二师之弹药补充未能适时到达,致迟至十日始开始行动。二月十日至十四日之战况如左:

民权以东地区之战斗(附图九)〔略〕

整八五师于二月十日七时,以一一〇旅之三二八团由张平安向断堤头方向搜索攻击,保二团之一个大队向柳河推进,主力集结于李坝至野鸡岗间地区整备前进中。八时,师长据谍员报称:奸匪约二万余,其先头已到达李坝以东、以北地区,有进攻李坝之企图。师长据报后,当即以该师之二十三旅主力,增加保二团之第一大队,向当面之匪攻击,并一面飞令一一〇旅之三二八团折向赵沙窝,策应主力作战。九时,与匪第三纵队之一部在蒋老家、罗庄、王庄、刘老家之线遭遇。经我驱逐,十一时前进至大潘庄、马庄、南北岗之线,与匪第三纵队主力及二纵队之一部并民兵等共约二万人发生激战,匪据工事顽抗,经我步炮空协力猛攻,激战至十二时,将匪击溃,进占上述之线,继向小店铺、小刘庄、赵沙窝之匪进剿。斯时,匪复由东增援顽抗,经我陆空猛击,匪伤亡惨重。十三时许,先后攻克小刘庄、赵沙窝后,复向小店铺、吕大庄之匪攻击,匪约一团兵力凭借既设工事顽强抵抗,我当以轻重火器集中猛射,我空军亦适时飞临助战,激战至十五时许,卒将匪大部歼灭，并生俘匪百余名，少数残匪钻隙向东逃窜。

一一○旅之三二八团十时进展至张庄附近，与盘据该村之匪展开激战，经我猛烈攻击后，匪不支向东北逃去。该团进抵断堤头后，为策应主力之作战，当即转向赵沙窝附近之匪攻击，并收复该地。

整五五师之一部为策应主力方面之作战，于沿途驱逐少数之匪后，当日亦前进至张庄附近。

二月十日午后三时，据各方报告：铁路以南之匪六、七两纵队已由亳县附近窜至宁陵、睢县以南地区，并续向北急进中；曹县附近之匪第一、二纵队正向西南地区移动中。

本署以匪众我寡，为诱匪于有利地带决战计，遂以电话令整八五师吴师长转饬各部仍撤回原阵地，加强工事，准备与匪决战。并按当时匪我之态势，判断匪军可能之行动，策定我军之对策如下：

甲、敌情判断

一、匪可能以三、六纵队沿铁道，以一、二纵队由铁道北侧，以七纵队由铁道南侧，夹击民权附近我军。

二、匪或以一部吸引民权附近我军，主力分由铁道两侧夹击兰封。

三、匪或以一部由杞县附近向我开封袭扰，以主力分由铁道正面及两侧夹击民权附近我军。

乙、我军对策及部署

一、如匪向我民权攻击时，我应依现态势与匪决战，唯整四九旅应控制固砦附近，准备机动。

二、如匪以一部向我民权佯攻牵制，主力向我兰封攻击时，我整五五师及四九旅应固守考城、曹庄、兰封、固砦各要点，主力除已由整七二师抽出一个团，配合保二总队守备民权外，即向西转用，求匪主力决战。

三、如匪以一部向我开封袭扰，主力攻击我民权守军时，我依现态势与匪主力决战。在开封方面，应即抽集有力部队（一个团机动）击灭来犯匪军。

民权以西地区之战斗（附图十）〔略〕

二月十一日白昼，铁路正面及南北地区之匪逐渐向民权及其以西我守军阵地接近中，并不断与我警戒部队发生战斗。

入暮后，匪随我警戒部队之撤退，逐次到达我阵地前。午后十一时起，匪第二纵队开始围攻我陈庄二三旅六七团及郑老家该旅六八团第二营阵地后，续向郑庄砦我八五师师部及朱砦一一〇旅旅部攻击。其第一纵队围攻我野鸡岗车站附近整七二师新十三旅之廿九团及阎庄新十三旅卅八团阵地，第六纵队围攻我小野鸡岗卅四旅、陈庄一一〇旅三九团并林庄廿三旅旅部及小野鸡岗十二师师部阵地；第七纵队向秦庄、小孟庄、大孟庄我八五师特工大队及一一〇旅三二九团之一部围攻；第三纵队全部向我民权、李堂、辛庄保二团及我一一〇旅三二八团之一部围攻。兹将各要点附近战斗情形分述如左：

一、郑庄砦附近之战斗

十一日二十三时卅分起，匪第二纵队主力猛攻郑庄砦整八五师师部，经我守军奋勇迎击，匪未得逞。十二日二时许，复向郑庄砦东北角及北门猛扑，我三二九团第三营长罗铭亲率所部奋勇阻击。同时，廿三旅六八团张团长振坤除命该团第三营前往支援外，并亲率三二九团第三营向匪冲杀，虽将其击退，但至三时许，匪又向郑庄砦东南角及西北角猛扑，我三二九团第三营坚强抵抗，战斗惨烈空前。激战至五时许，卒以匪众我寡，伤亡惨重，营长罗铭负伤，匪约一个团即乘势攀砦墙突入城内，当即发生惨烈巷战。我六八团第三营、特务连、工兵营等依核心工事，以火力将匪封锁于砦内，迄拂晓，我一一〇旅三二八团与三四旅一〇一团之各一部赶到，即向突入砦内之匪实行猛攻，战至十二日十四时，该匪大部就歼,余均被我俘虏。

二、郑老家附近之战斗

十一日廿三时许,匪第二纵队一部二千余利用夜暗,由北向我郑老家及其以北高地我廿二旅六八团第三营阵地进犯,迭次冲杀,均经我官兵沉着击退。至十二日拂晓,匪以伤亡惨重,狼狈向北溃窜,该营当以主力尾匪追击。彼时由郑庄砦败退之匪适正向北逃窜,经该营截击,折向西窜,卒于野鸡岗附近为七二师部队击溃,大部逃散,一部被我俘虏。

三、林庄附近之战斗

十一日廿三时四十分,匪第六纵队一部千余,向我林庄二三旅部及六八团第一营阵地攻击,经我官兵沉着应战,卒将其击退。十二日五时,我即以一部向东出击,支援郑庄砦之战斗,使侵入该砦之匪外援断绝,而遭歼灭之厄运。

四、陈庄附近之战斗

十一日廿三时起,匪第三纵队一部约千余,向我廿三旅六七团守备旧黄河大堤之第三营阵地攻击,同时以主力猛攻我陈庄六七团主力,我官兵奋勇阻击,并不断向匪冲杀,激战至拂晓,匪因伤亡惨重,即呈动摇,我当乘势出击,匪不支,即狼狈向北逃窜,经我尾追,斩获颇多。

五、朱庄砦、大小孟庄、秦庄之战斗

十一日廿四时起,匪第二及第七纵队之各一部,分自陈庄及黄庄、大济岗向我秦庄、牛岗、辛庄、朱庄砦之一一〇旅阵地进犯,经我各该地守军奋勇阻击,匪未得逞。

六、野鸡岗车站附近之战斗

十一日廿四时三十分,匪第一纵队主力,向我七二师新十三旅野鸡岗车站、马庄、长马口、赵庄、互冯楼间阵地攻击,该旅搜索排及三九团第五连之一排,守备堤岸碉堡,被匪包围攻击,均作壮烈牺牲。拂晓,匪攻势益急,战况更趋惨烈,该旅乃挑选敢死队逆袭，并获我快二纵队之增援，卒将顽匪击溃。匪不支，向申集东西之线逃窜，我当以一部跟踪追击，主力随快二纵队于十二日八时向郑庄砦增援。经迭次向该砦外围之匪冲杀后，匪不支，向东北溃窜，一部南遁，我斩获甚多。

七、小野鸡岗附近之战斗

十一日廿三时，匪第六纵队主力，向我小野鸡岗附近七二师卅四旅（欠一〇一团）阵地攻击，激战至烈，匪四次猛扑，均被我先后击退。同时，匪一部围攻野鸡岗七二师师部，卒为我守军沉着应战所击退。拂晓，匪转向刘庄、焦庄及马老庄以西地区攻击，经我痛击后，匪即折向南窜扰孙庄，与我对峙。十二日拂晓后，一〇一团第一营驰援郑庄砦，及由野鸡岗车站出击之三九团第一营，于中途遭遇由郑庄砦败退之匪，当予以猛击，匪仓惶图逃，经该两营逐次拦击，溃不成军，被我歼灭大半。

八、快二纵队及整五五师之一部对民权以西之增援战斗

当奸匪以全力向民权我守军猛犯时，我为彻底集中兵力，适时击灭来犯之匪计，乃令快二纵队由兰封以东之圈头，及五五师之七四旅由考城东南，星夜向民权以西地区急进，策应该地守军之作战，其策应作战经过如左：

整四九旅十二日拂晓，到达野鸡岗车站附近，协力七二师新十三旅之作战，于解该旅之围后，即驰向郑庄砦增援，在该地附近将匪击溃，斩获颇多。

整五五师之七四旅（欠一团），因担任主力左侧掩护，故未参加主力方面之作战，仅于申集以西地区截击溃匪，略有斩获。

被我击溃之匪，后于十三日拂晓后退，据申集、赵老家、旧黄河大堤及赵老家、小周庄、龙滩岗之线，积极构工，似有待机向我再兴攻势之企图。本署为彻底歼灭该匪计，当咨请空军派机轰炸，并令整八五师、七二师集结兵力，向之攻击。匪依据工事顽抗，当日除将内部残匪肃清外，第一线仅有局部之进展。十四

日晨依我空军猛烈之轰炸，我主力即乘势向当面之匪猛攻，激战至午后三时，匪死伤累累，渐呈不支，至晚，全线开始向东北溃窜。

本署为适时击灭刘匪起见，遂策定鲁豫边区作战计划如左：（附图十一）〔略〕

第一、方针

一、绥署以彻底击灭刘匪伯诚之目的，决即主力向曹县方面，与整廿七军相呼应，夹击曹、定、单间地区之匪而歼灭之。攻击时间预定于二月十四日以后。

第二、作战准备

二、整八五师、整七二师、快二纵队即在现在地集结。

三、第四绥靖区之整五五师，除以一部守备东明、考城外，主力即在考城集结；整六八师除以一部守备开封外，主力在荷泽附近集结。

第三、作战实施

四、整八五师、整七二师、快二纵队、整五五师有力之一部（七十四旅一个半团），统归整八五师吴师长绍周指挥，即由现地经旧考城向曹县方面索刘匪主力而歼灭之，并收复曹县，但快二纵队先期应控制民权野鸡岗间机动。

五、第四绥靖区整五五师（74B）除守备东明、考城、兰封外，以有力一部向东佯动，六八师以一部向定陶佯动。

六、守备民权之豫保第二总队，归整八五师吴师长指挥，除守县城外，应以一个大队随主力之进展，相机向柳河砦前进，担任主力右侧背之掩护。

七、如匪主力向北逃逸时，我主力应跟踪追剿，一部协办整六八师规复定陶。

八、如匪主力向东逃逸时，我主力应跟踪追剿，与整廿七军相呼应，夹击该匪而歼灭之，一部协力整六八师规复定陶。

第四、交通通信

九、交通以利用铁道为主，公路为辅。

十、通信以有线电为主，并以兰封为基点，随战况之进展，在出击兵团后，逐次延伸之；以无线电为辅，连络时间每日定为十二次。

第五、补给

十一、兵站以开封为基地，以兰封为主地，兵站末地依情况随兵团推进。兵站设施，由兵站另定之。

根据以上计划，经以丑寒甲汴一电下达追击命令之要旨如次：

一、删日，整八五师长指挥所部并整七二师向王桥追击前进，整五五师有力之一部向吕圈子追击前进。

二、铣日，整五五师全师除留一部于旧考城维护交通外，其余归整八五师吴师长指挥，向曹县进击前进，收复曹县后由整五五师守备。

三、快二纵队即控制野鸡岗，派出一部向铁道以南游击，扫荡残匪，并掩护我主力侧背及铁道交通。

四、驻民权之保二总队，归快二纵队李司令指挥，以主力确保民权；有力一部沿铁道向柳河方向及铁道沿线地区搜索游击。

各部奉令后即积极准备行动。

民、曹地区之追击战斗（附图十二）〔略〕

二月十五日，我整八五师、七二师于沿途击破匪后卫部队之抵抗后，入暮追至林土口、王桥各附近地区。

整五五师之七四旅推进至吕圈子附近。

二月十六日，我整七二师之三四旅、整八五师之一一〇旅及五五之七四旅并骑兵队、特工大队，分三纵队向溃退曹县之匪追击，于十一时卅分进至安营、高堤圈之线，遭匪千余坚强抵抗，经我各部奋勇攻击后，匪不支，即向东北逃窜。我当乘胜猛追，于十三时攻至曹县城郊，匪二千余凭城顽抗，经我以火力、猛予痛击,激战至十五时,匪不支,即夺东北门向东北窜去,我当即收复曹县城。

二月十七日午,我整八五师、七二师续向定陶前进,于午刻在定陶南之王庄,与整廿七军会师。

第五章　匪我伤亡卤获及损耗概计如附表〔略〕

结论:

谚云:"前事不忘,后事之师"。民权告捷,固有赖于指挥适当,官兵用命,克获优良之战果,惟其间难免有未能尽善之处。要能于每次战役之后,就匪我优劣点虚心体会,弃短取长,力谋改进,庶几才能达"知彼知己,百战百胜"之境域。用将匪我优劣点及经验与教训摘其要者,分别缕述于后:

甲、匪我优劣点

(一)匪之优劣点:

子、优点:

1. 匪之攻击精神异常旺盛。如匪发觉八五师师部在郑庄砦时,即以第二纵队、第六纵队不惜牺牲,猛烈围攻,并以十六团冒我炽盛火网前仆后继,突入砦内,幸我守军沉着应战,未误大局。

2. 组织严密,战力坚强。据俘匪供称:匪每连有指导员一人,及党员五六人,控制全连官兵,即战斗时亦均由彼等监督,如有官兵思想不正或行动不轨时,即以种种手段暗杀之,故官兵一临战阵,不敢轻退。

丑、劣点:

1. 无持久战力。奸匪因弹药补给之不易,及重火器缺乏,故对我工事坚强之据点,恒不能依火力攻略,只徒冒死冲锋,侥幸取胜,此亦奸匪先天不足之致命打击也。

2. 干部素质低劣。如此次被俘之连排长,均为一、二年之老兵,或我被俘士兵较优秀者充任,故于战斗时,对战斗诸法则均不善应用,无怪每次战役均蒙重大牺牲。

（二）我军优劣点

子、优点：

1. 工事构筑坚强。此次匪虽以攻击之余将我各个据点分别包围，卒因我工事构筑完善，迄未被匪攻破。

2. 粮弹准备充足。

3. 通信灵活。此次奸匪虽将我各个据点分别包围，卒因我事先对通信准备周密，故仍能不断传递匪情，相互策应作战，击溃奸匪。

4. 士气旺盛，团结一致。因匪第三纵队被我击破后，士气大振，故每当奸匪接近我阵地，各部官兵多奋不顾身，猛勇冲杀，且以团结坚固，连络确实，每于战酣之际，仍能相互支援。□以七二师野鸡岗及野鸡岗车站之部队，于奋勇击退奸匪后，迅速驰援郑庄砦八五师之战斗，其援救友军之精神，殊为可嘉。

5. 空军优势，使匪白昼行动困难。

6. 兵力集结，部署适当。虽匪突入我阵内，亦能依火力互相支援，歼匪于阵地内。

丑、劣点：

兵团间协同不良。当刘匪以全力向我民权守军进犯之际，徐州方面如能即时以廿七军主力沿铁道西进，协力突击，当可收聚歼之效。

乙、经验与教训

一、夜间防御，应于匪必经之处，预先派遣小部队潜伏，阻扰其近接，如发现匪已就攻击准备位置时，应即以预先标定之炮兵摧毁其企图，必要时应派小部队出击阻扰之。

二、在夜间战斗，如已知匪开始强攻某地时，其邻近之部队应不失时机，派小部队向匪侧击、绕击，藉收协同歼匪之效。

三、工事应多作低姿碉，特应讲求水平射击，借以封锁低姿潜迫之敌人。

四、夜间防御，照明设备应准备充足，但使用时机不可过早，免致匪以选择目标之机会。

五、弹药、油料之所在，应构筑掩蔽部，以免因敌人炮火而引起燃烧或爆炸，马匹、车辆则利用建筑物掩护之。

六、村落防御，应有纵深配备，分外线、村缘、内线三层构筑工事，并须以交通壕连系之。各线应有独立作战之据点，并能依火力相互支援之，且尽可能设置各种障碍物。

〔国民政府国防部史政局及战史会档案〕

4. 刘伯龙关于陆军整编六十八师五十五师兰封考城战役之检讨报告

(1947年2月)

谨呈

主席蒋

陆军整编六十八师五十五师兰封考城战役之检讨

甲、匪情：

一、从二月上旬以来，陈毅匪主力一、三、四、六等纵队先后沿陇海路，于民权、兰封间地区北窜。

乙、部队任务：

二、开封刘汝明指挥所部六十八师刘汝珍部、五十五师曹福林部，有向兰封、考城方向行动、配合邱清泉部东西夹击该方陈毅各股匪之任务。

丙、部队行动：

三、该两部于二月八日奉令以来，兰封为六十八师一一九旅张勋亭旅长率部一团守兰封，师主力均集结于曲兴集附近。

五十五师主力前进至考城附近。

丁、战斗经过：

（一）二月八日（郑州指挥部丑齐2030捷电）：

一、匪情及我军状况：

1. 陈匪一、三、四纵队刻由陈留附近向东北流窜，其先头部队已抵圈头附近，有回窜鲁西模样，第六纵队在鄢陵，两广纵队在太康附近。

2. 邱清泉部已向宁陵柳河前截击北窜之匪。

二、任务：

第四绥靖区即派有力一部向野鸡岗相机截击匪军，并与邱清泉部密切连系，以收夹击之效。

三、部队行动（四绥靖区丑佳电）：

1. 六十八师一一九旅张勋亭部就近截击。

2. 按该部呈报如此，而部队实未行动。

（二）二月十一日：

一、匪情：

陈毅匪一、三、四、六纵队主力已经民权、兰封间回窜鲁西。

二、任务：

第四绥靖区除以一部守备开封、陈留、通许外，主力即开罗王、曲兴集间集结，即向兰封东北地区进剿，策应第五军之作战。

三、部队行动（四绥靖区丑文辰电）：

1. 五十五师（欠一八一旅，附六八师之一四三旅）推进曲兴集、兰封一带，策应邱军之作战。

2. 六十八师（欠一四三旅）除以一旅（欠一团）任开封城防外，推进通杞旧泛区方面扫荡。

3. 各部队于丑文开始行动。

（三）二月十三日（徐总部翔字第〇〇二七号代电）：

一、匪情：

陈匪一、三、四、六纵队及两广纵队除一部仍残留杞县、许昌、漯河各附近外，主力已回窜定陶及其以北地区。

二、任务：

1. 第四绥靖区以主力由兰封与第五军切取连系，向考城及其以北地区索匪攻击，打通兰封、荷泽间之交通。

三、部队行动：

该部奉令后并未呈报。

（四）二月十四日（郑指部丑寒电）：

一、匪情及我军情况：

1. 匪情如贵官所知。

2. 我二〇〇旅丑文到曹县，四十五旅丑文到旧考城，八十四师正由小坝向柳河西进中。

二、任务：

第四绥区五十五师附一三四旅明（删）日向白茅集（考城东）方面进击，并策应第五军之作战。

三、部队行动：

该部奉令后并未呈报。

（五）二月十六日（徐总部丑铣申翔电）：

一、匪情：

陈匪六纵队窜巨野西龙堌集，两广纵队窜安兴墓，一、四纵队窜荷泽西南地区。

二、任务：

第四绥靖区主力应以兰封为根据，对考城及杞县方面行机动作战。

三、部队行动（第四绥靖区丑筱电）：

1. 五十五师向考城以东、以北扫荡。

2. 六十八师刘汝珍师长率一一九旅向兰封以东及杞县方面扫荡。

按实际所知，六十八师兰封只以一个团防守，余均在曲兴集，五十五师先头向考城，大部在曹庄。

（六）二月十八日夜郑州指挥部接到刘汝明司令官电话：

1. 六十八师当面之敌为陈毅匪部第六纵队，以有力之一部围攻兰封，匪主力在曲兴集猛攻。

2. 五十五师在考城附近与陈匪第一纵队恶战，并已向后撤退，曹福林师长下落不明。

3. 郑州指挥部得知情况后即策定：

（1）快速第二纵队二十日开抵汴垣待命。

（2）张世希副主任亲赴开封指挥，职须同往督导（职原决定二十日飞陕，因此而延期）。

（七）二月十九日午后六时，职同张乘车抵汴，当得知情况如左：

1. 汴垣市境惊慌异常。

2. 兰封被围甚急，情况不明。

3. 曲兴集与汴垣交通正常。

4. 五十五师曹福林部已由黄河沿岸退至杜良砦附近，无大损失。

5. 前线无伤兵退下，而我邱清泉部正向西行动。

一、匪情判断（十九日午后十时许）：

陈匪正徘徊于兰封南北附近地区，无西进之企图，前线战斗并不激烈。

二、决心处置（十九日午后十一时许）：

1. 俟第二快速纵队于明（二十）日到达后，再部署尔后之作战行动。

2. 密定二十日晨赴曲兴集视察。

三、职同意张世希副主任之处置。

（八）二月二十日：

一、匪情及我军状况（徐州总部丑皓电）：

1. 陈匪六纵队一部正围攻兰封，一纵队已窜考城，四纵队亦可能窜考城附近。

2. 邱清泉部即以主力转向考城、兰封急进，索匪攻击。

二、任务（徐州总部丑皓电）：

第四绥靖区应以兰封守军竭力固守，抑留匪军，以主力与邱军协力夹击围攻兰封之匪而歼灭之。

三、部队行动：

刘汝明司令官奉令后，不特未遵照办理，反多方虚造情况，与张世希副主任相争持，并自动于二十日午夜后开始全线撤至阮楼庄南北之线。按同日午后张与职等亲赴曲兴集前线视察，战况沉寂，张世希副主任并与曹福林、刘汝明两师长商定调整部署，并与快速第二纵队协同作战，求匪攻击。此议事后刘汝明司令官亦暗不同意，故有不遵命令、自动向开封后撤之事。

四、二十日午前八时顷，曹福林到开封，与张世希及职相晤，报告考城当面情况：

1. 考城匪为陈毅匪第一纵队主力，向该师攻击。

2. 十八日该师长在曹庄附近，当夜因考城战况不利，曹庄亦混乱，拟撤至三义砦，十九日上午二时顷至该处，已被匪占领，故改撤至杜良砦（开封东三十华里）整理。

3. 该师损失尚待查中。

当时张世希副主任即勉以大局为重，应即赴前方与六十八师并列作战，曹有难色。职当晓以利害，谓贵师十八日在考城，十九日即至杜良砦，如此状况，何以呈报主席？曹悟其责任，故十时许即返杜良砦，准备再攻，占三义砦，与六十八师并列作战。

按以上情况，该师战斗无大伤亡，其作战经过实系稍与匪接触，见六十八师在曲兴集不动，故决向后撤退。该师不集结兵力于曹庄附近与匪战斗，又不能占领三义砦，与六十八师在曲兴集互为犄角，与匪相持，即撤至杜良砦，显系畏匪过甚，不战而退，其影响战局殊巨。

五、同日午后一时许,张世希副主任率快速第二纵队司令陈玲、战车团长吴文芝等,职亦与之同至杜良砦,曹之部队已向前推动,沿途职见其甚完整,无作战被攻击破碎之态势,然官兵行军时之表情与乎士气不振之现象,却充分显露。时曹福林尚在杜良砦,张与职到彼处,即约其同赴曲兴集,与刘汝珍师长共商作战。

六、午后三时许,职等抵曲兴集,与刘汝珍师长相晤,得知如左之情况:

1. 兰封防守部与突围情况含糊。

2. 匪在三义砦、高堂、蔡庄、罗王砦附近之线,曲兴集以北黄河大堤外,亦有匪之占领部队。三义砦方面为匪第一纵队,罗王砦方面为匪第六纵队。

3. 战场状况——各处枪声沉寂,只有曲兴集以北黄河堤附近有我稀薄之迫击炮声及步枪声,无敌匪之枪炮声。

4. 又正午在开封又得空军报告,匪在兰封南,陈斗砦、杨堌间一带村落均有其密集部队。

七、匪情判断(二十日午后四时许):

匪无西攻之强大企图,有向东逃窜之模样。

八、决心及处置(二十日午后四时三十分):

1. 该军应即速调整部署,抑留陈匪于曲兴集附近,配合我快速第二纵队求匪决战。

2. 即派有力部队向罗王砦东南地区威力搜索。

3. 职同意张世希副主任之判断及处置。五时许,职等同返开封,策划快速第二纵队之使用。

4. 同日午后十时许,使用快速第二纵队方案决定后,又接到刘汝明司令官电话,曲兴集南面之匪已向东南逃窜,张当即与职商定:

一、即由刘汝明司令官饬该部向前推进,向匪追剿,策应第五军之作战。

二、第二快速纵队暂不使用。

（九）二月二十一日：

一、匪情：

1. 犯兰封、曲兴集之匪六纵队一部，已向南溃窜，考城仅匪之十三团、十四团。

2. 被我于黄岗集、刘堤圈围剿之十纵队、十一纵队伤亡颇重，正向柘城附近溃窜中。

二、任务：

徐州总司令部令刘汝明司令官丑马亥九电：着第四绥靖区应确保曲兴集，相机收复兰封，协力第五军之作战。

三、部队行动：

二十一日晨以前，刘汝明司令官已将六十八师、五十五师自动撤至十里铺以东阮楼庄南北之线，一部留曲兴集，并请求撤入开封城内，渠唯一所持理由：

1. 陈匪第六纵队集结于孟交集——沟村集间地区。

2. 陈匪第一纵队集结于曹庄——前雷集间地区。

该部若再向兰封、考城方面行动，必遭匪截击，并判断匪有合攻开封之企图，故撤入汴垣工事地带，与匪作战为最有利。

按当前情况，匪已逃窜，实无进攻开封之企图，应遵总司令顾命令为当，故张与职均不谓然。若不遵总司令命令，则须请示。张世希副主任并谓我军进退无度，反引匪真有觊觎开封之势，无论如何，须集结兵力于曲兴集为有利。职谓我军退至阮楼庄南北之线，已与总司令命令违背，若再入城，实非所宜。张又晓彼以大局为重。刘汝明均置不理，顽横相争。张最后答以你向郑州、徐州请示后再议。如此不得结果而罢。

又二十一日上午八时许，守兰封之六十八师一一九旅旅长张勋亭（率一个团）来汴，谒张世希副主任，适职亦在座。当向其详询兰封作战情况及伤亡总数和退下之官兵现有数目,答多含糊,且问作战开始之第一日即兰封撤退之日时,均不能明确,仅以二十日至十里铺以对。职按刘汝明司令官十九日夜亲说之情况以询,彼亦不能答。照此则刘之情况为虚构,该旅长之撤退时间判断与曹福林同为十九日拂晓以前,似此作战不力之旅长张勋亭与曹福林师长实不能辞其咎。

(十)二月二十二日:

一、匪情无变化,任务须遵总司令顾丑马九电所示,但刘汝明司令官于二十一日夜请示郑州、徐州后,均答仍由张世希副主任全权处理,故刘不得已再于二十二日晨,复与张副主任讨论今后之作战行动。

二、当二十一日夜刘汝明司令官如此擅自将部队后撤,并欲即入踞城垣,实造成汴垣之惶恐。张副主任与职鉴于当前情况并不紧急,实由于该部畏匪心切,一贯虚造情况,并为掩饰擅自不战而退之罪行,故有此种不遵命令之行动,故张与职商定次晨开会讨论时,张为好人,与彼保持和平商讨之态,若仍不能解决,则由职作恶人,与刘力争,以期达成实行总司令之命令。

三、上午九时,刘汝明司令官率僚属数人与张再商该部之行动,仍持原议,非入城不可。张以须遵总司令丑马电所示为当,相持不下。刘更蛮横,并谓若此请你直接指挥云云。职鉴彼不可以理喻,当谓若照当前状况,应遵总司令命令为宜,今不遵令反撤入城,实为责任所不许,且据我所知,数日来贵部所报各节,与当面真情多所不符。语至此,刘即恶言相向,谓匪欺我,你们也欺我,云云。反复争持,冲突至再。职谓你不遵命令,听你自便,你自对主席负责,何必讨论。职即退席。

四、职退席后,刘汝明司令官自知将陷于僵局,故又与张再商,遵其所示,刘、曹二部任保守曲兴集、杜良砦、兴隆砦诸要点,不撤入城,其议遂决。午餐时,刘茂恩主席约刘与职杯酒释嫌，职谓应以国事为重，个人口舌之争实无计较之必要。

五、午后二时，张世希副主任率部与职返郑州。

结论：

综上所见，谨分呈如后：

一、该部内部有潜伏共匪份子，刘汝明本人深惧，控制甚难，且屡失败，畏匪心甚重。

二、曹、刘二师互不相信，故曹进至考城，见刘尚在曲兴集，即稍战而退。

三、该部为西北军旧部，一贯欺上骗下，拥兵自卫，认为时局紧张之际，即为彼辈向上要请之机会。

四、历来一贯情况均多夸大与虚构，张与职直赴第一线视察真情，实为彼所不满。二十日张与职视察后，二十一日该部参谋长复请职等再去视察，返返再再不果。其用心之奸险，实为其他部队所无。

五、该部在汴任城防司令之田镇南，为已年近花甲之落伍军人，且似有嗜好，行为非常奸险，当讨论作战，刘言语不顺时，田即从旁奸赞不至。刘与河南当局之明暗摩擦，田实从中作祟。

六、该部必欲全部撤至汴垣者，除畏匪出于本心外，尚有以曹福林、张勋亭作战不力，擅自撤退，必受惩处，而故意造成此种态势，使中央难以处理，形成不了了之之局而后已。

七、照战术至当之行动而论，第五军西进，该师东进，夹击匪于民权、兰封间南北地区，陈毅匪定遭重大之打击，且陇海中段即可恢复常态。惜刘汝明部腐化、恶化过重，诚不足以语，此可为叹惜。

八、就国家对于战力之培养——即部队之补充而论，应以作战及军风纪良好者为标准，然刘汝明部之补充反较其他有革命历史之部队为易，该部卖枪之风颇盛（开封宪兵部队有案可查），所用者为坏枪，所卖者为好枪，此实堪查究者也。

九、该部于二十日奉徐总部丑皓电令:一部固守兰封,主力与邱军协力夹攻围攻兰封之匪,不特不遵,且兰封早撤,又将曲兴集附近集结之六十八师主力、五十五师等自动撤至十里铺以东阮楼庄南北之线。

又二十一日奉徐总部丑马亥九电令:确保曲兴集,相机收复兰封。该部撤至开封附近后,更进而要求撤入开封城内。以此不遵命令,畏匪过甚之部队,无论从任何方面考察,均不能为国家担任重大任务,以及防守汴梁一带中原要地。职实深忧,谨据实呈报,伏乞钧裁渴甚盼祷。

右呈

主席蒋

职刘伯龙① 呈

〔国民政府国防部史政局及战史会档案〕

5. 河南省第二区集训自卫总队与解放军历次作战经过报告书

(1947年3月)

河南省第二区自卫队历次战绩报告书

谨将本区自卫队历次重要剿匪战役情形陈述于后:

(一)刘堤圈战役:于三十五年八月十日九时,由单县南窜之奸匪杨勇部分股向砀山、杨集等地猛烈攻击,斯时杨集车站我守备队为蒋嘉宾部一个连,经奸匪数度猛攻,均被我击败,匪伤亡颇重,我增援部队亦为匪所阻,未能如期赶至。激战至十一日十五时,终以我伤亡过重,车站随为奸匪所占。攻陷杨集之匪吴天

---

① 蒋介石为了监督各部队的作战,组织了若干督导组,名为国防部第×督导组。督导组专门挑剔部队的缺点,杂牌军队尤畏惧之。刘伯龙即是当时的中将督导组长。

明部五十五团一千五百余人附炮三门，沿铁路线西犯，至十二日九时，刘堤圈车站及我夏邑县各机关所在之裕国寨完成包围形势，我当派商邱保安团之一大队，由大张庄出发，前往增援。十时许，匪攻击部署就绪，开始向我攻击。我官兵咸抱歼敌决心，为节省弹药，【不】攻至我各种武器必中射程内决不发射。延至下午七时，匪分向车站及裕国寨以密集炮火展开猛烈攻击，该车站守军蒋部营长张梅岭稍事抵抗，于晚十时即放弃车站，溃退寨内。车站距寨仅五十公尺且地势较高，敌占领后居高临下，寨北部乃受瞰制，战事至为危急。然经我守备官兵沉着射击，坚守寨墙，一夜之间敌虽猛烈攻击八次之多，终未得逞，惟东北隅工事被炮火摧毁殆尽。至十三日八时后，敌火力稍减，我即乘机整理工事，坚守待援。下午六时，敌复以炽盛火力猛攻北门，退入寨内之蒋部首先溃散，匪由其所守阵地冲入，我乃与之展开巷战，我团队官兵因伤亡过重，终以敌众我寡，不得已始弃据点外撤，裕国寨随陷。斯役，毙敌三百余人，我方被俘大队长王干廷以下官兵一百五十余人，伤亡六十余名。我驰往增援兵一大队于十三日七时，到达杨庄（裕国寨西六里），为预伏之奸匪所阻，虽经我猛烈冲击，奈匪之兵力优厚，终未能前进，待我守寨部队突围，始相协撤至马牧以西地区，整理待命。

（二）柳河战役：于三十五年八月十日二十三时，刘伯承部千余人乘大雨倾盆之际，围柳河车站，该车站之守军为五十五师一个连、省保安团一个连及我第一团第二大队之一连，我国军及团队所守各据点同时被匪包围，我守备部队均能沉着应战。当时以匪众我寡，遂派保安第一团副团长刘石青率兵两中队，由小坝出发向柳河增援，同时令驻大孔集之第七中队由张大队附云禅率【领】迅速前往增援。该队行抵西郭老家，适值奸匪正在破坏桥梁，当即遭遇激战，约一小时，适刘副团长率部赶至，将该匪击溃，继续前进，又被柳河外围之匪所阻，遂发生激烈战斗。围攻柳河之匪续有增加，且竟日在猛烈攻击中，我保安团第六中队所守据点周围之房顶均为匪占，向我据点内以火力施行压制。至十一日七时许，我以伤亡惨重，准备与省保安团之一连共守一据点，匪乘我移动之际，与我发生肉搏，我难以支援。五十五师之一个连坚守站房，匪先以炽盛之火力向之，继以波浪式之猛烈攻【击】，均为我军击退，匪虽伤亡枕藉，仍是有增无减，竟至实行肉搏。我坚守铁道以南之省保安团一连，因碉堡全为匪炮火所摧毁，官兵伤亡迨尽。直至十二日上午，柳河始为奸匪完全占领，后经一八一旅克复。是役，我保安团第六连官兵伤亡十八员名，被俘不明者十五员名，损失轻机枪一挺，步枪三十六枝，消耗七九步枪弹二千九百八十五粒，手榴弹一百七十四枚。

（三）朱集车站战役：民兰方面战事紧张，布防车站之国军一部西调，留车站者仅一营兵力，我即派商邱自卫总队黄总队附率该总队兵力一大队及区保安一团之一个中队，协助国军担任车站铁道以北之防务。十七日十时许，奸匪千余名，附炮一门、重机枪数挺，向我朱集车站进犯，十一时许，匪分东北西三面围攻，当与守兵发生接触。除将部队分守各碉堡，务于坚守外，则控置有力部队一部于要点附近，作机动使用。匪先以小部及骑兵向我寨周围实行扰乱射击，以试探我的虚实，幸我守军均能沉着应付，匪无计可施，即由北面开始猛烈攻击，借优势力之掩护，匪步兵向我寨墙接近。俟其至外壕附近，我则发挥各种武器之最大威力，并手榴弹集中投掷，匪颇有伤亡，情形顿挫，其第一线又复行攻势，如此者数次，均被我击退，激战至十八日四时许，我驻车站营房之装甲炮兵团对朱集以北之奸匪实行超越射击，匪军士气颇受威胁。至拂晓，匪向东北方向溃窜，我即商同国军派兵一部对败退之匪实行追击。是役，匪伤亡数十人，我士兵重伤二名，轻伤一名，失踪一名，消耗子弹两千余粒，手榴弹百余枚。

（四）马牧张阁战役：担任马牧集张阁庄车站警备之蒋嘉宾部

队,因蒋逆率部突变,于八月十四日晚秘密东撤,我即另派永城县保安团之一部兵力驻守张阁车站,以主力进驻平台集(商邱城东北),以对东及北两方面警戒。驻防马牧集之国军一部因战略关系,于十六日十九时西调,二十一时,奸匪乘隙进入,我欲抽调团队之一部前往据守,已为时间所不许。至二十四时,张阁东之铁桥亦被破坏,我驻张阁之部队于十七日夜亦被优势之匪猛烈攻击,终因众寡悬殊,我守之站房为匪炮火所摧毁,我以无点可据,且伤亡甚重,遂将车站放弃。本部为巩固商邱外围,当派商邱县马牧防剿区主任任枫清督率地方武力,向马牧袭击,于十九日夜将盘据马牧集及车站奸匪三四百人驱逐。继之,张阁庄亦为我商邱保安团之一部所克复。正准备团队一部协助任主任守备马牧集,讵商邱及车站情况忽趋紧张,未克派遣;复于二十一日一时为优势之奸匪猛烈袭击,我与之激战约三小时,终以弹药缺乏,我任枫清部退至马牧西南十里申楼,稍事整顿;复于二十五日午,会同国军步兵一营,附山炮三门,向马牧攻击,匪初顽抗,我军借炮火掩护,奋勇登寨,匪不支,向东北溃窜。是役,反复激战数次,奸匪伤亡甚重,计毙匪士兵五十余名,伤匪八十余名,我受伤士兵五名,消耗七九步弹四三一〇发,手榴弹三七〇枚。

(五)沙岗店战役:自奸匪发动攻势,主力即在民兰方面,故民兰战斗异常激烈,奸匪均有相当损失。布防朱集车站之国军为应援民兰方面之作战而西调,车站防务随感空虚,当将布防刘口及沙岗店(商邱东南六十里)之商邱县保安团即日调赴朱集车站,沙岗仅有少数之地方自卫武力驻守。八月十九日,匪永商亳县县长冯登紫率伪县府人员二百余人、独立团两个中队及伪商三区署共约千余人,进占沙岗店,并连日向站里集、沈庄等地窜扰,召开会议,推行奸政,商东南民心恐慌,一夕数惊。为安抚民心,并建立商东之屏障,当派永、夏、商三县边区联防办事处主任田中田率部即刻出发,向沙岗店一带进剿。于八月二十日由田主任督率所属三个中队，并指挥济阳区署、夏邑第三区署、谷熟、蒋阁等乡公所，分三路向沙岗店匪军攻击，左翼、正面为助攻，吸引牵制匪之主力，田主任率队由右翼兜剿。当日午后七时，左翼、正面与匪商三区署在沙岗店据点外接触，田主任指挥右翼部队除在沙岗店东南五里高刘庄一带，防止匪外援部队，并将沙岗店东、南两面之匪包围，该匪区长陈紫蓝指挥匪兵二百余退入寨内顽抗。战约时许，匪由东南刘鸿楼、八里庙及东北郭庄三路自外猛扑，时我已成腹背受敌之势，我遂一部监视寨内匪，以主力与增援之匪以猛烈奇袭，匪势顿挫而后撤。我即转用兵力对沙岗店施行猛攻，第一中队长朱殿岭由东门攻入，与匪展开巷战，匪退据西门内小据点顽抗，我官兵奋勇异常，争先爬墙，匪伤亡奇重，越寨突围遁窜。我追至沙岗店东南十余里，时至夜一时，我恐遭匪伏击，未便穷追。是役，计击毙匪伤亡五十余名，掳匪五名，我受伤士兵二名，济阳区署阵亡士兵一名，卤获步枪五枝，我消耗七九步弹四八六五发，六五步弹二七三发，手榴弹三一七枚。

六、枣子集战役：三十五年十一月十八日，匪三十四、三十五、三十六等团约三千名，向我枣子集东、南、北三面猛扑，我坚强抗拒，激战至次日午时许，忽东南门被匪轰破，匪大部拥入，遂发生激烈巷战约三小时之久，我以连络被匪切断，伤亡过重，不得已由西北方面突出。是役，毙伤匪五十名，我阵亡官兵十四名，受伤二十五名，被俘一百五十余名，损失步枪三百余枝、轻机枪二挺。（附要图）。〔缺〕

七、张弓战役：三十六年元月二十八日，匪刘伯诚部第一、六纵队约一万二千人，附炮三十余门，向我张弓包围，我尚大队长缜密布置，沉着应战，至夜十二时，匪猛扑数次均被击退。直激战至次日拂晓五时，终因弹尽援绝，匪将据点突破。是役，毙匪二百余人，我阵亡官兵四十八名，被俘后生死不明二百余名，损失迫炮二门、轻机枪四挺、步枪二百七十八支。

八、鹿邑战役：三十六年元月三十一日晚九时，匪纵队杨勇部约万余名，围攻鹿邑县城，战至二月一日拂晓，驻守西关之孟增华团之张营不抗放弃。匪占领西关后，炮火集中轰击，至下午五时，西门被匪炸坏，匪大部涌入发生激烈巷战，至七时许，我以弹药罄尽，除大部伤亡外，余均被俘。

〔国民政府行政院档案〕

6. 王懋功报告所属部队在豫东夏邑胡桥附近被解放军击溃伤亡惨重等情代电

（1947年4月11日）

江苏省保安司令部代电　保绥字第七二二八号
中华民国卅六年四月十五日

行政院兼院长蒋钧鉴：据本省保一总队长苏祖武卯鱼、虞两电称：我第一、二两大队（欠第四、七两中队），附第十二中队之一分队，炮一门，由副总队长陈塈指挥，奉命在豫省夏邑县东之胡桥附近堵击奸匪东窜，于微辰在胡桥附近与匪张太生、蒋汉卿、鲁玉道等部约三千余人遭遇。经我官兵奋勇反复冲杀，战况惨烈，匪伤亡三百余人。卒因众寡悬殊，被匪重重包围，我副总队长陈塈、第二大队长李建洲等七员当均壮烈殉职，上尉中队长章乾一等五员负伤，上尉中队长贺长斌等三员生死不明，其余阵亡及生死不明士兵二六五名，负伤士兵五八名，损失轻机枪一六挺、六五步枪一五六枝、七九步枪四枝、七六三驳壳枪四枝、瓦尔特手枪一二枝、掷榴弹筒五具、枪榴弹筒四具。等情。除分报国防部、陆军总部外，谨闻。江苏省政府主席兼保安司令王懋功。卯真。保绥战。印。

〔国民政府行政院档案〕

7. 刘茂恩报告豫东各县对解放军作战情况电

(1947年4—6月)

(1) 4月15日电

京行政院兼院长蒋钧鉴：豫东综合匪情：(1) 窜扰白潭（尉氏边境）一带之匪金绍山部，约四个团，元日其主力窜太砰西北清杏集，寒日经我军（173）旅围剿后，匪（30）（35）两团全部被击溃。另股两千余，寒夜经张寺（尉氏东南）围攻尉氏县城及大桥（尉氏西南五里），经我一区团队激战后，因众寡悬殊，于删卯县城陷匪。现我省保一、二两总队正向该匪追剿中。(2) 鹿邑城南汲水集一带，寒日有匪第二军分区副司令王纪贤部及第三团李和清部、补充团雷庆五部，共约两千余，正向县城附近窜扰中。(3) 淮太边境张庙集之匪魏凤楼一部，及六区专员崔廷部共千余，文日窜郸城（淮鹿边境）以北地区。(4) 曹县以南火神庙一带，文日有匪一三、一四两团共千余。(5) 虞城东北小凹、大王庄等地，文巳有匪新八团及县队共千余。等情。谨闻。职刘茂恩。卯删酉。保绥惠。印。

(2) 4月20日电

京行政院长蒋：豫东综合匪情：(一) 八桥、安嶂（通、太、扶三县边境）一带，皓夜窜到匪金绍山一部，及一军分区王其梅部，约千余。(二) 奸匪魏凤楼部约千余，铣日陷我槐店（淮、沈、项三县边境）后，抢去食盐、米、布及民有物资等，共载去一百二十余辆大车，均运存于石槽乡（鹿、沈边境）。(三) 巧辰魏匪千余，围攻我新安集（沈邱北约四十里），经我沈邱及九区（一部）团队堵击后，因众寡悬殊，该村陷匪。皓拂晓续窜陷界河（沈邱东北约五十里）。(四) 铣共匪县长张笑天股二百余，突窜我冯塘（淮阳以南五十余里）乡公所，经激战后，双方均有损失，匪终被我击退。（五）曹县东南四十余里火神台及李集一带，有匪一四团五百余，并征集民夫，掘大型交通壕城，深一丈，宽八尺，壕上并施伪装。等情。谨闻。刘茂恩。卯哿申。保绥惠。印。

(3) 4月22日密电

京行政院兼院长蒋：△密。豫东匪情：（一）我九区集训总队（一部）皓辰向进犯界首（沈邱东）之匪进剿后，哿晨匪向杨集（沈邱北五十余里）溃去。（二）奸匪（一三）（一四）两团残部约五六百，经我军痛剿后，皓夜经旧考城窜王桥（民权东北卅余里）附近。（三）匪独立旅金绍山部之二九团皓夜窜马中桥、乔集（内黄西南），卅团窜台上、金丝（内黄南十余里）等地。（四）匪第三军分区及所辖李老开股共千余，卯巧据永城西北马头寺、白庙、朱桥口一带。（五）匪十二旅主力及伪三区专署共二千余，巧日窜商邱东南皓店一带。（六）奸匪新建淮、鹿、沈边区县政府，伪县长系文治良，现正积极活动。（七）匪六区专员崔廷部四百余，现复回窜醴集附近（淮阳东北）。（八）匪魏凤楼一部约七百余，筱夜由槐度（沈安边境）回窜鹿邑西南虎头岗附近。（九）伪鹿邑县长张笑南股现据淮太边境双庙集。（十）魏匪一部三百，皓晨窜犯李埠口（周家囤东十八里），与我团队正激战中。等情。谨闻。职刘茂恩。卯养。保绥惠。印。

(4) 4月27日密电

京行政院长张：○。豫东匪情：（一）奸匪两千余，感子窜陷韫沟后，先头部队一营百余，感午窜至韭菜园（鄢陵城东十余里）附近。（二）鄢陵东南张桥附近，有匪约二三百余。（三）奸匪第二旅李浩然一部份约千余，宥夜进犯我夏燮、孙城，现正围攻中。（四）奸匪第二军分区副司令王纪贤率部约二千余，仍据双楼集、秋渠集（鹿邑西南）等地。（五）奸匪第六区专员崔廷及徐济生、徐乃荣等股共千余，有晨窜续寨（淮阳北廿里）一带。（六）奸匪曾县县长王力生等部共五百余，敬晚据刘口北王洛集附近（曹、商边境）。等情。除饬所属严防外，谨敬闻。刘茂恩。卯感酉。保绥惠。印。

（5）5月7日密电

京行政院长张：〇密。豫东综合匪情：（一）奸匪一二B李浩然部、沈僧叟、金绍屡一部共三千余，支窜徽境涡阳附近。（二）盘踞石槽、刘集（沈邱北三十五里）一带之匪魏凤楼部千余，支巳回窜新安集（沙河以北）。（三）魏匪另股千六百余，辰支仍据白马驿以北（鹿邑南六十余里）及秋渠、石槽（鹿、沈边境）等地。（四）匪徐乃荣、陈东君等股三百余，现据大于集（淮阳西北三十里）。（五）宁陵西南大郭有匪王建一部八百余，并时派股匪四出抢劫物资，逻岗（城西北三十里）以西有匪李培坚股三百余。（六）匪独立团王荆耀部六百余，辰支据小厂（鹿邑西北卅余里）。（七）魏匪新组之方守臣（前任游击司令方守清之弟）部，近在沙河以北（沈邱北）收集旧部，已达六百余。（八）奸匪（13）（14）两团共千余，支日由旧考城窜抵林七口（民权东北）。（九）睢县西南郭屯（古城七八十里）一带，辰微有匪余克勤部千余。（十）鹿邑东北前后吴楼支晚窜到一股三百余。等情。谨闻。职刘茂恩。辰虞辰。保绥惠。印。

（6）5月8日密电

京行政院长张：〇密。豫东综合匪情：（一）辉潭（扶沟东北廿里）附近之匪，约千五百余，鱼（六日）晚窜据白潭（尉氏、扶沟边境）及以西孙家、冯家等十余村。（二）朱仙镇（开封南）东南五里赵庄一带，虞（七日）日窜到匪约二百余。（三）集结扶沟西南立岗之匪伪县队等六百余，支（四日）申其伪西华县队理至善股二百余，进犯红花集、黑军寨、阎村（西华西北）一带，破坏电线十余里，并将该集工作队粥厂面粉抢去六七百斤，其他救济布匹物资等均被掳劫一空，我西华团队痛剿后，匪即向立岗窜去。（四）沈邱北卅五里石槽、刘集之魏匪千余，支（四日）巳渡沙河，北窜新安集。（五）奸匪第三军分区政委寿松涛率部三六团，共千余，仍在黄塘迄夏桥（永城西北）中间活动。等情。谨闻。职刘茂恩。辰齐辰。保绥惠。印。

（7）5月23日密电

京院长张：△密。豫东综合匪情：（一）奸匪吴芝圃及第一军分区王其梅等部，共约二千余，马（廿一）日分股窜据龙权南廿余里（曹庄）。（二）奸匪第二军分区魏凤楼及独立旅金慈山等共约五千余，马晚窜临泉、界首、莲池、大孙庄（项城东北）等地，并架设电话，企图待侦。（三）第三军分区李浩然残部，哿（廿）日仍据沙岗店、南王营、余庄、秦庄（商邱东南六十余里）一带。（四）奸匪一部份（一、四两团）及伪县队等共约千五百余，发现窜据楚庙店、林七口（民权东北四十余里）一带。（五）哿日曹县东南青固集有匪伪县长王力生股五百余。（六）魏匪另股（名"南海支队"）约六百余，哿辰由鹿、沈边境四窜丁寨、汲冢（淮鹿边境）一带。等情。谨闻。职刘茂恩。辰梗巳。保绥惠。印。

（8）5月25日密电

南京行政院院长张：○。豫东综合匪情：（一）匪第一军分区王其梅部约千余于泌城（睢县西卅余里）附近，被我交警第二总队截击后，养（廿二）巳窜张桥、康张（睢县西南廿余里）等地，我省保一、二两总队正追击中。（二）匪第二军分区司令员魏凤楼现据界首（豫皖边境）指挥其主力，及金绍山一部，梗晨窜新蔡北卅里蒋店以北。各战区匪炮、骑兵大部在姜寨（项城东南）一带。（三）匪李浩然残部约七百余，仍据沙岗店（商邱东南）以□地区。（四）匪专员崔廷三百余马（廿一）亥由东夏亭经西华窜肖权、永兴寨、前后石平（西华西十余里），我正派队堵击中。（五）淮阳南新站集梗（廿三日）晨由鹿、淮边境窜来匪约六百余。等情。谨闻。刘茂恩。辰有。保绥惠。印。

（9）5月28日密电

京行政院院长张：△密。豫东综合匪情：（一）奸匪独立旅约三千余，有（廿五）日盘据界首以北秋渠、光武庙、白马驿（鹿邑以南边境）等地，企图待侦。（二）匪第二军分区主力千余，有（廿五）晚窜杨集、宜路店、黑龙庙、孙寨（沙河北鹿、沈边境）附近。另股约五百余，窜据鲁台集、槐店（沈、项边境）一带。（三）沈邱有晚仍有匪四百余。（四）匪李哲先及三一团一部四百余，有未窜朱集、大张坟（淮阳南）附近。（五）扶沟南道陵岗寝（廿六）晚由东南窜来奸匪六百，企图待侦。（六）匪第三军之一部约七百，现据夏邑南郭店一带。等情。谨闻。刘茂恩。辰俭。保绥惠。印。

（10）6月5日密电

京行政院长张：△密。豫东匪情：（一）匪魏凤楼部千余，及匪二九团、三四团共约千余，现窜据东夏亭（西华东北三十五里）以北、道陵岗（西华北三十里）以东地区。（二）匪李哲先部在水寨（淮阳南六十里），辰世经我七区团队协同一八三旅之一部进剿，北窜黄集（淮阳东北四十里）以北地区。（三）匪独立旅金绍山部两千余，辰艳夜由沈、鹿边境北窜鹿、淮、柘边境大辛集、马盐洼一带，至世日仍未动。（四）匪吴芝圃及第一军分区王其梅部共千余，辰世窜据白潭（扶沟北四十里）、崔桥（扶沟东北四十五里）中间地区。等情。除分报外，谨敬闻。刘茂恩。巳微。保绥众。印。

〔国民政府行政院档案〕

8. 刘茂恩报告与解放军在豫北安阳、汤阴、温县、封邱等县城作战情况电

（1947年4—6月）

（1）4月16日电

京行政院兼院长蒋：豫北特情：（1）围攻安阳等据点之奸匪共五千余，元子攻陷流寺（镇阳西廿里），我安阳自卫队配合国军分路往援，进犯〔至〕柴库、梁村（安阳西）等地遭匪阻击，刻"曲沟安阳"仍在奸匪围攻中。（2）攻陷温县之奸匪一千八百余，寒亥继向南庄（孟县东十余里）进犯，与我孟、温两县自卫队激战两小时，以众寡悬殊，该地陷匪。删辰该匪续向孟县方向进犯，我正堵击中。（3）奸匪二千余集结于二郎庙、南山村（沁阳西南十余里）一带，猛烈攻城，并扬言进犯沁阳。现城南城北奸匪亦陆续向城郊进逼，情况异常紧张。除分报外，谨闻。刘茂恩。卯铣。假保绥瑞。印。

（2）4月16日密电

京行政院兼院长蒋：○密。豫北战报：（一）灰日奸匪千余，向我驻守宝莲寺、柏家村（安阳南约卅里）之安阳自卫队进犯，激战至真子，以弹药不济，被迫北移魏家营、廿里铺（安阳南）之自卫队会合，匪复跟踪进犯，数次猛扑，均被击退。是役毙伤奸匪卅余名，我亦伤亡士兵十名，消耗步机弹四八九五粒、手榴弹四〇三枚。（二）佳日奸匪（五二）、（五三）共二千余，进犯鲁仙（安阳西五十余里），经我安阳自卫队迎击，激战五小时，将匪击

退。是役毙伤奸匪四十余名，我伤亡中队长以下七员名，消耗步机弹三六四五粒、手榴弹五一六枚。（三）微日奸匪四七团千余，围攻董村（修武西南），经激战后，终以众寡悬殊，被迫转移该地以东地区。是役毙匪卅二名，我伤亡士兵七名，消耗步机弹一七〇二粒，损失步枪四枝。（四）我修武自卫队自微迄灰，连日配合省属人民自卫第五总队，分路向县城西北围剿，先后在刘家营、东水寨、百间房（修武西）与匪激战数次，共毙伤匪六十余，俘匪卅余，食粮七石，并收编难民百余，消耗步机弹五九〇〇粒。除分报外，谨闻。刘茂恩。卯铣。保绥瑞。印。

（3）4月19日电

京行政院长蒋：豫北特情：（1）我固守西曲沟（安阳西二十余里）之三区集训总队，与匪激战达三昼夜，双方伤亡均极惨重，于元日奉令突围，刻已转移至安阳西之奶奶庙一带。（2）奸匪独一、二两团于删日先后窜抵垣曲之东岭北坡之线，铣日分向北、东两关地犯，我驻守该城之十一区集训总队分别与匪对战中。(3)由温县西【窜】之匪，【经】我孟县自卫队反击后，受创东窜，我自卫队并于删日光复南庄及东化岭（均孟县东廿余里）。(4)窜扰修武、武陟边境高村、纪孟一带之奸匪，经我自卫队连日进剿，均已西窜小高宁郭（武陟西）一带。除分报外，谨闻。河南省政府主席兼保安司令刘茂恩。卯皓。保绥瑞。印。

（4）4月22日密电

京行政院兼院长蒋：〇密。豫北特情：（一）匪首刘伯承删日窜任固集（汤阴东南六十里），其第一纵队及第一旅司令部亦均属该地。（二）进犯崔家桥（安阳东二十余里）之奸匪，于铣日于东南方向窜去，企图待侦。（三）奸匪近由河北调来独一旅之（三四）（三八）（三九）团及独二旅之（四〇）（四三）（四五）团，共七千余，铣夜向汤阴方面窜去。（四）我孟县自卫队于巧日，向盘据招贤镇（温县西二十里）之奸匪追剿，经激战后，匪不支，向东北窜去，我当将该镇收复。（五）奸匪此次窜扰豫北，将民众食粮、财物、牲畜等均抢掠一空，青年男女亦多掳去。（六）淇县汪县长卯江夜于淇县之役，内黄张县长卯灰于楚左之役，温县于县长卯文于温县之役，均下落不明。除分报外，谨闻。刘茂恩。卯养。保绥瑞。印。

（5）4月26日密电

京行政院长张：〇密。豫北战报：（一）我省属人民自卫第二总队，于元戌奉令派一大队由柳园（临漳南）驻防崔家桥（安城外东），突遭匪第二纵队阻击，曾激战四小时。该总队防守东门，匪复集结兵力，围犯崔家桥，经五日激战，终将奸匪击退。总计共毙伤奸匪一千一百余人，我亦伤亡官兵一百余员名，损失重机枪一挺、轻机枪二挺、步枪六十七支。（二）我驻守沁阳之博爱自卫队，配合沁阳自卫队，于养辰向东西李村、汤王庙（沁阳南十五里）一带扫荡，奸匪经激战后，卒不支南窜。是役毙匪卅余，俘匪三名，我伤亡官兵十一员名，消耗步机弹三四七〇粒、迫炮弹二十五发、枪榴弹四〇枚。（三）删日我修武自卫队向平陵（修武西南）之奸匪进攻，以众寡悬殊，被匪包围，我四区集训总队往援，始将奸匪击退。是役毙伤奸匪卅余名，我阵亡士兵五名，伤一名，被俘二名，损失步枪七支，消耗步机弹四五六〇粒。除分报外，谨闻。职刘茂恩。卯宥。成保绥瑞。印。

（6）4月29日密电

京行政院长张：〇密。豫北特情：（一）奸匪第（一四）（一五）（一六）团共千余，另有骑兵一部，于宥日拂晓包围封邱，经我自卫队迎击，激战竟日，至亥陷匪。（二）奸匪八千余，回申再度向崔家桥（安阳东北）猛扑，与守备该地之省属人民自卫第三总队王自卫部激战至晨，匪未逞，西窜。是役匪伤亡七百余。（三）延津以东之大村及以北之李氏、以南之庠亦集，感日均已发现奸匪。（四）感日匪六百余，进犯九孔仙（获嘉东北十里），当被我获嘉自卫队击退，毙匪卅余，我伤亡廿余。（五）花古营（滑县东二十里）现盘据奸匪万余，确否待侦。（六）奸匪沁河英队及四十六团，共二千余，仍在淄博边境之武德镇、渠下一带活动。除分报外，谨闻。刘茂恩。卯艳。保绥瑞。印。

（7）5月1日密电

南京行政院长张：〇密。豫北特情：（一）奸匪两千余，由封邱西分两股西犯，一股千余，于艳日沿汴新路窜陷阳武，另股沿黄河北岸亦于同日陷原武，各该县政府刻已转移阳武以西之黑羊山及磁固、堤寨一带，与匪对峙中。（二）围攻崔家桥之奸匪，俭日续增万余，掘壕五十余道，逐渐接近寨垣，安阳至崔家桥路线已被切断，情况危急。（三）感日奸匪二千余，分股向大原村（武陟西八里）进犯，经武陟自卫队配合自卫武力迎击，激战三小时，将匪击退。（四）据俘虏供称：奸匪组破坏队，下分组专司破坏工作，新乡以南路平汉路至小冀间，为第一中队，其记号为蓝领巾，多化装小贩活动等情。除分报外，谨闻。刘茂恩。辰东。保绥瑞。印。

（8）5月6日电

行政院长张：豫北特情：（一）延津南小步村石庄石郎一带，有奸匪李静宜部千余，正征集民夫，破坏延津城墙。（二）封邱西南荆隆宫一带，有匪李静宜部千余。（三）安阳西南有匪第三纵队，安阳东有匪第六纵队及一纵队一部。（四）滑、浚一带有匪廿旅及一二旅等部。（五）奸匪二万余于辰东戌集中炮火轰击安阳南崔家桥江围,猛扑七次之多,攻陷我碉楼三座,并摧毁数处,终经我守寨团队奋勇克复,奸匪溃窜。是役毙伤匪四百余,遗尸四十余具,我伤亡十员名,消耗迫炮弹六五发、手榴弹四三二五枚、步枪弹三万余,损坏步机枪五十八枝。(六)匪集中兵力向汤阴猛攻,激战至冬寅,因我守城军某团长受伤,奸匪由地道潜入,惟秩序紊乱,匪乘机由东北西三面登城,双方发生巷战,终因我各部连络中断,县城被陷。(七)匪向沿山各村征集粮草、棺木,并将沿山各村庄要口封锁,企图待侦。除分报外,谨闻。河南省政府主席兼保安司令刘茂恩。辰鱼。保绥庭。印。

(9)5月8日密电

京行政院长张:△密。综合豫北特情:(一)微丑匪开始向我安阳西北部飞机场之司空村据点猛攻,激战至拂晓,匪始停止。(二)鱼晚六时,奸匪四面包围镇阳东崔家桥据点,匪集中炮火轰击,并施放催泪性毒瓦斯,我自卫总队王自全部官兵英勇抵抗,旋因寨墙悉被摧毁,匪蜂拥冲入,我守寨部遂与匪展开激烈巷战,终因弹尽援绝,不得已于虞丑突围,刻正在安阳附近收复整理中。等情。除分呈外,谨闻。刘茂恩。辰齐酉。保绥庭。印。

(10)5月11日密电

京行政院长张:密。豫北特情:(一)奸匪于攻陷汤阴后,其第六纵队于鱼晚经安阳西南北窜,所辖之16、17、18三个旅,刻分据水治、曲沟(均安阳西)一带,第三纵队之七、八、九等旅,现亦先后窜抵安阳以北辛栗、慕甫屯一带。(二)匪第一、二两纵队现在白鹤集、崔家桥(安阳东)一带盘据。(三)匪太行独一、二旅及独四、五旅,现分据从固(安阳东南)一带。(四)匪首刘伯承刻驻安阳东南之大闾寨。(五)沁阳县奸匪由"流血斗争"演变为"困饿斗争",将各乡中农民数万人驱至太行山麓,不准亲友馈送食物，现每日饿毙者不下数百人，厥状惨重。除分报外，谨闻。刘茂恩。辰真。保绥瑞。印。

(11) 5月11日密电

京行政院长张：〇密。据三区赵专员灰卯电称：佳（九日）夜奸匪开始向我安阳外围之郭家庄、石家沟（城东三里）、清流、豆腐营（城东北四里）、十里铺（城北）、纱厂、司空村（城西北四里）、高楼庄、屠庄、詹场（城西四里）各据点猛攻，激战彻夜，至拂晓，仍在对战中等情。除分报外，谨闻。刘茂恩。辰真申。保绥瑞。印。

(12) 5月14日密电

京行政院长张：〇密。据三区赵专员真（十一日）亥电称：（一）灰（十日）未奸匪集中猛烈炮火，轰击清流（城东北四里），我驻守该地之临漳自卫队一个中队，均壮烈牺牲。灰酉匪续将吴庄（城东北）炮楼摧毁，我临漳自卫队奉命撤守安阳桥（城北四里）。是役匪伤亡二八〇余，我临漳自卫一个中队人枪全部牺牲。（二）灰戌匪向安阳桥猛扑七次，胡家庄（城东北二里）进犯五次，均经我省属人民自卫第二总队击退。真辰匪退距安阳桥东二百公尺处构筑工事，有俟机再犯模样。是役匪伤亡七十余，我阵亡二名，伤四名，等情。除分报外，谨闻。河南省政府主席兼保安司令刘茂恩。辰寒。保绥瑞。印。

(13) 5月14日电

南京行政院长张：豫北特情：（一）真（十一日）未安阳城东南郭庄之匪约一团，被我国军三一八团歼灭殆尽，获机枪两挺，步枪数十支，并俘虏匪六十余名。（二）安阳桥东南胡家庄有匪二千，附迫炮七门，企图进犯安阳桥。（三）匪山炮四门在城东南张庄占领阵地,不时向城内射击。(四)安阳附近之匪,现利用青麦掩护,在我据点外百余公尺构筑工事,企图缩小包围圈,进犯县城。(五)盘据延津之匪十四团贾子和部,灰(十日)晨被我国军四七师围剿,计毙匪二百余,残部向以东之黄德集一带窜去。刻该城已无匪踪,我四七师并于蒸(十日)日收复封邱城,等情。特电奉闻。刘茂恩。辰寒。保绥庭。印。

(14) 5月17日密电

京行政院长张:密。综合辰佳(九日)至删(十五日)安阳战况:(一)奸匪第一、二、四、六、七纵队及独立第一、二、四、五旅、五五师,共约八万之众,佳亥起匪第二纵队及独立团约一万余,向安阳外围各据点发动进攻,凭借优势炮火连续进攻,战斗异常激烈,我官兵浴血抵抗,激战两昼夜,匪受创。是役毙伤匪三百余,俘匪三名,夺获步枪二十九支,我伤亡官兵二十余员名,损失步枪二支。(二)灰(十日)、真(十一日)两日进犯城东南郭庄之匪约一团,被我国军三一八团歼灭殆尽,截获机枪四挺、步枪数十支,俘六十余。安阳桥东南胡家庄有匪约二千,附迫击炮七门,企图进犯安阳桥,一股在城东南张庄占领阵地,不断向城内射击,并利用青麦掩护,在我外围据点百余公尺构筑工事,逐渐缩小包围圈。(三)灰(十日)晚匪七次犯安阳桥(城北),五度猛扑吴庄,均被我地方武力郭井泉部击退,毙伤匪七十余,我伤亡六名。待续。刘茂恩。辰筱。保绥庭一。印。

(15) 5月17日密电

京行政院长张:〇密。续辰筱保绥庭一电:(四)文(十二日)戌奸匪千余,对我安阳桥东面猛攻,并以一部千余,威胁城东南阵地,我守该地之自卫总队郭井泉部沉着应战,迎头痛击,匪猛攻三次,均未得逞。(五)元(十三日)午匪第一纵队千余,装备甚优,分三路向我安阳城南关以密集队形猛攻,经我派队出击,将匪击溃,并缴获机枪十余挺、步枪百余支,毙匪数百余名,俘匪数十名。(六)元亥匪对安阳外围再度发动攻势,安阳桥当面之匪二千余,奋力向我攻击,直达外壕附近,另一股切断我至城内交通,同时向我桥头堡进犯,我军在匪炮火下沉着应战,终被击退。寒(十四日)丑至寅攻击最烈,寒卯我选精锐一部,冲出肉搏半小时,将匪击退。是役计毙伤匪四十余,获步枪二支,及其他军用品甚多。(七)寒夜夏许匪第一纵队二千余,猛向我城西南角顾家庄三一八团二营及纪家庄、宝莲寺(城西二里许)攻击,猛扑数次,因姬家庄兵力薄弱,遂被匪攻陷。刻我固守顾家庄之团队仍与匪对峙中。待续。刘茂恩。辰筱。保绥庭二。印。

(16)5月17日密电

京行政院长张:△密。续辰筱保绥庭二电:(八)匪第一纵队另一股六百余,向我城西屠家庄地方武力刘乐仙部及西关三一六团猛攻,并有一股五百余窜至红屋子附近,激战至拂晓,匪始退去。我团队伤十八名,亡一名,毙匪甚多。(九)匪第六纵队千余,于寒(十四日)亥向我纱厂一一七团守军,及车站附近猛攻,激战至删(十五日)寅,匪始撤去,遗尸遍野,我损伤甚微。(十)寒亥匪第七纵队三千余,向我安阳极力猛攻,炮火激烈,曾一度冲入,旋被我团队郭井泉部奋勇击退,激战至拂晓始停。此役计获匪机枪十余挺、步枪数十枝,毙伤匪百余名,我伤亡情形待查。(十一)匪第二纵队万余,寒酉开始攻击,先摧毁我东南寨墙,继向我猛扑,激战至烈。我守军沉着应战,将其进入我阵地内数百名突起包围,完全将其消灭。嗣匪前仆后继,一夜之间,攻击八次,均未得逞。删卯战斗始终止,刻对峙中。此役毙伤匪约八百余,寨壕内外遗尸三百余具,匪遗步枪三百余支、轻机枪二十余挺,我卤获步枪一百余支、轻机枪十二挺、自动步枪三支、子弹四千余发、手榴弹二百余枚,其余枪枝均散置我阵地外。我部副总队长以下官伤五员,兵六十八名,阵亡六名。等情。谨闻。刘茂恩。辰筱。保绥庭。印。

(17) 5月27日密电

南京行政院院长张:○。安阳战报:(一)辰皓(廿日)奸匪八百余向安阳袁宅进攻,经我伏兵突击,混战一小时,不支窜去。是役毙匪四十余,我伤官一兵六。(二)辰马(廿一日)匪五百余,向安阳北高堆进攻,并以另股进犯袁宅,我沉着应战,并出奇兵迂回匪右夹击,激战约二小时,匪受挫窜去,计毙伤匪卅余,我亡二伤六。(三)辰梗(廿三日)匪三百余,向安阳北袁庄阵地派出之护路七八两中队进攻,激战四十分钟,匪不支窜去。计毙伤匪十余,我亡一伤二,消耗步机弹六一三〇粒、手榴弹一八枚。(四)辰迥(廿四日)匪独立第四五两旅主力约二千余,利用炮火、燧道向我安阳北袁宅据点猛攻,激战至有(廿五)日拂晓,我以众寡悬殊,撤至郭家湾(袁宅南)。又匪另股约千余向沙厂(安阳北)猛扑,激战四小时,国军撤至轨道附近。是役匪伤亡约千余。除分报外,谨闻。刘茂恩。辰感。保绥翰。印。

(18) 6月4日密电

京行政院长张:○密。综合匪情:(1)围攻安阳之奸匪除留独(1)(2)(4)(5)等旅仍在安阳城周附近外,大部均窜汤阴东南地区,防止国军北进。(2)盘据修武、武陟、获嘉等县境之奸匪,自辰月下旬以来,分别在各地组织抢麦队,向山内运送,并强迫民众随行,我各县团队正配合国军积极袭阻中。(3)奸匪集结(四四)(四六)(七〇)团及独立团,与民兵等共四千余,于巳东先后窜据沁阳外围各据点,企图攻城,我已严密防范。(4)奸匪独立团及第七支队共二千余,辰艳开始向孟县进犯,与我孟县自卫队激战于马河（孟县东）北岸。卅晚匪复增至三千余，继将孟县城包围，我自卫队两度出击，斩获颇多。现仍在激战中。除分报国防部外，谨闻。刘茂恩。巳支。保绥瑞。印。

（19）6月8日密电

京行政院长张：○密。综合情报：（一）围攻安阳之奸匪辰引起开始后撤，复经我自卫队配合国军分路出击，巳东迄江，连日先后收复飞机场、安阳桥（城北）、三里屯（城南）、邵村（城西）等重要据点多处，匪分向城北之张胡、顶城东一带撤退，刻安阳城十华里以内，已无匪踪。（二）安阳飞机场经我收复后，当即发动民夫三千余，积极抢修，已于巳微整修完竣。（三）进犯孟县之奸匪，经我自卫队反击后溃窜马河（孟县东）以东地区，大部北窜，配合沁阳境之奸匪（三〇）（四四）（四六）及独立等团及民兵一部共七千余，围攻沁阳，江支两日不时以小股奸匪向我袭扰，均被击退，现仍对峙中。除分报国防部外，谨闻。刘茂恩。巳齐。保绥瑞。印。

（20）6月10日密电

京行政院长张：○。安阳战报：（一）匪独四旅约四百余，分据白强庄、刘家庄、吴家沟、秋家沟（城东北）等村，我三区集训第二总队以三个大队向该地区进剿，激战一小时，匪不支溃窜，我遂将各地占领。计毙匪十余名，我伤一名，耗弹四一二〇粒、手榴弹一二枚。（二）匪二百余占领徐家桥、三家庄（安阳西）一带，巳冬我集训一总队分向该匪攻击，激战时许，匪向八里庄溃窜。计毙匪十余名，我伤一名，耗弹三四七二粒、手榴弹三二枚。（三）匪五二团一部及林县、武安民兵共五百余，在核桃树、刘家庄、白果树、石奶奶庙（安阳西北）等处盘据，我第三区集训总队配合郭井泉部，于巳东拂晓分向各处进剿，激战时许，匪不支向西北溃窜，我遂将各地占领。计毙匪四十名，我伤十六名，亡四员名，耗弹一二六三二粒、手榴弹六五枚、掷榴弹三二枚。（四）巳支我自卫第二总队向城东北残匪扫荡，至距城约十五华里之于晁附近，与匪千余遭遇，对战时许，匪溃去。计毙百余名。除分报国防部外，谨闻。职刘茂恩。巳灰。保绥翰。印。

(21) 6月13日密电

京行政院长张：〇。豫北综合特情：（一）进犯安阳之奸匪自巳月上旬以来，分股撤退，其第二、三两纵队于江日窜濮阳、一、七纵队撤至安阳以东白碧、楚旺一带地区，独立旅盘据雀家桥（安阳东北）附近，独一、二旅现仍集结于安阳以西之梅元庄一带，独四旅盘踞安阳西南地区，六纵队主力集结于菜园（汤阴东）附近，刻匪积极向该地运屯弹药，并扬言俟整补完毕后将再犯安阳。（二）佳日奸匪冀南民兵五千余，渡漳河北窜。（三）匪近于安阳城周十里以外地区，严密封锁，禁止民众向县城运送食粮，违者处死，并在城东一带征集十八岁至廿五岁之壮丁入伍，登记民间牲畜车辆，企图待侦。（四）奸匪近在安阳、临漳两县境各地开追悼会，挽联均写有晋冀鲁豫司令刘将军字样。（五）奸匪近在安阳附近杀人放火，无所不为，并将活人系于一端，下放设有铁耙，将人吊至最高时，猛一放手，而人坠下，刺于铁耙之上，目不忍睹，而匪以为快乐。（六）围犯孟县之奸匪四四团，及沁温独立营，经我十五师孔支队于冬日北渡，迭次痛剿后，匪均受创北窜，刻孟县境已无股匪，我十五师孔支队正分别向孟温、孟沁边境之奸匪进剿中。除分报国防部外，谨闻。职刘茂恩。巳元。保绥瑞。印。

(22) 6月19日密电

京院长张：〇密。豫北战报：（一）安阳方面：（1）我自卫第二总队配合国军于巳文分向安阳东外围大小营、汪家庄各据点之匪进剿，激战约半小时，匪不支逃窜，我分别将各据点占领。共计毙伤匪廿余，俘一名，我伤兵四名，获步枪二支，耗弹三四六〇粒、迫炮弹四颗。（2）我自卫队为掩护购粮及开拓飞机场安全，于巳寒在六寺村（城北）与匪百余遭遇，我分三路向匪围剿，匪略示抵抗，即向北溃。计毙伤匪五名，耗弹一二〇〇粒、迫炮弹一八颗。（3）我自卫第二总队继续掩护购粮，于铣晨在安阳桥北发现匪百余，分两路包剿，激战约一小时，匪不支溃退。计毙伤匪十余，我伤兵二名，耗弹一三六〇粒。（二）济源县自卫队配合国军于巳元向茅岭（城南）之匪追剿，激战三小时，毙匪廿余。（三）孟县匪连日在城北抢粮，经我自卫队在虚寺村设伏，于巳佳拂晓遇匪独立营通过，战时许，匪溃去。计毙伤匪卅余，获步枪三支，我被俘二名，伤五名，损失步枪二支，耗弹一二〇〇粒、手榴弹三二个。除分报（国防部）外，谨电敬闻。河南省政府主席兼全省保安司令刘茂恩。巳皓。保绥翰。印。

（23）6月21日密电

京行政院长张：〇密。综合豫北特情：（一）安阳方面：文日我团队配合国军，继向城东大营、汪家店、城西梅元庄、郝家桥等地奸匪扫荡，先后将各该地之奸匪驱逐。刻匪第一纵队司令部盘踞菜园集（安阳东南），第三纵队司令部驻西曲沟（安阳西），第二纵队司令部驻李家营（安阳东五十里），第六纵队司令部驻王佐（汤阴西北五十里），第七、八两旅及独四旅分据夏寒、流寺（安阳西），独五旅盘踞崔家桥（安阳东北）。各该地之奸匪，现正积极拉夫抢粮，组训民众，并在飞机场西制造攻城用具。另由冀南各县抽集壮丁补充部队，似有再犯安阳模样。（二）奸匪第（四四）（四五）（四六）等团仍在沁阳城周积极活动，我沁阳守军自删迄筱连日分赴城外掩护收麦，并向城内运屯食粮。（三）奸匪于林县南八里之桃园沟设立兵工厂一处，匠工多系日人，每日造步枪二支,手榴弹多枚。除分报国防部外,谨闻。刘茂恩。巳马。保绥瑞。印。

〔国民政府行政院档案〕

9. 李品仙报告皖北亳县、涡阳县城被解放经过情况电

(1947年2月)

(1) 2月4日密电

京行政院长宋、国防部参谋总长陈钧鉴:○密。据报奸匪刘伯诚部约万余人,自东晚戌时起,以猛烈炮火攻迫亳县城垣,我守军坚决抵抗,迄丑东亥时止,我军因牺牲重大及弹尽无援,与匪惨烈巷战后,匪即进占该城等情。除饬属严密防堵外,谨电鉴核,并恳速调派有力部队协剿为祷。合肥。皖省主席兼保安司令李品仙。民参绥。丑支未。印。

(2) 2月5日电

京国民政府主席蒋、行政院长宋、国防部白部长健公、陈总长辞公赐鉴:查上月匪四师十二旅刘伯诚部约六千人,于子冬由豫鹿邑进犯本省亳西,渡过涡河,经亳县东南双沟镇至涡阳西南花沟洪一带,同日丑时攻陷涡阳县城。当经急电徐州、郑州薛、刘两主任暨第一八绥靖区夏司令官、五八师鲁师长派队进剿,一面饬有关各县调集地方自卫武力严密防范,并饬于子灰克复县城。奸匪在涡阳县城计盘据三日之久,凡县参议会、县政府各机关以及所有人民集会各社,均成灰烬,民财损失更不胜计,所有公物多被焚毁,并劫去赈衣一百七十余大箱,捕去学生多人尚无下落。在鱼日下午,奸匪先头部队抵达涡阳公吉寺乡时,竟将该县田粮分处所征小麦五十余万斤完全劫去。总之,涡阳此次失陷,其损失之大实为该县空前所未有,瞻念民困,痛心曷极?特派本省保安

处长李光浩前往抚慰，并携款一千万元施放急赈，稍资救济。其余详情俟查明后再行呈报。谨先电呈，伏乞垂察。安徽省政府主席李品仙叩。丑微。印。

（3）2月10日密电

京行政院长宋、国防部参谋总长陈：据蒙城县府丑微电称：〇密。（一）亳县胡县长于丑支蒙城突出，并率自卫队两中队武力，现已退至古城集。（二）国军〇八师由亳县、庐江退出，并率部百余名、重机枪一挺、轻机枪六挺，突出包围，于丑支退至雍门集。（三）我空军曾于丑江支两日飞至亳县北关一带施行轰炸，并配合作战。（四）国军四个团番号不明，现亳县西门、南门与匪军发生巷战。（五）亳县损失之面粉等物资，匪军现正向西北运送中。等情。除饬亳县将失陷详情报核，并协同驻军以图收复外，谨电鉴核为祷。合皖主席兼保安司令李品仙。民财参绥三。丑灰。印。

（4）2月17日电

京国民政府参军处译呈主席蒋、行政院长宋、国防部参谋总长陈：据涡阳丑寒电称：（一）我国军一七六旅于元月克复亳县城。（二）残匪仍向西北溃退，刻我亳县胡县长已随军进城办理善后。（三）我国军刻继向北退之匪追击中。谨电鉴核。皖省主席兼保安司令李品仙。民参绥三。丑筱。印。

〔国民政府行政院档案〕

10. 李品仙报告皖北蒙城被解放经过情况密电

（1947年5月7日）

南京行政院院长张、国防部部长白钧鉴：〇。据第四区专员公署辰支电称：（一）奸匪张太生部骑兵两千余，东日由豫东属永夏窜据本省宣县、涡阳各县境,经我国军整五八师派队配合地方部队堵剿后,即向南流窜。(二)冬日该股匪窜至涡阳县属弓山一带,所经过各乡镇公所掳掠一空,并强拉民夫。(三)该股匪于江日午后即窜攻蒙城县,我守军极力抵抗,一昼夜后,因赶援部队沿途扫荡,未及应时到达,守军因力薄弹尽,于支午匪攻陷。同日十六时,我国军三三团赶到,即时收复,寡匪分股向西南、西北窜去。(四)蒙城县李大队长、刘大队长,刻下落不明,暨该城损失详情,正在调查中。(五)刻已派本署秘书、视察等前往该县,会合县参议会办理善后外,谨电鉴核。等情。除饬属切实配合国军,严密防堵追剿外,谨将蒙城县失陷情节电请鉴核为祷。皖省主席兼保安司令李品仙。民参绥三。辰阳。印。

〔国民政府行政院档案〕

11. 李品仙请派军来皖"剿共"密电

(1947年5月10日)

京行政院院长张、国防部部长白钧鉴:△密。据报:本省皖东北各县,近由苏省边县窜来奸匪及洪泽湖潜匪万立誉、陈庆先各股,人枪共约二千余,大肆猖獗,经过乡镇抢掳一空,刻匪并有进犯盱眙、天长、嘉山地区及津浦路南段企图。除请八绥区夏司令官饬国军配合地方团队严予清剿外,惟各地受害之惨,且匪势严重,以目前我方之兵力难以肃清,后患堪虞,请增派部队清剿,以期荡平为祷。皖保安司令李品仙。兼绥三。辰灰。印。

〔国民政府行政院档案〕

12. 河北省政府关于军政进行情形致行政院代电

(1947年1月)

〔衔略〕密查抗战军兴,河北省遭沦陷,所谓"八路军"者即经太行山区进入本省西部，由是发展，假托抗战美名，号召民众，实则游而不击，专事劫取枪枝，扩充实力。初则利用机会，吸取偏激知识分子及无产流氓，推行组织，扩张干部，继则施用恐怖残酷及虚伪欺骗手段，使多数善良民众受其控制，难以自拔。上年春间，因日军集中兵力撤驻交通线之时机，进驻交通线中间及偏僻地区四十余县城。迨日本投降，复乘敌军遵命集中、伪组织解体、本府尚未入省、国军亦未到达之际，纷调匪军乘隙猛进，袭据大多数县城，势力奄有全省。更一面破坏铁路，断绝交通，阻遏国军北进，抵制本省复员，一面搜刮物资，强征丁壮，扩大斗争，摧残良善。在其倒行逆施之下，益陷河北于纷乱之境。至上年十月，本府进驻北平，即派出一批县长，策动地方武力，收复二十余县，由是，军事、政治互有发展，县地方续有收复。截至三十四年年底，以北平为中心，经先后收复者，计平汉线上有宛平、房山、良乡、涿县、定兴、新城、徐水、清苑、望都、定县、新乐、正定、栾城、元氏等十四县城，正太线上有获鹿及井陉二县城，平绥线上有昌平一县城，平古线上有通县、顺义、怀柔、密云等四县城，北宁县上有大兴、武清、安次、天津、宁河、栾县、昌黎、抚宁、临榆、都山等十县城，津浦线上有静海、沧县、青县、东光等四县城，旧黄河南北岸有东明、长垣二县城，以上共为三十七县局，其保有面积，广狭不等。关于乡镇保甲组织正在从新建立中，尚未全部报到。另有遵化、衡水、永年三城收复之后，部署未定，即被匪军包围，相持三月，今则衡水、遵化均又沦陷，永年尚在匪军包围中。此外，在各交通线两旁，尚有丰润、大城、南皮、新海、交河、完县、满城、庆县、涞水、固安、柏乡等十一县境之一部系在我方政权控制之下，待机发展。本府于期预有准备，相机收复各地，于全省一百三十二县局中，计已派出县长一百十五员，分别组织县政府，除保有县城者即驻县城，保有县境一部者各在县境执行政令外，余则分别在就近交通要地进行工作。惟月余以来，匪军由于包绥失败，关外受挫，随即转移兵力，进入本省，在冀西北、冀东及冀中地区匪军均有增加。在各线之上，到处攻势虽属胜负互见，但因匪军集中兵力雄厚，故我团队损失颇巨，以致衡水、遵化二城即被攻破，安次及都山亦得而复失，是征匪军之在河北实力庞大，野心未戢。摧破廓清之道必须军事、政治密切配合，即（一）以军事力量扶持政治，以政治力量配合军事，（二）以军事推近掩护行政机构之建立，以政治发展稳固军事之外围，（三）军事、政治由各大据点分路发展，逐步收复失地，争取民众，把握物资，以促匪军之崩溃。至于对策要领具详于附件中。迩来本府一面根本整训原有团队，一方组训民众武力，期能与正规军相配合，同时充实行政干部，以推行各项主要工作。由于本省为匪军主力集结之地，故欲摧残其主力，实有增派国军之必要。又河北各县当长期灾患之余，地方残破已极，人民流离失所，县地方财政既无收入，县级经费无着，中央如不特别从宽补助，则县以下行政机构将至无法维持，影响收复工作至为重大。除将来发展及县乡镇保甲整编情形再行续报外，理合先将本府入省以来收复各县情形并检具河北匪势与对策及图表，电请鉴核。

河北省匪势与对策

甲、河北匪军势力坐大之由来

一、本省沦敌未久，所谓八路军即进入太行山区，在八年长期抗战中游而不击，专事劫取枪支，扩充实力。

二、匪军假抗日美名，取得民众同情，利用机会吸取伪敌知识分子及无产流氓，推行组织，扩张干部。

三、匪军利用恐怖残酷手段，施行胁迫利用、虚伪欺骗手段加以牢笼，因而多数民众受其控制，难以自拔。

四、匪军于今春乘敌军集中兵力撤驻交通线之时机，已取得交通线中间及偏僻地区四十余县城。迨日人授降，伪组织解体，伪保安部队经杂军拉编,当此纷乱无政府之会,匪军更乘机猛进,遂占据多数县城,其势力奄有全省矣。

乙、现在本省之局势:

本省计为一百三十二县局,截至今日,以北平为中心,在平汉线上由宛平而南至元氏,我方保有十四县城,正太线上保有二城,平绥线上保有昌黎一城,平古线上保有通县等四城,北宁线上保有大兴至临榆间八城,津浦线上保有静海至东光四城,黄河南保有东明三城,以上共保有三十五城,其乡村多少不同,均尚有匪军活动,另有衡水、遵化、永年三城正在匪军包围中。

在各交通线两旁以及黄河以南尚有十二县境之一部,尚在我方政权之下待机发展。

上述以外,有九十四县城正在匪军之手,其中有八十二县完全为匪军所控制,挑拨斗争,杀害良民,征训壮丁,强调异地,破坏道路,搜刮物资,准备作战,极为紧张。

丙、我方基本对策:

由于匪军势力庞大,基础深厚,摧破而廓清之要领如次:

一、以军事力量扶持政治,以政治力量配合军事。

二、以军事推进掩护行政机构之建立,以政治发展稳固军事之外围。

三、军事、政治由各大据点分路发展,逐步收复失地,争取民众,把握物资,以促匪军之崩溃。

丁、政治部门当前要务:

一、建立行政机构,如专员兼区保安司令公署、县政府、警察局、区乡镇公所等,以执行政权,推行要政。

二、组训地方武力,于整编原有团队外,并组训义勇壮丁,以建立良民自卫之武力,与国军及团队作密切之配合。

三、训练各级干部,健全行政人事,以收刷新政治,争取民众之效。

四、筹设民意机关，以集思广益，增强团结，发挥力量。

五、举办救济，一面振济老弱残疾，抚辑流亡，收取民心，一面救济失业失学青年加以训练，以掌握中坚份子，为收复失地之助。

六、在教育方面努力主义及国策之宣传阐扬，以坚定青年之信仰，增强大众之希望，对于匪军控制下之民众，更切实宣导，促其脱离匪军及奸党组织。

七、在经济方面，努力劳工生活之安定，消弭奸人之诱惑，并注意民生问题之解决。

八、在交通方面，配合军事政治之要求，为迅速之规复。

戊、军事行动要领：

一、军事不仅须收复匪军占据下之土地，更须争取其控制下之民众，所以一切部队均须纪律严明，秋毫无扰，以求争取民众同情协助。

二、知己知彼，百战不殆，"多算胜，少算败"，欲知欲算首须研究敌情，匪军除备具"主动"、"机动"、"神速"、"变化"各种本能外，更有如下之惯技：

1. "敌进我退，敌退我追，敌驻我扰，敌疲我打"，此为彼旧有对优势敌人之游击战术，今则"敌进我退"一语已有变更，有时不特坚守据点，且已攻坚犯锐，此为其势力强大之表现。

2. "游击"、"突击"、"伏击"、"截击"、"避重就轻"、"声东击西"，化整为零则逃避无踪，化零为整则集结兵力，此为匪军一贯使用之战术。

3. "三通战阵势"，即将村中房顶接通，将村中房院穿通，将村与村用地道沟通，以便利其守势行动。

4. "家雀战术"，此即化零为整之行动，平时匪军多分散各村减小目标，一遇来攻，彼传达命令，散在各处之兵力皆向一目标集结，如家雀飞集，形成雄厚兵力。

5."老鼠行动"，匪军行动以夜间为原则，如鼠之昼伏夜出，政治人员亦然，其巩固区或强大兵力则例外。小部队夜行多成单行，前探遇岔道则以白灰线截划不走之路，最后之人再将灰线用足踏毁。

6."火牛式战"，近来匪军进攻重要据点，往往驱迫愚民头顶水湿之棉被，手携两枚炸弹，向前冲锋，少数匪军在后督战，湿被不能射穿，此辈即勇往直前，有若古人之用火牛，谓之"火牛式战"。

三、匪军机诈百端已如上述，我军首须针对匪情作特殊有效之训练，定因敌制宜之计划，其前提须有迅速确实之情报组织及通信组织。

四、正规军、团队、民众武力全盘配合，以现在所保有北平、天津、沧县、保定、石门各据点及交通线为枢轴，多方进取，多方佯攻，以分散匪军之兵力。

匪军主力所在以国军大部队攻击之，其分区之团单位以我区属团队击破之，其县区各队以我县属武力剿击之。

五、以大部军力规复物产丰富地区，建立据点以控制之，以掌握经济力量打破匪之封锁。

六、以相当兵力游击，摧破匪党政治组织，以消灭其对人民之欺骗，打破其活动之深入。

七、以小部队夜间出动，游击伏击，打破其"老鼠行动"。

八、以击东声西，中途伏击，即以小部兵力佯攻一地，以大部兵力设伏于其来援方面截击之，打破其"家雀战术"。

九、以正确之侦探，明悉匪人正通之真相，用夜间之奇袭突击，以炸弹、手榴弹为主兵器，炸其地道出入口，炸其顽抗之巢穴，彼既难明我虚实，减少我之伤亡，爆炸力强，亦易打破其"三通阵式"。

十、先用切实有效之宣传，警告愚民勿得为匪作前锋、当炮眼，更采取运动战，抄其背后，攻其两侧，以打击其督战之主力，辅以枪射弹爆炸火器以阻断其冲锋，打破"火牛式战"。

十一、我军进攻则迂回，返还则易道，以防其伏击截击之行动。

十二、我正规军、地方团队、民众武力、东西南北大小据点，皆采取"主动"、"机动"、"集中"、"神速"之原则，"游击"、"突击"、"伏击"、"截击"之战术，多方并动，变化无端，如此必能逐渐打破其机诈，消灭其兵力。

十三、每一县成一军事单位，皆依地理形势，先选定要地，一经收复即建立据点，至三、四据点分别建立后，即扫除中间地区，消灭其各种组织，推行我方组织与政治，然后再向外发展。

十四、县与县应联合肃清中间地区，行政区与行政区应联合肃清交界地带，均一面肃清，一方组织，分路扩展。国军、团队、民众武力密切配合，先扫荡平原区，次包围山地巢穴而痛歼之。俟将其残余逐出西面太行山区，北部长城以外，另作军事部署。

河北省各县局被占及收复县名表

一、已收复县份（已进入县城，大部县境均能推行政令，但边远乡镇奸匪仍不时骚扰）计三十七县局：

宛平　房山　良乡　涿县　定兴　新城　徐水　清苑　望都　定县　新乐　正定　栾城　元氏　获鹿　井陉　昌平　通县　顺义　怀柔　密云　大兴　武清　安次　天津　宁河　滦县　昌黎　抚宁　临榆　都山设治局　静海　青县　沧县　东光　东明　长垣

二、保有一部份县境部份（县长已进入县境，惟大部乡镇仍为奸匪盘据，现正设法开展）计十一县局：

丰润　大城　南皮　新海设治局　交河　完县　满城　唐县　涞水　固安　柏乡

三、被匪军控制县份（县境多被奸匪盘据，但我工作员化装潜入，仍可于一部乡镇推行工作）计八十四县：

衡水　遵化　永年　乐亭　宝坻　盐山　庆云　宁津　吴桥　玉田　平谷　香河　三河　永清　霸县　易县　献县　阜城　景县　文安　任邱　卢龙　河间　雄县　容城　安新　高阳　曲阳　行唐　无极　深县　饶阳　晋县　束鹿　高邑　赵县　赞皇　冀县　故城　新河　宁晋　巨鹿　邢台　南和　鸡泽　尧山　临城　大名　广平　南乐　清丰　濮阳　邯郸　肥乡　成安　蓟县　迁安　兴隆　涞源　新镇　肃宁　蠡县　阜平　安国　博野　武强　武邑　安平　深泽　藁城　灵寿　平山　南宫　枣强　清河　威县　广宗　平乡　任县　沙河　隆平　内邱　磁县　曲周

以上共一百三十二县局

〔国民政府行政院档案〕

13. 河北省政府报告冀南栾城、井陉等县城被解放经过情况密电

（1947年4--5月）

（1）4月25日密电

京行政院、国防部、行政院绥靖区政务委员会、内政部：△密。据栾城县长周秉谦卯删铣先后电称：县城自卯齐受匪万余猛烈围攻，激战三天四夜，真夜十一时西门城楼、西街相继陷落，巷战至五十分，奉令突围，十二时县城失陷，县长受伤抵石门等情。谨闻。河北省政府。卯有午。省民二。卅六。印。

（2）4月25日密电

京行政院、国防部、行政院绥靖区政务委员会、内政部：△密。据石门牛专员卯号电称：据自井陉逃回工人、矿警称：井陉

煤矿铣夜失陷，县城筱申失陷，高县长庭选随城殉职等情。谨闻。河北省政府。卯径午。省民二。卅六。印。

(3) 5月5日密电

京行政院、国防部、内政部：〇密。据第十一区专署卯俭电称：冀县县长李学习于卯真晚栾城失陷后负重伤自尽殉职，宁晋县县长张润身于卯真晚与匪巷战，胸负重伤殒命，各等情。除另案请恤外，谨闻。河北省政府。辰微。省民二。卅六。印。

〔国民政府行政院档案〕

六、国民党军在山西省朔县霍县等地区的失败

1. 阎锡山报告晋南闻喜、绛县县城被解放经过代电

（1946年7月）

(1) 7月19日代电

山西省政府代电　卅五年七月十九日

电报闻喜于六月十五日失陷，县长伍德明被俘等情形由

行政院院长宋钧鉴：据七区朱专员一民电称：共军于巳删晨集中炮火将闻喜南城墙轰毁冲入城内，与我发生激烈巷战，至下午四时许，我守军因众寡悬殊，大部牺牲，尚余二百余人退至城外待援，该城遂为共军占领。是役该县县长伍德明被俘，爱乡团长张更生阵亡，保八团长刘若水自杀。除详情续报外，理合电请鉴核为祷。山西省政府主席阎锡山。（35）午皓。民吏。印。

(2) 7月19日代电

山西省政府代电　卅五年七月十九日

电报绛县于六月二十日被共军攻占情形由

行政院院长宋钧鉴：据续专员如梓电称：共军集结七千余人，于巳齐夜间开始向我绛县城猛攻，与我守军激战两昼夜，城南碉堡两座被其炮火摧毁。截至巳灰，共军已进至城郊，我军死力固守，敌未得逞。于巳筱，共军复增调三个团，附山炮三门，机炮六门，猛烈攻城，并以坑道炸毁南城墙一处。激战三日，我军终以力薄，不支退出，于巳晧遂被攻占。等情。谨此奉闻。山西省政府主席阎锡山。（35）午皓。民吏。印。

〔国民政府行政院档案〕

2. 阎锡山报告晋北朔县等地被解放经过代电

（1946年7—8月）

（1）7月19日代电

山西省政府代电　卅五年七月十九日

电报朔县于六月十七日失陷情形及死亡人数由

行政院院长宋钧鉴：据大同楚主任溪春电称：共军于巳铣集中兵力六千余人，向我朔县城猛攻，激战数小时，因彼兵力过重，筱晨城陷，守军部分冲出。十一区各县长适在该县开会，城陷后，专员王达三受重伤下落不明，左云县长李贞泰、灵邱县长梁昌均阵亡，平鲁县长王敏哲手枪自杀，应县县长麻士铎受伤下落不明，专署视导员宋秉礼阵亡，其余专署、县府及其他干部死亡及下落不明者甚多，尚在调查中。除死亡人员另案请恤外，谨闻。山西省政府主席阎锡山。（35）午皓。民吏。印。

（2）7月19日代电

山西省政府代电　卅五年七月十九日

电报山阴岱岳镇于六月二十四日被共军攻占由

行政院院长宋钧鉴：据楚主任溪春电称：巳梗共军分路向我

山阴属岱岳镇围攻，经激战一昼夜，因众寡悬殊，死伤甚众，所余部分守军于回辰撤出，该镇遂为共军占领。因山阴县府现驻该镇办公，当时固守之警察局及自卫队等三百余人，多于激战中牺牲。等情。除饬查明详情续报外，谨闻。山西省政府主席阎锡山。(35)午皓。民吏。印。

(3) 7月19日代电

山西省政府代电　卅五年七月十九日

电报宁武于七月一日失守情形由

行政院院长宋钧鉴：据第八区李专员景阳报称：共军三千余附炮十余门，自巳卅晨围攻宁武城，至午东一再增援，并集中炮火将我东南城垣轰毁数处，乘势突入城内，与我发生激烈巷战，我守军以众寡悬殊，伤亡奇重，东晚城被攻陷，部分守军撤至原平等情。除详情饬查续报外，理合电请鉴核。山西省政府主席阎锡山。(35)午皓。民吏。印。

(4) 7月27日代电

山西省政府代电　卅五年七月二十七日

电报繁峙县于午江亥被共军攻占情形由

行政院院长宋钧鉴：据朱专员理报称：共军于午冬向我繁峙城进犯，至江西复发现第(188)师第(102)旅及(11)(12)等团番号，闻系由热河经张家口开来，其炮兵及轻重机枪射手均系日人，并骑、炮兵各一部，连同原攻城部队，共约一万余人，以全力向我城垣猛攻，激战至江亥，城墙大部被炮火摧毁，城遂失陷。县长张帆重伤被俘，副指挥官宫炳文下落不明，爱乡团长王树槐以下大部伤亡，余均被俘。等情。除饬续报外，谨闻。山西省政府主席阎锡山。(35)午感。民吏。印。

（5）7月27日代电

山西省政府代电　卅五年七月廿七日

电报代县于午鱼失守被共军占领由

行政院长宋钧鉴：据朱专员理报称：攻陷繁峙之共军，支卯续向代县进犯，午刻陷枣林村，旁〔傍〕晚迫近代县城，即与我守军发生激战。迄鱼日，我城外据点悉被攻占。同时，代县以南中解口、阳明堡复发现共军（1）（6）（11）（13）等团约4000余。我为避免被匪各个击破，当令代县守军撤至崞县附近，代县遂陷。该县县长任嘉琛率领县区村干部暨地方武装携带枪炮，于鱼日抵崞，齐日转忻。等情。谨闻。山西省政府主席阎锡山。（35）午感。民吏。印。

（6）7月27日代电

山西省政府代电　卅五年七月廿七日

电报崞县于午文为共军攻占由

行政院院长宋钧鉴：据朱专员理报称：共军攻下繁、代，复于午佳进犯我崞县，至灰酉陆续增至七八千人，藉其优势炮火之掩护，向该城猛攻，我守军当予猛烈之反击，激战竟日，终未得逞。至真酉，共军更番猛扑，攻击益烈。文丑因城垣被炮火轰毁，我守军伤亡殆尽，共匪遂冲入城内，崞县被其攻占。等情。除伤详报外，谨闻。山西省政府主席阎锡山。（35）午感。民吏。印。

（7）8月4日代电

山西省政府代电　三十五年八月四日

电报沁县于七月二十一日被迫撤退，县城遂为共军占据由

行政院院长宋钧鉴：据崔专员道修报称：七月二十一日上午二时许，共军集结（41）（43）团及沁县、平遥、武乡等独立团，约四千余人，附炮数门，向我沁县围攻，战斗异常激烈。至下午

七时许，我因众寡悬殊，被迫撤出，县城遂为共军所占。难民男女老幼陆续逃出随我者有三千余人之多，向背之心昭然若揭。等情。除饬继续详报并对难民予以安置外，谨闻。山西省政府主席阎锡山。（35）未支。民吏。印。

(8) 8月29日代电

山西省政府代电　三十五年八月廿九日

电报五台、定襄两县相继为共军攻占由

行政院院长宋钧鉴：据三区朱专员报称：五台、定襄两县先后被共军围攻甚急，因敌势甚大，外援隔绝，我守城军政人员艰苦支撑，终以众寡悬殊，抵抗无力，致五台于七月十五日，定襄于七月十七日，相继失陷。退出之军政员兵现均集中忻县，协助守城，并作反攻准备。等情。除饬将损失详情另报外，谨闻。山西省政府主席阎锡山。（35）未豏。民保。印。

〔国民政府行政院档案〕

3. 阎锡山报告赵城被解放情况密电

（1946年8月28日）

京行政院长宋：〇密。据赵城县长穆森电称：共匪廿四旅大部及地方武装四千余人，突于未删向我驻防暂卅九师一部及县村武装围攻，激战终日，迄未得逞。铣午敌复增援，波浪冲杀廿余次，战斗异常激烈。卒以众寡悬殊，城垣被毁，无力支持，于筱辰被迫突围，率干部士兵二百余人进入临沁柴里村，赵城即被共匪占领。等情。除饬收容所部加速整理，调合正规部队伺机收复外，理合电请鉴核。山西省政府主席阎锡山。未俭未。民保。印。

〔国民政府行政院档案〕

4. 于镇河部在晋北忻县对解放军作战经过报告

（1946年）

忻县保卫战作战经过概要　卅五年七月二十日至八月十二日

一、战前匪我一般态势（如附图第一）〔附图缺〕

奸匪独二旅、独四旅、独一团、独二团各部于卅五年七月中旬，陆续由宁武、崞县、五台、定襄方面向忻县境内进窜，扬言围攻忻县城。我暂四十师、暂卅七师第二团、暂卅九师第二团、保十二团、保安第二大队、忻县地方部队、定襄国民兵团及十九军直属部队各部，驻守忻县城郊，积极加强城防及据点工事，准备于自固设施完成后，向外开展，绥靖地方。

二、情报网之设置及所得重要匪情

第七集团军于副总司令镇河因鉴于近来奸匪益形猖獗，为取得所要之情报计，特加强情报网之组成。以各部队之侦察组为基干，参合当地区村行政干部及国民兵团等机构，组成若干情报组，受各级司令部参谋处之指导，各向当事匪区派出谍员，尽各种手段搜集情报，除纵的方面向上级报告外，并规定向邻接友军随时通报，因此情报工作较前愈臻严密灵活。兹将所得重要匪情综合如下：奸匪独二旅、独四旅、新四旅、十一旅、十三旅、独一团、独二团、野战团、十九团、第廿支队，共约廿八团，及民兵两千余，附山野炮八门、迫击炮十余门、重机枪廿余挺，总计约两万余众，于七月中旬，由朔县、崞县、宁武、五台、定襄等地窜抵忻县外围。七月十八日，其一部首先将豆罗、平社（忻县城南）沿线铁路破坏，有围攻忻县模样。

三、匪我使用之兵力及番号（如附表第一、二）

四、战斗经过

1. 匪情判断：

基于以上所得情况判断：匪有先行攻取忻县，摧毁太原以北藩篱，乘势围困太原之企图。

2. 战场地形、天候等概述：

县境半为山地，半属平原，同蒲铁路贯串南北，忻窑支线以此为起点，直抵五台县之窑头镇。县城西依山麓，东、南、北三面环水（东南有牧马河，南郊有七岭河，城北有云中河），均可徒涉，形势扼要，与太原互为唇齿，乃雁门关南太原之第一屏障也。

该地七八月间气候仍热，秋禾茂盛，青纱帐起，展望困难。

3. 作战计划之策定及作战准备诸事项：

于副总司令镇河于判明匪之企图后，决以忻县城垣为核心，坚守城周各据点，依城野战，歼灭来犯之匪。其兵力部署如次：

甲、暂四十师一团、保安第二大队及十九军直属部队固守城垣。

乙、暂卅七师二团固守大营盘。

丙、暂四十三团固守车站及樊家野场。

丁、定襄国民兵团固守北关。

戊、暂四十师二团固守匡村。

己、暂卅九师二团固守匡村西南高地。

庚、保安第十二团固守南关及其西南高地。

辛、忻县地方部队固守牧马河右岸王泉庄、石家庄。

4. 随战斗经过之情况变化及处置：

甲、奸匪独二旅、独四旅、独一团、独二团各部，于七月二十日夜十一时开始向我忻县围攻。以一部分向匡村暂四十师二团及其西南高地暂卅九师二团阵地进攻，同时以主力向大营盘及车站猛犯。激战二小时许，匪一部千余强攻大营盘西北隅，并以迫击炮集中火力击破我碉堡及围墙一部，由破坏部侵入阵地，以云梯爬上房顶，企图掩护其后续部队冲进。此时，我碉上守兵当以机枪火力向匪侧背猛击,匪攻势受挫后,旋复以步兵连续猛冲数次。我暂卅七师二团刘团长鹏翔督率所部向匪逆袭,我城上炮兵竭力适切支援,毙匪甚众。激战三时许,匪不支溃窜。

同时,固守匡村土堡之暂四十师二团第三营,经匪千余猛攻,两次均予击退。又匡村西南高地王育才团(暂卅九师二团)之右翼亦被匪攻击甚烈,经我官兵奋勇抵抗,激战二时许。迄拂晓后,匪见大营盘攻势惨败,且复遭我炮火轰击,受创甚重,遂不支,纷纷溃退。(如附图第一其一)〔附图缺〕

乙、七月廿二日午夜,奸匪五千余复在迫炮掩护下,分向我匡村、大营盘进犯。每隔半小时即呐喊冲杀一次,如此连续猛冲三次,我各据点守兵均沉着应战,以手掷弹爆击。激战至拂晓,匪势衰颓,不支溃退。我秦团(暂四十师二团)当派队追击,歼匪甚众。

丙、城南田村、烟村、下社等村,于七月二十四日有奸匪野战团千余到达,我为乘匪立足未稳,予以各个击破计,当抽调各部队之一部,于二十四日午前四时开始行动。田村之匪二百余经我许团二营猛烈攻击,于六时不支,向西南逃去,我即占领该村。下社村之匪三百余,经我许团围击,激战卅分钟,亦行溃窜。刘团第一、二两营于七时许与匪接触,搏斗半小时,我攻占烟村,匪不支,向西南方向窜去。八时许,田村方面复有激战,此时我机一架前来助战,即在田村、烟村投弹扫射,毙伤匪军廿余名。我王团一部亦进占张家野场。各路均颇顺利,迄午后一时,仍各返原防。(如附图第二其二)〔附图缺〕

丁、七月二十七日早五时,我复派队向城西河习头、东社等村匪阵地主动出击。王团(暂卅九师二团)第三营分路猛冲,反复数次,约半小时攻占匪之预备阵地。第九连乘胜由侧翼冲入核心阵地,战斗激烈异常,匪阵形混乱,搏斗时许,毙伤匪甚众。我许团(暂四十师一团)二营复向左翼增加,匪以千余向我逆袭,此时适我飞机一架临空助战，反复扫射并投弹多枚，匪势披靡，分别溃去。我各部遂于十一时许安返原防。（如附图第二其三）〔附图缺〕

戊、奸匪独二旅、独四旅、新四旅、十一旅、独一团、独二团等部截至七月卅一日，已先后到达城郊五里附近村庄，有于午后围攻城垣模样。于副总司令当令各部队严守阵地，歼灭来犯之匪。午后四时许，大雨倾注，奸匪派出小部队向我南关保十二团及匡村西南高地暂三十九师二团阵地施行威力侦察，当被守军击退。迄九时卅分，奸匪乘夜暗，分路向南关保十二团、车站暂四十师第三团、城西北暂三十九师二团及大营盘暂卅七师第二团各阵地同时猛攻。我保十二团方面战斗最烈，碉堡被毁两处，匪乘机突入一部，均被我击退，毙伤奸匪甚多。至翌晨五时，匪不支，向西南方向溃窜。我当派队跟踪追击，匪一部被我滞留，未能脱离，复东窜拟渡牧马河，旋经我城东南隅守兵及追击部队予以夹击，歼灭八十余名。攻击我车站、大营盘等据点之匪曾反复猛攻，鏖战彻夜，迄未得逞，于拂晓前分向南北萧村、流江、解原等村退去。（如附图第二其四）〔附图缺〕

己、忻城近郊各村之匪，自七月卅一日攻击挫败后迄未蠢动，至八月十一日下午六时，匪由小奇村（城西北）、东西楼村（城东北）分路向檀村、张家野场集结。午后十时开始向我车站、大营盘、匡村及城西北高地同时攻击，尤以对车站、大营盘攻击最烈。樊家野场李团（暂四十师三团）第三营阵地南端之土堡被匪击毁，遂转据南端民房数处，继续与匪苦战。因战前将村内道路依据计划适宜堵塞，故匪行动大感困难，嗣经我李团谢营反复冲杀，及城上炮兵之适当支援，一时士气大振，战斗更烈。正酣战之际，适逢大雨倾盆，匪既受我炽烈火力之射击，复遭雨水淋漓，士气异常沮丧，我趁机予以反击，遂将突入之匪悉数歼灭，恢复原来阵地。迄早五时卅分，雨歇，围攻大营盘等据点之匪均被击退，惟车站周围之匪仍继续猛攻,当以刘团一部分两路向曹小庄十里后方向追杀残匪,以一个营向车站北端阻匪北窜,以城内许团一部经六家庄出击,向北夹击,另以秦团一部向匡村西北土堡,又李团全部向东分别出击,城上炮火亦同时协力炮击,遂将侵据樊家野场及围攻车站之匪击溃。(如附图第二其五)〔图缺〕

5. 战斗后匪我一般态势(如附图第三)〔图缺〕

围攻忻城之匪,经我于八月十二日早各路出击后,其新四旅、十九团向西楼村东北方窜去,独二旅、独三旅、独四旅、独二团向播明方向溃退,十一旅、十三旅、独一团、野战团、第廿支队及民兵等向河习头以西山地窜去。我各部仍恢复战前状态。

五、匪我人马、武器等损失(如附表第二、三)〔附表三略〕

六、作战经验及教训:

1. 防御战斗我阵地一部被匪突破,阵形动摇时,上级指挥官如能亲临第一线直接指挥掌握,即能振奋士气,挽回颓势,进而乘机击败匪军。

2. 阵地被匪突破,虽留一兵死守,亦能予匪以最大之阻碍。

3. 碉堡虽陷孤立,如守兵能坚强抵抗,亦可挫匪锐气,因而获胜。

4. 匪兵侵入我阵地时,所有火力应集中于该一点,同时并应以火力遮断匪后续部队之增援。

5. 高碉易于暴露,如能于外围构筑野战工事,碉虽被毁,仍能继续战斗。

6. 村落内适宜闭塞道路,管制交通,常能使匪陷于进退维谷之苦境而归于失败。

7. 飞机助战时,炮兵以射击指示目标,能予匪以重大损害。

8. 以炮兵人员使用观测器材观察匪情甚为有效,附有炮兵之部队应注意并用。

9. 匪情侦察应以部队直接搜索为主,以便探或村民报告为副,该项报告仅可供作参考,若徒信赖便探及村民报告,每每中匪之反宣传,致处置失当而陷于不利。

附表第一

忻县战役歼匪参战部队番号、兵力统计表

卅五年七月廿日至八月十二日

匪军番号	兵 力	参战地点	备 考
新四旅 (项成云)	3000	忻县城郊	
独二旅 (李克仁)	4000	忻县城郊	
独三旅 (杨家瑞)	3000	忻县城郊	
独四旅 (杨秀生)	3200	忻县城郊	
独一团 (李来发)	1000	忻县城郊	属雁门军区
独二团 (王霖雨)	1200	忻县城郊	属雁门军区
野战团	1000	忻县城郊	
十一旅 (陈 康)	3000	忻县城郊	
十三旅 (刘有志)	3600	忻县城郊	
十九团	1100	忻县城郊	属雁门军区
第廿支队	1000	忻县城郊	属雁门军区
民 兵	2000	忻县城郊	
附记	一、除表列部队外,并附有山野炮八门、迫击炮十余门、重机枪廿余挺。 二、总计以上共约两万七千五百余名。		

附表第二

忻县战役我军参战部队番号、兵力及伤亡、失踪统计表

卅五年七月廿日至八月十二日

区分 数量 番号	参加战斗人马			亡			伤			失踪			备考
	官佐	士兵	马匹	官佐	士兵	马匹	官佐	士兵	马匹	官佐	士兵	马匹	
第十九军直属部队（于镇河）	250	1000	200										
暂四十师（王乾礼）	600	2000	220	4	12	1	7	70	3	3	9		
暂三十七师第二团（刘鹏翔）	116	3000	20	2	6		4	25	1	2	4		
暂三十九师第二团（王育才）	118	2900	23	1	3	2	4	25	3	1	3		
保安第十二团	100	2000	15	2	5		1	25			4		
保安第二大队	40	315	5										
忻县地方部队	58	518	3					15					
定襄国民兵团	46	324	4										
合计	1238	21057	490	7	36	3	16	170	7	6	20		
附记													

〔中国人民解放军总参谋处保存国民党档案〕

5. 阎锡山所部第七十三师等于霍县及南关战役对解放军作战经过概要

(1946年)

霍县及南关战役作战经过概要　卅五年七月廿七日至八月廿三日

一、战前匪我一般之态势

1. 匪廿四旅属七十、七十一、七十二三个团及新七、八、九等团，自民国卅五年七月下旬以来，配合霍县、沁源、安泽、汾河等支队，约二万余人，附山、迫炮各数门，重机枪多挺，即盘据于霍县东北地区，不时对我富家滩、南关等据点扰袭，并破坏交通。

2. 我第六十九师及第七十三师分驻于介休以南及洪赵附近地区，以机动姿态打击奸匪。

我暂四十四师第三（徐子良）团，附二零六（王熙明）团第二营，除一部分驻富家滩、南关及辛置车站（霍县南），担任掩护交通外，余均集结霍县城郊，积极构筑据点、工事，准备依城聚歼进犯之匪。（如附图第一）〔图略〕

二、情报网之设置及所得重要匪情

我暂四十四师第一团自驻防霍县后，即协同当地组政机关，积极组训民众，并以富家滩、师庄镇（霍县北）、南堡（霍县东）、辛置、僧念（霍县西北）等村庄为基点，于其附近地区，均密组情报网，所得重要匪情分录如次：

1. 七月廿七日，匪野战廿四旅之七十一团，附民兵一部，共约二千余，在仁义（霍县东北）以东地区甚形活跃，对我富家滩、南关等据点，似有攻袭模样。

2. 七月廿八日，李鸦庄（霍县东）发现奸匪数百，附炮二门。

又大张（霍县东北）窜来奸匪两个营（番号不明）。同时，靳壁、上下乐坪、青郎坪（均霍县东北）等村亦发现奸匪之廿四旅及三八六旅等番号。

3. 攻占南关、王庄之奸匪，于七月卅日经我高师猛攻，将该镇收复，匪即窜据霍县城东北之高王庄、库盘一带。同时，霍县城东南之宋家庄、南堡，亦有匪廿四旅及三八六旅各一部活跃。

4. 七月卅一日，奸匪新七、九两团集结于韩家窳、柏榆窳、齐家山附近，于八月一日夜则向南堡、李曹村、北侯、源头附近移动。

5. 奸匪新七、九两团及廿四旅之七十团于八月十四日晚，围袭我辛置车站驻军后，即窜霍县城东北之靳壁、大张、望师、庄镇、什茨一带，有伺机攻夺我霍县城郊各据点之企图。同日，匪第十旅由洪、赵以东地区，亦窜上下乐平、阴底、龙口、十里铺、圣符等村，积极搜云梯、担架，征集民夫，对我霍县城垣似有蠢动模样。

6. 奸酋陈赓、韩钧、孙定国于贾村一带会议，闻有决定先攻袭我洪（洞）、赵（城）、霍（县）间各小据点，切断连系后，即以主力先陷我洪、赵，再陷霍县之企图。

7. 八月十七、十八两日，匪陷我洪、赵后，即调集其第十一、第十二两旅及新八团，先后到达霍县东北之大张、靳壁、退沙一带。八月廿日，匪野廿四旅之七十一、七十二两团复相继窜据河西之陈村、寺庄、白龙等村，新七团进据什茨。奸酋陈赓住阴底（霍县东南），韩钧住靳壁（霍县东北），孙定国住贾村（霍县东北）。

三、匪我使用之兵力（如附表第一、第二）。

四、战斗经过：

1. 匪情判断——基于以上重要匪情所述各节判断，奸匪似先攻袭我霍县外围据点，并割断南北交通，然后集全力先陷洪、赵，再陷霍县，以达分兵围困临汾、太原进而夺取之目的。

2. 战场地形及天候等之概述——霍县城垣建于吕梁、太岳两脉连交之河谷上，四面环山，位置低下，汾流南北纵贯，同蒲线沿汾河东岸铺设，经霍县西端，输通南北，故霍县在交通上居晋南与晋中间之第二要冲。县属南自石滩起，北迄灵石、两渡止，其间同蒲路所经过之辛置、南关、富家滩等站，因西接汾西，东濒沁源，均为奸匪久据之老巢。自绥靖以来，凡此之各站，均成奸匪劫持同蒲路最易逞技之邱也，尤其城廓薄弱，我军防守殊嫌不利。

3. 作战计划之策定及作战准备诸事项：

甲、暂四十四师卫师长玉昆七月廿八日，授予该属第三团团长徐子良作战计划要旨如次：奉闻未俭电略开：为迅速恢复南同蒲线之交通，已饬孙、王两总司令指派第六十九师及第七十三师抽派优势兵力，第一步会师南关、东南高地、蔚家山、杨家山等处，再分兵击溃老张湾、仁义镇之匪，等因。该团应抽派有力部队，迅速向北进展，相机收复南关。

乙、暂四十四师卫师长玉昆于八月十三日，复予该属第三团徐团长子良下达之作战计划要旨如次：奉总司令王未元参战电略开：（一）查奸匪近来在南北同蒲沿线调集不下十万余众，似对大同、太原、临汾有积极企图。集团军为确保临汾及其以北沿同蒲路诸要点，以暂卅九（贾宣宗）师及暂四十四（卫玉昆）师各一部，配合地方团队，分别守备霍县、洪、赵，依城作战外，其余部队均集结临汾，以主动姿态痛击来犯之匪，以达歼灭目的。（二）暂四十四师第三团，附第六十九师第二〇六团之第二营及霍县地方团队，应坚守霍县城垣，并于城郊附近选择要点而占据之。在部署上应尽量节约防守兵力，控置强大预备队机动使用，俾达成歼灭结果。

丙、暂四十四师第三团徐团长子良准据右项指示，决定霍县守城部署如次：第二〇六团第二营守备北关，草铺子、沟口、狮子凹、退沙、大张、西张、张家堡、刑家泉诸点。

第三营（欠第八连）守备赵家庄、沙圪塔堡等诸点。

第一营守备霍县城垣。

其余为预备队。

4. 于作战有关之命令、通报等：

甲、我暂四十四师第三团徐团长于七月廿六日晨，接到我赵城驻军暂三十九师师长通报其要旨如次：

子、奸匪第廿四旅近由东沁线西窜，其先头已到达靳壁村附近。

丑、赵城当面之匪为由曲沃调来之第十旅李成芳部及第十一旅陈康等部，并有第三八六旅番号，系由东沁线窜来，麇集铁路以东地区。

5. 随战斗经过及情况变化之处理：

甲、七月廿七日夜十二时，奸匪野战廿四旅之七十一团，附炮数门，及民兵二千余，突将我南关、杨家山、曹窳山、王庄各点包围，以炮火及轻重机枪掩护奋勇队向我杨家山阵地连续猛扑。迄廿八日上午八时许，我守兵因弹药用尽，卒被匪突破，遂展开白刃战，反复冲杀几十余次，终因众寡悬殊，该杨家山据点即陷敌手，我守军两排仅冲出七人，被俘廿一人，余均殉国。杨家山阵地既失，南关、王庄两据点势不能坚守，我守军遂掩护行政及车站人员突围，渡过汾河，取机动方式作战。曹窳山被匪包围，激战两昼夜，匪蜂拥冲锋达廿余次，均经过守军用手掷弹击退。同时，匪并以一部向我什茨守军攻击，至廿九日下午二时，我第三团徐团长当派第一营营长率领所属前往增援，始将奸匪击退。同日下午，李鸦庄、张望村（均霍县东北）一带亦发现步炮联合之匪约二千余，师庄镇、老张湾（霍县东）各有匪两个团，其旅部驻王庄以东高地。（如附图第二）〔图略〕

司令长官据报后，为迅速扑灭奸匪，恢复南同蒲线之交通，当饬第六集团军王总司令及第八集团军孙总司令指派第六十九师及第七十三师抽派优势兵力，第一步会师南关、东南高地、蔚家山、杨家山，再分兵击溃老张湾、仁义镇之匪，迅速恢复交通。

我第六十九师周师长建址及第七十三师高师长倬之于奉令后，当率所部即向指定目的地急进。

侵陷南关之匪于七月廿九日上午十时，复向我富家滩东南高地进犯，与我守碉部队激战一小时，嗣因我二一八团应援部队赶到，当予猛烈射击，匪顿形混乱，狼狈逃窜。又，桃钮（霍县北）据点正面，同日亦发现匪六百余，除以小组向我不时射击外，其主力则在阁老窳以西及苏家山以南各山梁积极构筑工事。

七月卅日，我第七十三师到达桃钮后，即开始行动，当将苏家山攻克。高师长遂令二一七、二一八两团分向栾朴崖底及阁老窳攻击，各该处奸匪当据险顽抵，经我炮火制压，步兵乘势猛冲，迄十时许，将阁老窳攻占。我高师长为顾虑二一七及二一八两团兵力分散，遂令二一八团集结苏家山，与二一七团合力攻占栾朴崖底。匪仓惶败退，未将电线撤收，经窃听得知，仁义镇、老张湾、南关等处之匪为新七、新九、新十及廿四旅之七十、七十一等五个团，南关、王庄各有匪一个营。高师长当令二一七团速向南关进攻，师率二一八团随后跟进。经过栾朴崖底南方高地得悉，我六十九师之先头部队亦已抵达苏家山。我二一七团祁团长当督率所部以果敢神速之行动，即将南关收复，继将杨家山占领。七月卅一日，我高、周两师会师杨家山、蔚家山后，当协商留置所要部队扼守该地，合力向东追剿。迄下午一时，于半升米坡底与匪千余展开激战。我高、周当派有力部队由两翼抄袭，激战三时，匪不支，仓惶向东逃窜。（如附图第三）〔图略〕

乙、八月十四日晚，奸匪野战廿四旅新七团二千余连同霍县民兵共约三千余，附山炮、迫炮各二门，重机枪三挺，将我辛置村及车站层层包围，并以一部牵制郭庄（霍县西南）部队。我驻辛置之暂四十四师第三团第八连于侦悉匪情后，即进入阵地，准备迎击。迄晚十时许，匪以炮火及轻重机枪集中火力向我阵地猛烈轰击，约一小时后，匪步兵在其炮火掩护下，蜂拥直冲，至我阵地前投掷大量手掷弹，我阵地工事及外壕铁丝网几成火海。直至删日拂晓，匪反复攻击未停，我第八连全体官兵终以必死之信念坚守阵地，沉着应战，将卅余次波浪冲锋之匪卒为击退。十五日早七时许，匪见我阵地圪〔屹〕立未动、士气旺盛，遂集中炮火，将该阵地内主碉两个击毁，继向第三排阵地连续猛冲。第三团徐团长当派第一营营长贺杰文率兵百卅余人，附迫炮一门，绕河西寺庄、陈村，驰往杨窊庄，隔河支援。当与守军取得连系，惟因该连机枪九挺被匪击毁七挺，手掷弹七百余颗均已投掷完了，各种子弹将尽，而匪仍依村东各山头向我阵地攻击，不得已于下午一时许，节节撤至城内。

是役毙匪百余名，我阵地前遗匪尸八十余具，伤匪二百五十余。我阵亡班长一员，战士六员，伤廿余人。（战斗经过如附图第四）〔图略〕

丙、八月十五日晨，匪以二千之众首先对我退沙碉堡开始围攻，我守碉之第二〇六团二营五连当进入阵地沉着迎击，激战终日，终将凶匪挫退。及八月十六日晨六时，匪七十团、新七团及民兵千余，向我外围据点退沙、狮子凹、大张各点复行包围攻击，我守军苦战终日，战斗至烈。迄十七日拂晓，退沙碉堡被匪炮弹击毁，我守碉部队因弹药用罄，该阵地遂被匪占领。其他狮子凹、大张之匪均被我击退。十七日午后，退沙之匪即向沟口、草堡子推进，继续围攻狮子凹，并向北关迫近。至午后三时，第三团徐团长子良当派第一营营长率领预备队百余出击，将匪击退，当与狮子口守军取得连系。午后六时，匪七十二团一部由圣佛向我南坛底进攻，该地守军当与匪展开血战，反复搏斗，苦战经夜。迄十八日拂晓三时，匪野战廿四旅以两个团由东南方面，复增援夹击我南坛底据点，以一个团伏于城南五百公尺处，沿龙口至铁道附近之田禾地，企图伏击。迄十八日上午四时，左近南坛据点即发生激烈战斗，匪之手掷弹及炮弹集中向该地投射，几成火山，我官兵前仆后继，奋不顾身，终将蜂拥来犯之匪歼灭于我阵地前。当日下午五时许，我第三团徐团长由城内抽兵三百余前往增援，出城至铁道附近，即与伏击之匪发生肉搏。我城墙及南桥碉堡之火力集中向匪侧射，匪死伤累累，仓惶退去。我守军与援兵取得连系，即时转移攻势，与匪发生激战。匪以优势兵力向我反扑，至我阵地前三百公尺处顽抵。迄晚八时许，匪复纠集重兵向该点猛攻，我守军伤亡惨重，弹药用罄，致该地为匪攻陷。是日下午三时，南桥碉堡及沙圪塔堡亦发生激战，至午后七时，均被我击退。十九日晚八时起，匪运用全力攻我南桥碉堡、沙圪塔堡、大营盘堡、北关及车站东南城墙，彻夜战斗未停。我全体官兵沉着堵击，顽匪终未得逞。惟沙圪塔堡守军便衣队长郭琦璟在枪林弹雨茹血苦战，不幸中弹身亡。我当派特务排前往增援，惟该堡火点及东南墙全为匪炮火摧毁殆尽。至廿日拂晓四时许，匪集优势兵力突入该堡，该堡守军排长马东山虽死拼抵抗而终未达成任务，于返城之际，徐团长当立即以擅自放弃阵地，按法处死。沙圪塔堡因系东南城墙角之屏障，于廿日上午十时许，即选奋勇队百余名，在东南城墙部队掩护下意图恢复。激战两时许，匪源源增加玩〔顽〕抵，我官兵伤亡五十余，卒未达成目的。下午四时许，匪千余由龙口（在南关图上无）直攻南桥碉堡，猛扑多次，在我城墙部队及南城外碉堡集中火【力】侧击，匪遗尸遍野，至六时许，悉被我击退。晚八时许，东北城墙及北关、邢家泉均发生争夺战，因邢家泉排长朱壮礼阵亡，且兵力单薄，迄十二时许，终被匪攻陷，各处仍血战不已。廿一日黄昏，匪将大部兵力及炮火运至东关、大营盘及车站北端田禾地内，彻夜激战，炮火之猛达于极点。我徐团长派城内部队向北关两次出击,演成混战局势。廿二日晚,我车站北两个碉堡及附近火点,与东北城角碉堡及附近阵地守军,被匪炮火及手掷弹覆殁,各该处守兵伤亡殆尽,阵地遂行陷落。廿二日上午七时,第三团徐团长子良为恢复车站北端阵地及驱逐大营盘内之匪,当派预备队在我城内火力掩护下,向大营盘攻击,血战三小时,冲杀多次,终未成攻。同时,车站北之匪亦顽强抗拒,坚守不退,直至十二时,我出击部队始撤回城内,协力固守。迄晚九时,自南桥碉堡起至车站一带及东北城墙,到处发生激战,我军左右冲击,直至拂晓,匪始退去。(如附图第五)〔图略〕

廿三日第六集团军王总司令当命汾西县长徐慕泉率保六、保十四团各一部,侧击白龙,被匪优势兵力阻绝,终未与守军援应。同日上午八时,霍县车站、北关及西城墙相继发生激烈之争夺战,终日未已。下午六时,匪调集攻陷洪、赵之全力,集中山炮九门,轻重迫击炮廿余门、轻重机枪二百余挺,集中火力向东城墙及城内东街南北二百公尺之线猛击,弹如雨发,城墙各碉均被击毁,垛口、房屋悉被破坏,我城墙守军伤亡殆尽。七时许,匪即登梯冲入,被我增援部队堵击歼灭。八时许,匪在猛烈火力掩护下复冲入城内,我全体官兵与匪展开激烈巷战。至十时许,匪相继侵入县府、耶苏堂及北街、鼓楼之线,我守城官兵当集中西街及西南城墙角,继续与匪战斗。迄十一时,匪复集全力向我反复猛扑,第三团徐团长见战局难以挽回,腹背受敌,即率残余官兵并各行政人员由南门突围,且战且退,甫渡汾河,复与匪伏击部队遭遇,激战时许,匪势顿挫,我军交互转进,至干河镇稍事整顿收容,即转移临汾,待机反攻。(如附图第六)〔附图略〕

6. 战后匪我一般态势:

甲、匪攻陷霍县后,除留兵力二千余及地方武装驻守城郊外,其余大部兵力调集灵石、富家滩以东阁老窳、东西梧桐一带山岳地区,积极进攻我南关、富家滩、灵石等同蒲沿线各据点。

乙、我暂四十四师第三团团长徐子良率所部及行政机关渡河到达干河镇,稍事整顿后,奉命转移临汾,待命反攻。

匪我态势(如附图第七)〔附图略〕

五、匪我人马、武器、物资等损失(如附表第三、四)〔附表略〕

六、作战经验与教训:

1. 我第七十三师于七月卅日收复南关战役,能以极机敏之进展克复苏家山,袭取栾朴崖底,匪仓惶逃窜,状至狼狈,致匪通信机借资利用,获得重要匪情甚详,增益战胜功效实深且巨。

2. 我高师第二一七团祁团长国朝督战有方,能以果敢之决心、神速之行动,用迅雷不及掩耳之势,速克南关、杨家山两重要据点,扩张良好战果,迭奏奇功,深堪嘉许。

3. 高、周两师于七月卅一日会师杨家山、蔚家山,驱匪东窜,各该师均能以机动之势,进展神速,完满达成任务,尤堪嘉奖。

附表第一

霍县及南关战役我军参战部队番号兵力统计表 卅五年七月廿七日至八月廿三日				
番　　号		主官姓名	兵　　力	备　　考
第七十三师	第二一七团	祁国朝	2750	
	第二一八团	王为征	2760	
暂四十四师第三团		徐子良	2750	
第六十九师一部		周建祉	2000	
合　　计			10360	
附　　记		我军参战官兵一万○三百六十员名。		

附表第二

霍县及南关战役奸匪参战部队番号兵力统计表
卅五年七月廿七日至八月卅一日

番号		奸酋姓名	兵力	备考
第四十二旅	旅长	刘秉祥		指挥官韩钧
	第七十团	未详	2500	
	第七十一团	未详	2600	
	第七十二团	未详	2600	
第一军分区	司令员	张祖亮		指挥官陈赓
	新七团	许生藩	2500	
	新八团	金能胜	2400	
	新九团	尚老成	2400	
	沁源支队	未详	1500	指挥官孙定国
	安泽支队	未详	1800	
霍县支队		未详	1400	
汾河支队		未详	1300	
合计			20800余	
附记		奸匪参战官兵二万〇八百人，民兵不计。		

〔中国人民解放军总参谋处保存国民党档案〕

6. 阎锡山所部暂三十八师等与人民解放军在晋北大同作战经过概要

（1946年）

大同保卫战作战经过概要　卅五年八月一日至九月廿日

一、战斗前匪我一般态势（如附图第一、二）〔图略〕

1. 奸匪自卅五年七月廿日围困应县后，复于七月下旬，陆续将晋察冀军区及晋绥军区之部队，分由东西两面向大同外围集中，其游击部队及怀仁、左云、阳高等县之地方武装，分别窜入大同县境滋扰。

2. 我暂卅八师、东北挺进军、保安总队、保安第二团、战车队、第四十三军直属部队及地方自卫队等，分驻于大同、怀仁、城关及近郊各据点，修筑工事，保护交通。

二、情报网之设置及所得重要匪情：

驻守大同之北区作战军总司令部（战区因鉴于大同附近驻军单位较多，为适应作战计，特指定第八集团军副总司令楚溪春为北区作战军总司令，以便统一指挥）直辖谍报组三组分派大同城郊及天镇、阳高、浑源、怀仁、左云、丰镇各处，担任战略战术上之搜索，并与各部队之侦察组切取连系，以构成严密之情报网。此外，尤赖各县自卫队藉乡土之关系，以搜集重要之匪情。兹将所得情报综合如次：

1. 奸匪于七月下旬，陆续由张垣、集宁、山阴、宁武、朔县、应县、左云等地区，调集晋察冀及晋绥两军区之野战第十、十一、十二、十三、十四等旅及独立第二、三两团、左云、大同县大队、阳高游击支队、怀仁游击支队、独二旅之廿一团并民兵数千，约廿七个团，计三万余众，附山野炮十余门、迫炮卅余门，进至大同外围及与怀仁中间地区，统归贺龙指挥，司令部设孤店（大同城北卅里），有围攻大同模样。

2. 奸匪野战第一旅、第十一旅及第十二旅各部，于八月一日，将大同城南毛家皂之守军暂卅八师三团第一连包围解决，并进占秀女村、东西韩家岭等地。

三、匪我使用之兵力及番号（如附表第一、二）：

四、战斗经过：

1. 匪情判断：

依据所得匪情判断，奸匪有先截断大同与晋绥之交通，摧毁外围各据点后，一举而攻陷大同城，以打通晋陕亘察热大走廊之企图。

2. 战场地形、天候等之概述：

甲、大同雄踞雁北，高标云中，古称云中郡，南距雁门关二百八十里，东南距平型关三百四十里，西南距宁武关三百廿五里，共称三关锁钥。介于内外长城之间，有同蒲、平绥两铁路之中枢，东接张垣，西连绥远，南临太原，北控内蒙，为晋绥咽喉，张垣、丰镇之心脏。古代长城东起山海关，西至嘉峪关，大同适居其中。秦汉以来，汉胡斗争常以大同得失，系太原之安危，而今尤为国防上战略之要地。城周三处环山，为一冲积平原，东有御河，南有十里河，均可徒涉。

乙、大同附近地势高亢，气候变化剧烈，秋季多风沙，雨量稀少。

3. 作战计划之策定及作战准备诸事项：

我为集中兵力确保大同城垣计，于八月二日将怀仁守军撤回大同，并于八月三日忍痛放弃口泉、平旺，除城防部队与机动部队控制城内外，我城郊外围有周家店、七里村、北岳庙、沙岭、曹夫楼、曹夫庙、水泉湾、白马城、卧虎湾、警察学校、下武庄等据点，均为我军固守大同之最后阵地。作战初期我军部署如下：（如附图第三）〔图略〕

甲、暂卅八师第一团之一部，并附属浑源、广灵、阳高、大同各县自卫队，及第十一专署保安总队七百余，担任城东御河桥以东曹夫楼、曹夫庙、祁家坡、沙岭等据点之固守。

乙、暂卅八师第三团担任南关及城南飞机场、北岳庙、周家店、七里村等据点之固守。暂卅八师直属部队与怀仁县干部队担任城西南瓦窑村之固守。

丙、保安二团之第二营担任城西警察学校、马军营之固守。

丁、东北挺进军新骑五、六两师及总部直属部队，担任城北由御河铁桥经锅炉、水塔、车站、酒精公司、面粉公司、汽车修理厂迤西之线，并白马城、卧虎湾、下武庄及高桥、海津两营盘等据点之固守。

戊、四十三军通信兵营担任固守北关操场城。

己、保安总队之一个中队及暂卅八师一个连，附迫炮一门，固守牛家庄。

保安总队一个中队，附卅八师迫炮一排、山炮一门，固守马坡山。

暂卅八师一个连固守泉子头。

庚、保安总队主力、交警大队、战车队及暂卅八师之第二团控制于城内，为机动部队。

辛、暂卅八师第一团第一营担任城防及东关之固守。

4. 随战斗经过之情况变化及处置（如附图第四）〔图略〕

甲、卅五年八月三日夜，匪在猛烈炮火掩护下，开始向我大同外围据点进攻，以一部牵制我军全面，以主力向我沙岭、曹夫楼、曹夫庙、七里村猛烈进攻，企图控制我飞机场，断绝我空军接济。我沙岭守军暂卅八师第一团之一个连沉着固守，瞄准射击，致匪屡攻屡败，迄未得逞。匪攻击时间在黄昏后开始，拂晓前撤退，并每夜攻击时必发炮千余发，企图将我工事摧毁。八日午后，该连于匪军常据之庙内，埋设地雷，待其夜间来时，用电器发火，轰然一声，匪酋以下百余名均被炸毙。匪因屡攻不下，曾正法营长一人，自杀团长一人。迄十四日，我增援部队暂卅八师第二团第三营，附战车两辆，由连长陈宝山率领，与匪军三千在沙岭外围形成互相包围态势。守军暂卅八师第二团王（仲德）营与援军呼应，向匪夹击，展开激烈战斗，我军反复冲杀，匪军大部被歼。其野战第一旅数日以来损失奇重，调回聚乐堡整顿。

八月十二日以后，战事普及全面。当夜，城西匪军向我警察学校据点猛犯，连冲十余次，均被我击退。是役，奸匪团长王霖雨身负重伤，毙匪营长二人并以下官兵七百余人。至十三日，匪高级指挥官先后率领部队到达孤店、廿里铺等村,调集两万余众,发动全面总攻。十四日,匪攻击目标转移于城北车站与城南各据点,匪酋贺龙亲自指挥八千余众大举进犯车站以北各据点。当晚战斗至为剧烈,迄十五日午时仍未结束。匪并以小股窜入车站,形成混战状态,经我援军赶到痛击,匪始稍向后撤。是夜,城北之白马城、卧虎湾、下武庄、修道院及城南之七里村等据点,在匪重重围攻下均陷匪手。是役,我白马城守军东北挺进军海福龙部二百余,因口令被匪侦知,冒充国军突入,先将海福龙监视,以下二百余人全数解决。七里村暂卅八师守军一个连,除逃出负伤战士四五名外,余均壮烈牺牲。

十五日拂晓,我新骑五师慕师长新亚、保安总队陈总队长丰山,各率所部一部,附战车两辆,出击白马城,交警第三大队朱大队长赓飏亦亲率该队一部,附战防炮两门、战车两辆,出击修道院。于上午九时展开猛攻,冲杀数次,因匪依据坚强工事顽强抵抗,且复陆续增援,声势汹涌,意在诱我决战。我以兵力悬殊,避免决战,出击部队遂于黄昏前仍撤回原地。是役,毙匪二百余,我略有伤亡。同日,我车站守军转移新阵地后,与匪军相距咫尺,乃展开激烈之争夺战,周旋廿余日,我车站守军东北挺进军英勇奋战,斩获颇多。

十五日至廿二日间,东南西三面之匪复向我警察学校、水泉湾、沙岭、曹夫楼、北岳庙等据点发动猛攻,并以山野炮向城内不时射击,民众伤亡惨重,遂又展开剧战,但在我机动部队分途出击中,匪终未获逞。十七日拂晓,我交警第三大队出击飞机场、水泉湾,斩获甚多。十八日午,我战车两辆掩护挺进军机动部队增援车站、酒精公司,行至修道院附近,战车发生故障,被匪二百余包围监视。战车队长孙玉藻接报后,自动率领该队全体官兵五十余,并战车五辆,前赴抢救,适值我战斗机两架临空助战,该队官兵在飞机、战车掩护下猛烈冲杀,突破重围,将陷入匪阵之战车两辆安全抢回，是役歼匪百余。

至廿三日，匪军虽屡增兵，一再全面猛攻，而我守军始终沉着应战，匪毫无进展，匪酋贺龙在智竭力穷下窜回丰镇。

乙、奸匪为挽回颓势，聂荣臻乃亲自指挥，改变硬攻方式，以坑道进迫围困。迄廿四日，匪以开到三五八旅新锐，再度发动总攻，城南周家店当晚被匪攻占，我暂卅八师守军一个连全数牺牲。同日，我北岳庙据点亦被匪以坑道包围。廿五日，包围北岳庙之匪陆续增加，虽经我派队解围，终因匪藉工事顽抗，激战竟日，迄未奏效。我暂卅八师一团第三营营长方心谦率部猛攻，壮烈殉国，于是北岳庙守军陷于重围。迄廿八日，我复以暂卅八师、保安总队、交警第三大队主力二次出击，前往解围。拂晓后，我出击部队以交警第三大队为中央队，暂卅八师为左翼队，保安总队为右翼队，向北岳庙以北地区之匪展开猛烈攻击，我楚总司令不避艰险，躬亲指挥，飞机、战车协同助战。右翼保安总队陈丰山部将匪左翼之一个连完全歼灭。同时，各队在空军掩护下全面冲入匪阵，反复冲杀，迄黄昏，终因奸匪凭藉坑道工事顽强抵抗，我为顾虑全局，乃令出击部队于当日仍撤回城内。斯役，匪野战第十三旅之卅七团被我歼灭六百余（内有团长一、营长二）。此次北岳庙虽未解围，而予匪以重创，大挫凶焰。自后，匪藉有利之坑道工事，逐渐向沙岭、曹夫楼采取同样之围困战法。

曹夫楼村屏障大同城东，位置重要，该处工事经廿余日之苦战，多被奸匪炮火摧毁，实难支撑，乃于廿七日转据曹夫庙及庙后之曹玉莲梳妆楼，并将三处坚固，房院之墙壁挖掘射口，构成品字形之据点，作为核心阵地。匪为急求成功，先攻此庙，所以深入攻击，暴露侧翼，我军乃据房院反击，匪未得逞，死伤狼藉，攻村东、村北之两个连长以士兵伤亡过重，畏罪自缢。又，曹夫庙东南角之院墙被炮击毁，匪乃由此冲入上，遭我房院据点之侧射，冲入之匪三百余均被击歼。

激战弥日，我外围各据点屡予匪以重创，换得巨大之代价。兹为集结兵力，确守城垣计，于八月卅日，将沙岭、曹夫楼两据点并城西之警察学校同时自动放弃，惟因当时沙岭在匪重围包围之中，为时稍晚，撤退时已感困难，我守军暂卅八师第二团王仲德营除撤回六十余人外，其余被迫滞留，未能撤出。我北岳庙守军暂卅八师第三团李汇川营及沙岭守军第二团之一部，复苦守数日，迄卅一日李营长接到由飞机投下突围命令后，遂率部外冲，复以匪势雄厚，围困严密，仅突出十余人，余被阻仍回庙内……连长张鹏被俘不屈，横遭惨杀。此后，战事即迫近城郊。

丙、匪军总指挥聂荣臻奉朱德密令：进攻大同，自九月一日展限一周，三日内将车站攻占，四日开始攻城，故自九月一日起，战事重点因又转向车站。我军为适时增援，亦于北关控制有力之机动部队，保安总队、交警第三大队两部轮替，随时增援。而城北匪军当日实行蠢动，但未出我逆料，一夜间以十二、十三、十四、三五八等旅及警卫团约十五个团之兵力两万余人，向我车站疯狂进攻。我挺进军苦战兼旬，伤亡颇重，虽在极端疲困之中，犹能英勇抵抗，恶战两昼夜，我增援部队保安总队之第七大队，将窜入车站机务段之匪军予以包围，我大队长刘明身先士卒，奋勇指挥，不幸负伤殉国。我暂卅八师一团董连长亲率战士数十名，冒匪炮火冲入机务段内，与匪展开惨烈之肉搏战，卒将顽匪悉数歼灭，但在匪陆续增加下，车站争夺战愈演愈烈，形成胶着状态。……卒赖我援队适时增援，乃转危为安。匪因屡攻不下，复于九月二日强迫民兵数十人背负大量黄色炸药，并安装爆发管，驱使民兵到达水塔附近，匪军在后拉动导火索，于是人药齐炸，血肉横飞，将塔炸塌一部，但该塔仅水泥剥落而钢筋屹立如故，塔上守兵仍能沉着固守，不为稍动。此亦可见奸匪之残暴较李自成为尤甚也。

九月三日，我将车站配备重行调整，增派保安总队及交警大队加入防守，交警大队担任中央地区之酒精公司，保安总队在左翼，挺进军在右翼，由御河西岸经车站、酒精公司、面粉公司，迄操场城西北隅之线布防。惟我军限于兵力之抽调，官兵疲惫已极，匪续将车站东大街及水塔等据点相继攻占。四日，匪复陆续增加，我为顾全大同全局，确守城垣，遂于是日下午，将车站全面放弃，退守操场城。部署变更如下：

子、保安总队固守操场城西半部。

丑、保安第二团，附四十三军通信营固守东半部。

寅、交警第三大队一部固守操场城北口。

卯、东北挺进军控制于北关及操场城，为机动部队。

辰、暂卅八师第一、二两团担任城防，第三团固守南关，浑源自卫队仍固守瓦窑村。

丁、我军转移新阵地后，匪每夜仍不时向我城关及瓦窑村阵地炮击。九月五日，我十二战区东进部队开始进攻卓资山、集宁后，匪于六日即由聂荣臻率领，陆续向集宁、张垣抽调。此时，四团之匪由萧克继续指挥，于十四、十五两夜将外围据点车站、御河铁桥、口泉煤矿、平旺发电厂大肆焚毁破坏。此时正值集宁匪军被我十二战区击溃，我为接应援军作战，遂于十六日拂晓，令暂卅八师分向城东、南、西三面，保安总队、交警大队、挺进军向城北分路出击。当晚我楚总司令溪春亲临城北，各军奋勇前进，势如破竹，至十八时将外围之匪完全击溃。迄十八日止，我已将宋家庄、警察学校、周家店、新田堡、马军营、十里河、水泉湾、北岳庙、七里村、智家堡、白马城、卧虎湾、孤店、孤山、曹夫楼、沙岭、祁家坡等地次第收复，并续向水泊寺、海立村、口泉、云岗追击前进（反攻战斗如附图第五）〔图略〕。迄廿日，匪军大部窜入山地，除怀仁、口泉未收复外，余均恢复战斗前状态。我交警第三大队朱大队长、新骑五师孙副师长、政治部阎主任、保安总队副大队长武威均亲自督战指挥，身负重伤。是役，我官兵依城固守，殄灭凶暴，前后苦战五十一日，均能同仇敌忾，浴血奋斗。于此五十一日之中，每夜战况之烈，几为抗战八年中所仅见，每一接触，即相距二三十公尺，匪以波浪式之冲锋蜂拥猛扑，步枪火炮无效，均以轻重机枪、手掷弹及白刃格斗为主。匪每夜撤退时，尝遗尸数百余具，仅沙岭一处，廿六日之战斗，匪伤亡约在九千余名，车站伤亡一万二千余名，其他据点约五千余，总计匪军伤亡约在二万余。

5. 战斗后匪我一般态势（如附图第六）〔附图缺〕：

甲、匪军态势：

子、奸匪十一旅第卅一、卅二两团及野战一旅第一、二两团向廿里铺以北山地窜去。

丑、野战十旅第廿八、廿九两团沿平绥路以南向东溃窜。

寅、野战第十三旅第卅七、卅九两团及大同县大队，向桑干河以右山地窜飏。

卯、野战第十四旅第四十一、四十二两团及独三团向口泉方向窜去。

辰、独三团向云岗方向窜去。

己、野战第十二旅第卅五、卅六两团、野战第十一旅第卅二团、野战第十四旅第四十团、独二旅第卅一团及游击第一、七两支队，向孤店东北山地窜去。

乙、我军态势：

子、暂卅八师第一团在城东海立村、水泊寺附近地区。

丑、暂卅八师第二团在城西马军营、十里店、王家园、平旺附近地区。

寅、暂卅八师第三团在城南御河、十里河中间地区。

卯、东北挺进军、交警第三大队、保安总队、保安第二团等部，在城北车站以迄孤店中间地区。

辰、第四十三军通信营及大同、广灵、浑源、阳高各县自卫队等部，位置大同城内。

五、匪我人马、武器、物资等损失（如附表第三、四、五）〔表略〕：

六、作战经验及教训：

1. 诸兵种之协同：

甲、步炮协同：

子、此役作战多在夜间，第一线步兵与炮兵因无电话设备，致连络困难，对弹著之指示与修正不能适切。

丑、我炮兵未能集中使用，以制压匪炮，致步兵受到匪炮之威胁，损失甚大。

寅、步炮连络信号无确切规定，未能收协同之效。

卯、炮兵动作迟缓，不能适应步兵之要求。

辰、步兵与炮兵作战前无适当协定，致战斗开始后不能密切协同，致失战机。

乙、步兵与战车：

子、步兵与战车配合作战未能适确，战前既少演练，战时各级指挥官多不善运用，致战车之威力未能充分发挥。

丑、步兵未能掩护战车，更不能藉战车之掩护随伴冲锋前进，致战车单独深入匪阵，受匪炮击，每有损害。

丙、陆空协同：

子、空军助战来去迅速，匪军攻击多在夜间，而其撤退每在拂晓，故空军助战难收实效，如能在拂晓前后到达，配合地面部队作战，则收效宏大。

丑、各部队对陆空联络信号布板之使用不熟练，以致协同不能适切，且易生误会。

寅、炮兵与飞机不能互相指示目标。

2. 对各种兵器之使用：

甲、各部队对自动火器之使用，惯用连续射击，对数发点射多不熟习，致弹药消耗多而收效少，反为匪所轻视。

乙、各据点外围所布之拉雷，易被匪军发现，剪断拉绳。

丙、白刃兵器不敷使用（如砍刀、刺刀等），因匪惯用夜战，而白刃兵器亟应充实。

3. 阵地编成及工事之缺点：

甲、阵地编成必须符合作战计划，如地形之选择、兵力之配备、火网之编成等，均须吻合，因此次工事多未能依据作战计划构筑，且限于兵力不能完全据守，反为奸匪利用，殊为失当。

乙、碉堡位置选择不当，各碉不能互为支援。

丙、碉堡太高且不坚固，无韧强性，易被匪炮摧毁，应多作低形碉，力求坚固，并使构成据点之碉堡群。

丁、据点周围应构筑野战工事，并外壕应在手掷弹投掷距离之内，俾能收瞰制之效。再，水源应有保护办法，免致断绝。

戊、外壕应构成方形或三角形，并须设置侧防机构，以便消灭进入壕内之匪。

附表第一

大同保卫战匪军先后参战部队番号兵力统计表 自卅五年八月一日起，至卅五年九月廿日止					
区分	番　号	主官姓名	兵　力	参战地区	备　考
晋绥野战军	第三五八旅附炮兵团	黄体新	5R、6R、8R 6000余	城北白马城、卧虎湾、酒精面粉公司	八月十日以后
	第三五九旅一部	不详	1600余	城北白马城、卧虎湾、酒精面粉公司	八月十日以后
	晋绥野战军警卫团	不详	全团1000余	城北白马城、卧虎湾、酒精面粉公司	八月十日以后
	独二旅第廿一团	吕国翰	全团1500余	城西北下武庄一带	七月下旬
	绥蒙第二十二团	不详	全团1000余	城西北下武庄一带	七月下旬
	警三旅第六团	贺晋年	全团1000余	城西南新田堡、十里店一带	八月十日以后
	晋绥五分区独二团	王霖雨	全团1200余	城西南新田堡、十里店一带	七月下旬
	晋绥五分区独三团	梁子俊	600余	城西南王家园、十里店附近	七月下旬

晋察冀军区	野战第一旅	罗文芳	1R、2R、3R 4000余	城西南十里河及城东二十里铺、三十里铺、海立村一带	七月下旬
	野战第十旅	马 龙	28R、29R、30R 4000余	城东曹夫楼、水泊寺、沙岭一带	七月下旬
	野战第十一旅	陈耀武	31R、32R、33R 3500余	城西南十里河，东西韩家岭一带，31R在城北车站附近	七月下旬
	野战第十二旅	李卜元	34R、35R、36R 3000余	城东北车站及泉子头一带	七月下旬
	野战第十三旅	杨成武兼	37R、38R、39R 4500余	城南七里村、固家店、北岳庙一带	七月下旬
	野战第十四旅	不 详	40R、41R、42R 3600余	城西南地区(40)、城西北下武一带	七月下旬
游击部队	游击第七支队	齐桂舟	1800余	城西北地区	七月下旬
	游击第一支队	不 详	900余	城西北地区	七月下旬
	左云县大队	不 详	700余	城西马军营、小站附近	七月下旬
	怀仁游击队	李青山	300余	城西北十里河一带	七月下旬
	大同县大队	谢 某	500余	城东南东西王庄、沙岭附近	七月下旬
	阳高游击队	不 详	600余	城东南东西王庄、沙岭附近	七月下旬
附记	一、匪军作战军先后总指挥官贺龙、聂荣臻(最后萧克)。 二、城东地区指挥陈正湘,城西地区总指挥王亦军,城南地区指挥杨成武,城北地区指挥官黄新庭。 三、匪先后参战兵力四万四千余。				

附表第二

大同保卫战我军参战部队番号表
（卅五年八月一日～九月二十日）

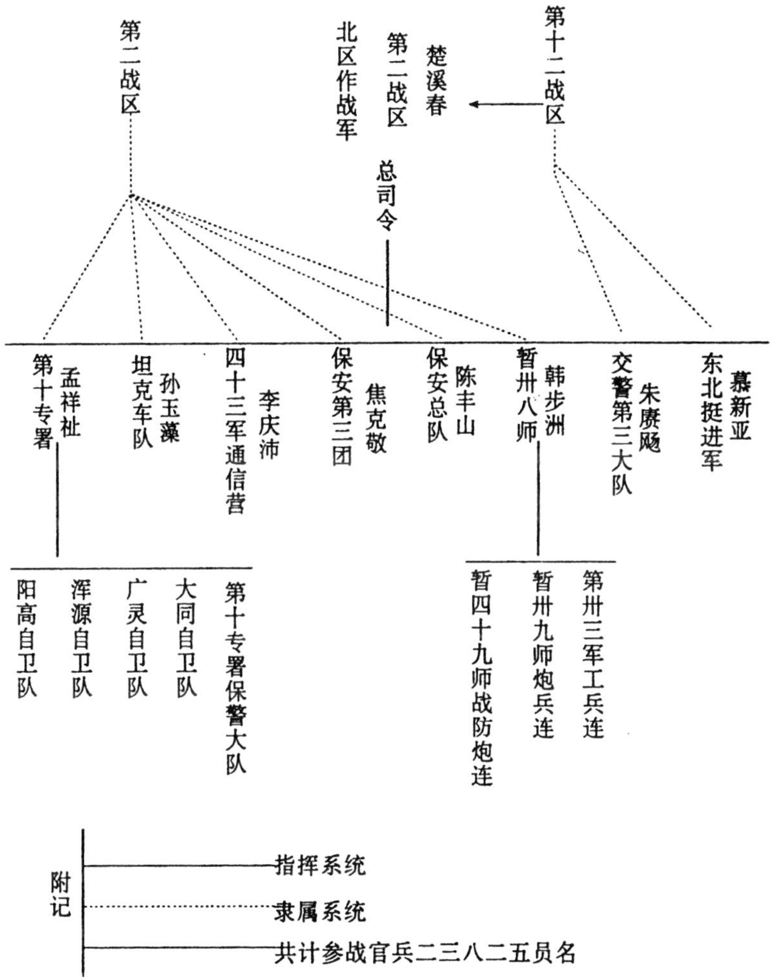

```
                                              第十二战区
                                    ┌─────────────┤
                        第二战区      │楚溪春
                          │          │北区作战军
                          │          │第二战区
                          │          │ 总司令
                          │          │
  ┌──┬──┬──┬──┬──┼──┬──┬──┬──┬──┬──┐
第 孟 坦 孙 四 李 保 焦 保 陈 暂 韩 朱 交 慕 东
十 祥 克 玉 十 庆 安 克 安 丰 卅 步 赓 警 新 北
专 祉 车 藻 三 沛 第 敬 总 山 八 洲 飏 第 亚 挺
署       队 军     三     队     师         三         进
             通     团                             大         军
             信                                    队
             营
  │
  ├─ 阳高自卫队
  ├─ 浑源自卫队
  ├─ 广灵自卫队
  ├─ 大同自卫队
  └─ 第十专署保警大队

                  暂四十九师战防炮连
                  暂卅九师炮兵连
                  第卅三军工兵连
```

附记
―――― 指挥系统
…… 隶属系统
共计参战官兵二三八二五员名

〔中国人民解放军总参谋处保存国民党档案〕

7. 国民党军暂编第三十八师韩步洲部对人民解放军进攻大同战役战斗详报

(1947年8月20日)

大同保卫战陆军第三十三军暂编第三十八师战斗详报 1946年8月3日——9月20日

(一)战斗前敌我形势之概要

一、敌方形势：奸匪在未开始进攻大同前于七月六日乘我警戒疏忽攻陷朔县，继续陷我山阴，围攻应县，威胁怀仁，企图消灭我外围力量，节节迫近城郊，占领城东二十里铺、谢家庄、独树、倍加皂、三十里铺、周士庄、四十里铺、五十里铺、聚乐堡、寺儿村、小南头、东西王庄、西谷庄，城南新田堡、东西十里河、智家堡、马辛庄、魏辛庄，城西小站、云岗、十里店、水磨上、平旺村，城北宋家庄、孤店、圣水沟、金家湾、上武庄、泉子头一带。

二、我方形势：我军为集中兵力争取最后胜利，于八月二日自动放弃怀仁，四日放弃口泉、平旺，固守大同城关及周家店、瓦窑村、七里村、沙岭、水泉湾、北岳庙、曹夫楼、曹夫庙、白马城、卧虎湾、警察学校、下武庄等据点。敌我态势(如附图一)。
〔图略〕

(二)影响于战斗之天候、气象及战斗地之状态

一、天候：在四十五日之保卫战役，其中天候：八月九日天雨，十日、九月一日阴云黑暗，八月二十一日、二十二日、二十三日及二十五日暴风剧雨历四小时，其他日期均为晴朗。

二、气象：两个月中气象差别：八月份平均气温八十二度，上半月日出午前五点，日没午后七时二十分，下半月日出午前五点十五分，日没午后七点；九月份平均气温七十五度，前半月日出

上午五点二十四分，日没下午六点五十五分，后半月日出上午五点三十八分，日没下午六点一刻。每月一日至十五日星月皎白，十六日至三十日昏黑，阴云蒙蔽，目视困难。

三、战斗地之状态：大同扼平绥路之中枢，为同蒲路之起点，附近地形平坦开豁，西北多山，东北地高，敌人占据则有瞰制之虞，城东御河水浅，到处均可徒涉，城南有桑干河一道，障碍力小，故我方为求确保大同安全，必在城郊占领外围据点，以图逐渐消灭奸匪。

（三）敌我兵力及交战敌兵之番号与指挥官之姓名

一、敌人兵力番号与指挥官之姓名：奸匪进攻大同总指挥官聂荣臻，住城东约五十里之聚乐堡，并下设四个前进指挥部。城东与我交战敌兵之部队号计：野战第十旅马龙部五千六百余名，附山、迫炮十门，分驻蔚州疃、谢家庄、倍加皂一带；野战第十二旅五千余名，附山、迫炮九门，分驻干井、泉子头、萧家寨、古城村、海力村、二十里铺；野战第一旅三千余名，分驻四十里铺、五十里铺、聚乐堡；晋冀第十团一千六百余名，附迫炮二门，及阳高县大队三百六十余名，分驻寺儿村、东西王庄、西谷庄一带。其前进正副指挥官姚喆、陈正湘，驻马坡山、花园屯等处。城南与我交战敌兵之部队号计：野战第十三旅及野战第十四旅，共一万一千余名，附山、迫炮十四门，分驻智家堡、东十里河、西十里河、新田堡一带；第十二团一千五百余名，分驻马辛庄、魏辛庄一带。其前进正副指挥官杨成武、刘仲义，驻太村附近。城北与我交战敌兵之部队号计：野战第三旅五千一百余名，附山炮、野炮各二门，分驻孤店、圣水沟、上武庄一带；第三十四团及警卫团、野战骑兵旅、工兵团、炮兵团、游击第一支队，共一万一千八百余名，附山、迫炮各八门，分驻金家湾、马站、安家小村。其前进正副指挥官黄新武、范某，驻孤店村。城西与我交战敌兵之部队号计：晋绥第五军——分区独立二团，独立三团及左云大队四千余名，附山、迫炮六门，分驻小站、马军营、十里店、平旺村一带。其前进指挥官王赤军驻小站村。以上各前进指挥官均于八月三日开始，分别指挥各地区匪军作战，并匪首贺龙、萧克亦前后率所部增援大同作战，贺龙驻城北孤店村，萧克驻城东二十里铺。又，匪三五九旅五千余名，亦于八月二十三日前后开到，分驻周士庄、三十里铺、独树一带。并在作战期间，匪军由各地调来增援部队计有野战第十一旅、第十八旅、三五八旅，连同民兵及地方武装，共三万五千余名，分驻大同四周增援作战。总共匪军兵力八万五千九百六十余员名，截至八月十八日，匪总兵力增至十万一千一百员名，附山、野炮五十余门，其他武器齐全（重武器均系日人射手）。

二、我军兵力、番号与指挥官之姓名：我军为确保大同城垣，除以暂三十八师第一团担任城防及东关之固守，并以第二团、保安总队、交警大队、坦克车队为机动部队，主力控制于城内外。又以第一团之一部，附属浑源、广灵、阳高、大同各县自卫队，及第十一专署之保警大队，共七百余名，固守城东御河以东曹夫楼、曹夫庙、祁家坡、沙岭等据点，第二团之一部亦于开战后，换替一团固守沙岭村。第三团固守南关及城西飞机场、北岳庙、七里村等据点。城西南周家店、瓦窑村由第二团之一部及师属输送连与怀仁县干部轮流担任固守。保安第二团之第二营担任城西警察学校、马军营之固守。城北由御河铁桥经锅炉、水塔、车站、酒精公司、面粉公司、汽车修理厂迤西之线，并白马城、卧虎湾、下武庄及高桥、梅津两营盘等据点，均为东北挺进军之防地，由新骑五、六两师及总部直属等部队担任固守。四十三军通信兵营固守北关、操场城。总计守城及外围兵力共一万二千三百余员名。在作战期间，城外各据点之防务，均由各部队随时替换。我方最高指挥官北区作战军总司令楚溪春，暂三十八师师长韩步洲。

（四）阵地之占领、攻击之部署及其主要理由师以奉命固守大同，巩固我华北，屏障我绥宁，呼应热察，支撑太原，除将有力部队控制于城内，相机出击外，其主要理由如左：

一、我军在确保大同，粉碎奸匪控制华北、打通东西阴谋与袭占华北重镇、鲸吞三晋之迷梦，奸匪积极调集兵力于城郊附近，企图围攻。我为达成任务，势非占领有利据点不可，若将兵力分散，有被敌各个击破之虑，故在城东曹夫楼、曹夫庙、祁家坡、沙岭及城南飞机场、北岳庙、七里村，城西南周家店、瓦窑村，城西警察学校、马军营，选择要点而占领之。

二、就全般之态势，奸匪集结重兵在城郊，占领四周附近村庄，形成包围形势，企图速战速决，一举歼灭、击溃我军，以遂其夺取大同之企图。

三、我军占领城外附近据点，藉工事之设施，逐渐消耗敌人，争取时间以待援兵，并可掩护城内安全及空运之接济。

（五）关于战斗所下命令及下达法

一、攻击倍家皂敌人时所下之命令：师与第八工程队协同攻击盘据大同城东倍家皂、周士庄、二十里铺、三十里铺、四十里铺一带之共军约一个团，于七月二十三日午后六时命令：第一团第三营营长方心谦率部，附战车两辆，经水泊寺、石家寨、樊家庄、解家庄，沿汽车路于二十四日上午五时前到达倍家皂以东、以南，就攻击准备位置，依记号开始攻击；第二团第二营营长王仲德率部，经蔚卅疃、独树，于二十四日上午五时前，以一部到达倍家皂以北，就攻击准备位置，以主力进驻萝质庄、刘家小庄之线，先对周士庄之敌施行警戒，于六时协同第八工程队攻击周士庄之敌；师属特务连连长刘世伦率部到达解家庄后，向倍家皂西面施行佯攻；海司令福龙骑兵于二十四日上午五时前，一部占领蔡家庄，主力扫荡营坊沟后以一部占领窑子头，一部占领驼坊，瞰制增援并追击遗退之敌；第三团第二连及师属卫生队、战防炮连、战车、汽车、第一团军士训练队为预备队，经樊家庄，于二十四日早五时前到达解家庄待命；炮兵随预备队行动。攻击开始记号：炮兵射击传达法，召集各部队长口授，使之笔记。

二、撤退怀仁、口泉部队时所下之命令：奸匪于七月三十日晚，由张家口开来共军万余名，武器齐全，集结大同、怀仁之间铁路两侧各村庄，企图截断我怀仁、大同之交通线。八月一日，命令驻怀仁第三团团长张佐汉：全部于八月二日拂晓前，出城向辛庄、口泉之间，选敌弱点攻击扫荡。同时，又令保安总队约千余人，于八月二日拂晓乘火车由大同向辛庄出发，进攻秀女村。并令驻永定庄第二团团长王元令派兵一营，于八月二日早四时出发，向忤作村及西万庄攻击牵制，俾怀仁、大同两路之军容易成功，达成归还建制，俟第三团到达口泉后，二团全部即向大同集中。

以上命令除第三团用电报下达外，余均以打字印妥，派军官送达。

三、固守城关时所下之命令：为适应情况，加强城防，确保城关附近各据点，于八月十三日下午一时，着一团担任城内北半城及东关、曹夫楼、曹夫庙等据点之防守；第二团担任城内南半城及周家店、沙岭等据点之防守，大同城防仍由第一团团长田尚志统一指挥；第三团附山炮一门，担任南关、北岳庙、飞机场、水泉湾、七里村等据点之防守；保安二团担任警察学校之防守；四十三军通信营担任操场城之防守；浑源自卫队担任瓦窑村据点之防守，归第二团团长王元令指挥；广灵、阳高、大同各县自卫队轮流担任祁家坡据点之防守，按以上顺序三日换防一次，归第一团团长田尚志指挥；炮兵营以山炮八门配置于四门及城墙四角，以一门附属第三团，其余控制城内临时使用；师直属部队均控制城内，按任务与缓急，临时调遣使用。以上各据点均须死守，失守者军法从事。各团除一部配备守点外，其余控制城关作为团之地区预备队，由团长运用，适时适机策应各该地区之各据点，但各该预备队亦即师之总预备队，必要时由师命令增援某一重要方面。传达法：打字印妥，派人送达。

四、解北岳庙围时所下之命令：师以奉命歼灭包围北岳庙敌人之目的，于八月二十八日早五时前就攻击准备位置后，继向该敌攻击前进。保安总队附战车三辆为右地区队，交警第三大队附战车一辆、迫炮二门为中央地区队，暂三十八师主力附战车两辆为左地区队。各部队攻击准备位置计保安总队为东南方高烟筒迤东，通七里村大道之线，交警第三大队为距敌壕约三百公尺之土墙，师之主力与交警大队衔接至飞机场西南端交通壕东南西北之线。炮兵营蒋营长率炮二门，在南关之南门外占领阵地，担任制压正面敌人之射击，在攻击前完成射击准备。右地区队就攻击位置后，继向当面之敌攻击，将敌驱逐后，即左旋转向北岳庙方向攻击。此时，中央地区队及左地区队同时向敌猛攻，左地区队即向敌右翼包围，协力而歼灭之。师奉令后，即着第二团（欠一营）担任师之左地区队，第三团届时派一部加强水泉湾，掩护我左侧背之安全，第一团届时派一部占领飞机场东北碉堡附近，监视祁家坡之敌，警戒左后方。传达法：打字印妥，派人送达。

五、追击敌人时所下之命令：围攻大同之敌于十五日晚大肆破坏占领区内碉堡、工事及建筑物，判断似有撤退模样。师为歼灭残留之敌，着第一团团长田尚志派遣主力，向城东约六华里之祁家坡、曹夫楼、曹夫庙，第二团向城西南约七华里之周家店、警察学校、马军营，第三团向城东南约五华里之北岳庙、飞机场、水泉湾一带追击。传达法：召集各部队长口述，使之笔记。

（六）各时期之战斗经过及与此相关联邻接部队动作

一、攻击倍家皂时之战斗经过：盘据倍家皂、周士庄、二十里铺、三十里铺、四十里铺奸匪之老六团及第三旅第一团，附有重机枪一挺、轻机枪四十余挺，共约八百余名，民兵五百余名，战斗力强。我为开展政权、收复失地起见，于七月二十三日奉命率官兵八百员名，附战车四辆、山炮两门，与第八工程队分别攻击以上各处之敌，于二十四日早五时，各部到达攻击准备位置，即开始攻击。激战三小时，村外各据点完全被我攻克，敌遂窜回堡内，深沟高垒，藉暗道、工事、碉堡负固顽抗，我无法通过。对峙至正午十二时，我即重新部署，选拔奋勇队二百余名，填壕凿墙，攻入村内，与敌实行巷战、家屋战，相继攻克敌碉七座，大部据点均被我占领，惟因邻接部队保安总队攻击二十里铺、三十里铺、四十里铺之敌未能奏效，以致倍家皂敌人未能歼灭。海司令福龙部占领蔡家庄、窑子头、驼坊，并以主力扫荡营坊沟，对于城东南之敌得无顾虑。下午六点，我因另有新任务，即着第一团三营方心谦部撤至倍家皂以北有利地带，防止倍家皂敌向北逃窜，并对周士庄严密警戒，防敌南袭，旋即撤回。下午十点，我全部均安然返防。战斗经过（如附图二）。〔图略〕

二、撤退怀仁、口泉时之战斗经过：奸匪野战十三旅第三十七、三十八、三十九三个团约六千余名，附山炮三门、迫炮九门、重机枪九挺、轻机枪一百五十余挺、掷弹筒一百五十余具，又敌晋冀第五军分区第十二、第十三两团约三千余名，附迫炮三门、重机枪三挺、轻机枪三十余挺，及怀仁、大同各县大队等兵力，共一万余名，全数布置于怀仁周围及大同中间地区之各村庄，在怀仁周围二十里以内敌人点点驻扎，层层布置，形成包围，企图阻止我援军。我驻毛家皂之第三团八连于七月三十一日下午十时，被敌野战十三旅三十九团及县大队两千余名，附有山炮、轻重机枪多挺，围攻一昼夜并切断电话线，使我失却连络，集中炮火向我轰击，同时步兵藉炮火之掩护，开始猛攻，经我守军沉着应战，敌人连冲五、六次，伤亡三百余名，卒未得逞。因我增援部队途中被敌阻击，未能到达，众寡悬殊，以致我守军第一连一连长宋耀武以下官兵一百三十员名，竟于八月一日全连覆没。我为集中兵力，便于尔后之作战计，一面令驻怀仁第三团团长张佐汉，于八月二日拂晓前向辛庄、口泉转进,一面令驻口泉第二团团长王元令派一个营出击小营、秦城一带,掩护第三团突围。不料敌人布置严密,顽强狙击,经我三团官兵奋勇冲杀,屡走屡冲,屡战屡杀,将敌节击击退。激战彻夜,冲出敌人二十余里之包围圈。至拂晓时,大部撤回,惟该团二营机枪连连长辛福龙率领所部途中遇敌,展开血战,卒因寡不敌众,全连覆没。战斗经过(如附图三)。〔图略〕

八月四日令驻口泉第二团团长王元令,除留一个营掩护平旺发电厂外,余向大同集中。不料奸匪第二、第三两旅由东韩家岭方向分路进攻我驻发电厂之二团三营,经该团团长王元令率领所部并附战车二辆前往增援,与敌猛冲猛打,连克十里铺、新田堡、十里店、水磨上,将敌击退,并与围攻之敌肉搏数十次,血战至晚十时许,敌向西南溃退,我第二团全部完全撤回城内。战斗经过(如附图四)。〔图略〕

三、城郊外围据点之战斗经过:奸匪侵占大同,垂涎已久,自我放弃怀仁、口泉、平旺后,该匪渐渐向我外围压迫,于是大同形成四面被围。八月三日开始向我城东沙岭、曹夫楼、海立村等据点攻击。自此以后,每晚敌以野战第一旅之三个团,配合民兵六千余人,附山、迫炮六门、重机枪五挺,乘夜暗以主力向我固守沙岭第一团四连及浑源、广灵两县自卫队阵地猛扑。我军固守碉堡、工事,沉着抵抗,勇猛杀敌,经我增援部队第二团三营营长赵英杰率领所部,附战车二辆,于拂晓匪正在攻击沙岭,爬上碉堡之际,赶到该地,将敌击退。同时,敌以四个营配合民兵两千余人,附山、迫炮各二门,向我固守曹夫楼、海立村之第一团一连及阳高自卫队阵地猛攻,用密集队形波浪冲锋,均被我击退。如此连续进攻三日,除海立村之一团五连一个排因碉堡被敌炮击毁,敌用云梯爬山,用火烧毁,我守军四十八名(内阵亡十二名,受伤二十六名,逃回十名),遂将该村于八月五日被敌占领。我曹夫楼守军均能抱定与阵地共存亡之决心与敌死拼。

八月七日，奸匪向我沙岭阵地先行佯攻，企图逗我子弹。八日早二时，敌以重兵配备日式武器，用四路纵队蜂拥猛冲，手掷弹冰雹投掷，不放一枪，不喊杀声，企图使我守兵无拉栓及投第二颗手掷弹之余暇，并连续施行波浪冲锋七次，经我守碉部队以手掷弹开火，大部房院被敌攻占。我军死守据点，不慌不忙沉着以待，适我增援部队第二团一营营长侯颖杰率部赶到，击退该敌。当晚，匪又配合倍家皂增来之敌五千余名、骑兵五百余名，附山炮二门、迫炮五门，其他武器齐全，分向我沙岭、曹夫楼、曹夫庙进攻，主力向我固守沙岭之第一团九连及阳高自卫队阵地攻击，一夜冲锋十一次。另一路强占祁家坡，企图截击我军应援，被我机动部队攻克占领。战至天明，敌人撤退，我机动部队二团三营乘机尾追，适遇我战斗机两架赶到，协同追击，并经我城上炮兵射击支援，该敌狼狈向东溃退。八月九日午后十一时，敌冒大雨，向我沙岭阵地偷袭，顽敌攻入村内，并以云梯爬碉，经我守军第一团七连及师属特务连，归一团三营营长方心谦指挥，沉着应战，击破敌九次冲锋，以手掷弹炸死敌人甚多。八月十日上午一时，奸匪五百余乘夜间秘密潜进，至我东关御河汽桥附近，企图破坏该桥，被我曹夫庙守兵发觉，将敌击退。同时，有敌八百余利用凹道，向曹夫楼阵地潜进，经我守军发觉，以掷弹筒、手掷弹、轻重机枪集中射击，敌死亡枕藉，狼狈而逃。连日奸匪到处进犯失利，死伤惨重，尤以沙岭小小据点使用重兵进犯，数日未能攻下，羞愤之余，竟将其团营长正法数人，并由张家口调来生力军之冀中野战军第十二旅兵力五千余，附山、迫炮五门，由八月十三日至十七日围攻我沙岭守军第二团二营之两个连。每晚以炮火集中向我阵地连续轰击五百余发，将我碉堡全数摧毁，并用轻重火器掩护向我冲锋八次，我即一面修补碉堡，一面挖低形野战工事与敌苦战。十五日早，我机动部队二团三营，附战车二辆，前往增援,将敌包围后又增加一团二营,内外夹击,将敌击退,至我阵地前三百公尺处潜伏,形成对峙。其他曹夫楼、曹夫庙方面,每晚敌人亦有扰乱射击。奸匪硬攻沙岭,不惜牺牲,激战旬余,终未得逞,又集结兵力于八月十九日围攻我沙岭守军之二团一营(缺第二连),企图控制我飞机场,断绝我空运之接济。二十一日又向我沙岭据点二团三营阵地进犯。二十二日乘细雨纷纷,夜无日色,潜伏接近至我阵地前,包围我守军。二十五日晚又以三个团兵力,附山、迫炮五门,围攻我沙岭之二团二营,均经我官兵奋勇抵抗,艰苦死战,与敌肉搏,东南据点被敌攻占,大部牺牲,其余东北、西北两处据点,亦均被敌炮火击毁数处,以致沙岭被围。二十六日早,令第二团一营营长侯颖杰率部前往增援,行至祁家坡,遇敌四百余名占据村内,遂向该敌反复冲击,最后登房以手掷弹将敌大部歼灭,少数逃窜,我军继续前进,沿途经受敌之伏击,经我五次冲锋,愈战愈烈,敌人愈聚愈多,无法打通。激战至黄昏,沙岭守军二团二营(欠第五连及第四连一个排、机枪连一个班)营长王仲德乘势率部突围,除该营四连固守东北据点,因敌包围严密,无法撤退外,其余王营长以下官兵一百余员名,均各冲出重围,沙岭从此陷落敌手。

匪军第十旅之三个团约五千余名,附山、迫炮各四门,于八月十八日午后九时,以主力猛攻我曹夫楼守军之第一团二、九两连,另一部伴攻我曹夫庙,企图破坏我御河汽桥。又晋冀第十团及阳高县大队共两千余名,附迫击炮二门,于同晚十时围攻我祁家坡守军第二团六连及浑源、广灵、大同各县自卫队,经我沉着应战,以手掷弹开火,毙敌甚多。二十日至二十三日下午八时,敌乘细雨,料我不备,黑夜观察又感不便,猛然扑进,至我祁家坡阵地前,激战三小时,胜负未分。同时有敌一部向我曹夫楼守军第一团八连及团便衣队阵地伴攻,另一部进到曹夫庙、御河汽桥,彻夜鸣枪扰乱,拂晓退去。二十四日及二十五日午后十一时,敌以一部进攻曹夫庙，主力围攻我曹夫楼守军第一团三、八两连及团便衣队。先用炮火将我阵地摧毁，继用轻重机枪掩护，挖坑道向我阵地接近。经我官兵沉着应战，拂晓时敌退至村外，距我百余公尺构筑工事，与我对峙。二十六日午后九时，奸匪一千五百余名进攻我祁家坡，并有一部闯入村内，经我守军之浑源、广灵、大同各县自卫队艰苦战斗，适我二团一营营长侯颖杰及一团一营营长张有起各率所部前往增援，途中被敌伏击，未能按时赶到，以致祁家坡即于是日夜间十二时被敌占领。

八月二十七日至三十日，敌以主力向曹夫楼进攻，以一部扰乱我御河汽桥，先以炮火轰击，继用既设坑道进至距我阵地前四十公尺处，以黄色药炸我房院据点，乘烟火爆炸，步兵向我守军第一团一、七两连及团属输送连、便衣队阵地连冲五次，经我城上炮兵支援，均被击退。并于每晚带大批民夫，由祁家坡向曹夫楼构筑工事，夜间不断向我施行猛烈射击。同时敌炮向我曹夫庙一团六连阵地轰击，将东南阵地及庙南碉堡击毁一部，步兵蜂拥向我猛冲，被我手掷弹炸死甚多，遗尸阵地前一百五十余具。我为集结兵力，与敌争取最后胜利起见，遂将曹夫楼、曹夫庙两据点即于八月三十日午后八时自动放弃。战斗经过（如附图五其一）。〔图略〕

奸匪第十一团配合地方武装大队两千余名，附迫炮二门、轻重机枪各四挺，武器齐全，由八月七日至十四日，每晚向我城南七里村守军之第三团六连及五连之一排鸣枪扰乱，企图逗我子弹，并以集中炮火向我猛烈射击，摧毁碉堡一座，适我机动部队二团三营赶到，敌即退至我阵地前一千公尺处构筑工事，与我对峙。又敌一部一千余人，附山炮二门、野炮一门，在智家堡占领阵地，以炽盛火力向我七里村据点射击，并以轻重火器掩护步兵围攻我守军。激战彻夜，我机动部队三团二营营长李汇川几度增援，均遭遇伏击，略受损失后，又抽调三团三营之一部及师属特务连前往增援,亦未冲破其伏击线,我守军除逃回者七名外,余均壮烈牺牲,七里村遂于当日下午十一时被敌占领。

自八月八日至十四日,敌每晚用少数兵力向我周家店不断袭扰,我军沉着应战,不到有效距离均不发枪,如此连续扰乱数日,坚守未动,敌无法施展其技。八月十五日下午十时,敌野战十三旅之两个团三千余名,附山、迫炮各三门、轻重机枪各四挺,其他武器齐全,向我周家店守军之第二团六连及四连之一部围攻,经我守军英勇痛击,反复冲锋十余次,均未得逞。激战彻夜,至拂晓时顽敌退去。二十二日黄昏后,敌人向我周家店进犯,至十二时开始向我守军第二团八连连续施行波浪冲锋七次,敌受创后退至阵前六百公尺处构筑工事,与我对峙。连日敌进攻损失惨重,颇觉愤怒,于二十三日下午六时,又增加一个团,附山炮三门、掷弹筒十余具,将我周家店包围,开始集中炮火向我阵地轰击,碉堡、工事摧毁,村中房屋多数击塌,敌步兵向我冲锋八次。激战一夜,我守军苦力支撑,卒以众寡悬殊,损失奇重。拂晓,我派兵前往增援,中途被阻,不能通过。复命二团三营驰往解围,中途为敌处处伏击,我即一面冲杀,一面前进,至下午四时,进至距该村一百公尺处,目睹该村已陷入敌手,我守军二团五连及四连一个排、机枪连一个班,除五连连长赵光恒负伤四处及排长一员负伤、士兵五名逃出外,余均壮烈牺牲。

番号不明之奸匪一千余名,附山、迫炮二门、重机枪二挺,于八月八日午后十一时向我水泉湾守军第三团三连阵地进犯,用密集队形猛冲五次,机动部队三团一连前往增援,将敌击退。十六日黄昏时,敌以炮火击毁村西碉堡一座,我守庙排长楚宝春及士兵五名与碉阵亡,其余守庙士兵多数负伤,致庙碉失守。敌人继续向该村攻击,该连沉着应战,英勇抵抗,至拂晓,我一团机动部队配合交警大队一部,附战车二辆,前往助战,第三连乘势反攻,将失守之庙碉夺回,继续追击敌人至智家堡附近,以任务达成，安然返防。自此以后，敌乘夜暗，每晚派遣步兵小组到处扰乱，潜伏进至我飞机场，将我停留机场之损坏运输机一架用黄色炸药炸毁，经我三团输送连协同机场部队予敌痛击，毙敌甚多。至八月三十日，我为避免各个击破及为保持实力与敌争取最后胜利计，遂将水泉湾、飞机场两处据点，即于是日晚自动放弃。

八月十一日，敌以野战第十四旅及四十一团三千余名，其他武器齐全，以一部向我北岳庙至七里村间碉堡之守兵三团二连一个班开始围攻，我守军待敌进至投掷距离内，以手掷弹开火，向敌连续猛烈投掷，并以轻机枪之炽盛火力予敌迎头痛击。敌受创甚巨，大部向我北岳庙三团二连阵地围攻，另有一部埋伏至七里村间，截断我赴七里村增援部队，激战至翌日上午十时，敌始退去。由十五日至十六日，敌又增调野战第十三旅所属第三十七、三十八、三十九之三个团连同民兵五千余名，附山炮三门、迫炮五门、轻重机枪三十余挺，掷弹筒十余具，于下午七时围攻我北岳庙。先以炮火向我阵地连续射击二百余发，将阵地摧毁，西南碉堡一座亦被击塌，步兵借炮火掩护，乘势攻入我阵地，以云梯爬上庙墙，经我守军三团八、九两连及机枪连一部、迫炮排沉着应战，并经我城上炮兵火力支援，与敌发生肉搏战。适我机动部队三团一营营长常鸿钧率部，附战车二辆，将敌击退至我阵地前五百公尺处，与我对峙。拂晓，经职亲率三团二营之一部及一团第五连，附山炮二门、战车二辆，配合保安第八大队由敌左侧背出击，敌不支，遂向七里村方向溃退，我即跟踪追击，至该村后即安然返回。八月二十四日下午六时，敌将我北岳庙四面包围猛冲，进入我外壕内者甚多，经我守军三团二营，与着派一团二营附战车前往增援之机动部队内外夹击，敌死亡枕藉，北岳庙周围三百公尺处均为敌人所有，并筑有简单工事，与我成粘着状态。自此以后，敌改变硬攻方式，以坑道进迫围困，企图以工事困毙我守军。除每晚以炮火轰击，步兵向我猛扑，并用黄色炸药毁我庙碉，所有庙房及附近碉堡几无一处完全。我守军三团二营营长李汇川决心坚定，毫不畏惧，夜间与敌死拼，昼间督饬所部修补工事，在此战况惨酷之际，仍能泰然自若，从事指挥，沉着应战，以待逆袭，最后因粮尽弹绝，庙旁水井被敌控制，苦守数日，官兵未进饮食，头晕眼黑，拿不动枪，抬不起头，在此状况下，敌又以大量瓦斯弹向我北岳庙射击，我守军在数日饥饿困迫之余，复遭匪不顾人道之施用毒气，以致全数中毒，昏迷不醒，遂致敌人攻入庙内，除少数者逃回外，余均被敌解决。九连连长张鹏被俘不屈，横遭惨杀。至二十九日午后十时，北岳庙陷于敌手，战事从此即迫进城郊矣。

自我外围据点陆续放弃后，奸匪疯狂进犯我城西南之瓦窑村，企图挖坑道轰炸南城墙，袭取我城内。每晚九时，先以小组在城周四面到处扰乱、疲惫我军，逗我子弹，使我防不胜防，继以重兵进攻我驻瓦窑村第二团输送连及浑源县自卫队之守军。八月二十四日午后十时，敌乘夜暗，潜伏进至我瓦窑村内，秘密凿墙挖枪眼，突然向我阵地猛烈发射，我守军均能本着瞄准打死不退的精神与敌死拼，卒将敌人击退，阵地始终在我手内。战斗经过（如附图五其二）。〔图略〕

八月十一日午后九时，敌以独立二团配合民兵一千余名，附山炮二门、重机枪二挺、轻步枪、掷弹筒齐全，向我城西马军营守军保安二团之一个连攻击，经我官兵与敌激战，卒因众寡悬殊，村中被敌冲入，发生巷战，除排长一员率兵三十名逃出外，余均被敌解决，马军营即于是日夜十二时被敌占领。

自马军营被敌攻陷后，晋绥第五军分区司令王赤军指挥所属独二、独三两团及左云大队四十余名，附野炮一门、山炮二门、迫炮四门，重机枪六挺，其他武器齐全，由八月十二日至十七日，每晚十时向我城西警察学校据点攻击，先以炮火猛轰，击毁碉堡一座，继以轻重机枪掩护步兵向我阵地猛冲，强行破坏铁丝网，经我守军保二团二营（缺第六连）沉着应战，并经我城上炮兵支援，激战多时，敌施放烟幕毒气，赖我官兵奋勇杀敌，将敌击退。由十八日至二十日，每早一时敌由马军营向我警校潜进，至五里店以东附近时，即集中炮火向我发射，并向我阵地施行波浪冲锋，我守军保二团及师属输送连、卫生队与敌鏖战，将敌击退，敌人距我阵地前一百公尺处构筑工事，与我对峙。自此以后，敌以工事推进，形成三面包围，我军行动颇受牵制。二十八日上午十二时，我保安二团警戒部队在宋家庄附近被敌包围，发生激战，经我调集迫炮、重机枪，配合城上炮兵集中射击，始将敌人击溃，我军安然返回。二十九日午后四时，遂命保安二团撤回城内，警校从此即为敌人所有矣。战斗经过（如附图五其三）。〔图略〕

城北之敌由八月七日至十三日，每晚向我白马城扰袭，企图破坏御河铁桥，与我东北挺进军一个连激战约二小时，即行退去。十四日，敌以野战第三旅之三个团兵力五千余名，附山、野炮各二门，迫炮四门，轻重机枪十余挺，分向白马城、卧虎湾、车站各据点进犯。主力向白马城进攻，守军东北挺进军骑兵五师海福龙部内部不清，遂将海福龙被俘，大部投降。同时，卧虎湾被敌侵入一部，天主教堂被敌占据。十五日上午四时，保安总队陈丰山部配合东北挺进军，附山炮三门，向白马城反攻未成功，交警三大队反攻天主教堂亦未得手。十六日至二十日每晚黄昏前，敌以山、野炮向我城内及北关、车站据点射击，以炮火击毁我碉堡三座。至九时许，敌增调三五八旅及十三旅之五个团，分向我白马城、卧虎湾、高桥、梅津营盘、修道院、车站、面粉公司、酒精公司、东北挺进军特务营阵地猛扑三十余次，经我东北挺进军与敌鏖战，及我城上炮兵火力支援，敌未得逞。由二十一日至九月一日，每晚敌以十八团、二十二团、三十四团及炮兵团、游击第一支队、警卫团，兵力六千余名，由聂荣臻指挥，向我车站进犯，与我东北挺进军几度激战，遂将车站检查段机房被敌攻陷，水塔附近窜进敌人一部。九月二日,职奉命派第一团一营营长张有起及二团一部前往应援,遂将该处之敌全部歼灭,水塔附近亦被我肃清。九月四日,敌以主力向车站机房猛攻,我守军张有起营与敌反复肉搏,该敌炮火炽盛,我阵地多被摧毁,机房复陷入敌手。同时,敌一部向机房以东两个碉堡及官房、水塔攻击,战斗激烈空前未有,当派二团一营营长侯颖杰率部增援,归第一团团长田尚志统一指挥,向敌猛烈反攻,敌我阵地形成犬牙综错,演成猛烈争夺战。敌继续增加四千之众,激战至黄昏,我因另有任务,当晚奉命撤回城内,重新调整防务,为顾虑大同全局,确保城垣,遂于是日下午五时将车站全部放弃,退守北关、操场城。战斗经过(如附图五其四)。〔图略〕

四、解围北岳庙战斗经过:敌人进犯大同,首在夺取飞机场,以期断绝我空运之接济,尤以北岳庙屏障飞机场,故敌对此进攻特别疯狂。八月二十四日午后六时,致以野战第十三旅包围我北岳庙,并征集民夫利用暗夜坑道作业,企图困毙我军。职奉命率官兵一部配合山炮、战车,于八月二十五日早七时,开始向北岳庙以东、以西及外壕一带之敌攻击,敌藉暗道暗工事顽强抵抗,且因天雨特大,影响战斗进展,未能解围。及至天晚,职以顾虑城防,即于当日下午七时撤回城内。八月二十八日,职率第二团,附山炮四门、战车两辆,向北岳庙以北地区之敌攻击,该敌利用暗工事,并在庙之四周满布地雷,防御我守军突围,经我冲锋五次,均未奏效,除令该据点守军设法突围外,至当日二次解围,亦未成功。我北岳庙守军除逃出十余名外,全数牺牲,至二十九日,北岳庙为敌占领。战斗经过(如附图六)。〔图略〕

五、固守城关时之战斗经过:自外围据点陆续放弃后,敌于九月五日午后五时炮击城内,南关两侧两个碉堡均被击毁,并以步兵乘夜暗向我南关进犯。主力攻击西城墙,以一部猛攻操场城,袭扰我东关,经我守军沉着应战,并经我城上炮兵支援,将敌击退。六日早，敌转向南关外以南碉堡猛攻，同时师属辎重营一部及输送连赴西门外拆取环城铁轨，被宋家庄之敌占据既设暗工事，向我猛袭，激战一小时，我因地形不利，撤回城内。至九时许，敌由三面向南关城墙猛扑，吹号呐喊，旋敌集结全力，围攻兴国寺北端高地之碉堡，激战四小时，敌借烟幕掩护接近碉堡，以炸药炸毁碉堡，守兵五人被炸牺牲。至七日拂晓，经我痛击，敌即撤至距我三百公尺处，匿伏暗工事内。九日晚十时，敌由飞机场向南关构筑工事，企图以工事迫近城关，经我集中火力射击，敌即撤至水泉湾。自十一日迄至十四日，敌以炮火不时向我城内射击，企图威吓。自此以后，国军克复承德，遥控张垣，围攻集宁，大同匪军陆续东撤北调，战况转趋沉寂，判断匪军将有撤退模样。战斗经过（如附图七）。〔图略〕

六、追击时之战斗经过：九月十五日晚，匪军将车站、天桥、票房、酒精公司、面粉公司、汽车修理厂、平旺、曹夫庙、御河桥及四郊各据点均纵火焚烧，判断其有撤退模样，职为歼灭残留之敌，着第一团派遣主力向城东、第二团向城西南、第三团向城南，各对当面之敌猛烈追击。我第二团于十六日上午十时三十分占领周家店、宋家庄、警察学校，续向五里店、马军营搜索前进，残敌仓惶向云岗方向溃窜。第三团于十六日下午二时，驱逐飞机场之敌后，继续进占北岳庙、水泉湾、七里村，敌向智家堡、蔚州疃方向逃窜。第一团遭遇曹夫庙、曹夫楼、祁家坡、古城之敌，向我强渡部队猛袭，经我官兵奋勇急进，连冲五次，敌仍依据暗工事顽强抵抗，斯时祁家坡方向发现奸匪五百余名向我迂回，卒因众寡悬殊，我即节节掩护撤回。至十七日上午十时，我军在炮火掩护之下，官兵奋勇二次出击，敌见我来势勇猛，军心动摇，我即乘势攻占曹夫庙，继向祁家坡、沙岭、水泊寺、马家堡、古城、东西老府坟村搜索前进，残敌分向东、南两方溃窜，我军占领曹夫楼、沙岭、水泉湾、北岳庙、七里村、周家店、马军营，整修

工事，严密戒备。至此，大同保卫战告一结束。战斗经过（如附图八）。〔图略〕

（七）战斗之成绩并决战时之景况

一、战斗之成绩：自外围据点争夺战开始，迄守军反攻追击，匪军号称精锐之野战第一、第三、第十、第十一、第十二、第十三、第十四、第十八与三五八、三五九等旅，第五军分区王赤军之独立二团、独立三团，贺龙直属之警卫团，晋察冀第十团、第十二团、三十四团及绥蒙两支队，并野战骑兵旅、工兵团、炮兵团，连同民兵，共四十二个团，约十万一千一百余员名，被我消灭三万以上，计师直属部队毙匪四百一十五名，伤匪七百四十五名，第一团毙匪七千一百五十名，伤匪九千三百五十名，第二团毙匪八千零二十八名，伤匪四千二百一十名，第三团毙匪四千一百一十余员名，伤匪七百一十五名，保二团毙伤匪三千三百九十名，东北挺进军毙伤匪万余，其他各据点毙匪数亦在三千以上，而我全军伤亡数不到三千，敌我损失如此悬殊，匪军大半均死在我们无情的手掷弹及炮兵与轻重机枪火力之下。匪军以如此庞大损失，期在攻占大同，结果损兵折将，自讨无趣。

二、决战时之景况：自东进国军会战集宁后，参与会战之匪军除被国军歼灭两万以上外，中共晋察及绥蒙两军区匪军号称二万五千里长征之精锐主力军，在大同被我消灭三万以上，在集宁复遭国军彻底击溃，匪军攻占大同之迷梦遂成泡影，自此，同郊匪军一蹶不振。我为配合集宁，胜利声中，守军以英勇之姿态，精神振奋，于九月十六日向四郊匪军猛烈反攻，展开剧烈的歼灭战，匪军主力被我击溃。因是大同得保安全，遂圆满完成所负的使命。

（八）战斗后彼我之阵地或行动

奸匪被我击溃，分向天镇、阳高、浑源、左云、云岗一带逃窜，大部盘据深山，积极调整补充，企图死灰复燃，零星小部散布于口泉、窨子沟、镇川堡、采掠山、黄羊沟、聚乐堡。敌以此次遭受损失，改变持久游击自卫战略，我去则走，我走则来，时隐时显，时左时右。我为开展政权，收复失地，除巩固城防，积极加强工事，严密戒备，防敌袭击外，并将城郊曹夫楼、曹夫庙、沙岭、周家店、七里村、瓦窑村、北岳庙、水泉湾、飞机场、马军营、小站、孤店等据点陆续占领，逐次向外开展，以收扩大地域、缩小敌区之效。

（九）可为参考之所见

综合全战役中所得经验教训如次：

一、参战部队必须建制，否则营连长指挥困难，临时抽调兵力组成指挥机构，易生此弊。

二、在攻击时机炮驮骡鞍具最为紧要，职师骡鞍均不足，多由士兵肩负，疲劳兵力，行动迟慢，影响战果。

三、对敌炮兵阵地以用战车消灭之最为有利。

四、在我出发时，敌沿村放火报信，消息传递很快。

五、敌攻我一据点时，其他据点不能自动出击，牵制敌人，致敌如入无人之境，惹起轻视我军。

六、在敌火下运动时，一般战士对于战斗动作不甚娴熟，以致暴露目标，徒招损失。

七、攻击要短促，防御要韧强。

八、〔原缺〕

九、点与点相距三里，则不易互相支援，故各据点间必须要有暗壕连系，与独立持久的作战能力与持久的生活条件。

十、守阵地时要努最后的力，忍耐至敌人不能忍耐时，则敌必退；否则，放弃一点再恢复，则十百倍的费力且难成功。

十一、外壕距阵地以三十公尺为合适，外壕之外安铁丝网，外壕掘土向内，不但增壕的险要，并可做野战工事，外壕须直线，以便侧防。

十二、部队增援最为危险，尤以兵力劣势更为危险，因为敌人能算到你来多少兵,中途用数十倍兵力伏击。此次大同作战,增援沙岭、七里村、周家店等处,虽收效很大,但并非有把握。故凡增援,事先应防敌伏击打援的办法。

十三、村外的碉应要低,且要成碉群,村内必须有数个高碉,以瞰制全村的屋顶。

十四、以碉堡寨子做核心,以野战工事为外围,如尽凭碉堡寨子,则受敌炮火的损害大,故必须凭野战工事杀伤敌人,凭寨子碉堡做最后保险。

十五、守城时不忧虑其暗道轰城,而忧虑其用暗道通入城内,一夜之间可潜入数千人,若事先不注意,危险性最大。

十六、炮兵要用待机的奇袭射击,即先瞄好一点不动,待敌活动即迅速发射,击中后则不发第二发。因第一发命中后,敌人不死则藏,如续发二次,则徒消耗炮弹,故第一发击准后,则再选目标瞄好不动,俟敌活动再迅速发射,如此,则节省弹药,敌人不敢活动。

十七、加强对壕作业与攻击的训练。

十八、多布踏雷,少布拉雷,因拉雷易被敌剪断拉绳。

十九、高级指挥官要把心力完全用在作战上,要拿精神控制战场,大同作战时,职对前方情况某连某排某地某时期情形,均能了如指掌,因此能适时适机得心应手的增调部队。

二十、对非战斗员兵作战训练甚为重要,此次大同作战,职师一兵一卒都作了战,担架排、卫生队、传达兵都上了战场,军需、书记、译电员都查哨、查街,收效甚大。

(十)各人及各队之功勋

一、各人之功勋(如附表一)。〔表略〕

二、各队之功勋(如附表二、附表三、附表四、附表五、附表六、附表七)。〔表略〕

(十一)关于战地军民合作之事实

大同保卫战是军民一体的自卫战斗,在作战期间,赖我官兵浴血奋斗,与敌拼死拼活,一寸之土亦不肯失,人民自动帮助军队修筑工事,肃清伪装,施行救护,城上哨兵配合壮丁监视敌情,替换战士养精蓄神,纵在敌火猛烈之下,亦能踊跃争先,协同作战,表现出军政民化合的武力,奠定了胜利的基础。

中华民国三十六年八月二十日

〔中国人民解放军总参谋处保存国民党档案〕

8. 山西省政府以晋南新绛等十七县相继被解放请派军反攻密电

(1947年5月3日)

京国府主席蒋、行政院长张钧鉴:〇。奸匪陈赓、王墉等部集结全力,窜犯晋南,我因该地兵力单薄,虽守军与地方团队并肩奋战,终以寡不敌众,致卯微迄卯宥,自绛城、新绛、稷山、河津、浮山、万泉、荣河、猗氏、曲沃、临晋、闻喜、永济、赵城、霍县、解县、虞乡等十七县相继失陷,物资损失与干部伤亡均属奇重,人民横遭杀戮,惨痛不可言状。而晋南地接陕、豫,形势重要,土地肥沃,产粮素丰,夏收即在国历六月初旬,若不早为剿除,则粮资匪用,若再裹胁壮丁,运藏上党老巢,该县等收复,亦将坐受其困。而匪足食足兵,以上党为根据,可恣意窜扰,使我军疲于应付,且近而威胁陕、豫,为患愈不堪言。晋南关系之大,实不容再加忽视。谨电恳趁奸匪立足未定之际,早派大军限期收复,免使奸匪因晋南之物资而坐大,在整个剿匪计划增加无限困难。临电迫切,敬祈鉴核示遵为祷。山西省政府。(36)辰江。民保。印。

〔国民政府行政院档案〕

9. 刘茂恩转报晋南平陆县城及茅津渡等地被解放经过情况密电

(1947年5月)

(1) 5月6日密电

京行政院长张：密。综合晋南匪情：艳。（一）陌南镇匪冬已分股东窜乐镇（平陆西廿华里），江午夏北窜攻陷张村（平陆北十华里）。（二）冬辰由解县黄焦窜陌南镇奸匪二千余，炮兵二门，于江戌进攻平陆，我军奋勇抵抗，激战甚烈，终因众寡悬殊，伤亡殆尽，当转移至太阳渡西之鸡鸣山，现与匪仍在激战中。（三）匪野战第四旅约二千余主力，于冬晚南窜圣人涧（茅燮东北廿里）。（四）匪野战十二旅两团窜垣同善镇西北卅里王贤庄，企图侍侦。（五）王茅镇驻匪七十团，垣典北十里上板村有匪十二旅之两团，各准备五日给养，扬言进攻垣曲。等情。除饬续侦外，谨闻。河南省政府主席兼保安司令刘茂恩。辰麻。保绥庭。印。

(2) 5月8日密电

南京行政院长张：○。晋南匪情：（1）窜芮城之匪约四千人，附炮四门，支辰向我平陆进犯，与我十一区保一团二营二连巷战五小时，该部伤亡殆尽，被迫突围，转移至鸡鸣山（平陆西南二华里），县城被匪占据。（2）下午二时，匪复集结全力向我鸡鸣山据点围攻，我官兵奋勇抵抗，迄六时许，计毙匪五百余，我伤亡官兵百余员名，在激烈战斗后，该据点连络中断，我南障部队正向太阳渡、鸡鸣山一带炮击中。等情。谨闻。刘茂恩，辰齐戌。保绥惠。印。

(3) 5月10日密电

京行政院院长张：△密。晋南匪情：（一）茅津渡据点微陷重围，经激烈战斗后。虞（七）日陷匪。（二）解县、芮城、平陆之奸匪，在各乡镇极力破坏我行政机构，并强拉民夫数千，迫做军事工作。（三）我据守平陆、鸡鸣山之本省十一区保一团二营，因电话中断，被匪包围约三小时，该营伤兵过重，微日拂晓由平陆城北高地突围至陕县。（四）攻陷平陆匪五千余，集结平陆北上下张村及以西沙口、长乐、张峪一带，附炮廿余门，并携有去梯、跳板，刻积极征集水手及渡河材料，扬言南渡。等情。除分报外，谨闻。刘茂恩。辰真。保绥庭。印

〔国民政府行政院档案〕

七、山西省汾阳孝义临汾等战役

1. 国民党第二战区汾孝战役机密作战日记

（1947年1月）

第二战区司令长官司令部民国
三十六年度一月份绥靖机密日记
一月十三日　星期一　晴　月龄廿二

对赵总司令打歼灭战的指示：

第七集团军赵总司令承绶：匪主力虽已他调，残留者尚不在少。所谓歼灭战，全部歼灭固好，不能全部时，将其一部歼灭亦好。只要是我们所攻击的目标，不管他多少，使他一个也跑不了就行。三十、五十的匪干部，百八十的小部队，都算。所以说只要有匪情，就要估计该用多少兵、叫谁们去打，有计划、有布置、有保险，一打就打歼灭战。如匪情估计错了，打不成就转移到匪情小处，还是要打歼灭战。你们要如老虎，见野兽就吃，不能让

匪在我们面前摆来摆去的不理他。你要有你打歼灭战的计划,各师长、纵队也要有打歼灭战的计划,团级亦如此,各级竞赛。因为非打歼灭战不足以表示你们长起千里眼,亦不足以寒匪胆也。特告。阎锡山。子元未。参。战。

一月十四日　星期二　晴　月龄廿三

孙总司令对汾（阳）孝（义）匪情判断：

一、据第八集团军孙总司令子寒未参电称：判断敌之目的有三：(1)遮断汾孝交通,诱我救援而乘机袭取汾、孝。(2)再向东进展,遮断南北交通,控制吕梁、太岳之通路。(3)对我平遥、介休有大企图。

二、司令长官据报后,当以子寒戌参战电复,着继续侦报。

令孙总司令对汾孝奸匪预作歼灭准备：

第八集团军孙总司令楚：匪大批北调,其目的不外：一、袭击孝义。二、围攻汾阳。三、破坏铁路,掠夺物资。无论那一种,我们必须以大兵力歼灭了他。我已【命】赵总司令准备四个团以上的兵力,连同娄（福生）、雷（仰汤）两师约十个团,在匪真面目揭开之后,我们一齐去打个歼灭战。仰该员早考虑路线、决战地区并随时供给重要情况为要。阎锡山。(36)子寒亥。参。战。

第七集团军赵总司令对平定城南宁艾、张庄镇附近奸匪之歼灭计划：

据第七集团军赵总司令承绥子寒戌参战电称：子、奸匪四二团刻仍在宁艾、张庄镇附近,四一团在安阳岭一带,其太行九大队出没于石门口、赵家庄、有金（均平定县城南）之间,共约三千余人,不时袭扰,阻我开展工作。丑、职拟在宁艾、张庄镇附近地区,诱致奸匪而歼灭之。暂四六师陈师长震东率卢（鸿恩）、段（炳昌）两团及白瑞珍团编为一个纵队,元晚在平定城集结,寒日上午七时进出宁艾、张庄北侧线上,围歼该地区奸匪。沈师长瑞率张（忠）、韩（春生）两团编为一个纵队，元晚在平定集结，寒日上午七时进出谷头（平定城南）附近，为陈师之掩护，并相机打援。张国栋团编为一个支队，元晚经宋家庄、北后峪（平定城南），于寒日上午七时进出药林寺（北后峪南）附近，封锁消息，掩护陈师右侧，并相机截击窜匪。暂十纵队、直属部队及保安团队一部为预备队，布置梁庄头、前后锁簧（均平定城南）附近。寅、职寒日率必要人员亲赴平定城指挥，各部均已开始行动。除详情续报外，谨闻。

一月十五日　星期三　晴　月龄廿四

暂四十九师赵师长呈报剿匪战法三项：

一、据暂四十九师赵师长世铃呈称：根据职师各次剿匪经验，复经与前方各级干部多次研讨，决定剿匪战法三项，定名为"剿匪三战法"。除前方照此实施外，随函附呈请鉴核。

附剿匪三战法

根据三十五年度我们各次剿匪战役的经验，加上多次检讨的结果，确定我们今后的剿匪办法如左：

（一）主动的歼灭战——就是将主力集中起来，由各种情报中瞅出奸匪的弱点或空隙后，用分进合击的办法，主动的找着去消灭或捕捉奸匪，打完就走绝不停留。

（二）游击的开展战——就是以一排上下的兵力为骨干、配合两倍以上的自卫队编成特种攻击队，以数个队连系并进或梯次配备，并以主力隐随于后，日夜不断的到交错区或匪区作广泛的活动，一面到村里组织自卫队，一面帮助人民铲除匪区村干部，争取民兵。如遇较我优势的股匪，我觉着吃喝不了时，则与匪取适当的距离，匪进我退，匪退我进，始终与匪保持接触，以便我运用主力消灭奸匪。

（三）机动的地下战——凡我们认为须长时间占据的村庄，一定要在地面上利用地形、地物，构筑野战工事。同时，更应在地下构筑两种以上的暗道，一种专等匪攻我时，我以火力将匪压倒后，派队由暗道出去，绕到敌人背后夹击敌人；一种是敌人优势兵力企图包围我时，我估量久战无益，即利用暗道将队伍转移出去。以上不论是计划打匪或计划转移都必须有暗道才行，可以说机动的地下战是非有暗道不能打。

二、司令长官据报后当分别电复赵师长并通令各部队参考，电令如左：

甲、暂四十九师赵师长世铃元月七日函及剿匪三战法均悉。经核尚属切合目前需要，惟"二、游击的开展"项内特种攻击队应有保险办法，兹在特种攻击队下加"以数个队连系并进或梯次备并以主力隐随于后"廿一字。又与匪二千公尺距离似太拘束，兹改"二千公尺"为"适当"二字。除通令各部队参考并提修正意见外，仰即知照，并将实施经验随时报查为要。阎锡山。子删。参。申。

乙、各部队据赵师长世铃呈送该师根据各次剿匪经验编著之"剿匪三战法"请修正到部。经核大体尚属可行，兹特加以修正随电印发，仰即研究参考并提出修正意见为要。阎锡山。（36）子删。参。甲。

一月十六日　星期四　晴　月龄廿五

指示孙总司令将主力在介休一带集中，务于铣夜完成攻击准备：

第八集团军孙总司令楚：现已着第七集团军赵总司令承绶率九个团于铣夜在平遥集中，筱拂晓攻击前进，以该员行动为依据，将匪包围于汾、孝以东地区而歼灭之。除命令另派人送达外，希速将主力在介休一带集中，务于铣夜完成攻击准备，筱拂晓攻击前进为要。阎锡山。（36）子铣子。参。甲。

一月十七日　星期五　阴雪　月龄廿六

暂十总队第三团一月五日平定、谷头战役检讨总结

一、作战经过（各附图一其一其二）

甲、战前匪我态势：

1. 奸匪四十一团盘据平定以南之南北渡、海蒲沟等村，四十二团大部盘据张庄镇，其一部及武工队活动于陈家庄、大石门等村。

2. 暂十总队第三团之第二营（欠第四连）驻魏家庄窝，其余驻平定城。

3. 第三团为报复奸匪四十一、二团袭击□□石自卫队之役，布置如左：

（一）第三团副团长李廷桢于一月四日夜十二时，率第三营及团输送连一部官兵二百六十人由平定城出发，向陈家庄之匪袭击。

（二）第一营营长郭连魁率该营（欠第三连）官兵二百一十员名，向石门口、大石门之匪袭击。

（三）第三团白团长率第三、四连特务排、迫炮连之一部及总队部特务、通信、工兵连之各一部官兵三百零八员名，控制谷头策应。

乙、战斗情形

1. 第三营于一月五日上午三时许到达陈家庄，将该村包围，俘匪哨兵后即向村内搜索，村内匪武工队发觉，即逃往张庄镇。是时进村搜索之第八连王排失却连系。旋该匪协同驻张庄镇之匪四十二团分三路来攻，于上午六时卅分第三营即与匪发生激战，将匪击退。至九时，匪复增援，分路猛冲，并左右包围，该第三营即向谷头转进，十时许到达。

2. 第一营于一月五日上午六时到大石门，无匪情，俟闻谷头方面激战枪声，郭营长即率部循声驰援，于十一时许到达谷头以

东地区,与匪遭遇。此时匪已占据谷头,发生激战,该第一营左翼被匪包围猛冲,重机枪被击毁,匪乘势突入重机枪阵地,该郭营长以战况不利,率部转移于西郊。

3. 第三营转移谷头与团会合后,匪亦跟随前来,战至十时卅分,南北渡、海蒲沟之匪亦增到,分四路向该谷头阵地右侧复行猛冲,并以炮弹集中向特务连、迫炮连阵地猛射,迫炮被击毁,炮手、弹药手均伤亡,阵地遂被突破。第三团白团长瑞珍遂分路逐次转进至东西白岸整理,至下午四时反攻,六时将谷头收复。

丙、战果

1. 毙伤匪四百廿余名。

2. 计俘民兵一七名,获土枪二支,地雷五个,手掷弹七颗。我伤官二、亡一员,伤士兵一九、亡一三名,失踪五八名,损失步枪二支、手枪三支、轻机枪一挺、重机枪一挺、迫击炮一门、轻炮一门、枪弹筒二具、掷弹筒一具。

二、战后检讨

(一)胜败关键

甲、团级方面

1. 对于匪情未能预行侦察明了,致第一营扑空,第三营受挫,影响全部吃亏。

2. 轻敌疏忽,布置不周,将预队控置于谷头,不仅梨头方面不派有力警戒部队,即谷头之预备队备战布置亦欠适当,致匪反击时不但未能保下级之险,甚至谷头遭匪迂回包围,自顾不暇,招受损失。

乙、营连方面

1. 第三营第八连指挥错误,未能确实掌握部下,致该连一个排进陈家村内搜索失掉连系,迁延时间,未能做到快打快脱,反而予匪反击之机,演成失利。

2. 第一营自动援战精神尚够,惟以连络欠缺,判断能力薄弱,冒然突进，遭受各个击破之害。

3. 其他

1. 部队训练欠缺，干部战斗指挥、士兵战斗技能均属不够，遇匪反突击不能沉着应付，甚而混乱，以致无法收拾。

2. 干部对匪之惯用翼侧包围等战法防备布置不够，致每次遭匪翼侧攻击，即无法应付，以致失败。

（二）处分情形

1. 第三营第八连连长张立业未能掌握部下，致下级失却连系，予匪反击之机，演成全部失利，予以记大过一次之处分。

2. 第一营营长郭连魁应援失利，固有错误，惟念自动援战精神尚佳，功过相抵免予议处。

3. 第三团团长白瑞珍轻敌疏忽，侦察与布置均不够，造成作战失利，责有应得，予以记大过一次之处分。

（三）经验教训

1. 确实掌握部下关系作战指挥至钜，尤其夜间作战更须注意。如事前无适切之指示，一失掌握，即难于恢复。

2. 作战连络对于各级指挥官间之意志沟通、状况明了关系甚大。如不能密切连络，则于协同指挥上均难适切。

3. 保险布置必须周密，否则不但应援下级难于适机，即自己之险亦不能保。

4. 部队训练不够影响作战甚大，尤其无战斗动作基础之士兵参加作战，不但不能增加战力，反受其牵累，甚至溃败。

5. 对匪惯用之翼侧攻击，各指挥官应深切注意，预有布置，否则临时无法措置。

（四）改进意见

1. 各级指挥官对于部下之掌握务须确实，根据其任务予以适切详密的指示而律其行动。

2. 各级指挥官间之连络应密切保持，以期指挥上、协同上臻于适切。

3. 保险布置应力求周密适切,而担任保险之部队尤应指定精练坚强部队充任之。

4. 部队训练重于作战。际此作战时期,虽无训练时间,应捕捉机会加紧训练,并对无战斗动作基础之士兵不令参与作战。

指示孙、赵二总司令对匪集中全力打歼灭战：

第八集团军孙总司令楚、第七集团军赵总司令承绶：我认为应集中全力打歼灭战,否则你向东去,匪向西逃。又铁路上须着暂卅七师雷师长仰汤派部巡逻堵击,以防匪破坏我交通为要。阎锡山。(36)子筱戌。参。

指示孙总司令要依匪情变化而行动：

第八集团军孙总司令楚：子筱戌参战电计达。郭璧有奸匪,你如由义棠镇（均在介休西南）向北进,则有被匪侧击之顾虑。匪情瞬息万变,你们要因匪情而动作。已告王总司令靖国着其于十九日动作矣。阎锡山。(36)子筱戌二。参。战。

一月十八日　星期六　半阴　月龄廿七
暂四十四师第三团元月七日汾城
史村战役检讨总结

一、作战经过（如附图第二〔图略〕）

甲、战前匪我态势

1. 自元月六日夜来奸匪警四、五两团、野战十一、十二两旅之各一部及洪赵支队,并由高显镇新增来部队共五千余,附山炮二门、平射炮二门、迫击炮四门、重机枪八、九挺,向史村南东北地区进迫。

2. 暂四十四师第三团（欠第二营）驻史村镇,担任护运屯粮任务,同时该村驻有汾城保警大队之四个队。张团长选得知情况后,即积极整修被破坏之工事,并令该团第一营守东寨,第三营守北寨，保警队守南寨及车站。

乙、战斗情形

1. 元月七日黄昏，该匪开始围攻，先以主力向东寨以北高地守碉之何连波浪冲锋，经十余次之争夺战，碉堡被毁，何连长受重伤，匪遂继续攻东寨，并以集中炮火将东寨门轰陷，经官兵反复冲杀，终以众寡悬殊，寨堡被陷。迄八日拂晓前，匪复转移主力向北寨猛攻，经数次冲扑，均被我第一营官兵以必死决心将匪击退。此时汾城增援部队适亦赶至，乃分路向匪突击，第九连乘机恢复东寨，匪被迫后退，我因伤亡颇重，遂即撤出转移汾城。

2. 战果——是役计毙伤匪千余，第三团阵亡官二员、兵一〇七名，伤官二员、兵一三名，失踪官一员、兵一四六名，被俘官六员、兵一二九名，损失步枪一三六支、轻机枪一四挺、冲锋枪四支、掷弹枪及筒二一具。

二、战后检讨

（一）胜败关键

1. 该团系负护运任务，为达成任务计，应于到达史村后即先加强工事坚固阵地，并多派干探侦明匪之行动，以备万一。乃该张团长于元月七日匪已近迫时始行整修工事，配置部队，足见疏忽轻敌，事前并无准备，以致工事未做坚固，仓猝应战，损失甚重。

2. 按其位置似将部队平均配置，并未控有预备队，对匪集中攻一点之做法尤未能抽调应援，以支配战局，致为匪各个击破，殊属运用不当。

3. 团内新兵占百分之九十，战斗力薄弱。

4. 步枪多系乡宁制造，故障特多，效力微弱，以致影响士气之低落。

5. 守北寨之第三营官兵决心坚强，击退匪之数次猛攻，而损失甚小。

（二）处分情形

1. 第三团团长张选事前准备不周，临时运用不当，致遭受损失，应负重责。惟念该团尽系新兵，且武器不良，情尚有可原，拟从轻予以记大过一次。

2. 第三营官兵决心坚强，击退匪之数次猛攻，足证该营营长教育有方，拟予记功一次。

（三）经验教训

1. 战前准备周密与否关系作战胜败甚巨，如轻敌疏忽、准备不周，一遇情况，必致仓惶失措，陷于失败。

2. 对匪作战须有预备队之控置，始能应付不意之事变，尤须适应状况，抽调运用，否则难免为匪各个击破。

（四）改进意见

1. 各级指挥官每到一任务地，对于作战准备如加强工事、明了匪情、作战计划等，应力求周密，建立胜利基础，纵遇若何情况，庶可应付自如。

2. 对匪作战各级指挥官无论攻防应根据当面情况，布置重点，掌握有力之预备队。如预备队用罄，亦应灵活抽调，适当运用，以免被匪各个击破。

请饬空军总部克日派战斗机来并助战。

一月十九日　星期日　晴　月龄廿八

南京主席蒋钧鉴：集结汾阳、孝义一带之奸匪刻已增到九旅之众，铣、筱以来迭向我汾阳外围各据点进攻，激战甚烈，筱夜其一股六千余附山炮六门向我孝义城猛攻，子刻攻入东南两关，迄辰仍在激战中。其三五八、三五九两旅已窜至汾阳、平遥间之乐村镇附近，现我王（靖国）、赵（承绶）、孙（楚）三部正分由文水、平遥、介休向匪围攻中。山为歼灭该匪起见，于今夜赴平遥督战。除分电陈总长外，恳请饬空军总部克日派战斗机数架来并，配合作战,以期早歼顽敌为祷。阎锡山。(36)子巧亥。参。甲(复电录本月廿二日机密日记内)。

令孙总司令等组织前敌联合总指挥部:

第八集团军孙总司令楚、第七集团军赵总司令承绶、第六集团军王总司令靖国:着各该员各带所部到前方指挥,并组织前敌联合总指挥部。孙总司令为指挥,赵总司令、王总司令为副总指挥,向当面之敌集中兵力攻击而歼灭之。阎锡山。子皓未。参。战。

令郭参谋长宗汾为前进指挥所总指挥

命令 卅六年一月十九日于平遥城

本部为指挥便利计,特设前进指挥所于平遥城,并派郭参谋长宗汾为平遥城关总指挥,梁主任敦厚为副总指挥,负责统一指挥驻平遥城关各部队及地方干部,确保平遥城治安之全责。此令。

郭参谋长宗汾　梁主任敦厚　卫师长王昆　金专员瑞璋

阎锡山

令王总司令速率部南下会歼奸匪:

第六集团军王总司令靖国鉴:第七集团军赵总司令承绶已前往香乐镇(汾阳城东),指挥部队向匪猛攻,仰该员速即率部南下会歼该匪为要。阎锡山。(36)子皓未四。参。战。

一月二十日　星期一　晴　月龄廿九

对汾(阳)孝(义)联合指挥部队歼匪指示:

第八集团军孙总司令楚、第七集团军赵总司令承绶、第六集团军王总司令靖国、第七十师刘师长效曾:(一)你们联合总指挥部的队伍要成个三股。又赵总司令在中间如蝎子的嘴,孙总司令在左,王总司令在右,如蝎子的夹子,左右包剿,断匪归路,向匪横冲直撞,猛冲猛打猛追。(二)匪的主力跑到那里,你们尾追到那里。(三)先以汾(阳)、孝(义)为目标,队伍与汾阳接上气时,刘师长率队出城猛击,归就近的总司令指挥。(四)第一步王总司令以汾阳城为中心，孙总司令以孝义城为中心，赵总司令为快速歼匪队，寻围奸匪主力而歼灭之。但须始终保持三股叉的形态、蝎子头的打法。（五）你们应本此训令，时时作优势、有利、有计划的歼灭匪。齐一动作，先时者杀无赦，不及时者杀无赦，尾追匪为要。阎锡山。（36）子号辰。

西安胡长官日内派员来并协商作战事宜。

准西安胡长官子哿岑智炳印机号电开，奉主席蒋子删府机电：我军向隰县、汾西进展时，应商同第二战区派有力部队会同夹击，希速派要员飞并切商具体计划，俾早如期完成。等因。兹派本部副参谋长薛敏泉、政治部副主任王超凡及通讯处主任等。

一月廿一日　星期二　雪　月龄卅

司令长官对巷战之指示：

各部队：巷战第一是要封锁街道，第二是要占领高屋房院据点，封锁街道顶好用轻重机枪在丁字的房屋上，但必须在街道的两旁高屋上派手掷弹兵，要有廿米远以上的间隔，对跑步冲进的敌人用手掷弹，一次拉两颗或三颗，抛下来消灭冲进之敌。机关枪用纵射消灭残余之敌，有时将拉雷绳子拴在房上，用足踏住，将雷抛下来，离地五尺高上爆炸，杀伤敌人最为有效。世界上的兵家统说巷战中一百个打死九十九个，还不算胜利。因巷战是敌人瞅准一点，拿上极优势之兵力进攻。

巷战中的好武器就是轻重机枪、长矛、手掷弹、刺刀，尤其是一号拉雷、手雷、拉踏雷和手放迫击炮弹、手掷弹，每兵必须要有十颗以上的手掷弹，还得要有补充的计划，如是要紧地方，须有廿颗以上的手掷弹。

此外不是丁字路的地方，在十字路上靠上四面房屋的掩护，中间摆上重机枪，做上临时掩体，亦是个好办法。如甲图〔图略〕。

如在一条直巷子无丁字房屋，亦可用两个房屋掩护，中间利用上一个门口做机关枪射击，但亦要做一点临时掩体。如乙图〔图略〕。

巷战时敌人可能放火，平时要有灭火的准备，顶好是水泼、土埋或拆房。阎锡山。子马戌。战。

令孙总司令迅速配合王总司令行动：

第八集团军孙总司令楚：查王总司令靖国等已于五时半行动，该员应迅速行动，以期早早合力猛歼该匪为要。阎锡山。(36)子马巳。参。战。

令王总司令等须齐头并进互相应援：

第六集团军王总司令靖国：匪惯用伏击，你们须齐头并进，互相不失机的应援。各分二、三路向匪猛攻，时时注意与匪全力作战为要。阎锡山。(36)子马午。参。战。

复西安胡长官并通报汾、孝战况

西安胡长官宗南兄：子哿巳岑智炳印机号电敬悉。薛副参谋长、王副主任来，无任欢迎。奸匪集结九旅之众，连同地方武装约五万人，自文日由隰县北调，巧日陷孝义城，并攻汾阳，迫攻介休。山皓辰来平遥督师，号日赵、王两集团军总司令解汾阳围后，并即攻克田屯镇、司马镇（均汾阳城南）等要点，今日即与孙总司令攻孝义。闻匪首王震、陈赓及所部均在孝义西南地区。特闻。阎锡山。(36)子马未。平。参。战（原电录本月廿日机密日记内）。

令赵、王两总司令合力迅速出击，策应第八集团军之右翼，以保其险。

第七集团军赵总司令承绶、第六集团军王总司令靖国：顷接第八集团军崔参谋长杰电话报告：攻西盘粮（孝义东南）之第七十三师祁国超团被匪反攻，退过汾河，该师高师长倬之带两个团尚在东盘粮（西盘粮之东），左翼空虚，希望赵总司令向前压迫，保其右翼之险。又郑家营（东盘粮西南）被匪攻击，亦感应付吃力。等语。今日之战全在你们二人合力，迅速击破匪之一点，与孙总司令合上力即可将匪围歼。如稍迟缓，恐孙总司令吃亏，以后战况即难转好。仰详切计划，并力突进，但不可因着急而布置指挥露出空隙为要。阎锡山。(36)子马酉。参。战。

令赵、王两总司令须集中优势兵力于决胜点

第七集团军赵总司令承绶、第六集团军王总司令靖国：你们须集中优势兵力于决胜点，不可平均用兵或顾虑其他为要。阎锡山。(36)子马酉。参。战。

令王总司令以大纵队指向匪要害处

第六集团军王总司令靖国：应以大纵队指向匪要害处，以解孙总司令之危，攻小据点，延长时间，恐上其当。仰速与赵总司令并力，至要。阎锡山。(36)子马亥。参。战。

一月廿二日　星期三　雪　月龄一

加强平遥城防给于宫副师长之命令如左：

命令　卅六年一月廿二日上午十一时于平遥城指挥部

一、敌刻在孝义城一带，依据坚固工事顽强抵抗，我各部正逐次攻击中。

二、本部为达守〔成〕歼敌之目的，决尽力加强城防，布置巷战。

三、指挥所独立区指挥官着由宫副师长子清担任，并由郭团长甡荣、刘营长有泰分任副指挥官，应速加强防务，克日完成巷战一切准备。

四、余在总指挥部。

右令

宫指挥官子清

郭副指挥官甡荣
刘副指挥官有泰

主席蒋复示所需空军已令照派：

奉主席蒋子马酉待亥电开：子巧亥参甲电悉。所需空军已令照派矣（原电录本月廿日机密日记内）。

令高师长倬之坚守待援：

第七十三师高师长倬之：你坚守待援，甚慰。赵、王两总司令已并力援你，仰坚守。如天晴，飞机即可来。特告。阎锡山。（36）子养辰。参。战。

令赵、王两总司令须有破匪据固以守之战术：

第七集团军赵总司令承绶、第六集团军王总司令靖国：匪据固以守，我须有破匪之战术，否则恐不易收速效。仰知照为要。阎锡山。（36）子养申。参。战。

孙总司令对汾、孝各部歼匪行动之建议：

一、据孙总司令子养未参战电称：对各部行动建议如下：（一）赵总司令向左靠，正面至少须六个团。（二）王总司令应推进普会村、见喜村，以掩护赵总司令。（三）第七十师刘师长效曾以城为依据向外活动，以掩护王总司令，使匪无隙可乘。（四）应援高师长倬之虽应迅速，但不可着急，必须有计划、有布置，以免为匪所乘。等语。

二、司令长官据报后，当以（36）子养申参战电令赵、王两总司令参考。

令赵总司令对第七十三师给养、弹药应急予接济：

第七集团军赵总司令承绶：已告第七十三师高师长倬之死守待援。惟该师给养、弹药已极缺乏。解围后你应急予接济为要。阎锡山。（36）子养戌。参。战。

指示第七十一师艾师长应避免攻碉屋诱致匪兵力于村外而歼灭之：

第七十二师艾师长子谦：此次与匪作战，系以绝对优势消灭其主力，用兵较多，各总司令均兼军长，须前线统一指挥。奸匪村村死守，在以小兵力牵制我大兵力，集中其优势兵力于决战方面。我应对不必要之村庄放弃不攻,在火线决战于我有利,你们应避免攻碉屋,诱致匪兵力于村外而猛扑歼灭之为要。阎锡山。(36)子养亥。参。战。

一月廿三日　星期四　半阴　月龄二

赵、王两总司令联合攻击计划：

一、据第七集团军赵总司令承绶、第六集团军王总司令靖国子养亥联电称：承绶、靖国均在司马镇组织联合总指挥区,经商决定于明(廿四)日早以全力向西盘粮、卢家、南北桥头(均孝义东南)攻击,与第七十三师、暂四十四师等部歼当面之匪。第七十一师沈师长瑞指挥第七十一师,暂四十六师、暂九总队为右纵队,由马庄营向长黄村、大孝堡(均西盘粮北)、西盘粮一带攻击,以第六十六师娄师长福生指挥第六十六师、第七十二师、暂卅九师为左纵队,由北张家庄向卢家庄、北桥头一带攻击,以赵瑞总队(暂八总队)为第一预备队,控制于南小堡、大堡村(均孝义城东),以地方团队一部为第二预备队,控制于东西大王村(南小堡北)。职等于明(廿四)早到东大王村。谨闻。(如附图第三〔图略〕)

二、司令长官据报后当复电如左：

第七集团军赵总司令承绶、第六集团军王总司令靖国：子养亥联电悉。应当如此。集结兵力,集中使用,分开正攻、佯攻、助攻及打援与截退,一定要用铁弹,步炮协同,要充分的作攻击准备为要。阎锡山。(36)子漾申。参。战。

一月廿四日　星期五　晴　月龄三

指示赵、王两总司令追击奸匪注意勿上其当：

第七集团军赵总司令承绶、第六集团军王总司令靖国：如系奸匪故意撤退,你们追击恐上奸匪两个当：一个是后退包围,一个是将你们的队伍和总部隔离开,袭击你们的总部。仰确实注意为要。阎锡山。(36)子敬未。参。电。

令转饬各部队乘飞机掩护进攻奸匪:

第八集团军孙总司令楚、第七集团军赵总司令承绶、第六集团军王总司令靖国:我们战斗机敬日下午到临汾,明(廿五)日天候无变化即到前方侦察助战。仰饬各部队届时必须铺布板指示轰炸目标及匪炮兵位置,并务乘奸匪躲避飞机之机会,由飞机掩护进攻为要。阎锡山。(36)子敬亥。参。甲。

西安胡长官通报已令董军长钊策应我战区作战:

准西安胡长官子有克智无印机电开:子马未平参战电奉悉。薛副参谋长等于有日已飞并晋谒请训。刻职已令董军长钊攻击仁义镇、南关镇(灵石城南)及汾西,策应贵方作战。特闻。(原电录本月廿一日机密日记内)

一月廿五日　星期六　晴　月龄四

为固守杵杭村(平遥城南)给与暂四十四师卫师长之命令如左:

命令　卅六年一月廿五日下午十时卅分于平遥前进指挥所

一、敌情如贵官所知。

二、平遥地区军决据守平遥城,以依城野战歼灭来犯奸匪之目的,已在城关车站及城南堡布置防务。

三、该师(欠张选团)应即占领杵杭村,建立坚固据点与城犄角作战,即最危难时应固守待援,非有命令不准撤退。(如附图第三〔图略〕)

四、注意事项如另纸。

五、余在前进指挥所。

右令

卫师长玉　昆

阎锡山

注意事项

1. 要与城南堡城及城防互为犄角,你掩护他,他支援你。作战方法本村落据点的作战原则,占领村中的房院据点,并有在敌人炮击时能避开、到敌炮近伸射程步兵冲锋时能露出射击的布置,本手掷弹开火的原则,要对纵队冲锋、波浪冲锋有扫射、纵射、楔状射击,在最近距离歼灭来犯之匪,并对夜间集中火力的射击设备精密的计划,布置严密的火网,使来犯之敌虽夜间无一人能逃我的火网。

2. 在作战以前要尽量组织战场任务。所谓战场任务,即是在战场上的班长、战士均要有自己担任一个杀敌必做到的任务,并按昼夜分开、敌人来袭或败退、用子弹、手掷弹、刺刀的各种杀敌之数。

3. 要有估计敌人三种来攻的方法,预定各种歼敌的计划,并多次的演习之。

4. 临时应堵上巷口,新开房与房的交通、院与院的交通,并架设房顶与房顶的交通,布成迷魂阵。

5. 开设墙壁暗射口,伏击敌人。

6. 此外并本村落防御之原则而设备之。

一月廿六日 星期日 晴风 月龄五

为策应沈(瑞)、陈(震东)两师作战给与各总司令命令如左:

命令 卅六年一月廿六日下午三时于遥城前进指挥所

一、万户堡、里世村、里城村(均平遥城西南),有匪数千人,正向我据守中街之沈、陈两师围攻,经我出击,在堡周一千公尺处停顿,我空军派战斗机数架驻太原机场,轮飞战地助战。

二、战区军以配合沈、陈两师歼灭该匪之目的,决以有力部队向该匪进攻。

三、着高倬之师（欠郑达团）、赵恭师（欠第一团）、艾子谦师（欠邱如昆团）、赵瑞纵队（欠魏继达团）、杨诚纵队（欠常庆五团）、胡全孝团及山炮四门、榴弹炮二门、坦克车一辆、装甲车二辆、铁甲车两列、列车作战队两队，归赵总司令统一指挥，务于本（廿六）日黄昏后在张兰（平遥城西南）附近地区集中完毕，攻击开始时间预定为明（廿七）日拂晓以前（如附图第三〔图略〕）。

四、余在前进指挥所。

右令

赵总司令承绶　榴弹炮营马营长赓犀

孙总司令楚

王总司令靖国

阎锡山

令沈师长届时同援军内外合击奸匪：

一、据第七十一师沈师长瑞子有酉电称：奸匪已集结大兵力围攻中街（介休东北），职决心死守，并告所属此为生死存亡关键，应合力死守歼灭犯我之匪。谨闻。

二、司令长官据报后当复电如左：

第七十一师沈师长瑞：子有酉电悉。我即派大兵力援你。仰届时你们内外合击，歼灭奸匪为要。阎锡山。（36）子寝辰。参。

杨副长官建议离开工事与匪决战与我不利：

一、据杨副长官子有申电称：汾、孝奸匪如此猖獗，似有大企图，我们离开工事与匪决战不利。如何，请考虑。等语。

二、司令长官据报后当复电如左：

杨副长官爱源：子有申电悉。离开工事决战固属不利，惟汾（阳）、介（休）、平（遥）、文（水）是我们的生活区，绝不能让奸匪侵占。阎锡山。（36）子寝辰二。

杨副长官对奸匪行动之判断

一、杨副长官子有酉电称：（一）已令第七集团军于副总司令镇河等率部开榆次。（二）爱源等考虑奸匪恐被我歼灭，将可能有以下之行动：（甲）窜到平遥以北，将平并间铁路作大规模之破坏，使平并失却连系。（乙）窜太原附近围攻太原。（丙）窜正太线彻底破坏该路。以上顾虑万一实现，则钧座有即刻回并之需要。且平遥方面已有安排，如匪攻太原，率部在后猛攻之。着赵总司令或孙、王两总司令任之，亦无不可，或俟钧座回并后爱源前往担此任务。请钧座裁决指示为祷。

二、司令长官据报后当复电如左：

杨副长官爱源：子有酉电悉。（一）与于副总司令镇河预备车辆速开，但须留下能守住忻县城及能维持住忻县至太原交通的部队。（二）俟此间布置就绪后，我即返并。特告。阎锡山。（36）子宥辰。

指示沈师长如何配合援军歼匪：

第七十一师沈师长瑞：决定派大兵援你，成犄角配合歼匪。其办法藉给你送粮送弹，引诱奸匪截粮截弹，在途中歼灭奸匪。如奸匪小部队截你们，拿上小部队歼灭奸匪，拿上大部队截你们，拿上大部队歼匪，如果奸匪怒了，以大部队来攻，即与应援部队互相策应，合力歼匪为要。阎锡山。（36）子寝亥。

一月廿七日　星期一　晴　月龄六

令孙、赵两总司令向前挺进作沈、陈两师之掩护：

第八集团军孙总司令楚、第七集团军赵总司令承绶：如北辛武（介休东北）奸匪不多，可先配合第七十一师、暂四十六师的出击队向前挺进，作彼两师之掩护，相机扩大战果。但须紧防吃亏，并注意匪战术增加、战略增加为要。阎锡山。（36）子感午。参。

对平（遥）、介（休）汾河沿岸警戒责任之划分：

第八集团军孙总司令、第七集团军赵总司令、第六集团军王总司令：兹为使汾河沿岸警戒确实起见，特规定在介休境内之汾河由孙、赵两总司令负责，平遥境内汾河由王总司令负责警戒。除分电外，仰即遵照部署为要。阎锡山。(36)子沁戌。参。甲。

一月廿八日　星期二　晴风　月龄七

敌情判断

杨副长官爱源、赵总司令承绶：本日开会，敌情判断如次一、战略上：(1)匪打我们的主力。(2)打我们的神经中枢。(3)夺我们的战略要点。(4)结论：打主力的公算较少。二、战术上：(1)打中街村（平遥城西南）。(2)打南北辛武、打南北盐场。(3)打张兰（以上村均平遥、介休中间地区）。(4)结论：遮断增援，困疲中街的公算最多，打张兰的公算较少。在一、二日内即发动总攻，与我决战之成分少，但对平遥以南以北断路的行动可能加强，特电参考。阎锡山。(36)子俭亥。参。甲。

令杨副长官注意奸匪由晋北调部暗袭太原：

杨副长官爱源：今日可虑的事，奸匪调晋北宁武、偏关一带的队伍由河西暗袭太原。你们要切实注意，并令第六八师许师长鸿林、第七集团军于副总司令镇河、暂四九师赵师长世铃，要准备好临时调动，接到命令就能出发为要。阎锡山。(36)子俭申。

一月廿九日　星期三　晴风　月龄八

报告汾、孝作战经过概况：

南京主席蒋钧鉴：山因汾、孝一带奸匪集结几旅之众，于巧夜赴平遥督战，业经子巧亥参甲电报呈在案。到平遥后，孝义城已为奸匪所陷，一股窜平遥、介休，一股窜汾阳、文水，当督饬各部分路堵击。嗣匪源源增加，至俭日已发觉之番号有十二个旅之多，计十、十一、十二、十三、十四、十五、廿三、廿四、三

五八、三五九、独二、独四等旅及由延安开来之五个独立团、亚一团、亚二团、警备一、二、三等三个团。其亚一、亚二团中有多数日人，在毙匪尸体中，平均每百具有五个日人。此外，地方部队先有七个支队，嗣又增加至九个。经我各部队奋勇堵击，先后毙匪在两万以上。匪势稍杀，现阻止于汾河西岸平（遥）、汾（阳）路以南地区，介休县城仍为我军固守中。沁日接傅长官来电：匪军一〇二师及独三、独四、独五等旅由雁北浑源南下，有企图攻击晋中地区之说。而太原汾河以西又发现贺龙所部匪万余人。盂县方面在县北六十里之上庄亦有大股匪军发现。山为布置太原城防，本晚由平遥回并。谨闻。阎锡山。（36）子艳亥（如附图第三〔图略〕）。

一月卅日　星期四　晴风　月龄九

敌情判断

郭参谋长译转孙总司令、赵总司令、王总司令：今晚敌情判断：敌战略似截留我平遥、汾阳一带大军，袭取太原，战术声东击西，先以猛攻东面，猛攻后再由河西奇袭太原。我的对策：王集团逐渐北开，孙、赵两集团以平遥为中心，配合第一战区国军，照主席电堵击敌人。仰商复为要。阎锡山。子艳亥。

令孙、赵两集团以外部队俟平遥方面稳定后全数开回太原：

郭参谋长宗汾：子艳亥电谅达。孙、赵两集团原属所部以外之部队，俟平遥方面稳固后全数开回太原为要。阎锡山。子卅子。

胡长官收复南关由汾西进攻汾、孝策应本战区作战：

一、奉主席蒋子骥防创运电开：已令胡长官迅速收复南关（灵石城南），由汾西进攻孝义、汾阳地区之匪，侧击策应贵战区之作战。希即集结兵力击破进犯之匪，并具报为要。

二、司令长官奉电后，当以子卅辰参转令各总司令遵照。

报告汾孝会战匪我参战部队番号

南京陈总长辞修兄：此次汾孝会战，匪计有十、十一、十二、十三、十四、十五、廿三、廿四、三五八、三五九、独二、独四等十二个旅及由延安开来之亚一、亚二警第一、二、三等五个独立团。其亚一、亚二团中有多数日人。此外地方部队有九个支队。经我军奋勇堵击，毙匪在两万以上。本军参战者计本部直属特务营、榴弹炮营、第卅三军（欠卅八师）第卅四军（欠一团）、第六一军（欠两个团）、第四三军之第七十师、第十九军之暂卅七师及独立第八、第九两总队，并由忻县调第十九军之暂四十师（欠第三团附暂卅九师第二团）向榆次集结，亦准备参战。特闻。阎锡山。（36）子卅午。参。甲。

〔中国人民解放军总参谋处保存国民党档案〕

2. 国民党军汾孝战役作战经过概要

（1947年1月）

汾（阳）孝（义）战役作战经过概要

一、作战年月日——卅六年一月十八日至廿九日。

二、作战地点：汾（阳）、平（遥）、介（休）、孝（义）四县相连接地区。

三、战斗前匪我态势

1. 奸匪太岳军区陈赓所部，自去年十一月间由晋东南上党区经韩信岭先后窜至晋西，与吕梁军区之贺龙部会合，相继攻陷我汾西蒲县、隰县、中阳等县城，至十二月底匪将所据县城之物资抢掠一空，尽行运往匪区。此时我驻临汾之董（钊）军由临汾土门、黑龙关（临汾城西北）一带分路向晋西清剿，当收复蒲县、午城、大宁，并解乡（宁）、吉（县）之围。斯时匪之主力经我痛击后，逐渐向隰县东北地转移。截至本年元月初，窜至孝义西南之大麦郊、兑九峪一带集结，进窥汾（阳）、孝（义），以威胁平

(遥)、介(休)，企图围攻太原。

2.自三十六年元月以来，我第七、八两集团以维护同蒲路交通之任务，除以一部驻孝义城外，其主力即分布同蒲沿线护路，并机动扫荡奸匪。第六集团军除以主力在阳曲县南北地区担任太原城之守备外，并以第七十二师守备文水、交城两县城，机动扫荡奸匪（如附图第一〔略〕）。

四、影响于战斗之天候、气象及战地之状态：

1.作战期间适值旧历春节前后，连日大雪纷飞，瞻视困难，北风凛冽，砭袭肌肤，冰天雪地，诸感困难，尤以空军为天候拘限，不能活动，我军之攻击亦深受影响。斯时日出为七时，日没为五时卅分。

2.战斗所在地之汾（阳）、平（遥）、介（休）、孝（义）位于吕梁山之东麓，西北环山，东临汾河，同蒲铁路、文峪河纵贯南北，地势开阔，为广大之平原，交通畅达，土地肥沃，物产丰富，居民稠密，建筑物高大坚固，各村落大多均有堡墙，尤以抗战期间敌人所做之工事多未平毁，利于守而不利于攻。

五、匪我兵力番号主官姓名（如附表第一、第二）。

六、作战经过概要

此次汾孝会战，自一月十四日起至一月廿九日止，共经十六日。兹分为四个时期概述如左：

1.第一期（一月十四日至十九日）

甲、奸匪陈赓、王震率九个旅连同地方武装约五万余，于一月十三日以来即由晋西窜集汾阳、孝义地区，其先头部队两千余附山炮二门，于一月十四日拂晓前分向汾阳城南田屯镇、孝臣村、西阳城镇进攻，与我第七十师守点部队发生巷战，激战四小时，因匪后续部队源源增加，该田屯镇、孝臣村遂被匪侵据。我守点部队为集中兵力计，遂即转移汾阳城关附近，准备与匪依城野战。匪复乘机节节向我汾阳城外围迫近。以上各役共毙伤匪四百余人。

乙、一月十五日晨我第七十师刘师长效曾为明了当面匪情起见,当派第二〇八团、二〇九团各一部分向汾阳城北冯家庄、宏士村、城东猪城村、何家庄、义安村各处威力搜索,与匪三千余遭遇,经迎头痛击,匪受创溃退。我以侦察任务已达,遂逐次返回城关。入夜后,匪第十一旅、独四旅各一部分向我西阳城镇、协和堡、义安村各守点部队围攻,彻夜未停,我守军本远不发枪之要领,沉着静伏,以俟匪冲至外壕附近时,予以猛击,卒将匪击退。计毙伤匪二百余人。

丙、十六日,匪复集中兵力以各种炮火向我汾阳城周各据点猛烈攻击,我守军均沉着固守,匪终未得逞。至十七日,匪因连日攻我汾阳城外围据点,遭受重创,知我城垣防守坚固,乃留一部在城关附近佯攻扰袭,以大部转攻孝义城。

丁、十八日拂晓前,匪抽调三五九、独二、独四等旅向我孝义城东南两关猛攻,与我守军暂四十四师一个营及第七十师由田屯镇(汾阳)转进孝义之一个连发生激烈战斗,因匪源源增加,至辰时匪由南门冲入城内,展开剧烈巷战,格斗三小时,因众寡悬殊,除一部冲出转移外,余均壮烈牺牲。

戊、阎司令长官以与我第七十师在汾、孝激战之奸匪已集结九旅之众,情况严重,为调集主力围歼该匪并便于指挥督战计,当于十八日夜赴平遥坐镇督战。我第六、七、八各集团军当于十八日辰分由介休、平遥、文水三路向匪会剿,各部由左家堡(平遥西)渡河后,沿平(遥)、汾(阳)公路及两侧地区向西推进,至十九日晚均已进出于文峪河东岸地区,并与汾阳刘(效曾)师义安据点取得连系,我军进展颇为顺利,其作战经过如左:

子、十八日辰,我第八集团军推进至文峪河东岸,并逐渐向匪扫荡,遇匪五千余、炮数门猛袭卢家庄、东西盘粮(均孝义城东南),经我该集团之第七十三师主力、暂四十四师一部迎击,激战彻夜,匪猛扑十余次均被我击溃。十九日辰,经我向匪反击,匪一部被我悉数歼灭,毙伤五百余,遗尸七十余具,俘匪六名,获重机枪三挺、步枪九枝、炸药廿余色。我伤亡官兵卅余员名。

丑、我第七集团军于一月十八日由平遥出发,沿平(遥)、汾(阳)公路西进,于上午十二时推进至宁固阜西端薛家庄、靳家庄南端(均平遥以西)之线,歼灭武坊之匪后,一举向香乐镇(均宁固阜西)之匪围歼,遇匪三、四百名,经我驱逐。翌(十九)日继续向文峪河东岸推进,当将白石村、演武镇、康宁堡、西河堡等处之匪共一千五百余名击退,并乘胜对田屯镇、司马镇之匪猛攻,激战甚烈,共毙伤匪三百余。

寅、我第六集团军于一月十八日沿太(原)、汾(阳)公路向文水城集结完毕后,于十九日继续向前挺进,当将冀村、仁岩、尽善、罗城镇(均汾阳城东北)等处之匪击溃,毙伤匪二百余,续向汾阳田屯镇间急进。

2. 第二期(一月廿日至廿一日)

甲、一月廿日上午九时,我第七集团军到达见喜村、董家庄东北之线,驱逐各该村之匪后,即展开向田屯、司马之匪攻击,激战至午后二时,相继攻占各该村。斯时,第六集团亦推进至汾阳城附近,战区军为合力歼匪计,当令各集团并力向孝义东南地区挺进。我暂四十六师第二团曾攻抵孝义城北新庄村,因匪据险顽抗,并以五个团向我夹击,该团反复冲杀,伤亡甚重,遂撤回司马镇整顿。

乙、一月廿日,我第八集团之第七十三师、暂四十四师、第六九师主力经南北桥头、西盘粮、霍家堡向大孝堡、郑家营之匪攻击,激战竟日,匪据寨顽抗。廿一日,匪由晋西增来两个旅,向我东盘粮,南北桥头侧后猛扑,战况至为剧烈,共计毙伤匪五百余。

丙、一月二十一日上午七时,我第六集团军向东西龙宫、靳屯庄、儿上(均孝义城北)一带攻击,匪二十四旅依据既设工事猛烈向我迎击,我官兵藉炮火之掩护奋勇攻击,激战至午后三时许,卒将各该村先后攻占。稍事整顿后,即续向贾家庄、桃园堡、苏家庄、刘义村攻击,计毙伤匪千余名。

丁、我第七集团于二十一日上午七时分向大虢城、瑶圃、居义(孝义城北)攻击,血战终日,将大虢城攻占后,续向瑶圃、居义之匪猛攻,与我巷战八小时,肉搏卅余次,旋经我增援猛攻,匪大部被我歼灭,并占领各该村。

以上各役共毙伤匪五千余名。

3. 第三期(一月二十二日至二十四日)

甲、我第八集团军一月二十一日在东西盘粮攻击顿挫后,一部退回介休整顿,其暂四四师及七十三师被匪包围于东盘粮,战斗异常激烈。

乙、一月二十二日我第六、七两集团军奉命并力增援,以解第八集团军高、卫两师之围。其作战经过概况如左:

子、一月二十二日晨,我第六集团军以六六师集结于西阳城镇、孝臣村一带,监视勒屯、西龙宫之匪,令暂卅七师推进至中辛安。第六集团军王总司令靖国亲率第七十二师进驻田屯镇,并以一个团推进大虢城,于十二时完成攻击准备。

丑、我第七集团军于廿二日上午十时以全力向马庄营、长黄村一带之匪猛攻,匪增援部队三千余不断向马庄营增加,我以炮火向匪猛攻,迄下午二时许,遂对该村完全攻占。匪死伤狼藉,残匪分向长黄、长兴村撤退。我即跟踪追击,下午五时后与匪成对峙状态。入夜后,匪复向我反击,猛攻十七次,均被我击退。迄廿二日,我续向当面之匪攻击。共计毙伤匪二千余名。

寅、一月廿三日,我第六集团之六六师、七十二师、暂卅七师到达董家庄、南辛安、司马镇附近后,即准备共同协歼当面之匪,策应高、卫两师之突围,当即续向南小堡、北船头之匪攻击,激战至午后二时许,当将各该村之匪驱逐,即乘势推进至大堡村、李家庄附近，与匪遂成对峙状态。

卯、一月廿三日上午十一时，我赵、王两总司令均到达东大王村。为策应东盘粮高、卫各师突围计，特组成联合军。其攻击部署如左：

（1）沈师长瑞指挥第七十一师、暂四十六师、独立第九总队为沈纵队，以马庄营为根据，努力攻占长黄村后，向大孝堡、西盘粮之匪猛攻，策应东盘粮高、卫两师。

（2）娄师长福生指挥六十六师、七十二师、暂卅七师为娄纵队，以北张家庄为根据，攻击卢家庄、北桥头之匪，接应高、卫两师，重点在左。

（3）作战地境为北小堡、卢家庄、东盘粮、郑家营之线，线上属娄纵队。

（4）赵（瑞）总队为第一预备队，控置于南小堡、大堡村附近，并以一个营负责掩护军炮兵营。

（5）第七十二师二一〇团及地方部队一部为第二预备队，控置西大王。

辰、我娄纵队于廿四日晨由北小堡、南船头向大堡村、李家庄之匪攻击。匪十三旅一部由西河堡偷渡文峪河，窜袭西大王并增援李家庄、大堡村，该匪依据房院工事顽强抵抗，我官兵连冲十余次，均未成功。黄昏后，我复集中兵力冲入村内，与匪肉搏，形成拉锯式战斗。正鏖战之际，匪又由南北桥头增援，另一股四百余向我右翼猛冲，我当另调部增援，卒将该匪击退，匪我伤亡均重。同时我攻大堡村之暂卅七师亦被阻于村外，奸匪复由程家庄方向源源增援，我因伤亡较重，至黄昏后仍撤至南小堡、南船头整理，与匪成对峙状态。

巳、我沈纵队一月廿四日以一个团守备盐锅头，主力即于拂晓前进攻万户堡、宋家圪塔、乐善村、白家堡，激战至十二时，当先后攻占各该村，匪主力遂向南北桥头撤退。同时，我高、卫两师在东盘粮固守待援，血战一昼夜后，即乘我援军对匪猛攻、将其主力牵制之际，向介休方向安全转移。

4．第四期（一月廿五日至廿九日）

甲、一月廿五日，沈、陈两师由万户堡向中街村转移集结，于上午十时沈师二一二团及陈师三团二营担任掩护，各师开始撤退，沈师即于午后二时全部撤抵中街村。当时因匪向万户堡攻袭甚急，遂着白家堡之张团尤营前往增援，掩护陈师右翼，激战时许，匪一度冲入村内，我陈师继沈师之后亦陆续转移中街集结，同时在万户堡担任掩护陈师之一个营亦遭匪四千余猛扑，该营沉着固守，曾数次向匪逆袭，终被匪突破，我损失颇重。

乙、我沈、陈两师到达中街后，匪即由孔家堡、乐善向我猛攻，陈师固守中街东北两面，沈师固守西南两面，激战至午后七时许，终未得逞。匪复增援四千余，分两纵队向中街西北、西南两方攻击，鏖战彻夜，赖我全体官兵奋勇冲杀，迄未得逞。匪乃利用夜间在距我阵地五、六百公尺处构筑工事，企图再犯。

丙、一月廿六日，匪利用工事向我接近，迄晚未停，并以连日攻击均未成功，遂于廿七日上午一时以独二旅及一个警备团集中里世、礼成准备截击打援，以其主力六、七、十、十一等旅附民兵数千、山炮迫炮廿余门，藉炮兵掩护向我西南、西北、东三面猛攻，波浪冲锋达十余次，遂展开肉搏战，战况至为惨烈，我全体官兵愈战愈奋，卒将匪全部击溃，并乘胜出击，毙匪两千以上，匪遗尸遍野。

丁、战区军为乘中街我军将匪系留之际，以主力歼灭敌人计，令高纵队（七十三师及四十五师一部）于廿七日上午九时向里世、礼成之匪攻击，赵纵队（八总队附九总队牛双年团）向北辛武之匪攻击，以苏纵队（七十二师）进占南北王里、沙堡村掩护赵纵队之侧背，策应其攻击。四十五师（欠一部）控制张兰，准备协力歼灭奸匪。

戊、盘据北辛武之匪独二旅之一个团经赵纵队猛攻，激战三小时，至下午三时残匪向里世、礼城溃窜，北辛武遂为我赵纵队占领。高纵队推进至汾河以北，因受净化方面奸匪之牵制，进展较缓。是夜里世村、礼城村仍为奸匪盘据，共计毙伤匪三千余名。

己、一月廿八日晚，匪复向中街作再度之猛攻。惟因匪连日屡攻未逞，我士气极为旺盛，经我集中炮火予匪猛烈轰击，卒将顽匪击退。同时，我高、赵两纵队继续对里世、礼城之匪猛攻，匪损失甚重，且遭我大军连日猛攻，匪已疲备不堪，士气动摇。

庚、一月廿九日，我苏纵队推进至孙家寨、西大期、降家寨，经予猛攻将各该村之匪驱逐后，复与我空军密切配合，集中炮火向万户堡、乐善村、孔家堡、里世、礼城等处之匪猛烈轰击，协力我高、赵两纵队之攻击激战，至下午三时我沈、陈两师乘我将匪制压之际，全部转移至汾河东岸张兰镇附近地区整顿，至午后七时许，我高、赵两纵队仍隔河与匪对峙中。

辛、我孙、赵、王各集团军连日对盘据里世村、礼城村、中街村之匪猛烈攻击，该匪以四个团死守该地及汾河沿岸，并不断源源增援。我军集中兵力，用重炮、山炮廿余门对匪猛烈轰击，三日中发射炮弹千余发，匪死伤殆尽，村舍亦大部摧毁。残匪不支，于廿九日夜向西北溃窜。同时各处之匪亦均大部向后撤退。至此战事遂告结束。我主力为集结整补、准备反攻计，亦转移平（遥）、介（休）一带整顿。是役总计毙伤及俘匪三万五千余人，我军伤亡失踪官兵共计七千二百零七员名。

七、战绩（如附表第三〔表略〕）。

附表第一：

汾（阳）孝（义）会战我军参战部队战斗序列表　卅六年一月卅日

区分部队		主官姓名	备考
第六集团军	总司令	王靖国	
	第十九军 军长	杨爱源	兼
	暂三十七师	雷仰汤	
	暂四十师	程云峰	欠第三团，附暂卅九师第二团，该部系最后参加。
第七集团军	总司令	赵承绶	
	第三十三军 军长	赵承绶	兼
	第七十一师	沈瑞	
	暂四十六师	陈震东	
	第三十四军 军长	孙楚	
	第七十三师	高倬之	
	暂四十四师	卫玉昆	欠第三团
	暂四十五师	赵恭	
	独立八总队	赵瑞	
	独立九总队	杨诚	
第八集团军	总司令	孙楚	
	第四十三军 军长	楚溪春	
	第七十师	刘效曾	
	第六十一军 军长	王靖国	兼
	第六十六师	娄福生	
	第六十九师	周建祉	欠二〇七团
	第七十二师	艾子谦	欠二一六团
本属部直队	特务营	刘有泰	
	榴弹炮营	马赓犀	
附记			

附表第二：

汾（阳）孝（义）会战奸匪参战部队番号主官姓名表
卅六年一月三十日

区分＼项目	部队番号	主官姓名	备考
总指挥		贺 龙	
太岳纵队	司令员	陈 赓	
	第十旅	李成芳	
	第十一旅	陈 康	
	第十二旅	周希汉	
	第十三旅	刘有光	
	第十四旅	不 详	
	第十五旅	不 详	
	第廿三旅	贾殿基	
	第廿四旅	刘秉祥	
吕梁军区	司令员	王 震	
	三五八旅	黄新庭	
	三五九旅	刘专年	
	独二旅	唐金龙	
	独四旅	项星三	
	警备第一团	不 详	
	警备第二团	不 详	
	警备第三团	张福斌	
	亚一、二两团	不 详	
附　记	奸匪先后参战总兵力约七万余人以上		

〔中国人民解放军总参谋处保存国民党档案〕

3. 国民党第七集团军汾孝战役战斗详报

(1947年1月)

野战军总司令部战斗详报

甲、时间、地点及影响战斗之天候：

一、时间——一月十八日至二十三日。

二、地点——平汾公路及孝义以北田屯、司马附近地区。

三、天候——连日风雪，天气阴暗，飞机不能活动，观察、射击均感困难。

乙、敌情：

奸匪于一月十三日以来，逐渐由晋西、陕北调集第六、七、九、十、十一、十三、十六、廿一、廿四，独立第二、四、五及三五七、三五八、三五九等十五个旅及平、文、汾、孝、介、灵、离等地方部队，共约六十个团，由贺龙、陈赓、王震等指挥，于一月十四日即向我汾阳、孝义及附近各据点开始围攻，有攻占汾孝、控置晋西、进窥太原之企图。其三五八、三五九两旅于十七日窜据汾阳城东香乐镇附近一带。

丙、我军作战兵力、军队区分及一月十八日上午八时命令要旨如左：

一、命令

1. 军先歼灭窜据香乐附近之匪三五八、三五九两旅，再配合孙集团军捕捉匪主力而击灭之。

2. 赵总队（欠一个团）配属山炮一连、重机枪一连为右纵队，本日上午九时由现地出发，经左家堡、梁家堡、任家堡，于十二时以前展开于东西张赵西端线上，左与沈师确取联系，歼灭武坊村奸匪后一举向安固之匪围歼之。

3. 沈师（欠二一三团）配属山炮一个连为中央纵队，于本日上午九时由现地出发,沿平汾公路西进,右与赵纵队确取联系,于十二时展开于宁固皁西端、薛家庄、靳家庄南侧线上,歼灭武坊之匪后一举向香乐镇之匪围歼之。

4. 陈师配属重机枪一个连为左纵队,于本日上午九时由现地出发,经北盐场、净化、岳封,于十二时前展开于大堡西、王智村线上,右与中央纵队确取联系,歼灭武坊村一带之奸匪后向香乐镇前进,协力右纵队、中央纵队围歼香乐、安固之匪。

5. 机甲队协力中央纵队之攻击。

6. 军炮兵本日上午十时前于左家堡桥梁东端附近占领阵地,掩护军主力之进出,尔后随战斗之进展,以一部推进至宁固皁附近,主火力指向武坊村、安固村,协力第一线之攻击。

7. 杨总队配属山炮营(欠一个连)为预备队,以一个团留置平遥附近,其余上午十二时到达梁家堡、左家堡附近。

8. 余先到左家堡。

丁、战斗经过

一、各部均按预定计划推进。右纵队在安固,中央纵队在宁固皁,左纵队在武坊村附近,各遇匪三、四百名,经我军驱逐,向白石、演武一带逃窜。于下午四时前后,我军即进出于安固、香乐镇、三家村、赵家堡之线,即令各部在各占领地宿营,构筑工事,搜索敌情,准备翌日之攻击。

二、一月十九日上午九时,各部按原态势以肃清文峪河三角地区之奸匪为目的,向文峪河东岸推进。

1. 沈师驱逐白石、演武、康宁堡附近匪后,于西堡障遇匪五、六百名顽抗,经张团猛攻后,匪遗尸十余具,伤亡数十名,向普会、司马逃窜,俘获步枪十余支及其他弹药、文件等。

2. 赵总队及陈师击溃当面小股匪军,均有俘获,并与汾阳刘师取得联系,大部奸匪向田屯、司马方向逃窜。

当晚,赵总队已推进至肖家庄,沈师推进至康宁堡、安头村,陈师推进至师家庄、西河堡一带。

总司令部及杨总队、榴弹炮营均推进至白石村附近。

3. 为击灭田屯、司马之匪，配合孙集团军歼灭奸匪主力，于一月十九日下午九时下达命令如左：

（一）命令

一、十八日晚攻陷孝义之奸匪，一部在东西盘粮附近与我孙集团高、卫两师发生激战，匪伤亡颇重，其主力仍在三泉镇、司马镇、田屯镇一带地区盘据。本晚黄昏前，有匪五百余窜至董家庄。

我孙集团军高、卫两师明（二十）日向孝义挺进。

王集团军雷师本日已到仁岩镇。

二、军拟先行攻灭田屯、司马一带之奸匪后，再配合孙集团军、王集团军收复孝义城，捕捉敌主力而歼灭之。

三、〔下缺若干字〕经义安村、猪城村、东路庄、韦家庄，于上午九时务在东阳城、见喜村线上展开，即向田屯镇之匪攻击前进，尔后进出于靳屯、大虢城各南端之线，对三泉镇方面严加戒备。

四、沈师为中央纵队，明（二十）由现驻地出发，于上午九时务在东堡、牛家庄各南端线上展开，即向当面之匪攻击前进，尔后进出于大虢城、中辛安各南端线上，随即派一小部向孝义城搜索。如城内无敌，该小部即可进入并与陈师搜索队确取联系。

五、陈师为左纵队，明（二十）日由现驻地出发，先行驱逐董家庄之匪后，务于上午九时在董家庄西侧南北线上展开，保持重点于左翼，即向司马镇之匪攻击前进，尔后进出于中辛安、南辛安、仁智村各南端线上，随即派一小部向孝义城搜索。如城内无敌，该小部即可进入并与沈师搜索队确取联系。

该师与高、卫两师应设法取得联系。

六、榴弹炮营明（二十）日早七时随杨总队长前进，经康宁堡、义安桥、义安村、猪城村、魏家、建昌、东路庄，于上午九时在东路庄附近占领阵地，对田屯、普会线上以南、司马以西地区之匪军准备射击，支援各纵队之攻击。

七、机甲队明（二十）日上午七时由现住地出发，于上午九时前到达魏家、建昌（有塔的那个村子）待命。

八、杨总队长为预备队，明（二十）日早七时由现驻地出发，掩护榴弹炮营，经康宁堡、义安桥、义安村、猪城村，到达魏家、建昌（有塔的那个村子）及东路庄待命。

九、司令部明（二十）日早八时由现在地出发，第一步先到魏家、建昌（有塔的那个村子），尔后随战斗之进展，到达见喜村。

（二）行动

一、赵总队于廿日下午一时半已攻占田屯镇，匪独二旅向靳屯庄、儿上窜退，俘匪十名、步枪六枝，即继续向靳屯之匪攻击。匪依据村落抵抗，我以猛烈炮火及战车掩护，曾数次冲入村内，发生巷战，匪利用坚固房屋顽抗，激战三时余，迄晚仍在对峙中。匪伤亡甚重，我阵亡官长一员、士兵六名，负伤官长三员、士兵卅三名。

二、沈师于上午十时进至牛家庄南端，发现普会、中辛安盘据奸匪约千余名，经我优势炮火掩护，激战二小时，均先后攻克，匪分向孝城、瑶圃撤退。我军一面整顿，一面派贺营向辛庄附近搜索，居义、瑶圃之匪约五千余，以炮火掩护向我猛冲，经官兵奋战半小时，匪即后撤。毙匪二百余，我伤亡官兵三十一员名。

三、陈师魏团于上午十一时三十分攻占司马并占领南辛安、仁智之线后，自动向孝城挺进，遭孝义城东西关五千余匪军之反攻，战况异常惨烈。敌伤亡一千余，我亦伤亡甚重，魏团长被俘，损失山炮一门及其他人员、军品。

四、迄晚，我各部与匪在新屯以东、中辛安、司马南端线上成对峙状态。入夜后，仍在继续激战中。

4. 一月廿一日，孙集团军向大孝堡、孝城之匪攻击，王集团由汾阳向靳屯之匪攻击，尔后预计向贾家庄附近突进，以策应本军之作战。

（一）九总队于上午十一时三十分攻占大虢城后，协力沈师向瑶圃之匪攻击，匪占领瑶圃既设工事顽抗，激战终日。赵总队除一部协力王集团向靳屯之匪攻击外，主力向居义之匪佯攻，奸匪据村落顽抗，我以炮火猛轰，匪伤亡甚重。迄晚，我各部与敌在大虢城、中辛安以南地区对峙，同时孝义东南侧之匪向东盘粮孙集团军之高、卫两师攻击，形成包围状态，终夜激战甚烈。

5. 一月二十日，军为迅速协力孙集团之作战，处置及经过如下：

（一）陈师于四时半出发，经司马镇向马庄营、长黄村一带前进，于上午十时开始向马庄营之匪攻击，并发现匪后续部队三千余，不断向马庄营增加。我以炮兵掩护，向匪冲击，迄下午二时将该村完全攻占，敌死伤狼藉，残匪分向长黄村、长兴村撤退，我即跟踪追击，下午五时后成对峙状态。入夜，匪二千余向马庄营我四十六师三团猛烈反攻十七次，均经我击退，匪伤亡二千余人。

（二）沈师长指挥七十一师及杨总队，于上午十二时向刘家堡、青义村、苏家营之匪攻击，于下午二时将各该村完全攻占。午后六时，匪第十三旅大举反攻，并以一部向我刘家庄师部袭击，战况惨烈，激战彻夜，匪猛冲十三次，均经击退。是役毙匪千五百余名，遗尸五百余具，俘匪四名，获轻机枪一挺、步枪五十六支及其他军品。我阵亡官兵十六员名，负伤官兵五十六员名。

6. 孙集团之高、卫两师因守东盘粮受匪重重包围，王集团之六十六师、七十二师、三十七师于本日到达董家庄、南辛安、司马附近地区，准备共同协歼当面之匪，接应高、卫两师之突出重围。

（一）一月二十三日，六十六师、七十二师在南小堡、北船头与大堡村、李家庄之匪激战中。

（二）两总司令部及赵总队于十时后均到达东大王村。

（三）沈师、陈师、杨总队继续向当面之匪攻击，匪不支，陆续抽调孝义及东盘粮周围各村庄与孙集团作战之部队，向我增加，激战终日，匪伤亡甚重，我亦有损伤。此时敌主力均吸引于本军当面，形成胶着状态，高、卫两师遂乘机经罗王庄附近渡口向介休附近转进，安全突出重围。

戊、自一月十八日至二十三日，总计毙匪约在四千余名。我军卤获及损耗如附表〔表略〕。

野战军总司令部战斗详报

一、时间、地点及影响战斗之天候：

1. 时间：一月二十四日至二十九日。
2. 地点：东西大王、大小堡、李家庄、万户堡、西河堡、盐锅头、北辛武、薛贤村、中街村、里世、礼城一带地区。
3. 天候：二十四日至二十六日天气阴暗，飞机不能活动，射击、视察均感困难。二十七日以后均为晴天。

二、敌情：

奸匪六、七、九、十、十一、十三、十五、十六及廿一、廿四、独二、四、五、三五七、三五八、三五九等旅，连日来与我军在田屯、司马以南地区作战，损伤甚重，其有力一部于二十三日即向文峪河东岸、南北桥头一带移动，似有向平介中间铁路附近窜犯模样。

三、我军作战兵力及军队区分：

1. 军为与王集团合歼窜据文峪河、汾河三角地区之奸匪，成立联合军总司令部。其军队区分及命令要旨如下：

（一）沈纵队（七十一师、四十六师、杨总队）于明（廿四）日以一个团守备盐锅头，其主力拂晓进攻万户堡、宋家圪塔、乐善村、白家堡成功后，主力向南北桥头之匪攻击。

（二）娄纵队（六六师、七十二师、三十七师）于明（廿四）日向大堡村、李家庄及北张家庄、小圪塔村攻击。

（三）兵先三团策应娄纵队攻击，占据沿文峪河、盐锅头以东渡口，切断敌之退路。

（四）八总队及兵先四团为总预备队，控制东大王、西河堡附近。

四、战斗经过：

1. 娄纵队于二十四日晨在北小堡、南船头向大堡村、李家庄之匪攻击，进展不大。匪十三旅一部由西河堡偷渡文峪河，经西大王向我东大王总部袭击，经八总队迎击，匪即据守西大王，复经我炮兵轰击，八总队乘势反攻，突入西大王村内，毙匪三百余，俘匪四十余名，获步枪数十支，残匪百余向文峪河西岸逃窜。

2. 沈纵队于二十四日十二时已攻占南北中三个万户堡、乐善、白家堡，匪主力向南北桥头撤退。当时据报匪一部偷渡文峪河，向我左右两翼迂回，有绕袭我后方补给线企图。

3. 我为确实控制平、汾、介、孝中间地区，相机歼灭敌人，下达命令如左：

（一）艾师占据西河堡、辛庄附近渡口，阻止敌人东渡。沈、陈两师在万户堡、乐善村附近相机阻击敌人。

（二）赵总队在东大王掩护六六师通过后，即向岳封集结待命。

（三）娄纵队（六六师、三七师）派一部接应盐锅头九总队鲁团向大小羌城集结待命。

（四）九总队及冲锋枪大队掩护榴弹炮营及总司令部向岳封前进。

4. 下午四时杨总队、冲锋枪大队掩护榴弹炮营行至薛贤村，遇匪第十旅三十团之一个营，经杨总队长指挥牛双年团向匪猛击，将匪全部解决，俘匪营长等以下一百零八员名。总司令部于当晚到达万户堡，次日以各部均已转进至苏封、岳封、左家堡一带，总司令部为统一指挥各部，于二十五日到达平遥。

5. 二十四日上午十时，马庄营、长黄村窜来匪四个团约数千余，向我盐锅头九总队鲁团围攻，激战终日，匪猛扑七次，伤亡千余，因系孤军苦战，该团于黄昏后突围，经东大王、南船头，被奸匪截击，将我周营包围于南船头，激战终夜，毙匪数百。因匪屡攻屡增，我携行弹药用尽，数次突围未能突出，我周营长璋及九连连长卢其温被俘，其余官兵除牺牲外，大部被俘。鲁团除周营外，均于次日到达岳封，归还建制。

6. 因万户堡、乐善幅员广大，防守不易，沈、陈两师于二十五日集结中街。于上午十时，沈师二一一团及陈师三团二营担任掩护，沈师于午后二时全部抵中街。惟匪向万户堡攻击甚急，着白家堡之张团尤营即刻增往南万户堡，掩护陈师右翼，激战一小时，匪曾一度冲入村内，尤营连长贾宝义率部向匪逆袭，毙百余，贾连长壮烈牺牲。经尤营长率一连向匪出击，匪始后撤，陈师亦陆续向中街集结。在北万户堡担任掩护之四十六师三团二营，受四千余匪之猛扑，该营曾数次向匪逆袭，终被匪突破，我损失颇重。

7. 沈师到中街后，匪即由田李、孔家堡向中街西面猛扑，经尤营击退，毙匪三百余，匪势顿丧。未几，匪由乐善、孔家堡续增两千余，藉炮火掩护向中街西南、西北猛犯，经二一一团冯营、二一二团贺营以轻重机枪猛予还击，我炮兵发射榴霰弹，激战时余毙匪三百余，匪攻击遂告顿挫。

陈师固守中街东北两面，沈师固守中街西南两面，于午后七时，匪以四千余分两纵队向中街西北、西南两方攻击，激战彻夜，赖我全体官兵奋勇冲杀，匪未得逞，即利用夜间在距我阵地五、六百米处构筑工事，企图再犯。

8. 一月廿六日下午二时，匪以工事向我接近，迄晚未停。匪以连日攻击,均未成功,于二十七日上午一时,以独二旅及一个警备团集中里世、礼城,准备截击打援,以其主力六、七、十、十一等旅附民兵数千,山炮迫炮二十余门,藉炮兵掩护向我西南、西北、东三面行波浪冲锋,共十一次,遂发生肉搏战,战况惨烈,前所未有。我全体官兵愈战愈奋,卒将匪全部击溃,并乘胜出击,毙匪两千以上,匪遗尸遍野,在我阵地前遗弃械弹甚多,被我守军拾获,藉作补充。

9. 军为乘中街我军将敌系留之际,以主力歼灭敌人计,令高纵队(七十三师及四十五师一部)于二十七日九时向里世、礼城之匪攻击,赵纵队(八总队附九总队牛双年团)向北辛武之匪攻击,以艾纵队(七十二师)进占南北王里沙堡掩护赵纵队之侧背,策应其攻击,四十五师(欠一部)控制张兰,准备协歼奸匪。

10. 盘据北辛武之匪独立二旅之一个团,经赵纵队猛攻,激战三个小时之久,于当日下午三时歼匪,向里世、礼城溃窜,北辛武为我赵纵队占领。是役毙匪百余,我略有损伤。高纵队推进至汾河北,受净化方面敌之牵制,进展较缓。是晚,里世、礼城仍为奸匪盘据。

二十八日晚,匪复向中街作再度猛攻,惟以匪屡攻不逞,我士气旺盛,复将顽敌击退。

11. 二十八日,以高、赵两纵队继续向里世、礼城之匪攻击,匪损失甚重,且以连日受我军压迫,疲惫不堪。

二十九日,以艾纵队驱逐孙家寨之匪,以飞机及炮兵密切配合,制压万户堡、东善、孔家寨、里世、礼城之敌,掩护沈、陈两师于下午三时全部转移至汾河东岸张兰附近地区。高、赵两纵队仍与敌隔河对峙中。

五、战斗后之敌我行动:

奸匪自一月十四日与我军发生激战,至二十九日战斗终了,奸匪损失惨重,疲惫不堪,有窜返原地、整理补充或窥我弱点、候机蠢动模样,于二月一日以后,贺龙率三五七、三五八及三五九旅,王震率独立第二、四旅,陆续向文水方向移动,陈赓率第六、七、十、十一、十三、廿四等旅,于二月二日以后经张兰以南地区东渡,有窜晋东南整理补充模样。我为加强太原、太谷及交城一带防务并积极整训计,王集团之六六师、三十七师、七十二师开太原、太谷、交城,孙集团及本军所属之八总队在张兰以南阻击陈赓部之东渡,其余七十一师开平遥以西达蒲附近,四十六师开娃留村、李村附近,九总队开左家堡附近,一面整训,一面沿平汾公路向西活动,候机打通平汾路,开展政权、收复孝义。

六、经验教训:

(一)敌人惯用战法

敌人惯用的战法,可以说是综合"陈赓的反突击"、"王震的猛冲"、"贺龙的迂回"的一套战法。

反突击每于我接近他正面硬顶的部队遭到他侧防火射击、攻击顿挫时行之;迂回的目标,多指向我军炮兵阵地或指挥所,所谓"挖心战术"。

波浪式的冲锋,多在我军新攻下据点或村庄立脚未稳时行之。

(二)我们的对策

层层保险,专打反突击。

如何保险,就是控制保险部队或以火力支援。

援助被保险部队的成功,保障被保险部队的不失败。

随伴炮兵专打敌人侧防火及自动火器与波浪式的冲锋及反突击。

军炮兵集中射击,摧毁敌人的坚固建筑,开设冲锋路。

炮兵消灭侧防火,掩护攻击部队冲入敌阵。

要地设伏,截击迂回队。

(三)训练上注意要点

1. 对敌人正面硬顶、反突击、迂回的死格式,要根据我们的对策在各种状况下作千百遍的演习，务使运用自如。

2. 各部队习练步炮协同的演习。

3. 训练夜间攻防战斗。

4. 练构筑工事的本领，养成处处作工、时时作工的习惯。

5. 注意练习对村落攻防战要领。

6. 训练各级干部均能确实掌握部队，严整射击军纪，实行指导射击。

七、部队及个人功勋事迹概说

此次我军与三倍以上之敌作战二十余日，卒赖全体官兵奋勇苦战，歼灭奸匪约两万余人。敌以毒辣手段，裹胁民众，配合其精锐部队向我作孤注一掷之冲击，徒遭损失，终未得逞。敌势虽猖，迄今不敢轻意向我进犯者，完全在此一役。兹特将英勇事迹概述于后：

（一）一月二十二日晚，奸匪野战第六、七、十三旅、贺龙中学两个支队、翼城民兵团，共一万余人，向我刘家堡、仁智、苏家营、青义村、马庄营之七十一师、四十六师围攻，彻夜毙敌两千五百余。一月二十五日至二十九日，中街战役敌以七个旅围攻四昼夜，卒赖该师官兵奋勇坚守，给敌人以重大损失。每于敌人夜间攻击、我于拂晓逆袭后，敌人在我阵地前遗尸垒垒，遗弃军品甚多，其狼狈状态可以想见。此两次战役，均能给敌以重创，尤以中街战役在弹药、给养甚感缺乏之机，能苦战四昼夜，在敌人重围之下，最后全部安全转进，实为该两师之光荣战绩，应予表扬。

（二）一月二十四日，薛总队西友王战役时，该部第一团陶团长兴旺率所属在很短时间内将敌全部击溃，颇有斩获，英勇可嘉。

（三）九总队一月二十四日薛贤村及一月二十五日岳封战役，杨总队长诚指挥牛双年团及榴弹炮营，均能在一小时内将敌全部解决，除当时击毙者外，余均俘获，可为此战役中之模范战例，应予给奖,以表有功。

〔中国人民解放军总参谋处保存国民党档案〕

4. 国民党第八集团军汾孝战役战斗详报

(1947年2月21日)

孝义东西盘粮战役战斗详报

(甲)战斗前敌我态势:

匪首贺龙、陈赓等率独四、十、十一、十三、二十四,第九、十六,独二、三五七、三五八、三五九共十一个旅之众,于元、寒、删窜抵我汾孝地区,十四日晨突以两千余攻袭田屯镇,我守军阎团第六连激战至午,遂令撤至孝义,应援田屯之七十师主力,在西阳城与匪约三千余激战终日,亦令其撤回汾阳城。叛匪侵占田屯后,当日下午约三千余东窜西河堡一带,盘据田屯者亦约三千余人,三泉方面匪约三个旅,逐渐向汾阳城周进迫。孝义西高阳、兑镇间集匪约三个旅以上之兵力。十五日,汾阳方面之匪开始向外围各据点猛攻,并以小部迫近城边袭扰,皆受创溃退。同时,隰县方面北窜之匪仍不断经过双池向孝义前进。十六日,汾阳城外围战斗益烈,尤以协和堡、义安村、西阳城各据点战斗为最烈。匪军大部愈迫近城垣,城东南地区聚匪尤众。赖我官兵奋勇应战与不断出击,均予匪重创。十七日,匪已发觉太原大军南下,其兵力渐向南移转。是日午,赵总司令抵介休,商定共同于十八日开始行动,遂将准备渡河之先头部队暂行停止。两军行进之部署如左:

(一)赵集团分由左家堡铁桥及张兰西之北盐场、北辛武间冰桥渡河,沿平孝大道两侧地区西进。

(二)孙集团分由桥头及义棠渡河,沿文峪河两岸地区北进。

(三)两军先合力聚歼万户堡及东西大王一带之匪,然后推进于西河堡、孝义之线,尔后再捕捉敌主力而围歼之。

是日夜,匪继续南移,孝义城周满布匪军,该县县长不断告急。同时,接到赵集团通报,略谓:"香乐一带发现匪一两个团,本军拟先击灭该匪,再南移与贵军合力西进"。当时因敌人企图已明,本军又因日前护运主力由灵石以南向介休附近集结未终,当即请求赵集团以一部对付平汾道上之匪,主力仍向西南挺进,以期集中我之主力,指向匪之主力一举将匪击破。得复略谓:"贵方可暂取防势,俟本军进展后,再合力对付孝义之匪"。是夜半后,孝义方面战事突趋激烈,黎明时孝义电台忽然中断,当即督催各部迅速渡河。时因下雪,天气温暖,冰桥尽解,主力只能由桥头一处船渡渡河,进行甚缓。为履行与赵集团之配合行动,遂令已渡河之高师进攻北张家庄、大堡一带之匪,以策应陈震东部在万户堡一带之作战。该师旋驱逐该处之敌而占领之,但与陈部始终未能取得联系。斯时,孝义陷落已证实,同时义棠周师不断与郭璧方面之敌发生激战。当时判明匪军分布态势如左:

匪主力已集结在孝义城周及城西南下栅、西铺头、兑九峪、胡家窑、高阳镇间地区,计(1)孝义城周约集结四个旅(在大孝堡、西盘粮一带约一个旅)。(2)下栅、高阳、兑九峪间约三个旅。(3)三泉、田屯、司马镇间约一至两个旅。尚有一部窜至平汾公路上演武一带。

基于以上之情况,判断匪主力集结在孝义城附近及城与兑九峪之间地区,凭藉孝义城之既设工事,阻止我南下之赵、王两军,乘机以主力进袭我介休部队,得手后再移转兵力,对付我南下之军。我识破匪此种阴谋后,遂作紧急措施如左:

(一)速令高师向桥头集结,与继续渡河之卫师曹、杨两团及赵师之郑团分占南北中卢家庄、东盘粮、五楼庄、南北桥头。

(二)周师派有力一部(两个营)渡河固守霍家堡,主力配置于河南上下站、韩屯间地区,并将军炮兵在韩屯河湾占领阵地,防匪由孝义城南梧桐方面袭击我侧背之五楼庄、桥头一带时,我则由侧面予匪以侧击。

(三)令扼守义棠桥梁之李熙泉团(欠一营)并周师之一个营由李熙泉统一指挥,以一部警戒义棠桥梁与孙畅堡、西堡、罗王庄各冰桥(各该处冰桥十八日黄昏前均解冰,不能通行。入夜又复结冰)及义棠两渡间之护路,一部向东西董屯、南北窑及梧桐方面作威力侦察。

各该部旋皆按照命令各就部署后,遂策定作战方针如左:

将攻击目标转向孝义方面,定于十九日拂晓以楔形队势进袭长黄、长兴、西盘粮、张魏村一带之匪,乘机歼灭之。

基于右之方针作如左之部署:

(一)高师之攻击部队在北卢家庄就攻击准备位置,对长黄村、长兴村攻击,利用文峪河布成保险态势,郑继周团保护桥头,并任北来包围敌人之出击。

(二)卫师之攻击部队在东盘粮就攻击准备位置,对西盘粮攻击,余沿东盘粮、五楼庄布成斜阵,以防梧桐之敌包围。

(三)周师为总预备队,以有力一部进占霍家堡,余在上下站、韩屯村附近地区控制,主要任务为对梧桐来袭之敌,予以侧面打击而反包围歼灭之。

(四)军炮兵归周师长指挥,先在五楼庄附近占领阵地,主要射击指向长黄村、西盘粮间地区,并于梧桐之敌来攻时,由侧翼予以歼灭射击。

(乙)战斗经过

(子)巧晚,我各部均到达指定位置。迄亥时,匪一路约两千人向北卢家庄祁团阵地,一路约四、五千人附迫炮、山炮各数门,向东盘粮、五楼庄之杨团阵地猛袭,连续冲锋,有多至十八九次者。尤以东盘粮杨团第三营及五楼庄杨团主力阵地为最烈。匪并由东盘粮五楼庄间窜入一部,至南卢家庄、中卢家庄王团防地,南卢家庄适为高师司令部所在，战斗亦极激烈。当夜降雪，数十公尺外即不能通视，敌我河岸所布之侧射阵地与炮火均无法发挥效力，由周师及郑团派出之阻击敌背部队，亦以无法识别，未收宏效，只由各防地坚守歼敌。由是激战彻夜，终予匪以极大之杀伤。皓日拂晓，我郑团第三营分路痛击攻我五楼庄、东盘粮之匪侧背，同时我全线出击，攻我中南卢家庄、东盘粮、五楼庄之匪不支，向西盘粮窜去，北卢家庄祁团当面之匪亦向北窜，一部被我包围于北卢家庄北侧大庙，经我官兵奋勇攻击及山炮短距离之准确射击，悉数将该匪歼灭。据俘虏供称：此次匪之攻击目标为南北桥头，误认我军在此兵力无多也。我军经彻夜之激战，继之以天明后阵前之扫荡、战场之清理及分途派队之追击，迄至战事结束，时已近午。稍事整顿，即令各部分路向敌威力侦察。旋接长官已莅平遥之报，并奉命亲到前线督师，遂即于下午二时进抵上站周师师部所在地指挥。搜集各方情报如左：

（一）作〔昨〕夜袭击我卢家庄、东盘粮、五楼庄之叛匪，为独四、十一、二十四三个旅，分两路，主力两个旅，由下栅一带经梧桐（该两旅匪曾在梧桐发生误会，互击甚烈）、西盘粮向东盘粮、五楼庄进犯；一路约一个旅，由长黄、长兴向卢家庄进犯。其攻击目标为南北桥头。盖以为我军在此只有两个团，不意在卢家庄、东盘粮、五楼庄一带即与我主力遭遇，大出意外，又经我严重之打击，损伤甚重。

（二）叛匪受创后，大部又退集于孝义城周及城西地区，而大孝堡、梧桐及司马、田屯均有匪大部集结。

基于以上之情况，我军决于二十日上午以主力向大孝堡、一部向郑家营攻击，遂下二十日晨之攻击命令，要旨如左：

（一）高师附宝峰部共四个团为主力，于二十日拂晓前在卢家庄、东盘粮、五楼庄附近地区就攻击准备位置，沿通孝义大道经西盘粮向大孝堡方面之匪攻击前进。

(二)周师派一个团兵力(欠一个营)于二十日拂晓前在霍家堡就攻击准备位置,并以一个团(欠一个营)为保险,向郑家营方向以威力侦察方式攻击前进。

(三)李熙泉团(欠一营)附周师一个营除孙畅堡、义棠各留一小部外,其余于二十日拂晓前在义棠准备完了,向南北窑、田家沟、王马村、西刘屯间地区搜索扫荡,牵制叛匪行动。

(四)序正余部(一个团欠一个营)与郑继周团分在上下站、南桥头为预备队。

各该部均遵照指示动作。汉昭部王团对长黄、长兴小村之匪攻击,祁团得机进占张魏,杨团作保险,卯刻与匪接触。除郑家营旋即占领外,余处匪均据村寨顽抗,激战终日,我王团一度冲入小村内,反复冲锋肉搏数次,毙匪甚多。

(丑)十九日下午,奉到长官子皓未三参战电指示:今日之敌,只有速决,若延长恐在他处出事。欲速决只有猛攻,猛攻须集中兵力。并电话指示谓:三日内须将敌击破,否则恐他处生变,应速督促进展。又奉子蹄午参指示:巧日有匪一师由沁源开王和镇。等语。你们应各向当面之匪猛打,务于明天一日午前击破匪之主力。各等因。且为使二十一日三个纵队配合密切,迅歼当面之匪计,二十日夜与赵、王两纵队连系,协定攻击计划如次:

(1)匪主力似逃向孝义以西地区,现留司马、长黄、长兴、西盘粮、梧桐线上之匪,系掩护运输孝之物资。

(2)我军明日应以全力包围歼灭孝义及其以西之匪,王、赵两军并圣则共二十个团,以一个营守汾阳城,以四个团进占西龙宫、团城沟庄儿上(右依托西阳城,中以田屯为根据)向三泉佯攻,掩护主力之右翼。余十六个团重点指向孝义城西与其西之贾家庄间地区,截断公路后向西南挺进,与攻梧桐之军会师,其中一部(约六个团)以一部包围司马以南之敌,大部超越向孝堡、孝义城挺进,会攻该两地。

(3)此间明日以主力指向西盘粮与孝义之间,一部向梧桐村及孝义城南攻击。

(4)明(二十一)日拂晓前务必准备完毕,七时半准时开始攻击。

(寅)本军为配合友军并期迅速成功计,按二十一日之计划部署如次:

二十日侦悉当面之匪仍盘据司马镇以南地区及大孝堡、西盘粮、梧桐各村,匪旅部在大孝堡。本军决于二十一日拂晓对大孝堡、西盘粮及梧桐之匪攻击,协同友军一举包围孝义附近之匪,遂下达聚歼之命令:

(1)汉昭附宝峰部共四个团、炮四门于二十一日对西盘粮、大孝堡地区敌人攻击,保持重点于张魏村。

(2)序正全部(两个整团)于二十一日向梧桐村及孝义城东南地区进攻,并掩护主力军左侧安全。

(3)李熙泉团仍向田家沟、王马村一带积极活动,袭击叛匪侧后。

(4)郑继周团为总预备队,并掩护军炮兵,于二十一日上午六时进至东盘粮。

(5)军炮兵归赵连长统一指挥,于二十一日上午六时在东盘粮以西占领阵地,支援主力军攻击。

本军各部队均遵命令在二十一日六时前完成攻击准备。因二十日晚我各部为求稳固,仍集结卢家庄、东盘粮、五楼庄之线,惟恐对友军配合上迟误,故提前一小时于六时半开始攻击。

汉昭部于二十一日卯时以杨团为右纵队,攻西盘粮,曹团为左纵队,攻张魏村,祁、王两团为左右纵队之保险部队,分别攻至西盘粮、张魏村外,时匪据堡顽抗,激战至午。序正部亦按命令将郑家营占领后,以三个连向梧桐方面威力搜索,以一个团配置于郑家营西南、西北地区,向东西王屯之匪攻击,一个团控制于郑家营以东地区。至辰刻,忽接后方转来情报,云赵军转告,据今早孝义城逃出人民称:孝义城关之匪四个团,在二十一日早三时出城,探询通往西河堡、韩家桥之道路,似有由间隙渗入两军间而窜后方模样。直至午时始与赵军取得连系。以上述情况,陈师共四个团改向西河堡及东西大王,找寻孝义东窜之匪,沈师进至司马镇及大虢城之线。又云:据兑镇逃回之警察称:匪约一个旅并附有炮,昨晚向孝义城开去。云云。同时,忽奉子马巳参战电指示云:"治安等于五时半行动,你亦须快行动,以期早早合力,猛歼该敌"。故即令各部迅速猛烈攻击,并令师炮兵冒敌炮火推至敌前五百公尺(距西盘粮)处集中射击,开辟冲锋路,并掩护步兵攻击。我炮兵将西盘粮堡墙击毁数处,未时我步兵正向西盘粮冲入之时,匪约三四千忽由大孝堡向我攻击部队急袭,适此时曹团为变换阵势之际,而一部与祁团相互参错。同时梧桐村、东西王屯之匪约五千余向我佯攻梧桐之周师三个连猛冲,该部不支,被迫后退。时周师全对反攻之敌展开攻击,匪分数路猛冲我军左翼,遂形成混乱状态,士兵脱离掌握,且匪一大部更绕向郑家营以东袭击周师左侧。当时第一线部队纷乱无序,均向后撤,匪亦乘机跟踪猛追,直至五楼庄,且又有一部经霍家堡向北进袭南桥头渡口,迫近指挥所。当敌反攻开始时,前线后方即现混乱状态,尤以左翼周师后尤见动摇,当派出多组制止,并令周师长严厉执行军法。嗣溃兵与敌混近桥头,又令在南桥头及渡口之高新波营两个连挑一部为督战队,由高营长亲率前往督战,一面稳定阵线,一面收容溃军,希图恢复混乱,整顿再攻。此际在南桥头西口堵留士兵百余,同时渡口以南沿河亦有溃退者甚多,而尾追之匪亦跟踪搀入我部队,以致匪我不辨,乘机猝至。当即令直属部队四十余占据碉堡及外壕猛力射击,终以匪众我寡,陷于混战状态。遂令指挥所转移新位置,但指挥所已为敌侵入,发生混战,因带随员转至洪相渡口。我高、卫两师、郑继周团及军炮兵仍占据东盘粮迎歼犯匪，阵线毫未动摇。迄至洪相，遂令周师及曹、祁两团收容溃退部队，并令曹团尚副团长日超先行收容整顿，据守洪相河口，待机进剿。

（丙）匪我伤亡概况

1. 是役毙伤匪一千七、八百名，俘匪五名，获重机枪一挺、轻机枪两挺、步枪九支、黄色炸药———包、手掷弹六百余颗。

2. 除三十四军军部及各师伤亡消耗另文呈报外，所有职部损耗如附表〔略〕。

中华民国三十六年二月十一日
〔中国人民解放军总参谋处保存国民党档案〕

5. 国民党第六集团军汾孝战役战斗详报

（1947年3月）

第六集团军总司令部汾孝战役战斗详报

一、战斗前敌我形势之概要：

奸匪太岳军区陈赓所部，自上年十一月间由晋东南上党区经韩信岭先后窜至晋西，与吕梁军区之贺龙部合而为一，先后攻陷我汾（西）、蒲（县）、隰（县）、中（阳）等县城，我军政干部及无辜人民遭匪杀戮者甚多。至十二月底，奸匪将所据县城之物资抢掠一空，尽行运往匪区。此时我驻守临汾之董（钊）军由临汾土门、黑龙关一带分路清剿，并收复蒲县、午城、大宁，解围乡（宁）、吉（县）。斯时匪之主力逐渐向隰县东北地区流窜。截至本年元月初，在孝义西南之大麦郊、兑九峪一带集结，进窥汾（阳）、孝（义），以威胁平（遥）、介（休）。此时我孙（楚）、赵（承绶）两集团之主力在太原至霍县间至同蒲线上护路，并机动扫荡，以掩护由临汾北运物资，以一部驻守汾、孝。本集团军在阳曲县南北地区担任太原之守备，并以七十二师守备文水、交城。匪我之态势如附图一〔图略〕。

二、影响于战斗之天候、气象及战地之状态：

战斗期间适值旧历春节，连日大雪，瞻视困难，北风凛凛，寒气袭人，防者尚能依既设工事掩蔽以御风雪，攻击出入冰天雪地中，颇感困难。尤兼空军不能活动，我军之攻击受莫大之影响。截至战事告一段落，天始放晴。斯时日出为七时，日没为五时三十分。

战斗所在地之汾阳、孝义，位居于吕梁山之东麓，西北环山拥抱，东临汾河、同蒲铁路，南屏韩信岭，文峪河纵贯南下，为广大平原，交通畅达，土地肥沃，物产丰富，居民稠密，建筑物高而坚固，且村落均有堡墙，又兼抗日战役时我方所做之工事多未平毁，利于守而不利于攻，惟各兵种之运动尚能自如。

三、敌我兵力及交战敌兵之番号与指挥官姓名：

甲、匪方

总指挥　贺龙

吕梁军区司令　王震

第三五八旅全部　旅长　黄新庭

第三五九旅全部　旅长　刘专年

独立第二旅全部　旅长　唐金龙

独立第四旅全部　旅长　项星云

亚五、亚六两团全部（内有大部日人）

太岳纵队司令　陈赓

第十旅全部　旅长　李成芳

第十一旅全部　旅长　陈康

第十三旅全部　旅长　刘有光

第十四旅全部　旅长

第二十四旅全部　旅长　刘秉祥

共计匪方兵力约七万余。

乙、我方

第六集团军总司令　王靖国

第三十七师欠第二团　师长　雷仰汤

第六十六师欠一九八团　师长　娄福生

第七十二师欠二一六团　师长　艾子谦

第六十六师补充团全部　团长　毕树武

第七十师二一〇团全部　团长　胡全孝

本部直属冲锋歼敌大队及山炮一个连、重机枪一个连。

本集团兵力一万七千余人。

四、攻击部署：

奉司令长官阎参甲字第一号命令指示，着本军一部以火车输送，一部沿太（原）、汾（阳）公路向文水县集中，均于一月十八日十六时集中完毕。

据原驻交城第七十二师师长艾子谦报称：汾阳东北之仁岩村、冀村镇、尽善村一带有匪第十二、十五、亚五等团盘据，其一部在孝子渠、神堂底一带，企图阻挠我军前进，并有小股在石永镇、下曲镇一带滋扰。

军以驱逐当面之匪，与孙、赵两集团军聚歼汾阳以南奸匪之目的，决心对当面之匪开始攻击。下达如左之命令：

总作命　第三号

命令　元月十八日十七时于文水县城内本部

一、汾阳城郊匪集中约五个团之兵力，向县城扰袭中。孝义城于今早被匪攻陷，仁岩村、冀村镇、尽善村一带有匪十二、十五、亚五等团盘踞，并有小股在石永镇、下曲镇一带窜扰。

二、孙、赵两集团所部在万户堡附近与匪接触，文水城可闻炮声。

三、本军以歼灭盘踞仁岩、冀村、尽善一带匪之目的，即于十九日向该匪攻击。

四、第七十二师附毕树武团由文水城经神堂底向盘踞尽善村之匪攻击，务于十九日十五时前攻占该村。

五、第三十七师沿文峪河右岸前进，务于十九日十五时前攻占冀村镇、仁岩村，与七十二师确保联系。

六、第七十师二一〇团于十九日十时前推进至孝义镇，策应雷、艾两师之攻击，并派一部进占孝子渠以北高地，对西北方向严行警戒。

七、第六十六师于明（十九）日十二时前到达文水城南地区。

八、第七十二师与三十七师作战地境为文水城、马东村、一〇五五高地、爱子渠、东河头之线，线上属三十七师。

九、各部队攻占各村后，即迅速完毕应战准备，防匪反扑。

十、通信、连络以传令为主，无线电辅助之。

十一、野战医院在文水城开设。

十二、攻击开始时我在文水城，必要时进至孝义镇。

传达法：军官传令送达。

五、战斗经过：

（1）第七十二师附毕树武团由文水城经神堂底向尽善之匪进攻，于十九日上午七时许行抵孝子渠，遇匪十五团一部百余名，与我先头部队二一五团接触，经我猛击，匪不支，向西北方向窜去。我即跟踪向神堂底挺进，遇匪十五团一部五百余阻止前进，经我攻击，激战时许，匪不支，向子夏山方向退去。另有一股约四百余伏于牛家垣，经我二一五团一部绕去，激战二小时许，匪向西窜去，子下午九时我先后将牛家垣、武家垣等地攻占，旋二一四团即乘势攻占尽善村，当晚即在该地守备。

三十七师沿文峪河右岸向冀村镇、仁岩村进攻，于十九日十三时挺进至仁岩村，匪四百余据村顽抗，经我迂回围剿，激战时许，匪不支，向西溃窜，于十六时我当将冀村镇、仁岩村完全占领。即加强工事，防匪逆袭。此役艾师毙伤匪一百廿余，雷师毙伤匪三十余，我无伤亡。

（2）奉司令长官阎子郚巳参战电要旨如次：

（一）印甫（赵集团）今日向田屯镇、司马镇攻击，圣则（七十师）即归印甫指挥，向田屯之匪猛攻。

（二）治安（本集团）即时率队向汾阳、田屯间奔进。

（三）萃崖（孙集团）即向孝义、田屯间攻击，合力歼敌。

（四）歼敌之后，应本三虎叉之配置，寻匪主力尾追。

（3）基于以上之指示，当饬七十二师将罗城镇及以北山地之匪驱逐后，掩护本队即经罗城向汾阳挺进。于二十日十五时许，各部队先后到汾阳城郊，第七十二师于任务完了后，晚七时亦到达汾阳城北。

（4）本军到达汾阳后，奉司令长官阎子皓未参战电指示：你们三人各带所部到前方指挥，并组织前方联合总指挥部，萃崖（孙楚）为总指挥，印甫（赵承绶）、治安（王靖国）为副指挥，向当面之敌集中兵力攻击而歼灭之。

兹本以上指示及孙总司令郚电计划，并与赵总司令面商协定进行步骤，决于二十一日晨附原驻汾阳七十师之一部，以全力向东西龙官迄勒屯村之匪开始攻击。给予各部如左之命令：

总作命　第五号

命令　元月二十日晚十二时于汾阳城内本部

一、匪主力约七个旅仍据西盘粮、南辛安一带，与孙、赵两集团军正激战竟日。匪二十四旅似在东西龙官一带潜伏，三泉镇有匪约三个连，义丰村有匪约五百余人。

二、孙、赵两集团军续向当面之匪猛攻中。

三、本军以截断敌归路，与孙、赵两军合歼该匪之目的，于明（二十一）晨向孝义城以西地区挺进。

四、第六十六师于明（二十一）日早七时半开始攻击东西龙官、团城沟，成功后附七十师侯团而确保之，对三泉方面严密戒备。

五、第三十七师附胡全孝团于明（二十一）日早到达赤臣村，协力娄师成功后即向勒屯庄、儿上、桃园堡、苏家庄、刘义村攻击，成功后而确保之，稍事整理即向贾家庄攻击。

六、第七十二师附毕树武团于明（二十一）日早九时到达西阳城镇，为预备队。

七、野战医院在汾阳城开设。

八、通信以有线电、传令为主，无线电付之。

九、娄、雷两师于攻击开始时，我在西阳城镇指挥。

传达法：面达笔记。

（5）第六十六师附七十师侯团（二〇九团）之两个营以文侯村、西阳城镇为依据，于二十一日上午七时三十分向东西龙官之匪攻击。我攻击部队进至东龙官东北地区，匪二十四旅之一部约一个团依据该村既设据点向我猛烈射击，我军在炽盛火力掩护下向匪猛攻，迄午后二时许，当将该村北端大庙据点攻占，我藉炮火掩护一举冲入村内，遂与敌发生肉搏巷战。一时许，匪退据村中高大房院三处及村东南角大庙一处，与我成对峙状态。此时，我六十六师一九七团二营营长李佑民督率所属，奋不顾身，以云梯攀登房顶，将匪之两个据点完全歼灭之。黄昏，村内之四个据点被我悉数歼灭。我俘匪四十余名，卤获机枪三挺、步枪五十余支，第二〇九团团长侯福俊、一九七团营长李佑民亦于督战中受伤。

第三十七师附胡全孝团以孝臣村为依据，向靳屯村之匪攻击。我攻击部队在炮火掩护下，进至距村约一百公尺处，奸匪二十四旅一部约一个团附重机枪四挺、迫炮一门，依据强固工事，以猛烈火力向我射击。我步炮协同，虽以炽盛火力向敌制压，但敌据暗工事抵抗，破坏困难。迄午后三时，敌由该村西门冲出，向我反扑。同时，团城沟亦增来匪一股约千余，猛攻我之右翼，一时战斗颇为激烈，经我以预备队反击，始将匪击退。我乘势进至村缘,猛冲八次,匪据堡墙,致终未成功。至九时许,我始将主力撤回孝臣村整休,并以一部仍在勒屯村附近监视该匪。此役娄师毙伤匪千余名,雷师毙伤匪三百余名,我共负伤团长一员、营长二员、连长以下共百余名。

(6)当日我左翼赵集团攻占大虢城后,续攻瑶圃村,战斗亦相当激烈。

(7)我孙集团军今(二十一)日攻击顿挫,一部退回介休整理,其四十四师及七十三师被匪包围于东盘粮,战斗异常激烈。

奉司令长官阎子马亥参战电指示:应以六纵队指向奸匪之要害处,救萃崖(孙集团)之急。攻小据点延长时间,恐上其当,希速与印甫(赵集团)并力至要。

基于以上之指示,并现与赵总司令面商,决定本军以一部监视西龙官、靳屯之匪,主力接替大虢城、田屯镇防务,续向瑶圃进攻。赵集团以全力进攻马庄营、长黄村,合力歼敌,救援孙集团。于二十三日晨,本军即以六十六师集结于西阳城镇、孝臣村监视靳屯、西龙官之匪,三十七师推进至中辛安,本部率七十二师进驻田屯镇,并以一个团推进大虢城,于十二时完成攻击准备。我赵集团已向马庄营之匪开始攻击。

(8)奉司令长官阎电话指示:"治安、印甫你们应并力速援汉昭(七十三师)、宝峰(四十四师)。"又奉郭(宗汾)参谋长指示:"汉昭、宝峰在东盘粮被匪包围,情况危急,他俩胜败关系全局至大,请注意"。等语。经复派员与赵总司令面商,决定本军即向司马镇附近集结,与赵集团并力一处,以解高、卫两师之围。当晚七十二师附毕(树武)团集结于东庄、南辛安,三十七师即集结于中辛安,本部率六十六师附(胡团)进驻司马镇,以一个团进驻董家庄,并与赵集团合组联合总指挥部。

当日晚我六十六师一九六团及冲锋歼敌大队与重机枪连、山炮连转进至董家庄,甫抵该村即遭匪十旅之一部千余名向我突袭,因布置尚未就绪，竟被匪突入村内，赖我官兵沉着应战，与匪冲杀数次，始将敌驱逐村外。旋敌以主力猛扑我村周各点，我以布署就绪，从容应战，故终未得逞，于二十三日拂晓敌始逃窜。

（7）联合军以接应东盘粮高、卫两师之目的，拟歼灭敌人于孝义东南地区，决于二十三日开始行动，并给予各部队如左之命令：

联合军作命　副字第一号

命令　元月二十二日二十一时于司马镇本部

一、约三个旅之匪自二十一日来在大孝堡、长兴村、长黄村、卢家庄、南北桥头、西盘粮、五楼庄等村，对我东盘粮高、卫两师围攻中。

二、联合军拟接应东盘粮高、卫两师，歼灭该匪于孝义东南地区，于明（二十三）日拂晓开始攻击。

三、沈师长瑞指挥七十一师、四十六师、独立第九纵队为沈纵队，以马庄营为根据，努力攻占长黄村后，向大孝堡、西盘粮之匪猛攻，策应东盘粮之高、卫两师。

四、娄师长福生指挥六十六师、七十二师（附重机枪一个连）、三十七师为娄纵队，以北张家庄为根据，攻击卢家庄、北桥头之匪，接应高、卫两师，重点在左。

五、作战地境为北小堡、卢家庄、东盘粮、郑家营之线，线上属娄纵队。

六、赵总队为第八预备队，控制于南小堡、大堡村附近，并以一个营负责掩护军炮兵营。

七、毕树武团及胡全孝团为第二预备队，控制于东西大王村。

八、军炮兵营主力置于南小堡、大堡村，火力指向长黄村，协力沈纵队之攻击。

九、通信联络以传令为主，无线电辅之。

十、野战医院在东大王村设收容所。

十一、联合军总司令部刻在司马镇,明(二十三)日八时到东大王村。

传达法:面达笔记。

(10)我娄纵队因受文峪河之阻碍,于二十三日九时许先后到达开进位置。遂以三十七师为左翼队,六十六师为右翼队,七十二师为预备队,向卢家庄、南北桥头之匪开始攻击,我依次攻克辛庄、北小堡、南小堡、南船头后,匪由孝义方向增援,占据李家庄、大堡村房院工事顽强抵抗。我六十六师一九六团向大堡村之匪连冲十数次,均未成功。黄昏后我又集中兵力冲入村内,与敌肉搏,来往拉锯战十余次。正鏖战之际,敌又由南北桥头增援,另有一股四百余向我右翼猛冲,我攻击顿挫。经以七十二师关团(二一五团)增援,始将匪击退,敌我伤亡均重。我攻击大堡村之三十七师亦被匪阻于村外,并由程家庄不断增援。我因伤亡较重,部队须要整理,于黄昏后仍撤至南小堡、南船头整理,与匪成对峙状态。我赵集团之沈纵队今日攻击长黄村未果,又据报文峪河北岸集匪甚多,万户堡、乐善村、白家堡、宋家圪塔亦为匪盘踞,似有绕击我左侧背企图,遂决定沈纵队于黄昏后转移至文峪河东岸,准备尔后行动,并给予各部队如左之命令:

联合军作命 副字第二号

命令 元月二十三日二十二时三十分于东大王村本部

一、大孝堡、西盘粮一带匪主力逐渐向东北移动,万户堡、乐善村、白家堡、宋家圪塔一带似已被匪窜据。

二、东盘粮仍为我高、卫两师固守中。

三、联合军继续歼灭该匪,解围高、卫两师之目的,主力向文峪河东岸转进,继续向南北桥头攻击。

四、沈纵队于今(二十三)日晚转移文峪河东岸,于明(二十四)日以一个团守备盐锅头,其主力于拂晓进攻万户堡、宋家圪塔、乐善村、白家堡,成功后以一部确保之,主力向南北桥头进攻。如不成功,则以一部监视,主力继向桥头进攻。

五、娄纵队仍继续向大堡村、李家庄及北张家庄、小圪塔村之匪进攻,重点在敌之东侧。

六、毕树武团沿文峪河东岸南进,策应娄纵队之攻击容易,并截断敌之归路。

七、高司令所属之炮兵以全力支援娄纵队之攻击。

八、独立第八总队及胡全孝团为总预备队,控制于东大王村附近地区,并由九纵队派兵一营负责掩护军炮兵。

九、各纵队务于明(二十四)日拂晓前完成攻击准备,于早七时准时开始攻击。

十、通信连络以传令为主,无线电辅之。

十一、野战医院在东大王村设收容所。

十二、联合军总指挥部在东大王村。

传达法:面达笔记。

我攻击部队于二十四日早七时开始行动,于八时许奉司令长官阎电话通报:"我固守东盘粮之高、卫两师于今早六时突围,刻已安抵介休整理。"此时匪亦显动摇,我娄师纵队已攻占李家庄、大堡村,匪向南溃退。我沈纵队亦顺利攻占万户堡、乐善村、白家堡、宋家圪塔。十时许,突由文峪河西岸窜至盐锅头、辛庄村奸匪第十三旅两个团,其一部约一个营侵入西大王村,迫进总部所在地东大王村,一时颇为危急。旋经我七十二师及毕树武团与独立八总队奋勇反击,匪依据西大王村大庙顽强抵抗,我奋勇冲杀,激战一小时许,始将西大王村之匪完全歼灭,并生俘四十余名,卤获步枪百四十余支。同时盐锅头、辛庄村与我艾师关团及杨总队之鲁团亦发生激烈巷战。

(11)联合军当时之部署系解高、卫两师之围。情况转变后,即决心变更配备,以沈纵队占领万户堡、乐善村、白家堡、宋家圪塔一带既设据点,娄纵队将盐锅头之鲁团接出后,于黄昏向大

小羌城转进,以便集中兵力,再图尔后行动。给予各部队如左之命令:

联合军作命　副字第三号

命令　元月二十四日下午二时于东大王村本部

一、我高、卫两师业于今(二十四)日早六时安全到达介休。

二、军拟确实控制孝(义)、汾(阳)、介(休)、平(遥)中间地区,伺机捕捉敌主力而歼灭之。

三、七十二师艾师长即向西河堡连系胡全孝团,尔后指挥胡团以主力在西河堡确实占据西河堡、辛庆渡口,构筑工事,固守整顿。

四、杨总队即向南北上达急进,确实占领北中南上达,掩护本队及娄纵队转移之安全。

五、赵总队即在东大王村掩护娄纵队转移之安全,该两总队即于娄纵队通过后,杨总队到岳封、赵总队到苏封待命。

六、沈纵队(欠杨总队)即在现在地固守整顿。

七、娄纵队(欠艾师)先行接应盐锅头九总队之鲁团,于黄昏后在赵、杨两纵队掩护下,到达大小羌城附近固守整顿。

八、赵总队亦派一部沿文峪河接应鲁团,希注意联系。该鲁团接出后,随赵总队行动。

九、冲锋歼敌大队掩护榴弹炮营,由东大王村向岳封前进,即到该处待命。

十、两总部直属部队及毕树武团在榴弹炮营之后跟进,到达岳封待命。

十一、余在东大王村,三时后向岳封前进。

传达法:面达笔记。

(12)十五时许,匪之主力沿文峪河向北运动。十七时总部转进至薛贤村遇匪约一个营,遂与我杨总队及冲锋歼敌大队发生激战,反复冲杀,搏斗至黄昏,始将匪完全歼灭,并生俘百余名,总部遂转进至万户堡。我娄师接应盐锅头之鲁团,与匪激战至六时许,始与鲁团取得联系,当以一九六团之一个营于南北小堡掩护主力向大小羌城转进。此时匪以两个纵队将辛庄、西河堡艾师防线突破,同时第八、九两总队亦均撤退,我之转进路被匪阻绝。经向敌猛扑,始突破重围,于二十五日三时许始转进至大小羌城。同时,一九六团之第一营任最后掩护,被匪重层包围,该营长吕恩德即机警果断向敌之方向乘虚冲出,经突破五层重围,始徒涉汾河绕介休转至指定地区。

我三十七师之解兆义团通过东大王村时,因掩护部队已撤,遂与预伏该村之匪千余名遭遇,我即占领房院与敌展开激战。此时匪已将北船头占领,并向东大王村增援,迄至二十五日拂晓,敌已增至二千余,蜂拥猛冲七次,均被我击退,毙伤匪千余。我因伤亡过重,且无恋战之必要,遂向苏封转进,于五时许到达指定地区。

我七十二师挺进至西河堡时,我驻该村之胡全孝团与二千余之匪正激战中,虽经反复冲杀,迄未将匪击退。我艾师甫抵村南,胡团被匪压迫退出阵地,经艾师长督率反攻,将匪逐出村西。匪又增兵二次反扑,均被我击退。同时,我关团亦到达,遂将阵容稳定,但已被匪重层包围,于当晚十一时开始突围,八时许转进至万户堡以东地区。旋奉令到达平遥城周。二十五日晨匪继续向南压迫,于八时许总部转进至中街村,遇匪约两个团向南压迫,当以毕树武团之一部与匪对战,遂逐次转进至张兰镇,于午后三时到达平遥城。娄纵队于黄昏前先后转移至平遥属左家堡、宁固阜集结。沈纵队仍在万户堡一带对战中。

战斗经过如附图二、三〔图略〕。

六、此次作战之经验教训:

(1)此次会战遭遇之匪异常顽悍,每据一村镇或重要据点,顽强坚守,非全军就歼绝不放弃一点一地。

（2）匪能以小数兵力守点，牵制我主力，集中优势打我一翼。

（3）攻至敌阵地前，没有通过障碍的准备，停留时间过久，遭受牺牲甚大。

（4）各部队均有话报机、无线电，通信灵活，但保守秘密稍差。

（5）补助通信及通信技术均感不够。

（6）没有规定显明识别臂章，敌我有时分不清。

（7）兵站虽随军队行动，但不能适时补给。

（8）前方多数部队没有开设绷带所，后方医院没准备，救护伤患亦做的不够，影响官兵情绪。

（9）各部队对遵守时间作的不够。

（10）仓促间发生情况时，指挥官必须确实掌握部队，沉着应战。

（11）一个部队、一个力量在战场上行动时，绝不可轻易分开，不然容易失去连络，致吃敌人亏。

（12）与奸匪作战不要怕反突击，且须布置打他反突击。攻击时必须有助攻、有主攻，有正兵、有奇兵，有计划、有准备，攻击是要打巧仗，防御才打死仗。

（13）炮兵须集中使用，并且用以近距离射击才有效，但步炮必须协同。

（14）与匪作战不敢有前后方的念头。

（15）正当冲锋与激战之时，喊口号是鼓动士气的有效办法。

七、作战出力人员之事迹：

此次会战，我全体将士在冰天雪地、情况万分恶劣之际，无论运筹帷幄或直接肉搏格斗，均能同仇敌忾，用命当先。其中可歌可泣、轰轰烈烈事迹，比比皆是。兹择其表现最优者分述于次：

第六十六师师长娄福生在此战役中计划周详，指挥有方。如攻击汾阳东龙官及孝义大堡村，该员曾亲赴第一线，督导所部奋勇冲杀。尤以于情况骤变，向大小羌城转进之际，在奸匪重层包围，该部陷于孤军无依之时，该员仍能履险如夷，出敌意表，率领所部突出重围，安抵目的地。

第六十六师一九七团第二营营长李佑民，于元月二十一日攻击汾阳东龙官之役，该员亲率所部冲入村内与匪肉搏，并领导士兵以云梯攀登匪据之屋顶，卒将村内之匪悉数歼灭，尤以身负重伤数处，仍督率士兵格斗，此种精神殊堪矜式。

第六十六师一九六团第一营营长吕恩德，于元月二十四日由南北小堡向大小羌城转进之际，该营任全师最后掩护，被数倍于我之敌重层包围、情况万分恶劣之际，该员即机警果断，乘敌不备，向匪据方向突围冲出，此种果断精神殊堪嘉许。

第七十师二〇九团团长侯福俊，于攻击汾阳东龙宫之役，该员率部首由东门冲入村内，与匪肉搏，虽腿部负伤甚重，仍在第一线指挥不退，此种精神颇称军人楷模。

中华民国三十六年三月　日

〔中国人民解放军总参谋处保存国民党档案〕

6. 国民党太原绥署于解放军围攻临汾期间机密日记

（1947年9月）

太原绥靖公署绥靖机密日记　三十六年九月份

九月三日　星期三　阴　F68°　月龄十九

一、陈总长未陷滇辄电令派队南下，接替临汾防务。匪陈赓部主力渡河南窜，拟转用第三十师全部于陇海路地区打击该匪，所遗临汾防务贵署可派队接替。乞见示，以便遵办。

二、绥靖主任奉电后，当以（36）申江署刚战电呈复如左：

未陷滇辄电敬悉。此间自八月下旬护粮任务告一段落，即遵主席已养防创邵及手启、午皓防创邵两电之指示，向东调集兵力，自行规复寿阳及正太路。乃因陕北东渡之匪窜集吕梁山区，傅主任未养电所报由涞源、灵邱南窜之匪三个旅亦到达五台，为确保晋中地区，又不能不抽集兵力积极布防。承嘱派队接替临汾防务，实已无力抽派。拟请饬鲁师酌留一部兵力，兼顾临汾，俾此间得以全力应付当面之匪，以免有失。为盼。

九月六日　星期六　晴　F65°　月龄二十二

主席蒋申鱼午邵电令抽调两个师兵力接替临汾防并对收复晋南各县之指示：申江民保电悉。陈赓匪继续南窜，据报支日济源窜来匪三个旅，企图渡河南犯。已饬顾总司令及胡主任派部队进剿。关于晋南部署，仍希依前令抽调两个师兵力南下，接替临汾防务，以便整三十师统一指挥安运部队，乘匪后方空虚，收复晋南各县，并封锁黄河南北两岸为要。（申江民保电录于九月份作战日记三日通报报告项内。）

九月七日　星期日　晴　F73°　月龄二十三

主席蒋申鱼防创邵电令酌抽一个师兵力接替临汾防务，据陈总长转呈（卅六）申江署刚战电悉。希仍遵未陷防创邵电办理，至少酌抽调一个师兵力接替临汾卅师防务为要。

九月十日　星期三　晴　F67°　月龄二十六

绥靖主任（31）申蒸署刚战电呈复主席蒋：遵令派队接替临汾防务中。鱼防创邵电奉悉。遵派一个师即行出发。除开拔日期另电呈报外，谨复。

九月十一日　星期四　晴　F70°　月龄廿七

一、主席蒋（卅六）申灰防创轼电对确保临汾之指示：据胡主任申齐电略称：吕梁、太岳两军区之匪自江起开始集结，似有乘我军行动之际攫取临汾、囊括晋南之企图。同时晋西之匪亦开始向临汾外围进迫。等情。为便于我第三十师之西进并确保临汾之安全计,仍希贵署迅速派队南下,协力该师留置之旅确保临汾。如何盼复。

二、绥靖主任奉电后,当以(36)申真戌署刚战电呈复如左:

申灰防创轼电奉悉。因各部队均粘于防务,若抽派一整师,恐露出空隙,为匪所乘。为不牵动防务,已着抽派三个团由梁副总司令培璜亲率前往。除出发到达日期另电呈报外,谨复。

九月十二日　星期五　晴　F70°　月龄廿八

令梁副总司令培璜率队开赴临汾之命令要旨:孙总司令楚、梁副总司令培璜:命令。兹着第六十六师、第七十三师、暂四十五师各加派一个团归梁副总司令培璜指挥,开赴临汾,协力鲁师留临部队确实保固临汾。仰即妥拟行军计划呈核,并即日着手,准备完竣即行开拔为要。阎锡山。(36)申文辰。署刚战。

九月十三日　星期六　晴　F68°　月龄二十九

绥靖主任为免南下部队一面作战一面行军、沿途阻滞多耗时日起见,特以申元电令部参谋长宗汾速向国防部请求派机输送:

据裴主任琛等申支电称:围攻临汾之匪经鲁师攻击后已向后撤,现尧庙(临汾南)机场飞机降落已甚安全。又据郑师长继周申文电称:匪独三旅及新七、八、九等团现均窜集高壁镇、仁义镇(灵石属)附近地区,正征集民夫、担架,准备蠢动。各等情。为免一面作战一面行军、沿途阻滞多耗时日起见,已商定改用空运,以资捷速。希速向国防部请求派遣运输机来并以便输送,并将请求情形随时电告。

九月十六日　星期二　雨　F67°　月龄二

主席蒋（卅六）申咸防创轼电询派队南下情形：申真戌署刚战电诵悉。仍希将开拔情形逐日电告为盼。

九月十七日　星期三　晴　F65°　月龄三

一、暂卅九师刘师长鹏翔申筱丑二参战电报告该方面重要匪情：忻县当面之敌，截至现在发现匪之番号为野战第一、第二两旅，警三、警四及二十、二十二等四个团，配合当地武装，兵力愈万余人，携带云梯辎重甚多。职为保持机动、集中兵力计，已饬王（育才）团附刘（元）团一部乘夜解北义井、智村之围，其余杜（友棠）团等各部均令集中樊家、野场车站、营盘一带，准备机动。职等研究，为彻底击破匪之企图计，决以主动态势，不使其接近城郊，但感兵力不足，请速筹援应为祷。

二、绥靖主任据报后，当以（36）申筱酉署刚战电复示如左：

申筱丑二参战电悉。该员应以城为主作战，万不可被敌将部队截在城外，回不了城。总之，忻县为我省北战略据点，必须死守，援兵正筹派中。

三、绥靖主任申洽亥署刚战电对增援忻县及作战之指示：援兵已派王总司令率大兵前往剿除，电台已饬隔一小时联系一小时，飞机亦令尽可能飞往助战。但该员必须防住，不要被匪诱到工事以外决战，以致遭受损失。

一、对击歼忻县犯匪给与于军长、许师长等之命令要旨如左：

榆次第十九军于军长镇河：命令。（一）匪野战第一、第二两旅共四千余，铣辰突由五台方面分路向忻县以东智村、北义井、张家窑我军围攻，刘师长率主力现仍激战中。同时我驻泡池部队亦受匪第二十、第二十二两团及长城、汾河部队之压迫，退回忻县城北廿里铺。（二）军决集中优势兵力歼灭该匪，确保忻县城。（三）着该军长即率曹国忠师连夜用火车输送至高村下车，徒步向忻县急进，务于本月十九日拂晓前在忻县城集中完了。（四）该军长到忻县后，刘鹏翔师即归该员指挥。（五）各部队给养除现携行者外，余由忻县就地补给。（六）着高丕烈抽派山炮一连，宫子清抽派重机枪两连，均归该员指挥。仰即遵照并报查。阎锡山。（36）申筱戌。署刚战。

二、第六十八师许师长鸿林：预备命令。（一）忻县情况如贵官所知。（二）已着于军长镇河率曹国忠师星夜开赴忻县，主动的歼灭当面之匪，确保忻县城。（三）该师长应即准备两个团之兵力，候令开至石岭关附近，策应忻县之作战。阎锡山。（36）申筱亥。署刚战。

三、暂三十九师刘师长鹏翔：命令。（一）敌情如贵官所知。（二）军为集中优势兵力歼灭该匪，确保忻县要点计，着于军长镇河率曹国忠师星夜向忻县开拔，预计于本月十九日拂晓前在忻县城集中完了。（三）于军长到忻县后，该师即归其指挥。除分电外，仰即遵照。阎锡山。（36）申筱亥。署刚战。

九月十八日　星期四　晴　F68°　月龄四

对策应忻县作战给与许师长之命令要旨如左：

第六十八师许师长鸿林鉴：该员应率准备之两个团即开石岭关、关城镇附近地区，策应忻县之作战。务于明（十九）日正午以前到达并报查。阎锡山。（36）申巧亥署刚战。

对忻县作战之作战指导：于军长镇河：该员到忻县后，应视敌人情形采取下列办法：一、敌主力如迫近城垣，我应集中主力，择敌一点猛予打击，歼灭其一部或大部，使敌攻忻断念，我再乘势扫荡，歼灭其残部。二、敌主力如远避，我应积极扫荡，有计划的多打几个歼灭战，振奋我军士气。三、敌主力虽退但未远走，我军应择敌人近我之一点佯行进攻，诱敌来援，我主力用前进包围及打援方法而歼灭之。阎锡山。（36）申巧亥二。署刚战。

九月十九日　星期五　晴　F70°　月龄五

第六十八师许师长鸿林申皓未参战电报告开拔情形：

甲筱亥告刚战电奉悉。职率武（世权）、卫（振东）两团之主力于皓午到达辛庆、石岭关中间地区。谨闻。

一、主席蒋申删酉创畏电令南下部队接替临汾防务：彭德怀匪部刻大举南窜，陈赓西窜潼关，我鲁崇义师须急调河西参加作战，希严饬南下部队排除万难，迅即接替临汾防务，并将行动情形随时见告为要。

二、绥靖主任奉电后，当以申铣亥署刚战电呈复如左：

申咸防创轼及申删酉创畏两电均奉悉。查匪独立旅及新七、八、九等团刻均窜集灵、霍间地区，为免一面作战一面行军致迟时日，最好用飞机输送。已电由郭参谋长宗汾向国防部请求空运，能否派机空运，请钧座核示为祷。

九月二十日　星期六　晴　F71°　月龄六

一、主席蒋申哿防创轼电对南下部队之指示：申铣亥署刚战电诵悉。刻以各战场空运甚繁，飞机难敷分配。灵、霍地区匪军实力不大，希粹励所部体念物力之艰困，勉力达成任务。至南进情形，仰仍随时电告。

二、绥靖主任奉电后，当以（36）申哿亥署刚战电呈复如左：

申哿防创轼电奉悉。现空运既属困难，当努力遵办。刻正集结部队，详侦临、霍间匪情，俟匪情探明后，即由火车输送至灵石下车，徒步南下。除随时电报外，谨复。

九月二十一日　星期日　晴　F70°　月龄七

绥靖主任（36）申马午署刚战电报告国防部临汾方面重要匪情：据孙总司令楚转据留临汾七分监部苏逢喜皓电称：临汾围已解，匪大部北去，扬言伏击南下之国军等语。除饬南下国军严密搜索外，特闻。

九月二十二日　星期一　晴　F71°　月龄八

一、孙总司令申马未参电报告灵石方面重要匪情：据报：（一）富家滩西十余里号日发现匪八百余作工，恐有企图。（二）哿辰窜至候木、雷家庄附近之匪第十六团六百余人，午后复返回赵家庄、郭家庄（均灵石西）一带。等情。南下部队究应如何行动，何时行动，敬请指示为祷。

二、绥靖主任据报后，当以（36）申养戍署刚战电指示如左：

申马未参电悉。据临汾梁副总司令培璜申号申一电称：（一）鲁崇义师必要开拔时，准备留一个旅。（二）南下部队须按计划行动。（三）卒置道路已破坏至单人亦不易通行程度，其他河东道路亦多破坏，惟河西道单人能通行。等情。又据第十二区专员王正中申号酉军战电称：闻鲁师已饬第八十团准备，定马日起开始空运赴西安。各等情。希速商定行军路线及掩护办法报署，候令行动。特复。

九月廿三日　星期二　晴　F71°　月龄九

绥靖主任对剿除霍县、灵石间共匪，以便我军南下，特给予孙总司令（36）申梗戍署刚战电之命令要旨如左：

据该员电报：霍县、灵石间仍有匪新七、新八等团及地方武装三千余人，并在罗汉、王禹（汾西属）一带构筑工事等情。此为我军前进路上之大障碍，且我军南下恐已为匪所知，若不速将灵石当面之匪先行击灭，我南下部队则有全军覆没之虞。该员应抽集有力部队，详密计划，迅速剿除此匪，并应积极修理道路，以便南下。速将计划案报核为要。

九月二十四日　星期三　雨　F67°　月龄十

一、主席蒋申梗防举轼电令迅速派队兼程南下,接替临汾防务:据鲁崇义申皓亥崇电:临汾外围匪军万余人伺机蠢动,该处城垣辽阔,兵力薄弱等情。希照前电迅即派队兼程南下,接防临汾为盼。

二、绥靖主任奉电后,当以(36)申敬午署刚战电呈复如左:

申梗防创轼电奉悉。临汾匪军蠢动,我兵力单薄,此间亦甚焦急。我南下部队已在祁县集中完毕,正出动之际,忽据临汾王专员正平电称临、霍间公路破坏数十处,人马不易通行,卒置(霍县南)附近尤甚,单人亦不易通行。又据派往灵(石)、霍(县)间侦察道路之军官侦探报告称:灵石富家滩南道路均被匪破坏,尤以富家滩南八公里处为最甚,刻仍加紧破坏道路,并埋设地雷中。匪新六旅及新七、新八两团,刻盘据灵石以南之东西许村、仁义镇及石柜等处,并在王禹、罗汉一带积极构筑工事,企图阻我南下。各等情。查此匪若不剿除,则南下部队无法通行。除饬孙总司令迅抽有力部队先歼灭该匪,积极整修道路,以便掩护南下外,谨复。

九月二十七日　星期六　雨　F64°　月龄十三

一、第三十师鲁师长崇义申有辰崇瑞电报告临汾方面重要匪情:(一)匪第廿三、第廿四、第五八团、新七团等共两万余,养晚由蒙城镇、曲村镇、张纂镇地区窜据临汾南十余里之岩村、大小韩村、小贾村、贾得村、贾兰村、鹅舍村、七里村、口子村一带,并向我外围据点猛袭。(二)匪新十一旅仍据浔底村、乔李镇、临汾北之南北麻城村附近地区。(三)梗夜当面之匪向我外围各据点行全面攻击,尤猛攻飞机场南五里之张吴村,企图进据飞机场,阻止我军空运。迄回晨战斗仍烈。(四)匪第三纵队第十一旅现驻临汾西,准备于霍县、赵城之间伏击我南下部队,我正抽派有力部队,准备向匪反击。

二、绥靖主任据报后，当以（36）申感酉署刚战电复如左：

申有辰崇瑞电诵悉。此间已着孙总司令先击溃灵、霍地区之匪，再掩护部队南下，届时请贵部尽量向北活动，以收夹击之效。

九月廿八日　星期日　晴　F67°　月龄十四

绥靖主任（36）申俭亥署刚战电报告主席南下部队集中祁县情形：

我南下部队集中祁县后，有一个营哗变，经派队追剿，大部捕获，仅逃散一个连。现在待机输送。至灵石以南沿途之匪，正由孙总司令抽派有力部队清扫中。除今后情形随时电报外，谨闻。

九月廿九日　星期一　晴　F58°　月龄十五

第六区保安司令郑继文对剿匪战法意见具申：

一、职年来与匪搏斗，有如下之经验与意见：（一）共匪常以优势兵力，以远距离之奔袭，此种战法使我区县地方团队损失次数最大、最多。（二）我之对策：应速集中兵力攻击敌人弱点，敌人十个，我用百个，以此狠的歼灭性打法，既能制胜，且可提高官兵奋斗情绪。（三）不然，如仍各自为政，各守据点，以我地方武装之装备、生活、训练等条件的不够，势必将被各个击破，最后全遭损失。（四）最近临汾外围我各地武装屡有损失，即由于此。除建议当地负责主官注意外，恳祈钧座予以考虑，普遍指示各地注意，以获全胜。

二、绥靖主任据报后，当以（36）申艳午署刚战电复示如左：

申俭署电悉。该员所具意见甚是。除饬各总司令努力实行外，特复。

〔中国人民解放军总参谋处保存国民党档案〕

7. 国民党太原绥署于解放军围攻运安期间机密日记

(1947年11—12月)

太原绥靖公署绥靖机密日记　三十六年十一月份

十一月四日　星期二　晴风　F53°　月龄二十二日

一、第十四区保安司令谢克俭戌冬军电请电中央派援解围运城以防万一：奸匪此次攻运，其所用八二及十五升的轻重迫炮弹闻均系其自造，数量甚多，尤以手掷弹运来无算，每次攻我一点，动辄投弹数百至数千颗之多。如我与匪以手掷弹相拼，消耗甚大，国军在运所存甚少，团队作战所需甚大。而铁工厂以人员、工具、材料等关系，每日仅能造百余颗，有时不敷一处一夜之需。尤以各县政权沦失，原料来源不易，如战事再行延长，诚恐发生万一。恳祈早请中央派援解围为祷。

二、绥靖主任接电后，即以（36）戌支署刚战电复如左：

戌冬军电悉。已电西安胡主任派队增援矣。

十一月九日　星期日　晴风　F52°　月龄二七

一、第十四区保安司令谢克俭戌齐军亲寅电请速派队驰援运城：虞晚匪先以炸药炸毁我城东北万泉保警队所守之十号碉及外壕，续以步兵数百在炮火掩护下猛扑，经彻底反复冲锋，我守兵伤亡殆尽，终告失守。同时，城东北公路上保二大队所守之碉亦被猛烈攻击，我守兵伤亡甚重，仍英勇奋战中。午夜，匪复猛攻城东南保五团所守之八号碉，现仍恶战中。查十号碉距东北城角仅百公尺，匪已突破，迫近运城，势甚危急。除仍会商竭力设法外，万祈电派驰援。

二、绥靖主任据报后，即以（36）戌青亥署刚战电复如次：

戌齐军亲寅电悉。已急电西安胡主任派队驰援矣。

十一月十三日　星期四　晴　F39°　月龄十月一日

一、第十四区保安司令谢克俭戌佳军亲佳电请速电催增援运城：

运城危急，已屡电呈。现匪以轮战方式，日夜更翻猛攻，致我军民苦守四十余日中，杀不胜杀，精疲力竭，对破坏各处工事已无暇整修，弹药缺乏，尤以手掷弹使用殆尽，城防堪虑。我如能以一师兵力北渡增援，不惟运城之危可解，即汾南亦不难协同一鼓荡平。万祈电催增援为祷。

二、绥靖主任据报后，即以（36）戌元署刚战电复如次：

戌佳军亲佳电悉。已电催胡主任迅速增援矣。

十一月十四日　星期五　晴　F39°　月龄二日

一、第十四区保安司令谢克俭戌真辰军亲电请速再电西安派机彻夜轰炸攻城匪军并派援军驰援：灰辰匪新增两团已至运城东南地区，计划自本晚起配合完成之坑道，猛扑城垣。已电请胡主任及空军刘司令派机彻夜轮流轰炸，并派援军驰救。务恳即刻再电胡主任、刘司令为祷。

二、绥靖主任接电后，即以（36）戌未署刚战电复如次：

戌真辰军亲电悉。已急电西安胡主任及刘司令派机轰炸矣。

三、绥靖主任（36）戌寒酉署刚战电指示第十四区谢保安司令克俭及第五区侯专员屏翰、第七区朱专员一民电如左：

据梁副总司令培璜戌文午参电称：据鲁宜轩戌鲁电，以该部附骑兵一团为左纵队鱼抵陕州，陇海即可交接，大军入晋为期不远等语。当上胡主任戌文午一电文曰：秦豫会师，残匪南窜，关中巩固，陇海复通，晋南军民无不额手称庆。运城三度被攻，匪众直落城垣，惟赖夜间拼死却敌，以资延缓，但岌岌之势，不可终日。窃以安运不保，临汾势难久存，整个晋南胥入匪手，影响巨大，早在钧座洞悉之中。万祈分遣胜兵，转锋安运，聚歼该匪，不难收复晋南。晋南安而西京益安。临电迫切,伏乞采择。等情。希知照。

十一月十七日　星期一　晴　F35°　月龄五日

第十四区保安司令谢克俭戍筱军亲电请西安胡主任饬钟师部进驻运城作短期绥靖以安人心:

筱午钟师长派一科长来运传达援军仅刘文清一团将到运,其余均在中条山高地掩护,俟雷团到运后仍南渡。如此,安运仍甚危急。因(一)匪在安运周围所筑工事,虽用安运所有人力,半月内不能全部破坏。(二)现匪在汾南兵力除原二三、二四两旅及五五、五六、五八、四四、三九五个团并二十余县武装外,近又由吉县、河沣增来王振之四、九两旅万余人,虽迭因攻城损失甚重,而现在实力仍甚强大,均在中条山王峪、口水头、北相镇一带控制。(三)安运生活条件已十分困难,如钟师一走,匪即刻又来围困安运,则人心畏惧,今后更无法支持。务请即刻电胡主任饬钟师部迅迅〔速〕进驻运城,安定人心,或做短期绥靖再行南调,俾渡危机。

十二月二十一日　星期日　晴　F40°　月龄十

一、第七区朱专员一民、第十四区谢专员克俭亥巧军战电请增援运城:

此次进犯安运之匪声势凶猛,远超以前,约六旅之众,筱晚开始围攻,扬言十日攻下运城,在城内过年。现城郊十里以内各村及盐池均为匪据,裹胁十五至六十岁之人民赶筑工事中。巧激战终日,我方一切条件均较上次为差,若再迟延时日,深恐安运发生问题。应乘匪立足未稳、开始筑工之际,请迅电中央及胡主任一面增派大军增援,一面请派机群轮番轰炸,以免发生意外。

二、谢专员克俭亥巧军战未电请速派飞机运送弹【药】及协助作战：

匪此（三）次进攻运城，其手段以强大部队突袭我外围各点作为立足，并筑地下工事迫近城垣。除协同国军严加戒备外，惟运安固守半载，军民疲惫不堪，同时弹药缺乏。伏乞迅电胡主任一面投送弹药，一面派机助战为祷。

三、绥靖主任据报后，当以亥马署刚战电指示如左：

亥巧军战及亥巧军战未电均悉。已转电主席蒋及胡主任派机助战，并派队增援矣。

十二月二十四日　星期三　晴　F13°　月龄十三

一、侯专员屏翰、朱专员一民、谢专员克俭亥梗军辰亲电请派机助战保卫运城：

养日黄昏前，匪复开始以步炮协同向城北、城西两面猛攻，烟雾障天，手掷弹如雨注，并携带大量炸药到处爆炸，城内外落达各型炮弹千余发。匪以十倍以上兵力硬与我拼，激战彻夜，北门外最坚固之十九号碉及西门外最坚固之两土碉均经陷落，其他各点亦多残破不完，守军弹药缺乏，又无空军助战，大部壮烈牺牲，匪已迫近北城及西南角数十公尺，危在旦夕。设有不幸，职等绝对殉城，以报国家。所有物资除尽量使用外，余当竭力破坏，免资匪用，敬请释念并早定收复晋南之策。但为挽救一线生机，仍请飞电胡主任及中央立即投送大量弹药，日夜派机助战，尤其黄昏及拂晓前后大量轰炸，并立即派军救援为祷。

二、绥靖主任据报后，当以亥敬午署刚战电示复如左：

亥梗军辰亲悉。已电胡主任及刘副司令派机日夜助战矣。

十二月二十五日　星期四　晴　F13°　月龄十四

一、谢专员克俭亥酉有子亲电报告运城战况紧急：

敬晚战况沉寂，有日拂晓匪即分由北门附近及西南角蜂拥猛扑,炮火之烈,无可形容,城墙多段被毁,匪即趁势冲入一部,展开惨烈战斗,十时许始将冲入之匪击退,现仍激烈拼战中。我机迟至十一时尚未前来助战,殊为焦急。除誓死力战外,谨闻。

二、绥靖主任据报后,当以亥有□署刚战电指示如左:

亥有子亲电悉。我必尽我之力援助你,已派专员于本月上午飞陕,向空军司令部交涉飞机。城墙被毁之缺口,应利用暗夜迅速补修,并应竭力节省弹药,鼓励官兵,必须做到一弹中一敌。听敌人今日之广播,因攻击上受顿挫,故又用政治攻势矣。

〔中国人民解放军总参谋处保存国民党档案〕

八、国民党军进犯陕北解放区

1. 国民党西北行辕闪击延安作战指导方案

(1947年3—4月)

(1) 第二号方案（3月25日）

西北行辕对奸作战指导方案　第二号三十六年三月廿五日订

第一　方针

一、本辕以协同西安绥署收复陕北奸区之目的,即行全面攻势,预定于庆合、环县、定边之线及递东地区求匪主力击破后,逐次清扫残余,向保安、靖边之线进出,各兵团应从速完成准备攻击,开始日期俟与西安绥署协商决定。

第二　指导要领

二、宁夏兵团应先夺取盐池,整顿攻击准备,俟全面攻势开始,向定边进攻。如有好机,该兵团得先向定边推进。

三、匪先我以主力自庆合方面南犯时,海固兵团应以主力击匪侧背,两兵团协力,企图于西峰镇以北地区与匪决战。

四、倘匪先我以主力自曲环方面西犯时,陇东兵团应迅取庆合,以主力击匪侧背,两兵团协力,企图于曲环西方地区与匪决战。

五、陇东、海固两兵团之攻击前进应互为呼应。

六、匪企图以主力先击破我宁夏兵团时,陇、海两兵团应向指定目标急激进攻,以策应宁夏兵团之作战。

七、攻击前进中,匪分股由某方面渗透我后方窜扰时,该方面部队应就既到之线占领要点,以有力部队追击截击,协力以第二线兵团或保安团队,迅速捕捉歼灭之。

八、各兵团夺取庆合、环县、定边以后之作战目标,依状况另定之。

第三　兵团部署

九、军队区分

1. 西北行辕前敌指挥官杨德亮,统一指挥陇东、海固及预备各兵团之作战。

2. 陇东兵团

指挥官：三十六师顾副师长锡九

新一旅

骑一旅、卅六师独一、独二两团

3. 海固兵团

指挥官：杨指挥官德亮兼

第八一师（欠卅五旅）

骑二旅

4. 宁夏兵团

指挥官：马副主任鸿逵,督饬第十八师师长马敦静

暂九旅

骑十旅

宁夏保安团之一部

5. 预备兵团

指挥官：八二师马师长继援

八二师（欠骑八旅之一团）

独五团

6. 行辕直属部队

第卅五旅

通七团部队

十、作战地境

西安绥署 ⎫
　　　　　⎬ 由杨兼指挥官向西安绥署协定饬遵
陇东兵团 ⎭　瓦亭—马渠镇—阜城—张家南沟—白马庙—金
　　　　　　鼎山之线，线上属陇东兵团

海固兵团 ⎫　预旺—山城堡—黑城岔—史家掌—王家沟门—
　　　　　⎬ 新城堡之线，线上属宁夏兵团
宁夏兵团 ⎭

十一、各兵团任务及行动

1. 陇东兵团：应先在西峰镇附近完成准备后，向合水、庆阳攻击而略取之。前进时，对右侧特应注意戒备。于夺取庆合后，速整态势并努力搜索太白镇、旧城、龙王要险一带匪情，准备继续攻击。依状况应以有力部队向曲子镇方面进出，以协力海固兵团作战。

如遭受匪之坚强抵抗攻击进展困难时，应与海固兵团协力，以达攻略庆合之目的。倘匪先我以主力自庆合南犯，该兵团应准备于西峰镇以北地区与匪决战，纵受优势之匪反扑不得已时亦须确保白马铺、驷马关、孟坝之线，拒匪流窜，俟后续兵团到达，转移攻势。

2. 海固兵团：应编为南北两纵队，北纵队先在李旺堡附近控制，分遣部队向洪德城、山城堡方面戒备，并向环县游击，以掩护南纵队之进击。

南纵队（以骑二旅及一七九团编成）先在固原、黑城镇一带完成准备，与陇东兵团紧密联系，攻击曲子镇。略取后，一面搜索元城镇、环县方面匪情，依状况以有力部队协力北纵队进取环县或支援陇东兵团之作战，并应自初即有进出庆阳西南地区，协助陇东兵团作战之准备。倘匪先我由曲环方面西犯时，该兵团应在固原、李旺堡以东地区准备与匪决战，纵不得已亦须确保固、李间各要点，俟增援部队到达，转移攻势。

3. 宁夏兵团：于攻略盐池后，整顿态势，与陇东、海固两兵团同时开始向王家盘山、定边攻击，依状况得先向三边挺进，夺取后即一面整备，一面搜索罗家高山、闫门沟、安边堡一带匪情，准备继续攻击。依状况应以有力部队从羊圈山南下，以策应海固兵团之作战。万一受优势之匪反击，纵不得已亦须确保韦州、惠安堡、盐池之线各要点，整顿态势，视陇东、海固两兵团之进展，依状况再兴攻势。

4. 预备兵团：先在平凉、隆德、静宁、海原各附近地区机动控制，依状况向前推进，随时准备肃清窜匪，支援第一线各兵团之作战。

5. 第卅五旅：协力宁夏兵团攻下盐池或定边后，依状况归入海固兵团序列。

第四　交通通信

十二、随各兵团之进展，西峰至庆阳、宝塔至盐池应责成地方政府发动民力，赶速准备修筑公路。必要时，庆阳至环县、盐池至定边继续延伸修筑之。

十三、随各兵团之进展，西峰镇经庆阳至曲子镇由通七团负责构筑永久线路，如情形许可，另由该团负责架设固原至曲子镇之线路。宁夏兵团线路之延伸由马副主任酌量饬办之。

第五　补给、卫生

十四、陇东兵团自初以西峰镇为补给基地，其设施由杨指挥官与西安绥署商酌办理之。海固兵团以黑城镇（或固原）为补给基地，由八补区派遣一支部任该兵团之补给，随兵团之进展分向曲子镇、环县延伸补给线。其补给准备概定如次：

1. 补给单位：概为八一师全部、骑二旅、独骑五团。
2. 补给量：粮秣照受补单位实有人马数先准备一个月份，尔后逐次增加，并随兵团之进展准备追送骡马草料，弹药照受补单位实有枪炮种数尽先补足部队携行基数，并于兵站准备三个（特种弹药五个）补给基数，依战况再行增加。
3. 完成时间：概定为三月　日

宁夏兵团由五十九支部担任补给，其补给设施由马主任指示八补区办理。三十五旅协力宁夏兵团作战时，其补给由马副主任区处之。

十五、于西峰镇、固原（或黑城镇）、惠安堡、上宝塔（或盐池）分设兵站医院，依兵团之进展适时推进收容站。

第六　其他

十六、各兵团对于空军协力之要求，随时报辕转令出动。

十七、甘宁两省保安团队除已加入作战者外，初期应巩固后方要点，并以一部于封锁线附近机动控制，准备随各兵团推进，实施清乡及掩护行政机构之建立。

十八、关于收复区之行政设施及宣抚事宜另行策定。

（2）第三号方案（4月）

西北行辕对奸作战指导方案　第三号

第一　方针

一、本辕为协同西安绥署彻底肃清陕北残匪，即依现态势逐渐扫荡，紧缩包围圈，直捣奸区最后基地，会师金鼎山及吴起镇附近地区。

第二　指导要领

二、陇东方面应先肃清合水、太白镇以南地区残匪，再沿二将、川东西地区向北扫荡。

三、倘平戎川、二将川附近地区潜匪先我太白镇、合水间南窜时,我应会陇东、预备两兵团全力于宁县、正宁以北地区击灭之。

四、海固兵团主力应先配合宁夏兵团主力自西北向东南扫荡,与陇东方面成钳击态势,以免兵力分散,为匪所乘。曲环东方地形特殊险阻,先以骑兵一部控守,尔后联系推进。

五、匪希图集主力于二将川方面阻挠我陇东方面部队进剿时,宁夏、海固两兵团主力应乘虚挺进吴起镇,击匪侧背。

六、匪企图集主力于吴起镇西北地区阻挠我宁夏兵团进攻时,陇东方面部队应溯二将川挺进,直迫吴起镇,求匪主力夹击之。

七、万一匪乘虚西犯时,我陇东三边部队应南北夹击,求其主力聚歼之。

第三　兵团部署

八、军队区分

1. 西北行辕陇东剿匪前敌指挥官杨德亮,统一指挥陇东、海固、预备各兵团之作战。

2. 宁夏兵团同前。

3. 海固兵团、指挥官马敦靖

八一师（欠卅五旅）、骑二旅、独骑五团

陇东与预备两兵团在太白、合水以南残匪未肃清前,概同方案第二号。越过太合线进剿时,拟变更如左。

4. 陇东兵团：指挥官马继援

八二师（欠骑八旅之一团）、新一旅

5. 预备兵团：指挥官顾锡九

骑一旅、卅六师、独一、二团、甘保一团

九、作战地境

西安绥署 ╲　由杨兼指挥官向西安绥署协定饬遵
陇东兵团　╲
海固兵团　──瓦亭—马渠镇—阜城—寺沟门—田家沟—黑老
宁夏兵团　╱　虎镇—金汤镇之线，线上属海固兵团（不含）
　　　　　　　预旺—山城堡—黑城岔—史家掌—吴起镇—金
　　　　　　　鼎山（不含）之线，线上属宁夏兵团

第四　各兵团任务及行动

十、宁夏兵团：应以必要兵力控守安边、靖边各要点，主力迅自定边、羊圈山各东南山区向东扫荡，与海固兵团联系，向吴起镇、靖边之线进出，主力保持于右翼。倘匪倾巢向我海固兵团反扑时，应不待命令，求匪侧背攻击，协力聚歼之。

十一、海固兵团：骑二旅主力先控守阜曲环各要点，清扫附近残匪，以一部向元城镇方面广为游击。该兵团主力扫荡环县、洪德城附近残匪后，联系宁夏兵团，经铁角城向吴起镇挺进。但自铁角城以后之前进，须与宁夏兵团密切协同，严行搜索。倘匪倾力反扑宁夏兵团时，应不待命令，求匪侧背攻击协歼之。又该兵团主力越铁角城东进时，骑二旅主力应推进寺沟门、元城镇附近，并派遣有力突击队向东北方远出活动，以策应兵团主力之作战。倘匪倾力反扑兵团主力时，应速向元城镇东北地区挺进，求击匪之侧背。该旅主力尔后与陇东兵团联系，向黑老虎岭、刘家山梁之线进出，并依状况极力支援邻兵团之作战。

十二、陇东兵团：顾陇东兵团应即以必要兵力控守庆阳，主力攻取合水后，协同马预备兵团肃清合水、太白镇以南残匪，尔后改为预备兵团，以一部控守太、合、庆各要点，清扫附近潜匪，整备交通，其主力依第一线兵团之进展逐渐推进，以策应陇、海两兵团之作战。

十三、预备兵团：马预备兵团应速在宁县附近集中，俟集中完毕随即开始行动，先扫荡襄乐镇盘客镇附近残匪，与顾陇东兵团联系进攻太白镇。略取后，即改为陇东兵团，稍事整顿，即沿葫芦河、二将川东西地区向北扫荡，求匪主力击破后向金鼎山东西地区进出。该兵团越太合线北进时，右与关中部队、左与海固兵团密切联系，严加搜索，随时准备与匪主力决战。倘匪倾力窜犯邻接部队，应不待命令侧击之。该兵团未集中完毕前，应有随时进出宁县以东及东北地区阻匪流窜之准备。

第五　交通通信

十四、西峰镇至庆阳、庆阳经环县至洪德城、白马铺至合水、黑城镇经砖城子至环县、定边至宁条梁各道路，应责成地方政府积极发动民众，赶速修筑完成，随战况之进展并继续延伸修筑之。

十五、七补给区应尽速准备材料，架设西峰镇至庆阳及至合水电话线，并准备向太白镇延伸之。

八补给区应尽速准备材料，责成通七团架设黑城镇经环县至黑城并环县至庆阳间电话线。宁夏兵团线路之延伸由马副主任酌量饬办之。

第六　补给卫生

十六、为预备兵团及陇东兵团，应由平凉指挥所速商第七补给区于宁县、白马铺、庆阳设置补给站，并堆积补给品，控制输力，准备经盘客镇至太白镇、合水经三关桥至二将城延伸线路，跟随进剿部队追补，并于宁县、西峰镇、驿马关分设兵站医院。八补给区应推进补给站于环县，分设交付所于曲子、洪德城，并准备经黑城岔至吴起镇延伸补给线路，跟随进剿部队追补，同时应推进兵站医院于环县，必要时派出患者收容所于黑城岔及曲子镇。

第七　其他

十七、各兵团对于空军协力之要求，随时报辕转令出动。

十八、甘宁两省保安团队除已加入作战者外，以一部巩固后方要点，主力准备随各兵团之推进实施清乡及掩护行政机构之建立。

中华民国三十六年四月　日

〔中国人民解放军西北军区保存国民党档案〕

2. 国民党董钊部进犯延安作战指导计划

(1947年3月)

右兵团攻略延安作战指导计划

其一、方针

一、兵团以攻略延安之目的,于攻略临真、金盘湾后沿金延大道两侧地区向延安攻击前进,保持重点于右,向匪行包围攻击。

二、攻击开始日期,为三月十四日拂晓。

其二、指导要领

三、攻击进展区分为四阶段(预定四日):第一阶段,以二十七师攻略临真,主力担任策应。第二阶段,以主力包围攻击金盘湾。第三阶段,击破金延大道两侧地区匪之抵抗。第四阶段,集中全力包围攻击延安附近之匪。

四、宜川由第二十七师派兵一营守备,临真攻略后由第二七师派兵一旅(欠一团)担任守备,金盘湾攻略后由二七师派兵一团(欠一营)担任守备。

五、攻击延安时,敌如守备坚固,攻击进展未能如预期实施时,则我集中全力,先击破其一点。

六、各部队作战初期使用于第一线兵力不必过大,应多留控制部队。

七、二七师攻击临真,如匪在该地区集结优势兵力顽强抵抗,致我攻击当日未能奏效时,则本兵团应以全力先击破该处之匪。此际第一师应向左梯次配备,控制有力一部于左后方,特须注意与左兵团保持联系及掩护本兵团左侧背之安全。

八、攻击延安时,必须与左兵团确实联系后,方开始攻击。

其三、集中

九、各部队于三月十三日前如左集中:

(1) 第二七师：平陆堡、薛白间地区。

(2) 第九十师：茹平堡、英旺以北地区。

(3) 第一师：英旺（不含）、观亭龙泉以北地区。

其四、各部队任务及行动

甲、第一阶段（第一日）

(1) 第二十七师：由薛白攻击临真。

(2) 第九十师：搜剿当面之匪，进出刘村附近并策应二七师攻略临真。

(3) 第一师：搜剿当面之匪，进出旧治城附近。

乙、第二阶段（第二日）

(1) 第九十师：主攻金盘湾而占领之。

(2) 第二七师（欠一旅）：攻击金盘湾之东北。

(3) 第一师：攻击金盘湾之西北。

丙、第三阶段（第三日）

(1) 第九十师沿金沿大道（含）以东地区击破沿途匪之抵抗，进出杨家畔附近地区。

(2) 第一师沿金延大道以西地区击破沿途抵抗，进出景家川、东沟以北地区。

(3) 第二七师（欠一旅）为预备队，在九十师后跟进，任侧翼警戒，到达松树岭附近。

丁、第四阶段（第四日）

(1) 第九十师沿金延大道（含）以东地区攻击前进，攻达延安附近时主力指向宝塔山东北，协力第一师之攻击，一部梯次控制于右侧后机动使用。

(2) 第一师沿金延大道（不含）以西地区攻击前进，攻击重点指向宝塔山并占领延安，尔后进出于核桃塔东西之线。

(3) 第二七师为兵团总预备队，沿金延大道后跟进，并任第一线兵团侧后之掩护。

戊、作战境界

第二七师 ⎰ 孟长镇、野鸡岭、黑舍各西端、郭家凹南端之
　　　　 ⎱ 线，线上属右

第九〇师 ⎰ 英旺、川口村、贺北庄、松树岭、七里铺各东
　　　　 ⎱ 端、石堡庙东、十里铺之线，线上属右

第 一 师 ── 丹阳西端、清泉镇西、袁家庄东端、汤家湾西端、
左 兵 团 ── 赵家店之线，线上〔？〕

第一、二、三阶段作战时，军指挥所在第一师附近，第四阶段在第二七师附近。

庚、通信补给另行规定。

〔中国人民解放军西北军区保存国民党档案〕

3. 国民党西安绥署闪击延安作战经过概要

（1947年3月）

西安绥署延安会战经过概要

第一、会战前

一、匪军兵力及分布状态

匪军集结于陕甘宁边区者为贺龙指挥之 120D、27D、358B、359B、31B、N4B、N9B、N11B、N8B、G1B、G2B、G3B、G4B 及教导第一、二旅、骑六师等，计正规军共三师十三旅约七万余人，民兵约九万余人，总计十六万余人。其分布状态如附图〔图略〕。

二、匪军企图

陕甘宁边区为奸匪老巢，盘踞十三年，擅立伪府，窃窃政权，久为国际注目。故匪必以全力死守，凭藉其多年构筑之坚固据点工事及险要之地形，逐次抵抗，消耗我军兵力，诱我深入劳山阵地后，包围歼灭我军于深沟大林之中。

三、我军任务及作战指导概要

绥署以攻略陕北匪巢、肃清黄河西岸匪军之任务，决定作战指导如次：

1. 彻底集中优势兵力，由宜洛间地区直捣延安，以有力一部突入敌后而奇袭之。

2. 第一线兵团应以步工兵编组多数攻击群，于空军及炮兵掩护之下，突破敌人之阵地并继续贯穿其纵深。遇匪之顽抗，则由第二线兵团迅速前进，作翼之延伸包围而歼灭之。

3. 匪若企图以延安为核心，吸引我之主力，而以其主力分由两侧包围我军时（即用口袋战术时），则第二线兵团应以一部作正面拒止，主力突破一点，对敌作反包围而歼灭之。

4. 匪若避免决战而以主力向河东窜退时，则应以主力跟踪追击，并以晋南部队迅速进出永和关、三交镇，遮断匪军退路，夹击匪军于河西岸而歼灭之。

5. 攻击开始前，宁晋陕北及太原方面应各以有力部队对三边、安定、米脂及晋西南方面行牵制攻击，策应本战区之作战。

四、我军兵力部署（附图一〔图略〕）

1. 军队区分（战斗序列如附表一）

右兵团

指挥官：第一军军长董钊

第一军

重迫炮十四团第三营（欠一连）

工兵第三团第一营

工兵第九团第三营

左兵团

指挥官：第二十九军军长刘戡

第二十九军（欠二十八、四十八、八十四旅及七六师）

第一三五旅

炮五一团第四营之一连

工兵第三团第二营（欠第五连）
陕北陇东兵团
指挥官：第十师师长罗广文
第十师
新一旅
独一团
独二团
独三团
甘保一团
陕保一团
陕保六团
总预备队
第七十六师（欠新一旅）
骑一旅
战车第二营
重炮十一团（欠一连）

2. 兵团作战地境

右兵团——孙家河（含）——清泉镇—樊家庄—袁家庄—皮家圪塔（含）—赵家岩（含）之线，线上属右
左兵团
陕北陇东兵团——齐家沟—羊泉镇（不含）—北溪口—刘沟门之线，线上属右

第二、会战间

1. 三月十四日

右兵团：

第一师由新庄、庙湾、观亭地区发起，向旧治城、三泰庄之线攻击，沿途排除匪之节节抵抗，至十五时攻抵义落坡、标家台以北高地之线。

第九十师由英旺、茹平间地区发起，向刘村附近攻击，沿途

遭匪之顽抗及将匪障碍物之排除，于十八时攻抵刘村以西及岳家寺附近地区。

第二十七师由薛白、平陆堡地区发起，向临真攻击，遇匪教二旅依堡垒之坚固工事顽抗，十五时许突破匪之阵地三道，于西瓜要险对峙中。

左兵团：

第三十六师由党家原发起，向牛武镇攻击，因迂回匪主阵地之侧背，出敌不意，于十时攻占韩家原、牛武镇、郝家原之线，并向回回庄追击。

第十七师由堡子头发起，向茶坊攻击。匪新四旅依据茶坊、北山寺之坚固阵地顽抗，经该师十二旅奋勇冲杀，七时攻克交通镇，十三时占领茶坊。

第一三五旅为兵团预备队，十四时推进于交通镇。

2. 三月十五日

右兵团：

第一师由标家台、义落坡向董家台、三泰庄攻击，匪凭要险工事顽抗，经激战后于十七时攻占董家台及三泰庄西南之线。

第九十师由刘村向金盆湾攻击，于太极沟以南高地遭匪顽抗，激战至十八时攻占太极沟以南及金盆湾南十华里高地之线。第二十七师继向临真攻击，十四日午后五时攻占该地。

左兵团：

第三十六师由郝家原、韩家原向榆林桥以北攻击，十五时攻占一四二〇高地，十七时攻占榆林桥。

第十七师继向北山寺攻击，八时攻占该地，续向榆林桥追击。

第一三五旅为预备队，控制于交道镇附近地区。

3. 三月十六日

右兵团：

第一师向金盆湾南侧及马坊攻击，依步炮兵之协同，以猛烈轰击将匪阵地摧毁，十七时七八旅攻占金盆湾以北之大道，一六七旅攻占马坊以南之高地。

第九十师续向金盆湾攻击，十二时六一旅逐次攻占金盆湾，十三时向马家山继续攻击，匪凭工事顽抗，十六时二十分攻占该地，匪向北窜。

第二十七师为兵团预备队，推进至金盆湾西北地区。

左兵团：

第三十六师一六五旅继向板桥屯攻击，将匪之警戒部队驱逐后，十四时许攻占单腰梁高地之线，一二三旅攻占道左铺镇，向麻子街方向追击。

第十七师十二旅以一团任茶坊、北山寺守备，余推进于榆林桥。第一三五旅为预备队，推进于小原子。

4. 三月十七日

右兵团：

第一师由金盆湾西北各地向马家坪西北行果敢之攻略，匪教导旅凭工事顽抗，迄十八时先后攻占该高地，匪窜菊花湾以北。第九十师以五三旅在右，六一旅在左，沿金延大道继续突进，十三时攻占月山坪，十七时占荒沟、孙家砭以北之线。

第二十七师四七旅为预备队，推进至月山坪附近。

第一六五旅继向黑龙山、伏陆山之敌攻击，遇匪一二〇师独立旅据险顽抗，激战至十七时三十分，将各要地攻占。一二三旅向窑店子攻击，十四时占领该地，十五时攻占东岳山。

第十七师十二旅主力推进麻子街，任交通要点守备。

第一三五旅为预备队，推进板桥屯。

5. 三月十八日

右兵团：

第七八旅于拂晓向当面匪军攻击，十七时攻占杨家畔高地，一六七旅由店子上沿山脊西北方向攻击，经迂回围击十七时攻占娘娘庙以南高地。

以五三旅由金延大道以东地区，以六一旅编四个突击营向匪阵地钻隙攻击，十时攻占郭家台，十七时攻克杨家畔以北南张家沟之线。

第二十七师主力推进至郭家台附近。

以一六五旅由杨庄科向大劳山侧击，八时攻克劳山阵地山头十二个及一二七六高地。一二三旅攻克甘泉，续向小劳山攻击。

第十七师十二旅任交通要点守备。

第三五旅以四〇四团占领黑龙山，掩护军主力右侧背。

6．三月十九日

右兵团：

第一旅突击队于八时四分攻入延安，一六七旅攻占宝塔山，七八旅攻占墩儿山。

第九十师向飞机场及清凉山攻击，十五时攻克该地。

第二十七师四七旅为预备队，推进于七里铺。

左兵团：

第三十六师八时完全攻占大小劳山，续向湫雁山攻击，匪军望风披靡，十七时攻占三十里铺。

第十七师十二旅推进至甘泉，任该地迄茶坊之守备。

第一三五旅为预备队，推进至大劳山。

7．三月二十四日

第一军因粮弹补给关系，于三月二十四日拂晓始，以第九十师沿延安、安塞公路右侧地区，第一师沿公路及左侧地区向安塞攻击前进。

第九十师经桥沟长、热死湾、马家咀道向安塞东北攻击，于核桃树塔、热死湾各附近遇匪数十名，经击溃向东北逃窜。十九时，六一旅到花楼沟、石嘴、五台山之线，五三旅到达刘家庄、党家山之线彻夜①。

第一师以第一旅沿公路向安塞攻击，十七时攻占安塞旧城及金龙山、天泽、凤凰山、花子渠各高地，七八旅沿杨家湾、隶家沟、金家庄高地攻占黄家岩、阎家湾、龙安山各高地，一六七旅沿杨家湾、何庄坪、余家沟，十七时攻占筑坟台、房家河附近各高地，残匪闻风先遁，未遇抵抗。

8. 三月二十五日

留三一旅九一团防守安塞，军主力返延安集结。

第三、会战后

1. 匪我伤亡比较

本会战共毙伤匪团长、大队长以下官兵一万六千五百余名，及毙匪教导旅旅长杨得志、参谋长及供给部主任等重要官员多名。我军伤亡营长以下官兵一千三百余人，其比例数为十比一。

2. 重要得失：

A、我军集中迅速秘密，由最捷径直捣匪巢，使匪措手不及，于其主力未集结前，即已攻占匪巢。

B、主力保持于右翼，迂回劳山阵地之侧背，使匪数年构筑之坚固工事无所施展。

C、兵力集结，使匪不能行各个击破。

D、陆空协同良好，使战斗进展迅速。

E、对匪工事力避强攻，而编组突击队钻隙包围，使工事殆于无用。

F、补给机构不健全，输力尤其缺乏，兵站无补给计划，致攻领延安后因部队缺少粮弹，不能即时移于追击，扑捉匪军于战场而歼灭之。

G、未能控制大量工兵部队，随军前进，修补公路，致不能适

---

① 原文如此，疑有错漏。

时补给。

H、行政机构不能即时随军推进，行政工作无法推行。

附表一：

延安会战战斗序列表

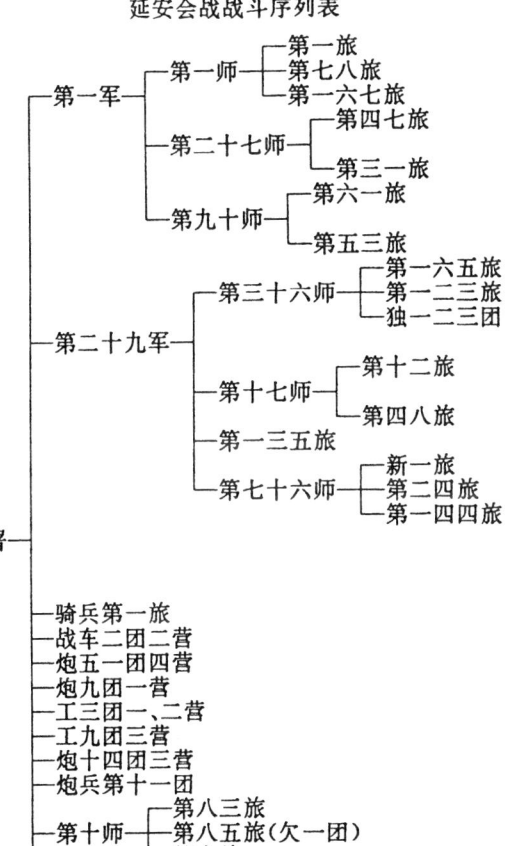

〔国民政府国防部史政局及战史会档案〕

4. 西安绥署牡丹川会战经过概要①

(1947年4月)

一、会战前

(一)匪军兵力及分布状态

瓦窑堡会战以后夺获匪之文件得悉,匪军第一纵队司令员张宗逊指挥G1B、G2B、G3B、S1B、358B,第二纵队司令员王震指挥教1B、教2B、S4B、359B、24B计正规军十个旅三万五千余人,配合民兵、游击队二万余人,总计五万五千余人,分布于牡丹川、李家川等处潜伏待机。其V9B、K6D于瓦窑堡会战期间随匪边区机关北窜绥德(匪态势如附图〔图略〕)

(二)匪军企图

瓦窑堡会战以后,匪军士气消沉,兵无斗志,势将瓦解。匪首脑机关有鉴于此,始另出花样,发出长期游击战控制陕北口号,并调张宗逊、王震分任纵队司令员,在清涧、安定、安塞地区凭藉有利地形实行游击,企图疲惫消耗我军。

(三)我军任务及作战指导

绥署彻底扫荡牡丹川以北匪军并摧毁其游击根据地,决定作战指导如次:

1. 以主力由蟠龙镇附近地区逐次扫荡牡丹川以北各山沟,并向右旋回,会由瓦窑堡南下之一部,包围匪军而歼灭之。

2. 扫荡山沟时应极力搜求匪之物资,移屯于据点内或焚毁之,并移民于规复后之地区,坚壁清野,根绝残匪。

3. 各部队前进时应以逐点跃进法,以一部搜索,一部停止掩护,主力迅速以突击匪军而歼灭之。

---

① 该件系沿用原标题。

4. 瓦窑堡部队应于主力军进出李家川、榆树岭子以北之线后,以集结态势向李家川前进,以求夹击匪军并切断匪向东北之退路,包围匪军而歼灭之。

(四)兵力部署

1. 军队区分

右兵团

第廿九军军长刘戡

第三十六师(欠廿八旅)

第五十五旅

第十二旅

第一三五旅

重迫炮十四团第三营一连又一排

左兵团

第一军

第一师

第九十师

重迫炮十四团第三营(欠一连又一排)

2. 作战地境

右兵团 ╲
　　　　 何家沟岔—陈家茆子—穆家塔—刘家石畔之线
左兵团 ╱线上属左

二、会战间

1. 四月十二日

第一军:

第一师之七八旅为军预备队,师主力由青化砭向碾沟门附近地区前进,于北沟附近与三五八旅、三五九旅、独一旅、新四旅等番号之匪发生激战,迄十九时一六七旅先头攻占一五五〇高地,第一旅攻占北沟北侧高地。

第九十师右纵队五三旅一五九团将许家沟门东侧高地匪百余人击退后，十七时旅主力攻占碾沟门以西以南高地，左纵队六一旅于一三五〇高地击破少数匪之抵抗后，十九时攻占张家坪附近各要点。

2. 四月十三日

第一军：

第一师之一六七旅由一五〇〇高地攻击，沿途各山沟遇匪三五八旅、独一旅之节节抵抗，于十六时攻抵一七八八高地东南一带，第一旅于十四时攻占张家沟门，遇三五八旅主力之阻击，经猛攻后于十七时攻占一七八八高地及李家岔以南一带。

第九十师之六一旅将罗家河以北及张家坪西北一带各山头之匪新四旅击退后，于十九时攻抵市沟一带，五三旅攻抵市沟西北地区。

第廿九军：

第三六师之一二三旅将匪三五八旅击退后，午刻攻占英家嘴北侧高地。

五五旅申刻将上白家坪之匪击退后，以一部攻占榆树茆子东南高地。

十二旅为军预备队，推进至白家坪。

3. 四月十四日

第一军：

第一师之一六七旅经一七八八高地向东北攻击，于中家沟附近遇匪三五八旅主力，经激战后十八时攻占穆家塔以南高地，第一旅将三五八旅之一部及新四旅击溃后，十九时攻占凉水湾。

九十师于七时与匪开始战斗，迄九时将蛇沟以南高地之匪击溃后，以六一旅经孙李家沟向庄口，以五三旅经杨家市、午沟向庄口以西包围攻击匪军，迄十八时将匪击退，到达庄口、凉水湾之线。

第二十九军：

三十六师之一二三旅辰刻于榆树坪西南各高地与匪三五八旅第五团激战，至十六时将匪击溃，一六五旅于十三时将陈家砭之匪击溃后，即进占史家咀。是时一三五旅于冯家石咀附近被围，该师奉命向北挺进，乃以一六五旅由史家咀向冯家石咀前进，以行动迟缓，于廿四时其一部始抵前后接哨。

五十五旅于十八时攻占灵官塔、秋家塔之线。

十二旅除以卅五团归三十六师指挥解救一三五旅之围外，主力随军进抵安家嘴附近。

一三五旅于辰刻由瓦窑堡向李家川攻击前进，于抵冯家石咀时遭黑山寺方面优势匪军之围袭，发生空前激战，肉搏十余次，匪我伤亡均重，至午刻四〇五团之阵地被匪突破，申刻四〇四团及该旅旅部除一部突围外，主力亦遭匪击破。

4. 四月十五日

第一军：

第一师之一六七旅辰刻沿秋家塔、桥府沟道向石家中庄及其以北高地攻击，申刻将石家中庄之匪击溃后，申刻攻占该地及刘家园子北侧高地，第一旅未刻攻占刘家街、景家坪之线。

九十师由庄口西南高地经凉水湾，子申刻六一旅攻白窑坪，五三旅攻占张家岩窑。

第二十九军：

第三十六师申刻进抵陈家塔附近。

五十五旅攻占三家咀以北高地后，续向李家川、兔儿咀攻击，酉刻攻占各该地。

十二旅挺进陈家塔以北地区。

5. 四月十六日

第一军：

第一师申刻进抵三家咀、杨家庄、张家庄附近地区。

九十师以五三旅一五七团为后卫,向东前进,匪三五八旅以一团兵力向该团猛攻,经果敢反击,于十七时受创不支,匪向东南窜去,六一旅到达刘家园子,五三旅到达景家坪附近。

第二十九军:

三十六师仍在陈家塔附近。

十二旅进抵磁窑附近。

五五旅前进至陈家塔附近。

6. 四月十七日

第一军:

第一师之第一旅及一六七旅各以五个加强连向三家咀、李家川以北之线搜剿,遇匪三五九旅及警三旅之残部,经击北窜,于申刻返防。

九十师之五三旅、六一旅各团各以一营向四窑及十里铺搜剿,于四窑附近六一旅一八三团与匪千人遭遇,经痛击匪向北窜。

第二十九军:

各部队均同昨日。

7. 四月十八日

第一军:

第一师进抵石家砭、官路坡附近。

九十师进抵管家屯附近。

第二十九军:

三十六师进抵于家坪、郝家川附近。

五十五旅进抵何家塔附近。

十二旅进抵胡草沟附近。

8. 四月十九日

第一军:

第一师未刻轻装向王家屯、童家崖攻击前进,申刻一六七旅进至王家屯西侧高地,第一旅进至童家崖西侧高地,并向中则茆南侧攻击西逃窜之匪。

九十师无战况。

第二十九军：

三十六师由郝家川北侧向永平镇搜索前进，甫离宿营地即于郝家川、崖头村、汉山村各附近遇匪伏击，当即以一六五旅及一二三旅占领各高地，阻止匪之侧击。

五五旅占领郝家川亘胡草沟各高地，向匪行侧面攻击，毙伤匪甚多。

十二旅占领何家塔以东各高地，拒止匪之攻击。

二十九军当面之匪约为七个旅，由上午九时起至廿日上午七时激战竟日，匪向该阵地猛攻七次，均被击退，匪于阵地遗尸二千余具，受伤四千余人，七时以后始分向西北及以东窜去。

9．四月廿日

第一军：

第一师之一六七旅由王家屯向一五〇〇高地及其东西高地，与由永平西进之匪独一旅之一部遭遇，经围攻匪向东南窜去，该旅午抵童家崖附近，第一旅向中则茆前进，将向西逃窜之匪截击后，进抵中则茆附近，七八旅午刻进抵童家崖附近。

第二十九军：

三十六师由新岔西进，十七时全部到达贺家渠东及东南、西北附近高地。

十二旅推进至王家附近。

五五旅推进至土地庙河附近。

三、会战后

1．匪我伤亡比较

本会战毙伤匪五千一百余名，我军伤亡官十八员、士兵二百二十七名，其比例数为廿与一之比。

2．得失检讨

一、本战斗之作战目的为摧毁匪之根据地，迫使匪军不得不与我行决战。盖遵照主席训示，作战应歼灭匪军战力，夺获其枪械，消灭其人马为目的。

二、一三五旅失利于冯家石咀，考其原因，一为指挥之失当，二为情报之不灵活。据事后调查，匪于瓦窑堡四周集中优势兵力，企图回攻瓦窑堡已非一日。而该旅丝毫未获情报，若能不时派队向四周游击或于四周预伏斥候，必预有所闻，不至为匪所乘。

指挥官之优劣，为造成歼灭战之必须条件。若兴登堡之对手非萨姆索闹夫，绝无坦能堡之歼灭战。一三五旅之失败于指挥官决心之迟缓与命令既下后之动摇决心，将有利之地形拱让于匪，致使为匪各个击破，良深慨叹。

三、各部队对友军之协同作战，缺乏同仇敌忾之精神。前三十一旅青化砭之失利，一三五旅未能及时驰援。今一三五旅之失利，而三六师奉命后复迟迟于道，不能尽迂回包围之手段，任匪远离，丧尽革命军之精神。

四、郝家川、于家坪之战斗，廿九军能制敌机先，占领有利之地形，更能以火力及逆袭摧毁匪之猛攻，获致伟大战果，殊堪嘉许。惜追击不果敢，仍任匪纵容他遁，似为美中不足。炫惑匪情，不能迅速进出匪军侧背，截断匪退路，是为憾事。

附表一

牡丹川会战战斗序列表

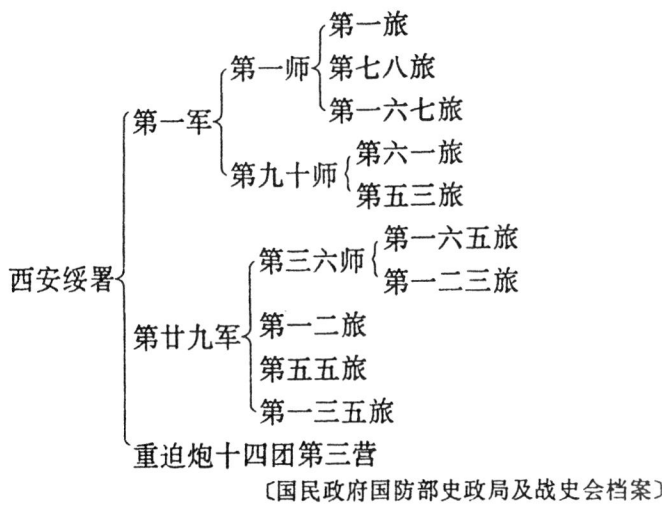

〔国民政府国防部史政局及战史会档案〕

5. 西安绥署瓦窑堡会战经过概要①

(1947年3—4月)

会战前

一、匪军兵力及分布状态

延安会战后匪军复集结358B、359B、S1B、N4B、N9B、G1B、G2B、G3B、K6D、教1B、教2B及晋西由增拨之S4B,计正规军一师十一个旅,约四万五千余人,民兵约两万余,计七万余人。其分布状态如附图〔图略〕。

二、匪军企图:

延安之被我迅速占领,出匪意料以外,故匪中央及边区各机关均系仓惶北窜,多数物资尚待迁徙,似企图固守延水以北,以掩护其后方诸机关之撤退,或潜伏绥延公路两侧,俟我发生过失

① 该件沿用原标题。

时，以求乘机进而规复匪巢延安。

三、我军任务及作战指导

绥署以摧毁陕北匪军第二根据地、肃清延水以北匪军之任务，决定作战指导如次：

1. 以一部佯攻匪阵地之正面，牵制匪军主力，以主力由延川、清涧地区先切断黄河各渡口，尔后向左旋回，包围匪军于瓦窑堡附近而歼灭之。

2. 正面佯攻部队于青化砭、拐茆镇各附近构筑坚固之阵地，遇匪反扑时应固守该阵地，吸引匪之主力，以待主力军迂回之成功。

3. 主力部队应编成多数纵队，行钻隙攻击，酌留一部扫荡及遮断渡口，主力极力左旋回，以行包围匪军。

4. 右侧支队于攻占延川，即以主力归右兵团指挥。

5. 匪若向北或西逃窜，则主力军于占领瓦窑堡后应即移于追击。

四、我军兵力部署

1. 军队区分（战斗序列如附表一）

右侧支队

指挥官：七六师师长廖昂

第七六师（欠新一旅）

右兵团

指挥官：第一军军长董钊

第一师（欠第一旅）

第九十师

重迫炮十四团第三营（欠一连又一排）

左兵团

指挥官：第二十九军军长刘戡

第三六师（欠二八旅）

第十二旅

第一三五旅

重迫炮十四团第三营之一连又一排

青化砭守备部队

第卅一旅（欠九一团）

拐峁镇守备部队

第一旅

2.兵团作战地境

右侧支队——延水以南之线，线上属右

右　兵　团　　惠家砭—罗家湾—李家沟—火烧沟—刘家川—

左　兵　团　　杜家坪之线，线上属右

会战间：

一、三月廿五日

卅一旅（欠九一团）以掩护大军东进，于是日拂晓由拐峁镇向青化砭前进，行抵石绵羊沟、崔家屹崂各附近，遭匪三旅以上兵力之伏击，激战三小时后，因众寡悬殊及地形不利，致为匪所乘。

二、三月廿六日

第一军方面：第一师攻抵四十里铺、周家湾附近地区，九十师攻抵拐峁镇、王家沟附近地区。

第廿九军方面：一三五旅四〇四团于午刻推进清化砭附近，遭匪坚强之抵抗，经激战后于十五时攻占清化砭两侧高地。卅六师以一二三旅于午由四十里堡经白家垭、一二五二高地，十六时卅分攻抵一三二〇高地，沿途均遇匪节节抵抗，师部及一六五旅随后抵一二五二高地，十二旅抵拐峁镇东北高地。第七六师方面以由延长撤出之七十团第一营由姚家原出发，十一时返抵延长城外，与匪百余激战后，重占延长城。

三、三月廿七日

第一军方面：第一师除以第一旅任拐茆镇守备外，主力攻抵盖头坪、千谷驲附近地区，九十师攻抵西沟门、贺家沟附近地区。

廿九军方面：一三五旅于未刻攻占寨子沟以南要点，卅六师一二三旅于十二时攻占李家沟，一六五旅推进于一三二〇高地，十二旅推进于岳家滩附近。

第七六师方面：一四四旅攻抵姑姑山、吴家沟附近，师主力抵临真镇，并以廿四旅之一营向太相寺、金沙镇方向搜索。

四、三月廿八日

第一军方面：第一师于张家巷、麦家渠驱逐零星散匪抵抗后，十五时进占碾子珧南北高地，九十师攻抵蒿岔峪铺南北高地。

廿九军方面：一三五旅攻抵高家坪西北高地，卅六师攻抵高家坪以北及高家沟东北高地，十二旅攻抵高家沟附近。

第七六师方面：一四四旅除以一营守备延长外，旅主力驱逐下庄、老人仓匪之抵抗后，于十七时攻占焦村、驮岔原之线，廿四旅攻抵延长以北地区。

五、五月廿九日

第一军方面：第一师经宋家塔、岔儿上于张家河附近驱逐少数匪之抵抗后，于十八时攻抵新家沟、梁家河以东高地之线，九十师将杨家河附近二百余之匪驱逐后，十五时六一旅攻占延川城，五三旅攻抵延川西北地区。

廿九军方面：一三五旅攻抵马家沟南北高地附近，卅六师攻抵刘家口、二甲沟附近，十二旅抵马家湾、李家屹塔附近。

第七六师方面：廿四旅七十团第一营突击至延川西南之新东科，廿四旅主力攻抵文口镇槐树坪附近，一四四旅十五时攻抵陈家原、新舍科、杨家屹崂附近地区。

六、三月三十日

第一军方面：一师推进于卅里铺，九十师推进于贺家沟附近。

廿九军方面：卅六师攻抵一四五〇高地及王家沟西北高地附

近，一三五旅攻抵刘家河北侧高地，十二旅攻抵张家河附近。

七六师方面：以四四旅主力接替延川守备，廿四旅抵高家湾、马家河附近地区。

七、三月三十一日

第一军方面：九十师五三旅于十一时攻占清涧后，继续追击至十里铺、周家店子以东高地之线，六一旅攻抵七里沟附近，第一师进抵清涧南石台寺附近地区。

七六师除以一四四旅留延川守备外，即归第一军指挥，进抵廿里铺、狮家湾附近地区。

廿九军方面：卅六师进抵风台窑、吴家畔附近地区，一三五旅进抵王家沟以西高地，十二旅进抵刘家川附近。

八、四月一日

第一军方面：第一师以七八旅、一六七旅重叠配置，沿风台窑西北侧山脊攻抵白家河、东沟附近，九十师攻抵白家河附近。

廿九军方面：卅六师攻抵热思湾、王家庄附近地区，一三五旅攻抵聂家坪以北高地，十二旅抵楼儿沟附近地区。

九、四月二日

第一军方面：第一师攻抵王家庄、热思湾附近地区，遭匪顽抗，进展较缓，九十师于中庄、新庄附近遇匪之坚强抵抗，经由右翼迂回吴家寨以北地区，匪不支逃窜。

廿九军方面：卅六师攻抵新岔河、崖头村之线，一三五旅攻占永平镇，十二旅攻占徐家岔以西高地。

十、四月三日

第一军方面：第一师七八旅于冬晚探知瓦窑堡匪军有退却模样，即以轻装两营向该地突击，于七时卅分进占该地，旅主力于十五时到达，一六七旅于十七时亦攻抵瓦窑堡两侧高地。九十师主力沿涧水南侧攻抵鱼子湾、柴家塔及其西北高地。

廿九军方面：卅六师攻抵磁窑、新庄壳附近地区，一三五旅攻抵张家凹、麻家塔附近地区，十二旅进抵胡草沟附近地区。

十一、四月四日

第一军方面：第一师于吴家寨、黄家川、路家寺各附近将顽匪击退后，于十八时进抵胡家湾、于家湾附近地区，九十师进抵秋树坪附近地区。

廿九军卅六师进抵子坊坪、路家坪附近，一三五旅主力进抵太王庙梁附过，一团守备瓦窑堡，十二旅进至王家湾、苏家湾附近。

十二、四月五日

第一军方面：第一师集结于王家坪、吴家寨、壕鼻沟附近地区，九十师集结于密峰王、黄家川、吴家坪附近地区。

廿九军方面：卅六师到达梢柏河、大小寨地区，一三五旅任瓦窑堡守备，十二旅到达永平镇附近。

十三、四月六日

第一军方面于原地未动。

廿九军方面：卅六师以一六五旅沿梢望河、高家大道东侧高地南，一二三旅沿西侧大道前进，于十三时进抵崖头村、汉山村东侧高地时，遇匪新四旅、教一旅、警一旅、三五九旅等突击，经接触后匪以一部向我右翼、主力向我左翼延伸。十九时，于黄家崂南北高地及桃花山附近，与十二旅亦发生激战，迄廿三时仍在对战中。

十四、四月七日

第一军方面：由吴家寨附近分向永平镇西北地区前进，第一师抵于家坪附近，九十师抵永平镇附近，因匪于鱼晚已向西撤退，未能完成包围。

廿九军方面：当面之匪于鱼晚分向西及西南撤退，卅六师即以二个轻装营于于家坪、童家崖方追击，十二旅以两个轻装营向贺家渠、岔口村方向追击。

十五、四月八日

第一军方面：以九十师配属廿九军追击当面之奸匪，主力抵财神庙、孙家梁附近地区。

廿九军方面：卅六师向官坡、石咀之线以西高地攻击，十七时进抵该线，九十师进抵石咀、蟠龙镇以西之线，十二旅于十五时进抵王屯附近。

会战后

一、匪我伤亡比较

本会战毙伤亡〔衍〕匪二千三百余名，我军伤亡官十四员、士兵一百廿七名，其比例数为十九比一。

二、得失检讨

1. 本攻击因由侧面攻击瓦窑堡，故未遭遇匪之猛烈抵抗，且因先占清涧，切断匪向绥德之退路，故使匪之笨重物资均无法携带而为我卤获。但因迂回区域过大，且仅一面包围，故使匪仍得避免决战。

2. 崖头村、汉山村之战斗为不预期之遭遇战，因卅六师能利用山地前进，故未遭匪之伏击。唯第一军未能适时由北南下夹击匪军，实为失策。拿翁曾云：战机如骚妇之动情，瞬息即逝。是我军于是役复失一歼灭敌人之良机。

3. 此次攻击，各部队能因粮于敌，不受补给之累而迟滞其行动，是一良好之教训。

4. 匪之一惯战法，为集绝对优势之兵力伏击国军。卅一旅主力此次进占青化砭，一因兵力之单薄，再因疏于搜索警戒，三因未走山地而未用川道，致遭匪伏击不能应〔立〕即占领高地作坚强之抵抗，而使全军覆没。是可为前车之鉴。

5. 第一军于攻抵延川，未遵命即向清涧攻击，而任廿九军突出于左翼。幸匪未利用我军当时之过失，不然，则有被匪各个击破之危险。

6. 卅一旅遭袭之际,一三五旅以及廿九军主力未能立即增援,反包围匪军,反为敌情所炫惑,至次日方徐徐而前,任匪远飘,是又失一战机。

瓦窑堡会战附表（一）

战斗序列表

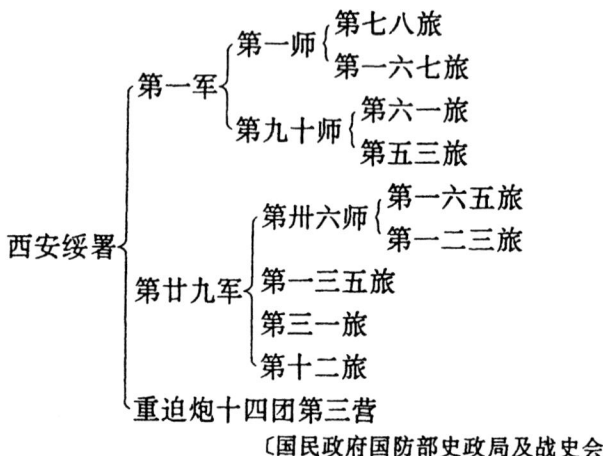

〔国民政府国防部史政局及战史会档案〕

6. 国民党陕西省政府关于解放军反攻陕北宜川耀县等地作战概况的简报

（1947年5—10月）

（1）政情通讯第十五号（5月）

耀县及旬邑防剿之役

据报：五月五日拂晓,奸匪警一旅及独立营、武工队、民兵等共约四千人,突冲入我耀县城内,经我地方队警奋力抵抗,互有伤亡,匪在其火力掩护下,大肆房掠。经我国军二五五团驰援,匪遂于当夜向铜川之文王山、武王山,宜君之焦坪镇、姚渠镇一带逃窜。又,五月二十一日拂晓,匪警一、二、三团、独立营、武工队、民兵等约三千余人，进攻我旬邑县城。经我地方队警竭力抵抗，惟弹尽援绝，不得已由县长边翼藩率领由大峪镇转进，匪遂侵入城内。现正由西安绥署部署清剿中。

协军堵剿宜北股匪及解除波横之围

本省宜川北之股匪，经我宜川县长徐沛率队进剿北窜后，乃划宜北为两清剿区，以期彻剿残匪而安地方。突于五月三日先后据报，以金盆湾集中股匪千余，当派我第二清剿区指挥官李侠率民兵二总队一、二、三大队及独立特务各中队约千余，于五月十一日攻入金盆湾，匪即以优良装备反击，将我第二总队击溃，李指挥官侠力竭被俘。匪乃乘势复窜临真，进袭云岩，大有进扰宜川县城之企图。宜川县长徐沛遂于五月十六日率地方队警，协助宜川许指挥官，进驻宜川北之平陆、雪白，分头迎击，将匪击溃，复于五月十七日克复临真。至波罗、横山两处，经我先后克复后，残匪窜石湾、武镇一带，积极整理，企图复行窜扰。五月二十四日，匪以两团之众突分两股包围波、横，我驻横山保五团团长张伯勋沉着堵击，同时我第二十八旅徐旅长率队驰援，遂将匪击溃逃逸。

（2）政情通讯第十七号（10月）

黄龙山区：（1）原流窜旧囊形区之匪骑六师、警一旅、警三旅、武工队等三、四千，经我陇东八二师压迫，遂于九月下旬由匪首王世泰率领东窜。九月二十四日窜陷蒲白边境之高阳镇、林皋镇、罕井镇，当晚匪主力北犯白水镇城，我以地方武力薄弱，遂被匪攻陷，迄三十日匪始行北撤，分股进犯洛川之石头、百益、秦关等镇。（2）九月三十日，匪三五九旅、独四旅先头部队两千余人，由匪首王震率领，由临镇分两路南犯我洛川之旧县、槐柏土基及黄龙设治局之观亭，要险等地先后被攻陷。迄十月三日晨，该匪与自白水北窜之匪会攻黄龙设治局及黄龙山警备部所在地之石堡，激战一昼夜，伤毙匪五百余人，我防守兵力仅数百人，且粮尽援绝，遂于四日晨二时被匪攻入。迄十月二十三日，始经我三十六师部队收复。(3)匪攻占石堡后，王震部约万人旋东窜，于十月九日晚围攻我韩城县城，我防守两昼夜，卒以匪众我寡，实力悬殊，于十一日下午八时被匪攻占。迄十月十九日上午，经我二十八旅部队收复。(4)盘踞韩城之王震部经我北进部队压迫，于十月十八日晚回窜宜川，当晚猛攻县城，经我防守之国军及地方队警奋勇抵抗两昼夜，匪未得逞。二十日，匪独四旅及两个支队由石堡，新九旅及两个支队由临镇窜向宜川，并附山炮四门、云梯四百余架，于十八日起会同王匪再度猛攻。我守军备战彻夜，卒以众寡悬殊，战至马晨，城外高地均被匪占领，下午二时县城遂陷匪手。计此役伤毙三千余人，我官兵伤亡百余名，被俘千余名。匪进城后，大肆烧杀掳掠，二十二日匪将所掳物资全部运往河东。迄二十四日下午，县城始经我整一军部队收复，残部分两股逃窜，一股渡河东窜，一股北窜。

〔国民政府档案〕

(二)国民党军战略防御与解放军战略进攻阶段

一、国民党军在苏皖豫鲁等地区的溃败

1. 顾祝同等关于国民党军在荷泽一带与解放军作战概况代电

(1948年1月13日)

陆军总司令郑州指挥部代电(37) 捷一字第229号

中华民国三十七年元月863日

南京主席蒋钧鉴:据一八一旅米旅长子齐电报鲁西战斗要报如次:(一)荷泽战役。匪由曹县北窜之第八纵队及定陶附近之第十一纵队一部会合安兴集附近之四个团及土共等约三万余,亥俭二十时许分向我荷泽外围据点猛扑(八纵队之二十二师攻城东,二十三师攻城南,二十四师攻城西,十一纵队一部及其他匪部攻城北),迄二十二时,团队大部溃乱,匪迫近四关围攻,彻夜不息。艳日,匪构筑工事并挖地道,午后匪十一纵队一部由西南窜来,十六时展开全面战斗,城外据点失而复得者数次,团队损伤殆尽。入夜,匪以全力四面齐进,连续猛扑六小时,战况至为惨烈。因匪我兵力悬殊,决将城外据点弃守,惟北堤碉堡一班无法撤回,拼战二日,均作壮烈牺牲。南关两度被匪突破,终未得逞。三十日战斗竟日未息,十六时三十分匪集中炮火向我南关轰击,工事大部摧毁,战况益形激烈,匪连续猛冲数次,重挫未逞。三十日早,我一部由西关出击,匪全面溃乱,撤守大堤,对峙竟日。午后匪整备再攻,黄昏后迫近东北两关,八次猛扑均被我击退。子东一时四十分,南关及西南城角匪图潜行爬城,受创未逞。拂晓,匪

逐次后撤，我乘机派队出击，匪大部向东南撤退。冬日一时，匪一部向我东南两关偷袭未逞，午后进犯之匪又增生力军一旅，卷土重来，黄昏逼近城关。九时四十分，匪大量施放烟幕，全面猛攻，强行爬城，南关一隅猛扑二十余次均被击退。江午荷考公路之匪续向荷泽增加，入夜潜行接近东西两关，突然猛冲，相继以炮火掩护向西关猛攻，终夜未果，负创撤退。支夜，匪再度来犯受挫，拂晓向定陶窜去。综计八昼夜拼战，毙伤匪政委一、团长二以下约五千余，匪遗尸八百余具，俘匪七十余名，获步枪六十枝、轻机枪两挺、冲锋枪六挺、手雷五个、炸药三十四包，我伤亡官兵三百余，损失步枪八十二枝，轻机枪两挺。（二）荷考公路王浩屯附近战役。亥俭午后，匪十纵队及独立旅陷我考城后续向东窜，会合十三团、十四团及黄河部队等约万余，二十时即先后逼近我五四三团守备之庄寨、毕寨、王浩屯、刁屯各据点，包围攻击，通信阻绝，激战彻夜。艳日匪攻益急，工兵连孤守刁屯，匪图未逞。黄昏以奉调回荷被阻，西移王浩屯，该地三次被匪突破，电台被毁，庄寨、毕寨均被包围，战况尤为激烈。三十日午后，匪续增猛攻，黄昏王浩屯、庄寨演成白刃肉搏，终因官兵牺牲过半，弹尽援绝，先后失守。毕寨，据点匪合力猛攻，自亥俭晚至子江拂晓战斗六昼夜，终因弹药罄尽，被迫向西转移。战果及损耗正清查中。等情。谨电鉴核。郑。职顾祝同、孙震。（37）子元戌。捷。

〔国民政府国防部史政局及战史会档案〕

2. 国民党第六绥靖区在豫皖苏鲁边区与解放军华东野战军作战经过概要

（1948年1月30日）

第六绥靖区豫皖苏鲁边区清剿经过概要（自卅六年九月廿九

日至十一月五日）

第一、清剿经过

子、对陈匪主力越路南窜后之追击

甲、追击前匪情概述（如附图一〔图略〕）

鲁西之匪陈毅部主力自九月廿七日夜分别由刘堤圈、杨集间及内黄野鸡岗间地区于有力部队掩护之下越路南窜，其在朱集以东者为3CD、4CD、6CD三个纵队，以有力一部窜杜集、会亭集间地区，牵制抑留我追击部队，主力续向东窜，在朱集以西者为1CD、8CD、12CD三个纵队，陷杞县后续向其以西以南流窜。综合判断匪军企图，乃在破坏津浦、平汉，进而直接威胁徐州、开封、郑州，并相机打击我孤立部队，与刘伯承互相呼应，实行其扩大匪区、建立新根据地之迷梦。

乙、追击前我军之态势（如附图一〔图略〕）

九月廿八日，我十一师集结于朱集以北地区，绥区准备判明匪情后即饬南下追击，第十师（欠83B）暂在曹县机动控制，暂廿四师第七旅之第二团进驻两堤头，任曹商公路交通之维护，并准备推进曹县接替十师防务，另各以一部分别控制刘口、潘口，担任朱集外围之警戒及匪情之搜索，交二总队驻虞城，清剿附近散匪。

丙、追击经过（如附图二〔图略〕）

九月廿八日午前，奉总司令顾申感亥昂电开，奉主席蒋申感创才一电节开：（1）十一师即向虞城索匪追剿。（2）暂廿四师即以有力部队开曹县接任守备，10B将曹县防务移交后即集结待命，并派一部向魏湾、旧考城方面搜索。等因。查此时我交一总队尚在虞城及其以东以北地区搜剿，均无匪情。而十一师又已于昨（廿七）夜集结朱集以北地区，实无再向虞城进出之必要。除将实际情形呈复外，同日十一时五五分，准徐州郭参谋长电话：十一师主力应即进出阎集、蔡道口待命，一部对东搜索。十三时卅分，又奉总司令顾申俭午昂电开,奉主席蒋电话谕:着胡琏师克日推进亳州,罗广文师推进柳河,均限申艳到达。子夜又准郭参谋长报话码传,由内黄南窜之匪攻陷杞县后,已向陈留前进,其先头一部已到韩岗(陈留东廿五里)附近。(3)〔?〕着罗司令官率第10D及暂廿四师至曹县接防之一旅,取最快方法开民权待命。各等因。均经次第转饬遵照。我T24D之一旅〔第七旅(附山炮一连)〕于廿九日酉刻到达民权后,归入该师指挥。

廿九日,各部先后到达指定地区。同时得知匪约万余经肖县西南十五里之瓦子口东窜,其先头已至铁佛寺附近,会亭集附近似有匪有力一部。当命十一师即由现地向会亭集索匪攻击,迄卅日该师到达沙岗店,经饬派一部向亳州方向搜索匪情,第十师(欠83B)方面于击破人和集、双塔各附近散匪后,到达兰封以南地区。

十月一日,奉总司令顾申卅亥昂电开:(1)陈匪三、四、六、八纵队艳日一部犯永城,主力经萧县西南瓦子口、濉溪口东窜津浦宿县、符离集、夹沟集各地区,与我守军激战中。着十一师速向永城及以东索匪攻击。等因。同日下午三时,又准郭参谋长电话,着十一师即全部向宿县前进。当日该师进抵永城西北之郑阳集、小马牧间地区。10D方面则奉郑州指挥部申卅(二二〇〇)圣电,略以该师准备车运平汉线,应即解除指挥。T24D一个旅即行归制,任内黄以东铁道守备。关于该师之作战经过至此告一段落。

此后关于十一师之追剿经过,因该师系单独负责一方面之作战,为求其追剿经过内容充实,拟待自行呈报,兹不赘述。

丑、对铁路两侧股匪之清剿

甲、清剿前陇海铁路两侧匪情(如附图一〔图略〕)

截至十月四日止,陇海两侧之匪情如左:

(1)新八、九团共千余人窜踞丰县西南之侯楼附近。

(2)大朱寨以北之鲁庄、张庄有匪4500,番号不详(判系土共)。

(3) 浮岗集有匪百余,另土匪刘把拉窜踞虞城西北之安庄。

(4) 匪军区部队13R、14R窜踞民权西北之申集、杨庄、三营一带。

上列之匪全系地方土共,恒恃其地方匪化组织往复流窜,飘忽无定。至路南之匪孙清怀、王丕霄等股流窜于商柘边区,李浩然、蒋汉卿及36R等股则常流窜于永夏亳边区,因陈匪主力越路南窜,一时甚为猖獗。

乙、清剿前我军之态势(如附图二〔图略〕)

(一)暂廿四师师部率第七旅及第五旅守备朱集,第六旅旅部驻柳河,并各以一团担任朱集(不含)至内黄段及朱集(不含)至砀山段铁路守备,该师另各以一部分驻刘口、潘口,任朱集外围之警备及匪情之搜索。

(二)交二总队在虞城东北地区搜剿散匪。

(三)六十六师之新兵两个旅驻商邱整训。

丙、清剿经过(如附图四〔图略〕)

本部根据上述匪情,决先剿灭铁路以北之匪,乃于十月四日调整部署如左:

(一)暂廿四师仍以第六旅任砀山(不含)、内黄段铁路守备,并加强工事,确保铁路之安全,主力于微日出发,任贾寨、青堌集、天宫庙、城武之线(线上含)以西,朱集、内黄铁路以北地区匪13R、14R及土共之肃清。

(二)交二总队任贾寨、青堌集、天宫庙、城武之线(不含)以东,朱集、黄口间铁路以北地区新八团、新九团及土共之肃清。

(三)各部队不准固守县城,统限酉删前完成任务。

(四)令炮十团第三营即以一连归暂廿四师黄师长指挥。

十月五日,我暂廿四师以第五旅第一团车运野鸡岗,进驻程庄寨、申集间地区。交二总队在虞城东北黄岗集间清剿。

十月六日下午，暂廿四师第七旅进驻谢集，交二总队第三大队在孟寨附近与匪略有接触，另一大队在滕湾以北、旧黄河以南地区扫荡。

十月七日，暂廿四师第七旅并指挥第五旅之一团在蔡油房、王桥间地区搜剿，匪闻风向东逃窜，经追击于午后四时许于秦老家附近接触痛击，略有俘获，相持至暮，匪东北窜，我因夜暗未予穷追。交二总队张总队长率一、二两大队，于晨间在黄岗集附近与匪新八、九团略有接触，迄九日侦明该匪之外尚有单县大队地方区队，人枪共千余，其主力踞黄岗集东西两侧地区，该总队乃于寅刻以一大队向常刘寨、黄平楼攻击，第三大队向蒋堤口、黄岗集攻击，第二大队向朱堤口、姬庄攻击，第四大队向郑堤口、经子桥集向后姚庄侧击，激战至午，匪凭坚顽抗，该总队乃以第二大队由左侧经黄岗集策应，一时演成争夺拉锯战斗。未刻，匪不支，向程庄方向溃退。是役毙匪二百余，我亦伤亡士兵各一，获步枪三支。

暂廿四师方面于午后追抵两堤头，而匪已北窜魏湾。

十月十日，金绍山、魏凤楼等匪五百余掩护陈匪1CD万余，窜抵野鸡岗以南尹店、白云寺、吕园间地区，有越路北窜与刘伯承匪接运补给品之企图。当命暂廿四师在路北追剿部队速即南返，截匪北窜。子夜在柳河集结完毕，而匪乘我部队集结未完之际（时为午后八时许），即由内黄、野鸡岗间分路北窜，旋经派多数战斗小组配合炮兵与装甲列车予匪堵击，该匪破坏路线不及，即行北窜。绥区当即处置如左：

（1）暂廿四师先以一营向旧考城搜索，其余（第七旅及第五旅之一团）在民权集结待命。

（2）炮十团第三营除留一连担任朱集守备，归暂廿四师黄师长指挥外，主力由营长率领，即开民权归暂廿四师黄师长指挥，限元日到达。

旋准徐州郭参谋长电话，略以暂廿四师主力有与5A及四兵团合歼汜区匪之任务，部队不必追击，故向旧考城搜索之营遂中止行动。午后据报：（1）匪六、七千余真晚由鹿邑以东之太清宫窜亳县东北之界沟附近。（2）陈匪第八纵队文酉由通许经虞氏东北窜杞县附近均有越路北窜之徵。绥区为便于尔后之作战，当命交二总队除留一个中队在虞城协同地方团队清剿外，主力于元晨开回朱集集结。

十月十四日，据报：（1）匪万余（判系4CD）于元晚窜抵柳河东南廿五里之徐黑寨，尚有后续部队行动中。（2）宋集以西之枣子集于昨十三日窜到匪五、六千，宋集以东亦有匪二千余。绥区为加强铁路守备力量，当命：（1）暂廿四师留驻朱集之第五旅第二团即开柳河加强防务。（2）交二总队及战车连仍归本部直辖。

十月十五日下午，据报：（1）黄洼集东南老王集、何庄、刘楼一带本晨从西南窜到陈匪8CD及独立旅万余，其先头已抵伯党集。（2）杨驿铺以北、金香寺以西村庄均有匪，其先头窜抵黄连三。（3）尹店、白云寺一带有番号不详之匪六百余，判断该匪企图有三：（1）越路北窜，接运陈、刘两匪部之补给。（2）攻击我铁路守备部队。（3）掠夺朱集、商邱兵站物资。基于是项判断，本部之处置如左：

（1）命暂廿四师朱集守备部队抽集一个营集结朱集，加强守备力量。

（2）命轻战车连即日开回商邱，归六十六师指挥。

十月十六日零时十分，据报柳河以西发现信号弹火光甚多，大股之匪正在越路北窜。同时，铁路亦被破坏，但电话迄仍畅通。我暂廿四师除派队掩护装甲列车向西巡逻，并命炮兵向匪遮断射击外，驻柳河部队即派一个加强营向匪追击，拂晓追抵黄茶楼、孙六口之线，另以一营由断堤头向睢洲坝东北，另一营由民权向东侧击该匪，略有斩获。邓、刘越路之匪4CD窜抵王桥以北地区，其一部沿旧黄河北岸之罗庄、王小庄、伏庄一带构筑工事,我未予穷追。午后三时卅分,绥区为防匪续由小坝、柳河间越路北窜,遂着第七旅即车运小坝集结,余第五旅之一团由黄师长率领,即车运柳河,限铣戌前到达。

十七日,综合当面匪情,自4CD越路北窜后,余金绍山、魏凤楼等股匪流窜于柘城以北及其以东地区,其8CD、12CD正由我罗兵团追击中。本部决先肃清睢县、朱口之线以东地区之匪,部署如左:

(1)着暂廿四师(欠6B)即分由柳河、小坝向柘城索匪攻击。

(2)交二总队即以两个大队进驻圩墙策应暂廿四师之作战,其余留朱集之两大队暂归暂廿四师黄师长指挥,驻虞城之一中队即行归制。

(3)各部队限本日开始行动。

旋据报:宁陵以南之瓦屋刘由南窜到匪约两个师(待证),黄岗集附近有匪四、五千。当饬暂廿四师在匪情判明以前,暂在原地集结,准备明(十八)日再行前进。

十月十八日酉刻,我暂廿四师(欠6B)进驻香沟集及瓦屋刘以南地区,获悉:(1)金绍山、魏凤楼等股约四千人窜杜集附近。(2)十字河、胡襄城尚有散匪。当令该师于明(十九)各以一部向胡襄城、十字河间地区索匪进剿。同时交二总队(欠两大队)方面因运输车辆故障,仅进抵三官庙、阎集间地区,均未发现匪情。

十月十九日午刻,据报本日有大股匪约四万人由荷泽方向窜到曹县东南之火神台附近,经询暂廿四师朱集负责人员,据复属实后,判断该匪有袭击朱集兵站基地企图,遂于午后七时下令交二总队即于当晚仍车运返朱集原防。酉刻,暂廿四师主力进占柘城,将匪王丞霄股数十人击散。

十月廿、廿一两日,暂廿四师主力在柘城、胡襄城一带搜剿,均无战斗。已而据报:(1)匪张国华、金绍山、李浩然等30R窜永城西十六里大王集，其警卫团、34、35、36各团经夏邑东南之北镇集东窜。(2)陈匪6CD经我11D连日压迫，其18D于廿一日晚由鹿邑东北高口集东窜卢家庙东北小傅庄，廿一日晨其后续部队尚在宋集通过中。(3)陈匪3CD主力廿一日午刻窜永城北卅公里小城集一带，一部窜夏邑东廿里韩道口，有越路北窜模样。当命暂廿四师守备铁路东段之第二团主力于当晚开往砀山堵击该匪。

十月廿二日，3CD窜抵砀山以南之谢集、班口一带，金绍山独立旅于晨间窜到洪河集、后陈楼、边庄一带。(3)原踞大侯集、郭老家之匪确为6CD之18D，亦有北窜之象。本部遂于午刻作如左之处置：

(1)令炮八团第一连即各以两门分置马牧、刘堤圈行遮断射击，阻匪北窜。

(2)命守备铁路西段之第六旅第一团由王团长率兵两营，即开刘堤圈，连夜急进，堵击该匪。

(3)命交二总队即以一部于本日至马牧集虞城公路潘井、丁庙附近设伏堵击。

黄昏后，谢集附近之匪逐渐向西北王楼移动，同时大侯集附近之匪东北窜，并续于刘堤圈、杨集间地区越路北窜，经我各部截击，毙匪甚众。

十月廿三日，奉总司令顾酉养酉映电要旨（关于十一师部分从略）：(1)我决阻断共匪于陇海路南北两侧而击破之。(2)着第五师（欠200B）即由民权车运马牧集、商邱间地区，归第六绥靖区指挥，配合暂廿四师等部，于陇海沿线截击匪军，夺其补给品，打破其合流企图。时匪6CD之18D已窜抵虞城以东之大朱寨、木桥集间地区，而路南方面陈匪之3CD仍流窜于夏邑东韩道口、太平集地区，金绍山窜太平集附近。我处置大要如左：

(1)暂廿四师（欠6B）即由阎集于敬晨进出沙岗店、刘官、青楼之线，向东索匪进剿。

（2）命第五师主力车运砀山、杨集一带下车，索匪进剿。

十月廿四日，层奉主席蒋酉梗创才电开：着第五师主力即于马牧集南北地区扫荡散匪等因。经饬以有力一部向夏邑以东地区扫荡。暂廿四师于午后四时到达沙岗店附近。入晚匪3CD主力及豫皖军区张国华部及其他土共共一万三千人，先头于戌刻由韩道口、太平集向会亭集方向窜去，有逸出我包围圈之企图。旋准徐州总部参谋长电话，着28D附伞兵总队即归贵部指挥，与第五军及暂廿四师围歼该匪。本部遂作如左之部署：

（1）5A主力由现地向石榴堌集、桑堌集之线进出，索匪攻击。

（2）暂廿四师（欠6B）应即向列官、青楼、黄冢集、王小庙之线堵匪西窜。

（3）现已到达永城附近之28D李师长即指挥伞兵总队，经酂阳集进出十里铺、营寨之线，索匪攻击。如匪南窜，应不待命令断行追击。

十月廿五日，我第五师之96B进出于夏邑附近，暂廿四师主力分向黄冢集、济集方向搜索，28D附伞兵总队进出于酂阳集附近。本部于午后七时许指示各部队之行动如左：

（1）5D（欠200B）仍服前任务，明宥日提早出发，索匪攻击。

（2）28D与伞兵总队即向韩道口、太平集之线进出，索匪攻击。

（3）暂廿四师即向会亭集以东地区进出，堵匪西南窜。6B砀山、杨集部队除以小部守备铁路外，余迅向南索匪攻击。

（4）如匪乘夜他窜，各部队应不待命断行追击。

十月廿六日，我第五师之96B进抵太平集，暂廿四师（欠6B）进抵黄冢集、沙岗店之线，28D及伞兵总队进抵陈集、薛家湖、洪寨之线。同时，匪3CD窜马寺、桑堌集间，张国华、金绍山等4000窜郭老家、黑刘庄一带，李浩然之36R等股由韩道口附近窜山城集东南。

十月廿七日子刻，3CD万余、炮十门、骑兵数百分别于王老家、黄冢集南北地区西窜，经我暂廿四师猛予截击，战斗至烈迄四时卅分，战况稍沉寂。拂晓，该师向西追击，沿途排除多数阻碍，于十三时经营郭集续向西追击。同时，该匪窜抵枣子集附近。戌刻，我抵宋集，当晚派出多数战斗小组向匪威力搜索。本部当命该师于俭日以主力进出十字河、马铺地区，击破当面之匪，再摧毁孙怀清之老巢，逐次肃清商柘公路以东、砀夏亳鹿公路以北、铁路以南中间地区之匪。

28D方面，据报匪约二千于有夜由西北向东南逃窜，另股约三千西南窜。该师乃以一部向芒砀山搜剿，主力向李石林、青龙集、刘集之线进剿，伞兵总队进出于永城，期于夹击。嗣奉总司令顾酉感酉映电节开：（1）匪独立旅感窜濉溪口附近地区，临泉、韩村集间踞有土共千余。（2）着28D即经濉溪口搜剿该匪后，限酉世集结符离集、宿县待命，并解除第六绥靖区序列。（3）伞兵总队即驻永城附近清剿，仍归第六绥靖区指挥。等因。当命伞兵总队于明俭日先击破金匪，尔后再肃清永城周围之匪。

第五军方面，因陈留于三时以后为匪所陷，当准郑州指挥部章参谋长电话，饬第五师即以96B（欠一团）车运开封。（旋又奉郑州总司令顾酉感午映电）经转饬遵照，该师于十二时后由太平集附近逐次开返砀山、杨集、刘堤圈各附近西运。本部为适应情况，又命守备铁路西段之暂二十四师第六旅第一团主力即车运仍返原防。

十月廿八日十一时，暂廿四师主力分向枣子集之匪攻击，十二时于张庄、临河以西与匪接触，匪在郭桥寨、凹赵庄、横庄、白楼、大李庄之线沿河构筑工事，抵抗顽强，我在战车及炮火掩护下，先后攻占大王庄、张楼、小王庄、罗楼、半截塔、临河、三里堂各村庄，战况至为激烈。迄下午五时以后，渐呈对峙。共计毙匪五百余，获步枪十九支，迫击炮二门，掷弹筒二具，重机枪一挺，我亦伤亡营长以下廿余名。

同日上午据报，匪11CD于廿六日自曹县西北窜土山集，廿七日复由土山集窜苗堤圈、韩厂、闫庄间地区。姚万楼有匪纵队司令部。判断该匪有南窜彻底破坏陇海企图，当饬第五师（欠200B96B）即车运徒步并行，至朱集集结待命。

十月廿九日拂晓，3CD之一部西窜阳湖口，主力绕经暂廿四师两侧沈柳行东窜济阳集、会亭集间地区。午后四时，本部遂作如左之处置：

（1）命正向追击前击之暂廿四师（欠6B）即全部向桑堌集追击。

（2）命交二总队全力由商邱向郭老家进出，仍归暂廿四师黄师长指挥，夹击该匪。我暂廿四师第五旅在马铺附近剿除土共一部后，于黄昏前随同主力进抵坞墙。伞兵总队方面则奉总司令顾酉艳未映电饬，克日回开徐州，解除指挥。

十月卅日，交二总队因交替朱集城防关系，未能出发，为期步调一致，暂廿四师（欠6B）亦在原地停止，藉机整理。

十月卅一日，本部为加强指挥力量、速歼3CD计，及派副司令官区寿年于晨间由商邱出发，进驻济阳集，统一指挥暂廿四师及交二总队。时我暂廿四师主力亦相继到达该地及其以南地区，交二总队于麦仁店附近击溃散匪后，进驻沙岗店。而匪3CD已于卅日夜经济阳集东北窜矣。

十一月一日午后七时，我暂廿四师分数纵队追至夏邑东西地区，交二总队由沙岗店亦分两纵队进驻永兴集、营盘岗间地区，途中于韩庄与匪伪县长彭荣生部二百余遭遇，经痛击后匪向南窜。

十一月二日，匪3CD主力窜永城以南丹城集、石弓山集一带，其一部窜柘城西南之马厂、安平集一带。迄三、四两日，我暂廿四师、交二总队分向胡桥、会亭集、郭老家、太平集各附近搜剿扫荡，均无匪情。

十一月五日,综合铁路以北匪10CD窜踞单县西南之郭村集,11CD踞南曹集、城武间地区,1CD踞曹县以北地区,4CD踞砖庙集附近,8CD之33D踞旧考城以北大寨集,另番号不明之匪四千余踞九女集、安仁集间地区,判断有即南下彻底破坏陇海铁路、打击我孤立部队之企图。绥区决即以一部守备铁路,主力击破路北之匪,从新调整部署,本部指挥所遂于六日车运,仍返商邱。铁路两侧之清剿作战至此告一段落。

第二、战果及我军伤亡

自九月廿九日至十一月五日,各部队战果及我军伤亡统计如附表〔表略〕。

第三、奖惩

十月□日奉总司令顾卅六酉世经一(1055)电开,奉主席蒋卅六酉卅防创颖电开:暂廿四师此次于商邱护路剿匪,予匪军第三纵队以重大打击,战绩优良,殊堪嘉许。着特发一次奖金五千万元,希转饬所属益加奋勉,创建殊勋,完成戡乱,以竟全功。除奖金已令联勤总部拨付外,特电知照。等因。希转饬知照。等因。本部当以戌肴经电转饬该师知照。

第四、清剿意见

(一)匪强迫民众,威压甚力。能集中优势兵力,乘我军弱点,故每一会战往往不能将匪包围歼灭。今后应大胆放弃次要据点,彻底集中兵力,用于野战。至重要点线之守备,依情况亦可以有力之团队担任之。

(二)国军剿匪往往仅注意有形匪军之进剿,而忽略匪军埋藏物资及地方组织之搜索摧毁,故匪军恒有恃无恐,流窜自如。今后剿匪应特别指定部队,配合地方团队专任此项任务,期使匪军无法生存,渐趋崩溃。

(三)匪军装备简单,运动轻捷,且长于夜间行军,一旦脱离战场,即扬长远去。若仅以一般部队施行追击,恒感兵力疲劳,难期捕捉。故堵击部队之适机截堵迟滞匪军行动固属重要,而快速部队(汽车运输)之预为控置及运用尤为切要。

(四)地方团队战力薄弱,不能单独服行任务,亟应妥为扶植,期与国军相辅。其办法如左:

(1)以县为单位,斟酌轻重,次第整编。

(2)调整干部,去弱更新,由绥靖区负责办理之。

(3)尽可能以库有存品或以部队换下较精之武器配发充实。

〔国民政府国防部史政局及战史会档案〕

3. 国民党第五绥靖区策应豫东之战战斗详报

(1948年6月29日—7月7日)①

第五绥靖区策应豫东作战经过战斗详报

第一、战斗前匪我态势(附图一〔图略〕)

一、陈匪1CD、7CD、6CD、两广CD及刘匪11CD等股匪,正与我75D、72D在睢县附近激战中,3CD、8CD、10CD、TKCD牵制我5A由杞县向东之增援。

刘匪1CD主力在周家口附近,2CD、3CD在舞阳□□□□□□□□□舞阳、方城间,10CD一部窜至唐河以北附近。

二、我4CA之10D在河礼王附近,85D在臧集附近,28D在沙河店附近,18A在水屯、火王庄、楚铺、罗店一带地区,20D在确山、驻马店一带。

第二、我军任务及作战指导

一、任务:本军奉命率4CA、18A北进,策应睢县方面之作战。

---

① 原件时间不详,此为事件始末时间,特注。

二、作战指导：先行击破当面匪阻，尔后以4CA掩护18A渡河北进。

第三、战斗经过概要

（甲）西北以西战役（附图二〔图略〕）

我4CA指挥10D、28D、85D，六月二十九日推进遂平及其附近，18A指挥3D、11D推进上蔡及其附近。二十八日至二十九日，匪2CD、4B、6B窜至新铺、合水、议封镇一带，1CD主力窜至师灵、拐河、王寨一带，一部窜至潭店，10CD一部千余窜踞神沟庙，3CD主力窜至刘店、权寨、曹店一带，其一部窜踞大兰寨，4CD主力窜踞古城、大刘店、杨店一带，其13B窜至郭店及其附近，8CD、22B窜人和寨、王店一带，企图阻止我军北进。

三十日，以4CA逐次击灭仪封、神沟庙各附近之匪，18A推进西平附近，策应4CA之作战。卅午，我8CD先头部队于神沟庙以南、28D先头部队于仪封镇以南与匪遭遇，匪占据各村，凭既设工事顽抗，逐村争夺，激战迄申，先后将神沟庙、仪封镇之匪击溃，歼灭极众。入暮，我继续扫荡神沟庙、仪封各附近村庄之匪，斩获甚多。

七月一日，我4CA以10D占领李湾，掩护28D、85D渡洪河，向师灵、新铺、胡庙、合水一带之匪攻击。我85D逐次击破匪阻后，至未刻先后攻占新铺、胡庙。10D攻击半个庄后，续向师灵之匪猛攻，匪拼死抵抗，往返冲杀数次，匪并以重炮对我制压，迄亥卒将该匪击溃，匪我伤亡均重。28D向仪封以东之匪进攻，逐村争夺，次第攻占十余村落，斩获甚多。我18A攻占潭店后，续向权寨进击，威胁匪侧背。

二日，我4CA乘胜将合水、贵胏寨、槐村镇之匪击溃占领，18A扫荡沿途零匪后，向吴城挺进，匪伤亡惨重，1CD、4CD及22B向漯河逃窜，2CD、3CD向舞阳以东吴城溃窜，10CD一部向出山寨以西逃窜。

(乙) 扶台集以西战役 (附图三其一、二、三〔图略〕)

二日，我击破当面匪阻后，即夜伤18A率28D开始东进，以4CA指挥10D、85D占领西平以西以北地区，掩护18A东进后于四日继续跟进，20D主力四日推进黄埔，尔后继续北进。匪1CD、4CD及22B四日晚由漯河推进，经砖桥五日窜至扶苏寺、东京仓、田庄、双合寨、赵集、边张一带地区，3CD于四日由西平西北经五沟营及上蔡以北地区向东西洪桥窜扰中。

2CD五日经上蔡以北窜向东洪桥、程楼、老黄家一带窜扰，企图袭我右侧背。

五日，我18A已进抵周家口、商水一带，匪一部占领洪河北岸，阻击我4CA北进。10D于西洪桥、下堤关击破该匪后，逐次掩护主力北进。85D进至扶台集、段庄一带，于高庄、杜庄与匪4CD13B遭遇，当经猛攻，匪不支向薄平府、大董庄一带溃窜，当将岗义楼、小寨子、高庄、魏楼占领。10D当日占领双庙、朱寨、陈集一带，并向火星庄亘时庄之线之匪猛攻，占领后续向双合寨亘火明庄之线袭击。

六日，我85D以一旅配合战车五辆，向大董庄之匪进击，匪凭村拼死抵抗，并以山炮三门、重迫炮两门向我制压，我军在战车掩护下奋勇冲杀，逐屋争夺，至申刻匪大部就歼，残余狼狈西北溃窜。10D辰刻向戚庄亘田庄之线攻击，迄巳，孟庄失而复得四次，匪我伤亡均重，午刻向双合寨、大明之线攻击，匪由赵集、时庄向我侧背攻击，当由阳陆以有力部队将该匪击退。20D以一部驱歼邓楼之匪后，即占大王、老邓庄之线，掩护主力推进。段庄、郭寨一带匪复尾追，窜踞大黄家、关庄、王寨一带，入夜并向我袭击，均击退。

七日，整日大雨，匪乘机分股向我朱李店、小李庄、郭寨20D阵地袭击，并由双合寨、大明向我10D阵地袭击，均受创溃退。是日，我28D率3D由商水协力85D夹击扶苏寺一带之匪，4CD及

22B 伤亡颇重，不支，于七日夜开始经砖桥向西北溃退。

八日，我决乘胜分别包围歼灭当面之匪，以 4CA 指挥 20D、85D 包围歼灭东西吴张、双合寨一带之匪，以 10CA 指挥 10D、20D 包围歼灭程楼、大王、于城东洪桥一带之匪。我 4CA、10CA 于虞夜各先以有力一部渗透匪后，形成包围，齐拂晓开始攻击，20D 次第将大小王庄、程楼之匪击溃，10D 将于城、小张庄匪 3CD9B 包围，经一昼夜猛攻，匪抵抗坚强，并不断以 8B 由河沿徐向我逆袭，掩护匪突围。激战夜半，匪乘机突围，向洪河南岸逃窜，伤亡甚重。85D、28D 将双合寨、东西吴张、扶苏寺、固县等地之匪包围歼灭，残匪分向黄泥桥、上桥、五沟县方向窜去。

九日，以 4CA 向黄泥桥、白谷庙逃窜之匪追击，匪凭洪河南岸抵抗，经猛攻后匪不支向上蔡方面逃窜。

（丙）增援豫东作战之经过

本兵团最初奉令进出郾城、舞阳之线，尔后以一部东进，策应豫东之会战。但兵团于六月二十八日进至西平及其以西地区后，即遭刘匪 1CD、2CD、30D 各主力及赓匪 4CD、28CD 之 22B（均有俘虏为证）殊死顽抗，当时兵团即决心以全力击破当面之匪，排除阻力后兼程北进。截至七月二日，始将舞阳东南地区之匪完全击溃，分向舞阳及郾城逃窜。兵团是时复奉到层峰命令，取捷径兼程向豫东急进，参加主力会战，乃决心以 40A 占领西平以西各据点，掩护 18A 经上蔡、周口、淮阳北上，参加豫东会战，4CA 则于 18A 后距一日行程跟进。七月五日，18A 进至商水及周家口以北地区，兵团主力（10D、85D、20D）推进至商水、上蔡间地区。当时接获郑、徐友军通报云：豫东匪我战斗益酣，请饬部队速北上参加会战等语。兵团为使 18A 行动轻便及争取时间计，当请示总司令白将 18A 笨重辎重及重炮兵留置周家口附近，由 3D 主力及 28D 掩护随兵团主力跟进，以胡军长亲率轻装八个团兼程北进，当蒙允准。七月六日夜，我 18A 彻夜向北挺进，沿途排除匪小部队节节抵抗后,于七日拂晓主力到达淮阳以北刘老家、临蔡城间地区,一部急进至涡河南岸马厂、王隆集之线,与匪小部队发生接触。该军正拟继续向北急进间,旋奉命谓豫东匪已向鲁西溃退,18A 改向西华集结。至此,北进增援之任务圆满达成。

第四、战果统计

毙伤匪九八〇〇名,俘匪三〇六名,卤获轻机枪九挺、步枪二五九支、冲锋枪五挺、掷弹筒二具、枪榴弹二具,其他武器另件弹药甚夥。报话机一部(已损坏),电话机五部,被覆线甚多,骡马三匹。

第五、检讨

一、匪驻止一地封锁较严密,我方谍员不易打入,致未能获得正确情报而作适切处置,因以失掉许多有利战机。

二、步兵与战车未能密切协同,往往战车冲入敌阵,步兵不能在战车掩护下及时冲锋而占领之。

三、各部队射击军纪欠佳,往往未发现良好目标及不在有效射程内盲目射击,耗费弹药。

四、士兵保密性欠佳,行军或宿营与百姓接谈,随意将部队番号、兵力、装备泄露。今后应饬各部队长注意纠正。

〔国民政府国防部史政局及战史会档案〕

4. 国民党伞兵第三快速纵队于铜山郝寨村与华东野战军作战战斗详报

(1948 年 6 月)

第三快速纵队于铜山县郝寨村附近战斗详报

一、战斗前匪我态势

匪十一纵队三十三旅于五月三十日由亳州窜抵夹河寨至李庄间,其九十八团在夹河寨至郝寨间地区构筑工事,破坏铁路、公路及通信，阻止我军由徐西进，以掩护其主力对黄口及李庄守军之攻击，策应匪军南渡，并相机扰乱徐州，震撼人心。

纵队奉命于五月三十一日由新安镇开徐，兵力尚未集结完毕，即受命解黄口、李庄之围，乃由徐逐次向夹河寨推近。

二、影响于战场之天候气象及战场地形交通之状态

时值阴历四月下旬，夜黑无星，果园村树浓荫密蔽，且值麦熟之期，视界短狭，利于掩蔽。陇海铁路及通讯由夹河寨至李庄间均遭破坏，公路亦间有挖掘，须加修补始能行驶车辆。

三、影响于作战之战地政务之设施及战场人民之状态

铜、砀间经常为国军控制，沿线县镇生活畅旺，惟屡遭奸匪之破坏，人民恨之深切。故匪来居民多逃避一空，迨我军攻占后又复纷纷来归。但保甲之组织、地方团队之建立，时受奸匪摧残，因此地方行政工作之开展亦感困难重重。然人民望治心切，咸盼国军能长期驻守，以绥靖地方，俾使生活安定。

四、匪之兵力番号战斗力及其他敌情

当面之匪为十一纵队三十三旅九十八团，每连兵力约六七十名，团有迫炮一连，全团约千余人，素质不佳，惟装备尚可，一部载有钢盔，战斗力不强，士气沮丧。此次该匪窜扰，破坏铜砀公路，切断我交通、通信，以利北窜而策应其大军南渡。

五、作战部署命令下达法及各时期战斗经过

作战部署：（一）（如左列命令）

第三快速纵队作命甲字第一号

命令：三十七年六月一日上午一时三十分于段庄司令部

一、匪第十一纵队窜据夹河寨、李庄间破坏。

二、第一团配属战车第八连，即向夹河寨方面索匪攻击前进。

三、其余后续部队正由新安镇陆续车运徐州，抵达后集结段庄待命。

四、余现在段庄司令部

下达法：一、先电话下达要旨命令。
二、油印送达。

战斗经过：

（一）六月一日午前一时许，司令部之一部（战斗指挥所）及第一团由新安镇车运抵徐州段庄，即命第一团配属战车第八连向夹河寨攻击前进。第一团以第三营为前卫，搜索西进，迨拂晓时即与匪警戒部队发生战斗，于夹河寨东边经战斗约一小时后，匪不支向西逃窜，当俘匪兵三名，获步枪三支。晨六时三十分，完全攻占夹河寨，续沿公路南北之线向郝寨攻击前进。第三营以第九连附重机枪一挺为右翼队，经蔡庄、和尚庄越铁路向沙塘、周庄、北新庄之线攻击前进；以第七连附重机枪二挺为左翼队，沿许楼、冯庄、何楼、李庄、前郝寨之线攻击前进，均遭匪顽强抵抗，激战数小时。当我第九连攻占周庄以西及第七连攻占李庄时，受匪迫击炮猛烈射击，我士兵受伤四名，阵亡二名。斯时，我第一线部队受匪炽盛火力之阻止，无法前进，乃命第二营韩营长率领所部及团属迫炮连增加第一线，统一指挥二、三两营，以第三营全部转移铜黄公路以北为右翼队，第二营展开于公路以南为左翼队，迫炮连于蔡庄西北占领阵地，向匪行压制射击，掩护我步兵前进。第一营为团预备队，团指挥所推进至蔡庄西端遮蔽地区。

（二）午后四时许，我以猛烈之射击作第二次冲锋准备，命迫炮行歼灭射击，战况至为激烈，并命战车至最前线掩护步兵冲锋。左翼第五连首先冲入前郝寨，右翼第九连冲入北新庄。此时，匪军死亡枕藉，匪郝寨主阵地已成动摇，纷纷向西狼狈溃退。我迫击炮立即延伸射程，遮断匪军退路，战车复向左右迂回，以期形成包围态势。匪乘隙向西突击，溃不成军。至六时三十分，我完全攻占郝寨，清扫战场，一部追击。迨天色已晚，第一团及战车连在郝寨附近彻夜构工警戒。攻郝寨计毙匪百余名，生俘一名，获步枪一枝，我伤士兵五名，阵亡二名，战车第八连阵亡士兵一名。

(三)其余后续部队于午后一时先后由新安镇车运抵达段庄集结。是夜,司令部及直属队在段庄宿营,第二团推进至夹河寨附近集结。

作战部署(二)

命令:三十七年六月一日下午十时三十分于段庄司令部

一、匪第十一纵队仍踞郝集、李庄间窜扰破路。

黄口有我一三九旅之一营,李庄有我一三九旅之二个连固守中。

铜山保安团由管粥集南下刘套附近,正协力攻击。

我交警第二总队已由商邱东进,配合一三九旅主力向李庄攻击。

二、纵队奉命指挥一三二旅之三九六团(代字五三九二),即向郝集结〔及〕杨楼车站攻击前进,支援黄口守军之作战,相机解黄口之围。

三、各部队行动及任务如左表:

区分	突击队			右纵队										左纵队
				前卫	伞队								后卫	
部队	伞二团之一个营	战车连	装甲车连	伞(欠一二营)乘车团	司令部	谍报队	搜索营	通讯连	渡江连	装炮营	重迫炮连	卫生纵队	辎重纵队	三六九团	伞一团沿铁路南前进搜匪攻击
行动及任务	沿公路由	黄口挺进		沿公路向郝集及杨楼车站搜匪攻击											
指挥官	伞兵二团营长		郭志持	戴杰夫										王刚	张信卿

出发时间	上午五时 六月二日	六月二日上午六时	上午六时 六月二日
备考	均乘车		越野随行弹药车辆　三六九团徒步

四、各纵队搜匪前进时，应加大搜索正面，注意纵队连络。

五、各部队随带对空联络布板，并携行二基数弹药、七月份粮秣。

六、余现在段庄司令部。行进时在司令部先头。

下达法：一、先电话下达要旨命令。

二、油印专送。

作战经过：

（一）第一团于晨六时三十分两纵队由郝寨续向西索匪攻击。

左纵队团部、第一营、第三营沿铁路向西索匪攻击前进。

右纵队第一营行抵郝寨车站以南，发现王庄、贾楼、郝寨车站之线有匪少数掩护部队向我射击，我即以第二连向贾楼之匪攻击，第三连向王庄之匪攻击，与匪发生战斗约三十余分钟，将匪驱逐，仍续沿铁道向西进剿。

（二）晨五时，第二团由夹河寨车运抵郝寨后，即沿铜砀公路向西进剿。先遣第一营向西索匪攻击，六时三十分，我右翼第一连与匪警戒部队发生战斗，于米集、张老庄、北陈楼附近经我攻击后匪撤退至李圩子，利用工事顽强抵抗，我装甲汽车当被匪击坏车胎两个，第一连受伤士兵两名。即命以炽盛火力向李圩子匪攻击。同时，我左翼第二连进占蒋楼，以侧击匪军。又，我营由冯庄经刘套营、冯口向郝集搜索前进，于十一时三十分匪不支向西退却。我占领李圩子后，即向郝集搜索前进，于十一时三十分匪不支向西退却，我占领李圩子后即向郝集推进。

（三）突击营于晨五时由段庄、郝寨向黄口挺进，沿铜砀公路搜匪攻击。惟因公路破坏，行进困难，该营本身行动亦复迟滞，致未收到预期效果。

（四）晨五时许，司令部、直属队及配属本部之三九六团火速自段庄出发，在第二团后跃进，黄昏后在郝集集结。第一团搜索至杨楼车站及王集附近集结，于黄庄、唐庄、汪楼、马围派出警戒部，并派兵一部向金楼方向搜索匪情。第二团在纵庄、苏庄附近宿营，并派兵一部向刘店、黄口车站搜索，另于丁集、魏店派出警戒部队。

第二团之一部搜索至黄口车站附近，匪已于六月一日正午十二时攻占黄口车站后向西北逃窜。

六、战斗后匪我之行动：

（一）匪十一纵队经我连日攻击后，向砀北周寨、马良集间地区逃窜。

（二）六月三日，本部奉命开砀山。四日，复自砀山开黄口、夹河寨间机动作战，侧击匪军，并任徐州外围守备。

七、匪我之损耗如各种附表〔略〕。

八、可为参考之意见及经验教训：

（一）匪军服装为灰色、草黄色两种，一部戴有钢盔，臂章为红白色，昼间用红色，夜间用白色，易与我友军标志混淆。

（二）地方团队不能配合国军作战，当其单独作战时，每易被匪歼灭及被匪利用，增匪实力。此次黄口民团及壮丁约百余人悉被匪俘房。故今后作战，地方团队应直接配属国军指挥，利其对地形及风土人情之熟悉，易收奇袭之效。

（三）匪对据点之攻击每能彻底集中优势兵力，窥破好机，以大吃小。此次黄口之守军被匪侵吃时，理应速即驰援解救。虽命本纵队支援黄口守军之作战，相机解黄口之围，但纵队由新安镇逐次向徐州车运，兵力尚未集中完毕即行参与战斗，致有逐次使用兵力之过失。

（四）本纵队奉解黄口之围在时间上相差一日，并给呈第三快速纵队奉命解围黄口、李庄时间经过要籍〔藉〕资研讨①。

（五）护路部队不宜固守车站或某一点，应以机动护路。如遇大股匪时，应逐次靠近主力，否则采取游击战，以免坐而待毙。

（六）李庄车站工事原颇坚强，但其以北村落工事脆弱，鹿砦设置不当，妨碍射界，匪反利用以接近，且守军又系地方团队，战斗力弱。此次匪攻李庄系先占领车站以北村落作为支撑点，以侧防火对侧防火，坑道作战，守军奋勇战斗，以三百余人换取匪一千五百人之代价。倘其北之村落工事未为匪利用，则匪之伤亡更大。嗣后倘被迫守点时，应将射界扫清，鹿砦亦须以火力掩护。

附件〔略〕

〔国民政府国防部史政局及战史会档案〕

5. 国民党第七兵团于苏北沭阳附近与华东野战军作战经过概要

（1948年10月）

第七兵团苏北沭阳附近作战经过概要

一、战斗前匪我态势

一、匪第二、第十一、十二三个纵队自七、八月间即窜集于泗阳、涟水、陈师庵、钱家集、胡集、沭阳间地区，编为苏北兵团，以韦国卿为司令员，积极整补，以图蠢动。

二、兵团自七月下旬豫东会战追击告一段落后，即调徐州休整，八月中旬以后奉令以驻新安镇之整六十四师及驻津浦线之六

---

① 原文如此，当有脱漏。

十三师（一八六旅归制）开炮车，整七十二师开双沟，整四十五师开新安镇，其二一二旅新兵开八义集，均归兵团序列。八月底前，各部队均到达指定地点，集中完了，整二十五师主力仍在宿县整训，四十旅开新安镇。兵团基于徐州总部秋季作战指导，实施空中侦察，策定作战计划，区分南北纵队，分向宿迁、沭阳进出，压迫匪于涟水东新安镇以东而聚歼之，并预定九月六日开始。

三、九月一日确悉匪主力有由沭阳北窜模样，兵团不待预定发起日期之来到，决心截击北窜之匪，乃令六四师于九月二日将新安镇防务交四五师接替后，即向高流、高潭沟间地区挺进，搜匪攻击，六三师由炮车向新安镇推进，兵团部亦于三日到达新安镇。

二、战斗经过

九月三日

一、小窑头之役——六四师交防后，冬晚集结高流、高潭沟间地区，江子分两纵队向阴平前窑头索匪攻击。卯刻，一五六旅攻占阴平，一五九旅攻占白马庄，并续向小窑头之匪二纵队十二、十四两个团攻击，其十四团之第一营完全被我包围歼灭，残匪分向东北及以南地区逃窜。是役伤毙匪营长以下官兵一百六十余员名，俘匪二〇六名，卤获步枪七五枝，六〇小炮三门，重机枪六挺，轻机枪八挺，冲锋枪五枝，获得绪战之胜利，士气一振。

二、令六三师改向神山、万陈庄间地区推进，以策应六四师之作战。

三、匪二纵队第五师经我于阴平小窑头攻击后，其残部向东北、主力向以南地区逃窜。兵团以搜索匪主力之目的，指示各部行动如次：

1. 六四师明支推进阴平，并派一部分向新河、庙头镇谈寨、王圩方面搜剿。

2. 六三师主力明支进出高流，以一部进出岔流，并派队向颜集方面搜剿。

九月四日

一、六四师一五九旅派兵两团，一五六旅派兵一团，分向王圩、茆圩、后河头行威力搜索，于王圩遇匪二纵队第五师十四团残部及十二纵队之一部，经我猛攻，匪不支，向安峰山撤退，我于十五时返防。据匪俘供：该匪于小窑头被我击溃后，企图北窜阿湖会合主力，不意到阿湖后主力仍被我抑留沭阳，乃又折返，复被击溃。

二、六三师一五二旅派两个营向高流以南，两个营向高流以北地区搜剿，三十华里内均无匪情。

三、兵团为彻底集中兵力，攻击苏北兵团匪主力，乃令进至睢河北岸公留集附近之四十旅，取捷径回夹沟车运新安镇，于本夜到达。

四、据报匪六千余于昨江由阿湖向牛山车站北窜沭阳附近及安峰山一带，似有大股匪军活动。兵团为解除侧背威胁，并侦察渡河点，下达命令指示微日各部队行动如次：

1. 六四师明微辰主力仍向阴平附近，以有力部队向安峰山方面扫荡，并派一部进出庙头镇附近搜索匪情，并侦察渡河点，征集船只，准备架桥。

2. 六三师明微辰推进高流，各以有力一部向颜集、阿湖方面扫荡，并在颜集附近侦察渡河点，征集船只，准备架桥。

3. 四五师派兵一部督修新阴公路。

4. 四十旅控制于新安镇以东地区。

5. 兵团部暂在新安镇。

九月五日

一、安峰山之役——六四师师长本日亲率一五九旅及四六八团向安峰山扫荡，一五六旅林旅长率四六七团及炮工兵各一部攻略庙头镇，并作尔后主力渡河诸准备。十一时许，林旅长率四六七团在庙头镇附近与匪十二纵队三十六旅千余人发生战斗,至未刻我将庙头镇完全占领,该匪退至外围各屯庄。斯时,据报新河有匪一个团,大汪口发现匪千余,该师复派兵一营策应庙头之作战。刘师长率一五九旅及四六八团于十时许进出王圩、茆圩之线,驱逐匪警戒部队后,发现匪十二纵队卅五旅全部在安峰山及其西南各屯庄构工据守,我即展开攻击,未刻攻占侯镇庄、花柳庄,申刻先后攻克王庄、古河、蒋庄、大小许庄及安峰山,匪退踞沈庄、刘庄及刘圩顽抗,我重新部署,续向该匪猛攻,再接再厉,愈战愈勇,复克刘庄、沈庄、龙岗镇、刘圩。是役,匪伤亡枕藉,溃不成军,残匪狼狈向东北逃窜。我清扫战场后,时已入夜,乃返王庄、小官庄、大新庄、任圩间地区集结。是役计毙匪(1100)$^+$,遗尸(600)$^+$,俘匪(123)名,卤获轻机枪三挺,步枪五十一枝,予匪以严重之打击,奠定进攻沭阳胜利之先声。

二、六三师师部率一八六旅推进高流,一五二旅白露柯并派有力部队向颜集侦察渡河点,征集船只,准备架桥。

三、在双沟之七二师亦令开新安镇,限佳前到达,以备战略上之运用。

九月六日

兵团为顾虑全般情况及尔后进出便利,以六四师主力集结阴平,一部固守庙头镇,并于本(鱼)晚在朱邱设伏,阻击北窜之匪。六三师控制高流及东南营子附近地区。

九月七日

一、六四师派在朱邱设伏之部队,因夜暗且当面河水又深不能徒涉,当以炮击北窜之匪,匪伤亡甚众。

踞守后沭河南岸之匪鱼夜与我六四师四六七团隔河炮战,经我派兵渡河袭击,匪向南撤退。阳辰续派兵一营由丁渡口渡河,分向两河间地区搜剿,毙匪(200)$^+$,俘匪(11)名,获步枪六枝。

二、兵团以连日搜索战斗之成果,判定匪一部已经桑墟附近北窜，主力尚在沭阳凭河固守，以待后续部队之增援，继续北窜。当时作战考案有二：（一）攻击桑圩案。（二）攻略沭阳案。经幕僚会议以攻略沭阳有以下之利：A. 求匪主力决战。B. 与原来赋予任务一致。C. 攻略名城，振奋士气民心。D. 补给联络容易诸理由。决心向沭阳之匪攻击，规律各部队行动如左：

1. 兵团决向沭阳之匪攻击。

2. 六四师（附六三师一个旅、工十五团第七连）明齐进出沭河北岸，完成攻击准备。

3. 六三师（欠一个旅）明齐推进谈寨、后河头、东西王庄附近地区，以一部推进朱邱，对北严密警戒。

4. 四五师明齐辰以一个团进驻高流，维护后方交通。

5. 余率四十旅及兵团直属各队明齐辰推进阴平。

九月八日

一、兵团部率四十旅推进阴平，六四师师部推进朱邱，一五六旅率四六七团庙头镇，四六六团黄圩，四六八团茅墩圩，一五九旅旅部大汪口，四七五团周圩，四七六团土丁子，四七七团小东庄，一五二旅新河、大营圩、蔡庄、王圩一带，完成攻击诸准备。

二、六三师由阴平推进千家埠、谈寨、王圩间地区。

三、七二师抵运河车站。

四、各部队已完成攻击准备，兵团下达攻击命令如次：

1. 兵团明（佳）决向沭阳攻击。

2. 六三师（欠一五二旅）及四十旅在原地对北严密警戒。

3. 六四师（附一五二旅、工兵第七连）明佳拂晓向沭阳之匪攻击而占领之。

4. 装甲炮兵第一连、榴弹炮十三团三营八连由该营石营长率领，明佳七时前到达顾邱，归六四师指挥。

九月九日

一、沭阳之役——六四师附一五二旅本日分三路向沭阳攻击。

七时许，先头部队于王庄、陈家圩、沙巷、仲大庄各附近驱逐匪警戒部队后，直扑后沭河。九时许，完全占领西北岸，匪退凭后沭阳〔河〕隔河与我对峙，经我竟日猛攻及空军炮兵之猛烈轰击，匪伤亡惨重，但仍凭河堤及坚固坑道工事顽强抵抗，我强渡数次，均未成功，深夜潜渡后沭河亦未奏效，彻夜隔河炮战。

二、六四师强渡后沭河迄未奏效，兵团决心明蒸继续攻击沭阳，乃下达命令如次：

1. 盘踞沭阳之匪为十二纵队及二纵队各一部，另在桑圩、文集、华冲附近地区似有匪四、五千。

2. 六四师（附一五二旅、工七连、装炮一连）明蒸继续一举攻略沭阳。

3. 六三师（欠一五二旅）明蒸派两个搜索队（每个搜索队为步兵一营，均带报话机），分向文集、钓鱼台、王圩附近搜索匪情。

4. 四十旅明蒸辰派两个搜索队（均带报话机），分向孟冢、黑石埠搜索匪情。

5. 四十五师派两个搜索队，分向阿湖及桃林方向搜索匪情。

6. 七十二师明蒸推进高潭沟地区机动。

九月十日

一、六四师继昨佳竟日之猛攻及彻夜隔河炮战，本日拂晓由颜湾强渡四个连，此时匪十一纵队三十一旅适由沭阳向颜湾方向增援，集中炮火反复逆袭，我攻击顿挫。十时，我神鹰飞临上空，我四六六团团长在空军及炮兵协同掩护下，再行强渡，因水深流急，致淹毙数十名。但我不顾一切，排除万难，继续强渡，在刘庄附近反复争夺。我空军、炮兵协力适切，尤以炮兵紧随第一线步兵前进观测，屡获战果。同时，另以一部由朱庄方面强渡，亦已奏功，激战至十八时，匪遗尸遍野，全线动摇，狼狈向沭阳城逃窜。我一五六旅全部及一五九旅一个团乘胜跟踪追击，复于沭阳城郊展开激战。

二、六三师四十旅及四十五师遵申佳命令指示各部队向指示目标搜索，均未遇重大匪情，惟桑圩附近有匪构筑工事。

三、盘踞沭阳之匪被我六四师连日攻击，已退踞沭阳城附近。兵团判断匪主力将经桑圩北窜，乃指示各部队真日行动如次：

1. 六四师（附一五二旅）应确占领沭阳城，并向城南及东南地区扫荡。

2. 六三师（欠一五二旅，附四十旅）应于明蒸辰向文集、钓鱼台、桑圩猛烈截击北窜之匪。

3. 四十五师仍以一个团驻高流，担任新高间交通维护。

九月十一日

一、六四师于本（真）辰攻克沭阳城，并全部占领，残匪分向东南及东北逃窜，该师以战胜之余威，分三路向新河口、官田集、龙王庙等地区追剿。沭阳之役，匪伤亡六千余，我亦伤亡六百余，沭阳攻防战至此告一段落。战果另详附表。

二、六三师附四十旅本日到达桑圩、钓鱼台、刘圩间地区。

三、匪主力似已北窜，兵团决心行战略追击，指示各部队行动如次：

1. 六四师（附一五二旅）以一部控制沭阳、庙头镇，主力经官田集、马屯集分向阳涧、马厂镇、吴集方面追剿，如匪已远逃，即在该地区停止扫荡。

2. 六三师（欠一五二旅）附四十旅向赵集搜剿，并进出房山街阻匪北窜。

3. 七二师以一个团进驻阴平，主力上午七时出发，进出城头。

4. 余随七二师主力行动。

九月十二日

一、六四师追击溃退之匪至官田集，残匪已渡河远窜，无激烈战斗。

二、六三师（欠一五二旅）附四十旅向赵集、房山街截击北窜之匪,本文八时,我四十旅由刘圩出发向大刘圩、房山街扫荡前进,十一时前卫一一八团在大刘圩发现匪二纵队第六师十八团之一部,经我攻击仓皇北窜,十三时左侧卫一一九团行抵李家、竹城以南地区,发现黄圩及李家、竹城均有匪盘踞,该团即以主力向黄圩行包围攻击,同时另以一一八团之一部由九桥向黄圩东北高地迂回,并以炮兵掩护向匪猛攻,经两小时激战,匪不支向北溃退,十六时占领黄圩,并跟踪至东大桥附近。因时已入暮。①是役伤毙匪(200)+,俘匪(20),卤获八二迫炮两门,轻机枪一挺,步枪五枝。

三、七二师(欠一个团)午刻进抵城头以南地区,其先头之四五团及一〇〇团与匪十二纵队卅五旅一〇五团遭遇,当即展开向匪攻击,匪不支,分向城头东北及西北地区逃窜,我遂先后攻占横树、城头一带地区,伤毙匪(200+),俘匪十余名,获步枪七枝。

据俘供,残匪之二纵队、十二纵队主力均已越陇海路北窜,我乃回师阴平。

三、经验教训

(一)匪方

1. 阵地选择良好。匪军沭阳阵地选择于三面天然地障之间,并以秘密火点及侧防火封锁前进道路,使我攻击行动迟缓,伤亡增大。

2. 行动迅速。我军攻占沭阳后,匪即能迅速脱离战场,致我军不能及时捕捉聚歼。

3. 保密确实,情报灵活。行军宿营均用各别命令,匪区地方机构组织严密,情报传递迅速。

4. 对我军判断错误。匪以为我主攻庙头镇,佯攻安峰山,故

---

① 原文如此,似有脱漏

以十二纵队三五旅守安峰山，乘我军进出庙头镇时而侧击之，结果适得其反。

5. 匪每到一地，参军征粮，民众不满，向我方逃回者甚多。而我军于逃回民夫口中，可探悉匪之真实行动。

（二）我方

1. 部署适宜，出敌意表。我军攻庙头镇时，先以主力向安峰山之匪攻击，解除侧背威胁，以一部向庙头镇行助攻。匪预想于我军攻击庙头时主力置于安峰山、企图打击我军侧背之部署，因此完全被我粉碎。

2. 步、炮、飞协同确实攻击沭阳成功，得力于步、炮、空军之协同，尤以炮兵观测所随第一线步兵行动，因此弹无虚发，命中精确，运用自如。

3. 企图心旺盛。高级指挥官亲临第一线指挥，企图旺盛，士气振奋，虽强渡沭河受挫，仍继续猛攻，卒获战果。

4. 六四师官兵大部均善游泳，强渡后沭河时均为全副武装游泳，强渡得奏奇功。

5. 情报欠灵活。因匪区封锁严密，我方谍员深入困难，搜集情报全赖第一线部队侦察及地方报告与俘虏口供。如此次匪主力越陇海路北窜，未能迅速获得确实情报，予匪痛击，殊为可惜。

6. 对匪军据点攻击未能彻底运用包围迂回战法，实为缺憾。

7. 河沼地作战应配工兵部队（附敌前渡河工兵），随第一线部队行动，任修路、筑桥，以便部队行动迅速、补给圆滑。如此次沭阳战役，道路、桥梁悉为匪破，在此种困难情况下，卒能迅速修路、架桥通过，炮兵适时补给，亦称不易。

第七兵团九月三日至九月十二日苏北战役匪我伤亡卤获表〔略〕。

司令官黄百韬印

中华民国三十七年十月　日

二、国民党军从湖北境内重要战略据点败退

1. 国民党湖北省政府为应付刘邓大军挺进大别山紧急措施六条与行政院往来电函

(1947年10月)

（1）万耀煌密电（10月20日）

京行政院院长张：○密。酉鱼议电奉悉。查刘匪尚未窜入鄂境之时，本省即遵照中央指示饬鄂东各县加强民众自卫组织，实施坚壁清野。迨匪军窜抵麻、罗各县，复于申冬起将武昌以下所有大江内湖船只入晚均分段设站控制于南岸，现仍继续管制。顷以刘匪一面在大别山建立根据地，一面在鄂东各县四处抢夺物资，为配合防剿计，已作紧急措置如次：（一）专员以剿匪为唯一任务，有权处理防剿一切事宜，并得撤换不适于剿匪之县长。（二）县长得暂改县府组织，成为战时体制，以适于机动为原则。（三）乡镇长以适于军事人才为主。（四）县长须确实掌握及训练民众，使成为有力部队。（五）匪区大量税捐收入县长得暂时留用。（六）初中以上学生一律施以军事训练。谨电鉴核，仍乞示遵。职万耀煌。酉哿。保战。印。

（2）行政院秘书处公函（1948年1月6日）

行政院秘书处公函　（三十七）四防第七五八号
民国三十七年一月六日

奉交下贵省政府酉哿保战电为呈报鄂东各县紧急措置事项请鉴核一案，奉谕："所呈紧急措置事项一、二、三、四、五各项暂准照办，第六项关于初中以上学生实施军训一节，查初中学生身心发育尚未健全，实施军训不甚相宜，应改为高中以上学生一律施以军训。至委派教官及训练经费，应由该省自行负责"。等因。

相应函发查照。此致

湖北省政府

秘书长 甘〇〇

〔国民党政府行政院档案〕

2. 国民党湖北省保安司令部报告大别山区刘邓大军活动情形代电

（1948年3月）

（1）3月8日代电

湖北全省保安司令部代电　民国三十七年三月八日
保参特字第一二八号

事由：为电报匪情由。

行政院院长张钧鉴：匪情。（甲）鄂东方面：（一）广济东南之桐梓牌江晚有匪千余人，将民船扣留百余只。又田家镇微晚发现匪五百余，亦扣留民船百余只。我军分往剿办中。（二）张体学、漆少川股无新变化。（三）居文焕、鲁岱、何启等股千余，冬日在圻春、关涉河开会，决定破坏交通线，分田分粮，阻止春耕。现圻春、清水河、漕河镇、横车桥等地电线均被匪破坏。（乙）鄂中方面：（一）匪李必烈、杨升堂股二百余，冬晚由长江埠以东越汉应路窜汉川、刁汊湖北岸之麻河渡一带。（二）匪三百余附小炮四门、轻机枪二十余挺、马五匹，江日窜观音寺，将该地乡公所焚毁后，于支晨经太马河窜往莲苔河盘踞，并派便衣数十人于支晚窜监利城郊袭扰。（三）江汉军区新一旅约千人仍在南漳、东巩、远安、栗溪一带盘踞。除分电外，谨电鉴核。兼湖北全省保安司令万耀煌。寅（鱼）。省保。参一。植。

（2）3月16日代电

湖北全省保安司令部代电　中华民国三十七年三月十六日
　　　　　　　　　　　省保参一字第一五一号
　　事由：为电报匪情由。
　　行政院院长张钧鉴：匪情。甲．鄂东方面：（一）匪在大别山成立豫鄂皖军区，司令员刘伯承，下辖五个军分区，第四区军分区司令员为张体学，统率四五、四八、五一、五二等四个团，四五、五二两团在麻安边区活动，四八、五一两团在浠水、黄冈边区活动，现已窜往圻春北部。伪县长张彦明率地方组织分两股，由张彦明、县政委张珉统率一股，由崔廷智（县政委兼组织部长）、郭春明（秘书）统率【一股】，人枪共约五百余，活动于黄冈、但店一带，不时流窜浠水、黄泥嘴、汪家岗一带。（二）圻春东南（江边）之马口湖有匪二百余活动，已派队进剿中。（三）漆少川股由黄冈贾家庙窜铁铺。乙．鄂中方面：（一）江汉独立旅主力千余，刻在监利忭河剅一带与我国军对战中。（二）段美玉股千余在南漳东巩组织伪政权，文日分股四百余窜当阳垭。（三）随南古城畈有匪二千余，刻正与我国军对战中。丙．鄂北方面：（一）襄属双沟附近刻由苍苔方向窜来匪千余人，由大布街、七里湾东窜之匪佳夜三百余窜襄东峪山附近。（二）匪三十旅旅部刻窜枣属西北杨垱、东南之司庄，八八团团部踞枣北徐安嘴。（三）佳日匪八百余由魏家岗窜新野新甸铺。除分电外，谨闻。职万耀煌。寅铣。省保。参一。植。

（3）3月17日代电

湖北全省保安司令部代电　民国三十七年三月十七日
　　　　　　　　　　　保参一特字第一五三号
　　事由：为电报匪情由
　　行政院长张钧鉴：匪情。（甲）鄂东方面：（一）匪三军分区司令兼十九旅旅长罗厚福股千余刻在礼山、禹王城以东地区盘踞。（二）张体学股仍踞黄冈夏铺河一带，漆少川仍在团风以北之口铺一带窜扰。(乙)鄂中方面:(一)张健独立旅删日窜信阳西南之四望山地区构筑工事。(二)匪新一旅一股千余踞八角庙地区。(三)匪王伯膏股百余窜沙洋东南之火路港一带抢劫食粮。(四)许猛股四百余在浩子口、洪家场一带盘踞。(五)监利以北周老嘴之匪四百余寒日窜新沟嘴,原踞新沟嘴之匪四百余窜汪家桥。(六)李人林股千余刻在监利、𣲘河甿甿口一带盘踞。(丙)鄂西北方面:(一)江汉军区新一旅在南漳东巩、巡检司一带组织南安县政府。(二)谷城仙人渡以北之杨家集、大张家营、右牌岗一带有匪三百余活动。(三)光化以东之太山庙有匪二百余人窜扰。除分报外,谨闻。职万耀煌。寅(筱)。省保。参一。植。

(4) 3月18日代电

湖北全省保安司令部代电　民国三十七年三月十八日
　　　　　　　　　　　　省保参一字第一五八号

事由:为电报匪情由

行政院院长张钧鉴:匪情。(甲)鄂东方面:(一)麻城以北之黄土岗仍踞匪四千余。(二)张体学股二千余铣日由黄冈贾家庙北窜夏家山。(乙)鄂中方面:(一)匪张威、李正乾等股八百余文日窜监利𣲘河甿附近盘踞,元日分股四百余窜洪湖以北地区,余仍踞𣲘河甿附近。寒午,复由峰口方面窜来匪第五支队四百余,内有骑兵百余,日俘一部。删晨,该两股匪均向洪湖窜去。刻𣲘河甿附近仍有小股匪活动。(二)监利朱河以南之柘木桥及东北之叶家岭、桐梓湖等地均有小股匪活动,似有围攻朱河、偷袭上车湾之企图。(三)十二纵队二个团踞随南洛阳店、贯庄店一带,主力在随北天河口、江头店一带。(丙)鄂西北方面:(一)利川与四川石柱交界之地发现土匪二百余。(二)郧县匪之主力踞以北地区,其汉水南北两岸匪之行政组织刻渐次向均县境内发展。(三)匪占领区内寄籍人民均被驱逐。(四)江汉独立旅主力仍踞荆门以北监池庙、刘猴集及南漳东巩等地。(五)匪黄克富股七百余寒日由荆门八角庙窜白云山。除分报外,谨闻。职万耀煌。寅巧。省保参一。植。

〔国民政府行政院档案〕

3. 国民党华中剿匪司令部编：襄鄂会战史

（1948年？月）

襄鄂会战史

第一、概况

襄鄂位居华中，古称险要，控川陕豫鄂之门户，握武汉三镇之锁钥，绾毂南北，控扼东西，南遮粤汉，北通汝洛，东凌吴越，西带秦蜀，睥睨桐柏，丛山汇引陨汉诸水，交通辐辏，向为富庶之区。人民悍朴，素称兵源之地。连南信而成犄角，跨建邺一如两臂，襟山带河，易守难攻，地形四通，可进可退，洵为兵家战略上所必争之地，形成中原战场之重镇也。虽武器发达之今日，平汉路告成以后稍杀其形势，而在战略上之价值则仍未稍逊于往昔。特未加察善于运用，既不能利用外围据点行逐次坚强之抵抗，已予匪以侵入之机，又不能固守城外据点，与城内相互策应，更不能激励三军，求背水殊死战，坐弃有利地形委于匪手，诚可惜也。按襄鄂会战，可视为陇海会战之一部，亦即主战场之余声，而竟演成支战场之重要战斗。匪依其既定战略，预料我大军北进后方空虚之际，以闪战手段突击我襄鄂，早在我意料中。惟我以兵力不敷，转移困难，故先预定计划，决抽调有力部队，虽辗转殊延时日，预期亦必能适时到达战场。无如战场上直接指挥者既未认清匪战略阴谋，最初使用兵力即嫌过度分散，不能收逐次坚强抵抗之效，以空间换取时间。又不能回守城郊据点，利用有利地形内外支援战斗，撑稳战局，使我援队得获三、五日之时间余裕，到达战场参加战斗。反放弃城外高地，退守城垣。既入城内，而又无巷战良好工事之准备，更明知作战部队复杂情形，统一指挥掌握均感困难，竟使退入城内，徒增我指挥上之困难，反减少在城外独自为战之利益，尤为失策。回忆当时，设第一线部队最初能实行持久战，迟滞匪之行动，可至十日以上，再加以约十日之城郊据点战斗，则自七月二日战斗开始计至二十二日止，已获得有两旬之时间，而增援部队自可从容到达襄阳附近参加战斗矣。纵外围据点不能抵抗至十日以上，而固守城郊据点能再坚忍三、五日，匪虽凶猛，势必先肃清侧背，然后始敢放胆突击城垣。如此则三、五日最少限之支战斗，已可使我援军到达战场，解围无疑矣。推源溯本，失利原因固多，而战场上直接指挥者未能把握时间，实为其主因。观其惑于匪情，昧于地形，已足证明对时间之少算。匪乘隙谋攻襄鄹，即在我援军未到达战场前为匪最有利。所必争之时间，今经十余日之城郊战斗，匪攻势已呈顿挫，正患弹药缺乏、伤亡惨重，且盛传援军即到将逃遁之际，而战场直接指挥者未看破此战机，反狃于退守城内之误算，不能耐最后五分钟之挣扎，一念之差，刹那间而战局转变，愈演愈非，得勿非对时间之无算者乎？语云：多算多胜，少算少胜，不算不胜。而今竟无算至此，可慨孰甚。幸我援军一到，乘匪立足未稳一举攻略襄樊，重复战略据点，俾整个战局稳定，而此次战斗遂告结局焉。

第二、襄鄹战役直前我军态势及匪军之动态

一、我军态势

（一）15PA 司令部率 104B 主力襄阳，15R 之一个营宜城南之胡家集与快活镇，13R 东津湾。

（二）163B 司令部率 $\frac{\text{Ⅲ}}{487\text{R}}$ 谷城，487R（一Ⅲ）老河口，488R（一Ⅲ）赴荆门以北护运械弹，尔后集结南漳，$\frac{\text{Ⅲ}}{488\text{R}}$ 石花街。

(三）164B司令部率$\frac{\text{III}}{490R}$樊城，490R（欠二个营）新堤，$\frac{\text{I}}{490R}$乐乡关，491R（欠一个营）荆门，491R之一个营张家湾。

二、匪军动态

（一）匪为策应豫东作战，以刘、陈（赓）残留豫西、鄂北、陕南股匪及纠集协助建立伪政权之江汉、桐柏、伏牛等军区部队，相机进犯襄阳据点，企图打击我孤立部队，抢夺物资，使陈（毅）匪主力回窜鲁西整补容易，遂于六月下旬以来积极秘密准备，分别集结于草店、构林关、枣阳等各附近地区，于七月一日开始行动。

（二）原踞新野、构林关一带之刘匪六纵队一部、十纵队主力，枣阳附近之十二纵队，均县及陕南地区之孔匪第十四、十五、十六、四一、四二、四三各旅，于七月三日陷老河口、谷城，六、七日进犯襄阳、樊城。其显著之动态如次（按共匪于上次（五月十五日）进犯老河口溃败后，以孔从周所部战斗力弱，故于此次进犯老河口、谷城、石花街之先，暗以陈赓所部四、九两纵队之15B、17B、41B、42B、43B五个旅替换孔匪。当时匪情封锁严密，仅探知有装备优良部队由淅川官桥渡过丹江西岸，经均县向郧阳移动。故孔匪所部考其行动判断似为陈赓所部）：

一、刘匪十纵队之一部兵力四个团，于七月一日由构林关西窜，七月二日到达老河口附近，于七月三日窜陷老河口。另一部约三千人，由太平店越汉水南窜后，会合（由草店经上官垭于七月二日拂晓窜陷石花街，午后续窜谷城西南赵家沟，七月三日续窜陷谷城）孔匪十五、四十一两旅共二千人，于七月四日窜踞茨河镇，七月五日窜抵襄阳西吴家集。

二、刘匪六纵队十七旅、孔匪十四、十五等旅、伪地方部队郧阳、郧西、白河、上关等四个独立团（十四、十五两旅兵力5000$^+$，四个独立团2000$^+$人）共七千人，刘匪十纵队二十八旅（即桐柏军区独立旅），总兵力约万余人，大部集结襄南三十里之尹家集、吴家集附近，其主力于七月七日分两股向襄阳进犯，其犯襄阳西路之一股主力为刘匪六纵队之十七旅，犯襄阳西南山地为孔匪十四、十五等旅。

三、刘匪十纵队二十九旅之七十八团配合伪襄先谷独立团共二千人，七月四日由太平店窜樊城西北柿子铺，七月六日晨续窜抵樊城近郊。

四、匪情判断：匪乘我大军北进后方空虚之际，以迅雷不及掩耳之手段，迅速集结优势兵力，强袭我襄樊，企图策应豫东主力作战，使陈（毅）匪回窜鲁西整补容易，并乘机破坏我行政及军事机构，劫掠我一切物资及重要武器，俾便积极进行建立武当军区，使其成为南渡（长江）西窥（秦蜀）之基地，使桐柏、伏牛、江汉等军区打成一片，孤立南阳，至为明显。

第三、襄鄂会战作战指导方案

一、方针

为确保襄阳之目的，决抽调有力部队迅速进出于襄河西岸、宜城以北地区，会合襄阳守备部队夹击匪军而歼灭之（附件3、4、7〔略〕）。

二、指导要领

1. 襄阳外围之守备部队应实行韧强之持久战，在避免真面目之决战原则下，最少亦须行逐次抵抗，以空间换取时间（附件1、2〔略〕）。

2. 集结兵力守备襄阳城郊据点，并须与城内守备部队相互支援战斗，以待援军之到达，夹击匪军（附件5〔略〕）。

3. 加强巷战工事，务使火力交叉并多设侧防，多开枪眼（附件10、13〔略〕）。

4. 统一指挥战斗，掌握部队行动，并力求团结，尽百般手段以激励官兵士气（附件8、9、10、11、12、14〔略〕）。

5. 通讯连络确保灵活，必要时各部队有独断专行之权，并奖励独自作战之精神（附件15〔略〕）。

6. 战斗中补给以空投为主（附件5、8〔略〕）。

三、兵力部署

1. 战斗前兵力部署（如附图一〔略〕）过嫌分散，已指示第五绥署转饬集结（附件6〔略〕）。

2. 战斗中复指示5PA转饬各部队行动力求集结（附件7〔略〕）。

3. 确保襄阳城外高地，坚守待援（附件8〔略〕）。

附件

襄樊鄂会战有关文件

（一）

本部午微1030机电饬15PA康司令官指示要旨如次：

前电饬以163B集中老河口、谷城，以便对西北方面作战，迄未遵办。据报，老河口、谷城相继失陷，贵绥区如何部署，应迅查报。应亦集中兵力先复谷城，阻匪南下。至襄阳城要点，特须坚强工事，准备固守。仰即遵照具报为要。

（二）

本部午鱼2300机电饬15PA康司令官指示要旨如次：

据报，陷老河口、谷城之匪沿襄河两岸东进，似有攻击襄樊企图。如兵力不敷，襄阳必须集中兵力固守之。目前即须使襄樊物资、学生、民众迅速尽量向南疏散。仰即遵办具报。

（三）

本部午虞戌机计电饬宜昌潘司令官指示要旨如次：

康司令官泽午支已仁电略称，匪有进犯襄樊企图，本区决集中兵力固守襄樊，并相机出击。午支已令164B驻乐乡关丁营将河防及护路任务暂交钟祥团队接替，克日开襄加强守备。请饬荆门保四团派队接替为祷。等情。希即派队接替乐乡关防务具报。

(四)

本部午虞亥机计衍电饬15PA康司令官指示要旨如次：

午鱼未孝电悉。现已调兵增援中，希坚强各守备待援。

(五)

本部午佳0830机电饬15PA康司令官指示要旨如次：

(一)匪众我寡，守备襄樊则更单薄，着即放弃樊城，秘密集中全力固守襄阳待援。(二)已令7D及9D主力分道兼程来援，因抽调兵力须时，务须能固守到七月养日。(三)需要弹药望即计划数量，布置投置场，以便立即投送，并盼立复。注意：樊城应即放弃，恐紧急时撤退不易也。

(六)

本部午佳1430机电饬5PA前进指挥所张司令官、18A胡军长、4CA吴司令官指示要旨如次：

(一)匪6CD、10CD、12CD及孔从周匪各一部共约二万余人围攻襄樊中。已令7D主力由京山、钟祥、宜城道向襄阳南侧地区求匪侧背攻击。(二)判断刘匪各纵队主力连日在双河寨附近地区失利后，似向西逃或进而威胁南阳，以便其对襄樊攻击容易。(三)为乘胜追剿打击其企图计，着张司令官统一指挥18A、28D、10D、85D各部即乘胜先进出保安寨、方城地区，由南向北进剿伏牛山区叶县、鲁山、南台一带匪巢，并掩护南阳之安全。

(七)

本部午佳申机电饬信阳张司令官、3CA张司令官、7D李师长、138B章旅长、重迫炮十五团安团长指示要旨如次：

(一)刘匪10CD、12CD及孔从周各一部共约二万余人午虞夜赴〔起〕围襄樊，其主力指向我襄阳各高地攻击。我15PA康司令官指挥104B及163B、164B各一部与李专员所部团队固守待援中。(二)着李师长指挥该师（缺171B部及两团）及重迫炮十五团之一连，分由安陆、孝感出发，经京钟公路向襄阳、宜城前进，求匪侧背攻击并防其南窜，应于午皓前到达战场。（三）重迫炮连即由黄陂车运孝感，归李师长指挥。（四）175B之新30R主力即车运黄安河口镇，接替513R防务，即乘原车开孝感，继续前进，追及师主力。20D随7D向襄樊增援。

（八）

本部午灰巳机电饬15PA康司令官指示要旨如次：

午佳仁一芸、午佳1800仁芸（1）、（2）等三电均悉。（一）佳晚飞机夜航发生故障，未来助战，至为焦虑。本灰辰飞机回报，真武山有我布板，则真武山之争夺我已得手，甚慰。本灰日决派多数飞机昼夜支援，并已电京请增派飞机助战矣。（二）弹药即行空投。（三）援军现在安陆、孝感，即日经京钟路驰援。9D现仅三团在南阳，无力出击。52D战力差，均难使用。故解围端赖7D、20D两个有力之整编师。（四）匪军遭我陆空协同打击，死伤较我必大数倍，且匪十天之内绝无援军。若我坚决固守，则匪必再衰三竭，我援军一到，可将其压迫于襄河而歼灭之。希激励军民，戮力同心，坚决奋斗为要。

（九）

本部午真1300机电饬15PA康司令官指挥要旨如次：

午齐2300礼一、午佳2110仁一芸、午灰卯仁、午真013D仁一等电均悉。（一）贵官忠党为国，素所深知。当前匪数虽多，但无攻坚能力。国军有固守之决心，必能战胜。樊城撤退，安全过河，西关逆袭，杀匪五千，以坚我必胜之信心。贵官指挥有方，将士用命，望传令嘉奖。（二）7D已在驰援途中，当催促尽力速进。（三）襄阳城内灯火信号改为正四方形，第一线则以一线灯火标示。

（十）

本部午真1400机电饬15PA康司令官、郭司令官指示要旨如次：

（一）连日战斗，赖兄督率，将士用命，匪攻势似已稍挫。禧正请加派飞机空投粮弹，日夜助战，严伤7D、20D急进增援中。希晓谕军团〔?〕襄城系背水阵，舍死乃能求生，固守必能解围，共体此意，痛歼匪寇。（二）查襄城城垣坚固，水濠深阔，亦足资最后固守。即须在城门出入口处多设障碍物，城墙脚自内向外多开枪眼，城墙上须作坚固有掩盖之工事，尤其对南面受瞰射部份，并预备夜间简易照明设备，街市房屋宜斟酌打通，使匪逐屋前进时我轻重机枪火力得收纵横扫射阻止之效。又为防匪燃烧街市房屋起见，即须分街分区隔绝，并为消防准备。上两项希即遵办实施。

（十一）

本部午文亥机计衍电饬15PA康司令官指示要旨如下：

午真申仁一芸电悉。（一）决继续派飞机昼夜助战及空投弹药、有刺铁丝等，以增强守备。（二）援军7D（四个团）删日可达钟祥，20D、70D约一日行程跟进。（三）匪10CD、12CD、6CD及孔匪炮兵少，弹尤缺，攻坚必败挫，且不断受空军攻击，士气必衰竭。我军必固、围必解已无疑义，砥励将士固守待援。

（十二）

本部午文未机电饬15PA康司令官指示要旨如下：

据空军侦查报告，吴家台东有浮桥一座，张家湾南有好浮桥一座，东津湾北侧匪正拼船只将架桥中。等情。判断匪向我阵地西南面攻击进展困难，损失重大，将转用部队向我东面攻击。除饬空军轰炸浮桥外，希注意加强城东南面之工事及守备。又查城东我有护城河两道，阵前地形平坦，我极易发挥步炮协同之威力，必能给匪予致命之打击而完全挫折其攻击之锐气。希将匪攻击力量形将衰竭之情形转知守城军民，鼓舞士气。

（十三）

本部午铣子机电饬15PA康司令官指示要旨如次：

（一）铣日派出大批战斗机及轰炸机助战。（二）城外高地放弃后，为防患匪利用高地以火力制压我城上守兵掩护爬城，必须城脚向外开交通壕，设侧防机能及于城脚多开枪眼，并加厚阻塞，防匪突入。（四）街口必须设障碍物，并以火力伺卫，以便扑灭入城之匪。（五）军民人人必须作掩蔽部，以免损伤，弹药、粮食必须藏入掩部内，以防火灾。

（十四）

本部午铣机电饬 15PA 康司令官指示要旨如次：

午铣 0590 仁电悉。兄等坚决贞忠，至深感佩。决不断派大批空军轰炸掩护，援军先头一部已到达胡家集，因车路不通，未能车运，已严饬昼夜兼程驰进，巧日到达宜城以北解围。特复。

（十五）

本部午铣 1815 机电饬 15PA 康司令官、郭副司令、李专【员】指示要旨如次：

（一）正督促空军日夜不断支援陆军，7D、20D 日夜兼程驰援中，巧日可进出宜城以北地区。（二）务盼督率坚守，只最后要有数个据点在我手中，即襄阳并未失陷，兄等达成光荣任务矣。（三）务饬在房院、墙脚多开枪眼，加厚其上面之掩盖，多设掩蔽部，并为防火设备。时保持电台、电话及对空识别布板之联络，以利坚守为要。

第四、战力统计、指挥系统、人马武器数量、补给概况：

襄鄂战役我军参战部队战力统计表（附表一）

襄鄂战役我军参战部队指挥系统表（附表二）

襄鄂战役参战部队人马武器数量表（附表三〔表略〕）

襄鄂战役粮弹补给情形一览表（附表四〔表略〕）

第五、交通通信〔略〕

襄鄖战役我军参战部队战力统计表（附表一）

区分 \ 部别/姓名	163B 冉良臣	104B 萧西清	164B 李元宗	附记
团	487R 488R	13R 新14R 15R	490R 491R	二、实力估计之百分数，乃根据康司令官五月份表报列入。 一、近战兵器包括手枪、冲锋枪及六公分迫炮。
营	6	9	4	
人员 官	658	568	532	
人员 兵	7933	6364	5859	
步骑枪	2056	1373	1282	
重机枪	36	23	11	
轻机枪	180	181	117	
八二迫击炮	20	51		
四七迫击炮	67		69	
近战兵器	133	167	41	
输送力 马匹	82		86	
输送力 车辆	6	6		
备考	实力估计78%	实力估计48%	实力估计75%（490R欠一第营）	

襄鄀战役我军参战部队指挥系统表（附表二）

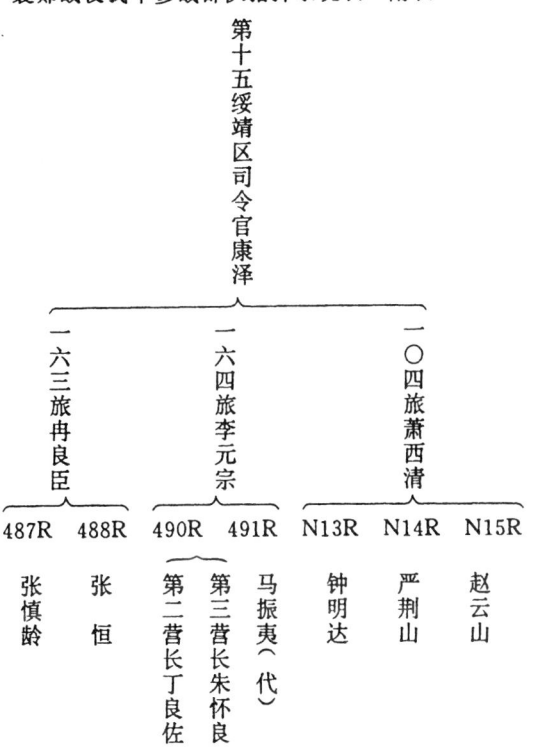

第六、卫生设施〔略〕

第七、襄鄀作战经过　如附图七〔图略〕

甲、匪兵力番号

攻击襄鄀之匪为刘匪十纵队（七千余）、十二纵队（三千余）、六纵队之十七旅、吴世安独立旅、孔匪十四旅、十五旅及军区部队约两团，总计兵力约二万人，附山炮四门（据俘供炮弹甚少）。

乙、我军兵力番号及装备

襄鄀守军为一百六十三旅（六个营）、一百六十四旅（四个营）、一百零四旅三个团、宪兵一连、85D教导队一队、工兵一营、地方团队三千人，总共战斗员兵一万五千余人，步枪五千零三十五枝、轻机枪四九二挺、重机枪八三挺、六公分迫击炮三十一门、八二迫击炮五十七门，重迫击炮八门，冲锋枪一七〇枝。

丙、战斗经过

刘、孔两股匪于七月一日开始向我襄郧外围据点侵犯，迄二日匪三千余进犯石花街，向我一六三旅四八八团三营包围猛扑，激战半日，该营于午时突围，转进新店与匪对战。嗣以匪续增猛追，不得已转进谷城附近与匪战斗。另匪一股经三官殿东南向谷城前进中。

黑龙集方面之匪六、七千，二日薄暮窜抵马头山，与我四八八团之一连开始战斗，因匪我众寡悬殊，于二十时逐次转进入老河口。斯时，匪跟窜我老河口，分向东北两门攻击。我一六三旅仅一团兵力，受优势之匪攻击，态势不利，于二十二时以后向谷城转进。匪军窜据老河口后，以兵力约三千余续向我太平店、仙人渡方面进犯，并炮击我襄河西岸部队。

陷石花街及三官殿方面匪军二日续向我谷城进犯，经一夜之战斗后，三日晨谷城陷匪手。我一六三旅〔欠四八八团（欠一营）〕转移南河南岸，继续与匪激战，至黄昏后开始向茨河市附近集结。一六三旅四八八团于三日申刻亦由南漳到达茨河市。该旅为求翼侧及后方交通点之安全，令四八八团负责对襄河右岸吴家河至古河间之警戒，并正拟计划占领庙滩集以南之白虎山至赵家湾一带高地，掩护旅主力之转进，乃闻于午时而白虎山已陷匪手，未能实施。

守备太平店一六四旅之一连午江为优势之匪包围猛攻，该连利用街巷与匪肉搏，激战至午后，全连壮烈牺牲。匪于太平店附近夺获船九只，以猛烈炮火掩护下，同时分兵强渡襄河，午时侵占白虎山，开始向我一六三旅侧击，以遮断旅退路。

同日，此外我一〇四旅以一部在泥咀集结，并指挥地方团队守备襄城至吴家河（不含）间之河防，另饬驻乐乡关一六四旅之丁营克日回襄。

四日，由太平店渡过襄河西岸之匪向我四八八团（欠第三营）攻击，激战至酉时，该团转进至泥咀与匪对峙。我一六三旅主力转进时在庙滩集西南地区遭匪节节截击，遂与四八八团无法取得联络。

五日，我一六三旅刘副旅长率残破之一部退至南漳及其以南地区，襄河西岸之匪陆续增援，我一六三旅四八八团撤至万山占领阵地，匪又向我万山、尖山及樊城警戒阵地攻击。

六日，樊城方面之匪五千余轮番向七里桥我一六四旅之警戒阵地攻击，寅时我警戒部队撤至樊城，该旅（三个营）遂与匪在城廓附近激战，匪伤亡四百余人，我伤亡二十余人。六日晚，襄阳方面之匪向我万山、虎山猛攻未逞，扁山、尖山一带已为匪窜据，与我一〇四旅十五团警戒部队展开战斗。

此时康司令官调整部署如下：

（1）一〇四旅之十五团（附十四团之一营）守备襄阳西南高地，十四团（欠一营）守备襄阳城垣，十三团一营（欠一连）担任长门至文壁峰间河防，并在东津湾派出前进部队，余集结东门外保持机动。

（2）一六四旅守备樊城，其一营在襄阳守备老龙边。

（3）一六三旅四八八团（欠一营）占领万山之线，并饬该一六三旅（刘副旅长率领残部）由南漳向襄阳集结，但襄阳外围俱为匪占，无法归还。

七日，匪逼近我襄阳西南山地之阵地。午时我四八八团（欠一营）向襄阳城内集结，为总预备队。樊城方面之匪对我行坑道作业，午时我派队出击，俘匪六名，毙伤匪百余人。入暮，匪向我阵地猛扑，午夜战况至烈，经我步炮协力，将匪攻势顿挫。

八日十八时，万山、尖山、扁山之匪万余藉猛烈炮火掩护，攻占我西南高地后续向真山西端之琵琶山及虎头山、凤凰山主阵地猛攻。

九日午时,我樊城守备部队一六四旅(三个营)向襄阳转进时,匪千余向我掩护部队猛攻,赖我空军助战,至申时安全渡过襄河右岸,樊城旋入匪手。十六时,我西门外守军一六四旅之丁营会同直属勤务营在空军掩护下向城西南郊及张家塘之匪出击,毙伤匪甚重。至十九时,匪续向我真武山、双背梁子北端之无名高地猛攻,真武山、岘山陷于匪手。

十日晚,匪续猛攻,我以敢死队收复岘山。

十一日午后,派飞机集中轰炸真武山,协力地上部队实施火力逆袭,真武山匪阵地全毁。

十二日,匪续向我西南山地猛攻,是日飞机昼夜助战,匪攻势顿挫。

十三日,匪陆续由东津湾渡襄河,向城东攻击,至晚匪陷我西门外同济医院阵地。

十四日十四时,羊姑山、虎头山、凤凰山、文壁峰等高地均在我军固守中。十五时顷接康司令官午寒1230仁一电称:匪之攻势猛烈无已,遵总统蒋午元府机电令,以集中兵力固守襄阳之目的,即将山地守备部队转移入城固守待援。转移行动定本寒十三时开始。等情。查襄阳西南各高地瞰制全城,羊姑山离城西南角仅四百公尺,轻重机枪及火炮可以纵射西面城垣,瞰制南面城垣,掩护爬城。放弃该高地后,襄阳实难固守。因接电话据空军报告,我山地守军已开始转移,无法制止矣。迄十七时,守备山地之部队全部由南门及东门退入城内,寒晚因匪须变更部署,未全力扑城。

十五日晚,匪不顾我飞机妨害(我机能夜航者仅两架),全力扑城,匪火炮及轻重机枪多由城西南各高地射击,纵射西面城垣,瞰射全城,匪攻击重点指向西门。二十二时一刻,匪突入西门,发生巷战。据康司令官报称，对守城部队已失去掌握，仅率少数部队苦守城东司令部附近房屋十数间。等情。当经屡次电告，延至十六日十八时三十分电信联络断绝。据空军报告，襄阳全部沦陷，我守军将士伤亡甚大，康司令官自杀重伤被俘，匪伤亡甚大。计守山地凡十日，匪攻不下，退守城内一日，城被攻破矣。

丁、检讨失利原因

（1）襄阳城西南各高地能瞰制全城，羊姑山离城西南角仅四百公尺，轻重机枪及火炮可以纵射西面城垣，瞰制南面城垣，诚为阵地之锁钥部。自放弃西南各高地之次晚，匪即突破城防工事。守山地凡十日，匪攻不下；退守城内一日，即被攻陷。足证放弃西南高地之失策。

（2）城内缺少巷战工事，匪突入后易直接迫近我军阵地，且核心阵地过小，又无其他据点形成犄角之势，故不能固守。

（3）我守备石花街、谷城各据点之一六三旅主力原为撤退至襄阳集结机动作战。惟对老河口至襄河间之船只事先即未确实控制，临事又不彻底破坏，使匪夺获船只强渡襄河西岸，侧击截击我一六三旅，致遭惨重损失，削弱我保卫襄阳之兵力，影响战局甚大。

（4）据逃出官兵报称：各级干部无剿匪经验，入城后战斗意志低落，更不能掌握部下，每遇情况紧急或枪声密集时，官兵多生恐惧心，藏入掩体内，不坚守阵地，匪乃得从容突入阵地。匪陷城后，全军尽破，各级部队长及幕僚阵亡者极少，而能化装脱险回后方者甚多，足为证明。

（5）参战部队以一六三旅战斗经验较强，但其装备较劣；而装备较好之一〇四旅，又以战斗经验缺乏。且各部因待遇差别，一〇四旅为后调旅，配发现品，给养较好。其他两旅副食系发代金，物价日高，给养太差，致引起互相歧视。故作战时不能和衷共济，戮力同心。此亦失败原因。

（6）襄阳方面对于老河口、谷城、石花街等地为匪进犯时，以为匪对襄阳无积极企图，系匪情判断错误。

（7）弹药未依规定基数屯储，致围城初期一部弹药即须空投补给，而空投一部落匪手，反济匪之急需。

（8）一〇四旅萧旅长调差已去，新旅长未来。一六三旅旅长来汉留医，一六四旅旅长在沪留医，均无旅长督率作战。守城指挥官迟至午寒始行发表，且一部部队由老河口、樊城转进襄阳，以屡败之师退守，士气沮丧至甚。

（9）部队积习过重，对命令辄多敷衍。一〇四旅之高级干部且有以该旅为第二线兵团，不应参加作战之请求者。

（10）我战略正面过广，须守之点线太多，机动兵团顾此失彼。此次陇海会战华中区之机动兵团均调向陇海方面，以致襄阳被围，调动援兵不及。

（11）战斗初期兵力过嫌分散，不能实行持久战，以逐次抵抗手段换取时间。

（12）战场直接指挥官不能把握住时间，并未认清匪我有利之时机，以致匪匹行将匪遁之际反退守城内①。

第八、政工部份〔略〕

第九、结论

（1）本部于康司令官以为匪情尚轻襄樊可以兼守未请救援之时，即顾虑其守城部队复杂，战力不坚，令其放弃樊城，加强襄阳城西南山地兵力，并急令 7D、20D 增援。

（2）7D、20D 两部赴援襄阳，在天气炎热、山洪阻碍及匪军之逐次抵抗下，而能不顾一切，排除万难，兼程前进，每日行程均超出三十公里以上，尤其 7D 星夜渡过襄河，孤军独进，其冒险驰援之精神，路人皆知。

---

① 原文如此，似为"以致匪行将逃遁之际反退守城内"之误。

(3) 本部依空间、时间及天候、地形、匪情计算，原预计7D于七月二十日可到宜城，二十一日可解围，故要求康司令官坚守至二十二日。但7D行动迅速，十六日夜先头已到乐乡关，若非襄阳放弃山地失陷过早，7D十八日可到宜城，围即可解。惜放弃城西南山地过早，退入城后因退却与被瞰制，士气颓丧，不能持久耳。

附华中剿匪总部抽调7D、20D赴援襄阳经过情形报告书
一、匪情：
1. 15PA午支仁一芸电报：

(1) 太平店匪四千余支未渡过襄河西岸，袭击四八八团，激战后该团转进至泥咀与匪对峙。(2) 163B主力支巳在庙滩南金鱼沟遭匪51B、42B袭击。(3) 犯湄河口匪六千余已渡过襄河西岸。(4) 袭占峰匪千余集结双沟，一部犯梁家咀。(5) 据报匪首陈赓驻郧县城，该股万余。

2. 15PA午鱼未孝电报：

(1) 自新野南窜之匪十纵队抵樊城近郊，已于今晨二时与我警戒部队发生接触，五时入停止状态。(2) 由太平店窜渡腰河之匪约三千，已进据呢咀，另一股二千余由腰河迁回襄阳西南，现已窜至吴家店。南漳告急，有包围襄阳之企图。

(3) 赓后综合各方面情报，得知围攻襄阳之匪有刘匪10CD（七千余）、12CD（三千余）、6CD之17B、吴世安独立旅、孔匪14B、15B及军区部队约两团，总计兵力约三万人，仅有山炮四门。

二、我军态势
1. 本战区机动兵团18A、85D、20D、10D、28D，自六月二十五日以来即先后奉总统蒋三十七年巳回防挥中、三十七巳陷防挥中电及准徐州刘总司令三十七巳俭酉巳艳午捷电，以陈毅匪与我邱、区兵团于睢县、通许、杞县间激战，此会战事关大局，希

严饬吴、胡两兵团迅速兼程,经周家口、太康北进,参加邱、区兵团作战。等因。遵饬胡军长琏指挥3D、11D、28D,张司令官轸指挥85D、20D、10D,于七月五日先后进出商水、周家口、淮阳、太康附近地区,85D、20D、10D、28D与刘匪主力决战,18A主力进出于淮阳以北,策应陇海方面友军,解决战局。

2. 匪围攻皂市33B之一部,33B主力于六月二十五日驰援,二十六日至龙王集附近被匪四个团包围,旋7D之172B赴援,将匪反包围,匪不支向西北溃窜。33B解围后,回应城整理,已成残破之旅。7D之172B于七月三日开始扫荡云梦、安陆、应山、马坪间地区之匪,以保护汉口、信阳段唯一铁路之交通线。至七月九日,172B扫荡抵安陆及西北三十公里地区。

3. 104B、164B在襄阳、樊城附近,163B在老河口、谷城附近。

4. 南阳守备部队仅有9D之三个团,且附近有匪约二个纵队,9D之二个团及15D新兵到确山接装备。

三、处置

1. 匪犯老河口、谷城,15PA七月六日以前所报匪之兵力不过万余,而我在襄樊附近兵力有104B、163B、164B及地方团队约二万余之众,以之攻匪虽难操胜算,但守则有余。而当时我机动兵团虽集中全力对付睢杞方面之会战,然对襄樊方面仍未敢一刻忘怀,始终忧虑襄樊方面兵力部署过于分散,恐为匪各个击破。经先后以午鱼机、午微机电指示15PA速集中兵力,加强襄阳附近防御工事,以作久守之计。

2. 七月七日,匪围攻襄阳近郊阵地,我陆空协同作战下屡挫匪锋,匪屡攻不逞。至九日晚,匪相继陷襄阳西南真武山、岘山阵地,斯时匪情始渐次明了,而163B、104B、164B之战斗力薄弱亦暴露无遗。众寡之下,守未必能固,乃一面以午佳0830机电令15PA放弃樊城,集中全力固守襄阳待援。当时康司令官尚以为匪情不严重，我兵力可兼守襄樊两处，拟暂缓撤出樊城。一面以午佳申机、午佳戌机电分饬：(1) 7D李师长指挥该师（缺171B部及两团）附重迫炮十五团之一连，分由黄安、安陆及其西北二十公里地区、孝感等处出发，经京钟公路向宜城、襄阳前进，求匪侧背攻击，并防其南窜，应于午酉前到达战场。(2) 重迫炮连即由黄陂车运孝感，归李师长指挥。(3) 175B之30R主力即车运黄安河口镇接替五一三团防务，513R乘原车开孝感，继续前进，追及师主力。(4) 20D由杨司令官率领，由遂平至驻马店后即车运孝感，随7D之后经应城、京山、钟祥过襄河北进，与7D协力索襄阳方面之匪而击破之。(5) 7D与20D过襄河后取得联络时归杨司令官干才统一指挥。

四、行动：

一、集结及补给

1. 七月九日，172B向安陆西北区搜剿，171B之513R在黄安河口镇，重迫炮之一连在黄陂。

2. 七月十日，172B由扫荡态势集结后至云梦。

3. 七月十一日，172B由云梦至应城集中，171B之513R主力车运抵孝感集中，一部续运到横店。

二、行军

1. 七月十二日补给完毕后，(1) 172B（欠一营）沿途击退散匪之阻击，酉刻先头到达祝家墩，主力到达潘家集附近。(2) 7D部率513R第二营到达应城。(3) 513R主力附Ⅲ/514R到达隔蒲潭镇附近。(4) 沿途公路桥梁破坏，渡河费时，天气炎热，时下大雨，山洪暴涨，影响行军力。

2. 七月十三日，(1) 172B驱逐沿途散匪，抵达观音岩（应山东）。(2) 7D部及513R主力在应城，待513R一部及迫炮十五团之一连到达后续进。

3. 七月十四日，(1) 172B驱逐京山及孙桥镇散匪五百余，推进至官桥铺附近。(2) 7D部率513R及Ⅲ/514R抵观音岩附近。(3) 重迫炮连因输力不敷,又无驮马,行动迟缓,师部派步兵一连护送转回应城。(4) 172B驱逐散匪,毙伤匪三十余,俘匪八名,获步枪三枝。

4. 七月十五日,(1) 匪吴世安独立旅一部及伪京山县府自卫队约千余沿途逐次抵抗,172B沿途排除阻扰,匪向山地窜去,172B于十八时抵东桥镇。(2) 7D部及513R、Ⅲ/514R亦排除散匪到达官桥铺。

5. 七月十六日,172B及7D部率513R Ⅲ/514R先后到达钟祥及其以南地区,星夜汇集船只,一面漕渡,一面架桥强渡襄河。

6. 七月十六日晚渡河后,172B续夜行军北进,迄十七日午前推进至朱家埠、乐乡关(荆门东北),7D部率513R Ⅲ/514R到周家集(朱家埠东南)。

7. 七月十八日,7D主力本拟兼程向宜城进出,襄阳已陷,匪主力窜南漳。而20D连日行军,因山洪暴发,落后约两日行程以上。7D以四个团兵力独进,不无顾虑,本部始令7D待20D靠近后北上。

20D之行动:

1. 七月十日,20D全部在上蔡西南蔡埠口附近。

2. 七月十一日,20D部及133B至驻马店,134B至罗店。

3. 七月十二日,20D部及134B驻马店,100D军运孝感途中。

4. 七月十四日,20D部率133B之397R至孝感,134B车运途中,133B(欠397R)随7D西进中。

5. 七月十五日,20D部率133B之397R到达隔浦潭,134B孝感。

6. 七月十六日,20D部率133B之397R到达龙王集,134B应城。

7. 七月十七日,20D部率133B、397R到达屈家场(京山东南)，134B皂市。

〔国民政府国防部及史政局档案〕

三、国民党军进犯鄂豫皖边区大别山根据地及洛阳的解放

1. 国民党江西安徽湖北湖南四省党部及省政府防范刘邓大军南渡复电

（1947年10月）

（1）王陵基电（10月9日）

南京行政院院长张、中央党部吴秘书长、组织部陈部长：酉虞议电奉悉。自残余共匪败窜江北以来，本省首当，经彭泽、湖口、九江、瑞昌等沿江各县即已加紧防范，各该县间守备任务系由本省保警第一、二、四计三个总队附独立大队及驻浔空军高射炮团分段担任，兵力勉可分布，检查船舶尚称严密，民众自卫队现已开始编组，地方武力亦可逐渐加强。除遵加紧督饬所属随时提高警觉外，谨此奉复。王陵基。酉佳。秘一。印。

（2）方觉慧电（10月9日）

急。中央秘书处吴秘书长铁老转张院长、陈部长均鉴：O【密】。酉鱼议电奉悉。鄂境自鄂城、黄石港、伟源口至田家镇约四百号鱼船，船载廿余〔？〕，已于酉鱼电令停止该船活动，并商洽省政府令各县自卫队分布南岸要口堵截奸匪渡江，奸匪仅在团风内湖搜集十余只小船运至江口，不敢渡驶。至大冶矿工及其他厂工人加紧组训工作。谨此电闻。方觉慧。酉佳。印。

（3）安徽省党部电（10月22日）

国民政府行政院长张、中央秘书处长吴、组织部长陈钧鉴：酉鱼议电奉悉。除饬沿江芜湖等十七县党部会同当地驻军及县府切实遵办具报外，谨复鉴核为祷。安徽省党部。组。酉。10.22。印。

(4) 王东原电（10月28日）

南京行政院长张、中央党部陈部长、吴秘书长：酉鱼议电奉悉。本省为加强妨制共匪，已于酉东召集各区专员举行治安会议，对有关问题均经严密决定对策实施，并电请武汉行辕于长江南岸据点、渡河点建筑碉堡，防匪偷渡各在案。奉电前因，除再录令转饬各区专员及县市长切实遵办外，谨电请察核。湖南省政府主席兼保安司令王东原叩。保警。三梅。酉俭。印。

〔国民政府行政院档案〕

2. 国民党第四十师一一五团困守许昌被歼经过概要

（1947年12月22日）

第四十师一一五团许昌战役战斗经过概要

本师驻漯河各部奉令于亥元自漯河乘车赴郑，第一一五团于元申抵许昌车站之际，奉总司令顾、主任孙亥元2200圣一字第四一三三号命令开：已令四十师三十九旅一一五团罗团长统一指挥二十六军特务营、暂二十六旅一个营、交警十六总队（欠一中队）及许昌附近地方团队，担任许昌守备。等因。当即转令该团长遵照。斯时，南关及车站南端均已发现匪情，其武装便衣亦潜入我许昌城关，到处施放冷枪。该团奉命后，我师部各处、搜索营、野战医院之第四列车亦到达许昌车站。斯时，铁路被匪破坏，不能北开，同时夜色昏黑，风沙迷目，敌情既不明了，地形亦未及侦察，遂迅速下车，匆匆布防，以第一营守备车站以北、以西三个据点，第二、三营守备城垣，搜索营守备车站南端两个据点，第二十六旅之一个营于车站东侧布防。元亥,奸匪万余开始蠢动,先向我南关及车站南端开始进犯,激烈战斗于此发生。迄寒未,匪以预行潜入城郊附近之便衣为内应,将西南两关攻占。我为集结兵力固守城垣以达成持久防御之目的计,即以搜索营及二十六旅之一个营向占据南关之匪夹击,激战时许,匪虽顽强抵抗,终以我官兵用命,奋勇杀敌,卒将南关之匪击退,我搜索营及第一一五团第一营即乘机由南门撤入城内,由罗团长重新布置,着第二营守备南门及以西城垣,第一营守备南门以东城垣,第三营守备西门,骑一旅之一部及专署保安团守备东门,交警队及鄢陵团队守备北门,搜索营及二十六旅之一个营、二十六军特务营为预备队。寒戌,匪增至两万余(陈毅部二、三纵队)、野炮十余门,开始大举攻扑,并以野炮集中火力平射我西南两门,双方激战彻夜,匪终未得逞。迄删丑,西南两门均被匪击毁,当即发生至烈之白刃战,歼匪至众,将其击退。讵料守备城垣西北角之保安团一部骤变,与混入城内之匪勾连,向我西门守兵右侧背猛袭。同时,占领西关之匪复集中火力向我西门正面猛烈射击,继以反复猛扑,我守兵以腹背受敌,伤亡殆尽,遂由西门注入后,匪即以一部将我指挥部包围,主力则向我城垣西南两面之守兵背后极力进攻。我既腹背受敌,遂不得不依据屋垣实施最后之抵抗,双方竟演成剧烈之巷战。匪虽伤亡惨重,仍前仆后继,节节进逼,并以炸药向我城内西南两地区各据点分别爆破。酣战至删申,终以我伤亡过重,弹药断绝,除第一一五团官兵二百余由南门突围外,全城遂告失陷。是役共计毙伤匪二千余,我伤亡官兵四百余员名,副参谋长张元礼、一一五团团长罗延瑞、课长、副团长等均告失踪。除收容损耗情形另行呈报外,谨先奉闻。

〔国民政府国防部史政局及战史会档案〕

3. 国民党整编第三师于祝王寨被歼战斗要报

(1948年1月)

陆军整编第三师祝王寨之役战斗要报

一、战斗前匪我形势概述

三十六年十二月中旬，陈、刘两匪陷新郑、许昌后，似有进犯郑州之模样。陈匪赓部四、九两纵队主力陷漯河后，正围攻郾城中，其四纵队之十一旅、十三旅共约八千余人，由泌阳经桐柏邢集折向平汉路北窜，十二月十六日窜据新安店以北地区。该匪经师由泌阳跟踪尾追以来，始终避免与我决战。师为遵行层峰指示，以先击破该匪、迅解郾城之围之目的，于十七日到达明港，稍事整顿补给后，即于皓日开始行动，沿平汉路扫荡前进，哿日攻占确山，马日收复驻马店，养日攻克遂平城，沿途匪军稍事抵抗，纷纷北窜。追攻至遂平以北地区，匪军始以真面目与我战斗，此原为匪军诱我深入之诡计。当时我军所以敢于大胆深入者，因曾奉陆总部郑州指挥部电示：犯郑州、许昌之陈匪、刘匪经我军迎击后，已经尉氏、洧川东窜，铁路以东已无匪踪。着师前进可勿顾虑。漯河方面亦仅有匪陈赓部。并先后层奉陆总部郑州指挥部三次电令，着本师与整二十师齐头并进，星夜兼程北上，迅解郾城之围。又层奉主席蒋（36）皓防创铁电令节开：着击破新安店附近之匪后，再行沿平汉路北上，索匪攻击。师奉命之后，切实遵行。况查陈赓部四、九两纵队前在豫西一带屡经我师痛击，其九纵队已溃不成军，四纵队亦曾受重创，当时判断以为，如当面之匪果仅陈赓所部，则以我师单独北进，亦可击破该匪，达成解救郾城之围之任务。讵料事出意外，上峰所示之战略情报错误甚大，而师派出汝南、上蔡方面之情报人员，均经匪方封锁，无法归还报告，未能迅速获得较远之确实匪情，遂至孤军深入，陷入陈、陈、刘三匪之重围,遭致无法补救之失败,至为遗痛。

二、影响所及于战斗之天候气象及战地状态

师自十二月十四日经泌阳越黄岗、毛集、赵庄之崎岖山路索匪攻击,每日强行百余里,且适逢大雪纷飞,多数官兵鞋袜破烂,赤足搜攻至于明港。嗣由明港北进,又值大雪之后,道路泥滑,疲劳官兵体力,减弱战斗力量至重且巨。十二月二十四日,由二十里铺攻占祝王寨。但该寨围墙已被匪军彻底破坏,而周围数十里内亦无其他良好之围墙庄寨,且祝王寨地势平坦,林木荫蔽,地形复杂。此时时机急迫,惟有遵命迅速集结祝王寨及修筑该寨周围工事,极力固守,待二十师到达后再行进剿。二十五日晚,天候阴霾,入夜更属昏黑莫辨,至午夜下降大雪,迄翌日午刻始止。因此,匪军得以利用昏黑夜暗集结兵力,近接我军阵地全面猛攻,以致我金刚寺及祝王寨外围阵地因受恶劣天候及不良地形影响,虽经三日夜之浴血拼杀,卒以众寡悬殊,粮弹已尽,又绝援兵,且伤亡殆尽,不幸先后陷匪。

三、交战匪军部队番号及主官姓名

与我交战之匪,一为刘伯承部第一纵队及魏凤楼部,二为陈毅部第一、第三纵队及第六纵队之一部,三为陈赓部第四、第九两纵队,综计匪军兵力在七万人以上。我师(欠一团又一营)以四个半团仅万余之兵力以应战,因形成一与六比,众寡悬殊之恶劣态势。

四、战斗经过(附要图〔图略〕)

十二月十九日于明港层奉陆总部郑州指挥部电令:着与整二十师星夜兼程,沿平汉路齐头北上,迅解郾城之围。遵于皓日进抵新安店附近地区集结,莇日攻占确山并扫荡附近残匪,二十一日收复驻马店。二十二日向遂平攻击前进,遭匪陈赓部八千余沿途散布,凭藉村落抵抗,冀图迟滞我军行动,当即向匪猛烈攻击,十八时攻占遂平城,该匪向西北仪封镇方向窜去。二十三日晨,有匪于刘店、蔡寨、二十里铺沿途村落布防，阻我前进，经我逐次猛烈攻击扫荡，至十六时攻占二十里铺、张庄东西之线，十七时攻击到达西平以南之焦店、衡坡一带地区。时遭遇由漯河、西平方向增来匪陈毅部第一、第三两纵队，配合原在西平之陈赓匪一部共二万余人向我反扑，战斗空前激烈，浴血苦战至二十三时，匪我疲劳已甚，伤亡亦重，形成对峙状态。我为调整部署，当以主力集结于焦店、二十里铺间东西地区。此时二十师尚远在正阳，我军故陷于孤军深入之地，且后方粮弹补给自明港出发以后即告断绝，此时官兵携行弹药亦仅有半个基数。

二十四日判断匪似有诱我深入与我决战之企图，而盘踞祝王寨之匪对我侧面之威胁甚大，且二十里铺附近地形复杂异常，村庄星散，无险可守，乃决心攻占祝王寨及其附近村落，以使〔便〕固守待援再策后图。当日攻占祝王寨、金刚寺及其附近村庄后，即星夜以第三旅（第八、九两团）转移占领月海、双庙附近地区，第八团（欠一营又一连）附特工大队占领枣子牙、罗庄附近地区，第二十旅（欠五九团）占领金刚寺、后李庄、王楼间地区，师工兵营固守分金庙，师部率第五九团位置于祝王寨，并即修理寨墙，构筑工事，严阵以待。二十五日晨，匪乘我立足未稳之际，忽由上蔡方向增到刘伯承部第一纵队及魏凤楼部共约三万余人，另由漯河方向增来陈赓部四、九两纵队主力二万余人，向我祝王寨、金刚寺各据点层层包围，轮番攻击，反复冲杀，肉搏争夺，激战终日，赖我忠勇官兵沉着应战，匪终未得逞。二十五日下午酉时起，匪一股万余乘月暗由大刘庄向我第七团阵地猛犯，反复冲杀，伤毙匪二千余，激战至午夜，因我工事全毁，伤亡过重，该团阵地被匪突破，该团长傅玉华被俘，全团因之瓦解，师部与二十旅之连络因此被匪遮断，致影响全般战局。是时，奉令着二十旅调回祝王寨，以加强防守力量，卒被阻未能实现。十九时起，另匪万余由祝王寨西北向我第八团罗庄、枣子牙阵地攻击达旦,反复争夺十余次,形成拉锯战斗,战况激烈异于寻常。计伤毙匪五、六千,我阵地屹然未动。张光庄、王来庄之匪彻夜向我祝王寨阵地猛攻,被我击退。至第二十旅方面,自黄昏起遭匪刘伯承部二万余猛烈攻击,激战至二十四时,韩庄、大王庄守军一营全部壮烈牺牲,因此金刚寺之战斗更形激烈,我第二十旅旅长谭嘉范竟于此一场恶战中忠勇殉职。继续战斗至二十六日晨,发现该阵地前伤毙匪五、六千人,然终因匪我兵力悬殊,我守军弹药消耗殆尽,伤亡枕藉,与该旅之有无线电连络亦于是时均告中断。此方之枪炮声响如雷震,惨战至六时,金刚寺东北两门被匪突破,发生激烈巷战,但该旅仍固守西南两隅,六十团团长蔡力诚则于巷战中为国捐躯,第五八团团长洪伟重伤之后下落不明。六时二十分,战斗暂告中止。二十六日九时,匪又集中全力向我各阵地蜂拥猛攻,我罗庄之特工大队几全部牺牲,罗庄、余庄相继失陷。第八团枣子牙阵地受匪攻击尤烈,我因伤亡过重,该阵地被匪攻占其半,嗣受匪四面包围,无法突出,派队策应又受阻击,苦斗至薄暮,弹药消耗已尽,该团长陈德生不幸被俘。当此之时,祝王寨已形成孤立据点,匪复集中兵力紧缩包围,全部炮火向我轰炸,寨内受匪重炮弹千余发,人马伤亡甚众,东寨墙一部被匪炸毁,至十七时,匪数百人由缺口突入,我第三旅旅长雷自修亲率队反复逆袭,将突入之匪全部消灭,并伤毙匪三、四千人,该旅长亦壮烈牺牲。十八时,匪之攻势更烈,赖我士气旺盛,使匪无法冲入,然因处于众寡悬殊、弹尽援绝、伤亡惨重之境地,实无法再行固守,迫不得已于十九时率第五十九团残部由南门向西南方向突围。突围战斗惨烈万分,我副师长路可贞、副参谋长李熙元几经冲杀,无法突出重围被俘,五十九团团长谢枝青则下落不明。职等于冲出该寨后,沿途七十余里内复遭匪埋伏截击,至二十九日晨率部二千余人到达明港,战斗至此终止。总计是役先后伤毙匪军二万余,我军因突围地区辽阔,人马械弹器材刻正设法陆续收容中。又因各级主管业务负责人阵亡失踪者不少，情形特殊，关于人马伤亡械弹装具损耗等表容再补报。

五、经验与教训

（一）我军方面应改进之点

1. 集中兵力，稳扎猛打。此次陈、陈、刘三匪集中全力窜扰我平汉路沿线，在匪主力动向未明以前，遽令本师一师欠一团又一营之兵力沿平汉路与整二十师齐头，星夜兼程北上，迅解郾城之围，因友军行动未能与我协同一致，以致孤军深入，以寡击众。作战务宜集中兵力，稳扎猛打，方为上策。

2. 战略情报务须迅确。师谍报机构简小，经费有限，对战略情报之搜集甚感困难，且派出较远方之谍员受匪交通封锁后，因缺乏报机，所得情报无法报部，故全般情况势欠明悉。而层峰所示匪情又以刘伯承、陈毅匪已经东窜，故师遵命行动，以致判断错误，惨遭失利。

3. 粮弹补给应求充足。匪常集数倍于我之兵力与我作战，倘我军携行及补给之粮弹充足，则必可攻必克、守必固，杀敌致胜。如第五军之粮弹充裕，予匪致命打击，可为明证。今本师缺乏运输工具及人马，而兵站追补、监护又甚困难，是以粮弹补给常告中断。查本师自十一月一日由洛阳追剿以来，为时二月，穷追极剿，已无后方联络路线，迭请空运补给，复因部队行动靡定，无法投送。

4. 行军与战斗均应注重培养战力。本师自鲁西追剿以来，为时半载，或强行于山岭崎岖之中，或赤足履涉冰天雪地之候，时或粮秣断补，饔餐不继，时或衣鞋不周，征战号寒。处此困难境地，犹每日昼夜兼程强行百余里，半载以来迄未稍得休整，削弱战力，莫此为甚。

5. 最前线师长以上之指挥官，应予独断专行之权宜。知己知彼，为致胜之先决要件。我军追剿以来，第一线部队所得情报，常每隔一日才能上报,再俟上级指示而后行动,则距获得情报时间已在三日以上,故常坐失时机,甚或反为匪所制。敬请对前线师长以上之指挥官,应予以独断专行之权宜。

(二)匪军方面足供参考及注意事项

1. 迅速集中兵力、火力,白昼夜间实行大胆攻击。查匪军向来惯用夜战,并极力节省弹药,惟此次行动,窥破我方仅一师之众,孤军深入,及匪因在漯河、许昌等处掠得我大部军实,故一改其过去之惯用战法,日以继夜,集中火力、兵力,全面向我猛烈攻击,毫不吝惜弹药,前仆后继,不达目的不止。此点殊堪注意。

2. 匪方三八式机枪威胁力甚大。三八式枪弹在空中爆炸声音锐厉,有如在我阵地后袭来,日夜不断,使我官兵精神上受甚大之威胁。此种枪弹我军似宜仿造应用。

3. 匪军以"开仓济贫"手段、"耕者有其田"口号,一般劳苦大众受其诱惑者甚众。此次在明港以北各大城市中,匪故意买好市惠,对人民生命财产秋毫未犯。此点为匪经过改良之斗争方式,尤宜注意。

师长李楚瀛。印。

中华民国三十七年元月　　日

〔国民政府国防部史政局及战史会档案〕

4. 国民党国防部新闻局关于整三师祝王寨一役作战经过及经验教训致陈诚呈

(1948年2月)

(1) 2月9日呈

国防部新闻局呈　(三十七)敦锄85号
中华民国三十七年二月初九日

一、兹摘陈整三师第二十旅新闻室报告:(一)本师(缺第九团）于十二月十八日由李司令铁军率领，由信阳、明港向北确山、驻马店地区盘踞之散匪扫荡。至确山，有匪数百人，经我军攻击后狼狈向驻马店退去。廿一日，本师推进至驻马店，廿二日奉命星夜驰援，解郾城之围，经遂平至西平沿途均有激战，二十五日推进至祝王寨、金岗寺一带，我方因情报不确，敌情不明，即陷于匪有计划之集中主力包围圈，计有陈毅匪一、六两纵队，陈赓匪四、八两纵队，刘伯承之第七纵队，约四万余人，敌集中山炮五、六门、迫炮六十余门（均系在许昌、漯河俘获我方之武器弹药），以优势火力向我进攻。经两夜一日之激烈战斗，阵地全被摧毁，后因弹尽援绝，奉命突围，除司令官李师长及少数营、连长脱险外，大部被俘。斯役，我方伤亡官兵一千二百余人，匪伤亡一万余人，我高级将领殉职、被俘者：第三旅旅长雷自修阵亡，第七团团长傅玉华受重伤自杀，第二十旅旅长谭嘉范于阵地摧毁时据其逃出卫士称自杀，第六十团团长蔡力诚督战时阵亡，第五十八团团长洪伟突围后失踪，第二十旅副旅长孟树模、参谋长沈炳宏、第三旅参谋长饶亚伯被俘，五十八团第二营长王汝湘阵亡。其余伤亡官兵俟调查清楚再为呈报。（二）本师现在郑州收容，归队官长计第三旅副旅长王举才、第八团团长陈德生、五九团团长谢枝青、副团长刘问雄以下军官四百八十五员、士兵八百六十九名。尚有逃出向南阳、信阳方面者，数目不详，故未列报。（三）本师归队官长多系被俘后释放者，每人发给路证及旅费一、二万元不等，其释放标准，副团长以下凡军校毕业者均释放，行伍出身、身体强健、略通文字之尉官不放，士兵老弱者释放，体格健全者不放。（四）此次本师失败之原因，在不明敌情，孤军深陷于重围，以致全师覆没。经此战役后，士气低落，军心涣散，必须另调驻地加紧整训，方能振作士气，发生力量。等情。

二、报请鉴核。

职：邓文仪

(2) 2月19日呈

国防部新闻局呈 （三十七）敦锄字121号
中华民国三十七年二月十九日

一、据整三师新闻处一月二十四日闻实字第九六〇号报告称：该师西平祝王寨作战失败原因之检讨。失败原因：（一）战略被动：（1）本师自去年七月奉令由豫北开赴山东参加剿匪以来，先后在鲁南、鲁西、豫东、皖北、豫西各地作战凡六阅月，追击、行军路程在五六千里以上，兼以整补困难，致使各级官兵有疲于奔命之感。（2）师以上之高级指挥官因建功心切，驱使本师对陈赓匪部施行穷追，因未能指挥所有部队协同作战，致被匪诱入深窟，使我军在极不利之情况下作战。（3）我军作战一贯之通弊，在于不能机动，因一举一动皆须听候上级命令，因而有利之时机往往坐视贻误。如本师在西平战役中能够相机转进，则陈匪设伏战术定然失效。（二）战术战斗之缺点：（1）因兵力单薄故，作战配备失掉重心，更以兵团部随本师行动，需派定兵力担任警戒，不能集中使用作战，故被匪各个围攻。（2）奉命突围以后，计划不周详，事先未遣派掩护部队，各级官兵争先逃命，致目标显露，伤亡亦因而过重。（3）土工作业之技术不良，据点以外之工事不能及时构筑，缺少交通壕沟，致运动甚困难。（4）夜间教育不够，以致只能扼守工事，不能发挥夜间战斗之效能，故每至夜晚即为匪军最嚣张之时期。（5）我军只知死守据点，未能遣派少数部队在据点以外活动，形成纵深配备。（三）补给之缺点：（1）许昌、漯河等地失陷以前，我后勤部队未将所存军用物资尽先抢运、破坏或散发民间，以致被匪劫去，增强匪之战斗力，并有散发民众者，以买民心。（2）我补给机构对部队之需要不能按时送达，不能对在山地作战及被围之部队作有效之补充，故本师自离开洛阳以后两个月内，薪饷、粮服、鞋袜均无补给，致前方部队不得不就地征用，因而引起民众误解，批评本师纪律不好，士兵亦因不堪赤足于雪地行军之苦而生怨言，故军心之影响甚大，且部队行军较速，大行李落后被劫，我军物质缺乏，反增匪方物质。（四）友军协调不够：（1）本师于祝王寨被围前，曾与陈赓匪部作战一昼夜，因陈毅匪部之四个纵队先我援军参加战斗，致陷本师于重围。被围后，友军不能及时增援，解救孤军，作战故而失利。（2）中级带兵官间，尚有少数主官因平日情感不洽，故在作战期间不能协调，以致掌握不灵。（五）情报不确实：（1）我军之情报人员以技术及经费关系，不能直接打入匪区，故所探得之匪情皆多推测，随便询问民间而来。师以【上】之指挥官以情报不确实，指挥部队作战亦多盲目施令。师以下之主官因不能根据情况灵活运用，只好盲目服从，盲目行动，因而聚成重大错误。（2）保密防谍工作太差，亦为本师此次失利原因之一。如旅司令部内潜有匪之干部，所用之谍报员即匪之谍报员，此皆可将我之一切行动与计划暴露与匪。再，本师官兵素无保密训练，易被匪探明白我军之秘密。（六）役政不良：（1）役政不良为本师失利之因。因本师自参战以来，六个月内之伤亡约在五千以上，因兵役机关不能及时将兵源输入部队，而部队仍须继续作战，为充实力量计，下级官佐即随时拉夫拉民，补充连队。如此非特训练不够，影响战力，亦易使匪探化装潜入，乘机活动。（2）兵役机关办理不良，因所抽壮丁多系买卖顶替，故部队逃亡率甚大，且此次新兵绝少国家观念及守法精神，除逃之外，如军纪之败坏、作战不勇敢皆为重大缺陷。（3）新兵不能如期送达部队，以致有误训练时机，影响战斗力之不够。等情。

二、转请鉴核。

局长邓文仪

〔国民政府国防部史政局及战史会档案〕

5. 国民党华中剿匪总司令部为送一九四七年度工作报告代电

(1949年2月23日)

华中剿匪总司令部代电　中华民国三十八年二月二十三日
战字第一三八号

国防部顾参谋总长：

一、兹将前国防部九江指挥部三十六年度工作报告书一本随电送请查考。

附国防部九江指挥部三十六年工作报告书一本

兼总司令　白崇禧

国防部九江指挥部三十六年度工作报告书

第一、前言

一、奉主席（卅六）戌虞防创邵代电开：兹为彻底肃清大别山区匪军：

（一）成立国防部九江指挥部，由贵官坐镇九江，担任指挥。

（二）九江指挥部所有作战地境、战斗序列及大别山区围剿计划随电颁发如附件。

（三）九江指挥部即按绥靖公署编制编组成立（编制附颁），人员以向国防部有关单位调用为原则，并酌给津贴。

以上各项除分行外，希遵照实施具报。

二、本部之作战指导在击破匪军主力，尔后扶植政治基础，组织民众武力，与国军协同，以肃清残匪及推〔摧〕毁其他地下组织。

三、交通、通信设施及补给、卫生、勤务等为适应军事之需要而作必要之准备及设施。

第二、一般业务

【一】组织：

三十六年十一月七日，奉国民政府主席蒋（卅六）戍虞防创邵代电示成立国防部九江指挥部，派白部长崇禧坐镇九江指挥，统辖辖区内军事，指导豫、皖、赣、湘、鄂等五省省政府，并指挥各该省之保安团队、水陆警察，彻底戡平津浦路以西、长江以北、平汉路以东、淮河以南大别山区匪乱，巩固治安。

奉令后即依国防部九江指挥部组织规程及编制系统表之规定，在南京筹备编组，于十一月廿二日编组成立，计分本部（办公室）及一、二、三、四、总务、民事、军法、新闻等九个单位，调任参谋长及各级官佐二四二员（含新委四十一员），并由参谋长率领于十一月二十三日十时分乘"永绥"、"永益"两舰离京，二十四日十五时到达九江。部长为明了战区情况，率要员七员由京飞蚌埠、合肥、信阳、汉口，视察各部队情形及指示进剿机宜，于二十七日抵浔，依据办事通则草案即日开始办公，行使职权，启用关防。组织规程及编制系统如附件一、二，办事通则草案如附件第三〔附件略〕。

大别山区之交通、通讯，为配合军事需要，业务纷繁，有设立机构用专运筹之必要。以亥寒联电请准成立工兵、通讯兵两指挥部，并入本部编制系统。

为指挥联络便利起见，部长于十二月四日率必要人员由浔赴汉指挥，本部（欠办公室、一部、新闻、民事、军法等处）亦于十二月十五日进驻汉口办公。

二、人事

本部编制除主官外，按绥靖公署编制。部长以下置参谋长、副参谋长、秘书长各一人，各处处长、科长及一般参谋与特种参谋等合计266-373员。遵照主席蒋（卅六）戍虞防创邵代电示人员以向国防部有关单位调用之原则，于十一月二十三日组织成立时，计调陆军大学研究院徐主任祖诒兼任中将参谋长，调国防部部长办公室赵副主任兼任少将副参谋长,调中央设计局邱副秘书长昌渭兼任军简二阶秘书长,及向国防部各厅局与陆、海、空、联勤各总司令部及其他机关、学校、部队调用官佐二一一员（内额外六员）,兼任高级参谋、参议、咨议及各处处长、科长、参谋等,另新委书记、司书四十一员如左表。

本部成立时编制人员及实有人员统计表〔表略〕。

三、文书〔略〕。

四、经理〔略〕。

第三、主管业务

一、绥靖作战

（一）概说

匪刘伯承于卅六年八月上旬自鲁西被我大军围剿,适际黄河汛期逃渡困难,乃率其1CD、2CD、3CD、6CD、7CD及SB南窜越陇海铁路,复经鲁苏皖豫边区窜抵大别山,企图于大别山区建立根据地,与陈毅、陈赓两匪部互相呼应,为祸中原,并希图破坏我津浦、陇海及平汉南段交通,阻断长江航运,复可渡长江蹂躏江南各省,东向威胁首都,西向威胁武汉。该匪不灭,后患无穷。我最高统帅十一月初旬决心以迅速歼灭刘匪主力,不使在大别山区建立根据地之目的,曾先后于南京召集大别山区作战检讨会议及湘鄂皖赣苏豫六省绥靖会议,成立国防部九江指挥部,调集大军,配合各省地方保安部队进行围剿,派白部长坐镇九江,担任指挥。于十一月二十七日开始围剿。本部之作战指导在击破匪军主力,尔后扶植政治基础,组织民众武力,与国军协同,以肃清残匪及推〔摧〕毁其他地下组织。刘匪各纵队经我军之围剿,除10CD、12CD、1CD主力分向西、向北逃窜外,其余被我军击破,分股流窜,企图牵制我军兵力,以策应匪陈毅、陈赓两部之作战。际此,我军便进入分区清剿阶段,彻底肃清,计日可成。国防部九江指挥部作战地境如附图一〔图略〕。

（二）匪我状况

（1）匪情动态

（甲）围剿作战前匪刘伯承部南窜经过及企图

刘匪原为伪晋冀鲁豫军区司令员，于三十六年六月二十九日率一、二、三、六、七、十、十一纵队及独立旅渡河南窜鲁西，企图与陈匪相策应进犯徐州，于金乡（鲁西）以北地区被击溃后，遂决定将第一、七纵队并编为第一纵队，乘国军后方空虚之际，悉率残部于八月上旬由民权、砀山间越陇海路南窜，企图实行"空心战术"以分散国军兵力，并利用各地潜匪势力，扩张踞地，重建华中根据地（大别山）之迷梦。

中共中央为扩大叛乱、避免内线作战之危机，复派匪李先念（李匪籍湖北黄安）率第十二纵队及高干队、教导队于三十六年十月间南窜大别山，企图于刘匪渡江南窜川湘鄂边区时接替刘匪重建中原军区之任务。

围剿作战前，综计大别山区匪刘伯承部野战军约九万人。

大别山区围剿作战直前匪态势如附图二（同匪我态势图）〔图略〕。

大别山区匪后方设施状况如附图三〔图略〕。

大别山区围剿作战前匪番号匪首姓名战力如附表一〔表略〕。

（乙）围剿作战间匪情动态

当本部进驻九江直前，刘匪 1CD、3CD、6CD 等主力相继由英山、罗田、黄梅、广济、浠水间地区西窜黄安、经扶、礼山、光山、罗山间地区，似有乘我围剿部队尚未集中完毕，企图先行击破我信潢公路之野战军，并接受匪 10CD 南下补充，该匪（10CD）亦即于十一月二十七日由息县地区经竹竿铺、张胡店间越信潢公路南下。刘匪以我部署周密，且知其态势已处于严重之不利，遂实行离心流窜，以 10CD 及 12CD 之一部于十二月六、七日由柳林越铁路西窜桐柏山区，以 12CD 主力及解放 BS、江汉 BS 于十二月十四五日由广水、花园间越铁路西窜大洪山区，企图建立各该地区之根据地。以 1CD 主力于十五六日北窜淮河以北地区，担任大别山区残匪与窜扰皖北、豫东之匪（陈毅部）连系，匪 2CD、3CD、6CD 等主力则于大别区作旋回或分股流窜，以牵制国军兵力，使不能集中索匪追剿。

（丙）围剿作战后匪情动态

刘匪经国军卅五日之猛烈围剿、清剿，伤亡、被俘、投诚约四万零一百九十人，另逃散三千三百余人，装备损失无算，除 1CD、10CD、12CD 及解放 BS，江汉 BS 等也〔逃〕窜外，尚于大别山区置野战军（含行政机构之基干部队）约二万二千人，并划分军区、军分区及设置行政专员、县府等行政组织 45 单位（每单位拨野战军一连充基干部队，预定半年内扩编成营）、地方部队 28 单位（约七千余人），企图建立并发达、巩固大别山区根据地，继续扩大叛乱。

大别山区围剿作战之后，匪刘伯承留置大别山区兵力态势、大别山根据地军分划区如附图第四、五（含兵力表）〔略〕。

大别山区围剿作战之后，匪刘伯承部装备损耗如附表二〔表略〕。

（2）我军企图及部署

国军为迅速歼灭刘匪、摧毁其在大别山区建立根据地之目的，以确保南京、武汉之安全，维护交通，调集优势兵力实施围剿扫荡，并以江防舰队协同陆地部队封锁长江，堵匪南窜，空军支援地面部队之作战。而陆军部队依外线作战，预期一举击灭匪主力，而后分区扫荡。各地方行政人员及团队协力国军作战，随攻击之进展恢复地方行政组织及实施民众组训，并使民众组训与军事配合，发挥全面力量，扑灭残匪及其地下党军政组织，根绝匪源。

大别山区围剿作战之前匪我态势如附图二〔图略〕。

国防部九江指挥部指挥系统如附表三之一、二〔表略〕。

国防部九江指挥部所辖各部队战力如附表四〔表略〕。

（三）作战经过

1. 十月二十七日至十二月三日之作战

甲、匪情

在本部未进驻九江前数日，刘匪 2CD、3CD、6CD、BS 主力相继由英山、罗田、黄梅、广济、浠水间地区渡巴河西窜经扶、黄安、麻城间地区，其 1CD 及 12CD 等盘据定远店、宣化店、经扶、罗陈店间地区，有乘我各部队尚未集中完毕企图打击我 10D、11D 一部，接受南下 10CD 之补充。

乙、作战指导

本部十一月二十七日下达作命，其主眼在乘匪北移之际乘隙扫清大别山区东部匪巢，预期在亥江以前占领立煌、腾家堡、罗田亘巴河之线，控制匪巢。其部署如下：

（1）令第五绥靖区以 11D、10D 并配属重迫炮十五团第二营组成攻击兵团，堵匪北窜，如匪乘我分离向东或向南回窜时，应跟踪追剿。85D 即在李家集、黄陂间地区掩护武汉外围并搜索匪情。

（2）令 23A 李军长指挥 28D 经广济占领罗田、腾家堡，145B 控制黄梅、广济，相机推近浠水。

（3）令第八绥区以 48D 收复立煌，以一部协力 7D 之战斗，以 7D 收复英山，占僧塔寺，以 46D 主力控制六安、霍山，以 58D 全力固守商城，以 1B/202D 之一部扫荡宿松，以 25D 归 8PA 指挥，控制潜山，为该绥区之总预备队，以 25D 之一部占领岳西磨子潭。

丙、作战经过

（1）第五绥靖区方面。十一月二十六日，10D 到达张胡店、耿家集之线，18B/11D 于 27/11 先头到达竹竿铺。匪乘我两部尚未取得联络之际，于 27/11 以 1CD 向罗陈店守军 1（R）/10B 及周党畈、苏河一带 163B 行牵制攻击，匪 10CD 之一部亦同时攻击我 10D，激战彻夜，其主力即由张胡店、竹竿铺间地区越信潢公路南窜。11D之11B及11BB28/11至30/11先后开抵信阳后，即使用于光山方面，与10D协力分由罗陈店、沙窝、沙皮河、宣化店各附近之匪进剿。当匪10CD南窜抵达息县附近时，空军为侦察监视匪之行动及攻击匪军计，于廿五日至廿八日出动飞机侦察射击轰炸，毙毁匪兵及其辎重甚多，并将匪之动态不失时机通报我陆军部队，使得从容作战斗准备。是役，我机两架中弹，幸安全返防。

(2) 23A之28D28/11由黄梅出发，次日进占广济，30/11续收复漕河铺，即在该地补充粮弹后续行西进。浠水李家集方面之我85D仅派少数斥候搜索，与匪保持接触，担任掩护武汉安全。

(3) 第八绥靖区方面。58D主力十一月二十八日由霍山前进，次日与匪5B/2CD之一部战斗后收复流玻磹，并在该地清剿散匪，补充粮弹，续行西进。匪5B/2CD主力闻风即向商城方面窜去，1/12该师于排除匪之微弱抵抗后收复立煌，并扫荡附近残匪。48D除留一团守备固始外，主力29/11分由黎家集、固始向商城推进。25D主力亦遵令控置于六安、霍山。7D于28/11由潜山前进，次日收复太湖，于该地补充粮弹后，2/12进占合水涧。此际，英山、罗田匪军已相继西窜，次日7D由合水涧分向英山及张家榜进出，无大战斗。25D不待集中完了，其118R29/11进至潜山，2/12向岳西东南地区，其324R3/12推进至桐城扫荡，主力则【于】安庆、高河铺间地区集结。

作战经过如附图第六〔图略〕。

2. 十二月四日至九日之作战（柳林战斗）

甲、匪情

刘匪企图乘我军分进之际实行各个击破，但以我军部署周密，无隙可乘，其12CD之一部约2000+六日午后于柳林越路西窜，匪10CD约2万余人亦相继通过柳林。12CD主力及BS窜抵姚家畈、夏店间地区，其一部经东篁店越路西窜。匪3CD主力窜河口以北地区，有与6CD、BS向西北逃窜模样，其8B于七日夜窜宋埠、岐亭附近。匪2CD集结于商城、潢川间地区,于七日夜围攻固始。匪1CD之1、2B仍徘徊于宣化店附近。

乙、作战指导

(1)着20D及163B(十二月八日由罗山车运信阳)星夜进出谭家河、西双河、李家湾地区,堵匪西窜或向西北窜。着10D向柳林方向尾匪猛追,与20D协力夹歼窜匪。11D向经扶以南进出,相机与20D、10D围歼西窜之匪。以52D及9B/9D增强武胜关、花园间之警备,并相机参加柳林方面之作战。

(2)着28D迅经旧河街向宋埠、岐亭西北地区进出,并与向黄安、河口进剿之85D连系。

(3)着7D迅由团陂经黄麻坳向麻城以北地区进出。

(4)着58D即扫荡商城附近残匪,维护商城、沙窝交通,使48D后方连络安全。八日晨令以主力驰援固始。

(5)着48D由商城南下,向黄土岗进出,与11D、7D取连系。八日晨令其驰援固始。

丙、作战经过

(1)柳林战斗:十二月四日,刘匪鉴于围剿形势之严重,开始作离心流窜,企图引诱我大军追击,解主力之围。六日,匪12CD之一部向我守备柳林之交警第四总队猛攻,掩护10CD主力由柳林南侧越路西窜,七日起在柳林西双河、谭家河间地区被我交警第四总队、98R/52D、补充第一团、163B、20D等猛烈堵剿。八日晨,我10D已由龙升镇西进至柳林东侧地区,与堵剿部队完成合围,包围圈逐渐缩小。适值降雨,空军受气象限制,难以协力,即步炮协同亦感困难,匪乃乘机集结主力向西双河猛扑,一部向谭家河南侧突击,激战甚烈,除10CD、12CD各一部共约10000余突围外,余均被击溃。九日,我空军出动,协助陆军部队将残留于包围圈内之匪悉数歼灭,遗尸战伤甚多。是役经三昼夜之激战,计毙伤匪9300+,俘匪30B之98R团长以下四千一百二十八名

（投诚二五〇人在内），轻重机枪 36 挺、步枪 592 枝、大小炮十六门、马一百五十四匹，其他战利品无算。

（2）我 7D 分由张家榜、英山经刘公河、蔡家河、黄麻坳进出白果市，28D 由浠水经林山河向宋埠、尹家河前进，沿途排除匪之微弱抵抗后到白果市、宋埠、岐亭之线，连系向北进剿。

（3）十二月六日，25D 之 40B 于水吼岭附近排除匪之抵抗后进占岳西。

（4）匪第 2CD 主力约二万余人，炮四门，于十二月七日二十时围攻固始，被我整 58D30R 第二营连同河南九区区集训总队吕、李两大队、固始自卫队两中队等合兵力约千人，在营长尹卓鹏、县长赵襄吾指挥下，坚强抵抗，冲杀两日三夜，匪伤亡惨重，我 48D、58D 复由商城及其西南地区驰援，卒将匪击溃。

作战经过如附图第七〔图略〕。

3. 十二月十日至十五日之作战（继续对刘匪主力围剿）

甲、匪情

匪 10CD 主力及 12CD 一部已被我击灭于柳林、西双河间地区，其 12CD 主力及 BS 约万余人由姚家畈、夏店及以东地区于十三日由吕王城西移，至十四日夜即于广水、花园间越铁路西窜。匪 1CD 于十二日由周党畈向东移动。匪 6CD 在黄安以北地区，有北窜模样。匪 3CD 与我 28D 在宋埠战斗后，逐次向经扶北窜。匪 2CD 围攻固始不下，于十日分向三河尖及六安方向逃窜，其一部于十三日围攻姚李庙（杨柳店）我守军 57R/46D。综观刘匪 1CD、3CD、6CD 仍在我战略包围圈内，并据俘称匪刘伯承决以主力巩固大别山根据地，以 10CD 建立桐柏山军区，12CD 建立江汉军区，陈赓建立伏牛山军区，陈毅为机动兵团居中策应。

乙、作战指导

综合各种情况判断后，决心仍维持击灭刘匪主力不使在大别山建立根据地之既定方针，继续对刘匪 1CD、3CD、6CD 加强围剿。兵力部署概要如左：

（1）令第五绥区即于十二月十日以11D一部在光山附近机动，堵截刘匪北窜，主力自孙铁铺、罗山方面向周党畈、宣化店及其东侧附近地区索匪攻击。10D由柳林附近趋宣化店转向东北，与11D连系，索匪攻击。20D由柳林附近推进三里城、九里关，策应10D之作战。

（2）令85D吴师长指挥该师（欠110B）及9B/9D于十二月十日由广水向礼山、黄陂站、吕王城、七里坪前进，索匪攻击，注意与10D连系，并以一部固守河口镇。

（3）令28D主力控制于宋埠北侧地区，以一部堵匪南窜，以有力一部进占桃花镇，向黄安、七里坪方面搜剿，策应85D之战斗。

（4）令85D之110B控制于横店，52D之33B（欠一团）守备黄陂。

（5）令7D以主力控制麻城，以一部搜剿黄土岗、福田河方面残匪，左与28D连系，其在罗田之团应构筑坚固工事，以凭固守，并搜索腾家堡方面之匪情，以准备尔后扫荡。

（6）令第三兵团副司令官自十二月十日起统一指挥48D及58D，仍由58D以有力一部协同地方团队守备固始，48D及58D主力即由固始附近回师，向白雀园、沙窝、泼皮河、八里畈、经扶前进，索匪攻击，并与7D连系，阻匪东窜。

（7）着46D即派队解姚李庙之围。

（8）空军以协助10D、11D之作战为主，并派机协助57R/46D之战斗。

丙、作战经过

（1）十二月十日至十三日，刘匪1CD、3CD、6CD仍被我大军包围于罗山、礼山、黄安、经扶、商城、光山间地区，为迅速击破匪主力，我11D、10D、20D、85D、28D、7D、48D、58D各部队分由光山、罗山、柳林、广水、宋埠、麻城、固始向心进剿。十四日，我18B/11D在北向店与北窜之匪1CD及6CD之一部万余人激战，我11D主力及10D分由龙升镇、宣化店急进围剿，该匪向我18B猛扑突围，由砑河集越信潢公路北窜。

20D、85D、9B、28D分由柳林、广水、宋埠向匪12CD主力及BS会剿于七里坪及以西以北地区，该匪以情势危急，分股钻隙西移，其先头于十三日黄昏后向我魏家店车站守军猛袭，主力即越铁路西窜，我各部队将匪之残置部队搜剿，7D亦于十二日进出黄土岗扫荡。

我48D及58D主力十日由固始西进，十三日48D将盘踞沙窝之匪9B/3CD约4000包围，击灭及半，残匪西溃。十五日，58D于双轮河将匪8B/3CD击破，狼狈东溃。

匪12CD主力及解BS、江汉BS等万余人，十日、十一两日由黄安县属地区向西及西北运动，我空军不断前往炸射，击毙匪人马4000余，毁辎重20余袋，为空军大别山区作战以来第一次大收获。

（2）残存于岳西地区之匪3CD及地方部队，为呼应其主力作战，亦积极蠢动。我25D于十二日起派队搜剿，斩获亦多。

（3）由固始向东溃窜之匪2CD8000+于十二月十三日窜至姚李庙，围攻我守军57R/46D，我即调六安之56R及霍山562R，统归219B陈副旅长指挥驰援。陈副旅长即先率56R由六安兼程西进，沿途排除匪之抵抗，于十四日到达姚李庙，向匪猛攻而击溃之。562R十三日由霍山前进，次日至挥手店附近，被由洪家集方面东进之匪万余人包围猛攻，挥手店失而复得数次。十五日晨，我姚李庙之56R、57R向东驰援，与由六安西进之527R向匪夹击，匪不支，向西北窜去。

作战经过如附图第八〔图略〕。

4. 十二月十六日至三十日（追剿及清剿）

甲、匪情

十二月十六日，匪1CD由寨河集、光山继续北窜，至二十二日后仍盘踞息县、新蔡、汝南地区。2CD主力十二月十五日被我46D于杨柳店、挥手店击溃后，至二十二日窜至麻埠附近地区，续向南窜。3、6CD主力于潢川、商城间及商城西南地区向东向南流窜，至二十一日后，3CD主力向立煌、霍山东南地区流窜，6CD主力分股流窜于经扶、光山、商城等县地区，其17B于罗田、英山、黄梅、浠水间地区窜扰。至匪10CD残部向枣阳方向西窜，12CD及BS经由安陆分向皂市、天门、岳口地区流窜。

乙、作战指导

刘匪主力已分股逃出大别山区，我为彻底肃清残匪，即分别追击，分区扫荡。

（1）第五绥区张司令官统一指挥48D、58D、11D，向固始、潢川方面索刘匪3CD、6CD主力及向息县方面索匪1CD主力猛烈追剿而击溃之，58D仍应各留一部守备商城、固始。

（2）10D仍归5PA指挥担任"3"所述地境线以北（线上不含）大别山区散匪之扫荡。

（3）第三兵团张司令官统一指挥23A（仅有28D一师）、7D、28D、N17B、9B，担任大别山区小界岭、剪厂河、老君山、黄陂站、丰家店、双桥镇、广水线（线上含）以南长江以北地区，对刘匪残置部队、行政干部、土共等扫荡肃清之。

（4）46D谭师长统一指挥N19B/46D及40B/25D、527R/48D堵击搜剿匪2CD残部而击灭之。

（5）着85D（十二月十七日主力由七里坪向广水集结）吴师长率23B及33B/52D，于二十一日由广水经孝感、应城向皂市、天门索匪12CD及BS残部追剿。85D、110B十二月十七日由横店车运广水集结，二十日西向经应山向随县方面索匪10CD残部追剿，并均于二十二日改归武汉行辕指挥。

(6) 20D改归五兵团（五兵团归徐州陆军总部指挥）李司令官指挥，二十一日由信阳出发，向正阳方面索匪 1CD 残部追剿。

(7) 十二月二十二日，令第八绥区以 48D 全部主力及 40B 主力【向】索麻埠、立煌附近地区之匪追剿，并防匪向桐城、潜山方面窜扰。

丙、作战经过

(1) 第五绥靖区以 11D 之 118B 于十二月十六日向北追击，于傅家店附近将匪掩护部队 19B 痛击，续向北溃窜，并继续索匪追剿，二十六日进抵新蔡，次日转向西南搜剿，二十八日抵息县。以 11D 主力经潢川向东追击，二十一日到达郭陆滩，以匪 1CD 尚窜踞潢川以南，该师主力即改向东南追剿，二十三日回师集结潢川，一部到达商城，向白雀园、沙窝之匪扫荡。

10D 在辖区搜剿残匪，惟匪多闻风逃窜。

(2) 第三兵团之 7D、28D、9B 均在麻城、福田河、黄安、七里坪附近搜剿散匪，无大战斗。7D 之一个旅于二十五日收复腾家堡，二十八日 7D 搜剿英山、罗田、广济间残匪，171B 二十九日收复广济。

(3) 十二月十六日，48D、58D 分由双轮河、沙窝、白雀园向东追击，进出上石桥、江家集，索匪 3CD 攻击。十七日，48D 向商城、江家集前进，138B 及 526R/176B 于江家集、双柳树各与匪千余发生激战，反复冲杀，匪不支向东溃窜，即与 58D 并列猛烈追剿，二十一、二十二日分抵叶家集、黎家集附近，改归八绥区指挥，并在该地补给及搜剿附近散匪。至二十五日后，48D、58D 在立煌、霍山间地区索匪 3CD 主力追剿，40B 由磨子潭向霍山及大固店搜剿，后开桐城归还建制。

(4) 46D 谭师长率 N19B、562R、527R（欠一营）由六安向西进出姚李庙、洪家集地区，索匪追击。十二月十九日晚到达姚李庙，得知匪 2CD 全部约万余人经我在姚李庙、挥手店击溃后退集三元店附近，该师即于二十日向匪攻击，战斗至黑夜，匪不支，乘夜向叶家集方向逃窜，该师即跟踪追剿，二十五日后，向霍山及以南地区与48D、58D协力索匪3CD主力追剿。

作战经过如附图第九〔图略〕。

5. 十二月二十八日至三十一日确山战斗

甲、匪情

十二月上旬，匪陈毅部流窜豫中，与豫西之匪陈赓部会合，积极蠢动于郑州、信阳间地区，企图击破我平汉路两侧之野战军，策应刘匪之作战。中旬陷我新郑、许昌、西平，一部围攻郾城，主力围击第三师于西平南之祝王砦、金刚寺地区。二十七日匪陈毅部3CD、4CD与陈赓部4CD、9CD共约三万余人，乘我第三师失利之余分三路南下，围攻确山。又，匪刘伯承部之1CD及3CD之一部于二十八夜窜据确山东南留庄及其以西地区，企图阻截我军对确山之增援。

乙、作战指导

十二月二十六日，20D于正阳奉主席蒋电令即向遂平前进，二十七日夜到达确山。复奉主席蒋电饬守备确山，仍归本部指挥。时陈匪已逐渐迫近确山，形成包围态势，本部当即电20D杨师长以全力固守确山待援，同时授予机动兵团之命令要旨如次：

(1) 围攻确山我20D之匪约三万余人，现在激战中，已饬20D杨师长固守待援。

(2) 着罗司令官广文指挥10D、118B、9B即向正阳、明港急进，解确山之围。

(3) 着胡师长率11D主力向确山方面驰援，其商城之防务仍由58D之一团担任。

(4) 授予汉口空军第四军区罗司令之任务如下：

(a) 以全力支援20D在确山之战斗，特以支援确山南侧V字形高地之战斗为主。

(b)不断制压明港、新安店之匪军,勿使出动,妨碍我118D、9B之行动。

(c)空投弹药一基数以上,接济确山守军。

丙、作战经过

二十八日二十三时,匪逼近城郊,先向我确山车站及东关等处猛攻。至二十九日九时三十分,匪万余向城南我V形阵地包围攻击,守军沉着应战,同时空军到达支援,匪不得逞。入暮后,匪陈赓股四、九两纵队及陈毅股三、四两纵队各以主力分向我东关及V形阵地之(656.3)、(670.0)两高地不断猛扑,激战至三十日一时,(656.3)高地被匪突入,我以有力部队逆袭,冲杀至拂晓,将匪击溃。犯670.0高地及东关之匪经彻夜之激战后亦狼狈溃退。黄昏后,再兴攻击,陈赓部九千余携木梯分向城北、城西猛犯,激战终夜,匪不断增援,反复肉搏十余次,战况空前惨烈。至三十一日三时,北门被匪炮击毁成三个缺口,我官兵猛勇逆袭,激战至八时许,匪以伤亡惨重,向北退去。又陈毅部约万余向670.0高地及东关猛攻,670.0高地大部于三十一日四时陷于匪手,我军奋不顾身,反复肉搏,该高地得而复失者六次,匪尸枕藉,但仍据670.0高地南端顽抗。拂晓后,我空军到达助战及我20D以预备队增援,发生白刃战四次,至十二时将匪完全击溃。是日,我援军先头部队118B及9B分别到达宋埠(正阳西北距确山30公里)、明港,计程即可与确山守军内外夹歼犯匪。二十一时,匪一部分向东关及西门进犯,战约一小时,战况渐趋沉寂,匪主力似已逃窜。20D当即派队扫荡,至车站附近匪向我反扑,经我猛勇冲杀后即北窜。三十七年一月一日,我以有力一部沿公铁路向古城方向追剿,沿途击溃匪之掩护部队,战斗遂告终止。当空军受命以全力支援确山守备部队20D之战斗时,即作如左之准备:

A、令驻汉口基地之全部P51机与B25机一律整备完妥,准备作战。

B、调徐州第三大队一个中队兵力来汉增防。

C、调驻徐之B25机二架返汉,并利用返汉之便轰炸确山附近匪军。

D、整备B25机一架、C—47机两架作夜间之出动。

E、整备C—46机空投粮弹。

我陆军20D守备确山经四昼夜之苦战奋斗,空军部队亘全战之经过昼夜派机前往侦察,及对匪之攻击重点兵力昼间潜伏之村落、司令部驻所等射击轰炸及投送粮弹。计是役昼间出动作战飞机B—25机15架次、P—51机74架次,夜间出动C—47机五架次。基于二十九夜之战斗经验,三十、三十一两夜全夜在确山上空支援20D之战斗,又出动C—46运输机13架次投送弹药（39876）公斤,是役消耗炸弹（23200）磅、子弹（54830）发、汽油（23840）加仑。总计全战果毙伤匪二万余,牛马约五百头,俘匪三百余（内救出第三师被俘士兵二六〇名）,夺获轻机枪五挺、步骑枪六十六枝、冲锋枪五枝,其余战利品无数。

作战经过如附图第十〔图略〕。

大别山区围剿作战有功部队官兵勋奖如附件第四〔略〕。

大别山区围剿作战各部队弹药消耗如附表第六〔表略〕。

大别山区围剿作战各部队武器损失如附表第七〔表略〕。

二、豫、鄂、皖、赣、湘五省之政治指导

（一）民众组训

共匪有组织、有主义、有国际背景,与往古之盗寇倡乱迥然不同,故剿灭自不能纯依军事力量,且须置重点于政治。然被匪窜据区域必须以军事力量击破匪军主力,及掩护扶植政治基础,组织民众武力,与国军协同,以摧毁肃清残匪及其地下组织。本部依此方针,指导豫、鄂、皖、赣、湘五省政府,以使在剿匪期间民众组训与军事配合,发挥全面力量,迅奏清剿肤功,并据此进行拟订豫、鄂、皖、赣、湘五省民众组训实施纲领颁行,以为五省民众组训之准据。

（二）编组保安团队

保安团队及民众自卫队配合国军清剿残匪成效卓著，豫、鄂、皖、赣、湘五省之保安团队及民众自卫队有应即增强编组之必要。本部特拟订编组要点，以（三十六）亥东浔清三电饬各省政府查照办理具报。

豫、鄂、皖、赣、湘五省编组保安团队及民众自卫队要点如左：

（1）积极增编保安团队及普遍编组民众自卫队。

（2）民众自卫队应有省政府、专员公署、县政府各级政治中心所在地先行着手，各机关团体职员应以身作则，编组受训起示范作用。

（3）高中（同等学校）在未集中训练以前，仍按过去在校实施军训办法编组训练。

（4）保安团队及民众自卫队所需军事干部得遴选在乡军人或转业军官。

（三）加强长江南岸、汉水西岸警备

匪刘伯承部在大别山区被国军围剿，濒于歼灭之危机，于是向西突击，四处逃窜之际，所有襄河西岸亟应加强警备，以资防御。本部特拟定长江南岸汉水西岸加强警备要点，以（三十六）亥东浔清三电饬湘、鄂、赣三省政府查照办理具报。加强长江南岸汉水西岸警备要点如左：

（1）应调整沿长江汉水西岸之专员、县长，以有军事知识及政治常识者为主，并迅将两岸民众自卫编组成立。

（2）在长江南岸、汉水西岸应责成各专员、县长督饬保安团队及民众自卫队分段警戒。

（3）长江、汉水各渡河点船舶，在长江者应停泊南岸，在汉水者应停泊西岸，并派团队或自卫队监视守护。

三、非纯属绥靖作战业务〔略〕

对大别山区第一期（自三十六年十二月一日起，至十二月卅一日止）作战经过之检讨纪要表〔略〕。

附表第一：大别山区围剿作战直前匪战力判断表〔略〕。

附表第二：大别山区围剿作战后刘伯承部装备损耗判断表〔略〕。

附表第三〔表略〕。

〔国民政府国防部史政局及战史会档案〕

6. 国民党第二〇六师困守洛阳被歼经过报告

（1948年3月）

陆军第二零六师　三十七年三月八日至十六日洛阳战役战斗经过报告书

一、前言

本师固守洛阳时历八昼夜，匪以八倍之众攻此孤城，弹尽粮绝，援军不至，大部官兵壮烈牺牲，所有全部作战命令及重要资料均被炮毁，寸楮无遗，战斗详报无从纂集，爰将此次洛阳战役经过及真实情况，编成报告书一帙，仅以血肉经验、忠勇史实历陈层峰，幸我贤明长官及袍泽鉴教之。

二、战斗前匪我态势

豫匪于去岁双十节攻扰洛阳，窃据许昌、漯河后积极整备，势益猖獗，于二月终再度蠢动，由陈毅率其主力三、八两纵队，陈赓率其四、九两纵队及孔从周之三十八军并牛子龙部三千余人攻略洛阳。匪自平汉南段北移，经颍桥、禹县于白沙（伊川东）附近集结后，其一部（八纵队）出登封，渡伊河，陷偃师，直扑黑石关，破坏交通，阻我援军。其主力同时经由南召、叶县、宝丰、郏县、伊川向龙门以南地区前进，以孔从周之一部过宜阳、涉洛水向新安遮断陕洛,截我西援,并河北聂荣臻就孟县附近派其新一旅、独一旅由狂口、东西沃南渡,策应作战,孤立本师,形成包围。计匪围攻洛阳兵力共四个纵队、一个军、二个旅及民兵若干,总计不下十万余人——如附图第一〔图略〕。

本师自去岁运城、灵宝、陕川及鲁西与洛阳作战后,损失惨重,容冬邱师长莅任本师,积极补充,加紧训练,赶筑工事,城防及外围据点得以次第完成。后于二月上旬构筑洛中核心阵地,除第五团及补充团与第二团之第二营已奉令在汉口、西安、郑州三地接兵外,其余第一、第二旅计步兵一、二、三、四、六团及师直属部队,另配属炮八团之一连、炮十四团之一排、炮五十一团之一连及济西民团百余,共约一万七千余人参加作战。其兵力配备——如附图第二〔图略〕。

三、战斗经过

1. 第一日(三月八日)——详附图第三〔图略〕。

匪军自三月三日兼程急进,至三月八日即向洛阳东西南北四面包围猛犯,是日午前十时,其先头部队与我谷水、三山村、龙门以南之窑底及邙山、白马寺一带警戒部队发生激战,尤以白马寺我警戒部队于匪冲杀十余次,斩获甚多。

2. 第二日(三月九日)详附图第四〔图略〕。

九日午前十时,匪军大部已占洛阳,我炮兵开始射击,我东车站、九龙台、福音堂、东大寺、大王庙、东南门及电灯厂,周公庙、上清宫等处据点均激战彻夜,我固守九龙台之兵力仅一排,遭匪七次猛冲,均被我击退,匪伤亡数逾六百余人,惟我固守西工电厂之第六团第三营,因地势孤立,遭匪猛冲特甚,守军营长谢烠元率队出击,获匪步枪百余枝、轻机枪十六挺、匪兵八十四名,该营长遂壮烈殉职。

3. 第三日(三月十日)详附图第三〔图略〕。

十日清晨,我外围各据点虽经彻夜之惨烈战斗,除上清宫之守备团队因众寡悬殊大部殉职外，余均能安全固守。惟东车站附近之安仁里、福音堂及西车站一带，已被匪侵入一部（兵力约一营），旋经我第二团（第一旅预备队）团长封期远亲率该团第三营由东北门出击，第一团第一营由西北角向西车站出击，当将侵入之匪分别击退。是日，我一、二团生俘匪军三百余名，夺获轻机枪二十挺，步枪七十余枝。当此之时，全军尤为振奋。匪不得逞，仍集中炮火猛攻我东车站之工兵营（附迫击炮一排及第一团之一连），激战至晚，我东车站桥头堡及票房据点，均被匪炮火击毁，该营除第二连仍固守机车厂据点外，该工兵营长卓嘉栋不幸受伤被俘殉职，余均壮烈牺牲。匪复于当晚集中优势兵力及炮火，分别猛攻我周公庙、东北门、东西南门等处，激战终宵。时值大雨滂沱，匪以人海战术终未得逞，而我伤亡虽烈，阵地屹然无恙。是日匪之伤亡约计三千余人。

4. 第四日（三月十一日）详附图第六〔图略〕。

十一日战斗进入最严重阶段，我师长令参谋长刘宏远负责南城之守备，并指挥宪警及人民服务队参加南门作战，东门由赵旅长，西门由盛旅长，东北门由第一团龙团长分负守备之责。是日匪集中主力，先猛攻周公庙，其西南角阵地遂被攻入。我师长限令方团立即恢复原有阵地，反复扑杀，三失三得，我六团二营营长傅用霖及副营长于泽湘以下官兵全体先后壮烈阵亡，迄午方团长受伤被俘，匪之伤亡尤数倍于我。匪于占领周公庙及西关外围据点后，复猛攻西城，我守军以炽盛火力，将数次猛冲之匪击毙于西门大桥附近，遗尸数千具。同日午后五时迄晚十二时许，匪军复移主力猛攻我南门，桥头堡及南关一带阵地尽毁，匪猛烈冲杀七次之多，均被我刘参谋长指挥守军亲率宪兵队及人民服务队官兵肉搏击退，毙匪千余。同时，我东门守备部队更遭陈毅精锐匪部之猛攻，炮火浓密，时值黑夜，大雨倾盆，临面难辨，激战至十二日六时许，东门被匪炮火所毁，匪众相继突入，此时我第二团封团大部就歼，时东门已入混战状态，封团长受伤。

5. 第五日（三月十二日）详附图第六〔图略〕。

十二日拂晓，匪仍集中优势炮火向我东门猛扑，城门工事全部被毁，我守备部队第三团营长马家珍以下全部官兵壮烈殉职，第一团周副团长阵亡，我预备队至此伤亡殆尽，匪仍不惜重大牺牲，蜂拥而入，随即进入惨烈巷战。是时刘参谋长复率师预备队及宪兵队、人民服务队等官兵，由南门经南和巷、西和巷、操场街向东门突入之匪堵击，终以众寡悬殊，伤亡殆尽，我师长乃命刘参谋长进入城西北洛中师部核心据点，赵旅长进入念五中学据点，盛旅长进入西南城角据点，龙团长率该团二、三两营进入西车站附近据点，第四团一部进入师范学校据点，固守待援。是日晚，匪分向我念五中学、师范学校及西南城角等据点猛烈冲击，激战彻夜，后我念五中学守军伤亡亦尽，赵旅长、曹副旅长因伤被俘，我西南城角处于腹背受敌被匪攻占，我师范学校亦全部着火，官兵死伤殆尽。惟九龙白据点守军连长夏鼎、电厂据点守军副营长孙焕杰、西车站据点守军团长龙章铎、洛中师部据点守军参谋长刘宏远，各率守军沉着应战，均将匪十次以上之冲锋予以击退，毙匪甚多，共生俘匪官兵一百八十余名，步枪百一十五枝，轻机枪十四挺，我阵地安然屹立。

6. 第六日（三月十三日）——详附图第七〔图略〕。

十三日，我固守东车站机厂之工兵营第二连全部工事被匪炮火摧毁，官兵壮烈战死，车站遂陷。惟九龙台及电厂、西车站三处，虽遭匪猛烈围攻，犹在我军固守中。而洛中师部据点，是日昼夜匪以全力攻击，尤为猛烈，惜于我炮兵火力单薄，不克将匪炮制压，致我伤亡惨重，入夜尤苦照明缺乏，师长乃令各处室官兵以被服家具制作照明材料，供各守兵之用。是夜匪军猛攻我洛中师部据点西南角达十余次，卒赖刘参谋长亲率各处官兵填补火线，肉搏冲杀，摧顽匪于阵前，时匪死伤已达数千余人。是役师长头部负伤，军务处蒲处长阵亡，所余官兵均裹伤苦战，我军生俘匪兵十余名及爆破药物多具。我固守西车站据点史龙团是日午夜亦出击，生俘匪军四十余名，夺获重机枪二挺、轻机枪五挺、步枪三十余枝。

7. 第七日（三月十四日）——详附图第七〔图略〕。

十四日，匪以十二、十三两昼夜攻我洛中师部据点不遂，且伤亡惨重，乃于拂晓另以精锐向我猛扑，并集中炮火射击，以期挽救两昼夜攻击顿挫之厄运。终日弹雨如注，震耳俱〔欲〕聋，我军死伤枕藉，匪更猛冲不已，均赖我师长及刘参谋长亲率各级幕僚奋勇击退。激战近午，匪以攻击未能奏效，乃改用燃烧弹射击，蓦时火星飞舞，我核心据点内各房屋均已着火燃烧，而我五百余负伤官兵尽皆葬身火穴。血战至午夜，匪军数次冲入，剩余守兵均高歌鏖战，誓不共存。是时师长邱即命龙团由西北城角向围攻洛中师部据点之匪出击，我师长身负重伤，自杀未遂，及符副参谋长、龙团长遂为匪团〔所〕俘，余皆壮烈殉职。

8. 第八日（三月十五日）——详附图第七〔图略〕。

十五日，我九龙台、电厂两处被匪围攻尤猛，各官兵奋战至日暮，火光烛天，弹尽援绝，全部高歌壮烈战死。迄十六日晨，九龙台及电灯厂枪声终止，而我英勇爱国之革命青年，全部掩埋于数月辛劳构筑之工事中矣。

四、经验与教训

（一）死守孤城极为不智，我军应随时以主力捕捉匪之主力，乘机歼灭，俾转被动为主动。

（二）友军不能休戚相关，及时赴援，恐将同归于尽（援军38D于三月十八日晨始入城）。

（三）匪我兵力相差悬殊，匪以八倍于我围攻洛阳，以大吃小，枉受牺牲。

（四）匪军炮火猛烈，我各据点工事全毁，伤亡惨重，而我炮兵数微，不能收制压之效，我八二迫炮弹多系旧式，不易爆炸，燃烧弹亦不着火。

（五）匪军作战多在暗夜，我军应多备照明弹。

（六）对匪作战工事甚要，我九龙台、电厂、西门西车站及师部核心各据点，为洛城工事最佳者，故能支持甚久。

（七）匪军战法惯用猛冲，手榴弹应多屯储备用。

（八）匪军突破城门，即钻入民房，破壁前进，避免通过街道，遭我阻击。故我巷战工事应将民房屋顶墙角等处力求设防，并预为演习，以期适合战机。

（九）伤患不能切实救护治疗，徒减战斗精神。

（十）每一战役，应检讨其得失，严明赏罚，以励士气。

〔国民政府国防部史政局及战史会档案〕

四、国民党军进犯胶东平度莱阳解放区

1. 国民党整编第二十五师进犯胶东解放区平度莱阳威海卫一带战斗详报

（1947年10月）

平度及水沟头、莱阳、栖霞、烟台、威海卫战役战斗详报　三十六年九月六日至十月十四日

第一　战斗前匪我态势

一、攻击平度前之匪情动态

九月六日晚，据各方综合情报：匪第六、七两师盘踞平度及平度西北十里堡附近，第五师盘踞麻兰附近，崮山（平度东北十华里）附近有不明番号之匪六百余盘踞。

二、攻击平度前之我军态势

九月六日，师部率四四四团蓼兰（平度西南三十华里），四十

旅张家圵、孙家里埠、大于家（蓼兰南五华里）附近，一〇八旅（欠三二四团侯家站，平度南十华里）彭家、刘家、焦家寨（蓼兰西北二华里）附近。

第二　各时期之战斗经过

一、平度战役：

奉组长陈青甲字第三号命令节开：25D于D日进占亭口，D+1日攻占蓼兰、萧戈庄，D+2日即向麻兰、十里堡搜索，依状况参加平度之作战。尔后如平度方面进展顺利，则于D+3日续向麻兰推进，搜索古岘、刘家河、祝沟方面匪情并准备尔后之作战。又奉组长陈青字第三十一日代电，D日为申东。

又奉组长陈申虞（1300）辞电节开：二十五师应即相机攻占平度，第九师应即赶到，参加二十五师方面之作战（先奉无线电话指示）。师奉令后下达命令要旨如左：

杨旅即向平度之匪攻击而占领之，并设法与友军连系。

（1）九月七日：

战况：匪新编第七师（19）、（20）、（21）三个团盘踞平度及其南端各村落，我一〇八旅张、李两团及山炮第一连向该匪攻击，展开于李家哥〔楼〕东西地区，冒雨攻击前进。激战至未刻，张团攻占大官庄，申刻张团攻占马家沟，酉刻李团奋勇猛攻，占领大窑。各该处附近之匪凭藉工事拼死顽抗，并一度反扑，均未得逞。截至黄昏仍与激战中。

一〇八旅杨旅长率四四二团推进李家楼附近指挥。

记事：攻击平度之任务原计划规定由第九师攻击，该师因未到达平度附近，故变更命令，由师任攻击平度之任务。

（2）九月八日：

战况：本（八）日晨三时，一〇八旅续向平度攻击，张团附山炮一连由大窑、马家沟两处分向平度南端猛攻，李团经吴家疃、即墨王家兰迂回侧击，匪顽强抵抗，激战至四时许，我即攻入乐南城郊，该匪节节顽抗，主力向北撤退，我即乘胜压迫，迄至五时完全占领平度。

二、平度战役后至水沟头战役前（九月九日至九月十五日）均系搜索，战况本册不详记载，仅将其战况概要及部队到达地点分别如右：

九月九日：师部山西，四十旅井哥庄、赵家洼子、李哥庄、孙家庄、巡寨、张家大伯地区，一〇八旅麻兰、焦町、徐哥庄、金家河、岔子家、河岔店后地区。

九月十日：

（A）命令：奉组长陈申灰1530辞代电节开：二十五师主力位置麻兰附近，协同阙师向古岘及其以北地区扫荡，并向莱阳方面搜索匪情及抢修张哥庄至平度公路，依状况参加第九师方面之作战，一部应于真日攻占东西官庄之线，文日向两目山、青山、红山攻击，元日续向蟒蛸山方面扫荡，掩护第九师右侧安全。

师奉令后下达命令要旨如次：

陈旅明真晨派一个团附山炮二门，向右猪洼、大历山、平山、王候山、红山、莺嘴山地区攻击而占领之，并以一部进占东官庄、大马厂之线与卢山、龙山方面第九师部队切取联系，并确实侦明两目山、红山、青山方面之匪情。该旅另派一个营附侦雷排扫荡古岘、刘河家、石猪洼地区之散匪并扫清地雷。该旅并应作文日向目山、红山、青山进出之准备。

（B）各部队态势同前。

九月十一日：

（A）命令要旨：陈旅明文向两目山、红山、青山之匪攻击而占领之，元日向蟒蛸山附近扫荡，掩护第九师右侧之安全，特别对东北方向严密搜索警戒。本师与第九师作战地境为东义河、莺嘴山、大马厂、青山、丝家庄、蟒蛸山之线，线上属本师。

（B）各部队态势：除四十旅推进巡寨、刘家大伯、王候山、莺嘴山、东官庄附近外，余无异动。

九月十二日：四十旅部率一一八团、一二〇团推进酒馆、三甲、云山洼、李家庄、欧哥庄，四四四团两目山、红山、青山外，其余无异动。

九月十三日：四十旅四四四团本日攻占两目山、青山、红山，击退匪胶东独立团四五百人后，当晚该旅推进旧店、丝家庄、蟒蜕山附近。

（A）命令：奉组长陈申元午辞电开：二十五师主力于寒向东扫荡，推进于小沽河东岸后，删日推进至蓝家寨、望唐庄之线，对莱阳方面搜索匪情。其一部于寒日反复扫荡祝沟东西连格庄、庞家洼、两目山间残匪，于删日向福山、日庄攻击而占领之，并搜索河头店方面之匪情。

师遵命下达命令要旨如次：

陈旅明寒以一个团留置祝沟东西连格庄、庞家洼、两目山间扫荡散匪后，集结于祝沟附近，旅部率其余两个团开前武备、大刘格庄、武备间地区集结，搜索于家洼、毛家埠以东地区匪情。师部率杨旅明寒开葛家埠、兴隆屯、福禄庄、七芰、景格庄地区结集。

（B）部队位置除四十旅外，余无异动。

九月十四日：

（A）奉组长陈青甲字第五号命令要旨：二十五师于九月十六日越过大沽河续向莱阳攻击，进出冯格庄、清屯埠、河西埠、河头店之线，并协力五十四师对大野头附近匪阵地之攻击，包围其侧后而歼灭之。十七日依五十四师及第九师之协力，以主力在左翼包围攻击莱阳之匪而歼灭之，并进出于黄崖底、齐水沟山中间之线，尔后应向桃村、栖霞方面搜索匪情，准备对该方面之作战。师遵命后下达命令要旨如次。

一、杨旅明删八时出发，经院上向大沽河西岸攻击前进，到达蓝家寨、邵家疃、沙埠、刁家埠、草头间地区集结，向水沟头搜索匪情，准备向该匪攻击。

二、陈旅率白、刘两团明删八时出发，经杨家屯、牛沟埠向大沽河西岸攻击前进，到达钱家庄、长清院山、长清西庄、孙家疃、庄扶地区集结，前进时先派一部扫荡高格庄附近之匪。杜团主力推进清石埠、上庄、真厥山附近集结，以一个营占领福山并派搜索队向日庄搜索匪情。师部率李团明晨向藕湾头、杨格庄前进。

（B）本晚态势：四十旅（欠四四四团祝沟）大刘格庄、武备附近，师部率一〇八旅兴隆屯、福禄庄、七芨、古岘附近。

（C）一〇八旅三二四团向七芨推进，在姜格庄附近击退匪莱西独立营三、四百人。

十五日：一〇八旅四四二团向蓝家寨推进，先头第一营午刻在刘家庄附近击退【匪】三四十名，又在蓝家寨附近击退匪百余名。本晚驻地，师部及三二二团推进藕湾头、杨格庄，四十旅（欠四四四团清石埠、真厥山附近）扶庄、长清附近，一〇八旅（欠三二二团）草埠、刁家埠、蓝家寨附近。

三、水沟头战役

（1）九月十六日：

A. 命令要旨：明铣杨旅派一个团附旅团各搜索队，拂晓渡河占领于格庄、展格庄、北于庄地区，派队分向门家疃、赵格庄、尹家庄、钟芝之线搜索匪情，另以两营七时开始向水沟头之匪攻击而占领之。旅部率其余部队八时前集结沙埠、邵家疃附近，随时准备前进（略）。

B、战况：匪第十三纵队第七师二十团沿大沽河守备，十九、二十一两个团据守水沟头、式好庄、沙埠，第五师集结沙窝、义谭店、大小房各庄，另在北于庄、展格庄、下屯、随家屯、于家庄、上下马庄各处均有小部据守。

杨旅本铣拂晓以张、王两团展开于大沽河西岸沙埠、庄扶间地区，向当面之匪攻击。八时顷，在炮火掩护下强渡成功，九时顷，张团攻占炉上、岚上，迫近水沟头西端，王团攻占北于庄、展格庄，匪凭水沟头附近坚固据点工事顽强抵抗。十时开始，张团由水沟头西北两面向匪攻击，王团向下屯、式好庄、沙埠攻击占领后，并续向沙窝攻击，李团第二营经刘家院西向李家疃迂回，在我集中炮火掩护下，由南西北三面向匪包围猛攻，另以陈旅杜团控制展格庄、下屯，经七小时反复冲锋并藉空军之协力，于十七时顷由北端突入核心，将匪第十九、二十一两个团全部击溃，我完全占领水沟头。

C、本晚师部及四十旅沙埠、蓝家寨附近，一〇八旅水沟头附近。

四、莱阳、栖霞、烟台、威海卫战役

（1）九月十七日：

A、陈旅白团第三营及王团第一营十三时在太平庄（水沟头东北二十里）击退匪三、四百人。

B、命令要旨：陈旅明巧七时三十分向莱阳迄陡山之线攻击而占领之，保持重点于马山、亭儿山附近，进出火山、神山、落脚石之线。杨旅除张团仍在原地外，旅部于明巧七时三十分率李、王两团推进旧店、天桥屯、宫家庄、孙家庄、拉树庄、石桥泊、清埠屯地区而巩固之，以一营占领全家屯、叶家庄，掩护陈旅左侧背，另派队向候家圹、河头店搜索匪情。师部指挥所仍在冯格庄。

C、本晚各部队态势：师部冯格庄，四十旅石桥泊附近，一〇八旅胡家疃附近。

（2）九月十八日：

A、陈旅本巧晨向莱阳攻击，该处之匪新七师稍事抵抗，即向北窜，十三时完成占领莱阳。

B、本晚各部队位置：师部大格庄，四十旅莱阳东马山埠复附近，一〇八旅李家童附近。

（3）九月十九日：

A、命令：奉组长陈巧亥电节开：黄师以主力经河头店向马栾庄，一部在右梯次前进，掩护主力，协助王师作战，由匪左侧背包围攻击而歼灭之。

B、师遵命于本日到达河头店附近地区后，又奉组长陈申皓午辞电节开：二十五师应即进占西留庄、石柱河、谭家庄间地区，向观里集、栖霞方面搜索匪情。

师遵命后下达命令要旨如次：

陈旅明酉九时出发，旅部率两个团到达小韩庄、小于家、大王家、石柱河、铁匠庄、小汪家、谭家庄、崖后地区集结，一个团推进西留庄附近集结，向大桃格庄、观里集、蔺格庄搜索匪情。杨旅（欠一团）明十一时出发，到达安黑、吕家庄附近集结。

师部率杨旅一个团明十二时向河北推进。

C、本晚各部队态势：师部河头店，四十旅大沟子附近，一〇八旅野猪泊附近。

（4）九月二十日：师部推进河北，四十旅推进崖后西留庄间地区，一〇八旅推进河南附近。

（5）九月二十一日：

A、命令：奉组长陈青申字第六号命令节开：二十五师指挥炮兵十三团第二营于D日经观里集及其两侧攻占二十里埠、方山之线，D+1日依第九师之协力攻占栖霞，D+2日续向北攻击，进出汉桥附近地区，D+3日在原地扫荡附近残匪，搜索当面匪情，并行必要之补给。D+4日续经臧格庄攻占大沟家附近地区，D+5日攻占福山，D+6日向烟台攻击而占领之。

B、各部队位置无异动。

（6）九月二十二日各部队位置无异动。

（7）九月二十三日各部队位置无异动。

(8) 九月二十四日：

A、命令：组长范申梗亥辞电节开：贵师明敬日就原位置，准备策应第九师之作战，并转告王师长先向南窜上下店之匪进击。

B、部队位置无异动。

(9) 九月二十五日：

A、命令：奉组长范申有辰辞电节开：黄纵队司令百韬指挥二十五、五十四两个师，应于有日遵青甲字命令第六号规定，向栖霞、桃村、福山、烟台攻击而占领之，依状况进出大沟家后即以五十四师（欠一九八旅一个团守备莱阳）攻占桃村，摧毁匪一切设施。

B、师遵命向观里集附近前进。

C、本晚各部队态势：师部观里集，四十旅李家庄附近，一〇八旅王家庄附近。

(10) 九月二十六日，师部推进西柳，四十旅到达栖霞、十里店间地区，一〇八旅到达刘家沟附近。

(11) 九月二十七日：

A、战况：陈旅刘团十三时在刘家沟（栖霞东北十五里）与匪第五师及胶东军区警卫第一团战斗三小时，匪不支向东溃退。杜团十一时在宫后（栖霞北十里）附近击退匪一个营。

B、命令：奉组长范申感1100忍辞电节开：二十五师除以一部守备栖霞外，主力即进出臧格庄，反复扫荡其附近山区残匪，并策应五十四师攻占烟台，尔后以一部占领栖霞，主力回驻莱阳（先遣一团接替莱阳一九八旅守备任务），即任栖莱平度间地区之清剿扫荡。

C、本晚各部队态势：师部栖霞，四十旅（欠四四四团王家庄宫山附近）城东关、上宋家各附近，一〇八旅林家亭、二、三里店附近。

(12) 九月二十八日：师令各旅明艳向臧格庄附近前进，本日各部队位置无移动。

（13）九月二十九日：

A、命令要旨：陈旅明卅晨派曾副旅长率二个团占领周格庄、马山、打山各附近要点，掩护五十四师攻击福山、烟台，其余各部队在原地加强工事。

B、本晚各部队态势：师部推进臧格庄，四十旅旅部台上附近，一〇八旅（欠三二二团栖霞）马陵冢附近。

（14）九月三十日：

A、命令：奉组长范申卅0700辞电节开：二十五师除以一个团守备栖霞并先以一个团即回莱阳接替防务外，以主力掩护五十四师进占烟台后，再回师扫荡桃村、栖霞以北以西之残匪。

师遵令下达命令要旨：

陈旅曾副旅长所率白、刘两团明东晨协力五十四师攻占烟台，旅部率一个团明七时出发，到达福山集结。

杨旅（欠李团）明七时半出发，到达史家庄、泉水庄附近集结，师部在杨旅后向福山前进。

（15）十月一日：

（1）曾副旅长所率白、刘两团协助五十四师攻占烟台。

（2）师部率四十旅（欠一一八团、一二〇团，烟台）推进福山，一〇八旅（欠三二二团，栖霞）推进东刘庄附近。

（16）十月二日本日无情况。

（17）十月三日：

（1）师率四十旅四四四团推进烟台接防，一〇八旅（欠三二二【团】，栖霞）仍留福山。

（2）奉组长范酉冬0830辞代电节开：二十五师即扫荡烟台、福山附近残匪，待五十四师进占牟平后，即以一部接替该师牟平之守备并清剿附近散匪。

师遵令当饬四四四团派一个加强营进驻三十里铺，准备接替牟平防务。

（18）十月四日：四四四团第二营开赴牟平准备接替五十四师防务，一〇八旅（欠三二二团守备栖霞）遵照组长范酉东1400辞电到达姜家村、楼子口、张格庄附近扫荡。

（19）十月五日：王团在上许家（福山南）附近与匪约两个团战斗。

（20）十月六日：张团攻占塔顶、狮山并在该处附近山区扫荡。

（21）十月七日：奉组长范酉阳1300辞电节开：二十五师以四个团守备烟台、福山，不断扫荡桃村、栖霞间地区残匪，尔后该师即任该方面之作战，另以一旅（欠一团）即开莱阳，并指挥保安纵队坚工守备。

师遵令分别转饬一〇八旅（欠三二二团）开莱阳守备，并指挥保安纵队坚工守备，三二二团开回福山，牟平之一营归还建制。

本晚除一〇八旅（欠三二二团）主力推进大庄头、柳家村地区扫荡外，无异动。

（22）十月八日：

（1）牟平之杜团第二营本日归制。

（2）余无异动。

（23）十月九日：

师部烟台，四十旅（欠四四四团，福山）守备烟台，一〇八旅（欠三二二团守备栖霞）由大庄头附近出发，向莱阳推进，到达长沙铺附近。

（24）十月十日：

（A）奉组长范酉佳1920辞电节开：二十五师以两团守备莱阳，一团守备威海卫，主力守备烟台，并实施附近地区之扫荡。

（B）一〇八旅（欠三二二团）前头到达莱阳，主力超越五十四师向莱阳急进,三二二团由栖霞回驻臧格庄。

(25)十月十一日:

一〇八旅(欠三二二团)回驻福山,推进至莱阳,余无异动。

(26)十月十二日:

(A)三二二团由福山开回烟台,并定该团明十三日由烟台海运,攻占威海卫,收复后即任该处守备。

(B)其余部队无异动。

(27)十月十三日:

(1)三二二团本日由海运攻占威海卫。

(2)师部率四〇旅(欠杜团福山)仍驻烟台,一〇八旅(欠三二二团)仍守备莱阳。

(28)十月十四日:匪千余人向我威海卫之三二二团猛冲,被我击退。

五、战斗至此告一段落。

第三、经验教训

(一)匪军优点

(1)防守意志坚强,虽剩一隅,亦能苦守死斗。

(2)干部指挥能力灵活。

(3)行动秘密迅速,毫不暴露企图。

(二)我军优点:

(1)官兵攻击精神旺盛。

(2)能集中兵力指向一点,一举突破敌阵地。

(三)匪军劣点:

(1)士兵射击技能差。

(2)防守精神只能贯彻干部,而不能普及多数士兵,如干部伤亡,士兵志气消散。

(四)我军劣点

(1)攻击前侦察准备欠周到确实。

(2) 下级干部指挥能力欠灵活。

第四、附表附图〔略〕

师长 黄百韬

中华民国三十六年十月 日

〔国民政府国防部史政局及战史会档案〕

2. 国民党第十一绥靖区丁治磐部进犯胶东解放区莱阳即墨一带战斗详报

(1948年4月)

第十一绥靖区夏格庄、店埠战役作战详报

第一章：战斗前匪我形势之概要

第一节：匪军

青岛外围之匪南海独一、二、三团，滨北独一、二、三团及地方部队，分踞即墨东北店集、即墨西北店埠、刘家庄及胶县各附近，其十三纵队之第三十七师及第三十九师踞莱阳东北地区，企图窜扰，以掩护胶东鲁中运输补给之安全，并防止我军西进，增援昌潍。

第二节：我军

本绥区青岛外围部队54D、64D、57B及保七、保九旅，因胶东战役损耗过重，且新成立未久，多新兵，初获补充，故以即墨东西四社山、莲花山、马山、大刃岭各据点及灵山要点划分为左、右两守备区，积极整补，加强工事，以备尔后开展容易。

第二章：影响于战斗之气象天候地形及住民状态

第一节：气象

一、日出四月四日五时三十分。日没四月四日十八时五十分。

二、月龄

三、气温：战役值春末，气温对战斗无甚影响。

四、风向：多东南风。

第二节：地形

一、作战地形多开阔平原。

二、大沽河春末期间，南村下游至大麻湾潮时不能徒涉，潮过时可徒涉，上游及五沽河到处均可徒涉。

三、右翼五龙河纵流莱阳、金口之间，春末可徒涉。

第三节：住民地状态

一、莱阳、平度以南地区所有物资多被匪搜集埋藏，住民均贫苦，且壮丁多为匪强迫加入匪军，充作炮灰。

第三章：战斗经过

当面之匪刻踞灵山东北及西北各地区，其指挥所似在古岘、店埠间。绥区即攻击该匪，以策应昌潍地区作战之目的，遂策定行动基准如次：

1. 第五十四师派兵一旅，以一个团并指挥海阳县常备自卫团及即墨店集常备自卫营，于本（四）月四日下午集结四社山、莲花山附近，五日晨经黄家铺、柳树屯向店集一带进袭，尔后进出金口以北地区，求匪而击破之。

以二个团并指挥莱阳县常备自卫团，于本（四）月四日下午集结林哥庄附近，五日晨经灵山东侧向东夏格庄一带进袭，尔后向店埠北侧背攻击，与六十四师进袭部队连系，向古岘求匪主力而击破之。

2. 第六十四师派兵一旅，于本（四月）四日下午集结大刁岭附近，五日晨经段泊兰向店埠攻击，尔后进出古岘，与五十四师进袭部队连系，求匪主力而击破之。

该师应另以一部协力平度县常备自卫团向南村附近地区进袭，求匪而击破之。

3. 第五十七旅在受校期间应以有力一部坚守原阵地，主力并随时准备策应各进袭部队之作战。

4．特别规定

A、各进袭部队应彻底捣毁匪巢，搜集物资与粮食，充实战力。

B、如某一方面受匪主力袭击时，其余部队应以全力策应，包围匪而击破之。

C、进袭部队应携带陆空连络信号布板，确与空军连络。

D、各县常备自卫团营由各师直接通知指挥，注意保密。

5、右各项除分令外，希遵照具报。

6、本件副本分送空军指挥所，并请空军于开始行动期间主直接协力进袭部队之作战，并对五龙河两岸及莱阳、水沟头、平度、胶县各地区之匪广泛侦炸。

右令

第五十四师叶师长

第六十四师刘师长

第五十七旅杜旅长

并分送十二视察组、九分监部

司令官　丁治磐

下达法：派参谋专送。

四月四日：

五十四师、六十四师各进击部队及地方团队均按照计划集结完毕。

四月五日：

五十四师以一个团由莲花山附近向店集方向扫荡，以三十六旅主力（一零七、一零八团）经灵山北进，未刻抵院东，击溃匪南海独立团一部及莱西警卫营千余，遂攻占院东及毛哥庄等地。另谍息，匪十三纵队三十七师本日窜水沟头西南地区。

六十四师方面，以四七五团配合平度常备自卫团向南村方向扫荡，主力（一五六旅之四六七、四六八团）分两路经段泊兰、太祉庄击破匪即西警卫营、长直区队等抵抗，申刻进抵刘家庄、方哥庄附近地区。

四月六日：

右纵队五十四师三十六旅自鱼卯开始向五沽河北岸宫家城、于家庄、渭田一带攻击，匪凭村落工事顽强抵抗，激战迄未刻，始攻占各该地。尔后继续向胡柴庄攻击，匪南海独立团等部踞村坚强抵抗，经我反复猛冲，匪终以伤亡过重，不支北窜。是日匪伤亡二百余，俘匪八名，我亦伤官兵五十余员名。

本部以匪势顽强，当以卯鱼十三时仁山电令五十四师、六十四师，为求适应战场情况力量集中计，着各进剿部队均归六十四师刘师长统一指挥，向古岘进袭，求匪主力击破之。

左纵队向店埠推进之六十四师两个团巳刻进抵李三庄、朴穆庄、水口庄之线，遇匪南海独一团、即西警卫营，经我排除困难，集力猛攻，匪被迫分向店埠西北及大沽河西岸逃窜，我遂于午后十四时攻占店埠、葛家疃、张哥庄各地，并以一部渡大沽河向西搜索扫荡，计将匪物资仓库七处全被焚毁。入暮，匪不断由南北地区袭扰，均被击退。四七五团当晚攻占官庄。

四月七日：

匪十三纵队一部及南海独立一、三团于六日晚分由莱阳、古岘方向兼程窜抵黄埠、朴穆庄、蔡旺一带，向我取包围态势。

三十六旅于七日晨以一部续向善人庄攻击，主力向西推进，十一时进占李三庄、西林庄。

六十四师方面，于拂晓前以一部向古岘佯攻，另集中兵力向外围之匪反击，予匪以各个击破。辰刻击溃蔡旺、洪兰之匪，进抵朴穆庄，复遭优势之匪向我截击，遂展开激战。经我反复猛扑达三时之久，适三十六旅击破侧背之匪，进占西林庄，四七五团配合平度自卫团亦进抵刘家庄，向匪夹击，同时得我空军出动协力作战，匪被歼颇众。午刻，主力会合三十六旅大举反击，予匪重创，于十五时全部进抵姜家坡、赵哥庄、乔哥庄附近。

匪另股千余自南村方向窜刘家庄西南地区。

四月八日：

本部为痛歼顽匪，当以卯齐辰仁山电令各进剿部队即集结兵力，发挥机动，完成扫荡任务后协力回防。

六十四师及三十六旅进剿部队齐日先击破刘家庄附近地区股匪、彻底实施扫荡后，于未刻分经段泊兰、长直以东地区各回原防。另，向店集扫荡部队亦同时回防。

第四章　战后匪我态势概要

第一节：匪军

匪经我进剿，其由胶东西运补给悉被截断，并焚毁大量物资，其十三纵队之三十七师、三十九师及南海、滨北各军分区独立团均为我吸引，就歼颇多。

1. 匪三十七师移驻夏格庄地区，九日一部向西北窜。

2. 南海军分区各独立团残部踞店埠、钓鱼台附近及店集以北地区整补，其各警卫营逐渐向灵山东西地区流窜。

3. 滨北军分区各独立团窜踞大沽河西岸大小高附近加强工事，实施戒备。

第二节：我军

战役后，绥区为积极整补以期迅速充实战力，仍饬各部队依照原守备任务积极整训，其态势如另图〔略〕。

第五章　作战经验教训

一、匪军流窜无定，且常以小组虚张窜扰，致我军任务常因匪情变化而瞬息更异，影响部队行动及企图心。又因携行弹药有限，一经激战即感弹药缺乏之弊，影响官兵自信力至大。

二、匪向我袭击或迂回时，应在其立足未稳即采遭遇战指导法，集中兵力断行猛烈攻击。此次一五六旅六日晚进占店埠后，发觉匪万余向其西南地区迂回，该旅在匪未形成包围之先，能断行攻击，予匪重创，形成有利态势。

三、出击扫荡部队应力求兵力集中，发挥奇袭。如未奉特别命令，应极端保持机动主动；如遇匪顽强抵抗，则一部行牵制，主力向其侧翼迂回奇袭，避免正面攻击，免为匪胶着。此次三十六旅主力六日进抵宫家城、渭田遭匪顽抗，不能推进，致影响一五六旅方面作战不利。尔后该两旅能向朴穆庄附近集中兵力，予匪夹击，收利颇宏。

四、部队通信平日须训练有素，战时始能连络自如。此次因电讯连络迟缓，致空军直接支援作战常不能密切连系。

五、匪士兵多俘自我方，并非甘愿附匪，一遇机缘，恒愿携械来归。如各部队利用政工人员领导士兵高声呼叫，助其来归，可瓦解匪军士气。我部队多未能实施。

六、各级干部对俘虏审讯多不注重，往往逸失良机，尤对匪新编成（改编）之部队番号、主官，多未能彻底追查，至经时甚久尚不能确定。又，士兵对匪遗尸多不知搜寻证件，仅拾其武器。均宜特加训练。

附表〔略〕。

〔国民政府国防部史政局及战史会档案〕

五、国民党军在东北公主屯等地的溃败

1. 国民党新五军公主屯战役战斗详报

（1948年1月9日）

第五二四九部队民国三十七年一月二日至七日公主屯战役战斗详报

民国三十七年元月九日于沈阳本部

一、战斗前敌我态势之概要

匪自三十六年十二月中旬以来，即集结其第一四、三六纵队

727

及东蒙独立第二师骑兵支队于法库西南、秀水河子、靠山屯、马圈子、公主屯、瓦房、蛇山子、严千户屯附近一带，其前哨少数部队出没于公主屯以南之辽滨塔、史家窝棚、喻家窝棚、前文家台之线，似有遮断北宁路沈锦段，相机窜扰新民、巨流河，威胁沈阳之企图。本军当时守备新民外围及巨流河，随时准备机动。当时匪我态势如附图一〔图略〕。

二、影响于战斗之气象地形及住民地状况

巨流河以北至公主屯地区，越过巨流河、辽河以北地区为村落枏笼之平原地带，又值严冬，遍地积雪，深可没胫，难辨道路。当地住民时遭匪之窜扰，慑于匪势，故对于部队车辆（尤以汽车）之运动与住民之利用极为困难，尤以匪情之获得更难确实，于是兵力之运用与战斗深受影响。

三、敌我兵力、匪军番号、指挥官姓名、编制【装】备、素质、战法等：

当时盘踞于公主屯、黄家岭、黄家山、泡子沿、前文家台、安福屯南北附近一带之匪，初为第三纵队、第六纵队之一部，兵力约六、七万人，为匪精锐部队。本军与匪鏖战之第四日（一月五日）逐次加入战斗者，有第一、二纵队、东蒙骑兵支队等，装备与我军相埒，而炮火则较我优势，部队素质亦颇优良。其最高指挥官为第三纵队长萧华，匪首林彪亦似至该方指挥。

四、部队任务及攻击兵力部署：

军以（五四师）附四十三师以攻占公主屯后进于秀水河子（奉行辚三十七子江申战电），以四三师为左纵队，沿新法公路前进，攻占公主屯及其西南 63、83 两高地，一九五师及本部为右纵队，主力由巨流河经吉详堡、叶家窝棚攻占公主屯南之十里堡、水口及以南周家屯，保持重点于左，并牵制东西蛇山子之匪部队。

粮秣除军直属部队发至元月十日止，并由军雇大车追送三天外，其余战斗部队自行携带，携行弹药及三日粮秣，预备粮弹及随军兵站粮弹之一部则控制于巨流河车站列车上，尔后用汽车输送补给。

五、公主屯附近地区各时期之战斗经过概要：

军于一月二日上午九时由巨流河出发，当日（二日）左右纵队之战斗经过概要如次：

左纵队（四三师）初由巨流河旧城出发，至东旧门即沿新法公路前进，约上午十二时半抵达东旧门，即将该处匪少数部队（似系匪前哨之一部）驱逐后，继续前进。抵前文家台复与匪前哨主力接触，经过二小时许之战斗，即攻占公主屯西南之前文家台、泡子沿、黄家山、东西下洼子等据点后，时届薄暮，即赶筑工事，作彻夜警戒，以防匪之袭击，并与匪保持接触。

右纵队（一九五师）及本部向公主屯前进，约上午十二时经马家屯越辽河，前卫营于史家窝棚、辽滨塔遭遇匪之骑兵约二连，经驱逐后继续前进，午后四时攻占公主屯以南之水口、腰岭岗子，时届黄昏，即赶筑工事，并以一团占领前文家台、陈相屯，构筑阵地。另一连担任东旧门左纵队及驻安福屯军部左侧背之警戒。当日战斗经过如附图二〔图略〕。

三日，军为使佐〔左〕纵队（四三师）攻击公主屯容易，并牵制东西蛇山子匪增援公主屯起见，即命左翼纵队之五八四团附五八三团第二营分向十里堡、五家子等地攻击。战斗至晚，匪凭藉工事顽强抵抗，但终未敢稍越雷池一步。我军以任务完成，日暮后主力仍撤回原地，以一部与匪保持接触。左纵队仍以攻占黄家山东北65高地、高家山、郎家山等地，夺取公主屯西南外围据点，缩小公主屯之包围，以一二八团攻击黄家山以北65高地，并以一二九团之一部向高家山、郎家山佯攻，以掩护一二八团之左侧翼，结果均能奏功。当日战斗如附图三〔图略〕。

四日，左翼纵队仍继续攻取公主屯以西65高地及郎家山北之83高地，激战终日，得而后失者三，战斗【至】为剧烈，伤亡颇重,终将匪之坚强据点占领。

右翼纵队派出一部兵力出击,牵制匪抽调兵力增援公主屯。黄昏时发现匪第六纵队大部兵力由东西蛇山子经马蹄岗子向马家屯急进,当命重炮兵炮火协同五八三团向急进之匪猛击,匪仍前仆后继,午后即命该团第二营守备深井子及薛家窝棚,第一营调赴周家屯、姚家屯,掩护驻安福屯之本部及一九五师部,五八三团驻叶家窝棚。同时,午后五时十里堡方面即受匪猛烈反击,激战至午夜,伤亡惨重,武器损失一部,该地失守。当九时许,深井子连络中断,经派队搜索,始悉深井子已告陷落,该处我军仅小部转移阵地至叶家窝棚,匪即转移兵力猛攻叶家棚,激战彻夜,虽伤亡惨重,但士气旺盛,仍能保持原阵地屹然未动,待至天明,战斗始稍沉寂。担任王道士屯、东旧门一带警戒之五八五团亦在该处发生激烈战斗。五八四团仍负水口、喻家窝棚、安福屯守备之责,拒止十里堡、腰领岗子方向进攻之匪。当日战斗经过如附图四〔图略〕。

五日,军已陷于被围态势,奉令改取守势,以期歼灭进攻之匪,并随时准备转移攻势(奉行辕三十七子微戌战电)。于是令所部利用村落加强工事,构成坚强据点与严密火网,以期歼灭进攻之匪。防御配备如附图五〔图略〕。

当日战斗情形如次:四三师一二九团于高家山、东西下洼子、郎家山即受来自何家屯、黄家岭之匪攻击,陷于包围态势,黄家山之一二八团及65、63高地则全被匪军包围、猛烈攻击,激战竟日,弹药无法补充。延至午后三时许,西下洼子失陷,该师于泡子沿之指挥所即频于危殆,乃率一二七团之一部撤回前文家台,加强工事,从事固守。及至午夜,高家山、黄家山之连络均告中断,炮声彻夜不停,战事之激烈无过如此。

一九五师固守叶家窝棚、周家屯之五八三团,十二时许匪复增加部队猛扑,战斗极为惨烈,双方伤亡惨重,匪陈尸数以千计,我亦伤亡甚重。比及午后三时许，因弹药殆尽，始告不支，一部份转移阵地至安福屯，匪乘势进迫安福屯军部与师所在地，午后五时军部转移位置于四三师部所在地前文家台，安福屯只留该师师部与五八四团团部及一营兵力，并收容五八三团之少数兵力，协力固守。此时在水口之五八四团之一部亦告不守，官兵伤亡殆尽。在姚家屯、东旧门、王道士屯之五八五团，于当日上午五时即与来自西北之匪发生激战，延至午后二时，官兵伤亡过半，四时许该二处连络均告中断。天甫明始得悉东旧门已于是夜四时失守，王道士屯方面终无消息，战斗经过如附图五〔图略〕。

六日晨，得少数空军协助，予匪军以打击，战事又告沉寂。于是复命各据点整理阵地，加强工事，誓与阵地共存亡。迄午后一时，该黄家山、安福屯、前文家台、周家屯等据点得到空投弹粮之补给，士气大振，惜因为数过少，且投掷多不准确，我军所得弹药尚不及半数。于是匪知我弹粮缺乏，又倾其全力猛攻安福屯、姚家屯。此时泡子沿、后文家台、下洼子亦发现匪军向我进攻，周围炮声不绝，尤以安福屯、姚家屯方面战斗最为激烈，于午后四时许获悉姚家屯被匪占领，于是将前文家台四三师之炮兵力集中轰击姚家屯，予匪以极大打击，伤亡甚大。午后五时许，守安福屯之一九五师师部与五八三团之极少兵力转移阵地至军部所在地前文家台，人员伤亡惨重，该师长已告负伤，于是战事中心即转移至前文家台，由是陷于四面受敌之境，而其他各据点皆因连络中断，致情况不明，部队长复命纠集军直属连队及各处室官兵与收容一九五师之少数官兵编为班排，搜集武器弹药，协同四三师之一二七团（当时只有二营兵力强）誓死固守。入夜战斗亦随而激烈，午夜战斗更为剧烈，匪数度冲入村中，争夺据点，均被我守兵奋勇歼灭，终夜枪炮声未有间断，阵地前匪陈尸数千具。将及天明，匪复向我冲锋十数次，均被我消灭迨〔殆〕尽，更激励官兵固守至明（七）日中午，我援兵即可赶到，于是士气大为振奋，相率高呼固守到底。天明后，匪增援猛扑，迨激战至七日中午，因匪炮火猛烈，我伤亡惨重，加以弹药告尽，解围友军未能如期赶到，终于七日中午宣告失守，我部队长率少数残存官兵冲杀突围，迄今下落不明，公主屯战役遂告结束矣。当日战斗经过如附图六〔图略〕。

六、此次战役人员马匹武器弹药车辆器材及被服装备伤亡损耗数量如附表一、二、三〔表略〕（四三师由该师另报）。

七、经验与教训

综合此次失利原因有九：

1. 部队长未能将部队当时所处之境况详细报告高级指挥机关，致上下情形隔阂，铸成绝大之误会。

2. 纵横连络欠确实，影响指挥官未能作实切之决心。

3. 部队分割建制，难期收指挥统一之效。

4. 缺乏骑兵，未能作侧远距离之搜索与警戒，致敌情不明。

5. 增援友军因受交通关系未能及时赶到，致孤军不支。

6. 部队高级指挥官过于谨慎，缺乏果断，有违随机应变之旨。

7. 作战纪律欠严，奉行作战命令亦不彻底，影响作战莫此为甚。

8. 部队兵力因受村落家屋之关系过于分散，在中近距离时火网尚难交叉与相互侧防；天寒地冻，工事又未臻于坚强。

9. 因公路道路积雪过厚，有碍交通，致影响补给（本军各部队除携带携行基数弹药外，其他预备弹药及随军兵站携带弹药均控制巨流河车站列车上，以备必要时之用。终因道路积雪过厚，汽车不能行驶，无法输送。及拟改用大车运送时，交通线复被截断，补给遂告终止）。

〔国民政府国防部史政局及战史会档案〕

六、国民党军在陕北地区的溃败

1. 国民党空军第三军区司令部参与宜川战役机密日记

(1948年4月30日)

空军第三军区司令部机密日记·保卫宜川作战之部(三十七年二月二十四日至三月三日)

第一章 总述

第一节 作战计划

第一款 西安绥署对陕北作战之指导

一、以有力一部坚守延安、宜川各要点,遇匪攻击时凭既设工事消耗匪之战力。

二、以27师推进金盆湾,以90师调置龙泉镇(观亭)附近,监视匪之行动,相机攻击匪之侧背。

三、必要时由主力方面抽调部队为第二线兵团。

第二款 本部对宜川作战指导

一、空军为协助陆军作战,以现有之兵力作集中机动有效使用,猛烈打击匪军之攻势,必要时再调一部重轰炸机来陕协助作战。

二、任援宜川作战之空军以西安及鄠县为基地,延安为前进基地。

三、自拂晓至黄昏,战斗机二架一组、轰炸机一架分批出动,对宜川外围匪军作经常之侦炸,一俟发现良好目标,如集中之匪或辎重时,即行集中攻击。

四、直协援军作战,以战斗机一架监视,一架作低空攻击,轮流袭击之,轰炸机选择有利目标攻击之,如在许可之地形,亦作低空之攻击。

五、必要时实施夜间轰炸，疲劳匪军。

六、陆军之粮食、弹械有缺时，以空运投送补给之。

第二节　实施经过及检讨

第一款　经过情形

一、空军于二月廿四日至三月三日经常以P40、P47、B25及B24各式机攻击犯宜川匪军，并直协援军战斗。综合全期使用兵力P40机37架次，P47机41架次、B25机18架次、B24机2架次（夜间任务未列入），所获战果计毙匪9356名，马202匹，毁马车468辆，船29只，房25栋，阵地42处，汽车2辆（夜间所获战果不详）。

二、匪王震部二月廿三日由晋西禹门口西渡，我河防部队为保六团之一连，遭多倍匪之猛击，全部牺牲。时陕北匪首彭德怀亲率三个纵队由延安南窜金盆湾、临真等地，二十六日遂与晋西渡之匪完成宜川之包围态势。宜川守军仅24旅之两个团，形势危殆，我急调驻洛川之27师及中部之九十师东进援宜。匪探知我援军东进，即将其主力一、二、三、四、六等五个纵队西窜宜川以西至龙泉公路两侧埋伏。二月廿七日，我援军进至宜川西南凹子街以东隘路，即遭埋伏两侧之匪主力攻击，我军猝不及防，首尾不能呼应，致被匪截为两段，并逐渐被匪重兵包围，我军以地区狭小而陷入苦战状态。廿七、廿八两日，我空军均不断直协援军作战。二十九日天气恶劣至极，我空军未能起飞助战，卒以匪兵力多倍于我，未能突围，迄三月一日，我军已苦战两昼夜，阵地全毁，士气沮丧，战力全失，遂为匪各个击破，逐一解决。我空军此时虽整日助战，终未挽回我援军于危境。三月一日，我援军瓦解后，匪即以主力一部回窜宜川外围，迄三月二日宜川遂为匪攻入。

甲、我军方面

一、战略上之错误：陕北彭德怀部匪军约六万人，三十六年经九次之扫荡战，未击灭其主力。又，据晋南贺龙、王震之匪部约四万人，在运城被陷后即与陕北打成一片。入冬以来，匪经三个月之整补，兵力更为增强。而我西北战场国军主力在陕州以东作战，以二十九军之三个师留在陕北防守延安（驻延安一师），受其他据点之限制，可机动使用之部队甚少，兵力不足，战略上处于被动，此为宜川作战失败之主因。

二、事前未能彻底研究匪情：临时状况不明，对匪之企图及兵力无正确判断，匪在绥德、清涧一带整补后，于二月二十二经甘谷驲南下，旋即行踪不明，亦未积极搜索。更以金盆湾过早放弃，当时绥署曾指示二十九军刘军长着重〔?〕二十七师主力即进驻金盆湾附近，阻止匪之南逸，九十师移至洛川旧县附近。但刘军长意见，仍以在原地俟匪南逸，过延长、延安、保安之线以南，知其主力之所在，再向之迎头攻击为宜。事先未能研究匪情，作正确之判断，行主动之部署，致临时情况不明，陷于被动，未能制敌机先，亦为失败之重要因素。

三、指挥上之错误：

1. 山地作战按原则应多分纵队行军：陕北地区多麇山地，而山地作战最忌者则为敌之迂回与隘路封锁。我援军自洛川出发，于二十九日经双柳树抵达同池，进入隘路，以两个师成一纵队沿凹子街以东隘路前进，及先头抵任家湾时即前后受敌，致全部瓦解。

2. 不作广正面之搜索：山地复杂，匪易埋伏，事实上我援军在石村附近四面被匪包围，事先并未发现匪之企图与行动，及匪包围告成，我援军即陷入绝境而不可救。

3. 行动过于迟缓：洛川至宜川仅一日行程，我援军二月二十六日开始行动，至三月二日尚滞留于宜川西南地区，指挥官犹豫不决，行动迟缓，致遭匪王震部得以参加围歼，实为我军失败之主要原因。

4. 先头后卫遭匪攻击时，主力分开，两面作战：二月二十九日，我援军先头抵达石村遭匪攻击，同时后卫在瓦子街亦被匪迂回攻击，形成两个战场，被匪各个击破。

5. 未能利用空军攻击成果实施突围：我空军三月一日侦悉我援军在石村、任家湾地区被匪围攻甚急，当时匪兵力薄弱，空军即通知绥署迅速转知援军，利用空军掩护，集中主力向石村以东地区突围后，再向宜川攻击前进。但我援军并未作如是处置，且一部反乘空军攻击之时停战休息，致徒耗空军兵力，无法挽回颓势。

四、因受天气恶劣影响，空军未适时出动：在此次战役之前半期雨雪交加，天气极度恶劣，故在匪开始南下时，空军不能出动侦察及阻击，待天气转好，匪对我已形成包围，战线相距仅数百公尺，虽空军大量出动，已不能发挥强大威力。

五、陆军联络不佳：

1. 地面部队未配合陆空联络电台：陆空联络电台，为陆空协同作战之良好工具，临时发现情况，不能联络，致失许多良好攻击之机会。

2. 布板符号在战事胶着时收效甚微。

乙、匪军方面

一、战略上之优点：匪乘我第一军分驻陕州，二十九军大部驻洛川，主力分散，不能相互呼应之时机，纠集晋南及陕北之匪军五个纵队，以一部逼宜川，主力围攻二十九军，企图截断西安、延安间之公路，孤立延安，在第一军回师增援以前击破二十九军主力。

二、对国军行动明了，作战机动：匪军装备不良，与精锐之国军作战，不能使用正常战法，故力求明了我军行动，以机动制敌。当二十九军由洛川驰援时，即分遣其各纵队潜近宜川西南地区，在我军前进道路四周预为埋伏，待我援军抵达石村、任家湾时,伏兵四起袭击,将我军全部包围于隘路中,致获至大战果。

第二章 日记

空军第三军区司令部机密日记 三十七年度二月份

二月十四日 星期二 天候:晴云

一、综合匪我情况:

1.匪约二个旅二十二日十七时于东禹门以木船十一只并以炮火掩护,当晚西渡约700,与我保六团发生激战,二十四日晨十四时已渡过3000,旋南窜马庄(禹门南),先头部队一个营窜到西园。判断该股匪似为二纵队王震部。

2.昨由北南窜不明番号匪约四、五千,今(二十四)晨已分布宜川外围。

二、本军区阻击渡黄河之匪处置如左:

西安基地:派遣P47机四架、P40机一架,侦射禹门口、韩城以北渡河犯匪及侦察河津及其附近一带地区之匪军,派B25机一架轰炸清涧、归德、吴堡一带蠢动之匪军。

三、实施经过

本日西安基地出动P47机四架、P40机一架,计毙匪140+名,毁船10+只,毁卡车一辆,毁房10+幢,毙马3匹。

二月二十五日 星期三 天候:阴晴

一、综合匪我情况:

1.梗经禹门口西渡匪约一旅及骑兵一团共二千余人,其先头本(二十五)日窜抵韩城东北波底村,其主力踞马庄。

2.宜川西及以北地区共有匪4000+,有犯宜川企图。

3.匪近仍在陕北积极强征壮丁。

二、本军区为阻击西渡匪主力及搜索宜川外围之匪,处置如左。

西安基地派遣P47机四架,炸射禹门口陆续渡河之匪,及侦射宜川以西及西北一带地区之集结匪军。

三、实施经过：

本日西安共出动P47机四架,计毙匪100⁺名,毁木船7只,毁马车四辆。

二月二十六日　星期四　天气：晴

一、综合匪我情况：

1. 匪一、三、六纵队养日窜陷金盆湾后续向宜川进犯。

2. 匪二纵队向宜川西南地区窜犯。

3. 匪四纵队文由保南窜后续向华池方向流窜。

二、本军区以主力击溃犯宜川之匪处置如左：

西安基地派遣P47四架,搜射由禹门口西渡之匪,派P40机四架、B25机二架,炸射进犯宜川外围及由延长南下之匪军。

三、实施经过：

本日西安共出动P47机二架、P40机二架、B25机一架,计毙匪160⁺名,马50⁺匹。

二月二十七日　星期五　天气：晴

一、综合匪我情况：

1. 围攻宜川匪除留一部监视宜川外,悉数西窜宜川西南地区。

2. 我27D、90D由洛川中部驰援宜川。

3. 据俘匪供,匪王墉率三个旅由马栏关西渡。

二、本军区为监视匪主力行动及掩护我军援宜处置如左：

西安基地派遣P47机四架、B25机二架,炸射由宜川西窜匪主力及掩护我军向宜川驰援。

三、实施经过：

西安基地出动P47机二架、B25机两架,计毙匪130⁺名,马10⁺匹,毁马车30⁺辆,工事10⁺处。

二月二十八日　星期六　天气：雨雪

一、综合匪我情况：

1. 由晋西渡匪二纵队西窜宜川西南凹子街,与由宜川外围匪

一、二、六纵队会合。

2. 我驰援宜川部队在凹子街以东隘路被匪主力包围。

3. 宜川情况转缓。

二、本军区为确保援军安全及击破匪军之进攻处置如左：

西安基地派P47机四架、P40机四架、B25机二架，拂晓至黄昏分批飞宜川以西地区，直协援军作战。

三、实施经过：

本日西安附近地区天气甚为恶劣，雨雪交加，出动各机除一架达成任务外，余均中途返航，收获战果亦微。

二月二十九日　星期日　天气：阴雨

一、综合匪我情况：

1. 一、二、三、六等四个纵队主力于凹子街以东地区向我援军猛攻中。

2. 我援军29A、27D、90D于凹子街以东地区被匪截为两段，陷入苦战中。

二、我军区为确保援军安全突围及攻击匪之主力处置如左：

西安基地派遣B24机三架、B25机四架、P47机八架、P40机六架，直协凹子街以东隘路被匪包围激战之我军，并攻击匪之弱点，掩护我军突围。

三、实施经过：

本日西安天气仍极度恶劣，出动各机均中途折返。

空军第三军区司令部机密日记

三十七年度三月份

三月一日　星期一　天气：晴

一、综合匪我情况：

1. 匪我仍在宜川西南凹子街以东隘路激烈战斗中。

2. 匪二纵队辎重、眷属仍于禹门口陆续西渡。

二、本军区为解救凹子街我援军被围处置如左：

1. 西安基地：派 P40 机十三架、B25 机四架，直协支援我军作战。派 P47 机十架，炸射禹门口陆续西渡之匪。

2. 鄠县基地：派 B24 机二架，轰炸清涧、延长一带匪区后方补给站。

三、实施经过：

本日各基地共出动 B24 机一架、B25 机四架、P47 机八架、P40 机十三架，计毙匪 2500^+ 人，毁房 10^+ 栋，毁匪阵地 30^+ 处，牛马车 20^+ 辆。

三月二日　星期二　天气：晴

一、综合匪我情况：

1. 我援宜 29A、27D、90D 于宜川东南被匪各个击破，逐一解决。

2. 匪主力四个纵队除以一部向宜川进犯外，其余悉向西进犯。

3. 匪四纵队王世泰部窜抵铜川以北地区。

二、本军区为搜索匪主力攻击处置如左：

西安基地派遣 P40 机十架、P47 机八架、B25 机六架，炸射进犯宜川之匪主力，派遣 P47 机二架，夜间轰炸宜川外围之匪。

三、实施经过：

1. 本日西安基地共出动 P40 机十三架、P47 机十二架、B25 机五架，计毙匪 3200^+ 人，毁匪阵地 20^+ 处，毁汽车 2 辆，毁牛马车 30^+ 辆。

2. 夜间任务机返航报称，宜川城内沉静，灯火全无，且有对空火力，判断该城已失守。

三月三日　星期三　天气：晴

一、综合匪我情况：

1. 宜川已于昨夜被匪窜陷。

2. 陷宜川匪主力向宜川西流窜。

3. 匪四纵队窜踞洛东北旧县附近。

4. 匪后续部队仍于禹门口及马斗关陆续西渡中。

二、本军区为搜索匪主力攻击处置如左：

西安基地派遣P40机八架、P47机八架、B25机五架，搜索由宜川西窜及继续由马斗关西渡之匪军。

三、实施经过：

本日西安共出动P40机八架、P47机八架、B25机五架，计毙匪2700名，马100^+匹，毁马车200^+辆，工事10^+处，房五栋，木船10^+只。

〔国民政府国防部史政局及战史会档案〕

2. 国民党第五兵团渭北会战战斗详报

(1948年4—5月)

第五兵团司令部渭北会战战斗详报

一、战斗前匪我态势（附图一〔图略〕）

陕北匪西北人民解放军五个纵队兵力由匪酋彭德怀率领，于三月一日陷宜川，击破我二十九军后，以一部（第二纵队）逾黄龙山南下，被我阻击于蒲城以北地区，主力（一、三、四、六纵队）围攻洛川。兵团以北上求匪攻击之目的，主力于四月上旬沿咸榆公路挺进于宜君附近，以期歼灭匪于洛川中部附近地区。匪鉴于我北上，遂放弃围攻洛川企图，以一部监围，主力向旧襄形地带流窜。四月十七日，我以雷霆万钧之势进出柳林、马栏、照金附近，直捣襄形地带，匪受此压迫，不得已于四月中旬经邠县北水村、时旱、范头各附近渡泾河，向邠县、长武、永寿、麟游、扶凤、岐山等县流窜。本兵团奉主任胡卯皓卫英电令"一、三、六师以一个旅推进至高山槐附近，伪称六五师、二七旅主力控制待命。二、该兵团即由现地取捷径徒步兼程开乾县附近集结"。兵团奉令后，即开始行动，并以三八师、第一师占领乾县、武功之线，任集中掩护，主力（65D、36D、27D）均于四月二十四日先后到达乾县附近集中完毕（附图一〔图略〕）。

二、匪我兵力比较及番号与指挥官之姓名

此次向南流窜之匪为一、二、四、六纵队，隶属于西北人民解放军总司令部，由匪酋彭德怀率领其兵力约九个旅、一个骑兵师及其他游击部队等共八万余人。本兵团所指挥部队为四个整编师、一个旅（36D、65D、1D、38D、27B），计十一个旅，一个骑兵团，共约九万余人。综计我兵力较匪稍优，其他关于装备训练补给均优于匪。兹将匪我之指挥部队表列于左：

1. 本兵团所指挥之部队。

第五兵团　司令官裴昌会

第三十六师—第二八旅—第一二三旅（欠一团）、第一六五旅

第六五师—第一六〇旅—第一八七旅

第一师—第一旅—第七八旅—第一六七旅

第三八师—第五五旅—第一七七旅

第二七旅

骑四团

共约九万余人

2. 匪军指挥系统

西北人民解放军总司令彭德怀

第一纵队—独一旅—三五八旅

第二纵队—独四旅—教六旅—三五九旅

第四纵队—警一旅—警三旅—骑六师

第六纵队—新四旅—教导旅

其他游击部队等。

共约八万余人

三、影响于作战之天候及地形

陕甘气候虽在春暮尚属寒冷，尤以早晚为甚。且春季雨少，风

沙甚多，日中颇为干燥。所经过区域除泾渭沿岸外，一般饮水困难，影响于作战甚大。

陕甘一般地形，高原之下均系深沟断崖，妨碍部队运动，尤以泾河北岸为最。

渭河以北为关中平原，家屋稠密，利于部队之休栖与作战。泾渭之间为汧山山地，人烟稀少，道路崎岖，大部队运动不易。泾河北岸虽属陇东高原，但沟道甚多，部队运动亦受限制。总之，陕甘边境地形复杂，人口稀少，饮水困难，不便于大兵团之作战。

四、战斗经过

一、凤翔灵山附近之战斗　四月二十五日至四月二十八日（附图二〔图略〕）

匪四纵队主力经永寿、乾县间窜踞武功以西陇海沿线，四纵队一部配合游击部队约六千余人窜陷凤翔虎镇，先头一部窜宝鸡外围，有攻略宝鸡模样，匪后续部队第一、六纵队各一部经麟游窜凤翔附近。奉主任胡卯迥电令："该兵团应以各个击破并阻匪回窜之目的，以有力兵团进出永寿及其以南附近地区，实施扫荡，阻匪东窜，并适时与陇东兵团相互策应，主力即沿陇海线西进，索匪攻击之"。当策定部署，以第三八师卯有拂晓向豪店镇、老永寿进出，索匪攻击，防匪回窜，并适时策应陇东兵团之作战。第六五师附二七旅卯有拂晓沿汧山南麓经崇正镇、岐山向凤翔附近索匪攻击，第一师卯有沿陇海两侧地区经扶风向虎镇以北附近索匪攻击，第三六师为预备队。四月二十五日，兵团主力分别在贾村、南芸岭（均扶风东）附近击溃匪教六旅及警三旅之一个团，二十六日克扶风、岐山。二十八日克凤翔，匪独一旅被歼灭过半。窜犯宝鸡之匪鉴于退路将被切断，其一、二、四纵队主力乘夜退踞灵山、雍山、杨同山、蔡家山地区，求得一逞。我攻击部队继续西进，激战彻夜。迄二十九日拂晓，对退踞灵山、雍山、蔡家山、西吴头之匪另策定攻击部署，以二七旅及六五师一部由正面，以六五师、第一师之主力经陈村南北地区侧击匪之右翼。我以态势优越,将士用命,并在空军掩护下,进展极为顺利。匪据险顽抗,战况至为惨烈。迄十七时,匪以伤亡惨重,除以一部迟滞我军外,主力向汧阳方向溃窜。迄晚,我主力军进至黄里镇附近。是役计毙匪六千余,俘匪一千四百余,获轻机枪三十余挺,步枪五百余枝,匪二、四纵队伤亡过半。同日,第三八师由永寿分向常宁镇、崔木镇扫荡,协同八二师东进部队将匪第四纵队之骑六师及一联合大队全部歼灭。

二、由汧阳向泾川之追击 四月三十日至五月四日（附图三〔图略〕）

奉主任胡卯艳卫炳电令:"一、彭匪主力似有避免决战,向西北逃窜模样。二、本署即以有力兵团分区扫荡,粉碎其建立汧山区根据地之企图,主力编组追击兵团,索匪主力追击,依友军之协力将匪捕捉歼灭之。三、八二师由泾川向陇县方向攻击前进,策应本署之作战。四、第一师扫荡岐山、虎镇、宝鸡、凤翔区,第三八师扫荡麟游区。五、第六五师（附二七旅）为第一线追击兵团,三六师为第二线追击兵团,迅速索匪主力追击之。

当即策定部署:

第一师着负责凤翔、宝鸡、岐山区之清剿。

第三八师酌留一部守备乾县监军镇外,主力负责麟游山区之清剿。

第二〇三师附骑四团负责泾河以南醴、乾以北地区之清剿。

第六五师附二七旅为第一线追击兵团,以迅速行动,明（三十）日续向汧阳新兴铺追击前进,并利用汧阳河以西道路前进,向右旋回,压迫北窜匪,依友军之协力捕歼匪军。第三六师为第二线追击兵团,应续向黄里镇附近推进。四月三十日晚,我主力军进击至新兴铺、汧阳附近后,知匪一部向麻夫镇逃窜,主力向高崖镇逃窜,当即调整部署,以三六师参加第一线,向灵台行超越追击，六五师二七旅向泾川方向跟踪猛追，各部队连日击破匪之抵抗，昼夜兼程前进，五月三日在娘娘庙附近将匪第一纵队独一旅残部包围歼灭，续追至百里镇附近，又将匪第四纵队警三旅全部歼灭，匪沿途遗弃辎重甚多及伤亡二千余名。迄五月四日，我追抵泾川、长武以南地区，匪企图越西兰公路渡泾河北窜。

三、玉都庙附近之歼灭战　五月五日至五月七日（附图四〔图略〕）

五月四日夜，匪越西兰公路，五日晨其先头第二纵队窜抵屯子镇附近，被我八二师分由西峰镇、镇原南下包围。本兵团接八二师通报，匪似有向东回窜可能，要求在泾河以东堵防，当即策定部署：第六五师附二七旅控制高堋镇、窑店镇之间，第三六师五日拂晓进出和盛镇附近，第三八师主力控制长武，第一师控制邠县、永寿、乾县地区。五月六日午前四时，再接八二师通报，匪对屯子镇攻击甚为猛烈，彭匪德怀率匪二万余分踞合道镇、玉都庙、党原镇附近，且以一部监围泾川。复奉主任胡辰鱼丑电令，第六五师附二七旅即向泾川及其以北之匪攻击前进，三六师向荔镇、丰台镇附近急进，截匪东窜。当即转令遵照，于上午八时我六五师解泾川之围，续向合道镇、玉都庙攻击。据士民报告，彭匪德怀率匪约二万余现在合道镇指挥。该部官兵闻讯之后，精神异常兴奋，争欲活捉匪首，以除巨患，奋勇争先，冒炽盛之炮火一意向前进攻。经八小时之猛烈战斗，合道镇反复争夺达八、九次，卒被我攻占。旋又攻占玉都庙。在战争激烈之时，匪被我痛击仓皇东撤，二纵队一股窜至荔镇附近，适为我由和盛镇西进之三六师迎头痛击，匪又回窜。我为加强对北包围力量，令三八师由长武向泾川急进。北窜之匪既为我六五师、二七旅、骑四团、八二师围困于屯子镇，东窜之匪又被我三六师堵截于荔镇附近，而合道镇、玉都庙被我相继攻占，彭匪残部遂全部被我包围于屯子镇、肖金镇、荔镇、党原镇之间，此诚我歼灭战之良机。我第一线各部队不顾牺牲,尽所有力量期将此匪歼灭。六日二十时起至七日十九时止,激战竟日夜,战况至烈,我包围圈逐次缩小,匪乃以极密集之队形向东北突围,我虽逐渐向东延翼包围,然肖金镇方面兵力较为薄弱,竟被匪一部突破,得脱围而逃。我三六师、六五师、二七旅、骑四团即行跟踪穷追,是役匪伤亡惨重,阵地遗弃死尸约七千余具,生俘三千余,卤获甚多。

四、由荔镇向宁县、旬邑之追击　五月八日至五月十四日(附图五〔图略〕)

彭匪率残部于七日晚突围后,一部经肖金镇向北逃窜,主力续向宁县方向溃窜。奉主任胡辰齐临炳电令:"贵兵团应举全力排除万难兼程索匪主力猛追,将其捕捉而歼灭之。"

当策定部署:

第三六师跟踪续向马连河之线兼程猛追,捕捉匪而歼灭之。第六五师附二七旅、骑四团续向三不同、肖金镇推进,连络八二师追剿北溃散匪,并策应三六师之作战。

五月九日解宁县之围,溃匪续向正宁、织田、旬邑方向逃窜,当即饬三六师续向织田镇方向追剿,第六五师、二七旅、骑四团向旬邑追剿。

五月十一日,六五师进抵宫和镇附近,遇匪第二、四纵队各一部,被我包围全部歼灭。我三六师追至恒安州附近,遇匪三五八旅及教六旅,赖我官兵奋勇冲杀,将匪歼灭大半,残匪狼狈向马栏方向逃窜。奉主任胡辰真协炳电令:"彭匪自渡泾河先后迭经我军穷追痛剿后,损失惨重,其残部刻正向陕北回窜中。贵兵团追击部队应向东追击,进出耀县、同官、苦泉之线,再策嗣后行动"。

第三六师应续向马栏、石柱镇扫荡,第六五师向照金镇、柳林镇扫荡。

第三八师应分由盘口、天堂镇、麻夫镇及灵台、崔木镇、麟游大道行广正面扫荡汧山区散匪，尔后向凤翔、岐山集结。

五月十二日，本兵团策定如左之部署：

1. 第三六师明元分向石门关、秀女沟追击扫荡，寒日以一部向马栏追击扫荡，删日向石柱附近追击扫荡。

2. 第六五师附二七旅重点在左，明元向照金镇附近追剿扫荡，寒日向高山槐附近扫荡，并准备适时策应钟师作战。删日依钟师之进展向黄堡镇（耀县北）附近集结。

3. 骑四团明元向土桥、高王方向追剿，寒日向通润方向追剿，删日到达三原集结待命。

4. 1D、38D负汧山山区扫荡任务（遵照主任胡卯艳卫炳及辰真协炳两电令行动）。

五、战斗后匪我之位置（附图六〔图略〕）

五月十五日，奉主任胡辰删协羽电令："着三六师、六五师、二七旅暂集结铜川、耀县及其以西地区休整待命。"

当经饬遵，于同日第三六师到达铜川、石柱原、文武王山一带，第六五师、二七旅到达耀县黄堡镇附近地区，第三八师到达凤翔、岐山地区，第一师仍位置长武至乾县间，任西兰公路交通维护。

彭匪经我穷追后，其残部先后越过马栏，分别向宜君、黄陵方向逃窜。兵团各部均先后到达指定位置，除以一部扫荡外，余均积极整补中。

六、作战经验与教训

甲、匪军：

A、此次匪军战略行动之企图被我粉碎，其企图为：

1. 威胁我后方连络线，切断我西兰与川陕公路之交通。
2. 控制黄龙、汧山山区，威胁关中平原，孤立西安基地。
3. 破坏我宝鸡虎镇蔡家坡军需工业区域，使我补给困难。
4. 利用渗透之方式扩大匪化区域。

B、战术方面：匪之惯用战法：

1. 彻底集中兵力，施行一点两面战术。举例如左：

（甲）匪选定我与陇东兵团接合部之邠县附近实行偷渡，此即为一点战术。

（乙）此次匪犯宝鸡时，一路由麟游、凤翔，一路由扶风、岐山前进，此即两面战术。

2. 能主动作战，放弃洛川之围攻及咸榆公路正面之守备，以主力转用泾河以南，争取外翼。

3. 匪如无制胜之把握，则始终避免决战，迅速撤退，故我之追击难于捕捉其主力。

4. 攻击方式，前面以便衣装作百姓，分成若干小组深入我方，后面以正规部队突击之。

C、战斗方面一般之优点：

1. 装备简单，行动敏捷轻便。

2. 保密良好，部队行动及企图一般干部甚少知之，其部队番号士兵亦不明了。

3. 匪之工事构筑虽甚为简单，但多利用家屋墙壁挖作枪眼，且能充分利用自然环境。

4. 近迫攻击以重火器置于相当近接之距离作掩护，其步兵均利用卧射散兵坑逐次近迫我阵地。

D、战略方面匪军失败之原因：

1. 判断错误，轻举深入，致遭惨败。

2. 深入陕甘边区，兵力不够。

3. 以空心战术向南流窜，被我猛攻，撤退困难。

4. 匪缺乏民众基础，故不能贯彻军事企图。

E、匪军战术方面之弱点：

1. 装备劣势，不能作长时间强韧性激战。

2. 白昼部队不能行动，受我空军限制。

3. 侧背感应性甚大，惧我包围。

4. 就地征发，补给困难。

F、战斗方面匪军之弱点：

1. 士兵被强迫参军者，俘虏兵及老兵各占三分之一，随时可以逃亡出匪区，作战时尤甚。

2. 多以夜暗行动，部队疲劳过甚，士气沮丧。

3. 时时流窜，无正常补给，出匪区后粮食无所掠夺，士兵生活痛苦。

4. 士兵战斗技术甚差，弹药缺乏。

乙、我军

优点：A、战略方面：

1. 彻底集中兵力于决战方面，各级指挥官遂行任务无困难，且不约束部队行动，能适应状况作适切之处置。

2. 能压迫匪脱离巢穴，诱其于我有利地形而打击之。

3. 尽各种手段尽量供给情报，作战部队能依据作适切之判断。

4. 我以超越追击，使匪不能行离心退却，造成歼灭匪之好机。

B、战术方面：

1. 各部队协同良好，攻击精神旺盛。

2. 能适时包围攻击并行局部之迂回。

3. 各级指挥官多能捕捉战机，独断专行。

C、战斗方面：

1. 战斗意志坚强，官兵不避艰苦。

2. 高级指挥官能亲临第一线指挥战斗。

3. 指挥官之火力运用适当。

4. 地形之侦察判断与利用均甚注意。

5. 注意筑工，稳扎稳打。

劣点：A、战略方面：

1. 鉴于宜川战役之失败，先求稳当，不敢行放胆之作战。

2. 政治配合不够，不能达到军事上之要求。

B、战术方面：

1. 各部队受命之后，常须仓卒行动，无准备之时间。

2. 仍有逐次使用兵力之嫌，未能适时集中全部之兵力，一举而歼灭匪军。

3. 夜间战斗动作生疏。

4. 通讯布板训练不够，使飞机不能作战术上之协同，致失战机。

C、战斗方面：

1. 近战训练不够，如刺枪术、手榴弹投掷，尚有少数士兵应再熟练。

2. 班长之火力分配嫌无重点。

3. 士兵缺乏独立作战精神。

七、匪我伤亡概数及卤获统计表（如附表）〔表略〕。

〔国民政府国防部史政局及战史会档案〕

3. 国民党甘肃陇东绥靖区关于"匪情"及"剿匪"报告书

（1948年4—8月）

（1）第十五号报告（4—5月）

甘肃陇东绥靖区军事情况暨政务设施报告书 第十五号（四五月份）

（甲）保安

一、自卫建设〔略〕

二、剿匪军事

1. 重要匪情

（1）彭匪（6CD）一部约三百余人附炮数门，于四月二十二日陷我灵台后，大肆抢掠食粮，并分窜邹寨、独店各乡滋伏。同时曲子、环县一带之游杂散匪约二千余人为配合彭部主力行动，于四月二十六日经土桥、南庄原及毛谷、维原等地，向驿马关进犯。迄四月二十七日晨，匪即窜至城郊，当经我自卫团队奋勇迎击，激战数小时，匪伤亡过半，不支北窜，抵野狐沟收容残部，并会合(2R、8R)等部约三千余人附迫炮多门、重机枪数挺，复于四月二十九日夜向庆阳猛扑数次，三十日晨，匪更以炽盛炮火猛轰，掩护敢死队百余人爬城，但均被我守军击退，匪不支向容原窜去。迄五月一日午，我团队及国军一部当将该匪包围于二谷原予以聚歼，匪伤亡惨重，狼狈四溃，生还者实无几。

(2) 彭匪主力（1CD、2CD、4CD）于陕境受国军痛击后，约三万余人于五月二日窜至崇信以南灵台西南之娘娘庙、新集、朝那镇、上良镇及什字镇等处，五月三日陷我崇信县城，五月四日分股由泾川东西地区越西兰公路北窜，五月五日至七日该匪即被围于镇原东南之屯子镇、泾川以北之玉都庙、丰台镇及窑店以北之荔镇、萧金镇等中间地区，经激烈战斗后，匪残部约一万五千人于五月七日夜在萧金镇东南地区突围，分股经早胜镇、平子镇、湫头及春荣镇、襄乐镇九岘原等地窜向陕北老巢。又窜向于子午岭之匪（N21R）张占云部约千余人，于五月十日在正宁西南之柑柚树企图蠢动，经我民众自卫队予以痛击后，向湫头方面窜去。另有由环县大小方山窜抵蒲河川南岸之一股约四百余人，企图攻扰孟坝，于五月五日经我团队堵击后不支回窜。

2. 保安团队及地方自卫队重要战役：

(1) 四月二十七日，我保一团五、八两中队及保三团七、八两中队与环县、桐川、驿马各地自卫队，将围攻驿马关之匪马思义部主力二千余人击溃。

(2) 四月二十九日，我保一团主力将围攻庆阳之徐国珍部匪三千余人击溃。

（3）五月五日，蒲河川之役，我保三团一部及大方、蒲河两乡自卫队击溃环县股匪及匪独立五、七团及回民骑兵团共二千余人。

（4）五月四日，泾川之役，我保一团一部及该县常备自卫队固守城垣并击退犯匪。

（5）五月四日，平凉四千里铺之役，我团队击退西犯匪一部千余。

（6）五月八日，宁县之役，该县民众自卫队击退彭匪部三千余人。

（7）五月一日至十日正宁之役，我自卫队击退窥伺子午岭东侧及马栏附近沟杂股匪。

以上各役共毙匪一千五百余人，俘二百余人，获迫炮数门，轻机枪十余挺，冲锋数挺，手榴弹四百余枚，步枪百余枝。

3. 国军重要战役：

1. 泾川之役，击退彭匪。

2. 镇原、屯子镇、玉都庙、荔镇等役，82D歼匪逾万〔?〕，生俘数千，其他武器、马匹甚多。

3. 邠长之役，82D击退匪6CD及1CD一部。

（2）第十八号报告（6—8月）

甘肃省陇东绥靖区军事情况暨政务设施报告书　第十八号（六、七、八月份）

（甲）保安

一、重要匪情

（一）六月份重要匪情：

1. 匪陇东GB徐国珍部（13R、14R、回KR）自进犯驿马关遭受惨败后，即在曲子、木钵一带整补，自五月下旬起迄六月底止，该匪除于其各该附近地区积极征丁征粮并整训外，更以一部集结于庆阳以北之阜城、东川及该县以西之土桥、桐川桥一带地区，强征丁粮。

2. 匪三边GB李天才部（2R、5R、8R、蒙民KR）自六月中旬即由庆阳东北之元城镇、悦乐镇南移，分股集结于合水以北及东南地区，于六月十八日该部之2R、8R及骑兵一部约千余人曾一度陷我合水县城，当午复回窜店子原、故城镇及盘客镇（均在合水东南地区）一带地区，从事掩护子午岭山区烟麦收割。

3. 匪游杂部队孙谱、金山寿、毛志善、王世保等股步骑约千余人，月来即往复流窜于环县西北之洪德城、山城堡及西南之毛居开砖城子一带地区。

4. 曲子西南之唐家台子、三岔、大小方山等地有匪郭发荣部，不时四出滋扰。

5. 匪关中GB之N?R、N21R各一部约千余人，月来即在我正宁属之湫头及三嘉一带强征食粮，向马栏（陕属）方面运送。

6. 匪西府支队赵伯经部已化整为零，潜伏洴麟山区，不时以小股出没于邵寨、老爷岭附近地区从事滋扰。

（二）七月份重要匪情：

1. 匪三边GB及陇东GB各一部仍据环县、曲子及木钵等地，并以一部约七、八百人南窜马岭附近，掩护匪武工队在阜城（庆阳西北）一带抢割民麦。

2. 匪三边GB主力于七月中旬由悦乐等地区窜庆阳、北川及野狐沟一带，抢运仓粮及封锁交通。又该旅之蒙汉KR仍据合水东北东华池附近地区。

3. 匪陇东GB主力于七月上旬即向东南移动，迄七月十二日至七月二十四日等日，该匪部即在合水东南之故城、盘客、襄乐及合水以北之新铺等地征丁征粮往复流窜，并掩护子午岭山区匪烟麦之收割。

4. 匪游杂部队孙谱、金山寿等股月来除于各该附近地区征丁征粮外,并掩护匪伪地方工作人员在该地区从事调查乡区边界,编组保甲,遴选区乡长及树立伪政权等工作。

5. 前据三岔、大小方山之匪郭发荣部于本月上旬被击北遁。

6. 据土桥、高王、旬邑、织田一带之匪关中GB之21R及4CD之一部,于七月十七及十八两日已分别向子午岭窜去。

7. 匪西北局近为扩大和加强西府分区,月来由陕北干校抽调军政干部二百五十人,途经旬邑、邠县附近潜伏汧麟山区,从事担任伪各县行政及组织游击部队等工作。

8. 匪近于邠长一带组织"新民"、"龙高"、"香庙"、"永乐"、"北极"等游击支队,每支队约四、五十人,武器不全,其任务为经常流窜于邠长附近地区,抢劫物资,破坏我保甲组织,威胁我西兰公路,造成地方之恐怖。

(三)八月份重要匪情:

1. 匪陇东GB之BR、14R月来即盘据于二将川、柔远川及悦乐一带,又该旅之回KR月来仍盘据于新铺附近地区,均无活动。

2. 匪三边GB之第2R于本月上旬于大小方山以北地区分股向合道川(曲子以西)窜去。

3. 匪三边GB之5R月来仍盘据于环县、曲子中间地区,无动态。

4. 匪三边GB之8R于本月上旬携带大批匪眷及食粮,由曲子向元城镇方面窜去。又该旅之蒙汉KR仍据合水以东及东太白附近地区。

5. 匪4CD一部及N21R残部约千余人为回避我军之进剿,月来即于旬邑、正宁、宁县三角地带往复流窜。

6. 匪白吉、永乐、长武等支队约三、四百人,月来在长武以东泾河沿岸强征民夫及木料,积极构筑工事中。

二、本省团队及各县自卫队游剿情形:

(一)六月份游剿情形

1. 伪合水县秘书傅得奎率游击队二百三十余人，装备齐全，在县地北赵家原组织民众开会征粮，我合水自卫队于六月八日分两路前往包剿，激战五小时，匪不支溃退。是役俘匪保安科员于廷吉一员，士兵五名，毙伤匪二十五名，卤获七九步枪四枝，六五步枪二支，榴弹筒一枝。

2. 庆阳自卫第六中队于六月八日在城东北张家沟老游击时，与装备齐全之匪五十余遭遇，激战一时许，匪旋续增至二百余人，激战至晚，我以众寡悬殊，向城郊转进。是役毙匪十名。

3. 匪三边 GB、2R、5R、8R 共三千余人、骑兵三百余名，装备齐全，由陇东分区司令徐国珍指挥，于六月十五日集中合水以北以东及南一带，于六月十六日一部经固城窜至店子原。我驻该地之保 1R 第二中队当即迎击展开激战，激战至十七日晨，我以众寡悬殊，乃转进西华池。六月十八日，我第二中队一部及一中队复往游剿，匪当退窜固城。

4. 灵台自卫队于六月八日晨往新开乡搜剿，遇匪六十余人，当即迎击，匪不支向麟游方面溃去。

5. 匪西府支队赵伯经部约二千余人，经国军搜剿后已化整为零，入山流窜。我四区王副司令率保六团之一部及骑一中队于六月十五日进驻陇属马鹿镇一带会剿。

6. 环县自卫第四大队敬明君部于六月十八日至耿湾游击，当与匪土共金山寿、刘士孝部百余人遭遇，激战六小时许，将匪击溃。又于六月二十三日复与土共毛子善部一百二十余人在大树原接触，激战四时许，匪不支溃退。以上两役共毙匪队长一名，指导员一名，士兵十九名，俘匪八名，获步枪十七枝、掷弹筒一个。

（二）七月份游剿情形

1. 宁县自卫第三中队七月二日往该县红城子游击，与匪骑兵团遭遇，激战至晚，匪不支向盘客方向窜去。

2. 宁县自卫第二中队二、三分队于七月四日协同国军向宁县东北盘客、现头堡之匪进剿，当与匪步骑兵各百余人接触，匪受创甚重。当日午后，匪增援至七百余人，我以众寡悬殊，自动安全撤退至春荣镇。是役毙匪约三十人、马二匹以上，获冲锋机枪一挺、步枪三枝、马骡各一匹。

3. 庆阳常备第七中队于七月十五日前往张家沟老游击，与匪伪庆阳县府游击队三十余人激战时许，匪当不支，向北溃逃。

4. 庆阳常备第六中队于七月二十日在阜城附近围剿匪马岭武工队二十余人，激战二时许，匪不支溃退。是役伤匪四名，获七九步枪一枝。

5. 保一团一分队及合水县店子乡自卫队于七月二十三日往安乐原游击，与匪杨云山部百余人接触，激战二时许，我以众寡不敌，退守安乐。我保一团第一中队闻讯，乃于七月二十四日拂晓由孙家沟前往驰援，匪受夹击逃窜子午岭。是役毙伤匪十余名。

6. 匪骑兵三十余人于七月二十四日由蒿嘴铺向合水城东窜来，我保一团第六中队堵击，当回窜蒿嘴铺。

（三）八月份游剿情形

1. 保安第三团第五、第七中队于八月四日协同镇原、大方柳树二乡自卫队往大小方山游剿，在小方山之大滩与匪新（13）团四百余人及回骑七十余人遭遇，当发生激战，该匪携有迫炮二门、轻重机枪十数挺，步枪齐全，火力甚旺，经团队奋勇攻击，匪受创甚重，旋续增援，我即作有利转进于小方山北麓。该团闻讯后，复派八、九中队及机炮中队一部驰援，予匪猛烈攻击，匪当不支，分股向高家原、余家原、合道川等处逃窜。是役毙匪三十余名，伤六十余名，我亦略有损伤。

2. 八月六日匪百余名窜抵宁县属之政平、泾河川，经我正宁自卫队追剿，当向邠县之永乐镇方向逃窜。

3. 匪警一旅二团及新21R残部与底庙、永和、绥田等镇游击队共约千余人，于八月十日沿县属永和、罗川向宁县进犯，该县派自卫队四百余人前往迎击,十一日晨在罗川属之彭家川以南激战,匪不支向旬邑、底庙镇溃窜,我自卫队复跟踪追击至底庙镇附近,激战两小时,毙匪指导员及支队长及士兵二十余名,伤匪七十余名,俘匪营长、区长、区委及士兵共三十名,卤获手枪三枝、步枪二十七枝,我无损伤。残匪分股溃窜,我自卫队又复跟踪追剿,匪向子午山林急窜,我自卫队乃将底庙、永和、罗川各镇附近匪肃清后即返防。

〔国民政府行政院档案〕

4. 国民党杨荫寰旅顽守洛川战斗详报

(1948年6月14日)

洛川保卫战战斗详报(附洛白公路转进各战斗)

一、战斗前敌我态势(三月三日至八日)

三十七年三月一日宜川战役结束后,匪首彭德怀复率其所部第一、二、三、四、六诸纵队,以主力分头南窜澄城、白水,西窜黄陵、宜君、铜川一带,以三、六两纵队分沿洛宜、洛堡公路围攻洛川,其三纵队之骑兵二百余名,于三月二日十六时窜抵洛川东北四十华里之旧县,与我洛川堡十五团一中队开始接战,其六纵队分由槐柏及交口河向洛川以南及东南地区逼近。原任洛川守备之六十一旅一八二团、五三旅一五七团第二营、五十三旅炮兵营、保安十五团,及自延安南下于三月一日抵达洛川之四八旅一四三团,奉命共同守洛,并奉主任胡寅东临英电令派一四三团杨团长荫寰兼任守备指挥官,统一指挥在洛所有部队,旋奉令将一四三团自寅铁起改为六十一旅一八一团,一五七团第二营改为一八三团第一营,合一八二团编为六十一旅,以杨荫寰升副旅长,并代理旅长职务。指挥部基于当时紧急情况,即作如下之部署:

1. 保十五团以一个中队占领永乡附近,另以二个中队占领上下谷咀附近，分任警戒搜索，以一个中队固守桥西外围据点，以二个中队分别配合各外围据点国军作战，主力控制桥东村。

2．一八一团以一营外围分占好音、后子头，任警戒搜索并固守屯里据点，以一个加强连（附保安一个中队）固守安民据点，以一个加强排（附保安一个中队）固守腰子村据点，以一个营守备洛川城东及城北主阵地，其余控制东关。

3．一八二团以一个连固守石家庄据点，一个营（附一连）守备洛川城南及城西主阵地，其余控制于西关附近。

两团战斗地境为洛川城东南角与西北角对角线之延长线。

4．一八三团第一营任城防守备。

5．炮兵营于城墙四周占领阵地。

6．各外围据点及主阵地工事迅即昼夜构筑，不断加强。

三月八日，我外围各据点外之警戒阵地分别遭敌袭击，其中以谷咀子为甚，后子头、好音、桥西、马家庄、石家庄等村附近均相继发现匪军，匪军包围之势已成，而此伟大保卫战亦告开始矣（当时态势如附图〔图略〕）。

二、警戒阵地之战斗（三月八日至十日）

三月八日二十时二十分，匪教导旅之一部分由屈家河、刘家河方向进犯我上下谷咀警戒阵地，激战彻夜，匪先后猛扑八、九次，伤亡惨重，终未得逞。我以任务达成，遂于九日六时〇分撤出上下谷咀，移守上下黑木，复于同日七时十分以一八一团之第二营配合黑木我军反攻，谷咀及上下黑木全部撤回。是役匪伤亡约百余人，我伤亡官兵九员名。九日十九时三十分，匪第五旅十五团附山炮二门，分别猛犯我好音、后子头警戒阵地，好音方面激战至十一时三十分，我一八一团第三连依计划撤至该村南端约二〇〇公尺处之既设阵地，与敌继续战斗，其时匪我均有伤亡。至十日六时〇分，好音南端犯匪怆惶北遁，我亦南撤至屯里。而任后子头警戒之一八一团第二连一个排与匪经六小时之战斗后，亦于十日六时分撤移至屯里村（战斗经过如附图二〔图略〕）。

三、外围据点之战斗（三月十日至二十三日）

我石家庄据点于三月十日十四时〇分遭散庄凹附近匪新四旅炮兵（山炮二门）猛烈射击，我略有伤亡，继向我据点猛犯，均被击退。同日二十时三十分，匪第三纵队之二、五两旅全部（五个团，配合山炮数门及各种口径之迫击炮十数门）除以一个团猛犯西安民据点外，以主力对屯里及其以东之排据点作大规模之全面包围，战斗至为惨烈，尤以屯里东侧之排据点（为第三连之薛彦龙排），匪集中机炮火力猛烈之掩护，先后猛扑达数十次，我各点阵地工事多数被毁，尤以薛排为甚。但因我各种口径之迫击炮、野炮及主阵地之侧射机枪配合巧妙，支援适切，形成炽盛火力，压倒匪军，且各点均以石油照明，将匪暴露我阵地前，予以惨重杀伤，遂使匪之波式密集冲锋与云梯越壕战法迄未得逞。是夜，双方火力均达于最高度，机炮、手榴弹声彻夜未停，战况之惨烈诚达极点。激战至十一日五时十分，我阵地仍然屹立。但匪经我狂风暴雨般之歼灭后，伤亡千余，遗尸五百余具，我伤亡官兵五十余人，俘匪二十余名，获械弹甚多。翌日黎明前，残匪分向后子头、好音、东安民狼狈溃退。此役，匪遭惨重杀伤，实奠定保卫战胜利之基。我薛排据点工事已被匪炮火破坏殆尽，无法抢修，且已获得代价，遂自动放弃。十三日十九时三十分，匪第五旅十四团附山炮二门以密集队形向西安民据点复作波式猛扑，我以炽盛火力予以迎击，激战约二小时后，匪乃狼狈退据东安民。是役毙匪百七七人，遗尸七十余具，俘匪六名，并获步枪、军用品等，我亦伤亡官兵二十名。三月十四日起，瑞雪纷降，给漫长之夜放映出有如白昼之晶光，迄二十日开始放晴。此期内匪仅小股袭扰，我外围各点均无激烈战斗。但匪以鉴于前次各役之惨败，乃倾其全力进行近迫筑城，步步向我各据点进逼。我亦捕捉此绝好良机，除于二十一日以一八一团之一个加强连对盘据马家庄之敌作试探性之攻击外，集全力不分昼夜（包括洛川民工五〇〇余）加强及改善主阵地工事。其间我野炮于二十日十八时二十分对东安民敌密集部队三百余作急袭射击，予以全部就歼，我空军亦数度对外围之敌反复扫射与轰炸，均予敌以重创。

三月二十二日二十时，敌集其三、六纵队全部，利用其近迫筑城之工事接近及支撑，分向我石家庄、屯里、西安民、桥西村各点猛犯，我工事悉被摧毁，且因匪有近迫工事掩护，致我各点间火力不能收支援之效，遂被匪各个围攻，连络中断，陷于苦战。至二十四时，石家庄阵地之一部被敌突破，同时桥西村亦情况不明，守军两中队悉数殉难。二十三日三时〇分，安民村阵地之一部被敌突破，各点苦战至六时，匪共伤亡千五百余，我亦伤亡三百余。旅鉴于洛川保卫系持久性之防御，不可过早损耗实力，以影响尔后主阵地之战斗。且外围据点已先后杀伤匪二千七百余人，守备亦已半月以上，乃决心放弃。遂于六时零分别撤出石家庄、西安民，而屯里仍屹立无恙，因太突出，至十九时亦自动放弃，安全撤回（经过情形如附图三〔图略〕）。

四、反攻腰子村据点之战斗（三月二十七日）

腰子村据点自我石家庄、安民村放弃后形势孤立，而其地位仍有掩护我主阵地、加强工事阻遏犯敌于我主阵地之外，换取敌人付更大代价之价值，故于二十五日以一八一团第五连及保团一中队加强守备之。敌亦以其地位重要，不惜更大牺牲，对腰子村作坚决之攻掠企图。自三月二十三日二十一时至三月二十五日四时〇分，先后共进攻四次，各次战斗均极激烈，尤以二十五日四时匪利用其近迫工事，集中其各种口径火炮五门，掩护其两个营（属二旅五团）以上之兵力向腰子村大举猛犯，我阵地上落敌炮弹达二百余发（一部系烟幕弹），当时浓烟弥漫，枪炮声犹如大雨倾盆，阵地大部被毁，敌蜂拥而上，反覆争夺达十数次，激烈战斗历二时许，我第五连连长负重伤，官兵伤亡四分之三，旋于六时五十分放弃腰子，撤回者不及五十人。旅以鼓舞士气，给匪以严重之打击，使其不敢轻视我军之目的，于三月二十七日二十一时三十分，以一八一团之第二营（附第一营两个连）在高度炮火掩护下，以迅雷不及掩耳之措施，对盘据腰子（村）阵地之敌二旅之一营作闪击式反攻，经一小时之激剧战斗，将该匪之大部歼灭于阵地内，残余之匪纷向东南溃窜。我除以一部行锥形追击后，即占领腰子（村）南端三〇〇公尺处东西之线，并将匪工事悉数摧毁，至十七时三十分主动撤回。计是役盘据腰子村之匪除少数（约五六十名）溃逃及生俘三十余名外，其余全部就歼，我伤亡官兵亦四十余人。此一战斗显示我军仍保有坚强之攻击力，灭杀匪势，而我信心更为之振奋矣（经过情形如附图四〔图略〕）。

五、主阵地各时期之战斗（三月二十四日至四月十八日）

（一）匪军波形攻击时期（二十四日至二十九日）

敌对我主阵地之攻击，其步骤分三，即先利用其近迫筑城之工事，掩护调动兵力，接近我主阵地。继以小部兵力对各面作局部的试探性攻击，以寻我弱点，后集全力于一面，作波式冲锋。是种战法，其施诸我主阵地而最剧烈者，有三月二十四日与二十五日之西沟阵地战斗暨三月二十八日之城东北主阵地战斗与桥东村主阵地战斗。

守备城西南西沟沿主阵地之一八二团之第三营，于三月二十四日二时遭敌新四旅一七一团约三个连之兵力攻击，旋经我坚强抵抗，予敌以严重打击，终未得逞，狼狈逃窜。后复于二十五日二时，敌更以新四旅之全部配合山炮六门、重炮一门、二八炮六门，拼力来犯。其时，我各口径炮兵及其他重火器以最高度火力对来犯之敌作狂风疾雨般射击，匪我均各在炽热炮火之下进行战斗，敌以密集队形前仆后继，先后冲锋达十余次，曾有一部之敌数度突入我阵地内，惹起混战，然均为我击退，其企图攀登悬岩之云梯队及爆破队亦均先后受歼于我阵地之前，战况极其激烈。至二十六日六时，犯敌非但毫无进展，反伤亡约八百余人，其不及撤退之残部约二百余名均被我截于西沟东侧之土窑内，我除以火力封锁外，用各种炮施行毁灭性射击，其大部均就歼，残余于入暮后潜逃，我伤亡官兵六十余名，第八连连长于是役殉难。

三月二十八日二十一时，敌三纵队集其二个旅全部并重迫炮四门、山炮四门，分别向我桥东村一八一团杨营（二营）及城北一八一团王营（三营）各主阵地大举猛犯，其战况之激烈较二十四日西沟之战尤甚。当时匪以波式冲锋向我阵地猛扑二十余次，我官兵忠勇沉着，抱与阵地共存亡之决心，发扬猛烈火力，以阻匪势。敌凭其近迫攻击工事之利，越过地雷，突入我之铁丝网内，展开剧烈之手榴弹战。至二十二日零时三十分，我轰炸机一架飞临助战，以高空照明配合地上石油照明，将整个战场照耀的如同白昼，更以正确之投弹配合地上各种口径炮兵之精确射击，匪伤亡惨重，遂告顿挫。但至二十九日一时三十分，敌再兴攻势，凶猛过前。其时我空军仍盘旋上空，以更倍威力参战，我地上士气旺盛，火力倍增，匪亦竭尽其技，势在必夺我阵地，冒着炽盛炮火先后冲杀又不下十次。激战至四时零分，匪之轻重兵器及炮火被我摧毁颇多，但我主阵地工事亦摧毁殆尽，至四时二十分敌不支败退，遂造成匪第二期溃退之辉煌战果。是役毙伤匪至少二千以上，翌日辰遗尸遗帽有千百余，弃械尤多。据俘虏云：匪第二旅旅长亦负重伤。我仅伤亡官兵五十余人，遂造成洛川保卫战以来最辉煌之胜利，而我军民情绪亦以是役而增高百倍，一致认为洛川固若金汤，永如泰山之屹立。然匪以近迫工事掩护，虽败退而我无法出击，虽遗尸遗械，亦非冒牺牲而不能拾取。盖此时双方均在交通壕内活动，各布阻击手阻击，稍一暴露即有伤亡。故此役未能大量俘获，即以此焉。是时守备桥东村主阵地之一八一团因经二十四昼夜之恶战，伤亡已近三分之二，剩余官兵亦疲困已极，为巩固桥东村阵地，乃于四月一日令任城防之一八三团第一营与一八一团第二营对调防务。

（二）匪军近迫筑城时期

洛川外围地形平坦开阔，但在平坦之中错综着甚多天然沟隙而构成无数隘路和断岩。然各主阵地之前缘咸属平坦开阔，故敌于我外围据点放弃后，有鉴于此，即开始其近迫筑城，由其集结地分向我各阵地不分昼夜挖掘交通壕，并构筑有掩盖之各兵器掩体，逐步近逼。是项作业，远在三月十五日即行开始，多数利用夜间，每以小部队分别向我各阵地作扰乱性袭击，以行掩护。当时目观匪工事步步逼进，至为焦灼，乃令各阵地分组破坏组，不时给作业之敌响〔予〕以奇袭急袭，并以各式炮兵、枪榴弹、手榴弹轰击其已成掩体，耗弹甚钜。而敌仍屡摧屡复，顽强进行，且亦不可因此而消耗大量弹药与兵员，而碍以后战斗。迄三月二十八日，敌之近迫工事就署，交通壕纵横密布，伏堡林立，地形完全改变，距离我阵地最近之工事仅五十公尺，最远者约在七十公尺左右，恰在我手榴弹投掷距离以外，双方即展开日夜不停之慢性阻击战，我平均每日伤亡士兵约八、九名。嗣后，我空军不断对敌已成之阵地工事施行扫射轰炸，自三月二十七日至四月十日先后共十数次，匪共伤亡近五百余。我地上部队在此时期中而与敌战斗者，自三月三十日起至四月九日止，以一八二团六连城南桥头堡阵地经匪六次之争夺战况最烈，次为四月六日桥东村一八三团傅营之四连，此外各部均有局部战斗，盖已演坚固性之阵地战矣。

此期内我野炮先后急袭射击散庄凹、石家庄、东安民、后子头、东安宫各村匪密集部队，战果丰硕，综合俘虏所供至少约二千五百余名。

（三）匪军坑道攻击时期

敌自波式战法惨败后，继之以近迫筑城接近我阵地，以图一举突破，亦未果，乃更变本加厉，欺我孤军而采用坑道战法，配合三包炸药战法，企图作最后一逞。三月二十八日，于西沟一八二团八连阵地前发现坑道一处，予以彻底破坏，后即令各部组织"反坑道小组"，担任坑道之侦察（潜听判断）、防坑道作业（掘深五公尺之防坑道壕于外壕中间）与坑道之破坏（炸药）。旋于四月七日九时，我桥东村傅营第四连阵地前铁丝网附近发现少许新土。十三时二十分，匪兵一名向我投诚并详述匪坑道位置数目及企图，向其所告方向搜索，果发现二处，即予炸毁。十五时三十分，又发现一处，翌日又获二处，均先后予以彻底摧毁。

四月九日七时零分，匪于我一八二团六连桥头堡阵地之下利用其已完成之坑道，埋爆炸药四百斤，将伏地碉全部炸崩，后即以一营之兵力蜂拥而上，分头向我纵深阵地突入。我守军即以猛烈火力射击冲入之敌，继杨连长率预备队三、五两连分由两翼予敌以包围攻击，双方进入混战状态。经二小时之激烈战斗，匪伤亡奇重，纷向后退，我原阵地即告恢复。十时三十分，匪复集其兵力三百余作第二次猛犯，先后冲杀达五次，我火力炽盛，犯匪仍未得逞，终不支溃退，阵地上弃尸二百余具，其不及逃窜之匪约五十余名，复被我大部歼灭于阵地前缘之沟底。是时，匪以运用各种方法屡攻无效，且伤亡惨重，匪军心极为动摇，复以我第五兵团于四月六日北进，为避夹击之危运，其第六纵队乃于四月十日晚秘密南窜，而以三纵队附宜洛黄郿一带游击队对我实施围困战与攻心战。

远在三月十三日，匪于前释放俘虏（九十师通信营严营长）携赵寿山之恐怖书及假二九军参谋长刘振世之名义劝降书等，匪之所谓攻心战术已开其端。三月二十七日，匪开始作普遍性地在我各阵地前喊话，企图扰乱麻痹我军心理，削弱我军斗志，挽回一向惨败颓势。当时我针对敌之此种战法，即大量制做扩音筒，由政工人员及特定士兵以更激昂之姿态作压倒式之喊话，并严令各部以只许我喊话，不许匪喊话，每数日必有携械投诚者。匪经我如此打击后，迄四月六日复配合其炮兵向我各阵地作扰乱性威胁性之射击，企图造成恐怖局面。此后晚间喊话，白昼炮击，城内外曾未尝一日间断，且曾数度于晚间利用其构筑在我阵地前之掩体，以女指导员展开其管弦乐器之伴奏，配合晋、陕、甘、川诸地小曲及京剧清唱喊话等项目，交替演出，燕语莺声，时有所闻，并以枪榴弹射过各种谎谬恐吓诱惑之文告，就中以城北一八一团王营正面及一八二团二营正面最为积极。但我军心坚山岳，未尝稍动，且于此时期中除积极加【强】既有阵地之工事外，又在城北王营七、八二连阵地正直后中心地区，利用夜间同时完成纵深排据点阵地二座及城角城门内外之据点工事及巷战工事，将梅花形阵地又套上更多、更小之梅花，信心益为坚固。同时组织"游击小组"，广泛深入敌阵地之侧后，用潜伏、奇袭等方式，配合我小炮之示标定奇袭，予以适宜打击。匪因此智穷力竭，无计可施，乃发出"想不到有这样的顽固"之悲哀语。

六、匪军之败窜与我军之追击扫荡接应延安友军（四月十八日至二十三日）

匪之坑道战法，于四月八、九两日相继惨败后，配合其"攻心战术"之小部队晚间偷袭不断发生，而我之"袭击队"亦于此编组完善，专任晚间敌阵地内之奇袭战。四月十八日二十四时〇分，我一八一团王营袭击队出城北九号阵地，深入敌阵，企图作局部搜索与捕捉俘虏，以明敌情。讵当我袭击队越过敌阵地约五十公尺后，竟寂无声息，惟恐中伏，以更慎密之部署作广正面之搜索。至十九日二时，仍然杳无敌踪，当即令袭击队继续搜索，令各阵地悉出搜索，发觉仅极少数匪兵抵抗，判断匪已撤退，乃令一八一团杨营（附陈营一、二两连）向东安宫、永乡追击，傅营一部向东安民追击，一八二团派一连向散庄凹以南追击。十一时三十分，杨营与兵力约一个连以上之敌遭于东安宫，敌抵抗激烈，经一小时之战斗后，我除以一、二两连分驻于屯里、后子头担任警戒外，杨营全部开回，其他各追击部队均未遇匪。乃以一八三团傅营之一部任安民村警戒，保十五团之一部任上下黑木之警戒，一八二团一连任石家庄警戒，遂恢复三月八日前之态势。旅鉴于匪军诡计多端，不可不备，乃严令各部仍加强工事，防敌再犯，并不断派队远行搜索。同日二十三时，复以一八一团之第五连袭击东安宫，匪仍然顽抗，我亦返回。计此一日内，各追击队先后俘匪共二十九名，据其所供，敌于十八日七时以石家庄方向之炮兵向我盲目射击后，即行开始撤退，至十二时撤退完毕，其二旅向槐柏及洛安府逃窜，五旅向永乡、旧县方向【逃窜】。二十一日夜，奉十七师师长何电报，谓该师马晨全部由延安南下，希加紧搜索败退之匪。等因。乃以小部队更番搜索，并广派谍探四出侦察。二十三日，为接应我延安友军，乃于晨四时以一八一团陈营由后子头向永乡方面搜索并攻占之。一八二团（欠一营）（附一八一团王营）经蒋村、越沟占堡子头，分别掩护，至晚我友军安然抵洛，相见之下，悲喜交集，难以形容。

七、总述及战果

洛川保卫战系在宜川新败之后仓促受命，当时民心惶恐，军心涣散，悲哀沮丧之空气弥漫全城，兵力仅两个步兵团、一个步兵营、一个野炮营（八门）及保十五团（仅五百余人）（一八二团系甫经编成之新兵团），临时编合为一体，扼守孤城，指挥统驭之难，自可想象。荫寰受命之后，目睹艰险情形，深感非从振奋军心民气着手，不足以言固守。故首先宣示以必死之决心，求必胜之成果，继之以誓雪宜川战役之耻，誓报军长、师长之仇相号召，官兵缟素，一变悲哀为悲愤，广泛激起军民之仇恨心。同时，对于赏罚方面极为注意，每一战斗后必予有功官兵以重赏，并予各种刊物上表扬，以激励士气。推行不久，各部官兵均以战胜战果相比赛，而无示弱之表现。每当战况激烈之际，均以歼灭敌人、不惊慌、不求援相激劝。对党政军民团结方面，更竭力以为，故捐输协助，由被动逐渐变为自动，上至士绅下至妇儒，均洞悉战争与本身之关系，乐献其财力人力物力，一切有利于战争者全力为之，一切有害于战争者全力除之，形成十全美满之总体战。因之，团结日坚，信心永固，用能孤军苦守四十二昼夜，重创匪三、六两纵队，迫使彭匪主力徘徊宜黄，顾前顾后，不敢直下关中，威胁腹地。因此，我主力军得有从容调动，集中部署之余裕时间，卒获泾渭河谷之大捷。至我延安守军之所以迄未见逼与安然南归者，实皆系于洛川保卫战之能持久也。

计自三月八日上下谷咀战斗起，至四月十八日匪军败窜止，历四十二昼夜，大小战斗凡三十三次，其中最激烈者有三月十日至二十三日西安民及屯里两据点之战，三月十四日至二十二日石家庄据点之战，三月二十三日至二十七日腰子村之战，三月二十八日城东城北主阵地之战，四月二日城南桥头堡主阵地之战。以上计毙伤匪五千七百余名，俘匪一百二十名（经审讯后为充实战力均插补入各连），卤获轻机枪八挺、冲锋枪四支、步枝九十枝（堪用者均发交保十五团，废坏者均予破坏）及炸药、云梯、手榴弹等，被我野炮先后急袭射击及空军扫炸毙伤之匪军约三千五百余，共约万人。据俘匪所供及敌后民众事后所称，匪于此期内先后拨补充新兵五次，每次在八百人以上，洛宜间担架往返不绝于途，匪野二旅旅长确被击伤，另有匪团长三员、政委四员确被击毙，咸称匪伤亡至少在一万人以上。我阵亡及失踪官兵五四九员名（内官长二十五员），负伤官兵三三六名（随时有伤愈归队者），武器弹药损耗如附表。〔表略〕匪我伤亡造成十三与一之比。

附洛白公路转进各战斗

一、奉命随延安友军南下

绥署以洛川保卫战已达持久消耗之目的，为缩短点线，集结优势兵力主动打击匪军，于四月二十三日奉绥署卯梗临英电开："洛川守军即归何师长指挥，全部南下"等因。于四月二十四日晚十时二十分奉师长何命令节开:"六一旅为后卫,于明二十五日出发,沿洛白公路向南转进。其不能携带械弹、器材、被服、装具等等悉行澈底破坏。"等因。当以在洛苦战四十二日,官兵伤亡甚大,战力仅及原有三分之一,恐难达成后卫任务,向师长何陈述,未蒙允许。乃以一八一团附保十五团为后卫,主力按一八二团、旅指挥所、一八三团一营(欠一连)、炮兵营、一八三团一连之序列,在四八旅后行进。为确实掩护友军,迟至二十五日下午三时始出发,因道路太坏,汽车及炮兵通过困难,至夜十二时到达槐柏镇附近露营,当日无战斗。

二、五郊、石头之掩护战斗(四月二十六日十一时至二十七日十八时)

四月二十六日,旅奉令仍任后卫,乃以一八二团附保十五团任后卫,主力按一八一团傅营、炮营之序列向史家河前进。十一时三十分抵黄莲河,时因我炮兵通过困难,即命一八二团(欠第二营)团长率所部附保十五团及一八三团第五连掩护及协助之,尔后又以一八一团之王鸿书营占领廓城、秋村、五郊各要点掩护,俟炮兵通过后归还,其余续进。当晚二十一时抵史家圪垱露营,至二十二时忽闻石头镇方向枪声及手榴弹声突起,判断系我后卫部队与匪战斗,当令一八一团之一、二两营向石头攻击以接应。不料前进不及一里,即遭匪顽抗,黑夜中地形敌情不明,数度攻击无甚进展,且士兵饥困交迫,乃令就地警戒以彻夜。是时,石头枪声渐息,而我后卫团及王营、炮营仍未取得连络,判断系为强敌所阻,乃报告康副师长以本旅兵力不足,请增派部队接应。二十七日晨九时,乃准以四八旅一四二团向石头攻击,至十一时攻抵石头南二里之高地,突因史家河方面情况严重,师部被匪袭击溃散,令一四二团迅速撤回,向史家河集结。再三请求缓撤,未获准,遂致功亏一篑。旋复令本旅速开史家河集结待命,遂致与我后卫部队炮营、王营更形隔离而不能连络。及十九时,我后卫部队炮营、王营始冲破匪重围而到达史家原。当夜经邹团长与负重伤之王营长追述当时情况如下：十七时我炮营全部安全通过黄莲河前进至达郦城时，少数之敌向我尾随，至十八时五十分我后卫尖兵与尾随之敌开始接触，迄二十三时十分我邹团及炮兵已抵达五郊北端，当时在石头方向枪声及爆炸声突然百起，其时邹团长即以攻击态势，以一八二团第一营及一八一团王营为第一线，第一营在左为准，展开于公路两侧，即向五郊搜索前进，第三营为预备队。至二十七日三时三十分，左翼营在五郊东南端与敌接触，敌初以炽盛之火力抵抗，继即且战且退，向东逃逸，当就俘匪讯问，得知系第五旅之十四、十五两团由黄陵窜此截击我军。同时王营亦遭匪急袭射击。迄五时三十分，第一线营在敌火之下均先后推进至五郊南端约五百公尺处波状地，其时前方一五〇〇公尺处高地附近匪约一营向我运动，乃令第一线营以全力攻占该高地。在我高度火力掩护下，全体官兵奋不顾身，勇猛冲杀，乃至高地北端边缘时，敌以密集队形由两侧向我猛扑不下十余次，双方展开肉搏战历一时余，王营七连连长阵亡，八连连长负重伤，士兵伤亡甚重，而匪更伤亡惨重。七时五十分，我复以预备队参加战斗，以压倒之势向已呈动摇之敌阵地突进，敌不支溃退，八时三十分该高地为我全部占领，残余之敌向七里村及其以南地区逃窜。我更以王营之一部继续向七里村攻击，旋即占领。至九时，盘据西南端西村之匪复向我侧击，乃以左翼营占领既得阵地掩护，以王营自右侧向西村包围攻击。并侦得该匪为第五旅十五团，兵力约二个营。

十二时，王营已攻占离西村约四百公尺处东西之线，左翼营亦同时推至西村东侧，形成直角（L）形之包围态势，但敌火炽盛，抵抗尤猛，经我激烈炮火准确射击，大部就歼，残匪仍退据村内顽抗。其时南端五千公尺之外有激烈枪声，同时我空军（战斗机一架）对西村南端地区往返扫射，料系援军将至，士气大振，前仆后继，勇猛冲杀，历一小时余之激烈战斗，我第一线营官兵伤亡达三分之一（王营长亦于是役负伤），敌弃尸遍地，卒于十三时三十分将西村全部占领，匪纷向西南方向逃窜。即令王营就西村停止，一面整理，一面构筑工事，俟掩护团及炮兵通过后改为后卫跟进。

十五时二十分，邹团及炮兵已全部通过西村向史家河方向前进，发现五郊附近及西村北端匪约一营分头向西村接近，当时留置西村任掩护之王营即以一部利用西村北端地形与敌保持接触，其余作梯次脱离西村跟进。约二十分钟后，王营除受尾随之敌以火力射击外，且遭两侧之敌数度突击，但均予击退。十四时，当该团进抵石头东端高地时，发现兵力一个团以上之匪自石头方向以密集队形向我急进，当以保十五团（二百余名）对来犯之敌施行堵击未果，复以第一连增加，匪始为之稍挫。复令炮兵占领阵地，对匪密集队形急袭射击，但匪冒大牺牲，攻击益烈，战况突告紧张，我派出任堵击之邹团第一连在敌重重包围之下全部殉难，约二营之匪即从中间冲进，将团与王营截为两段，蜂拥而上，向该团猛扑。我官兵沉着应战，始终与敌保持六十公尺左右之距离。其时，我野炮弹尽，即全部彻底破坏后将所有人员予以编组，仍参加战斗。而被截断之王营此时战况更烈，该团为贯彻后卫任务，竭力与匪抵抗，吸引匪军，使师主力行动容易。苦战至十七时零分，始开始向史家河方向突围，而被围之王营其时战斗仍烈，除突出带伤官兵共六十余名外，余均壮烈殉职，武器、装具全数损失，至十八时先后到达史家原。是役自四月二十七日三时三十分至二十七日十八时止，激烈战斗共三次，我邹团一个连及王营之全部均殉难，计毙伤敌约八百五十名，匪十五团伤亡殆尽，生俘六名（当场处死），然匪第五旅因此重创，且被我后卫吸引，使师主力能从容攻击史家原之匪而无后顾之忧，诚属达成后卫之任务，虽损失惨重，然代价极大。

史家河掩护战斗

四月二十七日午后二时三十分，四十八旅及十二旅攻击史家原之匪奏功后，本旅奉令主力随四十八旅后尾前进外，并派一八二团之第二营由史家河沿公路掩护十七师山炮连及各部骡马与辎重前进，全部尚未通过史家河即遭右前方贺家原之匪迎头袭击，该营当即展开于公路两侧，向匪攻击前进，激战逾时，匪受创不支，分向西南逃窜，至午后五时四十分全部通过史家河，迄达史家原归还建制。

旅于是日晚七时三十分奉命为四十八旅右翼第二守备区，占领史家原阵地，当即令一八一团（欠第三营）为右守备队，一八三团第一营为左守备队，积极赶筑工事。是夜仅有少数匪袭扰，迄二十八日晨五时三十分，史家河北岸匪集炮火向我阵地猛射，匪军复向我攻击，经我集中优势炮火并空军助战，歼匪甚多，势乃顿挫。九时三十分，奉命将阵地及〔交〕四十八旅一四二团第二营接防，乃南向纵目转进。是役我伤亡官兵四十余名，计毙伤匪约二百五十余名。

旅长　杨荫寰

中华民国三十七年六月十四日

〔国民政府国防部史政局及战史会档案〕

5. 国民党第九十五军一九四八年度绥靖实施经过概要

(1949年？月)

陆军第九十五军三十七年度工作报告

一、参谋业务

甲、绥靖作战

（一）战斗序列之编配与变更

本军二二五师自去（三十六）年八月奉命调赴陕北，暂归西安绥署指挥（隶属系统仍属本军）参加作战，本军本年内担任作战任务仍为该师之陕北剿匪。惟自该师六七五团于去年宜川保卫战役损失后，该团旋即返川接兵整补，而本军在本（三十七）年十月一日未改番号，成军前该师仅为一旅，所辖为二个团及旅直属部队。故本军在陕北担任作战任务，实仅该师六七四团（原二十六团）及旅直属部队，且在地一年内，西安绥署为应付战况，对该师战序编配曾数次变更之。

陆军第九十五军二二五师战斗序列

民三十七年十二月

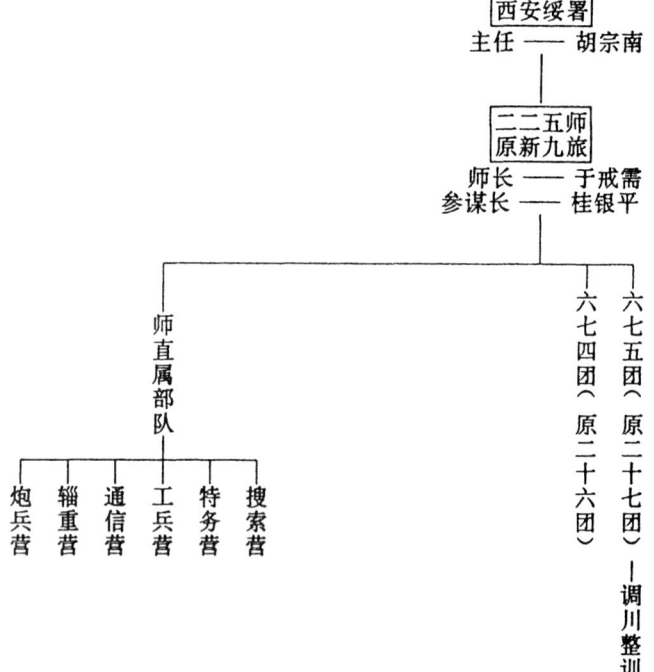

二、匪我全盘态势

陕北为匪军老巢，盘踞地区甚广，民众受赤化影响亦深。国军虽屡经进剿，但匪军始终占有广大地区，洛水东西黄龙山区即为控制陕晋整补部队之根据地。国军坚守关中及咸榆路与泾渭线各据点，国军为巩固关中防务，减除西安北面威胁，曾三度发动咸榆路以西与泾河间囊形地带之清剿，该区多为匪军地方部队，一、二月内陕北无大战事。迨至三月初，彭德怀匪率其一、三、四、六四个纵队与王震部二、八纵队会攻宜川，我增援军刘戡被其围歼，匪军进犯耀县一带，我二二五师六七四团（原二十六团）奉命集中三原，此时关中情势紧急，人心惶惶。四月初，自国军六十五师、三十六师向北扫荡，匪四纵队始退回黄龙山区。四月十八日，二二五师（原新九旅）师部及师直属部队奉命由咸阳移至三原、任城所。旋于是月中旬，盘踞咸榆路西侧王震匪部约五个纵队南犯，旬邑、永寿、邠县相继失陷，陇县、岐山亦为匪攻占，与国军激战于麟游、凤翔一带，局势危殆。后幸马家部队于泾渭河谷获得大捷，战局顿形好转，匪军挫败后退踞陕北。我六七四团（原二十六团）于五月中旬奉命清剿淳、耀间囊形地带残匪，迄至年终，无大战事。

三、绥靖实施经过大要〔略〕

四、一年来重要剿匪战役之经过

匪军盘踞陕北及洛水以东黄龙山区，陕北国军占守咸榆线上各据点，我二二五师六七四团仍担任三原、淳化以北地区残匪之清剿。该地区匪军盘踞甚久，地形复杂，不易清剿，虽经我军两度进剿，终未将残匪肃清。胡部整一军董军长为彻底肃清囊形地带之残匪，指挥第九十师之一部及暂二旅、陕保三、七团及本军六七四团等部队，分区协剿，我六七四团担任淳化西北地区之清剿。该地区内多为匪军地方部队，有红三团、渭北支队、醴泉支队及马德禄独立营，常于泾河南北旬邑、乾城等地窜扰，意图牵制我军行动，并掩护匪军之整补。

六七四团奉命后，即协同友军由淳化向北搜剿，一面协助地方移户并村工作。元月四日，该团先头探得匪军六、七百人盘踞淳化西北泰和乡，即由第一营分兵三路围击，匪不支溃走，俘匪营长赵宗明一名，斩获颇大。五日，向西官庄之红三团及醴泉支队扫荡。十九日，匪军新红三团及马德禄独立营南渡泾河，窜据永寿境内。六七四团奉命由西官庄侧击该匪，二月八日奉命与暂二旅清剿旬邑张洪镇匪军，及抵镇，匪化整为零，潜伏乡间。时以天寒雪厚，匪匿不出，我除扼守要点、不时派小部队游击外，势呈胶着。

二月底，彭德怀匪与王震匪部会攻宜川，局势顿紧，该团除以一连警戒口头镇（淳化东南），其余部队集中三原。嗣宜君〔川〕失陷，匪军万余进迫耀县。

三月二十一日，该团派杨心诚连附机枪一排游击方里匪百余，经我猛击北溃，二十五日该连向车屋游击，毙匪二十余。

四月十八日，以彭匪南犯，我二二五师（原新九旅）旅部奉命由咸阳调赴三原，担任城防。年来该师在陕北剿匪，虽未与匪主力作战，但六七四团在淳化以北襄形地带曾进出游击达数十次，歼匪甚多，颇获战果。至本年十二月，该师参加陕北剿匪之师直属部队及六七四团奉拨西安绥署，该师番号仍归还本军。

五、一年来作战综合检讨

国军在陕北除占有点线外，其余广大乡村多为匪军所控制，并能在接近国军区域以土共掩护其行动，封锁其情报，不使外溢，而得适时整补，从容部署，更常在"战略上主动、战术上机动"下使国军时遭不利，且匪军以土地政策与民兵政策配合运用，能控制众多民众，趋其参军。

陕北民众受匪赤化甚深，国军与民众不能密切配合，且当地政府为争取民众及不使民间物资为匪所利用，特实行移户并村政策。但人民多不愿舍产离乡，以致激起民怨。军队以协助此项工作，致时间分散，行动迟缓，兼之所获情报多不确切，是以国军常处守势。又为抵御匪军袭击，部队不时调动，指挥系统随时变动，以致指挥紊乱，上下信心未立，影响士兵较大。综合一年来陕北国军之作战，多处于被动应战地位，故不克彻底歼灭匪军，致匪得以从事整补而有袭击之再兴。

再，按国军前在渭河谷所行之歼灭战，乃系诱致匪军深入，而以机动部队自外围以快速行动施行包围得以成功。是以今后国军应机动使用，以主动求匪军主力而击破之，不必争一城一镇之得失，而在处于全般作战上有利之地位为要。至各部队之协同一致，相互应援，尤为切要。情报亦须周密，以获得确切之匪情并须严密封锁我方情报，以掩护我之位置及行动，则不致被匪所制而处于被动应战之态势。关于指挥系统，亦不宜时有变更，盖如此则战斗上之意志可以上下贯彻一致，而军心亦得巩固矣。

〔下略〕。

军长 黄隐

中华民国三十八年　月　日

〔国民政府国防部史政局及战史会档案〕

七、国民党军败出晋中重要据点与太原争夺战

1. 国民党太原绥署晋中会战作战经过概要

(1948年6月12日—7月31日)①

晋中会战作战经过概要（三十七年

六月十二日至七月三十一日）

作战前匪我态势

---

① 原件时间不详，兹用事件始末时间，特注。

甲、匪军态势

匪攻陷临汾后，稍加整顿即将其兵力陆续向北转移，最初发现于晋中，当面者为匪之独三、新七两旅。同时，原据晋中四周之匪亦积极调动，以破坏我夏收为手段，使我为掩护夏收不得不将兵力分散布置，匪乃以主力进出我铁路沿线，实行越点截线之阴谋。兹将六月十二日会战开始前匪军分布情形概述如次：平遥东南地区据匪第四十三团及霍、赵、灵、解各县营四个营，共约三千三百余。太（谷）、榆（次）东南地区据匪第四〇、第四二、第四三、第四四各团及武乡团并祁、太、榆各县营，共约七千八百余。盂（县）、寿（阳）地区据匪新一、新二团、警四团及盂、寿两县营与路南营，共约五千八百余。忻县以东及其以北地区据匪道东、崞代两支队、警三及第四二团并五、定两县营，共约五千四百余。忻县以西地区据匪四一及四二两团并忻一、忻二两营，共约四千五百余。太原东北阳兴镇据匪杨曲营，其西北之北小店附近据匪阳曲大队，其西之河口、古交一带据匪十八支队，共约二千一百余。晋源以西老爷岭、宋家庄一带据匪七十团一部及交城营，共约六百余。文水以西东社、康家堡一带据匪第八分区部及第二二、第五〇两团并七〇团主力与文水营，共约五千二百余。汾阳以西北偏城、平陆附近据匪七分区部及汾阳营，孝义西北三泉、白壁关、高阳镇、兑镇一带据匪独三、新七两旅及第十五、第十六两团并平解支队与孝义营，共约一万三千七百余。灵石以西双池镇、王禹一带据匪新十团、五五团及汾西营，共约二千八百余。以上各地区之匪共计约五万一千二百。

乙、我军态势

晋中各县系冲积平原，四周皆山，形成一天然盆地。晋中交通及军事运用，惟赖南同蒲铁路之维系。会战开始，我为掩护夏收及确保铁道交通，对沿山各口均已派队封锁，主力则分布于铁路沿线。其封锁山口之部队，太原以北黄寨至石岭关一带由第六十八师担任守备,忻县由暂三十九师担任守备,太原东之东山地区、郭家庄、孟家井及其以东胡家埂一带由暂四十九师担任守备,太原西之西山地区、化七头、白家庄、聂家山及晋源县由工二十一团担任守备,徐沟、清源、交城、文水各县由第六十一军(欠七十二师)担任守备,汾阳、孝义各县由第四十三军(欠暂三十九师及暂四十九师)担任守备,同蒲铁路沿线榆次及其以西长凝镇一带由八集团直属小部队及独八总队担任守备,太谷县及其以东杨邑镇一带由第三十三军(欠暂三十八师)及独九总队担任守备,祁县、平遥各县由十九军(欠六十八师附暂四十四师)担任守备,解休、灵石各县由三十四军(欠四十四师)担任守备,并各该部队随时向匪进剿,开展政权。其余第七十二师及独十总队并六集团与绥署直属小部队,均控制太原城郊,为机动部队,以策应各地区之作战。

丙、匪我参战部队番号及主官姓名(如附表第一、第二)〔附表一略〕

第一期(孝义城西梁家庄、贾家庄,灵石城东北何家堰、尤家山及文水城西南马东、安上等战役,自六月十二日起至十八日止)

一、孝义城西梁家庄、贾家庄附近战役

匪吕梁军区副司令员彭绍辉指挥独三、新七两旅,于六月十二日由灵石县之静升镇(城东)、高壁镇(城南)西窜,经我暂四十五师一部在灵石东水峪、田家庄、王成村分路截击,至十四日辰窜抵孝义城西之高阳镇以东地区,向孝义城进迫,当与我正进出汾孝地区之三十四军主力在高阳镇与孝义城间之梁家庄、贾家庄附近发生激战。匪以排山倒海之势,向我三十四军左翼第七十三师赓续猛扑五次,均被我以炽盛火力歼匪于阵地前,匪遗尸枕藉,逃逸无几。迄未时,其侵据三泉之匪新七旅赶来增援,企图挽回颓势,遂向我刘义村(贾家庄北)暂四十四师侧背猛攻,经我暂四十五及第七十师予以反包围,向内外夹击,匪死伤累累。空军终日出动，协助作战，极为得手。激战至十五日丑时，我先后攻占梁家庄、贾家庄，匪退据高阳镇、白壁关、东西辛壁、上下吐京一带，构筑工事，企图顽抗待援。我为扩大战果，于十七日将第七十二师由太原推进至孝义，配合三十四军分向该匪进攻。激战至晚，匪工事完全被我摧毁，高阳镇、白壁关等村均被我攻占，匪负创西窜。是役毙匪团长胡定法以下官兵三千四百余，遗尸八百余具，俘匪二百五十余，步机枪四百余枝。

二、灵石城东北何家堰、尤家山附近战役

匪为策应其汾孝方面之作战，于十六日以第十一、第十二两旅及灵、霍、赵地方武装窜至灵石城东北何家堰、尤家山、斩断堰附近，经我暂四十五师一部分头痛击，负创南窜，计毙伤匪二百余。

三、文水西南马东、中庄、安上附近战役

十八日，匪第二十二、第四十九、第五十、第七十等团五千余由文水西北地区窜至文水、汾阳中间地区。我为聚歼该匪，于是日辰以第六十九师、第七十师分由文水及仁岩（汾阳城东北）向该匪进攻，六十九师在文水西南马东、中庄将匪一部击溃，七十师进抵武家垣、安上村（中庄西南）附近遭匪伏击，遂展开激烈战斗四小时，匪我伤亡均重，计毙伤匪千余，卤获各种枪三十余枝，我侯师长福俊伤重壮烈殉职。我为进击该匪，遂将三十四军转用于汾阳罗城镇附近地区。而由高阳镇、白壁关西退之匪独三、新七两旅，复乘机窜至汾阳城东南康宁堡、肖家庄、东西堡障一带，经我三十四军及地方团队分路堵击，匪负创窜仁岩附近地区，有续扰平遥企图。

第二期（南同蒲路沿线及两侧地区并文水东北开栅镇等战役）（自六月十八日起至七月七日止）。

一、祁县城东南白狮岭、元台沟、张名村、荣仁堡一带战役

六月十七日，匪第十三纵队辖第三七、第三八、第三九三个

旅及太行军区独立旅附山迫炮三十余门，由灵石东南一带窜至祁县城东南来远镇、南关镇附近地区。十八日晚开始向我子洪镇（祁县东南）附近地区进犯，十九日丑时围攻白狮岭、元台沟、下古县、张名村（祁县东南）等据点，与我守军暂三十七师及七十一师一部剧战甚烈，迄酉匪三千余猛攻元台沟，一部三百余突入阵内，被我悉数歼灭，先后毙伤匪千余，遗尸五百余具，我亦伤亡官兵二百余。迄戌时，匪全力续行反扑，侵入元台沟后继续西犯，并大量增兵，以两个旅猛攻张名村，一个旅围攻白狮岭，先后波浪冲锋十六次，均被我击溃，曾四次突入，亦被我悉予歼灭，遗尸累累。旋匪源源增加，续行反攻，我为击歼该匪，当将三十三军主力由祁县东南地区分路向匪侧背猛击，与匪在阎名村、荣仁堡、郝开村（祁县南）、申村、小韩（祁县东南）等处展开激战。至二十二日申，我张名守军突围后，匪即向三十三军直扑，经剧烈战斗卒将匪击退。是役计毙伤匪三千余，我亦伤亡营长以下千余员名。二十八日，该匪复得大量增援，向我反攻，我第三十三、第三十四两军与独十总队分向阎村堡、庞庄、新盛、亲贤、襄垣等处之匪猛攻，匪依据工事顽强抵抗，我遂集中炮火猛轰，同时赖空军之协助，三十四军即与匪展开极剧烈之肉搏战，匪受创溃退。二十九日晚，匪主力十三纵队及八纵队一部分向祁县子洪镇及平遥东南地区转移。七月一日拂晓，匪十三纵队以炽盛炮火掩护步兵向我白狮岭据点猛攻，当与我守军暂三十七师一部展开剧战。同时，我暂四十六、暂四十四两师为策应守【军】之作战，由祁县分向张名、申村、小桑村、阎名村、荣仁堡等处之匪猛攻，我暂四十六师攻占张名村，将匪三十八旅击溃，斩获甚众。其围攻白狮岭之匪经血战旬余，均受创未退，最后毫无顾忌大量增援，并以炮火集中轰击，续以人海战法蜂拥猛冲，我守军暂三十七师第一团第三营经激战后，伤亡颇重，营长胡嗣即率部突围，转至祁县城。该营长不能死守抗敌，擅行突围，当在祁县城就地正法，第一团团长齐希民撤职留任,暂三十七师师长雷仰汤记大过一次,以申法纪。

二、平遥及张兰镇(介休东北)间铁路以东地区战役

六月十八日酉时,匪第八纵队辖第二十二、第二十三、第二十四旅及新四纵队之第十一旅与第四十四、第四十五、第四十六等团,附炮兵一个团,由灵石东南一带窜至平遥以南、介休以东地区。十九日子时,与我暂四十师暂四十五师一部及地方团队在平遥南之东泉镇、原家庄、斜角、新旧堡及介休东之洪山、义安一带发生激战,匪波浪冲锋,猛扑数次,均被我击退,斩获甚众。二十日午时,匪八纵队主力与我暂四十师及由孝义调往之第七十二师在平遥张兰镇间铁路以东地区展开剧战,匪前仆后继,连续猛扑,经我集中炮火冰雹猛射,陆空配合,剧烈反击,匪遗尸枕藉,负创后退。但其后续部队陆续大量增加,伺机反攻。计毙伤匪二千余,遗尸六百余具,俘匪排长以下六十七名,卤获轻机及步枪三十余枝,我陈师长震东负伤。

三、榆次城东南榆城坪、北赵村战役

六月十九日,匪第四十三、第四十四两团及榆次独立团三千余,分向我榆城坪、北田镇(榆次城东南)两据点猛攻,与我守军独八总队一部发生激战,匪波浪猛扑十数次,榆城坪守军四十余大部壮烈牺牲,攻北田镇之匪迄未获逞。血战至拂晓,我援军赶到,内外夹击,毙伤匪五百余,卤获轻机及步枪二十余枝,匪负创东窜。二十二日,该匪复增至七千余,向我北田镇及南北赵村(榆次东南)附近地区猛攻,经我八总队守兵痛击,匪负创未逞。迄二十三日拂晓,匪复集中全力向我北赵村围攻,波浪冲锋十余次,炮击千余发,迄申时我阵地被毁,守军乃转移北赵以北沙沟里、杨庄儿之线。是役毙伤匪两千余,遗尸千余具。迄二十五日,我独八总队及六十八师一部分路向匪猛击,匪死伤百余,负创溃窜,我遂收复北赵村。

四、阳曲县城西北凌井镇附近战役

六月十九日，匪新八旅及绥蒙新七旅共六个团，附山炮十余门，由忻县地区窜至阳曲西北凌井镇、岔上村附近，与我第六十八师守碉部队发生激战。迄二十二日晚，匪死伤五百余，不支溃窜。

五、文水县城西南东西夏祠及县城东李洪村附近战役

六月二十日，匪第二十二、第七十两团及清大支队三千余，窜至文水西南东西夏祠附近，经我第六十九师分路剿击，匪负创西窜。二十一日，该师续向孝义镇马东、马西、孝子渠（均文水西南）之匪进击，毙伤匪三百余，遗尸四十余具，卤获轻机枪、步枪三十四枝。二十九日，复经我续向该匪进剿，激战迄申时，匪以新七、新八两团增援后，向我反扑，经我痛击溃窜。计毙伤匪二百余，俘匪二十三名，卤获轻机及步枪二十枝，其他战利品一部。三十日，该匪复纠合五十团窜至明阳村、上河头（文水城东南）附近，经我六十九师主力分路进剿，于匪重创。七月二日，我续向该匪进攻，将匪五十团击溃后，至申时返至李洪村附近（文水城东），匪独三、新四、新七、新九等四个旅分路向我围攻，我依据村落与匪展开激战，匪连续波浪冲锋二十余次，数次突入村内，均被我击溃。血战至晚，匪死伤枕藉，狼狈溃退。计毙伤匪团长以下两千余，我伤亡营长以下官兵二百余员名。

六、介休县城东北大甫、曹村及张兰镇战役

六月二十一日晨，我七十二师由张兰北进至大甫、曹村（平遥西南）附近，复与我在平遥及张兰镇间作战之匪八纵队主力遭遇，当即发生剧烈之肉搏战。激战至晚，匪我损失均重，该师遂分向介休、张兰镇转移，关团长其华率部冲杀，自戕殉职。二十二日晨，我三十四军由平遥沿铁路南下，以策应第七十二师之作战，将南北窑、东西庄附近之匪击溃。是日晚，我七十二师一部转移张兰镇后，匪第八纵队即以三团之众向我围攻，当晚张兰镇车站被匪攻陷，遂续向张兰镇彻夜猛攻未逞。激战至二十四日申，

匪得援后，复集中炮火将该镇东垣南角轰塌，守军悉被压毙，遂即乘势冲入，展开惨烈巷战。搏斗至酉时，我守军大部壮烈牺牲，一部退回平遥城，该镇遂陷匪手。是役，毙伤匪三千余，俘匪官兵十八名，卤获轻机枪、步枪二十余枝，其他军品一部。

七、平遥县城东北北营村附近战役

六月二十二日，匪十三纵队与我三十三军在祁县东南地区激战后，复纠合第八纵队一部窜至祁县、平遥中间地区。我为集中兵力聚歼该匪，即于二十三日由十九军温军长怀光率暂四十师及七十二师一部，由平遥北进至北营村（平遥东北）附近，与匪第二十二旅遭遇，发生激战。同时，匪独三、新七两旅复由汾阳东北之仁岩镇窜至汾河两侧徐家镇（平遥西北）、长寿村（北营西北），向我袭攻。激战至二十四日辰，匪以炽盛炮火掩护，赓续猛扑十余次，均被我击退。匪旋复源源增加，血战至巳时，匪突入北营村，当即展开激烈之肉搏战，匪我伤亡均重。我第三十三、第三十四两军遂乘势分由祁县、平遥向匪南北夹击，三十三军暂四十师猛攻东西山湖、郑家庄（祁县西南），匪三十七旅迭次增援，均被我击退，一部八百余被我悉数歼灭。同时，三十四军向郝家堡、蒋家堡、东西游驾（祁县西南）附近地区猛击，予匪重创。计毙伤匪新七旅二十团团长钟勇盛以下官兵五千余，俘三十八旅宣传员贾贞以下官兵二百六十一人，卤获迫炮四门，步重炮三门，轻炮四门，轻重机枪十三挺，步枪、冲锋枪一百三十九枝，其他弹药军品甚多，我程副团长登献亦于是役壮烈殉职。二十五日，我第三十三、第三十四两军与独十纵队在洪善及东城（平遥东北）附近地区会师后，二十六日续向铁路以东新盛、钦贤、罗鹤、襄垣、白城、郝开、大小桑村（洪善东）之匪分路猛攻，匪主力受创东窜，一部两千余窜至铁路以西长寿、北营、东堡附近地区，二十七日经我陆空配合分路痛击，匪负创东溃。计毙伤匪千余，卤获轻机枪、步枪二十一枝，其他战利品多种。

八、太谷县城东南黄卦村、阳邑镇附近战役

六月二十七日，匪十五纵队由太谷东南地区之回马口窜出约七个团，在太、榆间大肆破坏铁路，二十八日子时突袭黄卦（太谷东南）及阳邑镇（太谷东）据点，与我独九总队一部发生激战。侵入阳邑之匪被我痛击后撤，入夜匪复合力猛攻黄卦。至酉时，我守军第二团第三（汪双泰）营百余人与匪展开激烈肉搏战，匪迭次猛扑未逞。二十八日酉时，匪复集中炮火猛轰，因我工事尚未完成，守军大部英勇牺牲，该据点遂陷匪手。

九、忻县城西南大王村附近战役

与我在太原西北凌井镇附近地区作战之匪新八旅及绥蒙新七旅，于六月二十七日复纠合孟阳支队窜至忻县城西南庄磨镇附近地区，是日夜向我麻会镇（忻县南）附近猛攻，当与我三十九师一个营发生激战。至二十八日拂晓，匪大量增援后，因众寡悬殊，我乃转移阵地。迄二十九日，我三十九师主力配合地方团队分向韩岩、后沟（麻会镇西北）围剿，匪负创南窜。至申时，匪复集中全力向我大王村、北场（麻会镇西北）进攻，赓续猛扑十余次，经剧烈肉搏后，卒将匪击退，毙伤匪两千余，我朱团长学焕英勇指挥，壮烈殉职，并伤亡营长以下四百余员名。

十、祁（县）、太（谷）铁路沿线战役

连日与我在祁县东西地区激战之匪十三纵队，于七月一日复纠合八纵队窜至祁县、太谷中间地区，大肆破坏铁路。经我三十三军主力及独九、独十两总队利用铁路，配合铁甲列车分路截击，与匪在大韩、温曲（祁县东南）、东观（祁县东）、北洸（太谷西南）以南地区展开激战，匪第三十八、第三十九两旅经我痛击，受创甚重。二日寅时，匪第四十二、第四十三、第四十四等团及路北一、二两团分由乌马河大桥（太谷北五里）亘东阳车站沿线进犯，复经我独九总队在孟高、董村（太谷东北）附近痛击，匪狼狈溃窜。三日，我暂四十六师、独九、独十两总队分向侵据里修

（太谷南）、北洸等处之匪进攻，当将各该村攻占。计毙伤匪千余，遗尸四百余具，俘匪三十五名，卤获轻重机枪各一挺、步枪四十八枝，其他军品甚多。

十一、文水县城东北开栅战役及交城、清源之撤守

七月三日夜，匪新四旅及第五十、第七十等团向我文水城东北开栅镇据点进攻，我守军第六十九师二〇七团与匪激战彻夜，匪未获逞。四日拂晓，匪复增援猛攻，激战至戌时，我守军突围，中途遭匪截击，损失颇重，该镇遂陷。六日，匪续向交城进攻，我二〇七团一部及地方团队与匪激战后突围转移，城遂被陷。匪陷交城后，即向清源袭攻，与我守军六十一军特务营及地方团队一度发生激战，我为避免各个击破，遂于八日自动撤守。

十二、榆次县城西南修文及东阳两车站附近战役

七月三日晚，匪两千余向我榆次城南王香及修文车站猛袭，我守军独八总队第二团及保七团各一部与匪剧战彻夜，迄四日拂晓我援军赶到，将匪击溃，毙伤匪二百余。又，与我在榆次东南激战之匪第四十二、第四十三、第四十四团及路北第一、第二团分向我东阳车站及孟高（榆次西南）据点进攻，赓续猛扑十八次，迄未得逞。四日拂晓，经我宫子清部集中火力向匪猛袭，毙伤匪三百余，卤获轻机枪及步枪八十一枝，匪负创溃窜。五日，该匪复向我东阳、孟高、北阳等处猛攻，经我三十三军主力及独八、独九两总队各一部配合装甲列车分头痛击，毙伤匪三千余，匪负创溃窜，我遂攻占石象村东西朝阳（太谷东北）附近地区，匪主力则盘据董村、沙沟、南北桑梓一带顽抗。七日寅至申时，我暂四十六师、第七十一师、独八总队等部配合铁甲列车，在空军掩护下分头猛攻，当将各该村攻占。迄酉时，匪集中兵力向榆次西南之东阳车站围攻，与我守军独八总队第二团发生激战，至未时匪我伤亡均重，东阳车站陷入匪手。计毙伤匪两千余，卤获步枪三十余枝，其他弹药甚多。

十三、祁县守城战役

七月四日,匪第八纵队第二十三、第二十四两旅及十三纵队第三十七旅侵据祁县城周南北谷丰、九级村及祁城各点后,五日晚即向祁县城围攻,当与我暂三十七师一、二两团发生激战,经我陆空配合轰击,毙匪两千余,我亦伤亡甚重。六日,匪复倾全力猛扑,东西两关相继失陷。七日晚,匪新四旅一部增援,向我总攻,城垣被轰毁两处,经剧烈巷战,匪连续猛冲十七次,炮击千余发,嗣因兵力悬殊,守军伤亡惨重,城遂被陷。

十四、阳曲县城东北石岭关战役

被我在忻县城南麻会镇地区击溃之匪新八旅及绥蒙新七旅,于七月五日拂晓复窜向阳曲城北石岭关据点猛攻,当与我保十二团发生激战,受创未逞,遂续窜石岭关以南金家岗南北白庄附近地区,八、九两日与我保十三团一部在东黄水镇、故鲜村等处展开剧战,经我猛击未逞。自七月七日至二十日,我保安第十二、第十三两团先后与匪激战十四日,迭予匪以重创,但我亦伤亡甚重。我为加强黄寨方面之守备,石岭关遂自动撤守。

第三期(榆、太、徐中间地区各战役 自七月七日起至十六日止)

一、榆、太、徐三角地区(小常、大常、南庄、西范、北郭、敦坊、杨李青、戴李青、温李青、胡村、新戴、的音、车辆一带)战役

七月七日,与我在祁县、太谷及东阳附近地区激战之匪第十三、第十五两纵队攻占榆次、太谷间东阳车站后,即横阻于仁村、东阳镇、的音、车辆村之线。同时,匪寿榆地方团队约七个团在榆次、太谷间大肆破坏铁路,断我榆太间交通。我第三十三军及独十总队为打通榆太间交通,乃以全力向匪进攻,在太谷以北新庄、胡村、西范村、大常镇附近地区分路猛击,温李青、杨李青、戴李青、东楚旺等地被我十总队相继攻占,匪三十九旅一个营被我全数歼灭。我暂四十六师围攻敦坊村,暂四十四师攻占小常村,

该营经我以炽盛炮火轰击，并得空军竟日助战，毙伤匪营长以下二千余，除遗尸五百余具，俘匪五十二名，卤获各种枪五十二枝，其他战利品多种。同时，匪独三、新四两旅由汾河以西窜至徐沟附近，我为避免各个击破，徐沟守军即自动撤出。是时，匪十三及十五两纵队主力则逐渐西移，企图截断我军归路，我为击破匪此种阴谋，于七日晚第三十四军即由太谷向北挺进，遂与第三十三军会合，向该匪猛攻，将窜据北郭、敦坊（太谷北）之匪形成三面包围。激战至八日晨，匪新四、第八两纵队突由祁县向徐沟方面挺进，九日我暂四十六师、第七十一师分向的音、南席之匪攻击，曾数度突入村内，与匪发生巷战，毙匪甚众，至十日子时，南席村完全被我攻占。迄拂晓，匪八纵队倾全力向我戴李青、杨李青、温李青、东西贾村猛攻，与我独十总队及七十三师一部发生极惨烈之争夺战，该村失而复得者数次，血战至晚，卒被匪侵据。十一日午，匪第十三纵队向我大常、南庄猛攻，以人海战法蜂拥猛冲，一部三百余突入大常，被我七十三师悉歼。匪复集中炮火掩护步兵赓续猛扑，鏖战至戌时，大常西半部被匪攻占。同时，突入南庄之匪经我暂四十四师增援猛击，歼匪过半，共毙伤匪五千余，我王师长檄鲲、郭团长长兴等均负伤，其余营长以下官兵亦伤亡甚重。同时，北郭、敦坊之匪亦向我实行反攻，我军遂在榆、太、徐三角地区之胡村、新戴、孟高、南席、小常村、西范村、庄儿上、南庄、大常镇·（徐沟东南）等处陷于反包围态势，匪即乘势向我继续围攻，逐渐缩小包围圈。十二日拂晓，匪第八、新四、第十三、第十五等纵队复倾全力向大常、南庄猛攻，发生极惨烈之肉搏争夺战，同时施放毒气弹，我官兵一部中毒，苦战至晚，我守军伤亡惨重，大常、南庄相继陷入匪手。十三、十四两日，匪向我西范、小常、南庄全面总攻，赓续猛攻二十余次，炮击三千余发，均被我英勇击退，匪伤亡惨重，遗尸纵横。七日至十四日，我与匪血战八昼夜，毙伤匪二万八千余，俘匪六十六名，卤获迫炮一门，重轻机枪六挺，轻炮三门，步枪百余支。十五日，匪围攻益烈，我三十三及三十四两军及独十总队与匪血战至十六日晚，我仅据守小常一村。同日，我为集中兵力夹击大常、王家寨、车辆、的音及东阳镇附近地区之匪，接应小常我军突围北上，以第六十九师、第七十二师、暂四十师、暂四十五师编为右纵队，以暂四十九师、独八、独九两总队各一部编为左纵队，分由榆次、太原向南挺进。我右纵队击破张庆、杨村（榆次西南）匪之抵抗后，进出肖河两岸，一举攻占张胡王郝西白（均榆次西南）等村。左纵队由榆次沿铁路南进，驱逐修文、南北要村、东长寿及东西双村之匪，攻占王香、巩村（榆次南）。我军轰炸机竟日协助地上部队，轰炸扫射。小常村我军即利用空军轰炸成果，向北突击，曾突破匪封锁线两道，进至的音、车辆（大常镇东）中间地区，因天色已晚，复遭匪合力四面围攻，遂发生剧烈空前之肉搏战。混战至午夜，我军大部壮烈牺牲，第三十四军军长高倬之、第七十一师师长韩春生并其余官兵一部突围，转回太原。榆、太、徐三角地带之作战遂告结束。

二、平遥、介休、汾阳、文水之撤守

我为集中兵力依据既设工事聚歼顽匪计，于七月十一日我暂四十五师一部由介休出发至汾阳与七十师会合后，经文水、清源北进，沿途遭匪截击，颇有损失。暂四十师亦于是日夜由平遥出发至文水，与第六十九师会合北进，将匪第四十九、第五十两团在清源西北老爷岭击溃。各该部于十五日先后到达太原附近。

第四期（太原保卫战自七月十七日起至三十一日止）

一、太原城西南汾河西岸南堰、大小王村、大小井峪、神堂沟附近地区战役

十月十七日拂晓，匪约四个团兵力分股越过晋源，钻隙渗入太原城西南、汾河西岸之董如村、南堰镇、南屯、义井新村、小王村、大小井峪附近地区，与我守备部队激战竟日，毙匪甚众。十

八日，王总司令靖国指挥第六十九师、暂四十五师，并集中山炮五十余门，配合大量空军猛烈反攻，匪顽强抵抗，我曾一度攻占小井峪、小王村。旋匪增援两旅之众向我反扑，该村复为匪侵据，毙匪千余。迄十九日，匪已增至五个旅，其一部攻陷神堂沟（南堰镇西北）据点。该点守军部队长徐德胜作战不力，当于正法。匪攻陷我神堂沟后，即续向我聂家山（太原西南）据点进犯，另匪一部向我白家庄（太原西南）煤厂攻击。二十三日晨，我六十九师及暂四十五师一部由六十一军军长赵恭指挥，在空军、炮火掩护下分向小井峪、小王村之匪二十四旅开始猛攻，迄巳时我六十九师二〇五团攻克小井峪，二〇六团及暂四十五师第三团合力围攻小王村，匪依据村外地堡顽抗，激战至申时，我共破坏匪地堡十八座，毁匪重机枪四挺，毙伤四百余，将匪压迫于小王村内。另匪二个团由南屯驰来增援，经与匪展开剧烈之争夺战后，遂成对峙状态。迄夜，小王村匪为策应白家庄匪之作战，亦向我发动攻势，我依据工事与匪激战彻夜。至二十四日午时，我六十九师附暂四十五师一部配合空军向匪猛攻，迄申时我攻克小王村，残匪退据沙沟一带。

七月二十六日子时，匪约以两个旅兵力分向我汾河西岸大王村及杨家堡（太原南十里）同时进攻。攻大王村之旅附山炮二门、迫炮七、八门，以炽盛之炮火掩护其步兵猛冲四次，均被我六十九师击退。拂晓后，我步炮协同向该匪反击，匪不支仍退据沙沟（大王村西南）附近，依据地下工事顽抗。二十七日未时，复藉炮火掩护向我进攻，经我予以反击，不支回窜，毙匪百余。攻杨家堡之匪约二千余，系由嘉节村、红寺（太原南二五里）方面窜来，与我第七十二师激战迄寅，负创回窜，匪伤亡二百余。二十七日早，我复向南扫荡，先后攻占范家堡、西吴（亲贤村南十里）等村，匪负创南窜。

七月二十八日拂晓，我军分由汾河两侧向当面之匪进攻，迄巳时我第六十九师附暂四十五师一部先后攻占大井峪、沙沟，匪退据义井、新上庄之线顽抗。迄申时，我复攻占新上庄、南屯村。是时，我右翼由义井攻击之部队突遭匪由上下黄坡之侧击，我当派队向该匪猛击，并由空军助战，激战迄戌，匪受挫后退。二十九日晨，我六十九师一部由汾河西岸南屯继续向南攻击，在南屯以南地区与匪展开激战，迄巳时由董如村增来匪约一个团向我猛烈反攻，我当依托南屯、新上庄与匪对战。入夜，匪续有增加，一股三百余由义井经沙沟向我小王村袭扰时许，被我击退，匪不支回窜，遗尸二十余具。三十一日，我第六十九师为配合聂家山方面之作战，由大井峪向上下黄坡之匪进攻，激战至申时将匪击溃，迄酉时续克义井，残匪向南逃窜。旋得援反扑，仍与我在义井、新上庄之线展开激战。

二、太原城西南聂家山、白家庄战役

七月十九日，匪独三、新七两旅攻陷我神堂沟据点后，二十日续向我聂家山据点及白家庄煤厂进犯，经我痛击未逞。入夜，复增兵连续猛攻，并扩大攻击正面，激战彻夜。迄二十一日拂晓后，集中炮火向各碉堡猛轰，继以波浪冲锋，先后达十余次，均被我击退，我碉堡被轰毁一部，守兵均壮烈牺牲，匪亦伤亡枕藉。二十一日，攻我聂家山之匪独三旅受创顿挫后，即积极构筑对壕推进至我阵地三百余公尺处，先集中炮火轰击，掩护步兵蜂拥猛扑，迄二十二日子时，守军伤亡甚重，残余员兵遂即撤出，聂家山据点陷入匪手。该据点守军部队长段继俭不能死守待援，自动撤出，当即执行枪决。迄丑时，该匪复大部转用于白家庄方面，配合匪新七旅以山迫炮十数门之炽盛火力掩护步兵猛攻竟日，均被我击退。二十三日子时，匪复分路由白家庄东南及九院附近迂回攻击，经我以炽盛火力向匪猛袭，迄卯时匪攻势顿挫，我乘机收复碉堡一座，毙匪五百余。二十三日，匪复乘夜暗分三路再兴攻势，一路二千余攻我白家庄、南山各碉，另路各千余分攻我九院东南及大虎峪以东与白家庄、北山各碉。匪于攻击前先以优势炮火向我各碉堡猛轰，其步兵即利用炮兵之掩护向我阵地猛扑，自戌时迄二十四日丑时以波浪冲锋赓续猛扑十余次，我工兵二十一团守碉官兵奋力拼杀，匪遗尸纵横。迄寅时白家庄、南山及九院东北各碉部份被匪摧毁，守军牺牲殆尽。匪攻大虎峪时守碉部队长阎在明作战不力，自动撤守，当即予以正法，以维军律。我即派队驰往增援，准备反攻。二十四日酉时，我援兵七十师二〇九团到达白家庄煤厂，即会同守军向南山之匪反攻，激战至夜。匪亦陆续增援，并利用夜暗携带大量炸药接近我煤厂附近碉堡施行爆炸，血战彻夜，匪我伤亡均重。迄二十五日拂晓，我陆空配合向匪反攻，激战至申恢复碉堡两座，毙伤匪五百余。二十六日夜，我白家庄部队利用昼间重机轰炸之成果，全力向侵入煤厂附近之匪猛烈反击，激战至二十七日寅，匪死伤枕藉，不支溃逃，我当将煤厂附近碉堡全数收复，并乘胜攻占白家庄、南山及九院附近各碉，匪一部退聂家山，大部向西南窜去。二十七日辰，我守备部队分向邱沟（白家庄西南）、桃杏（白家庄东北）等处攻击，桃杏匪二百余除少数逃逸外，大部被我歼灭。邱沟匪稍事抵抗，即向赵家山（白家庄南）以南地区逃窜。我即加强工事，以固矿厂。自七月二十日匪攻白家庄以来经七昼夜之激战，先后毙伤匪两千余，卤获甚多。二十八日辰，我之十九师一部与七〇师二〇九团向聂家山之匪夹击，因系仰攻，到处受匪地堡火力之瞰制，未获进展，由炮火轰毙匪二百余。迄三十一日晨，我工兵第二十一团及第七十师各一部在陆空配合下续向聂家山进攻，与匪第五十团展开剧战，往复争夺，毙匪甚多，卒将匪击溃，向西峪方向窜逸，我当将聂家山据点克复。

三、榆次、晋源之撤守

七月十七日夜，匪十五纵队近迫榆次城郊，准备攻城。同时，匪十三纵队主力越过潇河后续窜至赵村镇、六堡镇、东西温庄

（武宿东南）附近地区，十八日子时攻陷我鸣李车站。又，攻我晋源之匪连日与我在城南激战甚烈，其后续部队正由清源向晋源前进。我为集中兵力，遂将守备榆次之独八总队及独九总队一部与守备晋源之工兵第二十一团及六十九师二〇七团一部分别自动撤守，沿途击破匪之阻扰，先后到达太原附近。

四、忻县城南豆罗镇附近战役

七月十七日，匪越潇河向太原进迫，一部并渗入汾河西岸董茹、南堰一带。我为集中兵力，着守备忻县之暂三十九师撤回太原。该师于二十日行抵豆罗镇附近，与由黄寨、青龙镇（阳曲县北）以东地区向北截击我军之匪新八旅及绥蒙新七旅遭遇，经激战两昼夜，予匪重创，我亦伤亡官兵三百余，转回太原北郊。

五、太原城东南地区石咀子、台板沟战役

七月二十二日辰，匪十五纵队一部千余由榆次北窜峪头村、鸣谦镇、龙白村（均榆次北）附近，其先头窜抵黄土坡、小西沟（太原东南四十里），与我守军在石咀子、台板沟发生激战，经我痛击仍退据黄土坡、小西沟附近地区。二十三日午时，该匪复向我东西贾窳进犯，亦被击退未逞。二十五日，经我史泽波部由石咀高地出击，激战至酉，匪不支向南溃窜，遗尸六十余具。

六、克复太原城南小店镇战役

七月二十八日辰，第七十二师为策应汾河西岸之作战，即以有力一部分向红寺、嘉节袭击，迄申时攻占红寺、嘉节，匪大部向小店镇溃窜，我跟踪压迫，于二十九日午继续占领小店镇及南畔村，匪向南窜去。

七、太原城北黄寨以东地区战役

匪新八旅千余附炮三、四门，七月二十八日戌时由西盘威、故鲜、洛阳（太原北之青龙镇东约二十里）一带分向我中社、北郑（黄寨镇东三里）守军保十三团进犯，猛攻数次，均被我击退。激战至二十九日拂晓，匪复藉炮火掩护，以全力向我猛扑，肉搏时许，被我毙伤三百余，不支东窜。

八、空军战略轰炸成果优越

七月二十七日迄未，我重机八架分批轰炸六堡、小店、南堰、义井、晋源、晋祠等处匪军，均命中目标，尤以六堡镇证实匪十三纵队司令部中弹，毙伤匪干部数十人，收效特大。二十八日黄昏前，榆次南之潇河桥附近由我空军发现匪行军纵队约五、六千人，并附有汽车、大车，满载弹药由南向北行进，当由驻并飞机六架赶往集中轰炸扫射，毙匪一千五百余，匪汽车、大车全部起火爆炸，炸声达两小时之久。同时，在小店镇西之东西庞家庄附近发现匪五百余渡河向东行进，我飞机一架即予奇袭扫射，毙匪二百余。匪每利用黄昏拂晓行动，故为我空军捕捉此种机会。

杀伤俘获（如附表第三）〔表略〕

伤亡损耗（如附表第四）〔表略〕

晋中会战作战经验与教训

第一、匪我优点劣点：

甲、匪军优点

一、计划周到而狠，每战多系歼灭战，集中优势兵力，以人海战法猛攻一点。

二、毫无顾忌的大量增援。

三、大胆挺进，钻隙流窜。

四、行动飘忽迅速。

五、各级指挥官能身先士卒，领导作战，故极易捕捉战机。

六、部队运用神速秘密，能集中绝对优势兵力于决胜点。

七、不重视一城一地之得失，故能时时自动，处处主动。

八、攻击精神旺盛，能不惜牺牲的猛冲猛打猛追。

九、长于伏击打援。

十、对战场伤亡人员能尽最大努力抢救后运。

十一、工事构筑迅速巧妙。

十二、政治动员彻底，故兵员之补充甚为迅速。

十三、政工人员能适时鼓舞士气，发挥至大效果。

乙、匪军劣点：

一、以人海战法蜂拥猛冲，伤亡较重。

二、战场上行动紊乱，无一定方式。

三、手掷弹杀伤效力甚微。

四、因焚烧惨杀掳掠壮丁，致丧失民心。

丙、我军优点：

一、信心坚定，能与匪作殊死战。

二、炮火及手掷弹威力大，杀伤力强。

三、能吃苦耐劳。

四、军民关系良好，团结一致。

五、地方自卫队奋勇参战，发挥至大效果。

六、人民全体动员，协助作战，秩序安定，一如平时。

七、肃为〔伪〕工作严密，伪装始终未敢活动。

丁、我军劣点：

一、情报不灵通，且有少数指挥官为匪伪情报所眩惑，而致判断错误。

二、我各级指挥官指挥呆板，不能灵活运用、适机应变，且缺乏旺盛之企图心。

三、行动迟缓，且不能独断专行，机动应敌。

四、主动作战的条件不够，自动援助的精神不够。

五、有先轻敌后怕敌之矛盾心理。

六、常追随敌之行动被动作战。

七、我军攻击时多在正面努力，不能大胆迂回包围。

八、政治教育不够。

九、因医药卫材之缺乏，对伤患处理不完备。

第二、关于作战者

一、此次晋中会战，匪军采用截线围点越城攻击之战略，将我主力诱致于据点工事以外，以绝对优势之兵力不顾牺牲向我蜂拥猛攻，且毫无顾忌随时大量增援，将我守军分别隔绝，以遂行其集中优势打劣势之手段。我军则为掩护夏收及确保铁路交通，致兵力稍形分散，主力概保持于铁路沿线，致为匪所乘，蒙受重大损害。

二、匪军在战术方面多运用奇袭突击战，即乘我军不备，以迅速秘密之行动突然接近，实施短促猛烈奇袭战，使我军措手不及，藉以打破我部队之序列或系统，以收损失小而成功大之效果。故我军无论在行驻攻防，各级指挥官均应控制强大之预备队，以应不意之事变，并应派强有力之警戒部队严密警戒，采远距离之网状式的重层配备，以争取主力备战时间之裕余。纵使匪猝然突来，亦应沉着应战，以挽危局。如张惶失措，必遭失败。

三、匪军此次攻袭晋中，多系乘隙渗入，大胆挺进，趋利避害，其各级干部多能独断专行，放手做去，故机动灵活，常居主动地位。

四、匪军攻我城垣时，先集中优势炮火猛轰一点，同时其步兵以人海战术波浪冲锋，前仆后继，逐波而来。如获成功，其炮兵即左右猛轰，制压我之守兵，同时向后延伸射击，阻我增援，其步兵随之以锥形突入扩张战果。我军应以冰雹之火海以消灭其人海，以炽盛之铁弹扑灭其肉弹。其攻碉堡工事时亦同，惟在攻击顿挫时则利用夜间在碉堡附近积极构筑对壕，待推进至距我碉堡三百余公尺处，先以炮火狂轰，掩护其步兵猛扑，并用炸药实行强性爆炸，使碉堡与守兵同归于尽。再，无论其攻墙垣或攻据点，必在我可能增援之道路上埋伏强有力之部队，准备打援。故我派队增援时，必须以优势之兵力详密之部署，以击破其打援部队。如无优势之兵力驰援时，则可以必要兵力对匪打援部队，用积极之行动、佯攻之手段以牵制匪之主力，俾减少我守点部队之压迫，亦甚收效，切忌轻率盲动，徒遭损失。

五、匪步炮协同攻击时，先以炽盛炮火摧毁我阵地，在硝烟迷漫之际继以掷弹、手投弹，步兵跟踪冲进，占领阵地。

六、匪军人海战法之做法，匪军每次攻势均在黄昏时布置，先在其所据村外阵地前将农民、学生及所俘国军士兵列为三层，每十人编成纵列，前后重叠，有时二层，有时三、四层，每人给手掷弹一筐，每组由一坚强士兵控制之。前进之初，即在后开枪督进，并使其枪声比我方尚炽，使人民怕匪甚于怕我，不得不勇敢前进，驱市民变成悍匪。战斗开始即逐次分批跃进，有后退或不进者立即斩杀，被杀数字约四分之一。如集体退却，即由匪在后以机枪突射。待迫进国军阵地，即集体连续猛投手掷弹。如能突破一点，则匪军即跟踪冲入。如被我消灭，匪即再作第二次布置，仍如前法。故能将一切战法取消，成为无人道、无战术的战法。

七、匪对攻击重点不惜使用多数炮火轰击，故其主攻方面极易判明。我应及早准备，以免临时措手不及。

八、我军兵力部署上应力求集中，不可过度分散，遭匪各个击破。

九、我军被匪包围时突围之损失较大于固守之损失，故不必要之据点以预先自动撤出为有利。如已被匪包围时，即应坚决死守，不待援，不突围，纵不成功，代价亦大。

十、我军宿营时不能彻底封锁消息，又出发前迹象暴露，易为匪探所侦悉。

第三、关于工事者

一、据点周围应构筑有掩盖之坚固野战工事，并于阵地前埋设地雷，收效甚大。

二、城墙内外附近之建筑物，凡可为匪军利用者或妨害我之射击者，应忍痛一律拆除之，免贻后患。

三、城外外壕及外围据点以外壕能受城墙火力之直接掩护为宜，过远不易支援，过近则与城墙有同时被匪炮轰之虞。故以距城墙一百五、六十公尺为合用。

四、匪突入城后并不走街道，乃逐次将房院挖通或炸塌，穿越而过。故大街及要路口之工事多用不上，应预将城内区划为若干区，编成独立据点，俾便独立作战。

五、匪地堡及火点之构筑，伪装极巧，远距离不易发现，我步兵多遭其不意之狙击，应于前进时注意侦察。

第四、其他

一、匪因畏惧我飞机之轰炸扫射，每至一地则构筑有掩盖之各种强固工事与地堡，其攻击时多在夜间行之，其部队之行动则多利用黄昏与拂晓之时间。但我空军常能捕捉此种机会，予匪以重大之损害。

二、我陆空配合良好，收效宏大，尤以空军战略轰炸成果优越，迭予匪重创，收获丰硕效果。

附表二：

部队		区　　　　分	主官姓名	备　考
第六集团军		总　　司　　令	王靖国	
	第十九军	军　　　　长	温怀光	
		第　六　八　师	武世权	
		暂　三　七　师	雷仲汤	
		暂　四　十　师	曹国忠	
	第三三军	军　　　　长	沈瑞	
		第　七　一　师	韩春生	
		暂　四　六　师	卢鸿恩	
	第四三军	军　　　　长	刘效曾	
		第　七　十　师	侯福俊	
		暂　三　九　师	刘鹏翔	
		暂　四　九　师	杜显申	

第八集团军	第三四军	总　司　令	孙　楚
		军　　　长	高倬云
		第　三　七　师	王橾鲲
		暂　四　四　师	杨栖凤
		暂　四　五　师	郑继周
	第六一军	军　　　长	赵　恭
		第　六　六　师	栗树荣
		第　六　九　师	赵　恭
		第　七　二　师	陈震东
	暂编独立第八总队		赵　瑞
	暂编独立第九总队		郭熙春
	暂编独立第十总队		武玉山
	工兵第二十一团		程继宗
	铁甲列车独立第一大队		张国隽
附记	第三十三军之暂三十八师及暂编第一团担任大同守备，均未参加作战。		

〔国民政府国防部史政局及战史会档案〕

2. 国民党太原绥署困守太原机密日记

（1949年1月）

太原绥靖公署绥靖机密日记　三十八年元月份

元月一日　星期六　阴　F32°　月龄　初三

绥靖主任于上月二十八日晋京面呈总统之签呈如左：

太原被围已届三月，粮弹补给已感到极度困难，只凭空投接济困难甚多，因空投载重为五分之三，所费时间加倍，损失运品最大量竟达三分之一。兹为打开围困局面计，特拟定收复太原机场安全范围阵地计划，随签附呈，敬请鉴核批办示遵为祷。

797

附呈收复太原机场安全范围阵地计划

第一、方针

（一）以歼灭太原附近盘踞匪军、确保各机场安全、打开围困、解除粮弹困难之目的，以空军特种轰炸配合陆军出击，作八日的歼匪解围战，彻底粉碎匪军封锁。

第二、希望空军协战部份

（二）收复东西山各要地，确保北机场及河西第五、第六机场之安全。其具体希望如左：

1. 每日出动轰炸机十五架次，以七十五颗固体汽油弹为准，于八天以内分三期投掷于匪军盘距城东及城西南各重要地，其各时期轰炸目标及弹数如附表第一、第二及附图第一〔附表图均略〕。

2. 于投掷固体汽油弹之同时，以一百公斤以上之重型炸弹五百颗，将潜藏在洞窟中之匪轰毙，再以液体汽油弹五百颗，将匪仓库及房屋内之匪歼灭之。

（三）在此时期之前，希望空军先协助轰炸城西南十五公里之赵家山及其西北一六二五高地之匪，将威胁城西七、八机场之匪炮兵摧毁，掩护步兵占领后，届时即可以战斗机六架、轰炸机二、三架安全驻并，使用太原屯存油弹，随时助战。太原屯存油弹如附表第三〔附表略〕。

元月二日　星期日　风　F22°　月龄　初四

绥靖主任为实行战斗攻势，对减少自己的损害增大敌人的损害，特指示各部队要领如左：

我们实行战斗攻势，就是大家天天在战场上千方百计的想出方法打敌人，做到减少自己损害，增大敌人损害的实地练习。可以说，这是千载难逢的好机会。要想真正练成一个能减少自己损害、加大敌人损害的军人，必须要打一颗子弹、打颗炮弹都要事先有目的、有计划，子弹、炮弹出去后一定要有效用，事后一定要检讨，打的好是因为甚，打的不好因为甚，把所收到的效果和我们消耗子弹的价值作一比较，看看上算不上算。如果上算，我们是再如何精进，更要收到最大的效果。如果不上算，我们是当如何改进，使以后再不白消耗子弹。这是就我打敌人说。至于敌人，我们一定要看敌人打过来的子弹、炮弹，我们伤亡了几个人，打坏了我们些什么工事，这些人、这些工事是不是应有的损失，我们遮蔽上该如何，工事的程度该如何，才可以更减少了损害。再进而该如何利用地形，如何布置，才可以加大敌人的损害。虽敌人打坏了我们一个碉或一个散兵坑，伤了一个人，都要细密的检讨为什么。我们伤亡了一个人，损坏了一处工事，究竟是我们布置上的错误，抑是我们工事程度不够，我们应当怎样修正，才能补救这个损害，一定是成为种子性的，每一回要有一个的收获，天天增进我们的斗智斗技。这必须每个人天天是很紧张的，认成打仗是兴趣工作，白天夜间的捉摸研究。今天遇上敌人，他有些什么巧妙的方法，我们怎样预防他，怎样制胜他，就是我说的必须要有伏虎伺羊的精神姿态谋算，才能做到使我们的损害减少到最小处，使敌人的损害增加到最大处，才是真正的战场上练兵。能如此，真是一有百有。所以大家只要战斗攻势做，我们真是很快的就可以把敌人完全消灭，做到我以前所说的"敌人围攻太原，正是我们收复全省的时机。"望我全体官兵一致发挥种子性的发酵作用，鼓舞努力，自己进步，并影响促进他人进步为要。

元月三日　星期一　晴　F18°　月龄　初五
协定陆空配合作战开始时机：
一、据本署杨副主任爱源子冬午电称如左：
钧座在京时提出之作战计划，部中预定本月支日实行，每日配合时间为上午工时至下午二时①。开始行动前，并祈迳电国防部，并电职如有变更亦祈随时电示。

二、绥靖主任复示杨副主任爱源：

子冬戌战电、子冬午电（录右项）悉。此间前数日大雪，山地大军行动困难，前计划须俟天候稍有好转，再电告开始日期。除迳电国防部外，特复。

三、绥靖主任呈顾总长子冬戌战电：

顷接本署杨副主任爱源电称：前呈部之太原附近作战计划部定本月支日饬空军开始实行等语。查此间日前连日大雪，山地大军行动困难，所有开始日期须稍向后移。除俟天候好转另电陈报外，谨闻。

四、顾总长三十八子江展陆电：

子冬戌战电（录第三项）敬悉。除已转令空军总部遵照外，尔后行动开始时请迳电空军周总司令办理。敬复。

五、驻京办理处处长方闻子江戌电：

子冬戌电（录第二项）呈杨副主任阅后，当即分呈部长、顾总长矣。

六、空军周总司令至柔（38）维抽子江电：

关于陆空配合击毁并西赵家山、周家庄匪军碉堡所需之空军兵力正尽力抽调中。关于攻击开始日期及协助妥善计划，请迳与西安徐司令连络。除分电西安外，谨闻。

    元月四日 星期二 晴 F18° 月龄 初六
收复太原东山各要地打开封锁八天轰炸计划

绥请主任于元月四日函在京之杨副主任爱源如左：

兹随函附去收复太原东山各要地打开封锁八天轰炸计划表一

---

① 原文如此。

份,希即依据交涉办理。

附收复太原东山各要地打开封锁八天轰炸计划表一份(见附表第四〔表略〕)。

      元月八日 星期六 晴 F19° 月龄 初十

汽油弹之效力及使用时机

顾总长亥巧坚别经电(迟到):

前据贵部杨副主任戌回呈设投固体汽油弹助战,曾饬空军总部照办在案。顷据该部报称:(一)查本部仅有汽油弹一种,并无固体汽油弹。联勤总部迄未交来任何原料,现使用者乃系本部自行研制而成,惟所设备、工具、原料无法大量制造。(二)按汽油弹对森林、房屋等易燃烧目标及密集部队威力较大,对坑道及工事内之匪军其杀伤威力不大。据试验(两弹同时投下)其燃烧面积为 50×25 公尺,燃烧时间为 $\frac{5}{6}$ 分钟。(三)已电北平二军区于太原反攻时择有利目标使用助战。等情。电请知照。

      元月九日 星期日 晴 F25° 月龄 十一

甲、纠正各部队呈报战斗攻势不实情形

一、绥靖主任自号召实行战斗攻势以来,经派员实地考查,各部队所报实施经过间有不实情形。兹为纠正此种错误,特于元月九日分颁各部队手谕如左:

  知彼知己,才能百战百胜。如果自己对上级假报欺哄,就把知己的道路根本斩断,也就是把自身的胜利根本毁灭了。有人格的军人不应该欺哄,有聪明的人也不应该欺哄,本此教育部下,树立起作风。

二、赵参谋长给各部队长手函:

  主任因发现近来各部队实行战斗攻势的战况和战绩有捏报不

实的,甚为不安,觉得如此一来,就把我们这剿区最有效的战斗攻势坏了。所以,今天特给你去了那封亲笔信,请确实检点所属,无论如何,在实行战斗攻势上不可有虚假战报,更不可因怕检讨战报而减少了战斗攻势的实行。特函奉达,诸维察谅。

乙、纠正各部队不能节省弹药及碉碉策应的两点错误

据报,敌人攻我碉堡先用种种方法诱我射击,逗我们的子弹,估计我方法用尽、接济不上时,即蜂拥而上,或以炸药炸毁,或以火力驱逐,此种现象乃我军最大缺陷。因为敌人攻甲碉,乙、丙、丁各碉均不愿策应,亦不会策应,以致甲碉丢了,乙、丙、丁诸碉亦相继而失。据前方回来将士们说,守碉官兵均能尽责,弊在指挥者欠周,认为不改进指挥,碉虽多亦无用。如匪来攻,仅为时间问题。若待失后收复,其损失太大。等情。查以上所称确属实情,嗣后我各级指挥官应痛改以往的不够,彻底遵照守碉五援(一、碉内增援。二、碉外互援。三、机枪及炮火援。四、据点援队增援。五、军师长的外援)。战前各碉如何援应,如何构成火网,如何将碉内加入预有布置,战斗间如何火力援,如何部队援,早有计划,才有办法。

      元月十三日 星期四 晴 F34° 月龄十五

各部队检讨我军过去弃失高地据点之原因与今后改进意见

一、以前我们守的各高地据点多数被敌炮火打的牺牲很多,甚至最后不得不撤守,究竟是地形的不好,抑是布置指挥上的不好。

甲、地形上:

1. 建立据点偏重于制高点,忽略了增大杀伤敌人和减少自己损害的地区,成为敌炮击显著目标,有的缺少应援点,形成孤点,不易增援,被敌各个击破。

2. 选择据点(阵地)没有与防御计划连贯起来,以致兵力与阵地不符,结果因兵力不足而撤守。

3. 阵地位置因侦察不周密，选择不适当，形成对紧要地形未特别注【意】，如赵虎山地形很好，未收大效。

乙、工事上：

1. 碉堡多系孤立，未适宜配合上监视伏击，侧射、侧防等工事或临时的野战工事多在极小地区构成集团工事，未能适当分散构成韧性阵地，致不能抵抗敌之集中炮火，炮碉及倒打火点收效少。

2. 部份碉点位置选得不当，着重形式，死角多，死面大，副防御及有纵深的侧防、侧射等防敌炸碉设备不够。

3. 阵地前多未构成深而宽的外壕，壕内壕外无侧防设备，间或有的，亦不够纵深设备（平面三道立体三道）。

4. 预备阵地与侧斜射及反斜面避敌炮火等工事均甚少，尤无强深掩蔽部及有掩盖交通壕或暗道。

5. 没有地下战的设置。

6. 一般强度不够，没掩盖，更无暗工事，抗不住敌冰雹射击。

7. 工事多太明显，易受敌火损害，应多设伪工事，逗敌炮弹。

丙、布置：

1. 兵力布置与阵地不适合往往过多，致生拥挤徒受损害，或过少不能应变。配合太呆板，指挥欠灵活，只能挨打，不能打人。

2. 阵地与守兵碉堡多，机动兵少，且警戒上欠严密，火力上对敌易接近之凹道沟渠阶段地等未彻底封锁住。

3. 不能适增援，致形成孤立，遭受失败。未能适时换防，兵力疲劳过甚。

4. 未控制专消灭钻隙渗入之敌之机动部队。

5. 炮兵多未能推至第一线，致命中精度较差，摧毁不了匪炮。

丁、指挥上：

1. 过度分割建制，致单位太乱，指挥困难。

2. 运用欠灵活，不能适时集中优势兵力于决胜点。

3. 指挥官不能确实掌握部队，处置失宜，遇敌炮击不能利用既设避弹坑、掩蔽部或野战工事或强固支撑等，多纷纷集结碉内。

4. 以攻为守，离开阵地吃亏大。

5. 各级指挥官多未控制有必要之援碉队，未作到守碉互援。

6. 预备队的使用形成逐次填补，未能占领有利地点侧击制敌及集中力量扩张战果。

7. 各种武器配备失灵活，连络不确，不能密切配合，编成火网。

二、今天敌人占领的各高地据点，他在工事上、兵力部署上和我们有什么地方不同。

甲、工事上：

1. 能适合地形，在阵地上筑有暗工事与坑道及有掩盖的野战工事，抗力强，伪装好。

2. 主阵地做上假工事，逗我们的炮弹。

3. 交通壕多且深而宽，有掩盖，有避弹坑及暗掩体。

4. 避弹坑多而低下，且系旋回式，掩蔽确实。

5. 特别注意对壕与地堡。

6. 在高地工事均在防界线以上缓倾斜面上。

7. 敌每占一据点，对工事构筑进度极速。

乙、布置指挥上：

1. 战前能多次详细侦察，并研究攻击与防御计划，故指挥运用较灵活。

2. 用纵深配备，初以民兵布置于正面，逗我们的子弹，并扰乱疲劳我们，待机以有力部队由侧翼奇袭。

3. 匪攻击时能集中兵力作纵深配合，使用于主攻方面，突破一点。

4. 阵地上只留少数监视兵，多数伏于暗工事内，主力控制于阵地后，能灵活运用，切合机宜。

5. 夜间警戒兵固定的少，活动的多。
6. 火力与兵力增援协调。
7. 敌人行动多在暗夜，易于活动。

三、我们用什么方法方能将敌人消灭了。

1. 改修并加强各种工事。
2. 兵力部署必须适合阵地，并要用建制部队。
3. 实行守碉的五备五援。
4. 经常派伏击、突击小组。
5. 用各种方法将敌人诱出阵地，在我火海内集中各种炮火猛轰消灭之。
6. 加强地下战，以暗道、对壕迫近敌人，或用曲射兵器消灭掩蔽后的敌人。
7. 当敌炮轰时，我阵地守兵均避入侧后方之掩蔽部内，仅在阵地前派出伏击小组，利用工事监视和阻滞敌人，再尽可能做上坚固而荫蔽之伏击阵地，以打击阻止前进之敌。伏击小组如与敌接触，应抵抗至我守兵完全进入阵地后，再绕路返回原阵地。
8. 采取大纵深配合，主力布置在后，乘敌立足未稳之际以火海歼灭之，再以预备队扩张战果。
9. 战术上以打代攻，战斗上完全取攻势，以虎伺羊、猫捕鼠的打法，做到瞅的打、找的打、逗的打。
10. 对占领坚固据点之敌以对壕及坑道作业，配合攻击部于爆破之瞬间，乘其混战一鼓占领。
11. 以大口径炮弹将周围工事摧毁，或以飞机轰炸，用长射程炮打敌主力，用瓦斯弹打暗工事内之敌人。
12. 以可能逗出敌人预备队的兵力，用主攻的面目反复佯攻，诱出敌人之预备队，以预定之炮火集中轰击后乘机占领。
13. 攻击时布置上增援打援的部队，与主攻部队及重武器尤其炮兵密切协同，捕机歼灭敌人。

14. 炮兵观测人员经常测定各种目标之诸元，并在境内观察敌人，一经发现良好目标，即报告指挥官注意射击。为与步兵密切协同起见，炮兵须派前进观测所或联络员于前线，与步兵前进指挥官作紧密之联系。

15. 炮兵对敌伪工事须侦察明白，以免浪费炮弹。

16. 步重炮针对敌人现在战法特点，除在普通攻守时利用曲射特性，大量集团使用，发挥冰雹威力外，对于特别时机，则以巧妙方法诱歼敌人。

元月十五日　星期六　晴　F34°　月龄十七

判断敌人进入城郊战可能使用之战法及我们的打法

甲、判断敌人今后可能用的战法：

一、以对壕地堡接近，逐渐克我城郊坚固据点，然后以坑道攻城。

二、集中炮火攻我据点，占我据点后，再集中炮火轰城。

三、敌以一部兵力牵制包围我双塔寺、卧虎山、剪子湾等据点，以主力直扑东城，攻我城垣。

四、敌以一部兵力牵制包围我双塔寺、卧虎山，然后分两路，一路直扑东城下，攻我城垣；一路由西岭、下岭直下，包围我兵工厂，截断我城垣与兵工厂之交通，然后分点克占。

五、以攻为守，作持久围困，同时以远距离用坑道攻城。

乙、我们的对策〔略〕

元月十八日　星期二　晴　F34°　月龄二十

给各级指挥官对扫除第七机场障碍之实施计划

甲、绥靖主任给第十兵团王司令官靖国署刚字第一号命令如左：

一、敌情如所知

二、军为确保第七机场安全，即以优势兵力确实进占罗盘至赵家山以北各高地之线，并以有力部队控制稍后方以为保险，并相机扩大战果。

三、第六一军赵军长恭指挥该部七个营及独八十三旅全部，于明（十九）日拂晓一举进占罗盘至赵家山以北各高地，相机将赵家山及其以西一六二五高地之敌碉堡摧毁并控制之。

四、第六十六师全部及侯处长远村所指挥之重炮三门、山炮十门，于今（十八）晚十二时前到达南北寒村附近集结，归孙副司令官指挥，为赵军保险部队并相机扩张战果。

五、第二八零师阎师长俊贤率两个团，于明（十九）日十六时前到达大小井峪集结。

六、第六十九师郭师长弘仁指挥该师一部、配合暂十总队一部，于明（十九）日上午八时开始向南北堰之匪攻击，施行牵制，策应赵军作战。

七、以上各部队归王司令官靖国指挥。除各别命令已分别迳送外，所有详细指导计划由该司令官指示之。

八、对空联络布板符号如另纸。

九、余在太原绥署。

乙、绥靖主任给第十兵团王司令官靖国、第六十一军赵军长恭（38）子巧戌署刚战代电如左：

命令。明（十九）日行动只许成功，不得顿挫。王司令官必须严格督饬赵军长恭将罗盘附近各高地及庄子上以南一千一百公尺附近与一四五〇高地以南九百公尺附近各高地确实占领，做到赏金券贰拾万元，做不到从严惩办。

丙、绥靖主任给第六十一军赵军长恭、第六十九师郭师长弘仁、暂十总队武总队长玉山（38）于巧午署刚战代电如左：

兹着郭师长弘仁率该师及暂十总队各一部，归王司令官靖国指挥，于明（十九）日上午八时开始向南北堰之匪攻击。详细计划由王司令官指挥实施。除分令外，希即遵照。

丁、绥靖主任给第三十三军韩军长步洲、第二八〇师阎师长俊贤（38）子巧午署刚战代电：

兹着阎师长俊贤率该师两个团于明（十九）日上午六时前到达大小井峪集结，归王司令官靖国指挥。除分令外，仰即遵照为要。

戊、绥靖主任给第十兵团孙副司令官福麟署刚战字第二号命令如左：

一、敌情如所知。

二、军为确保第七机场之安全，即以优势兵力确实占领罗盘至赵家山以北各高地之线，以有力部队控制稍后方以为保险，并相机扩大战果。

三、赵军长恭指挥该部七个营及独八十三旅全部，于明（十九）日拂晓一举进占罗盘至赵家山以北各高地，相机将赵家山及其以西一六二五高地之敌碉堡摧毁并控制之。

四、第六十六师全部及侯处长远村所指挥之重炮三门、山炮十门，于今（十八）晚十二时前到达南北寒附近集结，归孙副司令官福麟指挥，为赵军保险部队，并相机扩张战果。

五、对空联络布板符号如另纸。

六、余在太原绥署。

己、绥靖主任给第六十六师栗师长树荣、炮兵指挥处远村（38）子巧午署刚战代电

兹着第六十六师全部及侯处长所指挥之重炮三门、山炮十门，于本（十八）晚十二时前到达河西南北寒村集结，归孙副司令官福麟指挥。除分令外，希即遵照。

庚、绥靖主任给第六十一军赵军长恭、独立第八十三旅谌旅长湛、工兵第二十一团程团长继宗署刚战字第三号命令：

一、敌情如所知。

二、军为确保第七机场之安全,即以优势兵力将罗盘附近及赵家山以北各高地之匪击灭,确实占领之。

三、第六十一军赵军长指挥该员抽出之七个营及独八十三旅全部,于明(十九)日拂晓一举进占罗盘附近各高地及庄子上以南一千一百公尺附近与一四五〇高地以南九百公尺附近各高地之线,尔后相机扫荡,将赵家山及其西一六二五高地敌之碉堡摧毁而控制之。

四、工兵第二十一团程团长继宗指挥该团一部归赵军长指挥,随部队之进展迅速整修白家庄至庄子上以南高地之路,以能通行野炮为主,并随时准备援应前方作战。

五、陆空联络:第二十七台即配属赵军长,担任对空联络,布板符号如另纸。

六、余在太原绥署。

对空联络临时布板符号如左:

山一　距匪碉一千公尺

F→山二　距匪碉二千公尺

山三　距匪碉三千公尺

山四　距匪碉四千公尺

山五　距匪碉五千公尺

以下类推

雪地用红布,无雪用白布。

除使用以上符号外,并适用一般符号。

辛、协定陆空配合作战开始时机。

一、绥靖主任致西安空军第三军区徐司令焕升、易副司令国端(38)子筱酉署刚战电:

前准空军周总司令(38)维抽子江电略开:关于陆空配合击毁并西赵家山、周家庄附近匪军碉堡工事,开始日期请迳与西安徐司令联络。等由。兹定于子皓拂晓地上部队开始行动,预计三日完成。务请于每日上午九时前派大批战轰机竟日轮流炸射，以期聚歼匪军，确保机场。至对空联络布板符号即按照与国端兄面订各项（附后）实施。特此电达，并请见复。

对空联络临时布板符号面订如左〔同前从略〕。

二、绥靖主任致西安空军第三军区徐司令焕升、易副司令国端（38）子巧申署刚战电：

（38）子筱酉署刚战电（录右项）计达。攻击赵家山、周家庄以北各高地之匪并摧毁匪军碉堡，地上部队业经部署完竣，决于明（皓）拂晓前开始行动。务请于明（皓）日上午九时前多派战轰机竟日炸射为盼。

三、空军第三军区徐司令焕升面复绥靖主任子巧0735电：

（38）子巧甲署刚战电（录右项）敬悉。（一）明（皓）日决派机飞并助战，并定时间为每日九时三十分至十五时。（二）因限于油量及飞机设备不完备，故暂不使用汽油弹。敬复。

元月二十日　星期四　阴　F28°　月龄二十二

甲、飞行员荀义德等三员志勇事迹

绥靖主任致空军周总司令至柔（38）子豁酉署刚战电：

豁日由西安派来助战飞机B-25.932号驾驶员荀义德等三员，当临空时正值地面战事激烈，且匪炮亦因受我重炮轰击后撤，第七机场甚为安全，当时特再三邀请该机降落添油挂弹，以便即时紧密配合作战。该机虽未受军区方面命令，竟以效忠党国为急，应邀降落，携弹起飞，复行轰炸。此种忠勇为国之精神，殊堪嘉许。除电知徐司令焕升外，特请优予奖励，以彰有功而励来兹。

乙、指示王司令官等对防御时避免敌人炮火损害之有效措施

太原保卫战赓续进行数月来，绥靖主任鉴于共匪每次进攻我据点时，多集中大量炮兵先行猛轰，继以步兵连续波浪冲锋，我阵地守兵如不能防止敌炮火损害，则无以应付匪三十波、二十波

之人海战法。故特召集各高级人员研究避免敌人炮火损害有效措施，并以（38）子号署刚战代电分令第十兵团王司令官靖国、许保安副司令鸿林、第三十四军高军长倬之、第十九军曹军长国忠，将"双塔寺"、"剪子湾"、"卧虎山"、"五沟四梁"、"六城据点"各工事照研究结果先行改进。

附录：防御时如何才能避免敌人炮火损害

子、战术

一、在敌人炮击以前，大部人员武器应藏在阵地内或阵地后坚固的掩蔽部或暗工事内，在敌人炮击期间，阵地守兵除留必要的监视人员及负责坚强干部外，其余应行疏散。

二、由藏伏的位置到战斗位置要作多次演习。

丑、阵地

阵地要构成面形，加大纵深，以小据点与分散式工事合并采用。

寅、工事

一、多做深而小坚固的掩蔽部，或坑道内设掩蔽部，但要有便利的进出路。

二、重武器做上坚固的掩盖。

三、交通壕要深要窄。

四、在阶段地多做能侧射、倒打的猸窝工事（如附图第二〔略〕）与侧射掩体（如附图第六〔略〕）。

五、利用凹地、沟壑构筑深而曲折的掩壕，在壕内多筑避弹坑（如附图第三〔略〕），或做步重炮掩体（如附图第四〔略〕）。

六、在伏老虎的后边或地堡的两侧增设飞雷轻炮投弹之用（如附图第五〔略〕）。

七、土山照山内阵地构筑之。

八、重火器多做预备阵地。

元月二十二日　星期六　晴　F33°　月龄二十四

总统于马日离京，顾总长特以子马展纼电致主任，着加紧戒备。原电如左：

总统于马日离京回乡，意在感召共匪停止叛乱，期能早日实现和平。惟共匪向无信义，必趁此机积极谋我。在政府未正式颁布停战令前，务望督率贵部，团结精诚，加紧戒备。如匪军来犯，即依预定计划彻底予以消灭，并各就防区切实清剿为盼。

主任奉令后，除分电各部队长遵照外，并以（38）子养午署刚战电复顾总长已遵照办理矣。

元月二十四日　星期一　晕　F42°　月龄二十六

甲、对扫荡机场部队任务之调整

一、据独立八十三旅谌旅长湛元月二十三日报称：本旅于元月十九日拂晓奉令攻击并西邱沟以北及罗盘以东各高地，匪负隅顽抗，寸土必争，连日以来卒赖我各官兵奋勇进战，歼匪约二旅之众，而我伤亡亦惨重。据初步统计，伤亡官兵约在一千四百三十余，故部队急待整补。恳请钧座明察下情，速即派队接替邱沟以北高地守备任务，俾得集结整补而复战力。等情。

二、绥靖主任接得报告，对扫荡机场部队任务之调整，以署刚战字第四号命令王司令官治安、孙副司令官锐周、赵军长恭、谌旅长湛如左：

（一）白家庄西南地区匪军经我连日剿除，已将威胁第七机场之匪炮兵大致摧毁，惟在邱沟、庄子上西南地区经侦明，刻仍盘踞匪二个旅左近之兵力。

（二）军为确保七机场安全之目的，对邱沟以北高地加紧工事，配备优势炮火，照以打代攻、诱歼敌人之布置，将罗盘方面可能扰害机场之匪炮确实摧毁。

（三）各部任务调整如次：

甲、邱沟以北高地由第六九师派队接替。

乙、一四五〇高地以北阵地由工兵派队担任守备，积极向一四五〇高地附近之匪展开战斗攻势。

丙、第六十六师暂控制白家庄、桃杏村附近，为保险部队（即打的部队）。

丁、第二八〇师由阎师长先带一个团归还建制，余一个团控制大小井峪附近。

戊、暂十总队一部暂仍控制移村附近。

己、工兵第二十一团程团长所率工兵之一部暂在白家庄修理山上道路，并加强王振国部之守备。

庚、炮兵、步重炮、机关枪三部各暂留主力，其余归还建制。

辛、独立第八十三旅俟交代防务后，即集结西铭附近，一面整顿，一面为总预备队。

壬、第三十军之一个团暂仍控制原地，为打的部队。

癸、以上各部队任务之调整，统由王司令官治安适宜指导实施，调整完竣后所留西南区部队均归赵军长恭统一指挥。该司令官及孙副司令官之行动，由该司令官自行酌定。

（四）各部防务统限于本（二十四）日下午十二时前交接完竣，并即利用夜暗分别到达指定位置及归还建制。

（五）本命令除下达孙副司令、赵军长、谌旅长外，其余各部由王司令官各别命令行之，特别注意行动秘密。

（六）余在太原绥署。

乙、绥靖主任对励勉全体将士坚定军事胜利信念的指示：

军事的胜利在最后的五分钟，凡属军人均应以最后之决心，争取最后之胜利。自古未有怕死的军人能打胜仗的。吾辈生于今日，负此戡乱重责，岂可在胜利来临之前放下自己杀敌的武器，装儒投降，杀敌不果，徒毁自己的前途与军人的人格。吾辈既作军人，尤其要优种的军人，处此不世的大乱，欲成不世的大功，更须有坚决的决心，争取最后之胜利。本主任誓必本此领导我全体将士奋斗到底，愿共勉之。

　　　　　元月二十七日　星期四　晴　F40°　月龄二十九
　　白家庄西南地区战役检讨总结：
　　此次白家庄西南地区战役（巧至养）完了，第十兵团王司令官靖国当召集各该作战部队团级以上干部检讨，未达成作战任务之基本上有六个错误和不够：
　　一、各级指挥官侦察的不够。
　　二、各级指挥官计划的不够。
　　三、各级指挥官准备的不够。
　　四、步炮协同的不够。
　　五、战斗兵攻击技术的不够。
　　六、攻击部队保险上的不够。
　　绥靖主任接得右项检讨后，藉作战通报指示各部队如左：
　　按照以上六个不够，各负责主官均一一承认，今后努力改进，以补缺点。王司令官首先承认自己的不够。例如：二十二日，独八十三旅攻击邱沟以南一五九〇三高地时，因于敌人作战四五日，没有想到敌人增加两旅兵力。如果想到，敌能增加两旅，我们拿上第三十军的两个团作预备队，真能打个大歼灭战。再者，没有做到攻击中缜密的搜索与严密的戒备，未想到敌人两翼包围，致遭受损失。但当时在下午一时至五时之间，敌人反突击六次，我们重火器发挥了最大威力，官兵表现了至大勇敢，予敌人以最大杀伤。飞虎杀敌队用机关炮四门击毁敌人重机枪十四挺，独八十三旅卤获八挺，余因攻击顿挫撤退时遗失，此种表现深堪奖励。
　　总之，我们没有做到我如何敌如何，又各种炮弹、子弹准备不够，接济不上，致失去时机，不能予敌悉数歼灭。
　　　　　　　　　　　〔中国人民解放军总参谋处保存国民党档案〕